에듀윌
ToKL
국어능력인증시험

산출근거 후면표기

한권끝장
빈출이론편

김지학, 오선희 편저

고등급 공략팩
❶ 듣기 MP3파일
❷ 실전동형 모의고사

68개월 베스트셀러 1위
산출근거 후면표기
기본+고등급 전략, 한권 올킬!

에듀윌과 함께 시작하면,
당신도 합격할 수 있습니다!

목표한 대학에 진학하기 위해
대학 입시를 준비하는 고등학생

졸업을 앞두고 취업을 하기 위해 시간을 쪼개어
ToKL국어능력인증시험 공부를 하는 취준생

원하는 일과 삶을 찾기 위해
회사생활과 병행하며 이직을 준비하는 직장인

누구나 합격할 수 있습니다.
해내겠다는 '열정' 하나면 충분합니다.

마지막 페이지를 덮으면,

에듀윌과 함께
ToKL국어능력인증시험 합격이 시작됩니다.

한국어 1위

에듀윌 ToKL국어능력인증시험
합격 스토리

조O진 합격생

꼼꼼한 해설로 단기간에 고등급 취득!

공기업 취업을 위해 <에듀윌 ToKL국어능력인증시험 2주끝장>을 구매하였습니다. 단기간에 학습하기에 좋은 구성이었는데, 그 중에서도 제가 잘 활용했던 부분은 '시험장 필수 아이템 압축노트'입니다. 얇은 부록임에도 내용이 알차게 들어 있어서 정독하기에 좋았습니다. 첨삭을 받을 수 없는 독학러였던 저는 주관식 파트의 꼼꼼한 해설에서도 많은 도움을 받았습니다. 암기가 필수인 어휘+어문규정+어법 부분에서 모르는 내용은 소리 내서 읽으며 공부한 결과, 어법과 쓰기 영역에서 만점을 받았답니다!

이O아 합격생

에듀윌 '2주 플랜'으로 목표 등급 달성!

저는 시험을 준비할 시간이 부족했기 때문에 2주 만에 시험을 대비할 수 있도록 만들어진 <에듀윌 ToKL국어능력인증시험 2주끝장>을 선택하였습니다. 교재에서 제가 최대 장점으로 꼽는 부분은 학습 플래너입니다. 학습 순서와 분량을 안내해 주는 플래너를 따라 '압축노트'의 여백에 이론을 다시 정리해 가며 공부하다 보니 자연스럽게 저만의 요약노트가 탄생했습니다. 그래서 시험장에는 '압축노트'만 가져가서 시험 직전에 훑어 보았고, 기분 좋게 목표했던 3급을 달성했습니다!

김O 합격생

시험 직전까지 활용할 수 있는 알찬 구성!

ToKL국어능력인증시험을 2주 앞두고 <에듀윌 ToKL국어능력인증시험 2주끝장>을 구매하였습니다. 저는 '2주 기본형 플랜'에 따라 학습을 시작한 후에 필수 암기가 필요한 어휘와 어문 규정, 어법은 '압축노트'에 수록된 내용 위주로 외우려고 노력하였습니다. 시험 전날에는 모의고사를 풀어 보며 어떤 부분이 취약한지 스스로 점검하고, 예시 답안을 통해 주관식 유형을 익혀 둔 것이 실제 시험장에서 문제를 푸는 데 도움이 되었습니다. 개인적인 일정과 공부를 병행하느라 걱정이 많았는데 스스로 만족할 수 있는 점수를 취득하여 뿌듯합니다. 여러분도 어휘와 표준 발음법 등에 조금 더 집중해서 학습한다면 분명히 고등급을 취득할 수 있을 것이라 확신합니다!

다음 합격의 주인공은 당신입니다!

자세한 내용이 궁금하다면 1600-6700

ToKL 한 달 고등급 플래너

[이론편+문제편] 한 달 완성

	공부 범위	공부 여부 '부족한 영역은 이론+문제 모두, 나의 강점 영역은 문제편만'		공부한 날
		빈출이론편	기출변형 문제편	
1–2일	**PART 01 어휘**	☐	☐	__월 __일
	기출의 패턴을 벗기다			
	Chapter 01 단어의 의미 관계			
3–4일	Chapter 02 고유어	☐	☐	__월 __일
5–6일	Chapter 03 한자어	☐	☐	__월 __일
7–8일	Chapter 04 한자성어/속담/관용어	☐	☐	__월 __일
9–10일	Chapter 05 다양한 어휘	☐	☐	__월 __일
11–12일	**PART 02 어문 규정**	☐	☐	__월 __일
	기출의 패턴을 벗기다			
	Chapter 01 표준어 규정/표준 발음법			
13–14일	Chapter 02 한글 맞춤법	☐	☐	__월 __일
15–16일	Chapter 03 외래어/로마자 표기법	☐	☐	__월 __일
17–18일	**PART 03 읽기**	☐	☐	__월 __일
	기출의 패턴을 벗기다			
	Chapter 01 실용문			
19–20일	Chapter 02 학술문	☐	☐	__월 __일
21일	Chapter 03 문학–현대시/현대소설/수필	☐	☐	__월 __일
22일	**PART 04 듣기**	☐	☐	__월 __일
	기출의 패턴을 벗기다			
	Chapter 01 사실적 이해/추론/비판[단독 문제]			
23일	Chapter 02 사실적 이해/추론/비판[통합 문제]	☐	☐	__월 __일
24일	**PART 05 어법**	☐	☐	__월 __일
	기출의 패턴을 벗기다			
	Chapter 01 문장 표현			
25일	Chapter 02 문법 요소	☐	☐	__월 __일
26–27일	**PART 06 쓰기**	☐	☐	__월 __일
	기출의 패턴을 벗기다			
	Chapter 01 주제 설정			
	Chapter 02 자료의 수집과 정리			
	Chapter 03 구성–개요			
	Chapter 04 전개			
	Chapter 05 고쳐쓰기			
28–29일	**PART 07 주관식**	☐	☐	__월 __일
	기출의 패턴을 벗기다			
	Chapter 01 [주관식] 듣기			
	Chapter 02 [주관식] 쓰기			
	Chapter 03 [주관식] 어휘			
	Chapter 04 [주관식] 읽기			
30일	실전동형 모의고사		☐	__월 __일

기본부터 제대로도 한 달이면 충분하다!

가로로 잘라서 책갈피로 사용하세요!

ToKL 2주 초단기 플래너

[이론편 or 문제편] 2주 완성

	공부 범위	☐ 선택 1 빈출이론편	☐ 선택 2 기출변형 문제편	공부한 날
1일	**PART 01 어휘** 기출의 패턴을 벗기다 Chapter 01 단어의 의미 관계	☐	☐	__월__일
2일	Chapter 02 고유어	☐	☐	__월__일
3일	Chapter 03 한자어	☐	☐	__월__일
4일	Chapter 04 한자성어/속담/관용어	☐	☐	__월__일
5일	Chapter 05 다양한 어휘	☐	☐	__월__일
6일	**PART 02 어문 규정** 기출의 패턴을 벗기다 Chapter 01 표준어 규정/표준 발음법	☐	☐	__월__일
7일	Chapter 02 한글 맞춤법	☐	☐	__월__일
8일	Chapter 03 외래어/로마자 표기법	☐	☐	__월__일
9일	**PART 03 읽기** 기출의 패턴을 벗기다 Chapter 01 실용문 Chapter 02 학술문	☐	☐	__월__일
10일	Chapter 03 문학-현대시/현대소설/수필	☐	☐	__월__일
11일	**PART 04 듣기** 기출의 패턴을 벗기다 Chapter 01 사실적 이해/추론/비판[단독 문제] Chapter 02 사실적 이해/추론/비판[통합 문제]	☐	☐	__월__일
12일	**PART 05 어법** 기출의 패턴을 벗기다 Chapter 01 문장 표현 Chapter 02 문법 요소	☐	☐	__월__일
13일	**PART 06 쓰기** 기출의 패턴을 벗기다 Chapter 01 주제 설정 Chapter 02 자료의 수집과 정리 Chapter 03 구성-개요 Chapter 04 전개 Chapter 05 고쳐쓰기 **PART 07 주관식** Chapter 01 [주관식] 듣기 Chapter 02 [주관식] 쓰기 Chapter 03 [주관식] 어휘 Chapter 04 [주관식] 읽기	☐	☐	__월__일
14일	실전동형 모의고사		☐	__월__일

이론편이냐 문제편이냐, '선택과 집중'으로 2주로도 가능하다!

✂ 가로로 잘라서 책갈피로 사용하세요!

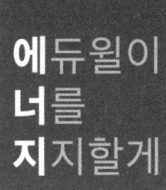

세상을 움직이려면
먼저 나 자신을 움직여야 한다.

– 소크라테스(Socrates)

에듀윌 ToKL
국어능력인증시험

한권끝장 | 빈출이론편

다른 교재와 비교할 수 없다!

이 책의 강점

1. 수준·상황에 맞게 선택 학습!

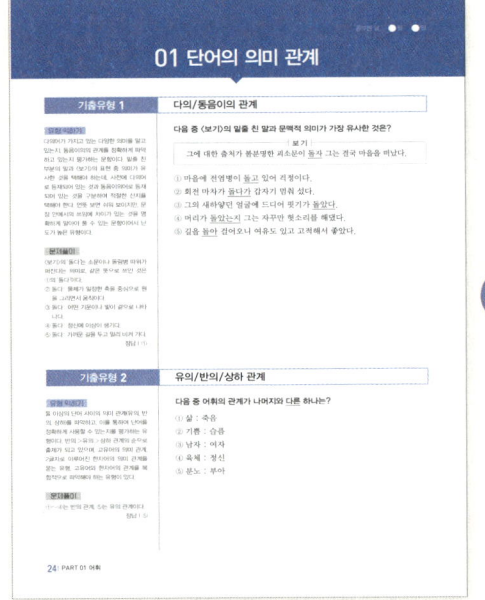

[빈출이론편]   [기출변형 문제편]

☑ **국어 기초 지식이 부족하다면?**
　　[빈출이론편]으로 실력을 쌓고! ▶ [기출변형 문제편]으로 문제풀이를 연습하세요!

☑ **국어 기초 지식은 있지만 문제는 틀린다면?**
　　[기출변형 문제편]으로 문제풀이 연습하고! ▶ 취약점은 [빈출이론편]으로 보완하세요!

☑ **이론 공부와 문제풀이 연습을 동시에 하고 싶다면?**
　　[빈출이론편] 영역별 이론을 학습하면서! ⊕ [기출변형 문제편] 쌓여가는 국어 실력은 문제풀이를 통해 바로 바로 확인하세요!

[빈출이론편]

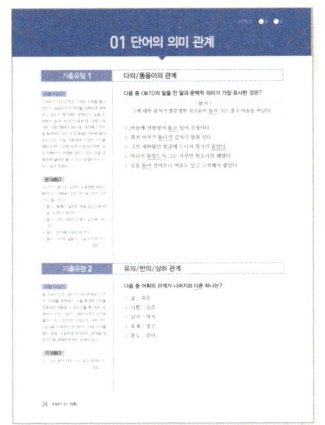 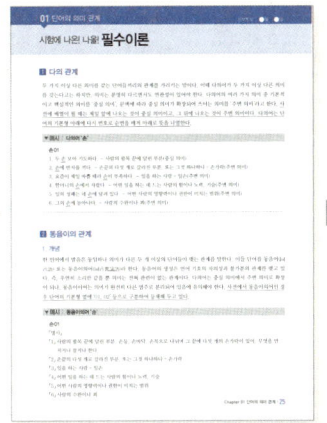 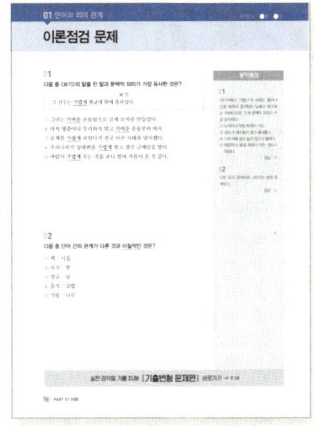

기출유형 분석
국어시험이라고 다 똑같은 시험이 아니다! ToKL국어능력인증시험만의 기출유형과 기출유형 문제 확인!

시험에 나온! 나올! 필수이론
시험에 자주 출제되는 이론만 골라서 공부한다! 방대한 국어 이론 중 핵심만 정리!

이론점검 문제
이론 학습에서 끝나는 것이 아니다! 이론점검 문제를 통한 이론 학습 완성!

[기출변형 문제편]

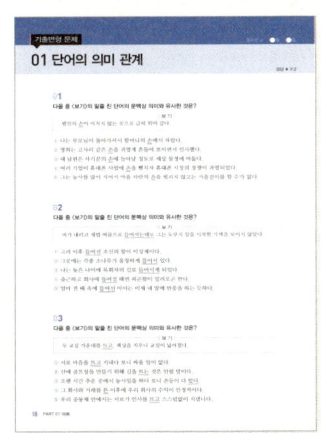 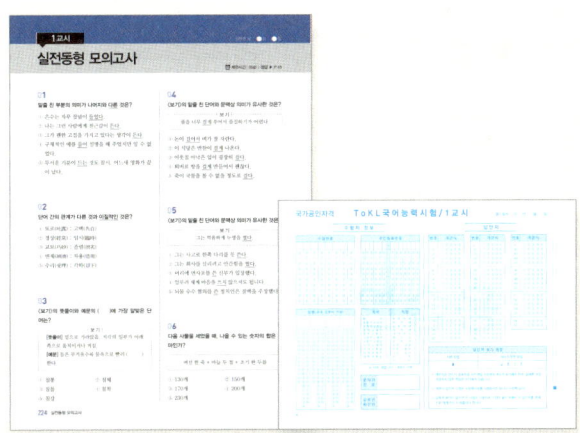

기출변형 문제
한 문제를 풀더라도 제대로 된 문제를 풀라! 출제 경향을 완벽 반영한 문제풀이로 실전에 완벽 대비!

실전동형 모의고사
마지막까지 실전처럼! 실제 기출을 완벽 재현한 모의고사로 최종 실력 점검!

다른 교재와 비교할 수 없다!
이 책의 강점

2 기출분석을 통한 영역별 학습전략 제시!

기출의 패턴을 벗기다
최근기출 4회분 360문항의 분석·취합을 통한 기출패턴 정리

고등급 공략
철저한 기출분석에 근거한 구체적인 학습전략 제시

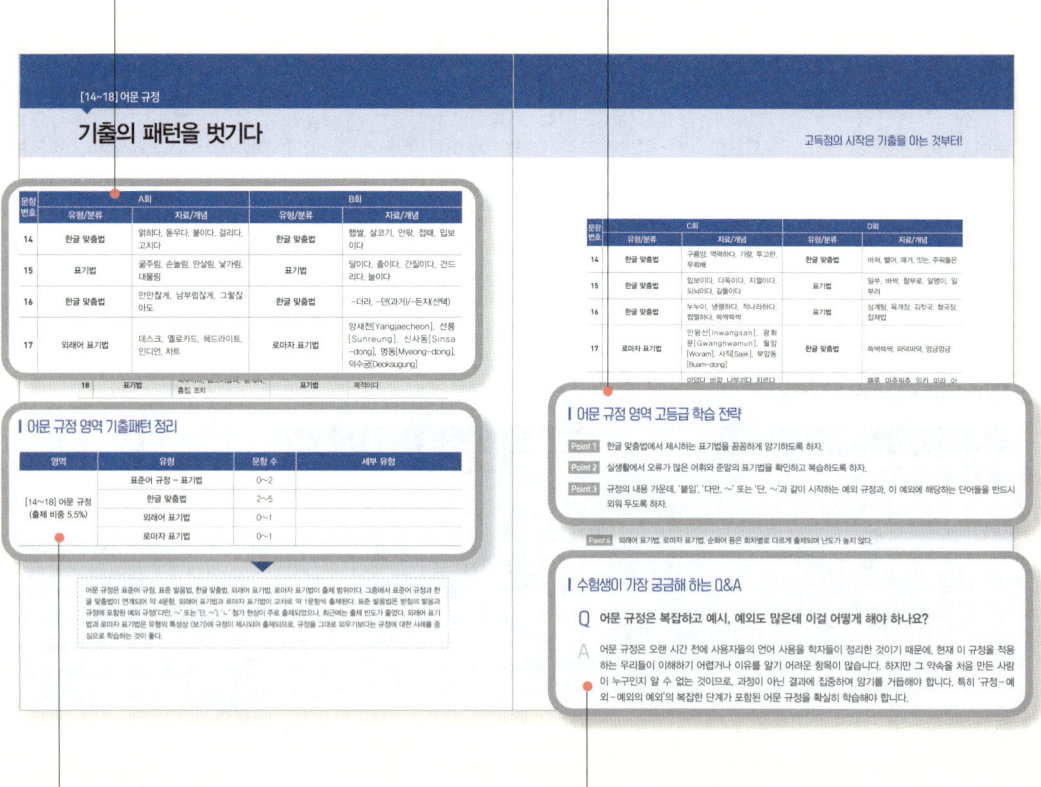

기출패턴 정리
영역별로 자주 출제되는 문제 유형과 집중 학습이 필요한 주제 제시

수험생이 가장 궁금해 하는 Q&A
수험생들이 궁금해하지만 쉽게 답을 구할 수 없었던 자세한 영역별 공부법 제시

3 고등급의 열쇠, '주관식 영역' 특화 구성!

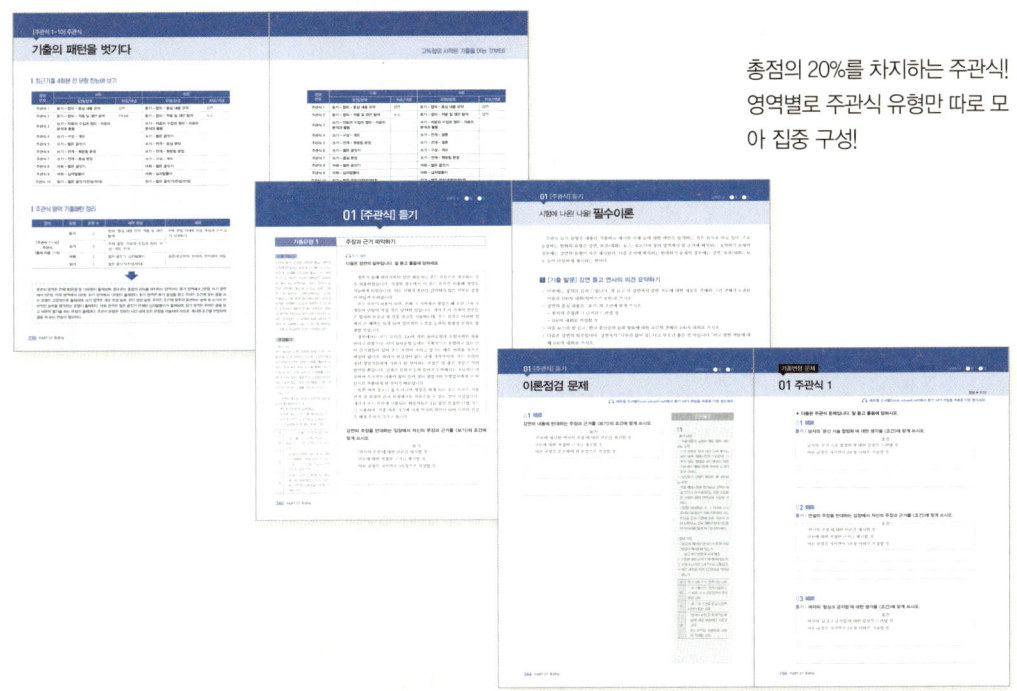

총점의 20%를 차지하는 주관식!
영역별로 주관식 유형만 따로 모아 집중 구성!

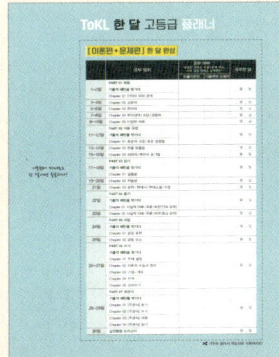 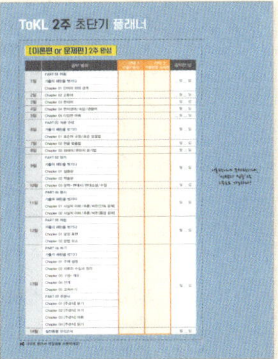

시험 준비 기간에 따라 골라서 쓰는!
한 달 고등급/2주 초단기 플래너
학습 환경에 맞게 골라서 사용하세요.

기출을 분석하면 고등급이 보인다!

영역별 출제패턴 & 학습전략

교시	문항 번호	영역(출제 비중)		유형	문항 수
1교시	1~13	어휘 (17%)		단어의 형성	1
				단어의 의미 관계	1
				고유어의 사전적 의미	1
				한자어의 사전적 의미	3
				고유어의 문맥적 의미	1~2
				한자어의 문맥적 의미	1
				용법	1~2
				한자성어	1
				속담	1
				관용구	1
	14~18	어문 규정 (5.5%)		표준어 규정-표기법	0~2
				한글 맞춤법	2~5
				외래어 표기법	0~1
				로마자 표기법	0~1
	19~57	읽기 (44%)	실용문	사실적 이해-정보의 파악	6~9
				사실적 이해-구조의 파악	
				추론-정보의 추리	3~4
				추론-상황의 추리	
			학술문	사실적 이해-정보의 파악	10~13
				사실적 이해-구조의 파악	
				추론-정보의 추리	6~8
				추론-상황의 추리	
				추론-태도와 관점의 추리	
				추론-과정의 추리	
				비판-종합적 분석	3~4
				비판-정보의 평가	
				비판-공감 및 감상	
			현대시	작품의 이해와 감상	0~3
				작품 간의 이해와 감상	
				시어의 의미와 기능	
				화자의 정서 및 태도	
			현대소설 /고전산문	작품의 이해와 감상	0~3
				사건의 전개 양상	
				인물의 심리 및 태도	
				소재의 의미와 기능	
				서술상의 특징 및 효과	
			수필 /희곡	작품의 이해와 감상	0~3
				소재의 의미와 기능	
				서술상의 특징 및 효과	
				글쓴이의 정서 및 태도	
2교시	1~13/ 주관식 1~2	듣기 (17%)		사실적 이해	6
				추론	4~5
				비판	2~3
				창의(주관식)	2
	14~18	어법(5.5%)		문장 표현	4~5
				높임법	0~1
	19~23/ 주관식 3~10	쓰기 (11%)		주제 설정	0~1
				자료의 수집과 정리	1~2
				구성-개요	0~1
				전개	0~1
				고쳐쓰기	1~2
				어휘(주관식)-짧은 글짓기, 십자말풀이	2
				읽기(주관식)-짧은 글짓기(찬성/반대)	1

PART 01 어휘

17%

고유어와 한자어, 한자성어와 속담 및 관용구 외에도 순화어, 호칭어 등 국어의 모든 어휘 영역을 다루고 유형도 다양하게 출제되어 폭넓은 학습이 요구된다. 어휘의 정확한 쓰임을 위해서는 사전적 의미를 파악하는 것이 중요하므로, 감각적으로 체득하는 문맥적 의미의 어휘뿐만이 아니라 어휘의 사전적 의미와 그 용법도 학습하도록 노력해야 한다.

PART 02 어문 규정

5.5%

한글 맞춤법, 표준어 규정, 표준 발음법, 로마자 표기법, 외래어 표기법 등으로 한국어문규정집의 내용을 바탕으로 실제 용례들을 확인하며 공부해야 한다. 어문 규정에 관한 문제들은 우리가 일상생활에서 흔히 잘못 쓰고 있는 표현들이다. 따라서 단어의 표기가 비슷하거나 발음이 비슷해서 잘못 쓰는 어휘들, 단어의 뜻과 쓰임이 다른데도 혼용해 쓰고 있는 어휘들을 중심으로 정리해 두는 것이 필요하다.

PART 03 읽기

44%

가장 많은 출제 비중을 차지하는 영역으로, 전반적으로 지문의 길이는 그리 길지 않고, 선지를 미리 읽고 푼다면 충분히 해석되는 정도의 문제가 출제된다. 다만, 실용문, 학술문, 문학(현대시, 현대소설, 수필) 등의 다양한 종류의 글이 출제되기 때문에 글의 종류에 따라 접근 방법을 달리하여 문제를 푸는 연습을 하는 것이 중요하다.

PART 04 듣기

17%

강연, 뉴스, 토론 등 다양한 유형을 다룬다. 사실적인 이해 능력을 파악하는 문항은 비교적 쉽게 출제되지만, 추론하기를 요구하는 문항과 비판하는 유형의 문항은 난도가 높은 편이다. 특히 '비판하기'의 경우 듣기의 내용 안에서 화자가 범하는 오류가 무엇인지를 정확하게 파악하고 이에 반론을 제기하는 선지를 잘 골라내야 한다

PART 05 어법

일반적인 선택지의 형태로 제시되는 문장 표현 유형은 난도가 낮은 데 비해 문장을 수정한 사항들이 올바른지 묻는 유형은 난도가 높고 복잡한 편이다. 호응, 중의성, 중복 표현, 사이시옷, 표기 등 어법의 전 영역이 혼합되어 출제되는 경우가 많으므로 그에 맞는 학습이 필요하다. 특히 문장의 호응에 대한 부분은 평소에 올바른 문장을 자주 접해야 잘못된 문장을 정확히 가릴 수 있다.

PART 06 쓰기

주제 설정, 자료의 수집과 정리, 구성-개요, 전개, 고쳐쓰기로 쓰기의 평가 요소를 세분하여, 5단계를 단계별로 각각 1문항씩 평가한다. 쓰기 영역은 평상시 신문 기사를 통해 그래프나 통계 자료 등의 시각화 자료를 비교·분석하는 연습을 하고, 일반적인 글의 구성과 흐름에 대한 이해를 넓히며 학습을 해 두면 많은 도움이 될 수 있다.

아는 만큼 보인다!
국어능력인증시험(ToKL)의 모든 것

1. 시험 소개

국어능력인증시험(ToKL, Test of Korean Language)은 말하기, 듣기, 읽기 쓰기에 관한 종합적인 국어 사용 능력을 평가하는 시험이다. 한국어를 모국어로 삼는 사람을 대상으로 하는 시험으로, 언어의 기능 영역과 함께 이해, 추론, 비판, 창의의 모든 사고영역을 종합적으로 평가한다. (재)한국언어문화연구원에서 주관하며, 연 6회 시행된다.

2. 평가 방법

- 문항 구성: 총 90문항(객관식 80문항(5지 택일형), 주관식 10문항)
- 문항 배점: 총점 200점(객관식 2점(동일 배점), 주관식 4점(차등 배점))

3. 성적/급수 체계

- 성적 환산 방식
  - 절대평가 방식
  - 영역별 점수와 총점으로 구분하여 성적 산출
  - 총점 200점, 점수에 따라 1~5급의 급수 부여
  - 각 급수에 따라 인증서 발부(인증서 유효기간은 발행일로부터 2년)

- 점수별 급수

급수	총점
1급	200점~185점
2급	185점 미만~169점
3급	169점 미만~153점
4급	153점 미만~137점
5급	137점 미만~121점

※ 총점 121점 미만은 급수가 부여되지 않습니다.

4. 시험 시간

1교시 60분, 2교시 70분(총 130분, 듣기평가 30분)

시험 시간	진행 내용
09:00~09:30	수험자 입실
09:30~09:45	감독관 입실 / 수험자 주의사항(신분증) 안내
09:45~10:00	1교시 답안지 작성 / 1교시 문제지 배부 및 파본 검사
10:00~11:00	1교시 평가 / 어휘, 어문 규정, 읽기(객관식 57문항)
11:00~11:10	2교시 답안지 작성 / 2교시 문제지 배부 및 파본 검사
11:10~12:20	2교시 평가 / 듣기, 어법, 쓰기 등(객관식 23문항, 주관식 10문항)
12:20~12:30	시험 종료 / 수험자 퇴실

5. 시험 접수

- 응시 접수: www.tokl.or.kr
- 시행 장소: 전국의 주요 도시
- 응시료: 38,000원
- 시험 일정
  - 기본적으로 연 6회 시행하였으나, 코로나 바이러스의 확산으로 시험 일정이 대폭 조정되었다.
  - 서울, 경기(분당), 부산, 광주, 청주 지역에서 상설 고사장을 운영 중이다.
    ※ 시험 일정은 변경될 수 있으므로, 반드시 기관의 공고를 확인하세요.

미리 알아보는 ToKL 수험장

Q 수험표를 출력할 때 흑백으로 출력해도 되나요?

A 가능하시면 컬러로 뽑는 것이 본인 확인에 도움이 됩니다만, 불가피한 경우 흑백으로 뽑으셔도 됩니다. 본인 확인을 위하여 시험 당일에는 반드시 신분증과 수험표를 지참하셔야 합니다. 수험표를 분실하셨을 경우, 시험 당일 고사본부를 찾아가서 고사본부장에게 수험번호를 확인하시기 바랍니다.

Q 답안 작성 시 어떤 펜을 사용해야 하나요?

A 객관식은 반드시 '컴퓨터용 사인펜'으로 작성해야 하며, 수정은 '수정테이프'로 하시면 됩니다(수정액은 사용 불가). 주관식은 볼펜, 연필, 색연필 등 채점위원이 판독할 수 있는 필기구이면 어떤 것이든 사용 가능합니다. 다만, 촉이 굵은 펜은 판독이 어려울 수 있기 때문에 촉이 얇은 검정색 펜을 권장합니다. 주관식 수정은 두 줄로 긋고 옆에 새로 답안을 작성하거나, 볼펜이나 사인펜의 경우에는 수정테이프, 연필의 경우에는 지우개로 수정하시면 됩니다.

Q 1교시와 2교시 사이에 10분의 시간이 있던데, 화장실을 다녀와도 되나요?

A 1교시와 2교시 사이의 10분은 2교시 답안지 작성 및 문제지 파본 여부를 확인하는 시간입니다. 화장실을 다녀오실 분은 1교시 시작 전에 다녀오시는 것이 좋습니다(단, 용무가 급할 경우 시험 감독관을 대동하여 다녀올 수 있음).

국어능력인증시험(ToKL)의 모든 것

6. 평가 영역 및 문항 구성

- **평가 영역**

국어능력인증시험(ToKL)은 언어 기초, 언어 기능, 사고력의 3가지 영역을 평가한다.

평가 영역	평가 내용
언어 기초 영역	수행 기반 능력(어휘), 언어 규범 능력(어법, 어문 규정)
언어 기능 영역	청해 능력(듣기), 독해 능력(읽기), 작문 능력(쓰기)
사고력 영역	사실적 이해, 추론, 비판, 창의

사고력	주요 내용
이해	독해 또는 청해 과정에서 중심 내용을 확인하고, 글 또는 말의 구조를 파악하는 능력
추론	글의 구조 및 주어진 내용을 활용하여 필요한 정보를 추론하는 능력
비판	정보를 종합하여 비교·분석하고, 글 전체의 내용과 표현을 평가하는 능력
정의	정보를 재창출함은 물론 글쓴이의 의도를 파악하여 능동적으로 반응하고, 적절한 대안을 찾는 능력

- **문항 구성**

국어능력인증시험(ToKL)은 객관식 80문항, 주관식 10문항으로 구성되어 있으며, 전체 문항 수는 90문항이다. 문항 배점은 총점 200점에서 객관식의 경우 동일 배점(2점)으로 하며, 주관식은 수준에 따라 차등 배점(4점)을 부여한다.

영역	총 문항 수 (주관식)	주요 내용
어휘	15(2)	실생활에서 자주 사용하는 어휘의 활용 능력 평가
어법	5	정확하고도 경제적인 문장을 구사할 수 있는 능력 평가
어문 규정	5	효율적인 의사소통을 위한 규범 평가
듣기	15(2)	다양한 상황 설정을 통한 듣기 능력의 종합 평가
읽기	40(1)	매체 환경의 다양성을 반영하는 지문 선택을 통한 읽기 능력의 실질 평가
쓰기	10(5)	문장 생성 능력, 단락 전개 능력 등 실질적인 글쓰기 능력 중심의 평가
합계	90(10)	

7. 시험 활용처

고등학교

고교 생활기록부 등재/입학사정관제/논술&서술형 대비

대일외국어고등학교, 한영외국어고등학교, 안양외국어고등학교, 고양외국어고등학교, 동두천외국어고등학교, 경남외국어고등학교, 현대청운고등학교, 상산고등학교

학점은행제/독학사 학점 취득

1급(10학점), 2급(8학점), 3급(5학점), 4급(3학점)

대학교/대학원

졸업자격, 졸업인증 또는 언어추론 영역 대체

경인교육대학교, 춘천교육대학교, 청주대학교, 조선대학교, 의·치의학전문대학원

공사/공기업/정부기관

채용&승진 가산점

경찰청, 해양경찰청, 육군부사관, 한국전력공사, 한국전력KPS, 한국동서발전, 남동발전, 한국토지주택(LH)공사, 근로복지공단, 한국농어촌공사, 한국농촌경제연구원, 사회능력개발원, 제주도청, 충북도청, 청주시청, 제천시청

언론사/기업

채용 가산점

세계일보, 한겨레신문, 경향신문, JTV전주방송, 홍익대학교(교직원)

※ 활용 방식 및 채용 전형은 유동적이므로 반드시 해당 학교·기관의 공고를 확인하세요.

CONTENTS

이 책의 차례

책갈피 플래너
- 이 책의 강점
- 영역별 출제패턴&학습전략
- 국어능력인증시험(ToKL)의 모든 것

1교시

PART 01 | 어휘

기출의 패턴을 벗기다	20
Chapter 01 단어의 의미 관계	24
Chapter 02 고유어	57
Chapter 03 한자어	79
Chapter 04 한자성어/속담/관용어	88
Chapter 05 다양한 어휘	121

PART 02 | 어문 규정

기출의 패턴을 벗기다	142
Chapter 01 표준어 규정/표준 발음법	144
Chapter 02 한글 맞춤법	174
Chapter 03 외래어/로마자 표기법	207

PART 03 | 읽기

기출의 패턴을 벗기다	222
Chapter 01 실용문	226
Chapter 02 학술문	241
Chapter 03 문학-현대시/현대소설/수필	245

2교시

PART 04 | 듣기
기출의 패턴을 벗기다 … 266
Chapter 01 사실적 이해/추론/비판[단독 문제] … 268
Chapter 02 사실적 이해/추론/비판[통합 문제] … 272

PART 05 | 어법
기출의 패턴을 벗기다 … 282
Chapter 01 문장 표현 … 284
Chapter 02 문법 요소 … 296

PART 06 | 쓰기
기출의 패턴을 벗기다 … 316
Chapter 01 주제 설정 … 318
Chapter 02 자료의 수집과 정리 … 321
Chapter 03 구성-개요 … 326
Chapter 04 전개 … 329
Chapter 05 고쳐쓰기 … 334

주관식

PART 07 | 주관식
기출의 패턴을 벗기다 … 340
Chapter 01 [주관식] 듣기 … 342
Chapter 02 [주관식] 쓰기 … 349
Chapter 03 [주관식] 어휘 … 362
Chapter 04 [주관식] 읽기 … 367

1교시

PART 01 어휘

PART 02 어문 규정

PART 03 읽기

PART 01
어휘

Chapter 01 단어의 의미 관계
Chapter 02 고유어
Chapter 03 한자어
Chapter 04 한자성어/속담/관용어
Chapter 05 다양한 어휘

90문항 중 15문항 출제
(2교시 어휘 주관식 2문항 포함)

17%

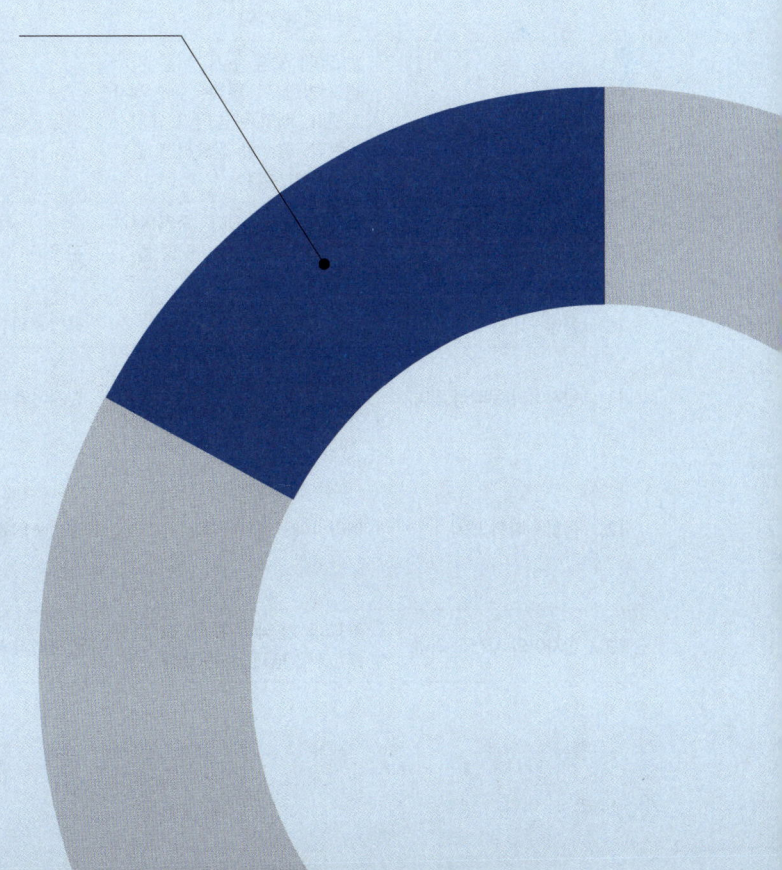

[1~13] 어휘

기출의 패턴을 벗기다

최근기출 4회분 전 문항 한눈에 보기

문항 번호	A회 유형/분류	A회 자료/개념	B회 유형/분류	B회 자료/개념
1	단어의 형성 – 접사	–민	단어의 형성 – 접사	되–
2	단어의 의미 관계 – 유의, 반의	유의 관계 – 예사(例事) : 상사(常事) 반의 관계 – 건조(建造) : 해체(解體), 생환(生還) : 불귀(不歸), 소원(疏遠) : 친밀(親密), 주관(主觀) : 객관(客觀)	단어의 의미 관계 – 반의	반의 관계 – 익숙하다 : 어줍다, 느긋하다 : 성마르다, 푼푼하다 : 모자라다, 사근사근하다 : 퉁명스럽다
3	한자어의 사전적 의미	조율(調律)	한자어의 사전적 의미	유입(流入)
4	고유어의 문맥적 의미	딱 부러지다	고유어의 문맥적 의미	생각
5	한자어의 사전적 의미	장치 – 장비 – 장착 – 장구	한자어의 사전적 의미	유쾌 – 명쾌 – 상쾌 – 통쾌
6	고유어의 사전적 의미	해쓱하다, 곰삭다, 해거름, 여의다, 여울	고유어의 사전적 의미	오붓하다, 무릇, 야멸차다, 스스럼없다, 제꺼덕
7	한자성어	가렴주구(苛斂誅求), 경거망동(輕擧妄動), 곡학아세(曲學阿世), 낭중지추(囊中之錐), 호가호위(狐假虎威)	한자성어	갑남을녀(甲男乙女), 남부여대(男負女戴), 필부필부(匹夫匹婦), 장삼이사(張三李四), 초동급부(樵童汲婦)
8	속담	언 발에 오줌 누기, 서울 가서 김 서방 찾기, 떡 본 김에 제사 지낸다, 배고픈 놈더러 요기시키란다, 장수를 잡으려면 말부터 쏘아야 한다	속담	누워서 침 뱉기, 마른논에 물 대기, 언 발에 오줌 누기, 다 된 죽에 코 풀기, 지나가는 불에 밥 익히기
9	관용구	죽도 밥도 안 되다, 죽기 살기로, 발이 잦다, 눈이 핑핑 돌다, 차 떼고 포 떼다	관용구	눈 뜨다, 발등(을) 찍히다, 코가 납작해지다, 손(이) 여물다, 귀가 번쩍 뜨이다
10	용법 – 바꿔 쓰기	재다 – 재빠르다	용법 – 바꿔 쓰기	판별하다 – 가려내다
11	한자어의 문맥적 의미	산출(算出), 엄습(掩襲), 고유(固有), 절멸(絕滅), 정제(整齊)	한자어의 문맥적 의미	수반(隨伴), 타개(打開), 사자후(獅子吼), 분수령(分水嶺), 선정(選定)
12	용법 – 바꿔 쓰기	예리하다 – 날카롭다	용법 – 바꿔 쓰기	어둑하고 희미하다 – 어슴푸레하다, 불분명하게 대충하다 – 얼버무리다, 가볍게 흔들리다 – 나부끼다, 보살피고 돌보다 – 건사하다, 엄격하게 나무라다 – 꾸짖다
13	한자어의 사전적 의미	부침(浮沈), 추호(秋毫), 교감(交感), 조악(粗惡), 수반(隨伴)	한자어의 사전적 의미	구축(構築), 불온(不穩), 연대(連帶), 반추(反芻), 첨예(尖銳)

고득점의 시작은 기출을 아는 것부터!

문항번호	C회 유형/분류	C회 자료/개념	D회 유형/분류	D회 자료/개념
1	단어의 형성 – 접사	초–	단어의 형성 – 접사	–내기
2	단어의 의미 관계 – 유의, 반의	유의 관계 – 농축(濃縮):압축(壓縮), 문화(文明):문명(文明), 압제(壓制):속박(束縛), 인지(認知):지각(知覺) 반의 관계 – 감가(減價):할증(割增)	단어의 의미 관계 – 유의	한자어와 한자어 관계 – 피(避)하다:모면(謀免)하다, 고유어와 한자어 관계 – 지키다:보호(保護)하다, 꾸미다:가장(假裝)하다, 모으다:집중(集中)하다, 끝내다:완성(完成)하다
3	한자어의 사전적 의미	사유(思惟)	한자어의 사전적 의미	알력(軋轢)
4	고유어의 문맥적 의미	빠지다	고유어의 문맥적 의미	발
5	한자어의 사전적 의미	표명 – 규명 – 변명 – 해명	한자어의 사전적 의미	분리 – 분양 – 분할
6	고유어의 사전적 의미	자못, 간들간들, 뒤미처다, 모로, 곧추다	고유어의 사전적 의미	노닥노닥, 손어림, 에돌다, 노둣돌, 한들한들
7	한자성어	갑남을녀(甲男乙女), 남부여대(男負女戴), 필부필부(匹夫匹婦), 장삼이사(張三李四), 초동급부(樵童汲婦)	한자성어	곡학아세(曲學阿世), 금과옥조(金科玉條), 임기응변(臨機應變), 자업자득(自業自得), 정문일침(頂門一鍼)
8	속담	언 발에 오줌 눈다, 떡 본 김에 제사 지낸다, 목마른 사람이 우물 판다, 서울 가서 김 서방 찾는다, 장수를 잡으려면 말부터 쏘아야 한다	속담	말이 씨가 된다, 방귀 뀐놈이 성낸다, 목마른 놈이 우물 판다, 하룻강아지 범 무서운 줄 모른다, 집에서 새는 바가지는 밖에서도 샌다
9	관용구	코웃음(을) 치다, 진(을) 치다, 가지(를) 치다, 연막(을) 치다, 초(를) 치다	관용구	박 터지다, 코피 터지다, 복장을 뒤집다, 눈을 뒤집다, 심장이 터지다
10	용법 – 바꿔 쓰기	두루 쓰이는 – 통용되는	고유어의 문맥적 의미	잡다
11	한자어의 문맥적 의미	겸장(兼掌), 사자후(獅子吼), 타개(打開), 분수령(分水嶺), 선정(選定)	한자어의 문맥적 의미	일종(一種), 일체(一體), 일반(一般), 일대(一帶), 일개(一介)
12	용법 – 바꿔 쓰기	즉각 – 당장, 쇄도해 – 한꺼번에 몰려, 적출할–끄집어낼, 요원한–까마득한	용법 – 바꿔 쓰기	너절한 – 지저분한, 더부룩하게 – 무성하게, 아물리고 – 끝내고, 설피니까 – 서투르니까, 시새우기 – 시기하기
13	한자어의 사전적 의미	교착(膠着), 노련(老鍊), 상서(祥瑞), 감면(減免), 정점(頂點)	한자어의 사전적 의미	진원지(震源地), 윤색(潤色), 종용(慫慂), 무마(撫摩), 면죄부(免罪符)

[1~13] 어휘 | **기출의 패턴을 벗기다**

어휘 영역 기출패턴 정리

영역	유형	문항 수	세부 유형
[1~13] 어휘 (출제 비중 17%)	단어의 형성	1	접두사, 접미사
	단어의 의미 관계	1	유의어, 반의어, 다의어, 동음이의어, 연어, 상하 관계
	고유어의 사전적 의미	1	
	한자어의 사전적 의미	3	
	고유어의 문맥적 의미	1~2	
	한자어의 문맥적 의미	1	
	용법	1~2	유의어
	한자성어	1	
	속담	1	
	관용구	1	

90문항 중 어휘는 13문항이 출제된다. 주관식 2문항까지 포함하면 17%의 출제 비중을 보여, 읽기 다음으로 중요한 영역이다. 어휘 영역은 크게 ① 한자어, ② 고유어, ③ 단어의 의미 관계, ④ 관용어(한자성어, 속담, 관용구)/순화어 부분에서 출제된다. 그중에서 '한자어(한자성어)>고유어>관용어≥단어의 의미 관계'의 빈도순으로 출제가 되는 편이므로, 이에 맞게 대비할 필요가 있다.

수험생이 가장 궁금해 하는 Q&A

Q 수많은 어휘, 어디까지 공부해야 하나요?

A 어휘의 의미 관계는 가볍게 파악하되, 한자어는 각 맥락 안에서 미묘하게 용법에 차이가 있는 유의 관계를 집중적으로, 고유어는 낯선 것들을 암기하는 방향으로 학습하시기 바랍니다.

어휘 영역 고등급 학습전략

Point 1 단어의 의미 관계는 주로 '유의 관계, 반의 관계'에 대해 묻는 문항이 출제되는 편이며, 한자성어와 속담 및 관용구는 난도가 쉽게 출제되는 편이다. 한자어의 사전적 의미를 묻는 질문은 신문의 기사문 등을 이해할 수 있다면 크게 어려움 없이 풀 수 있다.

Point 2 고유어의 사전적 의미를 묻는 문항은 낯선 단어들이 출제되는 경향이 크므로 꾸준히 많은 양을 암기하여 대비하는 것이 적절하다.

Q 한자어, 한자까지 다 외워야 하나요?

A 한자어는 약간의 시간을 들여서 개별 한자의 의미를 이해해 보는 것이 좋으나, 개수가 매우 많으므로 빈출 어휘를 중심으로 암기하는 것이 좋습니다.

01 단어의 의미 관계

기출유형 1 — 다의/동음이의 관계

다음 중 〈보기〉의 밑줄 친 말과 문맥적 의미가 가장 유사한 것은?

보기
그에 대한 출처가 불분명한 괴소문이 돌자 그는 결국 마을을 떠났다.

① 마을에 전염병이 돌고 있어 걱정이다.
② 회전 마차가 돌다가 갑자기 멈춰 섰다.
③ 그의 새하얗던 얼굴에 드디어 핏기가 돌았다.
④ 머리가 돌았는지 그는 자꾸만 헛소리를 해댔다.
⑤ 길을 돌아 걸어오니 여유도 있고 고적해서 좋았다.

유형 익히기

다의어가 가지고 있는 다양한 의미를 알고 있는지, 동음이의의 관계를 정확하게 파악하고 있는지 평가하는 문항이다. 밑줄 친 부분의 말과 〈보기〉의 표현 중 의미가 유사한 것을 택해야 하는데, 사전에 다의어로 등재되어 있는 것과 동음이의어로 등재되어 있는 것을 구분하여 적절한 선지를 택해야 한다. 언뜻 보면 쉬워 보이지만, 문장 안에서의 쓰임에 차이가 있는 것을 명확하게 알아야 풀 수 있는 문항이어서 난도가 높은 유형이다.

문제풀이

〈보기〉의 '돌다'는 소문이나 돌림병 따위가 퍼진다는 의미로, 같은 뜻으로 쓰인 것은 ①의 '돌다'이다.
② 돌다: 물체가 일정한 축을 중심으로 원을 그리면서 움직이다.
③ 돌다: 어떤 기운이나 빛이 겉으로 나타나다.
④ 돌다: 정신에 이상이 생기다.
⑤ 돌다: 가까운 길을 두고 멀리 비켜 가다.
정답 | ①

기출유형 2 — 유의/반의/상하 관계

다음 중 어휘의 관계가 나머지와 다른 하나는?

① 삶 : 죽음
② 기쁨 : 슬픔
③ 남자 : 여자
④ 육체 : 정신
⑤ 분노 : 부아

유형 익히기

둘 이상의 단어 사이의 의미 관계(유의, 반의, 상하)를 파악하고, 이를 통하여 단어를 정확하게 사용할 수 있는지를 평가하는 유형이다. 반의〉유의〉상하 관계의 순으로 출제가 되고 있으며, 고유어의 의미 관계, 2글자로 이루어진 한자어의 의미 관계를 묻는 유형, 고유어와 한자어의 관계를 복합적으로 파악해야 하는 유형이 있다.

문제풀이

①~④는 반의 관계, ⑤는 유의 관계이다.
정답 | ⑤

01 단어의 의미 관계

시험에 나온! 나올! **필수이론**

1 다의 관계

두 가지 이상 다른 의미를 갖는 단어들끼리의 관계를 가리키는 말이다. 이때 다의어가 두 가지 이상 다른 의미를 갖는다고는 하지만, 의미는 분명히 다르면서도 연관성이 있어야 한다. 다의어의 여러 가지 의미 중 기본적이고 핵심적인 의미를 '중심 의미', 문맥에 따라 중심 의미가 확장되어 쓰이는 의미를 '주변 의미'라고 한다. 사전에 배열이 될 때는 제일 앞에 나오는 것이 중심 의미이고, 그 뒤에 나오는 것이 주변 의미이다. 다의어는 단어의 기본형 아래에 다시 번호로 순번을 매겨 아래로 뜻을 나열한다.

▼ 예시 | 다의어 '손'

손01
1. 두 손 모아 기도하다. - 사람의 팔목 끝에 달린 부분(중심 의미)
2. 손에 반지를 끼다. - 손끝의 다섯 개로 갈라진 부분. 또는 그것 하나하나 = 손가락(주변 의미)
3. 요즘이 제일 바쁠 때라 손이 부족하다. - 일을 하는 사람 = 일손(주변 의미)
4. 할머니의 손에서 자랐다. - 어떤 일을 하는 데 드는 사람의 힘이나 노력, 기술(주변 의미)
5. 일의 성패는 네 손에 달려 있다. - 어떤 사람의 영향력이나 권한이 미치는 범위(주변 의미)
6. 그의 손에 놀아나다. - 사람의 수완이나 꾀(주변 의미)

2 동음이의 관계

1. 개념

한 언어에서 발음은 동일하나 의미가 다른 두 개 이상의 단어들이 맺는 관계를 말한다. 이들 단어를 동음어(同音語) 또는 동음이의어(同音異議語)라 한다. 동음어의 생성은 언어 기호의 자의성과 불가분의 관계를 맺고 있다. 즉, 우연히 소리만 같을 뿐 의미는 전혀 관련이 없는 관계이다. 다의어는 중심 의미에서 주변 의미로 확장이 되나, 동음이의어는 의미가 완전히 다른 범주로 분리되어 있음에 유의해야 한다. 사전에서 동음이의어인 경우 단어의 기본형 옆에 '01, 02' 등으로 구분하여 등재해 두고 있다.

▼ 예시 | 동음이의어 '손'

손01
「명사」
「1」사람의 팔목 끝에 달린 부분. 손등, 손바닥, 손목으로 나뉘며 그 끝에 다섯 개의 손가락이 있어, 무엇을 만지거나 잡거나 한다.
「2」손끝의 다섯 개로 갈라진 부분. 또는 그것 하나하나 = 손가락
「3」일을 하는 사람 = 일손
「4」어떤 일을 하는 데 드는 사람의 힘이나 노력, 기술
「5」어떤 사람의 영향력이나 권한이 미치는 범위
「6」사람의 수완이나 꾀

손02

「명사」
「1」다른 곳에서 찾아온 사람
「2」여관이나 음식점 따위의 영업하는 장소에 찾아온 사람
「3」지나가다가 잠시 들른 사람
「4」'천연두'를 일상적으로 이르는 말 = 손님마마

▼ **참고** | 동음이의어가 생성되는 이유

① 통시적인 음운 변화에 의해
　예 '·'의 소실: 솔 > 살[肉] – 살[矢]
　　단모음화: 쇼 > 소[牛] – 소[沼]

② 공시적인 음운 변동에 의해
　예 [입]: 입 – 잎
　　[짇다]: 짓다 – 짖다

③ 의미의 분화로 인해
　예 해[太陽] – 해[年], 달[moon] – 달[month]

④ 외래어의 유입으로 인해
　예 해[太陽] – 해[海], 말미[休暇] – 말미[末尾]

---

2. 다의/동음이의 관계 중요 어휘

ㄱ

빈출 가다01
① 한 곳에서 다른 곳으로 장소를 이동하다.
　예 학교에 가다.
② 지금 있는 곳에서 어떠한 목적을 가지고 다른 곳으로 옮기다.
　예 아버지가 시장에 가셨다.
③ 직업이나 학업, 복무 따위로 해서 다른 곳으로 옮기다.
　예 군대에 가다.
④ 말이나 소식 따위가 알려지거나 전하여지다.
　예 기별이 가다.
⑤ 물건이나 권리 따위가 누구에게 옮겨지다.
　예 모든 재산은 작은 아들에게로 갔다.
⑥ ('시간' 따위와 함께 쓰여) 지나거나 흐르다.
　예 가을이 가고 봄이 오다.
⑦ 어떤 현상이나 상태가 유지되다.
　예 이 가방이라면 3년은 가겠지.
⑧ 금, 줄, 주름살, 흠집 따위가 생기다.
　예 금이 간 커피 잔
⑨ ('물', '맛' 따위의 말과 함께 쓰여) 원래의 상태를 잃고 상하거나 변질되다.
　예 찌개 맛이 갔다.
⑩ 관심이나 눈길 따위가 쏠리다.
　예 자꾸 관심이 가다.
⑪ 가치나 값, 순위 따위를 나타내는 말과 결합하여 어떤 대상을 기준으로 해서 어느 정도까지 이르다.
　예 둘째 가라면 서러워하는 실력자라네.
⑫ 수레, 배, 자동차, 비행기 따위가 운행하거나 다니다.
　예 섬으로 가는 비행기
⑬ 일정한 목적을 가진 모임에 참석하기 위하여 이동하다.
　예 시사회에 갈 거야?
⑭ 어떤 상태나 상황을 향하여 나아가다.
　예 복지 국가로 가는 길은 아직 멀고 험하다.

가리다01
보이거나 통하지 못하도록 막히다.
　예 안개에 가려서 앞이 잘 안 보인다.

가리다03
① 여럿 가운데서 하나를 구별하여 고르다.
　예 우승 팀을 가리다.
② 잘잘못이나 좋은 것과 나쁜 것 따위를 따져서 분간하다.
　예 불량품을 가려 내다. / 시비를 가리다.
③ 낯선 사람을 대하기 싫어하다.

예 낯을 가리다.
④ 치러야 할 셈을 따져서 갚아 주다.
　예 셈을 정확하게 가리다.
⑤ 머리를 대강 빗다.
　예 달포나 머리를 아니 가리니 머리가 엉키지.
⑥ 음식을 골라서 먹다.
　예 음식을 가리다.
⑦ 자기 일을 알아서 스스로 처리하다.
　예 그는 자기 앞도 못 가리는 처지야.
⑧ 똥오줌을 눌 곳에 누다.
　예 우리 아이는 이제 대소변을 잘 가려요.

갈다01
① 이미 있는 사물을 다른 것으로 바꾸다.
　예 형광등을 갈다.
② 어떤 직책에 있는 사람을 다른 사람으로 바꾸다.
　예 임원을 새로운 인물로 갈다.

갈다02
① 날카롭게 날을 세우거나 표면을 매끄럽게 하기 위하여 다른 물건에 대고 문지르다.
　예 칼을 갈다.
② 먹을 풀기 위하여 벼루에 대고 문지르다.
　예 벼루에 먹을 갈다.
③ 잘게 부수기 위하여 단단한 물건에 대고 문지르거나 단단한 물건 사이에 넣어 으깨다.
　예 맷돌에 녹두를 갈다.
④ 윗니와 아랫니를 맞대고 문질러 소리를 내다.
　예 자면서 이를 갈다.

갈다03
① 쟁기나 트랙터 따위의 농기구나 농기계로 땅을 파서 뒤집다.
② 주로 밭작물의 씨앗을 심어 가꾸다.
　예 뒷밭에 보리를 갈았다.

빈출 같다
① 서로 다르지 않고 하나이다.
　예 그와 나는 고향이 같다.
② 추측, 불확실한 단정을 나타내는 말
　예 내일이면 다 마칠 것 같다.
③ 다른 것과 비교하여 그것과 다르지 않다.
　예 성인 같은 인품
④ '기준에 합당한'의 뜻을 나타내는 말
　예 어디, 사람 같은 사람이라야 상대를 하지.
⑤ ('같으면' 꼴로 쓰여) '-라면'의 뜻을 나타내는 말
　예 그런 상황에서 너 같으면 어떻게 하겠니?
⑥ 혼잣말로 남을 욕할 때, 그 말과 다름없다는 뜻을 나타내는 말
　예 철없는 사람 같으니라고!
⑦ 그런 부류에 속한다는 뜻을 나타내는 말
　예 여행을 할 때엔 반드시 신분증 같은 것을 가지고 다녀야 한다.

빈출 걸다01
① 흙이나 거름 따위가 기름지고 양분이 많다.
　예 밭이 걸어서 곡식이 잘 된다.
② ('-게'의 꼴로 쓰여) 푸짐하고 배부르다.
　예 잔칫상이 걸다.
③ 말씨나 솜씨가 거리낌이 없고 푸지다.
　예 그의 말은 언제나 걸다.

빈출 걸다02
① 벽이나 못 따위에 어떤 물체를 떨어지지 않도록 매달아 올려놓다.
　예 목도리를 목에 걸다.
② 자물쇠, 문고리를 채우거나 빗장을 지르다.
　예 정문에 자물쇠를 걸다.
③ 솥이나 냄비 따위를 이용할 수 있도록 준비하여 놓다.
　예 벽에 냄비를 걸다.
④ 돈 따위를 계약이나 내기의 담보로 삼다.
　예 승부에 금품을 걸다.
⑤ 의논이나 토의의 대상으로 삼다.
　예 문제를 전체 토의에 걸다.
⑥ 앞으로의 일에 대한 희망 따위를 품거나 기대하다.
　예 국가의 장래를 청소년에게 걸다.
⑦ 다른 사람을 향해 먼저 어떤 행동을 하다.
　예 지나가는 사람에게 싸움을 걸다.
⑧ 기계 따위가 작동하도록 준비하여 놓다.
　예 인쇄물을 윤전기에 걸다.
⑨ 기계 장치가 작동되도록 하다.
　예 자동차의 시동을 걸다.

굳다
① 무른 물질이 단단하게 되다.
　예 비 온 뒤에 땅이 굳어진다.
② 표정이나 태도 따위가 부드럽지 못하고 딱딱하여지다.
　예 그의 표정은 돌처럼 굳어 있었다.
③ 근육이나 뼈마디가 뻣뻣하게 되다.
　예 팔다리가 굳다.
④ 돈이나 쌀 따위가 헤프게 없어지지 아니하고 자기의 것으로 계속 남게 되다.
　예 책을 친구가 빌려 주어서 책 살 돈이 굳었다.
⑤ 누르는 자국이 나지 아니할 만큼 단단하다.
　예 굳은 땅과 진 땅
⑥ 흔들리거나 바뀌지 아니할 만큼 힘이나 뜻이 강하다.
　예 의지가 굳다.

길01
① 사람이나 동물 또는 자동차 따위가 다닐 수 있도록 땅 위에

낸 일정한 너비의 공간
　예 길이 시원하게 뚫리다.
② 물 위나 공중에서 일정하게 다니는 곳
　예 배로 가는 길
③ '과정', '도중', '중간'의 뜻을 나타내는 말
　예 퇴근하는 길에 가게에 들렀다.
④ 시간의 흐름에 따라 개인의 삶이나 사회적·역사적 발전 따위가 전개되는 과정
　예 우리 민족이 걸어온 길
⑤ 사람이 삶을 살아가거나 사회가 발전해 가는 데에 지향하는 방향, 지침, 목적이나 전문 분야
　예 경제 성장에의 길
⑥ 방법이나 수단
　예 타협할 길이 없다.
⑦ 어떤 자격이나 신분으로서 주어진 도리나 임무
　예 자식으로서의 길
⑧ 걷거나 탈것을 타고 어느 곳으로 가는 노정(路程)
　예 미국 방문 길

길02
① 물건에 손질을 잘하여 생기는 윤기
　예 그 집 장독은 길이 잘 나 있다.
② 짐승 따위를 잘 가르쳐서 부리기 좋게 된 버릇
　예 야생마는 길을 들이기가 어렵다.
③ 어떤 일에 익숙하게 된 솜씨
　예 농촌 생활에 제법 길이 들었다.

꾀다01
① 벌레 따위가 한곳에 많이 모여들어 뒤끓다.
　예 파리가 꾀다.
② 사람이 한곳에 많이 모이다.
　예 술집에 구경꾼이 꾀다.

꾀다03
그럴 듯한 말이나 행동으로 남을 속이거나 부추겨서 자기 생각대로 끌다.
　예 유괴범들이 사탕을 주어 아이를 꾀다.

ㄴ

나가다
① 일정한 지역이나 공간의 범위와 관련하여 그 안에서 밖으로 이동하다.
② 일정한 지역이나 공간에서 벗어나거나 집이나 직장 따위를 떠나다.
③ 옷이나 신, 양말 따위가 해지거나 찢어지다.
　예 구두창이 나가다.
④ 모임에 참여하거나, 운동 경기에 출전하거나, 선거 따위에 입후보하다.
　예 대회에 나가다.
⑤ 값이나 무게 따위가 어느 정도에 이르다.

⑥ 월급이나 비용 따위가 지급되거나 지출되다.
　예 집세가 나가다.
⑦ 물건이 잘 팔리거나 유행하다.
　예 잘 나가는 제품
⑧ 생산되거나 만들어져 사회에 퍼지다.
　예 11월호가 시중에 나가자 다시 12월호의 준비로 바빠졌다.
⑨ 전기 공급이 끊어지거나 전깃불이 꺼지다.
⑩ 의식이나 정신이 없어지다.
　예 정신 나간 사람

빈출 나누다
① 하나를 둘 이상으로 가르다.
　예 사과를 세 조각으로 나누다.
② 여러 가지가 섞인 것을 구분하여 분류하다.
　예 토론을 하다 보면 자기편과 상대편을 나눌 수 있다.
③ 〈수학〉 나눗셈을 하다.
　예 20을 5로 나누면 4가 된다.
④ 몫을 분배하다.
　예 이익금을 모두에게 공정하게 나누어야 불만이 생기지 않는다.
⑤ 음식 따위를 함께 먹거나 갈라 먹다.
　예 우리 차라도 한 잔 나누면서 이야기를 합시다.
⑥ 말이나 이야기, 인사 따위를 주고받다.
　예 고향 친구와 이야기를 나누는 일은 언제나 즐겁다.
⑦ 즐거움이나 고통, 고생 따위를 함께하다.
　예 그들은 슬픔과 기쁨을 함께 나누며 산다.
⑧ 같은 핏줄을 타고나다.
　예 나는 그와 피를 나눈 형제이다.

빈출 나다01
① 신체 표면이나 땅 위에 솟아나다.
　예 새싹이 나다. / 콧등에 땀이 송송 나다.
② 생명체가 태어나다.
　예 이 세상에 나서 처음 보는 광경
③ 어떤 현상이나 사건이 일어나다.
　예 화재가 나다. / 야단이 났다.
④ 인물이 배출되다.
　예 우리 고장에서 학자가 많이 났다.
⑤ 흥미, 짜증, 용기 따위의 감정이 일어나다.
　예 화가 나다. / 겁이 나다.
⑥ 어떤 작용에 따른 효과, 결과 따위의 현상이 이루어져 나타나다.
　예 능률이 나다.
⑦ 농산물이나 광물 따위가 산출되다.
　예 이 지방에서는 고추가 많이 난다.
⑧ 구하던 대상이 나타나다.
　예 취직 자리가 나다.
⑨ 이름이나 소문 따위가 알려지다.

예 이름이 나다. / 소문이 나다.
⑩ 신문, 잡지 따위에 어떤 내용이 실리다.
예 신문에 이름이 나다.
⑪ 어떤 나이에 이르다.
예 세 살 난 아이
⑫ 철이나 기간을 보내다.
예 겨울을 나다.
⑬ 살림, 세간 따위를 따로 차리다.
예 장가를 들어 살림을 나다.

남다01
① 다 쓰지 않거나 정해진 수준에 이르지 않아 나머지가 있게 되다.
예 시험 문제가 쉬워서 시간이 남는다.
② 들인 밑천이나 제 값어치보다 얻는 것이 많다. 또는 이익을 보다.
예 장사는 이익이 남아야 한다.
③ 나눗셈에서, 나누어 떨어지지 않고 나머지가 얼마 있게 되다.
예 5를 2로 나누면 1이 남는다.
④ 다른 사람과 함께 떠나지 않고 있던 그대로 있다.
예 우리는 이곳에 남아서 뒷정리를 하고 가자.
⑤ 잊히지 않거나 뒤에까지 전하다.
예 그의 첫인상이 나에게 오래도록 남았다.
⑥ 【…에/에게 …으로】 어떤 상황의 결과로 생긴 사물이나 상태 따위가 다른 사람이나 장소에 있다.
예 그 문제는 아직도 우리들에게는 수수께끼로 남아 있다.

놓다
① 잡거나 쥐고 있던 물체를 일정한 곳에 두다.
예 가방은 책상 위에 놓아라.
② 걱정이나 근심, 긴장 따위를 잊거나 풀어 없애다.
예 한시름 놓다.
③ 불을 지르거나 피우다.
예 마당에 모깃불을 놓다.
④ 치료를 위하여 주사나 침을 찌르다.
⑤ 무늬나 수를 새기다.
⑥ 집이나 돈, 쌀 따위를 세나 이자를 받고 빌려 주다.
예 전세를 놓다.
⑦ 일정한 곳에 기계나 장치, 구조물 따위를 설치하다.
예 전화를 놓다.
⑧ 말을 존대하지 않고 맞상대하거나 낮춰서 말하다.
예 말씀을 놓다.
⑨ 상대에게 어떤 행동을 하다.
예 엄포를 놓다.
⑩ 논의의 대상으로 삼다.
예 이 문제를 놓고 토론을 하였다.

눅다
① 반죽 따위가 무르다.
② 날씨가 푸근하다.
예 추위가 한결 눅어지다.
③ 값이나 이자 따위가 싸다.
예 시세가 눅다.
④ 굳거나 뻣뻣하던 것이 무르거나 부드러워지다.
예 모시 치마가 이슬에 눅다.
⑤ 목소리나 성질 따위가 너그럽다.
예 딱딱해 보이지만, 사귀어 보면 그렇게 눅을 수가 없다.

눈01
① 빛의 자극을 받아 물체를 볼 수 있는 감각 기관
예 눈이 초롱초롱하다. / 눈을 부라리다.
② 물체의 존재나 형상을 인식하는 눈의 능력 = 시력
예 눈이 좋다. / 눈이 나빠 안경을 쓴다.
③ 사물을 보고 판단하는 힘
예 그는 보는 눈이 정확하다.
④ 무엇을 보는 표정이나 태도
예 의심하는 눈으로 보다.
⑤ 사람들의 눈길
예 다른 사람의 눈을 의식하다. / 사람들의 눈이 무서운 줄 알아라.
⑥ 태풍에서, 중심을 이루는 부분
예 태풍의 눈

눈02
자·저울·온도계 따위에 표시하여 길이·양(量)·도수(度數) 따위를 나타내는 금
예 저울의 무게를 가리키는 눈이 얼마인지 보아라.

눈04
대기 중의 수증기가 찬 기운을 만나 얼어서 땅 위로 떨어지는 얼음의 결정체
예 눈 쌓인 겨울 산이 하얗다.

눈05
〈식물〉 새로 막 터져 돋아나려는 초목의 싹. 꽃눈, 잎눈 따위이다.
예 눈이 트다.

ㄷ

빈출 다루다
① 일거리를 처리하다.
예 무역 업무를 다루다. / 이 병원은 피부병만을 다루고 있다.
② 어떤 물건을 사고 파는 일을 하다.
예 이 상점은 주로 전자 제품만을 다룬다.
③ 기계나 기구 따위를 사용하다.
예 악기를 다루다. / 그는 공장에서 기계를 다룬다.
④ 가죽 따위를 매만져서 부드럽게 하다.
예 짐승의 가죽을 다루어서 옷 따위를 만들었다.

⑤ 어떤 물건이나 일거리 따위를 어떤 성격을 가진 대상 혹은 어떤 방법으로 취급하다.
　예 농부들은 농산물을 자식처럼 다룬다. / 요즘 아이들은 학용품을 소홀히 다루는 경향이 있다.
⑥ 사람이나 짐승 따위를 부리거나 상대하다.
　예 아이들을 너무 엄격하게 다루면 오히려 역효과가 날 수 있다.
⑦ 어떤 것을 소재나 대상으로 삼다.
　예 그는 다음 소설에서 이념 문제를 주제로 다룰 예정이다.

대다01
① 정해진 시간에 닿거나 맞추다.
　예 간신히 기차 시간에 대다.
② 무엇을 어디에 닿게 하다.
　예 귀에 수화기를 대다.
③ 서로 견주어 비교하다.
　예 키를 대어 보다.
④ 잇닿게 하거나 관계를 맺다.
　예 전화를 대어 주다.
⑤ 사람을 구해서 소개해 주다.
　예 그 사람을 대어 주오.
⑥ 무엇을 덧대거나 뒤에 받치다.
　예 벽에 등을 대다.
⑦ 어떤 곳에 물을 끌어 들이다.
　예 논에 물을 대다.
⑧ 돈이나 물건 따위를 마련하여 주다.
　예 그는 그동안 남몰래 가난한 이웃에게 양식을 대 왔다.
⑨ 어떤 사실을 드러내어 말하다.
　예 증거를 대다.
⑩ 이유나 구실을 들어 보이다.
　예 핑계를 대다.

빈출 되다01
① 어떤 사물이나 현상이 생겨나거나 만들어지다.
　예 다 된 밥에 재 뿌리기
② 새로운 신분이나 지위를 가지다.
　예 부자가 되다.
③ 어떤 때나 시기, 상태에 이르다.
　예 가을이 되다. / 시집갈 나이가 다 된 과년한 딸
④ 사람으로서의 품격과 덕을 갖추다.
　예 그 사람은 됐어.
⑤ 다른 것으로 바뀌거나 변하다.
　예 노랗게 되다.
⑥ 어떤 일이 가능하거나 허락될 수 있음을 나타낸다.
　예 이 물 먹어도 되니?
⑦ 작물 따위가 잘 자라다.
　예 벼가 잘 되다.
⑧ 어떤 특별한 뜻을 가지는 상태에 놓이다.
　예 그런 행동은 우리에게 해가 된다.

되다02
말, 되, 홉 따위로 가루, 곡식, 액체 따위의 분량을 헤아리다.
　예 쌀을 말로 되어 팔다.

되다04
① 반죽이나 밥 따위가 물기가 적어 빡빡하다.
　예 밥이 너무 되다.
② 줄 따위가 단단하고 팽팽하다.
　예 줄을 너무 되게 맸다.
③ 일이 힘에 벅차다.
　예 일이 되거든 쉬어가며 해라.

빈출 들다01
① 밖에서 속이나 안으로 향해 가거나 오거나 하다.
　예 잠자리에 들다.
② 과일, 음식의 맛 따위가 익어서 알맞게 되다.
③ 물감, 색깔, 물기, 소금기가 스미거나 배다.
　예 붉은 물이 곱게 들다. / 음식에 간이 제대로 들다.
④ 어떤 일에 돈, 시간, 노력, 물자 따위가 쓰이다.
　예 경비가 많이 들다.
⑤ 의식이 회복되거나 어떤 생각이나 느낌이 일다.
　예 우리는 불길한 예감이 들었다.
⑥ 어떤 물건이나 사람이 좋게 받아들여지다.
　예 마음에 들다.
⑦ 몸에 병이나 증상이 생기다.
⑧ 남을 위하여 어떤 일을 하다.
　예 아버님의 시중을 들다.
⑨ 빛, 볕, 물 따위가 안으로 들어오다.
　예 처마 밑에 해가 들다.

빈출 들다02
비나 눈이 그치고 날이 좋아지다.
　예 날이 들면 출발하자.

빈출 들다03
날이 날카로워 물건이 잘 베어지다.
　예 칼이 잘 들다.

빈출 들다04
① 손에 가지다.
　예 가방을 들다.
② 아래에 있는 것을 위로 올리다.
　예 손을 들다. / 역기를 번쩍 든 역도 선수
③ 설명하거나 증명하기 위하여 사실을 가져다 대다.
　예 예를 들다. / 증거를 들다.
④ '먹다'의 높임말
　예 점심을 들다.

떼다01
① 붙어 있거나 잇닿은 것을 떨어지게 하다.
② 어떤 것에서 마음이 돌아서다.
　예 이간질하여 형제의 정을 떼다.

③ 봉한 것을 뜯어서 열다.
④ 전체에서 한 부분을 덜어 내다.
  예 월급에서 1%를 떼다.
⑤ 버릇이나 병 따위를 고치다.
  예 도박에서 손을 떼다.
⑥ 배우던 것을 끝내다.
  예 천자문을 떼다.
⑦ 말문을 열다.
  예 입을 떼다.
⑧ 걸음을 옮기어 놓다.

떼다02
남에게서 빌려 온 돈 따위를 돌려주지 않다.
  예 꾸어 준 돈을 떼었다.

[빈출] 뜨다01
① 물속이나 지면 따위에서 가라앉거나 내려앉지 않고 물 위나 공중에 있거나 위쪽으로 솟아오르다.
② 착 달라붙지 않아 틈이 생기다.
  예 장판이 뜨다.

[빈출] 뜨다02
물기 있는 물체가 제 훈김으로 썩기 시작하다.
  예 메주가 뜨다.

[빈출] 뜨다03
① 다른 곳으로 가기 위하여 있던 곳에서 다른 곳으로 떠나다.
  예 고향을 뜨다. / 그 자리에서 뜨지 말고 기다리시오.
② (속되게) 몰래 달아나다.

뜨다04
① 큰 것에서 일부를 떼어 내다.
  예 얼음장을 뜨다.
② 어떤 곳에 담겨 있는 물건을 퍼내거나 덜어 내다.
③ 고기 따위를 얇게 저미다.
④ 피륙에서 옷감이 될 만큼 끊어 내다.
  예 한복 한 벌 감을 뜨다.
⑤ 수저 따위로 음식을 조금 먹다.
  예 죽을 한두 술 뜨다 말았다.

뜨다06
① 실 따위로 코를 얽어서 무엇을 만들다.
② 한 땀 한 땀 바느질하다.
  예 터진 데를 한두 바늘 뜨다.

뜨다08
① 새겨진 글씨나 무늬 따위를 드러나게 하다.
  예 탁본을 뜨다.
② 녹화하거나 녹화물을 복사하다.

뜨다09
상대편의 속마음을 알아보려고 어떤 말이나 행동을 넌지시 걸어 보다.
  예 상대편의 속마음을 슬쩍 뜨다.

ㅁ

마음
① 사람이 본래부터 지닌 성격이나 품성
  예 많이 아는 사람보다는 마음이 어진 사람을 사귀어야 한다.
② 사람이 다른 사람이나 사물에 대하여 감정이나 의지, 생각 따위를 느끼거나 일으키는 작용이나 태도
  예 몸은 늙었지만 마음은 청춘이다.
③ 사람의 생각, 감정, 기억 따위가 생기거나 자리 잡는 공간이나 위치
  예 안 좋은 일을 마음에 담아 두면 병이 된다.
④ 사람이 어떤 일에 대하여 가지는 관심
  예 오늘은 날이 추워 도서관에 갈 마음이 없다.
⑤ 사람이 사물의 옳고 그름이나 좋고 나쁨을 판단하는 심리나 심성의 바탕
  예 그는 자신의 마음에 비추어 한 치의 부끄러움도 없는 삶을 살았다.
⑥ 이성이나 타인에 대한 사랑이나 호의(好意)의 감정
  예 너 저 사람에게 마음이 있는 모양이구나.
⑦ 사람이 어떤 일을 생각하는 힘
  예 마음을 집중해서 공부해라.

마르다01
① 물기가 다 날아가서 없어지다.
  예 날씨가 맑아 빨래가 잘 마른다.
② 입이나 목구멍에 물기가 적어져 갈증이 나다.
  예 뜨거운 태양 아래서 달리기를 했더니 목이 몹시 마르다.
③ 살이 빠져 야위다.
  예 공부를 하느라 몸이 많이 말랐다.
④ 강이나 우물 따위의 물이 줄어 없어지다.
  예 가뭄에도 우물은 마르지 않는다.
⑤ 돈이나 물건 따위가 다 쓰여 없어지다.
  예 돈이 마르다. / 씨가 마르다.
⑥ 감정이나 열정 따위가 없어지다.
  예 애정이 마르다.

말01
① 사람의 생각이나 느낌 따위를 표현하고 전달하는 데 쓰는 음성 기호. 곧 사람의 생각이나 느낌 따위를 목구멍을 통하여 조직적으로 나타내는 소리를 가리킨다.
  예 멀리 떨어져 있어서 말이 제대로 안 들린다.
② 음성 기호로 생각이나 느낌을 표현하고 전달하는 행위. 또는 그런 결과물
  예 고운 말과 바른 말
③ 일정한 주제나 줄거리를 가진 이야기
  예 말을 건네다.
④ 단어, 구, 문장 따위를 통틀어 이르는 말
  예 내 사전에 불가능이란 말은 없다.

⑤ 소문이나 풍문 따위를 이르는 말
　예 널 두고 말이 많으니 조심해라.
⑥ 다시 강조하거나 확인하는 뜻을 나타내는 말
　예 나보고 이런 것을 먹으란 말이냐.
⑦ '망정이지'의 뜻을 나타내는 말
　예 집에서 조금 일찍 나왔으니 말이지 하마터면 차를 놓칠 뻔했다.
⑧ '-을 것 같으면'의 뜻을 나타내는 말
　예 자네가 장가들 말이면 내게 미리 귀띔을 했어야지.
⑨ 어떤 행위가 잘 이루어지지 않음을 탄식하는 말
　예 차를 사고 싶은데 돈이 있어야 말이지.
⑩ 앞에서 언급한 사실을 강조하여 말하는 뜻을 나타내는 말
　예 돈이라니, 며칠 전에 네가 내게 준 돈 말이냐?
⑪ 어감을 고르게 할 때 쓰는 군말. 상대편의 주의를 끌거나 말을 다짐하는 뜻을 나타낸다.
　예 그런데 말이야. / 하지만 말이죠.

말02
톱질을 하거나 먹줄을 그을 때 밑에 받치는 나무
　예 나무 밑에 말을 대고 자로 자르도록 해라.

말03
곡식, 액체, 가루 따위의 분량을 되는 데 쓰는 그릇
　예 쌀을 말로 되다.

말04
〈동물〉 말과의 포유류
　예 말을 타고 들판을 달리다.

말05
〈민속〉 십이지에서 '오05(午)'를 상징적으로 나타내는 말

말06
① 〈체육〉 '馬'자가 새긴 장기짝
　예 나는 장기에서 말 하나로 차 두 개를 잡아 승기를 잡았다.
② 〈민속〉 고누나 윷놀이 따위를 할 때 말판에서 정해진 규칙에 따라 옮기는 패

[빈출] **맞다01**
① 문제에 대한 답이 틀리지 아니하다.
② 말, 육감, 사실 따위가 틀림이 없다.
③ 모습, 분위기, 취향 따위가 다른 것에 잘 어울리다.
　예 분에 맞는 생활
④ 어떤 대상의 맛, 온도, 습도 따위가 적당하다.
⑤ 크기, 규격 따위가 다른 것의 크기, 규격 따위와 어울리다.
　예 반지가 손가락에 맞다.
⑥ 어떤 행동, 의견, 상황 따위가 다른 것과 서로 어긋나지 아니하고 같거나 어울리다.
　예 그 두 나라는 이해관계가 잘 맞는다.

[빈출] **맞다02**
① 오는 사람이나 물건을 예의로 받아들이다.
　예 손님을 맞다.
② 시간의 흐름에 따라 어떤 때를 대하다.
　예 생일을 맞다.
③ 가족의 일원으로 예를 갖추어 데려오다.
④ 자연 현상에 따라 내리는 눈, 비 따위의 닿음을 받다.
⑤ 점수를 받다.
　예 100점을 맞다.

[빈출] **맞다03**
① 외부로부터 어떤 힘이 가해져 몸에 해를 입다.
　예 어머니께 매를 맞았다.
② 침, 주사 따위로 치료를 받다.
　예 팔에 예방 주사를 맞았다.

맵다
① 고추나 겨자와 같이 맛이 알알하다.
　예 빨간 고추를 먹으면 매우 맵다.
② 날씨가 몹시 춥다.
　예 해가 서쪽으로 기울어지며 냇가로 매운 바람이 불어온다.
③ 연기 따위가 눈이나 코를 아리게 하다.
　예 주인댁이 불을 때느라고 매운 연기가 난다.
④ 성미가 사납고 독하다.
　예 어머니는 매운 시집살이를 하셨다.
⑤ 결기가 있고 야무지다.
　예 저 녀석은 하는 일마다 맵게 잘 처리해서 마음에 든다.

[빈출] **맺다**
① 끄나풀, 실, 노끈 따위를 얽어 매듭을 만들다.
② 하던 일을 끝내다.
③ 관계나 인연 따위를 이루거나 만들다.
　예 사돈 관계를 맺다.
④ 열매나 꽃망울 따위가 생겨나거나 그것을 이루다.
　예 나무에 열매가 맺다.
⑤ 물방울이나 땀방울 따위가 생겨나 매달리다.
　예 풀잎에 이슬이 맺다.

머리01
① 사람이나 동물의 목 위의 부분. 눈, 코, 입 따위가 있는 얼굴을 포함하여 머리털이 있는 부분을 이른다.
　예 그는 아무 말 없이 머리를 아래로 숙였다.
② 머리에 난 털 = 머리털
　예 봄이 되면 어쩐지 머리가 잘 빠진다.
③ 생각하고 판단하는 능력
　예 그는 머리가 영리하고 우수한 소년이었다.
④ 사물의 앞이나 위를 비유적으로 이르는 말
　예 저만치에서 돌의 머리만 보였다. / 그는 달려오는 차 머리에 치였다.
⑤ 일의 시작이나 처음을 비유적으로 이르는 말
　예 머리도 끝도 없이 일이 뒤죽박죽이 되었다.
⑥ 단체의 우두머리
　예 구성원의 머리가 되려면 용기와 지혜가 필요하다.

먹다02
① 음식 따위를 입을 통하여 배 속에 들여보내다.
　예 밥을 먹다.
② 날이 있는 도구가 소재를 깎거나 자르거나 갈거나 하는 작용을 하다.
　예 대패가 잘 먹다.
③ 벌레, 균 따위가 파 들어가거나 퍼지다.
　예 벌레가 먹은 과일
④ 바르는 물질이 배어들거나 고루 퍼지다.
　예 물감(기름)이 잘 먹다.
⑤ 돈이나 물자 따위가 들거나 쓰이다.
　예 재료를 많이 먹다.
⑥ 연기나 가스 따위를 들이마시다.
　예 연탄가스를 먹다.
⑦ 어떤 등급을 차지하거나 점수를 따다.
　예 달리기에서 일 등을 먹다.
⑧ 어떤 마음이나 감정을 품다.
　예 그렇게 할 마음을 먹다.
⑨ 일정한 나이에 이르거나 나이를 더하다.
　예 아홉 살 먹은 아이
⑩ 욕, 핀잔 따위를 듣거나 당하다.
　예 욕을 먹다.
⑪ 남의 재물을 다루거나 맡은 사람이 그 재물을 부당하게 자기의 것으로 만들다.
　예 공금을 먹다.
⑫ 구기 경기에서, 점수를 잃다.
　예 우리 편이 두 골을 먹었다.
⑬ 물이나 습기 따위를 빨아들이다.
　예 종이가 물을 먹다.

무르다01
굳은 것이 물렁하게 되다.
　예 감이 무르다.

무르다02
① 사거나 바꾼 물건을 원래 임자에게 도로 주고 돈이나 물건을 되찾다.
　예 시계를 샀다가 도로 무르다.
② 이미 행한 일을 그 전의 상태로 돌리다.

빈출 무르다03
① 여리고 단단하지 않다.
　예 무른 땅에 말뚝 박는 일만큼 쉽다.
② 마음이 여리거나 힘이 약하다.
　예 그는 마음이 물러서 남에게 모진 소리를 못한다.

물리다01
다시 대하기 싫을 만큼 몹시 싫증이 나다.
　예 너무 자주 먹어서 냉면에는 물렸다.

물리다02
윗니와 아랫니 사이에 끼인 상태로 상처가 날 만큼 세게 눌리다. '물다02「2」'의 피동사
　예 독사에게 다리를 물리다.

물리다03
굳은 것을 물렁거리게 하다.
　예 감자를 푹 물린 뒤 꺼내다.

물리다04
① 정해진 시기를 뒤로 늦추다.
　예 날짜를 하루 물리다.
② 사람이나 물건 따위를 다른 자리로 옮겨 가게 하거나 옮겨 놓다.
　예 차례를 물리다.
③ 재물이나 관리, 지위 따위를 다른 사람에게 내려 주다.
　예 가보를 대대로 물려주다.

ㅂ

바람01
① 기압의 변화 또는 사람이나 기계에 의하여 일어나는 공기의 움직임
　예 바람이 불다. / 선풍기의 바람이 너무 세다.
② 공이나 튜브 따위와 같이 속이 빈 곳에 넣는 공기
　예 바람이 빠진 축구공
③ 몰래 다른 이성과 관계를 가짐
　예 바람이 나다. / 바람을 피우다.
④ 남을 부추기거나 얼을 빼는 일
　예 제발 바람 좀 작작 불어라.
⑤ 사회적으로 일어나는 일시적인 유행이나 분위기 또는 사상적인 경향
　예 투기 바람이 불다. / 교육계에 새 바람이 불다.
⑥ 뒷말의 근거나 원인을 나타내는 말
　예 급히 서두른 바람에 서류를 놓고 왔다.
⑦ (주로 의복을 나타내는 명사 뒤에서 '바람으로' 꼴로 쓰여) 그 옷차림의 뜻을 나타내는 말
　예 셔츠 바람으로 손님을 맞다.

바람02
어떤 일이 이루어지기를 기다리는 간절한 마음
　예 남북 통일은 우리 겨레 모두의 바람이다.

바람03
길이의 단위. 한 바람은 실이나 새끼 따위의 한 발 정도의 길이이다.
　예 한 바람의 노끈

빈출 바르다01
① 풀칠한 종이나 헝겊 따위를 다른 물건의 표면에 고루 붙이다.
　예 아이들 방에 벽지를 발랐다.
② 차지게 이긴 흙 따위를 다른 물체의 표면에 고르게 덧붙이다.
　예 흙을 벽에 바르다.
③ 물이나 풀, 약, 화장품 따위를 물체의 표면에 문질러 묻히다.

예 도자기에 유약을 바르다.

빈출 ▶ **바르다02**
① 껍질을 벗기어 속에 들어 있는 알맹이를 집어내다.
예 밤을 바르다. / 씨를 바르다.
② 뼈다귀에 붙은 살을 걷거나 가시 따위를 추려 내다.
예 생선 가시를 발라서 버리다.

빈출 ▶ **바르다03**
① 겉으로 보기에 비뚤어지거나 굽은 데가 없다.
예 선을 바르게 긋다. / 길이 바르다.
② 말이나 행동 따위가 사회적인 규범이나 사리에 어긋나지 아니하고 들어맞다.
예 예의가 바르다.
③ 사실과 어긋남이 없다.
예 숨기지 말고 바르게 대답하시오.
④ 그늘이 지지 아니하고 햇볕이 잘 들다.
예 기르던 병아리가 죽자 아이들은 양지가 바른 곳에 묻어 주었다.

발01
① 사람이나 동물의 다리 맨 끝부분
예 발에 꼭 맞는 신
② 가구 따위의 밑을 받쳐 균형을 잡고 있는, 짧게 도드라진 부분
예 장롱의 발
③ '걸음'을 비유적으로 이르는 말
예 발이 빠른 선수
④ 한시(漢詩)의 시구 끝에 다는 운자(韻字)
예 발을 달다.
⑤ 걸음을 세는 단위
예 서너 발을 물러서다.

발03
가늘고 긴 대를 줄로 엮거나, 줄 따위를 여러 개 나란히 늘어뜨려 만든 물건. 주로 무엇을 기리는 데 쓴다.
예 문에 발을 걸다.

발04
새로 생긴 나쁜 버릇이나 관례
예 잔소리가 아주 발이 되겠다.

발05
실이나 국수 따위의 가늘고 긴 물체의 가락
예 발이 굵은 국수 / 발이 고운 모시

발07
길이의 단위. 두 팔을 양옆으로 펴서 벌렸을 때 한쪽 손끝에서 다른 쪽 손끝까지의 길이이다.
예 두 발 둘레의 고목

밟다
① 어떤 대상을 디디거나 디디면서 걷다.
예 남극 대륙을 밟다.
② 발을 들었다 놓으면서 어떤 대상 위에 대고 누르다.
예 발을 밟다.
③ 어떤 이의 움직임을 살피면서 몰래 뒤를 따라가다.
예 혐의자의 뒤를 밟다.
④ 어떤 일을 위하여 순서나 절차를 거쳐 나가다.
예 법적 절차를 밟다.

버리다
① 가지거나 지니고 있을 필요가 없는 물건을 내던지거나 쏟거나 하다.
예 쓰레기를 버리다.
② 못된 성격이나 버릇 따위를 없애다.
예 욕심을 버리다.
③ 직접 깊은 관계가 있는 사람과의 사이를 끊고 돌보지 아니하다.
예 늙고 병든 부모를 버린 못된 자식 기사가 신문에 나왔다.

빈출 ▶ **벌어지다01**
① 갈라져서 사이가 뜨다.
예 벽의 틈이 벌어지다.
② 사람의 사이에 틈이 생기다.
예 둘의 사이가 벌어지다.
③ 막힌 데가 없이 넓게 탁 트이다.
예 눈앞에 벌어진 초원
④ 가슴이나 어깨, 등 따위가 옆으로 퍼지다.
예 남자의 키는 작달막하나 가슴은 딱 벌어졌다.

빈출 ▶ **보다01**
① 눈으로 대상의 존재나 형태적 특징을 알다.
예 날아가는 새를 보다.
② 눈으로 대상을 즐기거나 감상하다.
예 영화를 보다.
③ 대상의 내용이나 상태를 알기 위하여 살피다.
예 선을 보다.
④ 어떤 일을 맡아 하다.
예 친목회의 일을 보다.
⑤ 맡아서 보살피거나 지키다.
예 아이를 보다. / 집을 보다.
⑥ 어떤 관계의 사람을 얻거나 맞다.
예 손자를 보다.
⑦ 어떤 결과나 관계를 맺기에 이르다.
예 결과를 보다.
⑧ 대상을 평가하다.
예 좋지 않게 보다. / 만만히 볼 상대가 아니다.
⑨ 물건을 팔거나 사다.
예 시장을 보다.
⑩ 음식상이나 잠자리 따위를 채비하다.
예 손님이 오셨으니 상을 좀 보아라. / 손님 주무실 자리를 봐 드려라.
⑪ 사람을 만나다.
예 자네를 보러 왔지.
⑫ 어떤 행동을 시험 삼아 함을 나타내는 말

예 돌다리도 두드려 보고 건너라.
⑬ 앞말이 뜻하는 행동이나 상태를 추측하거나 어렴풋이 인식하고 있음을 나타내는 말
예 아마 해낼 자신이 있는가 보다.

[빈출] 부치다01
모자라거나 미치지 못하다.
예 힘에 부치는 일

부치다02
① 편지나 물건 따위를 일정한 수단이나 방법을 써서 상대에게로 보내다.
예 짐을 부치다.
② 어떤 문제를 다른 곳이나 다른 기회로 넘기어 맡기다.
예 공판(公判)에 부치다.
③ 어떤 일을 거론하거나 문제 삼지 아니하는 상태에 있게 하다.
예 불문(不問)에 부치다.
④ 마음이나 정 따위를 다른 것에 의지하여 대신 나타내다.
예 기러기에 부쳐 외로움을 노래하다.
⑤ 먹고 자는 일을 제집이 아닌 다른 곳에서 하다.
예 고모 댁에서 몸을 부치고 있다.

부치다03
논밭을 이용하여 농사를 짓다.

부치다04
번철이나 프라이팬 따위에 기름을 바르고 빈대떡, 저냐, 전병(煎餠) 따위의 음식을 익혀서 만들다.

부치다05
부채 따위를 흔들어서 바람을 일으키다.

ㅅ

새기다01
① 글씨나 형상을 파다.
예 도장을 새기다.
② 잊지 아니하도록 마음속에 깊이 기억하다.
예 약속을 마음에 꼭 새기다.

새기다02
① 글이나 말의 뜻을 알기 쉽게 풀이하다.
예 논어의 뜻을 새기다.
② 다른 나라의 말이나 글을 우리말로 번역하여 옮기다.
예 한문을 새기다.

새기다03
소나 양 따위의 반추 동물이 먹었던 것을 되내어서 다시 씹다.

생각01
① 사물을 헤아리고 판단하는 작용
예 그는 오랜 생각 끝에 답했다.
② 어떤 일을 하고 싶어 하거나 관심을 가짐. 또는 그런 일
예 술 생각이 간절하다.
③ 어떤 일을 하려고 마음을 먹음. 또는 그런 마음
예 그만둘 생각이다.
④ 어떤 일에 대한 의견이나 느낌을 가짐. 또는 그 의견이나 느낌
예 부끄러운 생각
⑤ 어떤 사람이나 일 따위에 대한 기억
예 고향 생각 / 어머니 생각에 잠기다.
⑥ 앞으로 일어날 일에 대하여 상상해 봄. 또는 그런 상상
예 10년 후의 네 모습을 생각해 봐.
⑦ 어떤 사람이나 일에 대하여 성의를 보이거나 정성을 기울임. 또는 그런 일
예 우리 생각도 좀 해 주게.
⑧ 사리를 분별함. 또는 그런 일
예 생각없이 행동하지 마라.

[빈출] 서다01
① 사람이나 동물이 발을 땅에 대고 다리를 쭉 뻗으며 몸을 곧게 하다.
예 담 밖에 서서 안을 넘어다보다.
② 어떤 곳에서 다른 곳으로 가던 대상에 어느 한 곳에서 멈추다.
예 완행 열차는 역마다 선다.
③ 처져 있던 것이 똑바로 위를 향하여 곧게 되다.
예 머리털이 쭈뼛 서다.
④ 무딘 것이 날카롭게 되다.
예 칼날이 서다.
⑤ 사람이 어떤 위치나 처지에 있게 되거나 놓이다.
예 우위에 서다. / 대표자 자리에 서다.
⑥ 어떤 모양이나 현상이 이루어져 나타나다.
예 비 갠 하늘에 무지개가 서다.
⑦ 장이나 씨름판 따위가 열리다.
예 5일마다 장이 서다.
⑧ 아이가 배 속에 생기다.
예 아이가 서나 보다.
⑨ 나라나 기관 따위가 처음으로 이루어지다.
예 산골에도 학교가 서다.
⑩ 질서나 체계, 규율 따위가 올바르게 있게 되거나 짜이다.
예 교통 질서가 서다.
⑪ 계획, 결심, 자신감 따위가 마음속에 이루어지다.
예 계획이 서다. / 결심이 서다.

세다01
머리카락이나 수염 따위의 털이 희어지다.

세다02
사물의 수효를 헤아리거나 꼽다.
예 돈을 세다. / 참석자의 수를 세다.

세다03
① 힘이 많다.
② 행동하거나 밀고 나가는 기세 따위가 강하다.
예 고집이 세다.
③ 운수나 터 따위가 나쁘다.

예 팔자가 세다.
④ 사물의 감촉이 딱딱하고 뻣뻣하다.
예 풀기가 세다.

빈출 속01
① 일정하게 둘러싸인 것의 안쪽으로 들어간 부분
예 주머니 속에 손을 넣고 걷지 마라.
② 사람의 몸에서 배의 안 또는 위장
예 속이 매스껍다.
③ 품고 있는 마음이나 생각
예 속이 검다. / 속이 꽉 찬 사람
④ 감추어진 일의 내용
예 남의 속도 모른다.

손01
① 사람의 팔목 끝에 달린 부분. 손등, 손바닥, 손목으로 나뉘며 그 끝에 다섯 개의 손가락이 있어, 무엇을 만지거나 잡거나 한다.
예 물건을 손에 쥐다.
② 손끝의 다섯 개로 갈라진 부분. 또는 그것 하나하나 = 손가락
예 손에 반지를 끼다.
③ 일을 하는 사람 = 일손
예 많은 손이 필요한 토목 공사
④ 어떤 일을 하는 데 드는 사람의 힘이나 노력, 기술
예 죽고 사는 것이 의사의 손에 달렸다.
⑤ 어떤 사람의 영향력이나 권한이 미치는 범위
예 일의 성패는 네 손에 달려 있다.
⑥ 사람의 수완이나 꾀
예 그의 손에 놀아나다.

싸다01
① 물건을 안에 넣고 보이지 않게 씌워 가리거나 둘러 말다.
② 어떤 물체의 주의를 가리거나 막다.
예 경호원들이 겹겹이 싸고 있다.

싸다04
① 들은 말 따위를 진중하게 간직하지 아니하고 잘 떠벌리다.
② 걸음이 재빠르다.
예 싸게 걷다.

싸다05
① 물건값이나 사람 또는 물건을 쓰는 데 드는 비용이 보통보다 낮다.
② 저지른 일 따위에 비추어서 받는 벌이 마땅하거나 오히려 적다.
예 그 사람은 욕을 먹어도 싸다.

쓰다01
① 붓, 펜, 연필과 같이 선을 그을 수 있는 도구로 종이 따위에 획을 그어서 일정한 모양이 이루어지게 하다.

② 머릿속의 생각을 종이 혹은 이와 유사한 대상 따위에 글로 나타내다.

쓰다02
① 모자 따위를 머리에 얹어 덮다.
② 우산이나 양산 따위를 머리 위에 펴 들다.

빈출 쓰다03
① 어떤 일을 하는 데에 재료나 도구, 수단을 이용하다.
② 사람에게 어떤 일을 하게 하다.
예 일꾼을 쓰다.
③ 힘이나 노력 따위를 들이다.
④ 어떤 일을 하는 데 시간이나 돈을 들이다.
예 돈을 흥청망청 쓰다.
⑤ 어떤 말이나 언어를 사용하다.

쓰다04
시체를 묻고 무덤을 만들다.
예 명당 자리에 묘를 쓰다.

쓰다06
① 혀로 느끼는 맛이 한약이나 소태, 씀바귀의 맛과 같다.
② 몸에 좋지 않아서 입맛이 없다.
③ 달갑지 않고 싫거나 괴롭다.

ㅇ

안다
① 두 팔을 벌려 가슴 쪽으로 끌어당기거나 그렇게 하여 품 안에 있게 하다.
예 아기를 안다.
② 바람이나 비, 눈, 햇빛 따위를 정면으로 받다.
예 바람을 안고 달리다.
③ 손해나 빚 또는 책임을 맡다.
예 친구의 은행 빚을 안다.
④ 생각이나 감정 따위를 마음속에 가지다.
예 기쁨을 안고 돌아오다.
⑤ 새가 알을 까기 위하여 가슴이나 배 부분으로 알을 덮고 있다.
예 둥우리에는 암탉이 알을 안고 있다.

오르다
① 사람이나 동물 따위가 아래에서 위쪽으로 움직여 가다.
예 계단을 오르다.
② 기록에 적히다.
예 호적에 오르다.
③ 탈것에 타다.
예 가마에 오르다.
④ 어떤 정도에 달하다.
예 사업이 비로소 정상 궤도에 올랐다.
⑤ 값이나 수치, 온도, 성적 따위가 이전보다 많아지거나 높아지다.
예 물가가 오르다.
⑥ 지위나 신분 따위를 얻게 되다.

예 장관 자리에 오르다.
⑦ 식탁, 도마 따위에 놓이다.
  예 귀한 음식이 잔칫상에 오르다. / 고등어가 도마 위에 올라 칼질을 기다리고 있다.
⑧ 기운이나 세력이 왕성하여지다.
  예 인기가 오르니까 사람이 달라졌다.
⑨ 어떤 감정이나 기운이 퍼지다.
  예 약이 오르다.
⑩ 때가 거죽에 묻다.
  예 까맣게 때가 오르다.
⑪ 길을 떠나다.
  예 이민 길에 오르다.

옮기다
① 어떤 곳에서 다른 곳으로 자리를 바꾸게 하다.
  예 책상을 창가로 옮기다.
② 병 따위를 다른 이에게 전염시키다.
  예 독감을 옮기다.
③ 불길이나 소문 따위를 한 곳에서 다른 곳으로 번져 가게 하다.
  예 소문을 옮기다.
④ 발걸음을 한 걸음 한 걸음 떼어 놓다.
  예 집으로 발걸음을 옮기다.
⑤ 관심이나 시선 따위를 하나의 대상에서 다른 대상으로 돌리다.
  예 다른 사업으로 관심을 옮기다.
⑥ 어떠한 일을 다음 단계로 진행시키다.
  예 오랜 구상을 실행에 옮기다.
⑦ 한 나라의 말이나 글을 다른 나라의 말이나 글로 바꾸다.
  예 한문으로 된 고전들을 우리말로 옮기다.
⑧ 한 곳에 자라던 식물을 다른 곳에다 심다.
  예 나무를 양지바른 데로 옮겨 심다.

빈출 이르다01
① 어떤 장소나 시간에 닿다.
  예 그 문제가 오늘에 이르러서야 해결되었다.
② 어떤 정도나 범위에 미치다.
  예 죽을 지경에 이르다.

빈출 이르다02
① 미리 알려 주다.
② 잘 깨닫도록 일의 이치를 밝혀 말해 주다 = 타이르다.
  예 내가 알아듣도록 이를 테니 걱정 말게.
③ 어떤 사람의 잘못을 윗사람에게 말하여 알게 하다.

빈출 이르다03
대중이나 기준을 잡은 때보다 앞서거나 빠르다. 예 이른 아침

일다01
① 없던 현상이 생기다.
  예 유행이 일다.
② 희미하거나 약하던 것이 왕성하여지다.
  예 불이 일다.

③ 겉으로 부풀거나 위로 솟아오르다.
  예 거품이 일다.

일다02
① 곡식이나 사금 따위를 그릇에 담아 물을 붓고 이리저리 흔들어서 쓸 것과 못 쓸 것을 가려내다.
  예 어머니는 종일 키로 참깨를 일고 계셨다.
② 곡식 따위를 키나 체에 올려놓고 흔들거나 까불러서 쓸 것과 못 쓸 것을 가려내다.
  예 그는 조리로 쌀을 일어 밥을 지었다.

일어나다
① 누웠다가 앉거나 앉았다가 서다.
  예 얼마나 컸는지 어디 일어나 보아라.
② 잠에서 깨어나다.
  예 아침 일찍 일어나다.
③ 몸과 마음을 모아 나서다.
  예 일어나라, 학도들이여!
④ 자연이나 인간 따위에게 어떤 현상이 발생하다.
  예 전쟁이 일어나다.
⑤ 약하거나 희미하던 것이 성하여지다.
  예 가세(家勢)가 일어나다.

입
① 입술에서 후두(喉頭)까지의 부분. 음식이나 먹이를 섭취하며, 소리를 내는 기관이다.
  예 과자를 입에 넣다.
② 포유류의 입 가장자리 위아래에 도도록이 붙어 있는 얇고 부드러운 살 = 입술
  예 꼭 다문 입
③ 사람이 하는 말을 비유적으로 이르는 말
  예 입이 재다. / 그 사람은 입이 거칠다.
④ 음식을 먹는 사람의 수효
  예 집에서 기다리는 입이 한둘이 아니다.
⑤ 한 번에 먹을 만한 음식물의 분량을 세는 단위
  예 사과를 한 입 베어먹다.

빈출 입다
① 옷을 몸에 꿰거나 두르다.
  예 옷을 입다.
② (도움, 손해 따위와 같은 말을 목적어로 하여) 받거나 당하다.
  예 피해를 입다. / 선생님께 은혜를 입다.

ㅈ

빈출 잡다01
① 손으로 움키고 놓지 않다.
② 말 따위를 문제로 삼다.
  예 트집을 잡다. / 말꼬리를 잡다.
③ 실마리, 요점, 단점 따위를 찾아내거나 알아내다.

예 실마리를 잡다.
④ 사람을 떠나지 못하게 말리다.
　예 그는 떠나려는 손님을 잡았다.
⑤ 어림하거나 짐작하여 헤아리다.
　예 시간이 얼마나 걸릴지 잡아 보아라. / 대충 천만 원으로 잡다.
⑥ 짐승을 죽이다.
　예 잔치에 쓸 돼지를 잡다.
⑦ 남을 모해하여 곤경에 빠뜨리다.
　예 사람 잡는 소리 하지 마세요.
⑧ 흥분되거나 들뜬 마음을 가라앉히다.
　예 마음 잡고 결혼하기로 하다.
⑨ 주름 따위를 만들다.
　예 치마의 주름을 잡다.

빈출 재다02
① 자, 저울 따위의 계기를 이용하여 물건의 길이, 너비, 높이, 깊이, 무게, 온도, 속도 따위의 정보를 알아보다.
② 여러모로 따져보고 헤아리다.
　예 그는 일의 앞뒤를 재기만 하고 실행으로 옮기지를 않는다.

재다05
① 동작이 재빠르다.
　예 걸음이 정말 재다.
② 온도에 대한 물건의 반응이 빠르다.
　예 그릇이 재다.
③ 참을성이 모자라 입놀림이 가볍다.
　예 그녀는 입이 너무 재다.

주다01
① 물건 따위를 남에게 건네어 가지거나 누리게 하다.
　예 먹을거리를 주다.
② 다른 사람에게 정이나 마음을 베풀거나 터놓다.
　예 마음을 주다.
③ 시선이나 관심 따위를 어떤 곳으로 향하다.
　예 시선을 주다.
④ 실이나 줄 따위를 풀리는 쪽으로 더 풀어 내다.
　예 닻을 주다.
⑤ 주사나 침 따위를 놓다.
　예 손등에 침을 주다.
⑥ 앞 동사의 행위가 다른 사람의 행위에 영향을 마침을 나타내는 말
　예 물건을 팔아 주다. / 책을 읽어 주다.

ㅊ

차리다
① 음식 따위를 장만하여 먹을 수 있게 상 위에 벌이다.
　예 잔칫상을 차리다.
② 기운이나 정신 따위를 가다듬어 되찾다.
　예 정신을 차리다.
③ 마땅히 해야 할 도리, 법식 따위를 갖추다.
　예 예의를 차리다.
④ 살림, 가게 따위를 벌이다.
　예 신혼 살림을 차리다.

찾다
① 현재 주변에 없는 것을 얻거나 사람을 만나려고 여기저기 뒤지거나 살피다.
　예 고아를 찾다.
② 모르는 것을 알아내고 밝혀내려고 애쓰다. 또는 그것을 알아내고 밝혀내다.
　예 말의 핵심을 찾다.
③ 잃거나 빼앗기거나 맡기거나 빌려주었던 것을 돌려받아 가지게 되다.
　예 잃었던 책을 찾다. / 빌려 주었던 돈을 찾다.
④ 어떤 사람을 만나거나 어떤 곳을 보러 그와 관련된 장소로 옮겨 가다.
　예 친구를 찾아 사정을 이야기하다.
⑤ 어떤 것을 구하다.
　예 술을 찾다.

빈출 치다01
① 바람이 세차게 불거나 비, 눈 따위가 세차게 뿌리다.
　예 눈보라가 치다.
② 천둥이나 번개 따위가 큰 소리나 빛을 내면서 일어나다.
　예 갑자기 벼락이 치다.
③ 서리가 몹시 차갑게 내리다.
　예 된서리가 치는 바람에 작물이 몽땅 얼어 버렸다.
④ 물결이나 파도 따위가 일어 움직이다.
　예 파도가 높게 치다.

빈출 치다02
① 손이나 손에 든 물건으로 세게 부딪게 하다.
　예 방망이로 공을 치다.
② 손이나 물건 따위를 부딪쳐 소리 나게 하다.
　예 피아노를 치다.
③ 떡을 차지게 하기 위하여 떡메로 반죽을 두들기다.
④ 카드나 화투 따위의 패를 고루 섞다. 또는 카드나 화투를 즐기다.
⑤ 상대편에게 피해를 주기 위하여 공격을 하다.
　예 적군의 뒤에서 치다.
⑥ 날개나 꼬리 따위를 세차게 흔들다.
　예 새들이 날개를 치며 하늘로 갔다.
⑦ 날이 있는 물체를 이용하여 물체를 자르다.
　예 망나니가 죄인의 목을 치다. / 농부가 낫으로 잔가지를 쳐 냈다.
⑧ 점괘로 길흉을 알아보다.
⑨ 시험을 보다.
　예 입학 시험을 치다.

치다03
붓이나 연필 따위로 점을 찍거나 선이나 그림을 그리다.
치다05
① 막이나 그물, 발 따위를 펴서 벌이거나 늘어뜨리다.
예 강에 그물을 치다.
② 벽 따위를 둘러서 세우거나 쌓다.
예 나무로 담을 치다.
③ 붕대나 대님 따위를 감아 매거나 두르다.
예 대충 붕대를 쳐 주었다.

ㅌ

빈출 **타다01**
① 불씨나 높은 열로 불이 붙어 번지거나 불꽃이 일어나다.
예 아궁이에서 장작이 활활 타고 있었다.
② 피부가 햇볕을 오래 쬐어 검은색으로 변하다.
예 땡볕에 팔이 새까맣게 탔다.
③ 뜨거운 열을 받아 검은색으로 변할 정도로 지나치게 익다.
예 다른 일을 하는 사이에 냄비가 타 버렸다.
④ 마음이 몹시 달다.
예 걱정으로 속이 타다.
⑤ 물기가 없어 바싹 마르다.
예 오랜 가뭄으로 농작물이 다 타 버렸다.

빈출 **타다02**
① 탈것이나 짐승의 등 따위에 몸을 얹다.
예 비행기에 타다.
② 도로, 줄, 산, 나무, 바위 따위를 밟고 오르거나 그것을 따라 지나가다.
예 원숭이는 나무를 잘 탄다.
③ 어떤 조건이나, 시간, 기회 등을 이용하다.
예 아이들은 틈을 타 수박서리를 하였다.
④ 바람이나 물결, 전파 따위에 실려 퍼지다.
예 연이 바람을 타고 하늘로 올라간다.
⑤ 바닥이 미끄러운 곳에서 어떤 기구를 이용하여 달리다.
예 썰매를 타려면 꼭 장갑을 끼어야 한다.
⑥ 그네나 시소 따위의 놀이 기구에 몸을 싣고 앞뒤로, 위아래로 또는 원을 그리며 움직이다.
예 구경은 그만하고 이제 배를 타러 가자.

빈출 **타다03**
다량의 액체에 소량의 액체나 가루 따위를 넣어 섞다.
예 아이스 커피를 타다.

빈출 **타다04**
① 몫으로 주는 돈이나 물건 따위를 받다.
예 회사에서 상여금을 타다.
② 복이나 재주, 운명 따위를 선천적으로 지니다.
예 운명을 잘 타고 태어나야 하는데.

빈출 **타다05**
① 박 따위를 톱 같은 기구를 써서 밀었다 당겼다 하여 갈라지게 하다.

예 긴 톱으로 박을 타다.
② 줄이나 골을 내어 두 쪽으로 나누다.
예 흙을 파서 골을 탄 다음 씨를 뿌렸다.
③ 콩, 팥 따위를 맷돌에 갈아서 알알이 쪼개다.
예 맷돌에 콩을 타서 만든 두부라 맛있다.

빈출 **타다06**
악기의 줄을 퉁기거나 건반을 눌러 소리를 내다.
예 비파를 타다.

빈출 **타다07**
① 먼지나 때 따위가 쉽게 달라붙는 성질을 가지다.
예 이 가죽 가방은 때를 잘 탄다.
② 몸에 독한 기운 따위의 자극을 쉽게 받다.
예 옻을 타다.
③ 부끄럼이나 노여움 따위의 감정이나 간지럼 따위의 육체적 느낌을 쉽게 느끼다.
예 노여움을 타다. / 간지럼을 타다.
④ 계절이나 기후의 영향을 쉽게 받다.
예 남자는 가을을 탑니다.

ㅍ

펴다
① 접히거나 개킨 것을 젖히어 벌리다.
예 우산을 펴다.
② 굽은 것을 곧게 하다. 또는 움츠리거나 구부리거나 오므라든 것을 벌리다.
예 허리를 펴다. / 다리를 펴고 앉으세요. / 어깨를 펴고 걷다.
③ 구김이나 주름 따위를 없애어 반반하게 하다.
예 이마의 주름살을 펴다.
④ 생각, 감정, 기세 따위를 얽매임 없이 자유롭게 표현하거나 주장하다.
예 뜻을 펴다.
⑤ 세력이나 작전, 정책 따위를 벌이거나 그 범위를 넓히다.
예 세력을 북방으로 펴다.
⑥ 어떤 것을 널리 공포하여 실시하거나 베풀다.
예 법령을 펴다. / 선정(善政)을 펴다.

풀다
① 묶이거나 감기거나 얽히거나 합쳐진 것 따위를 그렇지 아니한 상태로 되게 하다.
예 보따리를 풀다.
② 일어난 감정 따위를 누그러뜨리다.
예 그가 사과해서 화를 풀기로 했다.
③ 마음에 맺혀 있는 것을 해결하여 없애거나 품고 있는 것을 이루다.
예 소원을 풀다.
④ 모르거나 복잡한 문제 따위를 알아내거나 해결하다.
예 궁금증을 풀다.
⑤ 금지되거나 제한된 것을 할 수 있도록 터놓다.

예 구금을 풀다.
⑥ 피로나 독기 따위를 없어지게 하다.
　　예 푹 쉬면서 피로를 풀도록 하여라.
⑦ 사람을 동원하다.
　　예 사람을 풀어 정보를 수집하다.
⑧ 콧물을 밖으로 나오게 하다.
　　예 코를 풀다.
⑨ 꿈, 이름, 점괘 따위를 판단하여 내다.
　　예 꿈을 풀어 주다.
⑩ 어려운 것을 알기 쉽게 바꾸다.
　　예 어려운 말은 알아들을 수 있게 풀어서 이야기하겠습니다.
⑪ 긴장된 상태를 부드럽게 하다.
　　예 경계심을 풀다.
⑫ 액체에 다른 액체나 가루 따위를 섞다.
　　예 팔팔 끓는 물에 고추장을 풀다.

ㅎ

험하다
① 땅의 형세가 발을 디디기 어려울 만큼 사납고 가파르다.
　　예 험한 고산 지대
② 생김새나 나타난 모양이 보기 싫게 험상스럽다.
　　예 험한 인상
③ 어떠한 상태나 움직이는 형세가 위태롭다.
　　예 날씨가 험하다.
④ 말이나 행동 따위가 막되다.
　　예 험한 말은 쓰지 않는 것이 좋겠습니다.
⑤ 먹거나 입는 것 따위가 거칠고 너절하다.
　　예 그가 신은 농구화는 닳을 대로 닳아 걸레쪽처럼 험했다.

빈출 흐르다01
① 액체 따위가 낮은 곳으로 내려가거나 넘쳐서 떨어지다.
　　예 물이 바다로 흐르다.
② 피, 땀, 눈물 따위가 몸 밖으로 넘쳐서 떨어지다.
　　예 영화를 보고 눈물이 흐르다.
③ 공중이나 물 위에 떠서 미끄러지듯이 움직이다.
　　예 방 안에는 무거운 공기가 흐르고 있었다.
④ 시간이나 세월이 지나가다.
　　예 그와 만난 지 삼 년이 흘렀다.
⑤ 어떤 한 방향으로 치우쳐 쏠리다.
　　예 이야기가 엉뚱한 방향으로 흐르고 있었다.
⑥ 새어서 빠지거나 떨어지다.
　　예 자루가 새서 쌀이 다 흘러 버렸다.
⑦ 기운이나 상태 따위가 겉으로 드러나다.
　　예 얼굴에 슬픔이 흐르다.
⑧ 윤기, 광택 따위가 번지르르하게 나다.
　　예 얼굴에 윤기가 흐른다.
⑨ 빛, 소리, 향기 따위가 부드럽게 퍼지다.
　　예 거실에는 붉은 조명이 흐르고 있다. / 강의실 안 가득히 흐르는 노랫소리
⑩ 전기나 가스 따위가 선이나 관을 통하여 지나가다.
　　예 이 아래로 도시가스가 흐르고 있어요.

3 유의 관계

말소리는 다르지만 의미가 서로 비슷한 단어 간의 관계를 유의 관계라 한다. 즉, 유의 관계는 의미가 같거나 비슷한 둘 이상의 단어가 맺는 의미 관계를 말하며, 그 짝이 되는 말들을 '유의어'라고 한다. 유의어는 두 개 이상의 단어가 소리는 다르나 의미가 비슷하다. 그러나 지시 대상과 용법이 다르기 때문에 교체 사용이 어려운 경우도 있다. 유의어는 가리키는 대상의 범위가 다르고 상황에 따라 미묘한 느낌의 차이가 있다.

예 꼬리 : 꽁지 → 개꼬리(○), 개꽁지(×), 닭꽁지(○), 닭꼬리(×)
　　('꼬리'는 길짐승에, '꽁지'는 날짐승에만 쓰여 교체 사용이 불가능하다)
　　밥 : 맘마 / 얼굴 : 낯 / 집 : 댁 / 소변 : 오줌 / 샛별 : 금성 / 변소 : 화장실

1. 우리말에 유의어가 발달한 이유

문화적으로 한자어나 외래어가 고유어보다 상위라는 인식 때문에 유의어가 발달하였다(과시 동기 > 필요 동기).
① **고유어가 한자어로 대체**: 뫼 → 산, 천량 → 재물
② **고유어와 한자어가 공존**: 시골 – 촌, 문득 – 홀연히, 손수 – 친히
③ **한자어 – 외래어의 유의어 형성**: 면접/회견 – 인터뷰, 할인 – 세일, 예절 – 에티켓
④ **고유어 – 한자어 – 외래어의 유의어 형성**: 틈 – 간격 – 갭, 계집 – 부인 – 마담

⑤ 고유어 – 한자어 – 외래어가 공존: 어머니 – 모친 – 마마, 아내 – 처 – 와이프, 머리 – 모발 – 헤어
⑥ 고유어 – 비격식적 표현, 한자어 – 격식적 표현: 아버지 – 부친, 얼굴 – 안면
⑦ 고유어 – 비격식적 표현, 한자어 – 격식적 표현 + 높임: 이 – 치아, 집 – 댁
⑧ 감각어의 발달: 노랗다 / 노르께하다 / 노르끄레하다 / 노르무레하다 / 노르스름하다 / 노릇하다 / 노릇노릇하다 / 노릿하다 / 노리끼리하다
⑨ 금기시되는 언어를 대체하는 표현: 어린 사내아이를 보고 '고추' 보자고 하는 것. 동물 세계를 설명하면서 '짝짓기'라는 말을 만들어 쓰는 것

2. 고유어와 한자어의 의미 특성

한자어는 고유어에 비해 분화적, 전문적인 특성을 가진다. 즉, 고유어가 좀 더 포괄적인 의미를 갖는 데 비해 한자어는 한정적인 의미 특성을 가진다. 다른 어종 사이에도 유의 관계가 성립될 수 있다.

> **예** 깊은 생각에 빠져 있다. → 사색, 사유, 명상, 상념 등
> 새로운 발명품을 생각해 내었다. → 창안, 고안, 궁리, 착안, 구상 등
> 생각을 잘 더듬어 보세요. → 기억, 추억 등
> 도대체 그 사람의 생각을 모르겠다. → 의사, 의향, 의도, 심산, 심중 등
> 그거 참 좋은 생각이구나. → 착상, 발상, 구상 등

✓ 결정적 힌트! | 유의 관계 속 고유어와 한자어 구별하기

국어능력인증시험에서 '유의 관계'는 어휘의 의미 관계를 묻는 것뿐만 아니라, 나아가 그 어휘 관계가 '고유어'인지 '한자어'인지를 묻기도 한다. 이러한 유형은 주로 문항이 '고유어 : 한자어', '한자어 : 고유어' 등으로 구성되어 있고, 이 중에서 '한자어 : 한자어', '고유어 : 고유어'로 된 문항이 오답이 된다. 다음 문제를 살펴보자.

단어 간의 관계가 다른 것과 이질적인 것은?
① 강 : 하천   ② 밥 : 반식   ③ 마련 : 장만   ④ 잔치 : 연회   ⑤ 잘못 : 불찰

①~⑤ 모두 유의 관계이다. 즉, 이 문제는 단어 간의 의미 관계뿐만 아니라, 고유어와 한자어 관계를 구별하는 유형이다. ③ '마련'과 '장만'은 모두 '필요한 것을 헤아려서 갖춤'을 뜻하는 고유어이다. ③은 '고유어 : 고유어' 관계로, 나머지 ①, ②, ④, ⑤ '고유어 : 한자어' 관계와 다르다.

3. 유의 관계 중요 어휘

- **간호(看護)** 다쳤거나 앓고 있는 환자나 노약자를 보살피고 돌봄
- **간병(看病)** 앓는 사람이나 다친 사람의 곁에서 돌보고 시중을 듦. '간호', '병구완'으로 순화

- **개선(改善)** 잘못된 것이나 부족한 것, 나쁜 것 따위를 고쳐 더 좋게 만듦
- **개량(改良)** 나쁜 점을 보완하여 더 좋게 고침

- **거만(倨慢)** 잘난 체하며 남을 업신여기는 데가 있음
- **오만(傲慢)** 태도나 행동이 건방지거나 거만함. 또는 그 태도나 행동

- **결함(缺陷)** 부족하거나 완전하지 못하여 흠이 되는 부분
- **하자(瑕疵)** 옥의 얼룩진 흔적이라는 뜻으로, '흠'을 이르는 말

- **고명(高名)** 식견이 높고 사물에 밝은 사람이라는 뜻으로, 남의 이름을 높여 이르는 말
- **유명(有名)** 이름이 널리 알려져 있음

| 고백(告白) | 마음속에 생각하고 있는 것이나 감추어 둔 것을 사실대로 숨김없이 말함 |
| 피력(披瀝) | 생각하는 것을 털어놓고 말함 |

| 고충(苦衷) | 괴로운 심정이나 사정. '어려움'으로 순화 |
| 고심(苦心) | 몹시 애를 태우며 마음을 씀. '애씀'으로 순화 |

| 공적(功績) | 노력과 수고를 들여 이루어 낸 일의 결과 |
| 업적(業績) | 어떤 사업이나 연구 따위에서 세운 공적 |

| 급진(急進) | 서둘러 급히 나아감 |
| 과격(過激) | 정도가 지나치게 격렬함 |

| 기근(饑饉) | 흉년으로 먹을 양식이 모자라 굶주림 |
| 기아(飢餓) | 먹을 것이 없어 배를 곯는 것(= 굶주림) |

| 기도(企圖) | 어떤 일을 이루려고 꾀함. 또는 그런 계획이나 행동 |
| 기획(企劃) | 일을 꾀하여 계획함 |

| 기량(器量) | 사람의 재능과 도량을 아울러 이르는 말 |
| 재능(才能) | 어떤 일을 하는 데 필요한 재주와 능력. 개인이 타고난 능력과 훈련에 의하여 획득된 능력을 아울러 이른다. |

| 난해(難解) | 뜻을 이해하기 어렵다. / 풀거나 해결하기 어렵다. |
| 난삽(難澁) | 글이나 말이 매끄럽지 못하면서 어렵고 까다롭다. |

| 냉담(冷淡) | 태도나 마음씨가 동정심 없이 차가움 / 어떤 대상에 흥미나 관심을 보이지 않음 |
| 박정(薄情) | 인정이 박하다. |

| 농락(籠絡) | 새장과 고삐라는 뜻으로, 남을 교묘한 꾀로 휘어잡아서 제 마음대로 놀리거나 이용함 |
| 희롱(戲弄) | 말이나 행동으로 실없이 놀림 / 손아귀에 넣고 제멋대로 가지고 놂 / 서로 즐기며 놀리거나 놂 |

기출
| 농축(濃縮) | 액체를 진하게 또는 바짝 졸임 |
| 압축(壓縮) | 물질 따위에 압력을 가하여 그 부피를 줄임 / 문장 따위를 줄여 짧게 함 / 일정한 범위나 테두리를 줄임 |

| 몰두(沒頭) | 어떤 일에 온 정신을 다 기울여 열중함 |
| 전심(專心) | 마음을 오로지 한곳에만 기울임 |

| 무사(無事) | 아무런 일이 없음 / 아무 탈 없이 편안함 |
| 안전(安全) | 위험이 생기거나 사고가 날 염려가 없음. 또는 그런 상태 |

기출
| 문화(文化) | 자연 상태에서 벗어나 일정한 목적 또는 생활 이상을 실현하고자 사회 구성원에 의하여 습득, 공유, 전달되는 행동 양식이나 생활양식의 과정 및 그 과정에서 이룩하여 낸 물질적·정신적 소득을 통틀어 이르는 말 |
| 문명(文明) | 인류가 이룩한 물질적, 기술적, 사회 구조적인 발전. 자연 그대로의 원시적 생활에 상대하여 발전되고 세련된 삶의 양태 |

| 미숙(未熟) | 일 따위에 익숙하지 못하여 서투름. '서투름'으로 순화 |
| 유치(幼稚) | 나이가 어리다. / 수준이 낮거나 미숙하다. |

| 반역(反逆) | 나라와 겨레를 배반함 / 통치자에게서 나라를 다스리는 권한을 빼앗으려고 함 |
| 모반(謀反) | 배반을 꾀함 / 국가나 군주의 전복을 꾀함 |

변천(變遷)	세월의 흐름에 따라 바뀌고 변함	
연혁(沿革)	변천하여 온 과정. '내력', '발자취'로 순화	

분별(分別)	서로 다른 일이나 사물을 구별하여 가름 / 세상 물정에 대한 바른 생각이나 판단
사려(思慮)	여러 가지 일에 대하여 깊게 생각함. 또는 그런 생각

불멸(不滅)	없어지거나 사라지지 아니함
불후(不朽)	썩지 아니함이라는 뜻으로, 영원토록 변하거나 없어지지 아니함을 비유적으로 이르는 말

사전(事前)	일이 일어나기 전. 또는 일을 시작하기 전
미연(未然)	어떤 일이 아직 그렇게 되지 않은 때 / 앞일이 정하여지지 아니함

사주(使嗾)	남을 부추겨 좋지 않은 일을 시킴
교사(敎唆)	남을 꾀거나 부추겨서 나쁜 짓을 하게 함

소행(素行)	평소의 행실
품행(品行)	품성과 행실을 아울러 이르는 말

소홀(疏忽)	대수롭지 아니하고 예사로움. 또는 탐탁하지 아니하고 데면데면함
등한(等閒)	무엇에 관심이 없거나 소홀하다.

속박(束縛)	어떤 행위나 권리의 행사를 자유로이 하지 못하도록 강압적으로 얽어매거나 제한함
구속(拘束)	행동이나 의사의 자유를 제한하거나 속박함

쇠퇴(衰退)	기세나 상태가 쇠하여 전보다 못하여 감
쇠진(衰盡)	점점 쇠퇴하여 바닥이 남

수긍(首肯)	옳다고 인정함. '옳게 여김'으로 순화
공명(共鳴)	남의 사상이나 감정, 행동 따위에 공감하여 자기도 그와 같이 따르려 함

수선(修繕)	낡거나 헌 물건을 고침
수리(修理)	고장 나거나 허름한 데를 손보아 고침

숙독(熟讀)	글을 익숙하게 잘 읽음 / 글의 뜻을 잘 생각하면서 차분하게 하나하나 읽음
정독(精讀)	뜻을 새겨 가며 자세히 읽음

시사(示唆)	어떤 것을 미리 간접적으로 표현해 줌. '귀띔', '암시', '일러 줌'으로 순화
암시(暗示)	넌지시 알림. 또는 그 내용

실패(失敗)	일을 잘못하여 뜻한 대로 되지 아니하거나 그르침
과실(過失)	부주의나 태만 따위에서 비롯된 잘못이나 허물

심상(尋常)	대수롭지 않고 예사롭다.
평범(平凡)	뛰어나거나 색다른 점이 없이 보통이다.

알력(軋轢)	수레바퀴가 삐걱거린다는 뜻으로, 서로 의견이 맞지 아니하여 사이가 안 좋거나 충돌하는 것을 이르는 말
갈등(葛藤)	칡과 등나무가 서로 얽히는 것과 같이, 개인이나 집단 사이에 목표나 이해관계가 달라 서로 적대시하거나 충돌함. 또는 그런 상태

기출	압제(壓制)	권력이나 폭력으로 남을 꼼짝 못 하게 강제로 누름
	속박(束縛)	어떤 행위나 권리의 행사를 자유로이 하지 못하도록 강압적으로 얽어매거나 제한함

- 영구(永久) 어떤 상태가 시간상으로 무한히 이어짐
- 영원(永遠) 어떤 상태가 끝없이 이어짐. 또는 시간을 초월하여 변하지 아니함

- 영면(永眠) 영원히 잠든다는 뜻으로, 사람의 죽음을 이르는 말
- 타계(他界) 인간계를 떠나서 다른 세계로 간다는 뜻으로, 사람의 죽음 특히 귀인(貴人)의 죽음을 이르는 말

기출
- 예사(例事) 보통 있는 일
- 상사(常事) 누구에게나 있는 일

- 요란(擾亂) 시끄럽고 떠들썩함 / 정도가 지나쳐 어수선하고 야단스러움
- 교란(攪亂) 마음이나 상황 따위를 뒤흔들어서 어지럽고 혼란하게 함. '어지럽힘', '혼란스럽게 만듦'으로 순화

- 운수(運輸) 운송이나 운반보다 큰 규모로 사람을 태워 나르거나 물건을 실어 나름
- 운송(運送) 사람을 태워 보내거나 물건 따위를 실어 보냄

- 운용(運用) 무엇을 움직이게 하거나 부리어 씀
- 운영(運營) 조직이나 기구, 사업체 따위를 운용하고 경영함 / 어떤 대상을 관리하고 운용하여 나감

- 원시(原始) 시작하는 처음 / 처음 시작된 그대로 있어 발달하지 아니한 상태
- 미개(未開) 아직 꽃이 피지 않음 / 토지 또는 어떤 분야가 개척되지 않음 / 사회가 발전되지 않고 문화 수준이 낮은 상태

- 위신(威信) 위엄과 신망을 아울러 이르는 말
- 위엄(威嚴) 존경할 만한 위세가 있어 점잖고 엄숙함. 또는 그런 태도나 기세

- 은폐(隱蔽) 덮어 감추거나 가리어 숨김
- 은닉(隱匿) 남의 물건이나 범죄인을 감춤

- 응대(應對) 부름이나 물음 또는 요구 따위에 응하여 상대함
- 응접(應接) 손님을 맞아들여 접대함 / 어떤 사물에 접촉함

- 의지(依支) 다른 것에 몸을 기댐. 또는 그렇게 하는 대상 / 다른 것에 마음을 기대어 도움을 받음. 또는 그렇게 하는 대상
- 의존(依存) 다른 것에 의지하여 존재함

기출
- 인지(認知) 어떤 사실을 인정하여 앎
- 지각(知覺) 알아서 깨달음. 또는 그런 능력 / 사물의 이치나 도리를 분별하는 능력

- 자신(自信) 어떤 일을 해낼 수 있다거나 어떤 일이 꼭 그렇게 되리라는 데 대하여 스스로 굳게 믿음. 또는 그런 믿음
- 자부(自負) 자기 자신 또는 자기와 관련되어 있는 것에 대하여 스스로 그 가치나 능력을 믿고 마음을 당당히 가짐

- 자양(滋養) 몸의 영양을 좋게 함
- 영양(營養) 〈생명〉 생물이 살아가는 데 필요한 에너지와 몸을 구성하는 성분을 외부에서 섭취하여 소화, 흡수, 순환, 호흡, 배설을 하는 과정. 또는 그것을 위하여 필요한 성분

- 전염(傳染) 병이 남에게 옮음 / 다른 사람의 습관, 분위기, 기분 따위에 영향을 받아 물이 듦
- 감염(感染) 나쁜 버릇이나 풍습, 사상 따위가 영향을 주어 물이 들게 함 / 〈생명〉 병원체인 미생물이 동물이나 식물의 몸 안에 들어가 증식하는 일 / 〈정보·통신〉 컴퓨터 바이러스가 컴퓨터의 하드 디스크나 파일 따위에 들어오는 일

| 절충(折衷) | 서로 다른 사물이나 의견, 관점 따위를 알맞게 조절하여 서로 잘 어울리게 함 |
| 교섭(交涉) | 어떤 일을 이루기 위하여 서로 의논하고 절충함 |

| 정취(情趣) | 깊은 정서를 자아내는 흥취 |
| 풍정(風情) | 정서와 회포를 자아내는 풍치나 경치 |

| 주선(周旋) | 일이 잘되도록 여러 가지 방법으로 힘씀 |
| 알선(斡旋) | 남의 일이 잘되도록 주선하는 일 / 〈법률〉 장물인 줄 알면서도 매매를 주선하고 수수료를 받는 행위 |

| 지망(志望) | 뜻을 두어 바람. 또는 그 뜻 |
| 지원(志願) | 어떤 일이나 조직에 뜻을 두어 한 구성원이 되기를 바람 |

| 지탄(指彈) | 손끝으로 튀김 / 잘못을 지적하여 비난함. '손가락질'로 순화 |
| 힐난(詰難) | 트집을 잡아 거북할 만큼 따지고 듦 |

| 진압(鎭壓) | 강압적인 힘으로 억눌러 진정시킴 |
| 제압(制壓) | 위력이나 위엄으로 세력이나 기세 따위를 억눌러서 통제함 |

| 참조(參照) | 참고로 비교하고 대조하여 봄 |
| 참고(參考) | 살펴서 도움이 될 만한 재료로 삼음 |

| 추적(追跡) | 도망하는 사람의 뒤를 밟아서 쫓음 / 사물의 자취를 더듬어 감 |
| 미행(尾行) | 다른 사람의 행동을 감시하거나 증거를 잡기 위하여 그 사람 몰래 뒤를 밟음 |

| 추측(推測) | 미루어 생각하여 헤아림 |
| 추량(推量) | 미루어 생각하여 헤아림 |

| 추호(秋毫) | 가을철에 털갈이하여 새로 돋아난 짐승의 가는 털 / 매우 적거나 조금인 것을 비유적으로 이르는 말 |
| 일호(一毫) | 한 가닥의 털이라는 뜻으로, 극히 작은 정도를 이르는 말 |

| 출중(出衆) | 여러 사람 가운데서 특별히 두드러지다. |
| 백미(白眉) | 흰 눈썹이라는 뜻으로, 여럿 가운데에서 가장 뛰어난 사람이나 훌륭한 물건을 비유적으로 이르는 말. 중국 촉한(蜀漢) 때 마씨(馬氏) 다섯 형제가 모두 재주가 있었는데 그중에서도 눈썹 속에 흰 털이 난 마량(馬良)이 가장 뛰어났다는 데서 유래한다. |

| 치부(置簿) | 마음속으로 그러하다고 보거나 여김 |
| 간주(看做) | 상태, 모양, 성질 따위가 그와 같다고 봄. 또는 그렇다고 여김 |

4. 중요 유의어 사전

▼ 참고 | 유의어 더 알아보기

어머니	어머님, 엄마, 어미, 어멈, 어매, 엄니, 모친, 자당, 대부인 등
아버지	아버님, 아빠, 아비, 아범, 바깥어버이, 밭부모, 아바이, 부친, 부군, 엄친, 가친, 가대인, 춘부장, 선친, 선고 등
길	가두, 가도, 가로, 길거리, 거리, 도로, 통행로, 가로, 항로 등
마음	마음씨, 마음속, 속마음, 마음자리, 기분(氣分), 심정(心情), 심사(心思), 인정(人情), 인심(人心), 정(情), 뜻, 생각, 의사(意思), 의향(意向), 의지(意志), 심지, 심보 등
어린이	어린아이, 어린애, 아이, 애, 눈자라기, 소아, 아동, 유아, 삼척동자, 애송이, 유자, 소동 등
죽다	숨지다, 숨넘어가다, 눈감다, 사망하다, 절명하다, 사멸하다, 영면하다, 별세하다, 작고(作故)하다, 타계하다, 운명(殞命)하다, 눈감다, 떠나다, 몰(歿), 불귀(不歸)하다 등
과부	미망인(未亡人), 과수(寡守), 원녀(怨女), 과녀(寡女), 과댁(寡宅), 과모(寡母), 고자(孤雌) 등
언어	말시, 언사, 언설, 언구, 언사, 소문, 이야기, 회화, 대화 등
뚜렷하다	선명하다, 분명하다, 정확하다, 선연(鮮然)하다, 또렷하다, 완연하다 등
조용하다	고요하다, 잠잠하다, 얌전하다, 자늑자늑하다, 심한(深閑)하다, 요조(窈窕)하다, 한적하다 등
선생	교사, 교원, 교수, 교육자, 교직자, 스승, 사군, 사부, 사범 등
싫어하다	혐오(嫌惡)하다, 염오(厭惡)하다, 미워하다, 불호(不好)하다, 꺼리다, 귀찮아하다, 기피하다, 싫증내다 등
즐겁다	유쾌하다, 기쁘다, 유유(愉愉)하다, 유락(愉樂)하다, 유일(愉逸)하다, 희희낙락(喜喜樂樂)하다 등
지금	이제, 바로, 현재, 곧, 금방, 당금, 현세, 현시 등
깨닫다	알아내다, 깨우치다, 터득하다, 각지(覺支)하다, 알다, 알아차리다, 인식하다, 각성하다, 자각하다, 경성하다, 전환(悛換)하다 등

4 반의 관계

1. 개념

동일한 언어 내에서 동일한 의미 분야에 속하면서도 서로가 반대적인 의미를 나타내는 단어 간의 관계를 반의 관계라 한다. 대립 관계 또는 반대 관계라고 칭하기도 한다. '남자 : 여자, 살다 : 죽다'처럼 전자의 부정이 곧 반의어가 되는 경우, '크다 : 작다, 좋다 : 나쁘다'처럼 대립 양상을 보이지만 그 사이에 여러 단계의 중간 영역이 있을 수 있는 경우, '사다 : 팔다, 주다 : 받다'처럼 역(逆) 관계의 양상을 띠는 경우 모두를 포함하고 있다.

2. 반의 관계 중요 어휘

- **개방(開放)** 금하거나 경계하던 것을 풀고 자유롭게 드나들거나 교류하게 함. '열어 놓음', '열어 둠'으로 순화
- **폐쇄(閉鎖)** 문 따위를 닫아걸거나 막아 버림 / 기관이나 시설을 없애거나 기능을 정지함 / 외부와의 문화적·정신적인 교류를 끊거나 막음

- **감퇴(減退)** 기운이나 세력 따위가 줄어 쇠퇴함
- **증진(增進)** 기운이나 세력 따위가 점점 더 늘어 가고 나아감

- **거부(拒否)** 요구나 제의 따위를 받아들이지 않고 물리침
- **승낙(承諾)** 청하는 바를 들어줌

- 경상(經常) 일정한 상태로 계속하여 변동이 없음
- 임시(臨時) 미리 정하지 아니하고 그때그때 필요에 따라 정한 것 / 정해진 시간에 이름. 또는 그 무렵

- 간섭(干涉) 직접 관계가 없는 남의 일에 부당하게 참견함
- 방임(放任) 돌보거나 간섭하지 않고 제멋대로 내버려 둠

- 가결(可決) 회의에서, 제출된 의안을 합당하다고 결정함
- 부결(否決) 의논한 안건을 받아들이지 아니하기로 결정함. 또는 그런 결정

- 기립(起立) 일어나서 섬 / 일어서라는 구령
- 착석(着席) 자리에 앉음 / 앉으라는 구령

- 근면(勤勉) 부지런히 일하며 힘씀
- 태타(怠惰) 몹시 게으름

- 삭제(削除) 깎아 없애거나 지워 버림
- 첨가(添加) 이미 있는 것에 덧붙이거나 보탬

- 소멸(消滅) 사라져 없어짐
- 생성(生成) 사물이 생겨남. 또는 사물이 생겨 이루어지게 함

- 득의(得意) 일이 뜻대로 이루어져 만족해하거나 뽐냄
- 실의(失意) 뜻이나 의욕을 잃음

- 모두(冒頭) 말이나 글의 첫머리
- 말미(末尾) 어떤 사물의 맨 끄트머리

- 반제(返濟) 빌렸던 돈을 모두 다 갚음
- 차용(借用) 돈이나 물건 따위를 빌려서 씀 / 〈언어〉 다른 나라 언어에서 단어, 형태소, 문자나 개별적 표현 따위를 빌려다 씀. 또는 그런 일

- 암시(暗示) 넌지시 알림. 또는 그 내용 / 〈문학〉 뜻하는 바를 간접적으로 나타내는 표현법
- 명시(明示) 분명하게 드러내 보임

- 쇄국(鎖國) 다른 나라와의 통상과 교역을 금지함
- 개국(開國) 새로 나라를 세움 / 나라의 문호를 열어 다른 나라와 교류함

- 심야(深夜) 깊은 밤
- 백주(白晝) 환히 밝은 낮(= 대낮)

- 예산(豫算) 필요한 비용을 미리 헤아려 계산함. 또는 그 비용
- 결산(決算) 일정한 기간 동안의 수입과 지출을 마감하여 계산함. 또는 그렇게 산출한 계산 / 일정한 기간 동안의 활동이나 업적을 모아 정리하거나 마무리함. 또는 그런 활동이나 업적

- 완비(完備) 빠짐없이 완전히 갖춤
- 불비(不備) 제대로 다 갖추어져 있지 아니함

- 집합(集合) 사람들이 한곳으로 모임
- 해산(解散) 모였던 사람이 흩어짐. 또는 흩어지게 함. '흩어짐'으로 순화 / 집단, 조직, 단체 따위가 해체하여 없어짐. 또는 없어지게 함

- 이례(異例) 상례에서 벗어난 특이한 예
- 통례(通例) 일반적으로 통하여 쓰는 전례

- 일반(一般) 한모양이나 마찬가지의 상태 / 특별하지 아니하고 평범한 수준. 또는 그런 사람들 / 전체에 두루 해당되는 것
- 특수(特殊) 특별히 다름 / 어떤 종류 전체에 걸치지 아니하고 부분에 한정됨. 또는 그런 것 / 평균적인 것을 넘음. '뛰어남'으로 순화

- 자립(自立) 남에게 예속되거나 의지하지 아니하고 스스로 섬
- 의존(依存) 다른 것에 의지하여 존재함

- 정산(精算) 정밀하게 계산함. 또는 그런 계산
- 개산(槪算) 대강 하는 계산 / 겉으로 보고 대강 어림잡은 수

- 낙관(樂觀) 인생이나 사물을 밝고 희망적인 것으로 봄 / 앞으로의 일 따위가 잘되어 갈 것으로 여김
- 비관(悲觀) 인생을 어둡게만 보아 슬퍼하거나 절망스럽게 여김 / 앞으로의 일이 잘 안될 것이라고 봄

- 동요(動搖) 물체 따위가 흔들리고 움직임 / 생각이나 처지가 확고하지 못하고 흔들림
- 안정(安定) 바뀌어 달라지지 아니하고 일정한 상태를 유지함

- 모방(模倣) 다른 것을 본뜨거나 본받음
- 창조(創造) 전에 없던 것을 처음으로 만듦 / 신(神)이 우주 만물을 처음으로 만듦

- 고상(高尙) 품위나 몸가짐의 수준이 높고 훌륭하다.
- 저열(低劣) 질이 낮고 변변하지 못하다.

- 고정(固定) 한번 정한 대로 변경하지 아니함 / 한곳에 꼭 붙어 있거나 붙어 있게 함
- 유동(流動) 액체 상태의 물질이나 전류 따위가 흘러 움직임 / 이리저리 자주 옮겨 다님

- 간선(幹線) 도로, 수로, 전신, 철도 따위에서 줄기가 되는 주요한 선
- 지선(支線) 철도나 수로, 통신 선로 따위에서 본선에서 곁가지로 갈려 나간 선

- 고원(高遠) 높고 멀다. / 품은 뜻이나 이상이 높고 원대하다.
- 비근(卑近) 흔히 주위에서 보고 들을 수 있을 만큼 알기 쉽고 실생활에 가깝다.

- 화해(和解) 싸움하던 것을 멈추고 서로 가지고 있던 안 좋은 감정을 풀어 없앰
- 결렬(決裂) 갈래갈래 찢어짐 / 교섭이나 회의 따위에서 의견이 합쳐지지 않아 각각 갈라서게 됨

- 환희(歡喜) 매우 기뻐함. 또는 큰 기쁨
- 비애(悲哀) 슬퍼하고 서러워함. 또는 그런 것

- 획득(獲得) 얻어 내거나 얻어 가짐
- 상실(喪失) 어떤 사람과 관계가 끊어지거나 헤어지게 됨 / 어떤 것이 아주 없어지거나 사라짐

| 통합(統合) | 둘 이상의 조직이나 기구 따위를 하나로 합침
| 분석(分析) | 얽혀 있거나 복잡한 것을 풀어서 개별적인 요소나 성질로 나눔

| 우호(友好) | 개인끼리나 나라끼리 서로 사이가 좋음
| 적대(敵對) | 적으로 대함. 또는 적과 같이 대함

| 원양(遠洋) | 뭍에서 멀리 떨어진 큰 바다.
| 근해(近海) | 거리로 따졌을 때, 육지에 가까이 있는 바다(= 앞바다)

| 역경(逆境) | 일이 순조롭지 않아 매우 어렵게 된 처지나 환경
| 순경(順境) | 일이 마음먹은 대로 잘되어 가는 경우. 또는 모든 일이 순조로운 환경

| 외관(外觀) | 겉으로 드러난 모양
| 내용(內容) | 그릇이나 포장 따위의 안에 든 것 / 사물의 속내를 이루는 것

| 증가(增加) | 양이나 수치가 늚
| 감소(減少) | 양이나 수치가 줆. 또는 양이나 수치를 줄임

| 활용(活用) | 충분히 잘 이용함
| 사장(死藏) | 사물 따위를 필요한 곳에 활용하지 않고 썩혀 둠

| 건조(建造) | 건물이나 배 따위를 설계하여 만듦
| 해체(解體) | 단체 따위가 흩어짐. 또는 그것을 흩어지게 함

| 생환(生還) | 살아서 돌아옴
| 불귀(不歸) | 사람의 죽음을 비유적으로 이르는 말

| 감가(減價) | 값을 줄임
| 할증(割增) | 일정한 값에 얼마를 더함

| 소원(疏遠) | 지내는 사이가 두텁지 않고 버성김 / 서먹서먹함
| 친밀(親密) | 지내는 사이가 매우 친하고 가까움

| 주관(主觀) | 자기만의 견해나 관점
| 객관(客觀) | 자기와의 관계에서 벗어나 제삼자의 입장에서 사물을 보거나 생각함

5 상하 관계

의미상 한쪽이 다른 쪽을 포함하거나 다른 쪽에 포함되는 의미 관계를 상하 관계라고 한다. 그리고 이때 포함하는 낱말은 상의어(上義語), 포함되는 낱말을 하의어(下義語)라 한다. 예를 들어 '학용품'과 '공책' 중에서 '학용품'은 상의어이고, '공책'은 하의어이다.

예 새(상의어): 참새, 갈매기, 꿩, 까마귀, 독수리 등(하의어)

6 혼동하기 쉬운 단어

■ 가늠 / 가름 / 갈음
'**가늠**'은 어떤 목표나 기준에 맞고 안 맞음을 헤아려 보는 것을 말하고, '**가름**'은 쪼개어 나누거나 승부나 등수 따위를 정하는 일을 말한다. '**갈음**'은 다른 것으로 바꾸어 대신한다는 뜻이다.

> 예 건물의 높이가 가늠이 안 된다.(○) / 사무실의 면적을 먼저 가늠해 보고 들일 물건을 배치해야 한다.(○)
> 차림새만 봐서는 여자인지 남자인지 가름이 되지 않는다.(○) / 그 실수가 그날의 승패를 가름했다.(○)
> 그는 웃음으로 답변을 갈음했다.(○)

☑ 결정적 힌트!
'가늠'과 '가름', '갈음'은 발음이 유사하여 헷갈리기 쉬운 어휘들이다. 그러나 '가늠'은 '목표에 맞고 안 맞음을 헤아리는 기준'으로 '헤아림'이 주된 의미라면, '가름'은 '가르다'의 활용(가르-+-ㅁ)으로 '나누다, 분류하다'의 의미로 쓰인다. '갈음'은 '갈다'의 활용(갈-+-음)으로 '바꾸다, 대신하다'의 의미로 쓰인다.

■ 가르치다 / 가리키다
'**가르치다**'는 상대편이 아직 모르는 일을 알도록 일러 주는 것을 말하고, '**가리키다**'는 방향이나 대상을 지시하는 것을 말한다.

> 예 한국말 좀 가르쳐 줘.(○)
> 손가락으로 북쪽을 가리키다.(○)
> 이름을 가리켜 주세요.(×)

■ 감다 / 말다
'**감다**'는 어떤 물체를 다른 물체에 말거나 두르는 것이고, '**말다**'는 넓적한 물건을 돌돌 감아 원통형으로 겹치게 할 때 쓴다.

> 예 목도리를 목에 감다.(○) / 말다.(×)
> 실을 실패에 감다.(○) / 말다.(×)

■ 값 / 가격
'**값**'이 더 넓은 범위에서 쓰이며, '**가격**'은 주로 한자어 명사와 함께 쓴다.

> 예 쌀값(○) / 옷값(○) / 밥값(○) / 버스 값(○) / 값이 오르다.(○) / 값이 내리다.(○)
> 농수산물 가격(○) / 청소기 가격(○) / 가격 인상(○) / 가격 인하(○)

■ 과 / 와, 하고 / 이랑
'**과 / 와**'는 말할 때나 글을 쓸 때 모두 쓰지만, '**하고 / 이랑**'은 말할 때만 주로 쓴다. '**과 / 와**'는 여러 개의 명사를 나열할 때 맨 마지막에 사용할 수 없다.

> 예 바지와 코트를 샀어요.(○)

■ 관객 / 관중
'**관객**'은 '운동 경기, 공연, 영화 따위를 보거나 듣는 사람'이고, '**관중**'은 '운동 경기 따위를 구경하기 위하여 모인 사람들'이다.

■ 관심 / 흥미
'**관심**'은 '어떤 것에 마음이 끌려 주의를 기울임. 또는 그런 마음이나 주의'를 나타내며, '**흥미**'는 '흥을 느끼는 재미'이다.

예 난 일본 영화에 관심이(○) / 흥미가(○) 있어요.
　 가난한 사람에게 관심을(○) / 흥미를(×) 가져야 합니다.

■ 교포 / 동포
'**교포**'는 '다른 나라에 아예 정착하여 그 나라 국민으로 살고 있는 동포'이고, '**동포**'는 '같은 나라 또는 같은 민족의 사람을 다정하게 이르는 말'이다.
예 해외 동포 여러분(○)

■ 구분 / 구별
'**구분**'은 일정한 기준에 따라 전체를 몇 개로 갈라 나누는 데에 쓰이고, '**구별**'은 전체를 성질이나 종류의 차이에 따라 나누는 데에 쓰인다.
예 누가 언니이고 누가 동생인지 구분이(○) / 구별이(×) 안 된다.

■ 구하다 / 얻다
어떤 물건을 자기 것이 되게 하는 것을 뜻하는 공통점이 있지만 '**구하다**'는 애써서 찾는 것에 많이 쓰며, '**얻다**'는 애써서 찾는 것뿐만 아니라 우연히 손에 넣게 되는 것에도 쓸 수 있다.
예 사람을 구하다.(○) / 얻다.(○)
　 천하를 얻다.(○) / 구하다.(×)

■ 굵다 / 두껍다
'**굵다**'는 길이를 가진 물체에서 폭이 큰 것을 말할 때 쓰고, '**두껍다**'는 부피를 가진 좀 큰 물체에서 앞뒤나 위아래 면 사이의 길이가 큰 것을 말할 때 쓴다.
예 선이 굵다.(○) / 두껍다.(×)
　 책이 두껍다.(○) / 굵다.(×)

■ 글씨 / 글자
'**글씨**'는 '쓴 글자의 모양'을 가리키며, '**글자**'는 '말을 적는 일정한 체계의 부호'를 나타낸다.
예 글씨가(○) / 글자가(×) 예쁘다.
　 글자를(○) / 글씨를(×) 모르다.

■ 기르다 / 키우다
'**기르다**'는 '아이를 보살펴 키우다', '동식물을 보살펴 자라게 하다'라는 뜻으로 쓰이며, '**키우다**'는 무엇의 '크기'나 '양'을 많아지게 하는 것을 가리킨다.
예 아이를 기르다.(○) / 아이를 키우다.(○) / 새를 기르다.(○) / 나무를 키우다.(○)

■ 기쁘다 / 즐겁다
'**기쁘다**'는 주로 심리적이고 정신적인 성격을 띠는 것으로 마음속에서 순간적으로 이루어지는 폭발적인 감정과 관련이 있다. '**즐겁다**'는 외적인 경험이나 자극과 관련이 있으며, 순간적이 아니라 비교적 지속적으로 일어나는 은근한 감정이라고 할 수 있다.
예 나는 이번 시험에 100점을 맞아서 기쁘다.(○) / 즐겁다.(×)
　 아이들이 운동장에서 즐겁게(○) / 기쁘게(×) 뛰어 논다.

■ 깁다 / 꿰매다
'깁다'는 천이나 가죽으로 된 물건의 터진 부분을 바느질하여 고치는 것을 가리키며, 일의 방법보다는 '결과'에 초점이 있다. '꿰매다'는 천이나 가죽이 아니더라도 찢어지거나 터진 부분을 실이나 철사와 같은 것으로 얼기설기 엮어 떨어지지 않게 하는 것을 뜻하며, 일의 결과보다는 '방법'에 초점을 둔다.

예 어머니가 뚫어진 양말을 깁는다.(○) / 꿰맨다.(○)
　 의사가 찢어진 상처를 꿰맨다.(○) / 깁는다.(×)

■ 까다 / 벗기다
'까다'는 어떤 물체를 둘러싸고 있는 비교적 단단한 껍질을 깨뜨리거나 없애고 속에 있는 것이 나오게 하는 데에 쓰이고, '벗기다'는 속에 있는 것을 덮거나 가린 것을 없애는 데에 쓰인다. 즉 껍질이 딱딱한 것에는 '까다'를 쓰고, 부드러운 것에는 '벗기다'를 쓴다.

예 호두를 까다.(○) / 벗기다.(×)
　 새가 알을 까고(○) / 벗기고(×) 밖으로 나온다.

■ 끈 / 줄
'끈'은 물건을 매거나 꿰는 데에 쓰는 가늘고 긴 물건으로, 주로 어떤 물건에 붙어서 잡아매거나 손잡이로 쓰인다.
'줄'은 무엇을 묶는 데에 쓰는 가늘고 긴 물건으로, 비교적 멀리 떨어져 있는 두 물체 사이를 연결할 때 쓴다.

예 신발 끈을(○) / 줄을(×) 매다.

■ 나다 / 생기다
'나다'는 속에 숨어 있거나 겉으로 드러나지 않던 것이 밖으로 드러난다는 뜻으로, 전혀 엉뚱한 것이 나타나는 것에 대해서는 쓸 수 없다. '생기다'는 속에 숨어 있거나 겉으로 드러나지 않던 것이 드러나는 것뿐만 아니라 전에 없던 것이 새로 있게 되는, 모든 경우에 쓸 수 있다.

예 그 시골에서는 정말 좋은 쌀이 난다.(○) / 생긴다.(×)
　 옷 공장에 불이 났다.(○) / 생겼다.(×)

■ 늘이다 / 늘리다
'늘이다'는 '힘을 가해서 본디의 길이보다 더 길어지게 하다'는 의미이고, '늘리다'는 '물체의 넓이, 부피 따위를 본디보다 커지게 하다'라는 의미이다.

예 엿가락을 늘이다.(○) / 고무줄을 당겨 늘이다.(○) / 머리를 길게 땋아 늘이다.(○)
　 인원을 늘리다.(○) / 재산을 늘리다.(○) / 실력을 늘리다.(○) / 바지나 옷소매를 늘리다.(○)

■ 다투다 / 싸우다
'다투다'는 어떤 사람이 다른 사람에게 육체적 피해를 주지 않으면서 말로 잘잘못을 가린다는 뜻이고, '싸우다'는 사람이나 동물이 힘, 무기 따위로 상대편을 이기려고 한다는 뜻이다.

예 철수가 민수와 다투었다.(○) / 싸웠다.(○)
　 개와 고양이가 다투었다.(×) / 싸웠다.(○)

■ 덜다 / 빼다
'덜다'는 원래 있던 분량에서 일부를 제외하는 것을 나타내는 것으로, 주로 분량에 대해서만 쓰고 수에 대해서는 쓰지 않는다. '빼다'는 분량뿐만 아니라 수에 대해서도 쓴다. 또한 '덜다'는 부담이나 고통 따위를 줄이는 데에도 쓸 수 있는 반면, '빼다'는 그럴 수 없다.

예 애들이 학교를 졸업해서 학비 부담을 덜었어요.(○) / 뺐어요(×).

■ 덮다 / 씌우다
'덮다'는 물건 따위가 드러나거나 보이지 않도록 넓은 천 따위를 얹어서 씌우는 것을 말하며 '씌우다'는 넓적하거나 얇은 물체를 다른 물체에 얹거나 덮어쓰게 하는 것을 뜻한다.
예 아이가 이불을 덮다.(○) / 씌우다.(×)

■ 덮이다 / 덮히다
동사 '덮다, 짚다'의 피동형은 '덮이다, 짚이다'이다.
예 책상에 책상보가 덮여(○) / 덮혀(×) 있다.

■ 두드리다 / 두들기다
'두드리다'는 무엇을 아프게 한다기보다는 치거나 때리는 행동을 연달아 한다는 뜻이 강하다. '두들기다'는 두드리는 것보다는 센 힘이 필요하기 때문에 아프게 한다는 뜻이 있으며, 손을 이용한 행동만 가능하다.
예 사람을 두들겨 팼다.(○) / 발바닥으로 바닥을 두들겼다.(×)

■ 때리다 / 패다
'때리다'는 많은 힘을 들여 사람이나 동물에게 충격을 주는 것을 뜻한다. 가볍게 때릴 수도 있고 심하게 때릴 수도 있다. '패다'는 도끼로 장작을 쪼갤 때 쓰는 표현에서 왔는데, 다른 사람을 주먹이나 방망이와 같은 것으로 인정사정없이 마구 때리는 것을 뜻한다.
예 사람을 막대기로 때린다.(○) / 팬다.(○)
따귀를 때린다.(○) / 팬다.(×)

■ 맞추다 / 맞히다
'맞추다'는 '서로 어긋남이 없이 조화를 이루다, 서로 떨어져 있는 부분을 제자리에 맞게 대어 붙이다, 둘 이상의 일정한 대상들을 나란히 놓고 비교하여 살피다'라는 뜻이다. '맞히다'는 '맞다'의 사동사로 '옳은 답을 대다, 목표에 맞게 하다, 화살로 과녁을 명중하다' 등의 의미를 지니고 있다.
예 시험을 본 뒤에 답을 맞추어(○) / 맞히어(×) 보았더니 국어에서 두 개를 틀렸다.
계산을 맞추다.(○) / 발을 맞추어 걷다.(○) / 음식의 간을 맞추다.(○) / 입을 맞추다.(○) / 기계를 뜯었다 맞추다.(○) / 양복을 맞추다.(○) / 짝을 맞추다.(○) / 프로 야구 우승팀을 맞히다.(○) / 정답을 맞히다.(○) / 화살로 과녁을 맞히다.(○) / 비를 맞히다.(○) / 예방 주사를 맞히다.(○)

■ 벌이다 / 벌리다
'벌이다'는 '일을 시작하거나 펼쳐 놓다, 여러 가지 물건을 늘어놓다, 가게를 차리다'의 뜻이며, '벌리다'는 '둘 사이를 넓히거나 멀게 하다'의 뜻으로 반대말은 '오므리다, 닫다, (입을) 다물다'이다.
예 일을 벌이다.(○) / 벌리다.(×)
입을 벌리다.(○) / 벌이다.(×)

■ 붙이다 / 부치다
'(어떤 것을) 붙게 하다'의 뜻인 경우에는 '붙이다'를 쓰고, '붙다'의 뜻과 관계가 없거나 '붙다'의 뜻에서 많이 멀어진 경우에는 '부치다'를 사용한다.
예 나는 편지 봉투에 우표를 붙였다.(○) / 부쳤다.(×)

■ 비추다 / 비치다
'비추다'는 '어디에 무엇을 비추다'의 꼴로 쓰이며, '비치다'는 '어디에 무엇이 비치다'의 꼴로 쓰인다.
예 거울에 얼굴을 비춘다.(○) / 비친다.(×)
거울에 얼굴이 비친다.(○) / 비춘다.(×)

■ 섞다 / 타다
'섞다'는 두 가지 이상의 것을 한데 합친다는 뜻으로, 주로 액체와 액체, 고체와 고체를 합하는 경우에 '무엇과 무엇을 섞다'의 꼴로 사용한다. '타다'는 다량의 액체에 소량의 액체나 가루 따위를 넣어 섞을 때 사용하는 말이다.

예 모래와 흙을 섞는다.(○) / 물에 알코올을 탄다.(○)

■ 세다 / 헤아리다
'세다'는 사물의 수를 일정한 순서에 따라 하나씩 말하거나 머릿속으로 생각한다는 뜻이고, '헤아리다'는 물건의 수량을 세는 것을 말한다.

예 동전을 헤아린다.(○) / 센다.(○)

■ 썩이다 / 썩히다
둘 다 기본적으로 '썩게 하다'라는 뜻이 있지만 '썩이다'에는 '누구를 애타게 하다'라는 뜻이 있는 반면에, '썩히다'에는 '무엇을 곰팡이 따위로 상하게 하다'의 뜻이 있다.

예 부모님 속 좀 그만 썩이고 이제부터 착하게 살아라.(○)

■ 일절(一切) / 일체(一體)
'일절(一切)'은 '아주, 전혀, 절대로'의 의미로 행위나 사물에 대한 금지, 부정의 의미로 쓰이고, '일체(一體)'는 '모든 것, 전부, 통틀어'의 뜻으로 쓰인다.

예 그는 자신의 가족에 대한 이야기는 일절 하지 않았다.(○)
박 부장은 그 사건에 대한 일체의 책임을 지기로 나와 약속했다.(○) / 부식(副食) 일체 준비되어 있습니다.(○)

■ 잃다 / 잊다
'잃다'는 '가졌던 물건이 자신도 모르게 없어져 그것을 갖지 아니하게 되다'의 뜻이고 '잊다'는 '한번 알았던 것을 기억하지 못하거나 기억해 내지 못하다'의 의미이다.

예 지갑을 잃어서 집까지 걸어왔다.(○) / 깊은 산속에서 길을 잃었다.(○)
중요한 약속을 깜빡 잊어서 낭패를 보았다.(○)

> **☑ 결정적 힌트!**
> '잃다'는 일반적으로 '물건이나 사람, 관계, 기회 따위가 없어짐'의 의미로 쓰이는 데 비해, '잊다'는 '기억이나 생각 따위를 못하다'의 의미로 쓰인다. 때문에 '길을 잃다.'는 돌아오는 길을 모르는 것이므로 '잊다'의 표현이 옳은 것으로 오해하는 경우가 종종 있는데, '잃다'의 사전적 의미로 '길을 못 찾거나 방향을 분간하지 못하다'의 의미에 따라 '길을 잃다.'로 쓰는 것이 바른 표현이다.

■ 잇달다 / 잇따르다
두 단어는 일종의 복수 표준어로, '이어 달다'의 뜻일 때는 '잇달다'만 허용된다.

예 기관차에 객차들이 잇달았다.(○) / 장군은 훈장에 훈장을 잇단 복장으로 등장하였다.(○)

'어떤 사건이나 행동 따위가 이어 발생하다'의 뜻일 때는 '잇달다, 잇따르다, 연달다'를 함께 쓸 수 있다. 그리고 '연달다'는 주로 '연달아'의 형태로 쓰인다.

예 청문회가 끝난 뒤에 증인들에 대한 비난이 잇따랐다.(○) / 잇달았다.(○) / 연달았다.(○)
석교를 지나자마자 주점과 점포들이 잇따라(○) / 잇달아(○) / 연달아 나타났다.(○)

'움직이는 물체가 다른 물체의 뒤를 이어 따르다'라는 뜻일 때에는 '**잇따르다**'가 자연스럽다. 같은 동사이지만 '잇따르다'에 비하여 '잇달다/연달다'는 다소 형용사에 가까운 특성이 있다.

예 유세장에 유권자들이 잇따라 몰려왔다.
   잇따르고 있다. → 잇달고 있다.(×) / 연달고 있다.(×)

■ 있다가 / 이따가
'**있다가**'는 '있다'의 '있-'에 어떤 동작이나 상태가 끝나고 다른 동작이나 상태로 옮겨지는 뜻을 표시하는 어미 '-다가'가 붙은 형태이며, '**이따가**'는 '조금 뒤에'라는 뜻을 지닌 부사이다.

예 여기 있다가 갔다.(○) / 며칠 더 있다가 가마.(○)
   이따가 보자.(○) / 이따가 주겠다.(○)

■ 젖히다 / 제치다
'**젖히다**'는 '뒤로 기울게 하다, 안쪽이 겉으로 나오게 하다'의 의미이고, '**제치다**'는 '거치적거리지 않게 처리하다, 경쟁 상대보다 우위에 서다'의 뜻으로 쓴다.

예 좌석을 뒤로 젖히면 좀 더 자세가 편안하다.(○) / 환기가 되도록 창문을 열어 젖혔다.(○)
   그는 막아서는 상대 선수를 제치고 골을 넣었다.(○) / 우리 팀 주자가 상대편을 가볍게 제쳤다.(○)

■ 졸이다 / 조리다
'**졸이다**'는 '물을 증발시켜 분량을 적어지게 하다, 속을 태우다시피 초조해하다'의 뜻이고, '**조리다**'는 '고기나 생선, 채소 따위를 국물에 넣고 바짝 끓여서 양념이 배어들게 하다'의 의미로 쓴다.

예 국물이 너무 멀거니까 조금 졸여라.(○) / 그를 오늘 만나지 못할까 가슴을 졸였다.(○)
   멸치조림을 할 때에는 호두나 땅콩 같은 견과류를 넣으면 더 맛있다.(○)

☑ 결정적 힌트!
'졸이다'나 '조리다'는 둘 다 '끓여서 양이 줄게 하다'의 의미는 같다. 그러나 '졸이다'는 '물의 양을 줄이기 위한 목적에서 끓이는 것'이고, '조리다'는 '간이 배거나 양념이 스며들도록 하기 위해 끓이는 것'으로 목적이 다른 표현이다.

■ 지다 / 메다
'**지다**'는 '물건을 짊어서 등에 얹다'라는 뜻이고, '**메다**'는 '어깨에 걸치거나 올려놓다'라는 뜻이다.

예 지게를 지다.(○) / 메다.(×)

■ 좇다 / 쫓다
'**좇다**'는 '목표, 이상, 행복 따위를 추구하다', '남의 말이나 뜻을 따르다'라는 뜻이고, '**쫓다**'는 '어떤 대상을 잡거나 만나기 위하여 뒤를 급히 따르다'라는 뜻이다.

예 꿈을 좇는(○) / 쫓는(×) 사람
   파리를 쫓았다.(○) / 파리를 좇았다.(×)

01 단어의 의미 관계

공부한 날 월 ● 일

이론점검 문제

01
다음 중 〈보기〉의 밑줄 친 말과 문맥적 의미가 가장 유사한 것은?

―― 보기 ――
그 선수는 가볍게 평균대 위에 올라섰다.

① 그녀는 가벼운 손놀림으로 금세 모자를 만들었다.
② 아직 병중이니 무리하지 말고 가벼운 운동부터 하자.
③ 문제를 가볍게 보았다가 결국 이런 사태를 맞이했다.
④ 우리나라가 상대편을 가볍게 꺾고 결국 금메달을 땄다.
⑤ 바람이 가볍게 부는 것을 보니 벌써 가을이 온 것 같다.

02
다음 중 단어 간의 관계가 다른 것과 이질적인 것은?

① 책 : 시집
② 곡식 : 쌀
③ 얼굴 : 낯
④ 음식 : 김밥
⑤ 식물 : 나무

문제풀이

01
〈보기〉에서 '가볍다'의 의미는 '몸이나 손발 따위의 움직임이 날쌔고 재다'라는 의미이므로, ①과 문맥적 의미가 가장 유사하다.
② 노력이나 부담 따위가 적다.
③ 정도가 대수롭지 않고 예사롭다.
④ 다루기에 힘이 들지 않고 수월하다.
⑤ 바람이나 물결 따위가 이는 정도가 약하다.

정답 | ①

02
③만 유의 관계이며, 나머지는 상하 관계이다.

정답 | ③

실전 감각을 기를 차례! **[기출변형 문제편]** 바로가기 ☞ P.10

02 고유어

기출유형 1 — 고유어의 사전적 의미

유형 익히기

일상생활에서 사용의 빈도가 비교적 높은 고유어들의 정확한 사전적 의미를 제대로 파악하고 있는지를 평가하는 문항이다. 어휘의 전 영역에서 '사전적 의미'를 파악하는 것은 기초적인 부분이므로 주요 고유어의 내용과 문장 안에서의 적절한 활용 형태에 대해 알아 두는 것이 중요하다. 현실에서 한자어와 외래어의 사용 비중이 더 높다고 하여 고유어를 별도로 익혀 두지 않으면 만만치 않은 유형이라고 할 수 있다.

문제풀이

투미하다: 어리석고 둔하다.
예 그녀는 벽같이 투미해서 답답하기 짝이 없다.

정답 | ③

다음 중 밑줄 친 낱말의 뜻풀이가 적절하지 않은 것은?

① 영숙이는 어느새 음전한 아가씨로 자랐다. → 말이나 행동이 곱고 우아하다.
② 그녀는 결혼 후 회사에서 퇴출될까 저어하는 것 같았다. → 염려하거나 두려워하다.
③ 그 선생님은 투미해서 대화를 원만하게 하는 것이 쉽지 않다. → 말이 없고 온순하다.
④ 이번 교재 개발은 후반기의 가장 종요로운 일이다. → 없어서는 안 될 정도로 매우 긴요하다.
⑤ 장그래는 곧 비가 올 듯한 하늘을 바라보며 걸음을 재우쳤다. → 빨리 몰아치거나 재촉하다.

기출유형 2 — 고유어의 문맥적 의미

유형 익히기

고유어의 문맥적 의미를 묻는 것으로, 고유어의 사전적 의미를 파악하는 유형보다는 쉬운 편이다. 문장에 사용된 고유어의 의미를 이미 알고 있다면 쉽게 답을 찾을 수 있고, 그렇지 못한 경우라고 하더라도 밑줄 친 단어에 선지를 하나씩 대입해 보면 어렵지 않게 의미가 자연스럽지 않은 것을 택할 수 있다. 〈보기〉로 제시되는 글의 난도도 그리 높지 않은 편이다.

문제풀이

스스럽다
1) 서로 사귀는 정분이 두텁지 않아 조심스럽다.
   예 그와 나는 스스러운 사이입니다.
2) 수줍고 부끄러운 느낌이 있다.
   예 그녀는 첫 만남이 스스러운지 내 눈을 잘 보지 못했다.

정답 | ②

다음 중 밑줄 친 부분의 문맥적 의미로 적절하지 않은 것은?

> 그는 이 회사에서 일하는 것이 스스러운 일이었음에도 불구하고 더 친밀해지기 위해 많은 노력을 기울였다.

① 낯설다
② 막막하다
③ 어색하다
④ 조심스럽다
⑤ 서먹서먹하다

기출유형 3 — 고유어의 용법

유형 익히기

고유어의 사용이 적절한지를 평가하고자 하는 문항이다. 밑줄 친 부분을 비슷한 의미의 다른 단어로 바꾼 것으로 적절치 않은 것을 고르는 문제와, 밑줄 친 단어의 쓰임이 바르지 않은 것을 고르는 문제 두 가지 형태로 출제가 되고 있다. 고유어의 활용형에 대한 숙지가 필요하며, 일상생활에서 잘못 사용하고 있는 고유어에 유념하여 대비해야 하는 유형이다.

문제풀이

'괜히'는 '아무 까닭이나 실속이 없게'의 뜻을 지니고 있으므로, '어떤 목적이나 생각을 가지고 행동함'의 뜻을 지닌 '일부러'로 바꿔서 사용하는 것은 적절하지 않다.
① '좋이'
  1) 마음에 들게
    예) 그 사람을 좋이 여기고 있다.
  2) 거리, 수량, 시간 따위가 어느 한도에 미칠 만하게
    예) 버스가 온 것은 좋이 오 분 뒤였다.
  3) 별 탈 없이 잘
    예) 좋이 지내고 있지?
② '서름하다'는 '남과 가깝지 못하고 사이가 조금 서먹하다'의 뜻이다.
④ '엉너리'는 '남의 환심을 사기 위하여 어벌쩡하게 서두르는 짓'을 뜻한다.
⑤ '사느랗다'는 '물체의 온도나 기온이 약간 찬 듯하다'의 의미이다.

정답 | ③

다음 밑줄 친 부분을 비슷한 의미의 다른 단어로 바꾼 것 중 바르지 않은 것은?

① 음식을 <u>좋이</u> 준비해 두고서도 안심이 되지 않는다. → 충분하게
② 해외여행은 처음이어서 모든 것에 <u>서름한</u> 느낌이 들었다. → 낯선
③ 김 과장은 사람들에게 <u>괜히</u> 능글맞게 굴며 말하곤 했다. → 일부러
④ 그 회사 담당자의 <u>엉너리</u>에 속아 넘어간 것은 큰 실수였다. → 입발림
⑤ 이가 <u>사느란</u> 것이 영 신경이 쓰여서 주말에 치과 진료를 예약했다.
    → 시린

02 고유어

시험에 나온! 나올! **필수이론**

ㄱ

빈출 가납사니
① 쓸데없는 말을 지껄이기 좋아하는 수다스러운 사람
② 말다툼을 잘하는 사람

빈출 가년스럽다 보기에 가난하고 어려운 데가 있다.
  참고 **가린스럽다** 다랍고 인색하다.

가늠
① 목표나 기준에 맞고 안 맞음을 헤아려 봄. 또는 헤아려 보는 목표나 기준
② 사물을 어림잡아 헤아림

빈출 가랑눈 조금씩 잘게 내리는 눈

가래다
① 맞서서 옳고 그름을 따지다.
② 남의 일을 방해하거나 남을 해롭게 하다.

가래톳 〈의학〉 넓적다리 윗부분의 림프샘이 부어 생긴 멍울

가루다
① 자리 따위를 함께 나란히 하다.
② 맞서서 견주다.

빈출 가리사니 사물을 분간하여 판단할 수 있는 실마리

가말다 헤아려 처리하다.

가멸다 재산이나 자원 따위가 넉넉하고 많다.

빈출 가무리다 몰래 혼자 차지하거나 흔적도 없이 먹어 버리다.

가분하다 들기 좋을 정도로 가볍다. = **가붓하다**

가살 말씨나 행동이 되바라지고, 밉상스러움. 또는 그런 짓

빈출 가시버시 '부부(夫婦)'를 낮잡아 이르는 말

가위춤 가위를 자꾸 벌렸다 오므렸다 하는 일을 비유적으로 이르는 말

가장이 나뭇가지의 몸체 부분

가재기 튼튼하게 만들지 못한 물건

가직하다 거리가 조금 가깝다.

가축 물품이나 몸 따위를 알뜰히 매만져서 잘 간직하거나 거둠

가탈
① 일이 순조롭게 나아가는 것을 방해하는 조건
② 이리저리 트집을 잡아 까다롭게 구는 일

빈출 각다분하다 일을 해 나가기가 힘들고 고되다.

간동하다 흐트러짐이 없이 잘 정돈되어 단출하다.

간정되다 소란스럽던 일이나 앓던 병 따위가 가라앉아 진정되다.

갈개꾼 남의 일에 훼방을 놓는 사람

갈래다
① 섞갈려 바른길을 찾기 어렵게 되다.
② 짐승이 갈 바를 모르고 왔다 갔다 하다.

갈마보다 양쪽을 번갈아 보다.
  참고 **갈마들다** 서로 번갈아들다.

갈무리
① 물건 따위를 잘 정리하거나 간수함
② 일을 처리하여 마무리함

감잡히다 남과 시비(是非)를 다툴 때, 약점을 잡히다.

강파르다
① 몸이 야위고 파리하다.
② 성질이 까다롭고 괴팍하다.
③ 인정이 메마르고 야박하다.

개골창 수채 물이 흐르는 작은 도랑

개구멍받이 남이 개구멍으로 들이밀거나 대문 밖에 버리고 간 것을 데려와 기른 아이 = **업둥이**

개맹이 똘똘한 기운이나 정신

개사망 남이 뜻밖에 재수 좋은 일이 생기거나 이득을 보는 것을 비난조로 이르는 말

개어귀 강물이나 냇물이 바다나 호수로 들어가는 어귀

[빈출] **개차반** 개가 먹는 음식인 똥이란 뜻으로, 언행이 몹시 더러운 사람을 속되게 이르는 말

개평 노름이나 내기 따위에서 남의 몫에서 조금씩 얻어 가지는 공것

객쩍다 행동이나 말, 생각이 쓸데없고 싱겁다.

거니채다 어떤 일의 상황이나 분위기를 짐작하여 눈치를 채다.

거레 까닭 없이 지체하며 매우 느리게 움직임

[빈출] **거북살스럽다** 몹시 거북스럽다.

거우다 건드리어 성나게 하다.

[빈출] **거추장스럽다** 일 따위가 성가시고 귀찮다.

건목 물건을 만들 때에 다듬지 않고 거칠게 대강 만드는 일. 또는 그렇게 만든 물건

걸쩍거리다 활달하고 시원스럽게 행동하다.

결태질 염치나 체면을 차리지 않고 재물 따위를 마구 긁어모으는 일을 낮잡아 이르는 말

[빈출] **게걸스럽다** 몹시 먹고 싶거나 하고 싶은 욕심에 사로잡힌 듯하다.

게정 불평을 품고 떠드는 말과 행동

게염 부러워하며 시샘하여 탐내는 마음

겨끔내기 서로 번갈아 하기

겯고틀다 시비나 승부를 다툴 때에, 서로 지지 않으려고 버티어 겨루다.

결곡하다 얼굴 생김새나 마음씨가 깨끗하고 여무져서 빈틈이 없다.

결딴 어떤 일이나 물건 따위가 아주 망가져서 도무지 손을 쓸 수 없게 된 상태

고갱이 사물의 중심이 되는 부분을 비유적으로 이르는 말

고거리 소의 앞다리에 붙은 살

[빈출] **고명딸** 아들 많은 집의 외딸

고빗사위 매우 중요한 단계나 대목 가운데서도 가장 아슬아슬한 순간

고뿔 = 감기

고샅
① 시골 마을의 좁은 골목길. 또는 골목 사이
② 좁은 골짜기의 사이

고수련 앓는 사람의 시중을 들어줌

곧추다 굽은 것을 곧게 바로잡다.
[참고] **곧추뜨다** 눈을 부릅뜨다.

골갱이
① 식물이나 동물의 고기 따위의 속에 있는 단단하거나 질긴 부분
② 말이나 일의 중심되는 줄거리

골막하다 담긴 것이 가득 차지 아니하고 조금 모자란 듯하다.

곰비임비 물건이 거듭 쌓이거나 일이 계속 일어남을 나타내는 말

[빈출] **곰살궂다** 태도나 성질이 부드럽고 친절하다.

곰상스럽다 성질이나 행동이 싹싹하고 부드러운 데가 있다.

곰파다 사물이나 일의 속내를 알려고 자세히 찾아보고 따지다.

곱살끼다 몹시 보채거나 짓궂게 굴다.

[빈출] **곱살스럽다** 얼굴이나 성미가 예쁘장하고 얌전한 데가 있다.

공중제비 두 손을 땅에 짚고 두 다리를 공중으로 쳐들어서 반대 방향으로 넘어가는 재주

[빈출] **괴괴하다** 쓸쓸한 느낌이 들 정도로 아주 고요하다.

괴덕 실없이 수선스럽고 번거롭게 행동하는 성미

구쁘다 배 속이 허전하여 자꾸 먹고 싶다.

구성없다 격에 어울리지 않다.

구성지다 천연스럽고 구수하며 멋지다.

구순하다 서로 사귀거나 지내는 데 사이가 좋아 화목하다.

구실
① 자기가 마땅히 해야 할 맡은 바 책임
② 예전에, 온갖 세납을 통틀어 이르던 말
③ 〈역사〉 관아의 임무

구어박다
① 한곳에서 꼼짝 못 하고 지내다. 혹은 그렇게 하다.
② 이자 놓는 돈을 한곳에 잡아 두고 더 이상 늘리지 않다.

구완 아픈 사람이나 해산한 사람을 간호함

구유 소나 말 따위의 가축들에게 먹이를 담아 주는 그릇

국으로 제 생긴 그대로. 또는 자기 주제에 맞게

굼닐다 몸이 굽어졌다 일어섰다 하거나 몸을 굽혔다 일으켰다 하다.

굴레 말이나 소 따위를 부리기 위하여 머리와 목에서 고삐에 걸쳐 얽어매는 줄

굴침스럽다 어떤 일을 억지로 하려고 애쓰는 듯하다.

굴타리먹다 참외, 호박, 수박 따위가 땅에 닿아 썩은 부분을 벌레가 파먹다.

굴퉁이 겉모양은 그럴듯하나 속은 보잘것없는 물건이나 사람

굽도리 방 안 벽의 밑부분

궁따다 시치미를 떼고 딴소리를 하다.

귀나다
① 모가 반듯하지 아니하고 한쪽으로 비뚤어지거나 기울어지다.
② 의견이 서로 빗나가서 틀어지다.

귀살쩍다 일이나 물건 따위가 마구 얼크러져 정신이 뒤숭숭하거나 산란하다.

그느르다
① 돌보고 보살펴 주다.
② 흠이나 잘못을 덮어 주다.

그루잠 깨었다가 다시 든 잠

<빈출> **그루터기**
① 풀이나 나무 따위의 아랫동아리. 또는 그것들을 베고 남은 아랫동아리
② 밑바탕이나 기초를 비유적으로 이르는 말

그악하다
① 장난 따위가 지나치게 심하다.
② 모질고 사납다.
③ 끈질기고 억척스럽다.
④ 산세 따위가 험하고 사납다.

금새 물건의 값. 또는 물건값의 비싸고 싼 정도

기틀 어떤 일의 가장 중요한 계기나 조건

기이다 어떤 일을 숨기고 바른대로 말하지 않다.

길라잡이 길을 인도해주는 사람이나 사물

길마 짐을 싣거나 수레를 끌기 위하여 소나 말 따위의 등에 얹는 기구

길미 빚에 대하여 덧붙여 주는 돈 = **이자(利子)**

길섶 길의 가장자리

길체 한쪽으로 치우쳐 있는 자리

길품 남이 갈 길을 대신 가고 삯을 받는 일

까대기 벽이나 담 따위에 임시로 덧붙여 만든 허술한 건조물

까막과부 정혼한 남자가 죽어서 시집도 가 보지 못하고 과부가 되었거나, 혼례는 하였으나 첫날밤을 치르지 못하여 처녀로 있는 여자 = **망문과부(望門寡婦)**

까막까치 까마귀와 까치를 아울러 이르는 말 = **오작(烏鵲)**

깜냥 스스로 일을 헤아림. 또는 헤아릴 수 있는 능력

깜부기 〈농업〉 깜부깃병에 걸려서 까맣게 된 곡식 따위의 이삭

깨단하다 오랫동안 생각해 내지 못하던 일 따위를 어떠한 실마리로 말미암아 깨닫거나 분명히 알다.

꺼병이
① 꿩의 어린 새끼
② 옷차림 따위의 겉모습이 잘 어울리지 않고 거칠게 생긴 사람을 비유적으로 이르는 말
참고 **꺼펑이** 물건 위에 덧씌워서 덮거나 가리는 물건을 통틀어 이르는 말

꺽지다 성격이 억세고 꿋꿋하고 용감하다.

꼲다 잘잘못을 따져서 평가하다.

꽃샘 이른 봄, 꽃이 필 무렵에 갑자기 날씨가 추워짐

꾀꾀로 가끔가끔 틈을 타서 살그머니

꿰미 물건을 꿰는 데 쓰는 끈이나 꼬챙이 따위

끄나풀
① 길지 아니한 끈의 나부랭이
② 남의 앞잡이 노릇을 하는 사람을 낮잡아 이르는 말

끄느름하다
① 날씨가 흐리어 어둠침침하다.
② 햇볕, 장작불 따위가 약하다.

끌끌하다 마음이 맑고 바르고 깨끗하다.

ㄴ

나래 배를 젓는 도구의 하나

나부대다 얌전히 있지 못하고 철없이 촐랑거리다.

난든집 손에 익어서 생긴 재주

남새 밭에서 기르는 농작물. 주로 그 잎이나 줄기, 열매 따위를 식용한다.

남우세 남에게서 비웃음과 놀림을 받게 됨

빈출 **남진계집** 내외를 갖춘 남의 집 하인

낫잡다 금액, 나이, 수량, 수효 따위를 계산할 때에, 조금 넉넉하게 치다.

빈출 **내남없이** 나와 다른 사람이나 모두 마찬가지로

내숭 겉으로는 순해 보이나 속으로는 엉큼함

넉가래 곡식이나 눈 따위를 한곳으로 밀어 모으는 데 쓰는 기구

빈출 **넉장거리** 네 활개를 벌리고 뒤로 벌렁 나자빠짐

넌더리 지긋지긋하게 몹시 싫은 생각

노가리 〈농업〉 경지 전면에 여기저기 흩어지게 씨를 뿌리는 일

빈출 **노느매기** 여러 몫으로 갈라 나누는 일. 또는 그렇게 나누어진 몫

노닥이다 조금 수다스럽게 재미있는 말을 늘어놓다.

빈출 **노량으로** 어정어정 놀면서 느릿느릿

노루잠 깊이 들지 못하고 자꾸 놀라 깨는 잠

노적가리 한데에 수북이 쌓아 둔 곡식 더미

노총 남에게 알려서는 안 될 일

놀금 물건을 살 때에 팔지 않으려면 그만두라고 썩 낮게 부른 값

높새 동북풍(東北風)을 달리 이르는 말

빈출 **뇌까리다**
① 아무렇게나 되는대로 마구 지껄이다.
② 불쾌하다고 생각되는 상대편의 말이나 행동, 태도에 대하여 불쾌하다는 뜻을 담은 말을 거듭해서 자꾸 말하다.

눈비음 남의 눈에 들기 위하여 겉으로만 꾸미는 일

눈썰미 한두 번 보고 곧 그대로 해내는 재주

눈엣가시
① 몹시 밉거나 싫어 늘 눈에 거슬리는 사람
② 남편의 첩을 이르는 말

느껍다 어떤 느낌이 마음에 북받쳐서 벅차다.

느루 한꺼번에 몰아치지 아니하고 오래도록 = 늘

빈출 **는개** 안개비보다는 조금 굵고 이슬비보다는 가는 비 = 연우(煙雨)

늘비하다 질서 없이 여기저기 많이 늘어서 있거나 놓여 있다.

늠그다 곡식의 껍질을 벗기다.

능 빠듯하지 아니하게 넉넉히 잡은 여유

능갈치다 교묘하게 잘 둘러대다.

[빈출] **늦깎이** 나이가 많이 들어서 어떤 일을 시작한 사람

늦사리 〈농업〉 같은 작물을 제철보다 늦게 수확하는 일. 또는 그 농작물

ㄷ

다따가 난데없이 갑자기

다락같다
① 물건값이 매우 비싸다.
② 덩치나 규모 정도가 매우 크고 심하다.

다랑귀 두 손으로 붙잡고 매달리는 짓

[빈출] **다잡다**
① 다그쳐 단단히 잡다.
② 들뜨거나 어지러운 마음을 가라앉혀 바로잡다.
③ 단단히 다스리거나 잡도리하다.
④ 어떤 사실을 꼭 집어내거나 다지다.

다직하다 기껏 한다고 하면

닦아세우다 꼼짝 못 하게 휘몰아 나무라다.

단물나다 옷 따위가 낡아 물이 빠지고 바탕이 해지게 되다.

달구치다 무엇을 알아내거나 어떤 일을 재촉하려고 꼼짝 못 하게 몰아치다.
[참고] **달구질** 달구로 집터나 땅을 단단히 다지는 일

달랑쇠 침착하지 못하고 몹시 담방거리는 사람

[빈출] **달포** 한 달이 조금 넘는 기간 = 달소수, 삭여(朔餘)

답치기 질서 없이 함부로 덤벼들거나 생각 없이 덮어놓고 하는 짓

대갚음 남에게 입은 은혜나 남에게 당한 원한을 잊지 않고 그대로 갚음

대두리
① 큰 다툼이나 야단
② 일이 심각해진 국면

댓바람 일이나 때를 당하여 서슴지 않고 당장

댕기다 불이 옮아 붙다. 또는 그렇게 하다.

더껑이 걸쭉한 액체의 거죽에 엉겨 굳거나 말라서 생긴 꺼풀

더께 몹시 찌든 물건에 앉은 거친 때

더치다 낫거나 나아가던 병세가 다시 더하여지다.

더펄이
① 성미가 침착하지 못하고 덜렁대는 사람
② 성미가 스스럼이 없고 붙임성이 있어 꽁하지 않은 사람

덖다 때가 올라서 몹시 찌들거나 때가 덕지덕지 묻다.

던적스럽다 하는 짓이 보기에 매우 치사하고 더러운 데가 있다.

덜퍽지다 푸지고 탐스럽다.

덤받이 여자가 전남편에게서 배거나 낳아서 데리고 들어온 자식을 낮잡아 이르는 말

덤터기 남에게 넘겨씌우거나 남에게서 넘겨받은 허물이나 걱정거리

덧거칠다 일이 순조롭지 못하고 까탈이 많다.

덧두리
① 정해 놓은 액수 외에 얼마만큼 더 보탬 = 웃돈
② 헐값으로 사서 비싼 금액으로 팔 때의 차액

덩둘하다 매우 둔하고 어리석다.

덩저리 좀 크게 뭉쳐서 쌓인 물건의 부피

도거리 따로따로 나누지 않고 한데 합쳐서 몰아치는 일

도두보다 실상보다 좋게 보다.
[참고] **도두치다** 실제보다 많게 셈을 치다.

도사리 다 익지 못한 채로 떨어진 열매

도섭 주책없이 능청맞고 수선스럽게 변덕을 부리는 짓

도스르다 무슨 일을 하려고 별러서 마음을 다잡아 가지다.

도파니 이러니저러니 여러 말 할 것 없이 죄다 몰아서.

돈바르다 성미가 너그럽지 못하고 까다롭다.

[빈출] 동그마니 사람이나 사물이 외따로 오뚝하게 있는 모양

동뜨다
① 다른 것들보다 훨씬 뛰어나다.
② 평상시와는 다르다.
③ 동안이 뜨다.

동아리 같은 뜻을 가지고 모여서 한패를 이룬 무리

동이 닿다 조리가 맞다.

[빈출] 동자아치 밥 짓는 일을 하는 여자 하인

동티
① 〈민속〉 땅, 돌, 나무 따위를 잘못 건드려 지신(地神)을 화나게 하여 재앙을 받는 일. 또는 그 재앙
② 건드려서는 안 될 것을 공연히 건드려서 스스로 걱정이나 해를 입음.

되모시 이혼하고 처녀 행세를 하고 있는 여자

되술래잡다 잘못을 빌어야 할 사람이 도리어 남을 나무람

되지기 찬밥을 더운밥 위에 얹어 다시 찌거나 데운 밥

된바람
① 뱃사람들의 말로, 북풍(北風)을 이르는 말
② 매섭게 부는 바람

될성부르다 잘될 가망이 있어 보이다.

두남두다
① 잘못을 두둔하다.
② 애착을 가지고 돌보다.

두동지다 앞뒤가 엇갈려 서로 맞지 않다.

두멍
① 물을 많이 담아 두고 쓰는 큰 가마나 독
② 깊고 먼 바다를 비유적으로 이르는 말

둥개다 일을 감당하지 못하고 쩔쩔매다.

뒤란 집 뒤 울타리의 안

뒤스르다 일어나 물건을 가다듬느라고 이리저리 바꾸거나 뒤적거리다.

뒤웅박 박을 쪼개지 않고 꼭지 근처에 구멍만 뚫어 속을 파낸 바가지

뒤통수(를)치다
① 바라던 일이 이루어지지 아니하여 매우 낙심하다.
② 믿음이나 의리를 저버리고 돌아서다.

뒨장질 닥치는 대로 들었다 놓았다 하는 일을 낮잡아 이르는 말

뒷갈망 일의 뒤끝을 맡아서 처리함 = 뒷감당

뒷귀 들은 것에 대한 이해력을 이르는 말

드난 임시로 남의 집 행랑에 붙어 지내며 그 집의 일을 도와줌. 또는 그런 사람.

드레 인격적으로 점잖은 무게

드림흥정 물건을 사고팔 때에 여러 번에 나누어서 값을 치르기로 하고 하는 흥정

드티다
① 말리거나 비켜나거나 하여 약간 틈이 생기다.
② 예정하였거나 약속하였던 것이 어그러져 연기되다.

들마 가게 문을 닫을 무렵

들썽하다 어수선하게 들떠 가라앉지 않다.

들입다 세차게 마구

들피 굶주려서 몸이 여위고 쇠약해지는 일

듬쑥하다 사람됨이 가볍지 아니하고 속이 깊다.

따리꾼 아첨을 잘하는 사람

떠세 돈이나 세력을 믿고 젠 체하고 억지를 쓰는 것

떡심이 풀리다 낙담하여 맥이 풀리다.

떨거지 겨레붙이나 한통속으로 지내는 사람들을 낮잡아 이르는 말

뚜쟁이 중매인(결혼이 이루어지도록 중간에서 소개하는 사람)을 낮잡아 이르는 말

뚱기다
① 팽팽한 줄 따위를 퉁기어 움직이게 하다.
② 눈치채도록 슬며시 일깨워 주다.

뜨악하다 마음이 선뜻 내키지 않아 꺼림칙하고 싫다.

뜯게 해지고 낡아서 입지 못하게 된 옷

ㅁ

마고자 저고리 위에 덧입는 웃옷

마디다 쉽게 닳거나 없어지지 아니하다.

마뜩하다 제법 마음에 들만하다.

마름질 옷감이나 재목 따위를 치수에 맞도록 재거나 자르는 일

빈출 마름하다 옷감이나 재목 따위를 치수에 맞도록 재거나 자르다.

빈출 마수걸이하다 맨 처음으로 물건을 팔다.

마장스럽다 보기에 어떤 일에 자꾸 마가 끼어드는 데가 있다.

마전 생피륙을 삶거나 빨아 볕에 바래는 일

마파람 뱃사람들의 은어로, '남풍'을 이르는 말

말결 어떤 말을 할 때 이르는 말

말림갓 신의 나무나 풀 따위를 함부로 베지 못하게 단속하는 땅이나 산

말재기 쓸데없는 말을 수다스럽게 꾸미어 내는 사람

말코지 물건을 걸기 위하여 벽 따위에 달아 두는 나무 갈고리

매개 일이 되어 가는 형편

매골 축이 나서 못쓰게 된 사람의 모습

매나니
① 무슨 일을 할 때 아무 도구도 가지지 아니하고 맨손뿐인 것
② 반찬 없는 맨밥

빈출 매지구름 비를 머금은 검은 조각구름

빈출 매초롬하다 젊고 건강하여 아름다운 태가 있다.

매캐하다 연기나 곰팡이 따위의 냄새가 약간 맵고 싸하다.

맨드리
① 옷을 입고 매만진 맵시
② 물건이 만들어진 모양새
③ 이미 만들어 놓은 물건

맨망 요망스럽게 까붊. 또는 그런 짓

맵자하다 모양이 제격에 어울려서 맞다.

빈출 맷가마리 매를 맞아 마땅한 사람

맹문 일의 시비나 경위(經緯)

빈출 머드러기 과일이나 채소, 생선 따위의 많은 것 가운데서 다른 것들에 비해 굵거나 큰 것

머줍다 동작이 둔하고 느리다.

메꽂다 고집이 세고 심술궂다.

메지 일의 한 가지가 끝나는 단락

멧부리 산등성이나 산봉우리의 가장 높은 꼭대기

멱차다
① 더 이상 할 수 없는 한도에 이르다.
② 일이 끝나다.
③ 완전히 다 되다.

모가비 〈민속〉사당패 또는 산타령패 따위의 우두머리 = 꼭두쇠

모래톱 강가나 바닷가에 있는 넓고 큰 모래벌판 = 모래사장

모르쇠 아는 것이나 모르는 것이나 다 모른다고 잡아떼는 것

모주망태 술을 늘 대중없이 많이 마시는 사람을 놀림조로 이르는 말

모집다 허물이나 결함 따위를 명백하게 지적하다.

모춤하다 길이나 분량이 어떤 한도보다 조금 지나치다.

목매기 아직 코뚜레를 꿰지 않고 목에 고삐를 맨 송아지

빈출 ▶ 몽니 받고자 하는 대우를 받지 못할 때 내는 심술

몽따다 알고 있으면서 일부러 모르는 체하다.

몽짜 음흉하고 심술궂게 욕심을 부리는 짓. 또는 그런 사람

몽태치다 남의 물건을 슬그머니 훔쳐 가지다.

무녀리
① 한 태에 낳은 여러 마리 새끼 가운데 가장 먼저 나온 새끼
② 말이나 행동이 좀 모자란 듯이 보이는 사람을 비유적으로 이르는 말

무드럭지다 한데 수북이 쌓여 있거나 뭉쳐 있다. = 무덕지다

무람없다 예의를 지키지 않으며 삼가고 조심하는 것이 없다.

빈출 ▶ 무릇 대체로 헤아려 생각하건대

무서리 늦가을에 처음 내리는 묽은 서리
빤 된서리

무수다 닥치는 대로 사정없이 때리거나 부수다.

무싯날 정기적으로 장이 서는 곳에서, 장이 서지 않는 날

무텅이 거친 땅을 개간하여 논밭을 만들어 곡식을 심는 일

묵새기다 별로 하는 일 없이 한곳에서 오래 묵으며 날을 보내다.

물꼬 논에 물이 넘어 들어오거나 나가게 하기 위하여 만든 좁은 통로

물보낌 여러 사람을 모조리 매질함

물부리 담배를 끼워서 빠는 물건 = 빨부리

물수제비뜨다 둥글고 얄팍한 돌을 물 위로 담방담방 튀기어 가게 던지다.

물초 온통 물에 젖음. 또는 그런 모양

뭉근하다 세지 않은 불기운이 끊이지 않고 꾸준하다.

미대다 하기 싫은 일이나 잘못된 일의 책임을 남에게 밀어 넘기다.

미립 경험을 통하여 얻은 묘한 이치나 요령

미쁘다 믿음성이 있다.

민낯 화장을 하지 않은 얼굴

민둥산 나무가 없는 산

민춤하다 미련하고 덜되다.

민틋하다 울퉁불퉁한 곳이 없이 평평하고 비스듬하다.

민패 아무 꾸밈이 없는 물건

밀막다 핑계하고 거절하다.

ㅂ

빈출 ▶ 바자위다 성질이 너그러운 맛이 없다.

바장이다 부질없이 짧은 거리를 오락가락 거닐다.

바투
① 두 대상이나 물체의 사이가 썩 가깝게
② 시간이나 길이가 아주 짧게

빈출 ▶ 반거들충이 무엇을 배우다가 중도에 그만두어 다 이루지 못한 사람

반기 잔치나 제사 후에 여러 군데에 나누어 주려고 목판이나 그릇에 몫몫이 담아 놓은 음식

반살미 갓 혼인한 신랑이나 신부를 일갓집에서 처음으로 초대하는 일

반색 매우 반가워함. 또는 그런 기색

반지빠르다 얄밉고 교만하다.

받내다 몸을 움직이지 못하는 사람의 대소변 따위를 받아 처리하다.

발림 판소리에서, 소리의 극적인 전개를 돕기 위하여 몸짓이나 손짓으로 하는 동작

발쇠 남의 비밀을 캐내어 다른 사람에게 넌지시 알려 주는 짓

방물 여자가 쓰는 화장품, 바느질 기구, 패물 따위의 물건

방자 남이 못되거나 재앙을 받도록 귀신에게 빌어 저주하거나 그런 방술(方術)을 쓰는 일

[빈출] **방자고기** 씻지도 않고 다른 양념없이 소금만 뿌려 구운 고기

방짜 품질이 좋은 놋쇠를 녹여 부은 다음 다시 두드려 만든 그릇

방패막이 어떤 사건이나 공격으로부터 막아 보호하는 일. 또는 그 수단이나 방법

배내 〈농업〉남의 가축을 길러서 가축이 다 자라거나 새끼를 낸 뒤에 주인과 나누어 가지는 제도

배냇짓 갓난아이가 자면서 웃거나 눈, 코, 입 등을 쫑긋거리는 짓
[참고] **배냇버릇** 태어날 때부터 가지고 있는 버릇 또는 고치기 힘들게 굳어진 나쁜 버릇을 비유적으로 이르는 말

배메기 〈농업〉지주가 소작인에게 소작료를 수확량의 절반으로 매기는 일 = 반타작, 병작(竝作)

버겁다 물건이나 세력 따위가 다루기에 힘에 겹거나 거북하다.

버금 으뜸의 바로 아래. 또는 그런 지위에 있는 사람이나 물건

벋대다 쉬어 따르지 않고 고집스럽게 버티다.

버덩 높고 평평하며 나무는 없이 풀만 우거진 거친 들

버르집다
① 숨겨진 일을 밖으로 들추어내다.
② 작은 일을 크게 부풀려 떠벌리다.

버름하다
① 물건의 틈이 꼭 맞지 않고 조금 벌어져 있다.
② 마음이 서로 맞지 않아 사이가 뜨다.

벌충 손실이나 모자라는 것을 보태어 채움

베갯잇 베개의 겉을 덧씌워 시치는 헝겊
[참고] **베갯밑 공사(公事)** 잠자리에서 아내가 남편에게 바라는 바를 속살거리며 청하는 일

베돌다 한데 어울리지 아니하고 동떨어져 행동하다.

벼리
① 그물의 위쪽 코를 꿰어 놓은 줄
② 일이나 글의 뼈대가 되는 줄거리

벼리다 무디어진 연장의 날을 불에 달구어 두드려서 날카롭게 만들다.

[빈출] **벽창호** 고집이 세며 완고하고 우둔하여 말이 도무지 통하지 아니하는 무뚝뚝한 사람

변죽 그릇이나 세간, 과녁 따위의 가장자리
[참고] **변죽(을) 울리다** 바로 집어 말을 하지 않고 둘러서 말을 하다.

볏가리 벼를 베어서 가려 놓거나 볏단을 차곡차곡 쌓은 더미

보깨다 먹은 것이 소화가 잘 안되어 속이 답답하고 거북하게 느껴지다.

보꾹 지붕의 안쪽

보드기 크게 자라지 못하고 마디가 많은 어린 나무

보쟁이다 부부가 아닌 남녀가 은밀한 관계를 계속 맺다.

보짱 마음속에 품은 꿋꿋한 생각이나 요량

본치 남의 눈에 띄는 태도나 겉모양

볼멘소리 서운하거나 성이 나서 퉁명스럽게 하는 말투

부닐다 가까이 따르며 붙임성 있게 굴다.

부대끼다 사람이나 일에 시달려 크게 괴로움을 겪다.

부르터나다 숨기어 묻혀 있던 일이 드러나다.

부아 노엽거나 분한 마음

부지깽이 아궁이 따위에 불을 땔 때에, 불을 헤치거나 끌어내거나 거두어 넣거나 하는 데 쓰는 가느스름한 막대기

북새 많은 사람이 야단스럽게 부산을 떨며 법석이는 일

붓날다 말이나 하는 짓 따위가 붓이 나는 것처럼 가볍게 들뜨다.

붓방아 글을 쓸 때 미처 생각이 잘 나지 않아 붓을 대었다 떼었다 하며 붓을 놀리는 짓

붙박이 어느 한 자리에 정한 대로 박혀 있어서 움직임이 없는 상태

비나리 남의 환심을 사려고 아첨함

비긋다 비를 잠시 피하여 그치기를 기다리다.

비설거지 비가 오려고 하거나 올 때, 비에 맞으면 안 되는 물건을 치우거나 덮는 일

빌미 재앙이나 탈 따위가 생기는 원인

빌붙다 권력이나 경제적 이득을 얻기 위해 남에게 기대다.

빙충맞다 똘똘하지 못하고 어리석으며 수줍음을 타는 데가 있다.

빚지시 빚을 주고 쓰고 할 때에 중간에서 소개하는 일

뻑뻑이 그러하리라고 미루어 헤아려 보건대 틀림없이

[빈출] **뿌다구니** 물체의 뾰죽하게 내민 부분

ㅅ

[빈출] **사금파리** 사기그릇의 깨어진 작은 조각

사람멀미 많은 사람이 있는 곳에서 느끼는, 머리가 아프고 어지러운 증세

사로자다 염려가 되어 마음을 놓지 못하고 조바심하며 자다.

[빈출] **사시랑이** 가늘고 약한 물건이나 사람

사위다 불이 사그라져서 재가 되다.

사재기 물건값이 오를 것을 예상하고 폭리를 얻기 위하여 물건을 몰아서 사들임

사품 어떤 동작이나 일이 진행되는 바람이나 겨를

삭신 몸의 근육과 뼈마디

삯메기 농촌에서, 끼니는 먹지 않고 품삯만 받고 하는 일

산돌림 여기저기 옮겨 다니면서 한 줄기씩 내리는 소나기

살갑다
① 집이나 세간 따위가 겉으로 보기보다는 속이 너르다.
② 마음씨가 부드럽고 상냥하다.

살강 그릇을 얹기 위하여 부엌 벽 중턱에 가로지른 선반
〔참고〕 **시렁** 물건을 얹기 위해 방이나 마루에 건너질러 놓은 나무

살거리 몸에 붙은 살의 정도와 모양

살붙이 혈육으로 볼 때 가까운 사람. 보통 부모와 자식의 관계에서 쓴다. = 피붙이

살소매 옷소매 팔 사이의 빈틈

살손 일을 정성껏 하는 손

살피
① 땅과 땅 사이의 경계선을 간단히 나타낸 표
② 물건과 물건 사이를 구별 지은 표

삼짇날 〈민속〉 음력 삼월 초사흗날

삼태기 흙이나 쓰레기, 거름 따위를 담아 나르는 데 쓰는 기구

삼하다 어린아이의 성질이 순하지 않고 사납다.

상고대 나무나 풀에 내려 눈처럼 된 서리

새경 머슴이 주인에게서 한 해 동안 일한 대가로 받는 돈이나 물건 = **사경(私耕)**

새물내 빨래하여 이제 막 입은 옷에서 나는 냄새

[빈출] **새삼스럽다** 이미 알고 있는 사실에 대하여 느껴지는 감정이 갑자기 새로운 데가 있다.

샛바람 뱃사람들의 은어로, '동풍'을 이르는 말

생무지 어떤 일에 익숙하지 못하고 서투른 사람

생인손 손가락 끝에 종기가 나서 곪는 병

생채기 손톱 따위로 할퀴거나 긁히어서 생긴 작은 상처

생청 억지로 쓰는 떼 = **쌩떼**

생화 먹고 살아가는 데 도움이 되는 벌이나 직업

서름하다
① 남과 가깝지 못하고 사이가 조금 서먹하다.
② 사물 따위에 익숙하지 못하고 서툴다.

서릊다 좋지 아니한 것을 쓸어 치우다.

섟 불끈 일어나는 감정

선겁다
① 감동을 일으킬 만큼 훌륭하거나 굉장하다.
② 재미가 없다.

선바람 지금 차리고 나선 그대로의 차림새

선술집 술청 앞에 선 채로 간단하게 술을 마실 수 있는 술집 = 목로주점

선웃음 우습지도 않은데 꾸며서 웃는 웃음

섣부르다 솜씨가 설고 어설프다.

설멍하다
① 아랫도리가 가늘고 어울리지 아니하게 길다.
② 옷이 몸에 맞지 않고 짧다.

설면하다
① 자주 만나지 못하여 낯이 좀 설다.
② 사이가 정답지 아니하다.

설피다 짜거나 엮은 것이 거칠고 성기다.

섬돌 집채의 앞뒤에 오르내릴 수 있게 놓은 돌층계

성금 말이나 일의 보람이나 효력

성기다 물건의 사이가 뜨다. = 성글다
밴 배다

성마르다 참을성이 없고 성질이 급하다.

<빈출> **성에** 기온이 영하일 때 유리나 벽 따위에 수증기가 허옇게 얼어붙은 서릿발

세나다 상처나 부스럼 따위가 덧나다.

<빈출> **소담스럽다**
① 생김새가 탐스러운 데가 있다.
② 음식이 풍족하여 먹음직한 데가 있다.

소담하다
① 생김새가 탐스럽다.
② 음식이 풍족하여 먹음직하다.

소댕 솥을 덮는 쇠뚜껑

소두 〈민속〉 혼인한 지 얼마 되지 않은 안팎 사돈끼리 생일날 같은 때에 보내는 선물

소드락질 남의 재물 따위를 빼앗는 짓

소래기 운두가 조금 높고 굽이 없는 접시 모양으로 생긴 넓은 질그릇

소롱하다 재물을 되는대로 아무렇게나 그럭저럭 써 없애다.

소소리바람 이른 봄에 살 속으로 스며드는 듯한 차고 매서운 바람

소수나다 땅의 농산물 소출이 늘다. = 솟나다

소양배양하다 나이가 어려 함부로 날뛰기만 하고 분수나 철이 없다.

속종 마음속에 품은 소견

솎다 촘촘히 있는 것을 군데군데 골라 뽑아 성기게 하다.

손대기 잔심부름을 할 만한 아이

손떠퀴 미신적인 관념에서, 무슨 일에 손을 대는 데 따르는 운수를 이르는 말

손바람 일을 치러 내는 솜씨나 힘

손방 아주 할 줄 모르는 솜씨

손사래 어떤 말이나 사실을 부인하거나 남에게 조용히 하라고 할 때 손을 펴서 휘젓는 일

손포 일할 사람

수발 신변 가까이에서 여러 가지 시중을 듦

수채 집 안에서 버린 물이 흘러 나가도록 만든 시설

숙수그레하다 조금 굵은 여러 개의 물건이 크기가 거의 고르다.

숙지다 어떤 현상이나 기세 따위가 점차로 누그러지다.

숱 머리털 따위의 부피나 분량

스스럽다 수줍고 부끄러운 느낌이 있다.

습습하다 마음이나 하는 짓이 활발하고 너그럽다.

승겁들다 힘을 들이지 않고 저절로 이루다.

시나브로 모르는 사이에 조금씩 조금씩

시뜻하다 어떤 일에 물리거나 지루해져서 조금 싫증이 난 기색이 있다.

시래기 무청이나 배춧잎을 말린 것

시르죽다
① 기운을 차리지 못하다.
② 기를 펴지 못하다.

시름없다
① 근심과 걱정으로 맥이 없다.
② 아무 생각이 없다.

시먹다 버릇이 못되게 들어 남의 말을 듣지 않는 경향이 있다.

시쁘다 마음에 차지 아니하여 시들하다.

시새 가늘고 고운 모래 = 세사(細沙)

시설궂다 성질이 차분하지 못하여 말이나 행동이 매우 부산하다.

시앗 남편의 첩

시역 힘이 드는 일

[빈출] **시원하다** 막힌 데가 없이 활짝 트이어 마음이 후련하다.

시위 비가 많이 와서 강물이 넘쳐흘러 육지 위로 침범하는 일. 또는 그 물 = 홍수(洪水)

시적거리다 힘들이지 아니하고 느릿느릿 행동하거나 말하다.

시치다 바느질을 할 때, 여러 겹을 맞대어 듬성듬성 호다.

실랑이
① 이러니저러니, 옳으니 그르니 하며 남을 못살게 굴거나 괴롭히는 일
② 서로 자기주장을 고집하며 옥신각신하는 일 = 승강이

실큼하다 싫은 생각이 있다.

실터 집과 집 사이에 남은 길고 좁은 빈터

실팍하다 사람이나 물건 따위가 보기에 매우 실하다.

[빈출] **싫증** 싫은 생각이나 느낌. 또는 그런 반응

심드렁하다 마음에 탐탁하지 아니하여서 관심이 거의 없다.

심마니 산삼을 캐는 것을 직업으로 하는 사람

싸개통 여러 사람이 둘러싸고 다투며 승강이를 하는 상황

싹수 어떤 일이나 사람이 앞으로 잘될 것 같은 낌새나 징조

쌩이질 한창 바쁠 때 쓸데없는 일로 남을 귀찮게 구는 짓

쏘개질 있는 일 없는 일을 얽어서 몰래 일러바치는 짓

쓰레질 비로 쓸어서 집 안을 깨끗이 하는 일

쓸까스르다 남을 추기었다 낮추었다 하여 비위를 거스르다.

슳다 거친 쌀, 조, 수수 따위의 곡식을 찧어 속꺼풀을 벗기고 깨끗하게 하다.

ㅇ

아가씨
① 시집갈 나이의 여자를 이르거나 부르는 말
② 손아래 시누이를 이르거나 부르는 말

아귀차다 마음이 굳세어 남에게 잘 꺾이지 아니하다.

아니리 〈음악〉 판소리에서, 창(唱)을 하는 중간중간에 가락을 붙이지 않고 이야기하듯 엮어 나가는 사설

아람치 개인이 사사로이 차지하는 몫

아름드리 둘레가 한 아름이 넘는 것을 나타내는 말

아리잠직하다 키가 작고 모습이 얌전하며 어린 티가 있다.

아우르다 여럿을 모아 한 덩어리나 한 판이 되게 하다.

아주버니 남편과 항렬이 같은 사람 가운데 남편보다 나이가 많은 남자를 이르거나 부르는 말

안날 바로 전날

안다미 남의 책임을 맡아짐. 또는 그 책임

안차다 겁이 없고 야무지다.

안팎장사 이곳에서 물건을 사서 다른 곳에 갖다 팔고, 그 돈으로 그곳의 싼 물건을 사서 이곳에 갖다 파는 일

빈출 **알겨먹다** 남의 재물 따위를 좀스러운 말과 행위로 꾀어 빼앗아 가지다.

빈출 **알밤** 주먹으로 머리를 쥐어박는 일

알섬 사람이 살지 않는 작은 섬

알심
① 은근히 동정하는 마음
② 보기보다 야무진 힘

알짬 여럿 가운데에 가장 중요한 내용

알천
① 재산 가운데 가장 값나가는 물건
② 음식 가운데서 제일 맛있는 음식

암상 남을 시기하고 샘을 잘 내는 마음. 또는 그런 행동

암팡지다 몸은 작아도 힘차고 다부지다.

앙금
① 녹말 따위의 아주 잘고 부드러운 가루가 물에 가라앉아 생긴 층
② 마음속에 남아 있는 개운치 아니한 감정을 비유적으로 이르는 말

빈출 **앙달머리** 어른이 아닌 사람이 어른인 체하며 부리는 얄망궂고 능청스러운 짓

앙세다 몸은 약하여 보여도 힘이 세고 다부지다.

앙증하다 제격에 어울리지 아니하게 작다.

애면글면 몹시 힘에 겨운 일을 이루려고 갖은 애를 쓰는 모양

애물 몹시 애를 태우거나 성가시게 구는 물건이나 사람

애벌갈이 〈농업〉 논이나 밭을 첫 번째 가는 일 = **초벌갈이**

애성이 속이 상하거나 성이 나서 몹시 안달하고 애가 탐. 또는 그런 감정

애오라지
① '겨우'를 강조하여 이르는 말
② '오로지'를 강조하여 이르는 말

애옥살이 가난에 쪼들려서 애를 써 가며 사는 살림살이

앤생이 잔약한 사람이나 보잘것없는 물건을 낮잡아 이르는 말

빈출 **앵돌다** 팩 토라지다.

야바위
① 속임수로 돈을 따는 중국 노름의 하나
② 협잡의 수단으로 그럴듯하게 꾸미는 일

야발 야살스럽고 되바라진 태도. 또는 그런 말씨

빈출 **야비다리** 보잘것없는 사람이 제 딴에는 가장 만족하여 부리는 교만

야수다 틈이나 기회를 노리다.

야지랑스럽다 얄밉도록 능청맞고 천연스럽다.

야짓 한편에서 시작하여 사이를 띄지 않고 모조리

약비나다 정도가 너무 지나쳐서 진저리가 날 만큼 싫증이 나다.

얌생이 남의 물건을 조금씩 슬쩍슬쩍 훔쳐 내는 짓을 속되게 이르는 말

양지머리 소의 가슴에 붙은 뼈와 살을 통틀어 이르는 말

어거리풍년 매우 드물게 농사가 잘된 해

빈출 **어림** 대강 짐작으로 헤아림. 또는 그런 셈이나 짐작

어엿하다 행동이 거리낌 없이 아주 당당하고 떳떳하다.

어줍다
① 말이나 행동이 익숙지 않아 서투르고 어설프다.
② 몸의 일부가 자유롭지 못하여 움직임이 자연스럽지 않다.

언걸 다른 사람 때문에 당하는 괴로움이나 해

언구럭 교묘한 말로 떠벌리며 남을 농락하는 짓

언막이 논에 물을 대기 위하여 막아 쌓은 둑

얼렁장사 여러 사람이 밑천을 어울러서 하는 장사

얼레살풀다 연을 날릴 때 얼레를 돌려 실을 풀어내듯이 재물을 없애기 시작하다.

[빈출] **얼추** 어지간한 정도로 대충

업시름 업신여기어 하는 구박

엉겁 끈끈한 물건이 범벅이 되어 달라붙은 상태

엉구다 여러 가지를 모아 일이 되게 하다.

엉너리 남의 환심을 사기 위하여 어벌쩡하게 서두르는 짓

엉세판 몹시 가난하고 궁한 판

에다
① 칼 따위로 도려내듯 베다.
② 마음을 몹시 아프게 하다.

여낙낙하다 성품이 곱고 부드러우며 상냥하다.

여남은 열이 조금 넘는 수

여리꾼 상점 앞에 서서 손님을 끌어들여 물건을 사게 하고 주인에게 삯을 받는 사람

[빈출] **여북** '얼마나', '오죽', '작히나'의 뜻으로 정도가 매우 심하거나 상황이 좋지 않을 때 쓰는 말

[빈출] **여우볕** 비나 눈이 오는 날 잠깐 났다가 숨어 버리는 볕

[빈출] **여우비** 볕이 나 있는 날 잠깐 오다가 그치는 비

여정하다 크게 틀릴 것이 없다.

여줄가리 중요한 일에 곁달린 그리 대수롭지 않은 일

역성 옳고 그름에는 관계없이 무조건 한쪽 편을 들어 주는 일

열고나다
① 몹시 급하게 서두르다.
② 몹시 급한 일이 생기다.

열없다
① 좀 겸연쩍고 부끄럽다.
② 담이 작고 겁이 많다.

영바람 뽐낼 정도로 등등한 기세

영절스럽다 아주 그럴듯하다.

영판 앞을 내다보는 특별한 힘이 있어 길흉(吉凶)을 잘 알아맞힘. 또는 그런 사람

예제없이 여기나 저기나 구별이 없이

오금 무릎의 구부러지는 오목한 안쪽 부분

오달지다 허술한 데가 없이 알차다.

오례쌀 올벼의 쌀

오롯하다 모자람이 없이 온전하다.

오쟁이 지다 자기 아내가 다른 남자와 간통하다.

옥셈 잘못 생각하여 자기에게 손해가 되는 셈

올되다
① 나이에 비하여 발육이 빠르거나 철이 빨리 들다.
② 열매나 곡식 따위가 제철보다 일찍 익다.

올무
① 새나 짐승을 잡기 위하여 만든 올가미
② 사람을 유인하는 잔꾀

올케
① 오빠의 아내를 일컫는 말
② 남동생의 아내를 이르거나 부르는 말
[참고] **시누이** 남편의 누이

옷깃차례 일의 순서가 오른쪽으로 돌아가는 차례

옹골지다 실속이 있게 속이 꽉 차 있다.

옹추 늘 싫어하고 미워하는 사람. 또는 그런 관계를 비유적으로 이르는 말

옹춘마니　소견이 좁고 융통성이 없는 사람

왕청되다　차이가 엄청나다.

왜자하다　소문이 온 동네에 널리 퍼져 요란하다.

왜장치다　쓸데없이 큰 소리로 마구 떠들다.

욕지기　토할 듯 메스꺼운 느낌

용수
① 싸리나 대오리로 만든 둥글고 긴 통
② 죄수의 얼굴을 보지 못하도록 머리에 씌우는 둥근 통 같은 기구

용심　남을 시기하는 심술궂은 마음

용지　솜이나 헝겊을 나무에 감아 기름을 묻혀 초 대신 불을 켜는 물건

용천하다　꺼림칙한 느낌이 있어 매우 좋지 않다.

용춤　남이 추어올리는 바람에 좋아서 하라는 대로 행동을 하는 짓

용트림　거드름을 피우며 일부러 힘을 들여 하는 트림

우금　시냇물이 급히 흐르는 가파르고 좁은 산골짜기

우꾼하다
① 어떤 기운이 일시에 세게 일어나다.
② 여러 사람이 일시에 우기거나 기세를 올리다.

우두망찰하다　정신이 얼떨떨하여 어찌할 바를 모르다.

우듬지　나무의 꼭대기 줄기

우렁잇속　내용이 복잡하여 헤아리기 어려운 일을 비유적으로 이르는 말

우멍하다　물건의 바닥이나 물체의 면 따위가 납작하고 우묵하다.

우선하다
① 병이 좀 차도가 있는 듯하다.
② 몰리거나 급박한 형편이 한결 나아진 듯하다.

우세　남에게 비웃음과 놀림을 받게 됨. 또는 그 비웃음과 놀림

우수리
① 물건값을 제하고 거슬러 받는 잔돈
② 일정한 수나 수량에 차고 남는 수나 수량

우접다
① 뛰어나게 되거나 나아지다.
② 선배를 이겨 내다.

울대　울타리를 만드는 데 세우는 기둥 같은 대나무

울력　여러 사람이 힘을 합하여 일을 함. 또는 그런 힘

움딸　죽은 딸의 남편과 결혼한 여자

웁쌀　솥 밑에 잡곡을 깔고 그 위에 조금 얹어 안치는 쌀

웃바람　겨울에, 방 안의 천장이나 벽 사이로 스며들어 오는 찬 기운 = **웃풍**

웃비　아직 우기(雨氣)는 있으나 좍좍 내리다가 그친 비

워낭　마소의 귀에서 턱 밑으로 늘여 단 방울

으르다　물에 불린 쌀 따위를 방망이로 으깨다.

은결들다
① 상처가 내부에 생기다.
② 원통한 일로 남몰래 속이 상하다.

은사죽음　마땅히 드러나야 할 일이 나타나지 아니하고 마는 일

[빈출] 을씨년스럽다
① 보기에 날씨나 분위기 따위가 몹시 스산하고 쓸쓸한 데가 있다.
② 보기에 살림이 매우 가난한 데가 있다.

의초　동기간(同氣間)의 우애

이르집다
① 껍질이나 여러 겹으로 된 물건 따위를 뜯어내다.
② 없는 일을 만들어 말썽을 일으키다.

이물　배의 앞부분 = **선수(船首)**
반 고물

이악하다　이익을 위하여 지나치게 아득바득하는 태도가 있다.

이울다
① 꽃이나 잎이 시들다.
② 점점 쇠약하여지다.

이지다 물고기, 닭, 돼지 따위가 살이 쪄서 기름지다.

입찬말 자기의 지위나 능력을 믿고 지나치게 장담하는 말

잇바디 이가 죽 박혀 있는 열(列)의 생김새 = **치열(齒列)**

ㅈ

자닝하다 애처롭고 불쌍하여 차마 보기 어렵다.

자리끼 밤에 자다가 마시기 위하여 잠자리의 머리맡에 준비하여 두는 물

자리보전 병이 들어서 자리를 깔고 몸져누움

자맥질 물속에서 팔다리를 놀리며 떴다 잠겼다 하는 짓

자발없다 행동이 가볍고 참을성이 없다.

자투리
① 〈복식〉 자로 재어 팔거나 재단하다가 남은 천의 조각
② 어떤 기준에 미치지 못할 정도로 작거나 적은 조각

잔다리밟다 낮은 지위에서부터 높은 지위로 차차 오르다.

잔달음 발걸음을 좁게 자주 떼면서 바삐 뛰어 달려가는 걸음

잔질다 마음이 약하고 하는 짓이 잘다.

잡도리 잘못되지 않도록 엄하게 단속하는 일

잡을손 일을 다잡아 해내는 솜씨

장돌림 여러 장으로 돌아다니며 물건을 파는 장수 = **장돌뱅이**

장맞이 사람을 만나려고 길목을 지키고 기다리는 일

재우치다 빨리 몰아치거나 재촉하다.

저어하다 염려하거나 두려워하다.

적바르다 어떤 한도에 겨우 자라거나 이르러 여유가 없다.

[빈출] **적이** 꽤 어지간한 정도로

점지 신불(神佛)이 사람에게 자식을 갖게 하여 줌

정수리 머리 위에 숫구멍이 있는 자리

제키다 살갗이 조금 다쳐서 벗어지다.

조라떨다 일을 망치도록 경망스럽게 굴다.

조리차하다 알뜰하게 아껴 쓰다.

족대기다
① 함부로 우겨 대다.
② 다른 사람을 견디지 못할 정도로 볶아치다.

졸가리
① 잎이 다 떨어진 나뭇가지
② 사물의 군더더기를 다 떼어 버린 나머지의 골자

졸다 발육이 부진하고 주접이 들다.

[빈출] **좁쌀여우** 성격이 좀스럽고 요변을 잘 부리는 아이를 비유적으로 이르는 말

종요롭다 없어서는 안 될 정도로 매우 긴요하다.

주니 몹시 지루함을 느끼는 싫증

주릅 흥정을 붙여 주고 보수를 받는 것을 직업으로 하는 사람

주저롭다 넉넉지 못하여 매우 아쉽거나 곤란하다.

주저리 너저분한 물건이 어지럽게 매달리거나 한데 묶여 있는 것

주전부리 때를 가리지 아니하고 군음식을 자꾸 먹음. 또는 그런 입버릇

주접 여러 가지 이유로 생물체가 제대로 자라지 못하고 쇠하여지는 일. 또는 그런 상태

줏대잡이 중심이 되는 사람

중절거리다 수다스럽게 중얼거리다. = **중절대다**

[빈출] **쥐락펴락** 남을 자기 손아귀에 넣고 마음대로 부리는 모양

쥘손 어떤 물건을 들 때에, 손으로 쥐는 데 편리하게 된 부분

지다위
① 남에게 등을 대고 의지하거나 떼를 씀
② 자기의 허물을 남에게 덮어씌움

지돌이 험한 산길에서 바위 같은 것에 등을 대고 겨우 돌아가게 된 곳

지실 어떤 재앙으로 해가 되는 일

지위 '목수(木手)'의 높임말

지청구 까닭 없이 남을 탓하고 원망함

직수굿하다 저항하거나 거역하지 아니하고 하라는 대로 복종하는 데가 있다.

진솔 옷이나 버선 따위가 한 번도 빨지 않은 새것 그대로인 것

짐짓 마음은 그렇지 않으나 일부러 그렇게

짜개 콩이나 팥 따위를 둘로 쪼갠 것의 한쪽

짜발량이 짜그러져서 못 쓰게 된 사람이나 물건

[빈출] 짜장 과연 정말로

째다 옷이나 신 따위가 몸이나 발에 조금 작은 듯하다.

째마리 사람이나 물건 가운데서 가장 못된 찌꺼기

쭉정이 껍질만 있고 속에 알맹이가 들지 아니한 곡식이나 과일 따위의 열매

찌그렁이 남에게 무턱대고 억지로 떼를 쓰는 짓

찜부럭 몸이나 마음이 괴로울 때 걸핏하면 짜증을 내는 짓

ㅊ

차돌박이 소의 양지머리뼈 한복판에 붙은 기름진 고기

차반
① 예물로 가져가거나 들어오는 좋은 음식
② 맛있게 잘 차린 음식

[빈출] 책상물림 책상 앞에 앉아 글공부만 하여 세상일을 잘 모르는 사람을 낮잡아 이르는 말

척(隻)지다 서로 원한을 품어 반목하게 되다.

천둥지기 〈농업〉 빗물에 의하여서만 벼를 심어 재배할 수 있는 논

천세나다 사물이 잘 쓰여 귀하여지다.

첫밗 일이나 행동의 맨 처음 국면

초들다 어떤 사실을 입에 올려서 말하다.

초라떼다 격에 맞지 않는 짓이나 차림새로 창피를 당하다.

추레하다
① 겉모양이 깨끗하지 못하고 생기가 없다.
② 태도 따위가 너절하고 고상하지 못하다.

추지다 물기가 배어 눅눅하다.

[빈출] 치사랑 손아랫사람이 손윗사람을 사랑함. 또는 그런 사랑

치신없다 말이나 행동이 경솔하여 위엄이나 신망이 없다. = 채신없다

ㅋ

켕기다
① 단단하고 팽팽하게 되다.
② 마음속으로 겁이 나고 탈이 날까 불안해하다.

코뚜레 소의 코청을 꿰뚫어 끼는 나무 고리

코숭이 산줄기의 끝

큰상물림 〈민속〉 혼인 잔치 때에 큰상을 받았다가 물린 뒤에 상을 받은 사람의 집으로 음식을 싸 보내는 일

킷값 키에 알맞게 하는 행동을 낮잡아 이르는 말

ㅌ

타끈하다 치사하고 인색하며 욕심이 많다.

타래버선 돌 전후의 어린이가 신는 누비버선의 하나

타울거리다 어떤 일을 이루려고 바득바득 애를 쓰다.

터럭 사람이나 길짐승의 몸에 난 길고 굵은 털

톡탁치다 옳고 그름을 가리지 아니하고 모두 쓸어 없애다.

톳 김을 묶어 세는 단위. 한 톳은 김 100장을 이른다.

투미하다 어리석고 둔하다.

튀하다 새나 짐승을 잡아 뜨거운 물에 잠깐 넣었다가 꺼내어 털을 뽑다.

빈출 **트레바리** 이유 없이 남의 말에 반대하기를 좋아함. 또는 그런 성격을 지닌 사람

ㅍ

파임내다 일치한 의논을 나중에 다른 소리를 하여 그르치게 하다.

판들다 가지고 있던 재산을 다 써서 없애 버리다.

푸네기 가까운 제살붙이를 낮잡아 이르는 말

빈출 **푸닥거리** 〈민속〉무당이 하는 굿의 하나

푹하다 겨울 날씨가 퍽 따뜻하다.

푼더분하다
① 생김새가 두툼하고 탐스럽다.
② 여유가 있고 넉넉하다.
③ 사람의 성품 따위가 옹졸하지 아니하고 활달하다.

푼푼하다 모자람이 없이 넉넉하다.

풀무 불을 피울 때에 바람을 일으키는 기구

품앗이 힘든 일을 서로 거들어 주면서 품을 지고 갚고 하는 일

풍년(豊年)거지 모든 사람이 다 이익을 보는데 자기 혼자만 빠져서 이익을 보지 못하는 사람을 이르는 말

피새 급하고 날카로워 화를 잘 내는 성질

피천 매우 적은 액수의 돈

ㅎ

빈출 **하냥다짐** 일이 잘되지 못했을 때는 목을 베는 형벌을 받겠다고 하는 다짐

하늬 서쪽에서 부는 바람. 주로 농촌이나 어촌에서 이르는 말이다.

하리놀다 남을 헐뜯어 윗사람에게 일러바치다.

하리다 마음껏 사치하다.

하리들다 되어 가는 일의 중간에 방해가 생기다.

하릴없다
① 달리 어떻게 할 도리가 없다.
② 조금도 틀림이 없다.

하비다
① 손톱이나 날카로운 물건 따위로 조금 긁어 파다.
② 남의 결점을 드러내어 헐뜯다.

한겻 한나절의 반 = **반나절**

한둔 한데에서 밤을 지새움 = **노숙(露宿)**

한사리 음력 보름과 그믐 무렵에 밀물이 가장 높은 때
참고 **한무날** 무수기를 볼 때 열흘과 스무닷새를 이르는 말

할경
① 남에게 말로써 업신여기는 뜻을 나타냄
② 남의 떳떳하지 못한 신분을 드러내는 말

빈출 **함진아비** 〈민속〉혼인 때에, 신랑 집에서 신부 집에 보내는 함을 지고 가는 사람

함초롬하다 젖거나 서려 있는 모습이 가지런하고 차분하다.

함함하다 털이 보드랍고 반지르르하다.

핫아비 아내가 있는 남자
반 홀아비

핫옷 안에 솜을 두어 만든 옷

해거름 해가 서쪽으로 넘어가는 일. 또는 그런 때

해껏 해가 질 때까지

해소수 한 해가 좀 지나는 동안

해찰 마음에 썩 내키지 아니하여 물건을 부질없이 이것저것 집적거려 해침. 또는 그런 행동

해찰하다 일에는 마음을 두지 아니하고 쓸데없이 다른 짓을 하다.

행짜 심술을 부려 남을 해롭게 하는 행위

허구리 허리 좌우의 갈비뼈 아래 잘쏙한 부분

허닥하다 모아 둔 물건이나 돈 따위를 헐어서 쓰기 시작하다.

허드레 그다지 중요하지 아니하고 허름하여 함부로 쓸 수 있는 물건

허룩하다 줄거나 없어져 적다.

허룽거리다 말이나 행동을 다부지게 하지 못하고 실없이 자꾸 가볍고 들뜨게 하다.

허릅숭이 일을 실답게 하지 못하는 사람을 낮잡아 이르는 말

[빈출] **허물** 잘못 저지른 실수

허물하다 허물을 들어 꾸짖다.

허발 몹시 굶주려 있거나 궁하여 체면 없이 함부로 먹거나 덤빔

허방 땅바닥이 움푹 패어 빠지기 쉬운 구덩이

허수하다 마음이 허전하고 서운하다.

[빈출] **허울** 실속이 없는 겉모양

허출하다 허기가 지고 출출하다.

헛물켜다 애쓴 보람 없이 헛일로 되다.

헛장 허풍을 치며 떠벌리는 큰소리

헤먹다 들어 있는 물건보다 공간이 넓어서 자연스럽지 아니하다.

헤살 일을 짓궂게 훼방함. 또는 그런 짓

헤식다
① 바탕이 단단하지 못하여 헤지기 쉽다. 또는 차진 기운이 없이 푸슬푸슬하다.
② 맺고 끊는 데가 없이 싱겁다.

호다 헝겊을 겹쳐 바늘땀을 성기게 꿰매다.

호락질 남의 힘을 빌리지 않고 가족끼리 농사를 짓는 일

홀앗이 살림살이를 혼자 맡아 꾸려 나가는 처지. 또는 그런 처지에 있는 사람

화수분 재물이 계속 나오는 보물단지

확
① 방앗공이로 찧을 수 있게 돌절구 모양으로 우묵하게 판 돌
② 절구의 아가리로부터 밑바닥까지의 부분

홰 새장이나 닭장 속에 새나 닭이 올라 앉게 가로질러 놓은 나무 막대

회두리 여럿이 있는 중에서 맨 끝이나 맨 나중에 돌아오는 차례

훈감하다
① 맛이 진하고 냄새가 좋다.
② 푸짐하고 호화롭다.

흐드러지다 매우 탐스럽거나 한창 성하다.

흥글방망이놀다 남의 일이 잘되지 못하게 방해하다.

[빈출] **흥정하다** 물건을 사고 팔다.

희나리 채 마르지 아니한 장작

희떱다
① 실속은 없어도 마음이 넓고 손이 크다.
② 말이나 행동이 분에 넘치며 버릇이 없다.

02 고유어

이론점검 문제

01
다음 ( )에 들어갈 단어로 적절한 것은?

> 그 사람이 ( ) 국회의원이 될 수 있을지는 두고 봐야 알 일이다.

① 사뭇
② 애먼
③ 짜장
④ 이러구러
⑤ 시나브로

02
다음 중 밑줄 친 부분의 쓰임이 바르지 <u>않은</u> 것은?

① 그녀는 난로 곁에 <u>바투</u> 주저앉아 불을 쬐었다.
② 평소 <u>무릎맞춤</u>하는 그들은 다툼이 적은 편이다.
③ 가구 제작을 위해 <u>끌밋하게</u> 쭉 뽑힌 재목을 구해 왔다.
④ 어머니는 요즘 편찮으셔서 혼자서 <u>옴나위</u>를 못하신다.
⑤ 그는 <u>노박이로</u> 비를 맞으며 종일 거리를 헤매고 다녔다.

문제풀이

01
'짜장'은 '과연 정말로'의 뜻으로 쓰인다.
① '사뭇'은 '거리낌 없이 마구'의 의미를 지닌다.
② '애먼'은 관형사로 '일의 결과가 다른 데로 돌아가 억울하게 느껴지는'의 뜻이다.
④ '이러구러'는 '이럭저럭 일이 진행되는 모양'의 뜻이다.
⑤ '시나브로'는 '모르는 사이에 조금씩 조금씩'이라는 의미이다.

정답 | ③

02
'무릎맞춤'은 '두 사람의 말이 서로 어긋날 때, 제삼자를 앞에 두고 전에 한 말을 되풀이하여 옳고 그름을 따짐'의 의미로, '무릎맞춤을 해야 사실대로 불겠느냐?' 등으로 활용할 수 있는 고유어이다.
① '바투'는 '두 대상이나 물체의 사이가 썩 가깝게'의 의미이다.
③ '끌밋하다'는 '모양이나 차림새 따위가 매우 깨끗하고 훤칠하다'는 뜻을 지닌다.
④ '옴나위'는 '꼼짝할 만큼의 작은 움직임'의 의미를 지닌다.
⑤ '노박이로'는 '줄곧 계속적으로'의 뜻이다.

정답 | ②

03 한자어

기출유형 1 | 한자어의 사전적 의미

유형 익히기

일상생활에서 쓰이는 한자어의 정확한 의미를 알고 있는지를 평가하는 문항이다. 주로 두 글자로 구성되고 유의적인 의미를 지닌 어휘들이 〈보기〉로 제시되며, 뜻풀이와 예문의 두 가지 조건을 충족하는 것을 택해야 한다. 단어를 암기하는 것을 기초로 하되, 반드시 예문을 함께 살펴보고 정확한 뜻을 기억하고 문항에 접근하는 노력이 필요한 유형이다.

문제풀이

'없애 버리거나 무시해 버리다'의 의미를 지닌 한자어는 '몰각(沒却)'이다.
① '몽매(蒙昧)'는 '어리석고 사리에 어두움'이라는 의미이다.
② '배치(背馳)'는 '서로 반대로 되어 어그러지거나 어긋남'이라는 뜻이다.
④ '비호(庇護)'는 '편들어서 감싸 주고 보호함'이라는 뜻이다.
⑤ '상충(相沖)'은 '사물이 서로 어울리지 아니하고 마주침'이라는 의미이다.

정답 | ③

다음 〈보기〉의 뜻풀이와 예문의 (　)에 가장 알맞은 단어는?

|보기|
[뜻풀이] 없애 버리거나 무시해 버리다.
[예문] 연차휴가를 강제로 삭제하는 것은 연차휴가 규정 취지를 (　　　)하는 것입니다.

① 몽매(蒙昧)
② 배치(背馳)
③ 몰각(沒却)
④ 비호(庇護)
⑤ 상충(相沖)

기출유형 2 　 한자어의 문맥적 의미

유형 익히기

한자어가 문맥에 맞게 바르게 쓰였는지를 묻는 문항으로, 출제의 비중이 매우 높은 유형이다. 한자어 관련 이론 부분에 제시된 '중요 한자어' 부분을 참고하여 이 유형을 대비해야 하며, '한자어의 사전적 의미'와 마찬가지로 한자어의 유의 관계에 주목을 해야 한다. 한국어의 어휘 체계에서 한자어의 비중이 상당한 양을 차지하므로 시험에 대비하기 위해서도 폭넓은 한자어를 풍부하게 습득해 두는 것이 좋다.

문제풀이

'혜안(慧眼)'이 '사물을 꿰뚫어 보는 안목과 식견'을 의미하므로 적절하게 대치된다.
① '시야(視野)'로 수정하는 것이 의미상 적절하다.
② '눈이 가는 길'이라는 의미를 지닌 '시선(視線)'으로 바꾸는 것이 적절하다.
④ '눈을 모로 뜨거나 곁눈질로 봄'이라는 의미를 지닌 '사시(邪視)'로 수정해야 한다.
⑤ '질시(嫉視)'는 '시기하여 보다'라는 의미이므로, '업신여기거나 냉대하여 보다'라는 '백안시(白眼視)'로 수정해야 한다.

정답 | ③

다음 중 밑줄 친 부분을 한자어로 대치한 것으로 가장 적절한 것은?

① 그는 여러 곳을 다니며 사물에 대한 식견을 넓혔다. → 시선(視線)
② 최근 환경 문제에 세간의 관심이 집중되고 있다고 합니다. → 시야(視野)
③ 그 사람은 사물의 본질을 꿰뚫어 보는 눈이 있는 것 같습니다. → 혜안(慧眼)
④ 이쪽을 곁눈질로 보는 범인의 눈에서 분노와 살기가 느껴졌다. → 응시(凝視)
⑤ 나를 업신여겨 보는 사람들의 행동에 서운함을 참을 수 없었다. → 질시(嫉視)

03 한자어

시험에 나온! 나올! **필수이론**

1 중요 한자어

ㄱ

간교(奸巧)하다 간사하고 교활하다.

간석지(干潟地) 밀물 때는 물에 잠기고 썰물 때는 물 밖으로 드러나는 모래 점토질의 평탄한 땅

간성(干城) 방패와 성이라는 뜻으로, 나라를 지키는 믿음직한 군대나 인물을 이르는 말

<빈출> **걸해골(乞骸骨)** 〈역사〉 심신은 임금께 바친 것이지만 해골만은 돌려 달라는 뜻으로, 늙은 재상이 벼슬을 내놓고 은퇴하기를 임금에게 주청하던 일 = 걸해(乞骸)

견원지간(犬猿之間) 개와 원숭이의 사이라는 뜻으로, 사이가 매우 나쁜 두 관계를 비유적으로 이르는 말

경위(涇渭) 사리의 옳고 그름이나 이러하고 저러함에 대한 분별

계륵(鷄肋)
① 닭의 갈비라는 뜻으로, 그다지 큰 소용은 없으나 버리기에는 아까운 것을 이르는 말
② 몸이 몹시 약한 사람을 비유적으로 이르는 말

고언(古諺) 예로부터 전하여 내려오는 속담

고족제자(高足弟子) 학식과 품행이 뛰어난 제자

고종명(考終命) 오복의 하나. 제명대로 살다가 편안히 죽는 것을 이른다.

고혹(蠱惑) 아름다움이나 매력 같은 것에 홀려서 정신을 못 차림

곡진(曲盡)히 매우 자세하고 간곡하게

공염불(空念佛)
① 신심(信心)이 없이 입으로만 외는 헛된 염불
② 실천이나 내용이 따르지 않는 주장이나 말을 비유적으로 이르는 말

과중(過重)하다
① 지나치게 무겁다.
② 부담이 지나쳐 힘에 벅차다.

관건(關鍵) 어떤 사물이나 문제 해결의 가장 중요한 부분 = 핵심(核心)

괴리(乖離) 서로 어그러져 동떨어짐

구독(購讀)하다 책이나 신문, 잡지 따위를 구입하여 읽다. '사 읽음', '사서 읽음'으로 순화

구황(救荒) 흉년 따위로 기근이 심할 때 빈민들을 굶주림에서 벗어나도록 도움

국궁(鞠躬) 윗사람이나 위패(位牌) 앞에서 존경하는 뜻으로 몸을 굽힘

권면(勸勉) 알아듣도록 권하고 격려하여 힘쓰게 함

금도(襟度) 다른 사람을 포용할 만한 도량

금시발복(今時發福) 어떤 일을 한 뒤에 이내 복이 돌아와 부귀를 누리게 됨

기라성(綺羅星) 밤하늘에 반짝이는 무수한 별이라는 뜻으로, 신분이 높거나 권력이나 명예 따위를 가지고 있는 사람이 모여 있는 것을 비유적으로 이르는 말

기린아(麒麟兒) 지혜와 재주가 썩 뛰어난 사람

기지(機智) 경우에 따라 재치 있게 대응하는 지혜

기채(起債)
① 빚을 얻음. '빚냄'으로 순화
② 〈경제〉 국가나 공공 단체가 공채를 모집함

기출(己出) 자기가 낳은 자식

기화(奇貨)
① 진기한 재물이나 보배
② 뜻밖의 이익을 얻을 수 있는 물건. 또는 그런 기회. '핑계'로 순화

기휘(忌諱)
① 꺼리고 싫어함
② 꺼리거나 두려워 피함

ㄴ

난만(爛漫)
① 꽃이 활짝 많이 피어 화려함
② 광채가 강하고 선명함
③ 주고받는 의견이 충분히 많음

난항(難航) 폭풍우와 같은 나쁜 조건으로 배나 항공기가 몹시 어렵게 항행함

날염(捺染) 〈공예〉 피륙에 부분적으로 착색하여 무늬가 나타나게 염색하는 방법

남상(濫觴) 양쯔 강(揚子江) 같은 큰 하천의 근원도 잔을 띄울 만큼 가늘게 흐르는 시냇물이라는 뜻으로, 사물의 처음이나 기원을 이르는 말

낭패(狼狽) 계획한 일이 실패로 돌아가거나 기대에 어긋나 매우 딱하게 됨

내락(內諾)
① 남몰래 허락함
② 비공식적으로 우선 승낙함
③ 둘 사이에만 은밀히 약속함

노회(老獪) 경험이 많고 교활하다.

뇌락(磊落) 마음이 너그럽고 작은 일에 얽매이지 않다.

뇌쇄(惱殺) 애가 타도록 몹시 괴로워함. 또는 그렇게 괴롭힘. 특히 여자의 아름다움이 남자를 매혹하여 애가 타게 함을 이른다.

능행(陵幸) 임금이 능에 거동함

ㄷ

다담(茶啖) 〈역사〉 손님을 대접하기 위하여 내놓은 다과(茶菓) 따위

도포(塗布)하다 약 따위를 겉에 바르다.

동일시(同一視)
① 둘 이상의 것을 똑같은 것으로 봄
② 〈심리〉 정신 분석학에서, 다른 개인이나 집단의 특징을 자신의 것과 동일하게 여기는 정신적 조작

두서(頭緖)없다 일의 차례나 갈피를 잡을 수 없다.

ㅁ

문제시(問題視) 논의하거나 해결해야 할 문제의 대상으로 삼음

미연(未然) 어떤 일이 아직 그렇게 되지 않은 때

ㅂ

[빈출] **박색(薄色)** 아주 못생긴 얼굴. 또는 그런 사람. 흔히 여자에게 많이 쓴다.

[빈출] **박절(迫切)하다** 인정이 없고 쌀쌀하다.

[빈출] **발급(發給)하다** 증명서 따위를 발행하여 주다.

방만(放漫)하다 맺고 끊는 데가 없이 제멋대로 풀어져 있다.

복마전(伏魔殿)
① 마귀가 숨어 있는 집이나 굴
② 비밀리에 나쁜 일을 꾸미는 무리들이 모이거나 활동하는 곳을 비유적으로 이르는 말

부심(腐心)하다
① 근심, 걱정으로 마음이 썩다.
② 비밀리에 나쁜 일을 꾸미는 무리들이 모이거나 활동하는 곳을 비유적으로 이르는 말

비위(脾胃) 음식물을 삭여 내는 능력

비화(飛火)
① 튀어 박히는 불똥
② 어떠한 일의 영향이 직접 관계가 없는 다른 데에까지 번짐

ㅅ

사각지대(死角地帶)
① 어느 위치에 섬으로써 사물이 눈으로 보이지 아니하게 되는 각도. 또는 어느 위치에서 거울이 사물을 비출 수 없는 각도
② 관심이나 영향이 미치지 못하는 구역을 비유적으로 이르는 말

빈출 ▶ 사무사(思無邪) 생각함에 사특함이 없음. 공자가 시 305편을 산정(刪定)한 후 한 말이다.

사숙(私淑) 직접 가르침을 받지는 않았으나 마음속으로 그 사람을 본받아서 도나 학문을 닦음

상봉(相逢) 서로 만남

생경(生硬)하다
① 세상 물정에 어둡고 완고하다.
② 글의 표현이 세련되지 못하고 어설프다.
③ 익숙하지 않아 어색하다.

소강상태(小康狀態) 소란이나 분란, 혼란 따위가 그치고 조금 잠잠한 상태

소급(遡及) 과거에까지 거슬러 올라가서 미치게 함

소소(小小)하다 작고 대수롭지 아니하다.

소슬(蕭瑟)하다 으스스하고 쓸쓸하다.

소원(疏遠)하다 지내는 사이가 두텁지 아니하고 거리가 있어서 서먹서먹하다.

수결(手決)하다 예전에, 자기의 성명이나 직함 아래에 도장 대신에 자필로 글자를 직접 쓰다.

수렴(收斂)
① 돈이나 물건 따위를 거두어들임
② 의견이나 사상 따위가 여럿으로 나뉘어 있는 것을 하나로 모아 정리함
③ 방탕한 사람이 몸과 마음을 단속함

수인사(修人事)하다
① 인사를 차리다.
② 사람으로서 할 수 있는 일을 다하다.

순치(馴致) 목적한 상태로 차차 이르게 함

신산(辛酸) 세상살이가 힘들고 고생스러움을 비유적으로 이르는 말

ㅇ

압권(壓卷) 여럿 가운데 가장 뛰어난 것

야기(惹起)하다 일이나 사건 따위를 끌어 일으키다.

양도(讓渡)
① 재산이나 물건을 남에게 넘겨줌. 또는 그런 일
② 〈법률〉권리나 재산, 법률에서의 지위 따위를 남에게 넘겨줌. 또는 그런 일.

빈출 ▶ 어눌(語訥)하다 말을 유창하게 하지 못하고 떠듬떠듬하는 면이 있다.

빈출 ▶ 여반장(如反掌) 손바닥을 뒤집는 것 같다는 뜻으로, 일이 매우 쉬움을 이르는 말

영전(榮轉)하다 전보다 더 좋은 자리나 직위로 옮기다.

영치(領置) 〈법률〉형사 소송법에서, 국가 기관이 피의자·피고인 또는 재감자에게 딸린 물건을 보관하거나 처분하는 행위

예봉(銳鋒) 날카롭게 공격하는 기세

완곡(婉曲)하다 말하는 투가, 듣는 사람의 감정이 상하지 않도록 모나지 않고 부드럽다.

용렬(庸劣)하다 사람이 변변하지 못하고 졸렬하다.

욱일(旭日) 아침에 떠오르는 밝은 해

유기(遺棄)하다 내다 버리다.

빈출 ▶ 은닉(隱匿)
① 남의 물건이나 범죄인을 감춤
② 〈법률〉물건의 효용을 잃게 하는 행위

이반(離反) 인심이 떠나서 배반함

일색(一色)
① 한 가지의 빛깔
② 뛰어난 미인
③ 그 한 가지로만 이루어진 특색이나 정경

ㅈ

자생(自生)
① 자기 자신의 힘으로 살아감
② 저절로 나서 자람

장사진(長蛇陣)
① 많은 사람이 줄을 지어 길게 늘어선 모양을 이르는 말
② 예전의 병법에서, 한 줄로 길게 벌인 군진(軍陣)의 하나

쟁쟁(錚錚)하다 여러 사람 가운데서 매우 뛰어나다.

적당(適當)하다
① 정도에 알맞다.
② 엇비슷하게 요령이 있다.

전도(顚倒)되다 차례, 위치, 이치, 가치관 따위가 뒤바뀌어 원래와 달리 거꾸로 되다.

전래(傳來)
① 예로부터 전하여 내려옴
② 외국에서 전하여 들어옴

절륜(絕倫)하다 아주 두드러지게 뛰어나다.

접견(接見) 공식적으로 손님을 맞아들여 만나 봄

조락(凋落) 차차 쇠하여 보잘것없이 됨

조우(遭遇)
① 신하가 뜻에 맞는 임금을 만남
② 우연히 서로 만남

주구(走狗) 남의 사주를 받고 끄나풀 노릇을 하는 사람 = 앞잡이

즐비(櫛比)하다 빗살처럼 줄지어 빽빽하게 늘어서 있다.

ㅊ

창달(暢達) 거침없이 쑥쑥 뻗어 나감. 또는 그렇게 되게 함

천착(穿鑿)하다 어떤 원인이나 내용 따위를 따지고 파고들어 알려고 하거나 연구하다.

청사진(青寫眞)
① 〈영상〉 건축이나 기계 따위의 도면(圖面)을 복사하는 데 쓰는 사진 = 청색 사진
② 미래에 대한 희망적인 계획이나 구상. '미래상'으로 순화

치료(治療)하다 병이나 상처 따위를 잘 다스려 낫게 하다.

ㅋ

쾌적(快適)하다 기분이 상쾌하고 즐겁다.

ㅌ

탕감(蕩減)하다 빚이나 요금, 세금 따위의 물어야 할 것을 삭쳐 주다.

퇴영적(退嬰的) 새로운 일에 좀처럼 손대기를 꺼려 하여 나서지 아니하고 망설이는 것

ㅍ

파장(波長)
① 〈물리〉 파동에서, 같은 위상을 가진 서로 이웃한 두 점 사이의 거리
② 충격적인 일이 끼치는 영향 또는 그 영향이 미치는 정도나 동안을 비유적으로 이르는 말

편력(遍歷)
① 이곳저곳을 널리 돌아다님
② 여러 가지 경험을 함

폄훼(貶毁) 남을 깎아내려 헐뜯음

ㅎ

학구적(學究的) 학문 연구에 몰두하는 것

해학적(諧謔的) 익살스럽고도 품위가 있는 말이나 행동이 있는 것

행각(行脚) 어떤 목적으로 여기저기 돌아다님

허구적(虛構的) 사실에 없는 일을 사실처럼 꾸며 만드는 성질을 띤 것

빈출 험구(險口)하다 남의 흠을 들추어 헐뜯거나 험상궂은 욕을 하다.

빈출 현학적(衒學的) 학식이 있음을 자랑하는 것

홀대(忽待)하다 소홀히 대접하다.

확립(確立)하다 체계나 견해, 조직 따위를 굳게 서게 하다.

회귀적(回歸的) 한 바퀴 돌아 제자리로 돌아오거나 돌아가는 것

흔쾌(欣快)하다 기쁘고 유쾌하다.

2 유의 관계 중요 한자어

간섭(干涉) 직접 관계가 없는 남의 일에 부당하게 참견함
참견(參見) 자기와 별로 관계없는 일이나 말 따위에 끼어들어 쓸데없이 아는 체하거나 이래라저래라 함

간증(干證) 〈기독교〉 자신의 종교적 체험을 고백함으로써 하나님의 존재를 증언하는 일
논증(論證) 옳고 그름을 이유를 들어 밝힘. 또는 그 근거나 이유
<빈출> **반증(反證)**
① 어떤 사실이나 주장이 옳지 아니함을 그에 반대되는 근거를 들어 증명함. 또는 그런 증거
② 어떤 사실과 모순되는 것 같지만, 거꾸로 그 사실을 증명하는 것
표증(表證) 증거로 될 만한 자취

감동(感動) 크게 느끼어 마음이 움직임
감명(感銘) 감격하여 마음에 깊이 새김. 또는 그 새겨진 느낌
감탄(感歎) 마음속 깊이 느끼어 탄복함

강건(剛健)하다 의지나 기상이 굳세고 건전하다.
강경(強硬)하다 굳세게 버티어 굽히지 않다.
<빈출> **강고(強固)하다** 굳세고 튼튼하다.
강녕(康寧)하다 몸이 건강하고 마음이 편안하다.
강렬(強烈)하다 강하고 세차다.

건의(建議) 개인이나 단체가 의견이나 희망을 내놓음. 또는 그 의견이나 희망
결의(決意) 뜻을 정하여 굳게 마음을 먹음. 또는 그런 마음

경각심(警覺心) 정신을 차리고 주의 깊게 살피어 경계하는 마음
<빈출> **경원시(敬遠視)** 겉으로는 가까운 체하면서 실제로는 멀리하고 꺼림칙하게 여김
공명심(功名心) 공을 세워 자기의 이름을 널리 드러내려는 마음
노파심(老婆心) 필요 이상으로 남의 일을 걱정하고 염려하는 마음
사행심(射倖心) 요행을 바라는 마음
허영심(虛榮心) 허영에 들뜬 마음

결속(結束)
① 한 덩어리가 되게 묶음
② 뜻이 같은 사람끼리 서로 단결함
③ 여행을 떠나거나 싸움터에 나설 때에 몸단속을 함. 또는 그럴 때의 몸단속
④ 하던 일이나 말을 수습하고 정리하여 끝맺음
⑤ 전선 따위를 서로 통할 수 있도록 연결함
결탁(結託)
① 마음을 결합하여 서로 의탁함
② 주로 나쁜 일을 꾸미려고 서로 한통속이 됨. '짬', '서로 짬'으로 순화
결합(結合) 둘 이상의 사물이나 사람이 서로 관계를 맺어 하나가 됨

고의(故意) 일부러 하는 생각이나 태도
인의(人意) 사람의 뜻

괘념(掛念) 마음에 두고 걱정하거나 잊지 않음
상념(想念) 마음속에 품고 있는 여러 가지 생각
여념(餘念) 어떤 일에 대하여 생각하고 있는 것 이외의 다른 생각
체념(諦念)
① 희망을 버리고 아주 단념함
② 도리를 깨닫는 마음
통념(通念) 일반적으로 널리 통하는 개념

격려(激勵) 용기나 의욕이 솟아나도록 북돋워 줌
독려(督勵) 감독하며 격려함

도외시(度外視) 상관하지 아니하거나 무시함
<빈출> **백안시(白眼視)** 남을 업신여기거나 무시하는 태도로 흘겨봄

보관(保管) 물건을 맡아서 간직하고 관리함
보수(保守)
① 보전하여 지킴
② 새로운 것이나 변화를 적극적으로 받아들이기보다는 전통적인 것을 옹호하며 유지하려 함
보양(保養) 몸을 편안하게 하여 건강을 잘 돌봄
<빈출> **보전(保全)** 온전하게 보호하여 유지함
<빈출> **보존(保存)** 잘 보호하고 간수하여 남김

생성(生成) 사물이 생겨남. 또는 사물이 생겨 이루어지게 함
양성(養成)
① 가르쳐서 유능한 사람을 길러 냄
② 실력이나 역량 따위를 길러서 발전시킴
③ 주로 어패류를 보살펴 길러 냄
형성(形成) 어떤 형상을 이룸

양수(讓受) 사물을 다른 사람에게서 넘겨받음
양위(讓位) 임금의 자리를 물려줌

위임(委任) 어떤 일을 책임 지워 맡김. 또는 그 책임
<빈출> **위촉(委囑)** 어떤 일을 남에게 부탁하여 맡게 함. '맡김'으로 순화
위탁(委託)
① 남에게 사물이나 사람의 책임을 맡김
② 〈법률〉 법률 행위나 사무의 처리를 다른 사람에게 맡겨 부탁하는 일

전승(傳承) 문화, 풍속, 제도 따위를 이어받아 계승함. 또는 그것을 물려주어 잇게 함

전파(傳播)
① 전하여 널리 퍼뜨림
② 〈물리〉 파동이 매질(媒質) 속을 퍼져 가는 일

장애(障礙)
① 어떤 사물의 진행을 가로막아 거치적거리게 하거나 충분한 기능을 하지 못하게 함. 또는 그런 일
② 신체 기관이 본래의 제 기능을 하지 못하거나 정신 능력에 결함이 있는 상태

훼방(毁謗)
① 남을 헐뜯어 비방함. 또는 그런 비방
② 남의 일을 방해함

골격(骨格)
① 〈의학〉 동물의 체형(體型)을 이루고 몸을 지탱하는 뼈
② 어떤 사물이나 일에서 계획의 기본이 되는 틀이나 줄거리

체격(體格)
① 몸의 골격
② 근육, 골격, 영양 상태 따위로 나타나는 몸 전체의 외관적 형상

탐문(探問) 알려지지 않은 사실이나 소식 따위를 알아내기 위하여 더듬어 찾아 물음

탐방(探訪)
① 어떤 사실이나 소식 따위를 알아내기 위하여 사람이나 장소를 찾아감
② 명승고적 따위를 구경하기 위하여 찾아감

탐사(探査) 알려지지 않은 사물이나 사실 따위를 샅샅이 더듬어 조사함

탐지(探知) 드러나지 않은 사실이나 물건 따위를 더듬어 찾아 알아냄

탐험(探險) 위험을 무릅쓰고 어떤 곳을 찾아가서 살펴보고 조사함

지배(支配)
① 어떤 사람이나 집단, 조직, 사물 등을 자기의 의사대로 복종하게 하여 다스림
② 외부의 요인이 사람의 생각이나 행동에 적극적으로 영향을 미침

통치(統治) 나라나 지역을 도맡아 다스림

3 반의 관계 중요 한자어

악담(惡談) 남을 비방하거나, 잘되지 못하도록 저주하는 말
덕담(德談) 남이 잘되기를 비는 말. 주로 새해에 많이 나누는 말이다.

악의(惡意)
① 나쁜 마음
② 좋지 않은 뜻

선의(善意)
① 착한 마음
② 좋은 뜻

악재(惡材) 〈경제〉 증권 거래소에서 시세 하락의 원인이 되는 조건
호재(好材) 〈경제〉 증권 거래에서, 시세 상승의 요인이 되는 조건

악필(惡筆)
① 잘 쓰지 못한 글씨
② 품질이 나쁜 붓

달필(達筆)
① 능숙하게 잘 쓰는 글씨. 또는 그런 글씨를 쓰는 사람
② 장래에 귀하게 될 기상이 있는 글씨

악화(惡化)
① 일의 형세가 나쁜 쪽으로 바뀜
② 병의 증세가 나빠짐

호전(好轉)
① 일의 형세가 좋은 쪽으로 바뀜
② 병의 증세가 나아짐

03 한자어

이론점검 문제

01
다음 〈보기〉의 ( )에 들어갈 단어로 적절한 것은?

―― 보기 ――
[뜻풀이] 사실이나 일의 상태 또는 물질의 구성 성분 따위를 조사하여 옳고 그름과 낫고 못함을 판단하는 일
[예문] 이 기계에 중고 부품이 몰래 사용되지 않았는지 제품 ( )이/가 필요합니다.

① 견지(見地)
② 간여(干與)
③ 경위(涇渭)
④ 검사(檢査)
⑤ 경질(更迭)

02
문맥상 밑줄 친 부분의 쓰임이 올바르지 않은 것은?
① 이 행위가 선거법에 저촉(抵觸)되는지 여부를 검토하였다.
② 군대 전역 이후 몇 년째 취업에 실패하자 그는 막역(莫逆)함을 느꼈다.
③ 그들은 대절(貸切) 버스 편으로 서울에 상경하는 것을 다행이라고 여겼다.
④ 회장 선거에 출마하여 유세(遊說)하러 다니느라 끼니를 거의 챙기지 못하였다.
⑤ 이벤트에 당첨되어 십만 원에 상당(相當)하는 상품을 받게 되었다는 연락을 받았다.

문제풀이

01
'사실이나 일의 상태 또는 물질의 구성 성분 따위를 조사하여 옳고 그름과 낫고 못함을 판단하는 일'을 뜻하는 '검사(檢査)'가 적절하다.
① '견지(見地)'는 '어떤 사물을 판단하거나 관찰하는 입장'이라는 의미이다.
② '간여(干與)'는 '어떤 일에 간섭하여 참여함'이라는 의미이다.
③ '경위(涇渭)'는 '사리의 옳고 그름에 대한 분간'이라는 의미이다.
⑤ '경질(更迭)'은 '어떤 직위에 있는 사람을 다른 사람으로 바꿈'이라는 의미이다.

정답 | ④

02
'막역(莫逆)'은 '허물이 없이 아주 친하다'의 어근인 한자어이며, 이 문장에서는 '갈피를 잡을 수 없게 아득하다'라는 뜻의 '막연(漠然)'을 사용하는 것이 적절하다.
① '저촉(抵觸)'은 '서로 부딪치거나 모순됨'의 의미이다.
③ '대절(貸切)'은 전세의 옛말로, '계약에 의하여 일정 기간 동안 그 사람에게만 빌려주어 다른 사람의 사용을 금하는 일'을 말한다.
④ '유세(遊說)'는 '자기 의견 또는 자기 소속 정당의 주장을 선전하며 돌아다님'의 뜻이다.
⑤ '상당(相當)'은 '일정한 액수나 수치 따위에 해당함'의 의미이다.

정답 | ②

실전 감각을 기를 차례! **[기출변형 문제편]** 바로가기 ☞ P.16

04 한자성어/속담/관용어

기출유형 1 한자성어의 쓰임

유형 익히기

한자성어와 관련된 유형은 크게 한자성어의 사전적 의미, 문맥적 의미, 용법으로 나눌 수 있는데, 그중에서 의미와 용법을 함께 파악해야 하는 유형이다. 의미가 유사한 한자성어들을 함께 이해해 두는 것이 필요하며, 글에서 제시하는 상황의 맥락을 이해하고 이에 부합하는 선지를 선택해야 한다. '한자어' 영역보다는 난도가 낮은 유형이기 때문에 주요한 한자성어를 기출을 바탕으로 학습해 두면 된다.

문제풀이

'달리는 말에 채찍질하기'라는 의미의 '주마가편(走馬加鞭)'이 선수들이 힘을 내어 좋은 결과를 이어 나가고자 하는 현재의 상황에 가장 적절하다.
② 곡학아세(曲學阿世): 바른 길에서 벗어난 학문으로 세상 사람에게 아첨함
③ 절치부심(切齒腐心): 몹시 분하여 이를 갈며 속을 썩임
④ 망양보뢰(亡羊補牢): 양을 잃고 우리를 고친다는 뜻으로 실패한 뒤에 뉘우쳐도 아무 소용이 없음을 이르는 말
⑤ 풍수지탄(風樹之嘆): 효도를 다하지 못한 채 어버이를 여읜 자식의 슬픔을 이르는 말

정답 | ①

다음 상황을 드러내기에 가장 적절한 말은?

> 우리나라 선수들은 이번 경기에서 괄목할 만한 성과를 거두었다. 사실 예선 경기가 있기 전 감독의 교체가 있었고 관련 예산 지원의 부족으로 경기를 위한 준비가 원활하게 되기 어려운 일들이 연이어 벌어진 탓에 좋은 결과를 기대하기가 어려운 상황이었다. 그러나 모든 선수들이 국민들의 희망을 저버리지 않고 위기를 현명하게 극복해 낸 것이다. 그리고 다음 결선을 대비하기 위해 더욱 힘을 내어 땀을 흘리며 연습을 하고 있다고 한다. 코치와 선수들 모두 경기력 향상을 위해 애쓰고 있는 것이다.

① 주마가편(走馬加鞭)
② 곡학아세(曲學阿世)
③ 절치부심(切齒腐心)
④ 망양보뢰(亡羊補牢)
⑤ 풍수지탄(風樹之嘆)

기출유형 2 — 속담의 쓰임

유형 익히기
속담의 경우에도 사전적 의미, 문맥적 의미, 용법에 대해 묻는 문항들이 교차로 출제되는데 이 중 사전적인 의미를 묻는 유형이다. 난도 면에서 본다면 문맥적 의미에 대한 유형이 가장 어렵고 사전적 의미를 묻는 것, 용법이 더 쉽게 출제된다고 할 수 있다. 낯설고 어려운 속담보다는 일상생활에서 많이 사용하는 속담들이 출제되고 있다.
단, 한자성어와 연관성이 있는 속담을 묻는 문항은 양쪽 표현의 의미를 모두 정확하게 파악해야 하므로 유의해야 한다.

문제풀이
'수양산 그늘이 강동 팔십 리를 간다'는 '한 사람이 크게 되면 친척이나 친구들까지 은덕을 입는다'라는 의미를 지닌 속담이다.

정답 | ⑤

다음 중 속담과 그 뜻이 잘못 연결된 것은?

① 주인 많은 나그네 밥 굶는다. – 무슨 일이든 한 방향으로만 하라는 말
② 가물 끝은 있어도 장마 끝은 없다. – 가뭄에 의한 재난보다 장마로 인한 재난이 더 무섭다는 말
③ 눈먼 말 워낭소리 따라간다. – 무식한 사람이 남이 일러주는 대로 무비판적으로 따라 한다는 말
④ 계란에도 뼈가 있다. – 늘 일이 잘 안되던 사람이 모처럼 좋은 기회를 만났건만, 그 일마저 역시 잘 안됨을 이르는 말
⑤ 수양산 그늘이 강동 팔십 리를 간다. – 아무 관계없이 한 일이 공교롭게도 때가 같아 어떤 관계가 있는 것처럼 의심을 받게 됨을 비유적으로 이르는 말

기출유형 3 — 관용어의 쓰임

유형 익히기
관용어의 사전적 의미, 문맥적 의미, 용법 중에서 용법에 대해 묻는 문항이다. 문장의 문맥을 파악하고 관용어의 사용이 의미상 적절한지를 알아야 하는 유형으로, 속담에 비해 쉽게 의미가 추측이 되지 않는 관용어가 많이 제시되기 때문에 평소에 잘 알고 있던 관용어를 반복해서 학습하여 대비하는 것보다는, 의미가 생소한 관용어들을 차근차근 알아 두는 것이 적절하다.

문제풀이
'두 손 맞잡고 앉다'는 '아무 일도 하지 아니하고 가만히 있는 것'을 의미한다.
② '속을 뽑다'는 '남의 마음을 어떤 수단으로 떠보고 그 속내를 드러나게 한다는 것'을 의미한다.
③ '코가 빠지다'는 '근심에 싸여 기가 죽고 맥이 빠지다'라는 뜻이다.
④ '입 안의 소리'는 '남이 알아듣지 못하게 입속에서 웅얼거리는 작은 말소리'를 의미한다.
⑤ '입이 되다'는 '맛있는 음식만 먹으려고 하는 버릇이 있어 음식에 매우 까다롭다'는 것을 의미한다.

정답 | ①

다음 중 밑줄 친 관용어의 쓰임이 적절하지 않은 것은?

① 두 손 맞잡고 앉아 있으니 마음에 근심이 사라진다.
② 그는 몇 푼 되지 않는 돈으로 남의 속을 뽑으려고 했다.
③ 우리 반 학생들은 모두 코가 빠져 아무 일도 하지 못했다.
④ 사장은 입 안의 소리로 변명을 늘어놓는 김 부장 때문에 답답함을 느꼈다.
⑤ 별로 좋지 않은 가정 형편인데도 아들이 입이 되어 여자가 무척 고생이 심하였다.

04 한자성어/속담/관용어

시험에 나온! 나올! **필수이론**

1 중요 한자성어

ㄱ

가렴주구(苛 가혹할 가 斂 거둘 렴 誅 벨 주 求 구할 구)
세금을 가혹하게 거두어들이고, 무리하게 재물을 빼앗음

가정맹어호(苛 가혹할 가 政 정사 정 猛 사나울 맹 於 어조사 어 虎 범 호)
가혹한 정치가 호랑이보다 더 무섭다는 것을 뜻하는 말

기출 **각주구검**(刻 새길 각 舟 배 주 求 구할 구 劍 칼 검)
시대의 변화를 모르고 옛날의 생각만 고집하며 이를 고치지 않는 어리석고 미련한 모습을 비유하는 말

간담상조(肝 간 간 膽 쓸개 담 相 서로 상 照 비출 조)
서로가 마음을 터놓고 진실하게 사귐

갈이천정(渴 목마를 갈 而 말 이을 이 穿 뚫을 천 井 우물 정)
목이 말라야 비로소 샘을 판다는 뜻

감언이설(甘 달 감 言 말씀 언 利 이로울 이 說 말씀 설)
달콤한 말과 이로운 이야기. 남의 비위에 맞도록 꾸민 말과 이로운 조건으로 남을 꾀는 말

감탄고토(甘 달 감 呑 삼킬 탄 苦 쓸 고 吐 토할 토)
달면 삼키고 쓰면 뱉는다. 자신의 비위에 따라서 사리의 옳고 그름을 판단함을 이르는 말

갑남을녀(甲 갑옷 갑 男 사내 남 乙 새 을 女 여자 여)
갑이라는 남자와 을이라는 여자. 이름도 알려지지 않은 평범한 사람. 또는 특별히 내세울 것이 없는 평범한 사람

갑론을박(甲 갑옷 갑 論 논할 론 乙 새 을 駁 논박할 박)
자기의 주장을 세우고 남의 주장을 반박함

개과천선(改 고칠 개 過 지날 과 遷 옮길 천 善 착할 선)
지나간 허물을 고치고 착하게 됨

격물치지(格 격식 격 物 물건 물 致 이를 치 知 알 지)
사물의 이치를 연구하여 자기의 지식을 확고하게 하는 것

기출 **견강부회**(牽 끌 견 强 강할 강 附 붙을 부 會 모일 회)
이치에 맞지 않는 말을 억지로 끌어 붙여 자기에게 유리하게 함

결자해지(結 맺을 결 者 놈 자 解 풀 해 之 어조사 지)
맺은 사람이 풀어야 한다는 뜻으로, 자기가 저지른 일은 자기가 해결하여야 함을 이르는 말

결초보은(結 맺을 결 草 풀 초 報 갚을 보 恩 은혜 은)
죽은 뒤에라도 은혜를 잊지 않고 갚음을 이르는 말

경당문노(耕 밭갈 경 當 마땅할 당 問 물을 문 奴 종 노)
농사일은 머슴에게 물어야 한다는 뜻으로, 모든 일은 그 방면의 전문가에게 묻는 것이 옳다는 뜻

경천근민(敬 공경할 경 天 하늘 천 勤 부지런할 근 民 백성 민)
하늘을 공경하고 백성을 위하여 부지런히 일함

계란유골(鷄 닭 계 卵 알 란 有 있을 유 骨 뼈 골)
달걀에도 뼈가 있다는 뜻으로, 운수가 나쁜 사람은 모처럼 좋은 기회를 만나도 일이 잘 안됨을 이르는 말

기출 **계륵**(鷄 닭 계 肋 갈비 륵)
① 닭의 갈비라는 뜻으로, 그다지 큰 소용은 없으나 버리기에는 아까운 것을 이르는 말
② 몸이 몹시 약한 사람을 비유적으로 이르는 말

고립무원(孤 외로울 고 立 설 립 無 없을 무 援 도울 원)
고립되어 구원을 받을 데가 없음

고복격양(鼓 북 고 腹 배 복 擊 부딪칠 격 壤 흙덩이 양)
배를 두드리고 흙덩이를 친다. 배불리 먹고 흙덩이를 치는 놀이를 한다는 뜻으로 태평한 세월을 즐김을 이르는 말

고식지계(姑 시어미 고 息 숨쉴 식 之 갈 지 計 꾀할 계)
우선 당장 편한 것만을 택하는 꾀나 방법

고신원루(孤 외로울 고 臣 신하 신 冤 원통할 원 淚 눈물 루)
외로운 신하의 원통한 눈물

고육지계(苦 쓸 고 肉 고기 육 之 갈 지 計 꾀할 계)
적을 속이기 위해. 자기 몸을 상해 가면서까지 꾸며 내는 계책

고장난명(孤 외로울 고 掌 손바닥 장 難 어려울 난 鳴 울 명)
외손뼉만으로는 소리가 울리지 않는다. 혼자서는 일을 이루지 못한다. 또는 맞서는 사람이 없으면 싸움이 일어나지 않는다.

고진감래(苦쓸 고 盡다할 진 甘달 감 來올 래)
쓴 것이 다하면 단 것이 온다. 고생 끝에 즐거움이 온다.

곡학아세(曲굽을 곡 學배울 학 阿언덕 아 世세대 세)
바른 길에서 벗어난 학문으로 세상 사람에게 아첨함

공평무사(公공평할 공 平평평할 평 無없을 무 私사사 사)
공평하여 사사로움이 없음

과대망상(誇자랑할 과 大큰 대 妄허망할 망 想생각할 상)
〈심리〉 사실보다 과장하여 터무니없는 헛된 생각을 하는 증상

과여불급(過지날 과 如같을 여 不아니 불 及미칠 급)
지나친 것은 미치지 못함과 같음

과유불급(過지날 과 猶오히려 유 不아닐 불 及미칠 급)
정도를 지나침은 미치지 못함과 같다. 중용(中庸)이 중요함을 이르는 말

괄목상대(刮비빌 괄 目눈 목 相서로 상 對대답할 대)
눈을 비비고 상대편을 본다는 뜻으로, 남의 학식이나 재주가 놀랄 만큼 부쩍 늚

교각살우(矯바로잡을 교 角뿔 각 殺죽일 살 牛소 우)
소의 뿔을 바로잡으려다 소를 죽임. 잘못된 점을 고치려다 수단이 지나쳐 도리어 일을 그르침

[기출] **교언영색**(巧교묘할 교 言말씀 언 令명령할 령 色빛 색)
아첨하는 말과 알랑거리는 태도

구밀복검(口입 구 蜜꿀 밀 腹배 복 劍칼 검)
입으로는 달콤함을 말하나 배 속에는 칼을 감추고 있다. 겉으로는 친절하나 마음속은 음흉한 것

구우일모(九아홉 구 牛소 우 一한 일 毛털 모)
아홉 마리의 소 가운데 박힌 하나의 털. 매우 많은 것 가운데 극히 적은 수

군계일학(群무리 군 鷄닭 계 一한 일 鶴학 학)
닭의 무리 가운데에서 한 마리의 학. 평범한 사람 가운데 뛰어난 사람

권모술수(權권세 권 謀꾀할 모 術꾀 술 數셀 수)
목적 달성을 위하여 수단과 방법을 가리지 아니하는 온갖 모략이나 술책

권토중래(捲말 권 土흙 토 重무거울 중 來올 래)
흙 먼지를 날리면서 다시 온다. 한번 실패한 사람이 다시 세력을 갖추어 일어남

[기출] **금상첨화**(錦비단 금 上위 상 添더할 첨 花꽃 화)
비단 위에 꽃을 더한다. 좋은 일 위에 또 좋은 일이 더하여짐

금의야행(錦비단 금 衣옷 의 夜밤 야 行갈 행)
비단 옷을 입고 밤길을 다님. 또는 아무 보람이 없는 일을 함

금의환향(錦비단 금 衣옷 의 還돌아올 환 鄕시골 향)
비단옷을 입고 고향에 돌아온다는 뜻으로, 출세하여 고향에 돌아옴을 비유적으로 이르는 말

기고만장(氣기운 기 高높을 고 萬일만 만 丈어른 장)
펄펄 뛸 만큼 대단히 성이 남. 또는 일이 뜻대로 잘될 때, 우쭐하여 뽐내는 기세가 대단함

기우(杞소태나무 기 憂근심할 우)
옛날 기(杞) 나라의 어떤 사람이 하늘이 무너질까 봐 걱정을 했다는 데서 나온 말로, 쓸데없는 걱정을 함을 이르는 말

ㄴ

[기출] **난형난제**(難어려울 난 兄맏 형 難어려울 난 弟아우 제)
누구를 형이라 하고 누구를 아우라 하기 어렵다는 뜻으로 어느 편이 낫다고 우열을 가리기가 곤란할 때 씀

남가일몽(南남녘 남 柯자루 가 一한 일 夢꿈 몽)
덧없이 지나간 한때의 헛된 부귀나 행복

남귤북지(南남녘 남 橘귤 귤 北북녘 북 枳탱자 지)
강남의 귤을 강북으로 옮기면 탱자로 변함. 환경에 따라 선하게도 악하게도 됨

남부여대(男사내 남 負질 부 女여자 녀 戴일 대)
남자는 지고 여자는 인다는 뜻으로, 가난한 사람들이나 재난을 당한 사람들이 집을 떠나 떠돌아다니는 형상

낭중지추(囊주머니 낭 中가운데 중 之갈 지 錐송곳 추)
주머니 속의 송곳. 재능이 뛰어난 사람은 숨어 있어도 남의 눈에 드러나게 된다는 뜻

노심초사(勞일할 노 心마음 심 焦그을릴 초 思생각 사)
몹시 마음을 쓰며 애를 태움

누란지세(累묶을 누 卵알 란 之갈 지 勢기세 세)
알을 쌓아 놓은 듯한 형세라는 뜻으로, 즉 매우 위태로운 형세

누란지위(累묶을 누 卵알 란 之갈 지 危위태할 위)
층층이 쌓아 놓은 알의 위태로움이라는 뜻으로, 몹시 아슬아슬한 위기를 비유적으로 이르는 말

능소능대(能능할 능 小작을 소 能능할 능 大큰 대)
모든 일에 두루 능함

ㄷ

다기망양(多많을 다 岐갈림길 기 亡망할 망 羊양 양)
갈림길이 많아 잃어버린 양을 찾지 못한다는 뜻으로 학문의 길이 다방면이면 진리를 얻기 어려움. 또는 방침이 많아서 도리어 갈 바를 모름
- (유) 망양지탄(亡羊之嘆)

단사표음(簞소쿠리 단 食밥 식 瓢바가지 표 飮마실 음)
대그릇의 밥과 표주박의 물이라는 뜻으로, 청빈하고 소박한 생활을 이르는 말
- (유) 단표누항(簞瓢陋巷)

당구풍월(堂집 당 狗개 구 風바람 풍 月달 월)
서당 개 3년에 풍월을 한다는 뜻으로, 무식쟁이라도 유식한 사람과 사귀면 견문이 넓어짐. 또는 무슨 일을 오래 하면 자연히 할 줄 알게 된다는 뜻

당랑거철(螳사마귀 당 螂사마귀 랑 拒막을 거 轍바큇자국 철)
사마귀가 수레바퀴를 막는다는 뜻. 자기의 힘은 헤아리지 않고 강자에게 함부로 덤빈다는 의미
- (동) 당랑지부(螳螂之斧) 사마귀가 앞발을 머리 위로 올린 모습이 도끼를 들고 있는 모습과 같다는 데서 유래함
  당비당거(螳臂當車) 사마귀의 팔뚝이 수레를 당하다. 용감무쌍한 것을 뜻함

동가식서가숙(東동녘 동 家집 가 食먹을 식 西서녘 서 家집 가 宿묵을 숙)
동쪽 집에서 밥 먹고 서쪽 집에서 잠잔다는 뜻으로, 일정한 거처가 없이 떠돌아다니며 지냄을 이르는 말. 또는 자기 잇속을 차리는 행태를 이름

동문서답(東동녘 동 問물을 문 西서녘 서 答대답할 답)
물음과는 전혀 상관없는 엉뚱한 대답

동병상련(同한가지 동 病병 병 相서로 상 憐동정할 련)
같은 병에 걸린 사람들이 서로 불쌍히 여긴다는 뜻. 같은 처지의 사람들이 서로 더 잘 이해하고 동정함
- (동) 양과분비(兩寡分悲) 두 과부가 슬픔을 서로 나눈다.
- (유) 호사토읍(狐死兔泣) 여우가 죽으니 토끼가 운다.
  유유상종(類類相從) 같은 무리끼리 서로 사귐
  초록동색(草綠同色) 풀빛과 녹색은 같은 빛깔이라는 뜻으로, 같은 처지의 사람과 어울리거나 기우는 것

동상이몽(同한가지 동 牀평상 상 異다를 이 夢꿈 몽)
같은 자리에 자면서 다른 꿈을 꾼다는 뜻으로, 겉으로는 같이 행동하면서도 속으로는 각각 딴생각을 하고 있음을 이르는 말

등고자비(登오를 등 高높을 고 自스스로 자 卑낮을 비)
높은 곳을 올라가려면 낮은 데서부터 출발해야 한다는 뜻. 일의 진행에는 차례가 있음. 또는 높은 지위에 오를수록 스스로 겸손해야 한다는 의미

ㅁ

마이동풍(馬말 마 耳귀 이 東동녘 동 風바람 풍)
말 귀에 봄바람이라는 말. 남의 말에 귀를 잘 기울이지 않고 그냥 흘려버리거나 알아듣지 못하는 것. 또는 어리석고 둔하여 남의 말을 알아듣지도 못하고 사리를 깨쳐 알지도 못한다는 의미
- (동) 우이독경(牛耳讀經) / 우이송경(牛耳誦經) 쇠 귀에 경 읽기
  대우탄금(對牛彈琴) 소를 마주하고 거문고를 탄다.
- (속) 말의 귀에 봄바람 부나마나
  너하고 말하느니 개하고 말하는 것이 낫겠다.
  담벼락하고 말하는 셈이다.

막무가내(莫없을 막 無없을 무 可옳을 가 奈어찌 내)
굳게 고집하여 융통성이 없음. 달리 어찌할 수 없음

막상막하(莫없을 막 上위 상 莫없을 막 下아래 하) 〔기출〕
실력에 있어 낫고 못함이 없이 비슷함

막역지우(莫없을 막 逆거스를 역 之갈 지 友벗 우)
서로 거스름이 없는 친구라는 뜻으로, 허물이 없이 아주 친한 친구를 이르는 말

망양지탄(望바랄 망 洋바다 양 之갈 지 嘆탄식할 탄)
큰 바다를 보며 하는 한탄. 어떤 일에 자신의 힘이 미치지 못할 때 하는 탄식을 이르는 말

망운지정(望바랄 망 雲구름 운 之갈 지 情뜻 정)
타향에서 고향에 계신 부모를 생각함. 멀리 떠나온 자식이 어버이를 사모하여 그리는 정
- (유) 백운고비(白雲孤飛)

맥수지탄(麥보리 맥 秀빼어날 수 之갈 지 嘆탄식할 탄)
보리만 무성하게 자란 것을 탄식함. 고국의 멸망을 탄식함
- (동) 망국지탄(亡國之歎) / 망국지한(亡國之恨) 나라가 망함을 탄식함

면종복배(面낯 면 從좇을 종 腹배 복 背등 배)
겉으로는 복종하는 체하면서 속으로는 배반함

명경지수(明밝을 명 鏡거울 경 止그칠 지 水물 수)
① 맑은 거울과 고요한 물
② 〈불교〉 잡념과 가식과 헛된 욕심 없이 맑고 깨끗한 마음
㉩ **운심월성**(雲心月性) 구름 같은 마음에 달 같은 성품
  평이담백(平易淡白) 깨끗하며 욕심이 없는 마음
㈜ 닦은 거울이다.

명불허전(名이름 명 不아닐 불 虛빌 허 傳전할 전)
이름은 헛되이 전해지는 법이 아니라는 뜻으로, 명성이나 명예가 널리 알려진 데는 다 그럴 만한 이유가 있음을 이르는 말

명약관화(明밝을 명 若같을 약 觀볼 관 火불 화)
불을 보듯 분명하고 뻔함

목불식정(目눈 목 不아닐 불 識알 식 丁고무래 정)
고무래를 보고도 고무래 정(丁)자인 줄 모를 만큼 아주 무식함
㉩ **일자무식**(一字無識) 한 글자도 알지 못한다.
  어로불변(魚魯不辨) '魚'와 '魯'를 분별하지 못하다.
  목불지서(目不之書) 눈으로 책을 알지 못하다.
㈜ 낫 놓고 기역자도 모른다.
  가갸 뒷자도 모른다.

묘두현령(猫고양이 묘 頭머리 두 懸매달 현 鈴방울 령)
고양이 목에 방울달기. 실행하지 못할 일을 공연히 의논만 함

무릉도원(武굳셀 무 陵큰 언덕 릉 桃복숭아 도 源근원 원)
신선이 살았다는 전설적인 중국의 명승지를 일컫는 말로 곧 속세를 떠난 별천지
㉩ **도원경**(桃源境) / **도화원**(桃花源)
  호중천지(壺中天地) 항아리 속에 있는 신기한 세상이라는 뜻으로, 별천지·별세계·선경(仙境) 따위를 이르는 말

묵수(墨먹 묵 守지킬 수)
묵자가 끝까지 성을 지킨다는 말로, 자기의 의견 또는 소신을 굽힘이 없이 끝까지 지키는 것

묵적지수(墨먹 묵 翟꿩 적 之갈 지 守지킬 수)
굳건히 성을 지킴. 자기 의견이나 주장을 굳게 지킴

문방사우(文글월 문 房방 방 四넉 사 友벗 우)
종이, 붓, 먹, 벼루의 네 가지 문방구

물심일여(物물건 물 心마음 심 一한 일 如같을 여)
〈불교〉 사물과 마음이 구분 없이 하나의 근본으로 통합됨

미생지신(尾꼬리 미 生날 생 之갈 지 信믿을 신)
융통성이 없이 약속만을 굳게 지킴. 또는 우직함의 비유

미증유(未아닐 미 曾일찍 증 有있을 유)
지금까지 한 번도 있어 본 적이 없음

ㅂ

반포지효(反되돌릴 반 哺먹을 포 之갈 지 孝효도 효)
자식이 자란 후에 어버이의 은혜를 갚는 효성을 이르는 말

발본색원(拔뺄 발 本근본 본 塞막힐 색 源근원 원)
폐단의 근원을 아주 뽑아 버려 다시는 그러한 일이 생길 수 없도록 함

발산개세(拔뺄 발 山뫼 산 蓋덮을 개 世세대 세)
힘은 산을 뽑고 기상은 세상을 덮음. 곧 기력의 웅대함을 이르는 말

방약무인(傍곁 방 若같을 약 無없을 무 人사람 인)
곁에 사람이 없는 것처럼 함부로 말하고 행동하는 사람

백가쟁명(百일백 백 家집 가 爭다툴 쟁 鳴울 명)
여러 사람이 서로 자기 주장을 내세우는 일

백골난망(白흰 백 骨뼈 골 難어려울 난 忘잊을 망)
죽어서 백골이 되어도 잊지 못할 큰 은혜를 입음

백년하청(百일백 백 年해 년 河강 이름 하 淸맑을 청)
백 년을 기다려도 황하의 흐린 물은 맑아지지 않는다는 뜻으로, 아무리 바라고 기다려도 실현될 가능성이 없음을 이르는 말

백면서생(白흰 백 面낯 면 書글 서 生날 생)
글만 읽고 세상일에 조금도 경험이 없는 사람
㉩ **백면랑**(白面郞) / **백면서랑**(白面書郞)

백미(白흰 백 眉눈썹 미)
여러 사람 중에 가장 뛰어남

[기출] **백중지간**(伯맏 백 仲버금 중 之갈 지 間사이 간)
서로 비슷하여 낫고 못함이 없는 사이

백척간두(百일백 백 尺자 척 竿장대 간 頭머리 두)
백 자나 되는 높은 장대 위에 올라섰으니 위태로움이 극도에 달하였다는 뜻

부창부수(夫지아비 부 唱부를 창 婦며느리 부 隨따를 수)
남편의 주장에 아내가 따름. 또는 부부 사이의 그런 도리

부화뇌동(附붙을 부 和화할 화 雷우뢰 뇌 同한가지 동)
아무런 주견 없이 남이 하는 대로 덩달아 행동함

불립문자(不아니 불 立설 립 文글월 문 字글자 자)
〈불교〉 도는 마음으로 전하는 것이지 문자로 전하는 것이 아니라는 뜻

비분강개(悲슬플 비 憤분할 분 慷강개할 강 慨분개할 개)
슬프고 분하여 마음이 북받침

ㅅ

사고무친(四넉 사 顧돌아볼 고 無없을 무 親친할 친)
사방을 둘러 보아도 의지할 곳이 없다는 의미
⑨ **고립무원**(孤立無援) 구원을 받을 데가 없음
　진퇴유곡(進退維谷) 나아갈 수도 물러설 수도 없는 난처한 지경에 빠지다.

[기출] **사면초가**(四넉 사 面낯 면 楚나라 초 歌노래 가)
사방에서 초나라의 노래가 들린다는 뜻. 적에게 포위당하여 고립되거나 이럴 수도 저럴 수도 없는 상태. 또는 자기를 돕는 사람은 하나도 없이 고립된 경우

사족(蛇뱀 사 足발 족)
쓸데없는 군짓을 하여 도리어 잘못되게 함

사필귀정(事일 사 必반드시 필 歸돌아갈 귀 正바를 정)
모든 일은 반드시 바른 길로 돌아간다는 뜻
⑥ 죄는 지은 데로 가고 덕은 닦은 데로 간다.
　방귀가 잦으면 똥이 나온다.

사후약방문(死죽을 사 後뒤 후 藥약 약 方모 방 文글월 문)
죽은 뒤에 약방문을 쓴다는 뜻으로, 시기를 잃어 낭패를 보는 경우

산자수명(山뫼 산 紫자주빛 자 水물 수 明밝을 명)
산은 자줏빛이고 물은 맑다는 뜻으로, 경치가 아름다움

삼고초려(三석 삼 顧돌아볼 고 草풀 초 廬농막 려)
인재를 맞아들이기 위하여 참을성 있게 노력함

삼순구식(三석 삼 旬열흘 순 九아홉 구 食먹을 식)
한 달에 아홉 끼니밖에 먹지 못한다는 뜻으로, 집이 몹시 가난함
⑨ **상루하습**(上漏下濕) 위에서는 비가 새고 아래에서는 습기가 차오른다는 뜻으로, 가난한 집을 비유하는 말

상전벽해(桑뽕나무 상 田밭 전 碧푸를 벽 海바다 해)
뽕나무밭이 푸른 바다가 된다는 뜻으로, 세상일의 변천이 심함
⑧ **벽해상전**(碧海桑田) / **창상지변**(滄桑之變)
　능곡지변(陵谷之變) 높은 언덕이 변하여 깊은 골짜기가 되고 깊은 골짜기가 높은 언덕으로 변한다.

새옹지마(塞변방 새 翁늙은이 옹 之갈 지 馬말 마)
변방에 사는 늙은이의 말. 인생의 길흉화복은 항상 변화가 많아 예측하기 어렵다는 뜻
⑧ **새옹득실**(塞翁得失) / **새옹화복**(塞翁禍福)
　북수실마(北叟失馬) 북방에 사는 늙은이가 말을 잃었다가 다시 좋은 말을 얻었다.
⑨ **생자필멸**(生者必滅) 살아 있는 것은 반드시 죽을 때가 있다.
　영고성쇠(榮枯盛衰) 인생은 번성하기도 하고 쇠퇴하기도 한다.
　길흉화복(吉凶禍福) 길흉과 화복. 즉 사람의 운수를 이른다.
　전화위복(轉禍爲福) 화가 바뀌어 복이 됨
㈜ 쥐구멍에도 볕 들 날이 있다.
　음지가 양지되고 양지가 음지 된다.

선남선녀(善착할 선 男사내 남 善착할 선 女계집 녀)
착하고 어진 사람들. 또는 곱게 단장한 남녀

선우후락(先먼저 선 憂근심할 우 後뒤 후 樂즐거울 락)
세상의 근심할 일은 남보다 먼저 근심하고, 즐거워할 일은 남다 나중에 즐거워함

설상가상(雪눈 설 上위 상 加더할 가 霜서리 상)
눈 위에 서리가 덮인다는 뜻으로, 불행이 거듭 생기는 일

설왕설래(說말씀 설 往갈 왕 說말씀 설 來올 래)
서로 변론을 주고받으며 옥신각신함. 또는 말이 오고 감
⑧ **언거언래**(言去言來) / **언왕설래**(言往說來)

소탐대실(小작을 소 貪탐할 탐 大큰 대 失잃을 실)
작은 것을 탐내다가 큰 것을 잃을 수 있다는 의미

수구초심(首머리 수 丘언덕 구 初처음 초 心마음 심)
여우가 죽을 때에 머리를 자기가 살던 굴 쪽으로 둔다는 뜻으로 고향을 그리워하는 마음
⑧ **호사수구**(狐死首丘) / **구수**(丘首)

수불석권(手손 수 不아닐 불 釋풀 석 卷책 권)
늘 책을 가까이하여 학문을 열심히 한다는 뜻

수주대토(守지킬 수 株그루 주 待기다릴 대 兎토끼 토)
그루터기를 지켜 토끼를 기다린다는 뜻. 고지식하고 융통성이 없어 구습과 전례만 고집한다는 뜻
⑨ **각주구검**(刻舟求劍) 楚(초)나라의 한 젊은이가 배를 타고 가다가 칼을 강에 빠뜨리고는 배에다 떨어뜨린 지점을 새겨 두었다가 거의 건너 왔을 때 물속으로 들어가 칼을 찾았다는 고사
　교주고슬(膠柱鼓瑟) 비파의 기러기발을 아교로 붙여 놓으면 음조를 바꾸지 못하여 한 가지 소리밖에 내지 못하듯이 고지식하고 융통성이 없는 꽉 막힌 사람을 이름
　묵성지수(墨城之守) 묵자가 성을 지키는 데 조금도 굴하지 않았다는 뜻으로, 너무 완고하여 변통할 줄 모르거나 자기의

의견이나 주장을 끝까지 밀고 나가는 것
㈜ 제 털 뽑아 제 구멍 박기
   하나만 알고 둘은 모른다.

숙맥불변(菽콩 숙 麥보리 맥 不아닐 불 辨분별할 변)
콩인지 보리인지를 분별하지 못함. 곧, 사물을 잘 분별하지 못하는 어리석은 사람을 가리킴

순망치한(脣입술 순 亡망할 망 齒이 치 寒찰 한)
입술이 없으면 이가 시리다는 뜻으로 가까이 있는 둘 중의 하나가 망하면 다른 하나도 위태로워짐
㈜ 순치보거(脣齒輔車) / 순치지국(脣齒之國) / 순치지세(脣齒之勢) 보거상의(輔車相依) '보(輔)'는 수레의 양쪽 변죽에 대는 나무. '거(車)'는 수레를 일컬음. 서로 이해관계가 밀접하다.

식자우환(識알 식 字글자 자 憂근심할 우 患근심 환)
글자를 아는 것이 오히려 근심거리가 됨
① 알기는 알아도 똑바로 잘 알고 있지 못하기 때문에 그 지식이 오히려 걱정거리가 됨
② 도리(道理)를 알고 있는 까닭으로 도리어 불리하게 되었음을 이름
③ 차라리 모르는 편이 나을 때를 이름

심심상인(心마음 심 心마음 심 相서로 상 印도장 인)
마음에서 마음으로 뜻을 전함

십시일반(十열 십 匙숟가락 시 一한 일 飯밥 반)
여러 사람이 합심하면 한 사람을 돕기 쉬움

ㅇ

아전인수(我나 아 田밭 전 引끌 인 水물 수)
자기 논에 물대기. 자기에게만 이롭게 함
㈜ 역지사지(易地思之) 남이 당한 경우를 바꾸어서 생각함

안분지족(安편안할 안 分나눌 분 知알 지 足발 족)
자기 분수에 만족하여 다른 데 마음을 두지 아니함

안빈낙도(安편안할 안 貧가난할 빈 樂즐길 낙 道길 도)
가난하지만 편안한 마음으로 도를 즐김

안하무인(眼눈 안 下아래 하 無없을 무 人사람 인)
눈 아래에 사람이 없다는 뜻으로, 교만하여 사람을 업신여김

암중모색(暗어두울 암 中가운데 중 摸본뜰 모 索찾을 색)
물건을 어둠 속에서 더듬어 찾음. 또는 어림으로 추측함

약방감초(藥약 약 房방 방 甘달 감 草풀 초)
무슨 일이나 빠짐없이 낌. 또는 반드시 끼어야 할 사물

㈜ 바늘 간 데 실 간다.
   이사할 때 강아지 따라다니듯

약육강식(弱약할 약 肉고기 육 强강할 강 食먹을 식)
약한 자는 강한 자에게 먹힘

양두구육(羊양 양 頭머리 두 狗개 구 肉고기 육)
양의 고기를 내걸고 실상은 개고기를 팖. 겉과 속이 다름
㈜ 양질호피

양상군자(梁들보 양 上윗 상 君임금 군 子아들 자)
들보 위에 있는 군자라는 뜻으로 도둑을 미화(美化)한 말

양자택일(兩두 양 者놈 자 擇가릴 택 一한 일)
둘 가운데 하나를 가려잡음

어불성설(語말씀 어 不아닐 불 成이룰 성 說말씀 설)
말이 조금도 사리에 맞지 않음

언어도단(言말씀 언 語말씀 어 道길 도 斷끊을 단)
말문이 막힘. 어이가 없어 말로 표현할 수 없음

언중유골(言말씀 언 中가운데 중 有있을 유 骨뼈 골)
예사로운 말 속에 깊은 뜻이 있음

여반장(如같을 여 反되돌릴 반 掌손바닥 장)
손바닥을 뒤집는 것처럼 매우 쉽다는 뜻

역지사지(易바꿀 역 地땅 지 思생각할 사 之갈 지)
처지를 바꾸어서 생각해 봄

[기출] 연목구어(緣인연 연 木나무 목 求구할 구 魚물고기 어)
나무에 올라가서 물고기를 구한다는 뜻으로, 도저히 불가능한 일을 굳이 하려 함을 비유적으로 이르는 말
㈜ 상산구어(上山求魚) 산 꼭대기에서 물고기를 구함
   사어지천(射魚指天) 물고기를 잡으려고 하늘을 향해 쏨
   건목수생(乾木水生) 마른 나무에서 물이 난다.
㈜ 썩은 새끼로 범 잡기
   거북이 등의 털을 긁는다.

염량세태(炎불탈 염 凉서늘할 량 世세대 세 態모양 태)
권세가 있을 때에는 아첨하여 좇고 권세가 떨어지면 푸대접하는 세속의 형편

염화미소(拈집을 염 華빛날 화 微작을 미 笑웃을 소)
〈불교〉 마음에서 마음으로 전함

오리무중(五다섯 오 里마을 리 霧안개 무 中가운데 중)
짙은 안개 속에서 길을 찾기 어려운 것처럼 일의 갈피를 잡기 어려움

오매불망(寤깰 오 寐잠잘 매 不아닐 불 忘잊을 망)
자나 깨나 잊지 못함

오불관언(吾나 오 不아닐 불 關빗장 관 焉어찌 언)
나는 그 일에 상관하지 아니함

오비삼척(吾나 오 鼻코 비 三석 삼 尺자 척)
내 코가 석자라는 뜻으로, 내 일도 감당하기 어려워 남의 사정을 돌볼 여유가 없다.

오월동주(吳성씨 오 越넘을 월 同한가지 동 舟배 주)
오(吳)나라 사람과 월(越)나라 사람이 한 배에 타고 있다.
① 어려운 상황에서는 원수라도 협력하게 됨
② 뜻이 전혀 다른 사람들이 한자리에 있게 됨

와신상담(臥누울 와 薪땔나무 신 嘗맛볼 상 膽쓸개 담)
섶에 누워 쓸개를 맛본다는 뜻으로 원수를 갚기 위해 괴롭고 어려운 일을 참고 견딤
㉠ **칠신탄탄**(漆身吞炭) 몸에 옻칠을 하고 숯불을 삼키다. 복수를 위해 자기 몸을 괴롭히다.
㉡ 송곳니가 방석니 된다.

원화소복(遠멀 원 禍재앙 화 召부를 소 福복 복)
화를 물리치고 복을 불러들임

위편삼절(韋가죽 위 編엮을 편 三석 삼 絕끊을 절)
책을 많이 읽는 것. 가죽으로 엮어 만든 책의 끈이 세 번이나 끊어지도록 많이 읽음

유유상종(類무리 유 類무리 유 相서로 상 從좇을 종)
같은 무리끼리 서로 사귐

유유자적(悠멀 유 悠멀 유 自스스로 자 適갈 적)
속세를 떠나 아무 속박 없이 조용하고 편안하게 삶

은인자중(隱숨을 은 忍참을 인 自스스로 자 重무거울 중)
마음속에 감추어 참고 몸가짐을 신중히 함

음풍영월(吟읊을 음 風바람 풍 咏읊을 영 月달 월)
맑은 바람과 밝은 달을 보며 시를 짓고 흥취를 자아내어 즐겁게 놂

이관규천(以써 이 管대롱 관 窺엿볼 규 天하늘 천)
대롱을 통해 하늘을 봄. 우물 안 개구리

이심전심(以써 이 心마음 심 傳전할 전 心마음 심)
마음에서 마음으로 전함. 글이나 말에 의하지 않고 서로 마음이 통함
㉠ **염화미소**(拈華微笑) / **염화시중**(拈華示衆) 〈불교〉석가께서 꽃을 드신 뜻을 알고 미소를 지음
  불립문자(不立文字) / **교외별전**(敎外別傳) 〈불교〉경전이나 언어 등에 의하지 않고 마음으로 통하는 것

이열치열(以써 이 熱더울 열 治다스릴 치 熱더울 열)
열은 열로 다스려야 함

이율배반(二두 이 律법 율 背등 배 反되돌릴 반)
〈철학〉서로 모순되어 양립할 수 없는 두 개의 명제

인생무상(人사람 인 生날 생 無없을 무 常항상 상)
인생이 덧없음

일거양득(一한 일 擧들 거 兩두 양 得얻을 득)
한 가지 일을 하여 두 가지의 이익을 얻음

일도양단(一한 일 刀칼 도 兩두 양 斷끊을 단)
한 칼로 두 동강이를 낸다는 뜻으로 어떤 일을 머뭇거리지 않고 과감히 처리함을 이르는 말

일어탁수(一한 일 魚고기 어 濁흐릴 탁 水물 수)
한 마리의 물고기가 물을 흐리듯 한 사람이 여러 사람에게 피해를 입힘

[기출] **일장춘몽**(一한 일 場마당 장 春봄 춘 夢꿈 몽)
한바탕의 봄꿈처럼 헛된 영화나 덧없는 일이란 뜻으로, 인생의 허무함을 비유하여 이르는 말

일진월보(日날 일 進나아갈 진 月달 월 步걸음 보)
날로 달로 끊임없이 진보하고 발전함

일진일퇴(一한 일 進나아갈 진 一한 일 退물러날 퇴)
한 번 나아갔다가 한 번 물러섬. 또는 좋아졌다 나빠졌다 함

[기출] **일취월장**(日날 일 就이룰 취 月달 월 將장차 장)
날로 달로 끊임없이 진보하고 발전함

일파만파(一한 일 波물결 파 萬일만 만 波물결 파)
한 사건이 그 사건에 그치지 않고 잇달아 많은 사건으로 번짐
㉠ 일파재동만파수(一波纔動萬波隨)

입신양명(立설 립 身몸 신 揚오를 양 名이름 명)
출세하여 이름을 세상에 떨침

ㅈ

자가당착(自스스로 자 家집 가 撞칠 당 着붙을 착)
같은 사람의 말이나 행동이 앞뒤가 서로 맞지 아니하고 모순됨
⑧ 모순(矛盾) / 이율배반(二律背反)

자승자박(自스스로 자 繩줄 승 自스스로 자 縛묶을 박)
자기의 줄로 자기를 묶다. 즉 자기의 언행으로 인하여 자신이 꼼짝 못하게 되는 일

자업자득(自스스로 자 業업 업 自스스로 자 得얻을 득)
자기가 저지른 일의 결과를 자기가 받음

자중지란(自스스로 자 中가운데 중 之갈 지 亂어지러울 란)
같은 편끼리 하는 싸움

장삼이사(張베풀 장 三석 삼 李오얏나무 이 四넉 사)
장씨의 셋째 아들과 이씨의 넷째 아들이라는 뜻으로 평범한 사람

장주지몽(莊씩씩할 장 周두루 주 之갈 지 夢꿈 몽)
사물과 자신이 한 몸이 된 경지

적반하장(賊도둑 적 反되돌릴 반 荷책망할 하 杖지팡이 장)
도둑이 도리어 매를 든다는 뜻으로, 잘못한 사람이 도리어 잘한 사람을 나무라는 경우

전무후무(前앞 전 無없을 무 後뒤 후 無없을 무)
전에도 앞으로도 없음

전전긍긍(戰싸울 전 戰싸울 전 兢떨릴 긍 兢떨릴 긍)
두려워서 매우 조심함

전전반측(輾돌아누울 전 轉구를 전 反되돌릴 반 側곁 측)
근심이 있어 뒤척거리며 잠을 못 이룸

전화위복(轉구를 전 禍재앙 화 爲할 위 福복 복)
화가 바뀌어 복이 됨

절장보단(截끊을 절 長길 장 補기울 보 短짧을 단)
긴 것을 끊어 짧은 것에 보탬. 즉 장점으로 단점을 보충함

절차탁마(切끊을 절 磋갈 차 琢쫄 탁 磨갈 마)
학문이나 덕행을 힘써 닦음

절치부심(切끊을 절 齒이 치 腐썩을 부 心마음 심)
몹시 분하여 이를 갈며 속을 썩임

점입가경(漸점점 점 入들 입 佳아름다울 가 境지경 경)
들어갈수록 점점 재미가 있음

정저지와(井우물 정 底밑 저 之갈 지 蛙개구리 와)
우물 밑의 개구리. 소견이나 견문이 몹시 좁은 것
⑧ 정와불가이어어해(井蛙不可以語於海) / 좌정관천(坐井觀天)
㊀ 척택지예(尺澤之鯢) 작은 못의 송사리. 소견이 좁은 사람
요동시(遼東豕) 요동의 어떤 사람네 돼지가 새끼를 낳았는데 머리가 흰색이었다. 신기하여 임금께 바치려고 하동(河東)에 갔는데 그곳의 돼지들이 모두 머리가 희므로 부끄러워 되돌아왔다는 데서 유래한다.
㊀ 우물 안 개구리

조령모개(朝아침 조 令영 령 暮저물 모 改고칠 개)
아침에 명령을 내렸다가 저녁에 고침. 법령을 자꾸 고쳐서 갈피를 잡기 어려움

조변석개(朝아침 조 變변할 변 夕저녁 석 改고칠 개)
일을 자주 뜯어고침

조삼모사(朝아침 조 三석 삼 暮저물 모 四넉 사)
간사한 꾀로 남을 속여 희롱함을 이르는 말
㊀ 어린 중 젓국 먹이듯 도리를 다 알고 있는 사람이 아무 것도 모르는 이를 속여서 나쁜 것을 하라고 권함
봉이 김선달 대동강물 팔아먹듯 한다.

좌고우면(左왼 좌 顧돌아볼 고 右오른 우 眄곁눈질할 면)
이쪽저쪽을 돌아본다는 뜻으로, 앞뒤를 재고 망설임을 이르는 말

주객전도(主주인 주 客손 객 顚엎드러질 전 倒넘어질 도)
주인은 손님처럼, 손님은 주인처럼 행동을 바꾸어 한다는 것으로 입장이 뒤바뀐 것

주마가편(走달릴 주 馬말 마 加더할 가 鞭채찍 편)
달리는 말에 채찍을 가함. 잘하는 사람을 더욱 장려함

중언부언(重무거울 중 言말씀 언 復다시 부 言말씀 언)
이미 한 말을 자꾸 되풀이함

[기출] **지록위마**(指가리킬 지 鹿사슴 록 爲할 위 馬말 마)
윗사람을 농락하여 권세를 마음대로 함

지음(知알 지 音소리 음)
자기를 잘 알아주는 친구

진퇴양난(進나아갈 진 退물러날 퇴 兩두 양 難어려울 난)
이러지도 저러지도 못하는 어려운 처지

진퇴유곡(進나아갈 진 退물러날 퇴 維바 유 谷골 곡)
나아갈 수도 없고 물러설 수도 없는 궁지

ㅊ

창해일속(滄찰 창 海바다 해 一한 일 粟조 속)
넓은 바다에 좁쌀 한 알. 광대하고 드넓은 속에 들어 있는 보잘것없이 미미한 존재

천려일득(千일천 천 慮생각할 려 一한 일 得얻을 득)
어리석은 사람이라도 많은 생각을 하면 한 가지 쓸 만한 것이 나올 수 있음을 이르는 말

천려일실(千천 천 慮생각할 려 一한 일 失잃을 실)
천 번 생각에 한 번 실수라는 뜻으로, 현명한 사람이라도 많은 일을 하는 중에 실수가 있기 마련임

천석고황(泉샘 천 石돌 석 膏살찔 고 肓명치끝 황)
자연의 아름다운 경치를 몹시 사랑하고 즐기는 성벽
㈜ **연하고질**(烟霞痼疾) 깊이 산수(山水)를 사랑함이 고질이 되었음

천우신조(天하늘 천 佑도울 우 神귀신 신 助도울 조)
하늘이 돕고 신이 도움

천의무봉(天하늘 천 衣옷 의 無없을 무 縫꿰맬 봉)
천사의 옷은 꿰맨 흔적이 없음. 시가나 문장 따위가 매우 자연스럽게 잘 되어 완미함을 이름

천재일우(千일천 천 載실을 재 一한 일 遇만날 우)
천 년에 한 번 만남. 좀처럼 만나기 어려운 좋은 기회

청천벽력(靑푸를 청 天하늘 천 霹벼락 벽 靂벼락 력)
푸른 하늘에 날벼락. 뜻밖의 큰일을 만남

[기출] **청출어람**(靑푸를 청 出날 출 於조사 어 藍쪽 람)
쪽에서 뽑아낸 푸른색이 쪽보다 더 푸르다는 뜻으로, 스승보다 제자가 뛰어남

초동급부(樵땔나무 초 童아이 동 汲길을 급 婦아내 부)
나무하는 아이와 물 긷는 여인이라는 뜻으로, 평범한 사람

초록동색(草풀 초 綠초록빛 록 同같을 동 色빛 색)
풀빛과 녹색은 같은 빛깔이란 뜻으로, 같은 처지의 사람들끼리 어울려 행동함

초미지급(焦그을릴 초 眉눈썹 미 之갈 지 急급할 급)
눈썹에 불이 붙었다는 뜻으로, 매우 급함을 이르는 말

촌철살인(寸마디 촌 鐵쇠 철 殺죽일 살 人사람 인)
한 치의 쇠붙이로도 사람을 죽임. 한 마디의 말이나 글로 상대의 급소를 찔러 당황시키거나 감동시킴

출장입상(出날 출 將장수 장 入들 입 相서로 상)
나가서는 장수가 되고 들어오면 재상이 된다는 뜻으로, 문무를 다 갖추어 벼슬을 모두 지냄

침소봉대(針바늘 침 小작을 소 棒몽둥이 봉 大큰 대)
작은 것을 크게 불리어 떠벌림

ㅌ

타산지석(他다를 타 山뫼 산 之갈 지 石돌 석)
남의 산에 있는 돌도 나의 구슬을 다듬는 데 쓰이듯 남의 하찮은 언행이라도 자기의 지덕(知德)을 닦는 데 도움이 됨

태평연월(太클 태 平평평할 평 烟연기 연 月달 월)
근심이나 걱정이 없는 편안한 세월

토사구팽(兎토끼 토 死죽을 사 拘잡을 구 烹삶을 팽)
토끼 사냥을 마친 후 개를 삶아 먹음. 필요할 때는 써먹고 필요가 없게 되면 죽임을 당하거나 버림을 받게 됨
㈜ **교토사양구팽**(狡兎死良狗烹)
㈜ **득어망전**(得魚忘筌) 고기를 잡고 나서 통발을 잊는다.
㈜ 토끼를 다 잡으면 사냥개를 삶는다.

ㅍ

파천황(破깨뜨릴 파 天하늘 천 荒거칠 황)
선인(先人)이 못 이룬 일을 해냄

팔방미인(八여덟 팔 方모 방 美아름다울 미 人사람 인)
① 어느 모로 보나 아름다운 사람
② 누구에게나 잘 보이도록 처세하는 사람
③ 여러 방면의 일에 능통한 사람

표리부동(表겉 표 裏속 리 不아닐 부 同한가지 동)
마음이 음흉맞아서 겉과 속이 다름

풍수지탄(風바람 풍 樹나무 수 之갈 지 嘆탄식할 탄)
효도를 다하지 못한 채 어버이를 여읜 자식의 슬픔

풍월주인(風바람 풍 月달 월 主주인 주 人사람 인)
아름다운 자연을 즐기는 사람

풍전등화(風바람 풍 前앞 전 燈등잔 등 火불 화)
바람 앞의 등불처럼 매우 위태로운 처지

필부필부(匹필 필 夫지아비 부 匹필 필 婦며느리 부)
평범한 남녀

ㅎ

하석상대(下아래 하 石돌 석 上위 상 臺대 대)
아랫돌 빼서 윗돌 괴고 윗돌 빼서 아랫돌 괴기

학수고대(鶴학 학 首머리 수 苦쓸 고 待기다릴 대)
학의 목처럼 목을 길게 빼고 간절히 기다림

한단지몽(邯고을이름 한 鄲조나라 도읍 단 之갈 지 夢꿈 몽)
한단의 꿈. 부귀와 공명이 꿈처럼 덧없다는 뜻
- 동 노생지몽(盧生之夢) / 한단지침(邯鄲之枕)
  황량일취지몽(黃粱一炊之夢) 노생이 잠들기 전에 짓던 기장밥이 꿈에서 깨어 보니 아직 익지도 않은 짧은 시간이었음
- 유 남가일몽(南柯一夢) 꿈과 같이 헛된 한때의 부귀영화
- 속 풀 끝의 이슬

한우충동(汗땀 한 牛소 우 充찰 충 棟용마루 동)
수레에 실으면 소가 땀을 흘리고 방에 쌓으면 대들보까지 닿을 만큼 책이 많음을 뜻함

함구무언(緘봉할 함 口입 구 無없을 무 言말씀 언)
입을 다물고 말이 없음

함포고복(含머금을 함 哺먹을 포 鼓북 고 腹배 복)
잔뜩 먹고 배를 두드린다는 뜻으로, 천하가 태평하여 즐겁게 지냄

허장성세(虛빌 허 張베풀 장 聲소리 성 勢기세 세)
실속은 없으면서 큰소리치거나 허세를 부림

호가호위(狐여우 호 假거짓 가 虎범 호 威위엄 위)
여우가 호랑이의 위엄을 빌리다. 남의 권세를 빌려 위세를 부림
- 동 차호위호(借虎威狐) / 가호위호(假虎威狐)
- 속 문선왕(공자) 끼고 송사한다.

호구지책(糊풀 호 口입 구 之갈 지 策채찍 책)
가난한 살림에서 그저 겨우 먹고 살아가는 방책

호사다마(好좋을 호 事일 사 多많을 다 魔마귀 마)
좋은 일에는 방해되는 것이 많음

호연지기(浩넓을 호 然그럴 연 之갈 지 氣기운 기)
넓고 큰 기운. 천지간에 가득찬 정기(精氣)

호접지몽(胡오랑캐 호 蝶나비 접 之갈 지 夢꿈 몽)
나비에 관한 꿈이라는 뜻으로, 인생의 덧없음

홍로점설(紅붉을 홍 爐화로 로 點점 점 雪눈 설)
불로 벌겋게 단 화로에 눈을 뿌리면 순식간에 녹음. 사욕이나 의욕이 일시에 꺼져 없어짐

화룡점정(畵그림 화 龍용 룡 點점 점 睛눈동자 정)
가장 요긴한 부분을 마치어 완성시킴

화사첨족(畵그림 화 蛇뱀 사 添더할 첨 足발 족)
뱀을 그리고 발을 더함. 하지 않아도 될 일을 하거나 필요 이상으로 쓸데없는 일을 하는 것
- 준 사족(蛇足)
- 유 상상안상(牀上安牀) 마루 위에 마루를 놓는다.
- 속 고깔 뒤에 군헝겊
  뱀을 그리고 발까지 단다.

화중지병(畵그림 화 中가운데 중 之갈 지 餠떡 병)
그림의 떡
- 유 나무거울
  추풍선(秋風扇) 가을철의 부채라는 뜻으로, 쓸모없이 된 물건

환골탈태(換바꿀 환 骨뼈 골 奪빼앗을 탈 胎아이 밸 태)
① 뼈대를 바꾸어 끼고 태를 바꾸어 쓴다는 뜻으로, 고인의 시문의 형식을 바꾸어서 그 짜임새와 수법이 먼저 것보다 잘되게 함을 이르는 말
② 사람이 보다 나은 방향으로 변하여 딴사람처럼 됨

회자인구(膾회 회 炙고기구울 자 人사람 인 口입 구)
'회(膾)'는 날고기, '자(炙)'는 구운 고기이니, 맛있는 음식처럼 소문 등이 사람들의 입에 많이 오르내리고 찬양을 받는 것

회자정리(會모일 회 者놈 자 定정할 정 離떠날 이)
〈불교〉 만나면 반드시 헤어지기 마련임. 모든 것이 무상함을 이르는 말

흥진비래(興일 흥 盡다할 진 悲슬플 비 來올 래)
즐거운 일이 다하면 슬픈 일이 닥쳐온다는 뜻으로, 세상일은 순환되는 것임을 이르는 말

2 중요 속담

ㄱ

가난한 집 제삿날 돌아오듯 괴로운 일이 연이어 자주 닥쳐 옴을 말함

가는 날이 장날이라 우연히 갔다가 공교로운 일을 만났을 때 이르는 말

가는 말에 채찍질 잘하거나 잘 되어 가는 일을 더 잘하거나 잘 되도록 부추기거나 몰아침을 이르는 말

가는 말이 고와야 오는 말이 곱다 자기가 먼저 남에게 잘 대해 주어야 남도 자기에게 잘 대해 준다는 말

가랑비에 옷 젖는 줄 모른다 아무리 사소한 것이라도 거듭되면 무시하지 못할 정도로 크게 된다는 말

가랑잎이 솔잎더러 바스락거린다고 한다 자기의 허물이 더 크면서 다른 사람을 나무라거나 흉보는 것을 이르는 말

가재는 게 편이라 됨됨이나 형편이 비슷한 것끼리 어울리게 되어 서로 사정을 보아줌을 이르는 말

가지 많은 나무에 바람 잘 날이 없다 자식을 많이 둔 어버이에게는 근심이 끊일 때가 없다는 말

갈수록 태산이다 어려운 일을 당하면 당할수록 점점 더 어려운 일이 닥쳐온다는 뜻

감기 고뿔도 남을 안 준다 감기까지도 남을 안 줄 정도로 몹시 인색하다는 뜻

같은 값이면 다홍치마 이왕이면 더 좋은 쪽을 택하는 것이 낫다는 말

개같이 벌어서 정승같이 쓴다 돈을 벌 때는 궂은일을 가리지 않고 벌고, 번 돈을 쓸 때는 어엿하게 쓴다.

개 꼬리 삼 년 두어도 황모 못 된다 본디 질이 나쁜 것은 아무리 두어도 끝내 좋아지지 않는다. [기출]

개 발에 주석 편자 옷차림이나 지닌 물건 따위가 제격에 맞지 아니하여 어울리지 않음을 비유적으로 이르는 말

개밥에 도토리 축에 끼지 못하고 따돌림을 당하는 외로운 처지를 이르는 말

거적문에 돌쩌귀 제격에 맞지 않아 어울리지 아니함을 이르는 말

게으른 선비 책장 넘기듯 게으름을 피우며 그 일에서 빨리 벗어날 궁리만 한다는 말

곁방살이가 불 낸다 자기의 도움을 받는 사람이 도리어 자기에게 해를 끼친다는 뜻

계란에도 뼈가 있다 늘 일이 잘 안 되는 사람이 모처럼 좋은 기회를 만났으나 역시 잘 안 됨을 이르는 말

고기는 씹어야 맛을 안다 겉으로 훑는 것처럼, 일을 건성으로 보아서는 그 참뜻을 모른다는 말

고기는 씹어야 맛이요, 말은 해야 맛이라 말도 할 말이면 시원하게 해 버려야 좋다는 말

고래 싸움에 새우 등 터진다 세력 있거나 강한 자들의 싸움에 공연히 약한 자가 중간에 끼여 해를 입음을 비유하여 이르는 말

고슴도치도 제 새끼는 함함하다고 한다 누구나 제 자식은 귀여워한다는 뜻

고양이 쥐 생각 속으로는 해칠 마음을 품고 있으면서 겉으로는 생각해 주는 척함을 이르는 말

공든 탑이 무너지랴 정성을 기울여 이룩해 놓은 일은 그리 쉽게 무너지지 않는다는 말

과부 사정은 과부가 안다 남의 사정은 그와 비슷한 처지에 있는 사람이라야 안다는 말

광에서 인심 난다 먹고 살 만큼 넉넉해야 남을 도와줄 수 있다.

구더기 무서워 장 못 담글까 다소 방해되는 것이 있더라도, 마땅히 할 일은 하여야 함을 비유적으로 이르는 말

구렁이 담 넘어가듯 일 처리를 분명하게 하지 못하고 슬그머니 얼버무려 버림을 탓하여 하는 말 [기출]

구르는 돌은 이끼가 안 낀다 꾸준히 노력하는 사람은 침체되지 않고 계속 발전한다는 말

굴러 온 돌이 박힌 돌 뺀다 딴 곳에서 들어온 사람이 본디부터 있던 사람을 내쫓는다는 말

굿이나 보고 떡이나 먹지 남의 일에 쓸데없이 간섭하지 말고 자기 이익이나 얻도록 하라는 말

귀신도 빌면 듣는다 귀신도 빌면 소원을 들어준다는 뜻으로, 누구나 자기에게 비는 자는 용서함을 비유적으로 이르는 말

귀신 듣는 데서는 떡 소리도 못 하겠다 무슨 말이 떨어지기 무섭게, 그것을 해 줄 것을 요구하는 경우를 이르는 말

긁어 부스럼 공연히 건드려서 만들어 낸 걱정거리를 이르는 말

금방 먹을 떡에도 소를 박는다 아무리 급해도 일의 순서를 밟아야 한다는 말

급하기는 우물에 가 숭늉 달라겠다 성격이 매우 급하거나 일을 하는 데 매우 조급해하는 것을 비유적으로 이르는 말

기와 한 장 아껴서 대들보 썩힌다 작은 것을 아끼다가 큰 손해를 본다는 말

까마귀 고기를 먹었나 잊어버리기를 잘하는 사람을 놀리거나 나무라는 말

까마귀 날자 배 떨어진다 아무 뜻 없이 한 일이 다른 일과 공교롭게 때가 일치하여, 무슨 관계가 있는 것처럼 의심을 받게 되는 경우를 비유하여 이르는 말

꼬리가 길면 밟힌다 나쁜 짓을 오래 계속하면 결국 들킨다는 말

꾸어 온 보릿자루 이야기를 서로 주고받는 자리에서, 말없이 한쪽에 앉아 있기만 하는 사람을 이름

꿈보다 해몽 하찮거나 언짢은 일을 좋게 풀이한다는 말

꿩 대신 닭 꼭 적당한 것이 없을 때 그와 비슷한 것으로 대신하는 경우를 비유적으로 이르는 말

끈 떨어진 뒤웅박 의지할 곳이 없어진 처지를 이르는 말

ㄴ

나는 바람 풍 해도 너는 바람 풍 해라 자기는 그르게 행동하면서 남에게는 옳게 행동할 것을 요구함을 이르는 말

나 못 먹을 밥에 재나 뿌리지 심술이 매우 사나움을 이르는 말

나무에 오르라 하고 흔드는 격 솔깃한 말로 남을 꾀어 난처한 처지에 빠뜨리는 경우를 이르는 말

나중 난 뿔이 우뚝하다 후배가 선배보다 나을 때 이르는 말

남의 다리 긁는다 애써서 해 놓은 일이 남을 위한 일이 되어 버렸을 때 이르는 말

남의 떡에 설 쇤다 자기는 힘들이지 않고 남의 덕으로 일을 이룬다는 말

남의 잔치(제사)에 감 놓아라 배 놓아라 한다 쓸데없이 남의 일에 참견함을 이르는 말

낮말은 새가 듣고 밤말은 쥐가 듣는다 아무리 비밀스럽게 한 말도 누군가가 듣는다는 뜻으로, 항상 말조심을 하라는 말

내 딸이 고와야 사위를 고른다 자기가 든든해야 그에 걸맞은 좋은 것을 바랄 수 있다는 말

냉수 먹고 이 쑤시기 실속은 없으면서 겉으로는 있는 체하는 것을 조롱하는 말

노루를 피하니 범이 나온다 일이 점점 더 어렵고 힘들게 되었음을 이르는 말

누울 자리 봐 가며 발을 뻗는다 결과를 예상해 가면서 일에 착수해야 한다는 말

누워서 떡 먹기 힘들이지 않고 아주 쉽게 할 수 있다는 말

누워서 침 뱉기 결국은 자기 자신에게 해가 돌아온다는 말

누이 좋고 매부 좋다 양쪽에게 다 이롭다는 말

눈 가리고 아웅 얕은 수로 남을 속이려 함

늦게 배운 도둑이 날 새는 줄 모른다 뒤늦게 배운 일에 재미를 붙여 더욱 열중하게 됨을 이르는 말

ㄷ

다 된 죽에 코 풀기 제대로 잘 되어 가는 일을 망쳐버리는 주책없는 행동을 이르는 말

기출 **달도 차면 기운다** 온갖 것은 한번 왕성하다가도 고비를 넘으면 다시 쇠약해지게 마련이라는 말

달면 삼키고 쓰면 뱉는다 신의나 옳고 그름을 돌보지 않고 이익만을 꾀한다는 말

닭 소 보듯, 소 닭 보듯 서로 아무런 관심도 두지 않는 사이임을 비유적으로 이르는 말

닭 잡아먹고 오리발 내놓기 자신이 저지른 나쁜 일이 드러나게 되자 엉뚱한 수단으로 남을 속이려 한다는 말

닭 쫓던 개 지붕 쳐다본다 애써 하던 일이 실패로 돌아가 어이없이 된 것을 이르는 말

대감 죽은 데는 안 가도 대감 말 죽은 데는 간다 권력이 있을 때는 아첨을 하지만 권력이 없어지면 돌아보지 않는 세상인심을 비유적으로 이르는 말

도끼가 제 자루 못 찍는다 제 허물을 제가 알아서 고치기는 어렵다는 말

도둑놈이 개에게 물린 셈 봉변을 당하여도 자기에게 잘못이 있어 아무 말도 하지 못함을 이르는 말

도둑의 씨가 따로 없다 누구나 도둑이 될 가능성이 있다는 말

도둑이 제 발 저리다 죄를 지은 이가 두려움 때문에 스스로 약점을 드러낸다는 말

도둑질도 손이 맞아야 한다 무슨 일이든지 서로 뜻이 잘 맞아야 성공할 수 있다는 말

독 안에 든 쥐 피할 수 없는 운명에 처해 있음을 비유하여 이르는 말

돌다리도 두드려 보고 건너라 무슨 일이든지 세심한 주의를 기울여 가며 하라는 말

동냥은 안 주고 쪽박만 깬다 돕기는커녕 훼방만 놓는다는 말

되로 주고 말로 받는다 조금 준 대가로 받는 것이 훨씬 크거나 많음을 이르는 말

뒷간에 갈 적 마음 다르고 올 적 마음 다르다 제가 긴할 때는 다급하게 굴다가, 제 할 일을 다 하고 나면 마음이 변하여 처음과 달라짐을 이르는 말

땅 짚고 헤엄치기 매우 쉽다는 말

때리는 시어머니보다 말리는 시누이가 더 밉다 겉으로는 위해 주는 척하면서 속으로는 해하려는 사람이 더 밉다는 말

떡 본 김에 제사 지낸다 기회가 좋을 때 벼르던 일을 해치운다는 말

떡 줄 사람은 생각지도 않는데 김칫국부터 마신다 상대편이 줄 생각을 않는데 받을 준비부터 먼저 한다는 말

똥 묻은 개가 겨 묻은 개 나무란다 자기는 더 큰 흉이 있으면서 도리어 남의 작은 흉을 본다는 말

뚝배기보다 장맛이 좋다 겉모양보다 내용이 훨씬 낫다는 말

ㅁ

마른 논에 물 대기
일이 매우 힘들거나 힘들여 해 놓아도 성과가 없는 경우를 이르는 말

말 가는 데 소도 간다 남이 하는 일이라면 자신도 노력만 하면 능히 할 수 있다는 말

말로 온 동네를 다 겪는다 실천은 하지 않고 모든 것을 말만으로 해결하려 듦을 이르는 말

말 많은 집은 장맛도 쓰다 가정에 말이 많으면 살림이 잘 안 된다는 말

말이 씨가 된다 늘 말하던 것이 마침내 사실대로 되었을 때를 이르는 말

말 타면 경마 잡히고 싶다 사람의 욕심이란 한이 없다는 말

말 한마디에 천 냥 빚도 갚는다 말만 잘 하면 어떤 어려움도 해결할 수 있다는 말

모난 돌이 정 맞는다 성격이나 언행이 까다로우면 남의 공격을 받게 된다는 말

모로 가도 서울만 가면 된다 어떤 수단을 써서라도 목적만 이루면 된다는 말

목구멍이 포도청 먹고살기 위하여 차마 못할 짓까지 함을 이르는 말

목마른 놈이 우물 판다 가장 필요로 하는 사람이 결국에는 먼저 서둘러 하게 마련이라는 말

못 먹는 감 찔러나 본다 자기가 차지하지 못할 바에는 차라리 심술을 부려 못 쓰게 만든다는 뜻

못생긴 며느리 제삿날에 병난다 미운 사람이 더 미운 짓만 한다는 뜻

무당이 제 굿 못하고 소경이 저 죽을 날 모른다 남의 일은 잘 봐주면서도 제 일은 자기가 처리하기 어렵다는 말

물어도 준치 썩어도 생치 본디 좋은 것은 오래 되거나 변하여도 그 본질에는 변함이 없다.

물에 물 탄 듯 술에 술 탄 듯 말이나 행동이 변화가 없이 싱겁다는 말

물에 빠진 놈 건져 놓으니까 내 봇짐 내라 한다 남의 은혜를 입고도 고마움을 모르고 생트집을 잡음을 이르는 말

물 위에 기름 서로 어울리지 못하고 겉돎을 이르는 말

물이 깊어야 고기가 모인다 덕망이 있어야 사람이 따른다는 말

미운 아이 떡 하나 더 준다 미운 사람일수록 잘해 주고 감정을 쌓지 않아야 한다는 말

믿는 도끼에 발등 찍힌다 믿고 있던 사람에게 도리어 해를 입는다는 말

ㅂ

바늘 가는 데 실 간다 으레 따르게 되어 있는 두 사람이나 사물의 밀접한 관계를 이르는 말

바늘 구멍으로 하늘 보기 전체를 포괄적으로 보지 못하는 매우 좁은 소견이나 관찰을 비꼬는 말

바늘 구멍으로 황소 바람 들어온다 추운 겨울철에는 벽이나 문에 조그만 틈만 있어도 찬바람이 제법 세게 들어온다는 뜻

바늘 도둑이 소 도둑 된다 작은 도둑이라도 진작 고치지 않으면 장차 큰 도둑이 된다는 말

바늘로 찔러도 피 한 방울 안 나온다
① 사람의 생김새가 단단하고 야무지게 보임을 이르는 말
② 사람의 성격이 빈틈이 없거나 매우 인색함을 이르는 말

바늘 방석에 앉은 것 같다 그 자리에 있기가 몹시 거북하고 불안함을 비유하여 이르는 말

받아 놓은 밥상 일이 이미 확정되어 틀림이 없음을 이르는 말

발 없는 말이 천 리 간다 말을 삼가야 함을 경계하는 뜻의 말

배 먹고 이 닦기 배를 먹으면 이까지 닦여 희어진다는 뜻으로, 한 가지 일에 두 가지 이로움이 있음을 이르는 말

배보다 배꼽이 더 크다 딸린 것이 주가 되는 것보다 더 크거나 더 많음을 이르는 말

백지장도 맞들면 낫다 아무리 쉬운 일이라도 혼자 하는 것보다 서로 힘을 합쳐서 하면 더 쉽다는 뜻

뱁새가 황새 따라가다 가랑이 찢어진다 남이 한다고 덩달아 자기도 제 힘에 겨운 일을 하게 되면 도리어 큰 화를 당하게 됨을 이르는 말

번개가 잦으면 천둥을 한다 어떤 일의 징조가 잦으면 반드시 그 일이 생기기 마련이라는 뜻

범(의) 굴에 들어가야 범을 잡는다 목적을 이루려면 그에 마땅한 일을 해야 한다는 말

범도 제 말 하면 온다 남의 말을 하자 마침 그 사람이 온다(당사자가 없다고 함부로 흉을 보지 말라는 말).

범 없는 골에 토끼가 스승이라 잘난 사람이 없는 곳에서 못난 사람이 잘난 체함을 이르는 말

벙어리 냉가슴 앓듯 답답한 사정이 있어도 남에게 말하지 못하고 혼자 애태우는 경우를 이르는 말

벼룩도 낯짝이 있다 몹시 뻔뻔스런 사람을 꾸짖는 말

병신 자식이 효도한다 대수롭게 여겨지지 않았던 사람이 믿었던 사람보다 오히려 더 낫게 구실을 할 때 이르는 말

보기 좋은 떡이 먹기도 좋다 내용이 좋으면 겉모양도 반반함. 또는 겉모양새를 잘 꾸미는 것도 필요함을 비유적으로 이르는 말

보석도 닦아야 빛이 난다 [북한어] 귀한 보석도 닦아야만 그 빛이 휘황찬란하게 드러난다는 뜻으로, 사람도 끊임없이 수양하고 단련해야 훌륭한 재능을 나타낼 수 있음

보채는 아이 밥 한 술 더 준다 무슨 일에 있어서나 적극적으로 나서야 목적을 이룰 수 있다는 말

봉사 단청(丹靑) 구경 본다고 보기는 하나, 그 참모습을 모르고 본다는 말

부뚜막의 소금도 집어넣어야 짜다 손쉽게 할 수 있는 일이나 좋은 기회가 있어도 이용하지 않으면 소용이 없다는 말

부조는 않더라도 제상이나 치지 말라 도와주지 못할망정 방해는 하지 말라는 것을 비유적으로 이르는 말

불 난 데 부채질한다 남의 잘못된 일을 더 잘못되게 충동질한다는 말

비 온 뒤에 땅이 굳어진다 어떤 시련을 겪은 뒤에 더 강해짐을 비유적으로 이르는 말

빛 좋은 개살구 보기에는 그럴듯하나 실속이 없는 것을 이르는 말

ㅅ

사공이 많으면 배가 산으로 올라간다 주관하는 사람 없이 여러 사람이 자기주장만 내세우면 일이 제대로 되기 어려움을 비유적으로 이르는 말

사흘 굶어 도둑질 아니 할 놈 없다 아무리 착한 사람이라도 몹시 궁하게 되면 옳지 못한 짓을 하게 된다는 말

산 사람 입에 거미줄 치랴 사람은 아무리 가난하여도 먹고 살 수는 있다는 말

생일 잘 먹자고 이레를 굶을까 잠깐의 영광을 위하여 길고 무리한 희생을 감수할 수 없다는 말

서당 개 삼 년에 풍월(을) 한다 어떤 방면에 전혀 아는 것이 없는 사람도, 그 방면에 오래 있으면 어느 정도는 익히게 된다는 말

서울 가서 김서방 찾기 무턱대고 막연하게 찾아감을 이르는 말

선무당이 사람 잡는다 능숙하지도 못하고 잘 알지도 못하면서 아는 체하여 일을 하다가 아주 못쓰게 그르칠 경우에 이름

섶을 지고 불로 뛰어든다 당장에 불이 붙을 섶을 지고 이글거리는 불 속으로 뛰어든다는 뜻으로, 앞뒤 가리지 못하고 미련하게 행동함을 놀림조로 이르는 말

세 살 버릇 여든까지 간다 어릴 때에 들인 버릇은 좀처럼 고치기가 어렵다는 말

소경 개천 나무란다 제 잘못은 모르고 남의 탓만 한다는 말

소경 제 닭 잡아먹기 이익을 보는 줄 알고 한 일이 결국은 자기 자신에게 손해가 되거나 아무런 이익이 없는 경우를 이르는 말

소도 언덕이 있어야 비빈다 의지할 데가 있어야 무슨 일을 할 수 있다는 말

소문난 잔치에 먹을 것 없다 좋다고 소문이 난 것이 실제로는 별것이 아닐 때에 하는 말

소 잃고 외양간 고친다 이미 일을 그르친 뒤에는 뉘우쳐도 소용이 없다는 뜻

속 빈 강정 실속은 없이 겉만 그럴듯한 것을 두고 하는 말

손 안 대고 코 풀기 일을 매우 쉽게 해치운다는 말

송장 빼놓고 장사 지낸다 가장 긴요한 것을 잊어버리고 일을 치른다는 말

송충이가 갈잎을 먹으면 떨어진다 분수에 맞지 않는 일을 하다가는 낭패를 보게 된다는 말

쇠귀에 경 읽기 아무리 일러도 알아듣지 못하거나 효과가 없는 경우를 이르는 말

쇠뿔도 단김에 빼랬다 일을 하려고 했으면 주저없이 해치우라는 말

수박 겉 핥기 내용이나 참뜻은 모르면서 겉만 건드림

숭어가 뛰니까 망둥이도 뛴다 잘나고 훌륭한 사람의 행동을 못난 자가 그대로 모방하여 분에 넘치는 일을 하려고 애쓴다는 말

시루에 물 붓기 아무리 돈을 쓰고 공을 들여도 아무 소용이 없음을 이르는 말

시앗을 보면 길가의 돌부처도 돌아앉는다 아무리 어질고 인자한 부인이라도 남편의 첩을 보고 좋아할 여자는 없다는 말

시장이 반찬이다 배가 고프면 반찬이 없어도 밥맛이 달다는 말

십 년이면 강산도 변한다 세월이 흐르게 되면 모든 것이 다 변하게 됨을 비유적으로 이르는 말

싸움 끝에 정든다 가지고 있던 오해나 감정을 싸움에서 풀어 버리면 더 가까워진다는 뜻으로 이르는 말

싸움은 말리고 흥정은 붙이랬다 나쁜 일은 말리고 좋은 일은 권해야 한다는 말

쌀독에서 인심 난다 살림에 여유가 있어야 인정도 베풀 수 있다는 말

ㅇ

아는 길도 물어 가라 아무리 쉬운 일도 소홀히 해서는 안 된다는 말

아니 땐 굴뚝에 연기 날까 원인 없는 결과가 있을 리 없음을 이르는 말

아닌 밤중에 홍두깨 뜻하지 않은 말을 불쑥 꺼내거나 별안간 무슨 짓을 함을 비유하여 이르는 말

아랫돌 빼서 윗돌 괴고, 윗돌 빼서 아랫돌 괴기 우선 다급한 처지를 모면하기 위하여 이리저리 둘러맞추는 임시변통을 이르는 말

아무리 바빠도 바늘 허리 매어 쓰지 못한다 아무리 바쁘더라도 갖출 것은 갖추어서 해야 한다는 말

아 해 다르고 어 해 다르다 같은 내용의 말이라도 말하기 나름으로 사뭇 달라진다는 말

안 되는 놈은 뒤로 넘어져도 코가 깨진다 운수 사나운 사람은 무슨 일을 하여도 되는 일이 없다는 말

앉아 주고 서서 받는다 빌려 주기는 쉽지만 돌려받기는 힘들다는 말

앓던 이가 빠진 것 같다 걱정거리가 없어져서 후련하다는 말

양반은 얼어 죽어도 겻불은 안 쬔다 양반은 실속보다는 체면을 중히 여긴다는 말

얕은 내도 깊게 건너라 작은 일이라도 가벼이 생각해서는 안 된다는 말

어물전 망신은 꼴뚜기가 시킨다 못난이가 동료들까지 망신시킴을 비유하여 이르는 말

없는 놈이 찬 밥 더운 밥 가리랴 급하고 아쉬울 때면 좋고 나쁜 것을 가리지 않는다는 말

여름 불도 쬐다 나면 섭섭하다 쓸데없는 것이라도 있던 것이 없어지면 섭섭하다는 말

열 길 물 속은 알아도 한 길 사람 속은 모른다 사람의 속마음은 짐작하기 어렵다는 말

열 번 찍어 안 넘어가는 나무 없다 실패를 무릅쓰고 되풀이해서 노력하면 끝내 이루어진다는 말

열 손가락 깨물어 안 아픈 손가락 없다 아무리 못난 자식이라도 부모에게는 다 소중한 자식이라는 말

염불에는 마음이 없고 잿밥에만 마음이 있다 마땅히 해야 할 일은 건성으로 하고 잇속에만 마음을 둔다는 말

옥에도 티가 있다 아무리 훌륭한 사람이나 물건이라도 작은 흠은 있다는 말

우물 안 개구리 견문이 좁아서 세상 형편을 모르는 사람을 비유하여 이르는 말

우물에 가 숭늉 찾는다 일의 순서도 모르고 성급하게 덤빔을 비유적으로 이르는 말

우물을 파도 한 우물을 파라 한 가지 일을 끝까지 꾸준히 해야 성공할 수 있다는 말

울며 겨자 먹기 하기 싫은 일을 마지못해 함을 이르는 말

울지 않는 애 젖 주랴 보채고 조르고 해야 얻기가 쉬움을 이르는 말

웃는 낯에 침 뱉으랴 좋은 낯으로 대하는 사람에게는 모질게 굴지 못한다는 말

원님 덕에 나팔 분다 남의 덕으로 분에 넘치는 대접을 받았음을 이르는 말

이가 없으면 잇몸으로 살지 꼭 있어야 할 것이 없으면 없는 대로 견디어 나갈 수 있다는 말

익은 밥 먹고 선소리한다 사리에 맞지 않는 말을 하는 경우를 비유적으로 이르는 말

일 잘하는 아들 낳지 말고 말 잘하는 아들 낳아라 사람이 말을 잘하면 처세하기에 유리하다는 말

ㅈ

잘되면 제 탓, 못되면 조상(남) 탓 무엇이든 잘되면 제 공으로 돌리고, 잘못되면 남의 탓으로 돌리는 태도를 이르는 말

재주는 곰이 넘고 돈은 되놈이 받는다 정작 수고한 사람은 따로 있고, 엉뚱한 사람이 그 대가를 가로챈다는 말

제가 기른 개에게 발꿈치 물린다   은혜를 베풀어 준 사람에게서 도리어 해를 입게 됨을 이르는 말

제 꾀에 제가 넘어간다   꾀를 내어 남을 속이려다 도리어 자기가 그 꾀에 속아 넘어감을 비유적으로 이르는 말

제 버릇 개 줄까   나쁜 버릇은 쉽게 고쳐지지 않는다는 말

죽은 정승이 산 개만 못하다
죽으면 생전의 부귀영화가 소용이 없다는 말

중이 제 머리를 못 깎는다   아무리 긴한 일이라도 남의 손을 빌려야만 이루어지는 일을 가리키는 말

쪽박 쓰고 벼락을 피한다   어림도 없는 방법으로 눈앞에 닥친 위험을 피하려 함을 이르는 말

ㅊ

처삼촌 뫼에 벌초하듯   일을 정성들여 하지 않고 건성건성 함을 이르는 말

천리 길도 한 걸음부터   무슨 일이나 그 시작이 중요함을 이르는 말 〈기출〉

초록은 동색(同色)이라   어울려 같이 지내는 것들은 모두 같은 성격의 무리라는 뜻

초상난 데 춤추기   때와 장소를 분별하지 못하고 경망하게 행동함을 빗대어 이르는 말

ㅋ

콩 심은 데 콩 나고 팥 심은 데 팥 난다   원인이 있으면 이치에 따라 그 결과가 생긴다는 말

ㅌ

토끼를 다 잡으면 사냥개 잡는다   한때는 소중히 여기다가도 필요가 없게 되면 쉽게 버림을 비유하는 말

ㅎ

하늘을 보고 주먹질한다   당치도 않은 행동을 함을 이르는 말

하늘이 무너져도 솟아날 구멍이 있다   아무리 어려운 처지라도 그것을 벗어나서 다시 잘 될 수 있는 방책이 서게 된다는 뜻

하룻밤을 자도 만리성을 쌓는다   잠깐 사귀어도 깊은 정을 맺을 수 있음을 이르는 말

혀 아래 도끼 들었다   제가 한 말 때문에 죽을 수도 있으니, 말을 항상 조심하라는 뜻

호미로 막을 것을 가래로 막는다   작은 힘으로도 될 일을, 기회를 놓쳐 결국 큰 힘을 들이게 된다는 뜻

혼인 말 하는데 장삿말 한다   하고 있는 말과 아무 관련이 없는 딴 말을 한다는 뜻

3 의미가 통하는 한자성어와 속담

한자성어	속담
간어제초(間於齊楚)	고래 싸움에 새우 등 터진다
감탄고토(甘呑苦吐)	달면 삼키고 쓰면 뱉는다
견문발검(見蚊拔劍)	모기 보고 칼 뽑는다
고립무원(孤立無援)	산 밖에 난 범이요 물 밖에 난 고기다
고식지계(姑息之計)	언 발에 오줌누기
고장난명(孤掌難鳴)	두 손뼉이 맞아야 소리가 난다
교각살우(矯角殺牛)	빈대 잡으려다 초가삼간 태운다
기출 구밀복검(口蜜腹劍)	웃고 사람 친다
권불십년(權不十年)	기출 달도 차면 기운다
기호지세(騎虎之勢)	쏘아 놓은 살이요 엎질러진 물이다
낭중지추(囊中之錐)	주머니에 들어간 송곳이라
기출 당구풍월(堂狗風月)	솔개도 오래면 꿩을 잡는다
당랑거철(螳螂拒轍)	하늘 보고 손가락질한다
동가홍상(同價紅裳)	같은 값이면 다홍치마가 낫다
기출 동병상련(同病相憐)	과부의 설움은 과부가 안다
득롱망촉(得隴望蜀)	말 타면 경마 잡히고 싶다
등고자비(登高自卑)	천 리 길도 한 걸음부터
망양보뢰(亡羊補牢)	소 잃고 외양간 고친다
목불식정(目不識丁)	낫 놓고 기역 자도 모른다
부화뇌동(附和雷同)	친구 따라 강남 간다
빈즉다사(貧則多事)	가난한 집 제사 돌아오듯 한다
삼순구식(三旬九食)	책력 보아 가며 밥 먹는다
설상가상(雪上加霜)	흉년에 윤달 / 하품에 딸꾹질
소탐대실(小貪大失)	모시 고르다 베 고른다
수수방관(袖手傍觀)	굿이나 보고 떡이나 먹지
순망치한(脣亡齒寒)	입술이 없으면 이가 시리다
십벌지목(十伐之木)	열 번 찍어서 안 넘어가는 나무 없다
십시일반(十匙一飯)	열이 어울러 밥 찬 한 그릇
아전인수(我田引水)	제 논에 물 대기
양호유환(養虎遺患)	범을 길러 화를 받는다
어부지리(漁夫之利)	시앗(남편의 첩) 싸움에 요강 장수
오비삼척(吾鼻三尺)	내 코가 석 자
오비이락(烏飛梨落)	까마귀 날자 배 떨어진다
욕속부달(欲速不達)	우물에 가 숭늉 찾는다
용두사미(龍頭蛇尾)	범을 그리려다 개(고양이)를 그린다
기출 연목구어(緣木求魚)	나무에서 고기 찾는다
인과응보(因果應報)	소금 먹은 놈이 물켠다
일거양득(一擧兩得)	꿩 먹고 알 먹는다

	일어탁수(一魚濁水)	어물전 망신은 꼴뚜기가 시킨다
	의기양양(意氣揚揚)	하늘이 돈짝만 하다
	조족지혈(鳥足之血)	새 발의 피
	종과득과(種瓜得瓜)	콩 심은 데 콩 나고 팥 심은 데 팥 난다
	주객전도(主客顚倒)	발보다 발가락이 더 크다
	주마가편(走馬加鞭)	가는 말에 채찍질
기출	주마간산(走馬看山)	수박 겉 핥기
	적반하장(賊反荷杖)	도둑이 매를 든다
	전전긍긍(戰戰兢兢)	식혜 먹은 고양이 속이다
	정저지와(井底之蛙)	우물 안 개구리
	철면피(鐵面皮)	모기도 낯짝이 있다
	초록동색(草綠同色)	가재는 게 편
	표리부동(表裏不同)	겉 다르고 속 다르다
	풍전등화(風前燈火)	바람 앞의 등불
	하석상대(下石上臺)	아랫돌 빼서 윗돌 괴고 윗돌 빼서 아랫돌 괴기
	함흥차사(咸興差使)	강원도 포수(냐) / 지리산 포수(냐)
	호가호위(狐假虎威)	포수 집 강아지 범 무서운 줄 모른다

4 관용어

1. 주요 관용구

ㄱ

가늠이 가다 짐작이나 헤아림이 이루어지거나 미치다.

가닥이 잡히다 분위기, 상황, 생각 따위를 이치나 논리에 따라 바로잡게 하다.

가도 오도 못하다 = 오도 가도 못하다 한곳에서 자리를 옮기거나 움직일 수 없는 상태가 되다.

가랑이(가) 찢어지다[째지다]
① 몹시 가난한 살림살이를 비유적으로 이르는 말 ≒ 똥구멍(이) 찢어지다[째지다].
② 하는 일이 힘에 부치거나 일손이 부족하여 일해 나가기가 몹시 벅참을 비유적으로 이르는 말

가려운 곳을[데를] 긁어 주듯[주다] 남에게 꼭 필요한 것을 잘 알아서 그 욕구를 시원스럽게 만족시켜 줌을 비유적으로 이르는 말

가로 뛰고 세로 뛰다 감정이 북받쳐 이리저리 날뛰다.

가면(을) 벗다 거짓으로 꾸민 모습을 버리고 정체를 드러내다.

가면(을) 쓰다 본심을 감추고 겉으로는 그렇지 않은 것처럼 꾸미다.

가문을 흐리다 집안이나 문중의 명예를 더럽히다.

각광(을) 받다[입다] 많은 사람들로부터 주목을 받다.

개미새끼 하나도 볼 수 없다 사람이 한 명도 보이지 않는다. 아무도 찾을 수 없다.

김칫국을 마시다 일이 일어나기도 전에 먼저 설친다.

깨가 쏟아지다 오붓하고 아기자기하다.

ㄴ

나래(를) 펴다 = 날개(를) 펴다 생각, 감정, 기세 따위를 힘차게 펼치다.

나 몰라라 하다 어떤 일에 무관심한 태도로 상관하지도 아니하고 간섭하지도 아니하다.

나무람(을) 타다 꾸짖음을 받아 언짢아하다.

나발(을) 불다 당치 않은 말을 함부로 하다.

나사가 빠지다 정신이 없다.

나사가 풀어지다 정신 상태가 해이해지다.

나이(가) 아깝다 하는 짓이나 말이 그 나이에 어울리지 아니하게 유치하다.

나 죽었소 하다 있어도 없는 듯이 처신하다.

낙동강 오리알 무리에서 떨어져 나오거나 홀로 소외되어 처량하게 된 신세를 비유적으로 이르는 말

난다 긴다 하다 재주나 능력이 남보다 뛰어나다.

난든집(이) 나다 손에 익숙하여지다.

날(을) 받다
① 결혼식 날짜를 정하다. ≒날(을) 잡다.
② 어떤 일에 대비하여 미리 날을 정하다.

날(을) 세우다
① 연장의 날을 날카롭게 하다.
② 정신을 집중하다.

날(이) 새다 일을 이룰 시기가 이미 지나 가망이 없다.

날개(가) 돋치다
① 상품이 시세를 만나 빠른 속도로 팔려 나가다.
② 의기가 치솟다.
③ 소문 같은 것이 먼 데까지 빨리 퍼져 가다.

날 것 같다 몸이나 마음이 매우 가볍다.

날로 먹다 힘을 들이지 아니하고 일을 해내거나 어떤 것을 차지하는 것을 낮잡아 이르는 말

낯바닥이 홍당무[홍동지] 같다 부끄럽거나 무안하여 얼굴이 붉어져 있다.

낯설고 물 설다 = 산 설고 물 설다 타향이라서 모든 것이 매우 낯설고 서먹서먹하다.

낯을 돌리다 상대하지 아니하고 얼굴을 돌리다.

낯을 못 들다 창피하여 남을 떳떳이 대하지 못하다.

낯을 묻히다 명예를 더럽히다.

낯을 보다 = 얼굴을 보다 체면을 고려하다.

ㄷ

다리(를) 놓다 일이 잘되게 하기 위하여 둘 또는 여럿을 연결하다.

다리(를) 뻗고[펴고] 자다 마음 놓고 편히 자다. ≒발(을) 뻗고[펴고] 자다.

다리야 날 살려라 = 걸음아 날 살려라 다급하게 도망감

다림(을) 보다
① 어떠한 것을 겨냥 대고 살펴보다.
② 이해관계를 노리어 살펴보다.

다릿골(이) 빠지다 길을 많이 걸어서 다리가 몹시 피로해지다.

단두대의 이슬로 사라지다 사형대에서 처형되어 죽다.

단불에 나비 죽듯[잡듯] 맥없이 스러지듯 죽어 가는 것을 비유적으로 이르는 말

달고 쓴 맛을 보다[겪다] 생활의 좋은 일, 나쁜 일, 즐거운 일, 괴로운 일을 다 겪다.

달다 쓰다 말(이) 없다 아무런 반응도 나타내지 않다.

달밤에 체조하다 격에 맞지 않은 짓을 함을 핀잔하는 말

달팽이 눈이 되다 (비유적으로) 핀잔을 받거나 겁이 날 때에 움찔하고 기운을 펴지 못하다.

닭 물 먹듯 무슨 일이든 그 내용도 모르고 건성으로 넘기는 모양을 비유적으로 이르는 말

닭 발 그리듯 글을 쓰거나 그림을 그리는 솜씨가 매우 서툴고 어색함을 비유적으로 이르는 말

닭 싸우듯 크게 으르지도 못하고, 서로 엇바꾸어 가며 상대를 치고받고 싸우는 모습을 비유적으로 이르는 말

닭이 헤집어 놓은 것 같다 (비유적으로) 몹시 어지럽고 무질서하게 널려 있다.

닳고 닳다 세상일에 시달려 약아빠지다.

담 구멍을 뚫다 도둑질을 하다.
예 나는 이때까지 담 구멍을 뚫는 짓으로 먹고산 것을 후회한다.

담쌓고 벽 친다 서로 잘 지내던 사이를 끊고 지내다.

덜미(를) 짚다
① 덜미잡이를 하다.
② 덜미를 잡아 누르듯이 몹시 재촉하다.

덜미(를) 치다 약점이나 제일 중요한 곳에 공격을 하거나 타격을 가하다.

덜미를 넘겨짚다 남의 속을 떠보다.
예 우선 그의 덜미를 넘겨짚고 나서 결정을 내리도록 합시다.

덜미를 누르다 몹시 재촉하거나 몰아세우다.

등을 벗겨 먹다 타인을 이용하여 자신의 이익을 취하다.

ㅁ

마각이 드러나다 숨기고 있던 일이나 정체가 드러나다.

마당(을) 빌리다 신랑이 신부의 집에 가서 초례식을 지내다.

마른벼락을 맞다 갑자기 뜻밖의 재난을 당하다.

마른침을 삼키다 몹시 긴장하거나 초조해하다.

마마 그릇되듯 좋지 않은 징조가 보임을 이르는 말

마마 손님 배송하듯 행여나 가지 아니할까 염려하여 그저 달래고 얼러서 잘 보내기만 함을 이르는 말

마음(을) 주다 마음을 숨기지 아니하고 기꺼이 내보이다.

마음에 두다 잊지 아니하고 마음속에 새겨 두다.

마음에 붙다 직업이나 생활 따위가 마음에 맞아 마음이 들뜨거나 불만스러워하지 아니하고 안착되다.

마음에 없다[있다] 무엇을 하거나 가지고 싶은 생각이 없다[있다].

마음에 차다 마음에 흡족하게 여기다.

마음을 썩이다 몹시 괴로워하다.

마음을 풀다 긴장하였던 마음을 늦추다.
예 그동안 긴장했던 마음을 풀고 휴가를 즐겼다.

마음이 풀리다
① 마음속에 맺히거나 틀어졌던 것이 없어지다.
② 긴장하였던 마음이 누그러지다.

마침표를 찍다 어떤 일이 끝장이 나거나 끝장을 내다. ≒종지부(를) 찍다.
예 그 일은 어제로 마침표를 찍었다.

막을[막이] 내리다 무대의 공연이나 어떤 행사를 마치다.

막을 열다[올리다] 무대의 공연이나 어떤 행사를 시작하다.

막차를 타다 끝나갈 무렵에 뒤늦게 뛰어들다.

말(을) 듣다
① 꾸지람을 듣거나 시비의 대상이 되다.
② 기계, 도구 따위가 다루는 사람의 뜻대로 움직이다.

말(을) 맞추다 제삼자에게 같은 말을 하기 위하여 다른 사람과 말의 내용이 다르지 않게 하다.

말(을) 삼키다 하려던 말을 그만두다.

말(이)[말(도)] 아니다
① 말이 이치에 맞지 아니하다.
② 사정·형편 따위가 몹시 어렵거나 딱하다.

말(이) 나다
① 어떤 이야기가 시작되다.
② 비밀스러운 일이 다른 사람의 입에 오르내리게 되다.

말(이) 되다
① 말하는 것이 이치에 맞다.
② 어떤 사실에 대하여 서로 간에 말이 이루어지다.

말(이) 많다
① 매우 수다스럽다.
② 논란이 많다.

말꼬리(를) 잡다 = 말끝(을) 잡다 남의 말 가운데서 잘못 표현된 부분의 약점을 잡다.

말꼬리를 물다 남의 말이 끝나자마자 이어 말하다.

말꼬리를 붙이다 말이 끊어지지 않게 잇다.

말뚝(을) 박다
① 어떤 지위에 오랫동안 머무르다.
② (속되게) 의무병으로 입대한 군인이 복무 기한을 마치고도 계속 남아서 직업 군인이 되다.

말만 앞세우다 말만 앞질러 하고 실천은 하지 않다.

말머리를 자르다 = 말허리를 자르다 상대방이 말하는 도중에 말을 중지시키다.

말문(을) 막다 말을 하지 못하게 하다.

말문(을) 열다 입을 열어 말을 시작하다.

말문이 떨어지다 = 입이 떨어지다 입에서 말이 나오다.

말문이 막히다 말이 입 밖으로 나오지 않게 되다.

말발을 세우다 주장을 굽히지 않다.

말밥에 얹다 좋지 아니한 화제의 대상으로 삼다.

말밥에 오르다 좋지 아니한 화제의 대상으로 되다.

목에 힘을 주다 거드름을 피우거나 남을 깔보는 듯한 태도를 취하다.

목이 빠지다 애타게 기다린다. 오래 오래 기다렸다.

머리털이 곤두서다 무섭거나 놀라서 날카롭게 신경이 곤두서다.

미역국을 먹다 시험에 떨어지다.

ㅂ

바가지(를) 긁다 주로 아내가 남편에게 생활의 어려움에서 오는 불평과 잔소리를 심하게 하다.

바가지(를) 씌우다 요금이나 물건값을 실제 가격보다 비싸게 지불하여 억울한 손해를 보게 하다.

바닥(을) 짚다 = 바닥(을) 누르다 광산에서 땅의 아래쪽으로 향하여 파 가다.

바닥(이) 드러나다
① 다 소비되어 없어지다.
② 숨겨져 있던 정체가 드러나다.

바닥(이) 질기다 증권 거래에서 떨어진 시세가 더 내리지 아니하고 오래 계속 버티다.

바닥을 기다 정도나 수준이 형편없다.

바닥을 비우다 일정한 분량의 것을 남김없이 다 없애다.

바닥 첫째 '꼴찌'를 놀림조로 이르는 말

바람(을) 넣다 남을 부추겨서 무슨 행동을 하려는 마음이 생기게 만들다.

바람(을) 쐬다
① 기분 전환을 위하여 바깥이나 딴 곳을 거닐거나 다니다.
② 다른 곳의 분위기나 생활을 보고 듣고 하다.

바람(을) 잡다
① 허황된 짓을 꾀하거나 그것을 부추기다.
② 마음이 들떠서 돌아다니다.
③ 이성에 대한 들뜬 생각을 하다.

발뒤축을 물리다 = 발꿈치를 물리다 은혜를 베풀어 준 상대로부터 뜻밖에 해를 입다.

발등(을) 디디다 남이 하려는 일을 앞질러서 먼저 하다.

발등(을) 찍히다 남에게 배신을 당하다.

발등에 불(이) 떨어지다 일이 몹시 절박하게 닥치다. ≒ 불똥이 떨어지다.

발등을 밟히다 자기가 하려는 일을 남이 앞질러서 먼저 하다.

발등을 찍다 남의 일을 그르치거나 해를 주다.

발목(을) 잡다[붙잡다]
① (어떤 사람이 다른 사람의) 행동을 방해하다.
② (무엇이 사람의) 속박에서 벗어나지 못하게 하다.

발바닥에 불이 일다 부리나케 여기저기 돌아다니다.

발바닥에 흙 안 묻히고 살다 수고함이 없이 가만히 앉아서 편하게 살다.

발바닥을 핥다 재력이나 권세가 있는 사람에게 빌붙어 너절하고 더러운 짓을 하다.

배가 기름에 오르다 살림이 넉넉해지다.

배가 아프다 남이 잘되어 속이 상하다.

배짱(을) 내밀다 배짱 있는 태도를 취하다.

배짱(이) 맞다 무슨 일을 도모하는 데 뜻과 마음이 맞다.

배짱을 대다 배짱을 드러내어 굽히지 아니하고 버티어 나가다.

밴댕이 소갈머리 아주 좁고 얕은 심지(心志)를 비유적으로 이르는 말

벽(을) 쌓다 서로 사귀던 관계를 끊다.

벽에 부딪치다 어떤 장애물에 가로막히다.

변덕이 죽 끓듯 하다 말이나 행동을 몹시 이랬다저랬다 하다.

비위(가) 상하다[뒤집히다]
① 비위가 좋지 않아 금방 게울 듯하여지다.
② 마음에 거슬리어 아니꼽고 속이 상하다.

비위(를) 쓰다 비위 좋게도 아니꼽고 싫은 일을 일부러 하다.

비위(를) 팔다 마음에 거슬리는 것을 꾹 참다.

뼈에 사무치다 원한이나 고통이 매우 깊다.

뼈와 살로 만들다 경험, 사상, 이론 따위를 자기의 확고한 신념으로 만들다.

뼈와 살이 되다 정신적으로 도움이 되다.

뼛골(을) 빼다 원기가 탈진하여 힘이 모두 없어지게 하다.

뼛골(이) 빠지다 육체적으로 매우 힘든 일을 하여 나가다.

뼛골(이) 아프다 너무나 고통스러워 뼛속까지 아프다.

뼛골에 사무치다 = 골수에 사무치다 원한이나 고통 따위가 깊고 강하다.

뿌리(가) 깊다 어떤 일이나 사물의 연유하는 바가 오래다.

뿌리(가) 빠지다 근원까지 없어져 아무것도 남는 것이 없게 되다.

뿌리(를) 뽑다 어떤 것이 생겨나고 자랄 수 있는 근원을 없애 버리다.

ㅅ

사람(을) 버리다 좋지 못한 사람으로 되게 하거나 사람을 못쓰게 만들다.

사람(을) 잡다
① 사람을 죽이다.
② 사람을 극심한 곤경에 몰아넣다.
③ 사람의 마음을 황홀하게 하거나 녹여 주다.

사이(가) 뜨다 사람 사이의 관계가 친밀하지 않거나 벌어지다.

사정(을) 두다 남의 형편을 헤아려 생각하다.

사족(을) 못 쓰다 = 사지를 못 쓰다 무슨 일에 반하거나 혹하여 꼼짝 못하다.

산통(을) 깨다 다 잘되어 가던 일을 이루지 못하게 뒤틀다.

살살 기다 두려워 행동을 자유로이 하지 못하다.

살손(을) 붙이다 정성을 다하여 힘껏 하다.

살얼음을 밟다 위태위태하여 마음이 몹시 불안하다.

살얼음을 밟듯이 겁이 나서 매우 조심스럽게

살을 깎고 뼈를 갈다 몸이 야윌 만큼 몹시 고생하며 애쓰다.

살을 떨다 몹시 무섭거나 격분하여 온몸을 떨다.

살을 먹이다 화살을 활시위에 대고 활을 당기다.

살을 박다 남을 공박하며 독살스럽게 말하다.

속(이) 시원하다 좋은 일이 생기거나 나쁜 일이 없어져서 마음이 상쾌하다.

속(이) 타다 걱정이 되어 마음이 달다.

속(이) 트이다 마음이 넓고 언행이 대범하다.

속(이) 풀리다
① 화를 냈거나 토라졌던 감정이 누그러지다. ≒ 속이 내려가다.
② 거북하던 배 속이 가라앉다.

숨(을) 끊다 목숨(을) 끊다.

숨(을) 넘기다 숨을 더 이상 쉬지 못하고 죽다.

숨(을) 돌리다 가쁜 숨을 가라앉히다.

숨(을) 쉬다 살아서 움직이거나 활동하다.

시치미를 떼다 알고도 모르는 척하다.

씨도 먹히지 않다 = 씨알이 먹히지 않다 제기한 방법이나 의견이 받아들여지지 않다.

씨도 없이 아무것도 남기지 아니하고 모조리

씨를 말리다 아무것도 남기지 아니하고 모조리 없애다.

씨를 붙이다 땅에 씨를 심어 싹을 틔우다.

씨알머리(가) 박히다 '씨알이 먹다'를 속되게 이르는 말

씨알머리(가) 없다 실속이 없거나 하찮다.

씨알이 먹다 (말이나 행동이) 조리에 맞고 실속이 있다.

ㅇ

아귀(가) 맞다
① 앞뒤가 빈틈없이 들어맞다.
② 일정한 수량 따위가 들어맞다.

아귀(가) 크다 돈이나 물건을 다루는 씀씀이가 넉넉하다.

아귀(를) 맞추다 일정한 기준에 들어맞게 하다.

앞뒤를 재다[가리다/헤아리다] 어떤 일을 할 때 자신의 이해나 득실을 신중하게 따지고 이것저것 계산하다.

앞 방석을 차지하다 비서의 역할을 하다.

앞서거니 뒤서거니 같은 방향으로 나가면서 서로 앞에 서기도 하고 뒤에 서기도 하는 모양을 이르는 말

앞에 내세우다 다른 것보다 더 두드러지게 드러내 놓거나 중요시하다.

앞을 닦다 자기 할 일을 잘하고 행동을 바르게 하다.

어깨를 짓누르다 의무나 책임 등이 중압감을 주다.

얼굴이 두껍다 뻔뻔하다.

오지랖이 넓다 무슨 일이고 참견하고 간섭하는 사람을 이르는 말

엎치나 뒤치나[덮치나/메치나] 이렇게 하나 저렇게 하나 결과는 마찬가지라는 말

엎친 데 덮치다 = 엎치고 덮치다 어렵거나 나쁜 일이 겹치어 일어나다.

여간(이) 아니다 보통이 아니고 대단하다.

ㅈ

자리(가) 나다 일한 성과가 확연히 나타나다.

자리(가) 잡히다
① 서투르던 것이 익숙해지다.
② 규율이나 질서 따위가 정착되어 제대로 이루어지다.
③ 생활이 제대로 꾸려지며 안정되다.

자리(를) 보다 잠을 자려고 이부자리에 드러눕다.

잔뼈가 굵다 오랜 기간 일정한 곳이나 직장에서 일을 하여 그 일에 익숙하다.

장내를 뒤흔들다 장내에서 일어나는 소리가 매우 크고 요란하여 분위기를 격앙시키다.

장단(을) 맞추다 남의 기분이나 비위를 맞추기 위하여 말이나 행동을 하다.

좀이 쑤시다 무엇이 하고 싶어 안절부절못하다.

종지부(를) 찍다 = 마침표를 찍다 일이나 사건이 끝장이 나다. '끝맺다'로 순화

지휘봉을 잡다 어떤 무리나 조직의 우두머리가 되다.

직성(이) 풀리다 제 성미대로 되어 마음이 흡족하다.

진(을) 빼다 힘이나 정력을 다 써 없애서 기진맥진하게 되다.

진(을) 치다 자리를 차지하다.

ㅊ

차포 오졸
① 꼼짝 못하게 들이덤비는 공세를 비유적으로 이르는 말
② 중심이 되는 세력을 비유적으로 이르는 말

찬물을 끼얹다 잘되어 가고 있는 일에 뛰어들어 분위기를 흐리거나 공연히 트집을 잡아 헤살을 놓다.

찬바람을 일으키다 차갑고 냉담한 태도를 드러내다.

찬바람이 일다 마음이나 분위기가 살벌하여지다.

찬밥 더운밥 가리다 어려운 형편에 있으면서 배부른 행동을 하다.

참견(을) 들다 남의 일이나 말에 간섭하여 나서다.

참새 물 먹듯 음식을 조금씩 여러 번 먹는 모양을 비유적으로 이르는 말

창자(가) 빠지다 (속되게) 하는 짓이 줏대가 없고 온당하지 못하다.

창자가 끊어지다 슬픔이나 분노 따위가 너무 커서 참기 어렵다.

천만의 말[말씀]
남의 칭찬이나 사례에 대하여 사양할 때 당찮음을 이르는 말

천불이 나다 열기가 날 정도로 몹시 눈에 거슬리거나 화가 나다.

철판을 깔다 체면이나 염치를 돌보지 아니하다.

첫걸음마를 떼다 어떤 일이나 사업을 처음 시작함을 이르는 말

첫걸음마를 타다
① 어린아이가 처음으로 걸음걸이를 익히다. ≒ 걸음마를 타다.
② 어떤 일이나 사업에서 이제 겨우 익히기 시작함을 이르는 말

첫 단추를 끼우다 새로운 과정을 출발하거나 일을 시작하다.

첫 단추를 잘못 끼우다 시작을 잘못하다.

첫발을 떼다 어떤 일이나 사업의 시작에 들어서다.

첫 삽을 들다[뜨다] 건설 사업이나 그 밖에 어떤 일을 처음으로 시작하다.

ㅋ

칼(을) 맞다 칼로 침을 당하다.

칼(을) 먹이다 화투짝을 절반쯤 나누어서 양쪽의 짝이 서로 사이사이에 끼이도록 고루 섞다.

칼(을) 씌우다 죄인이 칼의 구멍에 목을 넣게 하다.

칼(을) 품다 살의를 품다.

칼을 빼 들다 결함, 문제 따위를 해결하려고 하다.

칼자루(를) 잡다[쥐다] = 도낏자루를 쥐다 어떤 일에 실제적인 권한을 가지다.

칼자루를 휘두르다 권력을 사용하다.

칼춤을 추다 칼을 가지고 능숙하게 휘두르다.

큰일(을) 치다
① 큰일을 저지르다.
　예 술김에 큰일을 치고 달아났다.
② 큰일을 해내다.

큰집 드나들듯 어떤 곳에 익숙하게 자주 드나드는 모양을 비유적으로 이르는 말

큰춤(을) 보다 자신을 위하여 큰춤의 의식이 베풀어지는 영광을 누리다.

키(를) 다투다 키가 빠른 속도로 커지다.

키(를) 잡다 일이나 가야 할 곳의 방향을 잡다.

키를 쓰다 아이가 밤에 잠을 자다가 오줌을 싸서 이튿날 아침에 소금을 얻으러 다니는 벌을 받기 위하여 키를 뒤집어쓰다.

ㅌ

태깔(이) 나다 맵시 있는 태도가 보이다.

퇴박(을) 놓다 마음에 들지 아니하여 물리치거나 거절하다.

퇴짜(를) 놓다 물건이나 의견 따위를 받아들이지 아니하고 물리치다.

퇴짜(를) 맞다 바치는 물건이나 제기하는 의견 따위가 거절을 당하다.

ㅍ

파김치(가) 되다 몹시 지쳐서 기운이 아주 느른하게 되다.

파리(를) 날리다 영업이나 사업 따위가 잘 안되어 한가하다.

파리 목숨 남에게 손쉽게 죽음을 당할 만큼 보잘것없는 목숨

파리 잡듯 힘들이지 아니하고 죽여 없애는 모양을 비유적으로 이르는 말

파리 족통만 하다 파리 발만 하다는 뜻으로, 매우 희미하고 작음을 비유적으로 이르는 말

파방(을) 치다 살던 살림을 그만 집어치우다.

파밭 밟듯 조심스럽게 발을 옮김을 비유적으로 이르는 말

판돈(을) 떼다 노름판을 벌이고 돈을 딴 사람에게서 얼마씩 떼어 가지다.

판에 박은 듯하다 사물의 모양이 같거나 똑같은 일이 되풀이되다.

판에 박은 말 새로운 정보가 없고 한결같은 말

판에 박히다 말과 행동을 정해진 격식대로 반복하여 진부하다.

판을 거듭하다 이미 출판한 책을 같은 판을 써서 다시 찍어 내다.

판장이 되다 늙고 병들어 거의 죽게 되다.

팔뚝을 뽐내다 팔뚝을 드러내어 힘을 자랑하다.

팔소매를 걷다 = 팔을 걷어붙이다 어떤 일에 뛰어들어 적극적으로 일할 태세를 갖추다.

팔소매를 걷어붙이다 싸울 태세를 갖추다.

팔자(가) 늘어지다 근심이나 걱정 따위가 없고 사는 것이 편안하다.

팔자(를) 고치다
① 여자가 재혼하다.
② 가난하던 사람이 잘살게 되다.
③ 신분이 낮은 사람이 지위를 얻어 딴사람처럼 되다.

팔자에 없다 분수에 넘쳐 어울리지 아니하다.

팔짱(을) 끼고 보다 앞에서 벌어지고 있는 일을 나서서 해결하려 하지 아니하고 보고만 있다.

피를 마시다 예전에 중국에서 맹세할 때에 희생의 피를 마셨다는 데에서, 서로 굳게 맹세함을 이르는 말

피를 말리다 몹시 괴롭히거나 애가 타게 만들다.

피를 받다 혈통을 이어 받다.

피를 보다 싸움으로 피를 흘리는 사태가 벌어져 사상자를 내다.

피를 부르다 사람들을 다치게 하거나 죽게 하다.

피를 빨다 재산이나 노동력 따위를 착취하다.

필름이 끊기다 (속되게) 정신이나 기억을 잃다.

핏대(가) 서다[나다/돋다/오르다] (사람이) 얼굴이 붉어지도록 몹시 화가 나거나 흥분되다.

핏대(를) 세우다[내다/돋우다/올리다] 목의 핏대에 피가 몰려 얼굴이 붉어지도록 화를 내거나 흥분하다.

핏줄(이) 당기다 (사람이) 혈육의 정을 느끼다.

ㅎ

하늘이 노랗다 지나친 과로나 상심으로 기력이 몹시 쇠하다.

하늘이 노래지다 갑자기 기력이 다하거나 큰 충격을 받아 정신이 아찔하게 되다.

하늘이 두 쪽(이) 나도 아무리 큰 어려움이 있더라도

하늘이 새다 비가 오다.

하늘이 캄캄하다 큰 충격을 받아 정신이 아찔하다.

하늘처럼 믿다 무엇에 크게 기대를 걸어 전적으로 의지하다.

하띠 맞다 연전띠내기에서 활을 쏘아 가장 적게 맞히다.

한술 더 뜨다 이미 어느 정도 잘못되어 있는 일에 대하여 한 단계 더 나아가 엉뚱한 짓을 하다.

한숨(을) 돌리다 힘겨운 고비를 넘기고 좀 여유를 갖다.

한숨(을) 들이다 어떤 일을 하다가 잠깐 쉬다.

한숨(이) 놓이다[트이다/펴이다] 마음을 졸이거나 힘겨운 고비로부터 벗어나 좀 마음을 놓게 되다.

한시(가) 새롭다 시간이 긴요하여 그 시간이 지나가는 것이 아쉽다.

한시가 급하다 매우 급하다.

한시가 바쁘다 시각을 다툴 만큼 바쁘다.

한 우물(을) 파다 한 가지 일에 몰두하여 끝까지 하다.

허파에 바람 들다
① (사람이) 실없이 행동하거나 지나치게 웃어 대다.
② (사람이) 마음이 들뜨다.

2. 신체 부위 관련 관용구

(1) 눈

눈 깜짝할 사이 매우 짧은 순간
눈꼴사납다 보기에 아니꼬워 비위에 거슬리게 밉다.
눈썹도 까딱하지 않다 (사람이) 놀라기는커녕 아주 태연하다.
눈에 나다 마음에 들지 않다.
눈에 띄다 두드러지게 드러나다.
눈에 선하다 잊히지 않고 눈앞에 보이듯 기억에 생생하다.
눈에 없다 관심도 없다.
눈에 이슬이 맺히다 눈물이 흐르다.
눈에 흙이 들어가다 (사람이) 죽어 땅에 묻히다.
눈을 끌다 관심이 생기게 하다.
눈을 똑바로 뜨다 정신을 차리고 주의를 기울이다.
눈을 맞추다 서로 눈을 마주 보다.
눈을 밝히다 무엇을 찾으려고 집중하다.
눈을 붙이다 잠을 자다.

눈을 속이다 잠시 수단을 써서 보는 사람이 속아 넘어가게 하다.
눈을 씻고 보다 정신을 바짝 차리고 집중해서 보다.
눈을 피하다 남이 보는 것을 피하다.
눈이 높다 사물을 보는 관점이 높다.
눈이 돌아가다 놀라거나 격분하여 사리분별을 못하다.
눈이 뒤집히다 충격적인 일을 당하거나 어떤 일에 집착하여 이성을 잃다.
눈이 많다 보는 사람이 많다.
눈이 맞다 서로 마음이 통하다.
눈이 벌겋다 자신의 이익을 찾는 데에만 몹시 열중하다.
눈이 삐다 뻔한 것인데도 잘못 보고 있을 때 비난하여 사용하는 말
눈이 시다 하는 것이 보기에 아니꼽다.

(2) 코

코가 납작해지다 몹시 무안을 당하거나 기가 죽어 위신이 뚝 떨어지다.
코가 높다 잘난 체하고 뽐내는 기세가 있다.
코가 땅에 닿다 머리를 깊이 숙이다.
코가 빠지다 근심에 싸여 기가 죽고 활기가 없다.
코가 솟다 남에게 자랑할 일이 있어 우쭐하다.

코를 맞대다 서로 가까이 하다.
코를 싸쥐다 냄새가 심하다.
코 묻은 돈 어린아이가 가진 적은 돈
코에 걸다 자랑삼아 내세우다.
콧대를 꺾다 상대방이 세우는 자존심 또는 기를 꺾다.

(3) 입

입만 아프다 여러 번 말해도 듣지 않아 말한 보람이 없다.
입맛이 돌아서다 없던 입맛이 생기거나 있던 입맛이 싹 사라지다.
입맛이 쓰다 일이 뜻대로 되지 않아 기분이 언짢다.
입 안의 혀 같다 누군가에게 지나치게 순종적으로 행동하다.
입에 거미줄 치다 가난하여 먹지 못하고 오랫동안 굶다.
입에 대다 음식을 먹거나 마시다.
입에서 신물이 난다 매우 지긋지긋함을 비유적으로 이르는 말

입에 침이 마르다 다른 사람이나 물건에 대하여 거듭해서 아주 좋게 말하다.
입에 풀칠하다 근근이 살아가다.
입을 다물다 말을 하지 않거나 하던 말을 멈추다.
입을 딱 벌리다 하도 기가 막혀 어이가 없다.
입을 막다 남이 하려는 말을 못하게 하다.
입을 맞추다 서로의 말이 일치하게 하다.

입을 모으다 여러 사람이 같은 의견을 말하다.
입을 씻다 이익 따위를 혼자 차지하거나 가로채고서 모르는 척 하다.
입을 틀어막다 시끄러운 소리나 자기에게 불리한 말을 하지 못하게 하다.

입이 도끼날 같다 바른말을 매우 날카롭게 거침없이 하다.
입이 마르다 다른 사람이나 물건에 대하여 거듭해서 말하다. = 침이 마르다.
입이 무겁다 말이 적거나 아는 일을 함부로 옮기지 않다.

(4) 귀

귀가 따갑다 소리가 날카롭고 커서 듣기에 괴롭다. 너무 여러 번 들어서 듣기가 싫다.
귀가 뚫리다 말을 알아듣게 되다.
귀가 번쩍 뜨이다 들리는 소리에 선뜻 마음이 끌리다.
귀가 아프다 귀가 따갑다.
귀가 얇다 남의 말을 쉽게 받아들이다.
귀가 절벽이다 귀가 아주 들리지 않다. 세상 소식에 어둡다.
귀를 기울이다 남의 이야기나 의견에 관심을 가지고 주의를 모으다.

귀를 세우다 듣기 위해 신경을 곤두세우다.
귀를 씻다 세상의 명리를 떠나 깨끗하게 사는 삶을 비유하는 말
귀를 의심하다 믿기 어려운 이야기를 들어 잘못 들은 것이 아닌가 생각하다.
귀를 주다 남의 말을 엿듣다.
귀에 못이 박히다 같은 말을 여러 번 듣다.

(5) 머리

머리가 무겁다 기분이 좋지 않거나 골이 띵하다.
머리가 수그러지다 존경하는 마음이 일어나다.
머리가 잘 돌아가다 임기응변으로 생각이 잘 떠오르거나 미치다.
머리가 젖다 어떤 사상이나 인습에 물들다.
머리가 크다 성인이 되다.
머리를 굴리다 머리를 써서 생각하다.
머리를 깎다 중이 되다.
머리를 맞대다 어떤 일을 의논하거나 결정하기 위하여 서로 마주 대하다.

머리를 싸매다 있는 힘을 다하여 노력하다.
머리를 쓰다 어떤 일에 대하여 이모저모 깊게 생각하거나 아이디어를 찾아내다.
머리를 쥐어짜다 몹시 애를 써서 궁리하다.
머리를 짜다 몹시 애를 써서 궁리하다.
머리를 흔들다 강한 거부의 의사를 표현하거나 진저리를 치다.
머리에 서리가 앉다 머리가 희끗희끗하게 세다. 늙다.
머리에 피도 안 마르다 아직 어른이 되려면 멀었다. 나이가 어리다.

(6) 손

손에 걸리다 어떤 사람의 손아귀에 잡혀들다. 너무 흔하여 어디에나 있다. 일할 마음이 나고 능률이 오르다.
손에 땀을 쥐다 매우 긴장이 된 상태
손에 잡힐 듯하다 눈앞에 보이는 것이 잡힐 듯하다.
손을 놓다 하던 일을 그만두거나 잠시 멈추다.
손을 뻗치다 활동 범위를 넓히다.
손을 잡다 서로 뜻을 같이하여 긴밀하게 협력하다.

손이 나다 한숨 돌릴 틈이 나다.
손이 놀다 일 없이 있다.
손이 닿다 능력이 미치다. 어떤 영역에 다다르다. 연결이 되거나 관계가 맺어지다.
손이 뜨다 일하는 동작이 매우 굼뜨다.
손이 크다 씀씀이가 크다. 인심이 후하다.

(7) 발

발 디딜 틈도 없다 어떤 장소가 발을 디딜 수 없을 만큼 사람으로 꽉 찬 상태에 있다.
발 벗고 나서다 남들보다 먼저 하다.

발에 채다 여기저기 흔하게 널려 있다.
발을 구르다 매우 안타까워하거나 다급해하다.
발을 끊다 오가지 않거나 관계를 끊다.

발을 디디다 단체에 들어가거나 일의 계통에 참여하다.
발을 빼다 어떤 일에서 관계를 완전히 끊고 물러나다.
발을 뻗다(펴다) 걱정되거나 애쓰던 일이 끝나 마음을 놓다.
발이 길다 음식 먹는 자리에 우연히 가게 되어 먹을 복이 있다.
발이 넓다 사귀어 아는 사람이 많아 활동하는 범위가 넓다.
발이 닳다 매우 분주하게 많이 다니다.
발이 떨어지지 않다 애착, 미련, 근심, 걱정 따위로 마음이 놓이지 아니하여 선뜻 떠날 수가 없다.

발이 뜸하다 자주 다니던 것이 한동안 왕래가 없다.
발이 맞다 여러 사람의 말이나 행동이 같은 방향으로 일치하다.
발이 묶이다 몸을 움직일 수 없거나 활동할 수 없는 형편이 되다.
발이 손이 되도록 빌다 손만으로는 부족하여 발까지 동원할 정도로 간절히 빌다.
발이 짧다 먹는 자리에 남들이 다 먹은 뒤에 나타나다.

(8) 가슴

가슴에 새기다 잊지 않게 단단히 마음에 기억하다.
가슴에 손을 얹다 양심에 근거를 두다.
가슴에 칼을 품다 상대편에게 모진 마음을 먹거나 흉악한 생각을 하다.
가슴을 도려내다 마음을 아프게 하다.
가슴을 불태우다 어떤 의욕이나 기세가 몹시 끓어오른 상태에서 활동하다.
가슴을 열다 속마음을 털어놓거나 받아들이다.
가슴을 저미다 생각이나 느낌이 매우 심각하고 간절하여 가슴을 칼로 베는 듯한 아픔을 느끼게 하다.

가슴을 찢다 슬픔이나 분함 때문에 가슴이 째지는 듯한 고통을 주다.
가슴을 치다 마음에 큰 충격을 받다.
가슴을 태우다 몹시 애태우다.
가슴을 펴다 굽힐 것 없이 당당하다.
가슴을 헤쳐 놓다 마음을 아프게 하다.
가슴이 미어지다 큰 기쁨이나 감격으로 마음속이 꽉 차다.
가슴이 뿌듯하다 흐뭇하다. 감동적이다.
가슴이 찔리다 뜨끔하다.

(9) 간

간에 기별도 안 가다 먹은 것이 너무 적어 먹으나 마나 하다.
간을 녹이다 아양 따위로 상대방을 매혹하다.
간을 빼먹다 겉으로는 비위를 맞추며 좋게 대하는 척하면서 요긴한 것을 다 빼앗다.
간이 뒤집히다 까닭 없이 웃음을 나무라는 말

간이 붓다 겁이 없다.
간이 서늘하다 매우 놀라다.
간이 작다 대담하지 못하고 몹시 겁이 많다.
간이 콩알만 해지다 몹시 두려워지거나 무서워지다.
간이 크다 대담하다. 겁이 없다.

3. 유래담이 있는 관용어

ㄱ

경을 치다
옛날에는 경(更)에는 북을 치고 점(點)에는 꽹과리를 쳐서 시간을 알렸다. 하룻밤을 초경, 이경, 삼경, 사경, 오경의 다섯으로 나누었는데, 삼경은 지금의 밤 12시 전후이다. 이때에는 북을 28번 치는데 이것을 인정(人定)이라 하며, 인정이 되면 도성의 사대문을 걸어 잠그고 일반인의 통행을 금지시켰다. 인정 이후에 돌아다니다 순라군에게 잡히면 순포막으로 끌려가서 여러 가지 심문을 받은 후 죄가 없으면 오경 파루를 친 뒤에 풀려났다. 여기에서 '경을 치다'라는 말이 생기게 되었다.

골탕을 먹다
'골탕'이란 원래 맛있는 고기 국물을 뜻하는 말이었다. 그러던 것이 '곯다'라는 말이 '골탕'과 음운이 비슷함에 따라 골탕이라는 말에 '곯다'라는 의미가 살아나고, 또 '먹다'라는 말에 '입다', '당하다'의 의미가 살아나서 '골탕 먹다'가 '큰 손해를 입게 되어 곤란을 겪다'라는 뜻으로 널리 쓰이게 되었다.

김칫국 마시다
떡과 김칫국은 예로부터 찰떡궁합으로 여겨진 탓에 우리 옛 조상들은 떡을 먹을 때 언제나 김칫국과 함께 먹었다고 한다. 떡 줄 사람은 생각도 하지 않고 있는데 벌써 떡을 얻어먹은 것처럼 김칫국을 먼저 마시고 있으니, 떡 줄 사람 입장에서는 난감한 것이다. 즉, 어떤 일이나 상황의 진척이 앞으로 어떻게 될지 모르는 상황이니, 잠깐의 지레 짐작으로 그렇게 될 것으로 믿고 바로 행동으로 옮기지 말라는 뜻이다.

ㅁ

말짱 도루묵
임진왜란 당시 선조가 피난하던 도중 한 생선을 맛보았는데, 맛이 너무 좋아 이 물고기에 반했다고 한다. 그때 이 이름을 묻자, '묵'이라 대답하였다고 한다. 선조는 맛에 비해 이름이 보잘것없다고 하여, 은어라는 이름을 붙여 주었다. 임진왜란 후, 선조는 은어의 맛이 그리워 은어를 대령하라 명했다. 하지만 그때만큼 맛이 없어, 선조는 "도로 묵이라고 하여라."라고 했다. 그 이후로 은어는 '도로묵'으로 불리게 되다가, '도루묵'이라 불리게 되었다고 한다. 그때부터 일이 잘 풀리지 않을 때, '말짱 도루묵'이라는 말을 사용했다.

물꼬를 트다
논농사를 중시하는 우리나라의 문화적 배경에서 물꼬를 트는 것은 논에 물을 대어 모가 자랄 수 있게 하는 것이므로 논농사의 전체 과정에서 가장 중요한 사건 중에 하나가 된다. '물꼬'는 논에 물이 넘어 들어오거나 나가게 하기 위하여 만든 좁은 통로로, 관용적 의미는 '어떤 일을 시작하는 경우'이다.

ㅂ

바가지를 긁다
옛날에 전염병이 돌 때 귀신을 쫓기 위해서 상 위에 바가지를 놓고서 박박 긁었는데 이 소리가 매우 시끄러워 듣기 싫을 정도였다고 한다. 그래서 남의 잘못을 듣기가 싫을 정도로 귀찮게 잔소리를 하는 것을 가리켜 '바가지를 긁는다'라고 하게 되었고 흔히 아내가 남편에게 경제적 불평 따위를 말하는 것을 가리키는 말이 되었다.

바가지를 쓰다
'바가지를 쓰다' 혹은 '바가지를 씌우다'는 조선말 개화기 이후에 중국에서 '십인계'라는 노름에서 유래되었다고 한다. 이 노름에서 1에서 10까지의 숫자가 적힌 바가지에 돈을 댄 사람은 못 맞힌 사람의 돈을 모두 가지며 손님이 못 맞혔을 때에는 물주가 다 가지게 되는 것이다. 그래서 바가지에 적힌 수를 맞히지 못할 때에는 돈을 잃기 때문에 손해를 보는 것을 '바가지 썼다'라고 말하게 되었고, 남에게 손해를 끼치는 것을 '바가지 씌우다'라고 이야기 하게 된 것이다.

ㅅ

산통을 깨다
옛날에 점을 칠 때 대나무를 한 뼘쯤 되는 길이로 잘라 그 안에 점괘를 적어 두고 이것을 산가지 또는 산대라고 했다. 점을 칠 때 이 산가지를 산통이라고 하는 통에 넣고, 산통을 대여섯 번 흔든 다음 산통을 거꾸로 들어 구멍으로 나온 산가지를 뽑거나, 사람이 하나를 골라냈다. 그 산가지에 있는 점괘를 보고 점을 치는 것을 산통점이라고 했다. 따라서 산통점을 칠 때는 당연히 산가지와 산통이 있어야 하는데, 어쩌다 산가지를 넣는 산통을 깨 버린다면 점을 칠 수 없는 것이다. 바로 여기서 온 말이 '산통을 깨다'이며, 어떤 일을 이루지 못하게 뒤틀어 버린다는 뜻이다.

서슬이 시퍼렇다
'서슬'은 '쇠붙이로 만든 연장이나 유리 조각 따위의 날카로운 부분'을 뜻한다. 쉽게 보면 날카로운 칼날이다. 바로 이런 뜻에서 한 발 더 나가, '강하고 날카로운 기세'라는 뜻으로도 쓰인다.

싹이 노랗다
모를 심어 처음 올라오는 이삭 대 중에는 아예 싹의 모가지조차 내지 못하는 것이 있고, 대를 올려도 끝이 노랗게 되어 종내 결실을 맺지 못하는 것도 있다. 이런 것은 농부의 손길에 솎아져서 뽑히고 만다. 이삭 대의 이삭 패는 자리가 싹수(穗)다. 즉, '싹수가 노랗다' 혹은 '싹이 노랗다'는 '희망이 처음부터 보이지 않는다'는 관용적 의미를 지닌다.

ㅌ

퇴짜를 맞다
'퇴짜'는 역사적으로 볼 때, 상납한 포목의 품질이 낮은 경우에 물리치는 뜻으로 그 귀퉁이에 '退(퇴)' 자를 찍던 일 또는 그 글자를 말한다. 여기에서 생성되어 '바치는 물건이나 제기하는 의견 따위가 거절을 당하다'라는 관용적 의미를 지닌다.

ㅎ

학(질)을 떼다
괴롭거나 귀찮은 일에서 간신히 벗어났을 때 '학을 뗐다'라고 한다. '학을 떼다'는 '학질을 떼다'에서 '질'을 뗀 말이다. 그만큼 학질이 귀찮고 괴롭고 잘 떨어지지 않는 병이라는 얘기가 된다. 학질, 즉 말라리아는 일정한 시간적 간격을 두고 오한과 고열을 일으키는 병으로 '고금'이라고도 한다.

04 한자성어/속담/관용어

이론점검 문제

공부한 날 월 일

01
다음 중 밑줄 친 한자성어의 쓰임이 옳지 않은 것은?

① 어떠한 일이든 견마지로(犬馬之勞)를 다 하겠습니다.
② 이런 상황일수록 유비무환(有備無患)의 정신이 필요하다.
③ 우리 조직의 발전을 위해 읍참마속(泣斬馬謖)의 마음으로 감싸 주세요.
④ 그는 이번에 오래 사귄 벗을 잃는 백아절현(伯牙絕絃)의 슬픔을 겪었다.
⑤ 빈곤한 이들을 위해 십시일반(十匙一飯)의 마음으로 모은 성금이 꽤 되었다.

02
다음 중 밑줄 친 관용 표현의 뜻풀이가 바르지 않은 것은?

① 그는 형에게만은 간담을 헤치고 이야기했다. - 속마음을 숨김없이 다 말하다.
② 대략 5만 원이라고 금을 치고 반응을 기다렸다. - 물건값을 어림잡아 부르다.
③ 그는 남의 말결을 채서 따지기를 좋아한다. - 남이 말하는 옆에서 덩달아 말하다.
④ 인부들은 갈비가 휘도록 짐을 져 나르고 있다. - 갈비뼈가 휠 정도로 책임이나 짐이 무겁다.
⑤ 돌아가면서 고추 먹은 소리 하는 것이 영 불만인 모양이다. - 못마땅하게 여겨 씁쓸해 하는 말을 하다.

문제풀이

01
'읍참마속(泣斬馬謖)'은 '큰 목적을 위하여 자기가 아끼는 사람을 버림'을 뜻하므로 감싸 주라는 내용과 어울리지 않는다.
① 견마지로(犬馬之勞): 개나 말 정도의 하찮은 힘이라는 뜻으로, 윗사람에게 충성을 다하는 자신의 노력을 낮추어 이르는 말
② 유비무환(有備無患): 미리 준비가 되어 있으면 걱정할 것이 없다는 말
④ 백아절현(伯牙絕絃): 자기를 알아주는 참다운 벗의 죽음을 슬퍼한다는 말
⑤ 십시일반(十匙一飯): 밥 열 술이 한 그릇이 된다는 뜻으로, 여러 사람이 조금씩 힘을 합하면 한 사람을 돕기 쉬움을 이르는 말

정답 | ③

02
'말결(을) 채다'는 '남이 말하는 가운데서 어떤 말을 꼬투리로 삼아 말하다'라는 의미이다.

정답 | ③

실전 감각을 기를 차례! **[기출변형 문제편]** 바로가기 ☞ P.20

05 다양한 어휘

기출유형 1 — 순화어

유형 익히기
순화어에 대한 이해를 하고 있는지 평가하는 문항이다. 순화어의 범주에는 일본식 표현의 순화, 영어식 표현의 순화, 한자 표현의 순화, 속어 표현의 순화 등 다양한 영역이 있으며, 비중은 적은 편에 속한다. 순화어는 현재 진행형으로 계속 만들어져 나오고 있어 시험을 앞둔 시점에서 새롭게 순화된 어휘를 확인하는 과정이 필수적이라고 할 수 있다.

문제풀이
'희귀목'은 '귀한 나무'로 순화하여야 한다.
정답 | ①

다음 중 밑줄 친 외래어를 바르게 순화하지 못한 것은?

① 희귀목이 멸종 위기라는 뉴스를 보았어. → 희귀 나무
② 그 음식점은 발레파킹이 무료라서 가기가 편한 것 같아. → 대리주차
③ 우리 어머니는 작년부터 호스피스로 병원에서 근무하고 계셔. → 임종 봉사자
④ 바쁜 일들이 많을 때에도 웹서핑으로 몇 시간씩 보낼 때가 많다. → 누리검색
⑤ 이번 축구 경기에서 그 선수는 굉장한 할리우드 액션을 보였다. → 눈속임짓

기출유형 2 — 단위어

유형 익히기
고유어 중 단위어의 의미를 파악하고 있는지 평가하는 문항이다. 단위어의 폭이 그리 넓지는 않으나, 각 단위어의 품목에 따라 자주 결합되는 단위어들이 정해져 있는 것에 유념해야 한다. 또한 하나의 단위어가 어떤 품목과 함께 쓰이냐에 따라 개수나 양이 달라지는 경우도 있으므로 유의해야 한다.

문제풀이
한 '축'은 오징어 스무 마리를 뜻한다.
① 갓: 굴비, 고비, 고사리 따위를 묶어 세는 단위. 한 갓은 굴비 열 마리를 뜻한다.
② 손: 한 손에 잡을 만한 분량을 세는 단위. 조기, 고등어, 배추 따위의 한 손은 큰 것 하나와 작은 것 하나를 합한 것. 즉 2마리를 이르고, 미나리나 파 따위의 한 손은 한 줌 분량을 의미한다.
④ 뭇: 미역을 묶어 세는 단위로, 한 뭇은 미역 열 장을 이른다.
⑤ 접: 채소나 과일 따위를 묶어 세는 단위. 한 접은 채소나 과일 백 개를 이른다.
정답 | ③

다음 중 밑줄 친 단위어의 풀이가 잘못된 것은?

① 나는 명절을 맞아 굴비 한 갓을 샀다. → 열 마리
② 된장찌개에는 고추를 한 손 썰어 넣어야 한다. → 한 줌
③ 거실에 앉아 드라마를 보면서 금세 오징어 한 축을 없앴다. → 열 마리
④ 몇 뭇 안 남은 미역은 겨울에 출산할 딸을 위해 고이 남겨 두었다. → 열 장
⑤ 보통 한 나무에서 스무 접을 따는데, 올해는 서른 접 정도는 따겠다. → 백 개

기출유형 3 — 호칭어 / 지칭어

유형 익히기

나, 혹은 타인의 친족 관계에서 호칭어와 지칭어를 정확하게 사용하고 있는가를 평가하는 유형이다. 같은 대상의 경우에도 살아 계신 경우와 돌아가신 경우 다른 호칭을 사용하는 점에 특히 유의해야 한다. 일상생활에서 자주 사용하지 않는 단어들도 있으므로 국립국어원에서 제시하는 '표준 언어 예절'에 근거하여 적절한 호칭을 파악해 두도록 한다. 호칭어와 지칭어도 시대의 흐름에 따라 변화하고 있으므로 '표준 언어 예절'의 개정 사항 등을 알아 두는 것이 필수이다.

문제풀이

'선친(先親)'은 남에게 돌아가신 자기 아버지를 이르는 말이다. 남의 돌아가신 아버지를 높여 이르는 말은 '선대인(先大人), 선고장(先考丈)'이다.

정답 | ③

다음 중 호칭어에 대한 설명으로 잘못된 것은?

① 자당(慈堂): 남의 어머니를 일컫는 말이다.
② 춘부장(椿府丈): 남의 아버지를 가리키는 말이다.
③ 선친(先親): 남의 돌아가신 아버지를 일컫는 말이다.
④ 가친(家親): 남에게 자기 아버지를 가리키는 말이다.
⑤ 자친(慈親): 남에게 자기 어머니를 가리키는 말이다.

05 다양한 어휘

시험에 나온! 나올! 필수이론

1 복합어

복합어는 둘 이상의 어근(語根, 단어를 형성할 때 실질적인 의미를 나타내는 중심 부분)이 결합되거나 어근과 접사(接辭, 어근에 붙어 그 뜻을 제한하는 주변 부분이며, 어근의 앞에 오는 접사를 접두사, 어근의 뒤에 오는 접사를 접미사라고 함)가 결합되어 이루어진 단어를 말한다. 크게 파생어와 합성어로 나눌 수 있다. 국어능력인증시험에서는 파생어에 대한 문제들이 주를 이루므로, 파생어를 형성하는 접두사와 접미사의 적절한 의미와 활용 예시를 확인해 둘 필요가 있다.

1. 파생어

(1) 개념

어근의 앞이나 뒤에 파생 접사(어근의 앞에 붙는 파생 접사는 접두사, 어근의 뒤에 붙는 파생 접사는 접미사)가 붙어서 만들어진 단어를 파생어라고 한다.

(2) 구분

① **접두사에 의해서 파생된 단어**: 특정한 뜻을 더하거나 강조하면서, 즉 뜻을 한정하는 의미적 기능(한정적 접사)을 하면서 새로운 말을 만들어 낸다. 접두사는 접미사에 비해서 그 숫자가 상대적으로 적고, 명사, 동사, 형용사에만 존재한다.

예 군소리, 날고기, 맨손, 돌배, 한겨울(접두사+명사) → 관형사성 접두사
　　짓누르다, 엿보다, 치솟다(접두사+동사) ┐
　　새까맣다, 얄밉다, 드높다(접두사+형용사) ┘ → 부사성 접두사

㉠ 접두사 중에는 명사나 용언에 다 붙을 수 있는 통용 접두사도 있다.
예 덧신/덧신다, 뒤범벅/뒤섞다, 올벼/올되다, 헛수고/헛되다, 애호박/앳되다

㉡ 접두사는 일반적으로 본래의 품사를 바꾸지 못하는 어휘적 접사(한정적 접사)로 알려져 왔다. 그런데, 극소수이기는 하지만 접두사 중에는 품사를 바꾸는 통사적 접사(지배적 접사)도 존재한다.
예 메마르다, 강마르다 → 동사인 '마르다'를 형용사로 바꾸어 주고 있다.
　　숫되다, 엇되다 → 동사인 '되다'를 형용사로 바꾸어 주고 있다.

㉢ 접두사는 나름대로의 일정한 형태를 가지고 있으나 때로는 그 형태를 바꾸기도 한다.
예 '올-' → '올벼/오조'　　'애-' → '앳되다/애호박'　　'멥-' → '멥쌀/메벼'

② **접미사에 의해서 파생된 말**: 뜻을 더하는 의미적 기능뿐만 아니라 어근의 품사를 바꾸는 문법적 기능도 하면서 새로운 말을 만들어 낸다. 접미사는 접두사에 비해 숫자도 많고 분포도 다양하다. 접미사가 붙어서 파생어가 되는 품사 유형은 명사, 대명사, 수사, 동사, 형용사, 부사, 조사 등 매우 다양하다.

(3) 접두사

① 명사에 결합하는 접두사

접두사	의미	예
강-	① 다른 것이 섞이지 않은 ② 마른, 물기가 없는 ③ 억지스러운 ④ 호된, 심한	강굴, 강술, 강참숯, 강풀, 강밥 강기침, 강모, 강서리 강울음, 강호령 강더위, 강추위
개-	① 야생 상태의, 질이 떨어지는 ② 쓸데없는	개살구, 개떡 개수작, 개죽음
군-	① 쓸데없는 ② 가외로 더한, 덧붙은	군소리, 군일, 군살 군식구
날-	① 말리거나 익히거나 가공하지 않은 ② 지독한	날것, 날고기, 날김치 날건달, 날강도
대-	큰, 위대한, 훌륭한, 범위가 넓은	대기록, 대성공, 대보름
덧-	거듭된, 겹쳐 신거나 입는	덧니, 덧신, 덧저고리
돌-	야생으로 자라는, 품질이 떨어지는	돌미나리, 돌배, 돌김
들-	야생으로 자라는	들깨, 들국화, 들장미
기출 막-	마지막	막판, 막장, 막춤, 막달, 막배
맏-	① 맏이 ② 그 해에 처음 나온	맏아들, 맏며느리, 맏손자 맏배, 맏나물
맨-	다른 것이 없는	맨몸, 맨발, 맨주먹
메-	찰기가 없이 메진	메조, 메쌀
민-	① 꾸미거나 딸린 것이 없는 ② 그것이 없음	민얼굴, 민저고리 민소매, 민무늬
선-	서툰, 충분치 않은	선무당, 선웃음, 선잠
숫-	① 더럽혀지지 않아 깨끗한 ② 새끼를 배지 않는	숫처녀, 숫총각 숫양, 숫쥐
시(媤)-	남편의	시부모, 시동생, 시삼촌
알-	① 겉에 싼 것을 모두 제거한 ② 작은 ③ 진짜, 알짜	알몸, 알밤, 알토란 알바가지, 알항아리 알거지, 알부자
애-	① 맨 처음 ② 어린	애당초 애호박, 애벌레
양(洋)-	서구식의, 외국에서 들어온	양담배, 양송이
올- 오-	생육 일수가 짧아 빨리 여무는 '올-'의 준말	올벼, 올밤 오조
찰-	① 끈기가 있고 차진 ② 매우 심한 ③ 충실한 ④ 품질이 좋은	찰옥수수, 찰흙 찰거머리, 찰깍쟁이 찰개화 찰가자미, 찰복숭아
참-	진짜, 진실하고 올바른	참벗, 참사람, 참숯
큰-	맏이의	큰고모, 큰이모, 큰형, 큰동생
풋-	① 처음 나온, 덜 익은 ② 미숙한, 깊지 않은	풋감, 풋고추, 풋김치 풋사랑, 풋잠

접두사	의미	예
한-	① 큰 ② 정확한, 한창인 ③ 같은	한길, 한걱정, 한시름 한가운데, 한겨울, 한낮, 한잠 한패, 한마을, 한집안
핫-	① 짝을 갖춘 ② 솜을 둔	핫아비, 핫어미 핫바지, 핫옷, 핫이불
기출 헛-	이유 없는, 보람 없는	헛고생, 헛걸음, 헛수고
홀-	짝이 없이 혼자뿐인	홀몸, 홀아비, 홀어미
홑-	한 겹으로 된, 하나인, 혼자인	홑바지, 홑이불, 홑몸

② 동사 · 형용사에 결합하는 접두사

접두사	의미	예
늦-	때가 늦게	늦되다, 늦들다
덧-	거듭, 겹쳐서	덧나다, 덧대다, 덧붙다
되-	① 도로 ② 도리어, 반대로 ③ 다시	되돌아가다, 되찾다, 되팔다 되잡다 되살리다, 되새기다, 되풀다
뒤-	① 몹시, 마구, 온통 ② 반대로, 뒤집어	뒤끓다, 뒤덮다, 뒤엉키다, 뒤흔들다 뒤바꾸다, 뒤엎다
드-	심하게, 높이	드높다, 드세다
들-	마구, 몹시	들끓다, 들볶다, 들쑤시다
빗-	기울어지게 잘못	빗대다 빗나가다, 빗디디다, 빗맞다
설-	충분하지 못하게	설듣다, 설마르다, 설익다
새-/시- 샛-/싯-	매우 짙고 선명하게	새하얗다, 새빨갛다, 시뻘겋다 샛노랗다, 싯누렇다
앳-	어린	앳되다
엇-	어긋나게, 삐뚜로	엇걸리다, 엇나가다
엿-	남몰래, 가만히	엿듣다, 엿보다
올-	빨리	올되다
짓-	마구, 함부로, 몹시	짓누르다, 짓밟다, 짓씹다, 짓찧다
치-	위로 향하게	치솟다, 치닫다, 치뜨다
기출 헛-	보람 없이, 잘못	헛늙다, 헛돌다, 헛먹다, 헛디디다

(4) 접미사

접미사	의미	예
-꾸러기	그것이 심하거나 많은 사람	잠꾸러기, 심술꾸러기, 욕심꾸러기, 장난꾸러기
-꾼	① 어떤 일을 전문적으로 하는 사람 ② 어떤 일을 습관적으로 하는 사람 ③ 어떤 일 때문에 모인 사람	살림꾼, 소리꾼, 씨름꾼, 심부름꾼 낚시꾼, 난봉꾼, 잔소리꾼 구경꾼, 일꾼, 장꾼
기출 -내기	① 그 지역에서 태어나고 자라 그 지역 특성을 지니고 있는 사람 ② 그런 특성을 지닌 사람(흔히 낮잡아 이를 때)	서울내기, 시골내기, 산골내기 신출내기, 여간내기, 풋내기
-다랗다	정도가 꽤 뚜렷함	굵다랗다, 높다랗다, 기다랗다

기출 －대	일정한 부분의 범위	공감대, 삼림대, 지혈대, 화산대, 주파수대
－둥이	그런 성질이 있거나 그와 긴밀한 관련이 있는 사람	귀염둥이, 바람둥이, 쌍둥이, 막내둥이
－들	복수(複數)	사람들, 그들, 사건들
－뜨리다 －트리다	강조	넘어뜨리다, 깨뜨리다 넘어트리다, 깨트리다
－배기	① 그 나이를 먹은 아이 ② 그것이 들어 있거나 차 있음 ③ 그런 물건	두 살배기, 다섯 살배기 나이배기 공짜배기, 대짜배기, 진짜배기
－뱅이	그것을 특성으로 가진 사람이나 사물	가난뱅이, 게으름뱅이, 안달뱅이, 주정뱅이
－보	① 그것을 특성으로 지닌 사람 ② 그러한 행위를 특성으로 지닌 사람 ③ 그러한 특징을 지닌 사람	꾀보, 잠보, 털보 먹보, 울보, 째보 땅딸보, 뚱뚱보
－새	모양, 상태, 정도	걸음새, 모양새, 생김새, 쓰임새, 짜임새, 차림새
－씨	태도, 모양	말씨, 마음씨, 바람씨
－어치	그 값에 해당하는 분량	한 푼어치, 천 원어치, 얼마어치
－장이	그것과 관련된 기술을 가진 사람	간판장이, 땜장이, 양복장이, 옹기장이, 칠장이
－쟁이	그것이 나타내는 속성을 많이 가진 사람	겁쟁이, 고집쟁이, 떼쟁이, 멋쟁이, 무식쟁이
－적	그 성격을 띠는, 그에 관계된, 그 상태로 된	가급적, 국가적, 기술적, 문화적, 일반적
－질	① 그 도구를 가지고 하는 일 ② 그 신체 부위를 이용한 어떤 행위 ③ 직업이나 직책을 비하함 ④ 그것을 가지고 하는 일, 그것과 관계된 일 ⑤ 그런 소리를 내는 행위	가위질, 걸레질, 망치질 곁눈질, 손가락질 선생질, 목수질 물질, 불질, 풀질 딸꾹질, 뚝딱질, 수군덕질
－화(化)	그렇게 만들거나 됨	기계화, 대중화, 도시화, 자동화, 전문화

▼ 참고 | 관형사와 관형사성 접두사, 부사와 부사성 접두사의 구분

중간에 다른 말을 넣을 수 있으면 각각 관형사와 체언, 부사와 용언인 두 개의 품사이고, 넣을 수 없으면 체언 및 용언에 접두사가 붙은 파생어이다.

예 맨 쓰레기밖에 없다. → '모두, 온통'의 뜻(맨 더러운 쓰레기밖에 없다)
　　맨손 체조 → '다른 것이 섞이지 않은'의 뜻(맨 깨끗한 손 체조)

2. 합성어

(1) 개념

파생 접사 없이 어근과 어근이 합쳐져서 만들어진 단어를 합성어라고 한다.

(2) 구분

① **통사적 합성어**: 통사론적인 시각에서 볼 때 두 어근 또는 단어가 연결된 방식이 문장에서의 구나 어절의 구성 방식과 일치하는 것을 말한다.
② **비통사적 합성어**: 일반적인 우리말의 통사적 구성 방법과 어긋나는 방법으로 형성된 것을 말한다.
　　㉠ 용언과 체언이 연결될 때 소위 관형사형 전성 어미가 생략되는 현상

예 늦잠, 늦더위, 꺾쇠, 갬발, 덮밥, 접칼
(← 통사적 합성어: 작은집, 큰집, 질손)

ⓒ 용언과 용언이 연결될 때 연결 어미가 생략되는 현상

예 여닫다, 우짖다, 검푸르다, 뛰놀다, 잡쥐다
(← 통사적 합성어: 들고나다, 돌아가다)

ⓒ 국어의 부사는 용언이나 관형사나 다른 부사를 수식하는 것이 원칙인데 부사가 체언 앞에 오는 현상

예 부슬비, 헐떡고개, 촐랑새

ⓔ 한자어에서 많이 나타나는 구성으로 우리말 어순과 다른 방식을 보이는 현상(목적어와 부사어가 서술어 앞에 오는 것이 일반적)

예 독서, 급수, 등산
(← 통사적 합성어: 일몰, 필승, 고서)

▼ 참고 | 합성어와 구의 변별 기준

합성어와 구를 나누는 기준은 분리성, 띄어쓰기, 쉼, 의미 변화 등이 있다.
① **의미의 변화**: 둘 이상의 단위가 연속된 구성이 합성어가 되었을 경우, 기존의 그 구성 성분들이 지니던 의미 외의 다른 의미가 더 생기거나, 아니면 그 구성 성분들의 의미 총합으로부터 도출될 수 없는 다른 의미로 바뀐다는 기준이다. 예를 들어 '돌옷'이 구라면 '돌'과 '옷'의 의미여야 하는데, 실제 의미는 '이끼'이다. 이는 구성 성분의 의미가 변화한 것으로 보아 합성어로 볼 수 있는 것이다.
② **비분리성**: 둘 이상의 단위가 연속된 구성이 합성어가 되었을 경우, 그 구성 성분들 사이에 다른 요소가 개입될 수 없다는 기준이다. 예를 들어 "감나무를 심었다."라는 문장에서 '감나무'는 '감과 나무를 심었다' 혹은 '감의 나무를 심었다'라고 구성 성분들을 분리하여 다른 요소가 끼어들면 의미가 달라지게 된다. 즉, 두 단어의 결합이 단단하여 분리되지 않는다는 것이다.
③ **띄어쓰기**: 띄어쓰기 기준은 분리성 기준과 직접적인 관련을 가지고 있다. 즉, 단어이기 때문에 합성어는 붙여 써야 하고 구는 두 단어이기 때문에 띄어 써야 한다.
④ **쉼**: 띄어쓰기 기준은 곧바로 쉼 기준과 연결된다. 합성어는 단어이기 때문에 두 어근 사이를 이어서 발음하고, 구는 두 단어이기 때문에 중간에 휴지를 두어 발음한다.

2 순화어

우리말 다듬기는 '순우리말(토박이말)'이 아니거나 '쉬운 우리말'이 아닌 말을 순우리말이나 쉬운 우리말로 바꾸어 쓰는 '순우리말 쓰기'와 '쉬운 우리말 쓰기'를 두루 아우르는 말이다. 그러나 우리말 다듬기의 범위를 넓게 잡으면 '순우리말 쓰기'와 '쉬운 우리말 쓰기'뿐만 아니라 '바른 우리말 쓰기', '고운 우리말 쓰기'까지도 포함할 수 있다. '바른 우리말 쓰기'는 규범이나 어법에 맞지 않는 말이나 표현을 바르게 고치는 일을 가리키고, '고운 우리말 쓰기'는 비속한 말이나 표현을 우아하고 아름다운 말로 고치는 일을 가리킨다. 우리말 다듬기의 대상은 아래와 같다.

① 순우리말이 아닌 일본어 투 용어나 서양식 외래어·외국어
② 쉬운 우리말이 아닌 난해한 한자어
③ 바른 우리말이 아닌, 규범이나 어법에 맞지 않은 말이나 표현
④ 고운 우리말이 아닌, 비속한 말이나 표현 등

1. 기출&핵심 순화어

☑ 결정적 힌트! | 깨끗하고 바른 말, 순화어

국어능력인증시험에서 순화어의 출제 비중은 낮지만 지나친 외래어와 신조어가 범람하는 요즘, 꼭 알아 두어야 하는 부분이다. 단, 순화 대상의 종류를 아는 것보다 올바른 순화어를 아는 것이 더 중요하다.

순화 대상어	순화어
갈라쇼	뒤풀이 공연
기출 거마비(車馬費)	교통비
기출 노하우	비법, 비결
내비게이션	길도우미
더치페이	각자내기
러브샷	사랑건배
레시피	조리법
로하스	친환경살이
론칭쇼	신제품 발표회
롤 모델	본보기상
마일리지	이용실적(점수)
메세나	문예후원
멘토	(인생) 길잡이, (담당) 지도자
기출 명일	내일
무빙워크	자동길
미션	(중요) 임무
바우처 제도	복지상품권(복지이용권) 제도
발레파킹	대리주차
보이스 피싱	(음성) 사기전화
뷰파인더	보기창
브랜드 파워	상표경쟁력
블랙컨슈머	악덕소비자
기출 사양	설명
선루프	지붕창
소셜커머스	공동할인구매
스마트워크	원격 근무
스크린도어	안전문
기출 스탠드	관중석
기출 스페셜리스트	전문가
스폿광고	반짝 광고, 토막 광고
기출 시스템	체계
언론플레이	여론몰이
에듀테인먼트	놀이학습

기출	연면적(延面積)	총면적
	오프라인	현실공간
	올인	다걸기, 집중
	와이파이	근거리무선망
	워킹맘	직장인엄마
	워킹홀리데이	관광취업
	워터파크	물놀이공원
	웨딩플래너	결혼설계사, 결혼도우미
	웹서핑	웹 검색, 누리 검색, 인터넷 검색
	유비쿼터스	두루누리
	유시시(UCC)	손수제작물, 손수저작물
	제로베이스	백지상태, 원점
	치킨게임	끝장승부
	카시트	(아이) 안전의자
	캠프파이어	모닥불놀이
	캡처	(장면) 갈무리
	커플룩	짝꿍차림
	코르사주	맵시꽃
	QR 코드(큐아르 코드)	정보무늬
	크로스백	엇걸이가방
	타운하우스	공동전원주택
	타임캡슐	기억상자
	테스터	체험평가자
	투잡	겹벌이
	팁	도움말, 봉사료
	파트너십	동반관계
	파파라치	몰래제보꾼
	팝업창	알림창
	패키지 상품	꾸러미 상품
	풀옵션	모두갖춤
기출	프리미엄	웃돈
	플래시몹	번개모임
	하이파이브	손뼉맞장구
	할리우드액션	눈속임짓
	핫 이슈	주요쟁점
	핸드프린팅	기념손찍기
기출	환승역	갈아타는 역

2. 일본어 잔재

순화 대상어	순화어
가꾸목(角木)	각목, 각재
가라(空, 虛)	가짜
고바이(勾配)	기울기, 오르막
곤조(根性)	본성, 심지
구루마(車)	손수레, 달구지
기스(傷)	흠(집), 생채기
낑깡(金柑)	금귤, 동귤
다대기(たたき)	다진 양념
다마네기(玉葱)	양파
단도리(段取り)	채비, 단속
덴빵(鐵板)	우두머리
뗑깡(癲癇)	생떼
무뎃뽀(無鐵砲)	막무가내
뽀록(襤褸)나다	들통나다
사라(皿)	접시
쇼부(勝負)	흥정, 결판
시마이(仕舞い・終い)	마감, 마무리
시타바리, 시다바리(下-)	보조원, 밑일꾼
신삥(新品)	신출내기, 새내기
와사비(山葵)	고추냉이
요지(楊枝)	이쑤시개
잇빠이(一杯)	가득, 한껏
하꼬방(箱-)	판잣집, 쪽방

3. 일본식 외래어와 외국어

순화 대상어	순화어
가라오케[空(から)orchestra]	녹음 반주/노래방
난닝구(running shirt)	러닝셔츠
다스(dozen)	타(打)/열두 개
다시(dash)	줄표/대시
도란스(transformer)	변압기
도랏쿠(truck)	화물차/트럭
리어카(rear car, リヤカー)	손수레
미숀(transmission)	변속기
바케쓰(bucket)	양동이
밤바(bumper)	범퍼/완충기
밧테리(battery)	건전지/배터리

백미러(back mirror, バックミラー)	뒷거울
빵꾸(puncture)	구멍/펑크
뻬빠(sandpaper)	사포
스뎅(stainless)	안녹쇠/스테인리스
오바(overcoat)	외투/오버코트
올드미스(old miss, オールドミス)	노처녀

4. 기타 외래어와 외국어

순화 대상어	순화어
QR 코드(큐아르 코드)	정보무늬
네티즌	누리꾼
랜드마크	마루지
리플	댓글
메신저	쪽지창
서비스	봉사, 접대
서포터스	후원자, 지지자, 응원단, 뒷바라지꾼
센터	본부, 중앙
스탠드	관중석
스티커	붙임딱지
스팸메일	쓰레기편지
스페셜리스트	전문가
슬로건	표어, 강령, 구호
시그널	신호
시니어클럽	어르신 모임, 어르신 동아리
어젠다	의제
원스톱	바로, 한번에, 한자리
웰빙	참살이
유에스비(USB) 메모리	정보막대
이모티콘	그림말
인프라	기반(시설), 바탕
콘텐츠	꾸림정보
큐시트	진행표
크로스백	엇걸이가방
타임서비스	반짝할인
테마	주제
포럼	토론회, 연구회
포스트잇	붙임쪽지
프리미엄	웃돈
헝그리정신	맨주먹정신

3 단위어

단위는 길이, 무게, 수효, 시간 따위의 수량을 수치로 나타낼 때 기초가 되는 일정한 기준을 말하는데, 이 단위를 나타내는 말이 단위어이다. '자, 치, 발, 마지기, 미터, 킬로미터, 리터' 등이 단위어에 속한다. <u>단위어는 일상생활에서 자주 사용되는 '고유어' 어휘 위주로 출제되고 있다.</u>

ㄱ

가리 곡식, 장작의 한 더미
예 장작 한 가리

-가웃 앞말이 가리키는 단위에 그 절반 정도를 더 보태는 뜻을 더하는 접미사
예 자가웃 / 말가웃 / 되가웃

갈이 소 한 마리가 하루에 갈 만한 논밭의 면적. 약 2,000평

갓 굴비, 비웃 따위나 고비, 고사리 따위를 묶어 세는 단위. 한 갓은 굴비·비웃 따위 열 마리, 또는 고비·고사리 따위 열 모숨을 한 줄로 엮은 것
예 조기 세 갓

강다리 쪼갠 장작을 묶어 세는 단위. 한 강다리는 쪼갠 장작 백 개비

거리 오이, 마늘, 가지 따위의 오십 개를 한 단위로 이르는 말

고리 소주 열 사발을 한 단위로 일컫는 말

고팽이 새끼, 줄 따위를 사려 놓은 돌림을 세는 단위

길
① 길이의 단위. 여덟 자 또는 열 자로 약 2.4미터 또는 3미터
② 길이의 단위. 한 길은 사람 키 정도의 길이

꾸러미
① 꾸러어 싼 물건을 세는 단위
② 달걀 열 개를 묶어 세는 단위

ㄴ

낱 셀 수 있는 물건의 하나하나(요즘은 '개(個)'를 많이 씀)
예 그릇 세 낱 / 빗자루 두 낱

닢 납작한 물건을 세는 단위. 흔히 돈이나 가마니, 멍석 따위를 셀 때 쓴다.

ㄷ

단 짚, 땔나무, 채소 따위의 한 묶음

단보(段步) 땅 넓이의 단위. 1단보 = 300평

담불 벼를 백 섬씩 묶어 세는 단위

대 화살과 같이 길고 곧은 물건을 셀 때에 쓰는 단위

동 '묶음'을 세는 단위(붓은 10자루, 생강은 10접, 백지 100권, 볏짚 100단, 땅 100뭇, 무명 50필, 먹 10정, 곶감 100접, 한지 10권(2,000장), 청어 2,000마리 등)

되사 말을 단위로 하여 셀 때에 말로 되고 남은 한 되 가량

되지기 씨 한 되를 뿌릴 만한 논밭의 넓이. 한 마지기(200~300평)의 1/10

기출 **두름**
① 조기 따위의 물고기를 짚으로 한 줄에 열 마리씩 두 줄로 엮은 것
② 고사리 따위의 산나물을 열 모숨 정도로 엮은 것
예 청어 한 두름

땀 바느질할 때 실을 꿴 바늘로 한 번 뜸

ㄹ

리(里) 거리의 단위. 1리는 약 0.4km(0.393km)

ㅁ

마리 물고기나 짐승의 수효를 세는 단위

마장 십 리나 오 리가 못 되는 거리. 리(里) 대신에 씀

마지기 논밭 넓이의 단위(논은 약 100~300평, 밭은 약 100평)

마투리 곡식의 양을 섬이나 가마로 잴 때에, 한 가마나 한 섬에 차지 못하고 남은 양

매 맷고기나 살담배를 작게 갈라 동여매어 놓고 팔 때, 그 한 덩이를 세는 단위

기출 **모** 두부나 묵 따위와 같이 모난 물건의 수량을 나타내는 단위
예 두부 한 모 / 묵 세 모

모금　액체나 기체를 입 안에 한 번 머금는 분량을 세는 단위

모숨　가늘고 긴 물건이 한 줌 안에 들 만한 분량

모태　안반에 놓고 한 번에 칠 만한 떡의 분량

무지　무더기로 쌓여 있는 더미를 세는 단위

뭇
① 짚, 장작, 채소 따위의 한 묶음을 세는 단위
　예 장작 한 뭇
② 한 뭇은 생선 10마리, 미역 10장
③ 볏단을 세는 단위

ㅂ

바람　한 바람은 실이나 새끼 따위 한 발 정도의 길이

바리
① 소나 말 따위의 등에 잔뜩 실은 짐을 세는 단위
　예 나무 한 바리 / 곡식 한 바리
② 윷놀이에서 말 한 개를 이르는 말

반보　한 걸음의 절반 = 반걸음

발　길이를 잴 때 두 팔을 펴 벌린 길이

버렁　물건이 차지한 둘레나 일의 범위

벌　옷이나 그릇 따위의 짝을 이룬 단위
예 치마저고리 한 벌

볼　발, 구두 따위의 너비

부룻　무더기로 놓인 물건의 부피

ㅅ

사리　국수, 새끼, 실 따위를 사리어 놓은 것을 세는 단위

새　피륙의 날을 세는 단위. 날실 80올 = 한 새

섬　곡식, 액체의 부피를 나타내는 단위. 1섬 = 약 180리터

섭수　볏짚, 땔나무의 수량 단위

세뚜리　새우젓 따위를 나눌 때에 한 독을 세 몫으로 나눈 분량

<u>기출</u> **손**　조기, 고등어 따위의 생선 2마리, 배추는 2통, 미나리, 파 따위는 한 줌
예 고등어 한 손

수동이　광석의 무게를 나타내는 단위. 37.5kg

쌈
① 바늘을 묶어 세는 단위. 한 쌈 = 바늘 24개
　예 바늘 한 쌈
② 옷감, 피혁 따위를 알맞은 분량으로 싸 놓은 덩이를 세는 단위
③ 금의 무게를 나타내는 단위. 한 쌈 = 금 100냥쯤

ㅇ

알　작고 둥근 것을 셀 때 쓰는 말
예 사과 한 알, 달걀 두 알

우리　기와를 세는 단위. 기와 2,000장 = 1우리

ㅈ

자[척(尺)]　길이의 단위. 한 자는 한 치의 10배로 약 30.3cm

자루　기름하게 생긴 필기도구나 연장, 무기 따위를 세는 단위

자밤　양념이나 나물 같은 것을 손가락 끝으로 집을 만한 분량

장(張)　종이나 유리 따위의 얇고 넓적한 물건을 세는 단위

장(丈)　길이의 단위. 한 장은 한 자(尺)의 열 배로 약 3미터에 해당함

점(點)
① 성적을 나타내는 단위
　예 백 점을 맞다.
② 그림, 옷 따위를 세는 단위
　예 의류 3점 / 유화 다섯 점
③ 바둑판의 눈이나 돌의 수
　예 넉 점 반 바둑
④ 잘라 내거나 뜯어낸 고기 살점을 세는 단위
　예 돼지고기 서너 점
⑤ 아주 적은 양을 나타내는 말
　예 구름 한 점 없다.

접　채소나 과일 따위를 묶어 세는 단위. 한 접 = 채소나 과일 100개

제　한방약 20첩

조짐　사방 여섯 자 부피로 쌓은 분량의 쪼갠 장작 더미를 세는 단위

Chapter 05 다양한 어휘 | **133**

죽 옷, 그릇 따위의 열 벌을 묶어 세는 단위
예 짚신 한 죽 / 그릇 한 죽

ㅊ

채 집, 이불, 가마 등을 세는 단위. 인삼 100근

첩(貼) 약봉지에 싼 약의 뭉치를 세는 단위

촉 난초의 포기를 세는 단위

축 오징어를 묶어 세는 단위. 한 축 = 오징어 20마리

치 한 자의 10분의 1을 한 치라 한다. 약 3.03cm

ㅋ

칸 집의 칸살의 수효를 세는 단위

켤레 신, 양말, 버선, 방망이 따위의 짝이 되는 두 개를 한 벌로 세는 단위
예 구두 두 켤레

코 뜨개질할 때 눈마다 생겨나는 매듭을 세는 단위

쾌
① 북어를 묶어 세는 단위. 한 쾌 = 북어 20마리
  예 북어 한 쾌
② 예전에, 엽전을 묶어 세던 단위. 한 쾌 = 엽전 열 냥

ㅌ

타래 사리어 뭉쳐 놓은 실이나 노끈 따위의 뭉치를 세는 단위
예 뜨개질 두 타래 / 철사 세 타래

테 서려 놓은 실의 묶음을 세는 단위
예 실 한 테 혹은 두 테

토리 실몽당이를 세는 단위

톨 밤, 도토리, 마늘 등 곡식의 낱알을 세는 단위
예 밤 세 톨 / 도토리 네 톨

기출 톳 김을 묶어 세는 단위. 한 톳 = 김 100장

통 배추나 박 따위를 세는 단위

ㅍ

평 땅 넓이의 단위. 한 평은 여섯 자 제곱으로 3.3058m²

푼 비율을 나타내는 단위. 1푼은 전체 수량의 100분의 1로, 1할의 10분의 1

필(疋) 일정한 길이로 말아 놓은 피륙을 세는 단위

필(匹) 말이나 소를 세는 단위

ㅎ

홉 넓이 및 부피의 계량 단위. 한 되의 10분의 1로 약 180mL

홰 새벽에 닭이 올라앉은 나무 막대를 치면서 우는 차례를 세는 단위

4 필수 개선 행정 용어

국립국어원은 외국어, 한자어 등 어려운 행정 용어의 사용을 개선하고 정책 효과를 높이기 위하여 행정기관의 정책자료, 행정자료, 보도자료 등을 바탕으로 개선할 필요성이 높은 행정 용어 100개를 마련하였다 (2018.10.09.).

여기에는 지나치게 어려운 한자어, 일상생활에서 사용하지 않거나 사용되더라도 그 빈도가 떨어지는 한자어, 로마자 약어 표기로 전달력이 떨어지는 외국어, 음차 표기로 소통성이 떨어지는 외국어 등이 포함되어 있다.

1. 개선 대상 외래어와 외국어

중앙행정기관 보도자료 상시점검 결과, 최근 3년 이내 5회 이상 출현한 외래어와 외국어 중 일반 국민이 이해하기 어려운 용어, 쉬운 대체어가 있어도 불필요하게 사용하는 외래어이다.

외래어/외국어	다듬은 말
거버넌스	민관 협력, 협치, 관리, 정책
규제 프리존	규제 자유 구역, 규제 (대폭) 완화 지역, 무규제 지역
규제 샌드박스	규제 유예 (제도)
니즈	필요, 수요, 바람
데모데이	시연회, 시연일, 시범 행사(일), 사전 행사(일)
드론	무인기
라운드 테이블	원탁회의
롤모델	본보기, 본보기상, 모범
리스크	위험, 손실 우려, 손해 우려
마스터 플랜	종합 계획, 기본 계획, 기본 설계
매뉴얼	지침, 설명서, 안내서
매칭	연계, 연결, 대응
메가트렌드	대세, 거대 물결
모멘텀	(전환) 국면, (전환) 계기, 동인(動因)
바우처	이용권
브라운백 미팅, 브라운백 세미나	도시락 강연회, 도시락 회의, 도시락 토론회
브로슈어	안내서, 소책자
세션	분과, 시간
스크린도어	안전문
스타트업	창업 초기 기업, 새싹 기업
싱크 탱크	참모진, 참모 집단, 두뇌 집단
아웃리치	현장 지원 활동, 현장 원조 활동, 거리 상담
아카이브	자료 보관소, 자료 저장소, 자료 전산화, 기록 보관
액션 플랜	실행 계획
어젠다	의제
오피니언 리더	여론 주도자, 여론 주도층
원스트라이크 아웃제	즉각 처벌 제도, 즉시 퇴출제
이니셔티브	주도권, 선제권, 구상, 발의, 발의권
제로화	원점화, 없애기, 뿌리 뽑기
쿼터	한도량, 할당량
클러스터	산학 협력 지구, 연합 지구, 협력 지구
킥오프 회의	첫 회의, 첫 기획 회의
태스크포스(T/F, TF)/태스크포스팀	특별팀, 전담팀, (특별) 전담 조직
테스트 베드	시험장, 시험대, 시험무대, 가늠터
투트랙	양면, 두 갈래
팸투어	홍보 여행, 초청 홍보 여행, 사전 답사 여행
(…)풀	(…)후보군, (…)군, (…)명단
허브	중심, 중심지
AI	① 인공 지능 ② 조류 독감, 조류 인플루엔자

B2B/G2G	기업 간 (거래)/정부 간 (거래)
BI	브랜드 정체성
G20	주요 20개국
ICT	정보 통신 기술
IoT	사물 인터넷
IR	기업 설명회, 기업 상담회
IT	정보 기술
MOU	업무 협약, 양해 각서
O2O	온오프라인 연계, 온오프라인 연계 마케팅, 온오프라인 연계 사업
ODA	공적 개발 원조, 정부 개발 원조
R&D	연구 개발

2. 개선 대상 한자어

공문서에 사용되는 일본식 한자어로서 의미 파악이 어려운 용어, 한문 교육용 기초한자(1800자) 범위 외의 한자로 구성된 어려운 용어, 쉬운 대체어가 있어도 불필요하게 사용하는 한자어이다.

한자어	다듬은 말
가료	치료
가용하다, 가용한	쓸 수 있다, 쓸 수 있는
개산/개산하다/개산급	어림 계산, 대략 계산/어림잡아 계산하다, 대략 계산하다/어림 지급, 대략 계산 지급
거양/거양하다	올림, (드)높임, 듦/올리다, (드)높이다, 들다
게첩, 게첨/게첩하다, 게첨하다	게시, 내붙임, 내걺/게시하다, 내붙이다, 내걸다
견양	보기, 본, 본보기, 서식
계류/계류되다/계류 중	묶임/묶여 있다, 묶이다/검토 중
계리	회계처리
금명간	곧, 오늘내일, 오늘내일 사이
금번	이번
금회	이번
내구 연한	사용 연한, 사용 가능 기간, 사용 가능 햇수
내용 연수	사용 연한, 사용 가능 기간, 사용 가능 햇수
단차	고저차, 높이 차이, 높낮이 (차이)
당해	그, 해당
동년/동월/동일	같은 해/같은 달/같은 날
동법/동조/동항	같은 법/같은 조/같은 항
물품 수불 대장	물품 출납 장부, 물품 출납 대장
별건	다른 건, 딴 건
부락	마을
불상의, 불상인	알 수 없는, 자세하지 않은
불시에	갑자기, 예고 없이
불입/불입하다	납입, 납부, 냄/납입하다, 납부하다, 내다

불출/불출하다	내줌, 공급, 지급/내주다, 공급하다, 지급하다
성료	성공적으로 마침, 성공적으로 끝남, 성대하게 마침
수범 사례	모범 사례, 잘된 사례
수의시담	가격 협의
시건장치	잠금장치
양도양수	주고받음, 넘겨주고 넘겨받음
(아스팔트 등) 양생	(아스팔트 등) 굳히기
여입 결의	회수 결정
예가	예정 가격
예산 지변 과목	예산 과목
예찰	미리 살피기
이격	벌어짐, 벌림, 떨어짐
익일/익월/익년	다음 날/다음 달/다음 해
일부인	날짜 도장
임석	(현장) 참석
자동제세동기	자동 심장 충격기
적기	알맞은 시기, 제때, 제철
적의 조치/ 적의 조치하기 바람	적절한 조치/적절히 조치하기 바람
지득/지득하다	앎, 알게 됨/알다, 알게 되다
차년도	다음 해, 다음 연도
(기부 등을) 채납/채납하다	(기부 등을) 받음, 받기/받다, 받아들이다
첨두시	가장 붐빌 때, 수요가 최고일 때
초도순시	첫 시찰, 첫 둘러보기
(경보, 사이렌 등을) 취명/취명하다	(경보, 사이렌 등을) 울림/울리다
(공무원증, 출입증 등을) 패용/패용하다	(공무원증, 출입증 등을) 달기/달다
하구언	하굿둑
행선지	목적지

05 다양한 어휘

이론점검 문제

01
다음 중 밑줄 친 외래어를 바르게 순화하지 못한 것은?

① 요즘 프리터족이 갈수록 늘어나고 있대. → 자유벌이족
② 이 결혼식장의 핑거푸드는 정말 먹을 만하네. → 맨손음식
③ 그 배우가 이 영화에 카메오로 출연합니다. → 깜짝출연자
④ 하루에도 수십 통의 스팸 메일이 날아온다. → 쓰레기 편지
⑤ 비트박스가 강하게 들어간 노래가 좋더라고. → 입소리

02
다음 중 호칭어에 대한 설명으로 잘못된 것은?

① 누나의 남편은 '매형(妹兄)'이라고 부른다.
② 남편의 형은 '아주버님'이라고 부른다.
③ 남편의 미혼 동생은 '도련님'이라고 부른다.
④ 남편의 결혼한 남동생의 아내는 '동서(同壻)'라고 부른다.
⑤ 여동생이 언니의 남편을 부를 때는 '제부(弟夫)'라고 부른다.

03
다음 중 단위를 나타내는 명사의 쓰임이 적절하지 않은 것은?

① 배추 한 접
② 굴비 한 두름
③ 버선 한 쌈
④ 오징어 한 축
⑤ 계란 한 판

문제풀이

01
'비트박스'는 '입소리손장단'으로 순화되었다.
정답 | ⑤

02
'제부(弟夫)'는 언니가 여동생의 남편을 이르는 말이다. 여동생이 언니의 남편을 부를 때는 '형부(兄夫)'를 사용한다.
정답 | ⑤

03
버선을 세는 단위어는 '죽'이다. '쌈'은 바늘, 옷감, 금 등을 세는 단위어이다.
정답 | ③

04
다음 단위가 의미하는 수량의 합으로 적절한 것은?

> 굴비 한 두름 + 미역 한 뭇 + 오이 한 거리

① 72개
② 80개
③ 85개
④ 90개
⑤ 120개

문제풀이

04
두름: 조기 따위의 물고기를 짚으로 한 줄에 열 마리씩 두 줄로 엮은 것(20개)
뭇: 미역 열 장(10개)
거리: 오이나 가지 따위를 묶어서 세는 단위로 오십 개를 이르는 것(50개)
20 + 10 + 50 = 80개

정답 | ②

실전 감각을 기를 차례! **[기출변형 문제편]** 바로가기 ☞ P.23

PART 02
어문 규정

Chapter 01 표준어 규정/표준 발음법
Chapter 02 한글 맞춤법
Chapter 03 외래어/로마자 표기법

90문항 중 5문항 출제

5.5%

[14~18] 어문 규정

기출의 패턴을 벗기다

최근기출 4회분 전 문항 한눈에 보기

문항 번호	A회 유형/분류	A회 자료/개념	B회 유형/분류	B회 자료/개념
14	한글 맞춤법	얽히다, 돋우다, 붙이다, 걸리다, 고치다	한글 맞춤법	햅쌀, 살코기, 안팎, 접때, 밉보이다
15	표기법	굶주림, 손놀림, 딴살림, 낯가림, 대물림	표기법	달이다, 졸이다, 간질이다, 건드리다, 늘이다
16	한글 맞춤법	만만찮게, 남부럽잖게, 그렇잖아도	한글 맞춤법	-더라, -던(과거)/-든지(선택)
17	외래어 표기법	데스크, 옐로카드, 헤드라이트, 인디언, 차트	로마자 표기법	양재천[Yangjaecheon], 선릉[Sunreung], 신사동[Sinsa-dong], 명동[Myeong-dong], 덕수궁[Deoksugung]
18	표기법	나부끼다, 움츠러들다, 굳세다, 흠집, 조치	표기법	북적이다

어문 규정 영역 기출패턴 정리

영역	유형	문항 수	세부 유형
[14~18] 어문 규정 (출제 비중 5.5%)	표준어 규정 – 표기법	0~2	
	한글 맞춤법	2~5	
	외래어 표기법	0~1	
	로마자 표기법	0~1	

어문 규정은 표준어 규정, 표준 발음법, 한글 맞춤법, 외래어 표기법, 로마자 표기법이 출제 범위이다. 그중에서 표준어 규정과 한글 맞춤법이 연계되어 약 4문항, 외래어 표기법과 로마자 표기법이 교차로 약 1문항씩 출제된다. 표준 발음법은 받침의 발음과 규정에 포함된 예외 규정('다만, ~' 또는 '단, ~'), 'ㄴ' 첨가 현상이 주로 출제되었으나, 최근에는 출제 빈도가 줄었다. 외래어 표기법과 로마자 표기법은 유형의 특성상 〈보기〉에 규정이 제시되어 출제되므로, 규정을 그대로 외우기보다는 규정에 대한 사례를 중심으로 학습하는 것이 좋다.

고득점의 시작은 기출을 아는 것부터!

문항 번호	C회		D회	
	유형/분류	자료/개념	유형/분류	자료/개념
14	한글 맞춤법	구름양, 역력하다, 기량, 투고란, 무뢰배	한글 맞춤법	바쳐, 뱉어, 매겨, 잇는, 주워들은
15	한글 맞춤법	밉보이다, 다독이다, 지껄이다, 되뇌이다, 길들이다	표기법	일쑤, 바싹, 함부로, 알맹이, 일부러
16	한글 맞춤법	누누이, 냉랭하다, 적나라하다, 짭짤하다, 쓱싹쓱싹	표기법	삼계탕, 육개장, 김칫국, 청국장, 잡채밥
17	로마자 표기법	인왕산[Inwangsan], 광화문[Gwanghwamun], 월암[Woram], 사직[Sajik], 부암동[Buam-dong]	한글 맞춤법	쓱싹쓱싹, 퍼덕퍼덕, 엉금엉금
18	한글 맞춤법	미덥다, 바깥, 나부끼다, 치르다, 앙증맞다	외래어 표기법	페루, 마추픽추, 잉카, 미라, 아마존

어문 규정 영역 고등급 학습전략

Point 1 한글 맞춤법에서 제시하는 표기법을 꼼꼼하게 암기하도록 하자.

Point 2 실생활에서 오류가 많은 어휘와 준말의 표기법을 확인하고 복습하도록 하자.

Point 3 규정의 내용 가운데, '붙임', '다만, ~' 또는 '단, ~'과 같이 시작하는 예외 규정과, 이 예외에 해당하는 단어들을 반드시 외워 두도록 하자.

Point 4 외래어 표기법, 로마자 표기법, 순화어 등은 회차별로 다르게 출제되며 난도가 높지 않다.

Point 5 시험 일자를 기준으로 개정되는 사항의 유무를 반드시 확인하자. 근래에는 국립국어원에서 표준어 규정의 수정 내용을 분기별로 1년에 4회 공지하고 있으니 참고하도록 하자.

수험생이 가장 궁금해 하는 Q&A

Q 어문 규정은 복잡하고 예시, 예외도 많은데 이걸 어떻게 해야 하나요?

A 어문 규정은 오랜 시간 전에 사용자들의 언어 사용을 학자들이 정리한 것이기 때문에, 현재 이 규정을 적용하는 우리들이 이해하기 어렵거나 이유를 알기 어려운 항목이 많습니다. 하지만 그 약속을 처음 만든 사람이 누구인지 알 수 없는 것이므로, 과정이 아닌 결과에 집중하여 암기를 거듭해야 합니다. 특히 '규정-예외-예외의 예외'의 복잡한 단계가 포함된 어문 규정을 확실히 학습해야 합니다.

01 표준어 규정/표준 발음법

기출유형 1 — 표준어 규정

유형 익히기
제시된 어휘가 표준어 규정에 부합하는지 판단하는 유형이다. 규정이 변화함에 따라 표준어가 아니었던 것이 표준어로 인정되는 경우도 있기 때문에, 새로 개정된 규정에 유의해야 한다.

문제풀이
기술자를 뜻하는 것이 아닌 경우 '–쟁이'를 사용하므로, '담쟁이' 표기는 적절하다.
① 미장이, ② 봉숭아, 봉선화, ③ 강낭콩, ⑤ 자선냄비'로 표기해야 올바르다.

정답 | ④

다음 중 밑줄 친 부분이 표준어인 것은?

① 아버지께서는 <u>미쟁이</u> 일을 하며 우리를 키워 내셨다.
② 어린 시절에 우리는 <u>봉숭화</u> 꽃잎으로 손톱에 물을 들였다.
③ 나는 밥에 콩이 들어가는 것을 싫어하는데, <u>강남콩</u>이 가장 싫다.
④ 주차장 담벽이 온통 <u>담쟁이</u> 덩쿨로 뒤덮여서 삭막한 느낌이 덜하다.
⑤ <u>자선남비</u>로 모금한 성금이 작년에 비해 적다고 하니 안타까울 따름이다.

기출유형 2 — 표준 발음법

유형 익히기
제시된 어휘를 표준 발음법에 맞게 발음할 수 있는지를 확인하는 유형이다. 받침의 발음, 된소리되기, 소리의 첨가 등이 주로 출제된다. 규정을 있는 그대로 외우는 것보다 관련 예시를 중심으로 학습하는 것이 좋다.

문제풀이
결단력[결딴녁] – 비음화, 능막염[능망념] – ㄴ 첨가, 비음화, 깻잎[깬닙]–사잇소리 현상이 일어난 결과가 반영된 발음이다.
① 넋이[넉기] → [넉씨]
② 읽지도[일찌도] → [익찌도]
④ 광한루[광한누] → [광할루]
⑤ 공권력[공꿜력] → [공꿘녁]

정답 | ③

다음 중 표준 발음법에 맞는 것으로만 묶인 것은?

① 밝고[발꼬], 넋이[넉기], 쌓지[싸치]
② 가져[가저], 읽지도[일찌도], 닳지[달치]
③ 결단력[결딴녁], 능막염[능망념], 깻잎[깬닙]
④ 깎는[깡는], 미닫이[미다지], 광한루[광한누]
⑤ 늴리리[닐리리], 공권력[공꿜력], 식용유[시공뉴]

01 표준어 규정/표준 발음법

시험에 나온! 나올! 필수이론

1 표준어 규정

1. 총칙

제1항 | 표준어는 교양 있는 사람들이 두루 쓰는 현대 서울말로 정함을 원칙으로 한다.

제2항 | 외래어는 따로 사정한다.

2. 발음 변화에 따른 표준어 규정

(1) 자음

제3항 | 다음 단어들은 거센소리를 가진 형태를 표준어로 삼는다(ㄱ을 표준어로 삼고, ㄴ을 버림).

ㄱ	ㄴ	비고
끄나풀	끄나불	
나팔-꽃	나발-꽃	
녘	녁	기출 동~, 들~, 새벽~, 동틀 ~
부엌	부억	
살-쾡이	삵-괭이	
칸	간	1. ~막이, 빈~, 방 한 ~ 2. '초가삼간, 웃간'의 경우에는 '간'임
털어-먹다	떨어-먹다	재물을 다 없애다.

제4항 | 다음 단어들은 거센소리로 나지 않는 형태를 표준어로 삼는다(ㄱ을 표준어로 삼고, ㄴ을 버림).

ㄱ	ㄴ	비고
가을-갈이	가을-카리	
거시기	거시키	
분침	푼침	

제5항 | 어원에서 멀어진 형태로 굳어져서 널리 쓰이는 것은, 그것을 표준어로 삼는다(ㄱ을 표준어로 삼고, ㄴ을 버림).

ㄱ	ㄴ	비고
강낭-콩	강남-콩	
고삿	고살	겉~, 속~
사글-세	삭월-세	'월세'는 표준어임
울력-성당	위력-성당	떼를 지어서 으르고 협박하는 일

다만, 어원적으로 원형에 더 가까운 형태가 아직 쓰이고 있는 경우에는, 그것을 표준어로 삼는다(ㄱ을 표준어로 삼고, ㄴ을 버림).

ㄱ	ㄴ	비고
갈비	가리	~구이, ~찜, 갈빗-대
갓모	갈모	1. 사기 만드는 물레 밑고리 2. '갈모'는 갓 위에 쓰는, 유지로 만든 우비
굴-젓	구-젓	
말-결	말-겻	
물-수란	물-수랄	
밀-뜨리다	미-뜨리다	
적-이	저으기	적이-나, 적이나-하면
휴지	수지	

제6항 | 다음 단어들은 의미를 구별함이 없이, 한 가지 형태만을 표준어로 삼는다(ㄱ을 표준어로 삼고, ㄴ을 버림).

ㄱ	ㄴ	비고
돌	돐	생일, 주기
둘-째	두-째	'제2, 두 개째'의 뜻
셋-째	세-째	'제3, 세 개째'의 뜻
넷-째	네-째	'제4, 네 개째'의 뜻
빌리다	빌다	1. 빌려주다, 빌려 오다 2. '용서를 빌다'는 '빌다'임

기존 규정	2017. 03. 28. 수정안
〈표준어 사정 원칙 제6항 비고〉 다음 단어들은 의미를 구별함이 없이, 한 가지 형태만을 표준어로 삼는다(ㄱ을 표준어로 삼고, ㄴ을 버림). | ㄱ | ㄴ | 비고 | |---|---|---| | 빌리다 | 빌다 | 1. 빌려 주다, 빌려 오다 2. '용서를 빌다'는 '빌다'임 |	〈표준어 사정 원칙 제6항 비고〉 다음 단어들은 의미를 구별함이 없이, 한 가지 형태만을 표준어로 삼는다(ㄱ을 표준어로 삼고, ㄴ을 버림). | ㄱ | ㄴ | 비고 | |---|---|---| | 빌리다 | 빌다 | 1. 빌려주다, 빌려 오다 2. '용서를 빌다'는 '빌다'임 |

➡ 개정안의 띄어쓰기 변경 사항에 유의해야 한다.

다만, '둘째'는 십 단위 이상의 서수사에 쓰일 때에 '두째'로 한다.

ㄱ	ㄴ	비고
열두-째		열두 개째의 뜻은 '열둘째'로
스물두-째		스물두 개째의 뜻은 '스물둘째'로

빈출 **제7항** | 수컷을 이르는 접두사는 '수-'로 통일한다(ㄱ을 표준어로 삼고, ㄴ을 버림).

ㄱ	ㄴ	비고
수-꿩	수-퀑/숫-꿩	'장끼'도 표준어임
수-나사	숫-나사	

(기출)

ㄱ	ㄴ	비고
수-놈	숫-놈	
수-사돈	숫-사돈	
수-소	숫-소	'황소'도 표준어임
수-은행나무	숫-은행나무	

다만 1. 다음 단어에서는 접두사 다음에서 나는 거센소리를 인정한다. 접두사 '암-'이 결합되는 경우에도 이에 준한다(ㄱ을 표준어로 삼고, ㄴ을 버림).

ㄱ	ㄴ	비고
기출 수-캉아지	숫-강아지	
수-캐	숫-개	
수-컷	숫-것	
수-키와	숫-기와	
수-탉	숫-닭	
수-탕나귀	숫-당나귀	
수-톨쩌귀	숫-돌쩌귀	
기출 수-퇘지	숫-돼지	
수-평아리	숫-병아리	

다만 2. 다음 단어의 접두사는 '숫-'으로 한다(ㄱ을 표준어로 삼고, ㄴ을 버림).

ㄱ	ㄴ	비고
숫-양	수-양	
숫-염소	수-염소	
숫-쥐	수-쥐	

(2) 모음

제8항 | 양성 모음이 음성 모음으로 바뀌어 굳어진 다음 단어는 음성 모음 형태를 표준어로 삼는다(ㄱ을 표준어로 삼고, ㄴ을 버림).

ㄱ	ㄴ	비고
기출 깡충-깡충	깡총-깡총	큰말은 '껑충껑충'임
-둥이	-동이	← 童-이. 귀-, 막-, 선-, 쌍-, 검-, 바람-, 흰-
발가-숭이	발가-송이	센말은 '빨가숭이', 큰말은 '벌거숭이, 뻘거숭이'임
보퉁이	보통이	
봉죽	봉족	← 奉足. ~꾼, ~들다
뻗정-다리	뻗장-다리	
아서, 아서라	앗아, 앗아라	하지 말라고 금지하는 말
오뚝-이	오똑-이	부사도 '오뚝-이'임
주추	주초	← 柱礎. 주춧-돌

다만, 어원 의식이 강하게 작용하는 다음 단어에서는 양성 모음 형태를 그대로 표준어로 삼는다(ㄱ을 표준어로 삼고, ㄴ을 버림).

ㄱ	ㄴ	비고
부조(扶助)	부주	~금, 부좃-술
사돈(査頓)	사둔	밭~, 안~
삼촌(三寸)	삼춘	시~, 외~, 처~

> **제9항** | 'ㅣ' 역행 동화 현상에 의한 발음은 원칙적으로 표준 발음으로 인정하지 아니하되, 다만 다음 단어들은 그러한 동화가 적용된 형태를 표준어로 삼는다(ㄱ을 표준어로 삼고, ㄴ을 버림).

ㄱ	ㄴ	비고
-내기	-나기	서울-, 시골-, 신출-, 풋-
냄비	남비	
동댕이-치다	동당이-치다	

[붙임 1] 다음 단어는 'ㅣ' 역행 동화가 일어나지 아니한 형태를 표준어로 삼는다(ㄱ을 표준어로 삼고, ㄴ을 버림).

ㄱ	ㄴ	비고
아지랑이	아지랭이	

[붙임 2] 기술자에게는 '-장이', 그 외에는 '-쟁이'가 붙는 형태를 표준어로 삼는다(ㄱ을 표준어로 삼고, ㄴ을 버림).

ㄱ	ㄴ	비고
미장이	미쟁이	
유기장이	유기쟁이	
멋쟁이	멋장이	
소금쟁이	소금장이	
담쟁이-덩굴	담장이-덩굴	
골목쟁이	골목장이	
발목쟁이	발목장이	

> **제10항** | 다음 단어는 모음이 단순화한 형태를 표준어로 삼는다(ㄱ을 표준어로 삼고, ㄴ을 버림).

ㄱ	ㄴ	비고
괴팍-하다	괴퍅-하다/괴팩-하다	
-구먼	-구면	
미루-나무	미류-나무	← 美柳~
미륵	미력	← 彌勒. ~보살, ~불, 돌~
여느	여늬	
온-달	왼-달	만 한 달
으레	으례	
케케-묵다	켸켸-묵다	

기출	허우대	허위대	
	허우적-허우적	허위적-허위적	허우적-거리다

> **제11항** | 다음 단어에서는 모음의 발음 변화를 인정하여, 발음이 바뀌어 굳어진 형태를 표준어로 삼는다(ㄱ을 표준어로 삼고, ㄴ을 버림).

	ㄱ	ㄴ	비고
	-구려	-구료	
	깍쟁이	깍정이	1. 서울~, 알~, 찰~ 2. 도토리, 상수리 등의 받침은 '깍정이'임
	나무라다	나무래다	
	미수	미시	미숫-가루
	바라다	바래다	'바램[所望]'은 비표준어임
기출	상추	상치	~쌈
	시러베-아들	실업의-아들	
	주책	주착	← 主着. ~망나니, ~없다
기출	지루-하다	지리-하다	← 支離
	튀기	트기	
기출	허드레	허드래	허드렛-물, 허드렛-일
	호루라기	호루루기	

> **제12항** | '웃-' 및 '윗-'은 명사 '위'에 맞추어 '윗-'으로 통일한다(ㄱ을 표준어로 삼고, ㄴ을 버림).

ㄱ	ㄴ	비고
윗-넓이	웃-넓이	
윗-눈썹	웃-눈썹	
윗-니	웃-니	
윗-당줄	웃-당줄	
윗-덧줄	웃-덧줄	
윗-도리	웃-도리	
윗-동아리	웃-동아리	준말은 '윗동'임
윗-막이	웃-막이	
윗-머리	웃-머리	
윗-목	웃-목	
윗-몸	웃-몸	~ 운동
윗-바람	웃-바람	
윗-배	웃-배	
윗-벌	웃-벌	
윗-변	웃-변	수학 용어
윗-사랑	웃-사랑	

ㄱ	ㄴ	비고
윗-세장	웃-세장	
윗-수염	웃-수염	
윗-입술	웃-입술	
윗-잇몸	웃-잇몸	
윗-자리	웃-자리	
윗-중방	웃-중방	

빈출 다만 1. 된소리나 거센소리 앞에서는 '위-'로 한다(ㄱ을 표준어로 삼고, ㄴ을 버림).

ㄱ	ㄴ	비고
위-짝	웃-짝	
위-쪽	웃-쪽	
위-채	웃-채	
위-층	웃-층	
위-치마	웃-치마	
위-턱	웃-턱	~구름[上層雲]
위-팔	웃-팔	

빈출 다만 2. '아래, 위'의 대립이 없는 단어는 '웃-'으로 발음되는 형태를 표준어로 삼는다(ㄱ을 표준어로 삼고, ㄴ을 버림).

ㄱ	ㄴ	비고
웃-국	윗-국	
웃-기	윗-기	
웃-돈	윗-돈	
웃-비	윗-비	~걷다
웃-어른	윗-어른	
웃-옷	윗-옷	

제13항 한자 '구(句)'가 붙어서 이루어진 단어는 '귀'로 읽는 것을 인정하지 아니하고, '구'로 통일한다(ㄱ을 표준어로 삼고, ㄴ을 버림).

ㄱ	ㄴ	비고
구법(句法)	귀법	
구절(句節)	귀절	
구점(句點)	귀점	
결구(結句)	결귀	
경구(警句)	경귀	
경인구(警人句)	경인귀	
난구(難句)	난귀	
단구(短句)	단귀	
단명구(短命句)	단명귀	

대구(對句)	대귀	~법(對句法)
문구(文句)	문귀	
성구(成句)	성귀	~어(成句語)
시구(詩句)	시귀	
어구(語句)	어귀	
연구(聯句)	연귀	
인용구(引用句)	인용귀	
절구(絕句)	절귀	

다만, 다음 단어는 '귀'로 발음되는 형태를 표준어로 삼는다(ㄱ을 표준어로 삼고, ㄴ을 버림).

ㄱ	ㄴ	비고
귀-글	구-글	
글-귀	글-구	

(3) 준말

빈출 제14항 | 준말이 널리 쓰이고 본말이 잘 쓰이지 않는 경우에는, 준말만을 표준어로 삼는다(ㄱ을 표준어로 삼고, ㄴ을 버림).

ㄱ	ㄴ	비고
귀찮다	귀치 않다	
김	기음	~매다
똬리	또아리	
무	무우	~강즙, ~말랭이, ~생채, 가랑~, 갓~, 왜~, 총각~
미다	무이다	1. 털이 빠져 살이 드러나다 2. 찢어지다
뱀	배암	
뱀-장어	배암-장어	
빔	비음	설~, 생일~
샘	새암	~바르다, ~바리
생-쥐	새앙-쥐	
솔개	소리개	
온-갖	온-가지	
장사-치	장사-아치	

제15항 | 준말이 쓰이고 있더라도, 본말이 널리 쓰이고 있으면 본말을 표준어로 삼는다(ㄱ을 표준어로 삼고, ㄴ을 버림).

ㄱ	ㄴ	비고
경황-없다	경-없다	
궁상-떨다	궁-떨다	
귀이-개	귀-개	
낌새	낌	
낙인-찍다	낙-하다/낙-치다	

ㄱ	ㄴ	비고
내왕-꾼	냉-꾼	
돗-자리	돗	
뒤웅-박	뒝-박	
뒷물-대야	뒷-대야	
마구-잡이	막-잡이	
맵자-하다	맵자다	모양이 제격에 어울리다.
모이	모	
벽-돌	벽	
부스럼	부럼	정월 보름에 쓰는 '부럼'은 표준어임
살얼음-판	살-판	
수두룩-하다	수둑-하다	
암-죽	암	
어음	엄	
일구다	일다	
죽-살이	죽-살	
퇴박-맞다	퇴-맞다	
한통-치다	통-치다	

[붙임] 다음과 같이 명사에 조사가 붙은 경우에도 이 원칙을 적용한다(ㄱ을 표준어로 삼고, ㄴ을 버림).

ㄱ	ㄴ	비고
아래-로	알-로	

> **제16항** | 준말과 본말이 다 같이 널리 쓰이면서 준말의 효용이 뚜렷이 인정되는 것은, 두 가지를 다 표준어로 삼는다(ㄱ은 본말이며, ㄴ은 준말임).

ㄱ	ㄴ	비고
거짓-부리	거짓-불	작은말은 '가짓부리, 가짓불'임
노을	놀	저녁~
막대기	막대	
망태기	망태	
머무르다	머물다	
서두르다	서둘다	모음 어미가 연결될 때에는 준말의 활용형을 인정하지 않음
서투르다	서툴다	
석새-삼베	석새-베	
시-누이	시-뉘/시-누	
오-누이	오-뉘/오-누	
외우다	외다	외우며, 외워 : 외며, 외어
이기죽-거리다	이죽-거리다	
찌꺼기	찌끼	'찌꺽지'는 비표준어임

(4) 단수 표준어

> **제17항** | 비슷한 발음의 몇 형태가 쓰일 경우, 그 의미에 아무런 차이가 없고, 그중 하나가 더 널리 쓰이면, 그 한 형태만을 표준어로 삼는다(ㄱ을 표준어로 삼고, ㄴ을 버림).

ㄱ	ㄴ	비고
거든-그리다	거둥-그리다	1. 거든하게 거두어 싸다. 2. 작은말은 '가든-그리다'임
구어-박다	구워-박다	사람이 한 군데에서만 지내다.
귀-고리	귀엣-고리	
귀-띔	귀-팀	
귀-지	귀에-지	
까딱-하면	까땍-하면	
꼭두-각시 (기출)	꼭둑-각시	
내색	나색	감정이 나타나는 얼굴빛
내숭-스럽다	내흉-스럽다	
냠냠-거리다	얌냠-거리다	냠냠-하다
냠냠-이	얌냠-이	
너[四]	네	~ 돈, ~ 말, ~ 발, ~ 푼
넉[四]	너/네	~ 냥, ~ 되, ~ 섬, ~ 자
다다르다	다닫다	
댑-싸리	대-싸리	
더부룩-하다	더뿌룩-하다/듬뿌룩-하다	
-던 (기출)	-든	선택, 무관의 뜻을 나타내는 어미는 '-든'임 가-든(지) 말-든(지), 보-든(가) 말-든(가)
-던가	-든가	
-던걸	-든걸	
-던고	-든고	
-던데	-든데	
-던지	-든지	
-(으)려고	-(으)ㄹ려고/-(으)ㄹ라고	
-(으)려야	-(으)ㄹ려야/-(으)ㄹ래야	
망가-뜨리다	망그-뜨리다	
멸치	며루치/메리치	
반빗-아치	반비-아치	'반빗' 노릇을 하는 사람. 찬비(饌婢) '반비'는 밥 짓는 일을 맡은 계집종
보습	보십/보섭	
본새	뽄새	
봉숭아 (기출)	봉숭화	'봉선화'도 표준어임
뺨-따귀	뺌-따귀/뺨-따구니	'뺨'의 비속어임
뻐개다[斫]	뻐기다	두 조각으로 가르다.
뻐기다[誇]	뻐개다	뽐내다.

사자-탈	사지-탈	
상-판대기	쌍-판대기	
세[三]	세/석	~돈, ~말, ~발, ~푼
석[三]	세	~냥, ~되, ~섬, ~자
설령(設令)	서령	
-습니다	-읍니다	먹습니다, 갔습니다, 없습니다, 있습니다, 좋습니다 모음 뒤에는 '-ㅂ니다'임
시름-시름	시늠-시늠	
씀벅-씀벅	썸벅-썸벅	
아궁이	아궁지	
아내	안해	
어-중간	어지-중간	
오금-팽이	오금-탱이	
오래-오래	도래-도래	돼지 부르는 소리
-올시다	-올습니다	
옹골-차다	공골-차다	
우두커니	우두머니	작은말은 '오도카니'임
잠-투정	잠-투세/잠-주정	
재봉-틀	자봉-틀	발~, 손~
짓-무르다	짓-물다	
짚-북데기	짚-북세기	'짚북더기'도 비표준어임
쪽	짝	편(便). 이~, 그~, 저~ 다만, '아무-짝'은 '짝'임
천장(天障)	천정	'천정부지(天井不知)'는 '천정'임
코-맹맹이	코-맹녕이	
흉-업다	흉-헙다	

(5) 복수 표준어

제18항 | 다음 단어는 ㄱ을 원칙으로 하고, ㄴ도 허용한다.

ㄱ	ㄴ	비고
네	예	
쇠-	소-	-가죽, -고기, -기름, -머리, -뼈
괴다	고이다	물이 ~, 밑을 ~
꾀다	꼬이다	어린애를 ~, 벌레가 ~
쐬다	쏘이다	바람을 ~
죄다	조이다	나사를 ~
쬐다	쪼이다	볕을 ~

> 제19항 | 어감의 차이를 나타내는 단어 또는 발음이 비슷한 단어들이 다 같이 널리 쓰이는 경우에는, 그 모두를 표준어로 삼는다 (ㄱ, ㄴ을 모두 표준어로 삼음).

ㄱ	ㄴ	비고
거슴츠레-하다	게슴츠레-하다	
고까	꼬까	~신, ~옷
고린-내	코린-내	
교기(驕氣)	갸기	교만한 태도
구린-내	쿠린-내	
꺼림-하다	께름-하다	
나부랭이	너부렁이	

(※ 첫 번째 행 '거슴츠레-하다'는 기출)

3. 어휘 선택의 변화에 따른 표준어 규정

(1) 고어

> 제20항 | 사어(死語)가 되어 쓰이지 않게 된 단어는 고어로 처리하고, 현재 널리 사용되는 단어를 표준어로 삼는다(ㄱ을 표준어로 삼고, ㄴ을 버림).

ㄱ	ㄴ	비고
난봉	봉	
낭떠러지	낭	
설거지-하다	설겆다	
애달프다	애닯다	
오동-나무	머귀-나무	
자두	오얏	

(기출: 애달프다, 오동-나무, 자두)

(2) 한자어

> 제21항 | 고유어 계열의 단어가 널리 쓰이고 그에 대응되는 한자어 계열의 단어가 용도를 잃게 된 것은, 고유어 계열의 단어만을 표준어로 삼는다(ㄱ을 표준어로 삼고, ㄴ을 버림).

ㄱ	ㄴ	비고
가루-약	말-약	
구들-장	방-돌	
길품-삯	보행-삯	
까막-눈	맹-눈	
꼭지-미역	총각-미역	
나뭇-갓	시장-갓	
늙-다리	노-닥다리	
두껍-닫이	두껍-창	
떡-암죽	병-암죽	
마른-갈이	건-갈이	

ㄱ	ㄴ	비고
마른-빨래	건-빨래	
메-찰떡	반-찰떡	
박달-나무	배달-나무	
밥-소라	식-소라	큰 놋그릇
사래-논	사래-답	묘지기나 마름이 부쳐 먹는 땅
사래-밭	사래-전	
삯-말	삯-마	
성냥	화-곽	
솟을-무늬	솟을-문(~紋)	
외-지다	벽-지다	
움-파	동-파	
잎-담배	잎-초	
잔-돈	잔-전	
조-당수	조-당죽	
죽데기	피-죽	'죽더기'도 비표준어임
지겟-다리	목-발	지게 동발의 양쪽 다리
짐-꾼	부지-군(負持-)	
푼-돈	분-전/푼-전	
흰-말	백-말/부루-말	'백마'는 표준어임
흰-죽	백-죽	

> **제22항** | 고유어 계열의 단어가 생명력을 잃고 그에 대응되는 한자어 계열의 단어가 널리 쓰이면, 한자어 계열의 단어를 표준어로 삼는다(ㄱ을 표준어로 삼고, ㄴ을 버림).

ㄱ	ㄴ	비고
기출 개다리-소반	개다리-밥상	
겸-상	맞-상	
고봉-밥	높은-밥	
단-벌	홑-벌	
마방-집	마바리-집	馬房~
민망-스럽다/면구-스럽다	민주-스럽다	
방-고래	구들-고래	
부항-단지	뜸-단지	
산-누에	멧-누에	
산-줄기	멧-줄기/멧-발	
수-삼	무-삼	
심-돋우개	불-돋우개	
기출 양-파	둥근-파	
어질-병	어질-머리	

윤-달	군-달	
장력-세다	장성-세다	
제석	젯-돗	
기출 총각-무	알-무/알타리-무	
칫-솔	잇-솔	
포수	총-댕이	

(3) 방언

> **제23항** | 방언이던 단어가 표준어보다 더 널리 쓰이게 된 것은, 그것을 표준어로 삼는다. 이 경우, 원래의 표준어는 그대로 표준어로 남겨 두는 것을 원칙으로 한다(ㄱ을 표준어로 삼고, ㄴ도 표준어로 남겨 둠).

ㄱ	ㄴ	비고
기출 멍게	우렁쉥이	
물-방개	선두리	
애-순	어린-순	

> **제24항** | 방언이던 단어가 널리 쓰이게 됨에 따라 표준어이던 단어가 안 쓰이게 된 것은, 방언이던 단어를 표준어로 삼는다(ㄱ을 표준어로 삼고, ㄴ을 버림).

ㄱ	ㄴ	비고
귀밑-머리	귓-머리	
까-뭉개다	까-무느다	
막상	마기	
빈대-떡	빈자-떡	
기출 생인-손	생안-손	준말은 '생-손'임
기출 역-겹다	역-스럽다	
코-주부	코-보	

(4) 단수 표준어

> **제25항** | 의미가 똑같은 형태가 몇 가지 있을 경우, 그중 어느 하나가 압도적으로 널리 쓰이면, 그 단어만을 표준어로 삼는다(ㄱ을 표준어로 삼고, ㄴ을 버림).

ㄱ	ㄴ	비고
-게끔	-게시리	
겸사-겸사	겸지-겸지/겸두-겸두	
고구마	참-감자	
고치다	낫우다	병을 ~
골목-쟁이	골목-자기	
광주리	광우리	
괴통	호구	자루를 박는 부분
국-물	멀-국/말-국	

군-표	군용-어음	
길-잡이	길-앞잡이	'길라잡이'도 표준어임
까치-발	까치-다리	선반 따위를 받치는 물건
꼬창-모	말뚝-모	꼬챙이로 구멍을 뚫으면서 심는 모
나룻-배	나루	'나루[津]'는 표준어임
납-도리	민-도리	
농-지거리	기롱-지거리	다른 의미의 '기롱지거리'는 표준어임
다사-스럽다	다사-하다	간섭을 잘하다.
다오	다구	이리 ~
담배-꽁초	담배-꼬투리/담배-꽁치/ 담배-꽁추	
담배-설대	대-설대	
대장-일	성냥-일	
뒤져-내다	뒤어-내다	
뒤통수-치다	뒤꼭지-치다	
등-나무	등-칡	
등-때기	등-떠리	'등'의 낮은 말
등잔-걸이	등경-걸이	
떡-보	떡-충이	
똑딱-단추	딸꼭-단추	
매-만지다	우미다	
먼-발치	먼-발치기	
며느리-발톱	뒷-발톱	
명주-붙이	주-사니	
목-메다	목-맺히다	
밀짚-모자	보릿짚-모자	
바가지	열-바가지/열-박	
바람-꼭지	바람-고다리	튜브의 바람을 넣는 구멍에 붙은, 쇠로 만든 꼭지
반-나절	나절-가웃	
반두	독대	그물의 한 가지
버젓-이	뉘연-히	
본-받다	법-받다	
부각	다시마-자반	
부끄러워-하다	부끄리다	
부스러기	부스럭지	
부지깽이	부지팽이	
부항-단지	부항-항아리	부스럼에서 피고름을 빨아내기 위하여 부항을 붙이는 데 쓰는, 자그마한 단지
붉으락-푸르락	푸르락-붉으락	
비켜-덩이	옆-사리미	김맬 때에 흙덩이를 옆으로 빼내는 일, 또는 그 흙덩이
빙충-이	빙충-맞이	작은말은 '뱅충이'

빠-뜨리다	빠-치다	'빠트리다'도 표준어임
뻣뻣-하다	왜긋다	
뽐-내다	느물다	
사로-잠그다	사로-채우다	자물쇠나 빗장 따위를 반 정도만 걸어 놓다.
살-풀이	살-막이	
상투-쟁이	상투-꼬부랑이	상투 튼 이를 놀리는 말
새앙-손이	생강-손이	
기출 샛-별	새벽-별	
선-머슴	풋-머슴	
섭섭-하다	애운-하다	
속-말	속-소리	국악 용어 '속소리'는 표준어임
손목-시계	팔목-시계/팔뚝-시계	
손-수레	손-구루마	'구루마'는 일본어임
쇠-고랑	고랑-쇠	
수도-꼭지	수도-고동	
숙성-하다	숙-지다	
순대	골-집	
술-고래	술-꾸러기/술-부대/술-보/술-푸대	
식은-땀	찬-땀	
신기-롭다	신기-스럽다	'신기-하다'도 표준어임
쌍동-밤	쪽-밤	
쏜살-같이	쏜살-로	
기출 아주	영판	
안-걸이	안-낚시	씨름 용어
안다미-씌우다	안다미-시키다	제가 담당할 책임을 남에게 넘기다.
안쓰럽다	안-슬프다	
기출 안절부절-못하다	안절부절-하다	
앉은뱅이-저울	앉은-저울	
알-사탕	구슬-사탕	
암-내	곁땀-내	
앞-지르다	따라-먹다	
애-벌레	어린-벌레	
얕은-꾀	물탄-꾀	
언뜻	펀뜻	
언제나	노다지	
얼룩-말	워라-말	
열심-히	열심-으로	
입-담	말-담	
자배기	너벅지	

전봇-대	전선-대	
쥐락-펴락	펴락-쥐락	
-지만	-지만서도	← -지마는
짓고-땡	지어-땡/짓고-땡이	
짧은-작	짜른-작	
찹-쌀	이-찹쌀	
청대-콩	푸른-콩	
칡-범	갈-범	

기존 규정				2017. 03. 28. 수정안			
〈표준어 사정 원칙 제25항〉				〈표준어 사정 원칙 제25항〉			
의미가 똑같은 형태가 몇 가지 있을 경우, 그 중 어느 하나가 압도적으로 널리 쓰이면, 그 단어만을 표준어로 삼는다(ㄱ을 표준어로 삼고, ㄴ을 버림).				의미가 똑같은 형태가 몇 가지 있을 경우, 그중 어느 하나가 압도적으로 널리 쓰이면, 그 단어만을 표준어로 삼는다(ㄱ을 표준어로 삼고, ㄴ을 버림).			
ㄱ	ㄴ	비 고		ㄱ	ㄴ	비 고	
까다롭다	까닭-스럽다/까탈스럽다			〈삭제〉	〈삭제〉		
꼬창-모	말뚝-모	꼬창이로 구멍을 뚫으면서 심는 모		꼬창-모	말뚝-모	꼬챙이로 구멍을 뚫으면서 심는 모	
다사-스럽다	다사-하다	간섭을 잘 하다.		다사-스럽다	다사-하다	간섭을 잘하다.	
-에는	-엘랑			〈삭제〉	〈삭제〉		
주책-없다	주책-이다	'주착 → 주책'은 제11항 참조		〈삭제〉	〈삭제〉	〈삭제〉	

▶ 개정을 하면서 ㄱ, ㄴ을 모두 표준어로 삼기로 하여서 단수 표준어의 용례에서 삭제되었으므로, 해당 사항에 유의해야 한다.

(5) 복수 표준어

제26항 | 한 가지 의미를 나타내는 형태 몇 가지가 널리 쓰이며 표준어 규정에 맞으면, 그 모두를 표준어로 삼는다.

복수 표준어	비고
가는-허리/잔-허리	
가락-엿/가래-엿	
가뭄/가물	
가엾다/가엽다	가엾어/가여워, 가엾은/가여운
감감-무소식/감감-소식	
개수-통/설거지-통	'설겆다'는 '설거지하다'로
개숫-물/설거지-물	
갱-엿/검은-엿	
-거리다/-대다	가물-, 출렁-
거위-배/횟-배	
것/해	내 ~, 네 ~, 뉘 ~
게울러-빠지다/게울러-터지다	
고깃-간/푸줏-간	'고깃-관, 푸줏-관, 다림-방'은 비표준어임
곰곰/곰곰-이	

※ 기출: 가엾다/가엽다

	관계-없다/상관-없다	
	교정-보다/준-보다	
	구들-재/구재	
	귀퉁-머리/귀퉁-배기	'귀퉁이'의 비어임
	극성-떨다/극성-부리다	
	기세-부리다/기세-피우다	
	기승-떨다/기승-부리다	
	깃-저고리/배내-옷/배냇-저고리	
	꼬까/때때/고까	~신, ~옷
	꼬리-별/살-별	
	꽃-도미/붉-돔	
	나귀/당-나귀	
	날-걸/세-뿔	윷판의 쨀밭 다음의 셋째 밭
	내리-글씨/세로-글씨	
기출	넝쿨/덩굴	'덩쿨'은 비표준어임
기출	녘/쪽	동~, 서~
	눈-대중/눈-어림/눈-짐작	
	느리-광이/느림-보/늘-보	
	늦-모/마냥-모	← 만이앙-모
	다기-지다/다기-차다	
	다달-이/매-달	
	-다마다/-고말고	
	다박-나룻/다박-수염	
	닭의-장/닭-장	
기출	댓-돌/툇-돌	
	덧-창/겉-창	
	독장-치다/독판-치다	
	동자-기둥/쪼구미	
	돼지-감자/뚱딴지	
기출	되우/된통/되게	
	두동-무니/두동-사니	윷놀이에서, 두 동이 한데 어울려 가는 말
기출	뒷-갈망/뒷-감당	
	뒷-말/뒷-소리	
	들락-거리다/들랑-거리다	
	들락-날락/들랑-날랑	
	딴-전/딴-청	
	땅-콩/호-콩	
	땔-감/땔-거리	
기출	-뜨리다/-트리다	깨-, 떨어-, 쏟-
	뜬-것/뜬-귀신	

마룻-줄/용총-줄	돛대에 매어 놓은 줄. '이어줄'은 비표준어임
마-파람/앞-바람	
만장-판/만장-중(滿場中)	
만큼/만치	
말-동무/말-벗	
매-갈이/매-조미	
매-통/목-매	
먹-새/먹음-새	'먹음-먹이'는 비표준어임
멀찌감치/멀찌가니/멀찍-이	
멱-통/산-멱/산-멱통	
면-치레/외면-치레	
모-내다/모-심다	모-내기, 모-심기
모쪼록/아무쪼록	
목판-되/모-되	
목화-씨/면화-씨	
무심-결/무심-중	
물-봉숭아/물-봉선화	
물-부리/빨-부리	
물-심부름/물-시중	
물추리-나무/물추리-막대	
물-타작/진-타작	
민둥-산/벌거숭이-산	
밑-층/아래-층	
바깥-벽/밭-벽	
바른/오른[右]	~손, ~쪽, ~편
발-모가지/발-목쟁이	'발목'의 비속어임
버들-강아지/버들-개지	
벌레/버러지	'벌거지, 벌러지'는 비표준어임
변덕-스럽다/변덕-맞다	
보-조개/볼-우물	
보통-내기/여간-내기/예사-내기	'행-내기'는 비표준어임
볼-따구니/볼-퉁이/볼-때기	'볼'의 비속어임
부침개-질/부침-질/지짐-질	'부치개-질'은 비표준어임
불똥-앉다/등화-지다/등화-앉다	
불-사르다/사르다	
비발/비용(費用)	
뾰두라지/뾰루지	
살-쾡이/삵	삵-피
삽살-개/삽사리	
상두-꾼/상여-꾼	'상도-꾼, 향도-꾼'은 비표준어임

상-씨름/소-걸이	
생/새앙/생강	
생-뿔/새앙-뿔/생강-뿔	'쇠뿔'의 형용
생-철/양-철	1. '서양철'은 비표준어임 2. '生鐵'은 '무쇠'임
서럽다/섧다	'설다'는 비표준어임
서방-질/화냥-질	
성글다/성기다	
-(으)세요/-(으)셔요	
송이/송이-버섯	
수수-깡/수숫-대	
술-안주/안주	
-스레하다/-스름하다	거무-, 발그-
시늉-말/흉내-말	
시새/세사(細沙)	
신/신발	
신주-보/독보(櫝褓)	
심술-꾸러기/심술-쟁이	
씁쓰레-하다/씁쓰름-하다	
아귀-세다/아귀-차다	
아래-위/위-아래	
아무튼/어떻든/어쨌든/하여튼/여하튼	
앉음-새/앉음-앉음	
알은-척/알은-체	
애-갈이/애벌-갈이	
애꾸눈-이/외눈-박이	'외대-박이, 외눈-퉁이'는 비표준어임
양념-감/양념-거리	
어금버금-하다/어금지금-하다	
어기여차/어여차	
어림-잡다/어림-치다	
어이-없다/어처구니-없다	
어저께/어제	
언덕-바지/언덕-배기	
얼렁-뚱땅/엄벙-뗑	
여왕-벌/장수-벌	
여쭈다/여쭙다	
여태/입때	'여직'은 비표준어임
여태-껏/이제-껏/입때-껏	'여직-껏'은 비표준어임
역성-들다/역성-하다	'편역-들다'는 비표준어임
연-달다/잇-달다	

엿-가락/엿-가래	
엿-기름/엿-길금	
엿-반대기/엿-자박	
오사리-잡놈/오색-잡놈	'오합-잡놈'은 비표준어임
옥수수/강냉이	~떡, ~묵, ~밥, ~튀김
왕골-기직/왕골-자리	
외겹-실/외올-실/홑-실	'홑겹-실, 올-실'은 비표준어임
외손-잡이/한손-잡이	
욕심-꾸러기/욕심-쟁이	
기출 우레/천둥	우렛-소리/천둥-소리
우지/울-보	
을러-대다/을러-메다	
의심-스럽다/의심-쩍다	
-이에요/-이어요	
이틀-거리/당-고금	학질의 일종임
일일-이/하나-하나	
일찌감치/일찌거니	
입찬-말/입찬-소리	
자리-옷/잠-옷	
자물-쇠/자물-통	
장가-가다/장가-들다	'서방-가다'는 비표준어임
재롱-떨다/재롱-부리다	
제-가끔/제-각기	
좀-처럼/좀-체	'좀-체로, 좀-해선, 좀-해'는 비표준어임
줄-꾼/줄-잡이	
중신/중매	
짚-단/짚-뭇	
쪽/편	오른~, 왼~
차차/차츰	
책-씻이/책-거리	
척/체	모르는 ~, 잘난 ~
천연덕-스럽다/천연-스럽다	
철-따구니/철-딱서니/철-딱지	'철-때기'는 비표준어임
추어-올리다/추어-주다	'추켜-올리다'는 비표준어임
축-가다/축-나다	
침-놓다/침-주다	
통-꼭지/통-젖	통에 붙은 손잡이
파자-쟁이/해자-쟁이	점치는 이
편지-투/편지-틀	
한턱-내다/한턱-하다	

해웃-값/해웃-돈	'해우-차'는 비표준어임
혼자-되다/홀로-되다	
흠-가다/흠-나다/흠-지다	

2 표준 발음법

1. 총칙

제1항 | 표준 발음법은 표준어의 실제 발음을 따르되, 국어의 전통성과 합리성을 고려하여 정함을 원칙으로 한다.

2. 자음과 모음

제2항 | 표준어의 자음은 다음 19개로 한다.

ㄱ ㄲ ㄴ ㄷ ㄸ ㄹ ㅁ ㅂ ㅃ ㅅ ㅆ ㅇ ㅈ ㅉ ㅊ ㅋ ㅌ ㅍ ㅎ

제3항 | 표준어의 모음은 다음 21개로 한다.

ㅏ ㅐ ㅑ ㅒ ㅓ ㅔ ㅕ ㅖ ㅗ ㅘ ㅙ ㅚ ㅛ ㅜ ㅝ ㅞ ㅟ ㅠ ㅡ ㅢ ㅣ

제4항 | 'ㅏ ㅐ ㅓ ㅔ ㅗ ㅚ ㅜ ㅟ ㅡ ㅣ'는 단모음(單母音)으로 발음한다.

[붙임] 'ㅚ, ㅟ'는 이중 모음으로 발음할 수 있다.

제5항 | 'ㅑ ㅒ ㅕ ㅖ ㅘ ㅙ ㅛ ㅝ ㅞ ㅠ ㅢ'는 이중 모음으로 발음한다.

다만 1. 용언의 활용형에 나타나는 '져, 쪄, 쳐'는 [저, 쩌, 처]로 발음한다.
  예 가지어 → 가져[가저]   찌어 → 쪄[쩌]   다치어 → 다쳐[다처]

빈출 다만 2. '예, 례' 이외의 'ㅖ'는 [ㅔ]로도 발음한다.
  예 계집[계:집/게:집]   계시다[계:시다/게:시다]
     시계[시계/시게](時計)   연계[연계/연게](連繫)
     몌별[몌별/메별](袂別)   개폐[개폐/개페](開閉)
     혜택[혜:택/헤:택](惠澤)   지혜[지혜/지헤](智慧)

빈출 다만 3. 자음을 첫소리로 가지고 있는 음절의 'ㅢ'는 [ㅣ]로 발음한다.
  예 늴리리   닁큼   무늬   **기출** 띄어쓰기   씌어
     티어   희어   희떱다   희망   유희

다만 4. 단어의 첫음절 이외의 '의'는 [ㅣ]로, 조사 '의'는 [ㅔ]로 발음함도 허용한다.
  예 주의[주의/주이]   **기출** 협의[혀븨/혀비]
  기출 우리의[우리의/우리에]   강의의[강:의의/강:이에]

3. 음의 길이

> **제6항** | 모음의 장단을 구별하여 발음하되, 단어의 첫음절에서만 긴소리가 나타나는 것을 원칙으로 한다.

例 눈보라[눈:보라]   말씨[말:씨]   밤나무[밤:나무]
많다[만:타]   멀리[멀:리]   벌리다[벌:리다]
첫눈[천눈]   참말[참말]   쌍동밤[쌍동밤]
수많이[수:마니]   눈멀다[눈멀다]   떠벌리다[떠벌리다]

다만, 합성어의 경우에는 둘째 음절 이하에서도 분명한 긴소리를 인정한다.

例 반신반의[반:신바:늬/반:신바:니]   재삼재사[재:삼재:사]

[붙임] 용언의 단음절 어간에 어미 '-아/-어'가 결합되어 한 음절로 축약되는 경우에도 긴소리로 발음한다.

例 보아 → 봐[봐:]   기어 → 겨[겨:]   되어 → 돼[돼:]
두어 → 둬[둬:]   하여 → 해[해:]

다만, '오아 → 와, 지어 → 져, 찌어 → 쪄, 치어 → 쳐' 등은 긴소리로 발음하지 않는다.

> **제7항** | 긴소리를 가진 음절이라도, 다음과 같은 경우에는 짧게 발음한다.

① 단음절인 용언 어간에 모음으로 시작된 어미가 결합되는 경우

例 감다[감:따] — 감으니[가므니]   밟다[밥:따] — 밟으면[발브면]
신다[신:따] — 신어[시너]   알다[알:다] — 알아[아라]

다만, 다음과 같은 경우에는 예외적이다.

例 끌다[끌:다] — 끌어[끄:러]   떫다[떨:따] — 떫은[떨:븐]
벌다[벌:다] — 벌어[버:러]   썰다[썰:다] — 썰어[써:러]
없다[업:따] — 없으니[업:쓰니]

② 용언 어간에 피동, 사동의 접미사가 결합되는 경우

例 감다[감:따] — 감기다[감기다]   꼬다[꼬:다] — 꼬이다[꼬이다]
밟다[밥:따] — 밟히다[발피다]

다만, 다음과 같은 경우에는 예외적이다.

例 끌리다[끌:리다]   벌리다[벌:리다]   없애다[업:쌔다]

[붙임] 다음과 같은 복합어에서는 본디의 길이에 관계없이 짧게 발음한다.

例 밀-물   썰-물   쏜-살-같이   작은-아버지

4. 받침의 발음

> **제8항** | 받침소리로는 'ㄱ, ㄴ, ㄷ, ㄹ, ㅁ, ㅂ, ㅇ'의 7개 자음만 발음한다.

> **제9항** | 받침 'ㄲ, ㅋ', 'ㅅ, ㅆ, ㅈ, ㅊ, ㅌ', 'ㅍ'은 어말 또는 자음 앞에서 각각 대표음 [ㄱ, ㄷ, ㅂ]으로 발음한다.

例 닦다[닥따]   키읔[키윽] 기출 키읔과[키윽꽈]   옷[옫]
웃다[욷:따]   있다[읻따]   젖[젇]   빚다[빋따]

꽃[꼳] 기출 쫓다[쫃따] 솥[솓] 뱉다[밷ː따]
앞[압] 덮다[덥따]

> 빈출 **제10항** | 겹받침 'ㄳ', 'ㄵ', 'ㄼ, ㄽ, ㄾ', 'ㅄ'은 어말 또는 자음 앞에서 각각 [ㄱ, ㄴ, ㄹ, ㅂ]으로 발음한다.

예 넋[넉]   넋과[넉꽈]   앉다[안따]   여덟[여덜]
기출 넓다[널따]   외곬[외골] 기출 핥다[할따]   값[갑]
기출 없다[업ː따]

다만, '밟-'은 자음 앞에서 [밥]으로 발음하고, '넓-'은 다음과 같은 경우에 [넙]으로 발음한다.

예 밟다[밥ː따]   밟소[밥ː쏘] 기출 밟지[밥ː찌]
   밟는[밥ː는 → 밤ː는]   밟게[밥ː께]   밟고[밥ː꼬]
기출 넓-죽하다[넙쭈카다] 기출 넓-둥글다[넙뚱글다]

> **제11항** | 겹받침 'ㄺ, ㄻ, ㄿ'은 어말 또는 자음 앞에서 각각 [ㄱ, ㅁ, ㅂ]으로 발음한다.

예 닭[닥]   흙과[흑꽈]   맑다[막따] 기출 늙지[늑찌]
기출 삶[삼ː]   젊다[점ː따] 기출 읊고[읍꼬] 기출 읊다[읍따]

> 빈출 다만, 용언의 어간 말음 'ㄺ'은 'ㄱ' 앞에서 [ㄹ]로 발음한다.

예 기출 맑게[말께]   묽고[물꼬]   얽거나[얼꺼나]

> **제12항** | 받침 'ㅎ'의 발음은 다음과 같다.

① 'ㅎ(ㄶ, ㅀ)' 뒤에 'ㄱ, ㄷ, ㅈ'이 결합되는 경우에는, 뒤 음절 첫소리와 합쳐서 [ㅋ, ㅌ, ㅊ]으로 발음한다.

예 놓고[노코] 기출 좋던[조ː턴]   쌓지[싸치]
   많고[만ː코]   않던[안턴]   닳지[달치]

[붙임 1] 받침 'ㄱ(ㄺ), ㄷ, ㅂ(ㄼ), ㅈ(ㄵ)'이 뒤 음절 첫소리 'ㅎ'과 결합되는 경우에도, 역시 두 음을 합쳐서 [ㅋ, ㅌ, ㅍ, ㅊ]으로 발음한다.

예 각하[가카]   먹히다[머키다]   밝히다[발키다] 기출 맏형[마텽]
   좁히다[조피다]   넓히다[널피다]   꽂히다[꼬치다]   앉히다[안치다]

[붙임 2] 규정에 따라 'ㄷ'으로 발음되는 'ㅅ, ㅈ, ㅊ, ㅌ'의 경우에도 이에 준한다.

예 옷 한 벌[오탄벌]   낮 한때[나탄때]
   꽃 한 송이[꼬탄송이]   숱하다[수타다]

② 'ㅎ(ㄶ, ㅀ)' 뒤에 'ㅅ'이 결합되는 경우에는, 'ㅅ'을 [ㅆ]으로 발음한다.

예 닿소[다쏘]   많소[만ː쏘]   싫소[실쏘]

③ 'ㅎ' 뒤에 'ㄴ'이 결합되는 경우에는, [ㄴ]으로 발음한다.

예 놓는[논는]   쌓네[싼네]

[붙임] 'ㄶ, ㅀ' 뒤에 'ㄴ'이 결합되는 경우에는, 'ㅎ'을 발음하지 않는다.

예 않네[안네]   않는[안는]   뚫네[뚤네 → 뚤레]   뚫는[뚤는 → 뚤른]
※ '뚫네[뚤네 → 뚤레], 뚫는[뚤는 → 뚤른]'에 대해서는 제20항 참조

④ 'ㅎ(ㄶ, ㅀ)' 뒤에 모음으로 시작된 어미나 접미사가 결합되는 경우에는, 'ㅎ'을 발음하지 않는다.
예 낳은[나은]   놓아[노아]   쌓이다[싸이다]   많아[마:나]
   않은[아는]   닳아[다라]   싫어도[시러도]

> **제13항** | 홑받침이나 쌍받침이 모음으로 시작된 조사나 어미, 접미사와 결합되는 경우에는, 제 음가대로 뒤 음절 첫소리로 옮겨 발음한다.

예 깎아[까까]   옷이[오시]   있어[이써]   낮이[나지]
   꽂아[꼬자]   기출 꽃을[꼬츨]   쫓아[쪼차]   기출 밭에[바테]
   앞으로[아프로]   덮이다[더피다]

> **제14항** | 겹받침이 모음으로 시작된 조사나 어미, 접미사와 결합되는 경우에는, 뒤엣것만을 뒤 음절 첫소리로 옮겨 발음한다(이 경우, 'ㅅ'은 된소리로 발음함).

예 넋이[넉씨]   앉아[안자]   기출 닭을[달글]   젊어[절머]
   기출 곬이[골씨] 기출 핥아[할타]   읊어[을퍼]   값을[갑쓸]
   없어[업:써]

> **제15항** | 받침 뒤에 모음 'ㅏ, ㅓ, ㅗ, ㅜ, ㅟ'들로 시작되는 실질 형태소가 연결되는 경우에는, 대표음으로 바꾸어서 뒤 음절 첫소리로 옮겨 발음한다.

예 기출 밭 아래[바다래]   늪 앞[느밥]   젖어미[저더미]
   기출 맛없다[마덥따]   기출 겉옷[거돋]   기출 헛웃음[허두슴]
   기출 꽃 위[꼬뒤]

다만, '맛있다, 멋있다'는 [마싣따], [머싣따]로도 발음할 수 있다.

[붙임] 겹받침의 경우에는, 그중 하나만을 옮겨 발음한다.
예 넋 없다[너겁따]   기출 닭 앞에[다가페]   값어치[가버치]
   값있는[가빈는]

> **제16항** | 한글 자모의 이름은 그 받침소리를 연음하되, 'ㄷ, ㅈ, ㅊ, ㅋ, ㅌ, ㅍ, ㅎ'의 경우에는 특별히 다음과 같이 발음한다.

예 디귿이[디그시]   디귿을[디그슬]   디귿에[디그세]
   지읒이[지으시]   지읒을[지으슬]   지읒에[지으세]
   치읓이[치으시]   치읓을[치으슬]   치읓에[치으세]
   키읔이[키으기]   키읔을[키으글]   키읔에[키으게]
   티읕이[티으시]   티읕을[티으슬]   티읕에[티으세]
   피읖이[피으비]   피읖을[피으블]   피읖에[피으베]
   히읗이[히으시]   히읗을[히으슬]   히읗에[히으세]

5. 음의 동화

> **제17항** | 받침 'ㄷ, ㅌ(ㄾ)'이 조사나 접미사의 모음 'ㅣ'와 결합되는 경우에는, [ㅈ, ㅊ]으로 바꾸어서 뒤 음절 첫소리로 옮겨 발음한다.

예 곧이듣다[고지듣따] 굳이[구지] 기출 미닫이[미ː다지]
땀받이[땀바지] 기출 밭이[바치] 벼훑이[벼훌치]

[붙임] 'ㄷ' 뒤에 접미사 '히'가 결합되어 '티'를 이루는 것은 [치]로 발음한다.

예 굳히다[구치다] 기출 닫히다[다치다] 묻히다[무치다]

> **제18항** | 받침 'ㄱ(ㄲ, ㅋ, ㄳ, ㄺ), ㄷ(ㅅ, ㅆ, ㅈ, ㅊ, ㅌ, ㅎ), ㅂ(ㅍ, ㄼ, ㄿ, ㅄ)'은 'ㄴ, ㅁ' 앞에서 [ㅇ, ㄴ, ㅁ]으로 발음한다.

예 먹는[멍는] 국물[궁물] 깎는[깡는] 키읔만[키응만]
기출 몫몫이[몽목씨] 긁는[긍는] 기출 흙만[흥만] 닫는[단는]
짓는[진ː는] 옷맵시[온맵씨] 있는[인는] 맞는[만는]
젖멍울[전멍울] 쫓는[쫀는] 기출 꽃망울[꼰망울] 붙는[분는]
놓는[논는] 잡는[잠는] 밥물[밤물] 앞마당[암마당]
기출 밟는[밤ː는] 읊는[음는] 없는[엄ː는]

[붙임] 두 단어를 이어서 한 마디로 발음하는 경우에도 이와 같다.

예 책 넣는다[챙넌는다] 흙 말리다[흥말리다] 옷 맞추다[온맏추다]
밥 먹는다[밤멍는다] 값 매기다[감매기다]

> **제19항** | 받침 'ㅁ, ㅇ' 뒤에 연결되는 'ㄹ'은 [ㄴ]으로 발음한다.

예 담력[담ː녁] 침략[침ː냑] 강릉[강능] 항로[항ː노]
대통령[대ː통녕]

[붙임] 받침 'ㄱ, ㅂ' 뒤에 연결되는 'ㄹ'도 [ㄴ]으로 발음한다.

예 막론[막논 → 망논] 석류[석뉴 → 성뉴] 기출 협력[협녁 → 혐녁]
법리[법니 → 범니]

기존 규정	2017. 03. 28. 수정안
〈표준 발음법 제19항 붙임〉 [붙임] 받침 'ㄱ, ㅂ' 뒤에 연결되는 'ㄹ'도 [ㄴ]으로 발음한다. 막론[막논 → 망논] 백리[백니 → 뱅니] 협력[협녁 → 혐녁] 십리[십니 → 심니]	〈표준 발음법 제19항 붙임〉 [붙임] 받침 'ㄱ, ㅂ' 뒤에 연결되는 'ㄹ'도 [ㄴ]으로 발음한다. 막론[막논 → 망논] 석류[석뉴 → 성뉴] 협력[협녁 → 혐녁] 법리[법니 → 범니]

▶ 대표적인 용례 제시 단어가 변경되었으므로, 이 단어들의 표준 발음에 유의해야 한다.

> **제20항** | 'ㄴ'은 'ㄹ'의 앞이나 뒤에서 [ㄹ]로 발음한다.

예 난로[날ː로] 신라[실라] 천리[철리]
광한루[광ː할루] 대관령[대ː괄령]
칼날[칼랄] 기출 물난리[물랄리] 기출 줄넘기[줄럼끼]
할는지[할른지]

[붙임] 첫소리 'ㄴ'이 'ㅀ', 'ㄾ' 뒤에 연결되는 경우에도 이에 준한다.

예 닳는[달른] 기출 뚫는[뚤른] 핥네[할레]

다만, 다음과 같은 단어들은 'ㄹ'을 [ㄴ]으로 발음한다.

예 기출 의견란[의:견난] 임진란[임:진난] 기출 생산량[생산냥]
결단력[결딴녁] 기출 공권력[공꿘녁] 동원령[동:원녕]
상견례[상견녜] 횡단로[횡단노] 이원론[이:원논]
입원료[이붠뇨] 구근류[구근뉴]

제21항 | 위에서 지적한 이외의 자음 동화는 인정하지 않는다.

예 감기[감:기](×[강:기]) 옷감[옫깜](×[옥깜])
있고[읻꼬](×[익꼬]) 꽃길[꼳낄](×[꼭낄])
젖먹이[전머기](×[점머기]) 기출 문법[문뻡](×[뭄뻡])
꽃밭[꼳빧](×[꼽빧])

제22항 | 다음과 같은 용언의 어미는 [어]로 발음함을 원칙으로 하되, [여]로 발음함도 허용한다.

예 되어[되어/되여] 피어[피어/피여]

[붙임] '이오, 아니오'도 이에 준하여 [이요, 아니요]로 발음함을 허용한다.

6. 경음화

제23항 | 받침 'ㄱ(ㄲ, ㅋ, ㄳ, ㄺ), ㄷ(ㅅ, ㅆ, ㅈ, ㅊ, ㅌ), ㅂ(ㅍ, ㄼ, ㄿ, ㅄ)' 뒤에 연결되는 'ㄱ, ㄷ, ㅂ, ㅅ, ㅈ'은 된소리로 발음한다.

예 국밥[국빱] 깎다[깍따] 넋받이[넉빠지] 삯돈[삭똔]
닭장[닥짱] 칡범[칙뻠] 뻗대다[뻗때다] 옷고름[옫꼬름]
있던[읻떤] 꽂고[꼳꼬] 꽃다발[꼳따발] 기출 낯설다[낟썰다]
밭갈이[받까리] 솥전[솓쩐] 곱돌[곱똘] 덮개[덥깨]
옆집[엽찝] 넓죽하다[넙쭈카다] 읊조리다[읍쪼리다] 값지다[갑찌다]

제24항 | 어간 받침 'ㄴ(ㄵ), ㅁ(ㄻ)' 뒤에 결합되는 어미의 첫소리 'ㄱ, ㄷ, ㅅ, ㅈ'은 된소리로 발음한다.

예 신고[신:꼬] 껴안다[껴안따] 앉고[안꼬] 얹다[언따]
삼고[삼:꼬] 더듬지[더듬찌] 닮고[담:꼬] 젊지[점:찌]

빈출 다만, 피동, 사동의 접미사 '-기-'는 된소리로 발음하지 않는다.

예 안기다 감기다 굶기다 옮기다

제25항 | 어간 받침 'ㄼ, ㄾ' 뒤에 결합되는 어미의 첫소리 'ㄱ, ㄷ, ㅅ, ㅈ'은 된소리로 발음한다.

예 넓게[널께] 핥다[할따] 훑소[훌쏘] 떫지[떨:찌]

제26항 | 한자어에서, 'ㄹ' 받침 뒤에 연결되는 'ㄷ, ㅅ, ㅈ'은 된소리로 발음한다.

예 갈등[갈뜽]　　발동[발똥]　　절도[절또]　　말살[말쌀]
　　불소[불쏘](弗素)　일시[일씨]　갈증[갈쯩]　물질[물찔]
　　발전[발쩐]　　몰상식[몰쌍식]　불세출[불쎄출]

다만, 같은 한자가 겹쳐진 단어의 경우에는 된소리로 발음하지 않는다.

예 허허실실[허허실실](虛虛實實)　　절절-하다[절절하다](切切-)

제27항 | 관형사형 '-(으)ㄹ' 뒤에 연결되는 'ㄱ, ㄷ, ㅂ, ㅅ, ㅈ'은 된소리로 발음한다.

예 할 것을[할꺼슬]　갈 데가[갈떼가]　할 바를[할빠를]
　　할 수는[할쑤는]　할 적에[할쩌게]　갈 곳[갈꼳]
　　할 도리[할또리]　만날 사람[만날싸람]

다만, 끊어서 말할 적에는 예사소리로 발음한다.

[붙임] '-(으)ㄹ'로 시작되는 어미의 경우에도 이에 준한다.

예 할걸[할껄]　　할밖에[할빠께]　할세라[할쎄라]
　　할수록[할쑤록]　할지라도[할찌라도]　할지언정[할찌언정]
　　할진대[할찐대]

제28항 | 표기상으로는 사이시옷이 없더라도, 관형격 기능을 지니는 사이시옷이 있어야 할(휴지가 성립되는) 합성어의 경우에는, 뒤 단어의 첫소리 'ㄱ, ㄷ, ㅂ, ㅅ, ㅈ'을 된소리로 발음한다.

예 문-고리[문꼬리]　눈-동자[눈똥자]　신-바람[신빠람]
　　산-새[산쌔]　　손-재주[손째주]　길-가[길까]
　　물-동이[물똥이]　발-바닥[발빠닥]　굴-속[굴:쏙]
　　술-잔[술짠]　　바람-결[바람껼]　그믐-달[그믐딸]
　　아침-밥[아침빱]　잠-자리[잠짜리]　강-가[강까]
　　초승-달[초승딸]　등-불[등뿔]　　창-살[창쌀]
　　강-줄기[강쭐기]

7. 음의 첨가

제29항 | 합성어 및 파생어에서, 앞 단어나 접두사의 끝이 자음이고 뒤 단어나 접미사의 첫음절이 '이, 야, 여, 요, 유'인 경우에는, 'ㄴ' 음을 첨가하여 [니, 냐, 녀, 뇨, 뉴]로 발음한다.

예 솜-이불[솜:니불] 기출　홑-이불[혼니불]　막-일[망닐]
　　삯-일[상닐]　　맨-입[맨닙]　　꽃-잎[꼰닙]
　　내복-약[내:봉냑]　한-여름[한녀름]　남존-여비[남존녀비]
　　신-여성[신녀성] 기출　색-연필[생년필] 기출　직행-열차[지캥녈차]
　　늑막-염[능망념]　콩-엿[콩녇]　　담-요[담:뇨]
　　눈-요기[눈뇨기]　영업-용[영엄뇽]　식용-유[시굥뉴]
　　백분-율[백뿐뉼]　밤-윷[밤:뉻]

빈출 다만, 다음과 같은 말들은 'ㄴ' 음을 첨가하여 발음하되, 표기대로 발음할 수 있다.

예 이죽-이죽[이중니죽/이주기죽]   야금-야금[야금냐금/야그먀금]
기출 검열[검ː녈/거ː멸]   율랑-율랑[율랑뇰랑/율랑욜랑]
기출 금융[금늉/그뮹]

[붙임 1] 'ㄹ' 받침 뒤에 첨가되는 'ㄴ' 음은 [ㄹ]로 발음한다.

예 들-일[들ː릴]   솔-잎[솔립]   **기출** 설-익다[설릭따]
물-약[물략]   불-여우[불려우]   서울-역[서울력]
물-엿[물렫]   휘발-유[휘발류]   유들-유들[유들류들]

[붙임 2] 두 단어를 이어서 한 마디로 발음하는 경우에도 이에 준한다.

예 한 일[한닐]   옷 입다[온닙따]   서른여섯[서른녀섣]
3연대[삼년대]   먹은 엿[머근녇]   할 일[할릴]
잘 입다[잘립따]   스물여섯[스물려섣]   1연대[일련대]
먹을 엿[머글렫]

빈출 다만, 다음과 같은 단어에서는 'ㄴ(ㄹ)' 음을 첨가하여 발음하지 않는다.

예 6·25[유기오]   3·1절[사밀쩔]   송별-연[송ː벼련]
등-용문[등용문]

제30항 | 사이시옷이 붙은 단어는 다음과 같이 발음한다.

① 'ㄱ, ㄷ, ㅂ, ㅅ, ㅈ'으로 시작하는 단어 앞에 사이시옷이 올 때는 이들 자음만을 된소리로 발음하는 것을 원칙으로 하되, 사이시옷을 [ㄷ]으로 발음하는 것도 허용한다.

예 냇가[내ː까/낻ː까]   샛길[새ː낄/샏ː낄]
빨랫돌[빨래똘/빨랟똘]   콧등[코뜽/콛뜽]
깃발[기빨/긷빨]   대팻밥[대ː패빱/대ː팯빱]
햇살[해쌀/핻쌀]   뱃속[배쏙/밷쏙]
뱃전[배쩐/밷쩐]   고갯짓[고개찓/고갣찓]

② 사이시옷 뒤에 'ㄴ, ㅁ'이 결합되는 경우에는 [ㄴ]으로 발음한다.

예 콧날[콛날 → 콘날]   아랫니[아랟니 → 아랜니]
툇마루[퇻ː마루 → 퇸ː마루]   뱃머리[밷머리 → 밴머리]

③ 사이시옷 뒤에 '이' 음이 결합되는 경우에는 [ㄴㄴ]으로 발음한다.

예 베갯잇[베갣닏 → 베갠닏]   깻잎[깯닙 → 깬닙]
기출 나뭇잎[나묻닙 → 나문닙]   도리깻열[도리깯녈 → 도리깬녈]
뒷윷[뒫ː뉻 → 뒨ː뉻]

01 표준어 규정/표준 발음법

이론점검 문제

01
다음 중 복수 표준어가 <u>아닌</u> 것은?

① 날개 – 나래
② 자장면 – 짜장면
③ 쇠고기 – 소고기
④ 나무라다 – 나무래다
⑤ 추어올리다 – 추켜올리다

02
밑줄 친 부분의 발음 표기 중 표준 발음법에 맞지 <u>않는</u> 것은?

① 불볕더위[불볃더위]가 매년 여름 기승을 부리고 있다.
② 조카의 생일 선물로 36색 색연필[생년필]을 구입했다.
③ 훈련소에 입소한 신병들은 3연대[삼년대]에 배속되었다.
④ 이곳은 많은 배우들의 등용문[등용문]이 되는 곳으로 유명하다.
⑤ 평소와 다르게 차려 입으니 나도 옷맵시[온맵씨]가 나는 것 같다.

문제풀이

01
표준어 규정 11항에 '다음 단어에서는 모음의 발음 변화를 인정하여, 발음이 바뀌어 굳어진 형태를 표준어로 삼는다'의 항목이 있으며, '나무라다'를 표준어, '나무래다'를 비표준어로 구분하고 있다.

정답 | ④

02
[불볃떠위]로 된소리되기를 적용하여 발음해야 한다.

정답 | ①

02 한글 맞춤법

기출유형 1 — 한글 맞춤법의 적용

유형 익히기
일상생활에서 자주 사용하는 어휘들을 제시하여 한글 맞춤법 규정을 정확히 이해하고 있는지 파악하는 유형이다. 다른 규정과 마찬가지로 규정 자체를 외위기 보다는 규정과 관련된 사례를 중심으로 학습하는 것이 좋다.

문제풀이
'앞말이 뜻하는 행동이나 상태를 거짓으로 그럴듯하게 꾸밈을 나타내는 말'인 '체하다'로 써야 한다. '체하다'를 대신하여 '척하다'를 사용할 수도 있다.
①의 '부치다'는 '인쇄를 원고에 부쳤다. 이 문제는 회의에 부치도록 하자' 등 다양한 용법을 가지고 있다.

정답 | ④

다음 밑줄 친 부분이 맞춤법에 어긋난 것은?

① 이 원고를 인쇄에 <u>부치기로</u> 하였다.
② 그 기사가 <u>어린이난</u>에 실렸다고 한다.
③ 집중하기 어려운 기분이라 피아노가 잘 안 <u>쳐져요</u>.
④ 그를 알았지만 인사하고 싶지 않아 모르는 <u>채하였다</u>.
⑤ 이 두 아이는 외모가 달라 보이지만 사실은 <u>쌍둥이</u>이다.

02 한글 맞춤법

시험에 나온! 나올! **필수이론**

1 한글 맞춤법

1. 총칙

> 제1항 | 한글 맞춤법은 표준어를 소리대로 적되, 어법에 맞도록 함을 원칙으로 한다.

> 제2항 | 문장의 각 단어는 띄어 씀을 원칙으로 한다.

> 제3항 | 외래어는 '외래어 표기법'에 따라 적는다.

2. 자모

> 제4항 | 한글 자모의 수는 스물넉 자로 하고, 그 순서와 이름은 다음과 같이 정한다.

ㄱ(기역)   ㄴ(니은)   ㄷ(디귿)   ㄹ(리을)   ㅁ(미음)
ㅂ(비읍)   ㅅ(시옷)   ㅇ(이응)   ㅈ(지읒)   ㅊ(치읓)
ㅋ(키읔)   ㅌ(티읕)   ㅍ(피읖)   ㅎ(히읗)
ㅏ(아)   ㅑ(야)   ㅓ(어)   ㅕ(여)   ㅗ(오)
ㅛ(요)   ㅜ(우)   ㅠ(유)   ㅡ(으)   ㅣ(이)

[붙임 1] 위의 자모로써 적을 수 없는 소리는 두 개 이상의 자모를 어울러서 적되, 그 순서와 이름은 다음과 같이 정한다.
ㄲ(쌍기역)   ㄸ(쌍디귿)   ㅃ(쌍비읍)   ㅆ(쌍시옷)   ㅉ(쌍지읒)
ㅐ(애)   ㅒ(얘)   ㅔ(에)   ㅖ(예)   ㅘ(와)   ㅙ(왜)
ㅚ(외)   ㅝ(워)   ㅞ(웨)   ㅟ(위)   ㅢ(의)

[붙임 2] 사전에 올릴 적의 자모 순서는 다음과 같이 정한다.
자음: ㄱ ㄲ ㄴ ㄷ ㄸ ㄹ ㅁ ㅂ
     ㅃ ㅅ ㅆ ㅇ ㅈ ㅉ ㅊ ㅋ
     ㅌ ㅍ ㅎ
모음: ㅏ ㅐ ㅑ ㅒ ㅓ ㅔ ㅕ ㅖ
     ㅗ ㅘ ㅙ ㅚ ㅛ ㅜ ㅝ ㅞ
     ㅟ ㅠ ㅡ ㅢ ㅣ

3. 소리에 관한 것

(1) 된소리

> 제5항 | 한 단어 안에서 뚜렷한 까닭 없이 나는 된소리는 다음 음절의 첫소리를 된소리로 적는다.

① 두 모음 사이에서 나는 된소리
  예) 소쩍새   어깨   오빠   으뜸   아끼다
      기쁘다   깨끗하다   어떠하다   해쓱하다   가끔
      거꾸로   부썩   어찌   이따금

② 'ㄴ, ㄹ, ㅁ, ㅇ' 받침 뒤에서 나는 된소리
  예) 산뜻하다   잔뜩   살짝   훨씬   담뿍
      움찔   몽땅   엉뚱하다

빈출 다만, 'ㄱ, ㅂ' 받침 뒤에서 나는 된소리는, 같은 음절이나 비슷한 음절이 겹쳐 나는 경우가 아니면 된소리로 적지 아니한다.
  예) 국수 기출 깍두기   딱지   색시 기출 싹둑(~싹둑)
      기출 법석   갑자기   몹시

(2) 구개음화

> 제6항 | 'ㄷ, ㅌ' 받침 뒤에 종속적 관계를 가진 '-이(-)'나 '-히-'가 올 적에는 그 'ㄷ, ㅌ'이 'ㅈ, ㅊ'으로 소리 나더라도 'ㄷ, ㅌ'으로 적는다(ㄱ을 취하고, ㄴ을 버림).

ㄱ	ㄴ	ㄱ	ㄴ
맏이	마지	기출 핥이다	할치다
기출 해돋이	해도지	걷히다	거치다
굳이	구지	닫히다	다치다
같이	가치	묻히다	무치다
끝이	끄치		

(3) 'ㄷ' 소리 받침

> 제7항 | 'ㄷ' 소리로 나는 받침 중에서 'ㄷ'으로 적을 근거가 없는 것은 'ㅅ'으로 적는다.

예) 덧저고리   돗자리   엇셈   웃어른   핫옷
    기출 무릇   기출 사뭇   얼핏   기출 자칫하면   뭇[衆]
    옛   첫   헛

(4) 모음

> 제8항 | '계, 례, 몌, 폐, 혜'의 'ㅖ'는 'ㅔ'로 소리 나는 경우가 있더라도 'ㅖ'로 적는다(ㄱ을 취하고, ㄴ을 버림).

ㄱ	ㄴ	ㄱ	ㄴ
계수(桂樹)	게수	혜택(惠澤)	헤택
사례(謝禮)	사레	계집	게집
연몌(連袂)	연메	기출 핑계	핑게
기출 폐품(廢品)	페품	계시다	게시다

다만, 다음 말은 본음대로 적는다.
  예) 게송(偈頌) 기출 게시판(揭示板) 기출 휴게실(休憩室)

| 제9항 | '의'나, 자음을 첫소리로 가지고 있는 음절의 '늬'는 'ㅣ'로 소리 나는 경우가 있더라도 '늬'로 적는다(ㄱ을 취하고, ㄴ을 버림). |

ㄱ	ㄴ	ㄱ	ㄴ
의의(意義)	의이	늴큼	닝큼
본의(本義)	본이	띄어쓰기	띠어쓰기
기출 무늬[紋]	무니	씌어	씨어
보늬	보니	틔어	티어
오늬	오니	희망(希望)	히망
하늬바람	하니바람	희다	히다
늴리리	닐리리	유희(遊戱)	유히

(5) 두음 법칙

| 제10항 | 한자음 '녀, 뇨, 뉴, 니'가 단어 첫머리에 올 적에는, 두음 법칙에 따라 '여, 요, 유, 이'로 적는다(ㄱ을 취하고, ㄴ을 버림). |

ㄱ	ㄴ	ㄱ	ㄴ
여자(女子)	녀자	유대(紐帶)	뉴대
연세(年歲)	년세	이토(泥土)	니토
요소(尿素)	뇨소	익명(匿名)	닉명

다만, 다음과 같은 의존 명사에서는 '냐, 녀' 음을 인정한다.

예 냥(兩)   냥쭝(兩-)   년(年)(몇 년)

[붙임 1] 단어의 첫머리 이외의 경우에는 본음대로 적는다.

예 기출 남녀(男女)   당뇨(糖尿)   결뉴(結紐)   은닉(隱匿)

[붙임 2] 접두사처럼 쓰이는 한자가 붙어서 된 말이나 합성어에서, 뒷말의 첫소리가 'ㄴ' 소리로 나더라도 두음 법칙에 따라 적는다.

예 신여성(新女性) 기출 공염불(空念佛) 기출 남존여비(男尊女卑)

[붙임 3] 둘 이상의 단어로 이루어진 고유 명사를 붙여 쓰는 경우에도 붙임 2에 준하여 적는다.

예 한국여자대학   대한요소비료회사

| 제11항 | 한자음 '랴, 려, 례, 료, 류, 리'가 단어의 첫머리에 올 적에는, 두음 법칙에 따라 '야, 여, 예, 요, 유, 이'로 적는다(ㄱ을 취하고, ㄴ을 버림). |

ㄱ	ㄴ	ㄱ	ㄴ
양심(良心)	량심	용궁(龍宮)	룡궁
역사(歷史)	력사	유행(流行)	류행
예의(禮儀)	례의	이발(理髮)	리발

다만, 다음과 같은 의존 명사는 본음대로 적는다.

예 리(里): 몇 리냐?
　　리(理): 그럴 리가 없다.

[붙임 1] 단어의 첫머리 이외의 경우에는 본음대로 적는다.
예 개량(改良)　　선량(善良)　　수력(水力)　　협력(協力)
　　사례(謝禮)　　혼례(婚禮)　　와룡(臥龍) 기출 쌍룡(雙龍)
　　하류(下流) 기출 급류(急流)　　도리(道理)　　진리(眞理)

빈출 다만, 모음이나 'ㄴ' 받침 뒤에 이어지는 '렬, 률'은 '열, 율'로 적는다(ㄱ을 취하고, ㄴ을 버림).

ㄱ	ㄴ	ㄱ	ㄴ
나열(羅列)	나렬	분열(分裂)	분렬
치열(齒列)	치렬	선열(先烈)	선렬
비열(卑劣)	비렬	진열(陳列)	진렬
규율(規律)	규률	선율(旋律)	선률
비율(比率)	비률	기출 전율(戰慄)	전률
실패율(失敗率)	실패률	기출 백분율(百分率)	백분률

[붙임 2] 외자로 된 이름을 성에 붙여 쓸 경우에도 본음대로 적을 수 있다.
예 신립(申砬)　　최린(崔麟)　　채륜(蔡倫)　　하륜(河崙)

[붙임 3] 준말에서 본음으로 소리 나는 것은 본음대로 적는다.
예 국련(국제 연합)　　한시련(한국 시각 장애인 연합회)

[붙임 4] 접두사처럼 쓰이는 한자가 붙어서 된 말이나 합성어에서, 뒷말의 첫소리가 'ㄴ' 또는 'ㄹ' 소리로 나더라도 두음 법칙에 따라 적는다.
예 역이용(逆利用)　　연이율(年利率)　　열역학(熱力學)
　　해외여행(海外旅行)

[붙임 5] 둘 이상의 단어로 이루어진 고유 명사를 붙여 쓰는 경우나 십진법에 따라 쓰는 수(數)도 붙임 4에 준하여 적는다.
예 서울여관　　신흥이발관　　육천육백육십육(六千六百六十六)

> **제12항** | 한자음 '라, 래, 로, 뢰, 루, 르'가 단어의 첫머리에 올 적에는, 두음 법칙에 따라 '나, 내, 노, 뇌, 누, 느'로 적는다(ㄱ을 취하고, ㄴ을 버림).

ㄱ	ㄴ	ㄱ	ㄴ
낙원(樂園)	락원	기출 뇌성(雷聲)	뢰성
내일(來日)	래일	기출 누각(樓閣)	루각
노인(老人)	로인	능묘(陵墓)	릉묘

[붙임 1] 단어의 첫머리 이외의 경우에는 본음대로 적는다.
예 쾌락(快樂)　　극락(極樂)　　거래(去來)　　왕래(往來)
　　부로(父老)　　연로(年老)　　지뢰(地雷)　　낙뢰(落雷)
　　고루(高樓)　　광한루(廣寒樓)　　동구릉(東九陵)　　가정란(家庭欄)

[붙임 2] 접두사처럼 쓰이는 한자가 붙어서 된 단어는 뒷말을 두음 법칙에 따라 적는다.

예 기출-내내월(來來月)   상노인(上老人)   중노동(重勞動)
   비논리적(非論理的)

(6) 겹쳐 나는 소리

제13항 | 한 단어 안에서 같은 음절이나 비슷한 음절이 겹쳐 나는 부분은 같은 글자로 적는다(ㄱ을 취하고, ㄴ을 버림).

ㄱ	ㄴ	ㄱ	ㄴ
딱딱	딱닥	꼿꼿하다	꼿곳하다
쌕쌕	쌕색	놀놀하다	놀롤하다
씩씩	씩식	눅눅하다	눙눅하다
똑딱똑딱	똑닥똑닥	밋밋하다	민밋하다
기출 쓱싹쓱싹	쓱삭쓱삭	싹싹하다	싹삭하다
연연불망(戀戀不忘)	연련불망	쌀쌀하다	쌀살하다
유유상종(類類相從)	유류상종	기출 씁쓸하다	씁슬하다
누누이(屢屢-)	누루이	기출 짭짤하다	짭잘하다

4. 형태에 관한 것

(1) 체언과 조사

제14항 | 체언은 조사와 구별하여 적는다.

예 떡이 떡을 떡에 떡도 떡만
   콩이 콩을 콩에 콩도 콩만
   낮이 낮을 낮에 낮도 낮만
   꽃이 꽃을 꽃에 꽃도 꽃만
   밖이 밖을 밖에 밖도 밖만
   넋이 넋을 넋에 넋도 넋만
   흙이 흙을 흙에 흙도 흙만
   삶이 삶을 삶에 삶도 삶만
   여덟이 여덟을 여덟에 여덟도 여덟만

(2) 어간과 어미

제15항 | 용언의 어간과 어미는 구별하여 적는다.

예 먹다 먹고 먹어 먹으니
   울다 울고 울어 (우니)
   찾다 찾고 찾아 찾으니
   좇다 좇고 좇아 좇으니
   깎다 깎고 깎아 깎으니
   앉다 앉고 앉아 앉으니
   많다 많고 많아 많으니
   늙다 늙고 늙어 늙으니
   젊다 젊고 젊어 젊으니
   넓다 넓고 넓어 넓으니

| 없다 | 없고 | 없어 | 없으니 |
| 있다 | 있고 | 있어 | 있으니 |

[붙임 1] 두 개의 용언이 어울려 한 개의 용언이 될 적에, 앞말의 본뜻이 유지되고 있는 것은 그 원형을 밝히어 적고, 그 본뜻에서 멀어진 것은 밝히어 적지 아니한다.

① 앞말의 본뜻이 유지되고 있는 것

> **예** 넘어지다 늘어나다 늘어지다 돌아가다 되짚어가다
> 들어가다 떨어지다 벌어지다 엎어지다 접어들다
> 틀어지다 흩어지다

② 본뜻에서 멀어진 것

> **예 기출** 드러나다 사라지다 쓰러지다

빈출 [붙임 2] 종결형에서 사용되는 어미 '-오'는 '요'로 소리 나는 경우가 있더라도 그 원형을 밝혀 '오'로 적는다 (ㄱ을 취하고, ㄴ을 버림).

ㄱ	ㄴ
기출 이것은 책이오.	이것은 책이요.
이리로 오시오.	이리로 오시요.
이것은 책이 아니오.	이것은 책이 아니요.

빈출 [붙임 3] 연결형에서 사용되는 '이요'는 '이요'로 적는다(ㄱ을 취하고, ㄴ을 버림).

ㄱ	ㄴ
기출 이것은 책이요, 저것은 붓이요, 또 저것은 먹이다.	이것은 책이오, 저것은 붓이오, 또 저것은 먹이다.

> **제16항** | 어간의 끝음절 모음이 'ㅏ, ㅗ'일 때에는 어미를 '-아'로 적고, 그 밖의 모음일 때에는 '-어'로 적는다.

① '-아'로 적는 경우

> **예 기출** 나아 나아도 나아서
> 앓아 앓아도 앓아서
> 돌아 돌아도 돌아서

② '-어'로 적는 경우

> **예** 개어 개어도 개어서
> 겪어 겪어도 겪어서
> 되어 되어도 되어서
> 베어 베어도 베어서
> 쉬어 쉬어도 쉬어서
> 저어 저어도 저어서
> 주어 주어도 주어서
> 피어 피어도 피어서
> 희어 희어도 희어서

제17항 | 어미 뒤에 덧붙는 조사 '요'는 '요'로 적는다.

예 읽어　　읽어요
　참으리　참으리요
　좋지　　좋지요

제18항 | 다음과 같은 용언들은 어미가 바뀔 경우, 그 어간이나 어미가 원칙에 벗어나면 벗어나는 대로 적는다.

① 어간의 끝 'ㄹ'이 줄어질 적

예 기본형	활용형					
갈다	가니	간	갑니다	가시다	가오
놀다	노니	논	놉니다	노시다	노오
불다	부니	분	붑니다	부시다	부오
둥글다	둥그니	둥근	둥급니다	둥그시다	둥그오
어질다	어지니	어진	어집니다	어지시다	어지오

[붙임] 다음과 같은 말에서도 'ㄹ'이 준 대로 적는다.

예 마지못하다　마지않다　　(하)다마다　(하)자마자
　(하)지 마라　(하)지 마(아)

② 어간의 끝 'ㅅ'이 줄어질 적

예 기본형	활용형		
긋다	그어	그으니	그었다
낫다	나아	나으니	나았다
잇다	이어	이으니	이었다
짓다	지어	지으니	지었다

③ 어간의 끝 'ㅎ'이 줄어질 적

예 기본형	활용형			
그렇다	그러니	그럴	그러면	그러오
까맣다	까마니	까말	까마면	까마오
동그렇다	동그라니	동그랄	동그라면	동그라오
하얗다	하야니	하얄	하야면	하야오

④ 어간의 끝 'ㅜ, ㅡ'가 줄어질 적

예 기본형	활용형		기본형	활용형	
푸다	퍼	펐다	뜨다	떠	떴다
끄다	꺼	껐다	크다	커	컸다
담그다	담가	담갔다	고프다	고파	고팠다
따르다	따라	따랐다	바쁘다	바빠	바빴다

⑤ 어간의 끝 'ㄷ'이 'ㄹ'로 바뀔 적

기본형	활용형		
걷다[步]	걸어	걸으니	걸었다
듣다[聽]	들어	들으니	들었다
묻다[問]	물어	물으니	물었다
싣다[載]	실어	실으니	실었다

⑥ 어간의 끝 'ㅂ'이 'ㅜ'로 바뀔 적

기본형	활용형		
깁다	기워	기우니	기웠다
굽다[炙]	구워	구우니	구웠다
가깝다	가까워	가까우니	가까웠다
괴롭다	괴로워	괴로우니	괴로웠다
맵다	매워	매우니	매웠다
무겁다	무거워	무거우니	무거웠다
밉다	미워	미우니	미웠다
쉽다	쉬워	쉬우니	쉬웠다

다만, '돕-, 곱-'과 같은 단음절 어간에 어미 '-아'가 결합되어 '와'로 소리 나는 것은 '-와'로 적는다.

기본형	활용형			
돕다[助]	도와	도와서	도와도	도왔다
곱다[麗]	고와	고와서	고와도	고왔다

⑦ '하다'의 활용에서 어미 '-아'가 '-여'로 바뀔 적

기본형	활용형			
하다	하여	하여서	하여도	하여라	하였다

⑧ 어간의 끝음절 '르' 뒤에 오는 어미 '-어'가 '-러'로 바뀔 적

기본형	활용형		기본형	활용형	
기출 이르다[至]	이르러	이르렀다	기출 누르다	누르러	누르렀다
노르다	노르러	노르렀다	푸르다	푸르러	푸르렀다

⑨ 어간의 끝음절 '르'의 'ㅡ'가 줄고, 그 뒤에 오는 어미 '-아/-어'가 '-라/-러'로 바뀔 적

기본형	활용형		기본형	활용형	
가르다	갈라	갈랐다	부르다	불러	불렀다
거르다	걸러	걸렀다	오르다	올라	올랐다
구르다	굴러	굴렀다	이르다	일러	일렀다
벼르다	별러	별렀다	지르다	질러	질렀다

(3) 접미사가 붙어서 된 말

> 제19항 | 어간에 '-이'나 '-음/-ㅁ'이 붙어서 명사로 된 것과 '-이'나 '-히'가 붙어서 부사로 된 것은 그 어간의 원형을 밝히어 적는다.

① '-이'가 붙어서 명사로 된 것
  예 길이 깊이 땀받이 달맞이 미닫이 벌이 벼훑이 살림살이 쇠붙이

② '-음/-ㅁ'이 붙어서 명사로 된 것
  예 걸음 묶음 믿음 얼음 엮음 울음 웃음 졸음 죽음 앎

③ '-이'가 붙어서 부사로 된 것
  예 같이 굳이 길이 높이 많이 실없이 좋이 짓궂이

④ '-히'가 붙어서 부사로 된 것
  예 밝히 익히 작히

다만, 어간에 '-이'나 '-음'이 붙어서 명사로 바뀐 것이라도 그 어간의 뜻과 멀어진 것은 원형을 밝히어 적지 아니한다.
  예 굽도리 다리[髢] 기출 목거리(목병) 무녀리 코끼리 거름(비료) 고름[膿] 기출 노름(도박)

[붙임] 어간에 '-이'나 '-음' 이외의 모음으로 시작된 접미사가 붙어서 다른 품사로 바뀐 것은 그 어간의 원형을 밝히어 적지 아니한다.

① 명사로 바뀐 것
  예 귀머거리 까마귀 너머 뜨더귀 마감 마개 마중 무덤 비렁뱅이 쓰레기 올가미 주검

② 부사로 바뀐 것
  예 거뭇거뭇 너무 도로 뜨덤뜨덤 바투 불긋불긋 비로소 오긋오긋 자주 차마

③ 조사로 바뀌어 뜻이 달라진 것
  예 나마 부터 조차

> 제20항 | 명사 뒤에 '-이'가 붙어서 된 말은 그 명사의 원형을 밝히어 적는다.

① 부사로 된 것
  예 곳곳이 낱낱이 몫몫이 샅샅이 앞앞이 집집이

② 명사로 된 것
  예 곰배팔이 바둑이 삼발이 애꾸눈이 육손이 절뚝발이/절름발이

[붙임] '-이' 이외의 모음으로 시작된 접미사가 붙어서 된 말은 그 명사의 원형을 밝히어 적지 아니한다.
  예 꼬락서니 끄트머리 모가치 바가지 바깥 사타구니 싸라기 이파리 지붕 지푸라기 짜개

> 제21항 | 명사나 혹은 용언의 어간 뒤에 자음으로 시작된 접미사가 붙어서 된 말은 그 명사나 어간의 원형을 밝히어 적는다.

① 명사 뒤에 자음으로 시작된 접미사가 붙어서 된 것
  예 값지다 홑지다 넋두리 빛깔 옆댕이 잎사귀

② 어간 뒤에 자음으로 시작된 접미사가 붙어서 된 것

예 낚시   늙정이   덮개   뜯게질
   갉작갉작하다 갉작거리다   뜯적거리다   뜯적뜯적하다
   굵다랗다   굵직하다   깊숙하다   넓적하다
   높다랗다   늙수그레하다 얽죽얽죽하다

다만, 다음과 같은 말은 소리대로 적는다.
① 겹받침의 끝소리가 드러나지 아니하는 것

예 할짝거리다   널따랗다   널찍하다   말끔하다
   말쑥하다   말짱하다   실쭉하다   실큼하다
   얄따랗다   얄팍하다   짤따랗다   짤막하다
   실컷

② 어원이 분명하지 아니하거나 본뜻에서 멀어진 것

예 넙치   올무   골막하다   납작하다

제22항 | 용언의 어간에 다음과 같은 접미사들이 붙어서 이루어진 말들은 그 어간을 밝히어 적는다.

빈출 ① '-기-, -리-, -이-, -히-, -구-, -우-, -추-, -으키-, -이키-, -애-'가 붙는 것

예			
어간+'-기-'	맡기다, 옮기다, 웃기다, 쫓기다	어간+'-우-'	돋우다
어간+'-리-'	뚫리다, 울리다	어간+'-추-'	갖추다, 곧추다, 맞추다
어간+'-이-'	낚이다, 쌓이다, 핥이다	어간+'-으키-'	일으키다
어간+'-히-'	굳히다, 굽히다, 넓히다, 앉히다	어간+'-이키-'	돌이키다
어간+'-구-'	돋구다, 솟구다	어간+'-애-'	없애다

다만, '-이-, -히-, -우-'가 붙어서 된 말이라도 본뜻에서 멀어진 것은 소리대로 적는다.

예 도리다(칼로 ~)   드리다(용돈을 ~)   고치다
   바치다(세금을 ~) 부치다(편지를 ~)   거두다
   미루다   이루다

빈출 ② '-치-, -뜨리-, -트리-'가 붙는 것

예 놓치다   덮치다   떠받치다   받치다   밭치다
기출 부딪치다   뻗치다   엎치다   부딪뜨리다/부딪트리다
   쏟뜨리다/쏟트리다   젖뜨리다/젖트리다
   찢뜨리다/찢트리다   흩뜨리다/흩트리다

[붙임] '-업-, -읍-, -브-'가 붙어서 된 말은 소리대로 적는다.

예 미덥다   우습다   미쁘다

제23항 | '-하다'나 '-거리다'가 붙는 어근에 '-이'가 붙어서 명사가 된 것은 그 원형을 밝히어 적는다(ㄱ을 취하고, ㄴ을 버림).

ㄱ	ㄴ	ㄱ	ㄴ
깔쭉이	깔쭈기	살살이	살사리
꿀꿀이	꿀꾸리	쌕쌕이	쌕쌔기
눈깜짝이	눈깜짜기	**기출** 오뚝이	오뚜기

더떨이	더퍼리	코납작이	코납자기
배불뚝이	배불뚜기	푸석이	푸서기
삐죽이	삐주기	홀쭉이	홀쭈기

[붙임] '-하다'나 '-거리다'가 붙을 수 없는 어근에 '-이'나 또는 다른 모음으로 시작되는 접미사가 붙어서 명사가 된 것은 그 원형을 밝히어 적지 아니한다.

예) 개구리   귀뚜라미   기러기   깍두기   팽과리
날라리   누더기   동그라미   두드러기   딱따구리
매미   기출 부스러기   뻐꾸기   기출 얼루기   칼싹두기

제24항 | '-거리다'가 붙을 수 있는 시늉말 어근에 '-이다'가 붙어서 된 용언은 그 어근을 밝히어 적는다(ㄱ을 취하고, ㄴ을 버림).

ㄱ	ㄴ	ㄱ	ㄴ
깜짝이다	깜짜기다	속삭이다	속사기다
꾸벅이다	꾸버기다	숙덕이다	숙더기다
끄덕이다	끄더기다	울먹이다	울머기다
뒤척이다	뒤처기다	움직이다	움지기다
들먹이다	들머기다	지껄이다	지꺼리다
망설이다	망서리다	퍼덕이다	퍼더기다
번득이다	번드기다	허덕이다	허더기다
번쩍이다	번쩌기다	헐떡이다	헐떠기다

제25항 | '-하다'가 붙는 어근에 '-히'나 '-이'가 붙어서 부사가 되거나, 부사에 '-이'가 붙어서 뜻을 더하는 경우에는 그 어근이나 부사의 원형을 밝히어 적는다.

① '-하다'가 붙는 어근에 '-히'나 '-이'가 붙는 경우

예) 급히   꾸준히   도저히   딱히   어렴풋이   깨끗이

[붙임] '-하다'가 붙지 않는 경우에는 소리대로 적는다.

예) 갑자기   반드시(꼭)   슬며시

② 부사에 '-이'가 붙어서 역시 부사가 되는 경우

예) 기출 곰곰이   더욱이   생긋이   기출 오뚝이   일찍이   해죽이

제26항 | '-하다'나 '-없다'가 붙어서 된 용언은 그 '-하다'나 '-없다'를 밝히어 적는다.

① '-하다'가 붙어서 용언이 된 것

예) 딱하다   숱하다   착하다   텁텁하다   푹하다

② '-없다'가 붙어서 용언이 된 것

예) 부질없다   상없다   시름없다   열없다   하염없다

(4) 합성어 및 접두사가 붙은 말

> **제27항** | 둘 이상의 단어가 어울리거나 접두사가 붙어서 이루어진 말은 각각 그 원형을 밝히어 적는다.

예
국말이	꺾꽂이	꽃잎	끝장	물난리
밑천	부엌일	싫증	옷안	웃옷
홀아비	홑몸	흙내	낮잡다	맞먹다
받내다	벋놓다	빗나가다	빛나다	새파랗다
엿듣다	옻오르다	짓이기다	헛되다	

[붙임 1] 어원은 분명하나 소리만 특이하게 변한 것은 변한 대로 적는다.

예 할아버지 할아범

[붙임 2] 어원이 분명하지 아니한 것은 원형을 밝히어 적지 아니한다.

예 골병   골탕   끌탕 `기출`-며칠   아재비   오라비   업신여기다   부리나케

[붙임 3] '이[齒, 虱]'가 합성어나 이에 준하는 말에서 '니' 또는 '리'로 소리 날 때에는 '니'로 적는다.

예 간니   덧니   사랑니   송곳니   앞니   톱니   틀니   가랑니   머릿니

> **제28항** | 끝소리가 'ㄹ'인 말과 딴 말이 어울릴 적에 'ㄹ' 소리가 나지 아니하는 것은 아니 나는 대로 적는다.

예
`기출`-다달이(달-달-이)	따님(딸-님)	마되(말-되)
마소(말-소)	무자위(물-자위)	바느질(바늘-질)
부삽(불-삽)	부손(불-손)	`기출` 싸전(쌀-전)
여닫이(열-닫이)	우짖다(울-짖다)	화살(활-살)

> **제29항** | 끝소리가 'ㄹ'인 말과 딴 말이 어울릴 적에 'ㄹ' 소리가 'ㄷ' 소리로 나는 것은 'ㄷ'으로 적는다.

예
반짇고리(바느질~)	`기출`-사흗날(사흘~)	삼짇날(삼질~)
섣달(설~)	숟가락(술~)	`기출`-이튿날(이틀~)
잗주름(잘~)	푿소(풀~)	`기출`-섣부르다(설~)
잗다듬다(잘~)	잗다랗다(잘~)	

> **제30항** | 사이시옷은 다음과 같은 경우에 받치어 적는다.

① 순우리말로 된 합성어로서 앞말이 모음으로 끝난 경우
　㉠ 뒷말의 첫소리가 된소리로 나는 것

　　예
고랫재	귓밥	나룻배	나뭇가지	냇가
댓가지	뒷갈망	맷돌	머릿기름	모깃불
못자리	바닷가	뱃길	볏가리	부싯돌
선짓국	쇳조각	아랫집	우렁잇속	잇자국
잿더미	조갯살	찻집	쳇바퀴	킷값
핏대	햇볕	혓바늘		

　㉡ 뒷말의 첫소리 'ㄴ, ㅁ' 앞에서 'ㄴ' 소리가 덧나는 것

　　예
멧나물 `기출`-아랫니	텃마당	아랫마을	뒷머리	
잇몸	깻묵	냇물	빗물	

ⓒ 뒷말의 첫소리 모음 앞에서 'ㄴㄴ' 소리가 덧나는 것
  예 도리깻열 뒷윷 두렛일 뒷일 뒷입맛
  기출 베갯잇 욧잇 깻잎 나뭇잎 댓잎

② 순우리말과 한자어로 된 합성어로서 앞말이 모음으로 끝난 경우
  ㉠ 뒷말의 첫소리가 된소리로 나는 것
    예 귓병 머릿방 뱃병 봇둑 사잣밥
       샛강 아랫방 자릿세 기출 전셋집 찻잔
       찻종 촛국 콧병 탯줄 텃세
       핏기 햇수 횟가루 횟배
  ㉡ 뒷말의 첫소리 'ㄴ, ㅁ' 앞에서 'ㄴ' 소리가 덧나는 것
    예 곗날 제삿날 기출 훗날 툇마루 양칫물
  ㉢ 뒷말의 첫소리 모음 앞에서 'ㄴㄴ' 소리가 덧나는 것
    예 가욋일 사삿일 기출 예삿일 기출 훗일

빈출 ③ 두 음절로 된 다음 한자어
  예 곳간(庫間) 기출 셋방(貰房) 숫자(數字) 찻간(車間)
  기출 툇간(退間) 횟수(回數)

제31항 | 두 말이 어울릴 적에 'ㅂ' 소리나 'ㅎ' 소리가 덧나는 것은 소리대로 적는다.

빈출 ① 'ㅂ' 소리가 덧나는 것
  예 댑싸리(대ㅂ싸리) 기출 멥쌀(메ㅂ쌀) 기출 볍씨(벼ㅂ씨)
     입때(이ㅂ때) 입쌀(이ㅂ쌀) 기출 접때(저ㅂ때)
     좁쌀(조ㅂ쌀) 기출 햅쌀(해ㅂ쌀)

② 'ㅎ' 소리가 덧나는 것
  예 머리카락(머리ㅎ가락) 기출 살코기(살ㅎ고기) 기출 수캐(수ㅎ개)
     수컷(수ㅎ것) 수탉(수ㅎ닭) 기출 안팎(안ㅎ밖)
     암캐(암ㅎ개) 암컷(암ㅎ것) 암탉(암ㅎ닭)

(5) 준말

제32항 | 단어의 끝모음이 줄어지고 자음만 남은 것은 그 앞의 음절에 받침으로 적는다.

본말	준말
기러기야	기럭아
어제그저께	엊그저께
기출 어제저녁	엊저녁
가지고, 가지지	갖고, 갖지
디디고, 디디지	딛고, 딛지

| 제33항 | 체언과 조사가 어울려 줄어지는 경우에는 준 대로 적는다. |

본말	준말
그것은	그건
그것이	그게
그것으로	그걸로
나는	난
나를	날
너는	넌
너를	널
무엇을	뭣을/무얼/뭘
무엇이	뭣이/무에

| 제34항 | 모음 'ㅏ, ㅓ'로 끝난 어간에 '-아/-어, -았-/-었-'이 어울릴 적에는 준 대로 적는다. |

본말	준말	본말	준말
가아	가	가았다	갔다
나아	나	나았다	났다
타아	타	타았다	탔다
서어	서	서었다	섰다
켜어	켜	켜었다	켰다
펴어	펴	펴었다	폈다

[붙임 1] 'ㅐ, ㅔ' 뒤에 '-어, -었-'이 어울려 줄 적에는 준 대로 적는다.

본말	준말	본말	준말
개어	개	개었다	갰다
내어	내	내었다	냈다
베어	베	베었다	벴다
세어	세	세었다	셌다

[붙임 2] '하여'가 한 음절로 줄어서 '해'로 될 적에는 준 대로 적는다.

본말	준말	본말	준말
하여	해	하였다	했다
더하여	더해	더하였다	더했다
흔하여	흔해	흔하였다	흔했다

| 제35항 | 모음 'ㅗ, ㅜ'로 끝난 어간에 '-아/-어, -았-/-었-'이 어울려 'ㅘ/ㅝ, 왔/웠'으로 될 적에는 준 대로 적는다. |

본말	준말	본말	준말
꼬아	꽈	꼬았다	꽜다

보아	봐	보았다	봤다
쏘아	쏴	쏘았다	쐈다
두어	둬	두었다	뒀다
쑤어	쒀	쑤었다	쒔다
주어	줘	주었다	줬다

[붙임 1] '놓아'가 '놔'로 줄 적에는 준 대로 적는다.

[붙임 2] 'ㅚ' 뒤에 '-어, -었-'이 어울려 'ㅙ, ㅙㅆ'으로 될 적에도 준 대로 적는다.

본말	준말	본말	준말
괴어	괘	괴었다	괬다
되어	돼	되었다	됐다
뵈어	봬	뵈었다	뵀다
쇠어	쇄	쇠었다	쇘다
쐬어	쐐	쐬었다	쐤다

제36항 | 'ㅣ' 뒤에 '-어'가 와서 'ㅕ'로 줄 적에는 준 대로 적는다.

본말	준말	본말	준말
가지어	가져	가지었다	가졌다
견디어	견뎌	견디었다	견뎠다
다니어	다녀	다니었다	다녔다
막히어	막혀	막히었다	막혔다
버티어	버텨	버티었다	버텼다
치이어	치여	치이었다	치였다

제37항 | 'ㅏ, ㅕ, ㅗ, ㅜ, ㅡ'로 끝난 어간에 '-이-'가 와서 각각 'ㅐ, ㅖ, ㅚ, ㅟ, ㅢ'로 줄 적에는 준 대로 적는다.

본말	준말	본말	준말
싸이다	쌔다	누이다	뉘다
펴이다	폐다	뜨이다	띄다
보이다	뵈다	쓰이다	씌다

제38항 | 'ㅏ, ㅗ, ㅜ, ㅡ' 뒤에 '-이어'가 어울려 줄어질 적에는 준 대로 적는다.

본말	준말	본말	준말
싸이어	쌔어, 싸여	뜨이다	띄어
보이어	뵈어, 보여	쓰이어	씌어, 쓰여
쏘이어	쐬어, 쏘여	트이어	틔어, 트여
누이어	뉘어, 누여		

빈출 ▶ **제39항** | 어미 '-지' 뒤에 '않-'이 어울려 '-잖-'이 될 적과 '-하지' 뒤에 '않-'이 어울려 '-찮-'이 될 적에는 준 대로 적는다.

본말	준말	본말	준말
기출 그렇지 않은	그렇잖은	만만하지 않다	만만찮다
기출 적지 않은	적잖은	변변하지 않다	변변찮다

제40항 | 어간의 끝음절 '하'의 'ㅏ'가 줄고 'ㅎ'이 다음 음절의 첫소리와 어울려 거센소리로 될 적에는 거센소리로 적는다.

본말	준말	본말	준말
간편하게	간편케	다정하다	다정타
기출 연구하도록	연구토록	정결하다	정결타
가하다	가타	흔하다	흔타

[붙임 1] 'ㅎ'이 어간의 끝소리로 굳어진 것은 받침으로 적는다.

예 않다 않고 않지 않든지
  그렇다 그렇고 그렇지 그렇든지
  아무렇다 아무렇고 아무렇지 아무렇든지
  어떻다 어떻고 어떻지 어떻든지
  이렇다 이렇고 이렇지 이렇든지
  저렇다 저렇고 저렇지 저렇든지

[붙임 2] 어간의 끝음절 '하'가 아주 줄 적에는 준 대로 적는다.

본말	준말	본말	준말
기출 거북하지	거북지	**기출** 넉넉하지 않다	넉넉지 않다
기출 생각하건대	생각건대	못하지 않다	못지않다
생각하다 못해	생각다 못해	섭섭하지 않다	섭섭지 않다
깨끗하지 않다	깨끗지 않다	**기출** 익숙하지 않다	익숙지 않다

[붙임 3] 다음과 같은 부사는 소리대로 적는다.

예 결단코 결코 기필코 무심코 **기출** 아무튼 요컨대
  정녕코 필연코 하마터면 **기출** 하여튼 한사코

5. 띄어쓰기

(1) 조사

제41항 | 조사는 그 앞말에 붙여 쓴다.

예 꽃이 꽃마저 꽃밖에 꽃에서부터 꽃으로만
  꽃이나마 꽃이다 꽃입니다 꽃처럼
  어디까지나 거기도 멀리는 웃고만

(2) 의존 명사, 단위를 나타내는 명사 및 열거하는 말 등

제42항 | 의존 명사는 띄어 쓴다.

예 아는 것이 힘이다.　　　나도 할 수 있다.
기출 먹을 만큼 먹어라.　　　아는 이를 만났다.
　　네가 뜻한 바를 알겠다. 기출 그가 떠난 지가 오래다.

빈출 **제43항** | 단위를 나타내는 명사는 띄어 쓴다.

예 한 개　　　기출 차 한 대　　금 서 돈　　소 한 마리
　　옷 한 벌　　　　열 살　　　조기 한 손　　연필 한 자루
기출 버선 한 죽 기출 집 한 채　　신 두 켤레 기출 북어 한 쾌

다만, 순서를 나타내는 경우나 숫자와 어울리어 쓰이는 경우에는 붙여 쓸 수 있다.

예 두시 삼십분 오초　　제일과　　　　삼학년
　　육층　　　　　　　　1446년 10월 9일　2대대
　　16동 502호　　　　 제1실습실　　　 80원
　　10개　　　　　　　　7미터

빈출 **제44항** | 수를 적을 적에는 '만(萬)' 단위로 띄어 쓴다.

예 기출 십이억 삼천사백오십육만 칠천팔백구십팔
　　12억 3456만 7898

빈출 **제45항** | 두 말을 이어 주거나 열거할 적에 쓰이는 다음의 말들은 띄어 쓴다.

예 기출 국장 겸 과장　　　기출 열 내지 스물　　청군 대 백군
　　기출 책상, 걸상 등이 있다　　이사장 및 이사들　　사과, 배, 귤 등등
　　기출 사과, 배 등속　　　부산, 광주 등지

제46항 | 단음절로 된 단어가 연이어 나타날 적에는 붙여 쓸 수 있다.

예 기출 좀더 큰것　　이말 저말 기출 한잎 두잎

(3) 보조 용언

빈출 **제47항** | 보조 용언은 띄어 씀을 원칙으로 하되, 경우에 따라 붙여 씀도 허용한다(ㄱ을 원칙으로 하고, ㄴ을 허용함).

ㄱ	ㄴ	ㄱ	ㄴ
불이 꺼져 간다.	불이 꺼져간다.	그 일은 할 만하다.	그 일은 할만하다.
내 힘으로 막아 낸다.	내 힘으로 막아낸다.	일이 될 법하다.	일이 될법하다.
어머니를 도와 드린다.	어머니를 도와드린다.	기출 비가 올 성싶다.	비가 올성싶다.
그릇을 깨뜨려 버렸다.	그릇을 깨뜨려버렸다.	기출 잘 아는 척한다.	잘 아는척한다.
기출 비가 올 듯하다.	비가 올듯하다.		

다만, 앞말에 조사가 붙거나 앞말이 합성 용언인 경우, 그리고 중간에 조사가 들어갈 적에는 그 뒤에 오는 보조 용언은 띄어 쓴다.

예 잘도 놀아만 나는구나! 책을 읽어도 보고…….
네가 덤벼들어 보아라. 이런 기회는 다시없을 듯하다.
기출 그가 올 듯도 하다. 잘난 체를 한다.

(4) 고유 명사 및 전문 용어

> **제48항** | 성과 이름, 성과 호 등은 붙여 쓰고, 이에 덧붙는 호칭어, 관직명 등은 띄어 쓴다.

예 김양수(金良洙) 서화담(徐花潭) 채영신 씨
최치원 선생 박동식 박사 충무공 이순신 장군

다만, 성과 이름, 성과 호를 분명히 구분할 필요가 있을 경우에는 띄어 쓸 수 있다.

예 남궁억/남궁 억 독고준/독고 준
황보지봉(皇甫芝峰)/황보 지봉

> **제49항** | 성명 이외의 고유 명사는 단어별로 띄어 씀을 원칙으로 하되, 단위별로 띄어 쓸 수 있다(ㄱ을 원칙으로 하고, ㄴ을 허용함).

ㄱ	ㄴ
대한 중학교	대한중학교
한국 대학교 사범 대학	한국대학교 사범대학

> **빈출 제50항** | 전문 용어는 단어별로 띄어 씀을 원칙으로 하되, 붙여 쓸 수 있다(ㄱ을 원칙으로 하고, ㄴ을 허용함).

ㄱ	ㄴ
만성 골수성 백혈병	만성골수성백혈병
중거리 탄도 유도탄	중거리탄도유도탄

6. 그 밖의 것

> **제51항** | 부사의 끝음절이 분명히 '이'로만 나는 것은 '-이'로 적고, '히'로만 나거나 '이'나 '히'로 나는 것은 '-히'로 적는다.

① '이'로만 나는 것

예 가붓이 깨끗이 나붓이 느긋이 둥긋이
따뜻이 반듯이 버젓이 산뜻이 의젓이
겹겹이 **기출** 번번이 일일이 집집이 틈틈이

② '히'로만 나는 것

예 극히 급히 딱히 속히 작히

③ '이, 히'로 나는 것

예 솔직히 가만히 간편히 나른히 무단히
각별히 소홀히 쓸쓸히 정결히 과감히
섭섭히 공평히 능히 당당히 분명히

| 제52항 | 한자어에서 본음으로도 나고 속음으로도 나는 것은 각각 그 소리에 따라 적는다. |

본음으로 나는 것	속음으로 나는 것
승낙(承諾)	수락(受諾), 쾌락(快諾), 허락(許諾)
만난(萬難)	곤란(困難), 논란(論難)
안녕(安寧)	의령(宜寧), 회령(會寧)
분노(忿怒)	대로(大怒), 희로애락(喜怒哀樂)
토론(討論)	의논(議論)
오륙십(五六十)	오뉴월, 유월(六月)
목재(木材)	모과(木瓜)
십일(十日)	시방정토(十方淨土), 시왕(十王), 시월(十月)
팔일(八日)	초파일(初八日)

| 제53항 | 다음과 같은 어미는 예사소리로 적는다(ㄱ을 취하고, ㄴ을 버림). |

ㄱ	ㄴ	ㄱ	ㄴ
-(으)ㄹ거나	-(으)ㄹ꺼나	-(으)ㄹ지니라	-(으)ㄹ찌니라
기출 -(으)ㄹ걸	-(으)ㄹ껄	-(으)ㄹ지라도	-(으)ㄹ찌라도
기출 -(으)ㄹ게	-(으)ㄹ께	-(으)ㄹ지어다	-(으)ㄹ찌어다
-(으)ㄹ세	-(으)ㄹ쎄	-(으)ㄹ지언정	-(으)ㄹ찌언정
-(으)ㄹ세라	-(으)ㄹ쎄라	-(으)ㄹ진대	-(으)ㄹ찐대
-(으)ㄹ수록	-(으)ㄹ쑤록	-(으)ㄹ진저	-(으)ㄹ찐저
-(으)ㄹ시	-(으)ㄹ씨	-올시다	-올씨다
-(으)ㄹ지	-(으)ㄹ찌		

다만, 의문을 나타내는 다음 어미들은 된소리로 적는다.
예 -(으)ㄹ까? 기출 -(으)ㄹ꼬? -(스)ㅂ니까?
-(으)리까? 기출 -(으)ㄹ쏘냐?

| 제54항 | 다음과 같은 접미사는 된소리로 적는다(ㄱ을 취하고, ㄴ을 버림). |

ㄱ	ㄴ	ㄱ	ㄴ
심부름꾼	심부름군	귀때기	귓대기
익살꾼	익살군	볼때기	볼대기
일꾼	일군	판자때기	판잣대기
장꾼	장군	뒤꿈치	뒤굼치
장난꾼	장난군	팔꿈치	팔굼치
지게꾼	지겟군	이마빼기	이맛배기
때깔	땟갈	코빼기	콧배기
빛깔	빛갈	기출 객쩍다	객적다
성깔	성갈	겸연쩍다	겸연적다

제55항 | 두 가지로 구별하여 적던 다음 말들은 한 가지로 적는다(ㄱ을 취하고, ㄴ을 버림).

ㄱ	ㄴ
맞추다(입을 맞춘다. 양복을 맞춘다.)	마추다
뻗치다(다리를 뻗친다. 멀리 뻗친다.)	뻐치다

빈출 제56항 | '-더라, -던'과 '-든지'는 다음과 같이 적는다.

① 지난 일을 나타내는 어미는 '-더라, -던'으로 적는다(ㄱ을 취하고, ㄴ을 버림).

ㄱ	ㄴ
지난겨울은 몹시 춥더라.	지난겨울은 몹시 춥드라.
깊던 물이 얕아졌다.	깊든 물이 얕아졌다.
그렇게 좋던가?	그렇게 좋든가?
그 사람 말 잘하던데!	그 사람 말 잘하든데!
얼마나 놀랐던지 몰라.	얼마나 놀랐든지 몰라.

기존 규정	2017. 03. 28. 개정안
〈한글 맞춤법 제56항〉 '-더라, -던'과 '-든지'는 다음과 같이 적는다. 1. 지난 일을 나타내는 어미는 '-더라, -던'으로 적는다(ㄱ을 취하고, ㄴ을 버림).	〈한글 맞춤법 제56항〉 '-더라, -던'과 '-든지'는 다음과 같이 적는다. 1. 지난 일을 나타내는 어미는 '-더라, -던'으로 적는다(ㄱ을 취하고, ㄴ을 버림).
ㄱ / ㄴ 지난 겨울은 몹시 춥더라. / 지난 겨울은 몹시 춥드라. 깊던 물이 얕아졌다. / 깊든 물이 얕아졌다. 그렇게 좋던가? / 그렇게 좋든가? 그 사람 말 잘하던데! / 그 사람 말 잘하든데! 얼마나 놀랐던지 몰라. / 얼마나 놀랐든지 몰라.	ㄱ / ㄴ 지난겨울은 몹시 춥더라. / 지난겨울은 몹시 춥드라. 깊던 물이 얕아졌다. / 깊든 물이 얕아졌다. 그렇게 좋던가? / 그렇게 좋든가? 그 사람 말 잘하던데! / 그 사람 말 잘하든데! 얼마나 놀랐던지 몰라. / 얼마나 놀랐든지 몰라.

▶ 띄어쓰기가 변경된 개정안에 유의하여야 한다.

② 물건이나 일의 내용을 가리지 아니하는 뜻을 나타내는 조사와 어미는 '(-)든지'로 적는다(ㄱ을 취하고, ㄴ을 버림).

ㄱ	ㄴ
배든지 사과든지 마음대로 먹어라.	배던지 사과던지 마음대로 먹어라.
가든지 오든지 마음대로 해라.	가던지 오던지 마음대로 해라.

제57항 | 다음 말들은 각각 구별하여 적는다.

기출
- **가름** 둘로 가름
- **갈음** 새 책상으로 갈음하였다.

- **거름** 풀을 썩힌 거름
- **걸음** 빠른 걸음

기출
― **거치다** 영월을 거쳐 왔다.
― **걷히다** 외상값이 잘 걷힌다.

기출
― **걷잡다** 걷잡을 수 없는 상태
― **겉잡다** 겉잡아서 이틀 걸릴 일

기출
― **그러므로(그러니까)** 그는 부지런하다. 그러므로 잘 산다.
― **그럼으로(써)(그렇게 하는 것으로)** 그는 열심히 공부한다. 그럼으로(써) 은혜에 보답한다.

― **노름** 노름판이 벌어졌다.
― **놀음(놀이)** 즐거운 놀음

기출
― **느리다** 진도가 너무 느리다.
― **늘이다** 고무줄을 늘인다.
― **늘리다** 수출량을 더 늘린다.

― **다리다** 옷을 다린다.
― **달이다** 약을 달인다.

기출
― **다치다** 부주의로 손을 다쳤다.
― **닫히다** 문이 저절로 닫혔다.
  닫치다 문을 힘껏 닫쳤다.

빈출
― **마치다** 벌써 일을 마쳤다.
― **맞히다** 여러 문제를 더 맞혔다.

― **목거리** 목거리가 덧났다.
― **목걸이** 금목걸이, 은목걸이

기출
― **바치다** 나라를 위해 목숨을 바쳤다.
― **받치다** 우산을 받치고 간다.
           책받침을 받친다.

― **받히다** 쇠뿔에 받혔다.
― **밭치다** 술을 체에 밭친다.

― **반드시** 약속은 반드시 지켜라.
― **반듯이** 고개를 반듯이 들어라.

기출
― **부딪치다** 차와 차가 마주 부딪쳤다.
― **부딪히다** 마차가 화물차에 부딪혔다.

― **부치다** 힘이 부치는 일이다./식목일에 부치는 글
           편지를 부친다./회의에 부치는 안건
           논밭을 부친다./인쇄에 부치는 원고
           빈대떡을 부친다./삼촌 집에 숙식을 부친다.
― **붙이다** 우표를 붙인다./감시원을 붙인다.
           책상을 벽에 붙였다./조건을 붙인다.
           흥정을 붙인다./취미를 붙인다.
           불을 붙인다./별명을 붙인다.

― **시키다** 일을 시킨다.
― **식히다** 끓인 물을 식힌다.

- 아름 세 아름 되는 둘레
- 알음 전부터 알음이 있는 사이
- 앎 앎이 힘이다.

- 안치다 밥을 안친다.
- 앉히다 윗자리에 앉힌다.

- 어름 두 물건의 어름에서 일어난 현상
- 얼음 얼음이 얼었다.

기출
- 이따가 이따가 오너라.
- 있다가 돈은 있다가도 없다.

기출
- 저리다 다친 다리가 저린다.
- 절이다 김장 배추를 절인다.

기출
- 조리다 생선을 조린다. 통조림, 병조림
- 졸이다 마음을 졸인다.

- 주리다 여러 날을 주렸다.
- 줄이다 비용을 줄인다.

- 하노라고 하노라고 한 것이 이 모양이다.
- 하느라고 공부하느라고 밤을 새웠다.

- -느니보다(어미) 나를 찾아오느니보다 집에 있거라.
- -는 이보다(의존 명사) 오는 이가 가는 이보다 많다.

- -(으)리만큼(어미) 나를 미워하리만큼 그에게 잘못한 일이 없다.
- -(으)ㄹ 이만큼(의존 명사) 찬성할 이도 반대할 이만큼이나 많을 것이다.

- -(으)러(목적) 공부하러 간다.
- -(으)려(의도) 서울 가려 한다.

기출
- -(으)로서(자격) 사람으로서 그럴 수는 없다.
- -(으)로써(수단) 닭으로써 꿩을 대신했다.

기출
- -(으)므로(어미) 그가 나를 믿으므로 나도 그를 믿는다.
- (-ㅁ, -음)으로(써)(조사) 그는 믿음으로(써) 산 보람을 느꼈다.

기존 규정	2017. 03. 28. 개정안
〈한글 맞춤법 제57항〉 다음 말들은 각각 구별하여 적는다.	〈한글 맞춤법 제57항〉 다음 말들은 각각 구별하여 적는다.
거름 풀을 썩인 거름 걸음 빠른 걸음	거름 풀을 썩힌 거름 걸음 빠른 걸음
목거리 목거리가 덧났다. 목걸이 금 목걸이, 은 목걸이	목거리 목거리가 덧났다. 목걸이 금목걸이, 은목걸이
-느니보다(어미) 나를 찾아 오느니보다 집에 있거라. -는 이보다(의존 명사) 오는 이가 가는 이보다 많다.	-느니보다(어미) 나를 찾아오느니보다 집에 있거라. -는 이보다(의존 명사) 오는 이가 가는 이보다 많다.

'썩인', '썩힌' 용법이 변경된 점에 유의하여야 한다.

개정안의 띄어쓰기 변경 사항에 유의하여야 한다.

2 문장 부호

문장 부호는 글에서 문장의 구조를 드러내거나 글쓴이의 의도를 전달하기 위하여 사용하는 부호이다. 문장 부호의 이름과 사용법은 다음과 같이 정한다.

1. 마침표(.)

(1) 서술, 명령, 청유 등을 나타내는 문장의 끝에 쓴다.

> 예 젊은이는 나라의 기둥입니다.   제 손을 꼭 잡으세요.   집으로 돌아갑시다.

[붙임 1] 직접 인용한 문장의 끝에는 쓰는 것을 원칙으로 하되, 쓰지 않는 것을 허용한다(ㄱ을 원칙으로 하고, ㄴ을 허용함).

> 예 ㄱ. 그는 "지금 바로 떠나자."라고 말하며 서둘러 짐을 챙겼다.
> ㄴ. 그는 "지금 바로 떠나자"라고 말하며 서둘러 짐을 챙겼다.

[붙임 2] 용언의 명사형이나 명사로 끝나는 문장에는 쓰는 것을 원칙으로 하되, 쓰지 않는 것을 허용한다(ㄱ을 원칙으로 하고, ㄴ을 허용함).

> 예 ㄱ. 목적을 이루기 위하여 몸과 마음을 다하여 애를 씀.
> ㄴ. 목적을 이루기 위하여 몸과 마음을 다하여 애를 씀
> ㄱ. 결과에 연연하지 않고 끝까지 최선을 다하기.
> ㄴ. 결과에 연연하지 않고 끝까지 최선을 다하기
> ㄱ. 신입 사원 모집을 위한 기업 설명회 개최.
> ㄴ. 신입 사원 모집을 위한 기업 설명회 개최
> ㄱ. 내일 오전까지 보고서를 제출할 것.
> ㄴ. 내일 오전까지 보고서를 제출할 것

다만, 제목이나 표어에는 쓰지 않음을 원칙으로 한다.

> 예 압록강은 흐른다   꺼진 불도 다시 보자   건강한 몸 만들기

(2) 아라비아 숫자만으로 연월일을 표시할 때 쓴다.

> 예 1919. 3. 1.   10. 1.~10. 12.

(3) 특정한 의미가 있는 날을 표시할 때 월과 일을 나타내는 아라비아 숫자 사이에 쓴다.

> 예 3.1 운동   8.15 광복

[붙임] 이때는 마침표 대신 가운뎃점을 쓸 수 있다.

> 예 3·1 운동   8·15 광복

(4) 장, 절, 항 등을 표시하는 문자나 숫자 다음에 쓴다.

> 예 가. 인명   ㄱ. 머리말   Ⅰ. 서론   1. 연구 목적

[붙임] '마침표' 대신 '온점'이라는 용어를 쓸 수 있다.

2. 물음표(?)

(1) 의문문이나 의문을 나타내는 어구의 끝에 쓴다.

> 예 점심 먹었어?　　　　　　　　　　　이번에 가시면 언제 돌아오세요?
> 　　제가 부모님 말씀을 따르지 않을 리가 있겠습니까?　다섯 살짜리 꼬마가 이 멀고 험한 곳까지 혼자 왔다?
> 　　지금? / 뭐라고? / 네?

[붙임 1] 한 문장 안에 몇 개의 선택적인 물음이 이어질 때는 맨 끝의 물음에만 쓰고, 각 물음이 독립적일 때는 각 물음의 뒤에 쓴다.

> 예 너는 중학생이냐, 고등학생이냐?
> 　　너는 여기에 언제 왔니? 어디서 왔니? 무엇 하러 왔니?

[붙임 2] 의문의 정도가 약할 때는 물음표 대신 마침표를 쓸 수 있다.

> 예 도대체 이 일을 어쩐단 말이냐.　　이것이 과연 내가 찾던 행복일까.

다만, 제목이나 표어에는 쓰지 않음을 원칙으로 한다.

> 예 역사란 무엇인가　　아직도 담배를 피우십니까

(2) 특정한 어구의 내용에 대하여 의심, 빈정거림 등을 표시할 때, 또는 적절한 말을 쓰기 어려울 때 소괄호 안에 쓴다.

> 예 우리와 의견을 같이할 사람은 최 선생(?) 정도인 것 같다.
> 　　30점이라. 거참 훌륭한(?) 성적이군.

(3) 모르거나 불확실한 내용임을 나타낼 때 쓴다.

> 예 최치원(857~?)은 통일 신라 말기에 이름을 떨쳤던 학자이자 문장가이다.

3. 느낌표(!)

(1) 감탄문이나 감탄사의 끝에 쓴다.

> 예 이거 정말 큰일이 났구나!　　어머!

[붙임] 감탄의 정도가 약할 때는 느낌표 대신 쉼표나 마침표를 쓸 수 있다.

> 예 어, 벌써 끝났네.　　날씨가 참 좋군.

(2) 특별히 강한 느낌을 나타내는 어구, 평서문, 명령문, 청유문에 쓴다.

> 예 청춘! 이는 듣기만 하여도 가슴이 설레는 말이다.　　이야, 정말 재밌디!
> 　　지금 즉시 대답해!　　　　　　　　　　　　　　앞만 보고 달리자!

(3) 물음의 말로 놀람이나 항의의 뜻을 나타내는 경우에 쓴다.

> 예 이게 누구야!　　내가 왜 나빠!

(4) 감정을 넣어 대답하거나 다른 사람을 부를 때 쓴다.

> 예 네!　　네, 선생님!　　흥부야!

4. 쉼표(,)

(1) 같은 자격의 어구를 열거할 때 그 사이에 쓴다.

> 예 근면, 검소, 협동은 우리 겨레의 미덕이다.
>   집을 보러 가면 그 집이 내가 원하는 조건에 맞는지, 살기에 편한지, 망가진 곳은 없는지 확인해야 한다.

① 쉼표 없이도 열거되는 사항임이 쉽게 드러날 때는 쓰지 않을 수 있다.

> 예 아버지 어머니께서 함께 오셨어요.   네 돈 내 돈 다 합쳐 보아야 만 원도 안 되겠다.

② 열거할 어구들을 생략할 때 사용하는 줄임표 앞에는 쉼표를 쓰지 않는다.

> 예 광역시: 광주, 대구, 대전……

(2) 짝을 지어 구별할 때 쓴다.

> 예 닭과 지네, 개와 고양이는 상극이다.

(3) 이웃하는 수를 개략적으로 나타낼 때 쓴다.

> 예 5, 6세기   6, 7, 8개

(4) 열거의 순서를 나타내는 어구 다음에 쓴다.

> 예 첫째, 몸이 튼튼해야 한다.   마지막으로, 무엇보다 마음이 편해야 한다.

(5) 문장의 연결 관계를 분명히 하고자 할 때 절과 절 사이에 쓴다.

> 예 콩 심은 데 콩 나고, 팥 심은 데 팥 난다.
>   저는 신뢰와 정직을 생명과 같이 여기고 살아온바, 이번 비리 사건과는 무관하다는 점을 분명히 밝힙니다.

(6) 같은 말이 되풀이되는 것을 피하기 위하여 일정한 부분을 줄여서 열거할 때 쓴다.

> 예 여름에는 바다에서, 겨울에는 산에서 휴가를 즐겼다.

(7) 부르거나 대답하는 말 뒤에 쓴다.

> 예 지은아, 이리 좀 와 봐.   네, 지금 가겠습니다.

(8) 한 문장 안에서 앞말을 '곧', '다시 말해' 등과 같은 어구로 다시 설명할 때 앞말 다음에 쓴다.

> 예 책의 서문, 곧 머리말에는 책을 지은 목적이 드러나 있다.
>   원만한 인간관계는 말과 관련한 예의, 즉 언어 예절을 갖추는 것에서 시작된다.
>   호준이 어머니, 다시 말해 나의 누님은 올해로 결혼한 지 20년이 된다.

(9) 문장 앞부분에서 조사 없이 쓰인 제시어나 주제어의 뒤에 쓴다.

> 예 돈, 돈이 인생의 전부이더냐?
>   지금 네가 여기 있다는 것, 그것만으로도 나는 충분히 행복해.
>   그 사실, 넌 알고 있었지?

(10) 한 문장에 같은 의미의 어구가 반복될 때 앞에 오는 어구 다음에 쓴다.

> 예 그의 애국심, 몸을 사리지 않고 국가를 위해 헌신한 정신을 우리는 본받아야 한다.

(11) 도치문에서 도치된 어구들 사이에 쓴다.

> 예 이리 오세요, 어머님.

⑿ 바로 다음 말과 직접적인 관계에 있지 않음을 나타낼 때 쓴다.

> 예 갑돌이는, 울면서 떠나는 갑순이를 배웅했다.
> 철원과, 대관령을 중심으로 한 강원도 산간 지대에 예년보다 일찍 첫눈이 내렸습니다.

⒀ 문장 중간에 끼어든 어구의 앞뒤에 쓴다.

> 예 나는, 솔직히 말하면, 그 말이 별로 탐탁지 않아.
> 영호는 미소를 띠고, 속으로는 화가 치밀어 올라 잠시라도 견딜 수 없을 만큼 괴로웠지만, 그들을 맞았다.

[붙임 1] 이때는 쉼표 대신 줄표를 쓸 수 있다.

> 예 나는 ― 솔직히 말하면 ― 그 말이 별로 탐탁지 않아.
> 영호는 미소를 띠고 ― 속으로는 화가 치밀어 올라 잠시라도 견딜 수 없을 만큼 괴로웠지만 ― 그들을 맞았다.

[붙임 2] 끼어든 어구 안에 다른 쉼표가 들어 있을 때는 쉼표 대신 줄표를 쓴다.

> 예 이건 내 것이니까 ― 아니, 내가 처음 발견한 것이니까 ― 절대로 양보할 수 없다.

⒁ 특별한 효과를 위해 끊어 읽는 곳을 나타낼 때 쓴다.

> 예 이 전투는 바로 우리가, 우리만이, 승리로 이끌 수 있다.

⒂ 짧게 더듬는 말을 표시할 때 쓴다.

> 예 선생님, 부, 부정행위라니요? 그런 건 새, 생각조차 하지 않았습니다.

[붙임] '쉼표' 대신 '반점'이라는 용어를 쓸 수 있다.

5. 가운뎃점(·)

▶ 가운뎃점 대신 쉼표를 쓸 수 있는 점에 유의해야 한다.

(1) 열거할 어구들을 일정한 기준으로 묶어서 나타낼 때 쓴다.

> 예 민수·영희, 선미·준호가 서로 짝이 되어 윷놀이를 하였다.
> 지금의 경상남도·경상북도, 전라남도·전라북도, 충청남도·충청북도 지역을 예부터 삼남이라 일러 왔다.

(2) 짝을 이루는 어구들 사이에 쓴다.

> 예 한(韓)·이(伊) 양국 간의 무역량이 늘고 있다.
> 하천 수질의 조사·분석

다만, 이때는 가운뎃점을 쓰지 않거나 쉼표를 쓸 수도 있다.

> 예 한(韓) 이(伊) 양국 간의 무역량이 늘고 있다.
> 하천 수질의 조사, 분석

(3) 공통 성분을 줄여서 하나의 어구로 묶을 때 쓴다.

> 예 상·중·하위권   금·은·동메달   통권 제54·55·56호

[붙임] 이때는 가운뎃점 대신 쉼표를 쓸 수 있다.

> 예 상, 중, 하위권   금, 은, 동메달   통권 제54, 55, 56호

6. 쌍점(:)

(1) 표제 다음에 해당 항목을 들거나 설명을 붙일 때 쓴다.

> 예 문방사우: 종이, 붓, 먹, 벼루
> 일시: 2014년 10월 9일 10시
> 올림표(#): 음의 높이를 반음 올릴 것을 지시한다.

(2) 희곡 등에서 대화 내용을 제시할 때 말하는 이와 말한 내용 사이에 쓴다.

> 예 김 과장: 난 못 참겠다.
> 아들: 아버지, 제발 제 말씀 좀 들어 보세요.

(3) 시와 분, 장과 절 등을 구별할 때 쓴다.

> 예 오전 10:20(오전 10시 20분)
> 두시언해 6:15(두시언해 제6권 제15장)

(4) 의존 명사 '대'가 쓰일 자리에 쓴다.

> 예 65:60(65 대 60)

[붙임] 쌍점의 앞은 붙여 쓰고 뒤는 띄어 쓴다. 다만, (3)과 (4)에서는 쌍점의 앞뒤를 붙여 쓴다.

7. 빗금(/)

(1) 대비되는 두 개 이상의 어구를 묶어 나타낼 때 그 사이에 쓴다.

> 예 먹이다/먹히다   금메달/은메달/동메달
> (   )이/가 우리나라의 보물 제1호이다.

(2) 기준 단위당 수량을 표시할 때 해당 수량과 기준 단위 사이에 쓴다.

> 예 100미터/초   1,000원/개

(3) 시의 행이 바뀌는 부분임을 나타낼 때 쓴다.

> 예 산에 / 산에 / 피는 꽃은 / 저만치 혼자서 피어 있네

다만, 연이 바뀜을 나타낼 때는 두 번 겹쳐 쓴다.

> 예 산에는 꽃 피네 / 꽃이 피네 / 갈 봄 여름 없이 / 꽃이 피네 // 산에 / 산에 / 피는 꽃은 / 저만치 혼자서 피어 있네

[붙임] 빗금의 앞뒤는 (1)과 (2)에서는 붙여 쓰며, (3)에서는 띄어 쓰는 것을 원칙으로 하되 붙여 쓰는 것을 허용한다. 단, (1)에서 대비되는 어구가 두 어절 이상인 경우에는 빗금의 앞뒤를 띄어 쓸 수 있다.

8. 큰따옴표(" ")

(1) 글 가운데에서 직접 대화를 표시할 때 쓴다.

> 예 "어머니, 제가 가겠어요." / "아니다. 내가 다녀오마."

(2) 말이나 글을 직접 인용할 때 쓴다.

> 예 나는 "어, 광훈이 아니냐?" 하는 소리에 깜짝 놀랐다.

9. 작은따옴표(' ')

(1) 인용한 말 안에 있는 인용한 말을 나타낼 때 쓴다.

   예 그는 "여러분! '시작이 반이다.'라는 말 들어 보셨죠?"라고 말하며 강연을 시작했다.

(2) 마음속으로 한 말을 적을 때 쓴다.

   예 나는 '일이 다 틀렸나 보군.' 하고 생각하였다.

10. 소괄호(( ))

(1) 주석이나 보충적인 내용을 덧붙일 때 쓴다.

   예 니체(독일의 철학자)의 말을 빌리면 다음과 같다.
     2014. 12. 19.(금)

(2) 우리말 표기와 원어 표기를 아울러 보일 때 쓴다.

   예 기호(嗜好), 자세(姿勢)   커피(coffee), 에티켓(étiquette)

(3) 생략할 수 있는 요소임을 나타낼 때 쓴다.

   예 학교에서 동료 교사를 부를 때는 이름 뒤에 '선생(님)'이라는 말을 덧붙인다.

(4) 희곡 등 대화를 적은 글에서 동작이나 분위기, 상태를 드러낼 때 쓴다.

   예 현우: (가쁜 숨을 내쉬며) 왜 이렇게 빨리 뛰어?

(5) 내용이 들어갈 자리임을 나타낼 때 쓴다.

   예 우리나라의 수도는 (   )이다.

(6) 항목의 순서나 종류를 나타내는 숫자나 문자 등에 쓴다.

   예 사람의 인격은 (1) 용모, (2) 언어, (3) 행동, (4) 덕성 등으로 표현된다.
     (가) 동해, (나) 서해, (다) 남해

11. 중괄호({ })

▶ 같은 범주에 속하는 여러 요소를 묶어 보일 때 사용하는 (1)의 용법에는 익숙하나, (2)의 용법에는 익숙하지 않은 경우가 있으므로 이에 유의해야 한다.

(1) 같은 범주에 속하는 여러 요소를 세로로 묶어서 보일 때 쓴다.

   예 주격 조사 {이, 가}

   예 국가의 성립 요소 {영토, 국민, 주권}

(2) 열거된 항목 중 어느 하나가 자유롭게 선택될 수 있음을 보일 때 쓴다.

   예 아이들이 모두 학교{에, 로, 까지} 갔어요.

12. 대괄호([ ])

(1) 괄호 안에 또 괄호를 쓸 필요가 있을 때 바깥쪽의 괄호로 쓴다.

> 예 어린이날이 새로 제정되었을 당시에는 어린이들에게 경어를 쓰라고 하였다.[윤석중 전집(1988), 70쪽 참조]
> 이번 회의에는 두 명[이혜정(실장), 박철용(과장)]만 빼고 모두 참석했습니다.

(2) 고유어에 대응하는 한자어를 함께 보일 때 쓴다.

> 예 나이[年歲]   낱말[單語]

(3) 원문에 대한 이해를 돕기 위해 설명이나 논평 등을 덧붙일 때 쓴다.

> 예 그것[한글]은 이처럼 정보화 시대에 알맞은 과학적인 문자이다.
> 그런 일은 결코 있을 수 없다.[원문에는 '업다'임]

13. 겹낫표(『 』)와 겹화살괄호(《 》)
→ 책의 제목, 신문 이름 등에 사용할 수 있음을 기억해야 한다.

책의 제목이나 신문 이름 등을 나타낼 때 쓴다.

> 예 우리나라 최초의 민간 신문은 1896년에 창간된 『독립신문』이다.
> 윤동주의 유고 시집인 《하늘과 바람과 별과 시》에는 31편의 시가 실려 있다.

[붙임] 겹낫표나 겹화살괄호 대신 큰따옴표를 쓸 수 있다.

> 예 우리나라 최초의 민간 신문은 1896년에 창간된 "독립신문"이다.
> 윤동주의 유고 시집인 "하늘과 바람과 별과 시"에는 31편의 시가 실려 있다.

14. 홑낫표(「 」)와 홑화살괄호(〈 〉)
→ 소제목, 예술 작품의 제목 등을 나타낼 때 사용하며 겹낫표, 겹화살괄호와 구분지어 사용할 수 있어야 한다.

소제목, 그림이나 노래와 같은 예술 작품의 제목, 상호, 법률, 규정 등을 나타낼 때 쓴다.

> 예 사무실 밖에 「해와 달」이라고 쓴 간판을 달았다.
> 〈한강〉은 사진집 《아름다운 땅》에 실린 작품이다.

[붙임] 홑낫표나 홑화살괄호 대신 작은따옴표를 쓸 수 있다.

> 예 사무실 밖에 '해와 달'이라고 쓴 간판을 달았다.
> '한강'은 사진집 "아름다운 땅"에 실린 작품이다.

15. 줄표(—)

제목 다음에 표시하는 부제의 앞뒤에 쓴다.

> 예 이번 토론회의 제목은 '역사 바로잡기 — 근대의 설정 —'이다.

다만, 뒤에 오는 줄표는 생략할 수 있다.

> 예 이번 토론회의 제목은 '역사 바로잡기 — 근대의 설정'이다.

[붙임] 줄표의 앞뒤는 띄어 쓰는 것을 원칙으로 하되, 붙여 쓰는 것을 허용한다.

16. 붙임표(-)

(1) 차례대로 이어지는 내용을 하나로 묶어 열거할 때 각 어구 사이에 쓴다.

> 예 멀리뛰기는 도움닫기-도약-공중 자세-착지의 순서로 이루어진다.

(2) 두 개 이상의 어구가 밀접한 관련이 있음을 나타내고자 할 때 쓴다.

> 예 드디어 서울-북경의 항로가 열렸다.
> 　남한-북한-일본 삼자 관계

17. 물결표(~)

기간이나 거리 또는 범위를 나타낼 때 쓴다.

> 예 9월 15일~9월 25일
> 　서울~천안 정도는 출퇴근이 가능하다.
> 　이번 시험의 범위는 3~78쪽입니다.

[붙임] 물결표 대신 붙임표를 쓸 수 있다.

> 예 9월 15일-9월 25일
> 　서울-천안 정도는 출퇴근이 가능하다.
> 　이번 시험의 범위는 3-78쪽입니다.

18. 드러냄표(˙)와 밑줄(＿)

문장 내용 중에서 주의가 미쳐야 할 곳이나 중요한 부분을 특별히 드러내 보일 때 쓴다.

> 예 한글의 본디 이름은 훈민정음이다.
> 　다음 보기에서 명사가 아닌 것은?

[붙임] 드러냄표나 밑줄 대신 작은따옴표를 쓸 수 있다.

> 예 한글의 본디 이름은 '훈민정음'이다.
> 　다음 보기에서 명사가 '아닌' 것은?

19. 숨김표(○, ×)

(1) 금기어나 공공연히 쓰기 어려운 비속어임을 나타낼 때, 그 글자의 수효만큼 쓴다.

> 예 배운 사람 입에서 어찌 ○○○란 말이 나올 수 있느냐?
> 　그 말을 듣는 순간 ×××란 말이 목구멍까지 치밀었다.

(2) 비밀을 유지해야 하거나 밝힐 수 없는 사항임을 나타낼 때 쓴다.

> 예 1차 시험 합격자는 김○영, 이○준, 박○순 등 모두 3명이다.
> 　그 모임의 참석자는 김×× 씨, 정×× 씨 등 5명이었다.

20. 빠짐표(□)

(1) 옛 비문이나 문헌 등에서 글자가 분명하지 않을 때 그 글자의 수효만큼 쓴다.

> 예 大師爲法主□□賴之大□薦

(2) 글자가 들어가야 할 자리를 나타낼 때 쓴다.

> 예 훈민정음의 초성 중에서 아음(牙音)은 □□□의 석 자다.

21. 줄임표(……)

(1) 할 말을 줄였을 때 쓴다.

> 예 "어디 나하고 한번……." 하고 민수가 나섰다.

(2) 말이 없음을 나타낼 때 쓴다.

> 예 "빨리 말해!"
> "……."

(3) 문장이나 글의 일부를 생략할 때 쓴다.

> 예 '고유'라는 말은 문자 그대로 본디부터 있었다는 뜻은 아닙니다. …… 같은 역사적 환경에서 공동의 집단생활을 영위해 오는 동안 공동으로 발견된, 사물에 대한 공동의 사고방식을 우리는 한국의 고유 사상이라 부를 수 있다는 것입니다.

(4) 머뭇거림을 보일 때 쓴다.

> 예 "우리는 모두…… 그러니까…… 예외 없이 눈물만…… 흘렸다."

[붙임 1] 점은 가운데에 찍는 대신 아래쪽에 찍을 수도 있다.

> 예 "어디 나하고 한번......" 하고 민수가 나섰다.

[붙임 2] 점은 여섯 점을 찍는 대신 세 점을 찍을 수도 있다.

> 예 "어디 나하고 한번…." 하고 민수가 나섰다.

[붙임 3] 줄임표는 앞말에 붙여 쓴다. 다만, (3)에서는 줄임표의 앞뒤를 띄어 쓴다.

02 한글 맞춤법

이론점검 문제

01
다음 밑줄 친 부분이 맞춤법에 <u>어긋난</u> 것은?

① 지훈 씨, <u>고마워요</u>.
② 논쟁의 <u>초점</u>이 되고 있다.
③ 앞으로 그런 언행을 <u>삼갑시다</u>.
④ <u>머릿말</u>에는 작가의 집필 의도가 담겨 있다.
⑤ 정관예우는 <u>예부터</u> 지금까지 되풀이되고 있는 문제이다.

02
다음 중 띄어쓰기가 옳지 <u>않은</u> 것은?

① 좀더 큰 사과를 주세요.
② 빠른 출동 덕에 불이 꺼져 간다.
③ 고작 열살 난 아이가 너무 어른스럽다.
④ 광화문 광장에 가서 충무공 이순신 장군 동상을 보았다.
⑤ 1919년 3월 10일은 민족의 독립을 위해 겨레가 뭉친 날이다.

문제풀이

01
'머리말'은 '머리'와 '말'의 합성어이나 뒷말의 첫소리 'ㅁ' 앞에서 'ㄴ' 소리가 덧나는 경우가 아니므로 사이시옷을 받쳐 적으면 안 된다.

정답 | ④

02
단위를 나타내는 말은 띄어 써야 하므로 '열 살'로 띄어야 한다.

정답 | ③

실전 감각을 기를 차례! **[기출변형 문제편]** 바로가기 ☞ **P.32**

03 외래어/로마자 표기법

기출유형 1 | 외래어 표기법

유형 익히기
국어의 외래어 표기를 제대로 이해하고 있는가를 확인하는 문제 유형이다. 외래어 표기 규정 자체에 대해서 묻기보다는 일상 어휘, 지명, 인명 등 외래어를 우리말로 올바르게 표기할 수 있는지를 확인하는 문제 유형이 출제된다. 우선 외래어 표기 규정을 파악하고, 그러한 규정이 일상 어휘, 지명, 인명 등에 어떻게 실현되고 있는지를 파악해 두어야 한다.

문제풀이
이중 모음 뒤의 [p], [t], [k]는 '으'를 붙여 적는 것이 외래어 표기법의 규정이므로 'cake[keik]'는 '케이크'로 적는다.
'① 비젼, ③ 매스컴, ④ 리더십, ⑤ 프라이팬'으로 적는다.

정답 | ②

다음 중 외래어 표기법에 맞는 것은?

① vision – 비젼
② cake – 케이크
③ masscom – 매스콤
④ leadership – 리더쉽
⑤ frypan – 후라이팬

기출유형 2 | 로마자 표기법

유형 익히기
우리말을 로마자로 제대로 표기할 수 있는가를 확인하는 문제 유형이다. 앞서 설명한 외래어 표기법과 마찬가지로, 표기 규정 자체에 대해 묻기보다는 지명, 인명, 상호 등 우리말을 로마자로 제대로 표기할 수 있는지를 확인하는 문제 유형이 주로 출제된다. 우선 로마자 표기 규정을 파악하고, 그러한 규정이 지명, 인명, 상호 등에 어떻게 실현되고 있는지를 파악해 두어야 한다.

문제풀이
로마자 표기법 2장 2항에 따르면 'ㄹ'은 모음 앞에서는 'r'로, 자음 앞이나 어말에서는 'l'로 적는다. 단, 'ㄹㄹ'은 'll'로 적는다. 따라서 'Daegwallyeong'으로 적어야 옳다.

정답 | ⑤

다음 중 로마자 표기가 올바르지 않은 것은?

① 독도 – Dokdo
② 백암 – Baegam
③ 합정 – Hapjeong
④ 중앙 – Jung-ang
⑤ 대관령 – Daegwalyeong

03 외래어/로마자 표기법

시험에 나온! 나올! 필수이론

1 외래어 표기법

1. 표기의 기본 원칙

> 제1항 │ 외래어는 국어의 현용 24 자모만으로 적는다.

> 제2항 │ 외래어의 1 음운은 원칙적으로 1 기호로 적는다.

> 제3항 │ 받침에는 'ㄱ, ㄴ, ㄹ, ㅁ, ㅂ, ㅅ, ㅇ'만을 쓴다.

> 제4항 │ 파열음 표기에는 된소리를 쓰지 않는 것을 원칙으로 한다.

> 제5항 │ 이미 굳어진 외래어는 관용을 존중하되, 그 범위와 용례는 따로 정한다.

2. 표기 일람표

〈국제 음성 기호와 한글 대조표〉

자음			반모음		모음	
국제 음성 기호	한글		국제 음성 기호	한글	국제 음성 기호	한글
	모음 앞	자음 앞 또는 어말				
p	ㅍ	ㅂ, 프	j	이*	i	이
b	ㅂ	브	ɥ	위	y	위
t	ㅌ	ㅅ, 트	w	오, 우*	e	에
d	ㄷ	드			ø	외
k	ㅋ	ㄱ, 크			ɛ	에
g	ㄱ	그			ɛ̃	앵
f	ㅍ	프			œ	외
v	ㅂ	브			œ̃	욍
θ	ㅅ	스			æ	애
ð	ㄷ	드			a	아
s	ㅅ	스			ɑ	아
z	ㅈ	즈			ɑ̃	앙
ʃ	시	슈, 시			ʌ	어
ʒ	ㅈ	지			ɔ	오

ts	ㅊ	츠			ɔ	옹
dz	ㅈ	즈			o	오
tʃ	ㅊ	치			u	우
dʒ	ㅈ	지			ə**	어
m	ㅁ	ㅁ			ɚ	어
n	ㄴ	ㄴ				
ɲ	니*	뉴				
ŋ	ㅇ	ㅇ				
l	ㄹ, ㄹㄹ	ㄹ				
r	ㄹ	르				
h	ㅎ	흐				
ç	ㅎ	히				
x	ㅎ	흐				

* [j], [w]의 '이'와 '오, 우', 그리고 [ɲ]의 '니'는 모음과 결합할 때 제3장 표기 세칙에 따른다.
** 독일어의 경우에는 '에', 프랑스어의 경우에는 '으'로 적는다.

3. 표기 세칙

(1) 영어의 표기

〈국제 음성 기호와 한글 대조표〉에 따라 적되, 다음 사항에 유의하여 적는다.

> 제1항 | 무성 파열음([p], [t], [k])

① 짧은 모음 다음의 어말 무성 파열음([p], [t], [k])은 받침으로 적는다.

   예 gap[gæp] 갭   cat[kæt] 캣 기출 book[buk] 북

② 짧은 모음과 유음·비음([l], [r], [m], [n]) 이외의 자음 사이에 오는 무성 파열음([p], [t], [k])은 받침으로 적는다.

   예 apt[æpt] 앱트 기출 setback[setbæk] 셋백   act[ækt] 액트

③ 위 경우 이외의 어말과 자음 앞의 [p], [t], [k]는 '으'를 붙여 적는다.

   예 stamp[stæmp] 스탬프   cape[keip] 케이프
      nest[nest] 네스트   part[pɑːt] 파트
      desk[desk] 데스크   make[meik] 메이크
   기출 apple[æpl] 애플   기출 mattress[mætris] 매트리스
      chipmunk[tʃipmʌŋk] 치프멍크 기출 sickness[siknis] 시크니스

> 제2항 | 유성 파열음([b], [d], [g])

어말과 모든 자음 앞에 오는 유성 파열음은 '으'를 붙여 적는다.

예 bulb[bʌlb] 벌브   land[lænd] 랜드
   zigzag[zigzæg] 지그재그   lobster[lɔbstə] 로브스터
   kidnap[kidnæp] 키드냅   signal[signəl] 시그널

제3항 | 마찰음([s], [z], [f], [v], [θ], [ð], [ʃ], [ʒ])

① 어말 또는 자음 앞의 [s], [z], [f], [v], [θ], [ð]는 '으'를 붙여 적는다.

예 mask[mɑːsk] 마스크   jazz[dʒæz] 재즈
    graph[græf] 그래프   olive[ɔliv] 올리브
    thrill[θril] 스릴   bathe[beið] 베이드

② 어말의 [ʃ]는 '시'로 적고, 자음 앞의 [ʃ]는 '슈'로, 모음 앞의 [ʃ]는 뒤따르는 모음에 따라 '샤', '섀', '셔', '셰', '쇼', '슈', '시'로 적는다.

예 기출 flash[flæʃ] 플래시   shrub[ʃrʌb] 슈러브
         shark[ʃɑːk] 샤크   shank[ʃæŋk] 섕크
    기출 fashion[fæʃən] 패션   sheriff[ʃerif] 셰리프
    기출 shopping[ʃɔpiŋ] 쇼핑   shoe[ʃuː] 슈
         shim[ʃim] 심

③ 어말 또는 자음 앞의 [ʒ]는 '지'로 적고, 모음 앞의 [ʒ]는 'ㅈ'으로 적는다.

예 mirage[mirɑːʒ] 미라지   vision[viʒən] 비전

제4항 | 파찰음([ts], [dz], [tʃ], [dʒ])

① 어말 또는 자음 앞의 [ts], [dz]는 '츠', '즈'로 적고, [tʃ], [dʒ]는 '치', '지'로 적는다.

예 Keats[kiːts] 키츠   odds[ɔdz] 오즈
    switch[switʃ] 스위치   bridge[bridʒ] 브리지
    Pittsburgh[pitsbəːg] 피츠버그   hitchhike[hitʃhaik] 히치하이크

② 모음 앞의 [tʃ], [dʒ]는 'ㅊ', 'ㅈ'으로 적는다.

예 chart[tʃɑːt] 차트   virgin[vəːdʒin] 버진

제5항 | 비음([m], [n], [ŋ])

① 어말 또는 자음 앞의 비음은 모두 받침으로 적는다.

예 steam[stiːm] 스팀   corn[kɔːn] 콘
    ring[riŋ] 링   lamp[læmp] 램프
    hint[hint] 힌트   ink[iŋk] 잉크

② 모음과 모음 사이의 [ŋ]은 앞 음절의 받침 'ㅇ'으로 적는다.

예 hanging[hæŋiŋ] 행잉   longing[lɔŋiŋ] 롱잉

제6항 | 유음([l])

① 어말 또는 자음 앞의 [l]은 받침으로 적는다.

예 hotel[houtel] 호텔   pulp[pʌlp] 펄프

② 어중의 [l]이 모음 앞에 오거나, 모음이 따르지 않는 비음([m], [n]) 앞에 올 때에는 'ㄹㄹ'로 적는다. 다만, 비음([m], [n]) 뒤의 [l]은 모음 앞에 오더라도 'ㄹ'로 적는다.

예 slide[slaid] 슬라이드   film[film] 필름
    helm[helm] 헬름   swoln[swouln] 스월른
    Hamlet[hæmlit] 햄릿   Henley[henli] 헨리

제7항 | 장모음

장모음의 장음은 따로 표기하지 않는다.

예 team[tiːm] 팀   route[ruːt] 루트

제8항 | 중모음([ai], [au], [ei], [ɔi], [ou], [auə])

중모음은 각 단모음의 음가를 살려서 적되, [ou]는 '오'로, [auə]는 '아워'로 적는다.

예 time[taim] 타임   house[haus] 하우스
　 skate[skeit] 스케이트   oil[ɔil] 오일
　 boat[bout] 보트   tower[tauə] 타워

제9항 | 반모음([w], [j])

① [w]는 뒤따르는 모음에 따라 [wə], [wɔ], [wou]는 '워', [wɑ]는 '와', [wæ]는 '왜', [we]는 '웨', [wi]는 '위', [wu]는 '우'로 적는다.

예 기출-word[wəːd] 워드   want[wɔnt] 원트
　　　 woe[wou] 워   기출-wander[wɑndə] 완더
　　 기출-wag[wæg] 왜그   기출-west[west] 웨스트
　　 기출-witch[witʃ] 위치   wool[wul] 울

② 자음 뒤에 [w]가 올 때에는 두 음절로 갈라 적되, [gw], [hw], [kw]는 한 음절로 붙여 적는다.

예 swing[swiŋ] 스윙   twist[twist] 트위스트
　 penguin[peŋgwin] 펭귄   whistle[hwisl] 휘슬
　 quarter[kwɔːtə] 쿼터

③ 반모음 [j]는 뒤따르는 모음과 합쳐 '야', '얘', '여', '예', '요', '유', '이'로 적는다. 다만, [d], [l], [n] 다음에 [jə]가 올 때에는 각각 '디어', '리어', '니어'로 적는다.

예 yard[jɑːd] 야드   yank[jæŋk] 앵크
　 yearn[jəːn] 연   yellow[jelou] 옐로
　 yawn[jɔːn] 욘   you[juː] 유
　 year[jiə] 이어
　 Indian[indjən] 인디언   battalion[bətæljən] 버탤리언
　 union[juːnjən] 유니언

제10항 | 복합어

① 따로 설 수 있는 말의 합성으로 이루어진 복합어는 그것을 구성하고 있는 말이 단독으로 쓰일 때의 표기대로 적는다.

예 cuplike[kʌplaik] 컵라이크   bookend[bukend] 북엔드
　 headlight[hedlait] 헤드라이트   touchwood[tʌtʃwud] 터치우드
　 sit-in[sitin] 싯인   bookmaker[bukmeikə] 북메이커
　 flashgun[flæʃgʌn] 플래시건   topknot[tɔpnɔt] 톱놋

② 원어에서 띄어 쓴 말은 띄어 쓴 대로 한글 표기를 하되, 붙여 쓸 수도 있다.

예 Los Alamos[lɔsæləmous] 로스 앨러모스/로스앨러모스
　 top class[tɔpklæs] 톱 클래스/톱클래스

4. 인명, 지명 표기의 원칙

(1) 표기 원칙

제1항 | 외국의 인명, 지명의 표기는 제1장, 제2장, 제3장의 규정을 따르는 것을 원칙으로 한다.

제2항 | 제3장에 포함되어 있지 않은 언어권의 인명, 지명은 원지음을 따르는 것을 원칙으로 한다.

예 Ankara 앙카라   Gandhi 간디

제3항 | 원지음이 아닌 제3국의 발음으로 통용되고 있는 것은 관용을 따른다.

예 Hague 헤이그   Caesar 시저

제4항 | 고유 명사의 번역명이 통용되는 경우 관용을 따른다.

예 Pacific Ocean 태평양   Black Sea 흑해

(2) 동양의 인명, 지명 표기

제1항 | 중국 인명은 과거인과 현대인을 구분하여 과거인은 종전의 한자음대로 표기하고, 현대인은 원칙적으로 중국어 표기법에 따라 표기하되, 필요한 경우 한자를 병기한다.

제2항 | 중국의 역사 지명으로서 현재 쓰이지 않는 것은 우리 한자음대로 하고, 현재 지명과 동일한 것은 중국어 표기법에 따라 표기하되, 필요한 경우 한자를 병기한다.

제3항 | 일본의 인명과 지명은 과거와 현대의 구분 없이 일본어 표기법에 따라 표기하는 것을 원칙으로 하되, 필요한 경우 한자를 병기한다.

제4항 | 중국 및 일본의 지명 가운데 한국 한자음으로 읽는 관용이 있는 것은 이를 허용한다.

예 東京 도쿄, 동경   京都 교토, 경도
　 上海 상하이, 상해   臺灣 타이완, 대만
　 黃河 황허, 황하

(3) 바다, 섬, 강, 산 등의 표기 세칙

제1항 | 바다는 '해(海)'로 통일한다.

예 홍해, 발트해, 아라비아해

제2항 | 우리나라를 제외하고 섬은 모두 '섬'으로 통일한다.

예 타이완섬, 코르시카섬. (우리나라: 제주도, 울릉도)

제3항 | 한자 사용 지역(일본, 중국)의 지명이 하나의 한자로 되어 있을 경우, '강', '산', '호', '섬' 등은 겹쳐 적는다.

예 온타케산(御岳)   주장강(珠江)
    도시마섬(利島)   하야카와강(早川)
    위산산(玉山)

제4항 | 지명이 산맥, 산, 강 등의 뜻이 들어 있는 것은 '산맥', '산', '강' 등을 겹쳐 적는다.

예 Rio Grande 리오그란데강   Monte Rosa 몬테로사산
    Mont Blanc 몽블랑산   Sierra Madre 시에라마드레산맥

▼ **참고** | 기존 규정과의 비교

	기존 규정	2017. 03. 28. 수정안
외래어에 붙을 때	그리스 어, 그리스 인, 게르만 족, 발트 해 나일 강, 에베레스트 산, 발리 섬 우랄 산맥, 데칸 고원, 도카치 평야	그리스어, 그리스인, 게르만족, 발트해 나일강, 에베레스트산, 발리섬 우랄산맥, 데칸고원, 도카치평야
비외래어에 붙을 때	한국어, 한국인, 만주족, 지중해 낙동강, 설악산, 남이섬 태백산맥, 개마고원, 김포평야	한국어, 한국인, 만주족, 지중해 낙동강, 설악산, 남이섬 태백산맥, 개마고원, 김포평야

개정 전과 후를 비교해 보면, 개정 전에는 앞에 오는 말의 어종에 따라 '발트 해/지중해'와 같이 띄어쓰기를 달리해야 했으나 개정 후에는 '발트해/지중해'와 같이 띄어쓰기 방식이 같아지는 것을 알 수 있다. 다만, '도버 해협/대한 해협'과 같이 개정 전에도 앞에 오는 말의 어종에 관계없이 띄어쓰기가 일정하던 어휘는 개정 후에도 띄어쓰기가 달라지지 않는다는 점을 유의해야 한다.

2 로마자 표기법

1. 표기의 기본 원칙

제1항 | 국어의 로마자 표기는 국어의 표준 발음법에 따라 적는 것을 원칙으로 한다.

제2항 | 로마자 이외의 부호는 되도록 사용하지 않는다.

2. 표기 일람

제1항 | 모음은 다음 각호와 같이 적는다.

① 단모음

ㅏ	ㅓ	ㅗ	ㅜ	ㅡ	ㅣ	ㅐ	ㅔ	ㅚ	ㅟ
a	eo	o	u	eu	i	ae	e	oe	wi

② 이중 모음

ㅑ	ㅕ	ㅛ	ㅠ	ㅒ	ㅖ	ㅘ	ㅙ	ㅝ	ㅞ	ㅢ
ya	yeo	yo	yu	yae	ye	wa	wae	wo	we	ui

[붙임 1] 'ㅢ'는 'ㅣ'로 소리 나더라도 ui로 적는다.

　예　기출　광희문 Gwanghuimun

[붙임 2] 장모음의 표기는 따로 하지 않는다.

제2항 | 자음은 다음 각호와 같이 적는다.

---

① 파열음

ㄱ	ㄲ	ㅋ	ㄷ	ㄸ	ㅌ	ㅂ	ㅃ	ㅍ
g, k	kk	k	d, t	tt	t	b, p	pp	p

② 파찰음

ㅈ	ㅉ	ㅊ
j	jj	ch

③ 마찰음

ㅅ	ㅆ	ㅎ
s	ss	h

④ 비음

ㄴ	ㅁ	ㅇ
n	m	ng

⑤ 유음

ㄹ
r, l

[붙임 1] 'ㄱ, ㄷ, ㅂ'은 모음 앞에서는 'g, d, b'로, 자음 앞이나 어말에서는 'k, t, p'로 적는다([ ] 안의 발음에 따라 표기함).

　예　구미 Gumi　　영동 Yeongdong　　백암 Baegam
　　　옥천 Okcheon　합덕 Hapdeok　　호법 Hobeop
　　　월곶[월곧] Wolgot　벚꽃[벋꼳] beotkkot　한밭[한받] Hanbat

[붙임 2] 'ㄹ'은 모음 앞에서는 'r'로, 자음 앞이나 어말에서는 'l'로 적는다. 단, 'ㄹㄹ'은 'll'로 적는다.

　예　기출　구리 Guri　　기출　설악 Seorak
　　　　칠곡 Chilgok　임실 Imsil
　　　기출　울릉 Ulleung　대관령[대괄령] Daegwallyeong

3. 표기상의 유의점

제1항 | 음운 변화가 일어날 때에는 변화의 결과에 따라 다음 각호와 같이 적는다.

① 자음 사이에서 동화 작용이 일어나는 경우

예 기출 백마[뱅마] Baengma 기출 신문로[신문노] Sinmunno
종로[종노] Jongno 기출 왕십리[왕심니] Wangsimni
별내[별래] Byeollae 신라[실라] Silla

② 'ㄴ, ㄹ'이 덧나는 경우

예 학여울[항녀울] Hangnyeoul 기출 알약[알략] allyak

③ 구개음화가 되는 경우

예 기출 해돋이[해도지] haedoji 기출 같이[가치] gachi
굳히다[구치다] guchida

④ 'ㄱ, ㄷ, ㅂ, ㅈ'이 'ㅎ'과 합하여 거센소리로 소리 나는 경우

예 좋고[조코] joko 놓다[노타] nota
잡혀[자펴] japyeo 낳지[나치] nachi

다만, 체언에서 'ㄱ, ㄷ, ㅂ' 뒤에 'ㅎ'이 따를 때에는 'ㅎ'을 밝혀 적는다.

예 묵호(Mukho) 집현전(Jiphyeonjeon)

[붙임] 된소리되기는 표기에 반영하지 않는다.

예 압구정 Apgujeong 낙동강 Nakdonggang
죽변 Jukbyeon 낙성대 Nakseongdae
합정 Hapjeong 팔당 Paldang
기출 샛별 saetbyeol 울산 Ulsan

제2항 | 발음상 혼동의 우려가 있을 때에는 음절 사이에 붙임표(-)를 쓸 수 있다.

예 중앙 Jung-ang 반구대 Ban-gudae
세운 Se-un 해운대 Hae-undae

제3항 | 고유 명사는 첫 글자를 대문자로 적는다.

예 부산 Busan 세종 Sejong

제4항 | 인명은 성과 이름의 순서로 띄어 쓴다. 이름은 붙여 쓰는 것을 원칙으로 하되 음절 사이에 붙임표(-)를 쓰는 것을 허용한다(( ) 안의 표기를 허용함).

예 민용하 Min Yongha(Min Yong-ha)
송나리 Song Nari(Song Na-ri)

① 이름에서 일어나는 음운 변화는 표기에 반영하지 않는다.

예 한복남 Han Boknam(Han Bok-nam)
홍빛나 Hong Bitna(Hong Bit-na)

② 성의 표기는 따로 정한다.

제5항 | '도, 시, 군, 구, 읍, 면, 리, 동'의 행정 구역 단위와 '가'는 각각 'do, si, gun, gu, eup, myeon, ri, dong, ga'로 적고, 그 앞에는 붙임표(-)를 넣는다. 붙임표(-) 앞뒤에서 일어나는 음운 변화는 표기에 반영하지 않는다.

예
충청북도 Chungcheongbuk-do   제주도 Jeju-do   의정부시 Uijeongbu-si
양주군 Yangju-gun   도봉구 Dobong-gu   신창읍 Sinchang-eup
삼죽면 Samjuk-myeon   인왕리 Inwang-ri
당산동 Dangsan-dong   봉천 1동 Bongcheon 1(il)-dong

기출 종로 2가 Jongno 2(i)-ga   퇴계로 3가 Toegyero 3(sam)-ga

[붙임] '시, 군, 읍'의 행정 구역 단위는 생략할 수 있다.

예 청주시 Cheongju   함평군 Hampyeong   순창읍 Sunchang

제6항 | 자연 지물명, 문화재명, 인공 축조물명은 붙임표(-) 없이 붙여 쓴다.

예
남산 Namsan   속리산 Songnisan
금강 Geumgang   독도 Dokdo
경복궁 Gyeongbokgung   무량수전 Muryangsujeon
연화교 Yeonhwagyo   극락전 Geungnakjeon
안압지 Anapji   남한산성 Namhansanseong
화랑대 Hwarangdae   불국사 Bulguksa
현충사 Hyeonchungsa   독립문 Dongnimmun
오죽헌 Ojukheon   촉석루 Chokseongnu
종묘 Jongmyo   다보탑 Dabotap

제7항 | 인명, 회사명, 단체명 등은 그동안 써 온 표기를 쓸 수 있다.

제8항 | 학술 연구 논문 등 특수 분야에서 한글 복원을 전제로 표기할 경우에는 한글 표기를 대상으로 적는다. 이때 글자 대응은 제2장을 따르되 'ㄱ, ㄷ, ㅂ, ㄹ'은 'g, d, b, l'로만 적는다. 음가 없는 'ㅇ'은 붙임표(-)로 표기하되 어두에서는 생략하는 것을 원칙으로 한다. 기타 분절의 필요가 있을 때에도 붙임표(-)를 쓴다.

예
집 jib   짚 jip
밖 bakk   값 gabs
붓꽃 buskkoch   먹는 meogneun
독립 doglib   문리 munli
물엿 mul-yeos   굳이 gud-i
좋다 johda   가곡 gagog
조랑말 jolangmal 없었습니다 eobs-eoss-seubnida

▼ **참고** | 부칙 〈제2000-8호, 2000. 07. 07.〉

① (시행일) 이 규정은 고시한 날부터 시행한다.
② (표지판 등에 대한 경과조치) 이 표기법 시행 당시 종전의 표기법에 의하여 설치된 표지판(도로, 광고물, 문화재 등의 안내판)은 2005. 12. 31.까지 이 표기법을 따라야 한다.
③ (출판물 등에 대한 경과조치) 이 표기법 시행 당시 종전의 표기법에 의하여 발간된 교과서 등 출판물은 2002. 2. 28.까지 이 표기법을 따라야 한다.

03 외래어/로마자 표기법

이론점검 문제

01
다음 중 외래어 표기가 바른 것은?

① 나는 이 집의 도너스를 가장 좋아한다.
② 이 병원에는 알콜 중독 환자가 많은 편이다.
③ 바통을 이어 받은 다음 주자가 전력 질주하였다.
④ 백화점에서 여러 종류의 악세사리를 판매하고 있다.
⑤ 아이새도우를 칠하고 제대로 지우지 않으면 피부에 착색된다.

02
다음 중 로마자 표기가 옳지 않은 것은?

① 설악 – Seolak
② 월곶 – Wolgot
③ 안압지 – Anapji
④ 죽변 – Jukbyeon
⑤ 반구대 – Ban-gudae

문제풀이

01
'baton'은 '바통'으로 적는다.
'① 도넛, ② 알코올, ④ 액세서리, ⑤ 아이섀도'로 적는다.
정답 | ③

02
로마자 표기법 제2장 제2항의 [붙임2]에 따르면 'ㄹ'은 모음 앞에서는 'r'로 적어야 하므로 'Seorak'으로 표기해야 한다.
정답 | ①

실전 감각을 기를 차례! **[기출변형 문제편]** 바로가기 ☞ P.36

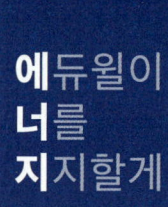

에듀윌이
너를
지지할게

ENERGY

내를 건너서 숲으로
고개를 넘어서 마을로

어제도 가고 오늘도 갈
나의 길 새로운 길

– 윤동주, '새로운 길'

PART 03
읽기

Chapter 01 실용문
Chapter 02 학술문
Chapter 03 문학-현대시/현대소설/수필

90문항 중 40문항 출제
(2교시 읽기 주관식 1문항 포함)

44%

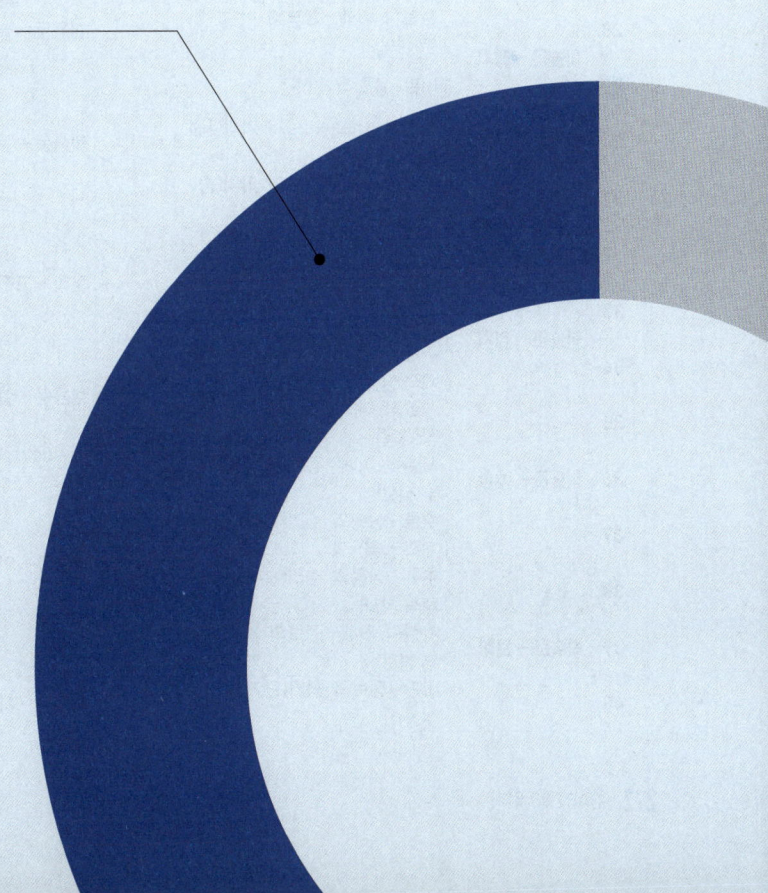

[19~57] 읽기

기출의 패턴을 벗기다

최근기출 2회분 전 문항 한눈에 보기

문항번호	A회 지문	A회 유형/분류	A회 자료/개념	B회 지문	B회 유형/분류	B회 자료/개념
19	실용문 – 안내문	추론 – 상황의 추리(사례와 구체적 상황)	카드 약관 변경	실용문 – 안내문	사실적 이해 – 정보의 파악(세부 정보)	기숙사 입사
20	실용문 – 안내문	사실적 이해 – 정보의 파악(세부 정보)	전자금융 서비스 이용약관	실용문 – 안내문	사실적 이해 – 정보의 파악(세부 정보)	렌터카 보험보상제도
21	실용문 – 설명문	사실적 이해 – 정보의 파악(세부 정보)	올리브유	실용문 – 설명문	추론 – 상황의 추리(사례와 구체적 상황)	비데
22	실용문 – 설명문	사실적 이해 – 정보의 파악(세부 정보)	아파트 임대차 계약서	실용문 – 설명문	사실적 이해 – 정보의 파악(세부 정보)	모유 수유
23	실용문 – 설명문	사실적 이해 – 정보의 파악(세부 정보)	인공호흡법	실용문 – 설명문	사실적 이해 – 정보의 파악(세부 정보)	실업급여
24	실용문 – 설명문	사실적 이해 – 정보의 파악(세부 정보)	메모리카드		추론 – 상황의 추리(사례와 구체적 상황)	
25		추론 – 상황의 추리(사례와 구체적 상황)		학술문 – 예술	사실적 이해 – 정보의 파악(세부 정보)	
26	실용문 – 안내문	사실적 이해 – 정보의 파악(세부 정보)	우수기업 인증제		사실적 이해 – 정보의 파악(세부 정보)	
27		추론 – 정보의 추리(생략된 정보)			비판 – 정보의 평가(내용의 적절성)	
28	학술문 – 정치	사실적 이해 – 정보의 파악(세부 정보)		실용문 – 설명문	사실적 이해 – 정보의 파악(세부 정보)	리볼빙 서비스
29		비판 – 종합적 분석			사실적 이해 – 정보의 파악(세부 정보)	
30	실용문 – 설명문	사실적 이해 – 정보의 파악(세부 정보)	아토피	학술문 – 문화	비판 – 정보의 평가(근거의 적절성)	
31	학술문 – 사회	사실적 이해 – 정보의 파악(중심 내용)			추론 – 상황의 추리(사례와 구체적 상황)	
32		추론 – 상황의 추리(사례와 구체적 상황)		문학 – 고전산문	작품의 이해와 감상	
33	학술문 – 정치	사실적 이해 – 구조의 파악(논지전개 양상)			작품의 이해와 감상	
34		추론 – 상황의 추리(사례와 구체적 상황)		실용문 – 설명문	사실적 이해 – 정보의 파악(중심 내용)	시력교정 수술
35		사실적 이해 – 정보의 파악(중심 내용)			추론 – 정보의 추리(생략된 정보)	
36	학술문 – 예술	사실적 이해 – 정보의 파악(세부 정보)		학술문 – 인문	사실적 이해 – 정보의 파악(중심 내용)	
37		추론 – 상황의 추리(사례와 구체적 상황)			사실적 이해 – 정보의 파악(세부 정보)	
38	학술문 – 문화	추론 – 상황의 추리(사례와 구체적 상황)			추론 – 상황의 추리(사례와 구체적 상황)	
39		사실적 이해 – 정보의 파악(세부 정보)			비판 – 정보의 평가(근거의 적절성)	
40		비판 – 정보의 평가(근거의 적절성)		학술문 – 사회	사실적 이해 – 구조의 파악(논지 전개 양상)	

고득점의 시작은 기출을 아는 것부터!

문항 번호	A회 지문	A회 유형/분류	A회 자료/개념	B회 지문	B회 유형/분류	B회 자료/개념
41	문학 – 현대시 – 이원, 〈반가사유상〉/공광규, 〈손가락 염주〉	작품 간의 이해와 감상		학술문 – 사회	추론 – 상황의 추리(사례와 구체적 상황)	
42		작품 간의 이해와 감상		문학 – 현대소설 – 전상국, 〈하늘 아래 그 자리〉	작품의 이해와 감상	
43		시어의 의미와 기능			작품의 이해와 감상	
44	문학 – 고전산문 – 박지원, 〈능양시집서〉	작품의 이해와 감상			소재의 의미와 기능	
45		작품의 이해와 감상		학술문 – 과학	사실적 이해 – 정보의 파악(세부 정보)	
46	학술문 – 경제	사실적 이해 – 정보의 파악(세부 정보)			사실적 이해 – 구조의 파악(논지 전개 양상)	
47		추론 – 정보의 추리(생략된 정보)			추론 – 정보의 추리(생략된 정보)	
48	문학 – 희곡 – 이근삼, 〈향교의 손님〉	작품의 이해와 감상		학술문 – 사회	추론 – 정보의 추리(생략된 정보)	
49		작품의 이해와 감상			비판 – 정보의 평가(내용의 적절성)	
50		소재의 의미와 기능		실용문 – 설명문	사실적 이해 – 정보의 파악(세부 정보)	난청
51	학술문 – 과학	사실적 이해 – 정보의 파악(세부 정보)		학술문 – 정치	사실적 이해 – 정보의 파악(세부 정보)	
52		사실적 이해 – 구조의 파악(논지전개 양상)			추론 – 상황의 추리(사례와 구체적 상황)	
53		추론 – 정보의 추리(생략된 정보)		학술문 – 사회	사실적 이해 – 정보의 파악(세부 정보)	
54	학술문 – 인문	사실적 이해 – 정보의 파악(중심 내용)			추론 – 상황의 추리(사례와 구체적 상황)	
55		사실적 이해 – 정보의 파악(세부 정보)		문학 – 현대시 – 맹문재, 〈책을 읽는다고 말하지 않겠다〉/최금진, 〈도서관은 없다〉	작품 간의 이해와 감상	
56		추론 – 정보의 추리			작품 간의 이해와 감상	
57		비판 – 정보의 평가(근거의 적절성)			시어의 의미와 기능	

[19~57] 읽기 | 기출의 패턴을 벗기다

읽기 영역 기출패턴 정리

영역		유형	문항 수	제재
[19~57] 읽기 (출제 비중 44%)	실용문	사실적 이해 – 정보의 파악	6~9	주로 안내문(공고, 약관, 법령, 게시글)(2~5), 설명문(1~4), 기사문(1~2) 등으로 이루어짐
		사실적 이해 – 구조의 파악		
		추론 – 정보의 추리	3~4	
		추론 – 상황의 추리		
	학술문	사실적 이해 – 정보의 파악	10~13	텍스트 분량은 불규칙적이나, 인문 > 정치 > 사회 > 예술 · 경제 > 과학 > 문화 순으로 많음
		사실적 이해 – 구조의 파악		
		추론 – 정보의 추리	6~8	
		추론 – 상황의 추리		
		추론 – 태도와 관점의 추리		
		추론 – 과정의 추리		
		비판 – 종합적 분석	3~4	
		비판 – 정보의 평가		
		비판 – 공감 및 감상		
	현대시	작품의 이해와 감상	0~3	
		작품 간의 이해와 감상		
		시어의 의미와 기능		
		화자의 정서 및 태도		
	현대소설 /고전산문	작품의 이해와 감상	0~3	
		사건의 전개 양상		
		인물의 심리 및 태도		
		소재의 의미와 기능		
		서술상의 특징 및 효과		
	수필 /희곡	작품의 이해와 감상	0~3	
		소재의 의미와 기능		
		서술상의 특징 및 효과		
		글쓴이의 정서 및 태도		

> 실용문은 기사문, 설명문, 안내문, 법령, 약관, 자료 등 다양한 유형의 지문이 출제된다. 그중에서 설명문이 3~4개의 지문이 출제되어 가장 많은 비중을 차지한다. 학술문은 인문, 정치, 경제, 사회, 문화, 예술 등 다양한 분야의 지문이 출제된다. 문학은 현대소설, 현대시, 수필(희곡)이 각각 한 지문씩 출제된다. 이처럼 읽기는 다양한 유형의 지문이 출제되며, 전체 출제 비중의 44%를 차지하기 때문에 대부분의 수험생들이 부담을 느끼는 영역이다. 지문의 유형에 따라 접근 방법을 달리하여 문제를 푸는 훈련을 꾸준히 해야 한다.

수험생이 가장 궁금해 하는 Q&A

Q 지문을 읽는 데 시간이 너무 많이 걸려요.

A 지문의 모든 내용을 다 알려고 해서 시간이 오래 걸리는 경우와 지문의 내용을 이해하기 힘들어서 오래 걸리는 경우로 나누어 볼 수 있을 것 같습니다. 두 경우 모두 선택과 집중의 방법으로 해결해야 합니다. 문제와 선지를 미리 읽은 후, 지문을 읽으면 어떤 내용에 집중해서 읽어야 하는지 알게 되어서 시간을 절약할 수 있고, 굳이 어려운 개념은 그 자체를 지식으로 이해하려고 하지 마시고 하나의 기호일 뿐이라고 생각하셔야 합니다. 그렇게 단순화하여 공부하시면 독해의 부담이 줄어들고 시간도 줄어들 겁니다.

또한 독해력은 결국 연습에 의해 향상되기 때문에 시중에 나와 있는 고등학생용 국어 영역 독서 지문을 많이 풀어보시는 것도 좋습니다. 매일 지문의 개수를 정해두고 꾸준히 연습해 나가시면 독해력이 향상되실 겁니다.

읽기 영역 고등급 학습전략

Point 1   실용문 중에서 '안내문'은 최근에 이슈가 되고 있는 제도나 규정 등을 출제하는 경우가 많다. 그러한 제도나 규정은 어떠한 목적으로 시행되며, 구체적인 시행 방향을 정리하면서 문제를 푸는 것이 중요하다. '설명문'에서는 우리 주변에서 익숙하게 볼 수 있는 소재들을 다루는 경우가 많다. 그 소재들을 관통하고 있는 원리에 주목해서 내용을 점검하는 것이 좋다.

Point 2   학술문에서는 여전히 '인문', '정치', '사회' 지문이 많이 출제되고 있다. '인문' 지문은 문제의 양도 많아서, 하나의 지문에 '사실적 이해', '추론적 이해', '비판적 이해' 등 다양한 문제 유형을 다 제시하는 경우가 많다. 자주 나오는 주제의 지문들은 다양한 문제 유형에 대비하여 출제자의 의도를 분석하며 읽는 것이 중요하다.

Point 3   문학에서는 '현대시'가 고정적으로 매번 출제되고, 두 편의 시를 비교하여 푸는 문제가 항상 출제되므로 한 편의 시를 기준으로 다음 시에서 발견할 수 없는 특징을 찾거나, 두 편의 시 모두에서 발견되는 공통점을 찾는 것이 중요하다. '고전 산문'이나 '현대 산문'에서는 글쓴이(서술자)의 관점이나 서술 방식 찾기, 소재나 배경의 의미 찾기 등의 문제에 주목하여야 한다.

Q   현대시와 현대소설 작품을 따로 공부해야 하나요?

A   문학 작품의 비중이 그렇게 크지 않기 때문에 문학 작품을 따로 공부하실 필요는 없습니다. 문학 작품을 읽는 방법과 비문학을 읽는 방법이 다르지 않기 때문입니다. 시와 소설 모두 비문학 글을 읽듯이 꼼꼼히 분석하는 것이 필요합니다. 시와 소설에 대한 간단한 배경지식이 있으면 더욱 빠르게 읽을 수 있겠지만, 고차원의 배경지식을 필요로 할 정도로 어렵게 출제되지 않습니다.

01~02 실용문/학술문

기출유형 1   사실적 이해

유형 익히기

글에 제시되어 있는 정보를 바탕으로 내용을 파악하는 것으로, 가장 기본적인 독해력을 요구하는 유형이다. 실용문에서는 기호나 숫자로 구분되어 있는 경우가 많으니, 선지를 미리 읽고, 관련 내용을 항목에서 찾아 정리하는 방법이 가장 효율적이다. 학술문에서는 단락별로 중심 문장을 찾고, 문장 속에 드러난 표지를 찾아 표시해 가며 읽는 것이 중요하다. '첫째, 둘째'와 같이 나열을 나타내는 표지, '우선, 마지막으로'와 같이 순서를 나타내는 표지, '그 이유는, 때문이다'와 같이 인과를 나타내는 표지 등에 주목하면서 전달하려는 내용을 꼼꼼히 파악해 나가야 한다. 더불어 실용문 중에서 학술문처럼 줄글로 제시되어 있는 경우가 있으니, 그러한 실용문은 학술문을 읽는 방법으로 정리해 나가야 한다.

문제풀이

제7조에 의하면, 가맹점이 할부 계약을 해제할 때에는 14일 이상의 기간을 정하고 회원에게 서면으로 최고(催告: 재촉하는 뜻을 알림)하여야 한다고 되어 있다(회원은 할부매출일로부터 7일 이내에 가맹점에 서면으로 할부 거래의 철회를 요청할 수 있다).

정답 | ⑤

다음 글을 통해 알 수 있는 내용이 아닌 것은?

할부 거래 계약서

제1조(할부 수수료율) 할부 수수료율의 실제 연간요율은 [표1]과 같다.

제2조(목적물의 인도 등) 목적물의 인도는 할부거래 계약서를 교부받은 날을 인도일로 한다.

제3조(회원의 철회권) 회원은 할부매출일로부터 7일 이내에 가맹점에 서면으로 할부 거래의 철회를 요청할 수 있으며, 가맹점으로 철회요청을 한 경우에 가맹점 앞 철회요청 사실을 첨부한 서면을 신용제공자에게 제출(발송)함으로써 할부 거래에 관한 계약의 철회를 요청할 수 있다. 단, 상품의 성질 또는 계약체결의 형태에 비추어 철회를 인정할 수 없는 경우와 회원의 귀책사유에 의하여 상품의 멸실, 훼손되었을 경우 또는 20만 원 이하의 상품인 경우에 철회할 수 없다.

제4조(회원의 항변권) 할부구매에 대한 분쟁에 있어 할부거래에 관한 법률 제12조 제1항에서 정한 요건에 해당하는 경우 회원은 신용 제공자에게 분쟁의 해결을 요청하고 대금 지급을 거절할 수 있다. 단, 상행위 목적의 거래나 신용카드 본래의 용도이외의 거래로 판단되는 경우 또는 20만 원 미만인 경우는 제외된다.

제5조(회원의 기한이익 상실) 회원은 할부금액을 2회 이상 연속 연체하고, 연체금액이 할부금의 1/10을 초과하는 경우 등에는 할부금 지급에 대한 기한의 이익을 주장하지 못한다.

제6조(회원의 소유권 유보) 회원은 할부계약이 종료되기 전까지 목적물의 소유권이 유보될 수 있다.

제7조(가맹점의 할부계약 해제) 가맹점이 회원의 할부금 지급 의무 불이행을 이유로 할부 계약을 해제하고자 하는 경우에는 14일 이상의 기간을 정하여 그 이행을 서면으로 회원에게 최고(催告)하여야 하며, 각 당사자는 그 상대방에 대하여 원상회복의 의무를 진다. 또한, 소유권이 가맹점에 유보된 경우에 가맹점은 계약을 해제하지 않고는 그 반환을 청구할 수 없다.

제8조(특약사항) 신용카드업자 상호 간의 업무 제휴 계약에 따라 매출표 전면에 표시된 카드 발급사가 하단의 신용 제공자와 다른 경우에는 카드 발급사를 신용 제공자로 본다.

출처 | 카드 영수증 뒷면

[표 1] 신용제공자의 주소 및 할부수수료율

카드사	주소	할부 수수료율
ㅇㅇ카드	서울 중구 소월로 3	연 9.9~20.9%
ㅁㅁ카드	서울 서초구 효령로 275	연 10.1~19.9%
☆☆카드	서울 중구 세종대로 67	연 10.0~21.8%
△△카드	서울 중구 을지로 100	연 9.5~20.9%

① 거래 금액이 20만 원 미만일 경우에는 회원의 항변권이 인정되지 않는다.
② 회원의 귀책사유에 의해 할부 거래의 철회를 요청하는 것은 불가능하다.
③ 카드사는 신용 제공자로, 각 카드사의 할부 수수료율은 22%를 넘지 않는다.
④ 회원은 할부 계약이 종료되기 전까지는 그 목적물의 소유권이 유보될 수 있다.
⑤ 가맹점이 할부 계약을 해제하려고 할 때에는 7일 이상의 기간을 정하고 회원에게 독촉하는 뜻을 서면으로 전달해야 한다.

세부 유형 ❶ 세부 정보의 파악

유형 익히기

'세부 정보'를 파악하는 문제의 유형은 가장 기본적인 독해 문제의 유형으로, 지문의 내용을 꼼꼼히 분석하여 선지를 소거해 나가는 방식으로 접근해야 한다. '추론' 문제와 혼동하여 나오지도 않은 내용을 바탕으로 과하게 추측하여 해석하는 것은 금물이다. 글에 제시된 설명 항목들을 표시해 놓고, 그 항목이 제시된 지문의 설명을 읽은 후, 그 내용이 선지와 맞는지 대조해 보는 작업이 필요하다.

- 다음 글을 통해 알 수 있는 내용이 <u>아닌</u> 것은?
- 밑줄 친 ㉠에 대한 설명으로 적절하지 <u>않은</u> 것은?
- 다음 글의 내용을 잘못 파악한 것은?

세부 유형 ❷ | 서술 방식의 파악

유형 익히기

'전개 방식'은 대부분 문장표현에서 찾을 수 있다. '문장의 종결표현'과 '접속어'를 보면서, 글의 내용을 전개할 때 사용한 설명 방법을 찾으며 읽는 것이 좋다. 또한, 글의 전체 단계별로 사용하는 설명 방식도 어느 정도 정해져 있는 경우가 많으니, 참고하는 것이 좋다. 글의 첫 부분에는 '정의'나 호기심을 자극하기 위한 '질문'이 나오는 경우가 많고, 중간 부분에는 내용을 자세히 설명하기 위한 '인과', '비교와 대조', '분류와 분석' 등이 주로 나오며, 끝 부분에는 주장을 한 번 더 강조하기 위해 '설의'나 '단정적인 말투'가 쓰인다는 점을 기억해 두어야 한다.

- 다음 글의 내용 전개 방식으로 적절하지 <u>않은</u> 것은?
- 다음 글에 사용된 설명 방법이 <u>아닌</u> 것은?
- 이 글의 형식상의 특징으로 적절하지 <u>않은</u> 것은?

기출유형 2   추론

유형 익히기

글에 제시되어 있는 정보뿐만 아니라 행간에 숨어 있는 의미까지 파악해야 하는 유형이다. 글쓴이의 관점을 파악하거나 글에 나타난 주장의 전제를 찾는 등의 문제가 제시될 수 있다. 글쓴이의 관점이 글에 직접적으로 표현되어 있지 않은 경우가 있으므로, 자주 언급되는 핵심어와 '그러나, 하지만'과 같이 역접의 접속어에 유의하며 글쓴이가 제시하고자 하는 관점이나 글을 쓴 의도에 주목해야 할 것이다. 글의 전제를 찾을 때에는 글에 제시된 원인이나 이유보다 한 차원 앞선 생각을 찾아보되, 일반적인 이론이나 진리에 초점을 맞춰보는 것도 좋다.

문제풀이

사회 경제적 시스템이 발달할수록 사람들은 대체 가능한 존재가 되었고, 그로 인해 이 도시에 내가 없어도 된다는 인식을 갖게 만들었다. 이것은 사람을 소립자, 혹은 한 기계의 부속품처럼 느껴지게 만드는 소외감을 뜻한다.

정답 | ②

다음 글을 읽고 추론할 수 있는 내용이 아닌 것은?

  현대 도시는 어쩌면 인류 역사의 엄청난 성취일 것이다. 역사를 통틀어 이렇게 고밀화되고 빠르게 움직이고 재미난 것이 많은 세상을 구축한 적이 없다. 이는 정치사회적으로 안정되어 있어야 가능할 뿐 아니라 기술적으로도 각종 상하수도 시스템, 전기 시스템, 교통 시스템 등이 받쳐 주기 때문에 가능한 일이다. 그렇기에 현대 도시는 인류 문명의 성취를 보여 주는 결과물이다. 그런데 현대 도시의 찬란한 성과 뒤에는 어두운 그림자도 함께 만들어졌다. 자본은 점차 대형화되어 가고 그에 따라 건축할 수 있는 건물의 크기도 점점 커져 갔다. 반면 사람의 크기는 그대로니 우리는 상대적으로 스케일 면에서 점점 더 소외감을 느끼고 있다. 교통수단은 점점 더 빨라지는데 걸음걸이나 달리는 속도는 그대로인 인간은 주변의 빠른 속도에 비해 상대적으로 더 느려지고 주눅이 든다. 인간 몸의 진화 속도는 멈추어 선 것처럼 보이는데 주변 환경이 커지고 빨라지기 때문에 사람들은 더욱 괴리감을 느끼는 것이다. 물론 내가 자동차를 탈 때는 빨리 이동할 수 있기 때문에 내 능력이 향상된 것처럼 느끼게 되지만 자동차 옆을 걷고 있는 사람 입장에서는 차이가 더 커질 뿐이다. 사회 경제적 시스템이 점점 발달할수록 모든 사람은 대체 가능한 존재가 되어 간다. 점점 소립자가 되어 가는 것이다. 하나의 기계처럼 잘 돌아가는 도시 조직 내에서 인간은 소외될 수밖에 없다. 이 도시는 내가 없어도 굴러가는 것처럼 느껴진다.

  하지만 이러한 부정적인 부분만 있는 것은 아니다. 도시의 규모가 커질수록 인간은 소외되지만 동시에 익명성에 따른 자유를 얻기도 한다. 과거 농경 사회에서는 한 사람이 태어나서 죽을 때까지 반경 10킬로미터를 벗어나지 않았다고 한다. 그렇다 보니 마을 사람들은 서로 다 아는 사이였다. 이런 작은 마을에서는 일거수일투족이 감시를 당하고 뉴스거리가 될 수 있다. 반면 지금의 도시민들은 어디를 가든 내가 모르고 나를 모르는 사람들에게 둘러싸여 있다. 그래서 우리가 해외여행을 가서 느끼는 그런 편안함이 일상 속에 있는 것이 사실이다. 누군가는 이런 모습을 '군중 속의 외로움'이라고 했지만, 사실 이는 '군중 속의 자유'이기도 하다. 1980년대에 우리가 아파트로 이사 갔던 큰 이유 중 하나는 주부가 문을 잠그고 외출하는 게 가능했기 때문이다. 이는 다른 말로 하면 내가 집에 있으나 없으나 무슨 일을 하든지 주변인들이 간섭하지 않는 자유를 가졌다는 뜻이다. 그게 우리의 도시 생활이다.

출처 | 유현준, 《어디서 살 것인가》, 을유문화사, 2018.

① 사람들은 어떠한 대상의 상대적 크기에 의해 심리 변화를 겪고 있다.
② 인간은 대체 가능한 존재가 되었을 때, 비로소 그 능력을 인정받는다.
③ 서로 다 아는 사람들이 모여 사는 것은, 때로는 불편한 일이 될 수 있다.
④ 도시 생활에서 우리는 주변인들의 간섭에서 벗어나는 자유를 느끼게 되었다.
⑤ 상하수도 시스템, 전기 시스템, 교통 시스템 등의 완비는 현대 도시 건설을 가능하게 했다.

세부 유형 ❶ 주제나 글쓴이의 의견(태도) 파악하기

유형 익히기

'주제나 글쓴이의 의견'을 파악하는 문제는 '세부 정보'를 파악하는 문제와 구분하여 접근해야 한다. 선지 중에서 글에 나와 있는 내용인데도 불구하고, 답이 될 수 없는 경우가 있기 때문이다. 이 문제의 유형은 글 전체를 아우를 수 있는, 대표성을 띠고 있는 주제를 찾아야 한다. 따라서 선지에 세부 내용이 있다고 해서 답으로 고르면 안 된다. 글 전체의 주제를 파악하기 위해서는 글의 처음과 마지막 문단을 참고하여 꼼꼼히 읽어야 한다.

- 다음 글을 통해 글쓴이가 말하고자 하는 것은?
- 이 글에서 주장을 나타내기 위해 글쓴이가 전제로 삼은 것은?
- ㉠에 대해 글쓴이가 보여 주는 관점으로 적절한 것은?

세부 유형 ❷ 빈칸 채우기

유형 익히기

'빈칸 채우기' 유형의 문제는 글 전체의 주제나 글쓴이의 생각을 파악하는 것을 전제로 하여 풀어야 한다. 전체 맥락 속에서 세부적인 영역에 해당하는 빈칸에 알맞은 말로 채워 넣어야 하는 경우가 대부분이기 때문이다. 이때는 글 전체의 내용과 더불어 행간에 숨겨진 의미까지 파악해야 하는데, 글쓴이가 주장하는 바를 파악하면 훨씬 쉽게 행간의 의미까지 파악할 수 있다.
접속어를 쓰는 문제는 문단과 문단, 문장과 문장 간의 관계를 파악하여 적절한 접속어를 선택해야 한다.

- 다음 빈칸에 들어갈 말로 적절한 것은?
- 다음 글의 주제를 정리한다고 할 때, 〈보기〉의 빈칸에 들어갈 말로 적절한 것은?
- 다음 글의 전개 과정을 볼 때 빈칸에 들어갈 접속어로 적절한 것은?

세부 유형 ❸ | 구체적인 예로 적용하기/독자의 반응 찾기

유형 익히기

'구체적인 예로 적용하기' 유형의 문제는 글쓴이의 생각을 뒷받침할 만한 예를 찾아야 하는 유형과 지문 속 하나의 소재에 밑줄을 그어 놓고 그와 관련된 예를 찾아야 하는 유형으로 나눌 수 있다. 전자의 경우는 글쓴이가 긍정적으로 생각하는 점과 부정적으로 생각하는 점을 구분한 후, 선지에 제시된 예를 앞에서 한 것과 마찬가지로 긍정과 부정으로 나누어 답을 고를 수 있다. 후자의 경우는 밑줄 친 소재의 앞뒤 문장을 읽어 보면서 그 소재를 좀 더 자세히 풀이해 놓은 문장을 찾아 그 세부 정보에 부합하는 예를 고르면 쉽게 답을 맞힐 수 있다.

'독자들의 반응 찾기' 유형의 문제는 '비판적 독해'의 유형과도 유사하다고 할 수 있는데, 글에 나타난 내용과 글쓴이의 가치관, 독자의 배경지식 등을 종합하여 나올 수 있는 생각들은 모두 '추론적 독해' 유형에 넣을 수 있다. 글쓴이의 생각에 대해 긍정 혹은 비판적 의견을 제시하는 것이 아니라, 새롭게 알게 된 점이나 단순하게 느낀 점이나 생각을 정리해 놓은 선지에 유의해야 한다.

- ㉠의 구체적인 예에 해당하지 않는 것은?
- 다음 글을 읽고 독자들이 보일 반응으로 적절하지 <u>않은</u> 것은?

기출유형 3 — 비판

유형 익히기

글에 제시되어 있는 정보를 바탕으로 다른 관점을 비판하거나 동의하는 방법을 묻는 유형이다. 이때 개인적인 생각을 덧붙여 너무 과한 해석을 하면 안 되고, 글 속에 있는 정보를 바탕으로 근거를 찾아 나가야 한다. 이 영역은 유독 〈보기〉가 많이 배치되는데, 〈보기〉의 관점을 지문의 관점과 비교해 보면서 어떤 부분에서 극명하게 의견이 갈리게 되는지 살펴보는 것이 중요하다.

문제풀이

국경없는의사회에서 비판하고 있는 대상은 EU 국가들로, 이탈리아와 몰타를 제외하였다는 설명은 없다. 이탈리아와 몰타 또한 EU의 국가들로, 지중해 연안국이다. 난민들을 분담하는 데에 가장 먼저 힘을 써야 하는 나라들이지만, 현재 이 나라들은 난민선의 자국 입항을 차단하고 있다.

정답 | ⑤

㉠의 관점에서 다음 글을 비판적으로 읽은 반응으로 적절하지 <u>않은</u> 것은?

유럽연합(EU) 8개국이 지중해에서 구조된 난민들을 분담해 재정착시킨다는 데 합의했다고 에마뉘엘 마크롱 프랑스 대통령이 7월 22일(현지시간) 밝혔다. 그러나 정작 지중해 연안국으로 난민들을 우선하여 떠맡아야 할 이탈리아는 이 합의에 불참했다.

영국 BBC 등에 따르면 마크롱 대통령은 이날 기자들에게 EU 8개 회원국이 난민들을 유럽 각국에 할당한다는 새로운 내용의 '연대 메커니즘(solidarity mechanism)'에 동의했다고 밝혔다. 마크롱 대통령의 발언에 앞서 EU 내무 및 외무장관들은 파리에 모여 지중해 연안국에 도착한 난민을 신속히 분산 배치하는 기구를 창설하고 무자격 난민의 빠른 송환을 재정·행정적으로 지원하는 방안 등을 논의했다.

마크롱은 이번 합의의 구체적인 내용을 전하지는 않았다. 또 난민 분담에 동의한 8개 나라를 구체적으로 밝히지 않았지만, BBC는 이들 나라가 프랑스와 독일, 크로아티아, 핀란드, 아일랜드, 리투아니아, 룩셈부르크, 포르투갈이라고 보도했다. 마크롱 대통령은 추가로 6개 나라가 이 안을 원칙적으로 지지한다고 밝혔지만 이들 나라를 구체적으로 지명하지는 않았다.

이탈리아, 몰타 등은 "유럽의 난민캠프가 될 수 없다."면서 난민선의 자국 입항을 차단하고 있다. 프랑스와 독일은 바다에서 조난된 난민은 가장 가까운 항구로 옮겨진다는 국제법에 따라 지중해 연안국이 지금처럼 지중해에서 구조된 난민을 수용해야 한다는 입장이다.

인권 단체 국경없는의사회(MSF)와 난민 단체들은 EU 국가들이 지중해를 표류하는 난민 선박에 구조선도 보내지 않고 구호단체의 구조 활동을 방해해 난민들이 바다에 빠져 죽는 것을 사실상 방치한다고 강하게 비난해왔다.

| 보기 |

㉠<u>국경없는의사회</u>는 1971년 프랑스 의사들과 의학 전문 언론인들에 의해 설립된 단체로, '중립·공평·자원'의 3대 원칙과 '정치·종교·경제적 권력으로부터의 자유'라는 기치 아래 전쟁·기아·질병·자연재해 등으로 고통받는 세계 각지 주민들을 구호하기 위해 설립한 국제 민간의료구호단체이다. 전 세계 약 70개국에서 활동하는 국경없는의사회는 다양한 의료 및 인도적 지원을 실시한다. 1차 의료, 모자 보건, 영양, 예방접종, 수술, 감염성 질환 및 만성 질환 치료, 성폭력 피해자 치료, 정신건강 진료, 식수위생 활동, 보건 홍보, 직원 교육 등 다양한 형태의 활동을 실시하고 있다.

출처 | 《에듀윌 시사상식 2019년 9월호》, 에듀윌, 2019.

① 유럽연합 8개국의 '난민 분담 동의'는 불참한 나라들 때문에 실효성이 떨어질 것이다.
② 지중해 연안국들은 국제법을 받아들여, 난민들에게 의료 및 인도적 지원을 실시해야 한다.
③ 지중해 연안국에 도착한 난민들을 신속히 분산 배치하는 기구를 창설할 때에는 정치나 종교가 영향을 주어서는 안 된다.
④ '난민 분담 동의'를 원칙적으로 지지하고 있는 6개의 나라들은 고통받는 세계 각지 주민들을 구호하기 위한 행동을 보여주어야 한다.
⑤ 이탈리아와 몰타를 제외한 EU 국가들은 지중해를 표류하는 난민 선박에 구조선도 보내지 않아, 난민들이 바다에 빠져 죽는 것을 방치했다.

세부 유형 ❶ — 글쓴이의 논지를 비판하는 근거 찾기

유형 익히기

주장하는 글에 자주 출제되는 문제 유형이다. 글쓴이의 주장은 글의 처음 부분과 마지막 부분에 등장하므로 그 부분을 꼼꼼히 읽어 두어 글쓴이의 주장을 명확히 파악해 놓는 것이 우선적으로 해야 할 일이다. 주장과 관련 있는 문제 상황을 찾은 후, 그 문제 상황에 대한 긍정과 부정의 주장 중 글쓴이의 주장과 거리가 먼 것, 혹은 가까운 것을 파악하여 뒷받침할 수 있을 만한 근거를 찾는다.
근거는 주장의 내용대로 하면 좋은 점이나 주장의 내용대로 하지 않았을 때 벌어질 수 있는 위험성, 문제 등이 나올 수 있고, 주장의 내용대로 했을 때 긍정적 결과를 가져왔던 사례를 내세울 수도 있다.

- 글쓴이의 논지를 비판하는(강화하는) 근거로 적절하지 않은 것은?
- 〈보기〉의 관점에서 글쓴이의 논지를 비판하는 근거로 적절하지 않은 것은?
- ㉠~㉤ 중에서 글쓴이의 논지와 관련이 없는 것은?

세부 유형 ❷ — 독자의 반응 찾기

유형 익히기

글쓴이의 의견을 파악하는 것뿐만 아니라, 독자들의 의견을 파악하는 것도 중요하다는 것을 보여 주는 문제 유형이다. 글쓴이의 의견을 제대로 파악해 두는 것은 기본적인 문제이니 넘겨 두기로 하고, 독자들의 의견을 파악할 때에는 어느 정도 유추의 방식을 활용해야 함을 기억해야 한다. '글쓴이의 어떠한 의견에 동의하거나 반대하는 독자라면 이러한 의견을 내겠구나'라는 유추를 통해 정답을 골라야 한다. 여기에는 독자의 가치관을 생각하며 '추론적 독해'의 방법도 활용해야 한다.

- 글쓴이의 의견에 동의(반대)하는 독자들이 보일 반응으로 적절하지 않은 것은?
- 이 글을 읽은 독자들의 반응 중 나머지와 이질적인 것은?

01~02 실용문/학술문

시험에 나온! 나올! 필수이론

1 사실적 이해

1. 세부 내용 파악하기

글의 내용은 체계적으로 구성되어 있다. '글-문단-문장'의 위계를 갖추어 정리되어 있기 때문에, 세부 내용을 파악할 때에는 큰 구조 내에서 가장 작은 문장의 의미를 파악하며 내용을 정리해야 한다.

(1) 문장 수준에서 내용 파악하기

선지로 구성될 내용들은 대부분 정의를 내린 부분(A는 B이다/B인 A)이거나 두 대상의 차이점(A와 달리 B는 ~/반면에 A는 ~/A는 ~이지만, B는 ~이다)을 제시한 부분, 내용을 요약하여 정리해 준 부분(즉/다시 말해/자세히 말하면)이다. 문장의 표현을 잘 확인하면서 읽다 보면 세부 내용을 파악할 수 있다.

(2) 문단 수준에서 내용 파악하기

문단은 중심 문장과 뒷받침 문장으로 구성되어 있다. 중심 문장이 첫 문장인 경우(두괄식)와 마지막 문장인 경우(미괄식)가 있으니, 문단의 처음과 끝은 항상 자세히 보아야 한다. 중심 문장을 찾은 후, 그와 관련된 예나 자세한 설명은 표시만 해 두고, 문제에 나타난 선지와 비교하는 작업을 통해 세부 내용을 파악할 수 있다.

(3) 글 전체 수준에서 내용 파악하기

글의 내용을 파악할 때에는 글의 종류나 글을 쓴 목적을 파악해야 한다. 글의 종류나 글을 쓴 목적에 따라 글의 내용이 달라지기 때문이다. 설명하는 글은 '설명 대상-설명 항목-설명 대상의 의의 및 전망, 한계' 순으로 구성된다. 주장하는 글은 '문제 상황 및 주장-원인 분석 및 근거-주장의 재강조 및 기대 효과' 순으로 구성된다.

▼ **예시** │ '글-문단-문장'의 위계가 드러난 글

　　요즘 문법이 파괴된 인터넷 언어 사용에 대한 우려의 목소리가 높아지고 있다(중심 문장). 한편으로는 무분별한 외국어와 외래어 사용으로 국어가 위기에 처해 있음도 잊어서는 안 된다. 우리 학교 동아리들의 이름과 '잉글리시 존', '커리어 존', '이 클래스' 등 외국어 이름을 가진 시설을 보면 그 심각성을 인식할 수 있을 것이다(뒷받침 문장).
　　그런데 학교 밖에는 고유어를 사용하고 있는 가게들이 생각보다 많다(중심 문장). 학교 앞 큰 길의 '게눈감추듯(분식점)', '뿔테와 금테(안경점)', '가위 소리(미용실)'가 우리를 반겨 주고 있다. 신문 기사에 따르면, 가게 이름을 고유어로 바꾸었을 때 업종과 의미가 바로 연결이 되어 가게에 대한 호감과 관심을 높이는 효과가 있다고 한다. 고유어 상호가 외국어 상호보다 사람들에게 친근감을 주고 이해를 높이는 데 도움이 된다는 것을 모르고 우리들은 무턱대고 외국어만 좋다고 생각하는 것은 아닐까(뒷받침 문장).

2. 설명 방법 및 전개 방식 파악하기

설명 방법이나 전개 방식은 글의 구조와 유사하다. 글의 전체 구조는 보통 '처음-중간-끝'인데, 각 부분별로 주로 사용되는 설명 방법들이 있다. 지문을 여러 번 읽어 두면서, 자주 나오는 설명 방법들을 구분해 두는 것이 좋다.

구분	용어	설명	예시
처음	정의	어떠한 개념을 명확히 밝히는 것	나르시시즘은 자기 자신을 사랑하는 일, 또는 자기 자신이 훌륭하다고 여기는 일을 말한다.
중간	예시	일반적이고 추상적인 내용을 자세히 설명하기 위해 구체적인 예를 제시하는 것	밀가루를 이용한 요리에는 국수, 빵, 케이크 등이 있다.
	분석	전체를 부분으로 나누어 설명하는 것	태극기는 태극 문양과 사괘로 이루어져 있다.
	분류 (구분)	어떤 대상이나 개념들을 기준을 정해 종류별로 묶어 설명하는 것	우유에는 딸기 우유, 바나나 우유, 커피 우유 등이 있다.
	비교	두 대상을 유사점을 중심으로 설명하는 것	오징어와 문어는 연체동물이고 먹물을 가지고 있다는 점에서 공통점이 있지만(비교), 오징어는 다리가 10개이고, 문어는 다리가 8개라는 점에서 차이가 있다(대조).
	대조	두 대상을 차이점을 중심으로 설명하는 것	
	인과	어떤 현상에 대해 원인과 결과 중심으로 설명하는 것	지구 온난화 현상으로 인해 북극의 얼음이 급속도로 줄어들었다.
	과정	어떤 일의 순서를 안내하거나 어떤 현상이 일어나게 된 절차를 설명하는 것	떡볶이를 만들기 위해서는 우선 떡을 물에 불린 후, 양념을 만든다.
	유추	유사점이 많은 두 대상을 묶어 한 대상에서 다른 대상으로 연결지어 논지를 전개하는 것	외래종인 '황소 개구리'가 들어와 토종인 '청개구리'의 자리를 빼앗고 있다. 이와 마찬가지로 한국어가 외국어에게 그 자리를 빼앗기지 않도록 해야 한다.
	문답	주제와 관련된 내용을 질문으로 제시한 후, 그에 대한 답을 정리하는 방식으로 글을 전개하는 것	영어 조기 교육이 무조건 좋기만 할까? 아니다. 부정적인 부분도 있을 수 있다.
	설의	자신의 주장을 의문문의 형식으로 제시하여 강조하는 것	이러한 상황에서 제가 어찌 가만히 있을 수 있겠습니까?

2 추론적 이해

1. 중심 내용 파악하기

중심 내용은 '글의 주제, 글쓴이가 전달하는 내용, 글의 교훈, 글쓴이의 주장' 등으로 설명할 수 있다. 중심 내용을 파악하는 문제를 '세부 내용을 파악하는 문제'로 오인하여 푸는 경우가 많으니, 주의를 기울일 필요가 있다. 선지의 내용 중 글에 나와 있기는 하지만, 글 전체의 내용을 아우르는 대표 내용, 즉 중심 내용이 아닌 경우가 많기 때문이다.

(1) 핵심 용어 찾기

자주 나오는 핵심 용어를 찾아 표시해 둔다.

(2) 접속어에 유의하기

역접을 나타내는 접속어(그러나, 하지만, 그렇지만)가 나오면, 그 이후에 글쓴이의 의견이 나올 가능성이 높으므로, 역접의 접속어 이후를 주목해야 한다.

(3) 중요 내용 정리해 보기

중심 내용은 주로, 'A의 중요성 또는 필요성' 혹은 '~을/를 위해~해야 한다'와 같은 방식으로 정리될 수 있어야 한다. 글을 읽으면서 스스로 중심 내용을 만들어 보는 연습이 필요하다.

2. 글쓴이의 의도, 입장, 관점 추리하기

이 문제 유형은 제시된 글에 나타나 있는 정보를 바탕으로 글에 나타나 있지 않은 내용을 미루어 짐작하는 능력을 요구한다. 글의 주제나 글쓴이의 주장이 명확히 드러나지 않는 글도 있으므로, 글에 등장한 어휘나 표현 등을 고려하여 글쓴이의 입장이나 관점을 파악해야 한다.

(1) '~라고 생각한다/~해야 한다'와 같이 주장을 나타내는 문장 찾기

글쓴이의 생각을 나타내는 문장은 하나의 글에 한 번만 나오는 것이 아니다. 여러 개의 문장이 나오면 그것을 모두 찾아 밑줄을 그어놓고, 밑줄 친 내용들의 상관관계를 분석한다.

(2) 선행하는 생각 추측하기

글쓴이의 주장을 찾았다면, 글쓴이가 어떤 생각으로 그러한 주장을 하게 되었는지 선행하는 생각(가치관)을 거꾸로 추측해 가면서 찾는다. 예를 들어, '공원에 쓰레기통을 만듭시다'라는 의견을 찾았다면, 글쓴이는 자연을 보호하는 것의 중요성을 늘 생각하고 있는 가치관의 소유자라고 추측할 수 있는 것이다.

3 비판적 이해

1. 글쓴이의 논지 비판/강화하기

주장이 드러나는 글에는 글쓴이가 문제시하는 상황과 그것을 해결하기 위한 방안, 그 방안에 대한 근거가 드러난다. 글에서 드러나는 논지를 강화하거나 비판하려면 앞서 말한 세 가지 부분을 모두 파악해야 한다.

(1) 글쓴이가 문제시하는 상황을 옹호하거나 비판하기

글쓴이가 문제시하는 상황은 굉장히 시급하게 해결해야 하는 문제일 수 있다. 이 부분을 옹호하기 위해서는 문제상황을 빨리 해결해야 한다는 사실을 강조하거나 실제로 이 문제가 빨리 해결되야 한다는 사실을 보여 주는 통계자료를 제시한다. 하지만, 이 문제시하는 상황 자체가 사실 글쓴이의 지극히 개인적인 생각일 수 있다. 따라서, 이 부분을 비판하기 위해서는 문제상황을 해결하는 것의 무의미함이나 그리 시급하게 해결할 필요가 없는 부분임을 밝히며 논의의 필요성을 일축시키면 된다. 문제에서는 이러한 내용이 답으로 나온 부분을 찾으면 된다.

(2) 글쓴이가 제시한 해결 방안을 옹호하거나 비판하기

글쓴이의 주장을 옹호하고 싶다면 그 주장이 문제상황을 완벽히 해결할 수 있는 근본적인 해결책임을 강조하고, 비판하고 싶다면 그 주장이 불가능한 실천은 아닌지 해결할 주체가 글쓴이가 제시한 사람들이 맞는지 등을 지적하면 된다. 문제에서는 이러한 내용이 답으로 나온 부분을 찾으면 된다.

(3) 글쓴이가 제시한 근거를 옹호하거나 비판하기

글쓴이가 제시한 근거를 옹호하거나 비판하고 싶다면, 그 근거가 주장과 관련이 있는지, 중간에 오류를 범하거

나 문제시되는 상황을 벗어난 내용의 근거가 끼어들어 있지는 않은지 살펴보고 판단한다. 문제에서는 이러한 내용이 답으로 나온 부분을 찾으면 된다.

01 실용문

이론점검 문제

01
다음 글을 이해한 것으로 적절하지 <u>않은</u> 것은?

재활용 분리배출 안내문
(비닐류, 스티로폼)

자원의 절약과 재활용촉진에 관한 법률 제13조 제1항 및 재활용 가능 자원의 분리수거 등에 관한 지침(환경부)에 의해 비닐류, 스티로폼에 대하여 분리배출 기준을 안내하오니 적극 협조하여 주시기 바랍니다.

□ 비닐류의 분리배출 기준
- 색상, 재활용 마크에 관계없이 재활용 가능
- 비닐(필름)류는 흩날리지 않도록 배출
- 음식물 등 이물질이 묻은 경우 깨끗이 씻어서 배출
- 이물질을 제거할 수 없는 것은 종량제 봉투에 배출

□ 스티로폼의 분리배출 기준
- 테이프, 운송장, 상표 등을 제거한 후 깨끗이 씻어서 배출(아이스 팩, 테이프나 상표 부착, 코팅, 이물질로 오염되거나 색상이 있는 것은 제외)
- 컵라면, 기타 용기는 내용을 비우고, 깨끗이 씻어서 배출(색상이 있거나 코팅된 경우는 제외)
- 도시락 용기 등 음식물 포장재는 음식물 등 이물질이 많이 묻어 있거나 타 물질로 코팅된 발포 스티렌은 제외

※ 재활용 가능 자원을 분리배출하지 아니하고, 종량제 봉투에 배출한 경우에는 폐기물관리법에 의해 30만 원 이하의 과태료가 부과됩니다.

○○시 △△구청장

---

① 비닐류는 재활용 마크를 확인하고 분리배출해야 한다.
② 재활용 분리배출은 자원의 절약과 관련된 법률 사항이다.
③ 이물질로 오염되거나 색상이 있는 것은 일반 쓰레기로 배출한다.
④ 스티로폼이 아닌 물질로 코팅된 발포 스티렌은 분리배출할 수 없다.
⑤ 음식물이 들어 있는 상태의 비닐과 스티로폼은 모두 분리배출할 수 없다.

문제풀이

01
비닐류는 색상이나 재활용 마크에 관계없이 재활용이 가능하다.

정답 | ①

출처 | 서울특별시 금천구, 〈재활용 분리배출 안내문〉

[02~03] 다음 글을 읽고 물음에 답하시오.

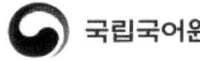 국립국어원 | **보 도 자 료** | 사람이 있는 문화

플라스틱 어택? '과대 포장 거부 운동'!
- 국립국어원 2분기 다듬은 말 발표 -

최근 코에 들어간 빨대로 괴로워하는 바다거북의 영상이 빠르게 퍼지면서 플라스틱 사용을 줄이고 나아가 환경을 생각하자는 운동에 힘이 실리고 있다. 물건을 구입하고 과도하게 포장된 상품의 포장지를 버리고 오는 운동인 '플라스틱 어택'. 환경을 보호하고자 하는 마음에 우리말을 아끼는 마음을 더해 '과대 포장 거부 운동'으로 부르는 것은 어떨까?

국립국어원은 과도하게 사용되고 있는 외국어를 알기 쉽게 다듬어 2019년 제2차 다듬은 말을 발표했다.

대상어(원어)	다듬은 말	의미
그로서란트 (grocerant)	식재료 식당	고객이 식재료 구입과 식사를 한곳에서 할 수 있는 복합 공간
래핑 광고 (wrapping 廣告)	도배 광고	실사 출력한 광고 디자인이나 광고 내용을 건물, 교통수단 등에 부착하여 홍보하는 전략
클린 이팅 (clean eating)	자연식	자연에서 채취한 식재료를 사용하면서 가공식품이나 정제된 곡물·첨가제 등의 활용을 제한하는 식문화
플라스틱 어택 (plastic attack)	과대 포장 거부 운동	불필요한 플라스틱 사용을 줄이기 위하여, 물건을 구입하고 나서 과도하게 포장된 상품의 포장지를 버리고 오는 운동
플랜테리어 (planterior)	식물 인테리어	친환경 인테리어의 일종으로 식물을 이용하여 실내를 아름답게 꾸미는 일. 식물이 천연 공기 청정 기능을 하며 거주자에게 정서적 안정감을 줌

지난 2019년 4월 15일부터 2019년 5월 17일까지 '그로서란트', '래핑 광고', '클린 이팅', '플라스틱 어택', '플랜테리어'를 갈음할 우리말을 공모하였다.

국민이 제안한 다듬을 말을 바탕으로 말다듬기위원회에서 의미의 적합성, 조어 방식, 간결성 등을 고려하여 지난 6월 19일 다듬은 말을 선정하였다. 선정된 5개의 다듬은 말은 2주 동안 국민 선호도 조사를 거쳐 최종 결정되었다.

이번에 다듬은 말들은 다음과 같이 활용할 수 있다.
- 매장에서 장보기를 마치고 바로 옆에서 식사를 할 수 있는 **식재료 식당**(← 그로서란트)이 인기를 끄는 공간이 되고 있다.
- ○○구가 청사 내 엘리베이터 및 지하 주차장 출입구 등에 **도배 광고**(← 래핑 광고)를 이용한 재난 안전홍보에 나섰다.
- 최근 과일·채소와 통곡물·견과류 등 모든 음식을 자연 상태 그대로 건강하게 즐기는 **자연식**(← 클린 이팅)이 유행이다.
- 장을 보고 나면 수북이 쌓이는 플라스틱 포장 쓰레기에 화난 시민들이 **과대 포장 거부 운동**(← 플라스틱 어택)을 하며 '쓰레기는 사고 싶지 않다!'고 외쳤다.
- 공기를 정화하고 집안 분위기도 긍정적으로 바꿀 수 있는 **식물 인테리어**(← 플랜테리어)가 인기다.

02

윗글을 통해 알 수 있는 내용으로 적절하지 않은 것은?

① 다듬은 말의 최종 결정은 말다듬기위원회에서 하게 된다.
② 국립국어원은 국민들에게서 다듬을 말들을 제안 받고 있다.
③ 국립국어원은 과도하게 사용하는 외래어를 알기 쉽게 다듬으려고 한다.
④ 이번 말 다듬기는 우리말을 사랑하는 마음과 환경을 보호하고자 하는 마음이 합해졌다.
⑤ 말다듬기위원회는 의미의 적합성, 조어 방식, 간결성 등을 바탕으로 말 다듬기를 진행한다.

03

윗글을 읽은 반응으로 적절한 것은?

① 자연에서 나물을 캐서 식사를 했다면 그 '나물' 자체를 '자연식'이라고 하는구나.
② '식물 인테리어'처럼 한자와 영어를 합하여 다듬은 말은 사용하면 안 되는구나.
③ 버스에 붙여서 시청각적인 효과를 거둘 수 있는 광고를 '도배 광고'라고 하는구나.
④ '과대 포장 거부 운동'은 과대 포장으로 인해 나오는 쓰레기를 줄이기 위한 운동이구나.
⑤ 정육점에 들어가 고기를 사고, 옆에 마련된 식당에 들어가 고기를 구워 먹었다면 그곳이 '식재료 식당'이구나.

문제풀이

02
말다듬기위원회에서 다듬을 말을 선정한 후, 2주 동안 국민 선호도 조사를 거쳐 발표된다.

정답 | ①

03
① '자연식'은 자연에서 식재료를 사용하는 식문화를 말한다. 식재료 자체를 의미하지는 않는다.
② 말 다듬기 운동은 낯설고 어려운 외래어를 피하고자 하는 것이지, 쉬운 외래어(영어)는 다듬은 말에 사용될 수 있다.
③ '도배 광고'는 시각적인 효과를 줄 수는 있어도, 청각적인 효과는 줄 수 없다.
⑤ '식재료 식당'은 재료 구입과 식사를 한곳에서 해야 한다.

정답 | ④

출처 | 국립국어원, 〈[보도 자료] 국립국어원 우리말 다듬기 2분기 결과〉, 2019

실전 감각을 기를 차례! **[기출변형 문제편]** 바로가기 ☞ P.42

02 학술문

이론점검 문제

[01~03] 다음 글을 읽고 물음에 답하시오.

   '무엇이 세상을 움직이는가?' 이러한 질문이 비로소 현대에 들어와 제기되었다는 것은 놀라운 일이 아니다. 한편으로는 자본과 지식이 결합하여 세상을 바꿀 수 있다는 '진보의 이상'이 만연하지만 다른 한편으로는 개인이 어떻게 할 수 없는 거대하고 경직된 자본주의적 사회관계가 동시에 형성되는 역설적 시대가 바로 현대이기 때문이다. 자유로운 개인을 탄생시키면서 동시에 사회를 변화시킬 개인의 자유와 역량을 쇠퇴시키는 것이 바로 현대의 패러독스이다.
   현대인은 인류가 지구에 거주한 이래 처음으로 '진보의 역사'를 발견한다. 인류의 역사는 항상 더 높은 수준으로 발전해 왔기 때문에 내일은 분명 오늘보다 더 좋을 것이다. 중세가 설령 암흑의 시대로 불리더라도 고대의 노예사회보다 발전한 것처럼, 현대사회의 불평등이 아무리 심각하더라도 과거의 어떤 시대보다 더 좋아졌다는 믿음이 여기에 자리 잡고 있다.
   현대는 이런 점에서 '역사의 시대'다. 이런 관점에서 보면 '무엇이 세상을 움직이는가?'라는 질문은 '역사의 주체는 누구인가?'라는 질문으로 이어진다. 역사의 시대는 근본적으로 '인간의 시대'다. 이 세상이 신의 뜻대로 진행되는 것이 아니라면, 역사를 만드는 것은 의심할 여지없이 인간이기 때문이다. 인간이 역사를 만든다. 인간은 역사를 어떻게 만드는가? 마르크스의 명제는 바로 이 물음에 대답하려는 시도이다.
   "철학은 세계를 단지 다르게 해석했다. 문제는 세계를 변혁시키는 것이다."
   마르크스가 메모에서 밑줄을 그어 강조한 두 낱말 ⊙'해석'과 '변혁'은 인간이 역사를 만들어 가는 두 가지 방법이다.
   인간은 우선 해석을 통해 역사를 만든다. 마르크스가 이제까지의 전통 철학이 단지 세계를 다르게 해석하기만 했다고 비판하면서 염두에 둔 사람은 두말할 나위 없이 게오르크 헤겔(G. W. F. Hegel)이다. 헤겔은 프랑스 대혁명을 통해 표출된 자유 의식이 어느 날 갑자기 생성되었다가 사라지는 것이 아니라 역사를 통해 필연적으로 발전하는 것이라고 본다. 헤겔에게 세계 역사의 목표는 완전한 자유이다. 헤겔은 이제까지의 역사를 인간의 자유 의식이 진보하는 역사로 해석함으로써 우리가 살고 있는 세계를 더 많은 이성과 자유의 방향으로 변화시키고자 한다.
   여기서 우리는 이러한 해석의 타당성 여부를 굳이 따질 필요가 없다. 세계사를 정신이 스스로 발전해 가는 역사로 해석하는 헤겔의 철학 체계가 너무나 복잡하여 한번 빠져들면 헤어나기 어렵기 때문이기도 하지만, 역사를 통해 우리의 자유가 더 신장되기를 바라는 마음을 쉽게 접을 수 없는 것이 더욱 커다란 이유일 것이다. 우리가 의심의 눈초리를 보내야 할 것은 오히려 그의 철학적 전제다.
   헤겔은 이성이 이 세상과 역사를 지배한다고 해석한다. 마르크스의 비판이 겨냥한 곳은 바로 이 지점이다. 세계를 지배하는 것은 궁극적으로 이성이라는 철학적 전제를 설령 받아들인다고 하자. 그렇지만 인류의 역사가 온갖 명분으로 자행한 대학살, 착취, 잔혹한 전쟁, 불평등에도 불구하고 이성적으로 진행되었다는 것을 어떻게 소화할 수 있겠는가? 이러한 관념론적 믿음은 종종 눈앞에서 벌어지는 ⓒ폭력과 불의를 역사라는 이름으로 정당화할 수 있기 때문에 좀처럼 사회 변화의 실천으로 이어지지 않는다.
   마르크스는 헤겔의 철학적 체계를 뒤집는다. 헤겔이 해석한 것처럼 정신이 우리의 구체적 현실을 지배하는 것이 아니다. 세계를 해석하는 우리의 정신을 규정하는 것은 오히려 현실의 물질적 조건이다. 마르크스는 이렇게 간단히 정리한다.
   "자신의 존재를 규정하는 것은 인간의 의식이 아니다. 자신의 의식을 규정하는 것은 거꾸로 인간의 사회적 존재다."

01

윗글의 전개 방식으로 적절하지 않은 것은?

① 전문가의 말을 인용하여 전문성을 더했다.
② 한 인물의 생각을 중심으로 내용을 마무리했다.
③ 상반된 두 의견을 제시하여 내용의 이해를 도왔다.
④ 질문을 던진 후, 그에 대한 답을 찾아나가는 방식으로 전개되어 있다.
⑤ '~의 역사', '~의 시대'라는 말의 반복을 통해 대상에 대한 비판 의식을 높였다.

02

㉠의 의미를 구체적으로 풀어 쓴 것으로 적절한 것은?

① 역사에 대한 타당한 해석이 세계를 변화시킨다.
② 인간은 그들의 삶을 해석함으로써 역사를 만든다.
③ 자유 의식의 우연적 발현이 해석을 가능하게 한다.
④ 우리가 살고 있는 세계를 절대적인 이성과 자유의 방향으로 변화시킨다.
⑤ 자유 의식이 이제까지의 역사를 진보하는 역사로 해석함으로써 이 세계를 변화시킨다.

03

㉡의 예로 적절하지 않은 것은?

① 시리아 내전에서 많은 어린이들이 다치고 죽고 가족을 잃었다.
② 난징을 점령한 일본군은 중국군 포로와 일반인들을 대상으로 잔인한 학살을 저질렀다.
③ 세계 최대 마늘 수출국인 중국의 값싼 깐 마늘 뒤에는 수감자들의 강제 노동력 착취가 있었다.
④ 주민들은 땅값이 떨어질 우려가 있는 시설들이 자신이 살고 있는 지역에 들어서는 것을 반대한다.
⑤ 남아프리카에서는 약 16%의 백인이 84%의 비백인(非白人)을 정치적·경제적·사회적으로 차별해 왔다.

문제풀이

01
'~의 역사', '~의 시대'라는 말이 반복되어 있는 것은 맞지만, 그것으로 인해 대상(현 시점의 역사와 시대의 분위기)에 대한 비판적 인식이 나오지는 않았다.

정답 | ⑤

02
'해석'과 '변혁'의 문제를 모두 언급한 답을 찾아야 한다.
① 해석의 타당성 여부는 굳이 따질 필요가 없다.
② 해석의 문제만 언급했다.
③ 자유 의식은 우연적이지 않고, 필연적으로 발전하는 것이다.
④ 우리가 살고 있는 세계를 더 많은 이성과 자유의 방향으로 변화시키는 것이 자유의식이다.

정답 | ⑤

03
④는 '님비 현상'으로 지역 이기주의의 사례로 볼 수 있다. 착취나 폭력, 불평등과는 거리가 멀다.

정답 | ④

출처 | 이진우, 《의심의 철학》, 휴머니스트, 2017.

[04~05] 다음 글을 읽고 물음에 답하시오.

지난 시대의 로망스에 대비되는 현대 소설의 일반적인 특징 가운데 중요한 하나는 작중 인물의 '성격 창조 (characterization)'에 대한 관심이 점차 증가하고 있다는 사실이다. 과거 로망스와 같은 서사문학은 작품의 주된 내용이 영웅적 모험담에 치중됨으로써 독자들의 호기심을 자극할 수 있는 플롯과 사건에 그 초점이 맞추어져 있었지만, 대부분의 현대 소설은 새로운 인간형의 창조, 즉 인물의 성격 창조에 더 많은 역점을 두고 있다. 다시 말해서 고전 소설은 인물들을 단지 사건 전개의 매개적 존재나 주제 표출의 수단으로 삼고 있는 반면, 근래의 소설들은 삶의 성찰에 보다 진지한 관심을 기울이면서 작중 인물의 행위나 사고에서 기인하는 성격 창조를 매우 중요시하고 있는 것이다. 예컨대, 고전 소설 〈춘향전〉의 경우 '이몽룡', '성춘향', '변학도', '월매', '방자' 등 개개의 인물들이 갖는 개성적이고 전형적인 성격도 중요하지만, 그보다 더 중요하게 다루는 것은 선인(善人)과 악인(惡人)의 삶의 과정을 통해 드러나는 인과응보(因果應報)의 도덕적 교훈과, 지조와 절개로 대변되는 춘향의 해피엔딩(Happy Ending)적인 사건 전개이다. 그러나 현대 소설인 이상의 〈날개〉는 구체적인 사건의 제시보다 주인공의 자아분열적인 성격 제시를 통하여 작품을 성공적으로 이끌어 가고 있다.

이와 같이 현대 소설의 중요한 구성 요소로 주목받고 있는 작중 인물은 현실의 일상적인 인물과 어떤 관계를 맺고 있을까? 결론부터 말하자면, 소설에서 형상화된 인물은 실제 그대로의 인물이 아니라 언어에 의해 창조된 가공의 인물, 즉 이야기 내에 존재하는 상상으로 빚어진 인간상이다. 포스터(E. M. Forster)는 "작중 인물이란 작가가 자신의 자화상을 변형 내지 객관화한 것으로서, 소설을 형성하는 배경이나 시간, 분위기, 사상 등이 종합적으로 귀결되어 형상화된 것"으로 보고 있다. 또한 카실(R. V. Cassill)은 "인물을 소설에서의 작위적 구조이자, 사실의 세계가 아닌 작가가 만들어 놓은 환경 속에서 사는 존재"라고 말하고 있다. 이 두 표현이 공통적으로 의미하는 바는 작중 인물이란 작가의 주변 인물 등 실제적 현실에서 모델을 취하는 경우에도 그 모델을 실제 그대로 작품 속에 등장시키는 것이 아니라 작품의 내적 여건에 맞도록 변화시키는 과정을 거쳐 형상화한 존재라는 것이다. 포스터는 이러한 변화의 과정을 '이식(transplantation)'과 '순화(acclimatization)'의 원리로서 설명하고 있다. '이식'이란 작가가 현실에서 인물의 모델을 취하여 그것을 작품의 상황에 부합하도록 옮기는 과정을 말하며, '순화'란 작품 속에 옮겨진 인물이 구성이나 주제 같은 작가의 또 다른 요구에 부응하도록 적합하게 만들어지는 과정을 의미한다. 결국 작품 속에 형상화되는 인물은 작가의 사상과 감정을 보유한 자라고 할 수 있는 것이다. 이는 작가가 자신의 사상과 감정을 대변할 수 있는 작중 인물들을 현실의 여러 군상들 속에서 새롭게 창조해 내고, 그의 말과 행동을 통하여 은연중에 독자를 납득시키고 감동시키기 때문이다. 이 과정에서 작가는 자신의 사상과 감정에 따라 상상화된 작중 인물들에게 일관성 있는 행동과 동기를 부여하는데, 이것을 '동기부여(motivation)'라 한다. 이 동기부여가 필요한 것은 소설이 '삶의 진실'을 그려내는 것이기 때문에 독자들의 입장에서 볼 때 등장인물들은 이성적으로 인정할 수 있는 일관된 태도를 지닌 존재가 아니면 안 되기 때문이다.

04

윗글에 사용된 내용 전개 방법을 〈보기〉에서 모두 고른 것은?

| 보기 |

㉠ 문답의 방식으로 내용을 자세히 전달하고 있다.
㉡ 다양한 예를 들어 중심 내용을 뒷받침하고 있다.
㉢ 다양한 관용 표현을 사용하여 내용을 인상적으로 전달하고 있다.
㉣ 비교와 대조를 통해 중심 내용의 정확성을 높이고 있다.
㉤ 전문가의 말을 인용하여 신뢰성을 높이고 있다.
㉥ 전문어의 개념을 정의함으로써 독자들의 이해를 돕고 있다.
㉦ 특정한 기준에 의해 관련 대상을 분류함으로써 체계적으로 내용을 정리하고 있다.

① ㉠, ㉢
② ㉢, ㉥
③ ㉠, ㉣, ㉦
④ ㉡, ㉥, ㉦
⑤ ㉠, ㉡, ㉣, ㉤, ㉥

문제풀이

04

㉠ '~작중 인물은 현실의 일상적인 인물과 어떤 관계를 맺고 있을까? 결론부터 말하자면, ~'에서 알 수 있다.
㉡ '춘향전', '날개' 등의 예를 다양하게 들었다.
㉣ 고전 소설과 현대 소설의 차이점을 설명한 후, 포스터와 카실의 말이 공통적으로 의미하는 바를 설명하였다.
㉤ 포스터와 카실의 말을 인용하였다.
㉥ '이식'과 '순화'에 대한 정의를 내렸다.

정답 | ⑤

05

작중 인물은 작가가 만들어 놓은 환경 속에서 사는 존재이지만, 작가의 주변 인물 등 실제적 현실에서 모델을 취하기도 한다. 실제적 현실에서 모델을 취하는 경우에도 그 모델을 실제 그대로 작품 속에 등장시키는 것이 아니라 작품의 내적 여건에 맞도록 변화시키는 과정을 거친다.

정답 | ⑤

05

윗글을 읽은 독자의 반응으로 적절하지 <u>않은</u> 것은?

① 고전 소설에서는 인물의 성격보다 인과응보의 도덕적 교훈을 더 중시하였다.
② 독자들은 등장인물들을 통해 '삶의 진실'을 보기 원하며, 감동받기를 원한다.
③ '이식'과 '순화'의 과정을 거치면 인물의 내면에 작가의 사상과 감정을 불어넣을 수 있다.
④ 주인공의 자아분열적인 성격 제시에는 삶의 성찰에 관심을 기울인 작가의 의도가 담겨 있다.
⑤ 소설 속에서의 인물은 상상으로 빚어진 인간상으로 실제적 현실에서 모델을 취하는 경우는 없다.

출처 | 한승옥, 《현대소설의 이해》, 집문당, 1998.

실전 감각을 기를 차례! [기출변형 문제편] 바로가기 ☞ P.70

03 문학-현대시/현대소설/수필

기출유형 1   [현대시] 작품 간의 공통점(차이점) 찾기

유형 익히기

시적 화자가 누구이고, 어떤 상황에 놓여 있는지 찾는 것이 일차적으로 중요하다. 시적 화자의 정서나 태도 자체가 시의 주제가 될 수 있으므로, 시적 화자가 시적 대상을 주로 어떤 표현과 연결지어 시 속에 나타내고 있는지 확인해 보아야 할 것이다. 시인과 시의 제목에서도 힌트를 얻을 수 있다. 어느 시대를 살아온 시인인지 알면, 시어의 긍정적 느낌과 부정적 느낌을 가려낼 수 있을 것이며, 시의 제목은 거의 시적 대상이 될 가능성이 높으니 이 또한 시를 해석하는 데에 도움이 될 것이다.

문제풀이

① '내 목소리~', '나는 풀이 죽는다'와 같이 시적 화자가 표면에 드러나 있는 것은 (가)이다.
② (가)의 '맵싸한 냄새(후각)', '내 목소리만 내 귀에 들린다(청각)', '빗발은 한 치 앞을 못 보게 한다(시각)', (나)의 '자목련이 흔들린다(시각)'에서 감각적 표현이 나타난다.
③ (가)의 '풀이 죽는다'와 (나)의 '조금 울상이 된다'에서 애상적 분위기가 느껴진다.
④ (가)의 '~나'와 '~ㄴ다/는다', (나)의 '~보다'와 '~ㄴ다'에서 반복이 나타난다.
⑤ (가)와 (나)에서 모두 '~ㄴ가 보다'와 같이 추측을 나타내는 말이 사용되었다.

정답 | ①

(가)~(나)의 공통점으로 적절하지 않은 것은?

(가) 조금 전까지 거기 있었는데
어디로 갔나,
밥상은 차려놓고 어디로 갔나,
넙치지지미 맵싸한 냄새가
코를 맵싸하게 하는데
어디로 갔나,
이 사람이 갑자기 왜 말이 없나,
내 목소리는 메아리가 되어
되돌아온다.
내 목소리만 내 귀에 들린다.
이 사람이 어디 가서 잠시 누웠나,
옆구리 담괴가 다시 도졌나, 아니 아니
이번에는 그게 아닌가 보다.
한 뼘 두 뼘 어둠을 적시며 비가 온다.
혹시나 하고 나는 밖을 기웃거린다.
나는 풀이 죽는다.
빗발은 한 치 앞을 못 보게 한다.
왠지 느닷없이 그렇게 퍼붓는다.
지금은 어쩔 수 없다고,   - 김춘수, 〈강우〉

(나) 자목련이 흔들린다.
바람이 왔나 보다.
바람이 왔기에
자목련이 흔들리는가 보다.
작년 이맘때만 해도 그렇지가 않았다.
자목련까지는 길이 너무 멀어
이제 막 왔나 보다.
저렇게 자목련을 흔드는 저것이
바람이구나.
왠지 자목련은
조금 울상이 된다.
비죽비죽 입술을 비죽인다.   - 김춘수, 〈바람〉

① 시적 화자가 시의 표면에 드러나 있다.
② 감각적 표현을 통해 시적 대상을 형상화한다.
③ 전체적으로 애상적 느낌이 드는 시어들을 사용하였다.
④ 문장의 종결 표현을 반복하여 시적 화자의 정서를 드러낸다.
⑤ 추측을 나타내는 종결 어미를 사용하여 시적 화자의 생각을 드러낸다.

세부 유형 ❶ [현대시] 화자의 정서 및 태도 파악하기

유형 익히기

'시적 화자의 정서 및 태도'를 파악하는 유형의 문제는 시 영역의 문제에서 가장 기본적인 문제이다. 시를 읽을 때에는 시에서 말하는 이, 즉 '시적 화자'를 먼저 찾아야 한다. '시적 화자'는 표면에 드러나기도 하고 드러나지 않을 수도 있는데, 두 경우 모두 구체적인 상황 속에서의 시적 화자를 상정해 놓고 시를 읽어야 한다. 시적 화자가 어떤 상황에 놓여 있느냐에 따라 그 관점이나 태도, 정서가 다르게 나타나기 때문이다. 시적 화자의 태도는 주로 문장의 종결 표현에서 많이 등장하므로 종결 표현을 주의 깊게 봐야 한다.

- 시적 화자가 처한 상황과 정서에 대한 설명으로 적절하지 않은 것은?
- 시적 화자가 ㉠에 대해 보인 태도로 적절한 것은?
- 시적 화자가 ㉠을 통해 나타내고자 한 정서로 적절한 것은?

세부 유형 ❷ [현대시] 시어의 의미 및 기능 파악하기

유형 익히기

시에서 사용되는 시어들은 절대적인 의미로 규정되지 않는다. 시적 화자가 규정하는 것이 곧 그 시어의 의미가 된다. 따라서, 시어의 의미를 머릿속으로 이미 결정지은 상태로 시를 읽지 말고, 시 안에 어떤 표현법으로 시어가 사용되었는지를 살펴보아야 한다. 예를 들어, '~한 A'라고 했을 때, A라는 시어의 의미는 앞의 꾸며 주는 말에 의해서 결정되고, 'A를 ~하고 싶다/A가 좋다/A를 향해 고개를 돌렸다'와 같이 서술어에 의해서도 결정된다. 시어의 의미는 꾸며 주는 말과 서술어를 함께 생각하면서 파악해야 한다.

- ㉠~㉤ 중 나머지와 이질적인(시적 화자가 지향하는 바와 다른) 시어는?
- 시적 화자의 처지와 관련지어 살펴보았을 때, ㉠의 의미로 적절한 것은?

세부 유형 ❸ [현대시] 표현상의 특징 파악하기

유형 익히기

시는 운율이 있는 언어로 쓰는 장르이기 때문에, 가장 먼저 반복법이나 대구법이 눈에 띄일 것이다. 기본적으로 많이 사용되는 반복에 초점을 맞춰 반복된 시어나 시구에 표시를 해 두면서 읽되, 시적 대상을 강조하기 위해 비유적 표현이 쓰였다면 그 원관념과 보조 관념의 공통점을 생각하면서 내용을 정리한다. 사람의 감정이 나온다면, 밑줄을 쳐 두고 그 감정의 주체가 사람인지 아닌지도 분석해 둘 필요가 있다. 시에는 기본적으로 시각적 심상이 많이 쓰이는데, 이외에도 다른 감각적인 표현이 나온다면 이를 이용하여 선지를 구성할 가능성이 있으니 표시해 두는 것이 좋다.

- (가)에 나타난 표현법으로 적절하지 않은 것은?
- (가)와 (나)의 표현상의 공통점으로 적절하지 않은 것은?

세부 유형 ❹ [현대시] 감상 및 변용

유형 익히기

결국 '시'도 그 안에 인물이 있고, 배경이 있다는 것을 잘 보여 주는 문제 유형이라 할 수 있다. 시적 화자의 상황을 잘 파악해 보고, 그것을 줄글의 형태로 변용해 보았을 때, 제대로 주제를 전달할 수 있는지를 살펴보아야 한다. 또한, 시대 상황, 작가의 상황, 독자의 효용 등을 생각해서 시를 감상하는 방법도 더불어 익혀 두어야 한다.

- (가)를 〈보기〉의 외재적 관점으로 감상한 것으로 적절하지 않은 것은?
- 〈보기〉는 (가)를 소설로 바꾼 것이다. 내용과 거리가 가장 먼 것은?

기출유형 2

[현대소설] 인물이 처한 상황 파악하기

'나'가 처한 상황에 대한 설명으로 적절하지 않은 것은?

> 다음에도 딸이었고 그 다음에도 딸이었다. 네 번째 딸을 낳고는 병원에서 밤새도록 울었다. 의사나 간호사까지 나를 동정했고 나는 무엇보다도 시어머니의 그 경건한 의식을 받을 면목이 없어서 눈물이 났다. 그러나 그분은 여전히 희색이 만면했고 경건했다. 다음에 아들을 낳았을 때도 더도 아니고 덜도 아닌 똑같은 영접을 받았을 뿐이었다. 그분은 어디서 배운 바 없이, 또 스스로 노력한 바 없이도 저절로 인간의 생명을 어떻게 대접해야 하는지를 알고 있는 분이었다. 그분이 아직 살아 있지 않은가. 그분의 여생도 거기 합당한 대우를 받아 마땅했다. 나는 하마터면 큰일을 저지를 뻔했다. 그분의 망가진 정신, 노추한 육체만 보았지 한때 얼마나 아름다운 정신이 깃들었었나를 잊고 있었던 것이다. 비록 지금 빈 그릇이 되었다 해도 사이비 기도원 같은 데 맡겨 있지도 않은 마귀를 내쫓게 하는 수모와 학대를 당하게 할 수는 없는 일이었다.
>
> 나는 남편이 막걸릿병을 다 비우기도 전에 길을 재촉해 오던 길을 되돌아섰다. 암자 쪽을 등진 남편은 더 이상 땀을 흘리지 않았다. 시어머님은 그 후에도 삼 년을 더 살고 돌아가셨지만 그동안 힘이 덜 들었단 얘기는 아니다. 그분의 망령은 여전히 해괴하고 새록새록해서 감당하기 힘들었지만 나는 효부인 척 위선을 떨지 않음으로써 조금은 숨구멍을 만들 수가 있었다. 너무 속상할 때는 아이들이나 이웃 사람의 눈치 볼 것 없이 큰소리로 분풀이도 했고 목욕시키거나 옷 갈아입힐 때는 아프지 않을 만큼 거칠게 다루기도 했다. 너무했다 뉘우쳐지면 즉각 애정 표시에도 인색하지 않았다.
>
> — 박완서, 〈해산 바가지〉

① 딸만 네 명 있는 중년 여성이다.
② 치매에 걸린 시어머님을 모시고 살았었다.
③ 시어머님이 보여 주신 모습에 큰 깨달음을 얻었다.
④ 시어머님과 사는 것이 편하지만은 않았다고 말한다.
⑤ 효부인 척 위선 떨지 않고 솔직한 모습으로 시어머님을 대하였다.

유형 익히기

현대소설 지문에서 '앞부분 줄거리'나 '중간 부분 줄거리'가 있다면 이 부분을 꼭 주의를 기울여서 읽어볼 것을 추천한다. 짧은 지문 속에서는 인물의 특성이나 사건의 구조를 다 보여주기 힘들기 때문에 줄거리를 삽입하게 된다. 따라서 이 부분은 인물이나 사건을 분석할 때 꼭 필요한 부분으로 생각하고 꼼꼼히 파악해야 한다. 더불어, 서술자가 작품 내부에 있는지, 작품 외부에 있는지 판단하고 중심 인물 누군가의 시선으로 내용을 전개하고 있지는 않은지 살펴볼 필요가 있다. 서술자가 중심을 둔 인물이 겪는 일이 중심 사건이요, 그 인물이 결정내린 사항과 결과가 소설의 주제가 될 수 있기 때문이다.

문제풀이

'나'는 딸 넷을 낳고, 다음에 아들도 낳았다.

정답 | ①

세부 유형 ❶

[현대소설] 사건의 전개 과정 파악하기

유형 익히기

소설의 사건 전개 과정은 갈등의 구조로도 설명할 수 있다. 갈등의 실마리가 제시되었다가 갈등이 최고조에 이르게 되고, 그것이 해소되면서 사건 전개가 마무리되기 때문이다. 따라서, 갈등과 관련된 문제는 '갈등의 원인-과정-해소'의 단계를 파악하면서 관련 사건을 표시하며 글을 읽어야 한다. 또한, 시간이나 공간의 이동, 문제와 해결의 짜임으로 사건이 전개되는 양상도 확인하고 넘어가야 한다.

- 다음 글에 나타난 갈등의 양상을 설명한 것으로 적절하지 <u>않은</u> 것은?
- 다음 글에 나타난 사건 전개 과정의 특징으로 적절하지 <u>않은</u> 것은?
- 다음 글의 결말의 특징으로 적절한 것은?

세부 유형 ❷

[현대소설] 소재 및 배경 파악하기

유형 익히기

중심 소재는 인물의 성격이나 심리 상태를 보여 주거나, 갈등의 원인이나 해소의 매개체의 역할을 하기도 하고, 배경을 직접적으로 보여 주기도 한다. 소재의 역할이 다양하기 때문에, 중심 소재는 작품 속에서 여러 번 등장하기 마련이다. 반복하여 등장하거나 중심 인물의 행동과 밀접하게 연결되어 나오는 소재는 반드시 표시하고 넘어가야 한다.
작품의 배경이 되는 시대 현실은 더욱 주의 깊게 살펴봐야 한다. 인물이 행동을 하게 된 이유를 시대적 배경에서 찾아볼 수 있기 때문이다. 우리 역사에서 꼭 기억해야 할 역사적 배경들은 미리 배경지식으로 알아두는 것이 좋다.

- ㉠이 사건 전개 과정에서 하는 역할로 적절한 것은?
- 다음 글의 '배경'이 사건 전개 과정에서 하는 역할로 적절한 것은?

세부 유형 ❸

[현대소설] 서술 방식 파악하기

유형 익히기

서술자에 대한 문제는 '시점'을 묻는 것과 같다. 작품에 '나'가 등장하면 '1인칭 주인공 시점'이거나 '1인칭 관찰자 시점'이고, '나'가 등장하지 않으면 서술자가 작품 외부에 있는 '작가 관찰자 시점'이나 '전지적 작가 시점'이다. 각 시점의 특성을 익혀두어야 서술자가 어느 정도 위치에서 어떤 방법으로 사건을 전달하고 있는지 알 수 있다. 이것은 서술자가 사건을 바라보는 태도와도 관련되어 있는 문제이므로 더욱 중요하게 다루어야 할 것이다.

- 다음 글의 서술자에 대한 설명으로 적절하지 <u>않은</u> 것은?
- 서술자가 사건을 바라보는 태도에 대한 설명으로 적절하지 <u>않은</u> 것은?

기출유형 3 | [수필] 글쓴이의 관점 및 태도 파악하기

▶ 유형 익히기

수필은 문학 영역이지만, 비문학을 읽듯이 편하게 읽으면 된다. 함축이나 상징이 다른 문학 영역에 비해 잘 나타나지 않으니, 숨겨진 의미를 파악할 필요도 없고, 글쓴이가 제시한 생각을 찾으며 읽어 내려가면 된다. 더불어 글쓴이는 자신의 생각을 마지막 부분에 강조하여 한 번 더 제시하기 때문에 마지막 부분에 더욱 집중하여 내용을 점검해야 한다.

▶ 문제풀이

글쓴이가 마지막에 강조한 내용은 언행일치된 사람의 말에는 힘이 있다는 것이다. 따라서 리더십에만 국한되지 말고, 전체적인 맥락에서 살펴보면 '인간 관계에서의 언행일치의 중요성'을 강조한 것이라 볼 수 있다.

정답 | ③

다음 글에서 글쓴이가 궁극적으로 말하고자 하는 것은?

　믿음을 의미하는 한자 '신(信)'에는 깊고 오묘한 뜻이 담겨 있다. 모름지기 사람[人]은 자신이 한 말[言]을 지켜야 신뢰[信]를 얻을 수 있다는 것이다.

　말과 신뢰. 둘 사이의 관계에 대해 고민할 기회가 있었다. 2001년 9월 11일 TV를 통해 뉴욕 맨해튼의 세계무역센터 건물이 무너지는 장면이 전 세계로 생중계됐다. 현장은 전쟁터를 방불케 했다. 부상자와 구조대원을 촬영하기 위해 격하게 흔들리는 카메라의 움직임이 현장의 긴박함을 시청자에게 고스란히 전했다. 높다란 건물이 연기에 휩싸였고 건물에서 뛰쳐나온 사람들은 어디로 가야 할지 몰라 우왕좌왕했다. 부상자의 팔과 다리에서 선홍색 피가 흥건하게 흘러나왔다. 해가 질 무렵에는 도시 전체가 비명과 어둠으로 뒤덮였다.

　루돌프 줄리아니 뉴욕 시장의 모습도 화면에 어른거렸다. 당시 줄리아니 시장은 암 투병 중이었지만, 사고 소식을 듣고 한걸음에 현장으로 달려와 구조 작업을 지휘하고 있었다. 구조대원이 줄리아니 시장 앞을 가로막으며 숨을 헐떡거렸다.

　"더는 들어가면 안 됩니다. 위험합니다. 어서 안전한 곳으로 피하세요."

　방진 마스크를 벗어젖히며 줄리아니가 고함을 지르듯 대답했다. 줄리아니의 음성은 음성이라기보다 음향에 가까웠다. 확성기로 증폭된 기계음처럼 쩌렁쩌렁 퍼져 나가 사방으로 나부꼈다. 소리의 끄트머리를 가늠할 수 없었다.

　"나보고 물러나라고요? 난 괜찮아요. 일단 사람들을 북쪽으로 대피시켜요! 북쪽 길부터 뚫어요!"

　줄리아니 시장은 말로만 구조를 독려하지 않았다. "북쪽 길부터!"라는 외침이 방송을 타고 메아리처럼 거리로 퍼지는 순간 줄리아니는 구조대원과 함께 잿더미로 뒤덮인 폐허 속으로 가뭇없이 사라졌다.

　며칠 후 줄리아니 시장은 희뿌연 콘크리트 먼지를 뒤집어쓴 채 연단에 올랐다. 줄리아니는 잠시 허공을 바라본 뒤 떨리는 목소리로 말했다. 그의 목소리는 선명했지만 날카롭지 않았고 말의 가락은 높았지만 무게는 가볍지 않았으며 말의 속도는 느렸지만 그리 무디지 않았다.

　"뉴욕은 내일도 이 자리에 있을 겁니다. 테러가 우리를 멈추게 할 수 없다는 것을 증명할 것입니다."

　사고 수습 과정에서 줄리아니가 보여 준 리더십에 뉴욕 시민들은 찬사를 아끼지 않았다. 뉴욕은 줄리아니를 신뢰했다. 경악과 분노, 비탄과 슬픔을 딛고 뉴욕이 부활하는 데는 그리 오랜 시간이 걸리지 않았다.

리더의 말은 곧고 매서운 직선인 동시에 부드러운 곡선과 같아야 한다. 때로는 능수능란하게 휘둘러서 도려낼 것을 도려내야 하고, 때로는 부드럽게 친친 둘러 감아서 껴안을 대상을 껴안아야 한다. 아비규환을 방불케 하는 재난 상황이라면 리더는 위기의 본질을 꿰뚫고 흐트러짐 없는 말로 신속하게 명령을 내려야 한다.

그런 면에서 줄리아니 시장의 언어는 정곡을 찔렀다고 볼 수 있다. 줄리아니의 말은 헛되이 흩날리지 않았다. 군더더기 없이 간결한 말로 상황을 장악했다. 무엇보다 언행이 일치했다. 초등학교 때 배운 미술 기법에 비유하자면 데칼코마니 같았다. 도화지 절반에 물감을 뿌린 뒤 종이를 접으면 반대편 도화지에 똑같은 그림이 묻어나듯, 줄리아니의 말과 행동에는 차이가 없었다.

말과 행동의 관계는 오묘하다. 둘은 따로 분리될 수 없다. 행동은 말을 증명하는 수단이며 말은 행동과 부합할 때 비로소 온기를 얻는다. 언행이 일치할 때 사람의 말과 행동은 강인한 생명력을 얻는다. 상대방 마음에 더 넓게, 더 깊숙이 번진다.

– 이기주, 〈언행 – 말과 행동 사이의 간극〉

① 말과 행동은 떼려야 뗄 수 없는 관계이다.
② 진정한 리더십은 위기의 상황에서 나온다.
③ 언행일치는 상대에게 강력한 영향력을 행사한다.
④ 신속하게 명령을 내릴 수 있는 리더십이 필요하다.
⑤ 다 함께 위기를 극복하는 힘은 언행일치에서부터 나온다.

| 세부 유형 ❶ | [수필] 표현 방식 파악하기 |

유형 익히기

수필은 소설과는 다르게 주제를 직접적으로 전달하는 문학 장르이다. 그러다 보니 다소 문학성이 떨어질 수도 있다. 그래서 주제는 직접적으로 전달하되, 그 주제를 이끌어 내는 데 필요한 다양한 예나 생각들을 다양한 표현 방식으로 전달한다. 이때 등장하는 표현법들은 현대시에 등장하는 것들과 크게 다르지 않기 때문에 시 공부의 연장선상에서 수필의 표현법 공부를 하는 것이 좋다.

• 다음 글의 글쓴이가 사용한 표현 방식으로 적절하지 않은 것은?
• 다음 글에 나타난 표현법으로 적절하지 않은 것은?

03 문학-현대시/현대소설/수필

시험에 나온! 나올! **필수이론**

1 현대시

1. 시적 화자의 태도나 정서

① 시적 화자는 작가가 창조해 낸 허구의 인물이므로, 시인과 화자를 동일시할 수 없다. 시적 화자는 작품의 표면에 드러나기도 하고, 시 안에 숨어 있기도 한데, 시적 화자의 정서를 파악하려면 시적 화자의 처지를 파악해야 한다. 이때, 시적 화자는 그 처지(상황)를 비판하거나 초월·극복하려는 의지를 보여 주기도 하고, 체념한 상태로 상황을 받아들이기도 한다.
② 시적 화자는 시적 대상과의 거리를 통해 태도를 드러내기도 한다. 시적 대상과 거리를 좁히면 대상에 대한 친화적 태도를 보이는 것이고, 거리를 멀게 하면 대상에 대한 반감을 드러내는 것이다.
③ 시적 화자의 감정은 절제되기도 하고, 표출되기도 한다. 시적 화자가 상황을 담담히 묘사하고만 있으면 그 시는 시적 화자가 감정을 절제하고 있는 것이고, 영탄법 등을 이용하여 감정을 드러내면 시적 화자가 감정을 숨기지 않고 표출한 경우에 해당한다.

2. 표현 방법

(1) 운율 형성 요소

동일한 음운·음절·어구의 반복, 유사한 통사 구조의 반복, 일정한 음수의 반복, 일정한 음보의 반복 등이 있다.

요소	예시
동일한 음운의 반복	갈래 갈래 갈린 길 → 음운 'ㄱ, ㄹ'의 반복
유사한 통사 구조의 반복(대구법)	가슴엔 듯 눈엔 듯 또 핏줄엔 듯 → '~엔 듯'이라는 표현이 반복됨
일정한 음수의 반복	가노라 삼각산아 다시 보자 한강수야 → 3·4조의 반복
일정한 음보의 반복	나보기가/역겨워/가실 때에는 → 3음보

(2) 여러 가지 표현법

표현법	성격	예시
직유법	'(원관념)은 (보조 관념)과 같다'의 방식으로 표현함	내 누님같이 생긴 꽃이여
은유법	'(원관념)은 (보조 관념)이다'식으로 아무 표지 없이 비유함	나는 나룻배, 당신은 행인
의인법	사물이나 관념을 사람처럼 표현함	말갛게 씻은 얼굴 고운 해야 솟아라
반어법	뜻하고자 하는 바와 반대로 표현함	오늘도 어제도 아니 잊고/먼 훗날 그때에 잊었노라.
역설법	겉으로 보기에는 논리적으로 모순을 보이는 것 같지만 그 속에 진실을 내포함	이것은 소리 없는 아우성

(3) 감각적 이미지

이미지	성격	예시
시각적 이미지	모양이나 색채를 떠올리게 하는 이미지	열두 폭 기인 치마가 사르르 물결을 친다.
청각적 이미지	소리를 느낄 수 있게 하는 이미지	접동 접동 아우래비 접동
후각적 이미지	코를 통해 냄새를 느낄 수 있게 하는 이미지	그 물로 쌀을 씻어 밥 짓는 냄새 나면
촉각적 이미지	피부로 느낄 수 있게 하는 이미지	젊은 아버지의 서느런 옷자락에/열로 상기한 볼을 말없이 부비는 것이었다.
공감각적 이미지	어떤 감각을 다른 종류의 감각으로 바꾸어 표현한 이미지	분수처럼 흩어지는 푸른 종소리(청각의 촉각화)

2 현대소설

1. 인물과 서술자

(1) 서술자

서술자는 작품 속에서 일어나는 일을 전달하는 사람으로, 작가가 허구로 설정해 놓은 대리인이다. 서술자는 작품 속 인물일 수도 있고, 작품 밖에 있을 수도 있다.

(2) 서술자와 인물을 살펴볼 때, 고려해야 할 점

서술자 제시 방식	• 서술자가 작품 안에서 자신의 이야기를 하는 경우: 주인공의 감정이 부각됨 • 서술자가 작품 안에 있지만 다른 인물을 관찰만 하는 경우: 서술자가 독자에게 적은 정보만을 주기 때문에 독자는 상상할 수 있는 기회를 제공받음 • 서술자가 작품 밖에서 인물들의 모습을 관찰만 하는 경우: 서술자가 사건에 아무런 영향을 끼치지 않기 때문에, 독자들은 나름의 방식으로 인물들의 심리나 사건 전개를 파악할 수 있음 • 서술자가 작품 밖에서 인물들의 모든 것을 알려 주는 경우: 서술자가 전지전능한 신이 되어 인물들의 심리나 생각, 행동을 모두 말해 주기 때문에, 내용을 자세히 파악할 수 있다는 장점이 있지만, 독자는 그만큼 상상할 수 있는 기회를 잃게 됨
인물 제시 방식	인물의 행동과 말 등을 보여 줌으로써 성격이나 심리를 제시하기도 하고(간접적 제시), 서술자가 직접 인물의 성격이나 심리를 제시하기도 한다(직접적 제시).
어휘 및 문체의 구사	인물이 사용하는 어휘나 문체에서 인물의 성격이나 태도를 알 수 있다. 전지적 작가 시점인 경우, 서술자가 인물을 지칭할 때 쓰는 표현들을 보았을 때, 작가가 말하고자 하는 주제나 분위기를 파악할 수도 있다.

2. 사건 전개 과정

(1) 갈등의 종류

종류	내용
내적 갈등	인물의 내면에서 벌어지는 갈등 예 이상하게도 꼬리를 맞물고 덤비는 이 행운 앞에 조금 겁이 났음이다. 그리고 집을 나올 제 아내의 부탁이 마음에 켕기었다. – 현진건, 〈운수 좋은 날〉
외적 갈등	① 인물 ↔ 인물 예 "그럼 봉필 씨! 얼른 성엘 시켜 주구려, 그렇게까지 제가 하구 싶다는걸……"/하고 내 짐작대로 말했다. 그러나 이 말에 장인님이 삿대질로 눈을 부라리고/"아, 성례구 뭐구 기집애년이 미처 자라야 할 게 아닌가?" – 김유정, 〈봄봄〉 ② 인물 ↔ 사회 예 "옥희야, 옥희 아버지는 옥희가 세상에 나오기도 전에 돌아가셨단다. 옥희두 아빠가 없는 건 아니지. 그저 일찍 돌아가셨지. 옥희가 이제 아버지를 새로 또 가지면 세상이 욕을 한단다. 옥희는 아직 철이 없어서 모르지만 세상이 욕을 한단다." – 주요섭, 〈사랑손님과 어머니〉

(2) 사건 진행의 속도
① 사건을 시간 순서대로 진행하기도 하고(순행 구성), 반대로 진행하기도 한다(역순행 구성).
② 사건을 요약적으로 제시하면 사건의 진행 속도가 빠르고, 상황이나 인물의 묘사를 중심으로 자세히 설명하면 사건의 진행 속도가 느리다.

3. 배경
배경은 작품의 사실성을 부여하고, 분위기를 형성하며, 주제를 실현하기도 한다. 작가가 인식한 배경(시대 현실)이 부정적으로 나와 있다면, 부정적 현실을 비판하는 것이 주제로 제시된다.

3 수필

① 수필은 자신의 체험을 바탕으로 특별한 형식 없이 자유롭게 쓰는 글이다. 그 안에 자기 고백적인 문체가 드러나 있고, 삶을 성찰한 후 얻게 된 삶의 의미를 주제로 하여 글에 직접적으로 제시한다.
② 수필의 주제는 일상생활의 경험에서부터 사회 비판까지 다양하게 제시된다. 주로 미괄식으로 글의 마지막 부분에 주제가 제시되는 경우가 있으므로, 마지막 부분에 초점을 맞춰서 내용을 분석할 필요가 있다.

이론점검 문제

[01~03] 다음 글을 읽고 물음에 답하시오.

(가) 희망찬 사람은
　　그 자신이 희망이다

　　길 찾는 사람은
　　그 자신이 새 길이다

　　참 좋은 사람은
　　그 자신이 이미 좋은 세상이다

　　사람 속에 들어 있다
　　사람에서 시작된다

　　다시
　　사람만이 희망이다

　　　　　　　　　　　　　　　　 - 박노해, 〈다시〉

(나) 이 세상 사람들 모두 잠들고
　　어둠 속에 갇혀서 꿈조차 잠이 들 때
　　홀로 일어난 새벽을 두려워 말고
　　㉠별을 보고 걸어가는 사람이 되라
　　희망을 만드는 사람이 되라

　　겨울밤은 깊어서 눈만 내리어
　　돌아갈 길 없는 오늘 눈 오는 밤도
　　하루의 일을 끝낸 작업장 부근
　　촛불도 꺼져가는 어둔 방에서
　　㉡슬픔을 사랑하는 사람이 되라
　　희망을 만드는 사람이 되라

　　절망도 없는 이 절망의 세상
　　슬픔도 없는 이 ㉢슬픔의 세상
　　사랑하며 살아가면 봄눈이 온다
　　눈 맞으며 기다리던 기다림 만나
　　눈 맞으며 그리웁던 그리움 만나

얼씨구나 부둥켜안고 웃어보아라
절씨구나 뺨 부비며 울어보아라

별을 보고 걸어가는 사람이 되어
ⓒ희망을 만드는 사람이 되어
봄눈 내리는 보리밭길 걷는 자들은
누구든지 달려와서 가슴 가득히
ⓜ꿈을 받아라
꿈을 받아라

— 정호승, 〈희망을 만드는 사람이 되라〉

(다) 단 한 번일지라도
　　목숨과 바꿀 사랑을 배운 사람은
　　노래가 내밀던 손수건 한 장의
　　온기를 잊지 못하리
　　지독한 외로움에 쩔쩔매도
　　거기에서 비켜서지 않으며
　　어느 결에 반짝이는 꽃눈을 달고
　　우렁우렁 잎들을 키우는 사랑이야말로
　　짙푸른 숲이 되고 산이 되어
　　메아리로 남는다는 것을

　　강물 같은 노래를 품고 사는
　　사람은 알게 되리
　　내내 어두웠던 산들이 저녁이 되면
　　왜 강으로 스미어 꿈을 꾸다
　　밤이 길수록 말없이
　　서로를 쓰다듬으며 부둥켜안은 채
　　느긋하게 정들어 가는지를

　　누가 뭐래도 믿고 기다려주며
　　마지막까지 남아
　　다순 화음으로 어울리는 사람은 찾으리
　　무수한 가락이 흐르며 만든
　　노래가 우리를 지켜준다는 뜻을

— 정지원, 〈사람이 꽃보다 아름다워〉

01

(가)~(다)의 공통점으로 적절한 것은?

① 역설적인 표현을 통해 주제를 강조하고 있다.
② 대상에 인격을 부여하여 시상을 전개하고 있다.
③ 올바른 삶의 자세를 주제의식으로 드러내고 있다.
④ 명령형 어미를 사용하여 하고 싶은 말을 전달하고 있다.
⑤ 계절적 배경이 드러나는 시어를 감각적으로 드러내고 있다.

02

(나)에 나타난 ㉠~㉤ 중 시어의 의미가 이질적인 것은?

① ㉠   ② ㉡   ③ ㉢   ④ ㉣   ⑤ ㉤

03

〈보기〉와 (다)의 유사성을 생각하며 읽었을 때의 반응으로 적절하지 않은 것은?

보기
이 세상 사람들 모두 잠들고 어둠 속에 갇혀서 꿈조차 잠이 들 때 홀로 일어난 새벽을 두려워 말고 별을 보고 걸어가는 사람이 되라 희망을 만드는 사람이 되라   - 정호승, 〈희망을 만드는 사람이 되라〉 중

① (다)의 '노래'는 〈보기〉의 '희망을 만드는 사람'들의 행동과 유사하다고 할 수 있다.
② (다)의 '강물 같은 노래'는 〈보기〉의 잠들지 않는 '꿈'을 품고 하는 노래라고 볼 수 있다.
③ (다)의 '우렁우렁 잎들을 키우는 사랑'은 〈보기〉의 '별을 보고 걸어가는' 모습과 유사하다.
④ (다)의 '밤이 길수록'에서는 〈보기〉의 '홀로 일어난 새벽'처럼 대상의 긍정적 속성이 강조된다.
⑤ (다)의 '손수건 한 장'은 〈보기〉의 '어둠 속에 갇혀서' 힘든 사람들에게 건네는 위로와 사랑을 의미한다고 볼 수 있다.

문제풀이

01

(가)~(다)는 모두 희망을 품고 살아가야 한다는 점을 강조한 시이다.
① 역설법은 (나)에 나타나 있다.
② 대상에 인격을 부여한 표현이 나온 시는 (나)와 (다)이다.
④ 명령형 어미는 (나)에 나타나 있다.
⑤ 계절적 배경으로 '겨울 밤'이 제시되어 있는 시는 (나)이다.

정답 | ③

02

㉢은 화자가 부정적으로 생각하는 대상이고, 나머지는 화자가 긍정적으로 생각하는 대상이다. 똑같은 '슬픔'이어도, ㉡의 '슬픔'은 사랑해야 할 대상이지만, ㉢의 '슬픔'은 누군가를 위해 슬퍼해 주지도 않는 슬픔의 상황을 말한다.

정답 | ③

03

(다)는 힘든 상황에서도 사람이 위로가 될 수 있음을 노래한 시이다. (다)의 '밤'은 '시련의 시간'으로 '밤이 길수록'은 시련의 시간이 길어짐을 의미한다. 〈보기〉의 '홀로 일어난 새벽' 또한 부정적인 속성을 지닌 시간으로 〈보기〉의 화자는 이러한 시간을 두려워하지 말아야 한다고 말하고 있다. 따라서 두 소재 모두 부정적인 소재라는 것을 알 수 있다.

정답 | ④

[04~06] 다음 글을 읽고 물음에 답하시오.

[앞부분 줄거리] 기형은 고등학생 시절 자신을 늘 야코죽게 했던 광순을 어른이 되어 동창회에서 만난다. 동창회에서 자기소개를 꺼리던 광순은 얼마 후 자신이 다니지도 않는 국영 기업체의 이름이 새겨진 노란 봉투를 끼고 기형을 찾아온다. 이후 광순은 기형을 다시 찾아와 잡지 출간을 위한 투자자를 알아봐 달라는 청탁을 하고 간다.

광순이는 그 뒤에도 기형이를 찾아왔다. 이번에 끼고 온 노란 봉투는 그전 것보다 더 빳빳했다. 다방에 앉아서도 봉투를 뒤집지 않기 때문에 어느 회사의 봉투인지는 알 수가 없었다. 그러나 모양으로 미루어 요전의 국영 기업체 봉투는 아니라는 것을 알 수 있었다. ㉠<u>기형은 그가 또 잡지 건을 꺼낼까 봐 내심 조마조마했다.</u> 그 일을 알아보지 않았기 때문이었다. 아무리 생각해도 일이 될 성싶지 않은 데다, 그런 걸 맡고 나설 사람을 손쉽게 찾을 수도 없을 것 같았다. 그는 다행히 그 얘기를 하지 않았다. 하지 않을 뿐만 아니라 그 일은 깨끗이 잊어버린 것 같은 눈치였다. ㉡<u>웬만하면 기형이 쪽에서 물어볼까도 했으나, 그가 너무나 천연스럽게 앉아 있는 바람에 먼저 말을 붙이기도 멋쩍었다.</u>
"자네 월급 얼마씩 받고 있나?"
담배를 한 대 후 내뿜고 난 광순이는 밑도 끝도 없이 불쑥 내뱉고 천장을 쳐다보았다. 기형이는 그게 무슨 소린가 싶어서 그를 말끔히 응시했다.
"아니 그냥…… 사실은 내 친척뻘 되는 사람이 이번에 무역 회사를 하나 차렸어. 그런데 섭외 과장을 맡을 사람을 하나 구해 달라는 거야."
"자네더러."
"그렇지."
"그거 잘됐군. 자네가 직접 들어가지 그래."
㉢"<u>에 이 사람. 내가 무역 회사 과장 나부랭이나 하고 있을 성싶은가.</u>"
광순이는 기형이를 가볍게 나무라며 짐짓 정색을 해 보였다.
"그래서 나는 자네를 생각했지. 어느 모로 보나 자네라면 적임일 것 같아. 아무렴 지금 출판사보다는 낫지 않을까. 그런데……."
"그런데?"
"좀 뭣한 소리지만 아무래도 밑천이 좀 들어야 할 것 같아. 저쪽에서는 사람만 든든하면 그만이라고 하지만 세상일이 어디 그런가. 성의를 보여야지."
요컨대 돈을 써서 한자리 하지 않겠느냐는 뜻인 듯했다. ㉣<u>기형이는 이 친구가 이처럼 무너질 수가 있을까 싶어 그의 면상을 찬찬히 뜯어보았다.</u> 실제로 그런 자리가 있는지도 의문이거니와, 있다손 치더라도 감히 광순이 입에서 그런 소리가 나올 수 있을까. 너무 빤히 보이는 얕은수에 저도 모르게 웃음이 나왔다. 기껏 생각한다는 게 이 정도인가 싶어 오히려 섭섭했다. 허세라도 좋고 아이들 문자대로 똥폼도 좋았다. 왜 더 좀 그럴듯하게 사술을 쓰지 못할까 안타까울 지경이었다. ㉤<u>지금까지 기형이 생각해 온 광순이는 더 좀 오기 덩어리라야 했다. 무시하고, 재고, 웬만한 건 깔아뭉개야 했던 것이다.</u>

— 최일남, 〈노란 봉투〉

04

윗글의 서술방식으로 적절하지 <u>않은</u> 것은?

① 등장인물의 대화를 중심으로 사건이 전개되고 있다.
② 특정 인물의 시선을 바탕으로 사건을 전개하고 있다.
③ 인물의 행동이나 표정을 묘사하여 심리 상태를 서술하고 있다.
④ 상징적인 소재를 이용하여 한 인물의 태도를 보여 주고자 하였다.
⑤ 동일한 시간에 서로 다른 장소에서 펼쳐진 사건을 나란히 배치하고 있다.

05

〈보기〉의 내용을 바탕으로 볼 때, '노란 봉투'의 의미로 적절하지 <u>않은</u> 것은?

― 보기 ―

이 작품은 '광순'이라는 인물을 중점적으로 부각하고 있다. 광순은 스스로의 무기력을 은폐하기 위해 과장스럽게 제스처를 쓰는 인물이며 허황된 계획으로 초연을 가장하는 '무기력의 표본'이라고 할 수 있다. 작가는 이러한 광순이 점점 속물적 근성을 드러내는 과정과 그를 바라보는 기형의 시선 변화를 대비시킴으로써 급격한 산업화, 도시화로 물질주의적 가치관이 광범위하게 확산되고 인간성이 상실되었던 1970년대의 세태를 드러내고 있다.

① 시대적 배경을 보여 주는 물건이다.
② 비판의 주체를 부각시키는 물건이다.
③ 속물적인 현대 사회의 모습을 비판하기 위한 물건이다.
④ 광순이 자신을 다른 모습으로 꾸밀 때 사용하는 물건이다.
⑤ 무기력에서 벗어나려는 인간의 의지를 보여 주는 물건이다.

06

㉠~㉤에 나타난 등장인물의 심리 상태나 태도로 적절하지 <u>않은</u> 것은?

① ㉠: 기형은 광순이 불편한 부탁에 대해 다시 이야기할까 봐 불안해하고 있다.
② ㉡: 기형은 예전에 광순과 이야기했던 내용을 자신만 기억하고 있어서 씁쓸해하고 있다.
③ ㉢: 광순은 무역 회사의 과장 자리를 하찮게 여기고 있다.
④ ㉣: 기형은 예전과 달라진 광순의 모습에 실망하고 있다.
⑤ ㉤: 기형은 광순의 예전 모습이 사라져서 안타깝게 생각하고 있다.

문제풀이

04

시간이 흐르면서 변화한 인물인 광순에 대해 서술하고 있다. 동일한 시간에 서로 다른 장소에서 벌어지는 사건이 아니다.

정답 | ⑤

05

광순이 자신의 모습을 가장하기 위해 들고 다니는 물건이 '노란 봉투'이다. 이것은 자신의 본 모습을 숨기고 허황된 계획을 드러내기 좋아하는 속물적인 인간의 모습을 드러낸다. 속물적인 근성이 드러나 인간의 가치를 상실한 현대 사회의 시대적 배경을 드러내는 물건이기도 하다. 광순은 무기력을 보여주는 인물로, 무기력을 벗어나기 위한 의지를 보여주는 인물이라고 할 수 없다.

정답 | ⑤

06

기형은 광순이 태연하게 다른 이야기를 해서, 멋쩍음을 느낀 것뿐이다. 또한 광순이가 예전 이야기를 기억하지 못하고 다른 이야기를 꺼냈는지, 기억하면서도 다른 이야기로 넘어간 것인지 확인할 수 없다.

정답 | ②

[07~09] 다음 글을 읽고 물음에 답하시오.

며칠 전 한 친지의 병문안을 하고 돌아오는 길에서였다. 주택가 한쪽에 잔디밭이 있었는데 대여섯 살 된 사내아이가 토끼풀을 뽑아 한 손에 가지런히 들고 있었다. 그 아이의 모습이 하도 귀여워 다가가서 물었다.

"누구에게 주려고 그러니?"

"여자 친구에게 주려고요."

이 말을 듣고 그 애가 너무 기특해서 그 곁에 쭈그리고 앉아

"나도 여자 친구에게 줄 꽃을 꺾어야겠네."

하고 토끼풀을 뽑았다. 한 주먹 뽑아들고 일어서니 내 토끼풀에는 꽃이 없다며 자기가 뽑아 든 꽃에서 세 송이를 내게 건네주었다.

유치원생 또래의 아이가 여자 친구한테 주기 위해 토끼풀을 뽑고 있던 그 모습이 요 근래 내가 마주친 사람들 중에서 가장 감동적이었다. 내가 뽑은 토끼풀에는 꽃이 없다고 자기가 뽑은 꽃을 내게 나누어 준 그 마음씨도 너무나 착하고 기특했다.

이런 아이들이 세상의 물결에 휩쓸리지 않고 곱게 자란다면 이 땅의 미래도 밝겠다는 생각이 들었다.

그날 오전 나는 정기 집회에서 '나눔'에 대해서 이야기를 했다. 그런데 진정한 나눔이 무엇이라는 걸 그 애가 몸소 보여 주었던 것이다. 나눔이란 이름을 내걸거나 생색을 내지 않고 사소한 일상적인 일로써 마음을 따뜻하게 해 주는 것이다. 〈중략〉

인도의 현자, 비노바 바베는 학교 교육이 아닌 어머니의 믿음에 감화를 받으면서 성장한 사람이다. 어느 날 체격이 건장한 거지에게 적선을 베푼 어머니를 보고

"저런 사람에게 적선하는 것은 게으름만 키워 주게 돼요. 받을 자격 없는 사람에게 베푸는 것은 그들에게도 좋지 않아요."

라고 불만을 토로한다.

"아들아, 우리가 무엇인데 누가 받을 사람이고 그렇지 못한 사람인지를 판단한단 말이냐. 내 집 문전에 찾아오는 사람이면 그가 누구든 다 신처럼 받들고 우리 힘닿는 대로 베푸는 거란다. 내가 어떻게 그 사람을 판단할 수 있겠느냐."

꿀벌이 다른 곤충보다 존중되는 것은 부지런해서가 아니라 남을 위해 일하기 때문이다. 남이란 누구인가? 그는 무연한 타인이 아니라 또 다른 나 자신 아니겠는가. 그는 생명의 한 뿌리에서 나누어진 가지다.

— 법정, 〈토끼풀을 뽑아 든 아이〉

07
글쓴이의 태도를 파악한 것으로 적절하지 <u>않은</u> 것은?

① 글쓴이는 '나눔'의 가치를 높게 평가하고 있다.
② 글쓴이는 상대를 가려서 '나눔'을 행하는 것을 비판적으로 여기고 있다.
③ 글쓴이는 어린아이의 '나눔'을 보고 미래가 밝을 것이라고 생각하고 있다.
④ 글쓴이는 타인을 남으로 여기지 않는 데에 '나눔'의 의미가 있다고 생각한다.
⑤ 글쓴이가 생각하는 진정한 '나눔'은 상대방을 신처럼 받드는 것이 아니라, 나와 똑같은 대상으로 생각하는 것이다.

08
윗글에 나타난 전개 방식으로 적절하지 <u>않은</u> 것은?

① 설의적 표현을 통해 주제를 강조하고 있다.
② 일화를 통해 주제를 간접적으로 제시하였다.
③ 대화글로 내용을 전개하여 내용이 생생하게 전달되었다.
④ 비유적 표현으로 글을 마무리함으로써 주제를 강조하였다.
⑤ 서로 다른 사람들의 생각을 제시하여 글쓴이가 강조하고자 하는 생각을 제시하였다.

09
윗글의 주제의식을 나타낼 수 있는 적절한 한자성어는?

① 근면성실(勤勉誠實)
② 심심상인(心心相印)
③ 십시일반(十匙一飯)
④ 교언영색(巧言令色)
⑤ 이심전심(以心傳心)

문제풀이

07
상대방을 신처럼 받들고 힘닿는 대로 베푸는 것이 중요하다고 말하고 있다.
정답 | ⑤

08
수필은 주제를 직·간접적으로 전달한다. 제시된 작품에서는 일화를 통해 주제를 간접적으로 드러냈고, 일화가 제시된 후 마지막 부분에서 주제를 직접적으로 제시하고 있다. 참고로 수필이 소설에 비해 주제를 직접적으로 전달한다는 점을 꼭 기억해야 한다.
정답 | ⑤

09
① 근면성실(勤勉誠實): 어떠한 일에 꾀를 부리지 않고 부지런히 임함
② 심심상인(心心相印): 말없이 마음과 마음으로 뜻을 전함
③ 십시일반(十匙一飯): 밥 열 술이 한 그릇이 된다는 뜻으로, 여러 사람이 조금씩 힘을 합하면 한 사람을 돕기 쉬움을 이르는 말
④ 교언영색(巧言令色): 아첨하는 말과 알랑거리는 태도
⑤ 이심전심(以心傳心): 마음과 마음으로 서로 뜻이 통함
정답 | ③

실전 감각을 기를 차례! **[기출변형 문제편]** 바로가기 ☞ P.114

2교시

PART 04 듣기

PART 05 어법

PART 06 쓰기

PART 04
듣기

Chapter 01 사실적 이해/추론/비판[단독 문제]
Chapter 02 사실적 이해/추론/비판[통합 문제]

90문항 중 15문항 출제
(2교시 듣기 주관식 2문항 포함)

17%

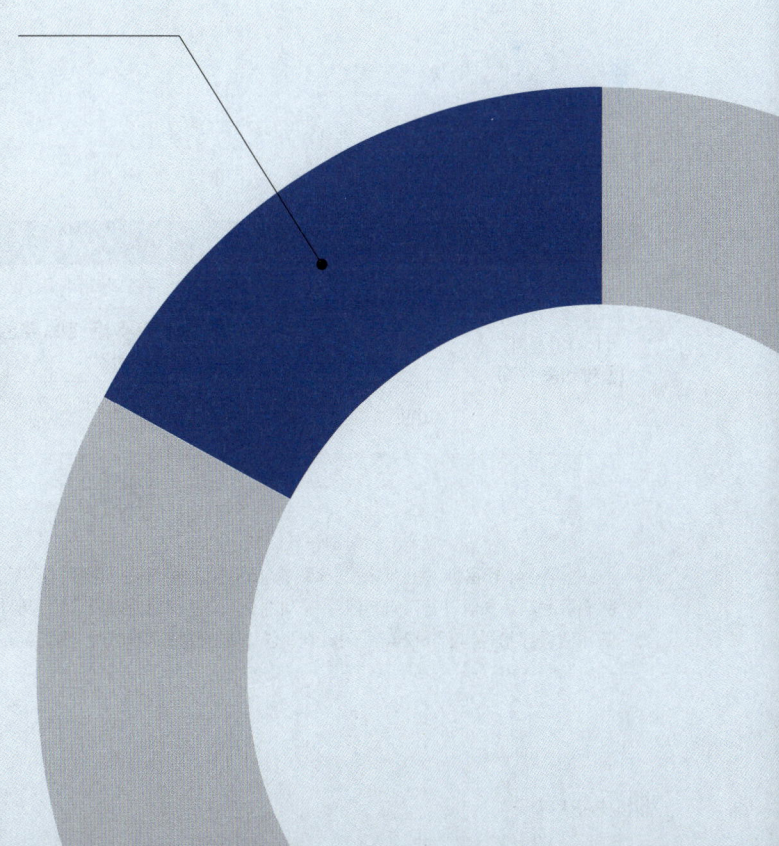

[1~13] 듣기

기출의 패턴을 벗기다

최근기출 4회분 전 문항 한눈에 보기

문항 번호	A회		B회	
	자료/개념	유형/분류	자료/개념	유형/분류
1	강연	사실적 이해–내용 파악(중심 내용)	강연	사실적 이해–내용 파악(중심 내용)
2	강연	추론–발화 의도 및 상황 파악	강연	추론–발화 의도 및 상황 파악
3	강연	사실적 이해–내용 파악(중심 내용)	강연	사실적 이해–내용 파악(중심 내용)
4	대화	비판–정보의 평가(근거의 적절성)	대화	비판–정보의 평가(근거의 적절성)
5	대화	사실적 이해–내용 파악(발화 상황)	강연	사실적 이해–내용 파악(중심 내용)
6	강연	추론–상황의 추리(사례와 구체적 상황)	강연	추론–상황의 추리(사례와 구체적 상황)
7	대화	비판–정보의 평가(내용의 적절성)	대화	사실적 이해–내용 파악(발화 상황)
8	대화	추론–정보의 추리(생략된 정보)	토론	추론–발화 의도 및 상황 파악
9	대화	사실적 이해–내용 파악(발화 상황)	대화	비판–정보의 평가(내용의 적절성)
10	강연	사실적 이해–내용 파악(중심 내용)	강연	사실적 이해–내용 파악(중심 내용)
11		추론–과정의 추리(전제와 결론)		추론–과정의 추리(전제와 결론)
12	대화	사실적 이해–내용 파악(발화 상황)	강연	사실적 이해–내용 파악(발화 상황)
13		비판–정보의 평가(근거의 적절성)		비판–정보의 평가(근거의 적절성)

듣기 영역 기출패턴 정리

영역	유형	문항 수	세부 유형	제재
[1~13] 듣기 (출제 비중 17%)	사실적 이해	6	내용 파악, 구조의 파악	불규칙적이나, 대화 > 강연 > 토론 · 뉴스 · 인터뷰 순으로 많음
	추론	4~5	전제와 결론, 생략된 정보 추론, 구체적 상황에 적용하기	
	비판	2~3	내용의 적절성 평가, 근거의 적절성 평가	

듣기는 객관식 13문항, 주관식 2문항으로 총 15문항이 출제되는 영역이다. 객관식은 하나의 듣기 대본에 하나의 문제가 출제되는 단독 문제와 하나의 듣기 대본에 두 문제가 출제되는 통합 문제가 있다. 제시되는 듣기 담화의 유형은 '강연, 대화, 인터뷰' 정도이며, 중심내용을 파악하거나 근거의 적절성, 발화 상황을 파악하는 것을 주요 목적으로 두고 있다.

문항 번호	C회 자료/개념	C회 유형/분류	D회 자료/개념	D회 유형/분류
1	강연	사실적 이해-내용 파악(중심 내용)	강연	사실적 이해-내용 파악(중심 내용)
2	강연	추론-의도 및 상황 파악	대화	추론-의도 및 상황 파악
3	대화	사실적 이해-내용 파악(세부 내용)	강연	사실적 이해-내용 파악(중심 내용)
4	강연	비판-정보의 평가(근거의 적절성)	대화	비판-정보의 평가(근거의 적절성)
5	강연	사실적 이해-내용 파악(중심 내용)	토론	사실적 이해-내용 파악(세부 내용)
6	대화	사실적 이해-내용 파악(세부 내용)	대화	사실적 이해-내용 파악(세부 내용)
7	대화	비판-정보의 평가(내용의 적절성)	대화	추론-정보의 추리(생략된 정보)
8	방송	추론-상황의 추리(사례와 구체적 상황)	대화	비판-정보의 평가(내용의 적절성)
9	토론	추론-상황의 추리(사례와 구체적 상황)	강연	추론-구체적 상황 적용
10	강연	사실적 이해-내용 파악(중심 내용)	강연	사실적 이해-내용 파악(중심 내용)
11	강연	추론-과정의 추리(전제와 결론)	강연	추론-과정의 추리(전제와 결론)
12	대화	사실적 이해-내용 파악(세부 내용)	대화	사실적 이해-내용 파악(발화 상황)
13	대화	비판-정보의 평가(내용의 적절성)	대화	추론-구체적 상황 적용

듣기 영역 고등급 학습전략

Point 1 강연, 대화, 인터뷰의 기본적인 특성을 파악해 두도록 하자.

Point 2 발화의 의도, 발화가 이루어지는 상황에 대한 추리 능력을 최대로 높여 보자.

Point 3 정보를 평가하는 듣기를 할 때, '내용의 적절성, 근거의 적절성'등을 염두에 두자.

01 사실적 이해/추론/비판 [단독 문제]

기출유형 1 — 사실적 이해

유형 익히기
사실적 이해, 추론, 비판에 대한 유형 중 사실적 이해에 해당하는 문제이다. 우선 듣기 텍스트의 내용을 정확하게 이해하였는지의 여부를 묻는 문항의 유형이 가장 많은 비중을 차지한다. 들려 주는 지문과 〈보기〉의 내용을 꼼꼼하게 확인한다면 어려움 없이 풀 수 있다.

문제풀이
생물의 생존 온도 범위는 유전적으로 고정되어 있으며 종별로 상이하다고 했으므로, 이와 정반대로 내용을 서술한 ④는 적절하지 않다.

정답 | ④

🎧 듣기 대본

다음은 강연의 일부입니다. 잘 듣고 물음에 답하세요.

> 해양 생물의 생존에 영향을 미치는 가장 중요한 환경 요인은 바로 온도입니다. 물론 생물의 종류에 따라 온도 변화에 대한 반응에 다소 차이가 있지만, 서식지의 온도가 올라가면 일반적으로 비슷한 반응을 보입니다. 즉, 주변 환경의 온도가 약간 올라가면 생물의 세포 내 효소 반응이 빠르게 진행돼 대체로 생장이 촉진되죠. 그러나 온도가 더 올라가 임계점을 넘으면 세포 기능이 급격하게 감소해 결국 죽게 됩니다. 본질적으로 대부분의 생물은 고정된 온도 범위 내에서 생존할 수 있는데 이것은 유전적인 것으로 생존 온도 범위는 생물의 종류마다 다릅니다. 그런데 같은 생물이라도 태어나서 성체에 이르고 생식을 하는 각 생존 단계마다 생존할 수 있는 온도 범위가 달라집니다. 특히 산란과 부화 같은 생식 단계에서는 그 범위가 매우 좁아지죠. 따라서 해양 동물의 부화기나 해양 식물 발아기에 주변 환경의 온도가 비정상적으로 변하면 생존에 큰 차질을 받을 수 있습니다. 그래서 요즘, 발전소에서 배출되는 온배수 문제에 대한 논란이 일고 있는 것입니다. 발전소의 온배수가 유입되는 해역의 식물플랑크톤은 계절에 따라 다르게 반응합니다. 대체로 봄과 가을에는 자연 수역보다 온배수가 유입되는 해역에서 식물플랑크톤의 생산력이 증가합니다. 이는 온배수의 방출로 수온이 상승하면서 식물플랑크톤이 최적의 생장조건에 근접하기 때문이죠. 하지만 여름에는 온배수가 유입되는 해역에서 식물플랑크톤의 생산력이 온배수의 영향을 받지 않는 곳보다 감소하는 양상을 보입니다. 그 이유는 자연적인 해수 온도가 높은 여름에 온배수가 지닌 열에너지 때문에 온도가 더 올라가면서 식물플랑크톤이 최적의 생존 온도를 넘거나, 간혹 생존 상한 온도를 초과하기 때문입니다.

다음 중 강연의 내용과 일치하지 않는 것은?

① 산란과 부화 같은 생식 단계에서는 생존 온도 범위가 달라진다.
② 온배수의 방출로 수온이 상승하면 식물플랑크톤이 증가하게 된다.
③ 생물은 생식 단계에서 서식지의 온도 변화에 대해 민감한 반응을 한다.
④ 생물의 생존 온도 범위는 유전적으로 고정되어 있지 않고, 종별로 동일하다.
⑤ 식물플랑크톤은 가을보다 여름에 생존 온도의 범위가 좁아져 생산력이 감소한다.

출처 | 음식과 건강

01 사실적 이해/추론/비판[단독 문제]

시험에 나온! 나올! **필수이론**

1 듣기의 과정

① 내용 확인: 들은 내용을 확인하고 단어나 구절의 의미, 세부 내용과 주제를 파악한다.
② 내용 이해: 내용의 함축적·암시적 의미를 파악하는 단계이다. 전체 내용을 요약하고 구조를 파악한다.
③ 내용 비판: 내용을 듣고 사실과 의견을 구분하며 화제의 목적 및 의도를 파악한다.
④ 내용 감상: 이해하고 비판한 내용에 대한 총체적인 평이 이루어지는 단계이다.

2 듣기 영역의 추론 〔기출〕

① 생략된 정보 추리: 문장과 문장, 혹은 문단과 문단 사이의 일부 생략한 지문을 내용의 연계성이나 논리적인 일관성을 고려하여 파악한다.
  예 다음 글의 ( ) 안에 들어갈 가장 적절한 문장은?

② 전개될 내용의 추리: 주어진 지문을 바탕으로 이미 전개된 내용이나 다음에 이어질 내용을 파악한다.
  예 다음 글 뒤에 이어질 내용을 유추한 것으로 가장 적절한 것은?

③ 다른 상황에의 적용: 동일한 범주 내에서 이론이나 원리를 실제로 적용할 수 있는 구체적 사례를 파악한다.
  예 다음 중 본문에서 지적한 '대중문화의 문제점'이라고 볼 수 없는 것은 무엇인가?

> ☑ **결정적 힌트!** | 듣기 영역을 위한 준비사항
>
> 듣기 영역은 일회성의 특징이 있기 때문에, 어느 영역보다도 더욱 집중력이 요구되는 영역이다. 듣기 영역의 문제가 방송될 때, 반드시 중간 중간 메모를 해 두는 습관을 가져야 한다. 또한 선지가 나와 있는 문항의 경우, 문제와 선지를 미리 읽어 본 후 듣기 방송을 듣는 것이 좋다.

3 듣기 영역의 비판

사실적 이해, 추론, 비판에 대한 유형 중 가장 어려운 영역이라고 할 수 있다. 비판 유형은 강연을 듣고, 강연의 내용을 적절한 관점에서 비판하는 선지를 택하는 문제 유형이다. 강연의 내용 중 논리적으로 모순이 되는 부분과 오류가 있는 부분이 어디인지 찾아내어 그것을 비판하는 선지를 정확히 골라야 한다.

01 사실적 이해/추론/비판[단독 문제]

이론점검 문제

🎧 에듀윌 도서몰(book.eduwill.net)에서 듣기 MP3 파일을 무료로 다운 받으세요.

01
강연의 내용과 일치하지 <u>않는</u> 것은?

① 프로슈머도 그 유형에 따라 생산에 기여하는 바가 다르다.
② 생산에 참여하는 프로슈머는 생산으로 인한 수익을 받게 된다.
③ 단순 프로슈머는 물건의 생산이나 유통 과정에 개입하지는 않는다.
④ 소비자는 프로슈머를 통해 기업의 제품을 소개받고 경험해 볼 수 있다.
⑤ 프로슈머는 소비자가 제품의 개발과 유통 과정에 참여한다는 의미이다.

02
강연의 내용과 일치하지 <u>않는</u> 것은?

① 아이핀과 마이핀은 동일한 개념의 번호가 아니다.
② 마이핀은 오프라인에서 사용할 수 있는 본인 확인 수단이다.
③ 아이핀은 무작위로 만들어진 13자리의 개인별 식별 코드이다.
④ 마이핀은 아이핀을 먼저 등록해야 가입하는 것이 가능해진다.
⑤ 아이핀 가입 서비스를 제공하는 곳에서 마이핀 가입도 할 수 있다.

문제풀이

01
생산에 참여하는 프로슈머는 제품을 경험하여 의견을 반영시키는 역할 정도에 그치는 것이며, 유통에 참여하는 프로슈머가 유통 마진의 일부를 수익으로 돌려받는다.

정답 | ②

02
'아이핀'이 아닌 '마이핀'이 일상생활에서 사용할 수 있는 본인 확인 수단으로, 개인 식별 정보가 포함되지 않은 13자리의 무작위 번호로 구성되어 있다.

정답 | ③

듣기 대본

01 듣기 대본
다음은 강연의 일부입니다. 잘 듣고 물음에 답하세요.

　최근 프로슈머라는 용어가 유행하고 있습니다. 이 용어는 생산자를 뜻하는 영어 단어의 일부와 소비자를 뜻하는 영어 단어의 일부를 합하여 만든 합성어로, 생산적 소비자 혹은 프로 소비자라고 불리기도 합니다. 이 프로슈머에도 다양한 유형이 있는데, 우선 단순히 소비하면서 일정량의 캐시백이나 마일리지를 받는 단순 프로슈머가 있습니다. 요즘 대부분의 사람들이 이에 해당된다고 볼 수 있습니다. 그런데 이를 넘어서 생산이나 유통에 참여하는 프로슈머도 있습니다. 우선 생산에 참여하는 프로슈머의 경우에는 신제품이 시장에 출시되기 전에 미리 이 상품들을 경험하며, 기업에서는 이들이 신제품을 사용하며 느낀 문제점이나 개선사항들을 반영한 후에 최종적으로 상품을 출시하게 됩니다. 유통에 참여하는 프로슈머의 경우에는 제품의 품질과 가격, 서비스에 자신이 만족하여서 그 제품의 우수성과 혜택을 주위 사람들에게 알리고 그에 따른 유통 마진의 일부를 돌려받게 됩니다. 소비자에게 물품을 소개할 때 필요한 광고, 총판, 도매 등의 유통 단계에서 지불되었던 비용을 이 프로슈머들이 수익으로 분배 받는 것입니다. 이러한 프로슈머 비즈니스를 한 번쯤 경험해 보는 것도 좋을 것이라고 생각합니다.

02 듣기 대본
다음은 강연의 일부입니다. 잘 듣고 물음에 답하세요.

　현대인들은 개인정보의 유출로 인해 하루에도 몇 번씩 각종 광고 전화에 시달립니다. 보이스피싱 등 정보 유출과 관련된 범죄도 극심해지고 있습니다. 이런 문제점에 대한 대안으로 등장한 것이 '마이핀'입니다. 이는 인터넷에서 주민등록번호 대신 본인 확인 수단으로 사용하는 '아이핀'과 유사한 용어이지만 큰 차이점이 있습니다. 아이핀은 사이버 상에서 신원을 확인할 수 있는 번호로 공인인증서, 가상 주민번호, 개인 인증 키, 개인 ID 인증을 할 때 사용하는 개인별 고유 식별 코드입니다. 반면 마이핀은 일상생활에서 사용할 수 있는 본인 확인 수단으로 개인 식별 정보가 포함되지 않은 13자리의 무작위 번호로 구성이 되어 있습니다. 즉, 아이핀은 온라인에서, 마이핀은 오프라인에서 사용한다는 점과 코드 구성의 방법 면에서 차이가 있는 것입니다. 특히 마이핀은 고객센터 등으로 전화를 걸 경우나 마트 등에서 멤버십 카드를 발
　급받을 경우에 반드시 필요합니다. 가입을 할 때에는 아이핀이 등록이 되어 있어야 마이핀 가입이 가능하므로 먼저 아이핀 가입 서비스를 제공하는 홈페이지를 방문해야 합니다. 만약 이미 아이핀에 가입했다면 마이핀만 가입하면 되고, 3년마다 갱신을 해야 할 필요가 있습니다.

02 사실적 이해 / 추론 / 비판 [통합 문제]

기출유형 1 | 사실적 이해, 추론, 비판

유형 익히기

사실적 이해, 추론, 비판이 통합되어 듣기 텍스트 1개에 문항이 2개 출제되는 유형이다. '(토론) 이해–이해' 문제의 경우 듣기 텍스트 하나에 이해와 관련된 문항 2개가 연이어 나오지만 이해의 영역이 다르게 설정된다. 앞에 있는 이해의 문제는 내용과 선지의 일치 여부에 대해 물으며, 뒤에 있는 이해의 문제는 토론에 참여한 남자와 여자의 태도를 올바르게 파악하여 이해하는지 등을 묻는다. '(뉴스) 이해–추론' 문제의 경우에는 앞 문제에서 내용과 선지와의 일치 여부 파악에 대한 질문을 던지고, 다음 문제에서는 듣기에 등장한 새로운 개념이나 사례와 연관성이 있는 것을 추론하여 적절한 선지를 택해야 한다. 듣기의 내용이 인터뷰와 토론인 경우 '이해–이해', 뉴스와 강연인 경우에는 '이해–추론', '이해–비판'으로 통합 문제가 출제되고 있다.

🎧 **듣기 대본**

다음은 토론의 일부입니다. 잘 듣고 물음에 답하세요.

> **여:** 근로자의 계속 고용을 위해 일정 연령을 기준으로 임금을 조정하고 일정 기간의 고용을 보장하는 임금 피크제를 도입하면, 기업은 임금을 하향 조정함으로써 해고를 덜하게 되고 근로자의 고용 안정성이 증대될 수 있습니다.
>
> **남:** 한 회사에 오래 다녔음에도 불구하고 나이가 많아졌다는 이유 하나만으로 자신의 성과와 노력에 비해 낮은 대우를 받게 되는 것이 과연 근로자들의 노동 의욕을 높일 수 있을까요? 근로자의 노동 의욕이 떨어지고 기업의 이윤 창출에도 큰 도움이 되지 못할 가능성이 더 높습니다.
>
> **여:** 단기적으로 볼 때는 근로자의 임금이 감소되는 것이 맞습니다. 그러나 더 오랜 기간 일을 할 수 있기 때문에 전체적인 생애소득은 증대되며, 이에 따라 노후자금을 마련할 수 있는 기반이 형성됩니다. 사회보장 비용 부담도 함께 줄어들게 되겠고요.
>
> **남:** 전체적인 생애소득이 증대될 수 있다고 하셨는데, 근로자의 퇴직금 정산은 근무일수와 평균임금으로 계산을 합니다. 따라서 임금이 삭감되는 임금 피크제를 적용할 경우 퇴직금의 상당 부분은 손해를 보게 됩니다.
>
> **여:** 그런 부분도 있겠지만 30년 이상 장기적으로 기업을 위해 일한 근로자들은 그 분야에서는 전문가이며 자신의 능력을 계속해서 발휘하고 싶어 할 것입니다. 일찍 퇴직하는 것보다 그 편을 택하지 않을까요? 기업에서는 이러한 숙련된 인력을 재고용하여 회사를 안정적으로 운영할 수 있으며 그 과정에서 절감된 비용으로 새 일자리를 창출할 수 있습니다.
>
> **남:** 재고용으로 인해 절약된 비용을 과연 기업이 일자리 창출에 사용할까요? 정년이 늦어짐에 따라 퇴직자가 감소하면 그만큼 신규 채용은 줄어드는 것이 당연합니다. 신규 채용의 감소로 청년 실업 문제가 야기되고 이것이 세대 간의 갈등을 초래할 것은 불을 보듯 뻔한 일입니다.

문제풀이 01

퇴직금을 근무일수와 평균임금으로 계산하면 퇴직금의 상당 부분을 손해 본다는 내용이 남자의 발언에 포함되어 있다.
① 일정 연령을 기준으로 임금을 하향 조정하고 일정 기간의 고용을 보장하는 제도이다.
② 단기적으로 볼 때는 근로자의 임금이 감소되지만, 장기적으로 볼 때는 근로자의 전체적인 생애소득이 증가한다.
④ 일정 연령의 기준이 있다.
⑤ 숙련된 인력을 재고용하여 절약하는 비용이 발생하는 것으로 선후관계가 바뀌어 있다.

문제풀이 02

여자는 임금 피크제의 일부 단점을 인정하면서도 장점을 부각하여 발언하고 있지만, 남자는 단점만을 가지고 여자의 의견에 반박하고 있어 임금 피크제의 필요성에 공감하고 있지 않다.

정답 | 01. ③ 02. ⑤

01

토론의 내용과 일치하는 것은?

① 임금 피크제는 특정한 기간에 일하는 근로자에게 임금을 더 주는 제도이다.
② 임금 피크제는 장기적으로 볼 때 근로자의 임금이 감소되는 결과를 초래한다.
③ 임금 피크제는 근로자가 받게 될 퇴직금을 정산할 때 이득이 되지 못하는 제도이다.
④ 임금 피크제는 모든 연령을 기준으로 임금을 조정하고 일정 기간의 고용을 보장한다.
⑤ 임금 피크제는 기업이 여유자금을 형성하여 숙련된 인력을 재고용할 수 있도록 돕는다.

02

토론에 대한 설명으로 적절하지 않은 것은?

① 남자는 정년이 늦어짐에 따르는 현상을 부정적인 시각으로 바라보고 있다.
② 여자는 근로자의 고용 안정성과 회사의 안정적 운영 면에서 이 제도를 반기고 있다.
③ 남자는 이 제도가 일자리 창출에 긍정적이라는 여자의 발언에 강하게 반박하고 있다.
④ 여자는 이 제도의 단점을 일부 인정하지만, 장점이 더 많음을 강조하여 주장하고 있다.
⑤ 남자와 여자 모두 근로자의 계속 고용을 위한 임금 피크제의 필요성에 대해서는 공감하고 있다.

02 사실적 이해 / 추론 / 비판[통합 문제]

시험에 나온! 나올! 필수이론

1 대화

1. 개념 및 원리

(1) 개념

마주 대하여 이야기를 주고받는 행위 또는 그 이야기를 뜻한다.

> ▼ 참고 | 상황 맥락
> ① 대화가 이루어지는 장소, 시간, 말하는 사람, 듣는 사람, 매체, 배경지식, 이야기의 흐름, 의도와 목적 등과 같은 발화를 둘러싼 상황을 의미한다.
> ② 상황 맥락을 고려하여 효과적인 의사소통이 이루어지도록 해야 한다.

(2) 원리

① 순서 교대의 원리: 대화의 상황에 맞게 청자와 화자의 역할이 원활하게 교대되고 정보가 오가는 것
② 협력의 원리: 대화의 참여자가 대화의 목적에 성공적으로 도달하기 위해 협력하는 것
③ 공손성의 원리: 상대방에게 공손하지 않은 표현은 최소화, 공손한 표현은 최대화하여 말하는 것

2. 듣기와 말하기의 점검 항목

(1) 듣기의 점검 항목

① 말하는 이의 목적을 알고 있는가?
② 듣는 목적을 알고 있는가?
③ 말하는 이가 자신의 생각을 제대로 말하고 있는지 평가할 수 있는가?
④ 적절한 질문을 할 수 있는가?
⑤ 들은 내용을 나의 표현으로 구성하여 말할 수 있는가?

(2) 말하기 계획 점검 항목

① 말하기의 주제와 목적을 고려하였는가?
② 듣는 이를 고려하여 말할 내용과 말하기 방식을 정하였는가?
③ 상황과 맥락을 고려하여 말한 내용과 말하기 방식을 정하였는가?

2 설명

1. 개념

일정한 사물이나 어떠한 문제를 이해하기 쉽도록 풀이하거나 그 사실에 대해 자세하게 해명하여 그것의 실체가 무엇인지를 알게 해 주는 기술 양식이다.

2. 종류

① **정의**: 어떤 용어가 지닌 개념을 명확하게 규정해 놓은 것이다. 일반적으로 '무엇은 무엇이다'의 형태를 취한다.
② **비교와 대조**: 둘 이상의 대상들 사이에 존재하는 공통점을 중심으로 설명하는 방법(비교), 둘 이상의 대상들 사이에 존재하는 차이점을 중심으로 설명하는 방법(대조)이다.
③ **예시**: 관련된 구체적인 예를 들어 보이는 것이다. 특수 진술이나 특수 사항으로 예를 들어 보이면서, 일반적 원리나 법칙·진술 등을 구체화하는 것이다.
④ **분석과 분류**: 설명하고자 하는 대상의 성분들을 나누어 가며 설명하는 방법(분석), 한 무리의 대상을 일정한 기준에 따라 더 작은 무리로 묶어 나가는 방법(분류)이다.
⑤ **특수화**: 보편적인 것이 한정되어 특수한 것으로 되는 것을 뜻한다. 논리적으로는 '유(類)' 개념 아래 위치하는 '종(種)'의 개념을 의미한다.
⑥ **일반화**: 여러 개체들이 지니고 있는 공통의 특성을 부각시켜 한 개념이나 법칙을 성립시키는 과정 혹은 그 결과로 얻어진 진술을 뜻한다.
⑦ **문답**: 알고자 하는 것에 대해 질문을 던지고 이에 답하는 형식으로 설명을 전개해 나가는 방법이다.

3 토론

1. 개념 및 요소

(1) 개념

찬성과 반대의 입장으로 나뉘는 주제에 대하여 각각 서로의 입장을 관철시키기 위하여 근거를 들어 자기의 주장을 논리적으로 펼치는 말하기이다.

(2) 절차

논지 제시 – 찬성 및 반대 입장 표명 및 논거 제시 – 상대방 주장에 대한 반박 – 마무리

> ▼ **참고 | 설득의 방법**
>
> ① **문제 상황의 제시**: 문제에 대한 인식을 가능하게 하며 문제를 단순화하고 유형화하는 데 유익한 수단이다.
> ② **기존 의견에 대한 비판**: 견해의 차이점을 비교하고 관점 변경 등을 제시함으로써 설득에 나설 수 있다.
> ③ **분석(개념 분석과 분류, 나열 등)**: 개념 그 자체가 차별과 비교를 나타내는 경우 개념 분석만으로 설득에 성공할 수 있다.
> ④ **일반 원칙에의 호소**: 보다 일반적인 원칙에 의존하고자 할 때 설득이 가능해진다.
> ⑤ **화자의 진실성 제시**: 화자의 진실성을 매우 간접적으로 드러내며 말하는 내용에 대해 진리를 보장하는 방법이다.
> ⑥ **적용 방안의 제시**: 새로운 가치나 사실을 현실에서 실천할 수 있는 방안을 제시한다.

(3) 요소

토론 참가자, 사회자, 청중, 토론 규칙(발언 시간, 발언 순서, 논박 시간 등)

2. 종류

(1) 원탁 토론

10명 이내의 집단이 동등한 위치에서 자유롭게 상호 관심사에 대하여 의견을 나누는 토론 방식으로, 특별히 정해진 방식이 없고 의견을 자유롭게 말하며 토론한다.

(2) 패널 토론

토론 주제와 토론자가 미리 정해진 공개 토론회로, 사회자가 주도하여 토론한다.

(3) 찬반 토론

찬성과 반대로 나누어 여러 사람이 각자의 의견을 말한다.

(4) 독서 토론

책을 읽고 그 안에서 논제를 잡아 토론하는 방식이다.

▼ 참고 | 토론과 토의의 비교

토론과 토의는 둘 이상의 참가자가 필요하고, 집단이 함께 사고하는 과정이라는 것과 특정 의제나 주제에 대한 해결안을 모색한다는 점에서는 유사하다. 그러나 토의는 참가자가 공통의 이해 인식자이지만 토론의 참가자는 찬성과 반대의 입장을 취한다. 또한 토의의 목적은 최선의 문제 해결안을 모색하고 선택하는 것에 있지만, 토론의 목적은 자기의 주장이 옳다는 것을 상대방이 받아들이도록 설득하는 것에 있다는 점이 상이하다.

3. 예시

(1) 일반적인 주제

① 가난한 사람에게 자선을 베푸는 것이 바람직하다.
② 인터넷 실명제를 도입해야 한다.
③ 안락사를 합법화해야 한다.
④ 사형제를 폐지해야 한다.
⑤ 한글 전용교육을 실시해야 한다.
⑥ 여성도 병역의무를 담당해야 한다.
⑦ 영어를 공용화해야 한다.
⑧ 대학 축제를 폐지해야 한다.

(2) 최근 논란이 되고 있는 주제
① 어린이 출입 금지 음식점과 카페
② 공인인증서 폐지
③ 전,월세 과세 강화
④ 시간선택제 근무
⑤ 통상임금 확대
⑥ 의료민영화
⑦ 학교 주변 관광호텔 허가
⑧ 공직 경험을 활용한 고액 강연

4 인터뷰

특정한 목적을 가지고 개인이나 집단을 만나 정보를 수집하고 이야기를 나누는 것을 말한다. 인터뷰는 사회 생활의 모든 영역에서 쓰이고 있다.

▼ 참고 | '인터뷰' 용어의 혼용

회사 등에서 실시하는 '면접'과 개념이 혼재되어 사용되고 있으나, 뉴스 등에서 특정인을 대상으로 하여 질문과 답을 주고받는 것만을 '인터뷰'라고 볼 수 있다.

5 뉴스

1. 개념
새로운 소식을 전하여 주는 방송의 프로그램 또는 일반에게 잘 알려지지 않은 새로운 소식을 말한다.

2. 뉴스에서 인터뷰를 하는 이유
① 사고 등을 보도하는 경우 목격자 등을 대상으로 인터뷰를 하여 현장의 생생함을 시청자에게 전달할 수 있다.
② 어떠한 사건이나 사실을 전달할 때 전문가, 비전문가 등 여러 사람의 의견을 전달하여 객관성을 확보할 수 있다.
③ 새롭게 등장한 사회적인 현상, 개념 등에 대해 사람들이 궁금해하는 점을 전달할 수 있다.

02 사실적 이해 / 추론 / 비판 [통합 문제]

공부한 날 ●월 ●일

이론점검 문제

 에듀윌 도서몰(book.eduwill.net)에서 듣기 MP3 파일을 무료로 다운 받으세요.

[01~02] 다음을 잘 듣고 물음에 답하시오.

01

인터뷰의 내용과 일치하지 않는 것은?

① 외국의 소셜테이너들은 정치와 사회분야에는 참여를 하고 있지 않다.
② 연예인들의 주장은 사실이 확인되지 않더라도 사람들에게 사실로 여겨지기 쉽다.
③ 대중문화예술인들이 청소년들에게 미치는 영향력은 일반인에 비해 큰 편이라고 할 수 있다.
④ 소셜테이너들이 한 말이 사실이 아니라고 밝혀지더라도, 사람들은 그 진실을 인정하지 않는 경향이 있다.
⑤ 연예인들은 사회적인 문제에 대해 주장할 때 그 사안에 대해 전문적인 지식을 갖추고 발언을 할 필요가 있다.

02

인터뷰 내용에 대한 설명으로 적절하지 않은 것은?

① 남자는 소셜테이너의 활동에 대해 염려스러운 부분을 밝히고 있다.
② 여자는 남자에게 소셜테이너의 개념을 설명할 것을 요구하고 있다.
③ 남자는 소셜테이너들이 소셜 미디어를 활용하는 것을 비판하고 있다.
④ 여자는 남자의 발언에 일부 동의하며, 앞으로의 방향성에 대한 생각을 묻고 있다.
⑤ 남자는 일부 청소년들이 소셜테이너에게 악영향을 받을 수 있다고 생각하고 있다.

문제풀이

01
외국의 소셜테이너와 우리나라의 소셜테이너의 차이점은 활동하는 영역은 유사하다고 볼 수 있으나 한 분야에서 준전문가적인 시각을 갖추고 있느냐 아니냐가 다른 것이라고 본문에서 말하고 있다. 따라서 ①의 내용이 일치하지 않는다.

정답 | ①

02
남자는 소셜테이너들이 소셜 미디어를 활용해 활동하는 것 자체를 문제 삼는 것이 아니라, 자신의 사회적 위치에 따른 영향력을 고려하지 않고 사실이 아닌 것을 함부로 말하거나 전문가적인 수준을 지니지 못한 채로 관심만 일으키는 상황을 염려하고 있다. 따라서 ③은 인터뷰에 대한 설명으로 적절하지 않다고 할 수 있다.

정답 | ③

듣기 대본

[01~02] 듣기 대본
다음은 인터뷰의 일부입니다. 잘 듣고 물음에 답하세요.

> **여:** 요즘 소셜테이너라는 용어가 유행하고 있습니다. 김 박사님, '소셜테이너'를 어떻게 정의할 수 있을까요?
>
> **남:** 연예인들이 사회적으로 민감한 문제에 대해 자신의 입장을 밝히거나 시위 현장을 직접 방문하는 등 연예인들의 사회 참여가 부쩍 늘고 있습니다. 이렇게 사회의 특정 현상에 참여하는 연예인을 소셜테이너라고 부르고 있습니다.
>
> **여:** 말씀하신 소셜테이너들이 트위터와 페이스북 같은 소셜 미디어를 활용해 정치·사회적 이슈에 적극적으로 개입하는 일이 많아지고 있습니다.
>
> **남:** 정치·사회적 사안에 대해 자신의 의사를 표명하고 행동하는 것은 개인의 자유임에 틀림이 없습니다. 그러나 대중문화예술인은 사회적 영향력이 크기 때문에, 일부 청소년들의 무조건적인 추종을 불러올 수도 있기 때문에 주의가 필요합니다.
>
> **여:** 연예인도 사회적인 이슈에 대해 개인적인 의견을 밝힐 수 있는 권리가 동등하게 있는 것이 아닐까요? 어떤 부분에서 주의가 필요하다고 생각하시는 것인지 궁금합니다.
>
> **남:** 활발한 사회 참여를 하는 연예인이라고 하더라도 사회·정치적인 전문성도 없이 특정 이슈에 대해 개인적 견해를 밝히는 것은 일반인이 개인의 견해를 밝히는 것과는 파급력이 다르다고 할 수 있습니다. 연예인의 주장은 언론의 스포트라이트를 받고 곧바로 확산이 되기 때문에 어떤 사안에 대한 전문지식도 없으면서 그저 한마디 한 것이 사실처럼 대중에게 받아들여지는 경우, 진실이 밝혀져도 여론은 그 진실을 외면하는 경우가 많습니다.
>
> **여:** 그런 문제점도 존재할 수 있겠군요. 그렇다면 앞으로 소셜테이너들은 어떻게 행동하고 자신들의 의견을 피력하는 것이 좋을지 의견을 부탁드리겠습니다.
>
> **남:** 외국의 연예인들도 우리 연예인들처럼 정치와 사회분야에 참여를 하고 있지만, 우리나라처럼 다양한 분야에 참여하기보다는 한 분야에서 오랫동안 준전문가적 시각으로 참여하는 경우가 많습니다. 우리나라는 아직 그 수준에 미치지는 못하고 있다고 봅니다. 따라서 연예인들이 사회의 모든 이슈에 관심을 불러일으키는 수준에 그치지 않고, 준전문가의 시각을 가질 수 있도록 노력하는 것이 바람직할 것입니다.

실전 감각을 기를 차례! [기출변형 문제편] 바로가기 ☞ P.149

PART 05
어법

Chapter 01 문장 표현
Chapter 02 문법 요소

90문항 중 5문항 출제

5.5%

[14~18] 어법

기출의 패턴을 벗기다

최근기출 4회분 전 문항 한눈에 보기

문항 번호	A회		B회	
	유형/분류	자료/개념	유형/분류	자료/개념
14	문장 – 피사동/시제/경어	–께서	문장 – 피동/사동	피동접미사: –이–, –기–, –히–, –리– 사동접미사: –우–
15	문장 – 호응		문장 – 호응	
16	문장 – 중의성		문장 – 중의성	
17	문장 – 성분의 생략		문장 – 성분의 생략	
18	조사	격 조사 '–의'	문장 – 종결법	

어법 영역 기출패턴 정리

영역	유형	문항 수	세부 유형
[14~18] 어법 (출제 비중 5.5%)	문장 표현	4~5	호응, 중의성, 성분의 생략
	높임법	0~1	

어법은 문장 성분 간의 호응, 문장의 중의성, 중복 표현, 높임법 관련 문제가 출제되는데, 각각 단독으로 출제되기도 하지만 문장 표현과 관련된 요소가 종합적으로 출제되기도 한다. '피동/사동, 시제, 높임법'에 대한 문제의 출제율이 가장 높기 때문에, 이 부분을 유의해서 학습할 필요가 있다. 한글 맞춤법의 항목과 연계하여 학습하는 것이 필수적이다.

고득점의 시작은 기출을 아는 것부터!

문항 번호	C회		D회	
	유형/분류	자료/개념	유형/분류	자료/개념
14	높임법		높임법	
15	문장 – 호응		문장 – 호응	
16	문장 – 중의성		문장 – 중의성	
17	문장 – 성분의 생략		문장 – 성분의 생략	
18	조사	-을, -와, -에다, -에, -까지	조사	-에, -의

어법 영역 고등급 학습전략

Point 1 한글 맞춤법의 내용과 피동/사동, 높임법의 내용을 연계하여 꼼꼼히 학습하자.

Point 2 경어법과 표준 언어 예절의 내용을 연계하여 현재 적용되는 사항을 점검하자.

Point 3 문장 내에 중의성, 성분의 생략, 호응 등의 세부적 내용을 파악하는 연습을 하자.

수험생이 가장 궁금해 하는 Q&A

Q '문장 성분 간의 호응' 부분이 가장 많이 출제되었다는데, 문제를 풀 때마다 헷갈려요.

A 한국어의 문장은 문장 성분의 생략이 많은 편입니다. 영어나 중국어와 달리 주어가 생략되기도 하고, 어순도 비교적 자유롭습니다. 평소에 구어로 발화하던 문장을 기준으로 삼기보다는 문어로 표현된 글을 접하며 생략된 성분이 적은 완성도 높은 문장을 보고 익히는 연습이 필요합니다. 특히 '주어와 서술어', '부사어와 서술어'의 관계에 주목하기 바랍니다.

01 문장 표현

기출유형 1 — 문장 성분 갖추기

유형 익히기
문법적으로 옳은 내용을 선택하는 유형 중 하나로, 문장 안의 성분이 올바르게 갖춰져 있는지 확인해야 한다.

문제풀이
'바로 앞에서 보니 선희는 어머니를/아버지를 많이 닮은 것 같다.'와 같이 부사어가 보충이 되어야 한다.

정답 | ④

어법에 맞지 <u>않는</u> 문장은?

① 영수는 그 일에 대해 반성을 했다.
② 우리는 모두 그분을 존경하고 사랑했다.
③ 선생님께서 그 일로 나에게 상을 주셨다.
④ 바로 앞에서 보니 선희는 많이 닮은 것 같다.
⑤ 사람은 남에게 속기도 하고 남을 속이기도 한다.

기출유형 2 — 문장 성분 간의 호응

유형 익히기
올바른 문장 표현에 대해 물을 때, 문장 성분 간의 호응이 적절한지를 확인하는 유형이다. 문장에서 '주어와 서술어의 호응', '목적어와 서술어의 호응', '부사어와 서술어의 호응', '조사와 서술어의 호응' 등이 제대로 이루어지고 있는지 확인해야 한다.

문제풀이
① '전혀'는 부정어와 호응하는 부사이다.
→ '전혀 ~않다(못하다)'
③ '공부를 열심히 하고, 독서를 열심히 하라고 하셨다.'로 서술어 부분의 맥락이 적절하도록 수정해야 한다.
④ 서술어인 '점이다'와 호응하는 주어가 없다. '놀라운 것은' 정도의 주어를 넣어야 한다.
⑤ 서술어인 '집사님이셨다'와 호응하는 주어가 없다. '아주 잘 낫는' 대신에 '그분은'이라는 주어를 넣어야 한다.

정답 | ②

다음 중 가장 자연스러운 문장은?

① 등교 중에 있었던 그와의 언쟁은 전혀 우리의 잘못입니다.
② 사람이 서로 어떻게 다른가를 잘 보여 주는 것은 얼굴이다.
③ 아버지께서는 나에게 공부를 열심히 하고, 독서를 권하셨다.
④ 한 달 만에 만나는 친구들이 긍정적으로 변해 있었다는 점이다.
⑤ 몸이 아픈 어머니는 지인과 같이 침을 맞으러 다녔는데, 아주 잘 낫는 어머니 교회의 집사님이셨다.

기출유형 3 — 중의성

유형 익히기
올바른 문장 표현을 위해 두 가지 이상으로 해석될 수 있는 중의성의 여부를 판단해야 하는 유형이다. 문장 구조나 상황 등에 의해서 중의성이 나타날 수 있으므로, 문장을 해석할 때 이를 주의해야 한다.

문제풀이
- 진주가 눈이 크다.
- 진주의 언니가 눈이 크다.

두 가지 의미로 해석할 수 있는 문장이다.

정답 | ③

다음 중 중의성을 지닌 문장은?

① 임금님의 귀가 당나귀의 귀와 매우 흡사하다.
② 일상생활에서도 관용표현을 다양하게 사용할 수 있다.
③ 나는 눈이 큰 진주의 언니를 선생님께 소개해 드렸다.
④ 바다의 어릴 때 소박한 꿈은 피아니스트가 되는 것이었다.
⑤ 인류의 미래를 위해 우리 모두 환경보호에 앞장서야 한다.

기출유형 4 — 중복 표현

유형 익히기
올바른 문장 표현을 위해 문장 안에 불필요하게 중복된 표현이 없는지 확인하는 유형이다. 의미 중복은 주로 동일한 의미를 가진 고유어와 한자어가 함께 쓰여 일어나는 경우가 많으므로, 이를 주의해야 한다.

문제풀이
② 갈림길 = 기로
③ 개인적인 의견 = 사견
④ 과반수 = 절반이 넘는 수
⑤ 무인도 = 사람이 없는 섬

정답 | ①

다음 중 의미 중복이 없는 문장은?

① 그날 이후 우리는 더욱 돈독한 관계가 되었다.
② 우리나라는 지금 중대한 갈림길인 기로에 서 있습니다.
③ 자신의 개인적인 사견 말고 사실에 근거한 주장을 해 주십시오.
④ 과반수를 넘기지 못하면 선거의 결과는 무효가 되어버릴 것입니다.
⑤ 가끔씩 사람이 없는 무인도에서 혼자 시간을 보내고 싶다는 생각이 든다.

01 문장 표현

시험에 나온! 나올! **필수이론**

1 문장 성분 갖추기

주어, 목적어, 필수적 부사어 등이 생략되어 문장의 성분이 부족한 경우 이를 보충하여 문장 표현을 수정한다.

대분류	소분류	의미
주성분	주어	문장의 주체가 되는 성분 '누가', '무엇이'에 해당하는 말
	서술어	주어의 동작, 작용, 상태 등을 설명하는 성분 '어찌하다', '어떠하다', '무엇이다'에 해당하는 말
	목적어	서술어의 대상이 되는 성분 '무엇을'에 해당하는 말
	보어	불완전한 서술(되다, 아니다)의 뜻을 보충해 주는 성분
부속 성분	관형어	체언을 꾸며 그 의미를 한정해 주는 성분 '어떠한', '무엇이' 등에 해당하는 말
	부사어	주로 용언이나 다른 부사를 꾸며 주는 성분 '어떻게', '어찌'에 해당하는 말
독립 성분	독립어	다른 성분과 관계없이 독립적으로 쓰이는 성분 주로 감탄사

1. 주어의 생략

① 문학은 다양한 삶의 체험을 보여 주는 예술의 한 갈래로서 문학을 즐길 예술적 본능을 지니고 있다(겹문장으로 앞뒤 문장의 주어가 각각 필요하나 뒤 문장의 주어가 생략되어 있어 보충이 필요함).
  → 문학은 다양한 삶의 체험을 보여 주는 예술의 한 갈래로서 인간은 문학을 즐길 예술적 본능을 지니고 있다.
② 사원 각자의 현재의 자기 상황에 최선을 다하는 것은 매우 중요한 일이다(명사절 '것'의 서술어인 '다하다'의 주어가 생략되어 있어 보충이 필요함).
  → 사원 각자가 현재의 자기 상황에 최선을 다하는 것은 매우 중요한 일이다.

2. 목적어의 생략

① 이제 초심으로 돌아가서 합리적으로 해결하는 데 집중하자(서술어 '해결하다'는 목적어가 필요한 타동사이므로 목적어의 보충이 필요함).
  → 이제 초심으로 돌아가서 이 문제를 합리적으로 해결하는 데 집중하자.
② 그 사람은 모든 일에 쉽게 처리해 버리는 경향이 있다('처리해'는 타동사이므로 목적어의 보충이 필요함).
  → 그 사람은 모든 일을 쉽게 처리해 버리는 경향이 있다.

3. 관형어, 부사어의 생략

① 인간은 환경을 지배하기도 하고, 때로는 순응하면서 살아 나간다(뒤의 문장에서 '순응하다'와 호응할 부사어가 필요함).
  → 인간은 환경을 지배하기도 하고, 때로는 환경에 순응하면서 살아 나간다.
② 할머니께서는 용돈을 많이 주셨다('(주어)이/가 (목적어)을/를 (부사)에게 주셨다'의 문장 구조가 되어야 하는데, 부사어가 없어 보충이 필요함).
  → 할머니께서는 나에게 용돈을 많이 주셨다.
③ 45년 동안 넘어서지 못한 곳을 오늘 넘어와 보니, 넘을 수 있을 것이라는 생각이 듭니다(후행 문장의 의미가 분명하지 않아 관형어와 부사어의 보충이 필요함).
  → 45년 동안 넘어서지 못한 곳을 오늘 넘어와 보니, 앞으로는 더 쉽게 넘을 수 있을 것이라는 생각이 듭니다.

2 문장 성분 간의 호응

문장 성분 간의 호응이 적절치 않아 문장의 의미가 완성되지 않을 때, 호응이 적절하도록 문장 성분을 확인하고 호응 관계를 바로잡아야 한다. 특히 국어의 문장은 주어와 서술어의 관계가 멀기 때문에, 이 두 문장 성분의 호응 관계에 주의해야 한다.

1. 주어와 서술어의 호응

① 수도의 바람직한 모습은 이 도시의 행정, 문호, 교육 분야의 중심 기능을 담당해야 한다('수도의 바람직한 모습은'과 '담당해야 한다'가 서로 호응하지 않음).
  → 수도의 바람직한 모습은 이 도시의 행정, 문호, 교육 분야의 중심 기능을 담당해야 한다는 것이다.
② 해외여행이나 좋은 영화나 뮤지컬 등은 빼놓지 않고 관람하는 것이 이른바 골드 미스의 전형적인 생활 양식이다('해외여행, 좋은 영화, 뮤지컬'이 모두 '관람하다'에 호응하도록 문장 구성이 잘못되어 호응 관계의 수정이 필요함).
  → 해외여행을 즐기고, 좋은 영화나 뮤지컬 등은 빼놓지 않고 관람하는 것이 이른바 골드 미스의 전형적인 생활 양식이다.
③ 2년 전 당산의 나무를 훼손한 이 마을 사람 하나는 산사태로 목숨을 잃었고, 교통사고를 당했다(산사태로 목숨을 잃은 사람과 교통 사고를 당한 사람이 한 명일 수 없으므로, 각기 다른 인물임을 알 수 있도록 호응 관계를 수정해야 함).
  → 2년 전 당산의 나무를 훼손한 이 마을 사람 하나는 산사태로 목숨을 잃었고, 또 하나는 교통사고를 당했다.
④ 적자는 당분간 더 나빠질 가능성이 많다(주어 '적자'와 서술어 '나빠지다'의 호응이 적절하지 않음).
  → 적자는 당분간 더 늘어날 가능성이 많다.

2. 목적어와 서술어의 호응

① 이 배는 사람이나 짐을 싣고 하루에 다섯 번씩 운행된다('사람'을 '싣다'는 목적어와 서술어가 호응하지 않아 수정해야 함).

→ 이 배는 사람을 태우거나 짐을 싣고 하루에 다섯 번씩 운행된다.
② 저희 지하철 공사는 사후 사태 수습에 최선을 다함과 동시에 사고 원인 파악과 재발 방지 대책을 조속히 마련하겠습니다('원인 파악과 재발 방지 대책을'이 '조속히 마련하다'와 호응하고 있는데, '원인 파악'은 '조속히 마련'할 목적에 해당되지 않아 수정이 필요함).
→ 저희 지하철 공사는 사후 사태 수습에 최선을 다함과 동시에 사고 원인을 파악하고 재발 방지 대책을 조속히 마련하겠습니다.
③ 이 기계는 그을음과 열효율을 높이기 위하여 개발한 난로이다('그을음'은 높일 필요가 없는 것이므로 문장 성분 간의 호응 관계가 수정되어야 함).
→ 이 기계는 그을음을 없애고 열효율을 높이기 위하여 개발한 난로이다.
④ 이곳은 심오한 진리 탐구와 인문 정신을 배양하는 대학입니다('진리'는 배양하는 것이 아니라 탐구하는 것이 적절하므로 수정해야 함).
→ 이곳은 심오한 진리를 탐구하고 인문 정신을 배양하는 대학입니다.
⑤ 어린이집에서는 유아들의 건강과 쾌적한 교육 환경을 조성하기 위하여 공기 청정기를 설치하기로 했다('유아들의 건강'은 조성의 대상이 될 수 없어 수정이 필요함).
→ 어린이집에서는 유아들의 건강을 유지하고 쾌적한 교육 환경을 조성하기 위하여 공기 청정기를 설치하기로 했다.

3. 부사어와 서술어의 호응

- 부정적 호응: 여간 ~지 않다, 전혀 ~이/가(~은/는 것이) 아니다, 차마 ~(으)ㄹ 수 없다, 거의 ~지 않다
- 추측적 호응: 아마 ~(으)ㄹ 것이다
- 가정적 호응: 설마 ~(으)랴?
- 역접적 호응: 비록 ~ㄹ지라도(~지만, ~더라도, ~어도)
- 당위적 호응: 당연히(모름지기, 기필코) ~해야 한다
- 비교적 호응: 마치 ~처럼(~같이)

① 그녀는 여간 즐거웠다.
→ 그녀는 여간 즐겁지 않았다.
② 우리는 내년에 반드시 이곳을 떠난다.
→ 우리는 내년에 반드시 이곳을 떠나야 한다.
③ 설마 비가 왔다.
→ 설마 비가 왔을까?
④ 그 사람은 마치 자신이 최고라고 말한다.
→ 그 사람은 마치 자신이 최고인 것처럼 말한다.
⑤ 결코 기대가 좌절되었다고 할지라도 나는 포기하지 않을 것이다.
→ 비록 기대가 좌절되었다고 할지라도 나는 포기하지 않을 것이다.

4. 조사와 서술어의 호응

① 영수는 가수치고 노래를 잘한다.
  → 영수는 가수치고 노래를 잘 못 한다.
② 그녀는 대학교 재학 중에 '우리'라는 수화 동아리를 가입하였다.
  → 그녀는 대학교 재학 중에 '우리'라는 수화 동아리에 가입하였다.
③ 최 이사는 발등의 불이 떨어지자 수습안을 마련하기 시작했다.
  → 최 이사는 발등에 불이 떨어지자 수습안을 마련하기 시작했다.
④ 시민 각자가 미세먼지 정보에 대해 접근할 수 있고 참여할 수 있는 기회를 갖도록 해야 한다.
  → 시민 각자가 미세먼지 정보에 접근할 수 있고 환경 보호에 참여할 수 있는 기회를 갖도록 해야 한다.
⑤ 국회는 교과서 왜곡에 대하여 일본에게 강력하게 항의하였다.
  → 국회는 교과서 왜곡에 대하여 일본에 강력하게 항의하였다.
⑥ 시민 단체들은 영세민들의 삶을 파괴하는 정비 계획을 전면 폐기할 것을 정부에게 강력히 항의했다.
  → 시민 단체들은 영세민들의 삶을 파괴하는 정비 계획을 전면 폐기할 것을 정부에 강력히 요구했다.

3 중의성

문장의 의미를 명료하게 나타낼 수 있는 또 하나의 전략은 의도한 내용을 가능한 한 간결하게 표현하는 것이다. 불필요한 말이나 길고 복잡한 수식어를 지닌 문장은 우리의 생각을 분명하게 드러내지 못한다. 문장이 너무 길면 글의 이해를 어렵게 하고 결과적으로 문장의 내용을 명료하게 드러내지 못한다.

1. 어휘적 중의성

① 길이 있다(길: 도로, 방법, 지혜, 도리).
② 나도 그 정도 힘은 있다(힘: 근력, 역량).
③ 우리 집은 시내에서 멀지 않습니다(시내: 조그마한 개울, 도시의 안쪽).
④ 영이가 차를 준비했습니다(차: 마시는 차, 타는 차).

2. 구조적 중의성

① 노란 모자를 쓴 아버지와 딸이 다정하게 걸어간다.
  (노란 모자를 쓴 사람 – 아버지 / 노란 모자를 쓴 사람 – 아버지와 딸)
② 김 박사가 박 간호사와 입원 환자를 둘러보았다.
  (회진을 하는 주체 – 김 박사 / 회진을 하는 주체 – 김 박사와 박 간호사)
③ 동원은 울면서 떠나는 주영에게 손을 흔들었다.
  ('울면서'의 주체 – 동원 / '울면서'의 주체 – 주영)

3. '의'의 중의성

① 다섯 명의 사냥꾼이 두 마리의 새를 총으로 쏘았다.
  (다섯 명의 사냥꾼이 각각 두 마리씩을 쏘았다. / 다섯 명의 사냥꾼이 다 함께 두 마리를 쏘았다.)

> **참고 | 모호성**

모호성은 의미하는 바가 명료하지 않아 무엇을 말하는지 분명하게 알 수 없는 언어적 속성을 의미한다.

1. 비교 구문의 모호성
   ① 아내는 나보다 드라마 보는 것을 더 좋아한다.
      → 아내는 내가 드라마 보는 것을 좋아하는 것보다 더 드라마 보는 것을 좋아한다(→ 아내와 나를 비교).
      → 아내는 나를 좋아하기보다는 드라마 보는 것을 더 좋아한다(→ 나와 드라마 보는 것을 비교).

2. 병렬 구문의 모호성
   ① 할머니께서 사과와 딸기 두 개를 주셨다.
      → 할머니께서 사과 두 개와 딸기 두 개를 주셨다(각각 2개).
         할머니께서 사과 한 개와 딸기 한 개를 주셨다(총 2개).
   ② 영준과 자은은 결혼했다.
      → 영준과 자은은 결혼하여 부부가 되었다(누가 누구와 결혼했는지 명확하게 함).

3. 의존 명사 구문의 모호성
   ① 그가 공을 차는 것이 이상하다.
      → 그가 공을 차는 사실이 이상하다.
      → 그가 공을 차는 모양이 이상하다.

4. 부정 구문의 모호성
   ① 아이들이 다 오지 않았다.
      → 아이들이 다 오지는 않았다(→ 부분 부정).
      → 아이들이 아무도 오지 않았다(→ 전체 부정).

4 중복 표현

① 시험을 위해 미리 예습하는 것이 좋을 것 같다.
   → 시험을 위해 예습하는 것이 좋을 것 같다.
② 그때 당시에는 어느 누구도 함부로 반대하지 못했다.
   → 당시에는 어느 누구도 함부로 반대하지 못했다.
③ 일정한 기간 동안 영업이 정지된 가게
   → 일정 기간에 영업이 정지된 가게
④ 내 인생의 지난 과거를 생각해 보면 부끄러운 일이 많았다.
   → 내 인생의 과거를 생각해 보면 부끄러운 일이 많았다.
⑤ 체육관에 새로 입학한 신입생이 가득했다.
   → 체육관에 신입생이 가득했다.
⑥ 요즘 같은 때에는 공기를 자주 환기시켜야 한다.
   → 요즘 같은 때에는 자주 환기시켜야 한다.

⑦ 그때의 일이 번개처럼 내 머리에 뇌리를 스치고 지나갔다.
　→ 그때의 일이 번개처럼 내 뇌리를 스치고 지나갔다.
⑧ 며칠 뒤 자문을 구하러 가겠습니다.
　→ 며칠 뒤 자문을 하러 가겠습니다.
⑨ 좋은 호사가 많아 좋으시겠습니다.
　→ 호사가 많아 좋으시겠습니다.

5 번역 투

1. 일본어식 표현

일본어는 한국어와 어순, 문법 등이 비슷하여 문장을 직역해도 어색한 느낌이 잘 들지 않는다. 이러한 이유 때문에 번역체 문장이 자주 나온다. 일본어 번역체 문장은 조사 '의'를 남용하거나 '~와 다름없다, ~에 불과하다' 등의 표현 대신에 '~에 다름 아니다'라는 표현을 사용한다. 또한 우리말의 '~에, ~에게'의 자리에 '~에 관하여, ~에 대하여'라는 표현을 자주 사용한다. 대게 무정 명사 뒤에는 '에'를 사용하고, 유정 명사 뒤에는 '에게'를 사용하는데, 이에 대한 구별 없이 '~에 관하여, ~에 대하여'라는 표현을 사용하여 비문을 만들기도 한다.

> - ~에 다름 아니다 → ~이나 다름없다, ~라 할 만하다, ~일 뿐이다
> - ~주목에 값하다 → ~할 가치가 있다
> - ~에 대하여 관심을 갖다 → ~에 관심을 갖다
> - ~로서의 책임 → ~의 책임
> - ~에 있어서 → ~에서/에

① 그런 행위는 범죄에 다름 아닙니다.
　→ 그런 행위는 범죄와 다름없습니다.
② 정보의 관리, 문서 처리, 회계 처리 등에 있어서 컴퓨터가 활용된다.
　→ 정보의 관리, 문서 처리, 회계 처리 등의 일을 할 때 컴퓨터가 활용된다.
③ 우리는 큰 기대를 가지고 군이 변화하는 모습을 지켜볼 것이다.
　→ 우리는 큰 기대를 하고 군이 변화하는 모습을 지켜볼 것이다.
④ 지금 우리 사회가 필요로 하는 것은 열심히 일하는 사람이다.
　→ 지금 우리 사회에 필요한 것은 열심히 일하는 사람이다.
⑤ 이번 선거는 부정 선거임에 틀림없다.
　→ 이번 선거는 부정 선거임이 틀림없다.
⑥ 업무 회의에 있어서 진지하게 참여해야 한다.
　→ 업무 회의에 진지하게 참여해야 한다.
⑦ 이 같은 그의 소설은 곧 그의 삶에 다름 아니다.
　→ 이 같은 그의 소설은 곧 그의 삶이나 다름없다.
⑧ 코난은 불사조에 다름 아니다.
　→ 코난은 불사조와 다름없다. / 코난은 불사조이다.

⑨ 한국어를 공부함에 있어서 그 점이 매우 중요하다.
  → 한국어 공부에서 그 점이 매우 중요하다.
⑩ 심적으로 너무 불편하다.
  → 마음이 너무 불편하다.

2. 영어식 표현

영어 번역체 문장은 영어가 한국어와 어순, 문법 등이 달라서 발생한다. 주로 완료형이나 진행형, 수동태 등을 그대로 번역하면서 문장이 어색해진다.

- 아무리 ~해도 지나치지 않다 → 매우 ~하다
- ~할 필요가 있다, ~을 필요로 하다 → 매우 ~하다
- ~할 예정으로 있다 → ~할 예정이다, ~할 것이다, ~할 참이다
- 한 잔의 커피 → 커피 한 잔

① 팀별 회의를 내일 11시에 갖도록 합시다.
  → 팀별 회의를 내일 11시에 합시다.
② 공정한 법 집행이 이루어져야 한다.
  → 법을 공정하게 집행해야 한다.
③ 우리 회사는 서울에 위치하고 있습니다.
  → 우리 회사는 서울에 있습니다.
④ 모든 국민은 신체의 자유를 가진다.
  → 모든 국민에게는 신체의 자유가 있다.
⑤ 학생의 수준에 맞는 교육이 실시되어야 한다.
  → 학생의 수준에 맞는 교육을 실시해야 한다.
⑥ 사람들의 대부분은 기초를 충실하게 공부하지 않는다.
  → 사람들은 대부분 기초를 충실하게 공부하지 않는다.
⑦ 불조심하는 것은 아무리 강조해도 지나치지 않다.
  → 항상 불조심을 해야 한다.
⑧ 저 토끼는 흰 귀를 가졌다.
  → 저 토끼는 귀가 희다.
⑨ 진지하고도 솔직한 설명이 있었다.
  → 진지하고 솔직하게 설명했다.

01 문장 표현

이론점검 문제

01
다음 중 어법에 맞지 않는 문장은?

① 그는 처음에는 장군에게 신임을 받아 기분이 좋았다.
② 아이들이 즐거운 마음으로 공부할 때, 성적이 오른다.
③ 본격적인 공사가 언제 시작되고, 언제 개통될지 모른다.
④ 박물관에서 금으로 만든 통일신라의 공예품을 관람했는데, 그것은 왕의 것이었다.
⑤ 그 철학자는 정직하지 못한 마음으로 시작한 일이 끝내는 잘못되고 만다고 말했다.

02
다음 중 어법에 맞는 문장은?

① 이 시안은 중요하므로 전체 회의를 가질 필요가 있다.
② 이런 무료한 시간에 게임의 유혹을 물리치기란 좀처럼 어려운 일이었다.
③ 안개처럼 뿌연 기억이 선명하고 다가와서 호흡 속에서 샛별처럼 사라졌다.
④ 인심이 야박해져서 조그만 일에도 재빨리 이익만을 계산해서 요즘 세상이 서글프다.
⑤ 아침이 밝아 오면 갈매기는 흰 두 날개 위에 황금빛을 싣고 푸른 바다 위를 날아 다닌다.

문제풀이

01
뒷절 서술어 '개통될지'는 앞절의 '본격적인 공사'를 주어로 공유할 수 없으므로, '본격적인 공사가 언제 시작되고, 다리가 언제 개통될지 모른다.' 정도로 수정해야 한다.

정답 | ③

02
① '이 시안은 중요하므로 전체 회의를 할 필요가 있다.'로 수정하여 영어 번역투를 바로잡아야 한다.
② 부사 '좀처럼'은 부정어와 호응한다. '좀처럼 쉬운 일이 아니었다.'로 수정해야 한다.
③ '선명하고'를 '선명하게'로 수정해야 '다가오다'와 호응이 적절해진다.
④ '이익만을 계산하는'으로 수정해야 문장의 호응이 적절해진다.

정답 | ⑤

03

다음 중 중의성을 지닌 문장이 아닌 것은?

① 그 가수를 보고 싶어 하는 팬이 많다.
② 그의 아내는 그보다 야구를 더 좋아한다.
③ 은희는 어제 고향에서 온 친구를 만났다.
④ 민호는 민정과 세영을 찾으러 돌아다녔다.
⑤ 사장님은 오전에 시민단체와 사보기자를 만났습니다.

04

다음 중 중의성을 지닌 문장이 아닌 것은?

① 사랑하는 조국의 의병이여!
② 그것은 아무리 노력해도 소용없는 일이다.
③ 아내들은 남편들보다 아이들을 더 사랑한다.
④ 수사에서 불법적인 자금의 거래가 포착되었다.
⑤ 그는 자기가 맡은 업무를 다 처리하지 못했다.

05

다음 중 문장 표현이 적절하지 않은 것은?

① 청수는 나와 함께 휴가를 가기로 약속했다.
② 아이들은 제때에 예방 주사를 맞아야 합니다.
③ 그녀는 모두에게 평범하지 않은 인상을 남겼다.
④ 비록 힘은 없으니 어떻게 모르는 체하겠는가?
⑤ 제도의 모순 때문에 우수한 선수들이 사장되기도 한다.

문제풀이

03
② • 그의 아내는/그보다 야구를 더 좋아한다.
  • 그의 아내는 그보다/야구를 더 좋아한다.
③ • 은희는 어제 고향에서 온/친구를 만났다.
  • 은희는 어제/고향에서 온 친구를 만났다.
④ • 민호는/민정과 세영을 찾으러 돌아다녔다.
  • 민호는 민정과/세영을 찾으러 돌아다녔다.
⑤ • 사장님은 오전에/시민단체와 사보기자를 만났습니다.
  • 사장님은 오전에 시민단체와/사보기자를 만났습니다.
정답 | ①

04
① '사랑하는'의 수식 대상이 '조국'인지 '의병'인지 모호하다.
③ 아내들이 남편들을 사랑하는 것보다 아이들을 더 많이 사랑하는 것인지, 남편들이 아이들을 사랑하는 것보다 아내들이 아이들을 더 많이 사랑하는 것인지 모호하다.
④ '불법적인'이 '자금'을 수식하는지 '자금의 거래'를 수식하는지 모호하다.
⑤ 업무를 '다는 못하고 일부만 처리했다'는 것인지 '전혀 처리하지 못했다'는 것인지 모호하다.
정답 | ②

05
'비록 힘은 없으나 어떻게 모르는 체하겠는가?'로 수정해야 문장 성분 간의 호응이 적절해진다.
정답 | ④

06

어법에 맞고 자연스러운 표현으로 바꾼 예로 볼 수 없는 것은?

① 알맞는 그림을 고르시오. → 알맞은 그림을 고르시오.
② 아직 공항에 도착하고 있지 않습니다. → 아직 공항에 도착하지 않았습니다.
③ 그 선생님은 한국어를 교육하는 분입니다. → 그 선생님은 한국어를 교육시키는 분입니다.
④ 내일 날씨는 흐리면서 비가 약간 내리겠습니다. → 내일 날씨는 흐리고 비가 약간 내리겠습니다.
⑤ 국민들의 불만이 밖으로 표출되어 시위가 일어났다. → 국민들의 불만이 밖으로 나타나 시위가 일어났다.

07

다음 중 문장이 자연스러운 것은?

① 작년 이맘때 나는 전주에 갔었다.
② 학생은 모름지기 공부를 열심히 했다.
③ 사람이 많은 집을 가 보면 어수선하다.
④ 어제 구멍에 빠질 일이 생각나서 웃음이 나왔다.
⑤ 일을 모두 끝내고 나니 시간이 새벽 2시를 넘어 버리겠다.

08

다음 중 문장 표현이 적절하지 않은 것은?

① 철수네 집에서는 아직도 소를 먹이고 있다.
② 카메라 기능은 빼고 문서 작성 기능을 살렸다.
③ 축배를 터뜨리며 함께 우승의 기쁨을 나누었다.
④ 우락부락한 외모와 달리 말투가 여간 상냥하지가 않다.
⑤ 독서는 삶의 방편인 동시에 평생의 반려자이기도 하다.

문제풀이

06

사동 표현이 굳이 필요하지 않은 문장 표현이므로, ③은 수정 전의 문장을 그대로 두는 것이 낫다.
① 형용사의 활용형을 올바르게 고친 것이다.
② 진행상을 만들 수 없는 동사이므로 수정한 것이다.
④ 날씨가 흐린 다음에 비가 오는 것이 자연스러우므로 이를 고려하여 수정한 것이다.
⑤ 의미의 중복이 없도록 바로잡은 것이다.
정답 | ③

07

'-았었/었었-'은 현재와 비교하여 다르거나 단절되어 있는 과거의 사건을 나타내는 어미이므로 자연스러운 문장이다. 즉, 작년에는 전주에 갔었는데, 지금은 전주에 가 있지 않다는 뜻이다.
② 학생은 모름지기 공부를 열심히 해야 한다.
③ '사람들이 많이 사는 집을 가 보면 어수선하다.' 등으로 수정해야 한다.
④ 어제 구멍에 빠졌던 일이 생각나서 웃음이 나왔다.
⑤ 일을 모두 끝내고 나니 시간이 새벽 2시를 넘었다(넘어 버렸다).
정답 | ①

08

'축배를 들며'로 수정해야 한다
정답 | ③

02 문법 요소

기출유형 1 — 관형화/명사화

유형 익히기
관형화와 명사화가 적절하게 사용되었는지 파악하는 유형이다. 지나친 관형화는 수식 관계를 모호하게 하여 부자연스러운 문장을 만든다. 또한 지나친 명사화는 문장이 간결하다는 느낌을 줄 수는 있지만, 자칫 문장의 의미가 모호해질 수 있으므로 유의해야 한다.

문제풀이
문장에 지나치게 많은 명사가 사용되었다. '은주는 권장 도서 목록을 선정하는 것이 힘들다며 불만을 터뜨렸다.'로 수정하는 것이 적절하다.

정답 | ⑤

우리말 표현으로 적절하지 않은 것은?

① 해결책은 새로운 일자리를 만들어 내는 것이다.
② 고속도로가 완공되면 서해안에 많은 변화가 있을 것이다.
③ 방송 판매를 통해 얻은 수익금 일부를 기부하기로 하였다.
④ 말과 글은 우리의 후손에게 물려 줄 귀중한 문화유산이다.
⑤ 은주는 권장 도서 목록 선정이 힘들다며 불만을 터뜨렸다.

기출유형 2 — 높임법

유형 익히기
높임법과 관련된 문법 지식을 가지고 있는지 확인하는 유형이다. 기본적으로 주체 높임법, 상대 높임법, 객체 높임법에 대해 알아 두어야 하고, 이와 함께 높임법에 쓰이는 어휘도 함께 알아 두는 것이 좋다.

문제풀이
높임법에 활용하는 특수 어휘인 '여쭈다'를 사용하여, '김 선생님께 여쭈어 보아라.'로 수정해야 한다.

정답 | ③

다음 중 높임 표현이 바르지 않은 것은?

① 형님, 할머니께서 오십니다.
② 이분은 아직도 귀가 밝으십니다.
③ 영수야, 김 선생님께 물어 보아라.
④ 이제부터 장관님 말씀이 있으시겠습니다.
⑤ 우리나라는 다른 나라에 비해 인건비가 비쌉니다.

기출유형 3 | 호칭과 지칭

다음 중 호칭어나 지칭어의 사용이 옳지 않은 것은?

① (고객에게) 저희 회사에서 제작한 휴대폰을 소개해 드리겠습니다.
② (학생이 선생님께 답하며) 어머니께서 학교까지 저를 데려다 주셨습니다.
③ (시청자에게) 우리 방송국에서는 이번에 새로 요리 프로그램을 제작했습니다.
④ (며느리가 시아버지에게) 아버님, 영은 아범이 오늘 찾아 뵙기 어려울 것 같다고 하네요.
⑤ (어머니가 아버지에게) 당신이 은수한테 게임 좀 그만하고 공부하라고 뭐라고 좀 하세요.

유형 익히기
상황에 맞는 호칭어와 지칭어를 사용할 수 있는지를 확인하는 문제 유형이다. 문제에 구체적인 상황이 제시된다. 이때 호칭어나 지칭어를 사용하는 사람이 누구인지, 호칭이나 지칭의 대상이 누구인지 정확하게 파악하는 것이 중요하다.

문제풀이
시청자를 대상으로 할 때는 '저희 방송국'이라고 해야 적절하다.

정답 | ③

02 문법 요소

시험에 나온! 나올! 필수이론

1 피동/사동

1. 능동과 피동

(1) 능동(能動)

주어가 제 힘으로 행하는 동작을 의미한다.

(2) 피동(被動)

주어가 남의 행동에 의해서 행해지는 동작을 의미한다.

2. 피동 표현

(1) 파생적 피동

타동사 어근에 피동 접미사 '-이-, -히-, -리-, -기-'가 붙어서 형성되는 것으로, 피동 표현의 대표적인 유형이다. 파생적 피동은 접미사만으로 하나의 동사인 피동사를 형성할 수 있기 때문에 길이를 기준으로 하여 단형 피동이라고도 한다.

예 나의 수탉은 점순이의 수탉에게 물렸(-리-+-었-)다.

(2) 통사적 피동

① '-어지다', '-되다', '-게 되다'로 실현된다('-어지다'의 경우에는 '지다'를 보조 용언으로 보면서, 다른 보조 용언들과 달리 '-어지다'를 붙여서 써, 띄어쓰기 규범에서 예외적 사례가 되는 문제점이 있다).

예 (능동문) 미숙이가 선영이에 대한 오해를 풀었다.
　(파생적 피동문) 선영이에 대한 오해가 미숙이에 의해 풀렸(-리-+-었-)다.
　(통사적 피동문) 선영이에 대한 오해가 미숙이에 의해 풀어졌(-어지-+-었-)다.
　(잘못된 피동문) 선영이에 대한 오해가 미숙이에 의해 풀려졌(-리-+-어지-+-었-)다.

② 피동의 의미를 나타내는 동사 '-(어)지다'가 붙어서 이루어진다. '-어'와 '-지다'라는 두 개의 문법 요소를 요구하기 때문에 장형 피동이라고도 한다.

(3) 어휘적 피동

'당하다'와 같이 어휘 자체가 피동의 의미를 띠고 있는 경우이다.

예 박성만은 회사에서 해고당했다.

용언	단형 피동	장형 피동	중첩 피동	비고
보다	보이다	보아지다	보여지다	
끊다	끊기다	끊어지다	끊겨지다	
잡다	잡히다	잡아지다	잡혀지다	
듣다	들리다	들어지다	들려지다	
얻다	*얻히다	얻어지다	*얻혀지다	
만나다	*만나이다	만나지다	*만나여지다	
알다	*알리다	알아지다	*알려지다	{알리다}는 사동사이고 {알려지다}는 이에 대한 피동사이다.
피다	*피이다	피어지다	*피여지다	
예쁘다	*예쁘이다	예뻐지다	*예쁘이어지다	
밝다	*밝히다	밝아지다	*밝혀지다	{밝히다}는 사동사이고, {밝혀지다}는 이에 대한 피동사이다.

※ 중첩 피동은 형태적으로는 만드는 것이 가능하나 의미적으로 오용이다.
※ *표시가 있는 것은 문법적으로 만들어질 수 없는 형태임을 의미한다.

3. 피동의 오용

가급적 능동문을 사용하는 것이 바람직하며, 피동 표현을 이중으로 사용하지 않는 것이 적절하다.

① 왜색 문화는 극복되어야 한다.
　→ 왜색 문화는 극복해야 한다.
② 우리 기차역에 열차가 곧 도착되오니 주의하시기 바랍니다.
　→ 우리 기차역에 열차가 곧 도착하오니 주의하시기 바랍니다.
③ 어제 치러진 기념식은 성공적이었다.
　→ 어제 치른 기념식은 성공적이었다.
④ 도둑이 경찰에게 잡혀졌다(잡-+-히-+-어지-+-었-+-다).
　→ 도둑이 경찰에게 잡혔다.
⑤ 이 기사는 정부의 정책을 비판하는 것으로 보여진다(보-+-이-+-어지-+-ㄴ-+-다).
　→ 이 기사는 정부의 정책을 비판하는 것으로 보인다.
⑥ 그 약은 군살을 빼는 데 애용되어져 왔다.
　→ 그 약은 군살을 빼는 데 애용되어 왔다.
⑦ 순이가 갈 것으로 보여집니다.
　→ 순이가 갈 것으로 보입니다.
⑧ 5백여 그루의 나무가 뿌리째 뽑혀지거나 쓰러져 있었다.
　→ 5백여 그루의 나무가 뿌리째 뽑히거나 쓰러져 있었다.
⑨ 그 신부는 결혼을 앞두고 더욱 아름다워지게 되었다.
　→ 그 신부는 결혼을 앞두고 더욱 아름다워졌다.
⑩ 그 영화의 내용이 실화라는 사실이 믿겨지지 않았다.
　→ 그 영화의 내용이 실화라는 사실이 믿어지지 않았다.

> **▼ 참고 | 피동사를 만들 수 없는 동사**
> ① 어간의 끝이 모음 'ㅣ'로 끝나는 동사
> ② '-하다'가 결합하는 동사
> ③ 수여동사(주다, 드리다, 바치다 등)
> ④ 수혜동사(얻다, 잃다, 찾다, 돕다 등)
> ⑤ 상호동사(만나다, 닮다, 싸우다 등)
> ⑥ 사동사로 파생된 동사(깨우다, 날리다, 높이다, 익히다, 죽이다 등)

4. 주동과 사동

(1) 주동(主動)
주어가 동작을 직접 하는 것을 의미한다.

(2) 사동(使動)
주어가 남에게 동작으로 하도록 시키는 것을 의미한다.

5. 사동표현

(1) 파생적 사동문(짧은 사동문)
주동사 어간에 파생접사 '-이-, -히-, -리-, -기-, -우-, -구-, -추-'가 붙어 실현된다. '서다'와 같은 일부 자동사는 두 개의 접미사가 연속되어 있는 '-이우-'가 붙어서 사동사가 되기도 한다.
예 속다:속이다, 익다:익히다, 알다:알리다, 맡다:맡기다, 서다:세우다, 자다:재우다

(2) 통사적 사동문(긴 사동문)
연결어미 '-게'에 보조 용언 '하다'가 붙은 '-게 하다'나 '-시키다'가 붙어 실현된다.
예 차를 정지하게 했다.   차를 정지시켰다.

6. 사동의 오용
의미를 고려할 때 사동 표현을 할 수 없는데도 무리하게 사동 표현을 한 것을 바로잡아야 한다.
① 회의에 앞서 신입 사원을 여러분께 소개시키겠습니다.
   → 회의에 앞서 신입 사원을 여러분께 소개하겠습니다.
② 실내를 환기시키지 않아 방 안에 퀴퀴한 냄새가 가득 차 있다.
   → 실내를 환기하지 않아 방 안에 퀴퀴한 냄새가 가득 차 있다.
③ 직접 운전해서 주차시키느라 애를 먹었다.
   → 직접 운전해서 주차하느라 애를 먹었다.
④ 입학 원서를 제출시키느라 긴 시간 줄을 서서 대기해야 했다.
   → 입학 원서를 제출하느라(내느라) 긴 시간 줄을 서서 대기해야 했다.
⑤ 외부인의 출입을 금지시키기로 했다.
   → 외부인의 출입을 금지하기로 했다.

⑥ 학생들을 교육시키는 것은 어려운 일이다.
  → 학생들을 교육하는 것은 어려운 일이다.
⑦ 자꾸 거짓말시키지 마!
  → 자꾸 거짓말하지 마!

2 시제

1. 과거 시제

(1) 개념

사건시(事件時)가 발화시(發話時)보다 앞서 있는 시제를 의미한다.

(2) 실현

① 대표적인 방법은 과거 시제 선어말 어미 '-았-/-었-'을 사용하는 것이다.
  예 우리들이 처음 만난 것은 눈발 속이었지.

② '-았었-/-었었-'도 과거를 나타내는 표현인데, 발화시(發話時)보다 훨씬 전에 발생하여 현재와는 강하게 단절된 사건을 표현하는 데 쓰여 '-았-/-었-'과 의미 차이를 보인다. 또 '어제, 옛날'과 같은 시간을 나타내는 부사어가 사용되기도 한다.
  예 그해 겨울밤은 정말 포근하게 느껴졌었지.

③ 동사 어간에 붙는 관형사형 어미 '-(으)ㄴ'도 과거 시제를 나타내는 데 사용되곤 한다. 그러나 형용사나 서술격 조사 다음에는 회상 선어말 어미 '-더-'와 관형사형 어미 '-(으)ㄴ'이 결합된 '-던'이 쓰인다.
  예 아까 네가 먹은 우유는 유통 기한을 넘긴 것이었는데.
    그렇게 예쁘던 순희가 지금 이렇게 변했다니.
    당시 학생이던 사람들이 이제는 성인이 되었어.

④ 과거 어느 때를 기준으로 그때의 일이나 경험을 돌이켜 회상할 때에는 '-더-'를 사용한다.
  예 철수는 어제 도서관에서 공부하더라.

(3) 실현인식

① 개념: 어떤 일이 실현될 것 또는 실현된 것을 인식함을 나타낸다.

② 실현: 일반적으로 '-았-/-었-'은 과거 시제를 표현하는 선어말 어미로 쓰이지만, 실현인식을 위하여도 사용한다.
  예 너 누구 닮았니?/저는 엄마를 닮았어요. → 과거에도 닮았고 지금도 닮아 있기 때문에 이러한 '-았-/-었-'을 '완료' 또는 '완결지속'이라고 표현하기도 한다.

2. 현재 시제

(1) 개념

발화시(發話時)와 사건시(事件時)가 일치하는 시제를 의미한다.

(2) 실현

동사에서는 현재 시제 선어말 어미 '-는-/-ㄴ-'과 관형사형 어미 '-는'이 쓰인다. 형용사와 서술격 조사에서는 관형사형 어미 '-(으)ㄴ'이 쓰이거나 선어말 어미 없이 현재 의미를 나타낸다. 또 '지금/오늘'과 같이 현재 시간을 나타내는 부사어가 사용되어 현재 시제를 나타낸다.

> 예 우리 아기 잘도 자는구나. / 잠을 자는 아기
> 학생들이 지금 운동장에서 축구를 한다. / 축구를 하는 학생들
> 영희는 참 아름답다. / 참 아름다운 영희
> 철수는 학생이다. / 학생인 철수

3. 미래 시제

(1) 개념

사건시(事件時)가 발화시(發話時)보다 나중인 시제를 의미한다.

(2) 실현

① 미래 시제 표현으로는 선어말 어미 '-겠-'이 대표적이다.
> 예 내일 오겠습니다.

② '-(으)리-'는 '-(으)리다, -(으)리라, -(으)리까, -(으)리니-' 등과 같이 한정된 표현에서 사용되며, 예스러운 의미를 나타낸다('-겠-'은 미래 시제를 나타내는 것 이외에 추측이나 의지, 가능성 등을 표현하기 위하여서도 쓰인다).
> 예 오늘 오후 5시에 다시 전화하리다.

③ 관형사형 어미로는 '-(으)ㄹ'이 사용되고, 관형사형 어미 '-(으)ㄹ'과 의존명사 '것'이 결합된 '-(으)ㄹ 것이'도 널리 사용되는데, 이는 '-겠-'과 의미 내용이 비슷하다. 또 부사어는 '내일' 등이 쓰인다.
> 예 몇 시간이면 떠날 사람이 도대체 어디를 돌아다니는 거야.
> 여기서 독자는 다음 사실을 이해할 수 있을 것이다.
> 그는 내일 올 거야.

▼ 참고 | 관형절의 시제

과거 시제	동사에는 '-ㄴ'이, 형용사와 서술격 조사에는 '-던'이 쓰임
현재 시제	동사에는 '-는'이, 형용사와 서술격 조사에는 '-ㄴ'이 쓰임
미래 시제	'-ㄹ'이 쓰임

예 우리들이 아름답던 그녀를 처음 만난 것은 눈발 속이었지('-던', '-ㄴ').
내가 아름다운 그녀를 사랑하는 것은 지금도 여전하다('-ㄴ', '-는').
나는 장차 태어날 아이를 위해서 부지런히 저축하겠다('-ㄹ').

4. 동작상

(1) 개념

발화시를 기준으로 동작이 일어나는 모습을 표현한 것이다. 대체로 진행상은 현제 시제, 완료상은 과거 시제, 예정상은 미래 시제와 일치한다.

(2) 실현

주로 보조 용언 일부가 동작상을 보여 주지만, 때로는 연결 어미를 통하여서도 이루어진다.

① 완료상: '-아/어 버리다, -아/어 있다(보조 용언)', '-고서(연결 어미)' 등을 통하여 실현된다.

> 예 자장면을 다 먹어 버렸다.
> 지현이는 지금 의자에 앉아 있다.
> 그녀는 밥을 다 먹고서 집을 나섰다.

② 진행상: '-고 있다, -어 가다(보조 용언)', '-(으)면서(연결 어미)' 등을 통하여 실현된다.

> 예 운동장에서 많은 학생들이 놀고 있다.
> 그는 이미 자고 있었다.
> 영이는 밥을 다 먹어 간다.
> 그녀는 얼굴에 웃음을 지으면서 대답하였다.

▼ 참고 | 상대적 시제

> 내일 이맘때쯤은 비가 많이 왔겠지.

→ 절대적 시제 입장에서 보면 '내일'은 미래 시제이고 '-았-'은 과거 시제여서 서로 상충하는 듯하다. 그러나 상대적 시제 입장에서 보면, 비가 오는 시점 이후를 기준으로 하여 볼 때 비가 온 것이 과거 시제이다.

5. 시제의 오류

① 수요일 한때 비가 오면서 기온이 낮아질 것으로 예상되겠습니다.
 → 수요일 한때 비가 오면서 기온이 낮아질 것으로 예상됩니다.
② 이번 대회에 참가하실 분은 앞으로 나와 주시기 바라겠습니다.
 → 이번 대회에 참가하실 분은 앞으로 나와 주시기 바랍니다.
③ 태규는 바야흐로 노래를 불렀다.
 → 태규는 바야흐로 노래를 부르려고 한다.
④ 백두산에 오르니 시간이 벌써 다섯 시를 넘겠다.
 → 백두산에 오르니 시간이 벌써 다섯 시를 넘었다.

3 관형화/명사화

1. 관형화
① 유구한 빛나는 전통 문화를 계승할 인재를 찾고자 한다.
   → 유구하게 빛나는 전통 문화를 계승할 인재를 찾고자 한다.
② 이 수술은 후유증이 없는 안전한 고도의 수술로 비용도 저렴한 파격적인 저비용이다.
   → 이 수술은 고도로 정밀하여 후유증이 없고 안전하며, 비용도 파격적으로 저렴하다.
③ 가장 심각한 문제는 우리 대학의 국제 경쟁력의 낙후이다.
   → 가장 심각한 문제는 우리 대학의 국제 경쟁력이 떨어진다는 것이다.

2. 명사화
① 장마철이 되면 수해 방지 대책 마련에 철저를 기해야 한다.
   → 장마철이 되면 수해를 방지할 대책을 철저하게 마련해야 한다.
② 인천 공항 방면으로는 차량의 진행이 더딤을 보입니다.
   → 인천 공항 방면으로는 차량의 진행이 더딥니다.

4 높임법

1. 개념
화자가 어떤 대상이나 청자에 대하여 그의 높고 낮은 정도에 따라 언어적으로 구별을 하여 표현하는 방식이나 체계를 말한다.

2. 실현 층위
① 문장 종결 표현
② 선어말 어미 '-(으)시'
③ 조사 '께, 께서'
④ 특수 어휘 '계시다, 드리다'와 같은 표현

3. 분류

(1) 상대 높임법

화자가 청자에 대하여 높이거나 낮추어 말하는 방법으로, 크게 격식체와 비격식체로 나뉘며, 문장 종결 표현으로 실현된다.

구분	격식체				비격식체	
	해라체 (아주낮춤)	하게체 (예사낮춤) 쇠퇴중	하오체 (예사높임) 쇠퇴중	하십시오체 (아주높임)	해 (두루낮춤)	해요 (두루높임)
평서형	-(는/ㄴ)다	-네	-오	-(ㅂ니)다	-어	-어요
의문형	-(느)냐?	-(느)ㄴ가?	-오?	-(ㅂ니)까?	-어?	-어요?
감탄형	-(는)구나!	-(는)구먼!	-(는)구려!		-어!	-어요!
명령형	-어라	-게	-오	-(ㅂ)시오	-어	-어요
청유형	-자	-세		-(ㅂ)시다	-어	-어요

① **격식체**: 해라, 하게, 하오, 하십시오체

> 예 이 얘기를 어째서 계속하여야 하는지 모르겠구려(하오체).
> 내가 너무 흥분하였던 것 같네(하게체).
> 가는 대로 편지 보내마(해라체).

② **비격식체**: 해, 해요체

(2) 주체 높임법

① 화자보다 서술어의 주체가 나이나 사회적 지위 등에서 상위자일 때, 서술어의 주체를 높이는 방법이다. 실현을 할 때에는 주체 높임 선어말 어미 '-(으)시', 부수적으로 주격 조사 '이/가' 대신 '께서'가 쓰이기도 하고, 주어 명사에 접사 '-님'이 덧붙기도 한다. 그리고 몇 개의 특수한 어휘 '계시다, 잡수시다, 주무시다, 편찮으시다, 돌아가시다'로 실현이 되기도 한다.

> 예 저기 어머니가 오신다.
> → 저기 어머니께서 오신다.

② '-(으)시'는 높여야 할 주체가 주어와 밀접한 관련을 맺는 경우에도 쓰인다(아래의 예문에 '타당하십니다', '있으시겠습니다'의 주어인 '말씀'은 화자가 높이는 대상인 '선생님'과 밀접한 관계를 맺는다).

> 예 선생님의 말씀이 타당하십니다.
> 곧 선생님의 말씀이 있으시겠습니다.

③ 몇 개의 특수한 어휘(계시다, 잡수시다)로 실현된다. 특히 '있다'의 주체 높임 표현은 '-(으)시'가 붙은 '있으시다'와 특수 어휘 '계시다'의 두 가지가 있는데, 이 둘의 쓰임이 같지 않다. '계시다'는 화자가 주어를 직접 높일 때 사용하고, '있으시다'는 주어의 신체 일부나 소유물 등을 통해 주어를 간접적으로 높일 때 사용한다.

(3) 객체 높임법

목적어나 부사어, 즉 서술어의 객체를 높이는 방법으로, 특수 어휘, 그중 특수한 동사를 사용한다(여쭙다, 모시다, 뵙다, 드리다). 그리고 객체 높임법에서는 조사 '에게' 대신 '께'를 사용하기도 한다.

> 예 나는 동생을 데리고 병원으로 갔다. / 나는 아버지를 모시고 병원으로 갔다.
> 나는 친구에게 과일을 주었다. / 나는 선생님께 과일을 드렸다.

(4) 간접 높임법

① 높여야 할 대상의 신체 부분, 성품, 심리, 소유물과 같이 주어와 밀접한 관계를 맺고 있는 대상을 통해 주어를 간접적으로 높이는 경어법이다.

> 예 '눈이 크시다.', '걱정이 많으시다.', '선생님, 넥타이가 멋있으시네요.'(○)
> '포장이세요?', '품절이십니다.'(×) → 청자와 밀접한 관계를 맺고 있지 않다.

② 국어에는 문법 범주에 존대법이 존재하는데, 주체 존대법 '-시-'가 잘못 쓰이는 일이 많다. 존대의 대상에 대하여 '-시-'가 사용되지 않는가 하면, 존대의 대상이 아닌 사람이나 사물, 상 등에 '-시-'가 사용되어 비문법적인 문장을 만든다.

▼ 예시 | 간접 높임법의 오용

① 보신 잡지명과 날짜를 엽서에 적어 보내면 '성인병 치료'에 관한 책자를 보내 드립니다.
  → 보신 잡지명과 날짜를 엽서에 적어 보내시면 '성인병 치료'에 관한 책자를 보내 드립니다.
  ('보내면'에 주체 존대법 '-시-'를 사용해야 함)

② 여러분의 가정마다 건강과 행복이 함께 하시기를 기원합니다.
  → 여러분의 가정마다 건강과 행복이 함께 하기를 기원합니다.
  ('건강과 행복'이 존대의 대상이 아니므로, '-시-'를 쓰지 말아야 함)

③ 아버지, 어머니, 그리고 귀여운 동생들, 그동안 안녕하셨습니까?
  → 아버지, 어머니 그동안 안녕하셨습니까? 그리고 귀여운 동생들도 잘 있는지요?
  (존대를 표시할 대상과 그렇지 않은 대상을 구별하지 않고 동일하게 존대법을 사용하여 수정이 필요함)

▼ 참고 | 경어 사용의 예

① 가정

부모를 조부모께	할머니/할아버지, 어머니/아버지가 진지 잡수시라고 하였습니다. 할머니/할아버지, 어머니/아버지께서 진지 잡수시라고 하셨습니다.
부모를 선생님께	저희 어머니/아버지가 이렇게 말씀하셨습니다. 저희 어머니/아버지께서 이렇게 말씀하셨습니다. 우리 어머니/아버지가 이렇게 말씀하셨습니다. 우리 어머니/아버지께서 이렇게 말씀하셨습니다.
남편을 시부모나 손윗 사람에게	아범이 아직 안 들어왔습니다. 아비가 아직 안 들어왔습니다. 그이가 어머님/아버님께 말씀드린다고 했습니다.
남편을 시동생이나 손아랫 사람에게	형님은 아직 안 들어오셨어요. ○○[자녀] 아버지는 아직 안 들어오셨어요. ○○[자녀] 아버지는 아직 안 들어왔어요.
배우자를 그 밖의 사람에게	그이는/집사람은 아직 안 들어왔습니다. ○○[자녀] 어머니/○○[자녀] 아버지는 아직 안 들어왔습니다.
자녀를 손주에게	○○[손주]야, 어머니/아버지 좀 오라고 해라. ○○[손주]야, 어머니/아버지 좀 오시라고 해라.

② 직장, 사회에서(공손의 표현)

공식적인 상황이거나 덜 친밀한 관계에서	거래처에 전화하셨습니까? 거래처에 전화했습니까? 거래처에 전화하십시오. 거래처에 전화하시지요.
비공식적인 상황이거나 친밀한 관계에서	거래처에 전화하셨어요? 거래처에 전화했어요? 거래처에 전화하세요. 거래처에 전화해요.

※ 직급이 높은 사람은 물론이고 직급이 같거나 낮은 사람에게도 직장 사람들에 관해 말할 때에는 '-시-'를 넣어 '김 대리 거래처에 가셨습니까?'처럼 존대하는 것이 바람직하다.

5 호칭과 지칭

1. '표준언어예절'에서 제시하는 호칭, 지칭

(1) 아버지에 대한 호칭, 지칭

구분			살아 계신 아버지	돌아가신 아버지
호칭			아버지, 아빠(허용)	
지칭	당사자에게		아버지, 아빠(허용)	
	어머니에게		아버지, 아빠(허용)	아버지
	조부모에게		아버지, 아빠(허용)	아버지
	형제, 자매, 친척에게		아버지, 아빠(허용)	아버님, 아버지
	배우자에게	남편에게	아버지, 친정아버지, ○○[지역] 아버지	친정아버님, 친정아버지
		아내에게	아버지	아버님, 아버지
	배우자 가족에게	시가 쪽 사람에게	친정아버지, ○○[지역] 아버지, ○○[자녀] 외할아버지	친정아버님, 친정아버지, ○○[자녀] 외할아버님, ○○[자녀] 외할아버지
		처가 쪽 사람에게	아버지	아버님, 아버지
	그 밖의 사람에게	아들이	아버지, ○○[자녀] 할아버지	아버님, 아버지, ○○[자녀] 할아버님, ○○[자녀] 할아버지
		딸이	아버지, 친정아버지, ○○[자녀] 외할아버지	아버님, 아버지, 친정아버님, 친정아버지, ○○[자녀] 외할아버님, ○○[자녀] 외할아버지

(2) 어머니에 대한 호칭, 지칭

구분			살아 계신 어머니	돌아가신 어머니
호칭			어머니, 엄마(허용)	
지칭	당사자에게		어머니, 엄마(허용)	
	아버지에게		어머니, 엄마(허용)	어머니
	조부모에게		어머니, 엄마(허용)	어머니
	형제, 자매, 친척에게		어머니, 엄마(허용)	어머님, 어머니
	배우자에게	남편에게	친정어머니, 어머니, 엄마, OO[지역] 어머니	친정어머님, 친정어머니
		아내에게	어머니	어머님, 어머니
	배우자 가족에게	시가 쪽 사람에게	친정어머니, OO[지역] 어머니, OO[자녀] 외할머니	친정어머님, 친정어머니, OO[자녀] 외할머님, OO[자녀] 외할머니
		처가 쪽 사람에게	어머니	어머님, 어머니
	그 밖의 사람에게	아들이	어머니, OO[자녀] 할머니	어머님, 어머니, OO[자녀] 할머님, OO[자녀] 할머니
		딸이	어머니, 친정어머니, OO[자녀] 외할머니	어머님, 어머니, 친정어머님, 친정어머니, OO[자녀] 외할머님, OO[자녀] 외할머니

(3) 며느리에 대한 호칭, 지칭

어멈, OO 어멈, 어미, OO 어미, 아가, 새아가

(4) 사위에 대한 호칭, 지칭

O 서방, OO 아범, OO 아비, 여보게

(5) 남편에 대한 호칭, 지칭

호칭		여보, OO 씨, OO[자녀] 아버지, OO[자녀] 아빠, 영감, OO[손주, 외손주] 할아버지
지칭	당사자에게	당신, OO 씨, 영감
	시부모에게	아범, 아비, 그이
	친정 부모에게	O 서방, 아범, 아비
	모르는 사람에게	남편, 애아버지, 애 아빠

(6) 아내에 대한 호칭, 지칭

호칭		여보, ○○ 씨, ○○[자녀] 엄마, 임자, ○○[손주, 외손주] 할머니
지칭	당사자에게	당신, ○○ 씨, 임자
	친부모에게	어멈, 어미, 집사람, 안사람, ○○[자녀] 엄마
	장인, 장모에게	어멈, 어미, ○○[자녀] 엄마, 집사람, 안사람
	모르는 사람에게	집사람, 안사람, 아내, 처, 애어머니, 애 엄마

(7) 누나의 남편에 대한 호칭, 지칭

매형, 자형, 매부

(8) 여동생의 남편에 대한 호칭, 지칭-남자

호칭		○ 서방, 매부, 매제(허용)
지칭	당사자에게	○ 서방, 매부, 매제(허용)
	부모에게	○ 서방, 매부, 매제(허용)
	동기와 그 배우자에게	○ 서방, 매부, 매제(허용)
	처가 쪽 사람에게	매부, 매제(허용), ○○[자녀] 고모부
	자녀에게	고모부
	그 밖의 사람에게	○ 서방, 매부, 매제(허용), ○○[자녀] 고모부

(9) 여동생의 남편에 대한 호칭, 지칭-여자

호칭		○ 서방, 제부(허용)
지칭	당사자에게	○ 서방, 제부(허용)
	부모에게	○ 서방, 제부(허용)
	동기와 그 배우자에게	○ 서방, 제부(허용)
	시댁 쪽 사람에게	동생의 남편, ○○[자녀] 이모부, 제부(허용)
	자녀에게	이모부
	그 밖의 사람에게	동생의 남편, ○○[자녀] 이모부, 제부(허용)

(10) 남편의 형에 대한 호칭, 지칭

호칭		아주버님
지칭	당사자에게	아주버님
	시댁 쪽 사람에게	아주버님
	친정 쪽 사람에게	시아주버니, ○○[자녀] 큰아버지, 시숙(허용)
	자녀에게	큰아버지, 큰아버님
	그 밖의 사람에게	시아주버니, ○○[자녀] 큰아버지, 시숙(허용)

(11) 시누이의 남편에 대한 호칭, 지칭

구분		남편 누나의 남편	남편 여동생의 남편
호칭		아주버님	서방님
지칭	당사자에게	아주버님	서방님
	자녀에게	고모부, 고모부님	고모부, 고모부님
	자녀 외의 사람들에게	시누이 남편, 아주버님, ○○[지역] 아주버님, ○○[지역] 고모부, ○○[지역] 고모부님	시누이 남편, 서방님, ○○[지역] 서방님, ○ 서방, ○○[지역] 고모부, ○○[지역] 고모부님

(12) 남편의 여동생에 대한 호칭, 지칭

호칭		아가씨, 아기씨
지칭	당사자에게	아가씨, 아기씨
	시댁 쪽 사람에게	아가씨, 아기씨
	친정 쪽 사람에게	시누이, ○○[자녀] 고모
	자녀에게	고모, 고모님
	그 밖의 사람에게	시누이, 아가씨, 아기씨, ○○[자녀] 고모

▼ 참고

① 부모 호칭으로 어릴 때에만 '엄마', '아빠'를 쓰도록 하였던 것을 장성한 후에도 격식을 갖추지 않는 상황에서는 '엄마', '아빠'를 쓸 수 있도록 하였다.
② 남자가 여동생의 남편을 호칭하거나 지칭할 때 '매제'를 쓸 수 있도록 하였다.
③ 여자가 여동생의 남편을 호칭하거나 지칭할 때 '제부'를 쓸 수 있도록 하였다.
④ 남편의 형을 지칭하는 말로 '시숙(媤叔)'을 추가하였다.
⑤ 남편 누나의 남편을 호칭하거나 지칭할 때 '아주버님', '서방님'을 쓸 수 있다고 하였던 것을 '아주버님'만 쓰도록 하였다.
⑥ 아내 오빠의 아내를 지칭하는 말, 아내 남동생의 아내를 호칭, 지칭하는 말로 '처남의 댁'만 있었던 것을 '처남댁'도 가능하다고 보아 추가하였다.
⑦ 직장에서 윗사람에게는 '-시-'를 넣어 말하고 동료나 아래 직원에게는 '-시-'를 넣지 않고 말하도록 했던 것을 직급에 관계없이 '-시-'를 넣어 존대하는 것을 원칙으로 하였다.
⑧ '축하드리다'가 불필요한 공대라 하여 '축하하다'로만 쓰도록 하였던 것을 '축하합니다'와 함께 높임을 더욱 분명히 드러낸 '축하드립니다'도 쓸 수 있는 표현으로 인정하였다.

2. 호칭, 지칭의 오용

① (친정 아버지께) 아버님, 임 서방이 뵙고 싶대요.
  → 아버지, 임 서방이 뵙고 싶대요.
② 자네 선친께서는 편안하신가?
  → 자네 부친께서는 편안하신가?

③ (아들에게) 성 사장, 요즘 사업이 어떤가?
　→ 철수 아범, 요즘 사업이 어떤가?
④ (시어머니께) 엄마, 아범은 아직 안 왔어요?
　→ 어머님(어머니), 아범은 아직 안 왔어요?
⑤ (사위에게) 동건아, 우리 산책이나 갈까?
　→ 임 서방, 우리 산책이나 갈까?
⑥ (남편에게) 아빠, 오늘 집에 일찍 들어와요?
　→ 여보, 오늘 집에 일찍 들어와요?
⑦ 이쪽은 제 와이프입니다.
　→ 이쪽은 제 안사람입니다.

02 문법 요소

이론점검 문제

01

다음 중 어법에 맞는 문장을 고르면?

① 내가 취업에 성공했다는 소식을 동생에게 들었다.
② 우리반 옆 교실에서는 에어컨을 하루 종일 가동시키고 있다.
③ 모두 자기들의 의견만 옳다고 우긴다면 절대 타협하지 않았다.
④ 다문화 가정에 대한 생각의 변화와 관심이 날로 높아지고 있다.
⑤ 제가 산첩첩 물겹겹한 이 시골에 온 지 벌써 2년이 되었습니다.

02

다음 중 높임 표현이 바르게 사용된 것은?

① 자네, 이것 좀 읽어 주지 않겠소?
② 아버님, 방금 그이가 들어오셨어요.
③ 할머니는 자기 생각을 잘 말하세요.
④ 선생님, 오늘 오후에 시간이 있으십니까?
⑤ 어머님, 어서 드십시오. 저도 들겠습니다.

문제풀이

01

'산첩첩 물겹겹'은 의미를 강조하는 표현이며, 불필요한 중복 표현은 아니다.
① 내가 취업에 성공했다는 소식을 동생에게서 들었다(번역투).
② 우리반 옆 교실에서는 에어컨을 하루 종일 가동하고 있다(불필요한 사동 표현).
③ 모두 자기들의 이견만 옳다고 우긴다면 절대 타협하지 않을 것이다(시제 오류).
④ 다문화 가정에 대한 인식이 변화하고 관심이 높아지고 있다(관형화).

정답 | ⑤

02

선생님을 높이며, 선생님과 함께 하게 될 시간도 높이는 간접 높임 표현을 사용한 것이다.
① 자네, 이것 좀 읽어 주지 않겠나?
② 아버님, 방금 그이가 들어왔어요.
③ 할머니께서는 당신 생각을 잘 말씀하세요.
⑤ 어머님, 어서 드십시오. 저도 먹겠습니다.

정답 | ④

03

다음 중 호칭어와 지칭어에 대한 설명으로 옳지 않은 것은?

① 남편의 여동생을 '고모'라고 부른다.
② 오빠의 아내는 '언니'라고 부르고, 지칭어는 '올케'이다.
③ 남편의 형님은 미혼이든 기혼이든 '아주버님'으로 부른다.
④ 장인을 부를 때 '장인어른' 외에 '아버님'이라고 할 수 있다.
⑤ 타인 앞에서 자신의 살아 계신 아버지를 가리킬 때에는 '아버지'라고 한다.

문제풀이

03
남편의 여동생은 결혼 여부에 관계없이 '아가씨'로 부르는 것이 표준 언어 예절의 기준이다.

정답 | ①

실전 감각을 기를 차례! **[기출변형 문제편]** 바로가기 ☞ P.160

PART 06
쓰기

Chapter 01　주제 설정
Chapter 02　자료의 수집과 정리
Chapter 03　구성-개요
Chapter 04　전개
Chapter 05　고쳐쓰기

90문항 중 10문항 출제
(2교시 쓰기 주관식 5문항 포함)

11%

[19~23] 쓰기

기출의 패턴을 벗기다

최근기출 4회분 전 문항 한눈에 보기

문항 번호	A회		B회	
	유형/분류	자료/개념	유형/분류	자료/개념
19	전개		고쳐쓰기	
20	자료의 수집과 정리 – 자료의 분석과 활용		자료의 수집과 정리 – 자료의 분석과 활용	
21	고쳐쓰기		고쳐쓰기	
22	주제 설정		전개 – 본론	
23	구성 – 개요		주제 설정	

쓰기 영역 기출패턴 정리

영역	유형	문항 수	세부 유형
[19~23] 쓰기 (출제 비중 11%)	주제 설정	0~1	
	자료의 수집과 정리	1~2	자료의 선별 분류, 자료 해석, 자료의 보완
	구성–개요	0~1	
	전개	0~1	단락의 요건과 구조, 화제문과 뒷받침문, 설명과 논증, 서론과 결론
	고쳐쓰기	1~2	

쓰기 영역은 객관식과 주관식으로 구성되어 있다. 쓰기의 과정은 크게 '계획하기, 내용 생성하기, 내용 조직하기, 표현하기, 고쳐쓰기'의 5단계로 나눌 수 있는데, 국어능력인증시험의 쓰기 영역도 이러한 단계 구분을 바탕으로 '주제 설정, 자료의 수집과 정리, 구성–개요, 전개, 고쳐쓰기'로 평가 요소를 세분하고 있다. 각 단계별로 1문항씩 출제되는 것이 일반적이나, 경우에 따라 '자료의 수집과 정리', '전개' 부분에 집중되어 출제되기도 한다.

고득점의 시작은 기출을 아는 것부터!

문항번호	C회 유형/분류	C회 자료/개념	D회 유형/분류	D회 자료/개념
19	자료의 수집과 정리 – 자료의 분석과 활용		자료의 수집과 정리 – 자료의 분석과 활용	
20	자료의 수집과 정리 – 자료의 분석과 활용		고쳐쓰기	
21	고쳐쓰기		고쳐쓰기	
22	구성 – 개요		구성 – 개요	
23	전개 – 본론		전개 – 본론	

쓰기 영역 고등급 학습전략

Point 1 객관식 쓰기는 쓰기의 단계에 따라 평이한 난도로 출제된다.

Point 2 객관식 쓰기는 대부분 '자료의 수집과 정리'에 해당하는 문항이 상대적으로 고난도 문제로 출제되어 변별력이 생긴다.

Point 3 평소 신문 기사 등에 등장하는 시각 자료를 눈여겨보며 분석하는 연습을 하면 도움이 될 것이다.

수험생이 가장 궁금해 하는 Q&A

Q 도표나 그래프 문제는 어떻게 접근하는 것이 좋을까요?

A 도표나 그래프는 이것을 활용하여 글을 쓴다면 어떻게 '확장'을 할 수 있을 것인지 상상하며 문제를 풀어야 합니다. 주제를 정확하게 파악한 후, 이 주제의 흐름 안에서 확장한다면 어떤 내용이 주장의 근거를 뒷받침하는 데에 유용할지 판단해야 합니다. 도표나 그래프의 수치를 해석하는 것이 문제의 중심이 아니라, 이 수치로 표현하고자 하는 주제를 효과적으로 표현하는 것이 필요함을 기억하시기 바랍니다.

01 주제 설정

기출유형 1

유형 익히기

주제와 관련이 있는 내용들을 바탕으로 하여 글의 주제나 소주제 등을 파악하고 글쓰기의 구체적 방안을 고를 수 있는지 평가하는 유형이다. 그림 및 제시문을 보고 표제나 부제를 고르는 유형, 단락의 빈칸에 적절한 주제문을 작성하는 유형, 주제의 논거로 적절하지 않은 것을 고르는 유형 등으로 다양하게 출제되며 객관식과 주관식이 교차되어 출제되므로 주의 깊게 접근할 수 있도록 학습하는 것이 중요하다. 문단의 전체적인 맥락을 파악하고, 접속조사의 쓰임에 유의하여 주제문의 위치를 파악하고 내용을 생성해 내거나 선택할 수 있어야 한다.

문제풀이

〈보기 1〉에서 한국의 수학 학업 성취도 평가 결과 자체가 중요한 의미를 지니는 것이 아니라는 것을 알 수 있다. 학업 성취도에 비해 낮은 학습 동기가 확인된 부분이 중점이 된 표제를 택해야 하므로 ⑤가 가장 적절하다. 또한 〈보기 2〉에 제시된 대구법의 조건도 충족이 된 표제이다.

정답 | ⑤

주제 설정

다음 〈보기 1〉과 〈보기 2〉의 내용을 모두 활용하여 신문의 기사를 쓰고자 할 때, 표제로 가장 적절한 것은?

---| 보기 1 |---

한국의 만 15세 학생들의 수학 성적은 경제협력개발기구 회원국 가운데 가장 뛰어났지만, 수학 공부에 대한 흥미나 자신감은 하위권인 것으로 밝혀졌다. 12월 3일 OECD가 발표한 국제 학업 성취도 결과에 따르면 우리나라는 높은 학업 성취도를 보였으나, 학습 동기는 매우 낮은 것으로 나타났다. 학습 동기는 학습자로 하여금 학습 행동을 일으키게 하는 의욕을 만들어 주며, 특정 목표를 달성할 수 있도록 적극적으로 돕는다.

---| 보기 2 |---

- 기사의 핵심 내용을 담을 것
- 핵심어를 제시할 것
- 대구법을 사용할 것

① 학업 성취도 평가로 확인한 한국의 수학 성적
② 한국 수학 성적 OECD 중 상위권으로 전망이 밝아
③ 경제협력개발기구 회원국의 학업 성취도 평가 결과 빨간불
④ 높은 학업 성취도에 비해 낮은 학습 동기, 북돋울 방법 모색
⑤ 한국, 수학 학업 성취도 평가 결과 성적은 상위, 흥미는 바닥 수준

01 주제 설정

시험에 나온! 나올! 필수이론

1 주제

1. 의미
글의 중심적인 내용이나 중심 생각, 혹은 작가가 표현하고자 하는 의도나 세계관의 반영체, 작품에 나타난 중심 사상을 뜻한다.

2. 관련 개념
① 화제: 말하려는 중심 내용, 이야깃거리, 글의 소재
② 중심 화제: 말이나 글에서 다루는 여러 화제들 중에서 주제와 직접 관련이 있는 화제
③ 요지: 말이나 글 따위에서 핵심이 되는 중요한 내용

3. 주제 설정의 요건
① 새롭고 신선한 내용이어야 한다.
② 전달하고자 하는 개념이 단일해야 한다.
③ 가치와 의의가 있는 것을 선택해야 한다.
④ 글쓴이가 관심을 가지고 있는 내용이어야 한다.
⑤ 독자들이 그 주제에 공감을 할 수 있어야 한다.
⑥ 구체적이며 다루는 범위가 좁고 명확해야 한다.

▼ 참고 | 주제문 예시

잘못된 주제문	적절한 주제문
패스트푸드는 건강에 해로우며, 특히 어린이는 패스트푸드를 먹지 말아야 한다.	패스트푸드는 건강에 해롭다. 어린이는 패스트푸드를 먹지 말아야 한다.
현대 사회에서 가정은 어떤 의미를 지니는가?	현대 사회에서 가정은 특별한 의미를 지닌다.
사춘기는 인생의 과도기 중 가장 파란만장한 시기이다.	사춘기는 인생에서 중요한 시기이다.
현대 사회의 문제는 무엇인가?	현대 사회의 문제는 타인에 대한 무관심이다.
환경 오염 방지에 앞장서야 한다.	수질 오염 방지를 위해 노력해야 한다.
중동 지역은 세계적인 화약고이다.	중동 지역은 전쟁이 발발할 가능성이 높다.
국민들은 투표에 적극 참여하고 정치인들은 부정부패를 삼가야 한다.	국민들은 투표에 적극 참여해야 한다. 정치인들은 부정부패를 삼가야 한다.
황사 문제는 많은 나라가 지혜를 모아 해결해야 한다고 생각한다.	황사 문제는 많은 나라가 지혜를 모아 해결해야 한다.
통일 문제는 모든 국민의 의사를 물어서 결정해야 한다고 생각한다.	통일 문제는 모든 국민의 의사를 물어 결정해야 한다.

이론점검 문제

01 주제 설정

01
다음 〈보기 1〉과 〈보기 2〉의 내용을 모두 활용하여 신문의 기사를 쓰고자 할 때, 표제로 가장 적절한 것은?

―― 보기 1 ――
뇌는 끊임없이 진화하기 때문에 두뇌를 어떻게 쓰느냐에 따라 계속 수정되고 개조되며 향상되거나 쇠퇴하는 것으로 나타났다. 결국 뇌를 사용하지 않고 놔두면 그 뛰어난 기능을 써 보지도 못하고 상실하게 된다는 것이다. 하지만 규칙적으로 운동을 하면 이러한 노화 현상을 역전시킬 수 있다. 연구에 따르면, 규칙적으로 운동하면 뇌로 가는 혈액량을 증가시켜 산소 공급을 늘림으로써 뇌 조직이 크게 늘어나는 것으로 나타났다. 또한 다른 신체 부위처럼 두뇌도 운동을 해야 건강하게 유지된다. 크로스워드 퍼즐이나 스도쿠 같은 어렵긴 하지만 재미있는 문제를 풀면서 두뇌를 쓰면 뇌 효율이 향상된다. 새로운 기술이나 취미를 배움으로써 '안락한 상태'에서 벗어나는 것도 뇌의 활성화에 도움이 된다. 외국어를 배운다든지 악기나 목공 기술을 배우는 것 등이 있다.

―― 보기 2 ――
- 기획 의도를 충실히 반영할 것
- 의성어나 의태어를 활용할 것
- 명사형으로 끝맺을 것

① 운동으로 뇌 조직을 크게 늘리기
② 인간과 다른 동물의 차별화, 두뇌
③ 스트레스에 의해 생기는 노화 퇴치
④ 늙어 가는 뇌, 총총하게 만드는 방법
⑤ 뇌의 진화, 두뇌를 어떻게 써야 할까?

문제풀이

01
뇌의 기능을 활성화하는 다양한 방법을 제시하면서 이것이 뇌를 건강하게 유지하는 방법이라고 서술하고 있으므로, 표제로 가장 적절한 것은 ④가 된다.

정답 | ④

출처 | 권순일, 〈늙어가는 뇌, 총총하게 만드는 방법 6〉, 코메디닷컴, 2018. 09. 26.

02 자료의 수집과 정리

기출유형 1 | 자료의 수집과 정리

유형 익히기

특정 주제에 대한 자료를 수집하고 정리하여 쓰기를 수행하는 능력을 평가하는 유형이다. 신문 보도 자료, 통계 자료(도표나 그래프 등의 시각 자료), 인터뷰 자료 등이 2개 이상 제시되며 이 자료를 활용하는 방안을 묻는 객관식이 많이 출제된다. 자료의 내용을 참고하여 〈보기〉에 제시된 조건을 충족해야 하는 주관식도 출제된다. 새로운 개념이나 정책에 대해 다루기보다는, 일반적이고 친숙한 주제를 대상으로 글을 작성해 나가는 과정에 대해 묻기 때문에 주제의 흐름을 자연스럽게 따라가며 관련 자료를 이해하는 능력이 필요하다.

문제풀이

자료 (가)-2에서 이야기한 '외국 문화 및 생활 소양 분야'는 외국에서 생활하는 것을 의미하는 것이 아니라, 외국 문화에 대한 이해 능력을 갖추는 것을 의미하는 것이다. 따라서 '외국에서 생활하며 글로벌 네트워크를 형성하는 방안을 모색하는 것'은 자료의 활용 방안으로 적절하지 않다.

정답 | ④

〈보기〉에 제시된 자료의 활용 방안으로 적절하지 않은 것은?

― 보기 ―

(가) 통계 자료

1. 이 시대의 진정한 글로벌 역량이 무엇이라고 생각하는가?(직장인 대상 설문조사)

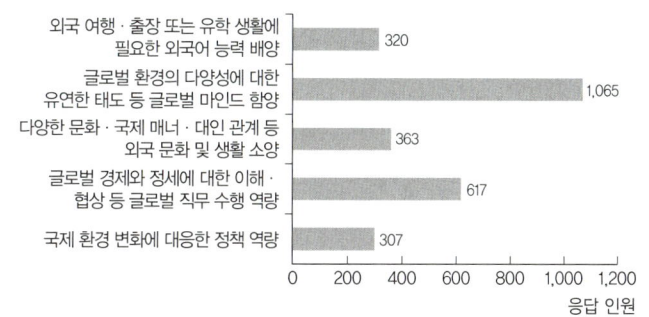

2. 자신이 가장 받고 싶은 글로벌 역량 교육은 무엇인가?(직장인 대상 설문조사)

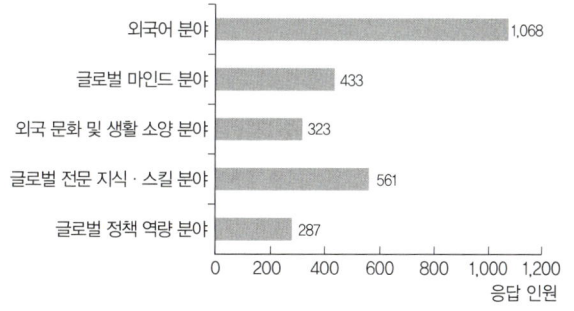

(나) 전문가 인터뷰 자료

글로벌 환경의 다양성에 대한 유연한 태도 등 글로벌 마인드는 이 시대에 가장 중요한 직무 역량이라고 볼 수 있습니다. 글로벌 역량 교육은 외국어, 글로벌 마인드, 외국 문화 및 생활 소양, 글로벌 전문 지식·스킬, 글로벌 정책 역량의 5개 정도 분야가 있으며 이러한 역량의 개발을 위한 교육이 각계각층에서 다양한 방식으로 이루어지고 있습니다. 이러한 교육이 이루어지면 국가 브랜드 이미지가 향상되는 데 기여할 수 있으며, 개인의 삶에 대한 만족도도 향상될 수 있습니다. 글로벌 역량을 바탕으로 자신감 있는 글로벌 네트워크를 형성할 수 있기 때문입니다.

① (가)-1을 활용하여, 이 시대에 요구되는 다양한 글로벌 역량의 요소가 무엇인지 고찰해 본다.
② (가)-1, 2를 활용하여, 직장인을 대상으로 한 글로벌 역량 교육의 필요성과 방향을 구체적으로 설계해 본다.
③ (가)-1, 2를 활용하여, 글로벌 역량 교육에 대한 인식과 이에 대한 자신의 목표가 어떠한 관계를 가지고 있는지 연관성을 확인한다.
④ (가)-2와 (나)를 활용하여, 외국에서 생활하며 글로벌 네트워크를 형성할 수 있는 방안을 모색한다.
⑤ (가)와 (나)를 활용하여, 외국어 능력을 개발하는 것이 개인적인 삶에 만족을 불어넣어 줄 수 있음을 강조한다.

02 자료의 수집과 정리

시험에 나온! 나올! **필수이론**

1 자료

1. 의미
주제를 효과적으로 나타내기 위한 소재와 제재를 말한다. 자료는 관찰, 조사, 면담, 독서, 사색, 체험 등을 통해 수집할 수 있다.

2. 자료의 선별 및 배치 방법
① **자료 선별**: 주제에 부합하는 것, 합리적이고 공정한 것, 근거가 분명한 것, 참신하고 흥미로운 것이어야 한다.
② **자료 배치**: 자료의 위계에 따라 상하 개념으로 분류하거나 서론, 본론 등의 전개 방식에 맞게 분류·배치해야 한다.

3. 좋은 자료의 조건
① 내용이 풍부하고 다양해야 한다.
② 객관적이고 구체적이며 확실해야 한다.
③ 주제를 뒷받침할 수 있는 근거이어야 한다.
④ 사실과 의견이 분명하게 구분되는 것이어야 한다.
⑤ 참신하여 독자의 관심과 흥미를 끌 수 있는 것이어야 한다.

▼ 참고 | 빈출 발문 분석

① [자료 1], [자료 2]를 통합하여 제시할 수 있는 논지가 무엇인지 고르시오.
→ 두 개, 혹은 세 개의 자료를 통합하여 전체의 맥락에서 제시할 수 있는 논지가 무엇인지 선택해야 한다. 이때, [자료 1]과 [자료 2]는 표, 그래프, 신문 기사, 인터뷰 등 각기 다른 종류의 자료가 제시되며 두 자료가 반드시 하나의 논지를 겹쳐서 표현하지 않고 각기 다른 논지를 드러내는 경우가 많다. 이때 교집합의 느낌으로 겹쳐지는 논지를 찾아내야 한다.

② [자료 1], [자료 2]를 가지고 ○○에 대해 글을 쓰려고 한다. 그 내용의 활용 방안으로 적절하지 <u>않은</u> 것(적절한 것)을 고르시오.
→ [자료 1]과 [자료 2] 중 하나는 일반적으로 설문조사 결과, 통계조사 등이 제시되는데, 하나의 자료 안에 2~3개의 시각 자료가 제시되는 경우가 많다. 시각 자료 1개와 신문 기사, 시각 자료 1개와 전문가의 의견, 시각 자료 1개와 인터뷰 자료 등을 조합하여 주제에 대해 전달하고자 할 때 그 활용 방안이 적합하지 않은 것을 찾아야 한다. 이때 주의할 것은 제시된 자료 안에서만 답을 찾는 것이 아니라 제시된 자료를 바탕으로, 글을 쓸 때 주장을 강화하거나 확장하여 완결성을 높이는 것까지 고려해야 한다는 것이다.

02 자료의 수집과 정리

이론점검 문제

01

〈보기〉의 자료를 활용하여 '공동체 공간 운영 현황과 이용자 만족도'에 관한 글을 쓰려고 한다. (가), (나)를 활용하여 이끌어 낼 수 있는 논지로 가장 적절한 것은?

―| 보기 |―

(가) 2017년도 주민 주도 공동체 공간(이하 공동체 공간) 사업 유형

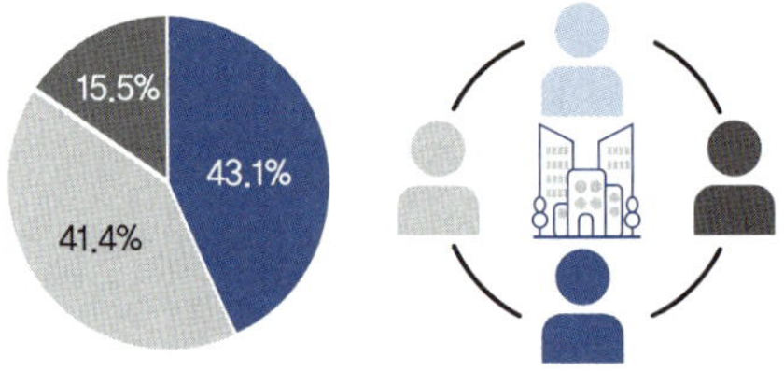

- 우리 마을 공간 43.1% : 마을사랑방, 주민쉼터, 공동육아, 공동부엌 도서관, 카페 등
- 마을 기업 41.4% : 마을 주민들이 자발적으로 조직한 사회적 경제조직
- 마을 예술 창작소 15.5% : 생활공예, 제작공방 등 다양한 예술활동 공간

(나) 공동체 공간 이용 목적 및 공동체 공간 이용 후 변화

이용 목적(상위 5개)
- 강습·세미나 참여 38.2%
- 동아리 연습장소 및 창작공간 이용 17.8%
- 교육 및 돌봄 서비스 이용 11.5%
- 지역사회 기여 활동 참여 4.5%
- 물품 구입 3.2%

공동체 공간 이용 후 변화
- 이 마을에 계속 살고 싶어짐 79.5%
- 이웃관계의 중요성 인식 78.3%
- 알고 지내는 이웃 증가 77.1%
- 마을을 변화시킬 수 있다고 생각 77.1%
- 마을활동 참여 증가 75.8%

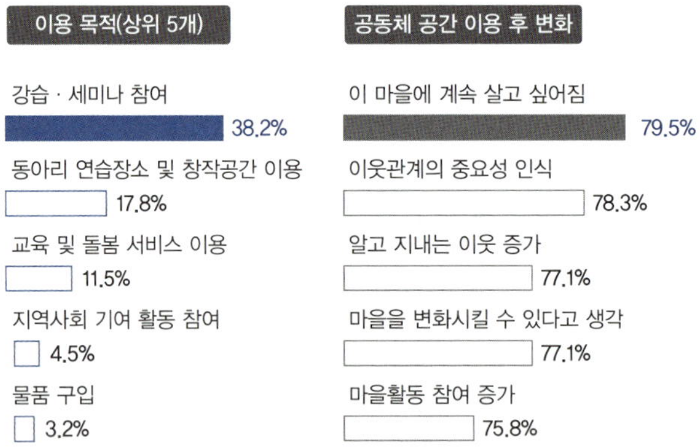

① 공동체 공간의 사업 유형 중 우리 마을 공간의 비중이 적어 지역공동체 담당관이 우리 마을 공간을 개발하고 개소 수를 늘리는 방안을 모색해야 한다.
② 공동체 공간의 이용 목적 1위가 강습·세미나 참여로 나타났으므로 이후에 다양한 강의 주제를 찾고 주민이 주도하여 강습과 세미나를 진행하여 마을을 변화시킬 수 있도록 해야 한다.
③ 공동체 공간을 이용한 후 이웃관계의 중요성을 인식하게 되었다고 답한 비율이 높은 편으로 나타났는데, 그 이전에 이웃관계를 어떻게 인식하고 있었는지 조사·연구해 볼 필요가 있다.
④ 취약계층에게 사회서비스나 일자리를 제공하는 등 사회적 목적을 추구하면서 운영되는 사회적 경제기업의 활성화가 공동체 공간의 활성화보다 선행되어야 함을 지적하고 개선 방안을 마련해야 한다.
⑤ 시민들이 다양한 유형의 공동체 공간을 통해 유의미한 교육에 참여하며 이웃관계의 중요성을 알게 되고, 마을에 계속 살고 싶어진 것을 통해 지역사회 연계 측면에서 긍정적인 변화가 있었음을 알 수 있다.

문제풀이

01
여러 형태의 공동체 공간에 대한 자료가 제공되고, 이를 이용하는 사람들의 현황과 이용 후 변화 조사 결과에서 지역사회와 잘 연계되었음을 확인할 수 있다.

정답 | ⑤

출처 | 안현찬, 《서울시 공동체 공간 지원사업 운영실태와 개선방안》, 서울연구원, 2017.

실전 감각을 기를 차례! **[기출변형 문제편]** 바로가기 ☞ P.171

03 구성-개요

기출유형 1 — 개요 구성 단계 파악하기

유형 익히기

글을 쓰기 전 개요를 구성하는 단계를 파악하는 능력을 평가하는 문항이다. 글의 전체 개요를 제시하고 개요의 항목을 적절하게 고르거나, 제시된 개요의 문제점을 찾고 이를 수정하거나 보완하는 형태의 유형으로 제시된다. 글의 내용을 통일성 있게 구성하고 있는지를 파악하는 것이 중요하다. 개요의 항목은 일반적으로 원인(원인이 되는 사회적, 지식적 배경 함께 제시) – 해결 방안(대책, 앞으로의 지향해 나갈 바)의 순서로 배치된다. 도서의 목차 부분이나 간략한 소논문 등의 목차를 훑어 보는 연습을 자주 해 두면 글의 완결성이나 일관성의 적절성 여부를 판단하는 데 도움이 된다.

문제풀이

재래시장의 침체가 심각하다는 문제를 제기하고 이에 대한 해결 방안 등을 내놓고 있으므로, 제목으로는 '재래시장 현대화 방안'이 적절하다. 제목과 내용의 전체적인 맥락을 고려하여 다양한 현대화 방안을 통해 재래시장이 활성화될 수 있도록 촉구하는 내용으로 마무리를 하는 것이 적절하다.

정답 | ④

다음 개요에서 제목(㉠)과 결론(㉡)에 들어갈 내용으로 가장 적절한 것은?

> 제목: (㉠   )
> 서론: 재래시장의 침체가 심각하다.
> 본론: 1. 접근성과 편의성을 살린 시설을 마련해야 한다.
>   2. 서비스 의식을 강화할 필요가 있다.
>   3. 특성화 전략을 강구하고 구체화해야 한다.
> 결론: (㉡   )

① ㉠: 재래시장 침체의 실태와 원인
   ㉡: 지역 주민을 위한 재래시장의 변화 촉구
② ㉠: 재래시장의 매출액 감소 원인
   ㉡: 지역 특산물 시장 육성 및 지원
③ ㉠: 재래시장 현대화 방안
   ㉡: 지역 주민을 위한 복지 공간 마련
④ ㉠: 재래시장 현대화 방안
   ㉡: 재래시장의 활성화 대책 도입 촉구
⑤ ㉠: 지역 전통문화 발전 전략 강구
   ㉡: 재래시장 활성화를 위한 비용 마련 방안

03 구성-개요

시험에 나온! 나올! 필수이론

1 개요

1. 개요의 필요성
① 글의 전체적인 흐름과 논지의 전개 과정을 정리할 수 있다.
② 글의 일관성을 유지하여 논점에서 벗어나는 것을 막을 수 있다.
③ 글의 앞뒤 순서를 지켜 논리적이고 질서 있는 글이 되게 한다.
④ 글의 전체와 부분, 그리고 부분 상호 간의 균형을 유지할 수 있다.

2. 개요 작성 방법
① 주제를 바탕으로 주제문을 작성한다.
② 글의 전개 방식을 선택한다.
③ 주제의 내용을 둘 이상의 주요 논점으로 나누어 항목을 정한다.
④ 항목을 둘 이상의 종속 논점으로 나누어 세분한다.
⑤ 각 상위 항목과 하위 항목에 일관성 있는 번호를 부여한다.
⑥ 가능한 한 범위를 좁혀 개요를 작성하되, 주제에서 벗어나지 않게 한다.

3. 개요 작성 시 유의사항
① 각 항목의 배열 순서는 논리적 질서를 따라야 한다.
② 각 항목은 서로 명확하고 긴밀하게 연관되어야 한다.
③ 각 하위 항목은 상위 항목의 내용을 모두 다루어야 한다.
④ 어느 층위의 항목이 하나밖에 없을 때는 그 층위를 설정하지 않는다.

4. 개요 표기 방법
① '서론/본론/결론', '들머리/본문/마무리', '서론/본론 1/본론 2/결론' 등으로 표기한다.
② '들머리', '마무리'는 '서론'과 '본론'의 고유어로 최근 여러 보고서나 논문, 저서 등에서 자주 사용되는 표현이다.
③ 개요는 대개 대항목, 중항목, 소항목의 3단계로 제시되는 경우가 많으나, 국어능력인증시험에서는 대항목, 중항목까지만 출제가 되고 있다.

03 구성-개요

이론점검 문제

01
다음은 '관광 불편 해소를 위한 관광 산업 육성 방안'이란 제목의 글을 쓰기 위한 개요이다. 글의 통일성을 고려할 때 빈칸에 알맞은 내용은?

제목: 관광 수입의 성과를 위한 방안

서론: 저가 관광과 숙박시설 수급 불균형의 문제가 나타나고 있다.
환대 서비스 부족의 문제가 있어 질적 개선이 요구된다.

본론: 1. 외국인 관광객 불편 해소를 통한 관광한국 조성
　　　가. 중국·동남아 관광객 대상 복수비자 발급의 대상 및 유효 기간 확대
　　　나. 바가지 택시·무자격 가이드·불법 콜밴 등 관광 관련 불법 행위에 적극 대처

　　　2. 세제 지원 및 규제 완화를 통한 관광투자 활성화
　　　가. 외국인 관광객이 호텔에 지불한 숙박 요금에 포함된 부가세를 환급
　　　나. 관광단지에 입주하는 관광휴양시설에 대해서 취득세 감면 도입

결론: 향후 추진 계획
　　　가. 관광 불편 해소와 전략 관광 산업 육성을 통한 외국인 관광객 1,600만 명 유치
　　　나. (　　　　　　　　　　)

---

① 자연 친화적인 생태 체험 지역을 관광지에 조성
② 대규모 복합 리조트 개발을 위한 지원시스템 마련과 컨설팅 실시
③ 다문화 결혼 이주 여성 인력을 관광통역 안내사로 양성하는 방안 마련
④ 자연 친화적 레저 활동 활성화를 위한 캠핑장 신설과 종합 정보 제공
⑤ 관광 산업 세제 개선의 실효성 있는 추진과 각 부처 간 유기적인 협업의 강화

문제풀이

01
'관광 불편 해소를 위한 관광 산업 육성 방안'에 대해 중간 부분에서 작은 목표들과 방안을 제시하고, 이를 바탕으로 한 향후 추진 계획을 정리하는 내용을 찾아야 하는 문항이다. 본론 부분에 제시된 불법행위 대처, 부가세 환급, 취득세 감면 도입 등 다양한 방안을 제시하였으므로, 각 부처 간의 유기적인 협업을 유도하는 내용이 향후 추진 계획을 밝히는 마무리로 적합하다고 볼 수 있다.

정답 | ⑤

04 전개

기출유형 1 글의 전개 내용 파악하기

유형 익히기

제시된 내용을 통해 글에서 전개되는 내용을 파악하고, 형성하는 능력을 평가하는 문항이다. 문제에서 제시하는 조건에 맞는 서술 방식을 활용하는 능력을 함께 평가한다.

문제풀이

'자이가르닉 효과'에 대해 구체적인 예를 들어 설명하고 있는 것은 ①이며, 나머지 선지들은 이 이론의 개념에 대한 부연 설명을 하거나, 이론의 배경, 이론의 적용 방법 등에 대해 제시하고 있다.
② 해당 이론을 활용한 일상생활의 효과에 대해 언급하고 있으며, 이론에 대한 구체적인 예를 제시하는 것은 아니다.
③ 구체적인 예를 들어 설명하지 않고, 이론의 배경을 풀어서 제시하고 있다.
④ 진술에 대한 구체적인 예가 아니라, 자이가르닉 효과의 효용성에 대한 내용이므로 정답이 될 수 없다.
⑤ 이론에 대한 부연 설명을 더하고 있으나 구체적인 예를 제시하지 않았다.

정답 | ①

다음에 제시된 추상적 진술을 구체적인 예를 들어 설명하려고 한다. 밑줄 친 부분에 들어갈 글로 가장 적절한 것은?

> '자이가르닉 효과'는 마치지 못하거나 완성하지 못한 일을 쉽게 마음속에서 지우지 못하는 현상으로, '미완성 효과'라고도 한다. _____
> _____

① 예컨대 끝내 이루어지지 않은 첫사랑이나 틀린 시험 문제를 더 오래 기억하는 심리 현상이 이 효과의 대표적 사례라 할 수 있다.
② 즉, 미완결된 상황에서 기억이 높아지는 것을 알 수 있다. 이 효과를 응용하여 학생들의 기억을 돕는 학습 과제를 제시할 수 있을 것이다.
③ 마치지 못하거나 완성하지 못한 일을 쉽게 마음속에서 지우지 못하는 현상으로, 러시아의 심리학과 학생이던 블루마 자이가르닉과 그녀의 스승인 쿠르트 레빈이 제시한 이론이다.
④ 드라마는 중요한 장면에서 끝내는 경향이 있는데, 이 또한 시청자들이 완성되지 않은 드라마의 내용을 완결시켜야 한다는 관념에 사로잡혀 시청률을 유지하는 데 도움이 되기 때문이다.
⑤ 즉, 어떤 일에 집중할 때 끝마치지 못하고 중간에 그만두게 되면 이 문제가 해결되지 않는 한 긴장 상태가 계속되고, 긴장이 지속되다 보면 머릿속에 오랫동안 남아 있게 된다는 이론이다.

출처 | 《시사상식사전》, pmg 지식엔진연구소, 박문각

04 전개

시험에 나온! 나올! 필수이론

1 텍스트의 유형

1. 서사적 텍스트

서사적 텍스트는 기사문이나 소설 등과 같이 어떠한 사건을 시간의 흐름에 따라 기술하는데, 서사에서는 행위의 주체와 대상, 동기와 목적, 행위가 이루어진 시간과 장소가 드러나야 한다. 따라서 발달, 전개, 결말의 진행 과정을 갖추고 있다.

2. 설명적 텍스트

설명적 텍스트는 사실이나 사물에 대한 지식과 정보 등에 대해서 충분히 이해시켜 주기 위해서 어떤 문제를 상정하고 이를 해결해 나가는 과정을 거친다. 설명적 텍스트는 글의 조리와 체계성이 중시되며, 정의, 지정, 비교, 대조, 예시, 인용, 분류, 분석 등의 방법을 사용하여 주제를 전개해 나간다.

3. 논증적 텍스트

논증적 텍스트는 사실이나 사물에 대해 자신의 견해나 주장을 논리적으로 전개하며 이를 합리적으로 뒷받침하는 전개 방식으로 문제 해결의 방법을 사용한다. 논리적 사고로 글을 쓰는 사람이나 글을 읽는 사람이 합리적으로 사고를 하는 것이 진정한 논증이라고 할 수 있다.

4. 기술적 텍스트

기술적 텍스트는 사물의 생김새, 느낌, 소리 등을 언어로 그려내는 글쓰기 방식이다. 구체성과 감각성을 중시하므로 객관적이고 분석적으로 풀이하여야 한다.

> ✓ **결정적 힌트!**
> 위에서 제시한 텍스트의 유형 중에서 '전개'와 관련된 텍스트는 주로 설명적 텍스트, 논증적 텍스트이다. 제시문이 설명적 텍스트인 경우에는 주제문, 소주제문, 중심 생각을 서술하는 문항이 출제되며, 논증적 텍스트인 경우에는 글의 내용에 반론을 제기하거나, 찬성과 반대 중 하나의 입장을 정해 적절한 근거를 들어 내용을 서술해야 한다.

2 텍스트의 담화 표지

'담화 표지'란 어떠한 내용을 전개하고자 하여 특정한 역할을 드러내는 표현들을 뜻한다. 담화 표지는 '전개' 유형의 글쓰기에 유용하며, '주제 설정', '자료 수집 및 정리' 유형의 주관식 쓰기에서도 활용할 수 있는 표현들로, 서술하는 내용에 반드시 따라오는 '조건'에서 제시되는 것들이다.

1. 열거-순서
열거 구조는 어떤 일반화된 생각을 일정 기준에 관계되는 사실들, 세부 사항들, 또는 구성 요소들을 순서대로 나열하는 것이다.

	표지의 예
열거	이외에, 이밖에, 앞, 뒤, ~하면 다음과 같다, 다음과 같이 이야기할/소개할 수 있다, 계속해서, 그리고, 또, 또한, 뿐만 아니라
순서	첫째, 둘째, 셋째, 또 하나, 다른 하나, 우선, 먼저, 다음으로, 끝으로, 마지막으로

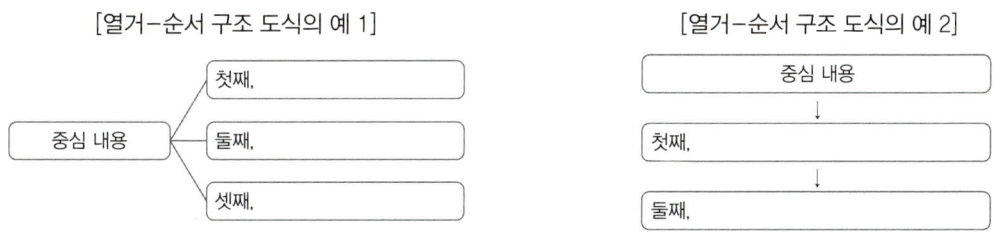

[열거-순서 구조 도식의 예 1]　　　　　　[열거-순서 구조 도식의 예 2]

2. 원인-결과
원인-결과 구조는 어떤 사건을 인과관계에 따라 기술하는 것이다. 시간적으로 앞서 일어난 어떤 사건이 뒤에 일어난 사건의 결과가 된다는 관련성을 기술하는 구조이다.

	표지의 예
원인	원인, 이유, 때문, 덕분, (원인은) ~이다, (이유는) ~이다, ~때문에, ~덕분에, ~으로 인해, 왜냐하면, ~에 의하여, ~(하기)에
결과	결과, 결론, (결과는) ~이다, 결론부터 말하면, ~라서, 그러므로, 그러면, 결국, 마침내

[원인-결과 구조 도식의 예 1]　　　　　　[원인-결과 구조 도식의 예 2]

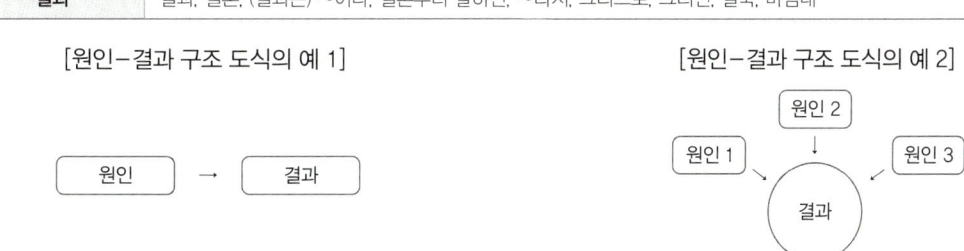

3. 비교-대조

비교-대조는 둘 이상의 대상이 짝을 이루거나 대립하는 것인데, 대상은 사람이 될 수도 있고 사물이나 사건이 될 수도 있다. 비교는 공통점으로, 대조는 차이점으로 내용 관계를 나타낸다.

구분	표지의 예
비교	비교, 비유, 비교되다, ~와/과 비교하면, ~에 비하여
공통	공통, 공유, 동일, 유사, 마찬가지, 같다, 닮다, 비슷하다, ~와/과 …은/는 공통점이 있다, ~도 동일하다, ~와/과 …은/는 유사하다, ~도 마찬가지이다, ~와/과 …은/는 같다, ~같이, ~처럼
대조	차이, 구별, 대신, 대조, 예외, 다르다, 반하다, ~와/과 …은/는 차이가 있다, ~와/과 …은/는 서로 구별된다, 예외도 있다, ~은/는 …와/과 다르다, ~와/과 반대로, ~대신에, ~에 반하여, ~이/가 아니라, 그러나, 하지만, 반면(에), 그럼에도 불구하고, ~와/과 달리, ~보다

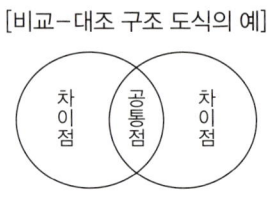

[비교-대조 구조 도식의 예]

4. 문제-해결

문제-해결 구조는 어떠한 문제점을 제시하고 이에 대한 해결 방법을 제시해 나가는 구조이다. 해결 방법을 제시할 때에 문제가 발생한 원인을 밝히고 그 원인에 대한 해결책을 제시한다는 점에서 원인-결과 관계 구조의 요소도 포함하고 있다.

구분	표지의 예
문제	문제, 의무, (해결이) 필요하다, ~해야 한다, 문제는 ~이다, ~에 대한 해결이 필요하다, ~에 대한 해결이 있어야 한다, ~한 목적으로, ~위하여, ~도록, ~에 대하여
해결	해결, 방법, (대안이) 필요하다, (대안을) 해야 한다, ~한 (대안이) 필요하다, 해결 방법으로

[문제-해결 구조 도식의 예]

5. 예시-정의

예시-정의 관계에서 예시는 구체적인 예를 제시하고, 정의는 어떤 대상에 대한 개념을 풀이한다. 'B는 A의 예이다'의 형태가 그 예인데, 예시와 정의가 늘 함께 나타나지는 않는다.

구분	표지의 예
예시	예컨대, 기록에 의하면
정의	~라고 한다, ~이라는 뜻이다, 정의할 수 있다

[예시-정의 구조 도식의 예 1]   [예시-정의 구조 도식의 예 2]

04 전개

이론점검 문제

01
다음은 어떤 글의 서론 부분이다. 이를 토대로 본론의 내용을 구성하려고 할 때, 그 내용으로 적절하지 않은 것은?

> '매운 음식을 지나치게 즐기면 위암에 걸린다'는 세간의 속설이 일정 부분 근거가 있는 것으로 밝혀졌다. 고추의 매운맛을 내는 '캡사이신'이 암세포에 맞서 싸우는 인체의 아군 격인 자연 살해 세포의 기능을 떨어뜨려 위암 등의 발생을 촉진할 수 있다는 연구 결과가 나왔다.

① 이는 상대적으로 민감성이 떨어지는 30~40대 이후 성인이 캡사이신을 다량으로 섭취할 경우 암에 더욱 취약할 수 있는 가능성을 보여 주는 결과이다.
② 캡사이신 자체가 암을 일으키지는 않지만 지나치게 많은 양의 캡사이신을 섭취할 경우 암세포를 공격하는 자연 살해 세포를 위축시켜 간접적으로 암 발생을 돕는 셈이다.
③ 캡사이신 자체가 발암 물질은 아니지만 캡사이신을 과다하게 섭취할 경우 인체 자연 살해 세포의 세포질 과립 방출 기능에 장애를 초래하여 암 발생을 촉진한다는 사실을 세계 최초로 규명했다.
④ 자연 살해 세포 활성도는 사람마다 차이가 있지만 고용량 캡사이신에 대한 활성 억제는 거의 공통적으로 나타났다. 매운 음식을 좋아하는 사람은 그렇지 않은 사람에 비해 캡사이신을 고용량으로 섭취할 가능성이 큰 만큼 주의해야 한다.
⑤ 고추에 들어 있는 캡사이신이 암세포를 없애는 메커니즘이 새로 발견돼 향후 신약 개발을 앞당길 수 있을지 관심이 모아지고 있다. 연구팀은 이번에 발견된 메커니즘을 토대로 암 치료를 위한 알약이나 주사제 등 새로운 신약 개발의 길이 열릴 것으로 기대하고 있다.

문제풀이

01
본론의 내용은 캡사이신이 암을 유발한다는 내용이고, ⑤의 내용은 암세포를 없앤다는 내용이므로 상충되어 적절한 본론 내용이 될 수 없다.
① 30~40대 이후 성인은 주의를 해야 한다는 내용이므로 본론의 내용을 강화하기에 적절한 내용이다.
② 본론과 동일하게 캡사이신이 간접적으로 암 발생을 돕는다고 이야기하고 있다.
③ 암 발생을 촉진한다는 내용이 그대로 제시되어, 본론과 맥락을 같이하고 있다.
④ 매운 음식을 좋아하는 사람이 주의를 해야 한다는 내용이 본론과 동일한 흐름을 내세우고 있는 것이다.

정답 | ⑤

출처 | 문은주, 〈'캡사이신' 암 세포 제거 원리 첫 발견… 암치료제 등 신약 개발 앞당길 듯〉, 아주경제, 2015. 09. 15.

실전 감각을 기를 차례! **[기출변형 문제편]** 바로가기 ☞ P.184

05 고쳐쓰기

기출유형 1 — 고쳐쓰기

유형 익히기

완성되어 있는 한 단락의 글을 보고 통일성, 완결성, 결속성과 어휘 등의 요소가 적합한지 여부를 파악하고 퇴고하는 과정을 평가하는 유형이다. 단락의 흐름과 주제를 확인하고 이 흐름에 어울리지 않은 요소를 고르면 된다. 서술형으로는 출제되지 않으며, 쓰기 영역의 문항 중에서는 난도가 낮은 편에 속한다.

문제풀이

'거리착시'에 대해 이야기하고 있는데, 무늬를 이용한 착시 현상을 이야기하는 ㉣문장이 들어가는 것은 문맥상 어울리지 않는다.

정답 | ④

다음 단락의 통일성을 고려할 때, ㉠~㉤ 중 퇴고 시 삭제해야 할 문장은?

㉠ 우리는 대상의 형태나 크기에 대한 정보를 눈의 망막을 통해 보게 되고, 이것은 시신경을 타고 뇌로 전달되어 인식이 된다. ㉡ 이때 이 정보를 어떻게 해석하고 이해하느냐가 관건이 되는데, 심리적인 요인도 영향을 미치게 된다. 같은 대상을 보고도 '예쁘다', '아니다'로 의견이 나뉘는 단순한 현상으로도 확인할 수 있는 현상이다. ㉢ 이 경우에는 개인의 사고과정과 심리 상태에 따라 일어나는 착시 현상이며, 다른 착시 현상으로는 멀리 있는 물체일수록 본래의 크기보다 크게 느끼는 거리착시가 있다. ㉣ 수직선은 눈을 위아래로 움직이게 하기 때문에 수직선 무늬가 있는 옷을 입으면 키가 더 크고 마르게 보인다. 우리가 수평선에 떠 있는 가까운 달이 밤에 중천에 뜬 달보다 훨씬 크다고 생각하는 것이 거리착시의 예가 된다. ㉤ 특정한 사물의 크기, 방향, 각도 등이 실제와 다르게 보이는 현상도 일상생활에서 쉽게 접할 수 있다. 또한 배가 고픈 순간에는 다른 그림을 음식 그림으로 잘못 보는 현상 등이 일어나기도 하는데, 이것은 시각적 요인과 심리적 요인이 결합돼 일어난 복합적인 착시 현상 중 하나라고 할 수 있다.

① ㉠　　② ㉡　　③ ㉢　　④ ㉣　　⑤ ㉤

05 고쳐쓰기

시험에 나온! 나올! **필수이론**

1 단락의 구성 요건(텍스트를 텍스트답게 만드는 특성)

1. 결속구조
텍스트의 안정성이 발화체가 가지는 의의의 연속성에 의해 유지되는 것으로서, 문법적 의존 관계를 뜻한다.

2. 통일성
한 편의 글이 하나의 주제를 나타내기 위해 문단, 문장이 서로 잘 연결되어야 하는 것을 뜻한다. 문단의 중심 내용과 세부 내용이 담화 표지 등으로 잘 연결되도록 해야 한다.

3. 의도성
좁은 의미에서는 텍스트 생산자가 지금 생산하고 있는 언어 구성체를, 결속구조와 결속성을 가진 텍스트로 만들고자 의도한다는 것이다. 넓은 의미에서는 텍스트 생산자가 의도하는 바를 추구하고 달성하기 위해서 텍스트를 사용하는 모든 방식을 가리키며 텍스트 생산자의 태도와 관계된 것을 뜻한다.

4. 용인성
텍스트 수용자가 텍스트에서 결속구조와 결속성을 발견하고 유지할 수 있어야 한다는 것을 의미한다.

5. 정보성
수용자에게 제시된 내용이 얼마나 새롭고 유의미한 것인지를 나타내는 것이다.

6. 상황성
상황성은 텍스트가 발화 상황에 적합해야 한다는 것을 말한다.

7. 상호 텍스트성
주어진 텍스트를 생산하고 수용함에 있어, 사전에 경험한 텍스트에 의존할 수 있는 특성을 말한다.

▼ **예시** | 고쳐쓰기

> ㉠어느 민족이나 민족의 존립 근거는 주체성이다. 주체성은 민족 내부의 동질성을 보장하는 기반인 동시에 다른 민족과의 차별성을 드러내는 근거이기 때문이다. ㉡물론, 민족 또는 국가 간의 협력과 조화가 강조되는 오늘날의 국제화 시대에는 특수성에 기반을 둔 민족 주체성보다는 인류의 보편성이 중심 과제인 것처럼 보인다. ㉢하지만 국제화도 민족의 존립이 없다면 모래 위에 지은 집과 같다. ㉣민족의 존립에 근거하지 않은 국제화는 강대국의 이익만을 보장하는 허구에 지나지 않기 때문이다. ㉤이처럼 국제화는 세계화·지구촌화 가는 오늘날의 국제환경에서 필수 불가결한 정책이라고 할 수 있다. 이것은 약소국, 약소민족의 평화에 대한 보장 없이 세계 평화를 논하는 것과 같다.

　이 단락은 '민족의 주체성이 중요하다.'라는 의미의 맥락을 가지고 있다. 주체성의 개념과 의의를 설명하며, 국제화와 비교하여 그 중요성을 더욱 강조하고 있다. 따라서 '국제화는 필수 불가결하다.'라는 주장을 하고 있는 ㉤은 이 글의 결속성을 해치는 문장이므로 삭제를 해야 한다.

05 고쳐쓰기

이론점검 문제

01
다음 단락의 통일성을 고려할 때, ㉠~㉤ 중 퇴고 시 삭제해야 할 문장은?

㉠ 생물학자들은 유기체와 환경과의 연관성에 대해 연구하며, 특히 유기체가 어떻게 작동하는지 그 원리에 대해 기초적인 연구를 수행한다. ㉡ 이들은 생명체를 '하나의 복잡한 생화학적 기계'로 간주하며 생명은 생화학으로 완전히 설명이 가능한 것으로 확신한다. 이와 같이 생물학은 생명을 다양한 계층 구조에 의하여 구성된 하나의 생화학적 기계로 보기 때문에, 상위 계층부터 하위 계층까지 더듬어 내려가는 '하향식 방법'으로 물질을 분석하여 생명의 기제를 연구한다. ㉢ 따라서 오로지 탄소 화합물의 생화학에 의존하는 생물학은, 모든 생명체가 본질적으로 공유하고 있는 특성인 역동적인 형식을 설명할 수 없는 한계를 노출하고 있다. 한편 인공생명론에서는 생명체를 생물의 입장과 같이 '하나의 복잡한 기계'라기보다는 오히려 '비교적 단순한 기계의 복잡한 집단'으로 본다. ㉣ 그렇기 때문에 인공생명론에서는 생명체의 행동을 구성 요소로 분석하는 방법 대신에 구성 요소를 모아서 행동을 합성하는 방법으로 생명을 연구한다. ㉤ 연구 대상으로 생물학의 분야를 나누는 경우에는 식물학, 동물학, 미생물학, 인류학 등이 있으며, 구조를 기준으로 나눌 때는 세포학, 조직학, 형태학 등으로 구분할 수 있다. 그리고 그 구성 요소들이 상호 작용을 만들어 내는 것들을 모아 거대한 집합체를 만들어 내는 '상향식 방법'으로 행동의 합성을 시도하여 생명의 역동적인 형식을 연구한다. 아직까지는 아무도 규명해 내지 못한 생명의 역동적 과정을 인공생명론에서 밝히게 될 경우 생물학의 한계를 보완해 줄 것으로 기대되고 있다.

① ㉠ ② ㉡ ③ ㉢ ④ ㉣ ⑤ ㉤

문제풀이

01
이 글의 상반부에는 '생물학', '한편' 이후의 하반부에서는 '인공생명론'에 대해 언급하고 있다. 이때 생물학의 하위 분야에 대해 언급하는 ㉤이 섞여 있는 것은 글의 흐름상 맞지 않는다. '한편'의 바로 앞으로 이동하거나 삭제하는 것이 바람직하다.

정답 | ⑤

주관식

- 듣기 영역: 2문항
- 쓰기 영역: 5문항
- 어휘 영역: 2문항
- 읽기 영역: 1문항

PART 07
주관식

Chapter 01　[주관식] 듣기
Chapter 02　[주관식] 쓰기
Chapter 03　[주관식] 어휘
Chapter 04　[주관식] 읽기

90문항 중 10문항 출제

- 듣기 영역: 2문항
- 쓰기 영역: 5문항
- 어휘 영역: 2문항
- 읽기 영역: 1문항

[주관식 1~10] 주관식

기출의 패턴을 벗기다

최근기출 4회분 전 문항 한눈에 보기

문항 번호	A회		B회	
	유형/분류	자료/개념	유형/분류	자료/개념
주관식 1	듣기 – 창의 – 중심 내용 요약	강연	듣기 – 창의 – 중심 내용 요약	강연
주관식 2	듣기 – 창의 – 적용 및 대안 탐색	인터뷰	듣기 – 창의 – 적용 및 대안 탐색	뉴스
주관식 3	쓰기 – 자료의 수집과 정리 – 자료의 분석과 활용		쓰기 – 자료의 수집과 정리 – 자료의 분석과 활용	
주관식 4	쓰기 – 구성 – 개요		쓰기 – 짧은 글짓기	
주관식 5	쓰기 – 짧은 글짓기		쓰기 – 전개 – 중심 문장	
주관식 6	쓰기 – 전개 – 뒷받침 문장		쓰기 – 전개 – 뒷받침 문장	
주관식 7	쓰기 – 전개 – 중심 문장		쓰기 – 구성 – 개요	
주관식 8	어휘 – 짧은 글짓기		어휘 – 짧은 글짓기	
주관식 9	어휘 – 십자말풀이		어휘 – 십자말풀이	
주관식 10	읽기 – 짧은 글짓기(찬성/반대)		읽기 – 짧은 글짓기(찬성/반대)	

주관식 영역 기출패턴 정리

영역	유형	문항 수	세부 유형	제재
[주관식 1~10] 주관식 (출제 비중 11%)	듣기	2	창의-중심 내용 요약, 적용 및 대안 탐색	한두 문장 이내로 작성, 주장과 근거 쓰기, 요약하기
	쓰기	5	주제 설정, 자료의 수집과 정리, 구성-개요, 전개	
	어휘	2	짧은 글짓기, 십자말풀이	표준어(고유어, 한자어), 한자성어, 속담
	읽기	1	짧은 글짓기(찬성/반대)	

주관식 영역은 전체 90문항 중 10문항이 출제되며, 점수로는 총점의 20%를 차지하는 영역이다. 듣기 영역에서 2문항, 쓰기 영역에서 5문항, 어휘 영역에서 2문항, 읽기 영역에서 1문항이 출제된다. 듣기 영역은 듣기 음성을 듣고 주어진 조건에 맞는 글을 쓰는 유형이 고정적으로 출제되며, 쓰기 영역은 개요 작성 능력, 문단 생성 능력, 주어진 조건에 맞추어 표현하는 능력 등 쓰기의 전반적인 능력을 평가하는 문항이 출제된다. 어휘 영역은 짧은 글짓기 문제와 십자말풀이가 출제되며, 읽기 영역은 주어진 글을 읽고 비판적 평가를 하는 문항이 출제된다. 주관식 문항은 정해진 시간 내에 모든 문항을 서술해야 하므로, 제시된 조건을 반영하여 글을 써 보는 연습이 필요하다.

고득점의 시작은 기출을 아는 것부터!

문항 번호	C회 유형/분류	자료/개념	D회 유형/분류	자료/개념
주관식 1	듣기 – 창의 – 중심 내용 요약	강연	듣기 – 창의 – 중심 내용 요약	강연
주관식 2	듣기 – 창의 – 적용 및 대안 탐색	뉴스	듣기 – 창의 – 적용 및 대안 탐색	강연
주관식 3	쓰기 – 자료의 수집과 정리 – 자료의 분석과 활용		쓰기 – 자료의 수집과 정리 – 자료의 분석과 활용	
주관식 4	쓰기 – 구성 – 개요		쓰기 – 전개 – 결론	
주관식 5	쓰기 – 전개 – 뒷받침 문장		쓰기 – 전개 – 결론	
주관식 6	쓰기 – 짧은 글짓기		쓰기 – 구성 – 개요	
주관식 7	쓰기 – 중심 문장		쓰기 – 전개 – 뒷받침 문장	
주관식 8	어휘 – 짧은 글짓기		어휘 – 짧은 글짓기	
주관식 9	어휘 – 십자말풀이		어휘 – 십자말풀이	
주관식 10	읽기 – 짧은 글짓기(찬성/반대)		읽기 – 짧은 글짓기(찬성/반대)	

주관식 영역 고등급 학습전략

Point 1 듣기를 한 번 듣고 글을 쓰는 것은 쉽지 않다. 주관식 영역을 들을 때에는 말하는 자가 주장하는 주요 내용이나 주제를 메모해 두자.

Point 2 주관식 영역은 부분 점수를 받을 수 있어 학습 시간을 투자하는 만큼 점수 획득의 기회가 주어진다. 기본적으로 글이나 문장의 완결성과 실질적인 조건들을 반영하여 글을 쓰는 것이 고득점의 핵심이다.

Point 3 '나에게만' 자연스러운 글이 아니라, '채점자에게도' 자연스러울 수 있도록 조건에 부합되는 일반적인 글을 써야 한다.

수험생이 가장 궁금해 하는 Q&A

Q 주관식 영역은 제시된 기준에 맞게 답안을 잘 작성한 것 같은데, 생각했던 것보다 점수가 낮게 나와요. 특별한 답안 작성 요령이 있나요?

A 주관식에서 작성해야 할 글의 분량이 매우 긴 것은 아니지만, 길이가 그리 길지 않은 만큼 조건에 부합하는 간결한 답안 작성이 필요합니다. 주관식 쓰기의 대상이 되는 듣기 대본과 텍스트의 중심 내용에 집중해서 이 흐름을 이어가는 것인지, 반대의 의견을 주장해야 하는 것인지, 주제문을 써야 하는지 분리하여 연습하는 것이 좋겠습니다. 또 평소에 한글 문서로 답안을 작성하여 원고지 등에 입혀 보아 대략적인 글자 수에 대한 감각을 익혀보는 것도 좋은 방법입니다.

공부한 날 ●월 ●일

01 [주관식] 듣기

기출유형 1 — 주장과 근거 파악하기

유형 익히기

주관식 듣기 문항은 강연을 듣고 강연의 주장에 반대하는 주장과 근거를 서술하는 유형과, 인터뷰나 토론을 듣고 나서 참여자 중 한 사람의 의견이 어떠한지 요약하여 써야 하는 유형으로 나뉜다. 전자의 유형은 강연에서 발견할 수 있는 오류, 문제점 등을 찾아서 그것에 반박하는 의견을 적절한 근거와 함께 제시해야 한다. 후자의 유형은 인터뷰나 토론의 참여자 중 한 명이 주장하는 내용의 중심이 무엇인지 전체의 맥락을 확인하고 압축하여 서술하는 능력이 요구된다. 각 유형에 따라 답안을 작성할 때 고려해야 하는 조건이 제시되므로 조건에 맞게 분량을 지켜 서술해야 한다.

문제풀이

| 예시 답안 |

푸드 트럭은 다른 창업에 비해 소규모 자본으로 쉽게 창업이 가능해, 청년층에게 일자리와 다양한 창업 기회를 제공할 수 있다. 또한 푸드 트럭 개조를 통해, 나아가 자동차 개조 산업 분야의 활성화를 기대해 볼 수도 있다. 젊은층의 신선한 아이디어는 개성 있는 창업 아이템을 등장시켜 다양한 먹거리 문화를 선도할 것이다.

| 정답 기준 |
① '강연에 제시된 연사의 주장'에 대한 반론이 제시되어 있는가.
— 강연과의 연관성 고려 필요
② 주장에 대한 근거가 제시되어 있는가.
③ 주장과 근거가 논리적이고 긴밀한가.
④ 글의 분량을 지켜 썼는가(세 문장).

A	①, ②, ③, ④를 모두 만족시킨 경우
B	①과 ②를 모두 만족시켰으나, ③ 혹은 ④ 조건만 만족시키지 못한 경우
C	— 연사의 주장을 푸드 트럭 사업의 개념에 초점을 맞춰 쓴 경우 — ①과 ②의 조건을 충분히 만족시키지 못한 경우
D	— 연사의 주장 중 부차적인 부분에 대한 비판에만 치중한 경우 — 비논리적인 내용으로 답안을 작성한 경우

🎧 듣기 대본

다음은 강연의 일부입니다. 잘 듣고 물음에 답하세요.

> 정부가 올해 하반기부터 일반 화물차를 푸드 트럭으로 개조하는 것을 허용하였습니다. 지정된 장소에서 이 푸드 트럭을 이용해 영업도 가능하게 되었습니다. 이는 사회적 혼란을 감안하지 않은 섣부른 결정이 아닐까 우려됩니다.
> 푸드 트럭이 허용이 되면, 본래 그 지역에서 영업을 해 오던 근처 가게들의 반발이 커질 것은 당연한 일입니다. 게다가 이 가게의 점주들은 월세와 보증금 및 각종 세금을 지불하는데, 푸드 트럭은 이러한 점에서 큰 혜택을 보게 되며 일반적인 노점상 등과의 형평성 문제도 발생할 것입니다.
> 정부에서는 푸드 트럭을 350여 개의 놀이공원과 유원지에만 허용한다고 밝혔으나, 이미 놀이공원 등에는 자체적으로 운영하고 있는 간이 음식점들이 있어 푸드 트럭이 자리를 잡기는 매우 어려울 것으로 예상이 됩니다. 따라서 현실성이 없는 규제 개혁안이며, 푸드 트럭이 청년 창업가들에게 기회가 될 것이라는 주장은 빛 좋은 개살구 식의 발언일 뿐입니다. 실제로 유원지 등에 들어가기 위해서는 자릿세를 비롯하여 추가적인 비용이 많이 들어 청년 창업가와 자영업자에게 큰 부담으로 작용하게 될 것이기 때문입니다.
> 또한 여러 장소를 옮겨 다니며 영업을 하게 되는 푸드 트럭은 식품 안전 및 위생의 관리 문제에서도 자유로울 수 없는 것이 사실입니다. 게다가 푸드 트럭에 사용되는 화물차들은 1급 발암 물질인 디젤 가스를 사용하며, 각종 배출 가스에 미세 먼지의 원인이 되어 시민의 건강을 해칠 우려가 크다고 봅니다.

강연의 주장을 반대하는 입장에서 자신의 주장과 근거를 〈보기〉의 조건에 맞게 쓰시오.

| 보기 |
— '연사의 주장'에 대한 반론을 제시할 것
— 반론에 대한 적절한 근거를 제시할 것
— 어문 규정을 지키면서 3문장으로 작성할 것

⇨

01 [주관식] 듣기

시험에 나온! 나올! **필수이론**

주관식 듣기 문항은 내용을 적용하고 제시한 주제 등에 대한 대안을 탐색하는 것을 골자로 하고 있다. 주로 등장하는 발화의 유형은 강연, 토론(대화), 뉴스, 보도이며 창의 영역에서 앞 순서에 배치되는 요약하기 문제의 경우에는 강연의 유형이 자주 제시된다. 다음 순서에 배치되는 반대하기 문제의 경우에는 강연, 토론(대화), 보도 등이 다양하게 제시되는 편이다.

1 [기출 발문] 강연 듣고 연사의 의견 요약하기

① 이번에는 강의를 들려 드립니다. 잘 듣고 이 강연에서 말한 지도에 대한 새로운 견해와 그런 견해가 도출된 이유를 100자 내외(띄어쓰기 포함)로 쓰시오.
② 강연의 중심 내용을 〈보기〉의 조건에 맞게 쓰시오.
　- 필자의 주장과 그 근거를 드러낼 것
　- 100자 내외로 작성할 것
③ 다음 뉴스를 잘 듣고, 한국 중산층의 문화 향유에 대한 교수의 견해를 100자 내외로 쓰시오.
④ 다음은 강연의 일부입니다. 강연자가 "나무를 많이 심는다고 무조건 좋은 건 아닙니다."라고 말한 까닭에 대해 100자 내외로 쓰시오.
⑤ 다음은 토론의 일부입니다. 여자의 입장에서 비인기 종목 지원에 관한 생각을 100자 이내로 요약하세요.

위와 같은 발문이 제시되는데, 아래의 조건을 만족시킬 수 있어야 한다.

―― 조건 ――
- 화자의 ~에 대한 입장을 드러낼 것
- 어문 규정을 지키며 2문장 이하로 기술할 것

| 정답 기준 |
① ~에 대한 찬성의 내용을 담고 있는가.
② ~에 대한 찬성의 근거를 담고 있는가.
③ 글의 분량을 지켜 썼는가(2문장 이하).

A	①, ②, ③을 모두 만족시킨 경우
B	①과 ②를 모두 만족시켰으나, ③을 만족시키지 못한 경우
C	- ①과 ② 중 하나만을 만족시키며, 그 내용이 충실한 경우 - ①과 ②를 모두 제시하였으나, 일부 내용이 완전하지 못하거나 불분명한 경우
D	①과 ②를 제시하였으나, 내용이 불분명한 경우

따라서 아래의 순서와 같이 답안을 작성하는 것이 적절하다.

> 뉴스, 강연을 듣고 어떠한 주제에 대해 논하는지를 파악하자!
> ↓
> 해당 주제에 대해 화자(강연자, 남자, 여자)는 어떠한 입장을 가지고 있는지 파악하자!
> ↓
> 해당 주제에 대한 화자의 생각을 2문장 이하의 분량에 충실하게 요약하여 담아 내자!

2 [기출 발문] 강연, 토론, 뉴스, 보도를 듣고 특정 화자의 의견에 찬성, 혹은 반대하기

① 이번에는 두 학자 간의 토론을 들려 드립니다. 잘 듣고 남자의 견해를 반박하는 주장과 근거를 100자 내외로(띄어쓰기 포함) 서술하시오.
 - 남자의 주장을 반박하는 견해를 한 문장으로 쓸 것
 - 주장에 대한 근거를 하나 이상 쓸 것
② 다음 보도를 잘 듣고, 글로벌 이코노미의 입장을 찬성하거나 반대하는 의견을 근거를 들어 100자 이내로 쓰시오.
③ 다음 강연을 잘 듣고, 연사의 견해에 반대하는 입장의 주장을 60자 내외로 쓰시오.
④ 다음 강연을 잘 듣고, 강연의 주장에 대해 반대하는 입장에서 자신의 주장과 근거를 100자 내외로 쓰시오.

이 문항 유형의 경우 가장 중요한 것은, 학습자가 원하든 원하지 않든 연사(화자)의 주장에 반대하는 의견을 만들어서 글을 작성해야 한다는 점이다. 즉, 연사(화자)의 의견을 면밀히 살펴보고 오류를 찾아내어 그 오류를 근거 삼아 자신의 반대 의견을 피력해야 하는 것이다. 이 문항의 경우 아래와 같은 작성 조건을 요구한다.

> ─┤ 조건 ├─
> - '연사의 주장'에 대한 반론을 제시할 것
> - 반론에 대한 적절한 근거를 제시할 것
> - 어문 규정을 지키면서 100자 내외로 작성할 것

| 정답 예시 |
① ~해야 한다는 주장
② ~(으)ㄹ 수 있다는 주장
③ ~기 때문에 그에 반대한다는 주장

| 정답 기준 |
① '~'에 대한 반론이 제시되어 있는가.
 - 본문과의 연관성 고려 필요
② 주장에 대한 근거가 제시되어 있는가.
③ 주장과 근거가 논리적이고 긴밀한가.
④ 어문 규정을 지켜 100자 내외로 썼는가.

A	위 조건을 모두 만족시킨 경우
B	①과 ②를 모두 만족시켰으나, ③ 혹은 ④만 만족시키지 못한 경우
C	①과 ②의 조건을 충분히 만족시키지 못한 경우
D	– 연사의 주장 중 부차적인 부분에 대한 비판에만 치중한 경우 – 비논리적인 내용으로 답안을 작성한 경우

따라서 이 문항의 답안은 아래의 방법으로 작성할 수 있을 것이다.

> 뉴스, 강연, 토론, 보도를 듣고 화자가 어떠한 주제에 대해 어떠한 입장인지 파악하자!

↓

> 화자가 주장하는 의견에 모순, 오류, 불분명한 근거가 있지 않은지 파헤치자!

↓

> 파악한 내용을 근거로 탄탄하게 반대하는 주장을 만들어서 글자 수를 채우자!

3 기타 유형 발문 예시

① 이 인터뷰에 이어질 고령화 사회에 대한 대책을 〈보기〉의 조건에 맞게 쓰시오.
 – 인터뷰와 관련된 고령화 사회의 현상이나 문제점을 제시할 것
 – 2문장 이하로 기술할 것
② 다음은 환경을 주제로 한 방송의 일부입니다. 다음에서 설명하는 '매스미디어'의 개념과 매스미디어가 어떻게 활용되는지에 대해 100자 내외로 쓰시오.

 기타 유형의 경우 강연, 방송, 토론 등에서 제시한 내용을 세밀하게 파악했는지 확인하는 유형으로 가장 적게 출제되는 예외적인 유형이다. 작성 방법은 '요약하기'와 동일하지만, 화자의 의견이 아니라 전달되는 사실적 정보 자체에 대해 요약한다는 점이 상이하다.

> ☑ **결정적 힌트!**
>
> 주관식 듣기에서는 특정 주제에 대해 화자가 어떤 입장인지 서술하거나 혹은 화자의 주장에 대한 찬성, 반대 의견을 서술하는 문제가 종종 출제된다. 이때 반드시 문제에서 정해 준 입장에 해당하는 의견을 제시해야 함을 잊지 말자. 자신이 개인적으로 동의하지 않는다고 하더라도 문제의 조건에 맞춰서 의견을 전개해야 한다.

01 [주관식] 듣기

이론점검 문제

🎧 에듀윌 도서몰(book.eduwill.net)에서 듣기 MP3 파일을 무료로 다운 받으세요.

01 주관식

강연의 내용에 반대하는 주장과 근거를 〈보기〉의 조건에 맞게 쓰시오.

| 보기 |
- '본문에 제시된 연사의 주장'에 대한 반론을 제시할 것
- 반론에 대한 적절한 근거를 제시할 것
- 어문 규정을 준수하여 한 문장으로 작성할 것

⇨ _____
_____
_____
_____

문제풀이

01

| 예시 답안 |
① 이용객들의 호응이 별로 없을 것이라는 주장
- 가격 흥정을 하며 사람 냄새 풍기는 곳이 본래 재래시장의 모습인데, 그렇지 않은 형태로 리모델링이 되면 이용객이 재래시장에 매력을 느끼지 못할 것이다.
② 상인들의 경제적 부담이 클 것이라는 주장
- 기존 재래시장을 철거하고 건물을 새로 짓거나 리모델링하는 동안 상인들은 수입이 없어 생활고에 시달릴 것이다.
- 시설을 현대화한 후 그 자리에 다시 들어와 장사하기 위해 지불해야 하는 임대로 등이 기존에 비해 상승할 것이 분명하고, 결국 재래시장의 상인들이 일자리를 잃게 될 가능성이 높다.

| 정답 기준 |
① '본문에 제시된 연사의 주장'에 대한 반론이 제시되어 있는가.
  - 본문과의 연관성 고려 필요
② 주장에 대한 근거가 제시되어 있는가.
③ 주장과 근거가 논리적이고 긴밀한가.
④ 어문 규정을 지켜 1문장으로 작성하였는가.

A	위 조건을 모두 만족시킨 경우
B	①과 ②를 모두 만족시켰으나, ③ 혹은 ④ 조건만 만족시키지 못한 경우
C	①과 ②의 조건을 충분히 만족시키지 못한 경우
D	- 연사의 주장 중 부차적인 부분에 대한 비판에만 치중한 경우 - 비논리적인 내용으로 답안을 작성한 경우

02 주관식

강연의 주장을 반대하는 입장에서 자신의 주장과 근거를 〈보기〉의 조건에 맞게 쓰시오.

┌─ 보기 ─────────────────────────────┐
- '본문에 제시된 연사의 주장'에 대한 반론을 제시할 것
- 반론에 대한 적절한 근거를 제시할 것
- 어문 규정을 준수하여 한 문장으로 작성할 것
└──────────────────────────────────┘

⇨ _____
_____
_____
_____

문제풀이

02

| 예시 답안 |

① 업무 능력과 학력은 관련이 없다는 주장
  - 자신이 대학이나 대학원에서 전공하는 분야에 취업을 하는 경우는 드물기 때문에 학력이 취업한 분야에서 임금을 높게 받는 것과 연관될 이유가 없을 것이다.
  - 대학과 대학원에서 긴 시간 공부를 했다고 해서 회사에서 진행되는 실무를 잘 소화할 수 있는 능력을 갖추는 것은 아니다.

② 모든 분야의 전문가가 학력으로 평가되어서는 안 된다는 주장
  - 어떤 분야의 업무는 대학이나 대학원에 전공으로 개설이 되어 있지 않은 경우도 많으며, 일부 분야는 긴 시간 교육을 받는 것보다 실제 현장에서 경험을 통해 관련 분야의 기술을 획득하는 것이 업무에 훨씬 더 도움이 되는 사례가 많다.
  - 노동자의 능력은 적성, 소질, 육체적 힘, 참을성, 규율에의 복종 등 다양한 요소를 포함해야 하는 것이며 이것은 개인의 특성에 따라 매우 다르게 나타날 수 있는데, 학력이라는 단 하나의 기준으로 이를 평가하는 것은 불가능하다.

| 정답 기준 |

① '본문에 제시된 연사의 주장'에 대한 반론이 제시되어 있는가.
  - 본문과의 연관성 고려 필요
② 주장에 대한 근거가 제시되어 있는가.
③ 주장과 근거가 논리적이고 긴밀한가.
④ 어문 규정을 지켜 1문장으로 작성하였는가.

A	위 조건을 모두 만족시킨 경우
B	①과 ②를 모두 만족시켰으나, ③ 혹은 ④ 조건만 만족시키지 못한 경우
C	①과 ②의 조건을 충분히 만족시키지 못한 경우
D	- 연사의 주장 중 부차적인 부분에 대한 비판에만 치중한 경우 - 비논리적인 내용으로 답안을 작성한 경우

듣기 대본

🎧 듣기 대본
01
다음은 강연의 일부입니다. 잘 듣고 물음에 답하세요.

> 재래시장은 건물보다는 장소를 의미하는 입지적 개념으로 넓은 공간에 점포들이 밀집해 있거나 좁은 도로를 따라 일련의 점포군이 배열됨으로써 일정한 지역을 점유하는 장소를 의미합니다. 여기서 말하는 장소란 단순히 물리적 환경에 의한 한정된 공간만을 의미하는 것이 아니라 그 안에 있는 사람들의 문화, 생활양식, 인간 형태 등의 유기적인 결합에 의해 구체화된 공간을 의미하는 것이지요. 그런데 이런 재래시장을 이용하는 이용객들은 여러 면에서 불편을 느끼게 됩니다. 우선, 내가 물건을 샀던 가게가 어디인지 위치를 명확하게 기억하기도 어려울 뿐더러, 위생적이지 않은 환경에서 음식물을 구매하는 것에도 거부감을 느끼는 경우가 종종 있다는 것입니다. 따라서 정부에서는 재래시장을 현대화하기 위해 이를 철거하고 건물을 새로 짓거나 기존 건물을 리모델링하는 방식의 사업을 적극적으로, 그리고 신속하게 추진해야 할 필요성이 있습니다. 물론 수십 억의 예산이 소요될 수 있겠으나 더 많은 이용객을 수용하기 위한 시설 확충을 위해서 그만한 투자는 해야 하는 것이 아닐까 생각합니다. 깨끗하고 청결한 환경에서 효율적인 쇼핑을 하는 것이 모든 이용객들의 기본적인 희망 사항이 아니겠습니까?

🎧 듣기 대본
02
다음은 강연의 일부입니다. 잘 듣고 물음에 답하세요.

> 최근 우리나라의 학력별 임금 차이가 경제협력개발기구 회원국 중 가장 크다는 조사 결과가 발표되었습니다. 우리나라의 노동시장에서는 수요와 공급이라는 노동시장적인 요인 이외에 학력 차별이 독자적인 요인으로 작용한다는 뜻입니다. 이에 대한 여론의 반응을 보면 말도 안 된다, 사회가 불평등해서는 안 된다는 의견이 지배적인 것을 알 수 있습니다. 그런데 과연 기업이 자기 자신의 계발을 위해 더 많은 시간과 노력을 투자하고 대학이나 대학원에 진학을 한 학력을 가진 직원들에게 임금을 더 높게 주는 것이 잘못된 일인지는 고민해 봐야만 합니다. 우선 기업은 이윤을 추구하는 집단이라는 점을 기억해야 합니다. 기업에서는 회사의 일을 더 잘할 수 있는 능력과 자격을 갖춘 사람에게 임금을 더 주고자 하는 것이며 그 능력과 자격을 학력으로 확인하는 것입니다. 대학과 대학원 교육을 받는 데 투자한 비용과 시간에 대한 비용을 보전해 주는 것은 당연하지 않습니까? 해당 분야에 대한 다양한 정보를 획득하고, 여러 자료를 탐독하고 연구를 해 온 것을 하나의 기술이 있는 것과 마찬가지로 보는 것이지요. 따라서 이러한 학력별 임금의 차이에 대해 차별이라는 부정적인 용어를 쓸 이유도 없다고 생각합니다. 자신의 분야에서 열심을 한 것을 대우해 주는 것일 뿐, 불평등한 대우를 하는 것이 아니기 때문입니다.

실전 감각을 기를 차례! **[기출변형 문제편]** 바로가기 ☞ P.196, P.209

02 [주관식] 쓰기

기출유형 1

주제 설정

유형 익히기
주제 설정과 관련된 주관식 문항은 주어진 문장을 읽고 글의 주제를 찾아 서술하는 방식으로 출제가 된다. 제시된 글에서 이야기하는 맥락을 파악해 제시된 조건에 맞도록 주제문을 작성하는 능력을 요구한다.

문제풀이
미괄식으로 구성된 단락의 소주제문을 작성해야 하는 주관식 쓰기 문항이다. 단락의 흐름을 살펴보면, 환경 문제를 유발하는 데에 과학자들이 일조를 한 바가 있고, 이것을 해결할 능력이 있는 것도 과학자들이라고 이야기하고 있다. 따라서 이러한 능력이 있는 과학자들이 온난화와 환경오염에 일조한 사람들이자, 해결의 열쇠를 쥐고 있는 사람들이라는 의미를 전달하면 된다.

| 예시 답안 |
현대 과학의 연구 개발 능력을 쾌적한 환경 만들기에 집중시킨다면, 환경 문제의 해결은 결코 어렵지 않을 것이다.

다음 글의 논리적인 흐름으로 보아 밑줄 친 부분에 들어갈 소주제문을 〈보기〉의 조건에 따라 쓰시오.

> 인류는 그동안 물질의 풍요로움과 생활의 편리함을 추구하여 살아왔으며, 20세기의 과학 기술은 이러한 보편적인 인류의 욕구를 충족시키기 위한 물질문명의 발달에만 그 목표를 두고 발전해 왔다. 따라서 과학 기술자는 물질문명의 발달에 기여한 바도 크지만, 그에 못지않게 환경오염 문제를 유발한 책임도 있다고 하겠다. 그러나 오존층의 파괴, 지구 온난화 문제 등 환경오염의 구체적인 실상을 밝혀 낸 것도, 그리고 이에 대한 구체적인 해결 방안을 제시할 수 있는 것도 과학 기술이다. 그러므로 _____
> _____

---- 보기 ----
- 70자 이내로 적을 것
- '~을 것이다'를 사용할 것

⇨ _____

출처 | 윤순창, 〈현대 과학은 환경 문제를 해결할 수 있는가〉

기출유형 2 — 자료의 수집과 정리

유형 익히기
제시된 자료를 보고 〈조건〉에 맞추어 쓰기를 수행하는 능력을 평가하는 유형이다. 새로운 개념이나 정책에 대해 다루기보다는 일반적이고 친숙한 주제를 대상으로 글을 작성해 나가는 과정을 묻기 때문에 주제의 흐름을 자연스럽게 따라가며 관련 자료를 이해하는 능력이 필요하다.

문제풀이
| 예시 답안 |
정신건강의학과 전문의를 찾을 수 있도록 사회 전반의 인식 개선이 이루어졌으면 한다.

[자료 1]과 [자료 2]를 고려하여 글을 쓰고자 한다. 빈칸에 들어갈 문장을 〈보기〉의 조건에 맞게 쓰시오.

[자료 1] 전문 서적
　정신건강의 문제를 성격문제를 제외하고 크게 신경증과 정신증 두 가지로 구분하면, 신경증에는 적응장애, 우울증을 포함한 기분장애, 불안장애, 스트레스와 연관된 질환 등 대부분의 질환이 포함된다. 정신증은 조현병과 같이 현실 판단력에 손상이 있는 일부 질환이 해당한다. 따라서 정신증은 일부 질환에 국한된다고 볼 수 있다. 이러한 이유로 전문과목의 명칭을 다소 순화하고 연관된 편견을 줄이고자, 정신과에서 정신건강의학과로 과명이 변경되었다.

[자료 2] 인터뷰 자료
　'정신질환자'라는 표현을 사용하여 자격 등을 제한하고 있는 법은 모자보건법, 영유아보육법, 공중위생 관리법 등 30여 개가 있습니다. 그리고 2013년 정신보건법에서 정신건강증진법으로 개명하면서 개정된 내용에 의하면, 정신질환자의 범위가 이전에 비해 축소되었습니다. 즉, 외래진료로 일상생활이 가능한 경증질환은 범위에서 제외되었고, '사고장애, 기분장애, 망상, 환각 등 정신질환으로 인하여 독립적으로 일상생활을 영위하는 데 중대한 제약이 있는 사람'으로 범위가 줄었습니다. 따라서 취업에 제한이 되는 경우는 중증질환인 경우로 극히 일부분이라고 생각됩니다.

　정신건강문제는 개인의 성격이나 의지의 문제가 아니라, 뇌와 연관된 질환으로 초기에 적절한 치료를 받는다면 조기에 회복에 이를 수 있다. 사람들의 정신건강의학과에 대한 오해가 조금씩 이해로 바뀌어야 하며 혹여나 기분, 생각, 행동, 수면 등의 어려움으로 진료를 받고자 할 때 다른 신체질환의 진료와 마찬가지로 당당함을 갖게 되어야 한다. 누구든지, 언제든지 (　　　　　　　　　　　　　　　　)

| 보기 |
- '누구든지, 언제든지'에 자연스럽게 이어지도록 할 것
- '-이/가 이루어졌으면 한다'는 문장 표현을 사용할 것
- 60자 이내의 한 문장으로 쓸 것

⇨

기출유형 3 구성—개요

유형 익히기

글을 쓰기 전에 개요를 구성하는 단계를 파악하는 능력을 평가하는 문항이다. 글의 전체 개요를 제시하고 개요 중 누락된 항목을 올바르게 채워 넣거나 제시된 개요의 문제점을 찾고 이를 수정하거나 보완하는 형태의 유형으로 제시된다. 글의 내용을 통일성 있게 구성하고 있는지를 파악하여 풀어내야 하는 유형이다. 개요의 항목은 일반적으로 원인(원인이 되는 사회적, 지식적 배경 함께 제시) – 해결 방안(대책, 앞으로의 지향해 나갈 바)의 순서로 배치된다. 도서의 목차 부분이나 간략한 소논문 등의 목차를 훑어보는 연습을 자주 해 두면 글의 완결성이나 일관성의 적절성 여부를 판단하는 데 도움이 된다.

문제풀이

결론에서는 서론과 본론에서 언급한 내용을 포괄하여 간략하게 서술하면 된다. 본론에서 '개인정보 침해 실태'와 '개인정보 보호 방안'에 대해 언급하고 있으므로, 결론에서는 '개인정보를 보호하기 위한 다양한 방법을 검토하고, 이 방안을 실행해야 한다'는 내용을 다루어야 한다.

| 예시 답안 |
개인정보를 보호하기 위한 다양한 방법을 검토, 실행해야 한다.

다음은 어떤 글의 개요이다. 결론의 주제문을 〈조건〉에 맞게 작성하시오.

서론: 1. 개인정보 보호 개요
　　　2. 개인정보 보호 관련 법제

본론 1: 개인정보 침해 실태
　　　1. 개인정보 침해 현황과 주요 유형
　　　2. 인터넷 사이트의 개인정보 보호 규정 준수 실태

본론 2: 개인정보 보호 방안
　　　1. 민간 자율 규제의 적극적 시행
　　　2. 개인정보 취급 방침의 명확한 제시

결론: _____

| 조건 |
- 완전한 문장으로 서술할 것
- 개요의 흐름을 고려해 작성할 것

⇨

출처 | 한국교육과정평가원, 〈2005학년도 대학수학능력시험 언어영역〉

기출유형 4   전개

유형 익히기

단락의 내용을 통해 글에서 전개되는 내용을 파악하고, 형성하는 능력을 평가하는 문항이다. 글의 성격에 맞게 다양한 서술 방식을 활용하는 능력을 함께 평가하며, 빈칸에 주어진 조건에 부합하는 표현을 작성하는 주관식과, 빈칸에 적절한 내용을 고르는 객관식이 함께 출제되는데, 주관식의 출제 비중이 더 높은 편이다.

문제풀이

빈칸의 뒤에 '따라서 화가는 이와 같은 단조로움을 활용한다.'라고 서술하고 있으므로, 빈칸에는 화가가 만든 단조로움이나 단순함으로 인한 문제점이 제시되어야 한다. 그래야 이 단조로움을 극복하기 위해 강조의 기법을 활용한다는 내용과 자연스럽게 이어진다.

| 예시 답안 |
그런데 통일성은 작품에 대한 안정감을 부여하기도 하지만, 자칫 지나치면 감상자의 입장에서 그 작품은 답답하고 밋밋하게 느껴질 수 있다.

다음 글을 읽고, (   ) 안에 들어갈 내용을 〈보기〉의 조건에 맞게 작성하시오.

>   조형의 원리란 조형 작업에서 조형의 요소들을 어떻게 배합하고 다룰 것인가 하는 방법의 문제를 의미한다. 화가는 작품을 창작할 때 자신의 의도를 살려내기 위해서 다양한 조형의 원리를 사용한다. 그 중에서 가장 중요한 원리가 바로 통일성의 원리이다. 통일은 감각적으로나 또는 실제적으로 도형, 색, 양, 재료 및 기술상에서 미적 관계의 결합이나 질서를 말한다. 구성의 조직에서 많은 요소들은 여러 가지 감정상의 경쟁을 하지만 가장 우세한 요소가 주조가 됨으로써 대립은 해결되며 통일을 이룰 수가 있다. 예를 들어, 드가의 작품 〈모자 가게〉에서는 모자와 꽃 등 원형(圓形)의 소재를 반복적으로 표현함으로써 형태적인 측면에서 전체적인 통일성을 부여하고 있다. (   ). <u>따라서 화가는 이와 같은 단조로움을 피하고 자신의 의도를 부각하기 위해 강조의 기법을 활용한다.</u>

―| 보기 |―
- 밑줄 친 부분과 인과 관계가 형성되는 표현을 쓸 것
- '~기도 하지만, ~(으)ㄹ 수 있다.'의 형태로 작성할 것
- 완결된 한 문장으로 쓸 것

⇨

02 [주관식] 쓰기

시험에 나온! 나올! **필수이론**

1 주제 설정

주제 설정의 주관식 문항은 주어진 단락을 읽고 단락의 주제를 찾아 서술하는 방식으로 출제가 되고 있다. 문제를 풀기 위해서는 해당 단락에서 이야기하는 맥락을 파악하여 제시된 〈조건〉에 부합하게 주제문을 작성해야 한다.

1. 기출 발문과 조건

① 위의 자료와 아래의 칼럼을 활용하여 고령화 사회의 문제점과 그 해결 방안을 주제로 다음과 같은 글을 쓰려고 한다. 서론에 해당하는 빈칸에 들어갈 내용을 〈보기〉를 참고하여 쓰시오.
  – OECD 회원국과 한국 그래프 자료를 비교 해석할 것
  – 마지막 문장을 '이것은 ~을 의미한다'의 형태로 구성할 것
  – 100자 내외(띄어쓰기 포함)로 작성할 것
② 다음의 글을 이끌 수 있는 ㉠에 적절한 문장을 〈보기〉의 조건에 맞게 쓰시오.
  – 필자가 생각하는 라디오와 청취자의 관계의 특징을 드러낼 것
  – 어문 규정을 지켜 50자 내외로 쓸 것
③ 다음을 읽고 〈보기〉의 조건에 맞게 중심 문장을 쓰시오.
  – 본문에 나온 표현을 그대로 옮기지 말 것
  – 어문 규정을 지켜 20자 내외로 쓸 것
④ 다음은 에세이의 일부이다. ㉠과 ㉡에 적합한 소제목을 각각 〈보기〉의 조건에 맞게 쓰시오.
  – 각 문단의 핵심 내용을 담을 것
  – 명령형으로 쓸 것
  – 각각 10자 내외로 압축적으로 표현할 것

2. 주제문 작성 시 유의할 점

① 완결된 문장이어야 한다.
② 단락의 의미를 완결지어야 한다.
③ 표현이 구체적이며 정확해야 한다.
④ 간결하면서도 맥락의 흐름이 자연스러워야 한다.
⑤ 조건으로 제시되는 항목들을 충족시켜야 한다.
  – 글자 수를 지켜서 쓰되 '내외'라는 조건이 있으므로 여유 있게 생각하여 쓰자.
  – 2011년 이후부터 문항별 글자 수 제한은 거의 사라졌지만, 제한된 글자 수나 정해진 문장에 맞게 쓸 수 있도록 평소 문제를 많이 풀어서 감을 익히도록 하자.
  – 어문 규정을 지켜서 작성해야 하는 것은 기본 중의 기본이다. 글자의 표기가 바뀌지 않았는지, 문장 부호가 틀리지 않았는지 유의하자.

2 자료의 수집과 정리

'자료의 수집과 정리' 유형은 쓰기 영역 중 난도가 높은 편에 속하며, 정치, 경제, 문화, 건강, 교육 등 다양한 영역의 내용을 다루고 있다. 따라서 최근 사회의 시사상식, 시사용어 등에 대해 알아 둘 필요가 있다.

1. 빈출 발문

① [자료 1], [자료 2]를 바탕으로 주장할 수 있는 바를 쓰시오.
  → 주관식으로 출제되며, 제시된 자료들 중에서 선택할 만한 내용을 서술하면 된다. 제시되는 조건(어문 규정, 글자 수, 띄어쓰기, 제시되는 문장 형식)을 만족시켜야 한다.

② 위의 그림과 관련해 〈조건〉에 맞도록 문구를 작성하시오.
  – 신문 기사의 제목 형식으로 쓸 것
  – 통신비 지출 비율을 다른 항목의 지출 비율과 비교하는 내용을 포함시킬 것
  – 20자 내외로 쓸 것

③ 윗글은 한국의 경제 상황을 다루는 글이다. 밑줄 친 부분에 들어갈 내용을 〈조건〉에 맞게 쓰시오.
  – 객관식 20번의 제시문 활용, 구체적 수치를 제시할 것
  – '20대 비경제 활동의 인구는'이라는 구절을 반드시 포함할 것
  – 100자 내외로 작성할 것

3 구성 – 개요

ToKL의 주관식 쓰기 문항에서 '구성 – 개요'에 대해 묻는 문항에서는 주로 아래의 표와 유사한 개요가 제시문으로 등장하게 된다. 그리고 제시문의 주제문으로 적절한 문장을 쓰는 문항이 출제되거나, 개요의 흐름을 적절하게 조절하고 더 완성도 있는 개요를 완성하도록 연구하는 문항이 출제되고 있다.

서론	1. 문제 제기 – 문제 상황 소개 – 고찰의 필요성 제기
본론 1	2. 문제 상황 분석 – 원인 분석 – 결과 분석
본론 2	3. 해결점 제시 – 해결점의 기본 방향 – 해결점의 구체적인 실천 방법
결론	4. 요약 및 제언 – 정리·전망하는 내용 제시

1. 결론(주제문)을 작성하는 문항

문항의 난도가 높게 설정되어 있지는 않으므로 서론과 본론의 내용 중 핵심을 엮어 조건을 충족하는 문장을 적으면 된다.

2. 개요의 완성도를 높이기 위한 문항

① 서론-문제 상황 소개

서론에서 문제의 상황을 드러내는 사회적인 분위기, 설문 조사 결과, 문화적인 배경 등을 제시하여 글의 매력도를 높이는 내용을 추가할 수 있다.

② 본론-해결점의 구체적인 실천 방법

문제의 해결 방안을 실제적으로 제시할 수 있도록 하는 내용을 추가로 삽입하거나, 본론의 하위 항목 중 다른 항목과 긴밀함이 떨어지는 내용은 과감하게 삭제하는 선택을 할 수 있다. 본론에서 불필요한 부분을 찾아내고 보완하는 것이 이 문항에서 중점이 된다.

③ 결론-정리·전망하는 내용 제시

결론에서는 전체적인 내용을 압축하여 전달해야 하는데, 간혹 서론이나 본론의 내용으로 회귀하는 내용이 제시되는 경우가 있다. 이러한 경우 내용의 흐름이 순환적으로 다시 돌아가지 않도록 마무리를 짓는 내용으로 수정해야 한다.

4 전개

1. [빈출 발문] 중심 문장 쓰기

① 다음 글을 읽고 ㉮에 들어갈 중심 문장을 〈보기〉의 조건에 맞게 쓰시오.
 - '~해야 한다'의 표현을 반드시 넣어서 작성할 것
 - 어문 규정을 지켜 50자 내외로 쓸 것

② 다음 글의 중심 문장을 〈보기〉의 조건에 맞게 쓰시오.
 - ㉠의 내용을 제시할 것
 - '~해야 한다'의 정책 명제로 쓸 것
 - 어문 규정을 지켜 60자 내외로 쓸 것

③ 다음 글의 ㉠에 들어가기에 적절한 중심 문장을 〈보기〉의 조건에 맞게 쓰시오.
 - '아메리카 원주민들'을 주어로 쓸 것
 - ㉠의 내용이 반영되도록 쓸 것
 - 어문 규정을 지켜 40자 내외로 쓸 것

④ 윗글의 필자의 주장을 압축적으로 드러낼 수 있는 중심 문장을 〈보기〉의 조건에 맞게 쓰시오.
 - '가족 임금'이라는 개념에 대한 필자의 입장이 드러나도록 쓸 것
 - 어문 규정을 지켜 30자 내외로 쓸 것

2. [빈출 발문] 이어질 내용 쓰기

① 윗글을 읽고 밑줄 친 부분에 이어질 내용을 아래 〈보기〉의 조건에 맞게 쓰시오.
 - 이어지는 문장으로 작성하되, 두 가지 이상의 '대안'을 포함할 것
 - 문장의 주어는 '대학교는'으로 하고 서술어는 '~해야 한다'로 할 것
 - 어문 규정을 지켜 100자 내외로 쓸 것

② 밑줄 친 부분에 이어질 문장을 〈보기〉의 조건에 맞게 쓰시오.
　　- '대중교통, 정속(定速) 주행, 기름 소비량, 연비(燃比)' 등의 단어를 사용하여 양적 측면과 질적 측면이 모두 반영되도록 쓸 것
　　- '줄이다', '높이다'라는 단어를 활용할 것
　　- 문장 호응을 고려하여 어문 규정을 지켜 100자 내외로 쓸 것
③ 다음은 '이직을 결심한 직장인들의 심리적 경향'에 대한 글이다. 글이 자연스럽게 이어질 수 있도록 ㉠에 적절한 문장을 〈보기〉의 조건에 맞게 완성하시오.
　　- '~해야 한다'의 표현을 반드시 넣을 것
　　- 어문 규정을 지켜 30자 내외로 쓸 것

3. 기타 빈출 발문

① 다음 글의 논지를 뒷받침할 수 있는 내용을 〈보기〉의 조건에 맞게 쓰시오.
　　- '주장-논거'의 구조를 사용할 것(2문장 이상)
　　- 어문 규정을 지켜 100자 내외로 쓸 것
② 〈예시〉의 밑줄 친 부분을 대치할 수 있는 문장을 〈보기〉의 조건에 맞도록 쓰시오.
　　- 적절한 한자 하나를 택해 밑줄 친 문장과 같은 형식으로 쓸 것
　　- 글의 전체적인 흐름에 부합되는 내용으로 쓸 것
③ 차 판매자가 차의 카페인을 염려하는 구매자에게 조언할 만한 말을 〈보기〉의 요건에 맞도록 쓰시오.
　　- 차를 우려내는 시간에 따른 카페인 함량을 고려할 것
　　- 적절한 정보를 제공하여 구매자를 안심시킬 것
　　- 어문 규정을 지켜 30자 이내로 쓸 것
④ 다음은 '사이버 강의의 효율성'에 관한 글의 도입 부분이다. ㉠에 들어갈 본론을 이끌어 내기에 적절한 문장을 〈보기〉의 조건에 맞게 쓰시오.
　　- 글의 흐름이 자연스럽게 이어질 수 있도록 할 것
　　- 능동성, 주체성 등의 관점을 담아 쓸 것
　　- 어문 규정을 지켜 30자 내외로 쓸 것

02 [주관식] 쓰기

공부한 날 ●월 ●일

이론점검 문제

01 주관식

다음 글의 논리적인 흐름으로 보아 빈칸에 들어갈 소주제문을 〈조건〉에 따라 쓰시오.

> 저출생에 대한 걱정이 큰 요즘 아이를 낳아 키우는 가정 가운데 한부모 가정 특히 결혼하지 않은 상황에서 출산을 선택한 경우가 종종 있다. 큰 용기를 낸 선택이지만 홀로 아이를 키우며 생계를 이어가기란 쉽지 않다. 출산을 하고 나서 재취업할 엄두를 내기도 어렵다. 일을 하고 싶어도 소득이 잡히면 기초생활수급 자격을 잃게 되어 지원을 받을 길이 막막해지기 때문이다. 정부는 내년부터 한부모 가정 지원비를 7만 원 더 늘리기로 했다. 그러나 ( )

─── 조건 ───
- 문맥상 자연스럽게 이어지도록 쓸 것
- 완결된 한 문장으로 작성할 것
- '~것 보다, ~이/가 더 시급하다'의 문장 형식을 사용할 것

⇨ _____

문제풀이

01

'그러나'는 앞의 내용과 뒤의 내용이 상반될 때 쓰는 접속 부사이다. 앞의 내용이 정부에서 한부모 가정 지원비를 늘리기로 했다는 내용이므로, 이보다 우선시 되어야 할 부분을 글에서 찾아 답안을 작성해야 한다.

| 예시 답안 |
지원비를 늘리는 것보다, 혼자서도 아이를 키울 수 있는 환경을 마련해 주는 정책이 더 시급하다.

02 주관식

〈보기〉를 고려하여 글을 쓰고자 한다. 빈칸에 들어갈 문장을 〈조건〉에 맞게 쓰시오.

| 보기 |

(가) 인터뷰 자료

　결국 가사와 육아로부터 면제되는 남성이 '이상적 변호사(24시간 대기 태세를 갖추고 언제라도 밤을 새우거나 늦은 시간까지 업무에 고도로 몰입하는 워커홀릭 유형)'상(象)에 부합해 여성에 비해 성과와 지위 획득 측면에서 유리한 위치에 있음을 지적하지 않을 수 없습니다. 변호사 업무의 특성상 출산휴가 3개월의 공백기가 상당한 경력 패널티를 발생시킬 수 있으며 공백 기간만큼 본인이 담당하는 사건도 줄어들게 되므로 결국 평가에 있어 불이익을 받게 되고 파트너 변호사와의 관계를 복원해 새로운 일을 배정받는 데에도 제약을 받을 수밖에 없습니다. 그 결과 더 가치 있고 도전적이며 기업의 입장에서 부가가치가 높은 업무로부터 여성들이 배제되는 현상이 발생합니다. 이 같은 업무 배치는 다시 여성에 대한 부정적 평가와 승진·임금 등에서의 낮은 보상으로 귀결될 가능성을 높이는 일입니다.

(나) 설문조사 결과

　한국여성변호사회가 지난해 1월 회원 105명을 상대로 실시한 일·가정 양립 관련 설문조사 결과에 따르면 여성 변호사들은 육아휴직 사용을 주저하는 이유로 '육아휴직 사용을 꺼리는 회사 분위기(31.6%)'를 가장 많이 꼽았다. 다음으로 '고용 불안정성(22.8%)', '인사상의 불이익(19.9%)'을 들었다. '회사 내 대체인력 부족에 따른 미안함'을 선택한 경우도 16.9%에 달했다.

　이 때문에 여성 변호사 승진은 유리천장이 아니라 '방탄 천장'이 막고 있다는 말까지 나온다. 한 대형 로펌 관계자는 "로펌에서는 여성다움을 버려야만 성공할 수 있다는 말이 전설처럼 존재한다."며 "로펌들도 시대의 흐름에 발 맞춰 (　　　　　　　　　　)"고 말했다.

| 조건 |

- 앞 내용에 자연스럽게 이어지도록 할 것
- '-(으)ㄹ 수 있는 방안을 찾아야 한다'는 문장 표현을 사용할 것
- 60자 이내의 한 문장으로 쓸 것

⇨

문제풀이

02

〈보기〉의 (가)에서는 남성 변호사가 여성 변호사보다 가사와 육아로부터 비교적 자유롭기 때문에, 승진이나 임금 면에서 여성 변호사보다 나은 대우를 받고 있다는 내용을 제시하고 있다. (나)에서는 여성 변호사들이 육아휴직을 꺼려하는 이유에 대한 설문조사 결과를 제시하고 있다. (가)와 (나)를 통해 출산과 육아 등으로 인해 여성 변호사가 차별을 받고 있음을 알 수 있다. 빈칸 앞의 문맥을 살펴보면, (가)와 (나)에서 제시한 문제들이 없어져야 한다는 내용을 말하고자 한다. 이를 고려하여 〈조건〉에 맞게 문장을 작성해야 한다.

| 예시 답안 |
일·가정 양립을 위해 여성 변호사들에 대한 보이지 않는 차별을 해결할 수 있는 방안을 찾아야 한다.

03 주관식

다음은 어떤 글의 개요이다. 결론의 주제문을 〈조건〉에 맞게 작성하시오.

서론: 1. 노사 관계의 의미
      2. 경영 성과에 따른 공정한 분배 보장

본론: 1. 노사 분쟁의 원인
      (가) 노사 간의 이해 부족
      (나) 분배의 불공정성
     2. 노사 관계 정립을 위한 방안
      (가) 노사 간의 상호 신뢰 구축
      (나) 경영에 근로자의 참여 기회 부여

결론: _____

─── 조건 ───
- 완전한 문장으로 서술할 것
- 개요의 흐름을 고려해 작성할 것

⇨ _____

문제풀이

03

서론과 본론의 내용을 이어서 보면, 쓰고자 하는 글의 주제가 '바람직한 노사 관계'라는 것을 유추할 수 있다. 따라서 결론에서는 본론에서 언급한 모든 내용을 포괄하여 간략하게 서술을 하면 된다. 특히 본론에서 노사 분쟁의 원인을 서술하고 이것을 해결할 수 있는 방안을 제시하고 있으므로, 이 본론의 내용을 통합하여 서술해야 한다. 또한 본론에서 제시한 방안을 구체적으로 실천해 나가는 노력이 필요하다는 제언을 더하는 것도 좋은 방법이 될 것이다.

| 예시 답안 |
상호 이해와 공정한 분배에 바탕을 둔 노사 관계의 정립이 필요하다.

출처 | 국회사무처, 〈2004년도 국회직 9급 공개경쟁채용시험 국어〉

04 주관식

다음 제시문의 반론을 작성하되, 〈보기〉의 조건을 반영하시오.

> 초·중·고등학교 학생들의 조기 유학은 세계화와 국제화라는 불가피한 시대적 상황에서 매우 당연한 것이다. 급속도로 진행된 세계화로 정부와 기업을 중심으로 영어에 대한 수요가 과거와는 비교할 수 없을 만큼 증가했다. 이에 부응하다 보니 교육계에서도 영어 인재 키우기에 집중하게 된 것이다. 대학 입학과 취업에서도 영어가 중요한 부분을 차지하므로 조기 유학을 통해서라도 영어 실력이 뛰어난 글로벌 인재를 양성하는 것은 이제 선택이 아닌 필수이다.

---- 보기 ----
- 상대방의 의견을 일부 인정할 것
- 속담 표현을 활용하여 자신의 주장을 표현할 것
- '~(으)ㄹ지 모르는~'의 문장 형식을 사용할 것

⇨

문제풀이

04

영어가 현대 사회에서 필수적이라는 부분을 인정하면서도, 무조건 시대의 흐름을 따라가는 것에 반론을 제기해야 한다. 조건에 제시된 대로 속담 표현과 일정한 문법 형태를 활용하여 글을 서술하도록 한다.

| 예시 답안 |
영어가 현대 사회에서 중요한 것은 사실이다. 그러나 '친구 따라 강남 간다'식으로 모두가 하기 때문에 우리 아이에게도 영어를 가르친다는 것은 옳지 않으며, 어떤 부작용을 초래할지 모르는 모험과도 같은 일이므로 신중을 기해야 한다.

05 주관식

다음 글을 바탕으로 하여, '간접광고'에 대한 자신의 견해를 〈보기〉의 조건에 따라 쓰시오.

> 간접광고(PPL: Product Placement)는 영화나 드라마 등에서 특정 제품을 노출시켜 광고의 효과를 노리는 것이다. 이 용어는 본래 영화나 드라마를 제작할 때 소품 담당자가 영화에 사용할 소품들을 배치하는 업무를 뜻하였으나, 최근에는 소품들의 광고 효과가 뚜렷해짐에 따라 의도적으로 광고를 노리고 제품을 노출시켜 광고한다는 의미로 사용되고 있다. 간접광고는 광고주의 입장에서 저비용으로 고효율을 거둔다는 장점이 있으며, 외주 제작사의 입장에서도 출연료와 제작비 마련을 위한 주요한 수단으로 활용되고 있다. 최근 대중문화 콘텐츠에 대한 기대 수준이 상승함에 따라 높은 수준의 콘텐츠 제작이 요구되고, 이를 위해서 무엇보다 고액의 제작비 확보가 시급하므로 간접광고는 앞으로도 활성화될 가능성이 높다.

---- 보기 ----
- 첫 문장에 '찬성', 또는 '반대'의 입장을 명확하게 드러낼 것
- 간접광고의 효과를 한 문장으로 쓸 것
- '~와/과 달리~'의 표현을 반드시 포함할 것

⇨

문제풀이

05

간접광고의 효과에 대해서는 인지하고 있으나, 그 이면에 담긴 문제점에 대해 지적해 주어야 한다. 주어진 〈보기〉의 조건들을 충족하여 글의 내용을 전개하도록 한다.

| 예시 답안 |
- 찬성: 간접광고는 적은 비용으로 큰 홍보 효과를 낼 수 있기 때문에 이에 찬성한다. 노출 시간이 짧은 TV 광고, 신문 광고와 달리 간접광고는 장기간, 지속적으로 제품을 노출시킬 수 있다. 또한 제작자 입장에서는 간접광고가 제작비 마련의 주요 수단이 될 수 있기 때문에, 이를 통해 콘텐츠의 완성도를 높일 수 있다.
- 반대: 간접광고는 광고주의 입장에서는 광고의 효율성을 끌어올리는 가장 확실한 방법이지만, 광고주의 간섭으로 방송의 상업주의가 심화될 수 있으므로 이에 반대한다. 또한 사전 심의를 거치는 직접광고와 달리 검증되지 않은 정보가 제공될 경우 시청자가 피해를 입을 수도 있다.

03 [주관식] 어휘

기출유형 1 — 십자말풀이

유형 익히기

십자말풀이는 가로, 세로에 적합한 어휘를 찾는 능력을 평가하는 유형이다. 십자말풀이가 그리 어려운 어휘로 구성이 되어 있는 것은 아니지만, 막상 사전적인 의미를 보고 어휘를 떠올리는 것이 쉽지 않으므로 시간이 많이 소요될 수 있는 문항이다. '가로 1 → 세로 2'의 순서대로 글자를 채워 나가는 것이 중요하고 어려운 어휘를 생각하기보다 평소에 많이 사용하던 어휘들을 중심으로 학습하되, 어휘 영역의 '한자어, 고유어 빈출 어휘' 목록 등을 암기해 두는 것이 좋다.

문제풀이

정답 |
세로 1. (부결)   가로 4. (뇌리)
세로 5. (리허설)   가로 8. (누설)

십자말풀이를 참조해 아래의 (   )에 맞는 단어를 쓰시오.

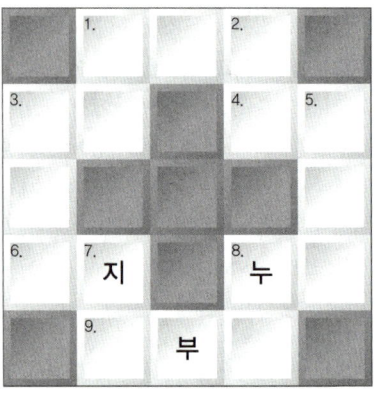

가로 열쇠

1. 〈법률〉 구세법(舊稅法)에서, 국세 또는 지방세를 본세(本稅)로 하여 지방 자치 단체가 다시 첨가하여 부과하던 세금
3. 매우 깨끗하고 깔끔함
4. 사람의 의식이나 기억, 생각 따위가 들어 있는 영역
6. 경우에 따라 재치 있게 대응하는 지혜
8. 비밀이 새어 나감. 또는 그렇게 함
9. 태어날 때부터 지닌 것

세로 열쇠

1. 의논한 안건을 받아들이지 아니하기로 결정함. 또는 그런 결정
2. 사람이 본디 가지고 있던 의식을 다른 방향으로 바꾸게 하거나, 특정한 사상·주의를 따르도록 뇌리에 주입하는 일
3. 〈군사〉 정찰하는 데에 쓰는 군용기. 대개 사진기·레이더 따위의 특수 정찰 장치를 갖추고 있으며, 비행 속도가 빠르다.
5. 연극·음악·방송 따위에서, 공연을 앞두고 실제처럼 하는 연습.
7. 매우 흔함
8. 포개어 여러 번 쌓음. 또는 포개져 여러 번 쌓임

세로 1. (   )   가로 4. (   )
세로 5. (   )   가로 8. (   )

기출유형 2 — 짧은 글 짓기

유형 익히기

제시된 표현을 조합하여 짧은 글을 만드는 유형이다. 평가 기준은 '① 제시된 단어를 모두 활용하였는가, ② 문장이 자연스럽고 문맥의 의미가 완결되었는가, ③ 제시된 단어들의 뜻이 잘 드러났는가'이며, 제시된 표현 중 일부만 활용하면 감점이 있다는 점에 유의하여야 한다. 제시된 표현을 배치하는 순서는 정해져 있지 않으며, 속담이나 한자성어의 의미를 잘 드러낼 수 있는 자연스러운 문장을 만드는 것이 중요하다.

문제풀이

'고래 싸움에 새우 등 터진다'라는 속담의 의미를 알고, 이를 적용하여 적절한 상황을 설정하여 문장을 만든다. 속담의 의미만 잘 담아낸다면 다른 예문도 얼마든지 만들 수 있을 것이다(상황의 예: 정부와 대기업 간의 싸움, 부모들끼리의 싸움, 국가 분쟁 등).

| 예시 답안 |
대기업 간의 싸움으로 인해 고래 싸움에 등 터진다는 말처럼 중소기업들이 피해를 보고 있어 큰 문제다.

〈보기〉와 같이 주어진 단어와 구절을 모두 사용하여 짧은 글을 지으시오.

―| 보 기 |―

- 개구리 올챙이 적, 처우
⇨ 우리나라도 한때 외국에서 무시를 당하며 힘겹게 외화를 벌어들이던 개구리 올챙이 적을 생각해서라도, 외국인 노동자에게 올바른 처우를 해 주어야 한다.

- 고래 싸움에 새우 등 터진다, 대기업, 피해

⇨ _____
_____
_____
_____

03 [주관식] 어휘

시험에 나온! 나올! **필수이론**

'짧은 글 짓기' 유형은 주제로 제시되는 속담 및 한자성어의 의미를 적절하게 파악하고, 이와 함께 제시된 단어를 사용하여 연결 짓는 것이 중요하다.

다음은 최근의 사회 이슈와 연관 지을 수 있는 속담 및 관련 한자성어이다.

① 아닌 밤중에 홍두깨: 하숙비 인상, 결혼 소식, 국회의 의결, 범죄 사건에 휘말린 소식 등 갑작스럽게 찾아온 소식으로 별안간 엉뚱한 말이나 행동을 당하게 되어 당황하게 되는 상황

② 울며 겨자 먹기 = 궁여지책(窮餘之策): 법이나 규정에 대한 수용, 월세에서 전세 역전환, 실적에 급급한 기업 및 공기업의 사례, 연봉 협상 등 싫은 일을 억지로 선택할 수밖에 없는 상황

③ 하늘의 별 따기: 해외 시민권 따기, 대학 입학, 취업, 전세 구하기, 공립유치원 입학, 신약 개발과 승인, 디자이너 브랜드 백화점 입점 등 무엇을 얻거나 성취하기가 매우 어려운 경우

④ 언 발에 오줌 누기 = 동족방뇨(凍足放尿) = 고식지계(姑息之計) = 하석상대(下石上臺) = 궁여지책(窮餘之策) = 미봉책(彌縫策): 정부의 교육 정책, 기업의 부양책, 전공의 졸업생 수 늘리기, 임대 가구 추가 공급 대책, 증시 대책 등 임시변통은 될지 모르나 그 효력이 오래가지 못할 뿐만 아니라 결국에는 사태가 더 나빠질 것이 예상되는 상황

⑤ 우물 안 개구리 = 정저지와(井底之蛙): 해외 빅데이터 사례 분석, 모바일 경쟁력, 쇄국 정책, 휴대폰 사업, 저작권 정책, 단말기 통신법 등 세상의 넓은 형편을 알지 못하는 사람이나 정책 등을 다루는 상황

⑥ 새 발의 피 = 조족지혈(鳥足之血): 자동차 결함 신고에 대한 리콜 조치, 문화재 도난, 정부의 예산 편성 등 아주 하찮은 일이나 극히 적은 분량임을 비유적으로 이야기할 수 있는 상황

⑦ 밑 빠진 독에 물 붓기: 도로 정비 계획, 문화재 복원 사업, 에너지 절약, 금융 특혜, 적금 등 아무리 힘이나 밑천을 들여도 보람이 없이 헛된 일이 되는, 혹은 될 것으로 예상되는 상황

03 [주관식] 어휘

이론점검 문제

01 주관식

십자말풀이를 참조해 아래의 (   )에 맞는 단어를 쓰시오.

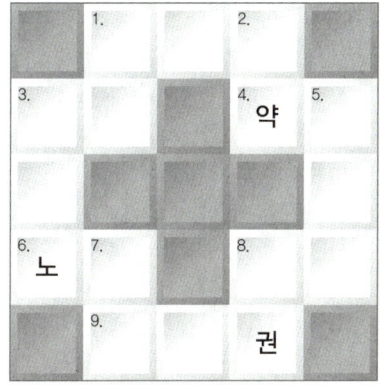

가로 열쇠

1. 어떤 지방의 자연이나 풍속, 인정 따위가 갖는 고유한 특색
3. '수척하다(몸이 몹시 야위고 마른 듯하다)'의 어근
4. 스무 살을 달리 이르는 말
6. 한데에서 자는 잠 = 한뎃잠
8. 어떤 일을 여럿이 나누어서 차례에 따라 맡아 함. 또는 그 차례에 따라 일을 맡은 사람
9. 〈법률〉 국민이 국가 기관에 대하여 문서로 희망 사항을 청원할 수 있는 권리. 헌법에 보장된 기본권의 하나이다.

세로 열쇠

1. 아주 가까운 거리
2. 〈의학〉 빛깔을 판별하는 힘이 약한 시각의 증상. 적색약, 녹색약이 있다.
3. 돈을 모을 줄만 알아 한번 손에 들어간 것은 도무지 쓰지 않는 사람을 낮잡아 이르는 말
5. 멀리까지 바라볼 수 있도록 세운 대(臺)
7. 어지러운 상태를 바로잡음
8. 교사로서 지니는 권위나 권력

세로 2. (   )   가로 6. (   )
세로 5. (   )   가로 9. (   )

문제풀이

01

정답 |
세로 2. (색약)   가로 6. (노숙)
세로 5. (관망대) 가로 9. (청원권)

02 주관식

〈보기〉와 같이 빈칸에 들어갈 단어와 구절을 모두 사용하여 짧은 글을 지으시오.

―| 보기 |―

- 요즘 돈을 많이 벌더니 (　　　　) 생각을 못하고 돈을 펑펑 쓰더라고요.
- 수감자들은 교도소 내의 (　　　　) 개선을 요구하며 소동을 부렸다.
  ⇨ (빈칸에 들어갈 말) 개구리 올챙이 적, 처우
  (예시 답안) 우리나라도 한때 외국에서 무시를 당하며 힘겹게 외화를 벌어들이던 개구리 올챙이 적을 생각해서라도, 외국인 노동자에게 올바른 처우를 해 주어야 한다.

- (　　　)더니 그는 순경을 보는 순간 뜨끔했다.
- 집에도 가기 싫어 무작정 시내의 어지러운 군중 속에서 (　　　) 하기 시작했다.

⇨ _____
_____
_____
_____

문제풀이

02

빈칸에 들어갈 말은 '도둑이 제 발 저리다'와 '배회'이다. '도둑이 제 발 저리다'는 '지은 죄가 있으면 자연히 마음이 조마조마해짐을 비유적으로 이르는 말'이고, '배회'는 '아무 목적도 없이 어떤 곳을 중심으로 어슬렁거리며 이러저리 돌아다니는 것'을 이르는 말이다.

| 예시 답안 |
도둑이 제 발 저린다고, 그 범인은 사건을 저지른 장소를 배회하던 중 이를 수상하게 여기던 경찰에게 검거되었다.

04 [주관식] 읽기

기출유형 1 — 지문을 읽고 조건에 맞는 글 쓰기

유형 익히기

사회적으로 문제가 되고 있는 부분에 대한 자신의 의견을 근거와 함께 제시하는 유형이다. 주장과 근거의 타당성도 중요하지만, 주어진 조건에서 꼭 언급하라고 한 부분은 놓치지 말아야 한다. 지문을 꼼꼼히 읽고, 지문에서 내놓은 문제의 핵심과 원인을 분석해 보는 것이 좋다.

문제풀이

| 예시 답안 |

① 기록적 폭염에도 누진제 걱정에 에어컨을 틀지 못하는 사람들이 많다. 누진제는 가정에 큰 부담이 되고, 이것이 두려워 에어컨을 틀지 않게 되면, 온열질환의 위험도 있기 때문에 누진제 체제 자체를 재조정할 필요가 있다고 생각한다.

② 누진제 걱정에 에어컨을 틀지 못하는 사람들의 원성이 자자하자, 한시적으로 누진제 적용을 완화하려는 움직임이 나타나고 있다. 하지만 가정용 전기에 누진제를 완화하여 적용하게 되면, 단위당 전기료가 올라 소비량이 적은 저소득층 부담이 커지고 산업계에 악영향을 끼칠 수 있으므로 누진제 폐지는 좀 더 신중히 고려해야 할 문제라고 생각한다.

다음은 신문 기사의 일부이다. 다음 글을 읽고 '누진제 폐지'에 대한 자신의 의견을 〈조건〉에 맞게 쓰시오.

> **폭염보다 무서운 전기요금 누진제… 이제 손봐야 한다**
>
> 사상 최고 기온 기록을 갈아치우는 유례없는 폭염에 온 국민이 시달리고 있다. 그러나 전기를 많이 쓸수록 요금이 더 큰 폭으로 오르는 전기요금 누진제 때문에 서민들은 에어컨 틀기가 겁난다. 종일 에어컨을 가동해야 견딜까 말까 한 폭염인데도 누진제 폭탄이 무서워 사용을 주저한다. 우리와 마찬가지로 기록적 폭염에 시달리고 있는 이웃 일본에서는 정부가 "전기요금 걱정하지 말고 에어컨을 적극적으로 사용하라"고 주문하고 있다. 일본도 전기요금 누진제를 적용하지만, 우리보다는 단계별 단가 차이가 훨씬 작다. 에어컨 사용을 늘리라는 당부가 가능한 이유다.
>
> 폭염이 재난 수준에 이르자 이○○ 총리는 전기요금을 일시적으로라도 경감하는 방안을 산업자원부에 주문했다. 정부는 과거 한시적으로 누진제 적용을 완화하는 방법으로 요금 부담을 낮춘 전례가 있다. 올해도 비슷한 조치가 있을 것으로 보인다. 하지만 이참에 누진제 자체를 손봐야 한다는 지적이 높다. 누진제는 에너지 절약을 유도하기 위해 1974년 12월 도입됐다. 처음에는 3단계를 적용했다가 2004년 이후 6단계, 11.7배까지 확대됐다. 불만 여론이 높아지자 정부는 2016년 12월 적용 구간을 3단계로 축소하고 구간별 단가 차이도 3배로 줄였다. 그러나 이마저도 재검토해야 한다는 목소리가 나오고 있다.

| 조건 |
- 기사에서 문제로 삼고 있는 부분을 언급할 것
- 근거를 두 가지 제시할 것
- 어문 규정에 맞게 두 문장으로 쓸 것

출처 | 중앙일보, 〈[사설] 폭염보다 무서운 전기요금 누진제… 이제 손봐야 한다〉, 2018. 08. 02.

04 [주관식] 읽기

시험에 나온! 나올! **필수이론**

주관식 10번에 배치되는 읽기[주관식] 유형은 학술문 독해를 하듯이 내용을 꼼꼼히 읽고, 조건에 맞게 정리해 나가는 것이 중요하다. 일반 학술문보다는 쉽게 출제되고, 주로 근거를 들어 자신의 생각을 쓰는 유형이다. 조건 중심으로 문장을 만드는 연습을 해 나간다면, 좋은 점수를 받을 수 있을 것이다.

1 문장의 수

1. 한 문장으로 쓸 것

'~이기 때문에 ~해야 한다' 혹은 '~함으로써 ~을 해결해야 한다'와 같은 방식으로 정리한다.

예 – 버스에 음식물을 들고 타는 것은 다른 사람들에게 피해를 주는 것이기 때문에 버스 내 음식물 섭취를 금지해야 한다.
  – 아이들의 안전 문제는 우리 모두가 관심을 가져야 하는 것이기 때문에 우리의 관심으로 아동 유괴 문제를 해결해야 한다.

2. 두 문장으로 쓸 것

주어진 조건 중 문제 상황을 포함하거나 근거와 함께 쓰라고 하는 경우가 많다. 이때는 문제 상황을 지문에서 찾아 본인의 문장으로 재구성하여 한 문장을 마련한 후, 근거와 주장은 앞서 연습한 대로 한 문장으로 재구성하여 제시한다.

예 – 요즘 의료 사고가 많이 일어나고 있다. 의료 사고를 당한 뒤에는 그 증거를 찾기 어렵기 때문에 수술실에 CCTV를 설치하거나 환자가 녹음기를 지참할 수 있도록 해야 한다.
  – 카페 내 일회용 컵 사용이 제한됨으로써 카페의 컵이 사라지고 있는 부작용이 발생하고 있다. 카페의 컵은 카페의 소유물이기 때문에, 이를 분명히 인식하는 성숙한 시민의식을 가져야 한다.

2 지문의 내용을 활용할 것

지문의 내용을 활용하는 경우는 크게 두 가지로, 지문에서 지적하고 있는 문제 상황을 활용하거나 지문에서 제시한 근거를 활용하는 경우가 바로 그것이다. 이때는 지문의 내용을 그대로 옮겨 적지 말고, 본인만의 문장으로 재구성하는 것이 필요하다. 문장의 어순을 조금 조정하거나 어려운 단어를 조금 쉽게 풀어서 쓰는 것이 가장 좋은 방법이다.

3 이미 정해진 입장을 뒷받침할 것

문제에서 아예 한 문장을 정해 두고 그것에 대한 근거를 제시하라는 유형이다. 이러한 문제를 풀 때에는 문제를 먼저 보고 그 문제에서 요구하는 입장을 생각하며 지문을 읽으면 지문 속에서 근거를 찾기 수월해진다. 지문 속에서 근거를 찾지 못했을 때에는 스스로 근거를 찾아야 하는데, 이미 제시된 주장의 내용대로 했을 때의 좋은 점과 안 좋은 점을 모두 생각해 보면 쉽게 근거를 찾을 수 있다. 또한 구체적인 해결책이나 정책이 생각나지 않으면 사람들의 의식을 전환하게 만드는 방법에 초점을 맞추면 좋다.

04 [주관식] 읽기

이론점검 문제

01
(가)와 (나)를 읽고 '환자가 스스로 연명의료를 결정하는 것'에 대한 자신의 의견을 〈조건〉에 맞게 쓰시오.

(가) 환자는 담당 의사와 전문의에게 치료가능성이 없다는 의학적 진단을 받을 경우, 연명 치료 지속·중단을 스스로 결정할 수 있다. 이때 환자는 사전연명의료의향서나 연명의료계획서를 통해 연명의료를 원치 않는다는 의사를 나타내야 한다. 그러나 환자 의식이 없고 환자가 연명의료계획서 등을 미리 작성하지 않은 경우에는 환자 가족 2인 이상이 연명의료에 관한 환자의 의사를 진술하고, 그것도 없을 경우 환자 가족 전원이 합의해 연명의료 중단을 결정할 수 있다.
2018년 2월 연명의료결정법이 시행된 이후 환자 본인이 직접 연명의료 유보나 중단을 결정한 비율이 시행 전과 비교해 29배 증가한 것으로 나타났다.

(나) 연명의료결정법이 시행되고도 여전히 연명의료 결정의 71%는 가족에 의해 이루어지고 있다. 연명의료의 유보는 연명의료를 처음부터 시행하지 않는 것을 말하고, 중단은 시행하고 있던 연명의료를 그만두는 것이다. 환자와 가족이 연명의료 시행 여부를 결정하는 데는 다른 양상을 보였다. 본인이 연명의료를 결정한 경우 유보 비율이 98.3%이고 중단은 1.7%에 불과했다. 반면 가족이 연명의료를 결정한 경우 중단 비율은 13.3%로 나타났다. 또 임종 1개월 내 말기 암 환자의 중환자실 이용률은 2002년 1.8%에서 2012년 19.9%, 2018년 30.4%로 증가한 것으로 나타났다. 연명의료결정법 시행 후 임종을 앞둔 환자의 중환자실 이용률이 감소할 것으로 예측했던 것과는 달리 임종 1개월 내 중환자실 이용률의 상승세에는 큰 변화가 없었다고 연구팀은 분석했다.

― 조건 ―
- 연명의료를 환자가 직접 결정하는 것의 현 실태를 제시할 것
- 환자가 스스로 연명의료를 결정하는 것에 대한 찬성, 또는 반대의 입장을 밝히고 근거를 제시할 것
- 어문 규정에 맞게 두 문장으로 쓸 것

문제풀이

01
| 예시 답안 |
① 환자가 스스로 연명의료를 결정하는 것에 찬성한다. 연명의료결정법이 시행된 이후, 환자가 스스로 연명의료를 결정한 비율이 이전에 비해 29배가 증가했다. 그동안 환자의 무의미한 연명치료가 환자 본인이 아닌 가족들에 의해 결정되는 것이 과연 옳은 것인가 하는 의문점이 생겼었는데, 연명의료결정법으로 인해 환자가 스스로 자신의 삶을 결정지을 수 있게 되었다는 점에서 의미 있는 법이라고 생각한다.
② 환자가 스스로 연명의료를 결정하는 것에 반대한다. 연명의료결정법이 시행된 이후, 환자가 스스로 연명의료를 결정한 비율이 이전에 비해 29배가 증가했지만, 여전히 연명의료 결정의 71%는 환자의 가족에 의해 이루어지고 있다. 환자 스스로가 연명의료를 결정하기 전에 의식을 잃는 경우 등 다양한 변수가 있기 때문에 환자 스스로 연명의료를 결정하는 부분은 아직 한계점이 많다고 할 수 있다.

출처 |《에듀윌 시사상식 2019년 8월호》에듀윌, 2019.

실전 감각을 기를 차례! [기출변형 문제편] 바로가기 ☞ P.207, P.221

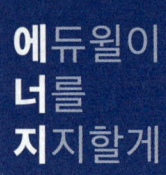

내가 꿈을 이루면
나는 누군가의 꿈이 된다.

— 이도준

여러분의 작은 소리
에듀윌은 크게 듣겠습니다.

본 교재에 대한 여러분의 목소리를 들려주세요.
공부하시면서 어려웠던 점, 궁금한 점,
칭찬하고 싶은 점, 개선할 점, 어떤 것이라도 좋습니다.

에듀윌은 여러분께서 나누어 주신 의견을
통해 끊임없이 발전하고 있습니다.

에듀윌 도서몰 book.eduwill.net
- 부가학습자료 및 정오표: 에듀윌 도서몰 → 도서자료실
- 교재 문의: 에듀윌 도서몰 → 문의하기 → 교재(내용, 출간) / 주문 및 배송

에듀윌 ToKL국어능력인증시험 한권끝장

발 행 일	2022년 1월 2일 초판
저 자	김지학, 오선희
펴 낸 이	이중현
펴 낸 곳	(주)에듀윌
등록번호	제25100-2002-000052호
주 소	08378 서울특별시 구로구 디지털로34길 55
	코오롱싸이언스밸리 2차 3층

* 이 책의 무단 인용 · 전재 · 복제를 금합니다.　　ISBN 979-11-360-1435-1 (13710)

www.eduwill.net
대표전화 1600-6700

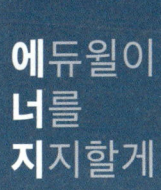

시작하라. 그 자체가 천재성이고,
힘이며, 마력이다.

– 요한 볼프강 폰 괴테(Johann Wolfgang von Goethe)

에듀윌 ToKL
국어능력인증시험

한권끝장 | 기출변형 문제편

CONTENTS
이 책의 차례

1교시

PART 01 | 어휘

Chapter 01	단어의 의미 관계	10
Chapter 02	고유어	13
Chapter 03	한자어	16
Chapter 04	한자성어/속담/관용어	20
Chapter 05	다양한 어휘	23

PART 02 | 어문 규정

Chapter 01	표준어 규정/표준 발음법	28
Chapter 02	한글 맞춤법	32
Chapter 03	외래어/로마자 표기법	36

PART 03 | 읽기

Chapter 01	실용문	42
Chapter 02	학술문	70
Chapter 03	문학-현대시/현대소설/수필	114

2교시

PART 04 | 듣기
Chapter 01 사실적 이해/추론/비판[단독 문제] — 146
Chapter 02 사실적 이해/추론/비판[통합 문제] — 149

PART 05 | 어법
Chapter 01 문장 표현 — 154
Chapter 02 문법 요소 — 160

PART 06 | 쓰기
Chapter 01 주제 설정 — 166
Chapter 02 자료의 수집과 정리 — 171
Chapter 03 구성–개요 — 176
Chapter 04 전개 — 184
Chapter 05 고쳐쓰기 — 188

주관식

PART 07 | 주관식
Chapter 01 주관식 1 — 196
Chapter 02 주관식 2 — 209

모의고사

실전동형 모의고사

실전동형 모의고사 — 226

모의 답안지

1교시

PART 01 어휘

PART 02 어문 규정

PART 03 읽기

PART 01
어휘

Chapter 01 단어의 의미 관계
Chapter 02 고유어
Chapter 03 한자어
Chapter 04 한자성어/속담/관용어
Chapter 05 다양한 어휘

90문항 중 15문항 출제
(2교시 어휘 주관식 2문항 포함)

17%

01 단어의 의미 관계

01

다음 중 〈보기〉의 밑줄 친 단어의 문맥상 의미와 유사한 것은?

| 보기 |
범인의 <u>손</u>이 미치지 않는 곳으로 급히 뛰어 갔다.

① 나는 부모님이 돌아가셔서 할머니의 <u>손</u>에서 자랐다.
② 영희는 고사리 같은 <u>손</u>을 귀엽게 흔들어 보이면서 인사했다.
③ 내 남편은 사기꾼의 <u>손</u>에 놀아날 정도로 세상 물정에 어둡다.
④ 여러 기업이 휴대폰 사업에 <u>손</u>을 뻗치자 휴대폰 시장의 경쟁이 과열되었다.
⑤ 그는 농사를 많이 지어서 마을 사람의 <u>손</u>을 빌리지 않고는 가을걷이를 할 수가 없다.

02

다음 중 〈보기〉의 밑줄 친 단어의 문맥상 의미와 유사한 것은?

| 보기 |
비가 내리고 제법 여름으로 <u>들어서는데도</u> 그는 도무지 일을 시작할 기색을 보이지 않았다.

① 고려 이후 <u>들어선</u> 조선의 왕이 이성계이다.
② 그곳에는 각종 소나무가 울창하게 <u>들어서</u> 있다.
③ 나는 늦은 나이에 목회자의 길로 <u>들어서게</u> 되었다.
④ 출근하고 회사에 <u>들어설</u> 때면 피곤함이 밀려오곤 한다.
⑤ 얼마 전 배 속에 <u>들어선</u> 아이는 이제 내 말에 반응을 하는 듯하다.

03

다음 중 〈보기〉의 밑줄 친 단어의 문맥상 의미와 유사한 것은?

| 보기 |
두 교실 가운데를 <u>트고</u>, 책상을 치우니 교실이 넓어졌다.

① 서로 마음을 <u>트고</u> 지내다 보니 싸울 일이 없다.
② 산에 골프장을 만들기 위해 길을 <u>트는</u> 것은 안될 말이다.
③ 오랜 시간 추운 곳에서 농사일을 하다 보니 손등이 다 <u>텄다</u>.
④ 그 회사와 거래를 <u>튼</u> 이후에 우리 회사의 수익이 안정적이다.
⑤ 우리 공동체 안에서는 서로가 인사를 <u>트고</u> 스스럼없이 지냅니다.

04
다음 중 단어 간의 관계가 다른 것과 이질적인 것은?

① 향리(鄕里) : 고향(故鄕)
② 선악(善惡) : 청탁(淸濁)
③ 타계(他界) : 영면(永眠)
④ 추측(推測) : 추량(推量)
⑤ 정교(精巧) : 조악(粗惡)

05
다음 중 단어 간의 관계가 다른 것과 이질적인 것은?

① 눌변(訥辯) : 달변(達辯)
② 견지(堅持) : 고수(固守)
③ 박정(薄情) : 냉담(冷淡)
④ 차제(次第) : 순서(順序)
⑤ 흔낙(欣諾) : 허용(許容)

06
다음 중 단어 간의 관계가 다른 것과 이질적인 것은?

① 가공(架空) : 허구(虛構)
② 발달(發達) : 진보(進步)
③ 운영(運營) : 운용(運用)
④ 지기(知己) : 지인(知人)
⑤ 고원(高遠) : 비근(卑近)

07
다음 중 단어 간의 관계가 다른 것과 이질적인 것은?

① 기쁨 : 환희
② 종이 : 갱지
③ 큰아버지 : 백부
④ 멍게 : 우렁쉥이
⑤ 교육하다 : 가르치다

08
다음 중 단어 간의 관계가 다른 것과 이질적인 것은?

① 주저롭다 : 애옥하다
② 가멸차다 : 풍부하다
③ 푼푼하다 : 모자라다
④ 도스르다 : 추스르다
⑤ 고심하다 : 부심하다

09
다음 〈보기〉의 밑줄 친 단어의 문맥상 의미와 유사한 것은?

| 보기 |
| 인권 침해 책임자를 재판에 <u>부쳐</u> 처벌하였다. |

① 이제 기력이 <u>부쳐</u> 그 일을 할 수 없는 것이 못내 아쉽다.
② 그가 지금껏 <u>부치던</u> 논을 내년부터는 그럴 수 없게 되었다.
③ 이번 공사는 이미 경쟁 입찰에 <u>부쳐</u> 한 기업을 결정한 상태이다.
④ 그는 신문지로 연방 바람을 <u>부치면서</u> 여기저기 구경을 하고 다녔다.
⑤ 그는 논문을 탈고하는 대로 인쇄에 <u>부칠</u> 예정이라 논문 쓰기에 여념이 없다.

10
다음 〈보기〉의 밑줄 친 단어의 문맥상 의미와 유사한 것은?

| 보기 |
| 이 안건에 대해 찬성하는 사람이 50명이나 <u>되었다</u>. |

① 그 말을 들으니 이제 안심이 <u>되는구나</u>.
② 이제 한 개만 더 보태면 꼭 천 개가 <u>된다</u>.
③ 그런 행동을 한 것은 그가 인격이 <u>된</u> 사람이라는 증거이다.
④ 영어 선생님은 내게 배우가 <u>되면</u> 어떻겠냐고 진지하게 물으셨다.
⑤ 이 고장은 땅이 기름져 작물이 풍성하게 <u>되는데</u>, 올해도 마찬가지였다.

기출변형 문제

02 고유어

정답 ▶ P.3

01
다음 중 밑줄 친 단어의 뜻풀이로 바르지 않은 것은?

① 나는 밖이 <u>어스름</u>해지자 술집에 갔다. → 조금 어둑한 상태. 또는 그런 때
② 김 과장은 상대를 <u>눙치는</u> 솜씨가 상당했다. → 마음 따위를 풀어 누그러지게 하다.
③ 이 보고서만으로는 그의 실력이 <u>가늠</u>이 안 된다. → 승부나 등수 따위를 정하는 일
④ 바쁜 와중에 아이가 계속 <u>산망</u>을 피우고 있다. → 하는 짓이 까불까불하고 좀스러움
⑤ 일주일의 <u>말미</u>를 얻어 해외여행을 다녀오기로 했다. → 일정한 일 따위에 매인 사람이 다른 일로 얻는 겨를

02
다음 (　)에 들어갈 단어로 적절한 것은?

| 내 실수가 (　　　) 나도 모르게 얼굴이 붉어졌다. |

① 실쭉해서
② 뜨악해서
③ 수굿해서
④ 열없어서
⑤ 펀펀해서

03
다음 (　)에 들어갈 단어로 적절한 것은?

| 요즘 아이들 학원비 때문에 살림이 (　　　) 참 힘들군. |

① 얄망궂어
② 주저로워
③ 습습하여
④ 여북해서
⑤ 듬쑥해서

04
다음 중 밑줄 친 부분을 비슷한 의미의 다른 단어로 바꾼 것 중에서 바르지 않은 것은?

① 그 물건은 여간해서 살 수가 없다. → 좀체
② 단 십 만 원이라도 빌려 주시면 오죽 좋겠습니까? → 작히나
③ 그는 줄곧 진중한 목소리로 내 의견을 물어 보았다. → 자못
④ 검사 결과를 보니 큰 문제는 아닌 것 같아 다소 안심을 했다. → 적이
⑤ 나는 일이 왜 이렇게 된 것인지 다 알면서도 일부러 놀라는 표정을 지었다. → 짐짓

05
다음 중 밑줄 친 부분의 문맥적 의미로 적절하지 않은 것은?

> 그 아이는 어른이 뭐라 해도 워낙 안차서 기도 안 죽는다.

① 고깝다　　② 당차다　　③ 올차다
④ 당돌하다　⑤ 야무지다

06
다음 〈보기〉의 ( )에 들어갈 단어를 차례대로 나열한 것은?

―보기―
- 불편한 몸으로 앉은 일이나 하지, ( ) 일을 왜 하니?
- 경계는 풀지 않았으나 아까와 같은 ( ) 감정은 사라졌다.
- 싸구려 옷이라 그런지 지퍼가 금세 ( ) 상태가 되어 버렸다.

① 버거운　불뚝한　버긋한
② 엇비슷한　버긋한　불콰한
③ 불뚝한　버거운　엇비슷한
④ 불콰한　불뚝한　엇비슷한
⑤ 버긋한　버거운　불콰한

07

다음 〈보기〉의 ( )에 들어갈 단어를 차례대로 나열한 것은?

보기
– 술에 취해 공연히 여러 사람에게 ( )을/를 할까 봐 걱정이 되었다. – 그의 걸쭉한 ( )에 우리 모두 한바탕 크게 웃고 마음을 풀었다. – 아주머니는 하숙생이 이사를 하자 자질구레한 ( ) 그릇까지 세세히 챙겨 주셨다.

① 허드레 쌩이질 너스레
② 뒤웅박 너스레 허드레
③ 쌩이질 너스레 허드레
④ 허드레 너스레 쌩이질
⑤ 희나리 쌩이질 허드레

08

다음 중 밑줄 친 고유어의 쓰임이 적절하지 않은 것은?

① 그는 수완이 좋아서 <u>허룩하게</u> 장사를 잘 할 것이다.
② 어머니는 아들의 <u>실팍한</u> 어깨를 쓰다듬으며 다정히 물었다.
③ 나는 나 자신도 모르게 한 <u>실없는</u> 생각에 피식 웃음이 나왔다.
④ 손님의 말이 채 끝나기도 전에 주인의 눈초리가 <u>실쭉하며</u> 얼굴이 굳어졌다.
⑤ 몰이꾼들에게 쫓긴 토끼는 <u>어웅하게</u> 뚫린 굴속으로 급히 뛰어 들어가 몸을 숨겼다.

09

다음 중 밑줄 친 단어의 뜻풀이가 바르지 않은 것은?

① 용돈 5만 원을 받은 영수의 마음은 <u>푼푼하였다</u>. → 모자람 없이 넉넉하다.
② 그 사람은 <u>알짬</u>을 뽑아내는 능력이 아직은 부족하다. → 은근히 사람을 동정하는 마음씨
③ 봄이 되니 산 여기저기에 개나리꽃이 <u>다문다문</u> 피었다. → 공간적으로 촘촘하지 않고 사이가 좀 드문 모양
④ 겉은 순한 양 같으나 속은 <u>두억시니</u> 같은 사람이라 조심해야 한다. → 모질고 사나운 귀신의 하나를 뜻하는 말
⑤ 서진은 어느 농가에서 <u>곁두리</u>를 얻어먹고 수수로 갚기로 했다. → 농사꾼이나 일꾼들이 끼니 외에 참참이 먹는 음식

기출변형 문제

03 한자어

정답 ▶ P.4

01
다음 중 〈보기〉의 뜻풀이와 예문의 (　)에 가장 알맞은 단어는?

| 보기 |

[뜻풀이] 정신을 차리고 주의 깊게 살피어 경계하는 마음
[예문] 다시는 이런 사고가 발생하지 않도록 (　　　)을/를 가져야 한다.

① 공명심(功名心)
② 공염불(空念佛)
③ 경각심(警覺心)
④ 노파심(老婆心)
⑤ 심미안(審美眼)

02
다음 밑줄 친 한자어를 다른 표현으로 바꾼 것 중, 적절하지 않은 것은?

① 주연 배우의 상태가 호전되는 즉시, 촬영은 곧 속개(續開)될 예정입니다. → 다시 계속하다.
② 대학을 졸업한 지 3년이 지났지만, 사회인이 되기까지는 요원(遙遠)하게 여겨진다. → 아득히 멀다.
③ 당시가 한낮이었고 진료가 진행 중이어서 묵과(黙過)됐을 가능성을 배제할 수 없습니다. → 지적하거나 문제화하다.
④ 이 일은 워낙 중대한 사안이어서 이렇게 유야무야(有耶無耶)로 넘어갈 수 없습니다. → 있는 듯 없는 듯 흐지부지하다.
⑤ 불법 조업을 하던 외국의 어선이 해양 경찰에 나포(拿捕)되어 한창 조사를 받고 있는 중이다. → 사람이나 배, 비행기 등을 사로잡다.

03
다음 중 밑줄 친 부분의 쓰임이 바르지 않은 것은?

① 지난 일을 반추(反芻)해 보니 모든 것이 아쉽기만 하다.
② 안 그래도 정신이 복잡한 와중(渦中)에 전화가 걸려 왔다.
③ 이번 사고로 인해 교통부 장관이 다른 이로 경신(更新)되었다.
④ 고령화 사회에서는 중년들도 자기 계발(啓發)을 꾸준히 해야 한다.
⑤ 모든 일은 제 부덕의 소치(所致)이니 다른 사람을 원망하지 않겠습니다.

04

다음 밑줄 친 한자어를 다른 표현으로 바꾼 것 중 적절하지 않은 것은?

① 설탕을 뜯은 후에는 습기가 들어가지 않도록 밀봉(密封)하세요. → 막다.
② 왕실의 명맥을 부지(扶支)하기 위해서는 안정적인 권력 체제를 유지해야 한다. → 기대다.
③ 정기적으로 구독(購讀)하던 잡지가 얼마 전 폐간되어 아쉬운 마음이 든다. → 사서 읽는다.
④ 자금 운용(運用)이 투명한 회사라야 외국계 기업이 망설임 없이 투자를 하게 될 것입니다. → 부리어 쓰다.
⑤ 내년 하반기까지 해야 할 일이 산적(山積)해 있어서 휴식할 시간이 없다. → 물건이나 일이 산더미같이 쌓이다.

05

다음 밑줄 친 한자어를 다른 표현으로 바꾼 것 중 적절하지 않은 것은?

① 감성돔은 남해 전 지역에 걸쳐 서식(棲息)하는 어류이다. → 살다.
② 국민의 수질 오염에 대한 관심이 나날이 증가(增加)하고 있다. → 많아지다.
③ 후보자들은 각각 자신들의 정견(政見)을 발표하는 시간을 가졌다. → 현상의 낌새
④ 기업들이 사회 복지 등의 문제에 대해 간과(看過)한 것은 실수이다. → 대강 보아 넘기다.
⑤ 후진국에서 선진국으로 도약(跳躍)하기 위해서는 기술력을 발달시켜야 한다. → 뛰어오르다.

06

다음 중 〈보기〉의 ㉠~㉢에 들어갈 단어를 바르게 연결한 것은?

보기
- 이 보고서는 사원들이 제출한 자료에서 핵심만 (㉠)된 것입니다. - 경찰은 이번 사태의 주동자를 (㉡)해 중징계할 방침이다. - 보건 당국은 수입 쇠고기에서 세균을 (㉢)했다고 발표했다.

	㉠	㉡	㉢
①	검출	차출	추출
②	검출	축출	추출
③	추출	색출	검출
④	추출	차출	검출
⑤	추출	축출	검출

07

다음 중 〈보기〉의 ㉠~㉢에 들어갈 단어를 바르게 연결한 것은?

보기
- 물은 산소와 수소의 (㉠)으로 이루어진다. - 이 집은 구들과 마루가 (㉡)한 구조를 가지고 있다. - 이번 입찰에 참가한 업자들끼리 서로 줄이 닿아 있어 (㉢)이 의심된다.

	㉠	㉡	㉢
①	결합	담합	접합
②	결합	접합	담합
③	접합	결합	담합
④	담합	접합	접속
⑤	접속	접합	결합

08

다음 중 〈보기〉의 ㉠~㉢에 들어갈 단어를 바르게 연결한 것은?

보기
- 그것은 당시의 살벌한 만주에서 다만 하늘의 (㉠)라고 밖에는 설명할 수 없는 상황이었다. - 양국의 (㉡) 증진 관계가 지속되리라는 관측이 우세했다. - 어떤 집단은 권력을 유지하기 위해 범죄 집단을 (㉢)하는 경우가 많다.

	㉠	㉡	㉢
①	비호	보호	수호
②	수호	비호	보호
③	우호	가호	수호
④	가호	우호	비호
⑤	우호	비호	수호

09
다음 중 〈보기〉의 ㉠~㉢에 들어갈 단어를 바르게 연결한 것은?

보기
– 이러한 과정을 거치면 볼 수 없던 것을 볼 수 있는 (㉠) 상태가 됩니다. – 그는 다만 한참 동안 천장의 한 곳을 (㉡)할 따름이었다. – 그녀의 오만방자한 태도를 더 이상 (㉢)할 수는 없는 노릇이었다.

	㉠	㉡	㉢
①	응시	투시	직시
②	가시	직시	응시
③	투시	응시	가시
④	직시	좌시	응시
⑤	가시	응시	좌시

10
다음 중 〈보기〉의 뜻풀이와 예문의 (   )에 가장 알맞은 단어는?

보기
[뜻풀이] 거듭 겹쳐지거나 포개어짐 [예문] 갑자기 어지럽고 앞에 있는 물체가 이중으로 (   )되어 보였다.

① 중첩(重疊)
② 중복(重複)
③ 증가(增加)
④ 가중(加重)
⑤ 상승(上昇)

04 한자성어/속담/관용어

01
다음 중 밑줄 친 속담의 쓰임이 자연스럽지 <u>않은</u> 것은?

① <u>선무당이 장구 탓한다</u>고 네 실력을 먼저 생각해야지.
② 내가 네 친구여서 <u>독을 보아 쥐를 못 잡는다</u>는 거야?
③ 그 사람이 결국에는 네 <u>등치고 간 내먹은</u> 것이로구나.
④ 구 선생은 <u>모과나무 심사</u>인지 나만 보면 시비를 걸더라.
⑤ <u>망건 쓰고 세수한다</u>고 자존심이 얼마나 센지 말도 못해.

02
다음 중 속담과 그 뜻이 <u>잘못</u> 연결된 것은?

① 가난이 소 아들이라 – 소처럼 죽도록 일해도 가난에서 벗어날 수 없다.
② 갈치가 갈치 꼬리 문다 – 좋은 일이 연달아 벌어짐을 비유적으로 이르는 말이다.
③ 바람세가 좋아야 돛을 단다 – 조건이 맞아야 일을 벌이게 됨을 비유하는 말이다.
④ 식혜 먹은 고양이 속 – 제가 저지른 일이 탄로 날까 봐 두려워하는 상태를 이르는 말이다.
⑤ 눈 먹던 토끼 얼음 먹던 토끼가 제각각 – 사람이나 동물이나 살아 온 환경에 따라 능력이나 풍습이 다르다.

03
다음 중 속담과 그 뜻이 <u>잘못</u> 연결된 것은?

① 마른나무를 태우면 생나무도 탄다 – 안되는 일도 대세를 타면 잘될 수 있다는 말이다.
② 내가 부를 노래를 사돈집에서 부른다 – 내가 하려고 생각했던 일을 상대방이 먼저 한다.
③ 키 큰 암소 똥 누듯 한다 – 무슨 일을 힘 하나 들이지 않고 아주 수월하고 거뜬하게 하다.
④ 머리는 끝부터 가르고 말은 밑부터 한다 – 말을 하려면 처음부터 요령 있게 해야 한다.
⑤ 인정은 바리로 싣고 진상은 꼬치로 꿴다 – 쓸데없이 남을 생각하고 동정하는 마음씨를 나타내다.

04

다음 중 〈보기〉의 상황에 어울리는 한자성어로 가장 적절한 것은?

| 보기 |

　　그는 어릴 때부터 부모의 폭력에 피해를 입었고, 많은 상처를 받았다. 그러나 오히려 그 쓰라린 경험을 바탕으로 아이들에게 올곧은 교육을 해야겠다고 결심하여 지금에 이르게 되었다고 한다.

① 낭중지추(囊中之錐)　　② 반면교사(反面敎師)
③ 괄목상대(刮目相對)　　④ 대기만성(大器晚成)
⑤ 절차탁마(切磋琢磨)

05

다음 중 〈보기〉의 상황에 어울리는 한자성어로 가장 적절한 것은?

| 보기 |

　　근래에 정부의 수능 시험에 대한 여러 안이 논의되고 있다는 소식이 전해지고 있다. 많은 수험생과 학부모들은 중학교부터, 심하게는 초등학교부터 수능을 내다보고 여러 대비를 해야 하는 입장이지만, 수능 정책이 하루가 멀다 하고 달라지는 상황에 긍정적인 결과를 기대하기가 어려운 상황이다.

① 임기응변(臨機應變)　　② 조령모개(朝令暮改)
③ 불문곡직(不問曲直)　　④ 언중유골(言中有骨)
⑤ 중구난방(衆口難防)

06

다음 〈보기〉의 ㉠, ㉡에 들어갈 관용어를 바르게 짝지은 것은?

| 보기 |

- 나는 어린 시절 지독한 가난으로 (㉠), 이제 와 생각해 보면 다 추억이다.
- 원장이 아무것도 모르겠다고 (㉡) 나는 더 이상 어쩔 도리가 없는 것이었다.

	㉠	㉡
①	진땀을 뺐었는데	가리를 틀면
②	진땀을 뺐었는데	난장을 치면
③	학질을 떼었는데	난장을 치면
④	학질을 떼었는데	시치미를 떼면
⑤	코를 떼었는데	시치미를 떼면

07
다음 밑줄 친 표현의 쓰임이 자연스럽지 않은 것은?

① 내 손에서 아퀴를 짓고 말겠습니다.
② 그는 손님이 올 때마다 칙사 대접을 했다.
③ 극장 안은 많은 관객들로 입추의 여지가 없었다.
④ 소녀들은 무엇이 그리 재미있는지 허리를 잡았다.
⑤ 괜히 끼어들어 남 하는 일에 찜 쪄 먹지 말고 가만있어.

08
다음 밑줄 친 표현의 쓰임이 자연스럽지 않은 것은?

① 지금도 그 생각만 하면 모골이 송연해진다.
② 이번 세무 감사로 그 회사는 크게 몽니를 부렸다.
③ 오늘 시험 때문에 노루 잠자듯 하고 나왔더니 피곤하다.
④ 누가 잡아갈 듯한 강박감이 항상 꼭뒤를 누르고 있었다.
⑤ 사장은 전무의 반대 의견을 생나무 꺾듯 하더니 결국 큰 실패를 맛보았다.

09
다음 밑줄 친 한자성어와 의미가 가장 유사한 것은?

> 더 이상 수주대토(守株待兎)의 자세를 지니지 말고 역사와 경험을 통해 변화해 나가야 한다.

① 각주구검(刻舟求劍)
② 간두지세(竿頭之勢)
③ 초미지급(焦眉之急)
④ 일장춘몽(一場春夢)
⑤ 견강부회(牽强附會)

05 다양한 어휘

01
다음 중 호칭어, 지칭어에 대한 설명으로 적절하지 않은 것은?

① 백부(伯父): 큰아버지를 이르는 말
② 질부(姪婦): 조카며느리를 이르는 말
③ 자형(姊兄): 여동생의 남편을 이르는 말
④ 처남(妻男): 아내의 오빠나 남동생을 이르는 말
⑤ 대고모(大姑母): 할아버지의 누이를 이르는 말

02
다음 사물을 세었을 때, 나올 수 있는 숫자의 합으로 옳은 것은?

> 고등어 한 손 + 마늘 두 접 + 오징어 한 축

① 222개
② 225개
③ 226개
④ 228개
⑤ 230개

03
다음 중 단위어가 적절하게 사용되지 않은 것은?

① 엽전 두 쾌
② 배추 두 접
③ 빨랫감 두 쌈
④ 국수 두 바리
⑤ 고사리 두 두름

04

다음 사물을 세었을 때, 나올 수 있는 숫자의 합으로 옳은 것은?

> 한약 한 제 + 바늘 한 쌈 + 김 한 톳

① 120
② 124
③ 130
④ 140
⑤ 144

05

다음 외래어를 바르게 순화하지 못한 것은?

① 홈 퍼니싱 → 집 꾸미기
② 스낵 컬처 → 틈새 문화
③ 언더독 효과 → 약자 효과
④ 크래프트 맥주 → 수제 맥주
⑤ 블라인드 채용 → 정보 가림 채용

06

다음 외래어를 바르게 순화하지 못한 것은?

① 굿즈 → 팬 상품
② 워킹 그룹 → 실무단
③ 인플루언서 → 영향력자
④ 로드 쇼 → 투자 설명회
⑤ 번아웃 증후군 → 무기력 증후군

07
다음 외래어를 바르게 순화하지 못한 것은?

① 공식 스토어 → 공식 지점
② 소셜 다이닝 → 밥상모임
③ 드라이 에이징 → 건식 숙성
④ 규제 샌드박스 → 규제 유예
⑤ 모듈러 주택 → 조립식 주택

08
다음 외래어를 바르게 순화하지 못한 것은?

① 이북 → 전자책
② 피오피 → 매장 광고
③ 오픈 소스 → 공개 소스
④ 래핑 광고 → 부착 광고
⑤ 플래그십 마케팅 → 대표 상품 마케팅

09
다음 중 단위어가 적절하게 사용되지 않은 것은?

① 북어 한 쾌
② 마늘 한 접
③ 굴비 한 뭇
④ 오징어 한 축
⑤ 고등어 한 손

10
의존 명사가 나타내는 수량이 잘못 제시된 것은?

① 김 한 톳 - 100장
② 바늘 한 쌈 - 24개
③ 한약 한 제 - 20첩
④ 굴비 한 두름 - 20마리
⑤ 마른 오징어 한 축 - 50마리

PART 02
어문 규정

Chapter 01　표준어 규정/표준 발음법
Chapter 02　한글 맞춤법
Chapter 03　외래어/로마자 표기법

┃ 90문항 중 5문항 출제

5.5%

01 표준어 규정/표준 발음법

01
다음 중 표준어로만 짝지어진 것이 아닌 것은?

① 서울내기, 으레
② 냄비, 소금쟁이
③ 풋내기, 허우대
④ 아지랭이, 보퉁이
⑤ 동댕이치다, 허드레

02
다음 밑줄 친 단어가 표준어가 아닌 것은?

① <u>버러지</u>를 함부로 죽이면 안 돼.
② 그 구렁이가 <u>따리</u>를 틀고 있었다.
③ <u>천정</u>에서 물이 떨어질까 걱정이다.
④ 꼬마가 <u>고까옷</u>을 입고 뽐내고 있다.
⑤ 엄마를 닮아 왼쪽 볼에 <u>볼우물</u>이 있다.

03
다음 중 복수 표준어에 해당하지 않는 것은?

① 물방개, 선두리
② 쇠고기, 소고기
③ 멍게, 우렁쉥이
④ 봉숭화, 봉숭아
⑤ 철딱지, 철딱서니

04
다음 밑줄 친 단어가 표준어가 아닌 것은?

① <u>웃어른</u>을 공경하도록 합시다.
② <u>허구헌</u> 날 집에서 놀고만 있다.
③ <u>옷매무시</u>하는 시간이 너무 길다.
④ <u>아등바등</u>해도 소용이 없는 것 같다.
⑤ 역사 안이 <u>도떼기</u> 시장처럼 복잡하다.

05
다음 중 표준어끼리 묶인 것은?

① 미장이, 덩쿨
② 부조, 쌔근쌔근
③ 신출나기, 윗칸
④ 짜깁기, 푸줏관
⑤ 살쾡이, 숫강아지

06
다음 밑줄 친 부분이 바르지 않은 것은?

① 갓 태어난 <u>수평아리</u>가 정말 귀엽다.
② 약간 출출한데 <u>미숫가루</u>나 타 마시자.
③ <u>지리한</u> 장마가 끝나고 가을이 찾아왔다.
④ 도대체 내가 어떻게 해 주기를 <u>바라오?</u>
⑤ 이곳은 아이들이 놀기에 <u>알맞은</u> 장소가 아니다.

07
다음 중 표준어로만 이루어진 문장이 아닌 것은?

① 이 무화과 통틀어서 얼마인가요?
② 진작 그렇게 말을 잘 들었어야지.
③ 낙엽이 질 때면 괜시리 가슴이 울컥한다.
④ 그녀는 회의가 끝나자 금세 회의장을 떠났다.
⑤ 그는 옛 여자 친구의 결혼 소식에 적이 놀란 눈치였다.

08

다음 중 단어의 쓰임이 바르지 <u>않은</u> 것이 포함된 문장은?

① 만두 전골은 냄비에 보글보글 끓여야 제맛이 난다.
② 그 부부는 우리 마을의 멋쟁이로 텔레비전에도 나왔었다.
③ 조카가 첫돌을 맞던 날, 금반지를 살까 말까 고민을 했다.
④ 까다롭게 검수를 거듭해도 종종 불량 제품이 나오곤 한다.
⑤ 엄한 사람에게 누명을 씌웠던 사건은 재수사를 해야 한다.

09

다음 중 발음이 표준 발음이 <u>아닌</u> 것은?

① 겉옷[거돋]
② 꽃 위[꼬뒤]
③ 늪 앞[느팝]
④ 젖어미[저더미]
⑤ 맛없다[마덥따]

10

다음 중 발음이 표준 발음이 <u>아닌</u> 것은?

① 닮고[담:꼬]
② 신고[신:꼬]
③ 굵기다[굼끼다]
④ 껴안다[껴안따]
⑤ 더듬다[더듬따]

11

다음 중 발음이 표준 발음이 <u>아닌</u> 것은?

① 옷감[온깜]
② 감기[감:기]
③ 꽃길[꼳낄]
④ 문법[문뻡]
⑤ 있고[익꼬]

12
다음 중 발음이 표준 발음이 아닌 것은?

① 한 일[한닐]
② 할 일[할릴]
③ 늑막염[능마겸]
④ 서울역[서울력]
⑤ 금융[금늉/그뮹]

13
밑줄 친 말의 발음이 표준 발음이 아닌 것은?

① 내 친구는 나이에 비해 옷차림이 정말 젊어[절머].
② 산길에 곬이[골씨] 잡혀서 그곳으로만 물이 흐른다.
③ 할머니 생신이라서 분홍색 꽃을[꼬틀] 100송이 샀다.
④ 유년 시절에 집에 돈이 없어[업:써] 학교에 다닐 수 없었다.
⑤ 물건 값을[갑쓸] 제대로 지불한 후에 배송 요청을 해 주십시오.

14
밑줄 친 말의 발음이 표준 발음에 맞는 것은?

① 좋은 밭을 가꾸려면 양질의 흙과[흑꽈] 비료가 필요하다.
② 하늘이 맑게[막께] 개었고, 미세먼지도 거의 없는 것 같다.
③ 깨진 그릇을 밟지[발찌] 않도록 조심해서 청소하도록 해요.
④ 어린 동생이 귀를 뚫는[뚤는] 것에 쉽게 찬성할 수가 없었다.
⑤ 그가 하는 말이 너무 어이가 없어서 헛웃음[헏우슴]을 지었다.

15
밑줄 친 말의 발음이 표준 발음에 맞는 것은?

① 여기 국물[국물]도 좀 마셔 가면서 드세요.
② 작년에 양떼를 구경하러 대관령[대:관녕]에 갔었다.
③ 오랜만에 친척 동생을 만났더니 얼굴이 낯설다[낟썰다].
④ 공권력[공권녁]을 남용하는 일이 없도록 유의해야 한다.
⑤ 젖먹이[점머기]를 두고 일을 가려니 발이 떨어지지 않았다.

02 한글 맞춤법

01
밑줄 친 말의 표기가 잘못된 것은?

① 언니는 만날 나한테만 집안일을 시킨다.
② 밀가루 반죽을 길게 엿가락처럼 늘였다.
③ 자선 모금을 해서 꽤 많은 성금이 걷혔다.
④ 두 사람은 사사건건 부딪히더니 결국 헤어졌다.
⑤ 발레 수업을 마친 후에 경리단길에서 약속이 있다.

02
다음 중 밑줄 친 말의 표기가 옳은 것은?

① 여기도 낚싯군들이 많이 모여 있다.
② 뚝빼기에 끓인 된장찌개가 맛이 좋다.
③ 나뭇군들이 삼삼오오 산으로 올라가고 있다.
④ 널판때기로 엉성하게 만든 부엌문이라 고장이 잦다.
⑤ 어머니는 마루 귀퉁빼기에 쪼그려 앉아 아버지를 기다리신다.

03
다음 중 밑줄 친 말의 표기가 잘못된 것은?

① 날씨가 왜 이리 추울꼬?
② 나라고 대장부가 아닐쏘냐?
③ 높이 올라갈수록 기온은 떨어진다.
④ 동생한테 내가 잘못했다고 먼저 사과할껄.
⑤ 무모한 행동일지언정 용감한 행동은 아니다.

04

다음 중 밑줄 친 말의 표기가 잘못된 것은?

① 책을 읽으며 <u>느긋이</u> 친구를 기다렸다.
② 일이 끝나는 대로 <u>속히</u> 돌아오겠습니다.
③ <u>틈틈히</u> 사들인 책이 어느새 삼천 권을 넘었다.
④ 아무도 없는 집을 나 혼자 <u>쓸쓸히</u> 지키고 있었다.
⑤ <u>번거로이</u> 왔다 갔다 하지 말고 전화하는 것이 좋을 듯합니다.

05

밑줄 친 부분의 표기가 옳은 것은?

① 추석 귀성 열차표를 예매하려고 용산역에 갔는데 <u>야단법썩</u>이 났더라.
② 설렁탕, 적당히 익은 <u>깍뚜기</u>와 쌀밥은 환상적인 맛의 조화를 선사한다.
③ 주차장에서 <u>갑짜기</u> 뛰어든 아이들 때문에 하마터면 교통사고를 낼 뻔했어.
④ 혹시나 네가 족발이라도 사 올 줄 알고 <u>잔뜩</u> 기대하면서 안 자고 있었단 말야.
⑤ 주택 부족 문제를 해결하기 위해 주택 공급을 늘리자는 의견을 어떻게 <u>생각할런지</u>…….

06

밑줄 친 부분의 표기가 옳은 것은?

① <u>고냉지</u> 배추가 맛이 더 달다.
② <u>남존녀비</u> 사상은 이제 버려라.
③ <u>연말년시</u>에는 각종 파티가 많다.
④ <u>신여성</u>들은 서구 문물을 수용했다.
⑤ <u>회계년도</u>는 1월 1일부터 시작한다.

07

밑줄 친 부분의 표기가 옳은 것은?

① 학교가 <u>가까와서</u> 다니기 편해.
② 주말에 가족들과 함께 김치를 <u>담궜다</u>.
③ 찾아 주셔서 감사합니다. 안녕히 <u>가십시오</u>.
④ 갑자기 정전이 되는 바람에 자료가 다 <u>날라가</u> 버렸어.
⑤ 그 이야기를 듣자 <u>웬지</u> 모르게 불길한 예감이 들었다.

08
밑줄 친 부분의 표기가 옳지 않은 것은?

① '예, 아니오'로 답하시오.
② 우리의 만남은 결코 우연이 아니오.
③ 나는 네가 아니요, 그녀도 아니로다.
④ 그 누구도 쓸쓸히 홀로 떠 있는 외딴 섬은 아니오.
⑤ 그의 성공은 우연이 아니요, 오직 노력의 결과이다.

09
밑줄 친 부분의 표기가 옳지 않은 것은?

① 무좀이 말끔하게 나았다.
② 머지않아 그가 연락할 것이다.
③ 파도가 부서지는 동해가 그립다.
④ 마음이 좀 그렇고 그래서 혼자 갔었어.
⑤ 이러한 현상을 일컴어서 엘니뇨 현상이라고 한다.

10
밑줄 친 부분의 표기가 옳지 않은 것은?

① 거만을 떨기에는 아직 일러.
② 조카에게 분유를 타서 먹혔다.
③ 마트에 가는 길에 잠시 들러라.
④ 찬 물에 담갔다가 꺼내면 더 아삭해져.
⑤ 얼마나 돌아다녔으면 콧등까지 까마네.

11
밑줄 친 부분의 표기가 옳은 것은?

① 아시다시피, 제가 여기 주인입니다.
② 우리는 국가를 위해 목숨을 받쳤다.
③ 내가 그런 것은 아니여서 안심이다.
④ 너는 얼굴이 동그라서 이게 잘 어울려.
⑤ 시끄러워서 잠을 잘래야 잘 수가 없잖아.

12
밑줄 친 부분의 표기가 옳지 않은 것은?

① 목소리가 굵어진 것이 신기해.
② 저 끄트머리에 가서 잠시 쉴게.
③ 고개 넘어 보이는 곳이 서울이다.
④ 다달이 모아 놓은 돈을 곧 찾는다.
⑤ 귀에 걸면 귀걸이, 코에 걸면 코걸이.

13
밑줄 친 부분의 표기가 옳은 것은?

① 바쁘지만 틈틈히 실력을 쌓아 갔다.
② 귀고리가 목거리랑 그다지 어울리지 않아.
③ 늙으막에 새로운 언어를 배우기 시작했다.
④ 한 마리 새처럼 하늘을 날으는 기분이었다.
⑤ 방도 널찍하니, 돈만 있으면 그 집이 딱인데.

14
다음 밑줄 친 부분의 띄어쓰기가 옳은 것은?

① 평소에 생각한 바를 말해라.
② 그때 미안하다고 사과할 걸.
③ 많이 배울 수록 겸손해져야 한다.
④ 그 일이 얼마나 힘든 지 알아야 한다.
⑤ 모기에 물린데 바르는 약 좀 주세요.

15
다음 밑줄 친 부분 중 띄어쓰기가 잘못된 것은?

① 체코는 가 볼만한 곳이다.
② 동요를 들어도 보고 싶다.
③ 손님에게 키위를 깎아 드렸다.
④ 어머니의 졸업장이 빛나 보인다.
⑤ 역에 늦게 도착하는 바람에 기차를 놓칠 뻔하였다.

03 외래어/로마자 표기법

01
다음 밑줄 친 외래어 표기가 바르지 않은 것은?

① 나는 오일(oil)이 들어간 스파게티를 좋아해.
② 터키에 여행을 갔을 때 카펫(carpet)을 사 올걸.
③ 가방에 단 그 배지(badge)는 무슨 의미가 있는 거야?
④ 앰브런스(ambulance)를 행사장 근처에 대기시켜 주세요.
⑤ 우리 회사에서 일하려면 라이선스(license)가 필요합니다.

02
외래어 표기법에 맞는 것끼리 짝지어진 것은?

① 스탬프(stamp), 갭(gap)
② 플래쉬(flash), 펄프(pulp)
③ 올리브(olive), 스윗치(switch)
④ 마스크(mask), 브릿지(bridge)
⑤ 히치하이크(hitchhike), 챠트(chart)

03
다음 중 외래어 표기법에 맞지 않는 단어가 들어 있는 것은?

① 잉크(ink), 램프(lamp)
② 스팀(steam), 필름(film)
③ 재즈(jazz), 시그널(signal)
④ 햄릿(Hamlet), 보우트(boat)
⑤ 파트(part), 매트리스(mattress)

04

외래어의 표기가 적절하지 않은 것은?

① 헤그 Hague
② 간디 Gandhi
③ 앙카라 Ankra
④ 흑해 Black Sea
⑤ 태평양 Pacific Ocean

05

다음 밑줄 친 외래어 표기가 바르지 않은 것은?

① 얼마 전 플루트(flute) 연주회를 보고 왔다.
② 우리 팀(team)을 승리로 이끈 건 바로 너야.
③ 아웃렛(outlet)에 가서 저녁도 먹고 쇼핑도 하자.
④ 날씨가 쌀쌀해져서 카디건(cardigan)을 걸쳐 입었다.
⑤ 도로 주변에 플랭카드(placard)가 너무 많아 산만하다.

06

〈보기〉의 로마자 표기법에 따를 때, 적절하지 않은 것은?

| 보기 |

[제1항] 음운 변화가 일어날 때에는 변화의 결과에 따라 다음 각호와 같이 적는다.(호 생략)
다만, 체언에서 'ㄱ, ㄷ, ㅂ' 뒤에 'ㅎ'이 따를 때에는 'ㅎ'을 밝혀 적는다.

① 좋고 joko
② 놓다 nota
③ 잡혀 japyeo
④ 묵호 Muko
⑤ 집현전 Jiphyeonjeon

07

<보기>의 로마자 표기법에 따를 때, 적절하지 않은 것은?

| 보기 |
'ㄹ'은 모음 앞에서는 'r'로, 자음 앞이나 어말에서는 'l'로 적는다. 단, 'ㄹㄹ'은 'll'로 적는다.

① 구리 Guri
② 임실 Imsill
③ 설악 Seorak
④ 울릉 Ulleung
⑤ 대관령 Daegwallyeong

08

로마자 표기가 바르지 않은 것은?

① 울산 Ulssan
② 팔당 Paldang
③ 죽변 Jukbyeon
④ 샛별 Saetbyeol
⑤ 낙성대 Nakseongdae

09

로마자 표기가 바르지 않은 것은?

① 영동 Yeongdong
② 삼죽면 Samjuk-myeon
③ 의정부시 Uijeongbu-si
④ 종로 2가 Jongro 2(i)-ga
⑤ 퇴계로 3가 Toegyero 3(sam)-ga

10
로마자 표기가 적절하지 <u>않은</u> 것은?

① 부산 Pusan
② 독도 Dokdo
③ 세종 Sejong
④ 안압지 Anapji
⑤ 인왕리 Inwang-ri

PART 03
읽기

Chapter 01 　실용문
Chapter 02 　학술문
Chapter 03 　문학-현대시/현대소설/수필

90문항 중 40문항 출제
(2교시 읽기 주관식 1문항 포함)

44%

01 실용문

정답 ▶ P.10

01

안내문 | 다음의 내용을 참고할 때, 올바르게 폐업 절차를 밟지 <u>않은</u> 사람은? ⏰ 제한시간: 2분

- 폐업신고 -

<u>사업을 폐업하는 경우에는 반드시 폐업신고를 하여야 합니다.</u>
(사업을 그만두는 경우 사업을 시작할 때와 같이 그 종결절차를 거쳐야 하며, 그렇지 않을 때에는 커다란 손해를 입는 경우가 있습니다)

☐ 사업자등록 폐업신고는 어떻게 하나?
 - 국세청 홈페이지에서 다운받거나 세무서에 비치된 폐업신고서를 작성하여 사업자등록증과 함께 가까운 세무서에 제출하시면 됩니다.
   • 부가가치세 확정신고서에 폐업 연월일 및 사유를 기재하고 사업자등록증을 첨부하여 제출하면 폐업신고서를 제출한 것으로 봅니다.
 - 또한, 면허 또는 허가증이 있는 사업일 경우 당초 면허·허가를 받은 기관에 폐업신고를 하여야 합니다.
   • 단, 음식점, 숙박업, 세탁소, 이·미용실, 약국, 피씨방, 비디오방, 통신판매업 등의 인·허가 업종은 세무서나 시·군·구청 중 한 곳에서 폐업신고가 가능합니다(대상업종은 가까운 민원실이나 126 국세상담센터로 문의).

☐ 폐업신고 등을 하지 않으면 불이익이 따를 수 있습니다.
 - 폐업신고를 한 경우보다 훨씬 많은 세금을 추징당하게 됩니다.
   • 폐업일까지의 실적에 대한 가산세 등을 추가 부담하게 되어 세부담이 늘어날 수 있습니다.
 - 사업자등록을 말소하지 않아 사업 인수자가 계속 사용하면 사업자 명의대여에 해당되어 이에 따른 불이익을 받을 수 있습니다.
 - 등록면허세가 계속 부과됩니다.
   • 면허·허가기관에 폐업신고를 하지 않으면 매년 1. 1.을 기준으로 면허가 갱신된 것으로 보아 등록면허세가 계속 부가됩니다.

☐ 폐업신고 후 폐업사실증명원을 국민연금공단·국민건강보험공단에 제출하여야 보험료가 조정되어 불이익을 받지 않습니다.

사업을 폐업할 때 꼭! 알아야 할 세금신고 사항
☐ 사업자등록 폐업신고
 - 폐업 즉시 가까운 세무서 민원봉사실 또는 국세청 홈택스를 통해 폐업신고를 하여야 합니다.

□ **부가가치세 폐업 확정신고 · 납부**
  - 폐업일이 속한 달의 말일부터 25일 이내에 신고 · 납부하여야 합니다.

폐업 시기	신고 납부 대상
1기(상반기) 중 폐업 시	1. 1. ~ 폐업일까지의 사업 실적
2기(하반기) 중 폐업 시	7. 1. ~ 폐업일까지의 사업 실적

  - 폐업 시 남아 있는 제품이나 상품 등의 재화
    자가공급에 해당하므로 폐업 시 잔존재화의 시가를 과세표준에 포함하여 부가가치세를 납부하여야 합니다.
  - 감가상각자산의 간주공급
    건물, 차량, 기계 등 감가상각자산도 세법에 정한 방법에 따라 시가를 계산하여 부가가치세를 납부하여야 합니다.
  - 사업의 포괄적 양도
    사업의 경영주체만 변경되고 사업에 관한 권리와 의무를 포괄적으로 승계시키는 사업의 양도는 부가가치세 납부의무가 없으며, 이 경우 사업포괄 양도양수계약서를 제출하여야 합니다.

① 세탁소를 운영했던 A씨는 허가를 받았던 구청에서 폐업신고를 하였다.
② B씨는 세무서에 갈 시간이 없어서 국세청 홈택스를 통해 폐업신고를 하였다.
③ C씨는 폐업신고 후 폐업사실증명원을 국민건강보험공단에 제출하여 불이익을 피하였다.
④ 6월에 폐업을 한 D씨는 1월 1일부터 폐업일까지의 사업 실적에 대한 부가가치세를 납부하였다.
⑤ 카페를 운영했던 E는 폐업신고서에 폐업 연월일과 폐업 사유를 함께 적어, 신고서만 제출하였다.

02

안내문 | 다음 내용을 통해 알 수 있는 내용으로 적절한 것은? 제한시간: 2분

내 고장을 돌고 도는 행복 화폐
□□ 사랑 카드

　□□시가 지역 내 골목 상권과 전통시장 활성화로 지역 경제를 살리기 위해서 지난 5월 10일 발행한 □□ 지역 화폐인 '□□ 사랑 카드'가 이용자와 전통시장 '소상공인 모두에게 사랑받는 행복 화폐로 자리매김하고 있습니다.

　'□□ 사랑 카드'는 충전식 선불카드로 기존 IC카드 단말기가 설치된 연매출액 10억 이하 사업장(학원, 음식점, 이·미용실, 소매상점, 편의점, 병·의원, 약국 등)의 경우에는 어디서든 사용이 가능하며, 전통시장의 경우에는 연 매출액에 제한 없이 사용이 가능합니다. 단, 백화점, 대형 마트, 기업형 슈퍼마켓, 유흥 및 사행업소, 주유소, 온라인 쇼핑몰 등에서는 사용이 제한됩니다.

　특히 □□시는 오는 9월 민족의 대명절인 추석과 제34회 □□시민의 날을 기념하여 10% 특별 인센티브를 지급합니다. 이번에 부여하는 특별 인센티브는 개인당 월 50만 원까지 가능합니다.

　시민 여러분이 사용하시는 □□ 사랑 카드는 내 고장을 돌고 돌아 골목 상권과 전통시장에 활력을 불어 넣어 지역 경제 활성화에 큰 도움을 주게 됩니다. □□ 사랑 카드도 이용하시고, 인센티브도 꼭 받아보세요.

특별 인센티브 부여 안내
- 기간: 2019년 9월 1일~10월 10일
- 혜택: 충전액의 10% 인센티브 부여
  ※단, 개인 월 50만 원 한도, 법인과 단체는 한도액과 인센티브 없음
- 방법
  - 온라인: 경기지역화폐 앱 다운로드 → 회원가입 → 카드 배송·등록 → 계좌 연결 → 충전·사용
  - 오프라인: 구리시 내 NH농협 중앙회(3개소) 방문 충전(현금 충전)
- 사용 제외: 백화점, 대형 유통마트, 기업형 슈퍼마켓, 주유소 그 외 유흥업소 등

① 법인과 단체는 월 50만 원 이상을 충전해야 인센티브를 받을 수 있다.
② 소매상점이나 편의점에서는 연 매출액과 상관없이 □□ 사랑 카드를 사용할 수 있다.
③ 온라인으로 □□ 사랑 카드를 충전하여 사용하면 실물 카드를 받지 않아도 거래할 수 있다.
④ 한 개인이 □□ 사랑 카드에 50만 원을 충전하면 언제든지 5만 원의 인센티브를 받을 수 있다.
⑤ 백화점이나 대형 마트를 자주 이용하는 시민들은 □□ 사랑 카드를 사용하는 것이 불편할 수 있다.

03

안내문 | 다음 내용을 보고 알 수 있는 내용이 <u>아닌</u> 것은? 제한시간: 1분 30초

2018년 4분기 표준국어대사전 정보 수정 주요 내용

연번	표제항 [영역별 가나다순]	수정 전	수정 후	비고
3-1	-가웃	((수량을 나타내는 명사 또는 명사구 뒤에 붙어)) 수량을 나타내는 표현에 사용된 단위의 절반 정도 분량의 뜻을 더하는 접미사	((수량을 나타내는 명사 또는 명사구 뒤에 붙어)) 앞말이 가리키는 단위에 그 절반 정도를 더 보태는 뜻을 더하는 접미사. '한 자 가웃'은 '한 자 반' 정도를 의미한다.	뜻풀이 수정
3-3	깔끔2	'깔끔하다'의 어근	「명사」 생김새 따위가 매끈하고 깨끗함	• 품사 추가 • 뜻풀이 수정
3-5	내돌리다	물건을 함부로 내놓아 여러 사람의 손이 가게 하다.	물건이나 사람을 함부로 내놓아 여러 사람의 손이 가게 하다.	뜻풀이 수정
3-10	운영하다	「1」 조직이나 기구, 사업체 따위를 운용하고 경영하다.	「1」 조직이나 기구, 사업체 따위를 관리하고 운용하다.	뜻풀이 수정
7-1	-는답시고	((받침 있는 동사 어간 뒤에 붙어))	(('ㄹ'을 제외한 받침 있는 동사 어간 뒤에 붙어))	문법 정보 수정

① '-는답시고'는 '살다'나 '밟다'에는 연결될 수 없다.
② 수정 전의 '깔끔'은 하나의 품사로 인정받지 못했음을 알 수 있다.
③ '운영하다'는 수정 전과 수정 후 동일하게 '운용하다'의 의미를 내포하고 있다.
④ 수정 후의 '내돌리다'는 수정 전보다 의미의 적용 범위가 확장된 것이라고 할 수 있다.
⑤ '-가웃'의 뜻풀이를 참고할 때, '말가웃'은 '한 말 반쯤의 분량'을 나타냄을 알 수 있다.

04
안내문 | 다음의 내용에 대한 설명으로 적절하지 <u>않은</u> 것은?   제한시간: 1분 30초

― ○○시민 음식학교 9월 프로그램 ―
'지속 가능한 먹거리 도시 ○○'을 위한 다양한 음식 교육 프로그램

[○○시민 음식학교] 9월 프로그램을 소개합니다!

▫ 대상: 관심 있는 누구나
▫ 장소: △△△ 박물관 마을 G1
▫ 신청 방법
  － △△△ 박물관 마을 홈페이지(http://www.△△△village.info) 접속 → 검색창에 희망 클래스명 검색 → 신청 후 결제
  ※ 참가비 입금 후에는 환불되지 않으니 신중하게 결정해 주시기 바랍니다.
▫ 문의: ☎ 012)987-6543
  ※ ○○시민 음식학교의 다양한 소식이 궁금하시다면, 초콜릿톡 더하기 친구 "푸티즌"을 추가해 주세요!

1. 가을에 맛있는 수제맥주 만들기(초급)
   － 주관: A 수제맥주 교실
   － 일시: 9월 1일, 8일(토) 10:00~11:30 ※2회 과정
   － 내용: 맥주 이론 및 수제맥주 만들기, 시음
   － 참가비: 55,000원(2회 비용)
   － 문의: 010-5555-7777

2. 허브레시피-수제 페스토 만들기
   － 주관: B 허브나라
   － 일시: 9월 4일(화) 11:30~13:30
   － 내용: 바질/트러플오일페스토, 허브이야기, 시식
   － 참가비: 11,000원
   － 문의: 010-5678-1234

3. 손쉽게 만드는 집밥양념-만능된장
   － 주관: C 키친
   － 일시: 9월 5일(수) 11:00~13:00
   － 내용: 만능된장을 활용한 우럭된장찌개&나물무침 시연 및 시식
   － 참가비: 22,000원
   － 문의: 010-3333-4545

4. 베트남 미식도감
   － 주관: D 요리교실
   － 일시: 9월 6일, 13일, 20일(목) 11:00~13:00

- 메뉴: (9월 6일) 분보싸오, 보쏟메, 베트남 자스민차
　　　　　　(9월 13일) 깐쭈어, 톰랑메, 타마린드주스
　　　　　　(9월 20일) 반꾸온, 껌찌엔, 베트남식 아이스티
　　　- 참가비: 50,000원(회당)
　　　- 문의: 010-7777-1234

5. **심야식당**
　　　- 주관: E 푸드트립
　　　- 일시: 9월 6일, 13일, 20일(목) 19:00~21:00
　　　- 메뉴: (9월 6일) 데리야끼치킨, 오이카나페
　　　　　　(9월 13일) 규돈, 이자카야식 무샐러드
　　　　　　(9월 20일) 치킨가라아게, 일본식 오뎅탕
　　　- 참가비: 35,000원(회당)
　　　- 문의: 010-9999-5656

① 희망하는 프로그램을 선택하고 신청한 후 결제하면 된다.
② 프로그램들은 시간이 겹치지 않아서 모두 참가할 수 있다.
③ '손쉽게 만드는 집밥양념'은 그날 만든 음식을 먹어 볼 수 있다.
④ '수제맥주 만들기' 1회 참가 비용보다 '심야식당' 1회 참가 비용이 더 비싸다.
⑤ '수제맥주 만들기'와 '수제 페스토 만들기'는 쉬는 시간 없이 바로 이어서 진행된다.

[05~06] 안내문 | 다음 글을 읽고 물음에 답하시오.   제한시간: 2분

조리원 대체 일용직 채용 공고

○○중학교 조리원 대체 일용직 채용 계획을 다음과 같이 공고합니다.

1. 채용 직종 및 인원 – 조리원 대체 일용직 1명

2. 자격
   가. 지방공무원법 제31조의 결격사유에 해당되지 아니하고, 기타법령에 의하여 응시자격이 정지되지 아니한 자
   나. 청소년의 성보호에 관한 법률 제56조 및 동법시행령 25조, 아동복지법 제29조 제3항 범죄경력조회 결과 취업이 제한되지 아니한 자
   다. 의료기관의 채용신체검사 결과 취업이 부적합자로 판정되지 아니한 자
   ※ 교육공무직 결원으로 인한 단기 일급직 채용이므로 무기계약 전환대상이 아님

3. 채용방법
   가. 지원서 접수
      1) 접수기간: 2019. 09. 16.(월)~2019. 09. 18.(수) 14:00까지
      2) 접 수 처: yumi□□@◇◇.go.kr, 이메일 또는 급식실 방문 접수
   나. 채용절차
      1) 1차: 서류심사
      2) 2차: 면접심사(1차 합격자에 한하여 개별 통보)
   다. 면접일시: 2019. 09. 19.(목) 예정(면접일은 학교사정에 따라 변경될 수 있음)
   라. 최종합격자 발표: 2019. 09. 20.(금) 합격자에 한해 개별 통보

4. 제출서류
   가. 지원서(사진첨부) 1부
   나. 자기소개서 1부
   다. 개인정보동의서 1부
   라. 건강진단결과서(보건증 사본) 1부
   마. 최종 합격 시 추가 제출서류 있음

5. 근무조건 및 담당업무
   가. 근무예정기간: 2019. 09. 23.~2020. 02. 29.(학교사정에 따라 조정될 수 있음)
   나. 근무시간: 평일 07:30~16:30 (휴게시간 1시간 포함)
   다. 보수: 일급제(1일 8시간 근무 시 1일당 82,400원, 주휴수당 지급)
      ※ 방학 중 비근무자로서 방학기간은 근무일수에 따라 보수 지급
      ※ 4대 보험은 관계 법령에 의거 가입, 개인부담금은 지급 임금에서 원천징수
      ※ 무급휴무일(관공서의 공휴일, 토요휴무일, 휴업일, 비급식일)
      – 기관 사정에 의하여 근로시간은 기관과 근로자와 협의하여 변경할 수 있음
   라. 담당업무: 학교급식 조리, 배식 및 급식 제반업무, 기타 학교장이 지정한 업무

6. 기타사항
   가. 최종 합격 후 공무원채용신체검사 건강진단결과, 청소년 성범죄경력조회 및 신원조회에서 부적격 판정을 받을 경우 합격을 취소함
   나. 제출된 서류에 기재된 사항이 다를 경우 채용을 취소할 수 있고 연락불능으로 인한 불이익은 응시자의 책임으로 함
   다. 접수된 서류는 일체 반환하지 아니함
   라. 자세한 사항은 담당자(☎ 02-1111-1222)에게 문의바랍니다.

05
이 채용 공고를 읽고 해결할 수 있는 질문은?

① 방학 중의 보수는 어떻게 계산되는가?
② 학교장이 지정한 업무는 구체적으로 무엇인가?
③ 제출한 서류를 반환받을 수 있는 방법은 무엇인가?
④ 채용신체검사를 받을 수 있는 병원은 어디에 있는가?
⑤ 최종 합격 시 추가로 제출해야 하는 서류에는 어떤 것이 있는가?

06
이 글을 제대로 이해하지 못한 것은?

① 토요 휴무일에는 일을 하지 않으니 무급 휴무가 되겠구나.
② 임금을 받은 후에 보험금을 내가 따로 내야 하니 번거롭군.
③ 이 학교는 우리 집에서 가까우니 급식실에 직접 가서 지원서를 접수해야겠어.
④ 합격자 통보를 받은 다음 주부터 바로 출근해야 하니 준비를 단단히 해야겠어.
⑤ 무기 계약으로 전환되지 않으니, 일하면서 틈틈이 다른 일자리를 알아봐야겠어.

[07~08] 안내문 | 다음 글을 읽고 물음에 답하시오.   제한시간: 2분

— ☆☆ 캠핑장 안내 —

1. 이용 요금

☆☆ 캠핑장의 입장료는 1인 기준 4,000원(초등학생 이상)이고 6~7세 2,000원, 5세 이하는 무료입니다.

캠핑을 위한 캠핑장은 "자가 텐트" 지역과 "임대 텐트" 지역으로 나뉩니다. 텐트를 따로 가져오시는 숙영자의 경우 1사이트당 15,000원(입장료 기본 4인 포함)을 내시면 되고, 임대 텐트를 이용하시는 분은 아래 이용 요금을 참고하시면 됩니다.

- 숙영지인 텐트 지역은 전기사용(8,000원)이 가능합니다.
- 피크닉 이용객과 숙영자의 이용시설 및 방법은 동일합니다. 단, 숙영자의 경우 인터넷 및 전화를 통한 사전 예약이 필수입니다.

구분	이용 요금	비고
4인용 가족텐트	33,000원	4인용 텐트 1동, 4인 입장료, 매트 4장, 설치·관리 비용 포함
6인용 가족텐트	44,500원	6인용 케빈텐트 1동, 6인 입장료, 매트 5장, 설치·관리 비용 포함
몽골텐트(중)	40,000원	텐트 예약 필수, 4인~6인 사용 가능, 입장료 별도(현장 입장 시 지불)
몽골텐트(대)	50,000원	텐트 예약 필수, 6인~10인 사용 가능, 입장료 별도(현장 입장 시 지불)
몽골텐트(특대)	70,000원	텐트 예약 필수, 15~20인 사용 가능, 입장료 별도(현장 입장 시 지불)
카라반(3인용)	평일: 50,000원 주말: 60,000원	입장료 별도, 카라반 내부 전기 사용 무료 (3월 16일까지만 카라반 운영)

2. 예약 및 취소 안내

피크닉 이용자는 예약 없이 입장료만 내고 이용하시면 됩니다. 텐트를 사용하실 분들은 인터넷과 전화(1544-1544) 예약이 필수이며 몽골텐트 예약은 인터넷 예약만 가능합니다. 예약일 당일 취소나 변경 환불은 불가하지만 천재지변 등으로 인한 캠핑장 폐장 시에는 당일 취소 및 100% 환불이 가능합니다. 하지만 비가 올 때에도 캠핑장은 정상 운영되므로 비 때문에 당일 취소나 변경은 되지 않습니다.

취소일(4월~11월 기준)	환불 규정
예약일(당일 제외) 10일 전 취소 시	100% 환불
예약일(당일 제외) 7~9일 전 취소 시	90% 환불
예약일(당일 제외) 5~6일 전 취소 시	70% 환불
예약일(당일 제외) 3~4일 전 취소 시	50% 환불
예약일(당일 제외) 1~2일 전 취소 시	20% 환불

3. 이용 시간

　　피크닉 이용자는 오전 9시 30분부터 익일 오전 9시 30분까지이며, 캠핑 이용자는 오전 11시부터 익일 오전 9시 30분까지입니다. 캠핑 또는 피크닉 이용자 모두 별도의 체크아웃 절차 없이 익일 9시 30분까지 퇴영하시면 됩니다.

07

이 글을 제대로 이해하지 못한 것은?

① 3월 16일 이후에는 카라반을 이용할 수 없다.
② 텐트를 임대할 때에도 인원수에 따라 입장료를 내야 한다.
③ 피크닉 이용자가 캠핑 이용자보다 캠핑장을 더 오래 이용할 수 있다.
④ 피크닉만 하더라도 텐트를 이용하려면 인터넷이나 전화로 예약을 꼭 해야 한다.
⑤ 비가 와서 캠핑장에 못 가게 되었을 경우, 당일 취소 시 이용료를 환불받을 수 없다.

08

다음 중 캠핑장 이용 요금이 가장 비싼 경우는?

① 8명의 회사 동료와 몽골텐트를 빌려 회식하며 캠핑을 하려는 A씨
② 4인용 가족텐트를 임대하여 하루 동안 캠핑을 즐기려는 B씨의 가족
③ 평일에 카라반을 이용하여 전기를 사용하며 캠핑을 즐기려고 하는 C씨
④ 본인의 텐트를 가지고 초등학생 자녀 1명과 5세 자녀 1명을 데리고 캠핑을 온 D씨 부부
⑤ 초등학생 자녀 셋을 둔 E씨 부부가 본인의 텐트를 가지고 와 전기를 사용하며 캠핑을 하려는 경우

09

설명문 | 다음 글에서 알 수 있는 내용이 아닌 것은?   제한시간: 1분

> 독자는 읽기를 통해 글쓴이의 생각을 이해하고 해석하는 '의미 구성'의 과정을 거친다. 의미 구성이 이루어지는 과정에는 두 가지의 중요한 요인이 영향을 준다. 하나는 읽기 자료로서의 '글'이고, 다른 하나는 읽기를 수행하는 독자의 '배경지식'이다. 독자가 만들어 내는 의미는 바로 이 두 요인이 상호 작용한 결과이다. 같은 글을 읽더라도 독자마다 글에 대한 이해, 해석, 평가, 감상 등이 다른 것은 읽기 과정에 작용하는 독자의 배경지식이 각각 다르기 때문이다.
>
> 글을 읽으며 효과적으로 의미 구성을 하기 위해서는 '읽기 전', '읽는 중', '읽은 후' 각 과정에서 요구되는 읽기 원리를 점검해야 한다.
>
> 우선 '읽기 전' 단계에서는 글쓴이, 제목, 내용과 관련되는 자신의 경험이나 지식을 자유롭게 떠올려 본다. 다음에는 글의 내용을 본격적으로 다루는 '읽는 중' 단계를 생각해야 한다. 이 단계에서는 자신의 배경지식을 다양하게 활용하여 글의 내용과 구조를 이해하고 예측하고 구조화해야 한다. 마지막으로 '읽은 후' 단계에서는 글의 목적에 따라 내용을 요약하여 자신의 말로 재구성하는 것이 필요하다. 앞에서 이해한 것들을 바탕으로 자신의 생각을 정리하기 위해서이다. 이러한 과정을 통해 독자는 읽은 내용을 자신의 배경지식과 통합하여 자신의 생각을 더욱 강화하고 확장할 수 있다.

① '읽기 전'과 '읽는 중'에만 '배경지식'을 활용한다.
② 글과 배경지식이 상호 작용하면서 읽기가 진행된다.
③ '읽기 전'에는 글쓴이, 제목 등을 자세히 살펴보아야 한다.
④ '읽은 후'에는 내용을 자신의 말로 재구성해 보는 것이 중요하다.
⑤ 독자들마다 배경지식이 다르기 때문에 독자들마다 책을 읽고 해석한 내용이 다르다.

[10~11] 설명문 | 다음 글을 읽고 물음에 답하시오.　⏰제한시간: 1분 30초

> 아시아 대륙과 유럽 대륙은 지리상으로는 떨어져 있는 것 같다. 그런데 두 대륙에 걸쳐 있는 나라가 있다. 터키이다.
> 터키는 흑해와 지중해 사이에 있는 소아시아반도와 발칸반도 남동부의 일부로 구성되어 있다. 즉 국토의 95%가 아시아이고, 3%가 유럽이다.
> 터키에서 가장 큰 도시인 이스탄불은 흑해와 지중해를 잇는 보스포러스 해협의 동서에 위치해 있다. 사람들은 다리를 건너 매일같이 아시아와 유럽을 오가고 있다.
> 이스탄불에는 런던, 파리, 밀라노, 베오그라드, 소피아 등을 돌아오는 오리엔트 급행이 들어오고, 뮌헨, 빈, 아테네 등 유럽 주요 도시에서 직통열차가 들어온다. 한편 아시아에서는 시리아의 알레포에서 직통열차가 들어온다.
> 이러한 지리적 조건으로 터키는 아시아다운 얼굴과 유럽다운 얼굴 모두를 가지게 되었다. 공용 언어는 알타이어계의 투르크어로, 아랍인이나 이란인과는 다른 언어를 사용하고 있어 터키인의 뿌리는 중앙아시아라고 한다. 또 국민 대부분이 수니파 이슬람교도인데, 공용 문자는 아라비아 문자가 아닌 라틴 문자이며 프랑스어에서 온 외래어도 많다.
> 이처럼 동서 요지에 국토가 있다는 것이 역사적으로도 아시아와 유럽 사이를 오가며 관계할 수밖에 없는 복잡한 입장을 만들어 냈다.
> 1991년 걸프 전쟁 때는 EC의 준가맹국으로서, 또 정식 가맹을 신청하는 입장으로서 EC 각국과 마찬가지로 이라크에 대해 대결 자세를 취했다. 그러나 국민의 보편적 정서는 이슬람 세계에 대한 특별한 감정 때문에 이라크에 동정적이었다고 한다.
> 반 타산적인 생각에서 유럽으로 기운 정부 방침, 반면 심정적으로 이슬람 세계로 향하는 민중. 터키는 국토처럼 두 가지 면을 지니고 있다.

10
이 글에서 확인할 수 있는 내용이 아닌 것은?

① 터키의 상황은 국토의 영향을 받았다고 할 수 있다.
② 터키에는 유럽과 아시아에서 들어오는 직통열차가 다닌다.
③ 터키의 국민들은 자유자재로 유럽과 아시아를 오갈 수 있다.
④ 국토의 면적만 두고 본다면, 터키는 아시아에 속한다고 할 수 있다.
⑤ 아랍인이나 이란인과는 다른 언어를 사용하고, 외래어는 전혀 쓰지 않는다.

11
이 글에 나타난 내용 전개 방식이 아닌 것은?

① 두 대상의 차이점을 대조하여 나타내었다.
② 구체적인 수치를 이용하여 글의 신뢰도를 높였다.
③ 원인과 결과를 나타내는 방식으로 내용을 전개하였다.
④ 통시적 관점으로 설명 대상의 변화 과정을 제시하였다.
⑤ 여러 가지 예를 나열하여 글의 내용을 풍부하게 만들었다.

[12~13] 설명문 | 다음 글을 읽고 물음에 답하시오.

제한시간: 1분 30초

세계는 더욱 편리하고 빠른 정보화 기기를 만들어 내는 데 뒤지지 않으려고 경쟁하고 있다. 더욱 작은 크기로 더 많은 양의 정보를 단시간 내에 처리할 수 있는 기기 개발에서 한국이 앞서갈 수 있는 이유 중의 하나가 '한글'임을 부인할 수 없을 것이다. 일본어의 가나 문자는 40개의 문자로 200여 개의 음절을 만들어 낼 수 있고, 중국어의 한자는 5만 자 이상의 문자를 가지고 있으면서도 표기할 수 있는 음절은 제한되어 있다. 더구나 중국 한자와 일본 가나는 알파벳으로 발음을 입력하고 나서 해당 문자로 변환해야 한다. 자판에 표시된 문자가 입력하는 즉시 기록되는 한글의 컴퓨터 업무 능력은 중국 한자나 일본 가나에 비해 일곱 배 이상의 경제적 효과가 있다고 한다.

한글은 아홉 개나 열두 개의 자판만으로 문자를 입력해야 하는 휴대 전화에서 더욱 빛을 발한다. 우리나라 휴대 전화의 문자 입력 방식들은 조음 방법과 문자 모양에서 연관성이 있는 글자를 하나의 자판에 모으고 모음과 자음을 구별하는 등 한글 창제의 기본 원리를 적용하고 있다. 이러한 자판 배열은 한글이 그 모양과 가획의 원리를 통해 조음 기관과 조음 방법을 정확히 반영하고 있고, 한글 교육을 받은 사람이면 누구나 그 원리를 이해할 수 있기 때문에 가능한 것이다.

이와 같은 입력 방식은 입력하기에 쉬워 철자 하나를 입력하는 데 필요한 타수에서 영어보다 35퍼센트 정도 빠르다고 한다. 분초를 다투는 초고속 정보화 시대에 속도에서 앞서 간다는 것은 큰 의미가 있는 것이다.

이미 문이 열리기 시작한 유비쿼터스 시대에는 가전과 통신, 컴퓨터, 로봇 등 대부분의 정보화 기기와 인공 지능이 음성을 신호로 받아 움직일 것이다. 많은 이들이 한글의 일자일음(一字一音) 원칙이 이러한 기술 발전에 큰 이점을 가질 것으로 예상하고 있다. 영어에 비해 한 글자에 대응되는 음의 수가 적은 편이어서 음성 인식률에서 앞설 수 있다는 것이다.

12
이 글을 읽고 알 수 있는 내용이 아닌 것은?

① '한글'은 빠른 정보 처리의 수단이 되고 있다.
② '한글'과 달리 '한자'와 '가나'는 입력하는 즉시 기록되지 않는다.
③ '한글'은 입력 방법이 쉬워서 '영어'만큼이나 빠르게 입력할 수 있다.
④ '한글'의 자판 배열은 조음 기관과 조음 방법을 정확히 반영하고 있다.
⑤ '한글'의 '일자일음' 원칙은 유비쿼터스 시대에 이점으로 작용할 것이다.

13
이 글을 읽은 사람들의 반응으로 적절하지 <u>않은</u> 것은?

① '學校(학교)'를 한글로 입력할 때에는 2개의 모음과 3개의 자음만 입력하면 되겠군.
② '學校(학교)'를 중국어의 한자로 입력할 때, 우선 '학'을 알파벳으로 입력하는 작업이 필요하겠군.
③ 한글은 입력이 쉽고 그 속도가 빠르기 때문에, 정보화 기기가 손으로 쓴 글씨도 잘 인식하겠군.
④ 한글은 '일자일음' 원칙이 있기 때문에 인공 지능이 탑재된 기계는 한글로 된 음성을 잘 알아듣겠군.
⑤ 휴대 전화의 버튼에 비슷한 모양의 자음을 묶어놓은 것은 문자 입력 방식이 한글 창제의 기본 원리를 반영한 것이기 때문이군.

14
기사문 | 다음 글에서 해결할 수 <u>없는</u> 질문은?   제한시간: 1분

우주 쓰레기, 그물로 잡아냈다

우주를 떠도는 인공위성 등의 파편들이 크게 늘며 우주선이나 인공위성과의 충돌 위험이 높아지고 있다. 이에 따라 과학자들은 작살이나 그물로 포획하는 방법, 로봇팔로 수거하는 방법 등 우주 쓰레기를 제거하는 여러 가지 방법을 개발하고 있다.

최근 영국 A 우주센터가 우주정거장 근처에서 그물을 발사해 우주 쓰레기를 수거하는 실험에 성공했다. 지난 4월 우주정거장으로 발사된 '리무브 데브리스(RemoveDebris)' 위성은 지난 16일 모의 쓰레기 역할을 할 큐브샛을 우주 공간에 버린 뒤, 풍선처럼 부풀어 오른 큐브샛을 7m 거리에서 그물을 발사해 잡아냈다.

이번 실험은 계획된 4차례 실험 가운데 첫 번째 실험이다. 연구진은 앞으로 작살로 우주 쓰레기를 포획하는 실험, 카메라와 라이더를 이용해 파편을 추적 관찰하는 내비게이션 시스템 실험, 포획한 우주 쓰레기를 대기권으로 진입시켜 태워 버리는 실험도 예정하고 있다. 대기권 진입 실험에는 에어 브레이크 역할을 하는 돛을 사용한다.

현재 우주 공간에는 인공위성을 비롯해 큼지막한 우주 파편이 2만 개 이상 떠돌고 있는 것으로 알려져 있다. 지름 10cm 이하 조각까지 포함하면 67만 개에 이른다는 추정도 있다. 미국우주감시네트워크(USSA)는 이 가운데 4만 개의 우주 물체를 추적하고 있다. 지구 궤도와 그 주변에 있는 우주 쓰레기의 무게는 7,600t을 넘는 것으로 추산된다.

---

① 우주 쓰레기 수거 실험에 사용된 위성의 이름은 무엇인가?
② 현재 우주 공간에 떠돌고 있는 우주 파편의 수는 얼마인가?
③ 앞으로의 우주 쓰레기 수거 실험의 성공 가능성은 어떠한가?
④ 지구 궤도와 그 주변에 있는 우주 쓰레기의 무게는 얼마인가?
⑤ 우주 쓰레기가 일으킬 수 있는 문제점으로는 어떤 것이 있나?

[15~16] 기사문 | 다음 글을 읽고 물음에 답하시오.   제한시간: 2분

바둑판 모양이 갑자기 휘어져 보여? 빨리 병원 가세요

　박 모(64) 씨는 지난해 추석 연휴 갑자기 TV 자막이 잘 안 보이는 증상을 겪었다. 하지만 단순히 노안 때문에 시력이 떨어진 것이라고 생각했다. 명절을 맞아 고향집을 찾은 큰아들이 검사를 권해 안과를 찾았다. 병원에선 습성 황반변성이라는 뜻밖의 진단이 나왔다. 박 씨는 "황반변성에 대해 알아보니 실명할 수도 있는 무서운 병이라고 해 걱정이 컸다."라고 말했다. 일찍 발견한 덕분에 정기적인 진료와 검사, 안구 내 주사 치료를 받으면서 시력이 더 이상 나빠지지 않았다.

　노년 황반변성이란 노화에 의하여 황반이 약해지는 병으로 실명의 가장 큰 원인이 되는 질환이다. 중심 시력을 담당하는 망막 내 황반 부위에 침착물들이 쌓이고 위축, 부종, 출혈 그리고 신생혈관 등이 발생하여 시력을 떨어뜨리는 것이다. 노인 인구의 약 6.4%, 특히 75세 이상 인구의 17%에서 노년 황반변성이 발생한다.

　노화가 진행되면 황반에 노폐물이 축적되거나 위축 또는 신생혈관이 생기면서 부종과 출혈이 나타나기도 하는데, 정도가 점점 악화되면 실명에 이르기도 한다. 50세 이상의 노년층에서 주로 발생하여 나이 관련 황반변성이라 부르며 세계적으로 노인 인구의 실명을 유발하는 가장 중요한 원인이다. 우리나라에서도 노인 인구가 증가함에 따라 발생빈도가 증가하고 있다.

　노년 황반변성의 원인은 아직 확실히 밝혀지지 않았다. 다만 모세혈관 장애로 인한 저산소증으로 인해 망막과 맥락막에 비정상적인 혈관이 생기고, 이 혈관에서 누출된 혈액이나 액체가 원인이 되어 시력 저하를 유발하는 것으로 생각하고 있다. 나이와 흡연이 가장 큰 위험인자로 거론된다. 나이가 많아질수록 위험성이 증가해 70세 이후 가파른 유병률 증가를 보인다. 담배를 피우는 사람들에게서 특히 더 많이 발생하는 것으로 보고됐다. 흡연자가 비흡연자에 비해 황반변성이 생길 위험이 2~4배 높다. 그 외에도 고혈압과 비만, 고콜레스테롤 등 심혈관계 이상, 고지방 섭취, 산화스트레스가 있다. 또 태양빛에 노출되는 시간이 긴 경우 황반변성이 유발될 수 있다. 가족력이 있는 경우 그렇지 않은 경우보다 4배 이상 발생 위험이 높아진다.

　노년 황반변성으로 인해 시력장애가 시작되면 이전의 시력을 회복할 수 없는 경우가 많으므로 조기 발견이 매우 중요하다. 60세 이상이면서 중심시력에 변화가 있다면 안과를 방문하여 진료와 검사를 받아야 한다. 1~2년마다 정기적인 안과 검사를 통하여 조기에 발견하고 적절한 치료를 시작하는 것이 좋다.

　또 간단하게는 '암슬러 격자'와 같은 자가 진단기구의 도움을 받을 수 있다. 바둑판 모양의 격자를 밝은 빛 아래 30cm 거리에 두고 한쪽 눈씩 번갈아 봤을 때 선이 휘어져 보이거나 격자 무늬가 일정한 크기로 보이지 않으면 황반변성을 의심해 볼 수 있다. 이런 경우 즉시 안과에서 정밀 검사를 받아야 한다.

15
이 글을 통해 알 수 있는 내용이 아닌 것은?

① 노년 황반변성의 발생빈도가 증가하는 것은 우리나라의 노인 인구 증가와 관련이 있다.
② 노년 황반변성으로 인해 시력장애가 시작되면 이전 시력을 회복할 수 없는 경우가 많다.
③ 암슬러 격자의 바둑판 모양이 일정하게 보이지 않는다면, 황반변성을 의심해 보아야 한다.
④ 노년 황반변성의 증상이 나타나면 황반에 부종과 출혈이 생길 수 있고, 심해지면 실명이 될 수도 있다.
⑤ 황반변성은 우리나라에서 특히 많이 나타나는 질병으로, 노인 인구의 실명을 유발하는 가장 중요한 원인이다.

16
다음 중 '황반변성'에 걸릴 가능성이 가장 낮은 사람은?

① 가족 중 황반변성에 걸린 사람이 있는 사람
② 하루 종일 바깥에서 일하며 햇빛을 많이 보는 사람
③ 70세 이상이면서 하루에 한 갑 이상 담배를 피우는 사람
④ 콜레스테롤과 지방이 많이 들어 있는 음식을 자주 먹는 사람
⑤ 어렸을 때부터 시력이 좋지 않아 늘 돋보기 안경을 썼던 사람

[17~18] 기사문 | 다음 글을 읽고 물음에 답하시오.

제한시간: 2분

"내 인스타그램 폭풍 칭찬하라" 이러면 강요죄, 벌금 300만 원

'내 인스타그램의 사진과 동영상을 보고 댓글을 달아라.'

개인 SNS 게시물을 반복적으로 시청해 조회수를 올리게 하고, 시키는 대로 댓글을 달거나 '좋아요' 버튼을 누르게 하는 것도 형법상 강요죄에 해당한다는 법원 판결이 나왔다.

인천지법 형사14단독 황□□ 판사는 다른 사람에게 자신의 SNS 사진과 동영상을 보고 댓글을 달도록 한 이 모(40) 씨에게 지난달 17일 벌금 300만 원을 선고했다. 이 1심 판결은 아직 확정되지 않았고 피고인인 이 씨의 항소로 2심이 진행 중이다.

형법상 강요죄는 '폭행 또는 협박으로 사람의 권리행사를 방해하거나 의무 없는 일을 하게 한 자는 5년 이하의 징역 또는 3,000만 원 이하의 벌금에 처한다(제324조 제1항).'라고 규정돼 있다. 법원은 이 씨가 협박으로 의무 없는 일을 하도록 했다고 봤다.

이 씨는 자신이 방문했던 꽃집 블로그에 자신이 '자녀분의 학예회 꽃다발을 직접 만들어 주러 오신 고객님'으로 표현돼 있는 것에 화가 나 해당 게시물을 올린 종업원에게 이같은 요구를 한 것으로 드러났다. "미혼인 피고인(이 씨)을 자녀가 있는 기혼으로 묘사했다는 이유로 불만을 품고 피해자(종업원)를 괴롭히기로 마음먹었다"는 것이 검찰이 본 이 사건의 시작이다.

이 씨는 종업원에게 "부모님은 살아 계시냐", "죽여도 시원찮다"며 폭언을 하고, "내 인스타그램 사진을 매일 들여다 보고 동영상도 매일 봐라. 이런 사람을 애 둘 달린 사람으로 만들어 놨구나" 하고 "한 시간에 한 번씩 돌려 봐. 내가 올린 사진에 다 폭풍 칭찬하라"고 요구했다. 그러면서 "최대한 자연스럽게 하고, 반말하면 죽여 버린다", "친구들 누구와도 상의하지 말고 한 번만 더 병신 만들면 죽는다"고도 했다.

겁을 먹은 종업원은 결국 이 씨의 SNS를 팔로우한 뒤 13시간 동안 13개의 댓글을 작성하고 그 내용을 이 씨로부터 수시로 검사받아 수정했다. 이 씨가 올린 14개 게시물에 모두 '좋아요' 버튼을 누르고, 동영상은 1시간마다 반복적으로 봐 조회수를 올렸다.

이 씨는 이에 대해 "종업원이 잘못을 했고, 그래서 내 화가 풀릴 때까지 종업원이 내가 시키는 것을 모두 하기로 약속한 것"이라고 설명했다. 이 씨의 변호인은 "약속을 성실히 이행하지 않아 그 이행을 독촉한 것일 뿐 (형법상 강요죄에서 말하는) 의무 없는 일을 하게 한 것이 아니므로 강요의 고의가 없어 무죄다"고 변론했다.

하지만 황 판사는 "이 씨의 화를 풀기 위해 종업원이 이 씨에게 '분이 풀릴 때까지 시키는 대로 하겠다'고 약속한 사실은 인정된다"면서도 "그 범위는 개인의 자유를 지나치게 제한하지 않는 등 사회적 타당성을 넘지 않아야 한다"고 명시했다. "이 씨가 피해자에게 보낸 문자 메시지·전화 내용, 지시한 행위들은 사회적 타당성이 있다거나 강요당하는 것을 수인할 수 있는 범위를 넘는다"는 것이 황 판사의 판단이다.

17
이 글을 통해 알 수 있는 내용이 <u>아닌</u> 것은?

① 누군가에게 의무 없는 일을 하게 하는 것도 '강요죄'에 해당한다.
② 이 씨 측에서는 강요의 고의가 없었음을 강조하며 무죄를 주장하고 있다.
③ 법원에서는 종업원이 이 씨와 약속을 한 후 한 행동이라는 점을 지적하였다.
④ 법원에서는 이 씨가 협박으로 아무 의무 없는 일을 시켰다는 것을 인정하였다.
⑤ 법원에서는 이 씨의 지시는 타당한 부분이 있었지만, 강요를 했다는 것은 충분히 증명할 수 있다고 보았다.

18
다음 중 '강요죄'에 해당하는 경우가 <u>아닌</u> 것은?

① 자신의 일까지 떠맡기며 야근을 강요하는 회사 동료
② 종업원에게 개인적인 심부름을 할 것을 강요하는 손님
③ 자신의 아이 숙제를 부하 직원에게 하라고 강요하는 회사 상사
④ 자신이 좋아하는 가수의 신곡 스트리밍을 친구에게 강요하는 친구
⑤ 손님 테이블을 깨끗하게 닦으라고 종업원에게 강요하는 레스토랑 매니저

19

광고문 | 다음 전시에서 볼 수 있는 것으로 적절하지 않은 것은? 제한시간: 1분 30초

> 한국인이 가장 사랑하는 화가 '마르크 샤갈'
> 〈샤갈 러브 앤 라이프展〉 그것은 사랑의 색이다
>
> 〈Chagall, Love and Life 展〉은 샤갈의 사랑에 대한 순수한 열망을 중점적으로 보여 주는 전시다. 또 그의 긴 생애를 관통하는 주요 키워드인 '유대인'과 고향 '비테프스크 시절'의 모습 또한 다각도로 추적한다. 즐겨 입던 줄무늬 재킷을 입은 우아한 신사의 모습을 한 자화상부터 가족과 친구들을 그린 초상화, 그의 작업의 주된 테마가 된 연인들, 35세에 쓴 자서전 《나의 인생》과 함께 수록한 동판화, 또 그의 작품 세계에 큰 영향을 준 아내 벨라의 책들, 프랑스 시인 라 퐁텐의 걸작 〈라 퐁텐 우화〉에 수록한 여러 동물의 과슈화 등 150여 점을 선보인다.
> 덧붙여 문학과 깊은 인연을 맺은 샤갈의 여러 삽화와 서적, 피카소와 함께 판화를 제작하던 모습 등을 통해 종합 예술가로서 숨겨진 면모까지 조명한다. 또 특수 제작된 프로젝터를 통해 샤갈의 드로잉이 점차 그림의 형상을 갖춰 가는 영상까지 준비한다. 이 전시는 2015년과 2016년 이탈리아 로마와 카타니아에서 열려 평단의 극찬을 받고 30만 명의 관람객을 모은 전시의 첫 아시아 버전이다.
> 철학자 가스통 바슐라르는 언젠가 "소년 속의 노인, 노인 속의 소년"이라고 샤갈에 대해 말한 바 있다. 그가 샤갈을 소년이라고 한 건 추억을 되새기는 성격 때문이 아닐까 싶다. 추억은 늘 그곳에 있기 때문에 우리가 언제라도 다시 찾아 주길 기다린다. 하지만 그곳을 찾는 순간에 실재의 시간은 사라진다. 그래서 몽상에 잠길 때면 누구나 소년이 될 수 있다.
> 샤갈은 언젠가 우리가 순수했던 순간을 떠올리게 하는 예술가다. 소년 같은 면모로 가난한 사랑이 뭔 대수냐며 평생 사랑을 외쳤다. 판타지가 어떤 의미에서 거품이래도, 한 번쯤은 샤갈처럼 꿈꿔 보고 싶다. 샤갈의 작품이 자유로운 건, 그가 사랑의 힘으로 인간이 규정한 이성의 편견을 뛰어넘었기 때문이다.

① 샤갈의 드로잉 영상
② 샤갈의 아내 벨라의 책들
③ 샤갈의 소년 시절 모습을 담은 작품들
④ 샤갈의 자화상과 친구들을 그린 초상화
⑤ 샤갈의 자서전 《나의 인생》과 함께 수록한 동판화

20
광고문 | 다음 글을 읽고 보인 반응으로 적절하지 <u>않은</u> 것은? 제한시간: 1분 30초

△△ **전기식 의류 건조기**

털고, 널고, 말리고 개야 해서 번거로운 빨래는 이제 그만!
저온 제습 방식으로 옷감 속 습기만 쏙 빼 주는 인버터 히트펌프로 알뜰하게 위생 건조하세요.
 인버터에서 한 번 더 진화된 듀얼 인버터로, △△ 건조기가 다시 한 번 건조기를 혁신하였습니다.

1. 듀얼이니까 인버터보다 건조 시간을 더 빠르게, 더 정확하게!
 빨래량에 따라 더 빠르고, 더 정확해진 건조 시간을 스마트 타이머로 확인할 수 있습니다(기존 인버터 히트펌프 방식 건조기 대비).
 • 2kg 미만 빨래량 기준 스마트 타이머 표시 시간 1:15
 • 실제 건조 시간은 사용 환경에 따라 달라질 수 있습니다.
2. 전기료도 한 번 더 알뜰하게!
 1회 사용 전기 요금 약 117원! 듀얼 인버터 히트펌프로 전기료도 한 번 더 알뜰하게 사용하세요.
 • 표준코스(+에너지모드) 5kg DOE부하(IMC 50%) 기준
 • 전기 요금: 월 소비 전력량 200~400kWh 구간 기준
 • 한국의류시험연구원(KATRI) 실험치로, 실제 사용 환경과 다를 수 있음
3. 고장 걱정 없이 안심하고 사용하는 듀얼 인버터 컴프레서&모터 10년 무상 보증
4. 번거롭게 직접 청소할 필요 없이, 청소 중임을 알려 주는 콘덴서 자동 세척 시스템
 습기에 젖은 먼지를 번거롭게 직접 솔로 청소할 필요 없이 건조 시마다 자동으로 세척해 더욱 편리하며, 청소 중일 때를 알려 주어 더욱 믿을 수 있습니다.
5. 온 가족 365일 건강하게 99.99% 살균 코스
 세탁만으로는 제거가 힘든 생활 속 유해세균도 99.99% 살균 건조합니다.
 *한국의류시험연구원(KATRI) Label 인증 – 살균코스 기준
6. 숨은 먼지 모아 주는 2중 안심 필터
 자연 건조로 제거가 힘든 옷 속 먼지나 보풀, 머리카락이나 동물의 털까지 2중 안심 필터에 모아줍니다. 200mesh의 더욱 촘촘한 내부 필터를 확인해 보세요!
 *mesh란? 한 변이 1인치(25.4mm)인 정사각형 속에 포함되는 그물 눈의 수로, 그 숫자가 클수록 촘촘함

---

① 전기료를 절약하면서 이 건조기를 사용하려면, 건조기의 '에너지모드'를 선택해야겠군.
② 직접 솔로 청소할 필요 없이 청소 시기를 미리 설정해 두면, 건조기가 자동 세척해 주는군.
③ 세탁만으로는 생활 속 유해세균을 없앨 수 없으니, 건조기의 살균 건조를 꼭 이용해야겠어.
④ 건조기의 효과를 제대로 보려면 건조기의 총 용량보다는 빨래의 양이 2kg을 넘지 않아야 하는구나.
⑤ 내부 필터 그물 눈이 촘촘해서 자연 건조로 제거하기 힘들었던 머리카락이나 동물의 털도 다 걸러지겠어.

21

광고문 | 다음 글에서 소개하고 있는 책에 대한 설명으로 적절하지 않은 것은? 제한시간: 2분

이 책에서는 햄릿이 우유부단하고 유약한 왕자가 아니라 복수의 화신으로서 끊임없이 행동하고 도전했음을 지적한다. 그러한 해석에서 "죽느냐 사느냐"라는 대사는 우유부단한 망설임이 아니라, 처절하게 복수를 다짐하는 선언이 된다.

여기서 '산다'는 '복수한다'의 압축된 표현이다. 한마디로 '복수하지 못하느니 죽고 말겠다'라는 말이다. 이는 '죽느냐 사느냐' 다음에 이어지는 대사에서 확인할 수 있다

"사느냐 죽느냐, 그것이 문제로다. 가혹한 운명의 화살이 꽂힌 고통을 죽은 듯 참는 것이 과연 장한 일인가. … 죽는 건 그저 잠자는 것일 뿐, 그뿐 아닌가. … 글쎄 이런 주저 때문에 인생은 평생 불행할 수밖에 없지 않은가. 그런 주저가 없다면 누가 이 세상의 채찍과 모욕을 참겠는가. …"

투르게네프도 이런 사실을 모르지는 않았을 것이다. 그런데 투르게네프가 햄릿을 부정적으로 평가한 데는 당시 시대적 상황이라는 특수한 맥락이 있었다. 그는 문학 작가와 작품이 타락한 사회를 비판해야 한다는 것을 강조하기 위해, '행동하는' 돈키호테를 부각하기 위해 그런 작위적 대립을 만든 것이다.

이런 맥락을 이해하지 못하면, '햄릿은 우유부단한 인물'이라는 도식에 갇혀 햄릿이 지녔던 결의나 복수심을 제대로 파악할 수가 없게 된다. 주어진 정답에 순응하면서 나만의 해석을 할 수 없는 것이다.

우리는 주어진 권위에 순응해 판에 박힌 정답만을 외우는 경우가 많다. 그러한 습관이 들다 보면 진정으로 보아야 할 것들을 보지 못한다. 이 책에서는 우리에게 익숙한 다양한 사례를 들여다보며, 그런 정답이 '허튼소리'일 수도 있다고 재차 강조한다.

혹은 그 당시에 그게 정답이었더라도, 이제 와서는 별 의미 없는 소리가 아니냐고 묻는다. 이렇게 정답에 질문을 던지는 습관이 우리에게 정답보다 훨씬 중요한 무언가를 던져 줄 수도 있다고 말한다.

정보나 지식이 아닌 '생각하는 방식'

인문학자 △△△이 소개하는 진짜 인문학

한동안 인문학 열풍이 불어서 인문학은 교양인의 필수 덕목이 되었다. 스티브 잡스의 사례를 들어 가며 인문학이 창의성의 원천이라는 이야기도 여기저기서 들린다. 그런데 도대체 인문학이 무엇인가?

인문학을 알아 두면 고상해 보이는 교양쯤으로 알고 있는 사람도 많다. 우리는 어떤 지식을 인문학적이라고 평가하지만, 사실 인문학은 지식 자체보다는 지식을 추구하는 방식에 가깝다. △△△ 교수가 썼던 글을 인용하면, "내가 물었던 것"에서 "물었던 나"로 돌아오는 것이 인문학이다.

수십 년간 대중과 소통해 온 인문학자 △△△은 이 책에서 '질문하는 태도'를 통해 진짜 인문학을 소개한다. 이 책을 보다 보면 재미있는 이야기나 지식도 많이 얻을 수 있다. '어, 이런 거였어?' 할 만한, 역사와 문화, 가치에 관련된 우리가 미처 몰랐던 '인문학적인 이야기'가 많다.

하지만 이 책이 진정으로 가치 있는 것은 스스로 질문하고 생각하는 법을 훈련하게 만든다는 점이다. 유명 인사들이 인문학을 강조하면서, 인문학을 공부하면 창의성을 기를 수 있다는

이야기가 많이 퍼졌다. 그런데 정작 인문학이 어떻게 창의성으로 연결되는지 아는 사람은 많지 않다.

　이 책은 인문학적 태도와 방식이, 끊임없이 의심하고 질문하고 탐구하는 습관이 통찰력과 창의성으로 연결될 수 있음을 보여 준다. 정답에 길들여졌지만 처음 보는 문제 앞에서 정답을 찾지 못해 고민하는 독자, 전에 없던 발상으로 돌파구를 마련해야 하는 독자들에게 이 책을 권한다.

① 우리에게 필요한 것은 정답에 의문점을 가지는 습관이라고 말하고 있다.
② 주어진 권위에 순응하여 정답만을 외우는 삶에 대한 비판을 다루고 있다.
③ 우리가 미처 몰랐던 사실을 알려 준다는 점이 이 책이 가치 있는 유일한 이유이다.
④ 끊임없이 질문하고 의심하는 습관이 창의성과 통찰력을 향상시킨다고 밝히고 있다.
⑤ 처음 보는 질문에 정답을 찾지 못하고 있거나, 새로운 발상을 가지고 싶은 사람들에게 추천할 만하다.

22
자료 | 이 자료를 분석한 내용으로 적절하지 않은 것은?　　제한시간: 1분

자치구	유년부양비	노년부양비	노령화지수
종로구	11.9	21.6	182.4
강북구	13	24.1	186
양천구	17.3	16.1	92.8
관악구	10.7	17.5	164.1
서초구	18.8	16.7	88.7
강남구	16.2	15.8	97.4
성동구	14.2	17.6	123.6
송파구	16.5	15.5	94.1
강동구	15.5	17.6	113.2
서울시 평균	14.6	18.4	125.5

＊외국인 포함
　1) 유년부양비=(0~14세 인구/15~64세 인구)×100
　2) 노년부양비=(65세 이상 인구/15~64세 인구)×100
　3) 노령화지수=(65세 이상 인구/0~14세 인구)×100

① 서울시 평균 노령화지수는 성동구와 비슷하다.
② 모든 지역에서 유년부양비보다 노년부양비가 높다.
③ 노년부양비가 가장 높은 지역은 노령화지수도 가장 높다.
④ 서초구는 관악구와 다르게 유년부양비가 노년부양비보다 높다.
⑤ 노령화지수가 가장 높은 지역은 가장 낮은 지역의 2배가 넘는다.

23

자료 | 다음 자료를 분석한 내용으로 적절하지 <u>않은</u> 것은?  제한시간: 1분

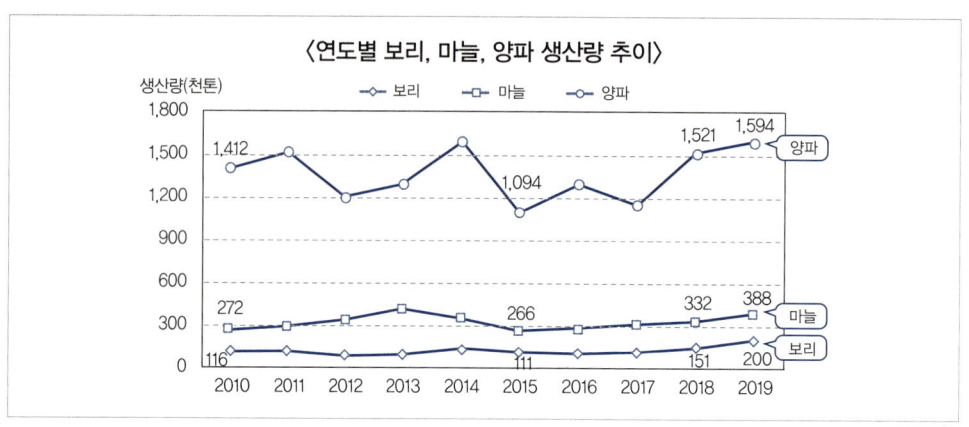

① 2019년 양파의 생산량은 보리의 생산량의 5배가 넘는다.
② 마늘과 보리는 2016년 이후 생산량이 꾸준히 상승하였다.
③ 2015년에는 전년 대비 양파의 생산량이 급격히 감소하였다.
④ 10년 간 양파와 마늘, 보리의 생산량 순위는 변함이 없었다.
⑤ 마늘과 보리의 생산량의 차이가 가장 컸던 해는 2014년이었다.

24

자료 | 다음 자료를 분석한 내용으로 적절하지 <u>않은</u> 것은? 제한시간: 1분

2019 모바일 간편 결제 서비스 이용 원인

[단위: %]

		기존 방식보다 편리해서	기존 방식보다 빠르게 결제할 수 있어서	현금/실물 카드를 소지하기 귀찮아서	할인/프로모션/이벤트 등 경제적 혜택이 있어서	서비스/카드 등록 절차가 간단해서	현금/실물 카드의 분실 염려를 덜 수 있어서	이용 가능한 사용처가 많아서	광고를 보고 관심이 생겨서	주변에서 많이 이용해서	기존 방식보다 안전하게 거래할 수 있어서
전체		79.4	79.4	42.2	35.0	34.1	17.5	9.9	6.3	4.0	3.1
성별	남성	79.6	75.2	39.8	30.1	35.4	21.2	5.3	9.7	5.3	5.3
	여성	79.1	83.6	44.5	40.0	32.7	13.6	14.5	2.7	2.7	0.9
연령대	20대	81.4	90.0	41.4	40.0	38.6	18.6	12.9	8.6	4.3	1.4
	30대	74.4	74.4	38.9	31.1	27.8	13.3	5.6	5.6	3.3	0.0
	40대	84.1	74.6	47.6	34.9	38.1	22.2	12.7	4.8	4.8	9.5

① 할인이나 프로모션에 더 큰 관심을 보인 것은 남성보다는 여성이었다.
② 30대 사용자들은 모바일 간편 결제 시스템의 안전성에 큰 신뢰를 나타내었다.
③ 모바일 간편 결제 시스템의 속도와 편리성을 선택의 이유로 꼽은 비율이 가장 많았다.
④ 카드나 현금을 분실할 염려를 덜 수 있다는 생각은 여성보다 남성에서 더 많이 나타났다.
⑤ 40대 사용자들 중 '빠르게 결제할 수 있어서'라고 응답한 비율은 '경제적 혜택이 있어서'와 '등록 절차가 간단해서'라고 응답한 수를 합한 것보다 많다.

25

약관 | 다음 글을 제대로 이해한 것은? 　제한시간: 1분 30초

제1조(목적)
　이 약관은 ㈜○○걸즈(전자상거래 사업자)가 운영하는 인터넷 쇼핑몰(이하 "몰"이라 한다) 서비스(이하 "서비스"라 한다)를 이용함에 있어 사이버 "몰"과 이용자의 권리·의무 및 책임 사항을 규정함을 목적으로 합니다.
※ PC 통신, 무선 등을 이용하는 전자상거래에 대해서도 그 성질에 반하지 않는 한 이 약관을 준용합니다.

제2조(정의)
① "몰"이란 ㈜○○걸즈가 재화 또는 용역(이하 "재화 등"이라 함)을 이용자에게 제공하기 위하여 컴퓨터 등 정보통신설비를 이용하여 재화 등을 거래할 수 있도록 설정한 가상의 영업장을 말하며, 아울러 사이버몰을 운영하는 사업자의 의미로도 사용합니다.
② "이용자"란 "몰"에 접속하여 이 약관에 따라 "몰"이 제공하는 서비스를 받는 회원 및 비회원을 말합니다.
③ "회원"이라 함은 "몰"에 개인정보를 제공하여 회원등록을 한 자로서, "몰"의 정보를 지속적으로 제공받으며, "몰"이 제공하는 서비스를 계속적으로 이용할 수 있는 자를 말합니다.
④ "비회원"이라 함은 회원에 가입하지 않고 "몰"이 제공하는 서비스를 이용하는 자를 말합니다.

제7조(회원 탈퇴 및 자격 상실 등)
① 회원은 "몰"에 언제든지 탈퇴를 요청할 수 있으며 "몰"은 즉시 회원 탈퇴를 처리합니다.
② 회원이 다음 각 호의 사유에 해당하는 경우, "몰"은 회원 자격을 제한 및 정지시킬 수 있습니다.
　1. 가입 신청 시에 허위 내용을 등록한 경우
　2. "몰"을 이용하여 구입한 재화 등의 대금, 기타 "몰" 이용에 관련하여 회원이 부담하는 채무를 기일에 지급하지 않는 경우
　3. 다른 사람의 "몰" 이용을 방해하거나 그 정보를 도용하는 등 전자상거래 질서를 위협하는 경우
　4. "몰"을 이용하여 법령 또는 이 약관이 금지하거나 공서양속에 반하는 행위를 하는 경우
　5. 쇼핑몰의 건전한 경영과 서비스 운영을 방해하는 경우
　6. 아이디(ID)를 복수 사용 또는 부정 사용하는 경우

> ③ "몰"이 회원 자격을 제한·정지시킨 후, 동일한 행위가 2회 이상 반복되거나 30일 이내에 그 사유가 시정되지 아니하는 경우 "몰"은 회원 자격을 상실시킬 수 있습니다.
> ④ "몰"이 회원 자격을 상실시키는 경우에는 회원 등록을 말소합니다. 이 경우 회원에게 이를 등록된 휴대 전화 번호, 이메일, 주소 중 택 1하여 통지하고, 회원 등록 말소 전에 최소한 30일 이상의 기간을 정하여 소명할 기회를 부여합니다.

① "몰"은 회원의 자격을 한 번에 상실시킬 수 있다.
② "몰"에 개인정보를 제공하여 회원을 등록한 자만 "이용자"이다.
③ "회원"은 "몰"에 가입한 지 30일 이후에 탈퇴를 신청할 수 있다.
④ 이 글에는 "몰"과 "이용자"의 권리, 의무, 책임사항이 담겨 있다.
⑤ "몰"은 "회원"에게 정보를 제공할 때, '휴대 전화 번호, 이메일, 주소' 중 복수의 방법을 택해야 하는 의무가 있다.

26
법조문 | 다음 글을 제대로 이해한 것으로 적절하지 않은 것은? 제한시간: 1분 30초

> 제1조(목적) 이 영은 「청소년 보호법」에서 위임된 사항과 그 시행에 필요한 사항을 규정함을 목적으로 한다.
>
> 제2조(매체물의 범위) 「청소년 보호법」(이하 "법"이라 한다)
> 제2조 제2호 가목에서 "대통령령으로 정하는 매체물"이란 사무실·가정 등 옥내(屋內)에 배포되는 광고용의 전단(傳單) 및 이와 유사한 광고 선전물을 말한다.
>
> 제3조(청소년 유해 약물의 결정 기준) 법 제2조 제4호 가목 5)에서 "대통령령으로 정하는 기준"이란 다음 각 호의 어느 하나에 해당하는 것을 말한다.
> 1. 청소년의 정신 기능에 영향을 미쳐 판단력 장애 등 일시적 또는 영구적 정신 장애를 초래할 수 있는 약물일 것
> 2. 청소년의 신체 기능에 영향을 미쳐 정상적인 신체 발육에 장애를 초래할 수 있는 약물일 것
> 3. 습관성, 중독성, 내성(耐性) 또는 금단증상 등을 유발함으로써 청소년의 정상적인 심신 발달에 장애를 초래할 수 있는 약물일 것
>
> 제4조(청소년 유해 물건의 결정 기준)
> ① 법 제2조 제4호 나목 1)에서 "대통령령으로 정하는 기준"이란 다음 각 호의 어느 하나에 해당하는 것을 말한다.
>   1. 청소년이 사용할 경우 성 관련 신체부위의 훼손 등 신체적 부작용을 초래할 우려가 있는 물건일 것
>   2. 청소년에게 인격 비하, 수간(獸姦) 등 반인륜적 성의식을 조장할 우려가 있는 물건일 것
>   3. 청소년에게 음란성이나 비정상적인 성적 호기심을 유발할 우려가 있거나 지나치게 성적 자극에 빠지게 할 우려가 있는 물건일 것

② 법 제2조 제4호 나목 2)에서 "대통령령으로 정하는 기준"이란 다음 각 호의 어느 하나에 해당하는 것을 말한다.
1. 물건의 형상·구조·기능 등이 청소년의 사용을 제한하지 아니하면 청소년의 생명·신체·재산에 해를 끼칠 우려가 있는 물건일 것
2. 물건의 형상·구조·기능 등이 청소년에게 포악성 또는 범죄의 충동을 일으킬 수 있는 것 또는 성적인 욕구를 자극하는 선정적이거나 음란한 것으로서 청소년의 건전한 심신 발달에 장애를 초래할 우려가 있는 물건일 것
③ 법 제2조 제4호 나목 3)에서 "대통령령으로 정하는 기준"이란 다음 각 호의 어느 하나에 해당하는 것을 말한다. 〈신설 2017. 6. 20.〉
1. 해당 물건을 매개로 청소년 유해 약물을 이용할 우려가 있을 것
2. 청소년 유해 약물과 형상·구조·기능이 유사하여 해당 물건의 반복적 이용이 청소년 유해 약물의 이용으로 이어질 우려가 있을 것

① 「청소년 보호법」에 나타난 구체적인 사항들은 대통령령 기준을 근거로 한다.
② 청소년 유해 약물과 형상이 유사하다고 하여, 청소년 유해 물건으로 지정할 수는 없다.
③ 반인륜적인 성의식을 조장할 우려가 있는 물건은 청소년 유해 물건으로 지정되어 있다.
④ 「청소년 보호법」에서 규정한 매체물은 옥내에 배포되는 광고용의 전단과 이와 유사한 광고 선전물들이다.
⑤ 청소년에게 유해하다고 판단되는 약물은 신체 발육뿐만 아니라 심신 발달에도 장애를 초래하는 것들이다.

27

계약서 | 다음 글을 해석한 것으로 적절하지 않은 것은? 제한시간: 2분

방송은 인간의 존엄성과 국민의 기본권을 보호하고, 건전한 여론형성을 통해 민주사회 발전과 국민화합, 민족통합, 문화 창달 나아가 인류공영에 이바지해야 한다. 이에 A교육방송사(이하 'A방송사')는 헌법과 방송관계법의 기본정신에 따라 방송의 독립성과 자율성을 보장하여 방송제작자들이 국민들로부터 위임받은 권리와 자율성을 보호하여 방송의 공익성을 제고하고 민주적 시민교육의 발전에 이바지하고자 노사합의로 편성규약을 제정한다.

제1장 총칙
제1조(목적) 이 규약은 방송법 규정에 의거, 방송 편성·취재·제작 종사자들의 자율성을 보장함으로써 A방송사 내외의 부당한 압력과 간섭으로부터 방송의 독립성을 지키고 방송의 공정성과 공익성을 구현함으로써 국민의 권익을 보호하고 민주시민 교육에 기여함을 그 목적으로 한다.
제3조(편성의 일반 기준) A방송사는 국민을 위한 교육방송을 위하여 다음 각 호의 기준을 편성 및 제작에 반영한다.
1. 방송의 자유와 책임은 국민으로부터 A방송사에 위임된 신성한 권리이자 의무로서 누구에게도 양도할 수 없다.

> 2. 방송은 편성과 제작, 취재에 있어서 A방송사 내외의 부당한 압력이나 간섭으로부터 자유로워야 한다.
> 3. A방송사는 시청자가 방송 프로그램의 기획, 편성, 또는 제작에 관한 의사결정에 참여할 수 있도록 하여야 하고 방송의 결과가 시청자의 이익에 합치하도록 하여야 한다.
> 4. 인간의 존엄성을 수호하고 인권을 신장하며 민주주의 기본질서 정착에 앞장선다.
> 5. 국민의 알 권리와 표현의 자유를 보호하고 신장시킴으로써 건전한 여론을 형성하고 민주시민 교육의 발전에 기여한다.
> 6. 국민의 생명·재산·자유의 수호, 공공의 복리 증진에 기여하고 다양한 정보와 의견을 제시하되 성별과 연령, 직업, 종교, 신념, 계층, 지역, 인종 등을 이유로 차별을 두지 않는다.
> 7. 민족 고유의 전통문화를 전승, 발전시키는 동시에 세계문화와도 융합함으로써 문화적 정체성 확립에 기여하고 문화적 다양성을 제고한다.
> 8. 분단된 민족의 평화통일을 위하여 민족 동질성 회복과 화해 협력을 적극 추구한다.
>
> 제4조(취재 및 제작의 규범)
> 1. 단편적 사실 전달에 그치지 않고 정확하고 공정한 입장에서 진실을 규명하기 위해 노력해야 한다.
> 2. 다원적인 시민의 의견을 반영해 건전한 여론형성에 이바지한다. 특히 소외계층과 소수에게도 가능한 충분한 기회를 제공한다.
> 3. 방송인은 편성과 방송물 제작과정에서 위법적 활동을 하거나 직, 간접의 사적이익을 도모해서는 아니 되며 방송 대상자나 단체의 권리와 명예를 훼손하지 않도록 적극 노력한다.
> 4. 전통문화의 창조적 계승과 발전을 통해 민족정체성을 확립하고, 우리말과 미풍양속을 지켜 나간다.
>
> 제5조(취재 및 제작의 자율성)
> 1. 편성과 취재, 제작의 자율성은 방송법에 규정한 기준과 본 규약 제3조의 범위 내에서 최대한 보장된다.
> 2. 제작책임자와 제작실무자는 A방송사의 방송목표에 의해 수립된 방송기본계획과 편성방침을 구현함에 있어서 자신의 양심에 어긋나는 의견을 대변하도록 강요받지 아니한다.
> 3. A방송사의 취재 및 제작 자율성은 A방송사 내외의 부당한 압력으로부터 보호되어야 한다.

① A방송사는 방송 제작실무자에게 방송기본계획과 편성방침을 강요해서는 안 된다.
② A방송사는 민주주의 기본 질서 정착에 힘쓰되, 차별적 내용을 방송에 내보내서는 안 된다.
③ 방송의 공정성과 공익성을 구현하면, 국민의 권익을 보호할 수 있다는 것을 전제하고 있다.
④ 취재를 할 때도 공정한 입장에서 진실을 규명하기 위해 노력하며, 건전한 여론 형성을 위해 노력해야 한다.
⑤ A방송사는 시청자의 이익과 무관하게, 시청자가 방송 프로그램의 기획, 편성 또는 제작에 관한 의사결정에 참여할 수 있도록 하여야 한다.

28

계약서 | 다음 계약서의 내용에 대해 갑(甲)과 을(乙)이 모두 합의했을 때, 옳지 않은 행동은?

⏰ 제한시간: 1분 30초

동영상 강의 표준 계약서

㈜◇◇러닝(이하 '갑'이라 칭함)과 ○○○(이하 '을'이라 칭함)은 다음과 같이 용역 제공에 대하여 계약을 체결한다.

제1조 [계약의 대상]
본 계약은 다음의 용역 제공을 그 대상으로 한다.
- 초등학교 5~6학년 2학기 단원평가 문제 풀이 강의 촬영

제2조 [계약의 기간]
본 계약의 기간은 2019년 7월 19일부터 2020년 7월 18일까지로 하며, 종료 1개월 전까지 '갑'과 '을'이 별도의 의사표시가 없으면 같은 조건으로 1년간 연장하는 것으로 한다.

제3조 [용역제공의 대가]
'갑'은 '을'의 용역 제공에 대하여 다음과 같이 대가를 지불한다.
- 5~6학년 2학기 단원평가 문제 풀이 강의 촬영 1문항 당 5천 원(교안 작성 포함)

제4조 [대가의 지급]
'갑'은 '을'이 용역의 제공을 완료하면, 차월 15일까지(공휴일인 경우 익영업일) 대가를 현금으로 지급한다.

제6조 [용역의 소유권]
'갑'은 '을'이 제공한 용역이 '갑'의 검수기준을 충족하여 제공을 완료한 시점부터 '을'에게 대금지급의 의무를 가지며, '을'이 제공한 용역은 제공을 완료한 시점부터 모든 권리가 '갑'에게 있는 것으로 한다.

제7조 [부칙]
1. '갑'과 '을'은 신의와 성실의 원칙에 따라 계약을 이행하기로 하며, 이 계약서에 명기되지 않은 사항은 일반 상거래의 원칙에 따르기로 한다.
2. '갑'과 '을'의 계약 이행 중 분쟁이 발생할 경우 관할법원은 '갑'의 본점소재지 관할 법원으로 하기로 한다.
3. 이 계약의 증명을 위하여 '갑'과 '을'이 각각 날인하여 1통씩 보관하기로 한다.

---

① 을: 계약의 증명을 위해 날인한 계약서를 한 통씩 보관한다.
② 을: 계약 종료 1개월 전에 계약 연장에 대한 의사표시를 한다.
③ 갑: 용역의 소유권은 '을'의 용역이 시작된 시점부터 인정된다.
④ 갑: '을'이 촬영한 문항 수가 100문항일 경우, '을'에게 500,000원을 지급한다.
⑤ 갑: '을'이 용역 제공을 완료한 달의 15일까지 용역의 대가를 '을'에게 지급한다.

02 학술문

01
인문 | 다음 글을 통해 알 수 있는 역사가에 대한 관점 중 나머지와 다른 것은? ⏰ 제한시간: 1분 30초

  정확성은 역사가의 의무일 뿐 미덕이 아니다. 정확하다고 해서 역사가를 칭찬한다면 잘 말린 목재와 적절하게 섞은 콘크리트로 집을 짓는다고 건축가를 칭찬하는 것이나 마찬가지다. 그런 것은 건축의 필요조건이지 건축가의 본질적인 기능은 아니다. 그런 일이 필요할 때 역사가는 이른바 역사학의 '보조 학문'인 고고학, 금석학(金石學), 고전학(古錢學), 연대측정학의 도움을 받을 수 있다. 오늘날 모든 저널리스트는 적절한 사실을 선택하고 배열함으로써 효과적으로 여론에 영향을 줄 수 있다는 것을 안다. 사실이 스스로 이야기한다는 주장은 진실이 아니다. 역사가가 이야기할 때만 사실은 말을 한다. 어떤 사실에게 발언권을 주며 서열과 순서를 어떻게 할 것인지 결정하는 게 역사가다. 사실이란 자루와 같아서 안에 무엇인가를 넣어 주지 않으면 일어서지 못한다.
  윗글은 랑케의 역사 이론과 역사 서술 방법에 대한 비판이다. 역사 서술은 단순히 사실을 정확하게 기록하는 작업이 아니다. 역사가 그런 것이라면 역사가는 옛 문헌을 가위로 오려서 풀로 붙이는 것으로 임무를 완수할 수 있을 것이다. 역사는 과거에 대한 이야기이며, 역사가는 사실을 가지고 이야기를 만드는 사람이다. 이렇게 보면 사실을 수집하고 나열함으로써 과거를 '있었던 그대로' 보여 주는 것을 역사 서술의 목표로 설정한 랑케는 역사가를 문헌학자로 취급하는 오류를 저질렀으며 결과적으로 역사가의 임무를 외면한 셈이다.
  물론 사실은 중요하다. 하지만 앞서 말한 것처럼 역사가는 과거의 모든 사실을 알 수 없다. 아는 사실이 전부 기록할 가치가 있는 것도 아니다. 역사가는 과거 사실의 일부를 알 뿐이며, 그중에 의미 있고 중요한 사실을 추려서 이야기를 만든다. 랑케가 그토록 중시했던 문헌 기록은 과거의 모든 사실이 아니라 문헌을 작성한 사람이 알았고 또 중요하다고 여긴 일부 사실만 보여 준다. 만약 어떤 역사가가 옛 문헌의 정보에 전적으로 의지해 역사를 쓴다면 그 역사는 옛 문헌을 만든 사람이 쓴 것이 된다.

① 역사가는 사실을 정확하게 전달해야 한다.
② 역사가를 문헌학자로 취급하는 오류를 범해서는 안 된다.
③ 역사가는 옛 문헌의 정보에 전적으로 의지할 필요가 없다.
④ 역사가는 과거의 모든 사실을 알 수 없고, 일부만 알 뿐이다.
⑤ 어떤 사실에게 발언권을 주고, 서열과 순서를 정하는 것이 역사가다.

02

인문 | 다음 글에서 알 수 있는 내용이 <u>아닌</u> 것은? 제한시간: 2분

> 형 집행과 고문에 대한 청원들이 18세기에 증가했다. 신체형은 국왕과 민중의 폭력이 서로 대립해 있는 지점이란 점에서 위험한 것이었고, 어쨌든 통치자와 범죄자 사이의 신체적 대결을 끝낼 필요가 있었던 것이다. 처형은 부끄럽고 구역질나는 것이 되었다. 개혁가들은 사법적 폭력이 합법적인 권력 행사의 도를 넘어선다고 주장했다. 형사 재판은 복수(復讐)가 아니라 처벌을 해야 한다. 아무리 흉악한 살인자라도 인간성을 존중할 필요성에 따라 고문이 없는 처벌의 필요성이 처음으로 공식화되었다. 개혁자들이 강조한 인간은 권력에 관한 '척도'로서의 인간이기도 하다. 인간이 권력의 법률적 한계가 되었고, 그 한계를 벗어나서는 권력이 작용할 수 없게 된 것이다. 그런데 어떻게 인간이 전통적인 처벌 관례에 대항할 수 있게 되었을까? '인간성'과 '척도'가 어떤 방식으로 서로 연결될 수 있었을까? 여기서 처벌의 경제학적 문제가 발생한다. 18세기는 적절한 설명이나 정의도 없이 이 문제를 인간성을 처벌의 척도로 삼아야 한다는 생각으로 해결했다.
>
> 푸코는 18세기에도 경직된 논리로 형벌 완화를 거부했던 사법 당국과 '고전적' 법 이론가들에게 대항했던 베카리아* 같은 위대한 개혁가들에게 경의를 표한다. 그러나 개혁은 범죄가 덜 폭력적이 되고 처벌이 완화되는 과정 속에 위치한 것이기도 하다. 당시에는 살인자들은 소수였고, 소매치기나 좀도둑 같은 직업적 범죄자들이 소집단으로 일을 저지르는 경향이 있었다. 신체에 가해지는 폭력이 대폭 감소하면서 흉악 범죄 대신 절도와 사기로 변한 것이었다. 형벌 완화에 선행해서 범죄의 내용이 가벼워진 것이다. 이런 변화는 사회경제적 상황의 호전과 더 가혹한 법률로 설명될 수 있다. 사법의 행사가 엄중하고 세밀화하자 전에는 방치되던 경미한 비행이 단속 대상이 되었다. 이것은 소유권과 생산에 더 큰 가치를 두는 사회 발전에 따른 것이었다. 개인들의 일상생활을 결정하는 권력의 메커니즘을 조절하고 정렬하려는 시도가 있었고, 놀라운 전략적 일치가 이런 변화와 개혁가들의 담론 사이에 존재했다. 그들은 처벌하는 권력의 과도한 징벌 내용을 공격했다. 처벌권이 남용되었다기보다는 수많은 법정과 변칙적인 재판들 때문에 형벌의 정의가 불규칙했다는 것. 개혁가들의 비판은 권력자의 약점이나 잔인성이 아니라 원활하지 못한 운용성이다. 권력의 불완전한 기능은 왕의 과도한 권력 집중과 관련되어 있었다. 권력 구조의 재조정이었던 18세기 형법의 개혁은 보다 덜 처벌하기 위한 것이 아니라 더 잘 처벌하는 것이 목적이었다.
>
> *베카리아: 이탈리아 형법학자이자 계몽사상가. 형벌은 입법자에 의해 규정되어야 한다고 역설했으며, 고문의 관행을 비판하고, 최초로 사형 제도의 폐지를 주장했다.

① 푸코는 고전적 법 이론가들과 베카리아와 같은 개혁가의 생각을 종합하였다.
② 18세기에는 호전된 경제 상황과 가혹한 법률로 인해 범죄의 내용이 가벼워졌다.
③ 개혁가들은 권력 구조의 재조정을 통해 더 잘 처벌하려는 목적을 달성하려고 하였다.
④ 소유권과 생산에 더 큰 가치를 두는 사회의 변화로 인해, 사법의 행사가 더 엄중해지고 세밀해졌다.
⑤ 형 집행이나 고문에 대한 청원은 그 안에 통치자와 범죄자 사이의 신체적 대결을 끝내야 한다는 생각이 들어 있다.

03

인문 | 다음 글을 읽고 알 수 있는 내용이 아닌 것은?

제한시간: 1분 30초

쾌락주의를 무시하거나 제거하지 않고도 우리는 얼마든지 그것을 비판할 수 있으며 또 그렇게 하여야만 한다. 키레네주의가 우리의 일상적인 삶의 경험들과 일치하지 않는다는 사실을 깨닫는 데는 그리 큰 수고가 필요하지 않다. 우리들 대부분에게는 (또한 거의 항상) 내일이 찾아온다. 또 내년이 찾아오고, 그다음 해가 찾아오고 이런 과정이 반복된다. 우리들 대부분에게는 미래가 있다는 사실 때문에 우리는 아리스티포스*가 권하는 방탕한 삶을 살면 그에 대한 대가를 치러야 한다는 점을 바로 알게 된다. 삶을 살아가면서 우리는 과거로부터 이어진 전통을 감수하기도 하며, 질병에 시달리기도 하고, 삶에 대한 이기적인 태도 때문에 동료들과 서로 미워하기도 하며, 그 결과 기회를 잃기도 하고, 자신의 재능을, 아직 실현되지 않은 잠재성들을 발휘하지 못하기도 한다. 더욱이 십수 세기가 지난 후 덴마크의 철학자 키에르케고어가 지적하였듯이, 육체적 쾌락을 추구하는 삶이 보기처럼 그렇게 쉽게 성취되는 것은 결코 아니다.

그런 삶을 살기 위해서 우리는 항상 쾌락을 얻을 수 있는 기회에 주의를 기울여야 하며 쾌락에 방해가 되는 모든 것들을 제거하기 위하여 신경을 써야 하며 고통을 주는 결과를 피하기 위하여 민첩하게 움직여야 한다. 결국 이렇게 항상 신경을 곤두세워야 하는 삶은 쾌락주의가 권하는 태평스럽고 즐거운 삶과는 전혀 일치하지 않는다. 더욱이 키레네 학파의 철학은 자주 "쾌락주의의 역설"이라고 불리는, 즉 우리가 쾌락을 추구하면 할수록 쾌락을 얻을 기회는 더욱 줄어든다는 역설에 빠지는 듯이 보인다. 쾌락이 가득 찬 삶을 사는 사람은 대체로 특별히 쾌락을 의식하지 않고 자신이 설정한 목표와 가치들을 성실하게 추구하는 사람들이다. 결국 이들은 자신의 가치를 헌신적으로 추구함으로써 성공하게 되며 그 결과 쾌락을 경험하게 된다.

그러나 하나의 철학 체계로서 쾌락주의가 키레네 학파와 더불어 등장하였다가 사라진 것은 결코 아니다. 쾌락주의는 수많은 다른 형태로 제시되었으며 보다 중요하고 비중 있는 삶의 철학으로 자리 잡게 된다. 쾌락주의의 다양한 형태 중 하나는 에피쿠로스 학파가, 즉 에피쿠로스의 사상을 이어받은 헬레니즘 시대의 철학자들이 제시한 것이다. 그리고 이러한 형태의 쾌락주의는 아리스토텔레스가 사망한 이후 한 시대를 풍미하였다.

*아리스티포스: 우리가 쾌락의 노예가 되어서는 안 된다는 주장을 폈고, "최선의 것은 금욕과 절제가 아니라 바로 쾌락에 의해서 꺾이지 않도록 쾌락을 지배하는 것이다."라고 말함. 쾌락을 지배함으로써, 즉 이성을 사용하여 최대한 가장 강렬한 쾌락을 추구함으로써 우리는 삶에서 최고의 것을 얻었다고 자부함

① 진정한 쾌락주의는 다른 것을 전혀 신경 쓰지 않는 태평스럽고 즐거운 삶을 추구한다.
② 에피쿠로스 학파는 쾌락주의의 한 형태로, 헬레니즘 시대의 철학자들에게 영향을 주었다.
③ 키레네 학파는 쾌락을 얻기 위해, 그것을 방해하는 것들을 민첩하게 제거해 나가야 한다고 생각했다.
④ 아리스티포스는 이성을 사용하여 쾌락을 지배하는 것이 강렬한 쾌락을 추구하는 것이라고 생각했다.
⑤ 키에르케고어는 육체적 쾌락은 쉽게 얻어지는 것이 아니라고 말했는데, 이는 모든 쾌락주의의 시초가 된다.

[04~05] 인문 | 다음 글을 읽고 물음에 답하시오.

　그리스 신화에서 에로스는 사랑의 신이고 타나토스는 죽음을 의인화한 신이다. 그러나 프로이트에게 에로스와 타나토스는 신화 속의 신을 의미하지 않는다. 에로스와 타나토스는 우리 정신 활동의 두 축을 이루는 에너지다. 에로스는 생의 본능이다. 생명을 유지하고 사랑을 하고 아이를 낳게 하는 본능이 그것이다. 타나토스는 죽음의 본능이다. 생물이 무생물로 환원하려는 것처럼 타나토스는 자신은 물론 타인과 환경을 파괴하고 처벌하고 공격하려 한다.
　에로스는 리비도(libido)로부터 에너지를 얻는다. 리비도가 자신을 사랑하는 자기애, 즉 나르시시즘이 되고 바깥을 사랑하게 되면 대상애가 된다. 리비도의 심연에는 이드(id)가 자리하고 있다. 이드는 리비도의 원천이자 자아인 에고(ego)와 초자아인 슈퍼에고(super-ego)의 바탕이 된다. 이드는 쾌락을 추구하려 한다. 그러나 우리는 현실 속에서 이기적인 쾌락을 추구할 수 없다. 이드의 쾌락 추구를 현실에서 적절히 타협을 보게 하는 것이 에고, 즉 자아이다. 여기에 초자아인 슈퍼에고가 결합된다. 사회에는 개인이 지켜야 할 도덕과 양심, 금기가 있다. 그것을 지키게 하는 것이 초자아이다. 초자아는 이드에 의해 극단적인 쾌락을 추구하려는 자아를 통제한다.
　프로이트는 우리의 의식과 무의식의 세계를 넘나든다. 프로이트 이전에 인간의 무의식은 관심의 대상이 아니었다. 그리스와 로마 시대 사람들은 꿈을 초자연적인 현상으로 이해했다. 그들에게 꿈은 신의 계시였고 미래에 대한 암시였다. 꿈은 수많은 속설을 낳았고 꿈의 해석은 미래와 결부되어 있었다. 그러나 프로이트는 꿈을 완전한 심적 현상이며 소망에 대한 충족이라고 이야기한다.
　프로이트는 오스트리아의 모라비아에서 태어났다. 고등학교를 졸업할 무렵에는 장래에 정치가가 되려고 생각했지만 당시 유대인이 빈에서 종사할 만한 직업으로는 실업가나 변호사, 아니면 의사가 무난했기 때문에 의학을 공부했다. 서른한 살 때인 1886년부터 신경병 전문의로 개업하여 히스테리 환자를 치료하면서 '꿈의 해석'에 연구를 집중했다. 그 결과 1900년에 《꿈의 해석》을 발표했다.
　이 책에서 프로이트는 꿈에는 뜻이 있음을 보여 주고자 했다. 특히 프로이트는 꿈의 일부분이 과거의 사건과 결부되어 있을 것이라고 가정한다. 그래서 프로이트는 "현실 생활에서는 까맣게 잊어버리고 있던 어린 시절의 자질구레한 일까지 끄집어낸다"고 말한다. 물론 꿈은 과거 사건의 단순한 재연이 아니다. 꿈을 통해서 잠재해 있거나 억압당한 무의식의 세계가 드러난다.
　프로이트는 ㉠<u>한 여자의 꿈</u>을 예로 들었다. 그 여자가 꿈꾼 내용은 지극히 단순하다. 그 여자는 꿈에서 친구와 함께 5번가에서 검은 모자를 샀다. 이 꿈을 해석하기 위해 프로이트는 그 여자의 몇 가지 경험을 분석했다. 그 여자는 꿈꾸기 전날 친구와 함께 5번가를 걸었다. 그 여자의 남편은 아파서 집에 누워 있다. 그 여자는 남편이 죽을지도 모른다는 걱정을 하고 있다. 그 여자는 결혼 전에 알고 지내던 남자가 있다. 그 여자는 모자라면 사족을 못 쓰지만 많은 모자를 살 만한 경제적 여유가 없다.
　프로이트는 그 여자의 꿈에 담긴 잠재의식을 다음과 같이 해석했다. 그 여자는 결혼 전에 알고 지내던 남자와 결혼할 수 있는 자유로운 몸이라면 좋겠다고 생각한다. 그 남자와 결혼했다면 돈을 마음대로 쓸 수 있었을 것이라고 생각한다. 그래서 꿈속에서 그 돈을 쓰기 위해 새로운 모자를 샀다. 즉 그 여자가 꿈에서 돈을 쓴 것은 다른 사람과 결혼함으로써 자신의 경제적 지위가 달라진다는 사실을 드러낸 것이다. 그런데 이런 생각은 남편에 의해 방해를 받고 있다. 그래서 꿈속에서 남편과의 관계가 남편의 죽음으로 끝나는 것으로 나온다. 그 여자가 꿈에서 산 모자는 상복을 의미하는 검은색이다. 결국 그 여자의 꿈에는 남편의 죽음, 옛 애인과의 결혼, 그리고 많은 돈을 갖고 싶다는 욕구 등이 복합되어 있었던 것이다. 그 여자의 꿈은 억압되고 금지된 욕구가 변장하고 왜곡되어 표현된 것이다. 그런 변장과 왜곡은 수면 상태에서도 무의식이 의식으로 진출할 때는 검열을 받는다는 사실을 알려 준다.

04

이 글에서 알 수 있는 내용으로 적절하지 않은 것은?

① 프로이트가 말한 리비도는 생의 본능과 결부되어 있다.
② 프로이트 이전부터 무의식에 대한 관심은 이어지고 있었다.
③ 프로이트는 꿈의 일부분이 과거의 사건과 결부되어 있다고 보았다.
④ 프로이트는 억압당한 무의식의 세계가 꿈을 통해 드러난다고 보았다.
⑤ '에고'는 쾌락을 추구하려는 '이드'와 타협하고, '슈퍼에고'는 그 '이드'를 통제한다.

05

㉠에 대한 프로이트의 생각으로 맞지 않는 것은?

① 여자의 무의식 속에서는 그 어떤 통제도 받지 않았다.
② 여자의 꿈속에 나타난 욕구는 복합적으로 이루어져 있다.
③ 여자는 잠재의식 속에서 남편과의 관계를 끊고 싶어 한다.
④ 여자의 현실 속에서는 이드가 슈퍼에고에 의해 통제되었다.
⑤ 여자가 새로운 모자를 산 것은 그녀의 쾌락이 꿈속에서 드러난 것이다.

[06~07] 인문 | 다음 글을 읽고 물음에 답하시오.   제한시간: 2분

　'윤리문화(ethical culture)'는 기본적으로 윤리와 문화라는 단어로 구성되지만 윤리와 문화의 단순한 조합이라기보다 윤리와 문화의 성격이 융섭된 새로운 영역을 의미하는 개념이다. 윤리문화는 일정한 사회 집단의 윤리적 사고와 실천을 추구하며 보다 포괄적인 문화 일반에서 특히 윤리적인 측면과 관련된 영역이다. 윤리문화는 어느 조직에서나 보편적으로 적용되는 규범이 아닌 그 사회의 문화 속에 나타나는 판단양식이나 사고 체계 또는 행동의 준거 등을 포괄하는 영역이다. 윤리가 인간사회에 있어야 하는 최고선 내지는 당위적인 최고 가치의 규명에 일차적인 관심을 갖는다고 한다면, 윤리문화는 특정한 시·공간적 특성을 갖는 사회에 실제로 작용하고 있는 도덕적 규범에 관심을 갖는다. 윤리문화는 윤리적 생활과 그 생활이 고양된 윤리적 실제를 의미한다. 문화의 윤리성이나 비윤리성에 대한 숙고 없는 무비판적인 실천의 강조는 비윤리적 문화를 윤리화시키는 모순을 초래하게 되며, 윤리적 당위의 무조건적인 실천의 강조 역시 윤리의 기본 성격을 왜곡시키는 결과를 초래하게 된다. 따라서 윤리문화는 윤리적 이상의 당위와 실제의 문화적 가치와의 균형적 조화와 윤리적 실천을 핵심으로 한다.

　윤리적 이상의 당위는 인간이 추구하는 목적의 선함과 이를 위한 행동의 올바름이며 인간이 지켜야 할 도덕적 원칙으로서 여기에는 목적론적 관점과 의무론적 관점이었다. ㉠목적론적 관점은 윤리적 당위를 어떤 과정보다는 사회 전체가 선을 달성하는 목적을 지향하는 것이라면, ㉡의무론적 관점은 어떤 행동이 윤리적인가 아닌가는 그 행동의 결과뿐만 아니라 그 행동 자체가 선한 것인가의 여부에 달려 있다는 견해이다. 목적론적인 입장이나 의무론적인 입장은 각각 한계와 문제점을 갖는다. 즉 윤리적 실제에 있어서는 인간 사회의 문화에 존재하는 수많은 윤리적 당위 가운데 어떤 것이 옳은지를 판별할 수 있는 기준에 대한 분명한 제시가 어려울 뿐만 아니라 현실적으로 모든 사람이 따를 수 있는 보편적인 판단 기준은 사실상 존재하기 어렵기 때문이다. 따라서 현실에 있어서 윤리적 이상의 당위는 윤리적 실제의 문화적 가치들과 다양한 긴장관계를 형성하고 있는 것이 사실이다. 윤리적 이상의 당위가 사회 저변에 폭넓게 구축되기 위해서는 윤리의 원리에 대한 이론적 탐구 못지않게 윤리적 실제에 대한 기술과 평가를 요구하고 있다. 결국 윤리적 이상의 당위는 윤리적 실제의 문화적 가치와 조화되어야 한다. 윤리적 실제의 문화적 가치는 대다수의 사람들이나 조직 사회에서 보편적으로 추구하고 행위하는 가치나 의식구조, 가치체계 등을 말한다. 즉 대상이나 환경에서 구성원이나 조직이 선호하거나 중요시하는 가치를 의미한다. 윤리적 실제에서는 대부분 상충되는 가치관이 상호 갈등하고 있다.

　조직이 지향하는 목표와 개인이 추구하는 가치 간에는 괴리가 있을 수밖에 없으며 동일한 목표를 달성하는 데에도 개개인의 가치수준에 따라 차이가 있다. 따라서 조직목표와 개인적 가치를 동시에 만족시키는 것이 현실적 관심사이다. 이는 근본적으로 윤리적 이상의 당위와 실제의 문화적 가치를 균형적으로 조화시킬 수 있어야 한다. 이를 위해서는 윤리적 이상의 당위와 실제의 문화적 가치가 균형적으로 조화된 윤리적 판단과 이를 윤리적으로 실천하는 것이 필요하다.

06

이 글을 통해 알 수 있는 내용으로 적절한 것은?

① 윤리문화는 윤리와 다르게 실제 작용하는 도덕적 규범에 관심을 갖는다.
② 윤리적 실제에서 가치관이 상충되는 것 자체를 막는 것이 윤리문화의 목적이다.
③ 윤리문화는 보편적 규범과 그 문화 속에 나타나는 판단양식, 사고 체계 등을 포괄한다.
④ 윤리문화는 무비판적인 실천의 강조를 비판하면서, 윤리의 기본 성격이 변하기를 바란다.
⑤ 윤리적 이상의 당위가 사회 저변에 폭넓게 구축되려면, 이론적 탐구보다 윤리적 실제에 대한 기술과 평가가 요구된다.

07

㉠과 ㉡에 대한 설명으로 적절하지 않은 것은?

① ㉠과 ㉡은 인간이 지켜야 할 도덕적 원칙이다.
② ㉠은 ㉡과 달리, 행동 자체가 선한지 판단한다.
③ ㉡은 ㉠과 달리, 결과와 과정 모두를 중요시한다.
④ ㉠과 ㉡에서 말하는 윤리적 당위는 선한 목적과 올바른 행동과 관련되어 있다.
⑤ ㉠과 ㉡에서 인간사회의 수많은 윤리적 당위를 판별하는 기준이 분명하지 않다.

[08~10] 인문 | 다음 글을 읽고 물음에 답하시오.   제한시간: 3분

　　공자와 맹자는 모두 춘추전국시대라는 혼란한 사회적 상황의 문제를 깊이 인식하고 그 문제의 원인과 해결을 '인간 자신'에게서 찾았다. 그러므로 이러한 그들의 문제의식과 해결책은 현실에서 인간 자신의 가치를 실현하고자 노력하는 '군자'라고 하는 인간상을 통해 찾아볼 수 있다. 《논어》와 《맹자》를 통해 사용된 '군자'의 용례는 그 당시 사회에 큰 영향력을 행사할 수 있었던 위정자의 의미나 또한 위정자로서 지녀야 할 덕성을 가진 자로 나타나는데, 공자와 맹자는 이러한 덕성을 '인(仁)' 또는 '인의(仁義)'로 보고 그것이 본래 인간의 내면에 있으며 하늘과의 관계에서 유래되는 것으로 보았다. 다시 말해 이것은 인간의 도덕성으로서, 그들은 인간이라면 누구나 이러한 도덕성의 측면에서 평등하다고 주장하였던 것이다. 또한 누구나 도덕적 본성을 자각하고 보존하고 확충하려고 노력한다면 누구나 군자나 성인이 될 수 있다는 것이며, 기존의 신분적 계급으로서 제약을 받았던 사람들이 춘추전국시대의 혼란한 상황 속에서 교육을 통해 자신의 덕성과 능력을 꾸준히 향상시키고 노력한다면 누구나 위정자로서의 자질을 갖출 수 있다는 것을 의미했다. 특히, 이러한 군자의 의미는 맹자에 와서 어떤 상황에서든지 자신이 지닌 인의(仁義)의 도덕성을 지키며 의(義)에 따라 행동하는 인간상인 '대장부'로 나타나게 된다. 이것은 가치 체계가 혼란하고 온갖 사설이 난무한 사회적 상황 속에서도 자신의 가치를 떳떳하게 드러낼 수 있는 인간상으로서, 공자에 비해 좀 더 구체적이고 강렬한 도덕적 인간의 모습을 보여 준다.

결국 공자와 맹자에게 '군자'란 '인의(仁義)의 도(道)를 자각하고 실현할 수 있는 사람'으로서 기회가 되면 세상에 자신의 '덕(德)'을 베풀고, 그렇지 못한 상황에서는 홀로라도 자신의 도덕적 본성을 보존하기 위해 끊임없이 수양하는 도덕적 인간의 개념으로 볼 수 있다. 이러한 군자 개념의 군자상(군자의 모습)은 현실에서 인자(仁者), 현자(賢者), 대인(大人), 성인(成人), 사(士), 지자(智者), 용자(勇者) 등으로 드러나는데, 이러한 인간상들은 모두 군자의 한 특징을 강조한 것이거나 군자와 거의 비슷한 뜻으로 쓰인다. 이들은 모두 '인(仁)'이라는 내면적 도덕성을 보존하고 확충하여 표현되는 인간상들로 공자와 맹자가 살던 시대에 요구되던 인간의 특징을 지칭하는 것이었다.

공맹사상*에 나타난 군자상의 가장 중요한 특징은 하늘과의 관계에서 인간 자신의 도덕성을 자각하여 능동적이고 주체적인 자아를 확립하는 것이다. 이러한 주체적 자아가 확립된 사람은 스스로에 대해 소중히 여기며, 자신의 선한 본성을 다른 사람에게도 이루어주려는 특징을 지니게 된다. 그러므로 군자의 가장 이상적인 모습은 자기 본성의 아름다움으로 다른 사람의 아름다운 본성을 이루어주는 것이다. 하지만 군자가 이러한 것을 실현하기 위해서는 자신의 본성을 끊임없이 돌아봐 허물이 있으면 고치고, 그 인(仁)의 마음을 잃어버리지 않기 위해 몸과 마음이 조화롭게 작용할 수 있도록 수양해야 한다. 이것은 능동적인 자각을 바탕으로 한 노력으로 얻어지는 '자득(自得)'의 일환으로, 자신이 가지고 있는 도덕성의 가치를 깨닫는 '주체성의 자각'을 바탕으로 한다.

그리고 이러한 노력을 바탕으로 군자는 자신에게 가장 가까운 혈육을 사랑하는 효제(孝弟)의 마음을 다른 사람에게 확대시키는 충서(忠恕) 내지 혈구지도(絜矩之道)*를 실천하며, 그것의 이상적인 모습은 왕도(王道)의 정치로서 드러난다. 그리고 이러한 왕도의 정치는 경제와 교육이라는 인륜이 실현될 수 있는 기반을 형성하는 것을 중요하게 여긴다. 결국 이러한 사회적 이상의 실현은 '대동사회'의 모습으로 드러나게 되는데, 이러한 사회는 모든 사람이 인륜 안에서 서로의 다름을 인정하고 존중하는 인륜의 실천으로 예악(禮樂)이 이루어지는 조화로운 모습으로 나타난다.

이러한 군자상은 천지인(天地人)의 조화로운 화육(化育)*을 돕는 큰 덕을 실현한 요순 등의 성왕(聖王)이나 옛 문화를 집대성하여 도를 확립한 공자와 같은 성인(聖人)을 이상향으로 한다. 성인(聖人)이라는 인격의 이상적 인간상이 '군자'라는 도덕적 개념의 인간상에게 인격의 지향점으로서 가지는 의의는, 군자가 추구하는 인(仁)의 진정한 실현, 즉 인격의 완성은 일생에 걸쳐 꾸준히 노력해야 하는 어려운 과정이라는 것이다. 그러므로 군자는 일생동안 자신의 본성을 보존하고 실현하기 위한 공부로서 수양과 배움에 힘써야 하는데, 이러한 배움과 수양, 그리고 학문에 대한 노력은 사람을 알고 이해하여 자신의 마음을 중용의 도로서 현실에서 잘 드러나도록 하기 위한 것이다.

*공맹사상: 공자와 맹자의 사상
*혈구지도(絜矩之道): 자기를 척도로 삼아 남을 생각하고 살펴서 바른길로 향하게 하는 도덕상의 길
*화육(化育): 천지자연의 이치로 만물을 만들어 기름

08
이 글에서 알 수 있는 내용으로 적절하지 않은 것은?

① 공자와 맹자는 공통적으로 '인(仁)'과 '인의(仁義)'를 중시했다.
② '군자'에 비해 '대장부'는 좀 더 구체적이고 강렬한 도덕적 인간의 모습이다.
③ 공자와 맹자가 문제의식을 갖게 된 것은 혼란한 시대적 상황이 영향을 끼쳤기 때문이다.
④ 군자는 자신과 가장 가까운 혈육을 사랑하는 마음을 다른 사람에게 확대시키는 모습을 보인다.
⑤ 공자와 맹자가 말한 덕성은 위정자에게 필요한 것으로, 이것으로 위정자의 비범함을 강조할 수 있었다.

09
이 글의 내용 전개 방식으로 적절하지 않은 것은?

① '군자상'의 여러 모습을 구체화시켜 나열하고 있다.
② 시대적 상황을 근거로 들어, 공자와 맹자의 사상을 분석하고 있다.
③ 공맹사상이 실현된 사회의 모습을 구체적인 일화로 제시하고 있다.
④ 공자와 맹자의 사상을 공통점과 차이점으로 나누어 설명하고 있다.
⑤ '군자'라는 도덕적 개념이 인격의 지향점으로서 가지는 의의를 제시하며 마무리하고 있다.

10
〈보기〉를 바탕으로 이 글을 읽었을 때의 반응으로 적절하지 <u>않은</u> 것은?

| 보기 |

"나는 우리 팀이 이기면 독일인이지만 지면 이주자 취급을 받는다. 더 이상 인종차별과 멸시를 겪으며 독일을 위해 국제경기에서 뛰지 않겠다."

전 독일 축구 국가대표 선수인 외질이 발표한 장문의 성명서가 독일 사회에 큰 파문을 일으키고 있다. 특히 축구계와 정치권, 독일 언론의 인종차별 때문에 국가대표팀에서 은퇴한다고 말해 △△을 둘러싼 소동이 독일 사회의 인종주의 문제에 대한 논의로 번지고 있다.

이주민의 사회융합을 연구하는 □□는 외질이 "융합의 역설"을 보여 준다고 분석했다. "좋은 교육을 받고, 좋은 직업을 얻고, 독일인들과 교류를 하며 지내는 사람일수록 차별을 훨씬 더 강하게 경험한다. 왜냐하면 '나는 당신들이 바라는 걸 전부 해내는데도 여전히 외국인일 뿐'이라고 생각하게 되기 때문이다." 그녀는 외질뿐 아니라 많은 터키계 독일 청년들이 이러한 경험을 하고 있다고 지적했다. □□는 이주 가정 출신의 독일인들은 사회에서 "내가 너희들을 위해 나서 싸우고 있다는 지지의 메시지를 절실히 필요로 한다"고 말했다.

① 독일인들에게 군자의 모습이 많이 발견될 때, 진정한 '인(仁)'이 실현될 것이다.
② 독일 사회가 실현해야 할 사회적 이상은 조화로운 모습이고, 이는 '예악(禮樂)'이 이루어지는 모습이다.
③ 자신의 가장 가까운 혈육을 사랑하는 마음으로 터키계 독일인들을 대할 때, 이 위기를 극복될 수 있다.
④ 외질뿐만 아니라 많은 터키계 독일 청년들의 다름이 인정될 때, '대동사회'의 모습이 드러나게 될 것이다.
⑤ 독일인들이 이주민들과의 화합을 위해서 자신의 본성을 내려놓는다면, 이 위기를 더욱 빨리 해결할 수 있다.

11
사회 | 다음 글을 통해 알 수 있는 내용이 <u>아닌</u> 것은? 제한시간: 1분 30초

　근대사회로의 이행은 여러 차원에서 많은 변화를 몰고 왔다. 먼저 경제적 차원에서는 봉건제적 경제 질서가 자본주의적 시장 질서로 변했고, 정치적 차원에서는 절대주의 국가에서 근대 대의 민주주의적 국가로 전환되었으며, 사회적 차원에서는 신분제 혹은 전근대적 신민(臣民)사회에서 시민(市民)사회로 바뀌었다. 근대로의 이행 초기인 절대주의 시기에 상정되고 있었던 국가-시민사회의 관계를 보면, 시민사회는 경제적 약육강식의 사회여서 '만인의 만인에 대한 투쟁 상태'로 전락할 수 있는 반면에 국가는 보편 이익을 대표하여 시민사회의 무정부성과 혼란, 분열을 조정·극복하는 존재로 상정되었다. 이러한 절대주의 단계의 반시민사회적 인식이 극복되면서, 정치적으로는 근대 민주주의가, 경제적으로는 자유로운 경제 활동 체계로서의 자본주의와 시장이 탄생할 수 있었다. 이러한 계기는 물론 시민혁명이었다.

　시민혁명을 통하여 전근대적 국가에 '포섭'되어 있던 사회는 국가로부터 독립하게 된다. 엥겔스의 표현을 따르자면 국가는 "사회로부터 발생하지만, 그 위에 군림하고 더욱더 그것으로 자신을 소외시키는 권력"인데, 이러한 국가로부터 최초로 독립한 것이 바로 시민사회이다. 국가로부터 사회가 독립한다고 하는 것은, 사회를 구성하는 민중들이 국가에 종속된 인식을 가진 신민적 존재로부터 주체(主體)화되어 근대 시민적·정치적 권리를 주장하고 나아가 국가의 권력이 주권의 소재지로서의 시민들의 '계약'적 행위에 의해 주어진 것이라는 주체적 인식을 갖게 됨을 의미한다.

　이 시민사회는 이중적 성격을 가지고 있었다. 즉 한편으로는 국가에 반하는 자율성을 갖는 '공적'인 영역을 담지-국가만이 공적 기구가 아니라-하는 사회로서의 성격을, 다른 한편으로는 과거 국가에 의한 통제로부터 벗어나 자유로운 경제 활동과 경제적 관계를 맺는 부르주아 사회로서의 성격을 가지고 있었던 것이다. 시민사회의 이러한 이중적 측면을 고려하면, 시민혁명은 한편으로는 (절대주의적) 국가로부터 시장의 독립을 의미하는 '부르주아적' 시민사회의 탄생의 계기이자 다른 한편으로는 공적 시민사회의 탄생의 계기였다. 시민혁명의 최대 화두인 자유는 바로 이런 의미에서 경제적 자유와 정치 사회적 자유라고 하는 이중적 의미를 갖는다. 무산자의 입장에서 보면, 이러한 자유는 중세적인 신분제의 속박으로부터의 '자유'이자 동시에 일체의 생산 수단으로부터의 '자유'라는 의미를 갖는다. 이런 점에서 근대 시민사회는 부르주아적 사회와 공적 시민사회로서의 이중적 성격을 가지며, 근대적 개인은 부르주아적 개인과 공적 시민으로서의 이중성을 갖는다.

① 국가에 반하는 자율성을 갖는 모습은 시민사회의 모습과 거리가 멀다.
② 근대사회로의 이행은 경제적, 정치적, 사회적 차원에서의 변화를 가져왔다.
③ 주체화된 시민들은 국가의 권력이 시민들의 계약적 행위에 의해 주어진 것이라고 생각한다.
④ 국가의 통제로부터 벗어나 자유로운 경제활동을 하는 사회는 부르주아 사회로서의 성격을 뜻한다.
⑤ 시민혁명의 최대 화두인 '자유'는 신분제의 속박으로부터의 자유와 일체의 생산 수단으로부터의 자유를 의미한다.

12
사회 | 다음 글을 통해 알 수 있는 내용이 <u>아닌</u> 것은?

제한시간: 1분 30초

> 2001년 영국에서는 600만 마리의 동물이 구제역으로 살처분됐다. 반추 초식동물인 소에게 버려지는 양의 뇌를 먹여서 소해면뇌증이 발생한 게 원인이었다. 선례가 있었으나 인류 단위의 실천적 반성은 없었다. 음식물 쓰레기에 섞인 오염된 돼지고기와 가공품을 다시 돼지에게 먹였고, 그로 인해 퍼진 것이 아프리카돼지열병(ASF)이다. 아프리카돼지열병의 주 무대는 유럽이었다. 그러다 2018년, 돼지고기 최대 생산국이자 소비국인 중국에서 불쑥 발생했다. 그 후 8개월간 중국에서 공식적으로 돼지를 살처분한 숫자는 101만여 마리, 실제로 감염된 돼지는 1억 5000만 마리가 더 넘는 것으로 추산한다. 그리고 역시나 중국에서 발생한 111건의 역학조사 끝에 49건이 음식 폐기물 급여로 인해 발생했다는 결론이 나왔다. 아프리카돼지열병은 오직 돼지와 야생돼지에게만 감염된다. 집돼지의 경우 치사율은 100%이며, 백신이나 치료법은 없다. 감염 경로는 꽤 다양하다. 감염된 동물의 분비물, 호흡, 조리하지 않은 돼지고기뿐만 아니라 소시지 등의 가공식품, 차량, 도구 등 모든 것이 감염 매개체다. 바이러스가 한번 유입되면 방역은 매우 어려워진다.
>
> 한국에는 100만 마리의 돼지가 있다. 지각력 있는 존재들, 그러나 모두 공장식 축산 속에 살다 인간을 위해 도살되는 동물이다. 아프리카돼지열병이 국경을 뚫고 한국으로 내려오면 죽음은 파도처럼 밀려올 텐데, 국경은 자동으로 바이러스를 막아주는 성역이 아니지 않나. 혹여나 북쪽에서 멧돼지가 하산할 수도 있고, 강물에 죽은 돼지가 떠내려 올 수도 있고, 공항에서 어떤 돼지고기가 반입될 수도 있는데……
>
> 국가는 방역에 비상이고, 근본 문제를 해결하기 위해 음식물 쓰레기를 돼지에게 급여하는 것을 금지한다는 발표를 했다. 단, '질병 우려 시', '농식품부 장관의 요청이 있을 때', '직접 수거해서 생산'한 음식 폐기물 급여를 금지한다고 한다. 음식물 쓰레기를 여전히 돼지의 식사로 쓰겠다는 말과 다름없다.
>
> 음식물 쓰레기를 대하는 정부의 방식은 몹시 야만적이다. 동물을 보호해야 하는 농림부는 농장 동물의 처지를 모르는 척하고, 환경부는 동물을 쓰레기통 취급하고, 식약처는 축산 폐기물 관리에 눈 뜬 장님이라 비유해도 모자라지 않는다. 어쩜 이렇게 셋이서 손발이 잘 맞을까! 애초에 음식물 쓰레기가 되도록 적게 남도록 해야 한다는 건 초등학교 1학년도 지적할 수 있는 문제일 텐데, 이게 어찌 된 영문인지 참 모르겠다.

① 집돼지가 아프리카돼지열병에 감염된 경우 치사율은 100%이다.
② 2018년 아프리카돼지열병이 중국에서 나타난 것은 의외의 일이었다.
③ 국가는 단서를 붙여가며 돼지에게 음식물 쓰레기를 주지 않기 위해 최선의 노력을 다하고 있다.
④ 아프리카돼지열병이 국경을 넘어 우리나라에 퍼진다면 100만 마리의 돼지는 모두 위험해질 수 있다.
⑤ 동물을 음식물 쓰레기통으로 여기는 자세는 사라져야 하며, 국가와 국민들의 실천적 반성이 필요하다.

13
사회 | '조망과 피신' 이론에 대한 설명으로 적절하지 <u>않은</u> 것은?

제한시간: 1분

사람들은 사막보다 푸른 초원을 더 아름답다고 생각한다. 이처럼 인간이 왜 특정한 환경이나 공간적 배치를 더 아름답다고 생각하는지 일반적인 설명이 필요하다.

조경 연구자 제이 애플턴의 '조망과 피신' 이론에 따르면, 인간은 남들에게 들키지 않고 바깥을 내다볼 수 있는 곳을 선호하게끔 진화했다. 장애물에 가리지 않는 열린 시야는 물이나 음식물 같은 자원을 찾거나 포식자나 악당이 다가오는 것을 재빨리 알아차리는 데 유리하다. 눈이 달려 있지 않은 머리 위나 등 뒤를 가려 주는 피난처는 나를 포식자나 악당으로부터 보호해 준다. 산등성이에 난 동굴, 저 푸른 초원 위의 그림 같은 집, 동화 속 공주가 사는 성채, 한쪽 벽면이 통유리로 된 2층 카페 등은 모두 조망과 피신을 동시에 제공하기 때문에 우리의 마음을 사로잡는다. 풍수지리설에서 배산임수(背山臨水), 즉 뒤로 산이나 언덕을 등지고 앞에 강이나 개울을 바라보는 집을 높게 쳐주는 것에도 심오한 진화적 근거가 깔려 있는 셈이다.

'조망과 피신' 이론은 그저 재미로 흘러듣는 이야기가 아니다. 그것은 잘 몰랐던 사실에 대한 구체적인 예측을 제공하는 과학 이론이다. 첫째, 사람들은 어떤 공간의 한복판보다는 언저리를 선호할 것이다. 언저리에서 그 공간 전체를 가장 잘 조망할 수 있기 때문이다. 둘째, 나무 그늘이나 지붕, 차양, 파라솔 아래처럼 머리 위를 가려 주는 곳을 측면이나 후면만 가려 주는 곳보다 선호할 것이다. 셋째, 온몸을 사방으로 드러내는 곳보다 측면이나 후면을 가려 주는 곳을 더 선호할 것이다. 이 예측들을 직접 검증하고 싶다면, 지금 바로 한적한 별다방에 가서 줄지어 들어오는 손님들이 과연 어떤 테이블부터 채우는지 살펴보시라.

20세기의 위대한 건축가 프랭크 로이드 라이트의 작품들은 진화 미학으로 잘 설명된다. 라이트가 설계한 집은 정문에서 낮은 천장, 붙박이 벽난로, 널찍한 통유리창이 어우러지면서 바깥 풍경에 대한 조망과 아늑한 보금자리를 동시에 선사해 준다. 특히 천장의 높이를 제각각 다르게 하고 지붕 바로 아래에 주요한 생활공간을 몰아넣음으로써 마치 울창한 나무 그늘 아래에 사는 듯한 느낌을 준다. 라이트는 그의 대표작인 〈낙수장(落水莊, Falling Waters)〉을 계곡의 폭포 바로 위에 세움으로써 피신처에서 느끼는 안락한 기분을 한층 강화시켰다.

자연의 아름다움이란 자연 그 자체에 깃든 외부적 실재가 아니다. 잡식성 영장류인 인간이 오랜 세월 진화하면서 생존과 번식에 유리했던 특정한 환경을 잘 찾아가게끔 그 환경에 대해 느끼는 긍정적인 정서일 뿐이다.

① 배산임수의 지리적 조건은 조망과 피신을 둘 다 가능하게 한다.
② 한 장소의 언저리는 조망을 하기에도 좋고, 안전하다고 느낄 것이다.
③ 머리 위를 가려 주는 곳은 측면과 후면만 가려 주는 곳보다 피신의 조건이 갖춰진 곳이다.
④ 사람들이 사막보다 푸른 초원을 더욱 아름답게 느끼는 것은 오랜 시간 진화해 온 결과이다.
⑤ 자연의 아름다움이란 외부적 실재가 아니라, 사람들의 머릿속에 있는 절대적인 기준에 의해 결정된다.

[14~15] 사회 | 다음 글을 읽고 물음에 답하시오.

제한시간: 2분 30초

　20세기 이후 선진국을 중심으로 하여 영양의 과소비가 일어나면서 고도 비만이 문제가 되었다. 그러면서 전체적으로 발육 상태가 좋아지고 영양분의 섭취가 필요 이상으로 늘어났다. 그런데 사회적으로 날씬함의 표준은 살과 뼈가 만나는 수준의 깡마른 체형으로 역주행했다. 그러다 보니 다이어트에 집착하는 사람들이 갈수록 늘어난다. 사회적인 문제가 되는 지나친 다이어트의 한 극단에 생명을 위협할 정도의 체중 감소를 가져오는 '신경성 식욕 부진증', 즉 거식증이라는 병이 있다.

　신경성 식욕 부진증에 걸린 사람들은 흔히 이 병을 극소수가 앓고 있는 정신 질환으로 치부하고, 자기 자신과는 아무 상관이 없는 것으로 여기기도 한다. 그러나 이 병은 환자 열 명 중의 한 명 정도를 결국 사망하게 만드는 무서운 병이다. 특히 이 병에 걸리게 되면 간 기능 검사 수치가 아주 높게 측정된다. 체내의 지방이 모두 고갈되어 더 이상 에너지를 만들 수 없게 되면, 간을 파괴해서 땔감으로 사용하기 때문이다. 또한, 대뇌가 치매 환자의 뇌인 양 쪼그라들고, 눈 주위에 풍부하게 있어야 할 지방은 흔적도 없이 사라진다. 이는 상대적으로 지방질이 풍부한 대뇌나 눈 주위의 비장이 타격을 받기 때문이다.

　신경성 식욕 부진증은 10대 전후에 시작해서 20대에 가장 많이 발견된다. 인구의 4%까지 이 병에 걸렸을 것이라고 추정하며, 여성이 남성에 비해 20배 정도 많이 발병한다. 병명에는 '식욕 부진'이라는 단어가 들어가지만 식욕이 떨어진 상태는 아니다. 흥미롭게도 이 병에 걸린 사람은 자신이 직접 요리해서 다른 사람을 먹이는 것을 좋아한다. 그리고 열량 소모를 위해 하루 종일 쉬지 않고 움직인다. 음식물의 열량이나 영양분에 대한 지식이 해박하며, 강박적으로 매일 해야 하는 행동을 하려고 하고, 그것을 지적하면 아무 문제가 없다고 부인한다.

　신경성 식욕 부진증의 문제는 '나는 뚱뚱하다'라고 자신의 신체 이미지를 심각하게 왜곡한다는 것이다. 아무리 거울을 보여 주며 다른 사람과 비교해도 자신은 아직 뚱뚱하며 만족스럽지 못하다고 여긴다. 깡마른데도 1~2kg만 늘면 무척 불편해하고, 쓸데없는 살덩이가 몸 안에 들어와 있는 것처럼 힘들어한다. 그래서 일부러 토하거나, 설사를 유도하는 약을 상습적으로 복용한다.

　정신 분석학적으로 거식증은 '무의식적으로 더 이상 자라기를 거부하는' 상태이다. 겉으로는 지나친 체중 감소와 신체 이미지를 잘못 인식하는 것으로 드러나지만, 본질은 어른이 되기를 두려워하고 혼자 서기를 무서워하며 아이로 남으려고 무의식적으로 애쓰는 것이다. 마음 속의 아이는 몸을 조종해서 더 자라지 않게 하고, 영양분이 들어오는 것을 막은 채 자기 안의 살을 태운다. 얼마 안 되는 재물을 전당포에 맡기고 초가삼간을 다 태워 버리고 나면 남는 것은 재뿐이다. 재만 남은 몸뚱이에다 마음은 피폐해진다.

　다이어트는 과소비와 과잉 영양이 가져온 현대 사회의 문화적 현상이다. 마음이 성장하는 데 어려움을 느끼는 사람에게 다이어트는 거식증으로 발전해서 스스로를 파괴하는 합리적 이유를 공급하는 급행열차의 승차권인 셈이다. 다이어트에 관심을 갖는 것은 나쁘지 않다. 그러나 그것 때문에 자기 자신을 사랑하지 못하게 되고 성장하지 못한다면, 다이어트의 억압에서 벗어나야 한다. 그래야 진정한 자신을 찾고 자신의 몸을 사랑하고 받아들이면서 독립적인 주체로 살아갈 수 있다.

14
'신경성 식욕 부진증'에 대한 설명으로 적절하지 <u>않은</u> 것은?

① 신체와 정신 모두에 심각한 문제를 발생시키는 증상이다.
② 자신의 신체 이미지를 심각하게 왜곡하여 자신은 더 살을 빼야 한다고 생각한다.
③ 체내에 지방이 감소하지만, 에너지는 계속 얻어야 하기 때문에 간에 무리가 간다.
④ 식욕이 떨어지기 때문에 자신은 먹지 않고, 다른 사람에게 요리를 해 주기를 좋아한다.
⑤ 현대 사회의 문화적 현상이 된 다이어트가 원인이 되고, 이것은 사회적 문제가 되고 있다.

15
이 글에 나타난 내용 전개상의 특징이 <u>아닌</u> 것은?

① 설명 대상이 나타났을 때의 문제점을 분석하여 제시하였다.
② 체내에서 일어나는 일을 원인과 결과로 나누어 자세히 설명하였다.
③ 설명 대상에 대한 전문가의 말을 인용하여 근거의 타당성을 높였다.
④ 비유적 표현을 사용하여 문제가 되는 상황을 효과적으로 전달하였다.
⑤ 설명 대상이 발생하는 비율을 구체적 수치로 제시하여 신뢰성을 높였다.

[16~17] 사회 | 다음 글을 읽고 물음에 답하시오. 제한시간: 2분

> 1980년대 후반 자메이카의 수도 킹스턴 시에서는 저소득층 지역에 살고 있는 유아 중 또래에 비해 성장이 늦은 아이들 129명에 대해 특별한 실험을 실시했다. 이 아이들을 무작위로 네 그룹으로 나눈 후 첫 번째 그룹은 심리적 격려를, 두 번째 그룹은 영양 보조를, 세 번째 그룹은 심리적 격려와 영양 보조 모두를, 그리고 마지막 그룹은 아무런 처방도 받지 않도록 했다.
> 여기서 심리적 격려란 훈련을 받은 사회복지사가 매주 한 시간씩 유아 가정을 방문해 엄마가 아이들과 더 많은 대화를 하게 함으로써 언어를 발달시키고 엄마와 아이가 자존감을 갖도록 하는 프로그램이다. 이에 비해 영양 보조는 늦은 성장을 유발시켰을 수도 있는 영양 부족을 돕는 것에 초점을 맞추었다.
> 2년간의 실험이 끝난 후 이 프로그램에 참여했던 아이들이 22세로 성장했을 때인 약 20년 후 그들의 임금을 비교 분석했다. 그 결과 심리적 격려 처방을 받은 그룹은 그렇지 않은 그룹에 비해 소득이 약 40% 더 높았다. 반면, 영양 보조를 받은 그룹은 심리적 격려 그룹과는 달리 별다른 차이가 없는 것으로 나타났다. 결과적으로 밥보다는 대화가 중요했던 셈이다.

현재 미국의 많은 도시에서는 킹스턴 시에서 실시한 심리적 격려 프로그램처럼 저소득층 부모에게 어떻게 하면 어린 자녀와 더 자주, 더 다양한 어휘를 써 가며 대화를 나눌 수 있는지 가르쳐 주는 프로그램을 운영한다. 사실 이 같은 대화 프로그램은 1995년에 발표된 '3살까지 접하는 3천2백만 단어의 차이'라는 제목의 유명한 논문에 기반을 두고 있다.

당시 캔자스주립대학의 베티 하트 교수와 앵커리지대학의 토드 리슬리 교수는 미국인 42개 가정을 부유한 전문직업인 가정, 일반 근로자 가정, 그리고 사회복지보조금 수혜가정의 세 그룹으로 나누었다. 그 후 각 가정의 자녀들이 생후 7개월이 되었을 때부터 만 3살이 될 때까지 2년 6개월간 매달 한 번씩 각 가정을 방문해 한 시간씩 부모와 자녀 사이에서 오가는 대화의 내용을 모두 녹음으로 수집했다.

그 녹음 내용을 면밀하게 분석한 통계자료를 바탕으로 내놓은 연구결과가 바로 위의 논문이다. 그에 의하면, 전문 직업 가정의 자녀들은 시간당 평균 2,100 단어를 듣는 반면 근로자 가정은 약 1,200 단어, 생활보호를 받은 가정은 약 600단어를 듣는 것으로 나타났다. 즉, 3살이 될 때까지 가난한 집 아이는 부유한 계층의 아이보다 총 3천2백만 단어를 덜 듣게 되는 셈이다.

두 번째 중요한 차이는 자녀의 행동을 칭찬하고 격려하는 긍정적인 표현화법과 자녀의 행동을 통제하고 억누르는 부정적인 표현화법의 사용 비율로 나타났다. 연구진은 이 같은 긍정적 화법과 부정적 화법의 비율 차이는 자녀들의 성격적 특성 및 자의식 형성에 결정적인 영향을 미친다고 밝혔다.

이 연구결과는 20여 년이 지난 현재까지 사실로 굳어져 하나의 통념으로 자리매김하고 있다. 또한 많은 전문가들은 이 연구결과를 인용하며 어릴 때 얼마나 많은 단어를 듣고 자라느냐에 따라 나중에 글을 읽고 쓰는 능력에 차이가 있다고 주장했다.

16
이 글을 통해 알 수 있는 내용이 아닌 것은?

① 가정 안에서 듣고 자란 단어의 수는 글을 읽고 쓰는 능력에도 영향을 미친다.
② 단어의 수뿐만이 아니라, 긍정이나 부정의 표현 화법이 자녀들에게 영향을 미친다.
③ 또래에 비해 성장이 늦은 아이들에게 필요한 것은 밥보다는 대화였다고 말할 수 있다.
④ 심리적 격려란 아이가 낯선 사람과도 대화를 잘할 수 있도록 만들어 주는 프로그램이다.
⑤ 3살이 될 때까지 가난한 집 아이는 부유한 집 아이보다 훨씬 적은 수의 단어를 듣게 된다.

17
이 글을 읽고 〈보기〉의 ㉠이 보일 반응으로 적절하지 <u>않은</u> 것은?

| 보기 |

최근 미국 세인트메리오브더우즈칼리지(Saint Mary-of-the-Woods College)의 심리학자 ㉠<u>더글러스 스페리 연구팀</u>이 새로운 결론을 내놓아 주목을 끌고 있다.
아이들이 부모와의 대화에서 듣게 되는 단어 수나 어휘의 다양성은 부유한 가정이나 가난한 가정 간에 아무런 차이가 없는 것으로 나타난 것이다. 또한 부모가 아이에게 직접 건네는 말 외에 아이가 어깨 너머로 듣게 되는 주변 어른들의 이야기까지 포함할 경우 오히려 저소득층 아이들이 중산층 이상 가정에서 자라는 아이들보다 더 다양한 말을 듣게 된다고 연구진은 밝혔다. 예를 들면 중산층 이상의 가정에서는 시간당 2,500 단어가 아이들에게 노출되는 반면, 앨라배마 주의 흑인 저소득층 가정에서 자라는 아이들이 어깨 너머로 듣는 대화는 시간당 평균 3,200 단어에 이르렀다.
이에 대해 연구진은 저소득층 가정의 경우 주변 친지를 포함한 여러 어른이 여러 아이를 함께 돌보는 경우가 많으며, 또한 이들에게는 더 일찍 태어난 형제자매가 있을 확률이 높기 때문이라고 해석했다.

① 가난한 가정의 아이들은 어른들의 단어를 들을 기회가 많다.
② 부모의 소득이나 교육 수준과 아이들이 듣는 단어의 수는 관계가 없다.
③ 저소득층의 아이들이 부유한 가정의 아이들보다 언어 능력이 더 향상될 가능성이 있다.
④ 부유한 가정의 아이들이 가난한 가정의 아이들보다 더 많은 단어를 듣게 되는 것은 아니다.
⑤ 저소득층 가정의 아이들은 부모로부터 직접 듣는 단어의 수가 부유한 가정의 아이들보다 많다.

[18~20] 사회 | 다음 글을 읽고 물음에 답하시오.

제한시간: 3분

최근 국내 과학계로부터 대중과 전문가들의 이목을 사로잡는 소식이 전해졌다. 바로 자폐증의 원인이 밝혀져 치료 가능성의 문이 열렸다는 것이다. 보도에 따르면 국내 연구진이 자폐증의 유전적 요인과 발병 원인을 규명하여 자폐증 치료 시 사용되는 약물 부작용을 줄일 수 있는 새로운 가능성이 열린 것으로 전해졌다.
자폐(自閉)증이란 일반적으로 3세 이전부터 언어능력이 타 아동들에 비해 저조하거나 사람과의 접촉에 예민하고, 혼자 있는 것을 좋아하며 같은 행동을 반복적으로 거듭하는 증세를 말한다. 오늘날에는 이를 초기 아동기 장애라고 정의하기도 하는데 그만큼 영아기 때부터 증상을 보이는 경우가 대부분이다.
최근 알려진 통계에 의하면 전 세계 인구의 1~2%에 해당하는 약 1억 명이 이러한 증상을 보이고 있는 것으로 나타났다. 자폐증상을 앓는 사람들 특유의 행동패턴으로 인해 과거 자폐증은 행동발달 장애로 인지된 반면, 최근의 자폐증은 뇌 질환 중 하나로 여겨지고 있다.

자폐증이 심각한 질병으로 받아들여지는 이유는 암과 같은 타 질병처럼 신체에 직접적인 해가 미치지는 않지만 사회성에 심각한 결여를 보이기 때문이다. 실제로 미국 워싱턴 대학의 연구결과에 따르면 자폐성 질환을 앓는 젊은 성인 3명 중 1명은 직장생활에 적응하지 못하거나 대학에 진학하지 못하는 것으로 알려졌다.

자폐인들의 사회성이 결여되는 가장 큰 이유는 무엇보다 일반 사람들과 사고·행동방식에서 차이를 보이기 때문이다. 그렇다면 이들은 왜 일반 사람들과 다른 사고·행동방식을 갖는 것일까.

오랫동안 자폐를 앓았지만 이를 극복한 템플 그랜딘 박사는 자신의 저서 '나는 그림으로 생각한다'를 통해 자폐인들이 정보와 감각을 받아들이고 처리하는 방식이 비자폐인들과 다르기 때문이라고 언급한다.

그랜딘 박사에 따르면 이들은 주로 시각적 사고로 정보를 받아들인다. 그림과 시각 체계로 모든 정보들을 번역해 머릿속에 입력시킨다는 것이다. 이러한 사고처리방식은 '연상적'이라는 표현으로 대체되는데, 이미지가 연상적으로 떠오르고 지나가는 경험을 하게 되기 때문이다. 즉, 일반적인 사람의 경우 언어로 정보를 '논리적으로' 습득하는 반면, 자폐인들의 경우에는 그림이나 이미지로 정보를 '연상적으로' 습득하는 것이다.

이는 자폐인들이 수많은 수(數)를 단 몇 초만 응시한 후 어느 위치에 어떤 수가 놓여있는지를 정확히 맞추는 능력의 이유가 되며 많은 양의 정보를 빠르게 암기하거나 기억해 내는 능력을 보이는 원인이기도 하다.

영화 〈레인맨〉에서도 주인공 레이먼드는 숫자를 모조리 외울 수 있는 비상한 능력을 가진 자폐인으로 등장한다. 매순간마다 무엇인가를 암기하고 연상하고 기억하는 레이먼드라는 캐릭터는 이미지로 정보를 습득하는 자폐인들의 모습을 보여 주고 있으며 비자폐인들이 자폐인들의 증상에 대해 이해할 수 있는 폭을 넓혔다는 평가를 받기도 했다.

자폐성 질환을 앓고 있는 사람들에게서 흔히 나타나는 혼자 있기, 언어 능력의 저조현상, 정보의 시각화 처리 등의 증상은 때론 비범한 인물을 탄생시키는 기저로 작용하기도 한다. 이미 많이 알려진 예로 아인슈타인과 빌 게이츠의 경우 아스퍼거 증후군을 앓았다는 주장들이 있으며 일부 학자들은 반 고흐도 자폐성 질환을 앓았다고 언급한다.

아인슈타인의 경우 세 살이 될 때까지 말을 하지 못했으며 어린 시절에는 학교의 학업을 따라가지 못해 성적이 엉망이었다는 일화가 유명하다. 자폐성 질환을 앓는 사람의 경우 사람 사이의 유대관계보다는 자신만의 특정한 사물이나 장소 혹은 물질에 애착과 흥미를 갖는 경우가 많은데, 아인슈타인도 사람과의 관계보다 사물과의 관계에 더 흥미를 느꼈다는 주장이 제기되곤 한다. 때문에 그가 우주와 과학에 전념할 수 있었다는 것이다.

아인슈타인은 자기 자신에 대해 스스로 "나는 지적 성장이 늦었기 때문에 커서도 계속 시간과 공간에 의문을 품었다. 남들이 당연하게 받아들이는 것들조차 그대로 받아들이지 못해 결국 새로운 것을 찾아내게 됐다"고 언급했다. 브랜딘 박사는 이러한 아인슈타인의 천재성은 계산능력보다 시각적 사고와 수학적 사고를 연관시킬 수 있었던 것에 있다고 보고 있다.

고흐 역시 아동기와 청년기에 자폐증상을 보였다는 주장이 있다. 그의 작품은 고흐가 정신병원에 들어간 뒤 더욱 화려해지는 경향을 보이는데 그 화려함 이면에는 고뇌도 느낄 수 있다. 특히 그림에서는 사물의 가장자리들이 모두 흔들리는 듯한 형상으로 표현되고 있는데, 이에 대해 그랜딘 박사는 발작으로 인해 고흐 자신의 지각체계가 바뀌었기 때문이라고 말한다.

정신병원에 입원하기 전에는 칙칙한 색채로 그림을 그렸지만, 병원 입원과 함께 화려한 색채의 그림으로 전환하게 된 것은 간질 증상이 시작된 것을 보여 주는 현상이며 그 발작이 고흐의 지각도 바꿨다는 것이다.

특히 그의 작품 〈별이 빛나는 밤〉은 고흐가 고갱과 다툰 후 자신의 귀를 자른 뒤 그린 것으로 유명한데, 브랜딘 박사는 이 그림의 소용돌이치는 하늘의 모습이 일부 자폐인들이 겪는 감각 왜곡과 비슷하다고 말한다. 심한 감각 처리 장애를 겪는 자폐인에게는 감각자극이 서로 뒤섞여 사물의 가장자리가 흔들리는 것처럼 보인다는 것이다. 즉, 감각의 왜곡으로 인해 지각도 달라지면서 이와 같은 그림이 나올 수 있었다는 것이다.

'자폐(自閉)'란 단어는 스스로 문을 닫는다는 의미를 가지고 있다. 자폐증을 겪는 사람들이 사회와의 소통을 닫고 스스로의 세계에 갇혀 지내는 경우가 많기 때문에 붙여진 이름이다. 이름이 보여 주듯이 자폐성 질환을 앓는 사람들은 사람과의 유대관계를 통해 삶의 의미를 소유하기보다는 자신이 이뤄놓은 세계, 자신이 상상하는 세계 속에서 자신의 삶을 구축하는 경우가 많다. 때문에 자폐아동을 치료하는 교사들에게는 아이들이 자신만의 세계에 갇히지 않고 현실로 나올 수 있도록 ㉠<u>부드러움과 단호함이 조화된 교육</u>의 중요성이 강조되곤 한다.

그러나 어느 경우, 자폐증이 갖고 있는 특징은 창의적 사고에도 도움을 주는 만큼 이들을 사회 부적응자로 규정하기보다는 ㉡<u>사회의 다양한 측면에서 고려되고 이해되는 분위기가 형성되는 것</u> 역시 중요하다는 의견도 제기되고 있다.

18
이 글에 나타난 설명 방식으로 적절하지 않은 것은?

① '자폐'라는 단어의 뜻을 제시함으로써 '자폐증'에 대한 독자의 이해를 도왔다.
② '자폐증'이 심각하게 받아들여지는 이유를 연구 결과와 함께 자세히 전달하고 있다.
③ '자폐증'이 발병하는 원인을 자세히 분석한 후, 구체적인 해결 방안을 제시하고 있다.
④ '자폐증'의 모습을 잘 보여 주는 영화와 인물의 예를 들어 증상을 자세히 밝히고 있다.
⑤ 최근의 통계자료의 구체적인 수치를 제공하여 '자폐증'에 대한 신뢰성 있는 정보를 제시하고 있다.

19
이 글에 나타난 '자폐증'에 대한 설명으로 적절하지 않은 것은?

① 자폐인들은 상상을 초월하는 시각화 작업을 통해 논리적으로 정보를 인식한다.
② 자폐 증상을 앓는 사람들이 혼자 있는 것을 좋아하는 것은 자신만의 사물에 애착을 갖기 때문이다.
③ 고흐의 그림에서 사물의 가장자리가 흔들려 나타나는 것은 자폐인들이 겪는 감각 왜곡을 보여 준다.
④ 자폐 증상을 앓는 사람들은, 남들이 당연하게 받아들이는 것들조차 그대로 받아들이지 못하는 경우가 많다.
⑤ 자폐성 질환을 앓고 있는 사람들에게 흔히 나타나는 증상들은 비범한 인물을 탄생시키는 기저로 작용하였다.

20
㉠과 ㉡의 이유로 적절하지 않은 것은?

① ㉠: 자폐인들의 가장 큰 문제인 사회성 결여를 해결하기 위해
② ㉠: 자폐인들이 혼자만의 세계에 빠지면 그들의 비범한 능력이 사라지기 때문에
③ ㉠: 자폐인들을 부드러운 태도로 받아들이되, 사회성을 얻을 수 있도록 단호하게 지도해야 하기 때문에
④ ㉡: 자폐인들을 배척하기보다 다양하게 이해하는 태도가 필요하기 때문에
⑤ ㉡: 자폐인들은 창의적 사고를 하는 사람들로 평가될 수 있기 때문에

[21~23] 사회 | 다음 글을 읽고 물음에 답하시오. 제한시간: 2분

일탈은 일반적으로 사회의 규범을 어긴 행위라고 규정할 수 있다. 그런데 우리는 왜 일탈을 하게 되는 것일까? 학자들은 이 질문에 답하기 위해 많은 연구를 해 왔다. 일탈의 원인을 ⓐ규명(糾明)하려는 이러한 연구는 크게 개인적 관점과 사회적 관점으로 나뉜다.

일탈의 원인을 개인의 문제로 본 이론들은 주로 일탈자의 생물학적 특성이나 심리적 요인에 주목(注目)하였다. 그중에서 ⊙'좌절-공격 이론'은 개인의 심리적 요인에서 일탈의 원인을 찾는 대표적 이론의 하나였다. 이 이론에서는 일탈의 원인을 개인의 심리적 욕구의 좌절로 보았다. 심리적 욕구가 충족되지 않으면 사람은 본능적으로 욕구 충족을 방해하는 대상에 대해 공격적인 행동을 하게 된다는 것이다. 만일 그 대상을 찾지 못하거나, 찾더라도 그 대상이 자기보다 훨씬 강하다고 생각되면 그것을 대체할 수 있는 다른 대상이라도 찾아 분풀이를 한다고 보았다. 일탈은 결국 심리적 욕구의 좌절에서 비롯된 반응이라는 것이다. 이 이론은 일탈의 원인을 밝히면서 인간의 심리를 주목하게 해 주었다. 그러나 일탈 자체가 사회 구조와 깊이 관련되어 있음에도 불구하고 이 이론은 일탈의 궁극적인 책임을 개인에게서만 찾으려 했다는 점에서 충분한 설득력을 얻지 못했다.

한편, 일탈의 원인을 사회적인 맥락 속에서 파악하려고 했던 이론들도 있었다. 그중에서도 ⓒ'낙인이론'은 일탈에 대한 새로운 관점을 제시해 주었다. 이 이론에서는 일탈을 낙인의 결과로 보았다. 낙인이란 어떤 행동을 규범에서 벗어난 것으로 ⓑ규정(規定)하는 행위이다. 규범에 어긋나는 크고 작은 행동은 누구나 할 수 있다. 하지만 이러한 행동을 했다고 그들 모두가 사회에서 일탈자로 낙인찍히는 것은 아니다. 사람들로부터 이 행동이 잘못된 것이라고 낙인찍히고 비난을 받게 되면 이것이 비로소 일탈이 된다는 것이다. 예를 들어 동성동본(同姓同本)끼리 결혼하는 경우 아무도 이 결혼을 문제 삼지 않으면 이것이 크게 문제될 것이 없지만, 사람들이 이것을 문제가 있다고 낙인찍으면 이것도 일탈 행위가 된다는 것이다. 따라서 낙인이론에서는 어떤 행동의 성격보다 그 행동이 일어나는 상황과 여건을 더욱 중요하게 보았고, 그에 따라 일탈이 매우 상대적인 것임을 ⓒ부각(浮刻)해 주었다.

또한 낙인이론은 한번 낙인이 찍히면 그 낙인에서 벗어나기가 쉽지 않다는 것에도 관심을 가졌다. 그래서 일탈자로 낙인찍힌 자는 결국 사회적 역할을 수행하는 데 지장을 받게 되고, 사회 적응에 어려움을 겪게 되어 이후에도 일탈이 지속된다고 보았다. 낙인이론은 이와 같이 일탈이 낙인에 의한 사회적 결과물임을 강조함으로써 일탈의 원인을 개인이 아닌 사회적 관계 속에서 ⓓ조명(照明)할 수 있게 해 주었다. 하지만 낙인이론은 이미 규범을 어긴 사람에 대한 사회적 반응에만 초점을 맞추어 애초의 행동을 유발(誘發)시킨 다른 원인에 대해서는 ⓔ간과(看過)하고 있다는 한계도 가지고 있다.

21
이 글의 설명 방법으로 적절한 것은?

① 통시적 관점으로 이론의 변화 과정을 자세히 보여 주고 있다.
② 전문가의 말을 인용하여 설명 대상에 대한 이해를 돕고 있다.
③ 설명 대상과 관련된 이론의 특징과 한계점을 함께 제시하고 있다.
④ 두 이론을 종합할 수 있는 새로운 이론으로 글을 마무리하고 있다.
⑤ 전체를 이루는 구성 요소들을 체계적으로 정리하여 제시하고 있다.

22
㉠과 ㉡에 대한 설명으로 적절하지 않은 것은?

① ㉠은 ㉡과 달리, 충분한 설득력을 얻지 못하고 있다.
② ㉠은 ㉡과 달리, 일탈자의 생물학적 특성이나 심리적 요인에 주목하고 있다.
③ ㉡은 ㉠과 달리, 일탈의 원인을 사회적 관계 속에서 조명하고 있다.
④ ㉠과 ㉡은 모두 일탈의 원인을 규명하려는 목적을 가지고 있다.
⑤ ㉠과 ㉡은 모두 한 개인이 보여 주는 행동의 원인을 분석한 것이다.

23
ⓐ~ⓔ의 뜻풀이가 적절하지 않은 것은?

① ⓐ: 사물의 본질, 원인 따위를 깊이 연구하여 밝힘
② ⓑ: 내용이나 성격, 의미 따위를 밝혀 정함
③ ⓒ: 어떤 사물을 특징지어 두드러지게 함
④ ⓓ: 어떤 대상을 일정한 관점으로 바라봄
⑤ ⓔ: 큰 관심 없이 대강 보아 넘김

[24~25] 정치 | 다음 글을 읽고 물음에 답하시오. 제한시간: 2분 30초

그리스 신화에 나오는 정의의 여신 디케는 오른손에 칼, 왼손에 저울인 천칭을 들고 있다. 로마 신화에 나오는 정의의 여신 유스티티아는 안대로 눈을 가리고 한 손에는 칼, 다른 손에는 천칭을 들고 있다. 한 손의 칼은 단호함을 나타내고 다른 손의 천칭은 공평함을 나타낸다. 즉 단호하게 공명정대를 실현하는 것이 정의임을 보여 주는 것이다. 우리나라 대법원 앞에는 정의의 여신상을 패러디하여 한복을 입고 한 손에는 법전, 다른 손에는 저울을 든 여인의 조각상이 서 있다. 누구에게나 공평하게 법을 적용한다는 것을 보여 주기 위해서다. 그런데 과연 그런가? 이미 '유전무죄 무전유죄'가 우리 사회에서 통념이 된 지 오래다. 우리는 각종 비리에 연루된 고위층 인사들이 솜방망이 처벌만 받고 풀려나는 사례를 수없이 목격해 왔다. 그럴 때마다 우리는 법이란 무엇인지 다시 묻게 된다.

몽테스키외 역시 법이란 무엇인가를 물으며 탐구했다. 몽테스키외는 프랑스에서 태어났다. 몽테스키외가 살았던 시대를 흔히 '계몽주의 시대'라고 한다. 계몽주의 시대는 프랑스를 중심으로 인간의 이성을 믿고 이성에 반대되는 무지와 미신, 전통과 제도를 타파하여 진보를 꾀하려는 계몽사상이 발전했다. 몽테스키외는 계몽사상가였다. 법관이 되어 10여 년간 프랑스 법원의 주요 직책을 맡았고, 자신의 경험에 기초한 탐구로 1748년에 《법의 정신》을 발표했다. 몽테스키외는 서문에서 《법의 정신》이 20년간에 걸친 탐구의 결과이므로 책 전체를 읽어 달라고 독자에게 부탁했다.

"하나의 소원이 있는데, 어쩌면 들어 주지 않을지도 모른다. 소원이 무엇이냐 하면, 잠깐 읽어 본 것만으로 20년의 탐구 결과를 판단하지 말라는 것이다. 이 책을 칭찬하건 비난하건 몇몇 구절에 구애받지 말기를 바란다. 만약 여러분들이 저자의 의도를 찾아내고자 한다면 이 작품 전체에서 찾아내는 수밖에 없을 것이다."

몽테스키외는 《법의 정신》 첫머리에서 법에 대한 정의를 내린다. "법은 가장 넓은 의미로 사물의 성질에서 생기는 필연적 관계다. 그리고 이 의미에서 모든 존재는 자신의 법을 가진다. 신도 신의 법을 가지고 물질계도 물질계의 법을 가진다. 인간보다 상위에 있는 지적인 존재자도 자신의 법을 가진다. 짐승 역시 자신의 법을 가진다."

몽테스키외가 법을 관계로 보고 있다는 점에 주목해야 한다. 몽테스키외는 법을 어떤 추상적인 이념, 예를 들면 절대선, 절대 정신 등의 구현으로 보는 사고에 반대했다. 법은 관계다. 보다 엄밀히 말한다면 관계의 반영이다. 그러므로 인간 사회의 법은 인간관계의 반영이다. 이 주장이 법을 이해하기 위한 기초다. 몽테스키외는 법을 자연법과 실정법으로 분류한다. 사회가 성립되기 이전에 인간이 누리는 법이 실정법이다.

자연법과 실정법에 대한 설명에서 몽테스키외가 법을 인간 사이의 관계로 파악하고 있다는 점을 다시 한 번 확인할 수 있다. 자연법은 원시 시대의 인간관계, 실정법은 고대 이후 사회의 인간관계와 일치한다. 또한 몽테스키외에 따르면 법은 세계의 모든 백성을 지배하는 한, 인간 이성이다. 정치법과 시민법은 인간 이성이 적용되는 특수한 경우에 지나지 않는다. 그런 법은 각각의 국민에게 고유한 것이다. 따라서 한 국가의 법이 다른 국가의 국민에게 적합하다면 그것은 우연이다. 법은 사람들이 성립시키고자 하는 정치 형태의 성질 및 원리와 연관된다. 뿐만 아니라 법은 국가의 위치 및 기후와 연관되고, 또한 토지의 성질 및 크기는 물론 국민들의 생활양식, 즉 국민들이 농사를 짓는지 목축을 하는지 등도 연관된다. 그리고 법은 자유의

정도, 주민의 종교와 성품, 재부(財富), 주민 수, 상법, 관습과도 연관된다. 이렇듯 몽테스키외는 법이 인간의 삶은 물론이고 인간 사이의 모든 관계와 연관된다고 보았다. 이것이 몽테스키외가 말하는 '법의 정신'이다.

24
이 글을 통해 알 수 있는 몽테스키외의 생각으로 적절하지 않은 것은?

① '법'은 사물의 성질에서 생기는 필연적 관계이다.
② '법'은 인간의 삶은 물론이고, 인간 사이의 모든 관계와 연관된다.
③ '법'을 '절대 선', '절대 정신' 등의 구현으로 보는 사고에 반대하였다.
④ '자연법'은 원시 시대의 인간관계, '실정법'은 고대 이후 사회의 인간관계이다.
⑤ '법'은 인간의 이성에 의해 움직이는 것으로, 모든 나라에 다 적용할 수 있어야 한다.

25
이 글에 나타난 설명 방식으로 적절하지 않은 것은?

① 중심 개념의 어원을 밝혀 내용의 신뢰도를 높였다.
② 책의 내용을 그대로 인용하여 독자의 이해도를 높였다.
③ 문제 상황이라고 할 수 있는 사례를 도입부에 제시하였다.
④ 분류의 방법으로 두 종류의 법의 특성을 각각 제시하였다.
⑤ 설명 대상을 당시의 시대적 배경과 관련하여 자세히 설명하였다.

[26~27] 정치 | 다음 글을 읽고 물음에 답하시오.   제한시간: 1분 30초

한비자(韓非子)는 전국시대 한(韓)나라 사람으로 중국철학사에서 법가(法家)의 집대성자로 알려져 있다. 전국시대 말 진나라는 한나라를 공격했는데 이로 인해 한나라가 겪어야 했던 전쟁은 매우 비참했다. 이런 상황에서 한비자는 전국시대 국가들 사이의 세력 균형을 통한 평화가 아니라 통일에 의한 평화를 기대했다. 그는 하나의 강력한 국가가 탄생한다면 더 이상 전쟁이 일어나지 않을 것이고, 강력한 국가가 되려면 강력한 전제 군주가 필요하다고 생각했다. 나아가 전제 군주가 국가를 운영하기 위해서는 '법(法)', '세(勢)', '술(術)'이 필요하다고 주장했다.

'법'이란 군주가 신하를 포함한 백성을 통제하는 공개적이고 구체적인 규칙으로, 형법적 측면이 강하며 군주로부터 권위를 부여받은 신하가 집행한다. '법'은 '세'를 바탕으로 군주를 제외한 어느 누구에게도 예외 없이 적용되어야 한다. 이때 '세'란 군주라는 자리가 가진 절대적 권위를 의미한다. 그리고 '술'이란 군주가 신하들을 지배하는 방법으로, 평소 신하들의 언행에 대한 정보를 수집하여 가슴속에 넣어 두고 활용하는 것이다. '술'이 효과를 거두기 위해서는 신하들이 '술'을 눈치채지 못하게 하는 것이 중요하다. 한비자는 군주가 '법', '세', '술'의 세 가지로 다스려야 국가가 부강해진다고 보았다.

㉠한비자의 이러한 통치 철학은 스승인 순자가 주장한 성악설의 영향을 받은 것이다. ㉡순자는 인간의 본성은 동물과 다를 바가 없지만, 인간은 생각할 수 있는 '려(慮)'를 가지고 있다고 보았다. 그래서 '예(禮)'를 주입하면 선한 행동을 할 수 있다며 '예치(禮治)'를 주장했다. 한비자도 인간의 본성에 대해서는 순자와 동일하게 생각했지만, 인간의 본성은 변할 리가 없다며 '교화 가능성'을 부정했다. 그 때문에 인간의 본성 안에 들어 있는 사사로움을 찾아내어 '법'으로 엄히 다스려야 한다고 주장했다.

한비자의 사상은 진나라가 중국 최초의 통일 국가가 되는 데 크게 기여를 하였다. 하지만 진나라는 너무 융통성 없이 '법'을 적용해 일찍 몰락하게 되었다. 전국시대처럼 각국이 전쟁을 일삼으며 각축을 벌이던 시절에는 '법', '세', '술'로써 부국강병을 이루는 것이 필요했지만, 진나라 이후의 통일 왕조에서는 한비자의 사상 대신에 유가 사상을 새로운 통치 철학으로 채택했다. 하지만 유가 사상이 도입된 이후에도 한비자의 법치주의의 영향은 지속되어 중국의 통일 왕조에서 강력한 중앙 집권 체제를 유지하고 발전시키는 데 기여하였다.

26

㉠과 ㉡에 대한 설명으로 적절하지 않은 것은?

① ㉠은 통일에 의한 평화를 기대하면서, 강력한 전제 군주의 필요성을 주장하였다.
② ㉠은 ㉡과 달리, 인간의 본성은 변할 리가 없다고 생각했다.
③ ㉡은 ㉠과 달리, 인간에게 '예(禮)'를 주입하면 선한 행동을 할 수 있다고 보았다.
④ ㉠과 ㉡은 모두 '성악설'을 바탕으로 통치 철학을 주장하였다.
⑤ ㉠과 ㉡은 모두 유가 사상을 기반으로 하여 법치주의를 강력하게 펼쳐나갔다.

27
이 글에 나타난 '법', '세', '술'에 대한 설명으로 적절하지 않은 것은?

① '세'는 군주라는 자리가 가진 절대적인 권위를 뜻한다.
② '술'은 신하들이 눈치채지 못하게 해야 효과를 거둘 수 있다.
③ '법'은 공개적이고 구체적인 규칙으로 형법적 측면이 강하다.
④ 군주로부터 권위를 부여받은 신하는 '법'의 대상에서 제외된다.
⑤ '술'은 군주가 신하들의 언행에 대한 정보를 수집하여 활용하는 것이다.

[28~29] 경제 | 다음 글을 읽고 물음에 답하시오.   제한시간: 2분 30초

    발명가의 땀과 노력의 산물이 발명이며 그 발명이 특허로 등록된다. 그래서 특허권은 마땅히 존중돼야 한다. 그런 견지에서 우리 특허법은 특허권 침해로 인해 손해를 본 특허권자가 손해배상을 받을 수 있도록 한다.
    우리 특허법은 손해배상액을 산정하는 세 가지 방법을 제공하는데 ㉠그 방법이 생산능력이 부족한 벤처기업·스타트업에는 허망하기 짝이 없다. 첫 번째 방법은 특허권자의 일실이익(逸失利益)*을 산정하는 것인데 그 산정은 특허권자의 생산능력에 따라 제한되며 생산능력이 작은 벤처기업·스타트업에는 손해배상액이 제한돼 침해자가 벤처기업·스타트업이 보유한 특허권을 무시하게 된다. 두 번째 방법은 침해자의 이익을 산정하는 것인데 그 산정도 특허권자의 생산능력에 따라 제한되며 그래서 침해자는 특허권 침해로 획득한 이익 중 일부만 손해배상액으로 지불하고 나머지는 이익으로 챙길 수 있다. 침해로 인해 이익을 챙길 수 있다면 침해자는 특허권을 쉽게 무시하게 된다. 세 번째 방법은 특허권자가 침해자에게 애초에 받을 수 있었던 실시료(royalty)를 산정하는 것인데 침해 후에 지불할 실시료와 정당한 실시계약에 의한 실시료가 비슷하다 보니 일단 특허권을 무시하고 침해한 후 최후의 수단으로 실시료에 상응하는 손해배상을 하게 된다. 그래서 그 산정 방법은 정당한 실시계약의 경로보다는 특허권을 무시하고 침해하는 경로를 선택하게 한다.
    특허권을 무시하는 분위기를 바꾸기 위해 국회가 특허법에 징벌적 세 배 배상제도를 도입해 지난 7월 9일부터 시행됐다. 그러나 그 제도만으로는 여전히 미흡하다는 주장이 많다. 즉 일차적으로 이미 설명된 세 가지 산정 방법 중 하나로 손해배상액을 산정한 후 액수를 세 배까지 증액할 수 있는데 일차적으로 산정된 액수가 작으므로 그 작은 액수를 증액해도 여전히 부족하다는 것이다. 그래서 일차적으로 산정되는 액수를 현실화시켜 벤처기업·스타트업의 특허권이 무시되는 현상을 방지할 필요가 있다. 때마침 국회가 그에 관한 특허법 개정안을 검토하고 있다니 퍽 다행이다.
    현행 제도의 불합리성은 명확하다. 대기업의 특허권이 침해당하는 경우 침해자는 그가 획득한 이익의 전부를 손해배상액으로 지불하게 되지만 중기업의 특허권 침해의 경우 침해자는 그가 획득한 이익의 일부만 손해배상액으로 지불하게 되고 그보다 더 큰 잔류이익을 챙길 수 있는 것이다. 소기업의 특허권 침해는 침해자가 획득한 이익의 극히 일부만 손해배상액으로 지불하게 되고 대부분을 잔류이익으로 챙길 수 있는 것이다. 현행 특허법의 손해배상 제도는

중기업의 특허권은 많이 무시하고 소기업의 특허권은 완전히 무시하도록 만든다. 이러한 제도로 벤처기업·스타트업이 성공하기를 기대하기는 어렵다. 자본·인지도·영업망 등이 부족한 벤처기업·스타트업에는 특허권이 거의 유일한 경쟁 도구인데 그것마저 무시된다면 그들이 살아남을 확률은 매우 낮아지게 된다.

그래서 특허법 개정안은 특허권자의 생산능력과 무관하게 침해자의 이익 전부를 특허권자에게 손해배상액으로 지불하게 한다. 그 개정안에 따르면 대기업 특허권자와 벤처기업·스타트업 특허권자가 달리 취급당하지 않는다. 달리 말하면 벤처기업·스타트업이 보유한 특허권도 무시당하지 않고 존중받을 수 있다는 것이다. 그 개정안이 국회를 조속히 통과하고 그에 따라 우리나라의 특허환경이 개선돼 혁신과 발명으로 무장한 많은 벤처기업·스타트업이 출현하기를 기원한다.

*일실이익(逸失利益): 〈법률〉 손해 배상의 대상이 되는 손해 가운데, 손해 배상 청구의 발생 사실이 없었다면 얻을 수 있었다고 생각되는 이익. 예를 들어 사고로 생명을 잃었을 때, 사고가 없었다면 사망자가 어느 정도의 수입을 올렸을 것인가를 상정하여 손해액을 산출한다.

28
이 글을 읽고 알 수 있는 내용이 아닌 것은?

① 특허법 개정안에서는 침해자가 이익 전부를 손해배상액으로 지불해야 한다.
② 벤처기업이나 스타트업들은 영업망이나 인지도에서 대기업에 불리할 수밖에 없다.
③ 현행법에서는 애초에 지불해야 할 실시료와 침해 후의 배상액에 차이가 별로 없다.
④ 중기업과 대기업의 특허권 침해자의 잔류이익은 대기업의 특허권 침해자가 더 많다.
⑤ 특허권을 무시하는 분위기를 바꾸기 위해서 징벌적 세 배 배상제도를 만들기도 하였다.

29
㉠을 뒷받침하는 근거로 적절하지 않은 것은?

① 특허권자의 일실이익이 생산능력에 한정되기 때문이다.
② 침해자의 이익을 산정할 때에, 침해자의 생산능력의 영향을 받기 때문이다.
③ 침해자가 특허권을 침해한 후, 손해배상을 해도 크게 손해될 일이 없기 때문이다.
④ 침해자는 특허권 침해로 얻은 이익의 일부만 손해배상액으로 내면 되기 때문이다.
⑤ 침해자에게 징벌적 세 배 배상제도를 적용할 수 있는 경우가 한정되어 있기 때문이다.

[30~31] 경제 | 다음 글을 읽고 물음에 답하시오.　제한시간: 1분 30초

여러분은 "이미 엎질러진 물이야. 후회하지 마."라는 말을 들은 적이 있을 것이다. 이 말에는 합리적인 의사결정에 대한 깊은 진실이 담겨 있다.

경제학자들은 편익을 얻기 위해 치러야 하는 비용을 기회비용이라고 한다. 편익은 비용의 대가로 얻는 만족, 이익을 뜻한다. 기회비용을 어떻게 사용하는가는 우리가 선택할 수 있다. 그러나 편익을 얻기 위해 기회비용을 지불하고 나면 기회비용은 '매몰비용'이 된다. 매몰비용은 돌려받을 수 없는 비용이다. 한번 지불하고 나면 돌려받을 수 없기 때문에 여러 가지 상황을 놓고 어떤 결정을 할 때 이미 매몰된 비용들은 감안해서는 안 된다.

매몰비용이 의사결정과 무관해야 한다는 사실로부터 기업들의 의사결정 절차를 이해할 수 있다. 1990년대 초, 대부분의 미국 내 대형 항공사들은 큰 손실을 입었다. 어떤 해에는 아메리칸 에어라인, 델타 항공이 각각 4억 달러 이상의 손실을 본 적도 있다. 그럼에도 불구하고 항공사들은 계속 표를 팔고 승객들을 실어 날랐다. 이러한 결정은 다소 의아하게 느껴질 것이다. 왜 항공사 경영진은 사업을 포기하지 않았을까?

항공사들의 이러한 행동을 이해하기 위해서는 항공사들 비용의 일부가 매몰된다는 사실을 알아야 한다. 항공사가 비행기를 샀고 그것을 다시 팔 수 없다면 그 비행기에 대한 비용은 이미 매몰된 것이다. 운항의 기회비용은 연료비, 조종사와 승무원의 임금 정도가 될 것이다. 운항을 선택함으로써 써야 하는 비용보다 기업이 운항을 통해 벌어들이는 총수입이 크다면 항공사들은 계속 영업을 해야 한다. 그리고 실제로 그렇게 했다.

매몰비용이 의사결정과 무관함은 개인에게 있어서도 마찬가지다. 여러분이 영화를 보는 것에서 10,000원의 만족감, 즉 편익을 얻는다고 하자. 영화표를 7,000원에 샀는데 실수로 극장에 들어가기 전에 표를 잃어버렸다면 여러분은 어떤 선택을 하겠는가? 다시 사야 할까 말아야 할까? 정답은 다시 표를 사는 것이다. 영화를 보는 것의 편익(10,000원)은 여전히 기회비용(표를 다시 사는 비용 7,000원)을 초과하고 있기 때문이다. 이때 이미 잃어버린 표의 비용은 돌려받을 수 없기 때문에 더 이상 생각하지 않아야 한다. 이미 엎질러진 물이니 후회해 봐야 소용없는 것이다.

30
다음 글을 읽고 알 수 있는 내용이 <u>아닌</u> 것은?

① 항공사들에게 매몰비용은 비행기에 대한 비용이다.
② 어떤 결정을 내릴 때에는 매몰비용을 감안해서는 안 된다.
③ 기회비용과 매몰비용은 합리적인 의사결정과 깊은 관계가 있다.
④ 기회비용은 편익을 얻기 위해 지불하는 비용으로 지불하고 나면 돌려받지 못한다.
⑤ 영화를 보기 전에 영화표를 잃어버린 경우, 새로 살 영화표의 값은 매몰비용이 된다.

31
이 글에서 사용한 설명 방법이 아닌 것은?

① 질문을 던진 후, 그에 대한 답을 찾아나가고 있다.
② 관용 표현을 통해 관련 개념을 효과적으로 제시하고 있다.
③ 설명하려는 원리를 잘 설명하고자 관련 사례를 제시하고 있다.
④ 글쓴이의 생각을 직접적으로 제시하면서 글을 마무리하고 있다.
⑤ 구체적인 통계 수치를 바탕으로 설명 대상의 신뢰도를 높이고 있다.

32
과학 | 다음 글을 통해 알 수 있는 내용이 아닌 것은?　　제한시간: 1분 30초

　원자핵을 간단히 핵이라 부르는데, 핵이란 도대체 무엇인가? 원자는 가운데에 핵이 있고, 그 주위에 마이너스 전하를 띤 전자가 구름처럼 움직이고 있다. 원자의 크기란, 핵 주위에 넓게 퍼져 있는 전자의 운동 범위를 가리킨다. 즉, 한 개의 전자가 있더라도 이것이 축구 운동장만한 공간을 마구 돌아다니면, 원자의 크기를 축구 운동장만큼 크다고 말한다. 사실, 원자들이 서로 부딪칠 때, 그 전자의 활동 범위 안으로 다른 원자가 들어가기 힘들기 때문에 전자의 활동 범위가 원자의 크기로서 의미를 가지는 것이다. 그런데 이 때, 핵은 그 운동장 가운데 있는 알사탕만한 크기를 갖고 있다. 나머지 공간은 모두 전자의 운동장이다. 반면에 원자의 무게는 99.9% 이상을 핵이 차지하고 있다. 따라서, 전자는 날파리처럼 돌아다니고 있을 뿐, 무게는 거의 없다. 그러므로 핵을 모아서 주먹만한 크기로 만든다면, 그 무게는 원자 하나의 무게보다 무려 1조 배나 더 큰 원자의 뭉치와 같다. 이것은 63빌딩 2개를 합친 무게와 비슷한 것이다.
　핵 속에는 핵자(核子)라고 하는 중성자와 양성자들이 뭉쳐 있다. 이들을 뭉쳐 있게 하는 힘은 이 우주에 알려진 어떤 힘보다도 더 강하고 세다. 이 힘을 핵력이라고 한다. 이 힘은 아주 가까운 거리에만 작용하고 조금만 멀어져도 곧 약해지므로 핵 속에서 핵자들끼리 결합할 때에만 작용한다. 그래서 핵이 커지게 되면 핵자들 간의 거리가 멀어져 서로간에 작용하는 핵력이 현저하게 줄어든다. 따라서, 큰 핵은 그 속에 있는 양성자들 사이의 전기력이 밀어 내는 힘 때문에 조금만 자극을 받아도 작은 핵 덩어리로 분해된다. 작은 덩어리 상태일 때 더 안정적으로 뭉쳐 있을 수 있기 때문이다. 자연 상태에 존재하는 핵이 가질 수 있는 양성자와 중성자의 수가 약 260개 이하인 까닭이 바로 여기에 있다.
　핵이 양성자와 중성자로 이루어져 있다고 했으나, 사실은 이런 핵자들만으로 이루어져 있는 것은 아니다. 이들 핵자들은 중간자라는 물질을 끊임없이 주고받고 있다. 어떻게 보면 중간자로 된 국물 속에 양성자, 중성자라는 건더기가 있는 국과 같다. 이 국물 속에 있는 핵자의 운동은 매우 규칙적이어서 그 속에서 서로 충돌하는 일은 없다. 이들은 일정한 궤도를 따라 움직이고, 이 궤도는 마치 양파 껍질처럼 차곡차곡 싸여 있는데 핵자는 자기가 속한 껍질 내에서만 돌아다니기 때문이다. 그런데 만일 외부로부터 '침입자'가 들어와서 충돌이 일어나면, 핵자가 바깥쪽으로 쫓겨날 수도 있다. 그래서 그 껍질이 비게 되면, 이 빈 자리를 바깥 껍질에 있는 핵자가 얼른 메우게 된다. 그러면서 강한 빛인 감마선을 뿜어 낸다. 이 감마선은 X선보다도 백만 배나 강력하기 때문에 원자 또는 핵과 충돌하여 원래 상태를 심하게 흔들어 놓게 된다. 그러다 보니 감마선을 쏘이면 세포가 죽거나 유전 인자가 변형되는 일이 일어나는 것이다.

① 핵력은 핵의 크기와 반비례 관계에 있다.
② 원자의 크기를 결정 짓는 것은 원자의 운동 범위이다.
③ 큰 핵이 작은 핵 덩어리로 분해되는 것은 더 안정적으로 뭉쳐 있기 위해서이다.
④ 중성자나 양성자와 같은 핵자들은 서로 충돌하여 강한 빛인 감마선을 뿜어낸다.
⑤ 원자들이 서로 부딪칠 때 전자의 활동 범위 안으로 다른 원자가 들어가기 힘들다.

33
과학 | 다음 글을 통해 알 수 있는 내용이 아닌 것은? 제한시간: 1분 30초

빛은 물결이 퍼지듯이 파동에 의해 전파된다. 이 파동에서 물결의 한 꼭짓점부터 다음 꼭짓점까지의 거리를 파장이라고 한다. 빛은 파장에 따라 적외선, 가시광선, 자외선 등의 광선들로 나뉘는데, 인간은 가시광선만을 시각으로 느낄 수 있다. 가시광선보다 파장이 긴 적외선이나, 짧은 자외선은 눈으로 인식하지 못한다. 이 중에서 가시광선은 파장이 가장 긴 빨간빛부터 가장 짧은 보랏빛까지 수많은 빛들로 구별되는데, 이 빛들과 관련된 대표적인 현상으로 '분산'과 '산란'을 들 수 있다.

파장은 빛의 굴절에 영향을 미치는데, 파장이 짧을수록 굴절되는 정도가 커진다. 예를 들면 보랏빛은 빨간빛보다 파장이 짧아 굴절되는 정도가 더 크다. 눈으로 볼 수 있는 모든 색을 지닌 태양빛을 프리즘에 통과시키면 빛은 파장에 따라 갈라져 흩어지면서 빨강, 주황, 노랑, 초록, 파랑, 남색, 보라색 등의 순서로 보이게 된다. 이러한 현상을 '빛의 분산'이라고 한다. 하늘에서 아름다운 빛깔을 내는 무지개가 그 대표적인 예이다. 빛이 공중에 떠 있는 물방울을 만나 굴절과 반사의 과정을 거쳐 물방울 밖으로 나가면서 다채로운 빛깔을 드러낸다. 이것이 우리가 보는 무지개이다.

'빛의 분산' 외에도 파장과 관련 있는 현상으로 '빛의 산란'을 들 수 있다. 빛은 대기층을 통과하면서 대기 중에 있는 질소, 산소, 먼지와 같은 작은 입자들과 부딪치게 되는데, 파장이 짧은 빛일수록 입자들과 많이 부딪친다. 빛이 대기 중의 입자들과 부딪치면 그 입자들에게 에너지를 전달하는데, 이 에너지를 받은 입자들은 들뜨게 되고 들뜬 입자들은 에너지를 방출함으로써 빛을 사방으로 흩어지게 한다. 이 현상이 '빛의 산란'이다. 해 뜰 녘이나 해 질 녘에 하늘이 붉은빛을 띠는 것이나 해가 중천에 떠 있는 낮에 하늘이 푸른빛을 띠는 것이 그 대표적인 예이다.

해 뜰 녘이나 해 질 녘에는 태양 빛이 지표면을 따라 수평으로 진행하기 때문에 태양빛이 대기층을 지나는 경로가 낮보다 길어진다. 이 때문에 파장이 짧아 대기 속에서 계속 산란을 하며 전파되는 파란빛은 먼 거리를 이동하지 못하고 대부분 대기 중에 흡수되어 버린다. 반면에 파장이 길어 산란이 적게 일어나는 붉은빛은 대기 속에서 계속 전파되어 사람들에게 인식된다. 한편 낮에는 태양이 지표면과 수평을 이루지 않기 때문에 상대적으로 빛이 대기층을 이동하는 경로가 짧아진다. 이 때문에 산란되는 양이 많은 파란빛은 일부만 대기 중에 흡수되고 대부분은 사람들의 눈에까지 도달하게 된다. 그런데 파장이 가장 짧은 것은 정작 보랏빛임에도 불구하고 왜 하늘은 파란빛으로 보이는 것일까? 그것은 우리 눈이 보랏빛보다 순수한 원색인 파란빛을 더 잘 인식하기 때문이다.

> 앞에서 살펴본 것처럼 빛은 '분산', '산란' 등의 현상으로 무지개, 푸른 하늘, 노을 등을 볼 수 있게 한다. 빛이 없다면 인간은 이러한 아름다움을 느낄 수 없을 것이다. 이처럼 빛은 인간이 외부 세계와 시각적으로 소통하게 해 주는 매개체이다.

① 무지개는 빛의 굴절과 반사의 과정과 관련이 있다.
② 빛의 파장이 짧은 자외선과 긴 적외선은 눈으로 인식할 수 없다.
③ 태양이 지표면과 수평을 이루지 않으면, 대낮에 보랏빛의 하늘을 만날 수 있다.
④ 가시광선 중 파장이 짧은 빛일수록 파장이 긴 빛에 비해 굴절과 산란이 많이 일어나게 된다.
⑤ 태양빛이 지표면을 따라 수평으로 진행하면, 파장이 짧은 빛은 먼 거리를 이동하지 못한다.

34

과학 | 이 글을 통해 알 수 있는 '활'의 발사 원리로 적절하지 않은 것은?   제한시간: 1분 30초

> 우리 민족은 활에 대해 각별한 관심을 가지고 있었으며, 활을 중요한 무기로 여겼다. 이에 따라 활 제작 기술도 발달했는데, 특히 조선 시대의 활인 각궁(角弓)은 매우 뛰어난 성능과 품질을 지니고 있었다. 그렇다면 무엇이 각궁을 최고의 활로 만들었을까?
> 활은 복원력을 이용한 무기이다. 복원력은 탄성이 있는 물체가 힘을 받아 휘어졌을 때 원래대로 돌아가는 힘으로, 물체의 재질과 변형 정도에 따라 힘의 크기가 변한다. 이를 활에 적용해 보자. 활의 시위를 당기면 당기는 만큼의 복원력이 발생한다. 복원력은 물리학적인 에너지의 전환 과정이기도 하다. 사람이 시위를 당기면, 원래의 시위 위치에서 시위를 당긴 거리만큼의 위치 에너지가 화살에 작용하게 된다. 따라서 시위를 활대에서 멀리 당기면 당길수록 더 큰 위치 에너지가 발생하게 된다. 이때 시위를 놓으면 화살은 날아가게 된다. 바로 이 과정에서 위치 에너지가 운동 에너지로 전환된다. 즉 시위를 당긴 거리만큼 발생한 위치 에너지가 운동 에너지로 바뀌어 화살을 날아가게 하는 것이다. 한편 복원력은 활대가 휘는 정도와 관련이 있다. 일반적으로 활대가 휘면 휠수록 복원력은 더 커지게 된다.
> 따라서 좋은 활이 되기 위해서는 더 큰 위치 에너지를 만들어낼 수 있는 탄성이 좋은 활대가 필요하다. 각궁은 복원력이 뛰어난 활이다. 그 이유는 각궁이 동물의 뿔이나 뼈, 힘줄, 탄성 좋은 나무 등 다양한 재료를 조합해서 만든 활이기 때문이다. 이러한 활을 합성궁이라고 부른다. 합성궁은 대나무와 같은 나무만을 재료로 만든 활보다 탄력이 좋아서 시위를 풀었을 때 활이 반대 방향으로 굽는 것이 특징이다. 바로 이러한 특성으로 인해 각궁은 뛰어난 사거리와 관통력을 갖게 되었다.

① 활의 재질과 변형 정도에 따라 복원력의 크기가 변한다.
② 나무만을 재료로 사용했을 때 활대의 복원력이 커지게 된다.
③ 시위를 당기면 시위를 당긴 거리만큼의 위치 에너지가 생긴다.
④ 활대가 많이 휠수록 위치 에너지와 운동 에너지가 커지게 된다.
⑤ 화살이 앞으로 날아가게 되는 것은 위치 에너지가 운동 에너지로 바뀌었기 때문이다.

[35~36] 과학 | 다음 글을 읽고 물음에 답하시오. 제한시간: 2분

번개는 대기 중에서 전기의 방전이 일어나 번쩍이는 불꽃을 말한다. 흔히 전기는 구리선처럼 전기가 잘 흐르는 도선을 따라 흐른다. 그런데 기체에서도 전기가 흐르는 경우가 있다. 이를 방전이라고 한다. 어떻게 도선이 없는데도 전기가 흐를 수 있는 것일까?

원자에는 양전하를 띤 핵과 음전하를 띤 전자가 들어 있다. 물체는 보통의 경우, 양전하의 전하량과 음전하의 전하량이 같은 전기적 중성 상태이다. 그런데 외부에서 힘이 가해지면 한 물체의 전자들이 다른 물체로 이동하게 되어 두 물체 모두 양전하와 음전하의 전하량이 균형을 이루지 못하는 상태가 된다. 이때 전자가 이탈된 물체를 양전하로 대전되었다고 하고, 전자를 얻은 물체를 음전하로 대전되었다고 한다. 대전된 물체는 다시 중성 상태로 돌아가려는 특성이 있다. 전기가 흐른다는 것은 각각 다른 전하로 대전된 두 물체가 중성 상태로 돌아가기 위해 전하가 이동하는 상태를 말한다. 물론 두 물체 사이에 도선이 있으면 전하가 쉽게 이동한다. 그러나 두 물체가 중성 상태로 돌아가려는 힘이 매우 강하면 도선이 없어도 전기가 흐를 수 있다.

뜨거운 여름, 태양에 의해 가열되어 가벼워진 지표의 공기는 상승 기류를 형성한다. 상승 기류로 인해 적란운이 만들어진다. 산봉우리 모양을 한 적란운 속에는 작은 물방울이 많이 있는데, 이들은 상승 기류에 의해 서로 부딪치면 음전하와 양전하로 대전된다. 전자를 잃어 양전하를 띤 입자는 상승하고, 전자를 얻어 음전하를 띤 입자는 하강하기 때문에 시간이 지나면 구름의 상층부는 양전하로 대전된 입자가, 하층부는 음전하로 대전된 입자가 쌓인다. 상층부와 하층부에 대전된 입자가 많이 쌓이면 순간적으로 전기가 흐르는 방전 현상이 나타나는데, 이때 발생하는 빛이 바로 번개이다.

구름과 지표 사이의 번개는 구름 속의 번개와는 다른 과정으로 발생한다. 대전된 물체를 중성 물체에 가까이 대면 대전된 물체와 가까운 쪽에 있는 중성 물체의 표면은 대전된 물체와 반대되는 전하를 띠게 된다. 구름과 지표 사이의 번개는 이 때문에 발생한다. 적란운의 밑바닥으로부터 음전하를 띤 공기 기둥이 동아줄처럼 지표 가까이 내려오는 경우가 있는데, 이 공기 기둥은 중성 상태의 지표가 양전하를 띠도록 유도한다. 공기 기둥의 음전하가 유도된 지표의 양전하에 점점 가까워져 서로를 끌어당기는 힘이 일정 수준을 넘으면 방전 현상이 나타난다. 그런데 이때의 번개는 지표로 내려오던 음전하들이 지표 상의 양전하와 만나 구름 쪽으로 되돌아가면서 발생한다. 따라서 흔히 쓰는 말 중에 번개가 떨어졌다는 말은 과학적으로는 잘못된 말이다.

우리는 흔히 번개를 벼락이라고도 하는데, 정확히 말하면 벼락은 구름과 지표 사이에서 발생하는 방전만을 말한다. 벼락은 전체 번개 중 10% 정도에 불과하지만, 인간에게 직접적으로 피해를 준다는 점에서 다른 번개에 비해 위험하다. 벼락은 100W 전구 7,000개를 8시간 동안 켤 수 있는 만큼 엄청난 위력을 지니고 있다. 그러므로 이로 인해 발생할 수 있는 사고를 예방하기 위한 철저한 대비가 필요하다.

35
이 글을 통해 알 수 있는 내용이 아닌 것은?

① 벼락은 인간에게 직접적으로 피해를 준다는 점에서 매우 위험하다.
② 한 물체에 충격이 가해지면, 그 물체의 전하량은 균형을 잃게 된다.
③ 중성 상태로 돌아가려는 힘이 매우 강하면 도선이 없어도 전기가 흐를 수 있다.
④ 구름의 상층부와 하층부에 대전된 입자가 많이 쌓이면 순간적으로 전기가 흐를 수 있다.
⑤ 구름의 하층부의 음전하가 지표의 양전하와 만나기 위해 지표로 내려오는 과정에서 번개가 발생한다.

36
이 글에서 사용한 설명 방법이 아닌 것은?

① 자문자답의 형식으로 과학적 원리를 설명하고 있다.
② 과학적 원리를 자연 현상과 관련지어 설명하고 있다.
③ 유사한 두 개의 개념을 대조의 방법으로 설명하고 있다.
④ 문제 상황과 해결 방안을 병렬적으로 구성하여 제시하였다.
⑤ 독자들이 쉽게 이해할 수 있도록 비유적 표현을 사용하였다.

[37~38] 과학 | 다음 글을 읽고 물음에 답하시오.   제한시간: 2분

인류는 정말 화성에 갈 수 있을까. '화성이주프로젝트'에 참여하고 있는 문경수 과학탐험가는 그 질문에 대한 답으로 강한 긍정을 표시했다. 하지만 인간이 화성에 가기 위해서는 넘어야 할 '산'이 많다. 천문학적인 비용이 뒤따르기 때문에 화성 탐사에 대한 반발도 만만치 않다. 문 탐험가는 인류가 화성에 가기 위해서는 사람들의 '관심'이 필요하다고 말했다. 그는 "개인적인 관심을 넘어 문화적 관심이 있어야 한다"고 강조했다.

그는 화성탐사를 위해 나사 대원들과 서호주 북서부 지역 필바라로 향했다. 화성이주프로젝트를 연구하기 적합한 곳이다. 필바라 지역은 철광석 산지로 암석의 색깔이 화성과 같은 붉은색이다. 색이 붉은 이유는 녹슨 쇠가 붉어지는 것처럼 산화철이 토양에 많이 함유되었기 때문이다. 나사에서는 이곳의 지질학적 구조가 화성과 가장 유사하다고 보고 있다. 특히 이곳에는 34억 8천만 년 전 살았던 미생물 화석이 남아 있어 탐사의 가치가 더욱 높다. 이 지역 퇴적암 암석 안에는 광합성을 해서 산소를 만드는 미생물이 살고 있다. '스트로마톨라이트(stromatolite)'는 광합성을 통해 산소를 만드는 '시아노박테리아'의 막이 쌓여 생긴 층 모양의 줄무늬가 있는 암석이다. '시아노박테리아'는 원시 지구의 대기를 설명해줄 수 있는 비밀의 열쇠이다. 과거 원시 지구의 대기에는 산소가 없었다. 과학자들은 시아노박테리아와 같은 미생물이 광합성을 통해 산소를 지구 대기에 공급했다고 보고 있다.

화성을 인류가 살 수 있는 환경으로 변환시키는 '테라포밍'을 위해서는 무엇보다 산소가 꼭 필요하다. '테라포밍(Terraforming)'이란 지구가 아닌 다른 외계의 천체 환경에 인간에게 알맞은 대기와 온도, 생태계를 만드는 작업이다. 나사에서는 '시아노박테리아'와 같이 광합성이 가능한 미생물을 통해 화성 대기를 지구처럼 산소가 있는 공간으로 만들 수 있을 것이라고 가정하고 있다.

인간은 살 수 없는 극한 환경 속에서 살아가는 생명체들이 있다. 온도가 300도가 넘고 산소도 없고 빛도 들어오지 않는 심해에서도, 혹한이 몰아닥치는 남극에도 살아가는 생명체들이 존재한다. 하지만 인류가 거주하기 위해서는 인류에 맞는 환경이 필요하다.

문 탐험가는 "인간은 언젠가 화성에 갈 것이다. 그렇다면 물과 산소가 필요하다. 물은 화성에서 만들 수 있을 것으로 보고 있다. 관건은 산소인데, 광합성이 되는 미생물이 화성 대기를 바꿀 수 있을 것이라고 가정하고 탐사를 하고 있다"고 설명했다.

올해는 기존 탐사선과 좀 다른 탐사선을 지난 5월 화성에 보냈다. 이 새로운 탐사 로봇의 임무는 화성의 지각을 5m 이상 파내는 것이다. 그동안 표면만 조사해서 알지 못했던 화성의 지각 아래를 조사하기 위해서다. 올 11월 26일이 되면 화성에 도착할 예정이다.

문 탐험가는 화성 탐사의 궁극적인 목적은 인간이 직접 화성에 가서 화성의 토양을 가지고 오는 것이라고 밝혔다. 그는 화성 유인탐사는 2030년경이 될 것으로 전망했다. 초기 임무는 화성 주변을 탐사하는 것이다. 본격적인 화성 내부 탐사는 2040년이 되어야 가능할 것으로 전망했다.

그는 '왜 화성 탐사를 위해 그렇게 많은 돈과 노력을 쏟아야하는가' 하는 회의적인 시각이 많다고 전했다. 문 탐험가는 화성 탐사를 통해 지구의 기후와 토양변화에 대해 더욱 많은 것을 알 수 있다고 말했다.

무엇보다 화성 탐사의 가장 중요한 이유는 '인간의 호기심' 때문이 아닐까. 문 탐험가는 "지구 밖 외계 생명체와 환경에 대한 인류의 호기심은 화성 탐사를 통해 지구를 더욱 더 잘 이해하고 보존하는 데 촉매제 역할을 할 것"이라고 강조했다.

37

이 글에서 알 수 있는 내용으로 적절하지 않은 것은?

① '테라포밍'을 위해서는 무엇보다 산소가 꼭 필요하다.
② 시아노박테리아와 같은 미생물이 광합성을 통해 원시 지구의 대기에 산소를 공급했다.
③ 화성 탐사를 위해 필바라 지역에 간 것은 그 지역의 토양의 색깔이 화성과 같았기 때문이다.
④ '스트로마톨라이트'와 '시아노박테리아'는 '화성이주프로젝트'의 가능성을 보여 주는 증거이다.
⑤ 화성 탐사에 대해 반발하는 사람들은, 화성 탐사에 드는 천문학적인 비용을 문제로 들고 있다.

38
이 글을 읽고 보일 수 있는 반응으로 적절하지 않은 것은?

① 새로운 탐사 로봇이 화성에 갔으니, 이제 화성의 표면뿐만 아니라 지각의 아래까지 연구할 수 있겠다.
② 화성에 유인 탐사선이 가게 되면, 바로 화성의 내부를 탐사하게 될 테니, 화성 연구가 활기를 띠게 될 거야.
③ 화성 탐사는 화성에서 살기 위한 목적도 있지만, 지구를 더 이해할 수 있는 계기를 마련해 주기도 할 것 같아.
④ 화성에서 산소를 만들려면, 광합성이 가능한 미생물이 필요하다고 했는데, 그러면 광합성을 위한 빛도 꼭 있어야겠구나.
⑤ 극한 환경에서 살아가는 생물들이 많으니까, 그 생물들을 연구해 보면 화성에서 극한 상황을 견딜 수 있는 방법을 알게 될 수도 있을 거야.

[39~41] 과학 | 다음 글을 읽고 물음에 답하시오.   제한시간: 2분 30초

　　미국 스탠포드의대 연구진이 10년간의 연구 끝에 인체 골격 줄기세포를 확인해 내는 데 성공했다. 인체의 뼈에서 분리되거나 혹은 지방의 특화된 세포로부터 생성될 수 있는 이 세포는 새로운 뼈와 뼈 속에 있는 해면 기질(골수) 그리고 무릎이나 관절기능을 통증 없이 부드럽게 움직일 수 있도록 하는 연골 전구 세포(progenitor cell)를 만들어 낸다.
　　연구팀은 이번 발견을 바탕으로 인체 골격 발달과 유지에 중요한 줄기세포 가계도를 만들어 냈다. 이 줄기세포 가계도는 인체의 뼈와 연골 재생치료에 큰 도움을 줄 것으로 기대된다. 스탠포드의대 성형 및 재건 외과 마이클 롱거커(Michael Longaker) 교수는 "어린이나 어른이나 정상적인 뼈와 연골 및 기질 조직이 필요한데, 미국에만도 관절염 환자가 7,500만 명이나 된다"고 말했다. 그는 "지방흡입술로 사용 가능한 지방세포를 손쉽게 얻어 이를 줄기세포로 전환한 다음 관절에 주입해 새로운 연골을 생성하거나, 새로운 뼈 형성을 자극해 노령 환자의 골절을 치료할 수 있다는 걸 상상해 보라"고 말했다.
　　이번 연구는 2015년에 쥐의 골격 줄기세포를 발견한 그룹의 후속 연구로서, 생명과학저널 '셀(Cell)'의 20일자 온라인 판에 게재됐다. 이 연구에는 스탠포드 줄기세포 생물학 및 재생의학 연구소 공동소장을 겸하고 있는 롱거커 교수가 시니어 저자로, 찰스 찬(Charles K. F. Chan) 외과 조교수가 제1저자로 참여했다.
　　이번에 발견된 ㉠골격 줄기세포는 골격조직과 지방 및 근육을 생성하는 ㉡중간엽 줄기세포와는 구별된다. 일부 의사들은 피와 골수, 지방에서 분리될 수 있는 중간엽 줄기세포가 만능 줄기세포 기능을 하는 것으로 간주하고 있다. 이 중간엽 줄기세포는 임상시험과 실험적 치료로 다양한 조직의 재생능력을 테스트한 결과 제한된 성공을 거뒀으나 증명되지 않은 실험 치료도 있다. 최근 세 명의 플로리다 노령 환자가 황반변성의 실험적 치료를 위해 지방에서 추출한 중간엽 줄기세포를 눈에 주입한 뒤 눈이 멀거나 거의 시력을 상실하는 사태가 빚어지기도 했다.

찬 교수는 "중간엽 줄기세포는 느슨하게 특성화되고 많은 세포군을 포함하고 있을 가능성이 있다"며, "분화 신호에 대해 서로 다르고 예측할 수 없게 반응할 수 있다"고 말했다. 그는 "이와 대조적으로 우리가 확인한 골격 줄기세포는 진정한(true), 다분화능(multipotential)의, 자가-갱신성(self-renewing) 조직-특화(tissue-specific) 줄기세포의 모든 특징을 가지고 있다"고 강조했다.

이 골격 줄기세포들은 골격 조직으로만 분화되도록 특화돼 있어 환자 치료에는 훨씬 유용하다는 것이다. ⓐ골격 재생은 험난한 세상에서 진화하는 모든 골격을 가진 동물들에게 중요한 능력이다. 험한 환경에서는 그에 최적화되거나 부상에서 가장 빨리 회복해야만 성체가 될 때까지 오랫동안 생존할 수 있다. 도룡뇽 같은 몇몇 척추동물들은 필요할 경우 전체 팔다리를 재생할 수 있다. 그러나 사람이나 쥐 같은 다른 동물들은 그런 치유 능력이 약하다.

중간엽 줄기세포를 이용한 무릎 연골 치료는 현재 우리나라에서도 일부에서 실험적으로 실시하고 있다. 앞으로 연구를 통해 이번에 발견된 골격 줄기세포를 이용한 더욱 진보된 시술이 나올 것으로 예상된다. 줄기세포 치료보다 간편한 고가의 유전자 치료법도 나와 있으나, 효과가 2년 정도여서 추후 다시 시술 받아야 하는 단점이 있는 것으로 알려진다.

롱거커 교수는 "앞으로 10년 안에 골격 줄기세포 치료가 관절경 치료와 재생의학 분야에서 판도를 뒤바꿀 것으로 예상된다"고 밝혔다. 그는 "미국에서만 해마다 200만 명이 인공관절 치환술을 받을 정도로 노령 인구가 급속히 늘고 있다"며, "골격 줄기세포를 상대적으로 비침습적인 치료법으로 활용할 수 있다면 머지않아 꿈이 이루어질 것"이라고 기대를 표했다.

39

㉠과 ㉡에 대한 설명으로 적절하지 않은 것은?

① ㉠은 관절기능을 부드럽게 만들어 주는 연골 전구 세포를 만든다.
② ㉠은 골격 조직으로만 분화되도록 특화돼 있어 환자 치료에는 훨씬 유용하다.
③ ㉠은 ㉡과 달리, 다분화능, 자가-갱신성, 조직-특화 줄기세포의 모든 특징을 가지고 있다.
④ ㉡은 골격조직과 지방 및 근육을 생성한다.
⑤ ㉡은 피와 골수, 지방에서 분리될 수 있는 세포로 그 능력이 완벽히 증명되었다.

40

이 글에 나타난 설명 방법으로 적절하지 않은 것은?

① '골격 줄기세포'와 '중간엽 줄기세포'의 차이점을 정리하고 있다.
② '골격 줄기세포' 연구에 대한 상반된 입장을 객관적으로 제시하였다.
③ '골격 줄기세포'의 전망을 긍정적으로 평가하며 글을 마무리하고 있다.
④ 구체적인 수치를 제시하여 '골격 줄기세포'의 연구 필요성을 강조하고 있다.
⑤ 전문가의 말을 직접 인용하여 '골격 줄기세포'에 대한 연구의 신뢰도를 높였다.

41
ⓐ의 직접적인 이유로 적절한 것은?

① 험한 환경에 적응하기는 무척 힘들기 때문이다.
② 최근 노령 인구가 급속도로 늘고 있기 때문이다.
③ 진화하는 속도를 늦추는 것이 필요하기 때문이다.
④ 도룡농과 같은 완벽한 상태가 불가능하기 때문이다.
⑤ 부상에서 가장 빨리 회복해야 오랫동안 생존할 수 있기 때문이다.

[42~43] 예술 | 다음 글을 읽고 물음에 답하시오.   제한시간: 2분

　지구상 어디에나 어떤 형태로든 미술은 존재한다. 그러나 하나의 계속적인 노력으로서의 미술의 역사는 남프랑스의 동굴 속이나 북아메리카의 인디언 부족들로부터 시작되는 것은 아니다. 이러한 이상스러운 기원들과 지금의 우리 시대와 직접적으로 연결되는 전통은 아무것도 없다. 그러나 약 5천 년 전의 나일 강변의 미술을 가옥이나 포스터와 같은 우리 시대의 미술과 연결시켜 주는, 즉 거장으로부터 제자에게로, 그 제자로부터 추종자 또는 모방자에게로 전해 내려오는 직접적인 전통은 존재한다. 왜냐하면 그리스의 거장들은 이집트인들에게서 배웠고 우리는 모두 그리스인의 제자임을 알고 있기 때문이다. 그렇기 때문에 이집트의 미술이 우리에게는 대단히 중요한 것이다.
　우리는 이집트가 역사의 먼 지평선 위에 마치 풍화된 이정표처럼 서 있는 돌의 산, 즉 피라미드의 나라임을 잘 알고 있다. 그 피라미드들이 제아무리 유구하고 신비스럽게 보일지라도 그것들의 존재는 우리에게 많은 이야기를 들려준다. 오직 한 사람의 왕의 일생 동안에 이 거대한 돌의 산을 쌓아올릴 수 있게 했던 철저하게 조직화된 나라에 관한 이야기와 많은 노동자들과 노예들이 강제로 여러 해 동안 돌을 뜨고, 그것을 공사장으로 끌어 운반하여, 무덤이 왕의 시신을 받아들일 준비가 다 될 때까지 가장 원시적인 방법으로 그 돌들을 짜맞추게끔 할 수 있었던 부유하고 강력했던 왕들의 이야기를 들려준다. 어떤 왕이나 어떤 민족도 단순히 기념물을 만들기 위해서 그처럼 많은 비용과 공을 들이지는 않았을 것이다. 사실 우리는 그 피라미드들이 왕과 그들의 국민들이 보기에는 실제적인 중요성을 가지고 있었다는 것을 알고 있다. 왕은 백성을 지배하는 신적인 존재로 간주되었으며 왕이 이 세상을 떠날 때는 그가 본래 나왔던 신에게로 다시 돌아간다고 생각되었다. 하늘로 치솟아 있는 피라미드들은 아마도 왕의 승천을 도와준다고 여겨졌을 것이다. 여하간에 이집트인들은 왕의 신성한 시신이 썩지 않게 보존했다. 그들은 영혼이 저승에서 계속 살아가려면 반드시 육체가 보존되어 있어야 한다고 믿었기 때문이다. 바로 이러한 이유 때문에 시체를 정교한 방법으로 미이라로 만들어 얇은 천으로 그것을 감아 썩지 않게 했다. 피라미드는 이러한 왕의 미이라를 위해서 세워졌다. 왕의 시신은 석관 속에 넣어져서 이 거대한 돌의 산 중심부에 매장되었으며 묘실 주변에는 그가 다른 세계로 가는 여행을 도와주기 위한 온갖 주문과 부적들이 쓰였다.

그러나 이것만이 미술의 역사에 있어서 유구한 신념들이 수행했던 그런 역할을 대변해 주는 가장 오래되고 유일한 유적(遺蹟)은 아니다. 이집트인들은 육체의 보존만으로는 충분하지 않다고 믿었다. 그들은 또한 왕과 닮은 형상을 보존할 수만 있다면 왕이 계속해서 영원히 살게 될 것이라는 확신을 이중으로 갖게 되었다. 그래서 그들은 조각가들로 하여금 단단하고 영원불멸하는 화강암에 왕의 두상을 조각하게 하였다. 그리고 그것을 아무도 볼 수 없는 무덤 속에 넣어 거기서 마술의 힘으로 왕의 영혼이 그 형상 안에, 그리고 그 형상을 통해서 영원히 살아가게 도와주도록 했다. 실제로 조각가를 가리키는 이집트 말 중의 하나는 '계속 살아 있도록 하는 자'였다.

42

이 글을 통해 알 수 있는 내용이 아닌 것은?

① 이집트의 사람들은 왕의 형상을 보존하여 그가 영원히 살기를 바랐다.
② 피라미드는 어느 한 나라가 얼마나 체계적으로 조직화된 나라인지 보여 준다.
③ 피라미드는 이집트 사람들이 보여 주었던 신념의 역사를 보여 주는 유일한 유적이다.
④ 이집트의 사람들은 왕이 죽으면 그가 본래 나왔던 신에게로 다시 돌아간다고 생각했다.
⑤ 이집트의 미술이 중요한 것은 그것이 우리 시대와 연결되는 직접적인 전통이기 때문이다.

43

이 글에 나타난 설명 방식으로 옳은 것은?

① 다른 사례를 설명 대상과 비교·대조하고 있다.
② 전문가의 견해를 직접 인용하여 내용의 전문성을 더하고 있다.
③ 설명 대상의 가치를 설명하기 위해 대표적인 사례를 들고 있다.
④ 설명하려는 대상의 모습을 그림 그리듯이 자세하게 나타내고 있다.
⑤ 질문을 던진 후, 그에 대한 답을 찾아나가는 방식으로 글을 전개하고 있다.

[44~45] 예술 | 다음 글을 읽고 물음에 답하시오. 제한시간: 1분 30초

박용래는 시종일관 향토적 자연을 대상으로 자신의 시적 세계를 창조해 낸 자연시인이라 할 수 있다. 그의 자연은 객관적 대상으로서의 자연도 아니며, 그렇다고 시인의 관념에 철저하게 종속된 이념적 상징으로서의 자연도 아니다. 향토적 생활상과 시인의 주관적 정감이 어우러져 이룩된 자연이라 할 수 있다. 이와 같은 박용래의 시적 자연이 애상적 아름다움을 환기하고 있다는 점은 기존 연구자들 간에 이미 합의된 사항이라 할 수 있다.

현대시에서의 자연은 고전시와는 달리 현대성(modernity)의 여파와 직간접적인 관련을 갖는다. 박용래의 생애와 자연시 또한 산업화와 도시화가 야기하는 변화와 갈등하면서 이루어진 것으로 볼 수 있다. 그의 시는 현대성과의 불화를 첨예화하고 있지는 않지만 그것에 대한 반감과 갈등을 분명히 드러내고 있는 것이 사실이다. 특히 그의 시에 나타난 진취적, 도전적 성향과 맞지 않는 무력한 자아의 모습, 자기 비하적 감정, 고립감 등이 그가 고집했던 향토적 자연 세계의 이면에 놓여 있는 자체 모순을 말해 준다. 이와 같은 소외감은 그의 시의 애상성을 낳게 하는 근본 요인이라 할 수 있다.

그가 거듭 환기시키고 있는 향토적 자연이 풍요보다는 빈곤과 애환 쪽에 기울어져 있는 것은 이 때문이다. 박용래의 시에서 빈궁한 생활의 형상은 지속적으로 반복되는 주요 모티브라 할 수 있다. 그런데 그는 빈궁을 얘기하면서도 과도한 감정을 절제하는 태도를 견지한다. 구체적으로 말해 추측, 상상, 회상에 의한 형상화 방식, 유원함, 두절감, 정적감으로 요약되는 향토 의식을 통해서 박용래는 대상에 대한 미적 거리 의식을 드러내고 있다. 이는 대상을 '풍경화'하는 시인의 시 형상화 원리를 의미하는데, 이러한 거리 의식의 기저에는 자연과 분리된 현대적 자아로서의 인식이 깔려 있는 것으로 보인다. 박용래는 애초부터 문명이나 도시와 완전히 절연된 상태에서 향토성에 주목한 것이 아니라 문명과 도시적 속성을 인식한 상태에서 그것의 대타적 세계로서 향토성을 탐색하고 있는 것이다. 그의 시선은 향토적 세계 안에 있는 것이 아니라 그것의 밖에 위치해 있는 것이다.

이와 같이 볼 때, 박용래의 자연 인식의 태도는 순수한 자연 상찬(賞讚)*의 의미를 벗어나 현대성 속에서 소외를 경험해야 했던 비애로운 삶의 이면을 반영한다. 그것을 애상적 아름다움으로 승화시키고 있는 시인의 시각 속에는 향토적 세계에 대한 애착이 담겨 있다. 인간미와 자연미가 어우러진 맑음의 서정을 드러내고 있는 박용래의 자연시는 극단의 비인간화를 초래하고 있는 현대적 세계를 되돌아보게 한다는 점에서 시사하는 바가 매우 크다 할 수 있다.

*상찬(賞讚): 기리어 칭찬함

44

이 글을 통해 알 수 있는 내용으로 적절하지 않은 것은?

① 박용래는 산업화와 도시화에 대한 반감을 시 속에 담아내었다.
② 박용래는 대상을 '풍경화'하는 방식을 통해, 대상과 미적 거리를 두고 있다.
③ 박용래의 자연시는 비인간화를 초래하고 있는 현대적 세계를 돌아보게 한다.
④ 박용래가 시적 대상으로 삼은 '자연'은 향토적 생활상과 시인의 주관적 정감이 어우러져 이룩되었다.
⑤ 박용래가 말하는 '자연'은 빈곤과 애환 쪽에 가까운데, 이러한 감정은 시 전반에 직접적으로 제시된다.

45
이 글을 바탕으로 할 때, 〈보기〉의 시를 해석한 것 중 옳지 않은 것은?

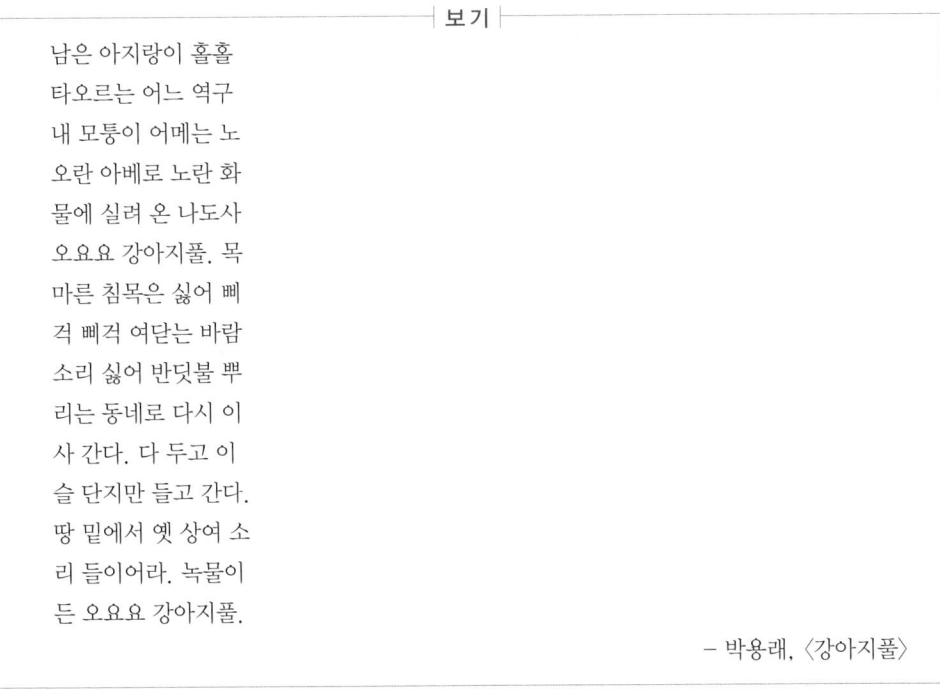

― 박용래, 〈강아지풀〉

① '반딧불', '이슬'과 같은 자연 심상은 도시적 문물과 상반된 위치에 놓여 있다.
② '오요요'는 자연을 향해 가는 설레는 마음을 나타내는 감각적인 표현이라고 할 수 있다.
③ 작고 연약한 '강아지풀'에게 도시적 공간이 결코 '생명의 공간'이 될 수 없음을 보여 준다.
④ '화물'과 '목마른 침목', '삐걱 삐걱 여닫는 바람 소리'는 부정적인 현대화 문물을 보여 준다.
⑤ '반딧불 뿌리는 동네로 다시 이사'가는 행위는 자연의 공간을 긍정적으로 생각하는 의식이 담겨 있다.

[46~47] 문화 | 다음 글을 읽고 물음에 답하시오.

한반도에 평화의 바람이 불면서 남과 북을 가로지르는 비무장지대(Demilitarized Zone, DMZ)에 대한 관심도 덩달아 더 커지고 있다. 진짜로 통일이 될지도 모른다는 기대감과 함께 '생태계의 보고'로 알려진 DMZ를 보존할 수 있을 것인지 걱정 또한 앞서고 있는 것이다. 그래서 독일의 '그뤼네스 반트(Grünes Band)'는 우리나라 DMZ의 미래를 상상해 보기 위해 종종 언급된다. 그뤼네스 반트는 독일이 분단된 시절 동독과 서독을 가로지르던 경계지역이었는데, 지금은 시민환경단체의 노력으로 그 생태적 가치가 알려지고 보존되며 생태관광지로도 각광받고 있다. 한반도 DMZ를 두고 우리가 늘 꿈꾸는 미래상을 눈으로 확인할 수 있는 곳인 셈이다.

하지만 전쟁과 분단은 우리에게 DMZ 속 자연환경 외에도 많은 것을 남겼다. 냉전 시대가 초래한 살상의 비극, 60년이 넘는 세월 동안 완전히 분리됐던 남한과 북한의 삶, 그 오랜 시간 동안 우리 생활 곳곳에 스며든 군사경관들. 슬프고 부끄러운 과거들은 말끔히 지워버리는 것이 최선인 걸까. 우리보다 먼저 분단과 통일을 경험한 독일, 그 수도인 베를린에서는 이 숙제를 풀기 위해 애쓴 흔적들을 곳곳에서 찾아볼 수 있었다.

베를린은 지리적으로는 동독에 위치하고 있지만, 분단과 함께 동베를린과 서베를린으로 쪼개지게 된 도시다. 한가운데에는 거대한 장벽이 세워졌다. 지금은 대부분이 철거되고 일부만 기념물로서 남아 분단의 역사를 덤덤히 보여 주고 있다. 베를린 장벽은 이 도시가 반으로 나뉘어 있었을 당시의 모습을 상상하게 해 주는 중요한 매개체였다. 그다지 높지도 않은 이깟 콘크리트벽이 뭐였기에, 그때의 베를린 시민들은 마음껏 오가는 자유조차 없었던 걸까. 그런 생각을 하며 북적거리는 거리 한가운데에서도 잠시 숙연해지는 시간을 보내게 되는 것이었다.

'테러의 토포그래피 박물관(Topography of Terror)' 옆에 남아 있는 베를린 장벽은 좀 더 묘한 감정을 불러일으킨다. 이 박물관은 나치가 저지른 공포정치에 대해 그 어떤 변명 없이 고백하는 듯한 전시를 하고 있다. 그 옆으로는 예전 모습을 그대로 간직한 베를린 장벽의 일부가 무심하게 서 있어, "우리가 이렇게 분단된 채 살았어야만 했던 이유는 바로 우리 자신에게 있다."라는 메시지를 전하는 듯했다. 베를린 시민뿐만 아니라 다른 도시에 사는 독일 사람들도, 그리고 냉전 시대의 아픔을 겪은 다른 나라의 사람들도 베를린 장벽을 보며 어떠한 다짐이나 치유의 경험을 할 수 있는 공간이었다.

베를린 장벽은 독일의 다른 도시뿐만 아니라 전 세계 곳곳에 평화의 상징물로서 기증되기도 했다. 우리나라에도 서울과 대전에 베를린 장벽 일부가 전시돼 있기도 하다. 하지만 본래의 맥락에서 벗어나 마치 조각품처럼 덩그러니 서 있는 베를린 장벽은 그 의미를 온전히 전달하기엔 조금 힘겨워 보였다.

베를린에는 나치의 유대인 학살 피해자들을 추모하는 공간들이 있다. 유대인 박물관(Jewish Museum)과 유대인 학살 추모공원(Memorial to the Murdered Jews of Europe)이 대표적이다. 유대인 박물관은 지그재그 모양으로 펼쳐진 독특한 형태로, 유대교를 상징하는 '다윗의 별'에서 모티브를 딴 것이라고 한다. 이 건물을 설계한 건축가 다니엘 리베스킨트는 중간 중간에 일부러 텅 빈 곳들을 만들어 독일 사회에서 소외됐던 유대인들의 처지를 표현하기도 했다.

그중 한 곳에서는 유대인들의 희생을 표현한 이스라엘 예술가의 〈Fallen Leaves〉란 작품이 전시돼 있다. 이 작품은 바닥에 금속으로 만든 얼굴 모형 1만 개를 깔아놓은 것으로, 나치에 의해 희생당한 유대인들을 의미하는 얼굴들이었다. 관람객들은 그 위를 밟고 지나가게 돼 있었다. 전시실의 좁은 폭과 차가운 벽, 그리고 높은 천장은 그 아래 깔려 있는 얼굴들을 더욱 비참하고 절망적으로 보이게 했다. 게다가 그 얼굴들을 밟을 때마다 쇠붙이들이 서로 부딪혀 철컹거리는 소리가 공간을 가득 메웠는데, 마치 비명 같았던 그 소리는 전시실을 다 빠져나갈 때까지 계속 들어야만 하는 것이었다. 비극적인 과거를 또렷이 마주하고, 이것이 우리 중 누군가에 의해 또 반복될 수도 있음을 깨닫는 경험. 사람들이 작품에 직접 참여하도록 하는 방식은 그러한 경험을 더욱 극대화하고 있었다.

유대인 학살 추모공원은 좀 더 직접적으로 홀로코스트*의 진상을 사람들에게 보여 준다. 지상에는 관을 연상케 하는 네모반듯한 검은 돌들이 규칙적으로 나열돼 있고, 지하에 전시장이 있다. 사람들은 따뜻한 햇살에 적당히 데워진 돌 위에 드러눕기도 하고 그 사이를 뛰어다니기도 하면서, 다른 보통의 공원에서처럼 여유로운 시간을 보내고 있었다. 하지만 지하 전시장에 들어서면 희생자들의 이름과 사진, 어디서 어떻게 죽었는지에 대한 설명, 마지막 일기나 편지에 절절히 남겨진 이야기들이 관람객들의 마음을 엄숙하게 만든다. 그들의 사연을 하나씩 읽다 보니 어느새 눈물이 차올라서, 도망치듯 전시장을 빠져나왔던 기억이 있다.

세계에서 가장 매력적인 도시, 현대 예술의 중심지로 불리는 베를린의 뒷면에는 부끄러운 과거사를 용기 있게 대면하는 과정들이 있었다. 지난 역사가 도시에 남긴 생채기들을 전 세계인들과 함께 성찰하고 위로하는 장으로 재탄생시킨 베를린의 사연에서, 한국전쟁 종전을 준비하는 우리는 어떤 기억의 장소들을 만들어야 할지 단초를 발견할 수 있길 바란다.

*홀로코스트: 제2차 세계대전 중 나치 독일이 자행한 유대인 대학살

46
이 글에서 답을 찾을 수 있는 질문이 아닌 것은?

① 그뤼네스 반트는 어디를 말하는가?
② 전쟁과 분단이 우리에게 남긴 것은 무엇인가?
③ 유대인 박물관이 지그재그 모양으로 펼쳐진 형태인 이유는 무엇인가?
④ 유대인 학살 추모 공원이 홀로코스트의 진상을 어떻게 보여 주고 있는가?
⑤ 한국전쟁 종전을 준비하면서 부끄러운 과거를 말끔히 지워 버려야 하는 이유는 무엇인가?

47

독일에 역사탐방을 간다고 할 때, 각 장소에서 경험할 수 있는 내용을 정리한 것으로 적절하지 않은 것은?

① 그뤼네스 반트: 시민환경단체의 노력으로 그 생태적 가치가 알려지고 보존되어 있다.
② 유대인 박물관: 건물 곳곳에 있는 텅 빈 곳은 소외된 유대인의 처지를 느낄 수 있게 한다.
③ 유대인 박물관: 바닥에 깔린 금속 얼굴 모형 1만 개를 밟을 때마다 비명 소리를 함께 들려 주어 그 참상을 더욱 잘 느끼게 했다.
④ 베를린 장벽: 나치가 저지른 공포정치에 대해 그 어떤 변명 없이 서 있어, 분단의 이유가 자신들에게 있었음을 고백하는 느낌을 받게 한다.
⑤ 유대인 학살 추모공원: 지상과 지하의 대조적인 모습이 인상적인데, 지하 전시장에는 희생자들의 이야기가 기록되어 있어 엄숙한 마음이 들게 한다.

[48~49] 문화 | 다음 글을 읽고 물음에 답하시오.　　　　　제한시간: 2분

　우리나라는 근대화와 빠른 성장 속에서 ⓐ무분별하게 서양 문화를 섭취함으로써 언어·생활양식·미술·음악·가치와 도덕 체계 등의 많은 영역에서 '한국적'인 것들을 상실해버렸다. 교통과 정보통신 기술의 발달은 해외여행이나 유학, 이민 등을 자유롭게 하였고, 컴퓨터 등을 통해 자기 집 안방에서 세계의 곳곳을 여행하고 필요한 정보도 얻을 수 있도록 하였다. 최근 개방화와 더불어 추진되는 세계화 정책은 이런 변화를 더욱 가속화시켰다. 이에 따라 우리 사회의 많은 사람들이 이미 우리의 가치관과 생활양식보다 서구의 가치관과 생활양식에 익숙해져 있는가 하면, 최근 일본 대중문화의 급속한 유입은 ⓑ추종 분위기까지 낳게 하고 있다. 정신문화의 공백이 많은 사회문제를 유발하고 있는 것이다.
　이러한 상황은 미국에서 다문화 교육이 시작된 문제 상황, 즉 미국의 소수 인종 학생들이 주류 문화에 녹아들도록 바랄 때 겪었던 정체성의 위기와 비슷하다. 대표적으로 다문화 교육을 강조한 뱅스가 '내 이론은 우리가 우리 자신이 누구인가부터 시작할 필요가 있다는 것이다. 모두가 백인 학생들인 학교에서 내가 할 일은 백인 학생들이 그들 자신의 문화에 대해 알도록 하는 일이다.'라고 말한 점에 주목할 필요가 있다. 우리나라는 이러한 상황에 대비해 그동안 우리의 정체성을 찾기 위해 꾸준히 노력해 왔고 전통문화 살리기에 정부 차원에서까지 많은 지원을 아끼지 않았다. 세계의 한국화, 한국의 세계화도 부르짖으면서 국제화, 세계화로 나아가려고 정부에서도 정책에 반영하면서 궁극적으로는 한국의 정체성을 찾을 수 있는 전통문화의 중요성을 강조하고 있다.
　7차 교육 과정에서도 세계 문화를 이해하는 측면의 내용이 삽입되기도 하면서 우리의 전통과 가치를 알아보는 기초 학습 경험을 갖는 데 중점을 두었다. 즉, 전통에 대한 이해를 기초로 민주적 공동체에 헌신하는 인간상의 ⓒ구현에 역점을 두었다. 〈중략〉

앞으로 21세기를 주도해 나갈 아이들은 훨씬 더 다양한 다문화 시대에 살아갈 것이다. 우리 문화의 우수성만을 지도하는 전통 미술교육은 세계의 보편성과 시각 확대라는 관점에서 보면 전근대적이고 폐쇄적인 교육밖에는 안 된다. 다문화 시대의 전통 미술교육은 문화적 상대주의에 ⓓ입각하여, 다문화 교육과 ⓔ병행하여 세계 문화를 이해하면서 자문화에 대한 정체성을 지니도록 하는 교육이 필요한 것이다. 또한 문화적 정체성을 어떻게 이해할 것인지에 대한 문제와 함께 전통문화 또는 문화 전통을 이해하고 현대적으로 재해석·재창조해 내기 위해서는 우리 자신에게도 존재하고 내재해 있는 전통문화에 대한 관점 자체를 철저하게 재검토하는 작업이 뒤따라야 한다. 문화의 세계화 속에서 과거에 머무르지 않으면서 오늘의 세계적인 흐름을 수용해야 하며, 타문화와의 차이를 이해함으로써 자문화의 특수성을 찾아야 현대와 미래에도 가치 있는 전통문화로 남아 있을 것이다. 더 나아가 우리의 전통이 세계의 보편성과도 통할 수 있는 창조적인 전통으로 발전되어야 하며, 이것이 바로 '한국의 세계화', '세계의 한국화'로 나아가는 우리 전통 미술교육의 역할이라 여겨진다.

48
이 글에 나타난 글쓴이의 생각으로 적절하지 <u>않은</u> 것은?

① 우리 문화의 우수성에 초점을 맞춰서 교육하는 것이 중요하다.
② 다문화 교육은 '우리 자신이 누구인가'를 아는 것에서 시작된다.
③ 무분별하게 서양 문화를 도입함으로써 '한국적'인 것들을 상실해 버렸다.
④ 소수 인종 학생들이 주류 문화에 녹아들도록 바라는 것은 올바른 자세가 아니다.
⑤ 우리의 전통이 세계의 보편성과도 통할 수 있는 창조적인 전통으로 발전되어야 한다.

49
ⓐ~ⓔ를 바꾸어 쓸 수 있는 단어로 적절하지 <u>않은</u> 것은?

① ⓐ: 신중하지 않게
② ⓑ: 쫓는
③ ⓒ: 나타남
④ ⓓ: 근거를 두어
⑤ ⓔ: 한꺼번에 행하여

03 문학-현대시/현대소설/수필

[01~02] 현대시 | 다음 글을 읽고 물음에 답하시오.

제한시간: 2분 30초

(가) 낙엽이 우수수 떨어질 때,
　　겨울의 기나긴 밤,
　　어머님하고 둘이 앉아
　　옛이야기 들어라.

　　나는 어쩌면 생겨 나와
　　이 이야기 듣는가?
　　묻지도 말아라, 내일 날에
　　내가 부모 되어서 알아보랴?

　　　　　　　　　　　　　　- 김소월, 〈부모〉

(나) 툭하면 아버지는 오밤중에
　　취해서 널부러진 색시를 업고 들어왔다
　　어머니는 입을 꾹 다문 채 술국을 끓이고
　　할머니는 집안이 망했다고 종주먹질을 해댔지만,
　　며칠이고 집에서 빠져나가지 않는
　　값싼 향수내가 나는 싫었다
　　아버지는 종종 장바닥에서
　　품삯을 못 받은 광부들한테 멱살을 잡히기도 하고,
　　그들과 어울려 핫바지춤을 추기도 했다
　　빚 받으러 와 사랑방에 죽치고 앉아 내게
　　술과 담배 심부름을 시키는 화약장수도 있었다

　　아버지를 증오하면서 나는 자랐다.
　　아버지가 하는 일은 결코 하지 않겠노라고,
　　이것이 내 평생의 좌우명이 되었다
　　나는 빚을 질 일을 하지 않았다,
　　취한 색시를 업고 다니지 않았고,
　　노름으로 밤을 지새지 않았다
　　아버지는 이런 아들이 오히려 장하다 했고
　　나는 기고만장했다. 그리고 이제 나도
　　아버지가 중풍으로 쓰러진 나이를 넘었지만

　　나는 내가 잘못했다고 생각한 일이 없다,
　　일생을 아들의 반면교사로 산 아버지를

가엾다고 생각한 일도 없다. 그래서
나는 늘 당당하고 떳떳했는데 문득
거울을 보다가 놀란다. 나는 간 곳이 없고
나약하고 소심해진 아버지만이 있어서
취한 색시를 안고 대낮에 거리를 활보하고,
호기있게 광산에서 돈을 뿌리던 아버지 대신,
그 거울 속에는 인사동에서도 종로에서도
제대로 기 한번 못 펴고 큰소리 한번 못 치는
늙고 초라한 아버지만이 있다

— 신경림, 〈아버지의 그늘〉

01

(가)와 (나)의 공통점으로 적절한 것은?

① 시적 대상에 대한 긍정적 태도를 나타낸다.
② 시간의 흐름에 따라 새롭게 알게 된 사실이 나타난다.
③ 시적 화자가 표면에 드러나 자신의 체험을 말하고 있다.
④ 의문문으로 시를 마무리하여 다양한 해석을 가능하게 한다.
⑤ 시간적 배경을 '밤'으로 설정하여 현재 상황을 제시하고 있다.

02

(나)에 시인의 자전적인 요소가 들어 있다고 했을 때, 추론할 수 있는 내용이 아닌 것은?

① 시인은 광산 근처에서 유년 시절을 보냈다.
② 시인은 아버지처럼 살지 않겠다고 늘 생각하였다.
③ 시인은 큰소리치지 못하고 주눅 들어 살고 있었다.
④ 시인의 아버지는 가족 중 누구에게도 응원받지 못한 삶을 사셨다.
⑤ 시인은 아버지를 향한 심경의 변화를 통해 주제의식을 보여 주려고 하였다.

[03~04] 현대시 | 다음 글을 읽고 물음에 답하시오.

(가) 나도 ㉠별과 같은 사람이
될 수 있을까.
외로워 쳐다보면
눈 마주쳐 마음 비쳐주는
그런 사람이 될 수 있을까.

나도 꽃이 될 수 있을까.
세상일이 괴로워 쓸쓸히 밖으로 나서는 날에
가슴에 화안히 안기어
눈물짓듯 웃어주는
㉡하얀 들꽃이 될 수 있을까.

가슴에 사랑하는 별 하나를 갖고 싶다.
외로울 때 부르면 다가오는
㉢별 하나를 갖고 싶다.

마음 어두운 밤 깊을수록
우러러 쳐다보면
반짝이는 그 맑은 눈빛으로 나를 씻어
길을 비추어주는
그런 사람 하나 갖고 싶다.   - 이성선, 〈사랑하는 별 하나〉

(나) 내가 그의 이름을 불러 주기 전에는
그는 다만
하나의 몸짓에 지나지 않았다.

내가 ㉣그의 이름을 불러 주었을 때
그는 나에게로 와서
꽃이 되었다.

내가 그의 이름을 불러 준 것처럼
나의 이 빛깔과 향기에 알맞은
누가 나의 이름을 불러 다오.
그에게로 가서 나도
그의 꽃이 되고 싶다.

우리들은 모두
무엇이 되고 싶다.
너는 나에게 나는 너에게
잊혀지지 않는 하나의 ㉤눈짓이 되고 싶다.   - 김춘수, 〈꽃〉

03

(가)와 (나)의 공통점으로 적절하지 않은 것은?

① 타인과의 관계에서 깨달은 점이 나타나 있다.
② 상징적 소재를 통해 이상적인 모습을 표현하고 있다.
③ 시각적 심상으로 시적 대상을 생생하게 표현하고 있다.
④ 유사한 문장 구조를 반복하여 운율감을 드러내고 있다.
⑤ 명령형 어미를 통해 화자의 의지를 확고하게 드러낸다.

04

㉠~㉤에 대한 설명으로 적절하지 않은 것은?

① ㉠: 2연의 '꽃'과 대응되는 소재이다.
② ㉡: 쓸쓸한 화자를 위로해 주는 시적 대상이다.
③ ㉢: ㉠과 다르게 타인에게 소망하는 모습이 담겨 있다.
④ ㉣: (가)에서 '누군가에게 꽃이 되어 주는 것'과 유사한 의미이다.
⑤ ㉤: '의미 있는 존재'를 뜻하는데, 이것은 '꽃'과 상응한다.

[05~07] 현대시 | 다음 글을 읽고 물음에 답하시오.

(가) 아래층에서 물 틀면 단수가 되는
　　좁은 계단을 올라야 하는 전세방에서
　　만학을 하는 나의 등록금을 위해
　　사글셋방으로 이사를 떠나는 형님네
　　달그락거리던 밥그릇들
　　베니어판으로 된 농짝을 리어카로 나르고
　　집안 형편을 적나라하게 까 보이던 이삿짐
　　가슴이 한참 덜컹거리고 이사가 끝났다
　　형은 시장 골목에서 자장면을 시켜 주고
　　쉽게 정리될 살림살이를 정리하러 갔다
　　나는 전날 친구들과 깡소주를 마신 대가로
　　냉수 한 대접으로 조갈증을 풀면서
　　자장면을 앞에 놓고
　　이상한 중국집 젊은 부부를 보았다
　　바쁜 점심시간 맞춰 잠 자 주는 아기를 고마워하며
　　젊은 부부는 밀가루, 그 연약한 반죽으로
　　튼튼한 미래를 꿈꾸듯 명랑하게 전화를 받고
　　서둘러 배달을 나갔다
　　나는 그 모습이 눈물처럼 아름다워
　　물배가 부른데도 자장면을 남기기 미안하여
　　마지막 면발까지 다 먹고 나니
　　더부룩하게 배가 불렀다, 살아간다는 게

　　그날 나는 분명 슬픔도 배불렀다

　　　　　　　　　　　　　－ 함민복, 〈그날 나는 슬픔도 배불렀다〉

(나) 나는 이제 너에게도 슬픔을 주겠다.
　　사랑보다 소중한 슬픔을 주겠다.
　　겨울밤 거리에서 귤 몇 개 놓고
　　살아온 추위와 떨고 있는 할머니에게
　　귤값을 깎으면서 기뻐하던 너를 위하여
　　나는 슬픔의 평등한 얼굴을 보여 주겠다.
　　내가 어둠 속에서 너를 부를 때
　　단 한 번도 평등하게 웃어 주질 않은
　　가마니에 덮인 동사자가 다시 얼어죽을 때
　　가마니 한 장조차 덮어 주지 않은
　　무관심한 너의 사랑을 위해
　　흘릴 줄 모르는 너의 눈물을 위해

나는 이제 너에게도 기다림을 주겠다.
㉠이 세상에 내리던 함박눈을 멈추겠다.
보리밭에 내리던 봄눈들을 데리고
추위 떠는 사람들의 슬픔에게 다녀와서
눈 그친 눈길을 너와 함께 걷겠다.
슬픔의 힘에 대한 이야길 하며
기다림의 슬픔까지 걸어가겠다.

- 정호승, 〈슬픔이 기쁨에게〉

05

(가)와 (나)의 공통점으로 적절한 것은?

① 시적 대상에 인격을 부여하여 주제를 강화하고 있다.
② 겉으로 보았을 때, 모순된 표현을 통해 주제를 보여 준다.
③ 우리 사회의 약자들에 대한 따뜻한 공감의 시각이 돋보인다.
④ 시적 화자는 현재 자신의 삶에 긍정적인 태도를 보이고 있다.
⑤ 시 속에 청자를 설정하여 말을 건네듯이 시상을 전개하고 있다.

06

(가)의 시적 화자 A와 (나)의 시적 화자 B가 대화를 나눈다고 했을 때, 적절하지 않은 것은?

① A: 저는 중국집에서 긍정적으로 살아가는 젊은 부부를 보고 참 아름답다고 생각했습니다.
② B: 소외된 이웃들에게 관심이 없는 사람들이 많은데, 당신은 그렇지 않아 보여 참 다행이군요.
③ A: 그날 저는 '슬픔도 배불렀다'고 생각했는데, 이때 슬픔은 일반적인 슬픔과는 의미가 다릅니다.
④ B: 맞아요. '슬픔'은 소외된 이웃들에 대한 관심과 사랑이죠. 그것에는 힘이 있습니다.
⑤ A: 그 힘으로 가난을 극복하고 모두가 경제적인 부유함을 느낄 수 있을 거예요.

07
〈보기〉를 바탕으로 ㉠에 해당하는 구체적인 행동을 서술했을 때, 나머지와 이질적인 것은?

| 보기 |

　　이 시에서 '함박눈'은 관점에 따라 다르게 해석될 수 있다. 우선 추위에 떠는 사람들의 입장에서 봤을 때 함박눈은 추위를 더욱 가중시킬 수 있는 고통을 주는 대상이다. 다른 관점으로 '너'와 같은 사람들의 입장에서 볼 수 있는데, 이때 함박눈은 즐거움과 기쁨의 대상이다. 눈싸움도 하고 눈사람도 만들 수 있기 때문이다.
　　하지만 두 해석 모두 화자의 입장에서 봤을 때에는 멈춰야 하는 대상이다. 소외된 이웃들을 힘겹게 하는 시련은 당연히 멈춰야 하며, 타인의 고통에 무관심한 이기적인 존재의 기쁨 역시 멈춰야 한다. 그래야만 그들에게 더불어 사는 삶의 소중함을 일깨울 수 있기 때문이다.

① 고아원을 방문하여 봉사하는 일은 일회성에 그치면 안 된다.
② 연말이 되면 혼자 사시는 노인분들을 찾아 뵙고 도움을 드린다.
③ 힘들게 살아가는 사람들 앞에서 자신의 삶을 자랑하지 말아야 한다.
④ 소외된 이웃들이 피해를 입지 않도록 제도적으로 보호해 주어야 한다.
⑤ 장애인들이 경제적으로 고립되지 않도록 그들을 고용하여 함께 근무하여야 한다.

[08~09] 현대시 | 다음 글을 읽고 물음에 답하시오.　　　제한시간: 1분 30초

(가) 오늘은 바람이 불고
　　　나의 마음은 울고 있다.
　　　일찍이 너와 거닐고 바라보던 그 하늘 아래 거리언마는
　　　아무리 찾으려도 없는 얼굴이여.
　　　바람 센 오늘은 더욱 너 그리워
　　　긴 종일 헛되이 나의 마음은
　　　공중의 깃발처럼 울고만 있나니
　　　오오 너는 어디메 ㉠꽃같이 숨었느뇨.

　　　　　　　　　　　　　　　　　- 유치환, 〈그리움 1〉

(나) 그대 기우는 그믐달 새벽별 사이로
　　　바람처럼 오는가 물결처럼 오는가
　　　무수한 불면의 밤, 떨어져 쌓인
　　　흰 꽃 밟으며 오는
　　　그대 정든 임 그윽한 목소리로

잠든 새 깨우고,
눈물의 골짜기 가시나무 태우는
불길로 오는가 그대 지금
어디쯤 가까이 와서
소리 없이 ⓒ모닥불로 타고 있는가.

— 양성우, 〈기다림의 시〉

08
(가)와 (나)의 공통점으로 적절하지 않은 것은?

① 감탄사를 활용하여 감정을 드러내고 있다.
② 시적 대상을 대명사로 표현하여 직접 드러내었다.
③ 비유적 표현을 통해 시적 대상을 형상화하고 있다.
④ 감각적 표현으로 전체적인 분위기를 형성하고 있다.
⑤ 의문형 종결 표현을 사용하여 시적 화자의 정서를 보여주고 있다.

09
㉠과 ㉡에 대한 설명으로 적절하지 않은 것은?

① ㉠은 시적 화자와의 관계를 끊고 의도적으로 숨어 있는 대상이다.
② ㉡은 부정적인 것을 없애는 역할을 하고 있다.
③ ㉠은 '얼굴', ㉡은 '불길'과 상응하는 대상이다.
④ ㉠과 ㉡은 모두 화자가 기다리고 있는 대상이다.
⑤ ㉠과 ㉡은 모두 시적 대상이 시각적으로 형상화된 대상이다.

[10~11] 현대시 | 다음 글을 읽고 물음에 답하시오. 제한시간: 1분 30초

(가) 눈은 살아 있다.
    떨어진 눈은 살아 있다.
    마당 위에 떨어진 눈은 살아 있다.

    기침을 하자.
    젊은 시인(詩人)이여 기침을 하자.
    눈 위에 대고 기침을 하자.
    눈더러 보라고 마음 놓고 마음 놓고
    기침을 하자.

    눈은 살아 있다.
    죽음을 잊어버린 영혼(靈魂)과 육체(肉體)를 위하여
    눈은 새벽이 지나도록 살아 있다.

    기침을 하자.
    젊은 시인이여 기침을 하자.
    눈을 바라보며
    밤새도록 고인 가슴의 가래라도
    마음껏 뱉자.

                                   - 김수영, 〈눈〉

(나) 폭포는 곧은 절벽을 무서운 기색도 없이 떨어진다.

    규정할 수 없는 물결이
    무엇을 향하여 떨어진다는 의미도 없이
    계절과 주야를 가리지 않고
    고매한 정신처럼 쉴 사이 없이 떨어진다.

    금잔화도 인가도 보이지 않는 밤이 되면
    폭포는 곧은 소리를 내며 떨어진다.

    곧은 소리는 소리이다.
    곧은 소리는 곧은
    소리를 부른다.

    번개와 같이 떨어지는 물방울은
    취(醉)할 순간(瞬間)조차 마음에 주지 않고
    나타(懶惰)와 안정을 뒤집어 놓은 듯이
    높이도 폭도 없이
    떨어진다.

                                   - 김수영, 〈폭포〉

10
(가)와 (나)의 공통점으로 적절한 것은?

① 청유형의 문장을 통해 의도를 강조하고 있다.
② 역설적 표현을 통해 시적 의미를 강조하고 있다.
③ 시 속에 청자를 설정해 두고 시를 전개하고 있다.
④ 부정적인 현실에 대한 저항 의지를 보여 주고 있다.
⑤ 시행의 글자 수를 동일하게 맞추어 운율감을 형성하고 있다.

11
〈보기〉를 바탕으로 감상한 내용으로 적절하지 않은 것은?

| 보기 |

　　김수영은 암울했던 1960년대에 '시'를 통해 민주화 운동에 참여하고, 자신의 의지를 표현한 시인이다. 그는 시를 통해 억압된 자유와 불의에 저항하는 모습을 보여 줌으로써, 민주화를 열망하는 사람들에게 믿음을 심어 주었다.

① (가)의 '기침을 하자'는 자신의 내부에 있는 불순한 것들을 떨쳐내려는 의도로 볼 수 있다.
② (가)의 '마음껏 뱉자'는 자유를 갈망하는 마음이 담겨 있다고 볼 수 있다.
③ (나)의 '폭포'는 민주화를 열망하는 마음이 두려움 없이 표출되고 있다.
④ (나)의 '곧은 소리는 곧은 소리를 부른다'에서는 사람들의 용기 있는 저항의 모습이 주변 사람들에게도 영향을 미쳤다는 것으로 볼 수 있다.
⑤ (나)의 '나타와 안정'은 민주화가 안정적으로 자리 잡은 모습이라고 볼 수 있다.

[12~13] 현대소설 | 다음 글을 읽고 물음에 답하시오.

제한시간: 2분

비읍은 편집부에 새로 들어온 신참치고는 아는 게 많았다. 그런데 그가 아는 건 모두 조금씩 틀렸다는 데 문제가 있었다. 그러나 그는 자신이 틀렸다는 걸 인정하기보다는 사전이나 그 사전을 끼고 십 년 이상 먹고 살아온 우리를 의심하는 쪽을 택해서 우리의 심기를 불편하게 했다. 그래서 우리는 그가 실수를 할 때마다 그의 별명을 그 실수를 상징하는 말로 바꾸어 줌으로써 복수를 했다. 가령 이런 식이다.

"비읍 씨, 일 안 하고 아침부터 거기서 뭐 해요?"

"차장님, 저 문방구 앞에서 우산 들고 있는 아가씨 다리 참 죽여 줍니다. 가히 뇌살적이군요."

"비읍 씨, 이거 비읍 씨가 교정 본 거죠? 그렇게 뇌살 좋아하면 '쇄도(殺到)'를 '살도'라고 하지 왜 그냥 뇌뒀어요?"

"하하하, 리을 선배님. 선배님의 다리 역시 뇌살적이지만 저 아가씨는 춘추가 선배님의 연치에 비해 방년 이십 세는 적어 보이고 따라서 또 뭐냐, 원스 어폰 어 타임 투기는 칠거지악으로……."

"지금 도대체 무슨 헛소리를 하고 있는 거얏!"

그 다음부터 한동안 그의 별명은 '살도'가 되었다. 한동안이란 그로부터 한 달 뒤 '흥미율율' 사건이 터지기 전까지.

여름철이 되고 고등학교 야구 대회가 열리기 시작했다. 비읍은 제가 나온 학교도 아니면서 고향 고등학교라는 이유로 열히히 응원을 하고 있었다. 인색하기 짝이 없는 그로서는 표 사서 야구장에 갈 일은 없었고 편집부 안에서 신문을 보면서 입으로 하는 응원이 전부였지만.

"우와아! 차장님. 어제 우리의 경상고 피처가 연타석 홈런을 깠습니다. 캐처는 6타석 4타수 4안타. 유격수는 도루가 네 개. 결승 진출은 맡아 놨구만."

"이거 봐요. 비읍씨, 그 학교가 자네 학교야? 그 동네는 그 학교 근처만 갔다 오면 다 한 학교 출신이 되나?"

"헤헤, 차장님. 모르시는 말씀. 경상시야 한국인의 영원한 구도(球都) 아니겠습니까. 야구 하면 경상, 경상 하면 야구지요."

듣고 있던 리을이 나섰다.

"그럼 동네 이름을 야구시로 짓지 그랬어요. 야야, 비읍 씨는 고향을 기리는 의미에서 앞으로 우리가 비읍 씨를 야구 씨라고 불러줄게."

어지간하면 질릴 법도 하련만 비읍은 천하태평이었다.

"이거 사방에 적군의 노래뿐이니 완전히 사면초가(四面楚歌)일세. 오호 통재라."

"비읍 씨, 하나 물어 볼 게 있는데 말예요. 사면초가에서 왜 적군이 초가를 불러요?"

"역시 리을 선배님은 여자라서 역사는 잘 모르시누만. 그게 말임다. 항우가 적벽 대전에서 유방에게 포위가 됐는데 말임다."

"적벽이 아니라 해하(海河)겠지."

"차장님, 적벽이나 해하나 그건 중요한 게 아니고 말임다. 한나라 군사가 초나라를 포위하고 오래 있다가 보니까네 초나라 유행가를 다 배웠다는 검다. 항우가 듣다가 그 노래가 너무 슬퍼서 아, 졌다 하고 자살을 했단 말임다."

"한나라 군사가 초나라 노래를 불러 줬다구?"

"그쵸. 그게 장량의 작전이었다, 이 말입다. 아, 근데 차장님은 한참 이야기가 흥미율율할 만하면 꼭 초를 치십니까, 그래?"
"흥미, 뭐?" / "또 초 치셔."
"비읍 씨, 나도 못 들었어요. 흥미 뭐라고 했어요?"
"아, 율율! 율! 율! 왜욧!"

흥미진진(興味津津)을 흥미율율(興味律律)로 우겨, 바라던 '야구'말고 '율율'이라는 별명을 얻은 그가 한동안 자중을 하는 듯하더니 문득 결혼을 했다. 편집부에서 집들이 차 그의 집을 가면서 오렌지 주스를 샀다.

"이봐, 거 뭐 마실 것 좀 내오지."

결혼한 지 한 달도 되지 않았는데 비읍은 십 년 넘게 마누라를 호령하며 살아온 사람처럼 굴었다. 그렇게 하지 않으면 체면이 깎이기라도 하는 것처럼, 안타깝게도 그의 부인 역시 십 년 넘게 살림을 해 와 살림에 이골이 난 여인네 같은 몸뻬 차림으로 나타나 홍분(紅粉)의 아리따운 새댁을 보러 갔던 사람들의 기대를 꺾었다. 그리고 그 부인이 내온 음료수가 비읍에게 새로운 별명을 선사했다.

"내가 산 건 백 퍼센트 무가당 오렌지 주스였단 말야. 그런데 그게 언제 오렌지 맛 음료로 바뀌었는지 모르겠어. 정말 환상적인 부부야."

일동은 그의 집을 빠져 나오는 순간부터 그를 당분간 '오렌지 맛'이라고 부르기로 만장일치로 합의했다. 백 퍼센트 오렌지 주스를 혼자 마시고 있을 그의 부인은 '오렌지 부인'으로 부르기로 했고.

— 성석제, 〈오렌지 맛 오렌지〉

12
'비읍'에 대한 설명으로 적절하지 않은 것은?

① 허풍이 심하고, 지연(地緣)을 중시한다.
② 한자를 섞어 쓰는 등 현학적 태도를 보인다.
③ 남자로서의 섣부른 체면 의식을 지니고 있다.
④ 한자를 잘못 읽는 실수를 범하는 경우가 많다.
⑤ 주변 사람들의 면박을 듣고 의기소침한 경우가 많다.

13
이 작품에 대한 설명으로 적절하지 않은 것은?

① 실수투성이의 인물을 희화화하여 제시하고 있다.
② 중심인물의 엉뚱한 행동을 유발하는 소재가 등장한다.
③ 서술자가 작품 밖에서 인물과 사건에 관해 서술하고 있다.
④ 실수의 부정적인 면을 비판하면서 해결책을 제시하고 있다.
⑤ 인물들 사이의 오가는 대화를 통해 인물들의 생각을 알 수 있다.

[14~15] 현대소설 | 다음 글을 읽고 물음에 답하시오.

　　순석아, 오늘 누나가 주인한테 이 집을 나가겠다고 하였다. 아래층 아주머니의 말로는 벌써 세를 얻으려는 사람이 보러 왔다고 한다. 자세히 말하자면 길다. 누나가 시집을 가는데 나까지 함께 가기를 고집하고 있는 것이다. 내가 이런 시시콜콜한 이야기를 썼던 적은 별로 없는 것 같다. 하지만 오늘은 쓰지 않을 수가 없구나. 장마철의 먹구름처럼 그 문제가 나를 짜누르고 있어서 말이다.
　　나는 누나가 들어오기를 기다려 따졌다. 나는 누나의 부속품도 아니고 누나 마음대로 해도 되는 물건이 아니니까, ㉠입장을 좀 바꿔서 생각해 보라고.
　　누나는 했던 말들을 곱씹었다. 왜 그런 때에 윗사람들이 하는 그렇고 그런 말들, 너도 귀가 따갑게 들었지 않니? 누나는 나의 앞길에 온갖 구렁텅이를 파 가면서 자기와 자형이 곁에 있어야 사람 꼴이 되고, 나한테 이로우면 이로웠지 해될 건 조금치도 없으니까 싫은 마음이 있어도 함께 사는 게 현명하며, 설사 혼자 사는 게 이점이 다소 있다고 해도 남들 눈에 이상하게 보일 짓은 처음부터 하지 않는 게 상식이니까, 누나 체면을 봐서라도 함께 이사를 해야 한다고 하였다.
　　순석아, 나는 물러서지 않았다. 그리고 참말로 인생 최대의 노력을 기울여 내 생각을 설명함으로써 누나를 설득하려고 했다. 아니 누나와 싸워서 이기려고 했다. 내 주장은 이렇다. — 나는 누가 뭐래도 나대로 살고 싶다. 누구한테 손해를 입히거나 부담을 주고 싶지도 않지만, 누구에게 끌려다니거나 보호받고 싶지도 않다. 그러니 나를 좀 가만히 놔두어 달라. 내가 따라가게 되면 아무래도 누나는 자형 눈치를 보게 될 거고, 나도 마찬가지다. 그런 게 신경이 쓰이기도 하지만, 좌우간 혼자 살아야 생각도 잘 되고 이것저것 관찰도 잘 할 수 있을 것 같다. 누나는 앞가림 앞가림하는데, 혼자 살아 봐야 일찌감치 앞가림하는 힘도 기를 수 있지 않겠느냐. 앞가림이라는 게 자기가 자기의 주인이 되는 거 아니겠느냐. 그런 힘을 기르려면 자유가 있어야 한다. 누나는 잘 모르겠지만, 이 세상에는 가치 있는 게 여러 가지가 있다. 그건 사람마다 다르다.
　　순석아, 결말이 어떻게 났는지 궁금하지 않니? 그런데 일이 좀 묘하게 되어서 조리 있게 설명할 자신이 없다. 왜냐하면 누나는 눈물로 끝났기 때문이다. 누나는 내가 끝까지 버티니까 와락 울음을 터뜨렸다. 그리고 아주 슬프게 울었다. 나는 누나가 우는 걸 처음 보았다. 게다가 그토록 슬프게, 세상에 누가 온대도 달랠 수 없을 것처럼 구슬프게 우는 바람에 내 입은 얼어붙고 말았다.
　　순석아, 전에 내가 구름 그림자 얘기를 했던 게 기억나니? 대부분의 사람들이 그걸 잊고 산다고 했었지. 아주 비난조로 말이야. 사과를 할 수도 없고 위로를 할 수도 없어서 멍청히 있다가 누나가 자기 방으로 돌아가는 것을 보며 나는 생각을 좀 고쳤다. 누나가 고집스럽게 들어앉아 있는 구름 그림자가 누나로서는 어쩔 수 없이 붙잡은 거고, 또 누나라는 사람은 그 속에 있지 않고서는 살아가기 어렵다면, 그러는 걸 무작정 비난할 수는 없으니까 말이다.

　　　　　　　　　　　　　　　　　　　　　　　　　　　　　　　　　　　– 최시한, 〈구름 그림자〉

14
이 글에 대한 설명으로 적절하지 않은 것은?

① '나'는 주체적인 삶을 추구하는 성격이다.
② '나'의 누나는 사회적 입장을 중시하고 있다.
③ '나'는 누나와 외적 갈등의 상황에 놓여 있다.
④ '나'는 순석이에게 자신의 이야기를 전달하고 있다.
⑤ '나'는 누나의 가치관을 끝까지 이해하지 못하고 있다.

15
㉠과 관련 깊은 한자성어는?

① 자포자기(自暴自棄)
② 역지사지(易地思之)
③ 자승자박(自繩自縛)
④ 죽마고우(竹馬故友)
⑤ 동상이몽(同牀異夢)

[16~17] 현대소설 | 다음 글을 읽고 물음에 답하시오. 제한시간: 2분 30초

철호는 눈앞이 아찔했다. 점심때부터 진통이 시작되었는데 영 해산을 못 하고 애를 썼단다. 그런데 죽을 악을 쓰다 보니까 어린애의 머리가 아니라 팔부터 나왔다고 한다. 그래 병원으로 실어 갔는데, 철호네 회사에 전화를 걸었더니 나가고 없더라는 것이었다.

"지금쯤은 아마 애기를 낳았거나, 그렇지 않으면……."

명숙은 흰 헝겊들을 골라 개켜서 한 옆으로 젖혀 놓으며 말했다. 아마 어린애의 기저귀를 고르고 있는 모양이었다. 그런데 이상했다. 좀 전에 아찔했던 정신이 사르르 풀리며 온몸의 맥이 쑥 빠져 나갔다. 철호는 오래간만에 머릿속이 깨끗이 개이는 것을 느꼈다. 〈중략〉 아내는 이미 죽어있었다.

"네, 그래요." / 철호는 간호사보다도 더 심상한 표정이었다.

병원의 긴 복도를 휘청휘청 걸어서 널따란 현관으로 나왔다. 시체가 어디 있느냐고 묻지도 않았다.

무엇인가 큰일이 한 가지 끝났다는 그런 기분이었다. 아니 또 어찌 생각하면 무언가 해야 할 일이 많이 생긴 것 같은 무거운 기분이기도 했다. 그러면서도 그 해야 할 일이 무엇인지는 좀처럼 생각이 나질 않았다. 〈중략〉 ㉠철호는 갑자기 자기 이가 쑤시는 것을 느꼈다. 아침부터, 아니 벌써 전부터 홀떡홀떡 쑤시는 충치가 갑자기 아파 왔다. 〈중략〉

"좀 아팠지요! 뿌리가 꾸부러져서."

의사가 집게를 뽑아 든 이를 철호의 눈앞에 가져다 보여 주었다. 속이 시꺼멓게 썩은 징그러운 이뿌리에 뻘건 살점이 묻어 나왔다. 철호는 솜을 입에 문 채 머리를 좌우로 흔들어 보였다. ㉡사실 아프지도 아무렇지도 않았다.

"됐습니다. 한 30분 후에 솜을 빼 버리슈. 피가 좀 나올 겁니다."

"이쪽을 마저 빼 주십시오."

철호는 옆의 타구에 피를 뱉고 나서 또 한쪽 볼을 눌러 보였다.

"어금니를 한 번에 두 대씩 빼면 출혈이 심해서 안 됩니다." / "괜찮습니다."

"아니, 낼 또 빼지요." / "다 빼 주십시오. 한몫에 몽땅 다 빼 주십시오."

"안 됩니다. 치료를 해가면서 한 개씩 빼야지요."

"치료요? 그럴 새가 없습니다. 막 쑤시는 걸요."

"그래도 안 됩니다. ㉢빈혈증이 일어나면 큰일납니다."

하는 수 없었다. 철호는 치과를 나왔다. 또 걸었다. 잇몸이 멍하니 아픈 것 같기도 하고 또 어찌하면 시원한 것 같기도 했다. 그는 한 손으로 볼을 쓸어보았다.

그렇게 얼마를 걷던 철호는 거기에 또 치과 간판을 발견하였다. 역시 이층이었다.

"안 될 텐데요."

거기 의사도 꺼렸다. 철호는 괜찮다고 우겼다. 한쪽 어금니를 마저 뺐다. 이번에는 두 볼에다 다 밤 알 만큼씩 한 솜 덩어리를 물고 나왔다. 입안이 찝찔했다. 간간이 길가에 나서서 피를 뱉었다. 그때마다 시뻘건 선지피가 간 덩어리처럼 엉겨서 나왔다.

남대문을 오른쪽에 끼고 돌아서 서울역이 보이는 데까지 왔을 때 으스스 몸이 한 번 떨렸다. 머리가 띵하니 비어 버린 것 같다고 생각했다. 바로 그 때에 번쩍 거리에 전등이 들어왔다. 눈앞이 한 번 환해졌다. 그런데 ㉣다음 순간에는 어찌 된 셈인지 좀 전에 전등이 켜지기 전보다 더 거리가 어두워졌다. 철호는 눈을 한 번 꾹 감았다. 다시 떴다. 그래도 매한가지였다. 이건

뱃속이 비어서 그렇다고 철호는 생각했다. 그는 새삼스레, 점심도 저녁도 안 먹은 자기를 깨달았다. 뭐든지 좀 먹어야겠다고 생각했다. 구수한 설렁탕 생각이 났다. 입 안에 군침이 하나 가득히 고였다. 그는 어느 전주 밑에 가서 쭈그리고 앉아서 침을 뱉었다. 그런데 그것은 침이 아니라 진한 피였다. 그는 다시 일어섰다. 또 한 번 오한이 전신을 간질이고 지나갔다. 다리가 약간 떨리는 것 같았다. 그는 속히 음식점을 찾아 내어야겠다고 생각하며 서울역 쪽으로 허청허청 걸었다.

ⓐ"설렁탕."/ ⑩무슨 약 이름이기나 한 것처럼 한 마디 일러 놓고는 그는 식탁 위에 엎드려 버렸다. 또 입 안으로 하나 찝찔한 물이 고였다. 철호는 머리를 들었다. 음식점 안을 한 바퀴 휘 둘러보았다. 머리가 아찔했다. 그는 일어섰다. 그리고 문 밖으로 급히 걸어 나갔다. 음식점 옆 골목에 있는 시궁창에 가서 쭈그리고 앉았다. 울컥하고 입안엣것을 내뱉었다. 그러나 이번에는 주위가 어두워서 그것이 핀지 또는 침인지 알 수 없었다.

— 이범선, 〈오발탄〉

16

㉠~㉤에 대한 설명으로 적절하지 <u>않은</u> 것은?

① ㉠: 철호를 힘들게 하는 현실이 치통으로 옮겨 나타났다고 할 수 있다.
② ㉡: 평소에도 아픈 것을 참는 것이 익숙했던 철호의 모습을 보여준다.
③ ㉢: 치과 치료를 통해 심각한 지경에 이를 수 있음을 미리 제시하였다.
④ ㉣: 과다 출혈로 인해 현기증이 났음을 보여준다.
⑤ ㉤: 철호는 설렁탕을 먹으면 고통이 사라질 것이라고 생각하고 있다.

17

ⓐ와 〈보기〉의 ⓑ를 이해한 내용으로 적절하지 <u>않은</u> 것은?

| 보기 |

첫 번에 삼십 전, 둘째 번에 오십 전 — 아침 댓바람에 그리 흔치 않은 일이었다. 그야말로 재수가 옴 붙어서, 근 열흘 동안 돈 구경도 못한 김 첨지는 십 전짜리 백통화 서 푼, 또는 다섯 푼이 찰깍하고 손바닥에 떨어질 제 거의 눈물을 흘릴 만큼 기뻤다. 더구나, 이날 이때에 이 팔십 전이라는 돈이 그에게 얼마나 유용한지 몰랐다. 컬컬한 목에 모주 한 잔도 적실 수 있거니와, 그보다도 앓는 아내에게 ⓑ설렁탕 한 그릇도 사다 줄 수 있음이다.

— 현진건, 〈운수 좋은 날〉

① ⓐ는 인물이 실제로 먹지 못하였다.
② ⓑ는 돈의 유용성을 알게 해 주는 소재이다.
③ ⓐ와 달리 ⓑ는 '아내에 대한 사랑'을 의미한다.
④ ⓐ와 달리 ⓑ는 배고픔을 해소하기 위해 찾은 소재이다.
⑤ ⓐ와 달리 ⓑ는 행운이 연달아 일어난 후 떠올리게 된 소재이다.

[18~19] 현대소설 | 다음 글을 읽고 물음에 답하시오.

제한시간: 2분 30초

　　305호에서 불의의 방문객을 맞은 것은 10시 반쯤이었다. 의외로 많은 조객에 305호 식구들은 당황했고, 그들이 계단을 오르내리며 낯이 익은 사람들인 것을 알아보고는 가슴 뭉클한 고마움을 느꼈다.
　"어머님, 그만 고정하세요. 손님들이 이렇게 오셨잖아요."
　며느리가 시어머니를 부축해 일으켰다. 노인네는 애써서 울음을 추슬렀다.
　"밤중에 이렇게 어려운 걸음들을……."
　노인네는 손수건을 입으로 가져가며 말끝을 맺지 못했다.
　"누추하지만 마루로 좀 올라오시지요."
　광대뼈가 유난히 두드러져 보이는 피곤한 모습의 집주인인 아들이 자리를 권했다.
　현관에 빠듯하게 들어서 있던 네 남자가 마루로 올라갔고 뒤에 서 있던 세 여자가 현관으로 들어섰다.
　"복중에 상을 당하셔서 애로가 많으시겠습니다. 저는 통장 되는 사람입니다."
　한 남자가 앞으로 나서며 주인에게 조의를 표했다.
　방문객은 모두 일곱 사람이었다. 통장을 제외한 나머지 여섯은 아래층 205호, 위층 405호, 그리고 옆집인 306호의 부부들이었다.
　"제가 찾아온 건 다름이 아니라 가정의례준칙*에 의하면……."
　통장은 또박또박 말을 시작했다. 사람으로 가득 찬 것과는 반대로 실내에는 무거운 침묵이 감돌았다.
　"그러니까 큰소리로 우는 건 삼가 주셔야 되겠습니다."
　매몰차다 싶은 통장의 말에 즉각적인 반응을 보인 건 아들이 아니라 계속 느껴 울고 있던 노인네였다.
　"거 무슨 흉한 말씀이오!"
　노인네는 가당찮다는 듯 버럭 소리를 질렀다.
　아들은 노인네의 서슬과는 반대로 멍한 눈길을 건너편 벽에다 보내고 있었다.
　"곡이 없으면 망자가 가는 험한 길을 닦을 수가 없는 게요."
　노인네는 언제 울었느냐 싶게 눈을 똑바로 뜨고 완강한 태도를 보였다.
　"어머닌 좀 가만 계세요."
　아들은 만사가 귀찮다는 몸짓으로 노인네를 제지했다.
　"이 말을 하려고 이렇게들 오셨나요?"
　아들이 서운한 빛을 역연히 드러내며 물었다.
　"예, 여기가 뚝뚝 떨어져 사는 단독 주택이 아니고 서로 위아래, 양옆으로 붙어 살아야 하는 아파트 아닙니까. 그래서 하는 말인데……."
　통장은 내친걸음이라 싶었던지 장례일 단축에 대한 말을 꺼내고 있었다.
　"안 돼. 그 무슨 벼락 맞을 소리야! 그건 안 돼!"
　통장의 말을 가로막으며 노인네가 소리쳤다.
　"글쎄, 어머닌 좀 가만히 계시란 말예요."
　아들이 역정을 냈다.

"여긴 아파트입니다. 넓지도 않은 13평짜리예요. 거기다가 여름이고, 모두 가난한 사람만 모여 사는 곳이라 그런지 쓰레기도 제대로 안 쳐가 파리가 얼마나 들끓습니까. 내 말을 야속하다고 생각진 마십시오. 벽 하나를 사이에 놓고 위아래, 양옆으로 사람들이 사는 아파트입니다."

아들은 고개를 들었다. 그리고 이내 다시 떨구어버렸다. 자신에게로 쏟아지고 있는 남녀 열네 개의 눈동자를 이겨낼 수가 없다는 듯한 몸짓이었다.

한동안 침묵이 계속되었다.

노인네는 마구 구겨 쥔 손수건으로 입을 막은 채 느껴 울고 있었다.

안 돼, 그건 안 돼. 사흘도 짧은데 그 무슨 흉악한 소리냐. 안 되고 말고, 그건 안 돼. 노인네는 새롭게 복받쳐 오르는 서러움을 억누르며 부르짖고 있었다.

"……알겠습니다. 피곤하실 텐데 돌아들 가시지요."

[중간 줄거리] 그날 밤 305호에서 '딱, 따악—딱' 하는 소리가 잠시 들리고, 그 섬뜩한 소리에 두려움을 느낀 이웃 사람들은 밤새 잠을 못 이룬다. 날이 훤히 밝아오고, 6시쯤이 되었을까. 몸집이 크게 느껴지는 찻소리가 붕붕 울려오고, 계단에 부산스러운 발자국 소리가 퍼지고 있었다.

준수네, 영주네, 그리고 옆집 사람들이 몰려나왔다.

현관 가까이에 영구차가 관이 들어갈 뒷문을 아가리처럼 벌린 채 발동을 걸고 있었고, 관을 옮기느라고 힘을 모으고 있는 장의사 사람들의 힘쓰는 소리가 계단을 타 내리고 있었다.

광목으로 감싼 관이 현관에 불쑥 나타나더니만 이내 차로 밀려 들어갔다. 그리고 하룻밤 사이에 몰라보게 변해버린 노인네가 아들의 부축을 받으며 차에 올랐다. 쇠잔한 어깨가 들먹이는 것으로 보아 우는 것이 분명한데 소리는 들리지 않았다. 노인네는 수건으로 입을 틀어막듯 하고 있었던 것이다.

장의차가 가솔린 냄새를 남긴 채 아파트를 떠나갔다.

"어젯밤 그 소리가 관에 못 치는 소리였었군."

누군가가 말했고, 모두는 허망한 안도의 숨을 내쉬며 흩어져갔다.

차가 아파트촌을 벗어나자 노인네는 입에서 수건을 떼고 통곡을 하기 시작했다.

"여보, 여보, 날 버리고 혼자만 가면 어떡해요. 이런 세상에 날 버리고 가면 난 누굴 믿고 살아요. 나를 데리고 가요, 여보. 나도 함께 가요, 여보오……."

- 조정래, 〈외면하는 벽〉

*가정의례준칙: 1973년에, 가정의례에서 허례허식을 없애고 낭비를 줄이자는 취지로 국가가 법률에 의해 정한 규칙

18
〈보기〉와 관련지어 이 글을 감상한 내용으로 적절하지 않은 것은?

| 보기 |

　　근대화의 상징인 아파트는 1970년대부터 본격적으로 보급되었다. 그러나 아파트는 주민들까지 교감을 나눌 기회를 줄이는 폐쇄적인 구조여서 주민들로 하여금 자신들의 사생활만 생각하는 이기적인 태도를 갖게 만들었고, 정(情)을 바탕으로 한 이웃사촌이라는 전통적인 관계마저 무색하게 만들었다. 특히 아파트는 혼례나 장례 등 우리의 전통 의례와는 잘 맞지 않는 공간이다. 이로 인해 아파트에 사는 사람들은 새로운 삶의 방식과 전통적 삶의 방식 사이에서 잦은 충돌을 경험하면서 혼란과 고통을 겪곤 하였다.

① 305호 사람들은 다른 아파트 주민들과 이웃사촌이라고 말할 수 없다.
② 305호의 노인이 소리를 내지 않고 운 것은 새로운 사고방식에 대한 저항의식 때문이다.
③ 밤중에 305호를 찾아온 사람들은 자신들의 사생활만 생각하는 이기적인 태도를 보여 준다.
④ 305호의 가족들이 새벽에 아파트를 빠져나가는 것은 아파트가 전통적 삶의 방식과 맞지 않기 때문이다.
⑤ 305호의 노인은 다른 주민들이 조문을 온 것으로 알았을 때만 해도 아파트의 이기적인 속성을 생각하지 않았을 것이다.

19
이 글에 대한 설명으로 적절하지 않은 것은?

① 시간의 흐름에 따라 사건이 진행되고 있다.
② 이기적인 현대인들의 모습을 비판적으로 제시하고 있다.
③ 인물들의 대화를 통해 외적 갈등이 효과적으로 드러나고 있다.
④ 서술자는 사건의 전반적인 내용과 인물들의 심리를 모두 파악하고 있다.
⑤ 전통적 삶을 추구하는 사람들의 나약하고 현실에 안주하는 모습을 드러내고 있다.

[20~21] 현대소설 | 다음 글을 읽고 물음에 답하시오.

⏰ 제한시간: 2분

[앞부분 줄거리] 집배원 판수는 군청 병사계에서 마을로 보낸 전사 통지서를 배달하게 된다. 판수는 이웃들에게 자식들의 죽음을 직접 알려줘야 하는 것에 괴로워하며 주막에서 낮술을 마시고 다시 배달에 나선다.

　판수는 곧장 콧노래를 흥얼거리며 디딤돌을 징검징검 뛰기 시작했다. 돌을 네댓 개 뛰었을 때였다. 찌찌찌— 물가에 서 있는 버드나무에서 늦매미가 요란하게 소리를 질렀다. 그래서 그런지는 모르나, 판수는 그만 비틀하며 한쪽 발이 돌에서 미끄러져 내렸다. 철버덩! 물에 빠지고 만 것이다. 차라리 시원하고 좋았다. 그러나 그게 아니었다. 손에 쥔 편지 뭉치에서 편지 한 장이 그만 물에 떨어지고 만 것이다.
　삼십여 년 동안 우편 배달 노릇을 해왔지만, 판수는 아직까지 엽서 한 장을 무책임하게 어째 버린 일이 없었다. 신작로에서 몇십 리나 떨어져 있는 두메에까지도 편지 한 장을 직접 전해 주러 땀을 뻘뻘 흘리며 찾아가는 그였다. 그런 그인지라, 편지가 물에 떨어졌으니 야단이 아닐 수 없는 것이다. 더구나 날쌘 물살에 실려 마구 떠내려가고 있지 않은가.
　"저런! 저런! 저런!"
　판수는 후닥닥 물 속으로 뛰어들어 첨벙첨벙 냅다 편지를 쫓는다. 커다란 가방이 덜렁덜렁 춤을 춘다.
　팔을 내뻗으면 얼른 잡을 수 있을 만큼 편지와의 거리가 가까워졌다. 그런데 어찌 된 영문일까? 판수는 그만 우뚝 멈추어 서고 만다. 멈추어 서서 숨을 헐떡거리며 그것을 멀뚱히 바라보고만 있다. 군청 병사계라는 다섯 글자가 물에 젖어 유난스레 까맣게 돋아 올라 보였던 것이다.
　편지는 물결을 타고 가볍게 나부끼며 다시 멀어져 간다. 멀리 사라져 가는 편지를 멀뚱히 바라보고 있던 판수는 무슨 생각이 떠올랐는지,
　"옳지!" 한다. 그리고 무슨 대단한 결심이라도 하는 듯 어금니를 꽉 지르물며 코로 숨을 크게 들이마셨다가 훅 내뿜는다. 달콤한 술내가 물씬 쏟아져 나온다. 판수는 두 눈을 대고 껌적거리며 손에 든 편지 뭉치를 한장 한장 뒤적이기 시작했다. 뒷겉봉에 군청 병사계라고 씌어 있는 놈이 나오자, 그것을 썩 잡아 뽑는다. 그리고,
　"에라잇!"
하고 소리를 내지르며 냅다 물 위에 때기장을 쳐버린다. 그러나, 무게가 없는 것이고 보니 가볍게 물 위에 떠내려간다. 판수는 또 편지 뭉치를 뒤져 군청 병사계를 찾아냈다.
　"에라이! 요놈도……."
　때기장이다. 그리고 또 찾아낸다.
　"요놈도!" / 또 찾아내어.
　"요놈도!" / 또 찾아.
　"요놈!" / 또, / "요놈!" / 또, / "요놈!"
　……이렇게 아홉 장을 모조리 물에 띄워 버렸다. 물살을 타고 아홉 장의 군청 병사계가 일렬종대로 동실동실 떠내려간다. 참 희한하다. 판수는 그만,
　"왓핫핫하……."
　크게 웃음을 터뜨렸다. 통쾌하기 짝이 없는 것이다. 오십여 년이라는 세월을 살아왔지만, 이런 통쾌한 맛은 단 한 번도 느껴 보지 못한 판수였다. 그래서 그는 입을 쩍쩍 벌리며 속이 후련하도록 웃어 젖혔다.
　　　　　　　　　　　　　　　　　　　　　　　　　　　　　— 하근찬, 〈홍소(哄笑)〉

20
이 글에 대한 설명으로 적절하지 않은 것은?

① 판수는 처음부터 의도적으로 편지를 물에 버렸다.
② 판수의 행동은 현실의 문제에 저항하는 모습이기도 하다.
③ 판수는 이웃들에게 자식들의 죽음을 알려야 하는 상황이다.
④ 판수의 웃음에는 통쾌함과 절망적인 느낌이 모두 포함되어 있다.
⑤ 판수의 말을 여러 번 반복적으로 제시하여 일정한 행동이 연속적으로 일어났음을 보여 준다.

21
이 글을 읽은 후 독자의 반응으로 적절하지 않은 것은?

① 성운: 판수의 행동은 안타까운 역사적 상황에 대한 저항이었다고 볼 수 있어.
② 진영: 하지만 그 역시도 한계점이 있지. 안타까운 현실을 개인의 힘으로 완전히 바꿀 수는 없으니까.
③ 지성: 그래서 그런지 마지막 판수의 '웃음'은 마냥 좋게만 보이지 않아.
④ 성우: 맞아. 판수의 웃음은 통쾌함과 절망감이 뒤섞인 웃음이라고 볼 수 있어. 그럼에도 웃을 수 있는 우리 민족의 낙천성을 보여 준 것이기도 하지.
⑤ 민현: 그리고 이러한 절망은 우리 민족 전체로 확대하여 적용할 수도 있다고 생각해.

[22~23] 수필 | 다음 글을 읽고 물음에 답하시오.   제한시간: 2분 30초

네가 서재 문을 두드리는 소리를 듣지 못했다. 나에게 다가오는 발자국 소리를 듣지 못했다. 나는 글을 쓰는 시간이었고 너는 잠자리에 들 시간이었다. 내게 들려온 것은 "아빠, 굿나잇!" 하는 너의 목소리뿐이었지. 이 세상 어떤 새가 그렇게 예쁘게 지저귈 수 있을까. 그런데도 나는 목소리만 들었지, 너의 모습은 보지 않았다. 뒤돌아보지 않은 채 그냥 손만 흔들었어. "굿나잇, 민아." 하고 네 인사에 건성으로 대답하면서.

너는 그때 아빠가 뒤돌아보기를 기대했을 것이다. 안아 주기를, 그리고 볼에 굿나잇 키스를 해 주기를 바랐을 것이다. 아니면 새 잠옷을 자랑하고 싶어 얼마 동안 머뭇거렸을지도 모른다. 어느 쪽이라도 상관없다. 그때 네가 본 것은 어차피 아빠의 뒷모습뿐이었을 테니까.

어린 시절, 아빠의 사랑을 받고 싶었다는 너의 인터뷰 기사를 읽고서 까마득히 잊고 있었던 기억들이 되살아났다. 글의 호흡이 끊길까 봐 널 돌아볼 틈이 없었노라고 변명할 수도 있다. 그때 아빠는 가난했고 너무 바빴다고 용서를 구할 수도 있다.

무엇보다도 바비인형이나 테디베어를 사 주는 것이 너에 대한 사랑인 줄로 알았고 네가 바라는 것이 피아노이거나, 좋은 승용차를 타고 사립학교에 다닌 것인 줄로만 여겼다. 하찮은 굿나잇 키스보다는 그런 것들을 너에게 주는 것이 아빠의 능력이요 행복이라고 믿었다.

너는 어느 인터뷰에서 그건 사랑을 표현하는 방식의 차이였을 뿐이라고 날 두둔해 주었지만, 아니다. 진실은 그게 아니야. 그건 사랑하는 방식의 차이가 아니라, 사랑 그 자체의 부족함이었다는 사실을 숨기지 않겠다.

아무리 바빠도 30초면 족하다. 사형수에게도 마지막으로 하늘을 보고 땅을 볼 시간은 주어지는 법이다. 어떤 상황에서라도 사랑을 표현하는 데 눈 한번 깜박이는 순간이면 된다. 그런데 그 30초의 순간이 너에게는 30년, 아니 어쩌면 일생의 모든 날이었을 수도 있겠구나.

만일 지금 나에게 그 30초의 시간이 주어진다면, 하나님이 그런 기적을 베풀어 주신다면, 그래 민아야, 딱 한 번이라도 좋다. 낡은 비디오테이프를 되감듯이 그때의 옛날로 돌아가자.

나는 그때처럼 글을 쓸 것이고 너는 엄마가 사준 레이스 달린 하얀 잠옷을 입거라. 그리고 아주 힘차게 서재 문을 열고 "아빠 굿나잇!" 하고 외치는 거다. 약속한다. 이번에는 머뭇거리며 서 있지 않아도 된다. 나는 글 쓰던 펜을 내려놓고, 읽다만 책장을 덮고, 두 팔을 활짝 편다. 너는 달려와 내 가슴에 안긴다. 내 키만큼 천장에 다다를 만큼 널 높이 들어 올리고 졸음이 온 너의 눈, 상기된 너의 뺨 위에 굿나잇 키스를 하는 거다.

굿나잇 민아야, 잘 자라 민아야.

— 이어령, 〈네가 없는 굿나잇 키스〉

22

윗글에 대한 설명으로 적절한 것은?

① 가족 간의 사랑을 논리적으로 분석하고 있다.
② 적절한 비유를 사용하여 미래의 상황을 가정하고 있다.
③ 글쓴이의 내면을 진솔하게 드러내어 깊은 공감을 이끌어 낸다.
④ 독자들에게 직접 말을 건네는 방식으로 주제를 전달하고 있다.
⑤ 만연체를 이용하여 대상에 대한 감정의 호흡을 길게 가져가고 있다.

23

윗글에 나타난 글쓴이에 대한 설명으로 적절하지 않은 것은?

① 아주 짧은 시간에도 사랑을 표현할 수 있다고 생각한다.
② 딸이 인터뷰에서 자신을 두둔해 준 것에 대해 고마워하고 있다.
③ 딸에게 물질적으로 풍요로움을 주는 것이 사랑이라고 여기고 있었다.
④ 딸의 굿나잇 인사에 정성을 다해 화답해 주지 못한 것을 후회하고 있다.
⑤ 딸의 인터뷰 기사를 읽기 전까지 딸과의 굿나잇 인사와 관련된 기억을 하지 못하고 있었다.

[24~25] 수필 | 다음 글을 읽고 물음에 답하시오.

제한시간: 2분

왜 넘어진 아이는 일으켜 세우십니까?
왜 날아가는 풍선은 잡아 주십니까?
왜 흩어진 과일은 주워 주십니까?
왜 가던 길은 되돌아 가십니까?

사람 안에는 사람이 있습니다.
사람을 향합니다.

이 광고의 아이디어는 어느 날 넘어진 아이를 제가 일으켜 세운 것으로 시작됐습니다. 아이가 넘어져서 얼른 일으켜 세우면서 다치지 않았냐고 물었죠. 그리고 궁금해졌어요. 왜 내가 이 아이한테 이런 행동을 했을까? 이유가 뭘까? 아이 엄마에게 잘 보이기 위해서? 내가 아이를 좋아하는 사람이라서? 박애주의자라서? 전부 아니었어요. 그리고 '나는 왜 그런 행동을 했을까?' 하는 그 물음을 327번째 셀에 넣어놨죠. 그리고 2005년 광고 회의를 할 때, 도대체 사람들이 다른 사람을 배려하는 건 왜일까? 인간이 가지고 있는 기본적인 DNA 아닐까? 하는 이야기를 하게 됐어요. 그리고 327번째 셀에 넣어뒀던 질문들, 그때의 상황을 끄집어냈어요. 그러고 보니 우리는 시키지 않아도 아이가 놓쳐서 날아가는 풍선을 잡아주고, 흩어진 사과를 함께 줍고, 넘어진 아이를 일으켜 세우더란 말이죠. 그리고 '사람 안에는 사람이 있습니다. 사람을 향합니다'라는 카피가 나왔습니다.
'나이는 숫자에 불과하다', '넥타이와 청바지는 평등하다'라는 카피도 마찬가지였습니다. 1997년 뉴욕으로 유학을 갔을 때였어요. 첫 수업을 앞둔 어느 교실에서 문이 열리고 60대 백인 아저씨가 5권의 책을 들고 들어왔어요. 당연히 교수인 줄 알았는데 제 옆에 앉더라고요. 알고 보니 〈내셔널지오그래픽〉 편집장인데 그 수업과 관련된 주제가 궁금해서 강의를 들으러 온 것이었습니다. 60대 아저씨가 나와 같은 학생이라는 것에 놀라고 있는데, 조금 있다가 30대 동양인이 들어오더군요. 그리고 강단에 서더니 본인은 'Professor Wang'이라며 한 학기 동안 잘 해보자고 하더군요. 그 사람이 교수였던 거예요. 그 순간을 어떻게 잊겠습니까? 그 경험은 128번째 셀에 집어넣었습니다. 그리고 그 경험에서 '나이는 숫자에 불과하다'라는 카피가 나왔어요. 그 교실의 풍경이 그 말 그대로이지 않습니까?
이렇듯 내가 보지 않고 머릿속에 저장해놓지 않았다면 아이디어는 나올 수 없습니다. 그리고 머릿속에 있으되, 327번, 128번처럼 아주 정확한 셀에 새겨져 있어야 하는 겁니다. 흘러간 것들은 잡히지 않습니다. 깊이 새겨져 있는 것들만 잡을 수 있는 것이죠.

— 박웅현, 《여덟 단어》 중 〈견(見)〉

24
윗글의 특징으로 알맞지 않은 것은?

① 의문형 문장을 사용하여 주장을 강조하고 있다.
② 질문을 던진 후, 그에 대한 답을 찾아 정리하고 있다.
③ 구체적인 경험을 제시하면서 깨달은 점을 나타내고 있다.
④ 관련된 예를 여러 개 제시하면서 자신의 생각을 강화하고 있다.
⑤ 전체적으로 정제된 어휘들과 압축된 문장을 사용하여 시적으로 표현하였다.

25
윗글에 나타난 글쓴이의 생각으로 적절하지 않은 것은?

① 생활 속에서 아이디어가 나오게 된다.
② 언제든 생각을 저장해 놓겠다는 의지가 필요하다.
③ 경험 속에서 깊이 있게 관찰하는 것은 매우 중요한 일이다.
④ 일상적인 것에도 의문을 품으며 생각해 보는 것이 중요하다.
⑤ 기억 속에서 흘러간 것들을 잡아 두면, 아이디어가 생기게 된다.

[26~27] 수필 | 다음 글을 읽고 물음에 답하시오.

얼마 전 트위터에 이런 질문이 올라왔다.
'고등학교 졸업하고 대학을 갔어야 했는데 바로 취업하고, 결혼하고, 애를 낳았어요. 이제 서른아홉 살인데 지금 대학에 가도 될까요?'
당연히 가도 된다. 누가 붙잡는 것도 아닌데 왜 못 가나. ㉠사회적 알람의 영향력은 강력하다 못해 폭력적일 때도 있다. 알람에 맞추지 못한 사람을 주눅 들게 하는 것은 물론, 뒤늦게 시도하는 사람의 발목까지 붙잡는다. 나는 그녀에게 답글을 보냈다.
'가세요, 대학. 지금이 바로 적기예요. 사회적 알람, 신경 쓰지 말아요. 배터리를 빼버리세요. 오직 내 운명시계만을 봐요.'
사회적 알람은 '제때'를 말한다. 제때 공부해야 한다, 제때 결혼해야 한다, 제때 애를 낳아야 한다…… 때문에 제때 이 모든 것을 해내는 사람은 원만하고 성실한 사람 취급을 받는다. 이는 제때 못하면 곧 '성격 모나고 독특한 사람'으로 찍힌다는 말이기도 하다.
사람은 누구에게나 숨겨진 삶의 '이벤트'가 있다. 남들 대학 갈 때 못 갔다면 그는 공부라는 이벤트를 아껴뒀던 셈이다. 공부하기 좋은 시기는 자신이 하고 싶을 때이고, 또 할 수 있는 여건이 만들어졌을 때다. 결혼도 마찬가지다. 나는 남들 둘째 낳을 때까지 시집 못 갔다는 직원에게 말했다.
"너에겐 결혼이 숨겨진 이벤트야. 마흔다섯 살에 결혼해도 아무 문제도 아니야. 너처럼 결혼을 그 시기에 아껴둔 사람이 있을 거야. 그런 사람끼리 만나면 되지 않니? 네 운명의 시계만 봐. 당장 사회적 알람시계의 배터리를 빼버리라고!"
살면서 만나는 굵직한 삶의 순간순간을 떠올려보자. 진학, 취업, 결혼, ……. 그런데 그 어느 것 하나 스스로 자유롭게 선택하기 힘들다. 사회가 우리의 허락 없이 합의한 알람은 아무리 듣지 않으려 해도 따라다니며 종을 울려댄다. '뛰어 지금!' 그러나 사람이 경주용 자동차도 아니고 어떻게 출발 신호가 울리면 단체로 뛰나. 지금이 아닌 사람도 있고, 늦출수록 더 나은 사람도 있고, 아예 하지 않는 것이 최선인 사람도 있다.
각자의 인생은 고유하기에 절대 다수결로 좌지우지될 수 없다. 죽음의 시간이 사람마다 다르다면, 인생의 시간도 제각각이어야 자연스럽다. 일하다가 결혼이 미뤄질 수도 있고, 가난 때문에 대학은 나중에 갈 수도, 또 필요가 없어 안 갈 수도 있고, 아이를 늦게 낳을 수도 있다.
물론 사회적 알람을 무조건 탓할 수는 없다. 그것은 우리가 사회를 원활히 유지하기 위한 그 나름대로의 의미가 있다. 중요한 것은 어떠한 사회적 요구도 개인의 운명보다 의미 있지 않다는 것이다. 운명의 시계는 내 스스로에게 기필코 전해야 할 인생의 중요한 메시지를 담고 있다. 남들처럼 그 시기에 하지 못한 일, 그토록 아껴둔 이벤트에는 다 이유가 있다. 그 일로 인해 개인의 인생에 중대한 변화가 생길 수도 있다. 때문에 그 시간에 당연히 일어나야 할 사건이 미뤄지거나 혹은 당겨지는 것이 '운명시계'의 핵심이다.
그러나 안타깝게도 운명시계의 신호는 여간 해선 들리지 않는다. 사회적 알람 소리가 워낙 커서 운명시계의 소리를 듣지 못하고 지나칠 가능성이 크다. 남들의 목소리는 크게 자주 들리는 데 반해, 자기 마음속의 작은 소리는 오랫동안 섬세하게 귀를 기울여야만 들을 수 있다. 게다가 상당한 용기도 필요하다. 사람들은 이미 사회적 알람에 문제가 있다는 것을 어느 정도씩은 알고 있다. 중요한 건 결국 용기다. 남들의 얘기를 무시하고 나만의 '제때'를 기다리는 것처럼 세상에 외로운 일이 없다.

— 김미경, 〈사회적 알람〉

26
⊙에 대한 설명으로 적절하지 않은 것은?

① 그 소리가 워낙 커서 사람들에게 큰 영향력을 끼치게 된다.
② 사회적으로 많은 사람들이 생각하는 '제때'의 의미를 지닌다.
③ 이것을 잘 지키지 않으면 인생에 중대한 변화가 생길 수도 있다.
④ 이것을 무시하는 일은 용기가 필요하고 외로운 일이 될 수 있다.
⑤ 잘 지키지 않은 사람들을 주눅 들게 만들 정도로 폭력적일 때도 있다.

27
윗글을 읽고 난 후의 반응으로 적절하지 않은 것은?

① 내 인생은 나의 것이니, 다수결로 결정될 수 없어.
② 출발 신호가 떨어졌을 때, 단체로 뛰는 건 불가능한 일이야.
③ '사회적 알람의 문제'를 많은 사람들이 아직 모르고 있으니, 널리 알려야겠어.
④ 제때의 어떠한 일을 해야 한다는 말에 더 이상 스트레스를 받을 필요가 없겠어.
⑤ 일하느라 결혼이 늦어지고 있는데, 이 '결혼'이 나에게 이벤트가 될 수 있겠구나.

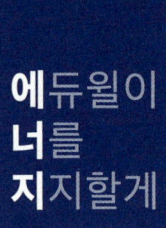

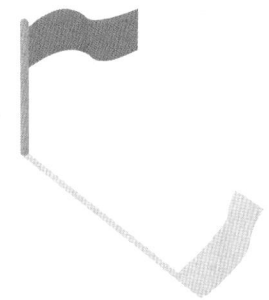

날지 못하면 달려라.
달리지 못하면 걸어라.
그리고 걷지 못하면 기어라.
당신이 무엇을 하든 앞으로 가야 한다는 것만 명심해라.

- 마틴 루터 킹(Martin Luther King)

2교시

PART 04 듣기

PART 05 어법

PART 06 쓰기

PART 04
듣기

Chapter 01　사실적 이해/추론/비판[단독 문제]
Chapter 02　사실적 이해/추론/비판[통합 문제]

90문항 중 15문항 출제
(2교시 듣기 주관식 2문항 포함)

17%

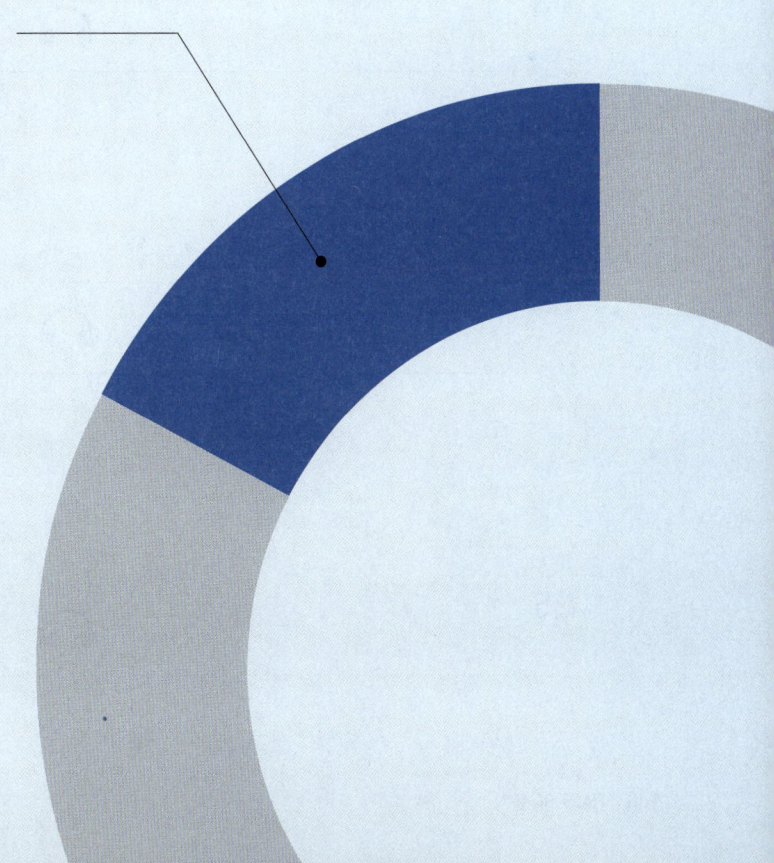

01 사실적 이해/추론/비판 [단독 문제]

정답 ▶ P.20

🎧 에듀윌 도서몰(book.eduwill.net)에서 듣기 MP3 파일을 무료로 다운 받으세요.

■ 1번부터 5번까지는 문제와 선택지를 듣고 푸는 문항입니다. 잘 듣고 물음에 답하시오.

01 🎧

① ② ③ ④ ⑤

02 🎧

① ② ③ ④ ⑤

03 🎧

① ② ③ ④ ⑤

04 🎧

① ② ③ ④ ⑤

05 🎧

① ② ③ ④ ⑤

■ 6번부터 11번까지는 내용을 들은 후, 시험지에 인쇄된 문제와 선택지를 보고 푸는 문항입니다.
잘 듣고 물음에 답하시오.

06

수필에 대한 설명으로 적절하지 않은 것은?

① 글의 대상에 대한 다양하고 참신한 비유가 돋보인다.
② 그믐달에서 느껴지는 애절함과 한스러움을 잘 담아냈다.
③ 단정적인 표현을 통해 주로 인간의 허물을 비판하고 있다.
④ 대상을 바라보는 독특한 시각과 세밀한 관찰력이 드러나 있다.
⑤ 글쓴이가 대상에 대해 느끼는 애정을 직접적으로 표현하고 있다.

07

남자의 주장에 대한 여자의 반론으로 적절하지 않은 것은?

① 여성들에 대한 별도의 운전 교육 등이 진행되고 있으니 다행 아닙니까?
② 오히려 남성 운전자들의 위협적인 태도가 여성을 위축시키는 것은 아닐까요?
③ 여자라는 이유만으로 옆 차량 남성 운전자에게 욕을 듣는다면 기분이 어떨까요?
④ 교통사고에 여러 가지 이유들이 있겠지만, 타인에게 그 탓을 다 돌릴 수는 없지 않습니까?
⑤ 남녀 성별의 문제로 구분할 것이 아니라 개개인의 운전의 미숙함이나 능력의 차이가 아닐까요?

08

뉴스 내용과 일치하지 않는 것은?

① 과거에 공단에서 폐수를 방류한 사건이 있었다.
② 현재 시설 가동률은 낮은 편이지만 해결 가능성이 있다.
③ 현재 수돗물 가격은 과거에 비해 150% 이상 인상된 것이다.
④ 수돗물 사업의 민영화는 수돗물 가격의 인상 요인으로 작용할 수 있다.
⑤ 기존의 공단 폐수 방류 사건 이후 여러 대책이 논의되었고 그에 대한 예산이 사용되었다.

09

강연에서 언급한 '증강현실'에 속하지 않는 것은?

① 스마트폰 또는 태블릿 PC의 GPS 정보를 수신하여 현재 자신의 위치를 파악한 후 가장 가까운 거리에 있는 서점을 찾아가는 것
② 밥을 잘 먹지 않는 아이를 위해 스마트폰으로 식탁 위에 여러 꽃, 동물의 그림을 올려 아이의 호기심을 자극하여 식사에 집중하도록 도움을 주는 것
③ 스마트폰, 태블릿으로 선택한 잡지의 페이지를 스캔하여 의자, 탁자, 소파 등을 미리 배치한 후 가구 사이즈 등이 맞는지 확인할 수 있도록 하는 것
④ 스마트폰 정도의 크기에 빔프로젝터 기능이 있어 공간에 영상을 투사하거나, 주변의 사진 또는 영상을 받아들여 그에 해당하는 상세 정보를 보여 주는 것
⑤ 안경처럼 머리에 쓰고 영상을 즐길 수 있는 차세대 출력 장치를 통해 눈앞에 가상의 영상이 표시되고 그 공간에 몰입하여 소리, 진동, 냄새까지 느낄 수 있는 것

10

강연의 주제로 가장 적절한 것은?

① 모든 예술 작품에는 생명력이 숨겨져 있다.
② 작가는 애정을 가지고 예술 작품을 만들어야 한다.
③ 그림을 그릴 때는 실물과 구별하기 어려울 정도로 섬세하게 그려야 한다.
④ 작가와 독자 모두 생명의 아름다움을 미술에서 발견하고 느끼는 자세를 지녀야 한다.
⑤ 애정이 없으면 어떠한 대상과 함께하든 깊이 있는 대화를 나누고 공감하는 것이 어려워진다.

11

강연의 내용과 일치하지 않는 것은?

① 기름이 빠진 고기는 건강에 이롭다.
② 불포화지방은 심장병 예방에 매우 효과적인 성분이다.
③ 양배추와 당근은 노화를 멈추게 하며 암 치료에 효과적이다.
④ 장수 식단이 무조건 고기와 지방을 피하는 것이라고는 보기 어렵다.
⑤ 지중해식 식사에는 불포화지방이 많이 들어 있어 혈관 건강에 좋다.

02 사실적 이해/추론/비판 [통합 문제]

[01~02] 다음을 잘 듣고 물음에 답하시오.

01
인터뷰의 내용과 일치하지 않는 것은?

① 문화 다양성 협약은 각국이 지닌 고유한 문화적 정체성을 지켜 나가기 위해 마련된 것이다.
② 문화 산업의 활성화는 우리나라가 국내적으로나 국제적으로 경쟁력을 확보하는 역할을 한다.
③ 문화 다양성 협약은 각 나라가 자국의 문화 지원 정책 등을 스스로 세울 수 있는 근거가 된다.
④ 문화와 관련한 통상 분쟁이 발생할 경우, 문화 다양성 협약이 이를 중재하는 역할을 담당할 수 있을 것이다.
⑤ 소비적인 대중문화는 고유한 문화적 정체성을 파괴하여 문화의 다양성을 훼손한다는 문제점을 지니고 있다.

02
인터뷰 내용에 대한 설명으로 적절하지 않은 것은?

① 남자는 자유시장화로 인한 소비적인 대중문화를 부정적으로 바라보고 있다.
② 여자는 문화 다양성 협약의 의의와 채택 배경에 대한 정보를 얻고 싶어 한다.
③ 남자는 문화 산업 육성과 관련된 제도적인 장치의 도입을 긍정적으로 여기고 있다.
④ 여자는 문화 다양성 협약을 긍정적으로 여기는 남자의 의견에 반대 의견을 갖고 있다.
⑤ 여자는 일부 국가의 태도를 지적하며 문화 다양성 협약의 효력에 대해 질문하고 있다.

[03~04] 다음을 잘 듣고 물음에 답하시오.

03
토론의 내용과 일치하지 않는 것은?

① 현재 많은 학생들은 봉사 활동의 목적을 봉사 자체에 두고 있지 않다.
② 현재 선플을 달거나 헌혈을 하는 경우에도 봉사 시간을 부여하고 있다.
③ 의무감으로 봉사 시간을 채우는 것은 봉사의 본래적 의미와 충돌하는 행위이다.
④ 봉사 활동 의무제는 학생들의 지속적인 봉사 활동에 그다지 도움이 되지 못한다.
⑤ 봉사 활동 의무제는 학생들이 자발적으로 봉사 활동을 하도록 하는 목적을 지니고 있다.

04

토론 내용에 대한 설명으로 적절하지 않은 것은?

① 남자는 헌혈을 봉사 활동으로 인정하는 것에 대해 비판하고 있다.
② 남자는 봉사 활동 의무제에 대한 여자의 의견에 대해 조목조목 반박하고 있다.
③ 여자는 봉사 활동이 자의로 이루어져야 한다는 남자의 의견에 일부 동의하고 있다.
④ 여자는 봉사 활동 의무제가 학생들의 자발적인 봉사 활동과 연계될 수 있다고 본다.
⑤ 남자는 봉사 활동 의무제가 봉사의 기본적인 특성을 바탕으로 재수정되어야 한다고 생각한다.

[05~06] 다음을 잘 듣고 물음에 답하시오.

05

강연의 내용과 일치하지 않는 것은?

① 열대우림 지역에서는 여자 태아가 열기에 민감한 스트레스를 보인다.
② 남자아이와 여자아이의 성비에 대한 연구는 40여 년 동안 진행되었다.
③ 열대우림 지역에서는 남자 태아의 사망률이 다른 곳에 비해 높은 편이다.
④ 날씨가 일 년 내내 무더운 지역에서는 남자아이가 여자아이보다 적게 태어난다.
⑤ 인간뿐만 아니라 동물의 생태에서도 기온에 따라 수컷과 암컷이 태어나는 비율이 달라진다.

06

강연 뒤에 이어질 내용으로 적절한 것은?

① 설득력 있는 가설을 뒷받침해 주고 있다는 것은 분명합니다.
② 아직 더 많은 추가 연구가 필요하다는 것이 전문들의 생각입니다.
③ 그것이 증명될 수 있는 실험 조사가 없었으므로 신빙성은 낮다고 할 수 있습니다.
④ 유럽과 열대우림 지역의 조사 결과가 상이한 이유가 무엇인지 밝혀내야만 할 것입니다.
⑤ 통계조사 결과를 바탕으로 볼 때 충분히 신뢰할 수 있는 유의미한 결과가 도출된 것입니다.

[07~08] 다음을 잘 듣고 물음에 답하시오.

07

대화의 내용과 일치하지 않는 것은?

① 취업에 불이익을 있을 것을 우려해 병원 진료를 피하는 경우가 많다.
② 대학의 상담 센터에서 상담을 받는 것은 취업에 불이익이 될 수 있다.
③ 취업을 준비하는 사람 중에 불면증, 우울증에 걸리는 경우가 종종 있다.
④ 대학 내의 상담 센터의 상담이 구직을 준비하는 학생들에게 도움이 된다.
⑤ 지자체나 정부 차원에서 구직자를 위한 상담 지원이 잘 이루어지고 있지 않다.

08

대화에 대한 설명으로 적절하지 않은 것은?

① 남자는 병원 기록이 취업에 불이익을 줄까 염려하고 있다.
② 여자는 수면 장애가 있지만 병원에 가서 진료를 받지 못했다.
③ 여자는 자신의 증세를 걱정하는 남자의 말에 공감하며 새로운 방법을 제시했다.
④ 남자와 여자 모두 구직자들이 상담을 받을 수 있는 곳이 마련되기를 바라고 있다.
⑤ 남자는 취업난의 상황에서 작은 부분에도 주의를 기울여야 한다고 생각하고 있다.

[09~10] 다음을 잘 듣고 물음에 답하시오.

09

뉴스의 내용과 일치하지 않는 것은?

① 지난해 20대와 30대의 창업 증가 폭이 60대의 증가 폭보다 적었다.
② 생계를 위해 취업을 하고 싶지만 기회가 충분하지 않은 60대가 많다.
③ 60대 이상의 창업은 대부분 특정 분야에서 포화 상태에 이르러 있다.
④ 60대의 창업으로 인해 20대와 30대가 일자리를 구하기가 어려워졌다.
⑤ 베이비붐 세대가 은퇴한 이후 창업의 세계로 뛰어들고 있는 추세이다.

10

뉴스의 마지막에 이어질 말로 가장 적절한 것은?

① 그러므로 60대가 되기 이전부터 노후 준비를 꾸준히 해 두고, 창업에 대비하여 자금을 마련해 두는 것이 좋을 것입니다.
② 이에 따라 20대와 30대의 재취업을 위한 정부의 일자리 마련 정책이 유명무실한 것이 아니냐는 지적이 이어지고 있습니다.
③ 20대와 30대, 60대의 창업 비중을 조율하는 것이 우리나라의 경기 침체를 막는 하나의 방법이 될 것이라고 전문가들은 말합니다.
④ 따라서 이러한 분야의 경기가 침체의 늪에서 빠져 나오지 못하면 창업한 60대의 노후 생활이 더 큰 타격을 입을 것이라는 우려도 나오고 있습니다.
⑤ 또한 30대, 40대에 받았던 급여의 수준을 기대하고 좋은 일자리만을 찾을 것이 아니라 눈높이를 낮춰 안정적인 경제생활을 영위할 수 있도록 대비해야 합니다.

PART 05
어법

Chapter 01　문장 표현
Chapter 02　문법 요소

90문항 중 5문항 출제

5.5%

기출변형 문제

01 문장 표현

정답 ▶ P.28

01
다음 중 어법에 맞지 <u>않는</u> 문장은?

① 같은 사건을 방송사마다 틀리게 제보한다.
② 예슬이는 나이가 비록 어려도 생각은 깊다.
③ 오늘 아침에 비가 내리고 바람이 세차게 불었습니다.
④ 공사중이라 이쪽 길이 막혔으니 저쪽으로 돌아가 주십시오.
⑤ 신분이나 나이에 걸맞은 행동을 해야 하는데 어른답지 않군요.

02
다음 중 어법에 맞지 <u>않는</u> 문장은?

① 그 일의 책임은 우리 모두에게 있다.
② 우리 학교는 이번 야구 경기에서 우승을 했다.
③ 그는 절대로 그런 짓을 할 사람이 아니오.
④ 나는 회장으로써 맡은 일을 끝까지 해냈다.
⑤ 너의 목소리가 나의 귓전에 생생하게 들렸다.

03
다음 중 어법에 맞는 자연스러운 문장은?

① 거실 창문이 갑자기 열려지지 않는다.
② 좋은 사람 있으면 나한테 꼭 소개시켜 줘.
③ 이야기 중에 불쑥 끼여드는 것은 예의에 어긋난다.
④ 이 문제를 해결하기는 그리 만만치가 않다고 생각되어진다.
⑤ 아버지는 칭얼거리는 갓난아기를 이제서야 겨우 재워 놓았다.

04

다음 중 어법에 맞지 <u>않는</u> 문장은?

① 홀몸도 아닌데 해외여행은 무리이다.
② 명태전에서 가시를 골라내기가 쉽지 않다.
③ 사람들은 미리를 그녀의 쌍둥이 언니와 혼돈했다.
④ 조카는 머리가 좋아 한글의 원리를 금방 깨쳤다.
⑤ 이것은 우리나라에서 상상도 할 수 없는 일입니다.

05

다음 중 어법에 맞는 자연스러운 문장은?

① 비행기가 잘 날라가지 않습니까?
② 이어서 사장님의 말씀이 있겠습니다.
③ 아무리 성공하고 싶다고 해도 노력해야 불가능하다.
④ 성한이는 자라서 자신이 바라던 것이 교사가 되었다.
⑤ 최선을 다했지만, 성적표를 보니 씁슬한 기분이 들었다.

06

다음 중 어법에 맞지 <u>않는</u> 문장은?

① 오늘이 몇 월 며칠인지 가르쳐 주시겠어요?
② 내가 지금 살고 있는 안국동은 예전에는 농촌이었던 곳이다.
③ 내가 말하고자 하는 것은 인격을 갖추는 것이 가장 중요하다.
④ 그때가 단연코 내 생애에서 가장 아름답던 추억의 순간이었다.
⑤ 세계사 속에서 우리의 역사는 발전하기도 하고 위축되기도 했다.

07

다음 중 어법에 맞지 <u>않는</u> 문장은?

① 태풍이 한국을 비껴갔다.
② 죄를 반박할 방증이라도 있습니까?
③ 박물관으로 가기 위해 집을 나섰다.
④ 할아버지께서는 돈이 많이 있으시다.
⑤ 그 무허가 건물을 정당화시켜 주겠다.

08
다음 중 어법에 맞는 자연스러운 문장은?

① 밖으로 나가는 출구는 저쪽에 있다.
② 그는 결국 법을 어기는 범행을 저질렀다.
③ 작업복이 튼튼하고 비싸지 않은 것으로 고쳐야 한다.
④ 지하실은 습기가 많아 곰팡이가 살기에 알맞는 곳이다.
⑤ 인간은 언어를 통하여 남의 경험을 제삼자에게 전달하기도 한다.

09
다음 중 어법에 맞지 않는 문장은?

① 이 시는 봄의 서정을 노래하였다.
② 쌀 한 포대라도 더 구입해서 농민의 슬픔을 위로하자.
③ 홍수가 온 마을을 덮치는 와중에도 그는 이웃들을 보살폈다.
④ 인간이 가진 높은 차원의 특징은, 동물과 달리 언어를 사용한다.
⑤ 사람은 각각의 모습이 다르듯이, 그들이 지향(志向)하는 목표도 다르다.

10
다음 중 문장 성분의 호응이 자연스러워지도록 고친 것으로 적절하지 않은 것은?

① 찬혁이는 축구하는 것을 전혀 싫어한다.
  → 찬혁이는 축구하는 것을 전혀 싫어하지 않는다.
② 이상 고온 현상의 문제점과 대안을 마련한다.
  → 이상 고온 현상의 문제점을 파악하고 대안을 마련한다.
③ 수사에 혼선은 물론이고 주민들이 큰 불편을 겪어야 했습니다.
  → 수사에 혼선이 일어났음은 물론이고 주민들이 큰 불편을 겪어야 했습니다.
④ 이 지역은 무단 입산자에 대하여는 자연 공원법에 따라 처벌을 받게 됩니다.
  → 이 지역에 무단으로 입산하는 자는 자연 공원법에 따라 처벌하는 곳입니다.
⑤ 글쓰기 동호회에 가입하기 위해서는 절대로 직접 손으로 쓴 작품을 제출해야 합니다.
  → 글쓰기 동호회에 가입하기 위해서는 반드시 직접 손으로 쓴 작품을 제출해야 합니다.

11
다음 중 어법에 맞지 <u>않는</u> 문장은?

① 악한 것과의 타협이나 협상은 곧 패배이므로 속지 말아야 한다.
② 대기업의 수출에 밀린 중소기업들이 구조 조정으로 합병을 했다.
③ 각자의 능력을 최대한 계발하여 좋은 성과를 거두시기 바랍니다.
④ 이 행사를 통해 우리 음악을 세계에 알리는 기회가 되었으면 합니다.
⑤ 내가 하고픈 말은 아직 늦지 않았으니 새로 시작하기를 바란다는 것이다.

12
다음 중 어법에 맞지 <u>않는</u> 문장은?

① 학교 담벼락에는 엿가락이 덕지덕지 붙여져 있다.
② 박물관을 증축했다고 보도한 신문을 엊그제 읽었다.
③ 우리는 그분을 존경하였고, 그분 또한 우리를 사랑하셨다.
④ 영자는 미련하게도 영진이가 천재라는 것을 잘 알지 못한다.
⑤ 이 표기법은 이미 오래전에 체계화되어, 사람들이 여러 곳에 썼었다.

13
다음 중 어법에 맞지 <u>않는</u> 문장은?

① 많은 시청 바라겠습니다.
② 그대가 있어서 나는 행복하다.
③ 과연 그 학생은 성적이 좋구나.
④ 모름지기 선생님이 잘 가르쳐야 한다.
⑤ 아무리 돈이 많아도 그렇게 할 수 없다.

14
다음 중 어법에 맞는 자연스러운 문장은?

① 나는 지금 여간 반갑다.
② 남편은 키가 크고, 아내는 요리를 잘 한다.
③ 그는 내키지 않는 일은 절대로 하지 않는다.
④ 등산객들이 버스 안에서 노래와 춤을 열심히 추었다.
⑤ 국산 영화에 대한 우리 자신의 선입관을 버려야 한다.

15
다음 중 어법에 맞지 않는 문장은?

① 그가 말하는 태도가 뭔가 이상하다.
② 어머니께서 동생에게 새 옷을 입혀 주셨다.
③ 그럴 줄 알고 필요한 물품들을 다 모아 두었다.
④ 박 선생님은 누구나 다 좋아할 수 있는 사람이다.
⑤ 사람은 그가 지금까지 닦아 온 학업이나 경력에 따라 평가된다.

16
다음 중 어법에 맞지 않는 문장은?

① 이 집은 외할아버지께서 손수 지으셨습니다.
② 새로운 정책을 강대국들이 어떻게 받아들일까요?
③ 내가 자네를 중상모략했다는 것은 근거 없는 말일세.
④ 이 사건에 대해 그 국회의원은 반드시 해명해야 합니다.
⑤ 제가 봤었을 때, 그 탱고 쇼는 남미에서 최고인 것 같아요.

17
다음 중 어법에 맞지 않는 문장은?

① 나는 아이 넷을 가지고 있다.
② 그것이 요즈음 학생들이 많이 읽는 책이다.
③ 학교에서는 징계 위원회를 설치할 예정이다.
④ 이번에는 그렇게 하는 것이 좋을 거라고 생각합니다.
⑤ 우리는 날마다 적당한 운동도 하고 체육 이론도 열심히 연구했다.

18
다음 중 어법에 맞지 <u>않는</u> 문장은?

① 포도든 복숭아든 넉넉하게 사 가자.
② 우리는 공무원으로서 본분을 다해야 한다.
③ 네 얼굴은 전에 비해 그다지 좋아 보이는구나.
④ 사진에서 옛날 그대로의 모습을 볼 수 있어 반가웠다.
⑤ 내년에는 과거의 악습을 버리고 스스로 자각하여 더욱 발전하자.

19
다음 중 어법에 맞는 자연스러운 문장은?

① 약은 약사에게 상의하십시오.
② 어머니는 이마에 흉터가 계시다.
③ 산을 너머 오래도록 길을 걸었다.
④ 지금은 오징어가 한창인 계절이다.
⑤ 한글을 국제적인 언어로 발전시키자.

20
다음 중 어법에 맞지 <u>않는</u> 문장은?

① 의미 없는 매일을 살아간다는 것은 슬픈 일이다.
② 마치 망치로 뒤통수를 맞은 것처럼 기억이 흐릿해졌다.
③ 다른 기관에 협조를 요청하는 경우에 유의할 사항입니다.
④ 그 청소기는 흡인력이 강하고 소음이 적어 기능이 우수합니다.
⑤ 선생님의 유품을 유족에게 기증받아 이곳에 전시하게 되었습니다.

02 문법 요소

01
다음 중 경어법이 바르게 사용된 것은?

① (아내가 남편에게) 오빠, 이제 가요.
② (점원이 손님에게) 손님, 커피 나오셨습니다.
③ (면접을 마친 후 면접관에게) 수고하셨습니다.
④ (선생님과의 대화에서) 저는 경주 김씨입니다.
⑤ (문상을 가서 상주에게) 삼가 조의를 표합니다.

02
다음 중 경어법이 바르게 사용된 것은?

① 이건 우리 선생님이 준 거야.
② 나오신 분은 여자 분이신데요.
③ 사장님은 한 살 된 따님이 계신다.
④ 주례 선생님의 말씀이 계시겠습니다.
⑤ 도희야, 할머니께서 주는 걸 받아 오렴.

03
다음 중 경어법이 바르게 사용된 것은?

① (편의점에서) 전부 5만 3천 원이십니다.
② (병원에서) 주사 맞게 여기 누우실게요.
③ (은행에서) 손님, 무엇을 도와드릴까요?
④ (직장에서) 김 씨, 보고서를 제출하세요.
⑤ (방송에서) 영화의 주인공을 모시겠습니다.

04

다음 중 높임법이 바르지 않은 것은?

① 형, 어머니께서 오라고 하셔.
② 할아버지께서는 이빨이 튼튼하시다.
③ 미리야, 박 선생님께 여쭈어 보아라.
④ 누님, 할머니께서 곧 오신다고 합니다.
⑤ 고모님은 80세이신데도 아직 귀가 밝으십니다.

05

다음 중 어법에 맞지 않는 표현은?

① (어른께) 저녁 잡수셨습니까?
② (먼저 퇴근하는 상사에게) 안녕히 가십시오.
③ (오랜만에 만난 윗사람에게) 별고 없으셨습니까?
④ (상사에게 혼난 일을 말할 때) 나 오늘 꾸지람을 들었어.
⑤ (공적인 회의에서 소개할 때) 영업부 임성빈 과장입니다.

06

다음 중 친족 호칭어가 잘못된 것은?

① 매부: 누나의 남편
② 매형: 누나의 남편
③ 올케: 오빠의 아내
④ 아주버님: 남편의 형
⑤ 아가씨: 남편의 누이동생

07
호칭어가 적절하지 <u>않은</u> 것은?

① 누나의 남편에게 – 매부
② 아내의 남동생에게 – 처남
③ 남편의 여동생에게 – 아가씨
④ 아내의 여동생의 남편에게 – 자부
⑤ 며느리나 사위의 조부모에게 – 사장 어른

08
밑줄 친 호칭의 사용이 옳지 <u>않은</u> 것은?

① 남편의 누나에게: <u>고모</u>, 오랜만이에요.
② 아내의 아버지에게: <u>장인어른</u>, 진지는 드셨어요?
③ 여동생의 남편에게: <u>임 서방</u>, 맥주나 한 잔 할까?
④ 오빠의 아내에게: <u>언니</u>, 나중에 같이 쇼핑 갈까요?
⑤ 누나의 남편에게: <u>자형</u>, 더 자주 집에 놀러 오세요.

09
다음 호칭 및 지칭에 대한 설명으로 적절하지 <u>않은</u> 것은?

① 남자가 남동생의 아내를 부를 때는 '제수씨'라고 한다.
② 아버지의 형을 타인에게 지칭할 때는 '숙부'라고 한다.
③ 남편의 누나를 타인에게 지칭할 때는 '시누이'라고 한다.
④ 아내의 오빠가 나보다 나이가 어릴 때는 '처남'이라고 한다.
⑤ 오빠의 아내를 부를 때는 자신보다 어려도 '새언니'라고 부른다.

10
다음 중 경어법에 맞지 <u>않는</u> 것은?

① 손님, 밀크티 나오셨습니다.
② 선생님, 제 말씀 좀 들어 주세요.
③ 국장님, 과장님이 외근 나가셨습니다.
④ 어머님, 아범은 아직 오지 않았습니다.
⑤ 선생님께서는 일찍 학교에 가셨습니다.

PART 06
쓰기

Chapter 01   주제 설정
Chapter 02   자료의 수집과 정리
Chapter 03   구성-개요
Chapter 04   전개
Chapter 05   고쳐쓰기

90문항 중 10문항 출제
(2교시 쓰기 주관식 5문항 포함)

11%

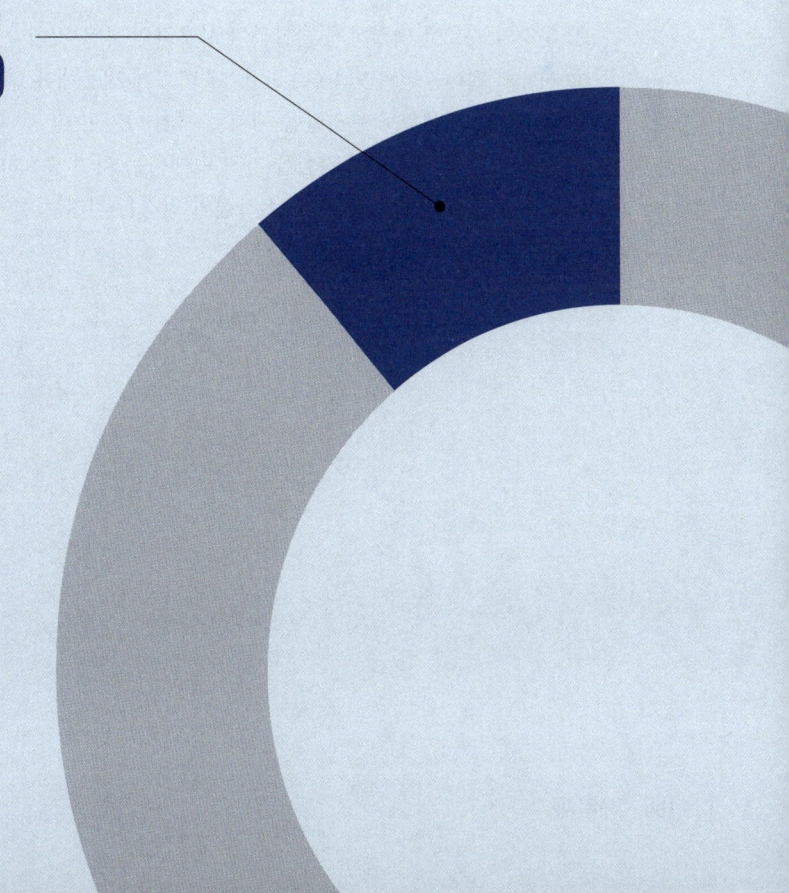

01 주제 설정

01

다음 〈보기 1〉과 〈보기 2〉의 내용을 모두 활용하여 신문 기사를 쓰고자 할 때, 표제로 가장 적절한 것은?

| 보기 1 |

| 보기 2 |

　오늘날 우리말과 한글은 어느 때보다 커다란 위기에 처해 있다. 인터넷과 온라인에서 행해지는 한글 파괴 현상과 외래어, 준말, 비속어, 이모티콘의 무분별한 사용이 본래 우리말과 글이 가지고 있는 아름다움을 해치고 있는 것이다.

① 문자와 기호를 적절하게 혼합하여 사용하면 좋을 것이다.
② 시대가 달라지면서 변화한 우리말에 빠르게 적응해야 한다.
③ 올바른 언어생활로 우리말을 제대로 지켜 나가야 할 것이다.
④ 서로에 대한 지속적인 관심을 가지고 대하는 것이 중요하다.
⑤ 고운 말을 사용하는 것은 바로 자신의 인격을 지키는 것이다.

02

다음 〈보기 1〉과 〈보기 2〉의 내용을 모두 활용하여 신문 기사를 쓰고자 할 때, 글의 제목으로 가장 적절한 것은?

──┤ 보기 1 ├──

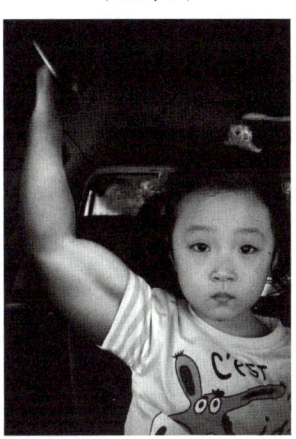

──┤ 보기 2 ├──

우리나라의 교통사고 발생률이 OECD 국가 중 최고라고 한다. 이 피해는 결국 우리 자신, 우리 가족들에게 되돌아온다. 운전자들이 마음의 여유를 가져야 하는데, 평상시 침착한 사람도 차만 몰면 과속, 난폭 운전을 일삼는 경우가 많다. 이런 심각성을 절감해야 한다.

① 차만 타면 변하는 우리 아빠, 아빠 차만 타면 불안해요.
② 아빠를 닮아서 무엇이든 잘 먹고 운동을 열심히 할 거예요.
③ 과속 운전, 소중한 우리 아이들의 생명을 위협할 수 있으니 조심합시다.
④ 아빠 차만 타면 힘이 세지는 수현이를 위해서 조금만 더 부드럽게 운전하세요.
⑤ 안전벨트는 나를 불편하게 하는 것이 아니라, 나를 지켜 주는 생명벨트입니다.

03

다음 〈보기 1〉의 □□□에 들어갈 표어를 〈보기 2〉의 조건에 따라 쓴다고 할 때, 가장 적절한 것은?

┤ 보기 1 ├

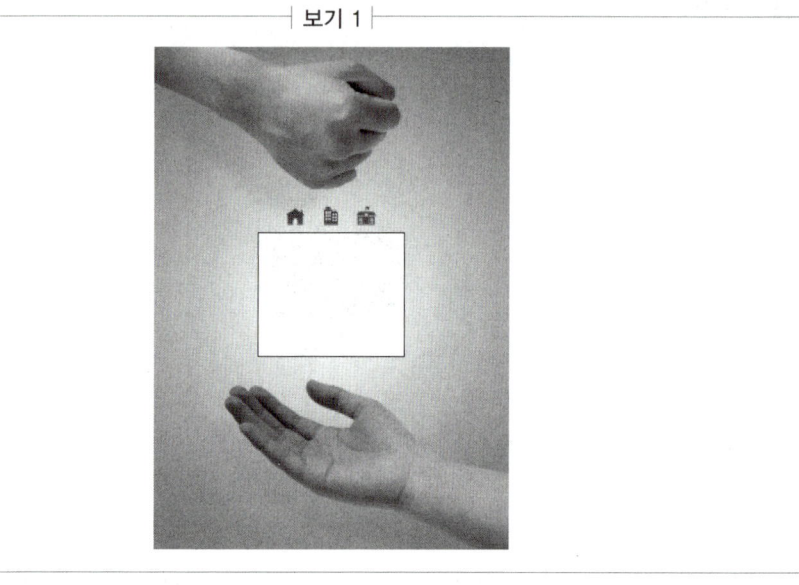

┤ 보기 2 ├
- 계몽적인 목적으로 활용할 것
- 배려와 관심의 의미를 포함할 것
- 대구법을 사용할 것

① 양보할수록 이기는 것입니다.
② 서로 다투면 서로 지는 것입니다.
③ 삶의 지혜, 소통 속에서 찾읍시다.
④ 쥐면 폭력이지만 펴면 함께입니다.
⑤ 따뜻한 손길이 마음을 움직이는 힘이 됩니다.

04
다음 〈보기 1〉과 〈보기 2〉의 내용을 모두 활용하여 신문 기사를 쓰고자 할 때, 표제로 가장 적절한 것은?

---- 보기 1 ----

한 여학생이 앞머리에 헤어롤을 말고 버스에 탔다. 어떤가? 눈살이 찌푸려지는가? 그렇다면 당신은 'Z세대'가 아닐 가능성이 높다. 화장이나 머리는 집에서 마무리하고 외출하는 게 일반적인 세대에게 이들의 모습은 낯설지만, Z세대는 다르다. 다른 사람에게 피해를 주지 않는 선에서라면 하고 싶은 대로 행동하는 데 주저함이 없다.

김○○ 교수는 이렇게 분석했다. "자기중심적 성향이 강한 Z세대에게서는 공적인 공간과 사적인 공간이 모호해지는 경향이 나타난다. 그동안 우리가 공적인 공간으로 여겨온 버스나 지하철도 이들에게는 '내가 있는', '내가 하고 싶은 대로 행동할 수 있는' 사적인 공간과 큰 차이가 없다고 받아들여지는 것으로 보인다.

---- 보기 2 ----

- 기사의 핵심 내용을 담을 것
- 유행어를 사용할 것
- 의문형과 감탄형을 사용할 것

① 숫자로 보는 Z세대
② 자기중심적 성향, Z세대!
③ 신인류 부모의 영향을 받다!
④ 소비자의 미래 권력? Z세대!
⑤ 앞머리에 헤어롤이요? 개인 취향이죠!

05
다음 〈보기 1〉과 〈보기 2〉의 내용을 모두 활용하여 신문 기사를 쓰고자 할 때, 표제로 가장 적절한 것은?

| 보기 1 |

최근 네덜란드의 젊은 과학자들은 '클럽'에서 과학문화를 즐긴다. 이들은 새벽까지 라이브 음악, 영화, 공연, DJ, 댄스 영역에 과학을 결합시키면서 유럽의 새로운 과학문화를 만들어 가고 있다. 클럽 스타일의 과학축제 '디스커버리 페스티벌'은 이러한 젊은 과학자들이 몰려드는 대표적인 행사다. 저녁 9시부터 새벽 4시까지 음악과 미술이 과학실험과 어우러진다. 오랫동안 유럽의 과학문화를 연구해 온 디렉터는 "이들은 과학을 자신의 열정을 보여 줄 수 있는 하나의 문화로 인식한다. 과학 자체를 재미있고 흥미로운 콘텐츠로 여기고 자발적인 모임을 이어가고 있다."고 말했다.

| 보기 2 |

- 기사의 핵심 내용을 담을 것
- 관형형을 사용할 것
- 명사형으로 끝맺을 것

① 아인슈타인을 버린 새 과학
② 진지한 자세로 진리를 '탐구'
③ 클럽에서 밤새 즐기는 '과학'
④ 지역 단위의 '과학주간' 행사
⑤ 과학문화 활동의 주요 청중 '어린이'

02 자료의 수집과 정리

01

〈보기〉의 자료를 이용하여 '범죄에 대한 두려움'이라는 주제로 글을 쓰고자 한다. 자료의 해석과 활용 및 보완 방안에 대해 말한 것으로 적절하지 않은 것은?

─ 보기 ─

[자료1] 통계자료

〈성 및 연령집단별 범죄에 대한 두려움〉

[단위: %]

구분		2009	2011	2013	2015	2017
전체		39	32.7	30.3	22.1	20.7
성	남성	18.4	14	12.2	9.8	7.3
	여성	58.4	50.4	48.6	34.3	33.8
연령집단	10대	44.1	44.5	39	28.3	29.2
	20대	42	40	37.6	25	26.5
	30대	44.9	36.2	34.9	25.4	22.5
	40대	38.7	31.3	27.8	20.4	18.7
	50대	34.3	29.4	28.9	20.6	17.2
	60대	29.9	24.5	21.2	18.6	15.9
	70대 이상	26.3	19.3	18.5	16.5	18.7

[자료 2] 신문 보도

　범죄에 대한 두려움은 사람들이 범죄 피해를 당할까 봐 두려워하고 걱정하는 현상이다. 이것은 실제 범죄 피해의 위험성 평가와는 별개로 작용하는 주관적이고 감정적인 측면을 말한다. 두려움이 커질수록 안전감을 얻기 위해 추가적인 비용을 부담하게 되고 개인의 일상활동이 위축되어 비공식적 통제수준도 낮추게 된다. 따라서 범죄에 대한 두려움은 국민의 웰빙에 큰 영향을 주게 된다.

　EU가 출간한 2005년 세계범죄피해조사 자료에 따르면, 당시 한국의 범죄에 대한 두려움 수준은 25%로 조사 대상 11개 국가들의 평균인 27.4%보다 조금 낮은 수준이다. 범죄에 대한 두려움은 조사 대상 국가들 가운데 일본과 이탈리아가 35%로 가장 높고 캐나다가 17%로 가장 낮다. 멕시코, 스페인, 영국, 뉴질랜드, 호주는 범죄에 대한 두려움 수준이 한국보다 높은 반면, 프랑스, 미국, 네덜란드는 한국보다 낮다.

① 범죄에 대한 두려움 수준은 2009년 39%에서 2017년 20.7%로 지속적으로 감소했는데, 비율이 감소한 원인이 무엇이었는지 조사해 봐야겠어.
② 여성의 범죄에 대한 두려움 수준은 평균적으로 남성보다 3.7배 정도 높은 것으로 나타나는데, 지역별로 반응이 동일할지 추가 조사를 해 보고 싶어.
③ 여성이 남성보다 범죄의 두려움을 많이 느끼는 것을 알 수 있어. 사회적 약자인 여성에 대한 차별을 줄이고, 사회 진출 증대를 위한 방법이 필요함을 강조해야겠어.
④ 10대의 두려움이 70대 이상보다 평균적으로 1.9배 정도 높게 나타는데, 10대들이 안전감을 얻기 위해 추가적으로 부담하게 될 비용이 얼마나 될지 확인해 봐야겠어.
⑤ 2005년 한국의 범죄에 대한 두려움 수준은 캐나다 17%에 비해 그 정도가 높은 것을 알 수 있어. 범죄의 두려움을 낮추는 사회적 안전 제도 등이 있는지 찾아봐야겠어.

02

〈보기〉의 자료를 활용하여 '건강생활 실천 비율'에 관한 글을 쓰려고 한다. 〈보기〉의 (가), (나)를 활용하여 이끌어 낼 수 있는 논지로 적절하지 않은 것은?

───| 보기 |───

(가) 통계 자료

※ 흡연: 평생 담배 5갑(100개비) 이상 피웠고 현재 담배를 피우는 비율
※ 고위험 음주: 연간 음주자 중 1회 평균 음주량이 7잔(남자 기준, 여자 5잔) 이상이며, 주 2회 이상 음주한 비율
※ 신체활동 부족: 중등도 이상(걷기 포함) 신체활동을 실천하지 않은 비율
※ 영양 부족: 에너지 섭취량이 에너지 필요 추정량 대비 75% 미만이면서 칼슘, 철, 비타민 A, 리보플라빈의 섭취량이 평균 필요량 미만인 비율
※ 에너지/지방 과잉: 에너지 섭취량이 필요 추정량 대비 125% 이상이면서 지방 섭취량이 에너지 적정 비율을 초과한 비율
※ 스트레스 인지: 평소 일상생활 중에 스트레스를 '대단히 많이' 또는 '많이' 느끼는 비율
※ 비만: 체질량지수[(체중)kg/(신장)m^2]가 25 이상인 비율

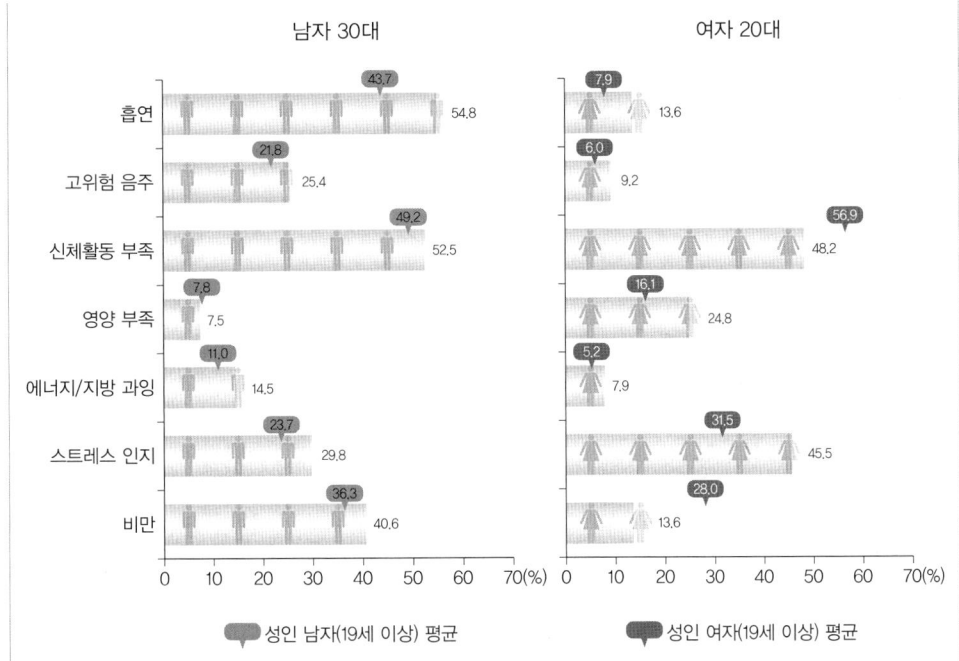

(나) 신문 보도

　조사 결과 흡연율은 98년 이후 남자는 감소 경향(98년 66.3% → 16년 40.7%)인 반면, 여자는 증가 경향(98년 6.5% → 16년 6.4%)을 보였다. 남자 21.8%, 여자 6.0%는 고위험 음주자이며, 신체활동 부족은 05년 이후 증가 경향을 보였다. 성인 3명 중 1명은 비만, 4명 중 1명은 고혈압, 10명 중 1명은 당뇨병을 앓고 있으며, 최근 5년간 유사한 수준이었다. 고콜레스테롤혈증은 증가하는 경향을 보였다.

① 여자가 남자보다 스트레스 인지 비율이 훨씬 높은 원인과 대책을 연구할 필요가 있다.
② 30대 남자와 20대 여자 모두 건강생활 습관을 개선하고 만성질환을 예방하기 위해 적극적으로 건강을 관리할 필요가 있다.
③ 30대 남자는 금연, 절주, 신체활동, 영양 등 건강생활 실천율이 전체 성인 남자보다 낮은 수준이므로 비만에 유의해야 한다.
④ 남자가 여자보다 고위험 음주 비율과 비만 비율이 높은 것으로 보아, 음주가 비만에 어떤 영향을 미치는지에 대해 알아볼 필요가 있다.
⑤ 30대 남자에 비해 20대 여자의 건강생활 실천율이 낮은 것은 여자가 스트레스를 받았을 때 음식 섭취가 많기 때문이므로 이를 줄여야 한다.

03

다음 〈보기〉의 자료를 이용하여 '부패인식지수'라는 주제로 글을 쓰고자 한다. (가)~(다) 모두 활용하여 이끌어 낼 수 있는 논지로 가장 적절한 것은?

---- 보기 ----

(가) 통계 자료

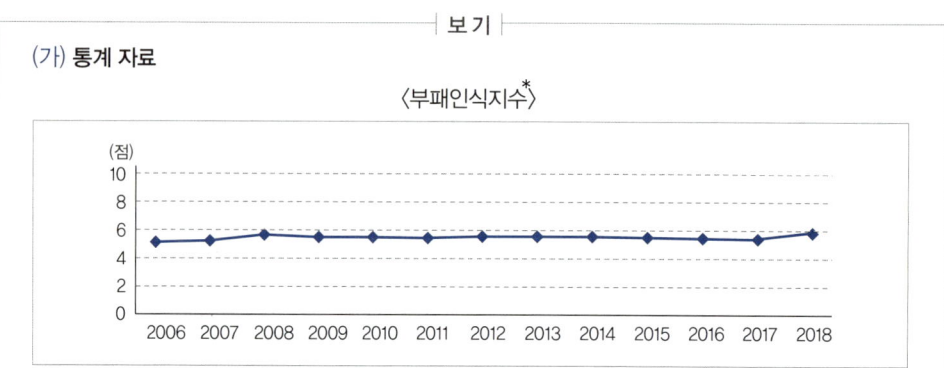

〈부패인식지수*〉

*부패인식지수는 공공부문 부패 정도에 대한 인식지수로 0~10점으로 측정되며, 점수가 높을수록 청렴도가 높음을 의미함. 2012년 이후 자료는 시계열 비교를 위해 100점 척도 점수를 10점 척도 점수로 환산한 값임

(나) 통계 자료

〈부패인식지수와 순위〉

[단위: 점, 순위, %]

구분	2006	2007	2008	2009	2010	2011	2012	2013	2014	2015	2016	2017	2018
부패인식지수(점)	5.1	5.1	5.6	5.5	5.4	5.4	5.6	5.5	5.5	5.4	5.3	5.4	5.7
한국 순위	42	43	40	39	39	43	45	46	44	43	52	51	45
순위 백분율(%)	25.8	23.9	22.2	21.7	21.9	23.5	25.6	26.0	25.1	25.6	29.5	28.3	25.0
조사 대상국	163	180	180	180	178	183	176	177	175	168	176	180	180

(다) 신문 보도

　한국의 부패인식지수, 즉 청렴도는 1995년 4.3점에서 점차 높아져 2012년 5.6점으로 개선되었다. 그러나 이후 하락 추세로 돌아섰다가 2018년 현재 5.7점이다. OECD 주요 국가들의 청렴도 변화를 살펴보면, 핀란드, 호주, 영국, 미국 등은 1995년에 비해 낮아졌고 일본과 한국 등은 높아졌다. 핀란드의 경우 1995년에 비해 청렴도가 떨어지기는 하였지만 꾸준히 상위권 국가로 평가받고 있다.

　부패인식지수는 해마다 조사 대상국에 변동이 있기 때문에 단순히 세계 순위를 살피는 것보다는 전체 조사 대상국 중 세계 순위의 백분율을 알아보는 것이 유용하다. 한국의 청렴도 순위는 1995년 상위 65.9%에서 2009년 상위 21.7%까지 지속적으로 향상된 후 등락을 거듭하여 2018년에는 상위 25.0%에 위치해 있다.

① 한국의 부패인식지수는 2006년 5.1점에서 계속하여 증가하고 있으므로, 이후에도 부패인식지수가 향상될 것을 기대할 수 있을 것이다.
② 부패인식지수를 정확하게 확인하고 세계순위를 매기기 위해서는 조사 대상국을 일부 국가가 아닌 전 세계의 국가로 확대하여 조사할 필요가 있다고 볼 수 있다.
③ 한국의 부패인식지수는 2012년 5.6점으로 청렴의 정도가 개선되었으나 다시 점차 낮아져 일정 수준을 유지하다가 2018년이 되어서야 상승하는 양상을 나타내고 있다.
④ 부패에 대한 전문가들의 주관적 인식은 정부가 얼마나 국민 전체의 이해를 대변하여 공평무사하게 운영되는지를 알려주는 것이며 객관적인 지표가 되지 않으므로 유의미하지 않다.
⑤ 2017년 한국의 부패인식지수는 조사 대상국들 중에서 백분율로 상위 28.3%에 위치해 있으므로, 2010년에 비해 부패인식지수가 떨어지기는 하였지만 청렴도가 높다고 볼 수 있을 것이다.

03 구성-개요

01
다음과 같은 글의 개요에서 서론(㉠)과 본론 3(㉡)에 들어갈 내용으로 가장 적절한 것은?

> 제목: 댐 건설
>
> 서론: (　　　㉠　　　)
>
> 본론: 1. 댐 건설 찬성론
> 　　 2. 댐 건설 반대론
> 　　　　1) 댐 건설 찬성 이유를 반박
> 　　　　　- 댐이 많아졌어도 가뭄, 홍수의 피해는 더 커짐
> 　　　　2) 댐의 폐해
> 　　　　　- 부영양화, 녹조현상
> 　　　　　- 자연생태계의 파괴
> 　　　　　- 건설한 댐 유지 관리비의 막대한 지출
> 　　 3. (　　　㉡　　　)
> 　　　　- 물 사용량을 선진국 수준으로 줄이기
> 　　　　- 물 절약에 대한 국민의 의식 각성 캠페인 벌이기
>
> 결론: 댐 건설에 대한 다양한 논의의 요약과 정리

① ㉠: 다시 논란이 일고 있는 댐 건설 찬반론
　㉡: 댐 해체의 세계적인 추세
② ㉠: 여름 장마 강수량 70% 집중
　㉡: 물 부족 해결책
③ ㉠: 댐 해체의 세계적인 추세
　㉡: 2004년부터 매년 물 부족
④ ㉠: 물 부족 해결책
　㉡: 물 사용을 적극적으로 관리하는 정책 도입
⑤ ㉠: 다시 논란이 일고 있는 댐 건설 찬반론
　㉡: 물 부족 해결책

02

다음은 '교통안전'이란 제목의 글을 쓰기 위한 개요이다. 글의 통일성을 고려할 때 빈칸에 들어갈 내용으로 알맞은 것은?

서론: 우리나라의 교통 여건과 교통사고의 동향

본론: 1. 교통안전 시설
      – 교통안전 시설의 의미
      – 교통안전 시설의 종류
    2. 교통사고
      – 교통사고의 원인
      – 사고 상황
    3. 교통사고 조사
      – 교통사고 분석
      – 교통사고 재현

결론: (　　　　　　　　　)

① 도로 교통의 중요성과 현황
② 도로 교통 문제점의 장기화
③ 우리나라 교통안전 대책 촉구
④ 우리나라 교통 여건의 문제점
⑤ 교통의 의의와 구성 요소 확인

03
다음 개요를 바탕으로 내용을 구성할 때, ㉠~㉤ 중 적절하지 않은 것은?

주제: ㉠대기 오염의 대처 방안

본론 1: 대기 오염의 원인
      1) 화산폭발, 산불 등 자연적 원인
      2) ㉡산업, 발전, 수송 등 인위적 원인
      3) ㉢휘발성 유기화합물 배출 저감 관리
본론 2: 대기 오염 방지 대책
      1) 청정원료의 개발 및 연료 전환
      2) ㉣운행차 배출허용 기준 강화 및 감시
      3) 일반 가정의 폐기물 발생 저감

결론: ㉤정부, 산업체의 대기오염 대책 및 일반 가정의 실천 필요

① ㉠   ② ㉡   ③ ㉢   ④ ㉣   ⑤ ㉤

04

다음과 같은 글의 개요에서 서론(㉠)과 본론 1(㉡)에 들어갈 내용으로 가장 적절한 것은?

> 서론: (㉠)
> – 역사에서 이야기하는 주요한 모방 사건
> – 모방에서 시작된 산업혁명
> – 위대한 모방가와 그들의 업적
>
> 본론 1: (㉡)
> – 모방과 베끼기의 차이
> – 좋은 모방의 요건
> – 좋은 모방의 시작
>
> 본론 2: 창조적인 모방을 위한 방법
> – 문제에 대한 새로운 의식 갖기
> – 핵심 과제 선정
> – 모방의 대상을 정하기
> – 모방의 방법 고민하기
> – 창조적인 모방의 실행
>
> 결론: 창조적인 모방을 위한 마지막 첨언

① ㉠: 모방으로 알 수 있는 것들 ㉡: 모방의 한계에서 벗어나는 방법
② ㉠: 모방에 대한 잘못된 인식 바꾸기 ㉡: 제약과 무관하지 않은 창의성
③ ㉠: 모방에서 시작되는 창조 ㉡: 모방에 대한 잘못된 인식 바꾸기
④ ㉠: 21세기를 뒤흔든 위대한 모방가들 ㉡: 전문가가 경험한 모방의 오류들
⑤ ㉠: 모방에서 시작되는 창조 ㉡: 모방에서 멈추지 말기

05

다음은 '수질오염을 막자'라는 제목의 글을 쓰기 위한 개요이다. 글의 통일성을 고려할 때 빈칸에 들어갈 내용으로 적절하지 않은 것은?

> 서론: 환경오염이 심각해지고 있으며, 이에 따라 수질오염도 심각함
>
> 본론 1: 수질오염의 원인
> - 공장 폐수 및 폐기물
> - 가정에서의 세제 과다 사용
> - 수질오염과 관련된 정책과 인식 부족
>
> 본론 2: 수질오염의 해결 방법
> - 정화 장치의 확대
> - 가정에서의 실천
> - (   )
>
> 결론: 물의 중요성 강조, 물을 깨끗이 사용하자는 권고

① 하천의 자정 작용
② 수중 생태계의 보호
③ 폐수 허용 기준의 설정
④ 수질 환경 기준의 설정
⑤ 수질오염에 대한 인식 변화

06

'작은 습관의 힘'이라는 제목으로 글을 쓰고자 한다. 다음 개요를 바탕으로 내용을 구성할 때, ㉠~㉤ 중 적절하지 <u>않은</u> 것은?

서론: 놀라운 변화를 불러오는 작은 습관의 힘
- 작은 행동, 큰 결과
- ㉠작은 습관이 만들어 내는 변화의 사례

본론 1: 우리의 삶을 지배하는 습관
- 작은 습관과 뇌 활동의 연계성
- ㉡의지력을 관리하게 해 주는 습관

본론 2: 작은 습관으로 삶의 한계 넘기
- 작은 습관을 위협하는 요인 없애기
- ㉢삶을 바꾸는 습관의 힘과 과학
- 목표를 이루게 해 주는 작은 습관

본론 3: ㉣큰 변화로 가기 전의 작은 습관
- 작은 습관과 작은 계획의 준비
- 작은 목표와 그에 대한 보상 계획 세우기

결론: ㉤삶을 작은 습관으로 채워 나가기

① ㉠   ② ㉡   ③ ㉢   ④ ㉣   ⑤ ㉤

07

다음은 '인문학 열풍'이란 제목의 글을 쓰기 위한 개요이다. 글의 통일성을 고려할 때 빈칸에 들어갈 내용으로 알맞은 것은?

> 서론: 인문학에 빠진 사회
>
> 본론 1: (   )
>   - 삶의 근원적 진단과 개선
>   - 지식 시대의 성장 동력
>
> 본론 2: 경영과 인문학의 접목 사례
>   - 인문학을 통한 경영 환경 흐름의 예측
>   - 경영학과 인문학 전문가의 자문을 통한 소통 증진의 효과
>
> 결론: 인문학의 본연의 가치 회복 필요성 강조

① 인문학의 변질
② 인문학의 영역
③ 인문학과 삶의 기준
④ 인문학적 통찰력의 부족
⑤ 인문학에 주목하는 이유

08
다음 개요를 바탕으로 내용을 구성할 때, ㉠~㉤ 중 적절하지 않은 것은?

> 주제: 한국 장애인 복지 정책의 실제와 대안
> 서론: ㉠장애인 인권 실현을 위한 실천 모형
>
> 본론 1: ㉡장애인 의무 고용 정책
>   - 장애인 의무 고용 제도
>   - 장애인 고용 부담금
>
> 본론 2: ㉢활동 지원 및 재활 정책
>   - 장애인 활동 지원 제도
>   - 중증장애인 자립 생활 지원 사업
>   - 발달 재활 서비스
>
> 본론 3: ㉣지역사회 재활 시설
>   - 장애인 복지관
>   - 장애인 주간 보호 시설
>   - 장애인 심부름센터
>
> 결론: ㉤한국 장애인 복지 정책의 향후 전망과 과제
>   - 지역사회 중심의 장애인 복지 제공 및 사회 서비스 강화
>   - 장애인들의 근로 환경 개선과 복지 수준 향상
>   - 공공과 민간의 연계를 기반으로 하는 사례관리 및 실천 체계의 구축

① ㉠   ② ㉡   ③ ㉢   ④ ㉣   ⑤ ㉤

04 전개

01
〈보기〉의 내용으로 미루어 볼 때, 〈보기〉의 앞부분에 들어가기에 가장 알맞은 것은?

― 보기 ―

　　스마트폰을 사용할 때는 고개를 들어 귀와 어깨선이 일직선이 되는 자세를 유지하고, 화면을 눈높이에 맞춰 주는 것이 바람직하다. 스마트폰 화면에 몰두하면서 고개가 1cm 앞으로 빠질 때마다 목뼈에는 2~3kg의 하중이 더 생기게 된다.

① 손목에 통증이 오고, 손의 힘이 약해지며 손목을 잘 못 쓰는 등 운동 마비 증세가 나타나는 경우가 발생하게 된다.
② 턱은 항상 가슴 쪽으로 끌어당기듯 반듯한 자세를 유지해야 한다. 또한 장시간 같은 자세를 취하지 않으려 노력하고, 틈틈이 휴식을 취해 주는 것이 좋다.
③ 머리를 오른쪽으로 기울인 상태에서 오른손을 목의 오른쪽에 갖다 대고 왼쪽으로 미는 식으로 양쪽을 번갈아 가면서 한다. 이렇게 하면 목의 근력이 강화된다.
④ 목 디스크 증상을 완화하거나 예방하는 데 도움을 주는 스트레칭을 자주 해 주는 것도 방법이다. 양손을 깍지 끼고 양팔을 머리 위로 뻗는 동작은 목 관절의 긴장을 풀어 준다.
⑤ 중년층은 근육의 경직과 관절의 통증이 다른 연령대보다 쉽게 나타날 수 있고, 회복도 어렵기 때문에 디지털 기기를 건강하게 사용하기 위해서는 관절 건강을 유지하기 위한 노력이 필요하다.

02

다음 〈조건〉을 지켜 아래 글을 완성시키려고 한다. 밑줄 친 부분에 들어갈 글로 가장 적절한 것은?

―| 조건 |―
- 구체적인 사례를 제시할 것
- 윗글에 자연스럽게 이어질 것

'퍼플잡'이란 빨강과 파랑을 섞으면 보라색이 나오듯, 가사나 보육 등 여건에 따라 근무 시간이나 형태를 조절해 맞벌이 부부가 모두 원만하게 직장 생활을 유지할 수 있도록 지원하는 제도를 말한다.
_____
_____

① 빨강색과 파랑색의 혼합색인 '보라색(purple)'과 직업군을 분류하는 대명사로 쓰이는 '옷깃(collar)'을 조합하여 만들었다.
② 일반적으로 직업군을 사무직을 뜻하는 화이트칼라와 생산 근로자를 의미하는 블루칼라로 크게 분류하는 것에서 착안되었다.
③ 기업의 측면에서도 출산 및 육아의 부담으로 인한 우수 여성 인력의 이탈을 막고, 고용주의 비용을 감소시킨다는 장점이 있다.
④ 통상 주당 40시간을 근무하는 전일제 근무와 달리 근로자의 필요에 따라 15~35시간 범위 내에서 일하고 근무 시간에 따라 보수를 받는다.
⑤ '퍼플잡'은 정규직 근로자로 근무하도록 하여 직업의 안정성 및 경력은 풀타임 근로자와 동일하게 유지하되 여건에 따라 근무 시간과 형태를 조절할 수 있는 유연 근무 제도이다.

03
다음 〈조건〉을 지켜 지역의 관광지를 홍보하는 글을 쓰려고 한다. 가장 적절한 것은?

── 조건 ──
- 비유적 표현을 사용할 것
- 방문을 권유할 것

① 연인과 연못가를 거닐며 잊지 못할 추억을 만들 수 있는 곳입니다. 수면 위의 연꽃들의 아름다움에 취할 수 있습니다.
② 우리 조상의 출생지라는 전설이 이 산의 곳곳에 남아 있습니다. 이 산의 정상에서 조상들의 기운과 기개를 느껴 보시는 것은 어떻습니까?
③ 도시의 소음과 번잡함에 지치셨다면 깊은 소나무 숲이 있는 이 절에 와 보시기 바랍니다. 선선한 바람과 새소리가 마음에 평안을 안겨 줍니다.
④ 터미널에서 멀지 않은 곳에 큰 규모의 고분이 있습니다. 수천 년 전에 이곳에서 살았던 사람들의 삶의 흔적을 엿볼 수 있습니다. 오가는 여정 중에 잠시 들러 보시기 바랍니다.
⑤ 망망한 푸른 바다를 마주하는 큰 바위가 장엄한 멋을 내뿜고 있습니다. 그 곁에는 망부석인 양 오래된 작은 정자가 마련되어 있습니다. 이곳에 오셔서 그 정취를 꼭 느껴 보시기 바랍니다.

04

'세 살 버릇 여든 간다.'라는 속담을 활용하여 '중독'이라는 제목으로 글을 쓰려고 한다. 다음 〈조건〉에 맞추어 쓴 결론으로 가장 적절한 것은?

| 조건 |
- 속담의 본래적 의미를 차용하여 시작한다.
- 글을 마무리하며 필자의 입장을 밝힌다.

① 어떤 사람들은 중독에 대해 생물학적 성향을 지니고 있다. 이들의 '세 살 버릇'은 자녀들에게 대물림될 수 있다는 연구 결과가 발표되었다.
② 일부 사람들은 '세 살 버릇'을 고치고 중독에서 벗어나는 사례가 종종 있다고는 하지만, 아직까지 알코올이나 약물 중독이 사회적으로 큰 문제가 된다는 것은 분명하다.
③ 알코올 중독자의 자녀들은 비알코올 중독자들의 자녀보다 알코올 중독자가 될 위험이 4배에서 10배까지나 된다. 이들은 '세 살 버릇'을 고칠 수 없어 깊은 고통 속에서 경제적 빈곤을 겪는 일이 허다한 상황이다.
④ 술을 마시거나 약물을 사용하는 모든 사람이 다 중독에 이르는 것은 아니다. 다만 알코올 섭취와 약물 사용이 '세 살 버릇' 되고 '여든'까지 지속되어 누군가에게는 성공을 가로막는 방해물이 될 수 있다는 것이 가장 큰 문제다.
⑤ '세 살 버릇 여든 간다.'라는 속담이 있듯이 무슨 일이든 초기에 나쁜 버릇이 들지 않도록 해야 한다. 부모는 자녀들에게 반드시 알코올 중독이나 약물 중독의 위험성에 대해 알려 주어 자녀들이 중독의 문제에 직면하는 상황이 생기지 않도록 해야 할 것이다.

05 고쳐쓰기

01
다음 단락의 통일성을 고려할 때, 퇴고 시 삭제해야 할 문장은?

　㉠현대 자본주의 사회에서 대중은 예술미보다 상품미에 더 민감하다. ㉡현대 사회의 주요 미적 대상인 상품미는 우리들의 취미나 감성, 더 나아가 일상 문화를 형성하고 있다. 상품미란 이윤을 얻기 위해 대량으로 생산하는 상품이 가지는 아름다움을 의미한다. ㉢모든 것을 다 상품으로 취급하는 자본주의 사회에서는 돈벌이를 위해서라면 모든 사물, 심지어는 인간까지도 상품미를 추구하는 대상으로 삼기 때문이다. ㉣같은 값이면 다홍치마라고 요즈음 생산자는 상품을 많이 팔기 위해 디자인과 색상에 신경을 쓰고, 소비자는 같은 제품이라도 겉모습이 화려하거나 아름다운 것을 구입하려고 한다. ㉤결국 우리가 주위에서 보는 거의 모든 상품은 상품미를 추구하게 되는 것이다.

① ㉠　　② ㉡　　③ ㉢　　④ ㉣　　⑤ ㉤

02
다음 단락의 통일성을 고려할 때, 퇴고 시 삭제해야 할 문장은?

　어떤 선진국의 국민들은 콜레스테롤 수치를 낮추기 위해 조깅을 한다. 그들은 심근 경색으로 죽을 지경이 되어 털썩 주저앉을 때까지 몇 시간 동안 달음박질을 한다. ㉠그런 사람들을 위한 아이디어 상품으로 맥박 단련기라는 것이 있다. ㉡두 개의 마이크로 프로세서와 도플러 효과를 내는 초음파를 통해 주파한 거리와 속도를 알아내어 전자 음성으로 알려주는 기능을 가지고 있어서이다. ㉢이 기계를 손목에 차고 뜀박질을 하면, 심장 혈관계에 이상이 올 경우 경보음이 울린다. ㉣저개발국의 실정을 생각하면 이 상품의 목적이 쉽게 이해가 된다. 저개발국 사람들은 뜀박질을 하다가 숨이 가쁘면 그냥 멈추어 버린다. ㉤숨이 가쁘면 무리하게 달릴 필요가 없다는 아주 원시적인 이유에서다. 놀라운 일은, 조깅을 전혀 하지 않음에도 그들의 혈액 속에는 콜레스테롤이 조금밖에 들어 있지 않다는 것이다.

① ㉠　　② ㉡　　③ ㉢　　④ ㉣　　⑤ ㉤

03

다음 단락의 통일성을 고려할 때, 퇴고 시 삭제해야 할 문장은?

㉠ 언어는 우리의 생각과 느낌을 전달하는 의사소통의 도구이다. 언어가 의사소통의 효과적인 도구가 되기 위해서는 사회 구성원 모두에게 공통적이어야 한다. ㉡ 그러나 언어의 말소리와 뜻의 관계는 상황에 따라 얼마든지 바뀔 수 있다. 시간의 흐름에 따라 말소리와 뜻이 맺어진 관계가 바뀔 수 있어 언어는 역사적으로 변화를 계속한다. ㉢ 또한 지역의 다름에 따라, 사회적 요인에 따라 언어는 다양한 모습을 드러낸다. ㉣ 언어 기호의 의미와 말소리 사이에는 필연적인 관계가 없다. ㉤ 그러나 언어가 시간적으로, 지역적으로, 사회적으로 서로 다른 모습을 보인다면, 의사소통의 도구로서의 기능은 크게 떨어진다. 그래서 이 세 조건을 각각 어느 한 가지로 공통되게 기준을 정하게 되는데, 이것이 바로 표준어이다. 표준어의 필요성은 국민들이 하나의 같은 도구로 의사소통을 효과적으로 할 수 있도록 하는 데에 있다.

① ㉠   ② ㉡   ③ ㉢   ④ ㉣   ⑤ ㉤

04

다음 단락의 통일성을 고려할 때, 퇴고 시 삭제해야 할 문장은?

㉠ 헤르만 헤세는 어느 책이 유명하다거나 그것을 모르면 수치스럽다는 이유만으로 그 책을 무리하게 읽으려는 것은 참으로 그릇된 일이라 했다. ㉡ 그는 무리하여 책을 읽기보다는 모든 사람이 자기에게 자연스러운 면에서 읽고, 알고, 사랑해야 한다고 말하였다. ㉢ 어느 사람은 학생 시절에 아름다운 시구에 대한 사랑을 자기 안에서 발견할 수 있으며, 어느 사람은 역사나 자기 고향의 전설에 마음이 끌리게 된다. ㉣ 또는 민요에 서려 있는 우리의 감정이 정밀하게 연구되고 뛰어난 지성으로써 해석된 책에 매력을 느끼고 행복감을 가지는 사람이 있을 것이라는 것이 그가 전하고자 하는 메시지였다. ㉤ 독서는 스트레스 해소에 도움이 될 뿐만 아니라 우울증 완화에도 도움이 된다.

① ㉠   ② ㉡   ③ ㉢   ④ ㉣   ⑤ ㉤

05
다음 단락의 통일성을 고려할 때, 퇴고 시 삭제해야 할 문장은?

㉠화가 나는 상황에서 한 발 물러서는 것이다. ㉡분노는 공격과 복수의 행동을 유발한다. 목표 획득을 저해하는 장애물이 무엇인지 의식할 때 분노는 더 잘 유발되고 그 장애물에 대하여 공격적인 행동을 표현하기 쉽다. ㉢분노 감정의 처리에는 '눈에는 눈, 이에는 이'라는 탈리오 법칙이 적용된다. 분노의 감정을 느끼게 되면 상대방에 대해 공격적인 행동을 하고 싶은 공격 충동이 일어난다. ㉣동물의 경우, 분노를 느끼면 이빨을 드러내게 되고 발톱을 세우는 등 공격을 위한 준비 행동을 나타내게 된다. ㉤사람의 경우에도 분노를 느끼면 자율신경계가 활성화되고 눈매가 사나워지며 이를 꽉 깨물고 주먹을 불끈 쥐는 등 공격 행위와 관련된 행동들이 나타나게 된다. 특히 분노 감정이 강하고 상대방이 약할수록 공격 충동은 행동화되는 경향이 있다.

① ㉠ ② ㉡ ③ ㉢ ④ ㉣ ⑤ ㉤

06
다음 단락의 통일성을 고려할 때, 퇴고 시 삭제해야 할 문장은?

정상 간의 경우 지방이 차지하는 비율은 5% 정도인데, 이보다 많은 지방이 축적된 상태를 지방간이라고 한다. 탄수화물을 과하게 섭취할 경우 살이 찔 뿐만 아니라 술을 즐기지 않는데도 지방간을 앓을 수 있다. 바로 비알코올성 지방간이다. ㉠이는 알코올 섭취가 적은데도 간 안에 지방량이 5% 이상으로 증가하는 질병으로 비만, 당뇨병, 심장 질환 등과 연관이 있다. ㉡남성은 일주일에 소주 2병 또는 맥주 7캔, 여성은 남성의 반 정도로 알코올 섭취가 적은 경우가 이에 해당한다. ㉢보통 비알코올성 지방간은 고지방 음식으로 인해 발병하는 것으로 인식되고 있으나 과도한 탄수화물 섭취 또한 간에 지방을 축적해 지방간을 유발할 수 있다. ㉣지방간이 있더라도 대개의 경우 별다른 증상을 보이지 않으므로 다른 증상으로 병원을 찾는 경우나 건강검진 시에 우연히 발견하게 되는 경우가 많다. ㉤따라서 비알코올성 지방간 관리 및 예방을 위해서는 지방 섭취량을 제한하는 것보다 탄수화물과 당류 섭취량을 줄이는 것이 효과적이다.

① ㉠ ② ㉡ ③ ㉢ ④ ㉣ ⑤ ㉤

07
다음 단락의 통일성을 고려할 때, 퇴고 시 삭제해야 할 문장은?

오전에 햇볕에 노출되는 시간이 긴 사람들은 오후에 햇볕을 주로 받는 사람들보다 몸무게가 감소하는 것으로 나타났다. 또한 아침 햇살에 노출되는 빈도가 높은 사람들이 그렇지 않은 사람들보다 몸무게가 감소하는 것으로 확인됐다. ㉠밤 시간의 인공 빛은 인간의 자연스러운 생체리듬을 방해한다. ㉡텔레비전이나 컴퓨터 등에서 노출되는 빛이 생체리듬 장애를 일으키면 비만의 위험도가 높아질 수도 있다. ㉢사람들은 체중을 조절하는 가장 절대적인 요인이 식이요법과 운동이라고 알고 있다. ㉣적당한 시간 동안 햇볕을 쬐는 것이 비만 예방에 효과적이라는 연구 결과가 나온 바 있다. ㉤하지만 이번 연구를 통해 햇빛을 쬐는 시간대도 체중과 관련이 있다는 사실이 밝혀진 것이다.

① ㉠ ② ㉡ ③ ㉢ ④ ㉣ ⑤ ㉤

08
다음 단락의 통일성을 고려할 때, 퇴고 시 삭제해야 할 문장은?

㉠손톱 전부에 진한 색의 매니큐어를 칠하는 것은 미용상으로는 예쁘게 보이겠지만 건강 상태를 확인하는 데에는 좋지 않다. ㉡손톱은 피부와 마찬가지로 그 색을 보고 건강 상태를 알 수 있기 때문이다. ㉢손톱은 그 사람이 얼마나 세세한 부분까지 신경을 쓰는 사람인지 알 수 있는 지표가 될 수 있다. ㉣손톱이 하얗거나 파란색일 경우에는 빈혈이나 심장, 폐의 건강을 의심할 수 있다. ㉤손톱에 흰 선이 생기거나 약해서 부러지는 일이 많은 것 또한 건강에 문제가 있다는 신호이다. 그러므로 매니큐어를 칠할 때는 손톱 한 두 개 정도는 남겨두는 것이 좋다. 건강상의 이상으로 갑자기 병원에 가게 되는 경우 손톱의 모양이나 색 등의 상태를 보고 진찰을 할 수도 있기 때문이다.

① ㉠ ② ㉡ ③ ㉢ ④ ㉣ ⑤ ㉤

주관식

- 듣기 영역: 2문항
- 쓰기 영역: 5문항
- 어휘 영역: 2문항
- 읽기 영역: 1문항

PART 07
주관식

Chapter 01 주관식 1
Chapter 02 주관식 2

90문항 중 10문항 출제

- 듣기 영역: 2문항
- 쓰기 영역: 5문항
- 어휘 영역: 2문항
- 읽기 영역: 1문항

기출변형 문제

공부한 날 ●월 ●일

01 주관식 1

정답 ▶ P.33

🎧 에듀윌 도서몰(book.eduwill.net)에서 듣기 MP3 파일을 무료로 다운 받으세요.

■ 다음은 주관식 문제입니다. 잘 듣고 물음에 답하시오.

01 주관식

듣기 | 남자의 '문신 시술 합법화'에 대한 생각을 〈조건〉에 맞게 쓰시오.

┤ 조건 ├
- 남자의 '문신 시술 합법화'에 대한 입장을 드러낼 것
- 어문 규정을 지키면서 2문장 이하로 기술할 것

⇨

02 주관식

듣기 | 연설의 주장을 반대하는 입장에서 자신의 주장과 근거를 〈조건〉에 맞게 쓰시오.

┤ 조건 ├
- '연사의 주장'에 대한 반론을 제시할 것
- 반론에 대한 적절한 근거를 제시할 것
- 어문 규정을 지키면서 3문장 이하로 작성할 것

⇨

03 주관식

듣기 | 여자의 '립싱크 금지법'에 대한 생각을 〈조건〉에 맞게 쓰시오.

┤ 조건 ├
- 여자의 '립싱크 금지법'에 대한 입장을 드러낼 것
- 어문 규정을 지키면서 2문장 이하로 기술할 것

⇨

04 주관식

듣기 | 연설의 주장을 반대하는 입장에서 자신의 주장과 근거를 〈조건〉에 맞게 쓰시오.

―― 조건 ――
- '연사의 주장'에 대한 반론을 제시할 것
- 반론에 대한 적절한 근거를 제시할 것
- 어문 규정을 지키면서 3문장 이하로 작성할 것

⇨

05 주관식

쓰기–주제 설정 | 다음 글의 논리적인 흐름으로 보아 빈칸에 들어갈 소주제문을 〈보기〉의 조건에 맞추어 쓰시오.

> 우리는 간혹 어떤 예술 작품을 대할 때 작품이 마치 살아 있는 것 같은 인상을 받는 경우가 있다. 이런 경우 그 작품 속에는 생명력이 녹아 있는 것이라고 볼 수 있다. 그렇다면 어떻게 이러한 생명력이 작품 속에 깃들 수 있는 것인가? 모든 비밀은 작가가 작품을 창작하는 과정에 숨겨져 있다. 동서고금을 막론하고 예술 작품이라는 것은 작가가 특정한 대상에 대해 지닌 깊은 애정으로부터 비롯되어 만들어진다. 애정이 결여된 경우에는 대상의 심장 소리를 들을 수 없고 내밀한 대화도 불가능하게 된다. 그 한 예로 화가 고갱은 타히티섬을 진정으로 좋아했기에 그곳 여인들의 강렬하고 아름다운 생명력을 작품을 통해 전할 수 있었던 것이다. 이와 같이 (   )

―― 보기 ――
- 문맥상 자연스럽게 이어지도록 쓸 것
- 30자 내외의 완결된 문장으로 작성할 것
- '~려면 ~해야 한다'의 문장 형식을 사용할 것

⇨

06 주관식

쓰기-주제 설정 | 다음 글의 논리적인 흐름으로 보아 빈칸에 들어갈 소주제문을 〈보기〉의 조건에 맞추어 쓰시오.

> 우리가 자유를 제한하는 하나의 이유는, 모든 사람들에게 무제한의 자유를 허용했을 경우에 생기게 마련인 혼란과 일반적 불이익에 있다. 모든 사람들이 제멋대로 행동하는 것을 허용한다면 서로가 서로의 길을 방해하게 될 것이고, 결국 대부분의 사람들이 심한 부자유의 고통을 받는 결과에 이르게 될 것이다. 자유의 역리라고 부를 수 있는 이러한 모순을 방지하기 위하여 자유의 제한이 불가피하다. 자유를 제한하는 것이 바람직하기 때문이 아니라, 더 큰 악을 막기 위하여 자유를 제한한다는 것이다. 이 사실을 근거로 우리는 하나의 원칙을 도출하게 된다. 따라서 사회 질서와 (   )

─── 보기 ───
- 문맥상 자연스럽게 이어지도록 쓸 것
- 50자 내외의 완결된 문장으로 작성할 것
- '~않는 한~'의 문장 형식을 사용할 것

⇨

07 주관식

쓰기–자료의 수집과 정리 | '대인신뢰도'라는 주제로 글을 쓸 때, 〈보기〉의 자료와 〈조건〉에 따라 한 문단의 글을 완성하시오.

---- 보기 ----

[자료 1] 설문조사 결과

1.

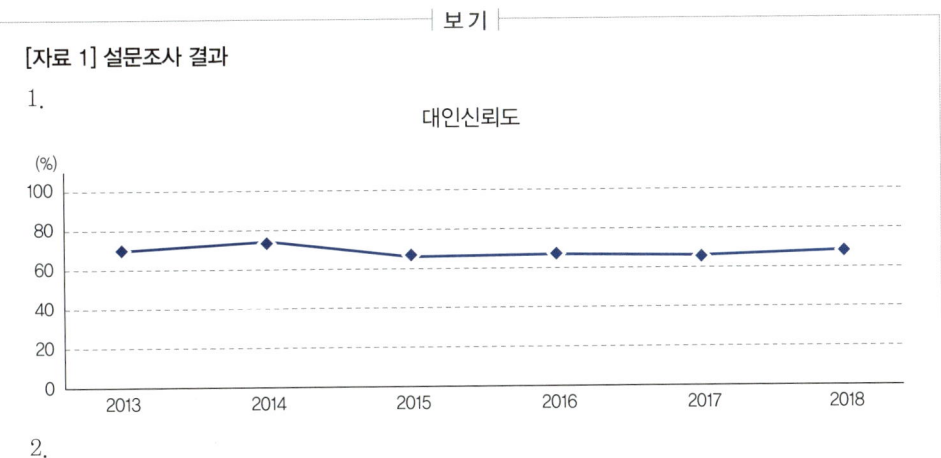

대인신뢰도

2.

성별, 연령집단별 및 도농별 대인신뢰도

[단위: %]

구분		2013	2014	2015	2016	2017	2018
전체		72.2	73.6	66.2	65.9	65.3	69.2
동·읍면부	도시(동부)	71.4	74.2	65.7	65.4	65.2	68.7
	농어촌(읍면부)	76.5	70.9	69.0	69.0	65.6	71.7
성	남자	72.9	73.8	66.2	64.6	66.2	68.5
	여자	71.5	73.5	66.3	67.4	64.4	69.9
연령집단	19~29세	71.4	74.8	63.4	63.2	65.4	67.4
	30대	73.9	74.8	68.9	64.6	65.6	69.1
	40대	77.5	73.4	69.1	69.4	67.0	68.7
	50대	70.1	73.7	64.6	65.9	65.6	71.0
	60~69세	63.7	70.5	63.9	66.0	61.6	69.5

* 대인신뢰도는 일반적으로 사람들을 어느 정도 믿을 수 있다고 생각하는지에 대해 '약간 믿을 수 있다' 또는 '매우 믿을 수 있다'라고 응답한 사람들의 비율임

[자료 2] 전문가 설명

　대인신뢰도는 자신과 친밀한 사람들이 아닌 일반 사람들을 얼마나 신뢰하는지로 측정한다. 제한된 소수의 사람들만 신뢰하고 다른 사람들을 신뢰하지 않으면 사회적 유대와 결속의 범위가 좁아질 뿐 아니라 서로 불신하는 집단들끼리 갈등을 일으킬 가능성이 높아진다. 잘 모르는 사람들도 신뢰할 수 있을 때 사회적 자본이 증대하며 사회적 유대 또한 돈독해질 수 있다.
　일반적인 사람들에 대한 신뢰 정도를 보여주는 대인신뢰도는 점차 낮아지고 있다. 대인신뢰도는 2013년 72.2%에서 2018년 69.2%로 떨어졌다. 성별로는 대인신뢰의 차이가 일관되게 나타나지 않지만, 연령별로는 40대의 대인신뢰가 상대적으로 높게 나타난다. 이와 다른 방법으로 측정한 OECD 국가들의 평균적인 대인신뢰 수준은 2010년 기준으로 33.0%이다. 한국은 이에 못 미치는 25.6%이고, 덴마크는 60.5%로 비교 대상 국가들 중 가장 높다.

┤ 조건 ├
- [자료 1-1, 1-2]와 [자료 2]의 내용을 포괄할 것
- '대인신뢰도의 향상 방안'에 대해 언급할 것
- '~에 비해~'의 문장 표현을 활용할 것

⇨

08 주관식

쓰기–자료의 수집과 정리 | 다음 글의 내용을 참고하여 '폭염 피해 대책의 문제점'을 〈조건〉에 맞게 작성하시오.

㉠ 폭염이 연일 기승을 부리면서 각종 피해 상황도 곳곳에서 속출하고 있다. 질병관리본부 자료에 따르면 지난 달 29일까지 발생한 온열질환자는 2,042명으로, 이미 지난해 발생 건수를 초과했다. 이 가운데 27명은 무더위로 인해 숨을 거둔 것으로 전해진다. 가축 폐사도 잇따르고 있다.

㉡ 현행 재난안전법에서는 태풍과 홍수, 호우, 강풍, 풍랑, 해일, 대설, 낙뢰, 가뭄, 지진, 황사, 조류 대발생 등을 자연재난으로 규정하고 있다. 그러나 폭염은 아직까지 자연재난에 포함돼 있지 않다. 때문에 폭염으로 인한 재산·인명피해 등에 대해서는 정부 차원의 예방과 지원이 적절하게 이뤄지지 않는 실정이다.

㉢ 폭염으로 인한 지구촌 피해는 앞으로도 계속될 것이란 관측이 제기된다. 호주 A대학교 연구팀의 연구 결과에 따르면 2080년까지 전 세계적으로 폭염에 의한 사망자 수가 수천 명에 달할 것으로 예측된다. 온열질환자의 수도 수만 명을 넘어설 전망이다. 연구팀은 "미래의 더위는 더 자주, 더 강렬하게, 더 오래 지속될 것"이라며 "더위에 적응할 방법을 찾지 못한다면 미래의 열과 관련 사망은 더욱 늘어날 것이며, 특히 적도 부근의 가난한 국가에서 크게 증가할 것"이라고 경고했다.

┤ 조건 ├
- ㉠~㉢의 내용을 모두 포괄할 것
- '폭염 대책 문제점'에 대해 언급할 것
- 글에 나타난 폭염 대책의 보완 필요성을 '인과'의 방법으로 서술할 것

⇨

09 주관식

쓰기-구성-개요 | 다음은 어떤 글의 개요이다. 결론의 주제문을 〈보기〉의 조건에 맞추어 작성하시오.

> 서론: 사이버 공간의 개인 정보 유출 문제 심각
>
> 본론 1: 개인 정보 유출 문제의 원인
>   - 개인 정보 유출 처벌을 위한 법적 제도 미비
>   - 개인 정보의 과도한 노출을 피할 수 없는 정보의 범람
>
> 본론 2: 개인 정보 유출 문제의 해결 방안
>   - 개인 정보 유출 관련 법적 제재의 강화
>   - 정보의 보호 중요성에 대한 개인의 인식 개선
>
> 결론: _____

| 보기 |
- 명사형으로 종결할 것
- 개요의 흐름을 고려하여 한 문장으로 작성할 것

⇨ _____

10 주관식

쓰기-구성-개요 | 다음은 어떤 글의 개요이다. 결론의 주제문을 〈보기〉의 조건에 맞게 작성하시오.

> 서론: 직업 체험 활동의 의의
>   1. 직업 체험 활동에 대한 요구 증대
>   2. 직업 탐색을 통한 진로 선택 기준 제공
>   3. 직업과 관련한 능력 향상에 대한 동기 유발
>
> 본론 1: 직업 체험 활동의 문제점
>   1. 간접 체험 위주의 활동
>   2. 학습자들의 적성 미반영
>   3. 체험 활동 내용의 중복

본론 2: 직업 체험 활동의 개선 방향
    1. 직접 체험의 비중 강화
    2. 학습자의 적성 검사 결과 반영
    3. 다양한 체험 활동 프로그램 개발

결론: _____

| 보기 |
- 완전한 문장으로 서술할 것
- 개요의 흐름을 고려해 작성할 것

⇨

11 주관식

쓰기-전개 | 다음 글을 읽고, (　　) 안에 들어갈 내용을 〈보기〉의 조건에 맞게 작성하시오.

남극대륙의 얼음은 전 세계 담수의 70%를 차지하고 있다. 만일 이 얼음이 녹는다면, (　　　　) 얼음이 녹지 않도록 해야만 한다. 또한 이 대륙의 방대한 얼음들판은 지구를 위해 생존에 필요한 천연 공기를 제공하고 있으며 이 얼음들판이 햇빛을 우주공간으로 도로 반사하기 때문에 지구가 너무 더워지는 것을 막아 준다. 따라서 남극대륙은 과학연구를 위한 장소로 남겨져야 한다. 우리는 남극대륙에서 행해지는 무분별한 일반인의 관광이 지구에 위험을 몰고 오는 것을 허용해서는 안 된다. 우리가 남극대륙을 지나치게 자주 방문하면 해를 끼치게 될 것이다. 지구의 이 중요한 부분을 보호할 수 있도록 남극대륙의 관광에 대해 충분히 고민해 보아야 할 것이다.

| 보기 |
- 밑줄 친 부분의 근거에 대하여 쓸 것
- '~(으)ㄹ 수 있으므로'의 형태로 작성할 것
- 띄어쓰기를 포함하여 60자 이내로 쓸 것

⇨

12 주관식

쓰기 – 전개 | 다음 글을 바탕으로 하여, '공공시설 금연법'에 대한 자신의 견해를 〈보기〉의 조건에 맞게 쓰시오.

> 국회 보건복지위원회는 금연정책과 관련된 국민 건강증진 방안을 의결하였다. 정부는 지속적인 흡연율 상승으로 국민건강이 크게 위협받고 있다며, 법안 통과로 흡연율 감소와 함께 금연에 관한 국민 의식을 전환하는 데 큰 역할을 할 것이라는 기대를 내비쳤다. 이에 따라 PC방, 음식점(150㎡ 이상), 관광숙박업소, 학원시설 등 공공시설을 전면 금연구역으로 지정했고, 담뱃갑에는 향기가 나는 물질을 함유하고 있다는 표시를 제한했으며 담배에 관한 경고 문구는 물론 금연 상담 전화번호 등을 표시해 금연에 관한 상담을 받을 수 있도록 했다. 또한 담배와 관련된 잡지 광고를 연간 10회 이내로 제한하고 전자담배에도 건강증진부담금을 부과하도록 하였다.

─────── 보 기 ───────
- 첫 문장에 '찬성', 또는 '반대'의 입장을 명확하게 드러낼 것
- 공공시설 금연법에 찬성, 혹은 반대하는 이유를 2가지 이상 들 것
- '결국 ~게 될 것이다'의 표현을 반드시 포함할 것

⇨

13 주관식

어휘-십자말풀이 | 다음 십자말풀이를 참조해 아래의 (   )에 맞는 단어를 쓰시오.

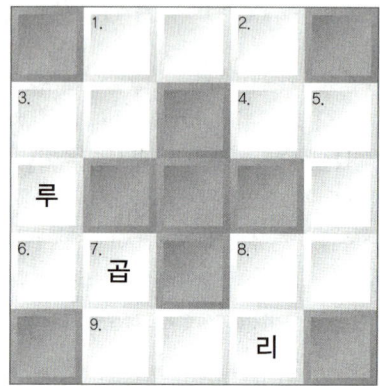

가로 열쇠

1. 대낮에 꿈을 꾼다는 뜻으로, 실현될 수 없는 헛된 공상을 이르는 말
3. 찬성과 반대를 아울러 이르는 말
4. 서로 처음으로 만나서 인사하고 알게 됨
6. 눈에서 나오는 진득진득한 액. 또는 그것이 말라붙은 것
8. 1년 가운데 달, 날, 요일, 이십사절기, 행사일 따위의 사항을 날짜에 따라 적어 놓은 것
9. 땅 위로 내민 돌멩이의 뾰족한 부분

세로 열쇠

1. 둘 이상의 아버지의 형 가운데 맏이가 되는 형을 이르는 말
2. 실현성이 없는 헛된 생각을 함. 또는 그 생각
3. 가루 모양으로 내리는 눈. 기온이 낮고 수증기가 적을 때 내린다.
5. 〈생명〉 외부에서 들어온 병원균에 저항하는 힘
7. 〈광업〉 기름 같은 광택이 있고 만지면 양초처럼 매끈매끈한 암석과 광물을 통틀어 이르는 말
8. 사정이나 조건 따위가 서로 같지 않게

세로 1. (   )   가로 1. (   )   세로 5. (   )   가로 6. (   )

14 주관식

어휘-십자말풀이 | 다음 십자말풀이를 참조해 아래의 (   )에 맞는 단어를 쓰시오.

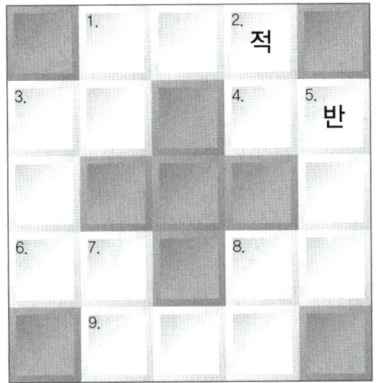

가로 열쇠

1. 겉으로 나타나거나 눈에 띄는 것
3. 울려고 하는 얼굴 표정
4. 아침 끼니를 먹기 전에 간단하게 먹는 음식
6. 상관을 도와 일을 처리함
8. 어떤 일에 온 정신을 모아 자세히 살핌
9. 〈물리〉 사람의 귀에 소리로 들리는 한계 주파수 이상이어서 들을 수 없는 음파

세로 열쇠

1. 대표로 삼을 만큼 상징적인 것
2. 서로 연락이 끊겨 오랫동안 소식이 막힘
3. 참다못하여 터뜨린 울음을 비유적으로 이르는 말
5. 틀림없이 꼭
7. 곤경에 빠짐을 비유적으로 이르는 말
8. 도중에 쉬지 아니하고 끝까지 달림

세로 1. (   )   가로 3. (   )   가로 6. (   )   세로 7. (   )

15 주관식

어휘-짧은 글짓기 | 〈보기〉와 같이 주어진 단어와 구절을 모두 사용하여 짧은 글을 지으시오.

---- 보기 ----

- 요즘 돈을 많이 벌더니 (   ) 생각을 못하고 돈을 펑펑 쓰더라고요.
- 수감자들은 교도소 내의 (   ) 개선을 요구하며 소동을 부렸다.
⇨ (빈칸에 들어갈 내용) 개구리 올챙이 적, 처우
  (예시 답안) 우리나라도 한때 외국에서 무시를 당하며 힘겹게 외화를 벌어들이던 <u>개구리 올챙이 적</u>을 생각해서라도, 외국인 노동자에게 올바른 <u>처우</u>를 해 주어야 한다.

- 싼 맛에 이 집으로 이사를 왔더니만 (   )이지, 멀쩡한 구석이 하나도 없어요.
- 경제 활동이 침체되는 (   )에는 저축을 많이 하고 외식비를 줄이는 지혜가 필요하다.

⇨ _____

16 주관식

어휘-짧은 글짓기 | 〈보기〉와 같이 주어진 단어와 구절을 모두 사용하여 짧은 글을 지으시오.

---- 보기 ----

- 요즘 돈을 많이 벌더니 (   ) 생각을 못하고 돈을 펑펑 쓰더라고요.
- 수감자들은 교도소 내의 (   ) 개선을 요구하며 소동을 부렸다.
⇨ (빈칸에 들어갈 내용) 개구리 올챙이 적, 처우
  (예시 답안) 우리나라도 한때 외국에서 무시를 당하며 힘겹게 외화를 벌어들이던 <u>개구리 올챙이 적</u>을 생각해서라도, 외국인 노동자에게 올바른 <u>처우</u>를 해 주어야 한다.

- 숲은 보지 못하고 나무만 보는 (   )의 실수는 되풀이하지 말아야 한다.
- 그는 이 분야에 대해 (   )인 지식만을 가지고 있을 뿐이었다.

⇨ _____

17 주관식

읽기 | 다음 글에 나타난 '노키즈존'에 대한 글쓴이의 생각에 찬성 혹은 반대의 의견을 〈조건〉에 맞게 쓰시오.

> '노키즈존(No Kids Zone)'이라는 이름으로, 소음과 불편을 유발하는 아이들의 출입을 막는 음식점이나 카페 등의 장소가 늘어나고 있다. 구글 지도에 표시된 노키즈존 매장 수만 해도 400개가 넘는다. 주변에도 노키즈존을 반기는 이들이 많다.
>
> 누구나 자라면 어른이 된다. 하지만 제대로 사회화하지 못한 아이들은 어른이 되어서도 무례하다. 공공장소에서 왜 뛰지 말아야 하는지, 큰 소리로 짜증을 내거나 울지 말아야 하는지, 하지 말아야 할 행동과 할 수 있는 행동의 경계를 아이들은 그 나이에 체득해야 한다. 공공장소에서 생활하는 법을 익혀야 한다. 한자리에 가만히 앉아 있기 어렵다는 걸, 말 못하는 아이들이 내지르는 소리는 자연스러운 소음이라는 걸. 왜 우리가 어른이고 아이는 아이인지 그 차이를 알고 기다려줄 수 있어야 한다. 함께 사회화되어야 한다.
>
> 당장의 편의를 위해 아이들을 내쫓는 게 아니라 아이들에게 규칙을 알려주고, 사회 인프라를 구축하고, 시스템을 재정비하는 게 어른의 몫이다. 기저귀 교환대 없는 화장실에서 부모들은 대체 어떻게 기저귀를 갈아야 할까. 수유실이 없을 땐 어디서 수유를 해야 할까. 아이와 부모의 잘못임에도 업주에게 더 큰 책임을 묻는 법원의 판결이 부당하다고 느낄 땐 국민 청원을 통해 목소리를 모으고 법 개정이 이루어질 수 있도록 힘을 쏟아야 한다. 아이의 잘못을 방관하는 부모를 교육하는 인식을 고양시키는 것도 어른과 사회가 할 일이다. 그 화살이 섣불리 아이들에게 향해선 안 된다.

---| 조건 |---

- 찬성 혹은 반대 의견을 총 3문장으로 서술할 것
- 주장을 뒷받침하는 근거 2가지를 제시할 것
- 어문 규정에 맞게 서술할 것

⇨

18 주관식

읽기 | 다음 글을 읽고 '병사의 휴대전화 사용 허가 논란'에 대한 찬성 혹은 반대 의견을 〈조건〉에 맞게 서술하시오.

(가) 병사 휴대전화 시범 사용으로 유해 사이트 접속 등 군 기강에 악영향을 우려하는 목소리도 있으나 일부 부대에서는 특정 앱을 통해 건전한 휴대전화 사용 문화를 열어가 눈길을 끈다. 2일 육군 12사단과 'Great Place To Work institute Korea'에 따르면 이 업체에서 개발한 행복지수 측정 및 소통 애플리케이션인 'HiTouch'를 통해 안정적인 부대 관리와 인성 함양, 전우애 상승 등의 효과를 보고 있다. 이 앱은 조직 내 구성원들이 자신의 행복지수를 쉽고 재미있게 표현하고 소통하도록 유도하고 있다. 앱을 통해 '캡틴'으로 등록된 부대 지휘관은 그룹 내 구성원들의 심적 상태를 일일 단위로 공유할 수 있다. 특히 부대 지휘관은 병사 스스로 점수로 표현한 행복지수를 통해 말 못 할 고민으로 어려움을 겪는 장병을 이해하고 조치하는 데 도움이 된다. 예를 들어 평소 높은 점수로 유지되던 특정 장병의 행복지수 데이터가 어느 날 평균 이하의 점수로 낮아질 때 지휘관은 이 장병의 고충이 무엇인지 상담 등을 통해 접근할 수 있다. 그동안은 개인적인 걱정과 고민이 있어도 장병은 이를 쉽게 얘기할 수 없었으나, 앱을 통해 장병의 정서적·심리적 어려움을 일일 단위로 파악할 수 있게 된 셈이다.

(나) 휴대전화를 통한 군 기밀 유출을 막기 위해 국방부가 보안 애플리케이션을 만들기로 했지만, 실제 무용지물에 가까운 것으로 파악됐습니다. 국회 국방위원회 소속 자유한국당 ○○○ 의원이 국방부 등으로부터 확보한 자료를 보면 국방부가 35억 원을 들여 만들기로 한 군 휴대전화 보안 애플리케이션은 녹음과 GPS 기능을 막지 못하는 것으로 나타났습니다. 특히 국방부는 해당 애플리케이션의 기능을 사업 계획 단계에서부터 녹화 기능만을 제어하도록 정해왔습니다. 이는 일부 휴대전화 제조사가 정책적으로 녹음과 GPS 기능을 외부 앱이 제한하지 못하도록 한 부분을 고려한 것으로 분석됩니다. 이와 관련해 국방부는 녹화 기능 이외의 부분에 대해서는 내부 보안 교육을 통해 병사 스스로 기밀 유출을 하지 못하도록 할 방침이라고 해명했습니다.

---| 조 건 |---

- 찬성 혹은 반대 의견을 총 2문장으로 서술할 것
- 주장을 뒷받침하는 근거 2가지를 한 문장으로 제시할 것
- 어문 규정에 맞게 서술할 것

⇨

기출변형 문제

02 주관식 2

정답 ▶ P.38

🎧 에듀윌 도서몰(book.eduwill.net)에서 듣기 MP3 파일을 무료로 다운 받으세요.

■ 다음은 주관식 문제입니다. 잘 듣고 물음에 답하시오.

01 주관식
듣기 | 연설의 주장을 반대하는 입장에서 자신의 주장과 근거를 〈조건〉에 맞게 쓰시오.

| 조건 |
- '연사의 주장'에 대한 반론을 제시할 것
- 반론에 대한 적절한 근거를 제시할 것
- 어문 규정을 지키면서 2문장 이하로 작성할 것

⇨

02 주관식
듣기 | 여자의 '기업의 SNS 감시'에 대한 생각을 〈조건〉에 맞게 쓰시오.

| 조건 |
- 여자의 '기업의 SNS 감시'에 대한 입장을 드러낼 것
- 어문 규정을 지키면서 2문장 이하로 서술할 것

⇨

03 주관식
듣기 | 남자의 '축산 가공품 품질 관리'에 대한 생각을 〈조건〉에 맞게 쓰시오.

| 조건 |
- 남자의 '축산 가공품 품질 관리'에 대한 입장을 드러낼 것
- 어문 규정을 지키면서 2문장 이하로 서술할 것

⇨

04 주관식

듣기 | 강연자의 '화병을 막기 위한 방안'에 대한 생각을 〈조건〉에 맞게 쓰시오.

| 조건 |
- '강연자의 의견'에 대해 공감하는 의견을 제시할 것
- 어문 규정을 지키면서 4문장 이하로 서술할 것

⇨

05 주관식

쓰기 – 주제 설정 | 다음 글의 논리적인 흐름에 따라 빈칸에 들어갈 소주제문을 〈보기〉의 조건에 맞추어 쓰시오.

무리 지어 다니는 물고기의 습성은 이들이 포식자를 피하는 데 도움이 된다. 무리 중 포식자를 먼저 발견한 물고기가 재빨리 방향을 바꾸어 도망을 치면, 그때의 물의 파장이 옆에 있는 물고기들에게 순식간에 전해져 무리 전체가 위험 상황을 피할 수 있다. 또 물고기가 무리 지어 다니면 포식자는 작은 물고기 떼를 큰 물고기로 착각하기도 한다. 여러 마리가 동시에 움직임으로써 포식자로 하여금 착시 현상을 일으켜 쉽게 표적을 정하지 못하게 한다. 먹이를 찾고 짝을 찾는 데에도 무리를 짓는 것이 유리하다. 이처럼 물고기들은 (   )

| 보기 |
- 제재의 특성을 이용하여 긍정적인 방향으로 이끌어 낼 것
- 50자 내외의 완결된 문장으로 작성할 것
- '~을/를 이루어서~'의 문장 형식을 사용할 것

⇨

06 주관식

쓰기 – 주제 설정 | 다음 글의 논리적인 흐름으로 보아 빈칸에 들어갈 주제문을 〈보기〉의 조건에 맞추어 쓰시오.

> 만약 영화관에서 영화가 재미없다면 중간에 나오는 것이 경제적일까, 아니면 끝까지 보는 것이 경제적일까? 아마 지불한 영화 관람료가 아깝다고 생각한 사람은 영화가 재미없어도 끝까지 보고 나올 것이다. 과연 그러한 행동이 합리적일까? 영화관에 남아서 영화를 계속 보는 것은 영화관에 남아 있으면서 기회비용을 포기하는 것이다. 이 기회비용은 영화관에서 나온다면 할 수 있는 일들의 가치와 동일하다. 영화관에서 나온다면 할 수 있는 유용하고 즐거운 일들은 얼마든지 있으므로, 영화를 계속 보면서 치르는 기회비용은 매우 크다고 할 수 있다. 결국 (   )

―| 보 기 |―
- 문맥상 자연스럽게 이어지도록 쓸 것
- 50자 내외의 완결된 문장으로 작성할 것
- '~행위는 ~라고 할 수 없다'의 문장 형식을 사용할 것

⇨

07 주관식

쓰기-자료의 수집과 정리 | 다음 자료를 참고하여 '해외 직구 소비자 피해 대책 방안'을 〈보기〉의 조건에 맞추어 작성하시오.

[자료 1]

해외 직구 불만 사례

불만 사유	건수	비중
반품 수수료 부당 청구	315건	29.5%
취소·환불 지연 및 거부	281건	26.4%
배송 지연·오배송·분실	202건	19.0%
제품 불량·파손 및 A/S 불가	126건	11.8%
사업자 연락 두절	68건	6.4%
기타	74건	6.9%
합계	1,066건	100.0%

[자료 2]

　소비자들의 해외 직구 경력은 1~2년차 초기 이용자가 80.9%로 가장 많았다. 1회당 지출 비용은 평균 30만 원으로, 금액대별로는 10만 원대(36.5%)가 가장 많았으며, 이어 20만 원대(17.2%), 30만 원대(10.4%) 순이었다. 또한 해외 직구 평균 이용 횟수는 연간 약 11회로 조사됐다. 해외 직구 소비자들이 체감하는 국내와 해외의 가격 차이는 해외 직구가 약 30% 정도 저렴한 것으로 나타났다. 특히 건강보조 식품은 조사 대상자의 34.4%가 저렴하다고 응답하여 체감 가격 차가 가장 컸고, 이어 유·아동용품(33.0%), 의류(32.8%) 순으로 저렴했다. 특히, 해외 유명 브랜드의 구입 여부에 대해 조사 대상자의 45.0%가 "구입한 적이 있다"고 응답했다. 해외 유명 브랜드의 해외 직구 가격은 관세와 배송료 등을 다 합쳐도 국내 판매 가격보다 평균 28.5% 정도 싸다고 답변했다.

---- 보기 ----

- [자료 1]과 [자료 2]의 내용을 포괄할 것
- '~도록 할 필요가 있다'의 문장 표현을 활용할 것
- 해결 방안을 2가지 이상 제시할 것

08 주관식

쓰기-자료의 수집과 정리 | 다음 글의 내용을 참고하여 '나트륨 저감 필요'라는 주제로 글을 쓸 때, 〈보기〉의 조건에 따라 한 문단의 글을 완성하시오.

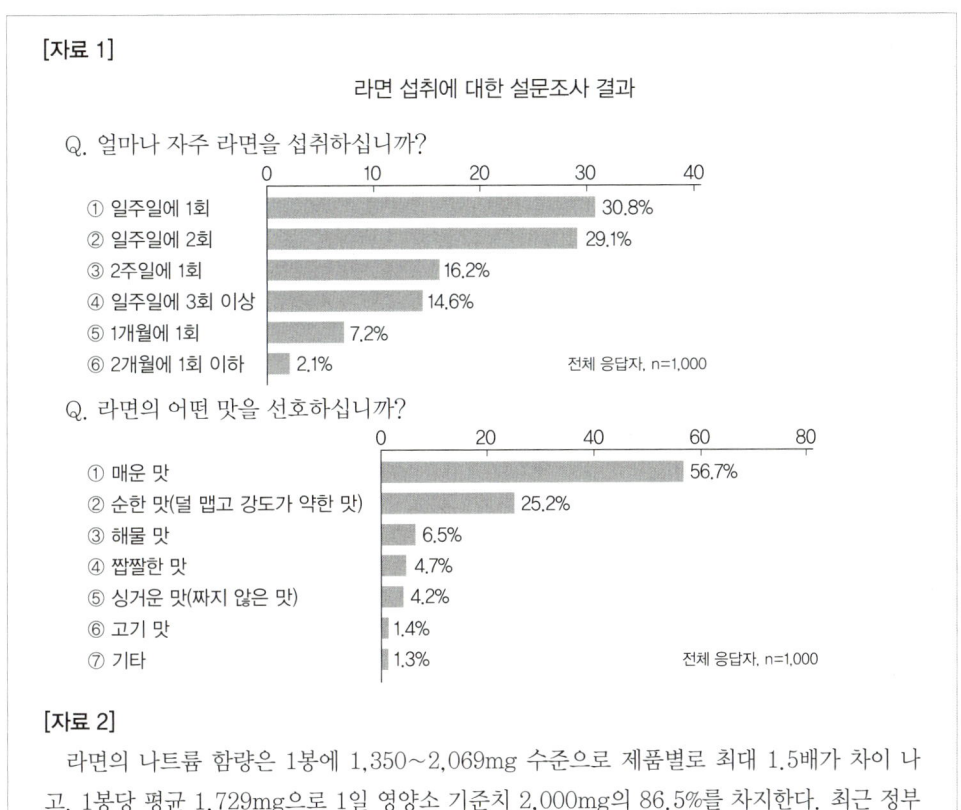

[자료 1]
라면 섭취에 대한 설문조사 결과

Q. 얼마나 자주 라면을 섭취하십니까?
- ① 일주일에 1회 — 30.8%
- ② 일주일에 2회 — 29.1%
- ③ 2주일에 1회 — 16.2%
- ④ 일주일에 3회 이상 — 14.6%
- ⑤ 1개월에 1회 — 7.2%
- ⑥ 2개월에 1회 이하 — 2.1%

전체 응답자, n=1,000

Q. 라면의 어떤 맛을 선호하십니까?
- ① 매운 맛 — 56.7%
- ② 순한 맛(덜 맵고 강도가 약한 맛) — 25.2%
- ③ 해물 맛 — 6.5%
- ④ 짭짤한 맛 — 4.7%
- ⑤ 싱거운 맛(짜지 않은 맛) — 4.2%
- ⑥ 고기 맛 — 1.4%
- ⑦ 기타 — 1.3%

전체 응답자, n=1,000

[자료 2]

　　라면의 나트륨 함량은 1봉에 1,350~2,069mg 수준으로 제품별로 최대 1.5배가 차이 나고, 1봉당 평균 1,729mg으로 1일 영양소 기준치 2,000mg의 86.5%를 차지한다. 최근 정부의 나트륨 저감화 정책에 따라 일부 업체는 나트륨 저감화 노력의 일환으로 나트륨 함량을 낮춘 제품을 재출시하여 유통 중이지만, 여전히 나트륨 함량은 높은 편이라고 할 수 있다.

---- 보기 ----

- [자료 1]과 [자료 2]의 내용을 포괄할 것
- '나트륨 저감'이 필요한 이유를 2가지 이상 제시할 것
- '~을/를 위해 ~이/가 필요하다'의 문장 표현을 활용할 것

⇨

09 주관식

쓰기-구성-개요 | 다음은 어떤 글의 개요이다. 결론의 주제문을 〈보기〉의 조건에 맞추어 작성하시오.

> 서론: 응급 상황 발생 시 학생의 대처 능력 부족
>
> 본론 1: 응급 처치의 의의
>   - 인명을 지키는 데 필수적임
>   - 회복 및 치료 기간 단축에 도움이 됨
>
> 본론 2: 응급 처치 교육의 문제점
>   - 응급 처치 교육 기회 부족
>   - 강사의 시범 보이기에 그친 교육 내용
>
> 본론 3: 응급 처치 교육 활성화 방안
>   - 응급 처치 교육 기회 확대
>   - 체험을 통한 실습 위주의 교육 강화
>
> 결론: _____

---- 보기 ----
- 명사형으로 종결할 것
- 개요의 흐름을 고려하여 한 문장으로 작성할 것

10 주관식

쓰기-구성-개요 | 다음은 어떤 글의 개요이다. 결론의 주제문을 〈보기〉의 조건에 맞추어 작성하시오.

서론: 원자력 발전소 건립 반대

본론 1: 해외의 원전 사고 피해 상황

본론 2: 핵 폐기물 처리 문제

본론 3: 신재생 에너지 개발 가능

결론: _____

― 보기 ―
- 명사형으로 종결할 것
- 개요의 흐름을 고려하여 한 문장으로 작성할 것

⇨ _____

11 주관식

쓰기-전개 | 다음 글을 읽고, ( ) 안에 들어갈 내용을 〈보기〉의 조건에 맞게 작성하시오.

유머는 웃음과 농담 이상의 것을 포함한다. 유머 감각은 어떤 상황이 발생할 때 그 상황의 재미있는 면을 기꺼이 바라보며 또한 그렇게 할 수 있는 것을 필요로 한다. 사실, 유머 감각에 관한 최상의 정의는 "어떤 상황에 있어 진지하지 않은 요소를 바라볼 수 있는 능력"이다.

많은 사람들은 자신이 농담을 잘하는 사람이 아니기 때문에 좋은 유머 감각을 갖고 있지 않다고 생각한다. 그러나 그런 염려는 하지 않아도 될 듯하다. (<u>   </u>) 그리고 농담을 하는 것은 그러한 방법의 하나일 뿐인 것이다. 일부 사람들은 농담을 기억하려고 시간을 할애한다. 그리고 그들은 심지어 (농담할 수 있는) 좋은 시기를 선정하여 말을 전달하기도 한다. 하지만, 만일 그들이 일상적인 삶에서 엉망이 된 일이나 차질이 생겼을 때 유머를 보지 못하면, 그들은 정말이지 사실상 유머 감각을 갖고 있지 못한 것이다.

―| 보기 |―
- 밑줄 친 부분의 원인에 대하여 쓸 것
- '~는 데는 ~(으)ㄹ 수 있다'의 표현을 포함하여 작성할 것
- 띄어쓰기를 포함하여 40자 이내로 쓸 것

⇨

12 주관식

쓰기-전개 | 다음 글을 읽고, ( ) 안에 들어갈 내용을 〈보기〉의 조건에 맞게 작성하시오.

> 지구에 등장한 최초의 동물 중 하나가 곤충이었다. 그들은 세계에 제대로 적응하지 못했던 것 같다. 조그맣고 약했던 곤충들은 대부분의 육식동물들에게 이상적인 먹잇감이었던 것이다. 귀뚜라미 같은 일부의 곤충들은 살아남기 위해 번식의 길을 선택했다. 그들은 많은 새끼를 낳아서 그 일부는 살아남게 되었다. 벌 같은 곤충들은 독을 택하게 되었고, 시간이 지나면서 상대가 그들을 함부로 공격하지 못하게끔 독성 있는 침을 갖게 되었다. 바퀴벌레 같은 곤충들은 식용할 수 없는 쪽을 선택했다. 특별한 땀샘이 몸에 불쾌한 맛을 내게 하여 그 결과 어떤 동물도 먹기를 원치 않게 되었다. 나방 같은 곤충들은 위장을 택했다. <u>나방의 외양이 잔디나 나무 껍질과 닮았기 때문에</u> ( )

보기

- 밑줄 친 부분의 결과에 대하여 쓸 것
- '~에 의해 ~게 되었다'의 형태로 작성할 것
- 띄어쓰기를 포함하여 40자 이내로 쓸 것

⇨

13 주관식

어휘–십자말풀이 | 다음 십자말풀이를 참조해 아래의 ( )에 맞는 단어를 쓰시오.

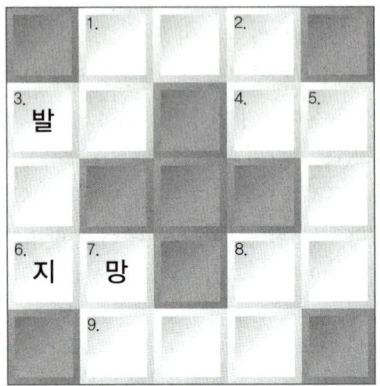

가로 열쇠

1. 관에서 운영하던 기업 따위를 민간인이 경영하게 함
3. 책, 신문, 잡지 따위를 만들어 냄
4. 친밀하게 사귐. 또는 그런 교분
6. 뜻을 두어 바람. 또는 그 뜻
8. 관찰이나 측정을 통하여 수집한 자료를 실제 문제에 도움이 될 수 있도록 정리한 지식. 또는 그 자료
9. 발이나 팔을 활짝 벌린 상태로 맥없이 뒤로 가볍게 자빠지거나 눕는 모양

세로 열쇠

1. 관청이나 정부 기관에 속하지 않음
2. 나라와 나라 사이에 다툼 없이 가까이 지냄
3. 역사적으로 큰 가치가 있는 어떤 일이나 사물이 처음 나타난 곳
5. 어떤 일을 하기 위해 마련한 발판을 비유적으로 이르는 말
7. 망령이나 실수로 그릇된 말이나 행동을 함. 또는 그 말이나 행동
8. 〈정치〉 정치적인 주의나 주장이 같은 사람들이 정권을 잡고 정치적 이상을 실현하기 위하여 조직한 단체

세로 2. ( ) 가로 4. ( ) 세로 5. ( ) 가로 9. ( )

14 주관식

어휘-십자말풀이 | 다음 십자말풀이를 참조해 아래의 (   )에 맞는 단어를 쓰시오.

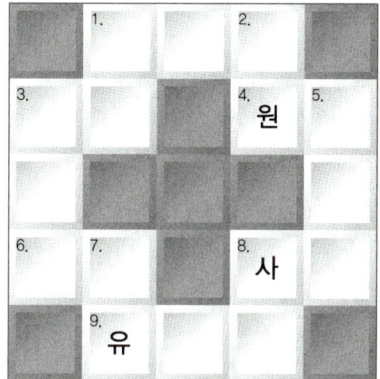

가로 열쇠

1. 다른 동물체에 붙어서 양분을 빨아 먹고 사는 벌레
3. 간조(干潮)와 만조(滿潮)를 아울러 이르는 말
4. 멀리 떨어져 있음
6. 심혈을 기울이거나 쏟는 점
8. 철에 따라 달라지는 네 가지 기운. 봄의 따뜻함, 여름의 더위, 가을의 서늘함, 겨울의 추위를 이른다.
9. 급하거나 비상(非常)한 일이 일어날 때

세로 열쇠

1. 남을 속여 넘김
2. 인원수를 채움
3. 일반 역과는 달리 역무원이 없고 정차만 하는 역
5. 〈체육〉 두 사람이 맞서 격투를 벌여 승패를 가리는 경기
7. 물건이나 영역, 지위 따위를 차지함
8. 눈을 모로 뜨거나 곁눈질로 봄

세로 3. (   )   가로 3. (   )   세로 7. (   )   가로 8. (   )

15 주관식

어휘-짧은 글짓기 | 〈보기〉와 같이 주어진 단어와 구절을 모두 사용하여 짧은 글을 지으시오.

―| 보 기 |―

- 개구리 올챙이 적, 처우
⇨ 우리나라도 한때 외국에서 무시를 당하며 힘겹게 외화를 벌어들이던 <u>개구리 올챙이 적</u>을 생각해서라도, 외국인 노동자에게 올바른 <u>처우</u>를 해 주어야 한다.

누이 좋고 매부 좋다, 언어 교환, 우정

⇨

16 주관식

어휘-짧은 글짓기 | 〈보기〉와 같이 주어진 단어와 구절을 모두 사용하여 짧은 글을 지으시오.

―| 보 기 |―

- 개구리 올챙이 적, 처우
⇨ 우리나라도 한때 외국에서 무시를 당하며 힘겹게 외화를 벌어들이던 <u>개구리 올챙이 적</u>을 생각해서라도, 외국인 노동자에게 올바른 <u>처우</u>를 해 주어야 한다.

시작이 반, 절약, 가계부

⇨

17 주관식

읽기 | 다음 글을 읽고 '무사증 제도와 난민 제도'에 대한 찬성 혹은 반대 의견을 〈조건〉에 맞추어 쓰시오.

> 안녕하세요. 법무부장관 ○○○입니다. 법무부는 이번 청원에서 나타난 국민들의 우려를 무겁게 받아들이면서, 어떻게 하면 국민들의 걱정을 해소할 수 있나 계속 고민해 왔습니다. 청원을 계기로 난민 제도 전반적인 상황을 꼼꼼히 재검토하여 개선 방안을 만들기 위해 노력했습니다.
>
> 국민 여러분의 우려를 반영하여 난민 신청자의 SNS 계정 제출을 의무화하는 등 신원 검증이 강화됩니다. 박해 사유는 물론, 마약 검사, 전염병, 강력 범죄 여부 등 엄정한 심사를 진행합니다. 그리고 중대한 사정 변경이 없이 재신청하거나 불법체류로 강제퇴거 명령을 받은 후 신청하는 등 난민 제도를 악용하는 것이 명백한 신청자는 정식 난민 심사 절차에 회부하지 않는 방안을 적극 검토하겠습니다. 또한 신청인이 심사 기간 동안 본국을 방문하는 경우에는 신청을 철회한 것으로 간주해 심사를 즉시 종료하는 방안도 도입하겠습니다. 불법행위를 조장하는 난민브로커에 대한 처벌조항도 명문화할 계획입니다.
>
> 제주 무사증 제도는 불법체류자 증가 등 부작용이 있는 것은 사실이나 제주 지역 관광 활성화에 도움이 된다는 평가도 있으므로 제도의 폐지에 대해 쉽게 말씀드리기는 어렵습니다. 그러나 제주 무사증 폐지를 요구하는 국민 여러분들의 목소리를 적극 반영하여 8월 1일자로 감비아, 소말리아 등 관광 활성화라는 무사증 제도의 취지에 맞지 않는 입국자가 많은 12개 나라를 불허국가로 추가 지정하였습니다.
>
> 제주 무사증 제도는 제주특별자치도법에 의해 시행되고 있어 법무부 단독으로 제도 폐지 또는 개선을 추진할 수는 없으며 제주도와 협의가 필요합니다. 8월 1일자로 12개 국가를 무사증 불허국가로 추가 지정한 것도 제주도와 협의를 거쳤는데, 앞으로도 제주도와 긴밀히 협의해 나가도록 하겠습니다.
>
> 국민을 안전하게 보호하는 것이 국가의 존재 이유이자 가장 큰 책무라는 점 잊지 않겠습니다. 동시에 난민들이 우리의 법과 질서 안에서 함께 조화롭게 살아갈 수 있도록 계속 살피고 지원하겠습니다. 난민 문제는 인권의 문제이나 인권만의 문제는 아닙니다. 국경 관리, 국민 안전 및 우리 사회의 미래와도 관련된 특수하고도 매우 복잡한 문제입니다. 우리나라는 서구 사회에 비교할 때 역사와 규모 면에서 비교적 초기 단계의 난민 유입 상태라 할 수 있습니다. 그럼에도 불구하고, 이번에 많은 국민 여러분께서 우려를 표명하시는 이유를 정부는 잘 알고 있습니다.
>
> 지금은, 서구 사회의 대규모 난민 수용 과정에서 나타난 부작용을 반면교사로 삼아, 우리 실정에 맞으면서 국제적 책무도 이행할 수 있는 현실적이고 합리적인 난민 정책을 수립해야 할 시점이라 할 수 있습니다. 정부는 현실적이고 합리적인 난민 문제 해결을 위해 최선을 다하겠습니다. 이를 위해 시민사회, 종교계, 지방정부, 법조계 등의 의견도 적극 수렴하고자 하니 많은 관심과 적극적 협조를 요청 드립니다.

―― 조건 ――
- 찬성 혹은 반대 의견을 3문장으로 서술할 것
- 현재 문제로 대두되고 있는 점을 서두에 밝힐 것
- 어문 규정에 맞게 서술할 것

⇨

18 주관식

읽기 | 다음 글을 읽고 '홈쇼핑'과 관련하여 생길 수 있는 문제점을 (가)~(다) 중에서 하나 고르고, 그것을 해결하기 위한 방안을 근거와 함께 〈조건〉에 맞게 서술하시오.

(가) 최근 홈쇼핑 시장을 이용하는 소비자가 폭발적으로 증가하면서 홈쇼핑에 대한 불만 건수도 급증하고 있다. 소비자 보호원에 따르면 가장 많은 불만은 TV 방영 내용과 실제 상품이 상이하다는 것으로 전체의 46.5%이다. 다음으로는 상품의 품질 불량이 25%, 색상, 사이즈 등 주문한 것과 다른 상품이 배달된 것이 12%에 달했으며, 이외에도 교환·반품 등 AS 지연 등이 있었다.

― ○○○ 신문 기사

(나) 홈쇼핑 업계 현황 (단위: %)

	2010년	2012년	2014년
홈쇼핑 업체 수	100	260	520
홈쇼핑 매출 총액	100	135	157
홈쇼핑 업체별 수익률	100	87	76

― 자료: 2015년 국가 경제 현황 지표

(다) 홈쇼핑에서 물건을 구매한 동기

이유	빈도(%)
우연히 프로그램을 보다가 필요한 것 같아서	42.8
가격이 저렴하고 구입이 편리해서	30.1
무이자 할부, 사은품 등 여러 가지 혜택이 있어서	20.2
시중에서는 좀처럼 구하기 힘든 물건이어서	6.9

― 자료: 소비자 보호원

조건
- 문제로 지적할 내용이 나타나 있는 문단의 기호를 밝힐 것
- 문제점과 해결 방안, 근거를 각각 한 문장씩 밝힐 것
- 어문 규정에 맞게 서술할 것

ToKL
국어능력
인증시험

실전동형
모의고사

1교시 객관식 1~57
2교시 객관식 1~23 / 주관식 1~10

	영역	문항 수	시간
1교시	어휘	객관식 13문항	60분
	어문 규정	객관식 5문항	
	읽기	객관식 39문항	
2교시	듣기	객관식 13문항 주관식 2문항	70분
	어법	객관식 5문항	
	쓰기	객관식 5문항 주관식 5문항	
	어휘	주관식 2문항	
	읽기	주관식 1문항	

실전동형 모의고사

01
밑줄 친 부분의 의미가 나머지와 다른 것은?

① 은수는 자꾸 잡념이 들었다.
② 나는 그런 사람에게 친근감이 든다.
③ 그가 괜한 고집을 가지고 있다는 생각이 든다.
④ 구체적인 예를 들어 설명을 해 주었지만 알 수 없었다.
⑤ 무서운 기분이 드는 것도 잠시, 어느새 영화가 끝이 났다.

02
단어 간의 관계가 다른 것과 이질적인 것은?

① 토로(吐露) : 고백(告白)
② 경상(經常) : 임시(臨時)
③ 교묘(巧妙) : 졸렬(拙劣)
④ 변제(辨濟) : 차용(借用)
⑤ 수리(受理) : 각하(却下)

03
〈보기〉의 뜻풀이와 예문의 ( )에 가장 알맞은 단어는?

― 보기 ―
[뜻풀이] 밑으로 가라앉음. 지각의 일부가 아래쪽으로 움직이거나 꺼짐.
[예문] 돌은 무거울수록 물속으로 빨리 ( )한다.

① 침통 ② 침체
③ 침몰 ④ 침착
⑤ 침강

04
〈보기〉의 밑줄 친 단어와 문맥상 의미가 유사한 것은?

― 보기 ―
풀을 너무 걸게 쑤어서 풀질하기가 어렵다.

① 논이 걸어서 벼가 잘 자란다.
② 이 식당은 반찬이 걸게 나온다.
③ 이웃집 아낙은 입이 굉장히 걸다.
④ 퇴비로 땅을 걸게 만들어서 괜찮다.
⑤ 죽이 국물을 볼 수 없을 정도로 걸다.

05
〈보기〉의 밑줄 친 단어와 문맥상 의미가 유사한 것은?

― 보기 ―
그는 억울하게 누명을 썼다.

① 그는 사고로 한쪽 다리를 못 쓴다.
② 그는 회사를 살리려고 안간힘을 썼다.
③ 머리에 면사포를 쓴 신부가 입장했다.
④ 일부러 제게 마음을 쓰지 않으셔도 됩니다.
⑤ 뇌물 수수 혐의를 쓴 정치인은 결백을 주장했다.

06
다음 사물을 세었을 때, 나올 수 있는 숫자의 합은 얼마인가?

버선 한 죽 + 마늘 두 접 + 조기 한 두름

① 130개 ② 150개
③ 170개 ④ 200개
⑤ 230개

07
밑줄 친 한자어를 다른 표현으로 바꾼 것 중, 적절하지 않은 것은?

① 중국 시장을 둘러싼 각국의 각축(角逐)은 더욱 치열해질 것 같다. → 싸움
② 관리소에 미리 임치(任置)하지 않은 소지품은 책임을 지지 않습니다. → 맡겨 두지
③ 그는 정적들의 참소(讒訴)로 먼 곳으로 유배를 가게 되었다. → 남의 헐뜯음과 모함
④ 청문회에서 증언함에 있어 추호(秋毫)의 거짓도 있어서는 안 된다. → 더럽고 지저분한
⑤ 백자의 질박(質朴)한 미감에 우리 모두는 감탄을 하지 않을 수 없었다. → 꾸밈없는 순수함

08
밑줄 친 속담의 쓰임이 자연스럽지 않은 것은?

① 낙숫물이 댓돌을 뚫는다는데, 포기하지 말자.
② 술 몇 잔으로 그의 속을 뽑으려 하는 건 실수였어.
③ 좀 더 서두를 수 없어? 갓 쓰고 나가자 파장하겠다.
④ 구운 게도 다리를 떼고 먹으라고 하니, 무슨 일이든 확실하게 마무리해.
⑤ 아이는 친구들과 놀고 싶어 오금을 박았지만 학원에 가야 해서 그러지 못했다.

09
밑줄 친 관용어의 쓰임이 자연스럽지 않은 것은?

① 간에 바람 든 놈 모양 다닌다.
② 이 분야에서 나와 어깨를 견줄 사람은 없다.
③ 이야기할 때 뭘 하고 이제야 뒷다리를 긁는 거니?
④ 이번에도 금 한 돈이나 코 아래 진상을 해야 할까 보다.
⑤ 손님들은 무엇이 그리 재미있는지 퇴박을 놓고 웃어 댔다.

10
다음 밑줄 친 한자성어와 의미가 유사한 것은?

> 이런 때야말로 태평연월(太平煙月)이라고 할 수 있지 않겠나?

① 함포고복(含哺鼓腹)
② 언즉시야(言則是也)
③ 상두복색(喪-服色)
④ 동상이몽(同牀異夢)
⑤ 견문발검(見蚊拔劍)

11
다음 밑줄 친 표현의 쓰임이 자연스럽지 않은 것은?

① 그들은 아무런 배상(賠償)도 바라지 않고 우리를 도왔다.
② 여러 영화감독들은 그를 올해의 아름다운 배우로 선정(選定)하였다.
③ 전국의 주요한 문화재에 대한 정보를 개관(概觀)한 안내서를 제작 중이다.
④ 심각해지는 학교 내의 폭력과 사이버 폭력에 대해 학부모들이 대처(對處)방안을 요구했다.
⑤ 그 선수는 부족한 부분을 보완(補完)하여서 내년 대회에 다시 도전을 해 보기로 결심하였다.

12
혼동하기 쉬운 단어를 구별하여 사용한 예로 잘못된 것은?

① ┌ 국토의 개발과 보전(保全)을 합리적으로 조화시켰다.
　└ 전통 문화재의 보존(保存)을 위해 각계의 전문가들이 모였다.
② ┌ 왕은 세자에게 양위(讓位)하고 물러났다.
　└ 그는 자신이 사장이 되는 조건으로 발명 특허권을 전부 양수(讓受)하기로 하였다.
③ ┌ 주인에게 그 물건을 위탁(委託)받았다.
　└ 정부로부터 위촉(委囑)을 받아 환경 문제에 대해 연구하였다.
④ ┌ 논증(論證)이 불가능한 일을 주장했다.
　└ 그의 주장은 논리가 워낙 치밀해서 반증(反證)을 대기가 어렵다.
⑤ ┌ 드디어 요르단 사업에 대한 결재(決裁)가 나서 진행할 수 있게 되었다.
　└ 결제(決濟) 자금이 부족해서 중국의 희토류 수입 사업은 포기해야만 했다.

13
〈보기〉의 (　)에 들어갈 단어를 차례대로 나열한 것은?

| 보기 |

• 그는 (　) 늘그막에도 자식들에게 손을 벌리지 않을 수 있었다.
• 무거운 겨울옷을 벗고 봄옷을 입으니 조금 (　) 편한 느낌이다.
• 오히려 그런 일이 아람 밤톨같이 (　) 좋은 것이다.

① 늘비해서 – 오달져서 – 가붓해서
② 그악해서 – 가붓해서 – 오달져서
③ 가붓해서 – 그악해서 – 오달져서
④ 오달져서 – 늘비해서 – 가붓해서
⑤ 가붓해서 – 늘비해서 – 오달져서

14
다음 중 표기가 적절하지 않은 것은?

① 쌀전　　② 따님
③ 마소　　④ 다달이
⑤ 무자위

15
다음 중 표기가 적절하지 않은 것은?

① 숫양　　② 수캐
③ 숫소　　④ 숫염소
⑤ 수평아리

16
밑줄 친 단어의 발음 표기가 적절하지 않은 것은?

① 고양이에게 우산을 씌워[씨워] 주었다.
② 희망[희망]이 없다고 생각할 때가 있다.
③ 의자[의자]를 여기에 두니 좀 걸리적거린다.
④ 이 기계는 뜨거우니 주의[주이]해서 다루세요.
⑤ 우리의[우리에] 가장 큰 바람은 네가 건강한 거야.

17
다음 중 표기가 외래어 표기법에 맞게 쓰이지 않은 것은?

① 공자　　② 상해
③ 황허　　④ 등소피안
⑤ 후진타오

18
로마자 표기가 적절하지 <u>않은</u> 것은?

① 종묘 Jongmyo
② 금강 Geumgang
③ 오죽헌 Ojukheon
④ 속리산 Songnisan
⑤ 삼죽면 Samjug-myeon

19
다음 글을 읽고 알 수 있는 내용이 <u>아닌</u> 것은?

한국사능력검정시험

한국사능력검정시험은 한 나라의 국민으로서 가져야 하는 기본적인 역사적 소양을 측정하고, 역사에 대한 전 국민적 공감대를 형성하기 위한 시험으로 한국사 학습능력을 측정할 수 있는 대표적인 시험입니다.

한국사능력검정시험은 국가 기관인 국사편찬위원회가 주관, 시행, 운영하고 있으며 학생, 성인할 것 없이 한국사에 대한 관심과 애정만 있다면 외국인을 포함하여 누구나 응시가 가능한 시험입니다. 한국사능력검정시험은 '선발시험'이 아닌 '자격시험'으로서, 상대 평가에 따라 일정 인원을 선발하는 체제가 아닌, 절대 평가에 따라 일정 점수 이상만 획득하면 누구에게나 자격을 부여하고 한국사 학습능력을 인증해 주는 시험입니다. 학교 교육에서 한국사의 위상은 날로 추락하고 있는데, 주변 국가들은 역사 교과서를 왜곡하고 심지어 역사 전쟁을 도발하고 있습니다. 한국사의 위상을 바르게 확립하는 것이 무엇보다 시급한 실정이며, 이러한 현실에서 우리 역사에 대한 관심을 제고하고, 자발적인 역사학습 분위기를 조성하기 위해 마련된 한국사능력검정시험을 통해 올바른 한국사 학습을 시작해 보시길 바랍니다.

□ 시험구분 및 평가등급

시험구분	고급	중급	초급
인증등급	1급(70점 이상), 2급(60점 이상)	3급(70점 이상), 4급(60점 이상)	5급(70점 이상), 6급(60점 이상)
문항수	50문항 (5지 택1형)	50문항 (5지 택1형)	40문항 (4지 택1형)
응시시간	100분	100분	80분
배점	100점 만점(문항별 1~3점 차등 배점)		

□ 평가내용 및 응시 권장대상

시험구분	고급	중급	초급
평가등급	1급, 2급	3급, 4급	5급, 6급
평가내용	한국사 심화 과정으로 차원 높은 역사 지식, 통합적 이해력 및 분석력을 바탕으로 시대의 구조를 파악하고, 현재의 문제를 창의적으로 해결할 수 있는 능력 평가	한국사 기초 심화 과정으로 한국사에 대한 기본적인 이해를 바탕으로 한국사의 흐름을 대략적으로 이해할 수 있는 능력과, 전반적인 이해를 바탕으로 한국사의 개념과 전개 과정을 체계적으로 파악할 수 있는 능력 평가	한국사 입문 과정으로 한국사에 대한 흥미와 관심을 가지고 있으면 누구나 이해할 수 있는 기초적인 역사 상식을 평가
권장대상	수험생(고3, N수), 대학생, 취업 준비생, 고시 준비생, 승진대비자, 기타 일반 성인	중학생, 고등학생 (1,2학년)	초등학생

□ 활용 및 특전
- 교원 임용시험 응시 필수 자격증(3급 이상)
- 국비 유학생, 해외파견 공무원, 이공계 전문연구요원 한능검 자격증으로 대체
- 5급 국가 공무원 시험 및 외교관 후보자 선발시험 응시자격 부여(2급 이상)
- 육군사관학교, 공군사관학교, 해군사관학교, 국군간호사 사관학교 입시 가산점
- 공기업 및 사기업에서 입사, 승진 시 한능검 자격증 가산점 부여
- 행정안전부 시행 지역인재 7급 견습직원 선발시험에 추천 자격요건 부여(2급 이상)

① 교원임용시험을 준비하는 사람이라면, 3급 이상은 반드시 취득해야 한다.
② 초급 시험은 응시시간이 다른 시험과 다르므로, 시간 배분을 잘 해야 한다.
③ 한국사에 관심과 애정이 있다면, 외국인을 포함하여 누구나 응시 가능하다.
④ 5급 국가 공무원 시험의 응시자격을 부여받으려면, 고급 시험에 응시해야 한다.
⑤ 60점 이상을 받으면 자격을 취득할 수 있지만, 경쟁률이 심하면 점수가 하락할 수 있다.

20
다음 자료를 제대로 분석한 것이 아닌 것은?

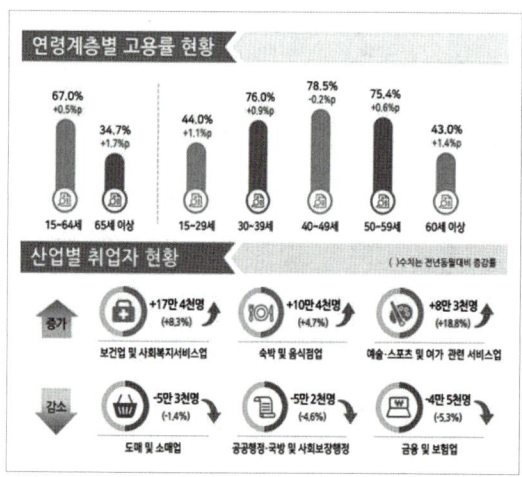

① 전년 대비 고용률이 가장 많이 떨어진 연령층은 '60세 이상'이다.
② 전년 대비 취업자 증감률이 가장 많이 줄어든 업종은 '금융 및 보험업'이다.
③ '도매 및 소매업'과는 달리 '숙박 및 음식점업'은 취업자가 증가했다.
④ '예술·스포츠 및 여가 관련 서비스업'의 취업자 증감률이 가장 많이 증가하였다.
⑤ '40~49세'의 고용률은 전년 대비 소폭 하락하였지만, 다른 연령층에 비해서는 가장 높게 나타났다.

21
다음 글에 나타난, 자기소개서를 쓰는 방법으로 적절하지 않은 것은?

지원자가 어떤 환경에서 성장했느냐는 질문은 대입 자기소개서에 자주 등장하는 단골 문항입니다. 간단한 질문이지만 막상 답변하려고 하면 쉽지가 않습니다. '언제의 이야기를 써야 하지?', '가족을 소개하라는 건가?', '나는 평범한 환경에서 자랐는데 뭘 어떻게 쓰지?' 등 수많은 생각이 머릿속을 스쳐 지나가면서 혼란에 빠지기 쉽습니다. 하지만 두 가지만 명심한다면 성장과정에 대해 적절하게 답변하는 것은 어렵지 않습니다.

첫째, 나열하지 말자! 한 가지 주제에 집중하자! 성장과정을 기술할 때 가장 고민스러운 부분이 아마 시간의 범위일 것입니다. 많은 학생들이 어디서부터 어디까지의 성장과정을 기술해야 하는지 난감해 하고, 어릴 적부터 고등학교에 입학하기까지의 성장과정을 나열하곤 합니다. 하지만 자기소개서는 사실들을 나열하기보다는 지원자에게 영향을 주었던 사건이나 일화 등을 중심으로 작성해야 합니다. 지원자만의 독특한 체험이나 경험을 한 가지 선택하여 자세하게 기술하는 것이 좋습니다. 구체적 일화를 통해 가족 환경이나 주변 환경이 지원자의 삶에 어떤 영향을 주었는지, 어떤 것을 배우고 느꼈는지에 대해 서술한다면 훌륭한 자기소개서가 될 수 있습니다.

둘째, 구체적으로 쓴다면 평범한 소재도 멋진 소재도 탈바꿈된다! 대부분의 자기소개서에는 '저는 자상하신 어머니와 엄격하신 아버지 밑에서 자랐으며 2남 1녀 중 막내로~' 등의 진부하고 식상한 표현이 많습니다. 이런 천편일률적인 내용은 자기소개서에 담지 않는 것이 좋습니다. 한 번에 수십, 수백 개의 자기소개서를 검토하는 입학사정관의 입장이 되어 보세요. 저런 문장을 보자마자 '탈락'으로 분류해 버릴지도 모릅니다. 그렇다면 식상하지 않은 자기소개서는 어떻게 쓸 수 있을까요? 평범한 가정에서 평범하게 성장해서 쓸 내용이 아무것도 없다고요? 걱정할 것 없습니다. 특별한 일화가 없더라도 구체적으로 작성한다면 남들과 다른 자신만의 성장과정을 작성할 수 있습니다.

지원동기를 묻는 문항에서는 학업을 위한 노력이나 앞으로의 학업계획을 함께 물어보는 경우가 많습니다. 학업 노력에 대한 작성 포인트는 앞부분에서 소개하였기에, 이번에는 지원동기와 학업계획에 초점을 두고 설명하겠습니다.

첫째, 일화가 핵심입니다. 지원동기를 묻는 질문에 대한 답변은 지원하는 학과에 관심을 갖게 된 계기를 일화 형식으로 쓰는 것이 중요합니다. 보통 학생들은 '저는 어려서부터 ○○에 관심이 많아 ○○학과에 지원하게 되었습니다.'라는 표현을 자주 사용합니다. 그러나 정말 자기소개서에 기술해야 할 부분은 왜 자신이 어렸을 때부터 해당 분야에 관심이 많았는가 하는 점입니다. 곰곰이 생각해 보면 분명히 특별한 계기가 있을 것입니다. 그 계기를 일화형식으로 자세하게 써 주세요.

둘째, 추상적인 서술은 피해야 합니다. '제가 만약 ○○대학교에 합격한다면 열심히 공부해서 ○○분야에 필요한 자질을 기를 것입니다.' 자, 이 문장을 읽고 입학사정관이 얻을 수 있는 정보는 무엇일까요? 문장은 그럴 듯하지만 중요한 내용은 모두 빠져 있습니다. '이 학생은 어떻게 열심히 공부하겠다는 것일까?', '어떤 자질을 기를 거라는 거지?' 하는 의문이 들 것입니다. 답안을 마무리하기 전에 혹시 추상적인 문장이 있는지 다시 한 번 살펴봅시다.

① 입학사정관 입장에서는 식상한 표현보다는 특별한 경험 자체에 집중할 것이다.
② 성장과정을 쓸 때, 시간의 범위보다는 중심 사건을 자세히 쓰는 것이 중요하다.
③ 성장과정을 나열하지 말고, 지원자에게 영향을 준 사건이나 일화를 중심으로 적어야 한다.
④ 대학교에 입학한다면 어떤 방법으로 공부해 나가고, 어떤 능력을 얻어 나갈 것인지 구체적으로 써야 한다.
⑤ 지원동기를 쓸 때에는 어려서부터 그 분야에 관심을 가지게 된 일화를 중심으로 서술하는 것이 좋다.

22
다음 글을 읽고 난 반응으로 적절하지 않은 것은?

가만히 서 있기만 해도 땀이 등에 줄줄 흘렸다. 7월 23일은 절기 중 가장 덥다는 대서(大暑)였다. 낮 최고기온이 36도를 웃돌았다. 서울 길음동 D아파트 119동 앞. 따가운 햇볕 아래 성북구 집배원 이동조 씨(38)가 오토바이와 함께 모습을 드러냈다. 간단한 인사를 나누기 바쁘게, 그는 우편물과 택배물품들을 챙겼다. 아파트 안으로 들어가는 그의 뒤를 쫓았다.

"잘 따라오세요." 배달 일은 대개 발로 뛰는 것이었다. 이 씨는 아파트 우편함에 우편물을 꽂는 것부터 시작했다. 우편함 위쪽과 아래쪽을 번갈아가며 우편물을 넣느라 그는 앉았다 일어섰다를 반복했다. 금세 아파트 한 동의 우편함이 꽉 찼다. 그는 바로 택배와 등기 배달을 위해 승강기로 향했다. 최고층까지 올라가 비상구 계단을 한 층씩 내려왔다. 현관문을 일일이 두드리고, 사람이 없으면 우편물 도착 안내서를 붙였다. 계단과 복도를 성큼성큼 걷는 그의 움직임은 거침이 없었다. 그러면서도 긴바지가 불편한지 자주 추켜올렸다.

"그래도 아파트는 편한 거예요." 오후 1시를 넘긴 시각, 이 씨는 길음동 주택가 배달을 시작했다. 주택가는 아파트처럼 세대들이 모여 있지 않다. 그는 오토바이에서 내려 빌라 계단을 올랐다. 택배를 전달하고, 다시 내려와 오토바이에 올라탔다. 또다시 5m를 움직이고, 오토바이에서 내렸다. 어느새 그의 새까만 긴바지는 땀에 절어 엉덩이와 허벅지 살갗에 달라붙었다. 그렇게 이 씨는 그날 우편물 1,500여 건, 등기 및 택배 150여 건을 배달했다. 거리로는 40km를 움직였다.

올해로 3년 차가 된 이 씨는 '눈을 감고도 담당 구역의 지도를 그릴 만큼' 일이 익숙하다고 했다. 그러나 여전히 더위에는 속수무책이다. 폭염 속 배달이 더 힘든 이유는 긴바지와 땀 배출이 잘 안 되는 셔츠 때문이었다. 그는 옷 때문에 가중되는 더위와 습기가 오히려 일의 속도를 늦춘다며, 집배원복의 비효율성을 지적했다.

현장에서 뛰는 집배원들은 "제발 근무복을 바꿔 달라"고 아우성이다. 서울의 ㄷ구 집배실장 A씨는 "여름만 되면 현장에서 다들 죽겠다고 하는데 관리자들은 잘 모른다"고 말했다. 그는 또 "반바지를 입으면 다리털이 드러나지 않나. 집배원 품위유지 등의 이유로 윗선이 반대하는 것 같다"고 덧붙였다. 현장의 집배원들도 "지금도 이미 여름용 소재 바지"라며 "그런데도 엉덩이와 허벅지에 땀띠가 나 난리"라고 호소했다. 그러면서 바지 길이가 짧아져야 한다고 입을 모았다.

성북우체국 소속 18년 차 박동조 집배원은 얼마 전 여의도 지역 집배원이 폭염 속에 배달을 하다 쓰러진 이야기를 꺼냈다. 그는 "지금 바지는 신발 위까지 덮는 길이의 정장 스타일 긴바지"라며 "종아리까지 오는 7부 바지만 되어도 훨씬 나을 것"이라고 말했다. 또 지금은 단정함을 위해 셔츠를 입는데, 미국처럼 옷깃이 있는 기능성 티셔츠도 합리적으로 도입할 만하다는 의견을 내놨다.

그는 이러한 여름철 복장 문제에 대해 윗선에 여러 차례 요구해 본 적도 있다고 한다. 그러나 매번 받아들여지지 않았다. 안전문제에 관해서도 한 집배원은 "집배원들의 조심성을 믿지 못하는 것"이라며 "현장의 일은 현장 노동자가 가장 잘 알지 않겠느냐"는 반응을 보였다. 올해 여름처럼 39도에 육박하는 기온 속에서 긴바지는 집배원들에게 온열질환을 발생시켜 오히려 더 위험할 수 있다.

① 집배원복이 바뀌지 않는다면, 집배원들이 온열질환을 앓을 수 있어서 위험하다.
② 집배원복이 긴바지와 땀 배출이 잘 안 되는 셔츠로 되어 있다는 것이 문제이다.
③ 집배원복은 단정하게 보여야 하기도 하는데, 미국은 옷깃이 있는 기능성 티셔츠로 이 문제를 해결하고 있다.
④ 주택가 배달이 아파트 배달보다 어렵기 때문에, 주택가 배달을 하는 집배원의 복장을 편하게 만들 필요가 있다.
⑤ 안전문제로 복장을 바꾸지 못한다는 의견에, 집배원들은 자신들의 조심성을 믿지 못한다며 불만을 토로하고 있다.

23

다음 중 규정의 내용을 제대로 이해하지 못한 것은?

제10조(회사의 책임)
① 회사는 다음 각 호의 어느 하나에 해당하는 사고로 인하여 이용자에게 손해가 발생한 경우에는 그 손해를 배상할 책임을 집니다.
  1. 접근매체의 위조나 변조로 발생한 사고
  2. 계약체결 또는 거래지시의 전자적 전송이나 처리 과정에서 발생한 사고
  3. 전자금융거래를 위한 전자적 장치 또는 정보통신망 이용촉진 및 정보보호 등에 관한 법률 제2조 제1항 제1호에 따른 정보통신망에 침입하여 거짓이나 그 밖의 부정한 방법으로 획득한 접근매체의 이용으로 발생한 사고
② 회사는 제1항에도 불구하고 다음 각 호의 경우에는 책임의 전부 또는 일부를 이용자가 부담하게 할 수 있습니다.
  1. 이용자가 접근매체를 제3자에게 대여하거나 그 사용을 위임한 경우 또는 양도나 담보의 목적으로 제공한 경우

2. 제3자가 권한 없이 이용자의 접근매체를 이용하여 전자금융거래를 할 수 있음을 알았거나 쉽게 알 수 있었음에도 불구하고 접근매체를 누설하거나 노출 또는 방치한 경우
3. 회사가 전자금융거래법 제6조 제1항에 따른 확인 외에 보안강화를 위하여 전자금융거래 시 요구하는 추가적인 보안조치를 이용자가 정당한 사유 없이 거부하여 위 제1항 제3호에 따른 사고가 발생한 경우
4. 이용자가 제3호에 따른 추가적인 보안조치에 사용되는 매체·수단 또는 정보에 대하여 다음 각 목의 어느 하나에 해당하는 행위를 하여 위 제1항 제3호에 따른 사고가 발생한 경우
   가. 누설·노출 또는 방치한 행위
   나. 제3자에게 대여하거나 그 사용을 위임한 행위 또는 양도나 담보의 목적으로 제공한 행위
5. 법인('중소기업기본법' 제2조 제2항에 의한 소기업을 제외합니다)인 이용자에게 손해가 발생한 경우로서 회사가 사고를 방지하기 위하여 보안절차를 수립하고 이를 철저히 준수하는 등 합리적으로 요구되는 충분한 주의의무를 다한 경우
③ 회사는 컴퓨터 등 정보통신설비의 보수점검, 교체의 사유 등이 발생한 경우 전자금융거래서비스의 제공을 일시적으로 중단할 수 있으며, 회사는 각 홈페이지를 통하여 이용자에게 전자금융거래서비스 제공의 중단일정 및 중단 사유를 사전에 공지합니다.
④ 회사는 이용자로부터의 거래지시가 있음에도 불구하고 컴퓨터 등 정보통신설비의 보수점검, 교체 및 고장, 통신의 두절 등의 사유가 발생한 경우에는 전자금융서비스의 제공을 일시적으로 중단할 수 있으며, 이로 인하여 이용자에게 손해가 발생한 경우에는 그 손해를 배상할 책임을 집니다.
⑤ 회사는 제4항에도 불구하고 천재지변, 회사의 귀책사유가 없는 정전, 화재, 통신장애 기타의 불가항력적 사유로 처리불가능하거나 지연된 경우로서 이용자에게 처리불가능 또는 지연사유를 통지한 경우(금융기관 또는 결제수단 발행업체나 통신판매업자가 통지한 경우를 포함합니다) 또는 회사가 고의, 과실 없음을 입증한 경우에는 이용자에 대하여 손해배상책임을 지지 않습니다.

① 거래하는 과정에서 전자적 전송이나 처리 과정에서 발생한 사고는 회사에서 그 손해를 배상한다.
② 정보통신설비의 보수점검, 교체 및 고장, 통신의 두절 등으로 손해가 발생한 경우에는 회사가 배상할 책임이 있다.
③ 천재지변으로 인해 처리가 불가능하거나 지연된 경우라도 그 사항을 회사가 입증할 수 없으면 회사가 배상해야 한다.
④ 제3자가 권한 없이 이용자의 접근매체를 이용하여 전자금융거래를 했을 때 생기는 손해는 회사가 배상할 필요가 없다.
⑤ 회사가 사고를 방지하기 위하여 보안절차를 충분히 수립하고 이를 철저히 준수했음에도 발생한 문제는 회사가 책임질 필요가 없다.

24
다음 글을 통해 알 수 있는 내용이 아닌 것은?

> Q: 일반 해외 패키지 상품과 어떤 차이점이 있나요?
> A: 단독 가이드&투어&차량 등의 조건으로 오직 한 모임만을 위한 맞춤형 컨설팅을 제공하며 타 일행 없이 단독 패키지 여행을 이용하실 수 있습니다. 또한 온라인 상담 예약 전용 혜택을 받을 수 있습니다.
> Q: 우리 모임 특성에 맞는 견적을 받고 싶은데 이용 방법이 궁금합니다.
> A: [전문 상담원 컨설팅 신청] 버튼을 클릭해 신청해 주시면 기재해 주신 연락처와 이메일로 48시간 이내 전문 상담원이 안내를 드립니다. 상담 내용에 따라 견적 안내가 지연될 수 있으며 대표 추천 일정을 참고하여 상담하시면 원활한 상담이 가능합니다.
> Q: 맞춤여행 예약하면 특별한 혜택이 있나요?
> A: 사이트에 명시되어 있는 '예약고객 GIFT BOX'를 참고해 주시고 그 외 지역별 혜택을 추가 제공하고 있습니다. 자세한 내용은 전문 상담원과 확인해 주세요.
> ※ 공통 혜택 및 지역별 혜택은 온라인 상담 예약 시에만 제공됩니다.
> Q: 일반 해외 패키지와 상품이 차이가 나는 이유는 무엇인가요?
> A: 일반 패키지와 조건이 같아도 단독 여행의 특성에 따라(단독으로 진행되는 가이드, 차량, 투어, 서비스 비용 등) 요금은 추가될 수 있습니다. 소수 인원일수록 현지 경비 분담 비용이 높고 휴일과 같은 특정 날짜는 요금이 상승할 수 있습니다.
> Q: 상담을 접수했는데 답변을 못 받았습니다.
> A: 연락처, 이메일이 잘못 기재되어 있는 경우에 견적 안내가 어려울 수 있습니다. 다시 한 번 고객 정보를 확인 부탁드리며 3일 이내 상담원의 안내에 무응답 시 상담 문의는 자동 취소됩니다.
> Q: 출발일이 많이 남은 날짜를 상담하면 정확한 요금 확인은 어렵나요?
> A: 상담 시점 기준으로 출발일이 약 6개월 이상일 경우, 항공, 호텔 등의 정확한 가격 안내가 어려울 수 있습니다. 예상가로 견적을 받으시게 되며 확인이 되는 대로 확정가격 안내를 받으실 수 있도록 도와드리겠습니다.

① 특별한 혜택은 온라인 상담 예약 시에만 적용된다.
② 전문 상담원 컨설팅을 통해 모임 특성에 맞는 여행의 견적을 받을 수 있다.
③ 출발일을 기준으로 5개월 전에 상담을 하면 정확한 가격 안내를 받을 수 있다.
④ 단독으로 진행되는 가이드나 차량, 투어를 이용할 때에는 추가 비용이 발생할 수 있다.
⑤ 패키지 여행에 참여하는 인원의 수가 많을수록 현지 경비 분담 비용이 늘어날 수 있다.

25
다음 글의 내용과 다른 것은?

> 토요 방과후학교 외부강사 채용계약서
>
> 1. 계약당사자: 본교 『토요 토론 – 논술반』을 운영함에 있어 △△중학교장 김○○을 '갑'이라 칭하고, 지도강사 오○○을 '을'이라 칭하여 다음과 같이 계약을 체결한다.
>
> 2. 계약 조건: 강사채용을 함에 있어 '갑', '을'이 합의하여 아래와 같이 계약한다.
> 제1조(교육대상): 본교 재학생 중 희망자
> 제2조(교육기간): 20○○년 3월 9일(토) ~ 20○○년 1월 4일(토)까지로 한다.
> 제3조(수업시수): 매주 토요일 3시간 수업 기간 중 총 90시간 강의한다.
> (단, 학교측 사정에 따라 요일별, 시간별 조정할 수 있다.)

제4조(교육장소): 교육은 학교장이 지정하는 곳에서 실시하여야 하며 학교장의 승인 하에 장소를 변경할 수 있다.

제5조(강사의 조건)
(1) 강사로 전문성과 품위가 있는 자
(2) 건강에 이상이 없는 자

제6조(강사료): 강사료는 강의 시간당 3만 원으로 계산하여 지급하되, 학생 수와 조건에 따라 조정할 수 있다.

제7조(수업 결손): 임시 휴강 및 수업 결손 발생 시 쌍방 협의하에 보강수업을 실시하여야 한다.

제8조(수업 공개): '갑'의 구성원(본교의 모든 학생, 교사, 학부모)은 희망할 경우 수업을 참관할 수 있다.

제9조(교안의 작성제출): 강사는 매시간 교안을 작성하여 수업에 임하여야 한다. 학기별, 월별 교안을 '갑(담당 교사)'에게 일괄 제출하여야 하며, 학부모에게 가정 통신문을 보낼 경우 '갑'의 허가를 받은 후 통신하여야 한다.

제10조(강사료의 지급): 1개월(또는 1팀) 단위로 수강완료 후 강사가 요구하는 계좌로 강사료를 지급한다.

3. 계약의 해제: '갑'은 다음 각 호에 해당할 경우 계약을 해제할 수 있다.
   가. '을'이 정당한 사유 없이 계약 조건을 지키지 않거나 거부할 때
   나. '을'의 귀책사유로 인하여 '갑'의 방과 후 교육 활동반 운영에 중대한 지장을 초래한다고 인정될 때
   다. 희망 학생 수의 감소로 수업을 지속할 수 없을 때
   라. '갑', '을' 쌍방이 합의한 경우

① 수강생 수가 줄어들면 수업이 개설되지 않을 수 있다.
② '을'은 '갑'의 학교에서 30주간 토요일 수업을 진행하게 된다.
③ 학부모에게 보내는 가정 통신문은 '을'이 단독적으로 보낼 수 없다.
④ '을'의 귀책사유가 없어도 '갑'과 '을'이 쌍방 합의한 경우라면 계약을 해지할 수 있다.
⑤ '을'은 매시간 교안을 만들어야 하고, 수업 시작 전에 '갑(담당 교사)'에게 제출하여야 한다.

26

다음 글에서 소개하는 책에 대한 설명으로 적절하지 않은 것은?

진심을 건네는 일이란 단순하면서도 복잡하다. 타인을 지탱하는 데 있어 어떠한 말과 행동의 방식이 저 건너편에 닿을 수 있을지 장담할 수 없기 때문이다. 이에 어느 순간을 기점으로 남들과는 같아질 수 없는 생을 살아가게 된 이들을 어루만지는 작가 조해진이 〈단순한 진심〉이라는 장편소설로 돌아왔다. 세상에서 소외된 청춘들의 연대를 다룬 〈여름을 지나가다〉, 가까운 이를 떠나보낸 이들의 이야기를 담은 〈빛의 호위〉, 그리고 탈북민의 삶을 다룬 〈로기완을 만났다〉까지. 그녀의 전작들처럼 신간 〈단순한 진심〉은 해외 입양아로 프랑스에서 자란 극작가이자 연극배우인 '나나'가 헤어진 연인의 아이를 임신한 뒤 자신의 기원을 좇아 한국에 돌아오는 이야기를 담았다. 나나가 과거를 추적하는 장면을 담으려는 대학생 영화감독 '서영'은 그녀에게 숙소를 제공하며 촬영 내내 그녀와 깊은 유대를 쌓아간다. 그 외에도 숙소 건물 1층 복희식당의 할머니, 선로에서 기차에 치일 뻔한 어린 시절의 나나를 구한 기관사 아저씨 같은 인물들 또한 완벽한 타인임에도 불구하고 그녀의 삶에 따뜻함이 깃들게 한다. 언제나 혼자라고 생각했고 타인과 엮이지 않는 것이 생에서 챙길 수 있는 행운이라 생각했던 환경에서 성장한 그녀는 비로소 과거를 알고 싶어 하는 자신의 갈망을 돌아보고 품고 있는 아이에 대한 애정을 되새긴다. 이리도 따뜻한 서사의 이면에는 세간의 손가락질을 피할 수

없었던 미혼모와 기지촌 여성들의 현실, 그렇게 태어난 혼혈아, 그리고 해외로 입양된 아이들의 이야기가 스며들어 있다. 작가는 잘못된 인식으로 점철된 사회에서 희생당한 수많은 생명을 다루고 있으면서도, 그 잔인한 역사를 둘러보는 수고를 아끼지 않는다. 나나의 숙소가 위치한 '이태원'이 조선 시대 겁탈당한 여자들이 아이를 낳고 모여 살던 '이타인'에서 유래했다는 것, 그녀가 잠시나마 살았던 '아현'이 아이들의 시체를 묻은 매립지였다는 것에서 알 수 있듯 그녀가 과거에 닿았던 장소 하나하나가 그 기원과 연관되어 있다. 하지만 "이름은 집이니까요"라는 서영의 말처럼, 이 세상에서 내쳐진 모든 이들의 이름엔 저마다의 삶과 의미가 있으며, 그 이름이야말로 언젠가 돌아갈 집이 되어준다는 위로를 전한다. 작품 내내 연속되는 나나와 이방인들 사이의 연대에서 알 수 있듯 타인을 일으키는 힘은 복잡할 필요가 없다. 단순히 말 한마디, 행동 하나, 그리고 건넨 손길 하나가 오늘도 누군가를 살아가게 만든다. 어쩌면 진심은 진심 그대로도 충분한 효력이 있으니까. 그래서 진심이라면 단순할 수밖에. 아니 단순해야만 하는 건지도 모른다.

① 미혼모와 기지촌의 여성들, 혼혈아들의 이야기를 담고 있다.
② 타인을 일으키는 힘은 단순한 진심이면 된다고 말하고 있다.
③ 주변의 따뜻한 모습을 통해 자신을 돌아보게 되는 주인공이 등장한다.
④ 주인공과 연관이 있는 장소는 그 이름의 유래를 밝히며, 장소의 이동에 따라 사건이 진행된다.
⑤ 남들과는 같아질 수 없는 생을 살아가게 된 이들을 어루만지는 내용은 작가의 가치관을 담았다고 할 수 있다.

27
다음 글의 제목으로 적절한 것은?

마케팅이 고객 중심의 사고방식이나 접근법이라고 한다면, 마케팅의 출발 역시 고객을 이해하는 것에서 시작한다. 그런데 고객이란 누구인가. 또 고객을 이해하고 고객을 만족시킨다는 것은 어떤 의미일까.

국내에 번역된 마케팅 교과서에는 '고객'과 '소비자'라는 단어를 혼용해 사용하고 있다. 사실 고객이라는 단어를 더 많이 사용하는 경향이 있는데 '소비하는 사람'이라는 뜻의 '소비자'보다 손님이라는 의미를 가진 '고객'이라는 어감이 더 좋다고 느끼기 때문인 것 같다. 하지만 영문판 교재에서는 '고객'과 '소비자'를 모두 'Customer'로 표기한다. 'Customer'의 사전적 의미는 '재화나 용역을 구매하는 사람(a person who buys goods or a service)'이다. 우리말 단어로 보자면 '고객'보다는 '소비자'에 가깝다.

마케팅에서 고객은 '무엇인가를 사는 사람'이다. 결제하는 사람이 고객인 것이다. 그럼 사지 않는 손님도 있을까? 있다. 흔히 '사용자(User)'라 불리는 사람들이다. 구글이나 네이버와 같은 포털사이트에서 검색을 하는 사람들은 사용자다. 그럼 구글과 네이버의 고객은 누구일까? 포털의 주 수입원은 검색광고다. 따라서 광고비를 내는 사람이 그들의 고객, 즉 소비자가 된다. 지불 능력이 없는 유아나 어린이들의 상품도 마찬가지다. 아이들은 사용자이고 소비자는 그들의 부모다. 물론 소비자와 사용자가 같은 경우가 더 많지만 마케터는 이 둘을 구분해서 생각할 수 있어야 한다.

마케팅은 고객을 이해하고 고객을 위한 가치를 창출하고 강력한 고객관계를 구축하는 활동이다. 탁월한 고객 가치와 고객관계를 구축한 기업은 그 대가로 매출과 이익 그리고 장기적 고객자산을 얻는다. 마케팅은 소비자의 욕구 즉 '사는 사람의 마음'을 이해하는 것에서 출발한다.

① '사용자'의 뜻
② 검색광고의 장점
③ 소비자의 욕구와 마케팅
④ '고객'과 '소비자'의 차이점
⑤ '소비자'보다 '고객'이라는 단어를 더 많이 쓰는 이유

[28~29] 다음 글을 읽고 물음에 답하시오.

우리는 언제 어디서든 논증을 접하고, 또 그것을 평가한다. 책이나 잡지는 물론 광고나 TV 토크쇼, 정치 연설이나 토론, 신문의 칼럼이나 사설 그리고 토론 수업, 심지어 친구들과 밤늦게 이어지는 잡담에서도 논증은 제시되고 평가된다. 어떤 논증들은 건전하고 설득력이 있는 반면, 어떤 논증들은 횡설수설하거나 미궁에 빠지기 일쑤다. 바로 이런 논증들이야말로 오류를 범하고 있는 것이다. 한 논증이 논리적 결함을 갖고 있을 때 논리적 오류를 범하고 있다고 한다.

그렇다면 어떤 논증이 논리적 결함을 안고 있는가? 즉 논리적 오류란 무엇인가? 일반적으로 흔히 저지르기 쉬운 수많은 오류 논증들이 있으며, 또 그것들을 분류하는 다양한 방식들이 있다. 하지만 가장 효과적이고 단순한 방법은 좋은 논증의 기준을 충족시키는지 여부를 판단하는 것이다. 오류란 좋은 논증의 기준들 중 하나를 위반하는 것을 의미한다. 세 가지 논증 평가 기준들 중 하나라도 만족시키지 못하는 논증은 어쨌든 오류 논증인 것이다. 따라서 오류는 결론을 입증하기 위해 제시된 논증의 전제를 수용할 수 없거나(전제의 수용 불가능성), 전제와 결론이 무관하거나(전제의 무관성), 전제가 결론을 충분히 지지하지 못해서(전제의 불충분성) 발생한다.

이러한 오류 논증을 분류하는 방식은 좋은 논증을 평가하고 구성하는 데 핵심적인 역할을 한다. 오류 논증을 이해함으로써 우리는 약한 논증을 파악할 뿐 아니라 좋은 논증이 무엇인지도 인식할 수 있다. 따라서 오류 논증의 이해는 우리가 범해서는 안 되는 논증을 회피하게 하는 것 이상의 역할을 한다. 이를테면, 우리는 한 논증이 오류라면 그것은 아마도 나쁜 논증일 것이며, 반대로 한 논증이 오류가 아니라면 좋은 논증임을 알게 되는 것이다.

사실, 오류 논증은 보통 얼핏 보기에 좋은 논증인 것처럼 위장하고 기만하고 있다. 겉보기에는 오류 논증이 아닌 것처럼 보인다는 이런 이유 때문에 우리는 쉽게 오류에 현혹되고, 추론에서 잘못을 저지르고 만다. 물론 그런 기만은 논증자가 의도하는 바가 아닐지도 모른다. 하지만 ㉠그런 기만이 의도적이든 그렇지 않든 이것은 실제로 중요하지 않다. 오류는 오류일 뿐, 논증자의 의도와 무관하기 때문이다. 문제는 우리가 잘못된 논증의 결론을 받아들일 경우 추론의 잘못을 저지른다는 점이다. 우리가 나쁜 논증을 좋은 논증으로 받아들인다면, 결과적으로 나쁜 논증의 결론을 받아들이는 셈이며, 그 책임까지도 져야 하는 것이다. 마찬가지로 좋은 논증의 결론을 받아들이는 사람은 좋은 논증을 하는 셈이며, 결과적으로 합리적인 사고자로 인정받을 수 있는 것이다.

28
이 글을 읽고 알 수 있는 내용이 아닌 것은?

① 좋은 논증의 기준들을 모두 만족시키지 못한다면, '논리적 오류'에 속한다.
② 어느 논증자는 겉보기에는 오류 논증이 아닌 것처럼 의도적으로 꾸미기도 한다.
③ 오류 논증을 이해함으로써 좋은 논증이 무엇인지에 대해서 인식할 수 있다.
④ 횡설수설하거나 미궁에 빠지는 등의 논리적 결함을 갖고 있을 때, 그 논증을 '논리적 오류'라고 한다.
⑤ 전제를 수용할 수 있고, 전제와 결론이 깊은 관련을 맺고 있으며, 전제가 결론을 충분히 지지한다면 올바른 논증이 될 수 있다.

29

㉠의 직접적인 이유로 적절한 것은?

① 좋은 논증을 해야 합리적인 사고자로 인정받을 수 있기 때문이다.
② 우리는 언제 어디서든 논증을 접하고, 그것을 평가할 수 있기 때문이다.
③ 전제가 결론을 충분히 지지하지 못하면 논증에 오류가 발생하기 때문이다.
④ 논증자의 의도와 상관없이 오류 논증을 파악해 내는 것이 중요하기 때문이다.
⑤ 모든 논증자들은 의도를 가지고 오류 논증을 좋은 논증인 것처럼 위장하기 때문이다.

[30~31] 다음 글을 읽고 물음에 답하시오.

'외계인 손 증후군'은 신경질환으로서 손이 자신의 의지와 상관없이 움직이는 것을 말한다. 한 손이 사탕을 잡으면 다른 손이 그 사탕을 잡아서 다시 제자리에 돌려놓는다. 양손은 뇌에서 각자의 신경회로를 가지고 있다. 뇌손상, 뇌졸중 또는 감염이 있었던 사람들에게 이런 증상이 주로 나타난다. 심지어 다른 쪽 팔의 움직임을 방해하거나 잡아 뜯는 등 공격성을 띠기도 한다.

'무시 증후군'은 주로 우뇌가 손상되었을 때 나타나고 모든 감각에 나타날 수 있다. 그래서 이 증상을 앓는 사람은 감각인지에 장애가 나타난다. 예를 들어 냉장고에서 왼쪽에 놓여 있는 물건들만 꺼내오거나 양팔을 들어야 할 때 한쪽 팔만 움직인다.

㉠'측두엽 간질'은 간질 발작의 특별한 형태로, 근육의 경련으로 나타나지 않고 가령 기시감(데자뷔)이나 환각과 같은 인지 장애와 왜곡으로 나타난다. 이런 형태의 간질은 성격이 변하는 광기를 동반할 수 있다.

'투렛 증후군'을 앓고 있는 사람들은 특정한 표정이나 소리 또는 움직임을 거의 또는 전혀 자제하지 못한다. '오언증'이 여기에 속하는데, 이것은 음란하거나 금기시되는 말을 내뱉고 싶은 충동이다.

시각장애를 가진 사람들의 경우에는 실제로는 '찰스 보넷 증후군'을 앓고 있음에도 불구하고 환상이나 환각을 치매 또는 심리적인 질병으로 잘못 판단할 수 있다. 찰스 보넷 증후군은 손상된 시삭(視索)으로 인해 가령 동물이나 상상 속의 형상을 보는 것이다.

데자뷔는 이른바 일종의 기억장애다. 상당히 많은 사람들이 이런 심리적인 현상을 한번쯤 겪어봤을 것이다. 어떤 상황을 예전에 똑같이 경험한 것 같은 느낌이 드는 것이다. 피로, 정신병, 뇌질환 또는 마약이나 독극물로 인해 이런 증상이 더 자주 나타난다. 연구에 따르면 이 밖에도 억압, 각인된 환상, 과도한 긴장 그리고 트라우마가 데자뷔 현상이 더 자주 나타나게 만드는 요인들이라고 한다.

30

이 글을 읽고 알 수 있는 내용이 <u>아닌</u> 것은?

① 우뇌가 손상되면 감각인지에 장애가 일어날 수 있다.
② '데자뷔'는 피로나 정신병으로 인해 더 자주 발생할 수 있다.
③ 음란하거나 금기시되는 말을 내뱉고 싶은 충동은 '투렛 증후군'에 속한다.
④ '외계인 손 증후군'은 양손에 각각 연결된 신경회로에 문제가 생겨 발생한다.
⑤ 근육에 경련이 나타나고, 환각이 나타나면 '측두엽 간질'을 의심해볼 수 있다.

31

〈보기〉를 바탕으로 했을 때, ㉠의 인지 장애가 나타나는 이유와 관계가 없는 것은?

| 보기 |

우리는 자기 자신을 속이는 것을 눈치채지 못한다. 세상과 그 속에서 살고 있는 우리 자신을 설명하기 위해 끊임없이 이야기를 지어낸다. 그리고 우리가 가볍게 '현실'이라고 표현하는 것을 우리는 계속해서 바꾸고 변형시킨다. 이렇게 해서 일관된 이야기가 만들어진다. 우리의 뇌는 빈틈을 메울 수밖에 없다. 대개는 사실이 아닌 상상의 재료로 말이다.

우리가 진짜 있었던 이야기를 전달할 때, 그 이야기는 우리의 주관적인 처리본부를 통과해서 구성된 것이기 때문에 결코 현실을 정확하게 묘사한 것이 아니다. 모든 두뇌가 계속해서 이야기를 만들어내기 때문에 같은 사건에 대해서도 열 사람이 열 개의 다른 이야기를 할 수 있다. 우리는 사실을 있는 그대로 이야기할 수 있다고 생각하지만 우리는 자기 자신, 자신의 발전과정, 자신의 행동, 자신의 감정에 대한 있는 그대로의 진실을 결코 알 수 없다. 우리가 그것을 어떻게 생각하는지 알 수 있을 뿐이다. 대부분의 사고 메커니즘, 우리 뇌에서 일어나는 모든 일들을 우리가 알 수 없기 때문에 우리는 현실, 꾸며낸 이야기 그리고 왜곡시킨 이야기를 자신 있게 구분하지 못한다.

① 우리의 뇌는 상상의 재료로 빈틈을 계속 메운다.
② 우리의 현실과 꾸며낸 이야기를 자신 있게 구분하지 못한다.
③ 있는 그대로의 진실을 우리가 어떻게 생각하는지 알 수 없다.
④ 우리는 우리 자신을 설명하기 위해 끊임없이 이야기를 지어낸다.
⑤ 이야기를 만들 때, 우리의 주관적인 처리본부를 통과하여 구성한다.

[32~33] 다음 글을 읽고 물음에 답하시오.

자동판매기의 역사는 꽤 오래되었다. 흔히 자동판매기는 정교한 기계 장치(각종 센서)와 24시간 가동될 수 있는 전기공급 장치의 결합으로 이루어졌다고 생각한다. 물론 맞는 말이다. 사람이 없는 무인판매 시스템의 기본 구성이 그러하다. 그래서 자판기의 역사는 최소한 전기가 일상화된 20세기부터 시작됐을 거라고 생각하기 쉽지만 그렇지 않다.

역사에 기록된 가장 오래된 자판기는 기원전 215년의 것이다. 그리스의 기계학자·물리학자·수학자인 헤론이 지은 〈공기역학(Pneumatika)〉에 하나의 기술 도해가 나온다(누가 발명했는지는 알려지지 않고 있다). 이 기술 도해에 굳이 이름을 붙이자면 '성수(聖水)자판기'가 될 것이다. 이는 인류의 장구한(?) 자판기 역사의 시초가 된다.

이집트 신전에 설치되었던 이 기계는 복잡한 감응 센서와 전기 동력원이 아닌 지렛대의 원리 하나로 설계된 심플한 기계였다. 당시 성수를 사고 싶은 신자가 들어오면 고대 그리스의 동전인 드라크마(drachma)를 기계에 올려놓는다. 그러면 그 무게로 물통의 구멍이 열리고 성수가 흘러나온다. 그 무게로 지렛대가 기울어지고 동전은 돈통에 떨어지는 시스템이었다. 그리고 돈이 떨어지면 지렛대가 다시 기울어 물통의 구멍이 막혔다. 인류는 이미 이때부터 무인 판매기의 가능성에 주목하고 있었던 것이다.

단순히 설계도와 문헌 자료만 남아 있는 자판기가 아니라 근대적인 상업용 자판기의 시작을 찾아보자면 18세기 영국에서 등장한 담배 자판기이다(코담배와 잎담배를 팔기 위한 자판기였다). 그러나 이 담배 자판기도 현대적인 느낌의 자판기는 아니었다. 또한 기호품으로서의 접근성을 우선으로 한 상품이었기에 실질적인 자판기의 느낌과는 거리가 있었다.

이후에 등장한 자판기 역시 상업성, 즉 유통의 혁명과는 거리가 있었다. 1822년, 영국의 출판업자였던 리처드 카릴리는 자판기를 조금 다른 방식으로 바라봤다. 그는 자판기의 익명성에 주목했다.

'무인 판매기에 동전을 넣어 책이 나온다면 불법성을 가진 것이라도 판매자에게는 잘못이 없지 않을까? 판매자는 그 자리에 없었으니까 만약 문제가 생긴다면 알면서도 구매한 사람 탓이겠지.'

당시 카릴리는 일반 대중이 정말 읽고 싶지만 정부와 법이 금지한 책들을 팔고 싶었다. 분명 수요는 있지만 법 때문에 팔 수 없는 책(팔다가 적발되면 바로 구속이었다). 이때 그가 팔고 싶었던 책은 토머스 페인이 쓴 〈이성의 시대 The age of Reason〉와 같은 제법 건전(!)하지만, 정권을 쥔 사람들이 보기에는 불편한 내용의 책들이었다. 지금으로 치자면 1980년대 대학가마다 하나씩 있었던 사회과학 전문 서점의 형태를 꿈꾼 것이다.

결국 카릴리는 무인 판매기가 책을 팔면 판매자가 없기 때문에 구속되지 않을 것이란 자기 나름의 해석을 했고, 이를 실행에 옮겼다. 그 결과는 너무도 당연하게 구속이었다. 자판기 역사에서 찾아낸 하나의 재미있는 에피소드이다.

그렇다면 일반적인 상식 속에 자리한 현대적인 자판기(동전 투입구에 동전을 넣고 상품을 고르는)는 언제 만들어진 것일까? 그 시작은 1880년대 초 영국 런던에 등장한 우편엽서 자판기이다. 이때부터 자판기는 동전을 투입하면 상품을 뱉어냈다.

그러나 이때까지만 해도 자판기는 신기한 물건 그 이상의 의미는 없었다. 호사가들의 취미 정도였다고 할까? 상업적으로 유의미한 결과를 내놓은 자판기는 20세기가 돼서야 등장한다. 그 시작은 껌이었다. 1908년, 애덤스 껌 회사의 설립자인 토머스 애덤스가 뉴욕 지하철의 플랫폼에 자동판매기를 설치하고 껌을 판매하기 시작했다. 이후 다른 사업자들은 국적을 초월해 애덤스가 설치한 자판기를 모방해서 자판기 설치에 나선다. 그러나 이렇게 확산된 자판기 역시 상업적으로 유의미한 결과를 내놓지는 못했다. 시장에 본격적으로 진출하게 된 것은 1940년대가 되고 나서였다.

그러다 미국이 2차 세계대전 참전을 앞두고 방위력 증강을 위해 공장 가동률을 높이기 시작하면서 자판기는 능률을 올리는 데 효과적으로 이용됐다. 당시 주로 회사와 공장에 설치된 자판기는 식당을 대체하거나 보조하는 수단이었다. 그 이후로 점차 지금의 모습처럼 다양한 종류의 물건도 취급하게 된 것이다.

32

이 글을 통해 알 수 있는 내용이 아닌 것은?

① 영국의 출판업자였던 카릴리는 자판기의 익명성에 주목하였다.
② 이집트 신전에 설치되었던 자판기는 설계도와 문헌 자료만 남아 있다.
③ 성수(聖水)가 나오는 자판기는 지렛대의 원리 하나로 간단하게 설계되었다.
④ 근대적인 상업용 자판기는 18세기 영국에서 담배를 판매하는 용도로 시작되었다.
⑤ 상업적으로 유의미한 결과를 내놓은 자판기는 1908년 애덤스 껌 회사의 설립자가 설립한 것이었다.

33

이 글에 나타난 설명 방식으로 적절하지 않은 것은?

① 설명 대상의 변화 과정을 통시적으로 제시하였다.
② 설명 대상에 대한 구체적인 경험을 제시하며 글을 시작하고 있다.
③ 통념에 반하는 내용을 글의 첫머리에 제시하면서 글을 시작하고 있다.
④ 자문자답의 형식으로 설명 대상에 대한 구체적인 정보를 제공하고 있다.
⑤ 설명 대상과 관련된 에피소드를 제공함으로써 독자의 흥미를 자극하였다.

[34~36] 다음 글을 읽고 물음에 답하시오.

　영국의 공리주의 철학자 ㉠벤담(Jeremy Bentham)은 1791년에 팬옵티콘(panopticon)이라는 감옥을 설계하여 발표하였다. 팬옵티콘이란 말은 '모두'를 뜻하는 그리스어 '판(pan)'과 '본다'를 뜻하는 그리스어 '옵티콘(opticon)'의 합성어다. 벤담은 한 사람의 감시인이 효율적으로 전체 죄수들을 감시할 수 있도록 팬옵티콘을 고안했다. 벤담이 팬옵티콘을 고안한 목적은 죄수들을 감시하기 위해서라기보다는 감옥 안에서 생길지 모를 사건, 사고를 방지하기 위해서였다. 벤담은 범죄자에 대한 처벌보다 범죄 예방을 주장한 사람으로서 팬옵티콘은 이런 생각이 반영된 감옥이었다.

　세월이 흐르면서 잊혔던 벤담의 팬옵티콘을 ㉡푸코(Michel Foucault, 1926~1984)가 다시 불러냈다. 푸코가 팬옵티콘을 불러낸 목적은 벤담과 달리 현대 사회의 감시를 폭로하기 위해서였다. 푸코는 팬옵티콘이 현대 사회에서 일상적으로 일어나는 감시의 구조를 상징적으로 보여 준다고 생각했다. 현대의 권력은 인터넷, 데이터베이스 등을 이용해서 개인들의 일거수일투족을 감시한다. 팬옵티콘에서 죄수들은 감시인을 볼 수 없어서 자신들이 감시당한다는 사실을 의식하지 못한다. 마찬가지로 푸코는 현대인이 자신들을 감시하는 권력을 볼 수 없어서 감시당하는지조차 의식하지 못한다고 보았다.

　푸코는 지성사를 연구하여 주요 개념을 뒤집어 해석함으로써 현대 사회의 권력을 폭로하고 고발했다. 푸코는 자신이 하는 일이 "고통스럽기도 하고 즐겁기도 하다"고 했다. 푸코는 항상 새로운 뒤집기에 도전했다. 푸코는 말했다. "내가 누구인지 묻지 마라. 나에게 거기 머물러 있으라고 요구도 하지 마라." 자신의 사고는 한곳에 머물지 않고 계속 새로운 것을 향해 움직인다는 말이다.

　푸코는 프랑스 중서부 푸아티에에서 태어났다. 푸코는 대학에서 병리학, 심리학, 정신분석학과 같은 의학 계열의 학문에 관심을 가지고 공부했다. 그래서 철학 석사 학위뿐만 아니라 병리심리학 석사 학위도 취득했고 졸업 후에는 과학적 심리학을 가르치기도 했다. 푸코는 1968년 5월 프랑스 파리에서 일어난 봉기에 영향을 받아 본격적으로 정치철학에 관심을 갖게 되었다.

　푸코는 대학에서 병리학, 심리학, 정신분석학을 공부했지만 역사학을 기초로 철학을 했다. 그래서 푸코를 두고 "철학자가 되기 위해 역사가가 되었다"는 평을 하기도 한다. 1969년에 발표한 《지식의 고고학(L'Archeolgie du savoir)》은 '역사란 무엇인가'라는 질문에 답을 하는 책이다. 푸코는 이 책에서 전통적 역사학을 뒤집는 새로운 역사학을 제시했다.

　푸코가 보기에 전통적 역사학의 주요 개념은 연속성과 총체성이었다. 전통적 역사학은 역사를 연속된 과정으로 다루면서 역사를 움직이는 원인, 사건의 경과와 결과를 총체적으로 파악하고자 했다. 이런 전통적 역사학에 푸코는 문제를 제기한다. 잡다한 사건들을 어떻게 연결시킬 것인가? 사건들은 어떻게 필연적으로 연결되는가? 연속성과 총체성을 어떻게 정의할 수 있는가? 이런 문제 제기 속에 푸코의 역사관이 드러난다. 역사는 결코 연속적이지 않다. 과거와 현재가 단절된 것이다. 따라서 역사 속에서 총체성을 발견해 내려는 것은 허황된 일이다.

　푸코는 당대에 새롭게 대두하고 있던 역사 연구의 한 경향에 주목했다. 지성사, 과학사, 철학사, 사상사, 문학사 등과 같이 지식의 역사를 다루는 분야에서 새로운 경향이 나타났다. 지식의 역사를 연구하는 역사가들은 전통적인 역사가들과 다른 방식으로 연구했다. 그들은 어떤 시대에 대해 서술하는 것이 아니라 '비약'에 주목했다. 그래서 비약이 일어나는 우발적인 사건이나 계기를 추적했다. 비약이 일어나면 비약 이전과 이후는 완전히 다르다. 그러므로 비약은 곧 전과 후의 단절이다.

그 단절을 어떤 학자는 '인식론적 활동과 문턱'이라 표현하기도 하고, 어떤 학자는 '인식론적 단절'이라고 부르기도 했다.

푸코는 문턱이라는 말을 쓰든 비약이라는 말을 쓰든 '역사의 불연속과 단절'을 표현한다고 보았다. 그래서 푸코는 그 개념들을 받아들였다. 푸코는 한 걸음 더 나아가 불연속과 단절을 지성사뿐만 아니라 역사 전체를 다루는 개념으로 확대했다. 역사 연구에서 어떤 분야는 연속이고 어떤 분야는 불연속이라는 식으로 왔다 갔다 해서는 안 된다. 역사는 연속되지 않는다. 따라서 역사에 대한 연구는 불연속에 대한 연구여야 한다. 그래서 푸코는 "새로운 역사학의 가장 본질적인 특징은 아마도 불연속으로의 전회일 것"이라고 말했다.

34
㉠과 ㉡에 대한 설명으로 적절하지 <u>않은</u> 것은?

① ㉠과 ㉡은 모두 '팬옵티콘'의 '감시'의 기능에 동의했다.
② ㉠은 ㉡과 달리, 감옥으로서의 '팬옵티콘'에 집중했다.
③ ㉡은 ㉠과 달리, 현대 사회의 감시를 폭로하기 위해 '팬옵티콘'에 집중했다.
④ ㉠은 범죄자의 강력한 처벌을 위해 '팬옵티콘'을 개발하였다.
⑤ ㉡은 현대인들이 마치 '팬옵티콘'에 있는 것처럼 권력의 감시를 받고 있다고 보았다.

35
다음 중 '푸코'에 대한 설명으로 적절하지 <u>않은</u> 것은?

① 푸코는 정치철학에 관심을 두고, 이를 위해 역사를 연구하였다.
② 푸코는 새로운 뒤집기를 통해 현대 사회의 권력을 폭로하고 고발하였다.
③ 푸코는 전통적 역사학이 말하는, 역사의 총체성을 발견하는 일에 부정적이었다.
④ 푸코는 '비약'이나 '문턱'으로 부를 수 있는 상황을 '역사의 불연속과 단절'이라고 보았다.
⑤ 푸코는 역사 연구에 있어서 연속적인 분야와 불연속적인 분야를 확실히 구분할 필요가 있다고 보았다.

36
이 글에 나타난 내용 전개 방식으로 적절하지 <u>않은</u> 것은?

① '푸코'의 사상이 지닌 의의와 한계를 같은 비중으로 다루었다.
② '푸코'의 말을 직접 인용하여 그의 사상을 인상적으로 제시하였다.
③ '푸코'가 제기한 문제들을 의문문의 형식으로 나열하여 나타내었다.
④ '벤담'과 '푸코'의 사상을 대조한 후, '푸코'의 사상을 좀 더 심도 있게 다루었다.
⑤ '팬옵티콘'의 어원을 밝히며 '벤담'과 '푸코'의 사상에 대한 독자의 이해를 도왔다.

[37~39] 다음 글을 읽고 물음에 답하시오.

과학은 생산력과 직결되는 '도구적 이성'으로서의 특성과 그 의미까지 ⓐ<u>천착</u>할 수 있는 '성찰적·비판적 이성'으로서의 성격을 갖는다. 유전자의 구조와 그 속에 담긴 정보를 밝히는 것이 과학의 역할이지만 그 지식을 어떻게 활용할 것인지 또는 이용해서 안 되는 것은 무엇인지를 파악하는 것도 과학의 소임이다.

도구적 이성으로서의 과학의 힘이 커질수록 성찰적 이성으로서의 역할은 더욱 중요해진다. 인류 ⓑ멸살과 생태계 파괴의 힘을 갖춘 과학이 프랑켄슈타인과 복제인간을 제조할 수 있게 된 오늘날, 그 힘을 제어할 과학적 이성은 필수적이다. 자신의 좁은 전문 영역에만 관심을 둘 뿐 그 사회적 의미를 파악하지 못하는 과학자는 전문인으로서의 삶에 아무리 충실하더라도 진정한 의미의 과학자라고 할 수 없다.

그러면 과학자가 어떻게 자신이 하는 일의 사회적 의미와 성격을 파악할 수 있는가. 예컨대 체세포 핵치환 기술에 관한 연구가 인간과 사회 통제에 사용될 것을 어떻게 할 수 있을까. 과학자 한 사람으로서는 해결하기 어려운 숙제일지 모른다.

그렇다면 사회적 장치가 마련돼야 한다. 이들 문제는 그 자체가 개인적 차원이 아니라 사회적 차원의 일이기도 하다. 과학 기술의 사회적 관리에 대해 두 가지 길을 생각할 수 있다. 하나는 여태까지 해 왔던 엘리트적 방법으로 소수가 모든 것을 장악하는 방법이다. 그러나 이는 현실적으로 가능하지도 않거니와 설사 가능하다 해도 그 ⓒ귀결은 철저한 관리 사회, 독재 사회일 수밖에 없다.

다른 하나는 과학 기술 정보의 공개와 사회적 검증을 통한 관리다. 이를 통해 과학 기술의 내용만 아니라 그 사회적 의미를 검토할 수 있어야 한다. 이는 인류 공동의 지적 자원인 정보를 인류에게 알려야 한다는 당위적 차원만이 아니라 인류의 생존을 위해 불가피한 전력이다. 또한 선진 과학 기술의 국가 간 이전과 공유의 장치도 마련돼야 한다. 예컨대 환경 보전과 관련된 과학 기술이 환경을 유지하고 개선하는 힘을 갖는다면 그것을 '그린라운드*'의 구상처럼 세계 지배의 ⓓ배타적 도구로 삼을 것이 아니라 인류가 공존하기 위한 공동의 자산으로 바꿀 수 있어야 한다.

과학 기술의 공개 공유와 더불어 필요한 것이 과학 교육의 ⓔ쇄신이다. 지금까지 과학 교육은 대부분 도구적 이성으로서의 과학을 가르쳐 왔다. 그러나 이제는 성찰적 이성으로서의 과학 교육이 확대돼야 한다. 이 교육은 전문 과학 기술인에 대해 더욱 철저히 이뤄져야 한다. '과학은 공리주의에 바탕을 두어야지 철학을 논하고 있을 수 없다.'거나 '과학자는 기업에 효자 상품을 제공해야 한다.'는 등의 발언을 공공연히 일삼는 '과학자'가 대단한 인물인 양 받들어지고 있는 우리 사회에서는 특히 그러하다.

과학 문명이 제어력을 잃고 마침내 인류와 생태계, 그리고 과학 자체를 파탄시키는 것을 막기 위해 인류는, 그리고 현장의 과학 기술인들은 성찰적 이성을 더욱 갖춰 나가야 할 것이다.

*그린라운드: 환경과 무역의 연계에 관한 다자간 협상을 일컫는 것으로, 이는 환경보호를 목적으로 하는 환경정책수단의 효율성을 높이기 위해 환경정책과 무역의 연계를 의미함

37
이 글에서 알 수 있는 내용이 아닌 것은?

① 과학자를 '공리주의'의 차원에서 살펴보는 것은 과학 교육의 잘못된 모습이다.
② 유전자의 정보를 밝힌 후, 그것을 어떻게 활용할 것인지 파악하는 것은 성찰적 이성이 한다.
③ 과학 기술을 관리하기 위해 소수가 모든 것을 장악하게 한다면, 철저한 독재 사회가 될 수밖에 없다.
④ 과학자가 도구적 이성과 성찰적 이성을 가질 수 있도록 개인적 차원에서의 노력이 무엇보다 중요하다.
⑤ 자신의 좁은 영역에만 관심을 둘 뿐 그 사회적 의미를 파악하지 못하면, 진정한 의미의 과학자가 아니다.

38

<보기>는 책 소개 글이다. 이 글의 내용을 바탕으로 <보기>를 해석한 것으로 적절하지 <u>않은</u> 것은?

―|보기|―

과학은 '언제나' 절대적인 지식이 아니며, 가설의 유효함이 시한을 다하면 언제든 새롭게 갱신될 수 있는 유동성의 학문이다. 하지만 대중들은 과학을 절대적인 진리이자 명료한 객관으로 생각하고, 편리한 삶을 담보해 주는 튼튼한 동아줄로 여긴다. 유럽출판계에서 스포트라이트를 받는 과학저술가인 에른스트 페터 피셔는 이와 같은 과학에 대한 오해와 편견을 하나하나 무너뜨려 간다. 그는 '지금 우리에게 필요한 과학적 태도는 무지를 고백하고 오류를 수정하기 위한 열린 자세'라고 말하면서 과학의 진실에 한 걸음 한 걸음 내딛는다.

이 책에는 "정말이야?"라고 생각하게 하는 이야기들로 가득 차 있다. 유전 법칙으로 유명한 멘델의 법칙은 멘델이 발견한 것이 아니며, 페니실린을 발명한 플레밍은 결코 수많은 인류의 목숨을 구한 장본인이 아니란다. 과학을 빙자하여 인류의 불안을 가중시키는 언론과 과학계에 대한 비판도 서슴지 않는다. 서양과학이 가지는 합리성의 한계에 대해 지적하면서 기계적이고 기술적인 발전만을 향해 달려온 현대과학의 현주소에 대해서도 날카롭게 비판한다.

① <보기>에서 말하는 과학의 오류를 바로잡는 것 또한 '성찰적 이성'이 할 일이라고 볼 수 있다.
② 이 글과 <보기>는 모두 우리가 그동안 과학의 기계적이고 기술적인 발전만 추구해 왔음을 지적하고 있다.
③ <보기>에서 말하는 언론과 과학계의 행태가 사라지려면, 과학 기술에 대한 사회의 철저한 관리가 필요할 것이다.
④ <보기>에서 소개하는 책에서는 과학이 오류를 바로잡고, 열린 마음을 가짐으로써 생산력을 올려야 한다고 말할 것이다.
⑤ 이 글과 <보기> 모두 사람들이 과학적 지식을 있는 그대로 받아들이거나 대단한 것으로 생각하는 태도에도 문제가 있다고 말한다.

39

ⓐ~ⓔ의 뜻풀이로 적절하지 <u>않은</u> 것은?

① ⓐ: 이리저리 비추어 보아서 알맞게 고려함
② ⓑ: 씨도 없이 다 죽이거나 없애 버림
③ ⓒ: 어떤 결말이나 결과에 이름. 또는 그 결말이나 결과
④ ⓓ: 남을 배척하는 것
⑤ ⓔ: 그릇된 것이나 묵은 것을 버리고 새롭게 함

[40~42] 다음 글을 읽고 물음에 답하시오.

인간 사회를 둘러싸고 일어나는 제반 문제를 현실주의적 관점에서 분석해 보면, 사회의 요구와 양심의 요청 사이에는 여간해서 화합되기 힘든 지속적인 모순과 갈등이 발견된다. 간단히 정치와 윤리의 갈등이라고 규정할 수 있는 모순과 갈등은 도덕 생활의 이중적 성격으로 인해 불가피하게 발생하는 것인데, 그 하나는 개인의 내면적 생활이고, 다른 하나는 사회생활의 요구이다.

사회를 중심에 놓고 보면, 최고의 도덕적 이상은 정의이다. 그리고 개인을 중심에 놓고 보면, 최고의 도덕적 이상은 이타성이다. 사회는 여러 면에서 어쩔 수 없이 이기심, 반항, 강제력, 원한 등과 같이 도덕성이 높은 사람들로부터 전혀 도덕적 승인을 얻어낼 수 없는 방법을 사용하게 될지라도 종국적으로 정의를 추구해야 한다. 그리고 개인은 자신보다 뛰어난 것을 보고서 자신을 잃기도 찾기도 하면서 스스로의 삶을 실현해 가도록 노력해야 한다.

이 두 도덕적인 입장은 서로 배타적이지 않으며, 양자 사이의 모순도 절대적이지 않는다. 그렇다고 쉽게 조화되지도 않는다. 이 두 입장을 서로 조화시키려 노력했던 많은 사람들의 노력을 분석해 보았을 때, 개인적 양심의 도덕적 성찰과 성취는 사회생활에 중요하고 꼭 필요하다는 것을 알 수 있었다. 예를 들어 개인의 도덕적 상상력이 동료 인간의 요구와 이익을 이해하지 못한다면 진정한 정의는 달성될 수 없다. 또한 정의 달성을 위한 비합리적인 수단이 도덕적 선의지의 통제를 받지 않는다면, 사회에 엄청난 위험을 가할 수 있다. 정의 그 자체만으로는 정의보다 못한 어떤 것으로 전락하기 쉽다. 따라서 정의는 보다 높은 어떤 것에 의해 인도되어야 한다.

정치인의 현실 감각은 도덕적 선지자의 어리석음의 도움을 빌리지 않는다면 정말로 어리석게 되고 말 것이다. 역으로 도덕적 선지자의 이상주의는 인간의 현실적인 집단생활과 교류하지 않으면, 정치적으로 아무런 가치도 없을뿐더러 도덕적 혼란만을 불러일으킬 것이다. 하지만 도덕적 통찰과 정치적 통찰을 융합해야 할 필요성과 가능성이 있다고 해서 두 가지 형태의 도덕, 즉 개인적 도덕과 사회적 도덕, 내적인 도덕과 외적인 도덕 내에 있는 상호 융합이 불가능한 독특한 요소들까지 완전히 제거해서는 안 된다. 이 요소들로 인해 끊임없이 도덕적 혼란이 생겨나는 것은 인정하지만, 동시에 그것들은 인간의 삶을 풍성하게 하는 데 큰 도움을 준다.

내면적인 입장에서 볼 때 가장 도덕적인 행위는 이타적(unselfish) 동기에서 나온 것이다. 외적인 관찰자는 이기주의에서 선을 찾을지 모른다. 이런 사람은 인간 본성의 구조에 대해 이기주의가 보다 자연스러운 것이고 사회에 대해서도 이기주의가 필요하다고 판단할 것이다. 하지만 행위하는 주체의 입장에서는 이타성이 도덕의 최고 기준이어야 함에 변함이 없다. 왜냐하면 행위의 주체만이, 자신이 사회적으로 승인받은 행위가 이기심에 의해 얼마나 타락하게 되는지를 잘 알기 때문이다.

다른 한편으로 사회는 이타심보다는 정의를 최고의 도덕적 이상으로 삼는다. 사회의 목적은 모든 사람들에게 기회 균등을 부여하는 것이다. 만일 이런 평등과 정의가 이기심의 상호 투쟁에 의해 달성되어야 하는 것이라면, 그리고 이웃의 권익을 침해하는 사람들의 이기심을 억제함으로써만 달성될 수 있는 것이라면 사회는 이기심에 대한 제재를 승인할 수밖에 없다. 앞에서 본 바와 같이, 사회는 사회적 갈등과 폭력까지도 승인하지 않을 수 없다.

역사적으로 볼 때, 내면적 입장은 주로 종교에 의해 개발되어 왔다. 왜냐하면 종교는 가장 심오한 내면적 성찰에서 비롯된 것이고, 따라서 선한 동기를 행위의 기준으로 삼기 때문이다. 종교에서는 선한 동기를 사랑이나 의무로 규정하지만, 공통된 강조점은 행위의 내적인 원천에 주어진다.

40
이 글을 통해 파악할 수 있는 내용이 <u>아닌</u> 것은?

① 개인적 양심의 도덕적 성찰과 성취는 사회생활에 중요하고 꼭 필요하다.
② 사람들은 현실 속에서 사회의 요구와 양심 사이에서 내적 갈등을 많이 겪게 된다.
③ 사회를 중심에 놓고 보면, '정의'와 '이타성'은 모두 도덕적 이상이라고 할 수 있다.
④ 인간 본성에 있어 '이기주의'는 자연스러운 것이지만, 그것이 도덕의 최고 기준이 될 수는 없다.
⑤ '정의'가 도덕적 선의지의 통제를 받지 못했을 때, '정의'는 '정의'보다 못한 것으로 전락하게 된다.

41

이 글에 나타난 내용 전개 방식으로 적절한 것은?

① 중요 개념에 대한 인식 변화를 통시적 관점으로 제시하고 있다.
② 중요 개념과 관련된 사례를 제시하여 상황을 자세히 제시하였다.
③ 중요 개념의 어원을 분석함으로써 객관적으로 내용을 전개하고 있다.
④ 두 입장을 대조한 후, 하나의 입장을 중심으로 생각을 정리하고 있다.
⑤ 문제가 되는 갈등 상황을 제시하고, 이를 해결할 방안을 구체적으로 제시하였다.

42

이 글의 내용을 '개인'과 '사회'로 나누어 보았을 때, 적절하지 <u>않은</u> 것은?

	개인	사회
①	스스로의 삶을 실현해 나감	정의를 추구함
②	동료 인간의 요구와 이익을 이해해야 함	도덕적 선의지의 통제를 받아야 함
③	현실적인 집단생활과 교류해야 함	도덕적 선지자의 도움을 빌려야 함
④	갈등과 폭력 승인	균등한 기회 부여
⑤	이기심	이기심에 대한 제재

[43~45] 다음 글을 읽고 물음에 답하시오.

　대도시에 사는 시민들은 지하철을 자주 이용한다. 개중에는 지하철 탈 때마다 선호하는 자리가 있다고 주장하는 사람도 있다. 물론 출퇴근 시간에 사람으로 가득한 만원 지하철 안에서는 선택의 여지가 없을 것이다. 아무 곳이나 빈자리가 나오면 그나마 다행이다. 하지만 비교적 한산한 낮 시간대에 지하철을 타는 경우라면 얘기가 달라진다.

　그런데 지하철 안에 빈자리가 아무리 넉넉해도 사람들이 꼭 먼저 채워 앉는 위치가 있다. 바로 출입문 옆자리다. 금속파이프로 팔걸이를 만들어 놓은 출입문 옆자리를 비워 두고 좌석의 중앙에 앉는 사람은 정말 드물다.

　그런데 또 이상한 것이, 출입문 옆자리가 일단 채워지고 나면 그 사람의 바로 그 옆자리에는 잘 앉으려 하지 않는다는 점이다. 어디든 옆 사람과 한 자리 정도는 떼어놓고 앉는 것이다. 물론 승객이 점점 많아져서 다른 선택의 여지가 없어지면 역시 얘기가 달라지지만 말이다.

　현대 도시인들의 발 역할을 하는 지하철은 몇 가지 역설적이라 할 만한 요소들을 동시에 갖고 있는 공간이다. 지하철은 수많은 사람들이 공동으로 이용하는 공공의 공간이면서 익명성의 공간이기도 하다. 어느 정도의 시간 안에 얼마만큼을 갈 수 있다는 것을 예측할 수 있는 안정적인 공간인 동시에 움직임을 생명으로 하는 이동성의 공간이기도 하다. 노선과 운행시간이 규칙적이고 안정적이라는 점은 역설적으로 그것을 이용하는 사람들이 어디서나 올라타고 내릴 수 있다는 점에서 이용객들의 익명성과 유동적 가능성을 높이게 된다.

　지하철의 옆자리에 앉거나 선 사람은 대개 난생처음 보는 사람들이다. 평소에는 상상할 수 없을 정도로 밀착된 공간에서 모르는 사람들과 부대끼고 가야 하는 지하철 안에서 사람들은 타인과의 신체접촉과 시선교환이 부담스러울 수밖에 없다. 그러다 보니 심리적 부담이 가장 적은 곳을 찾아 동물적으로 이동하게 된다.

　또 지하철 승객들은 잠깐이나마 가장 편안한 자세를 유지할 수 있는 곳을 찾아내기 위해 분투한다. 가장 공공적인 공간에서 개인적인 영역을 최대화하려는 노력이자 가장 익명성이 높은 공간에서 가장 사적인 행동 가능성을 탐색하는 과정이다.

　이러한 조건을 모두 충족시킬 수 있는 공간이 바로 객차의 출입문 바로 옆자리다. 그곳은 지하철 안의 모든 좌석들 중에서 타인과 접촉이 가장 적은 상태로 앉을 수 있는 곳이다. 비어 있는 한쪽 옆구리를 팔걸이 쇠파이프가 지탱해 주기 때문에 비교적 편히 기댈 수 있는 공간이기도 하다. 전혀 알지 못하는 사람들이 바글거리는 익명성의 공공적 공간 안에서 가장 사적이고 은밀한 행동인 '취침'을 편하게 할 수 있다는 의미다.

출입문 옆자리가 인기 있는 이유로는 한 가지가 더 있다. 그 자리는 지하철에 올라타고 목적지에서 내리는 행동의 동선을 가장 짧게 해 주는 곳이기도 하다. 출입문 옆자리는 30여 초 동안 열렸다 닫히는 객차문을 통해 재빨리 내릴 수 있는 곳이다. 내리기 직전까지 편안히 앉아서 졸고 있을 수 있는 자리인 것이다.

사람들의 속내가 이렇다 보니, 서서 가는 자리에서도 사람들은 마찬가지 원리를 따르게 된다. 입석 중에서도 명당은 역시 출입문 바로 옆 공간이다. 말하자면, 좌석 중 명당자리의 바로 앞의 공간이다. 출입의 편리성과 팔걸이 파이프가 만들어 주는 코너의 작은 개인공간, 굳이 팔을 뻗쳐 손잡이를 잡지 않아도 팔걸이에 기댄 채 갈 수 있는 자세의 작은 편의성이 차이를 만드는 것이다.

주어진 악조건의 상황 속에서도 눈곱만큼이라도 ㉠더 안락하고 사적인 영토를 만들려는 본능……. 어쩌면 지하철뿐 아니라 다른 모든 곳들에서도 벌어지고 있는 공간문화의 생리인지도 모를 일이다.

43
이 글을 통해 알 수 있는 내용으로 옳은 것은?

① 지하철의 자리는 출입문 옆자리부터 차례차례 채워진다.
② 지하철에서 사람들이 선호하는 자리는 앉아 있는 사람들에게만 나타난다고 할 수 있다.
③ 지하철에서 사람들은 타인과의 신체접촉과 시선 교환이 부담스러워서, 심리적 부담이 적은 곳에 앉게 된다.
④ 지하철의 출입문 옆자리가 사적이고 은밀한 행동을 할 수 있다는 것이 그 자리가 인기 있는 유일한 이유이다.
⑤ 지하철은 그것을 사용하는 사람들이 어디서나 올라타고 내릴 수 있다는 점에서 이용객들의 안정성의 공간이다.

44
㉠을 뒷받침할 만한 사례로 적절하지 않은 것은?

① 공원 한 가운데부터 돗자리를 까는 경우는 극히 드물다.
② 카페에서는 한가운데 자리보다 양쪽 끝자리가 먼저 채워진다.
③ 홍보나 캠페인 탁자는 사람들이 많이 다니는 길목에 설치한다.
④ 버스의 맨 뒷자리 중 가운데에 있는 자리가 비교적 나중에 채워진다.
⑤ 캠핑장에서 돗자리만 까는 것보다 지붕이 있는 천막을 치는 것을 더 안정적으로 느낀다.

45
이 글을 읽고 할 수 있는 보충·심화 질문으로 적절하지 않은 것은?

① 지하철에서 사람들이 가장 선호하지 않는 자리는 어디일까?
② 지하철에 사람이 많아 빈자리가 없을 때에는 사람들이 어떤 자리를 선호할까?
③ 공적인 공간에서 가장 사적이고 은밀한 행동으로 '취침' 외에 어떤 것들이 있을까?
④ 주어진 상황 속에서 안락하고 사적인 영역을 만들려는 본능이 나타나는 또 다른 경우는 무엇일까?
⑤ 지하철에 탄 사람들이 타인과의 신체 접촉이나 시선 교환을 피하기 위해 하는 다른 행동은 없을까?

[46~48] 다음 글을 읽고 물음에 답하시오.

베르사유 궁전으로 들어가는 길은 좌우대칭이고 궁전의 ⓐ입면도 좌우대칭이다. 피라미드나 엠파이어스테이트 빌딩의 입면도 좌우대칭이다. 두바이 왕궁 앞의 길은 대놓고 베르사유 궁전을 흉내 낸 좌우대칭이다. 미 국회의사당 앞길, 우리나라의 광화문 광장과 여의도 국회의사당 앞길도 모두 좌우대칭의 모습이다. 권력을 나타내는 공간이 좌우 비대칭인 경우는 없다. 왜 권력의 공간은 모두 좌우대칭일까? 인간의 뇌는 본능적으로 규칙을 찾는데, 가장 쉽게 찾을 수 있는 규칙 중 하나가 시각적 좌우대칭이다. 어느 공간이 하나의 규칙을 보일 때 그 공간은 하나로 인식된다. 모든 사람이 같은 군복을 입고 있을 때 하나의 군대로 보이는 것과 마찬가지다. 따라서 좌우대칭의 공간은 하나의 규칙 하에 놓인 하나의 큰 공간이 되는 것이다.

우리가 자연 발생적으로 만들어진 유럽의 오래된 도시에 가면 모든 공간이 좌우 비대칭이고 도로 모양도 제각각임을 볼 수 있다. 이런 공간 속에서는 규칙을 찾기가 어렵다. 규칙을 찾기 어렵다는 것은 중심점이 없다는 것이다. 그 말은 공간 내에 권력의 ⓑ차등이 생겨나지 않는다는 것을 의미한다. 그런 도시를 걷다가 좌우대칭의 공간을 만나게 되는데 그곳은 바로 성당과 그 앞의 광장이다. 로마의 성베드로 성당에 가면 우리는 완벽한 좌우대칭의 공간을 만날 수 있다. 성당과 그 앞의 거대한 광장이 하나의 규칙 하에 하나의 공간으로 ⓒ구성되어 있는 것이다. 우리는 쉽게 그 좌우대칭의 큰 공간을 인식한다. 그리고 우리의 작은 몸은 그 큰 공간 안에서 아주 작은 존재로 느껴진다. 권력을 나타내는 공간이나 건축물이 좌우대칭으로 만들어지는 데는 이러한 이유가 숨어 있다. 거대한 건축물과 공간을 좌우대칭이라는 규칙 하에 묶어 놓으면 그 안의 사람은 상대적으로 자신을 작은 존재로 느끼게 된다. 그래서 이런 공간 구성은 개인의 존재감을 억누르는 전략인 것이다. 그래서 우리의 학교 건물은 좌우대칭이 되면 안 된다. 좌우대칭의 건축 공간에서는 사람이 억눌리기 때문이다. 그런데 만약에 사옥이나 법원, 신전 같은 공간이 좌우 비대칭의 공간 구성을 띠고 있다고 생각해 보라. 그러면 건축물이나 그 앞의 광장 공간도 여러 개로 쪼개질 것이고 따라서 우리는 상대적으로 편안한 마음을 가지게 된다. 이는 군인들이 군복을 입지 않고 각기 다른 평상복을 입고 전쟁에 나가는 것과 마찬가지다. 이런 경우를 오합지졸이라고 부른다. 좌우대칭으로 이루어진 ⓓ통합된 하나의 건축 공간은 조직을 하나가 되게 한다. 마찬가지로 하나의 스타일로 된 모든 유니폼도 조직을 통합하는 역할을 한다. 그래서 대기업 사원들은 특정한 유니폼이 없지만 너도나도 짙은 색 양복을 입는다. 자신이 전체의 일부가 되었다고 안심하는 동시에 다른 조직에게 하나 된 ⓔ위압감을 보여 주기 위함이다. 점심시간에 대기업 사옥의 현관에서 쏟아져 나오는 사람들을 보라. 정해진 드레스 코드가 없어도 놀랍게도 비슷하게 입고 있다. 건축 공간의 좌우대칭 배치는 공간을 하나로 묶어 커다란 존재감을 만들어서 개개인을 스케일 상으로 압도하기 위한 건축적 전략이다.

46
이 글을 통해 알 수 있는 내용으로 적절하지 않은 것은?

① 규칙을 찾기 어려운 건물은 중심점을 찾기 어렵다.
② 유럽의 오래된 도시에는 좌우대칭인 건물을 전혀 찾아볼 수 없다.
③ 권력을 나타내는 공간이 좌우대칭인 것은, 인간의 뇌가 보이는 본능과 관련 있다.
④ 좌우대칭이 이루어진 거대한 건축물 안의 사람은 상대적으로 작은 존재로 느껴진다.
⑤ 하나의 스타일로 된 유니폼도, 좌우대칭의 건축물처럼 조직을 통합하는 역할이 있다.

47
이 글에 나타난 설명 방식으로 적절하지 않은 것은?

① 좌우대칭 건물의 한계점을 지적하면서 글을 마무리하고 있다.
② 잘 알려진 좌우대칭의 건물을 예로 나열하여 흥미를 자극하고 있다.
③ 좌우대칭을 보여 주는 건축의 역할과 유사한 경우를 연결지어 설명하고 있다.
④ 인과의 방식으로 학교 건물이 좌우대칭이 되면 안 되는 이유를 설명하고 있다.
⑤ 주제와 관련된 질문을 던지고 그에 대한 답을 찾아나가는 방식으로 글을 진행하고 있다.

48
ⓐ~ⓔ의 단어를 바꾸어 쓸 수 있는 단어로 적절하지 않은 것은?

① ⓐ: 정면
② ⓑ: 차별
③ ⓒ: 이루어져
④ ⓓ: 종합
⑤ ⓔ: 위력

[49~51] 다음 글을 읽고 물음에 답하시오.

남다른 눈썰미로 한번 보면 못 내는 시늉이 없었고, 손속 또한 유별났으니 애써 가르친 바가 없어도 음식 맛깔과 바느질 솜씨는 어머니도 나무랄 수 없음을 진작에 선언한 정도였다.
㉠동냥을 주면 종구라기가 넘치고 개밥을 주어도 구유가 좁게 손이 컸다.
"저것이 저리 손이 크니 시집가면 대번 시에미 눈 밖에 나리······."
어머니의 걱정처럼 그녀는 오종종하거나 소갈머리 오죽잖은 짓을 가장 싫어했고, 남의 억울한 일에는 팔뚝을 걷어붙이고 나서서 뒷들어 싸워 주며, 부지런하게 들기로도 남보다 뒤처짐이 없었던 것이다. 대소 간에 대사가 있을 때마다 그녀가 징발됐던 것도 남의 집 뒷수쇄에 뛰어난 능력을 보였음이니, 온갖 일의 들무새요 안머슴이었던 것이다.
"ⓐ말꼬랑지 파리가 천 리 가더라구 옹젬이가 그렇당께."
부락 사람들은 그녀의 억척과 솜씨를 그렇게 비유하였고, 그녀는 그녀대로 그런 말 듣게 된 자신을 대견스레 여기는 것 같았다.
그녀가 열여섯이라는 어린 나이였음에도, 안팎 동네의 머슴이나 품일꾼, 그리고 어리전이나 드팀전을 보아 제 몫은 하던 장돌뱅이 총각들의 눈독을 한 몸에 받고 있었음은 당연한 일이었다. 그러나 그 총각들은 장차 그녀를 아내로 맞고 싶어서 그러던 것은 분명 아닌 것 같았다. 그 시절만 해도 혼사에 있어서만은 으레 근본의 어떠함이 결정적인 역할을 하고 있던 것이다. 양반찌꺼기들은 말할 것도 없고 향품배(鄕品輩) 끄트머리만 되어도 집안이 이렇고 저러함을 가장 큰 구실로 삼고 있었던 것이다. 그런 경우 ㉡교전비(轎前婢)와 난봉난 행랑것 사이에서 태어났던 그녀의 신분은 누구라도 고개를 저을 커다란 허물이었다. 아무리 소견이 들어 됨됨이가 쓸 만하고 살림에 규모가 있더라도 그녀의 내력을 번연하게 외던 근동 사람이라면 거들떠보려고도 않을 판이었다.
읍내의 지게꾼, 신기료장수, 리어카꾼과, 주제꼴이 남루한 낯선 사람은 모두 전재민촌에서 사는 사람들이라고 해도 무방할 지경이었다. 그 전재민촌이란 이름은 차츰 ㉢도둑놈 소굴이라는 뜻의 대명사로 불리어져 갔다. 관촌 사람들은 집 안에서 무엇이 없어진다거나, 논밭에 심은 것이 축난 듯싶으면 으레 전재민촌 사람들의 소행으로 여겨 버릇했고, 서툰 임고리장수가 들어서도 전재민촌 사람으로 판단, 물건을 갈아주기보다 집어 가는 것이 없는가를 살피려는 도사림으로 냉대해 보내기 일쑤였다.
그런 중에도 옹젬이는 조금 달랐다. ㉣그네들의 살아온 이야기, 살아가는 이야기를 들어 보면 불쌍하기 그지없다던 거였다. 굶다 못해 이불솜을 빼다 팔아 겨울에도 홑이불을 덮는다든가, 변변한 옷가지는 죄 팔아먹어 주제꼴이 그처럼 비렁뱅이 꼴이라는 거였다. 그렇다면서 전재민만 오면 어머니를 졸라 무엇이든 한 가지는 갈아주도록 꾀하던 것이다. 그녀는 특히 그녀만 보면,

"옥상, 오꼬시 사 먹소." 하며 들어붙던 절름발이 늙은이를 가장 측은하게 여기고 있었다.

근래에 들어와 크게 유행을 본 말 가운데서 내가 가장 깨닫기 수월찮던 말이 주체 의식이니 주체성 운운하던 단어들이었다. 어떡하는 것이 주체 의식이 있는 일이고 무엇이 주체성을 지키는 것인지 얼른 이해하기 어려운 말이었다. 세상이 어지러운 난세일수록 유언비어가 난무함이 예사이고, 말을 않으면 병신 대접 받기 십상인 줄 모르지 않으나, 주체 의식이나 주체성이란 말을 외래어보다도 막연하게, 개나 걸이나 지껄여 대지 않으면 행세를 못 하는 줄 알던 많은 사람을 보아온 터여서, ⓜ그 천한 말을 옹점이는 일찍이 내게 행동으로써 보여 준 셈이라고 장담하게 되지 않았나 싶기도 하다. 한 번 더 다짐해 두지만, 그 무렵 옹점이의 태도를 주체 의식, 또는 주체성이 있는 것으로 보아 무방하다면, 나는 그녀만 한 정신 자세를 가진 인간을, 내가 이 사회에 나와 벌어먹게 된 뒤로는 몇 사람 외에 구경하지 못했다고 단언할 수 있으리라 믿는다.

— 이문구, 〈관촌수필〉

④ ㉣: 옹점이의 인정 많은 태도를 확인할 수 있다.
⑤ ㉤: 주체의식을 지녔던 옹점이에 대한 '나'의 생각을 파악할 수 있다.

50

이 글의 서술 방식으로 적절하지 <u>않은</u> 것은?

① 사투리를 통해 향토적인 정서를 드러내고 있다.
② 인물들의 대화를 바탕으로 사건이 전개되고 있다.
③ 말만 앞서는 세태에 대한 비판의식이 드러나 있다.
④ 당시 사람들이 가지고 있었던 결혼에 대한 가치관을 회상적 어조로 드러내고 있다.
⑤ 1인칭의 서술자는 자신의 체험을 직접 이야기하면서 옹점이에 대한 긍정적 태도를 보여 준다.

51

〈보기〉는 ⓐ의 뜻을 풀이한 것이다. 이를 바탕으로 옹점이를 평가했을 때, 적절한 것은?

| 보기 |

"말꼬리에 파리가 천 리 간다."는 남의 세력에 의지하여 기운을 편다는 의미로, 흔히 자신의 노력 없이 으스대는 사람을 뜻할 때 쓴다. 하지만 이 작품에서는 이 관용 표현이 옹점이에 대한 긍정적인 평가를 나타내는 용도로 쓰였다.

① 옹점이는 기운이 세서 마을 사람들의 일을 다 도와준다.
② 옹점이는 연약하지만, 그녀의 도움을 받은 사람은 기운을 펼 수 있다.
③ 옹점이의 집안은 좋지 않지만, 다른 사람에 의해서 출세할 수 있을 것이다.
④ 옹점이의 집안은 보잘것없지만 일하는 태도와 솜씨로 사람들의 인정을 받는다.
⑤ 옹점이는 다른 사람에게 의지하기를 잘하여, 자기 스스로 할 줄 아는 것이 없다.

49

㉠~㉤에 대한 설명으로 적절하지 <u>않은</u> 것은?

① ㉠: 옹점이의 대범하고도 통이 큰 성격을 확인할 수 있다.
② ㉡: 개인의 품성을 무엇보다 중시하는 마을 사람들의 전근대적인 사고방식을 확인할 수 있다.
③ ㉢: 마을 사람들이 전재민촌에 부정적인 인식을 가지고 있었음을 알 수 있다.

[52~54] 다음 글을 읽고 물음에 답하시오.

(가) 거기 뜨락 전체가 문득
　　네 서늘한 긴장 위에 놓인다.

　　아직 맵찬 바람이 하르르 멎고
　　거기 시간이 잠깐 정지한다.

　　저토록 파리한 줄기 사이로
　　저토록 환한 꽃을 밀어 올리다니!

　　거기 문득 네가 오롯함으로
　　세상 하나가 엄정해지는 시간

　　네 서늘한 기운을 느낀 죄로
　　나는 조금만 더 높아야겠다.
　　　　　　- 고재종, 〈수선화, 그 환한 자리〉

(나) 저 지붕 아래 제비집 너무도 작아
　　갓 태어난 새끼들만으로 가득 차고
　　어미는 둥지를 날개로 덮은 채 간신히 잠들었습니다
　　바로 그 옆에 누가 박아 놓았을까요, 못 하나
　　그 못이 아니었다면
　　아비는 어디서 밤을 지냈을까요
　　못 위에 앉아 밤새 꾸벅거리는 제비를
　　눈이 뜨겁도록 올려다봅니다
　　종암동 버스 정류장, 흙바람은 불어오고
　　한 사내가 아이 셋을 데리고 마중 나온 모습
　　수많은 버스를 보내고 나서야
　　피곤에 지친 한 여자가 내리고, 그 창백함 때문에
　　반쪽 난 달빛은 또 얼마나 창백했던가요
　　아이들은 달려가 엄마의 옷자락을 잡고
　　제자리에 선 채 달빛을 좀 더 바라보던
　　사내의, 그 마음을 오늘 밤은 알 것도 같습니다
　　실업의 호주머니에서 만져지던
　　때 묻은 호두알은 쉽게 깨어지지 않고
　　그럴듯한 집 한 채 짓는 대신
　　못 하나 위에서 견디는 것으로 살아온 아비,
　　거리에선 아직도 흙바람이 몰려오나 봐요
　　돌아오는 길 희미한 달빛은 그런대로
　　식구들의 손잡은 그림자를 만들어 주기도 했지만
　　그러기엔 골목이 너무 좁았고
　　늘 한 걸음 늦게 따라오던 아버지의 그림자
　　그 꾸벅거림을 기억나게 하는
　　못 하나, 그 위의 잠
　　　　　　- 나희덕, 〈못 위의 잠〉

(다) 한밤에 홀로 연필을 깎으면 향그런 영혼의 냄새가 방 안 가득 넘치더라고 말씀하셨다는 그분처럼 이제 나도 연필로만 시를 쓰고자 합니다 한 번 쓰고 나면 그뿐 지워 버릴 수 없는 나의 생애 그것이 두렵기 때문입니다 연필로 쓰기 지워 버릴 수 있는 나의 생애 다시 고쳐 쓸 수 있는 나의 생애 용서받고자 하는 자의 서러운 예비 그렇게 살고 싶기 때문입니다 나는 언제나 온전치 못한 반편 반편도 거두어 주시기를 바라기 때문입니다 연필로 쓰기 잘못 간 서로의 길은 서로가 지워 드릴 수 있기를 나는 바랍니다 떳떳했던 나의 길 진실의 길 그것마저 누가 지워 버린다 해도 나는 섭섭할 것 같지가 않습니다 나는 남기고자 하는 사람이 아닙니다 감추고자 하는 자의 비겁함이 아닙니다 사랑하는 까닭입니다 오직 향그런 영혼의 냄새로 만나고 싶기 때문입니다
　　　　　　- 정진규, 〈연필로 쓰기〉

52

(가)~(다)의 공통점으로 적절한 것은?

① 시적 화자가 표면에 드러나 있다.
② 후각적 심상이 인상적으로 드러난다.
③ 사람이 아닌 것에 인격을 부여하고 있다.
④ 동일한 종결 표현을 반복하여 사용하였다.
⑤ 영탄법을 통해 감정을 효과적으로 전달하였다.

53
(나)에 대한 설명으로 적절하지 <u>않은</u> 것은?

① '현재 – 과거 회상 – 현재'로 장면을 구성하였다.
② '실업의 호주머니'에서 '사내'가 실업의 상태임을 알 수 있다.
③ 시적 화자는 '아비'와 '사내'에 대한 연민의 감정을 드러내고 있다.
④ '그림자'와 '흙바람'은 부정적 의미의 시어로 시련과 고통을 의미한다.
⑤ 구체적인 지명이 등장하여 시적 화자의 경험에 사실성을 부여하였다.

54
(다)에서 '연필로 쓰기'를 '인생'과 연결지어 해석했을 때, 적절하지 <u>않은</u> 것은?

① 시적 화자는 자신의 부족했던 삶을 지우고 고쳐 쓰고 싶어 한다.
② 시적 화자는 떳떳했던 길은 지워지지 않기를 간절히 바라고 있다.
③ 시적 화자는 사람들 사이에서 실수가 생겼더라도 너그러이 용서하고자 한다.
④ 시적 화자는 사람들 사이의 온전하지 못했던 부분을 서로 지워 주고자 한다.
⑤ 시적 화자는 인간의 불완전성에 대해 용서할 때, 긍정적인 영혼을 갖게 된다고 생각한다.

[55~57] 다음 글을 읽고 물음에 답하시오.

지금까지 여러 장소에서 살았다. 그중 기억나는 곳도 있고 그렇지 않은 데도 있다. 이를테면 부모님이 신혼살림을 꾸린 인천 수도국산, 그 40여 년 전 서사에 반복해 등장하는 이천전기며 오스카극장, 엄마가 기저귀 스물세 장 가지고 하루에 빨래 세 번 하며 아이 셋을 키웠다는 단칸방은 내 기억에 없다. 그 공간들은 순전히 이야기의 형태로 내 몸에 남아 있다. 그 다음 방 또 다른 셋방도 마찬가지다. 모두 내가 서너 살 되기 전에 겪은 곳이라 그럴 거다. 반면 이미 사라진 지 오래나 지금도 가끔 꿈에 나오는 장소가 있다. 이제껏 경험한 거주 공간 중 내게 가장 큰 영향을 준 곳 '맛나당'이다.

'맛나당'은 내 어머니가 20년 넘게 손칼국수를 판 가게다. 우리 가족은 그 국숫집에서 8년 넘게 살았다. 머문 기간에 비해 '맛나당'이 내게 큰 의미를 갖는 것은 그곳에서 내 정서가 만들어졌기 때문이다. 때론 교육이나 교양으로 대체 못 하는, 구매도 학습도 불가능한 유년의 정서가. 그 시절, 뭘 특별히 배운다거나 경험한단 의식 없이 그 장소가 내게 주는 것들을 나는 공기처럼 들이마셨다.

점심때면 '맛나당'에 수많은 손님과 더불어 그들이 몰고 온 이야기가 밀물처럼 들어왔다 썰물처럼 빠져나갔다. 국수는 '빠른 음식'이라 면이 퍼져도 국물이 식어도 안 됐다. 그곳에서 나는 여러 계층과 계급, 세대를 아우르는 인간군상과 공평한 허기를 봤다. 요리가 미덕이고 의무이기 전에 노동인 걸 배웠고, 동시에 경제권을 쥔 여자의 자신만만함이랄까 삶이 제 것이라 느끼는 사람의 얼굴이 긍지로 빛나는 것 또한 봤다. 당시 어머니는 '돈 버는 게 재밌었다' 한다. '젊어 하루 쉬는 게 늙어 보약 몇 채 먹는 것보다 훨씬 낫다'는 어른들 말이 무슨 뜻인지 모를 정도로 신이 났다고. 손님이 하도 많아 하루에 밀가루 두 포대 반을 개어본 적 있다는 말도 자랑처럼 흘렸다.

어머니는 그렇게 번 돈으로 세 딸을 가르치고, 생활을 꾸리고, 나중에는 집도 장만했다. 집이란 걸 처음 사보는지라 실평수를 듣고도 가늠 못 하다 나중에 건물이 다 지어진 걸 보고서야 집이 너무 좁은 걸 알고 실망했다고. 몇 년 살다 더 큰 데로 옮기기로 했는데, '이상하게 그때부터 돈이 잘 안 벌리더라'라는 말도 희미하게 보탰다. 잠깐 맛본 삶의 절정이랄까 호시절이 그렇게 짧을 줄 몰랐다는 말을, 평생 밀가루 묻혀 기름기 하나 없는 손을 바라보며 조그맣게 웅얼거렸다.

그렇다고 어머니가 당시 번 돈을 모두 생활에 쏟아부은 건 아니다. 지금도 나는 방문판매원이 가져온 아름다운 화장품 병을 유심히 살펴보던 어머니의 젊은 옆얼굴이며, 남대문 시장에서 수입품을 떼다 팔던 아주머니에게 어머니가 '비전 냄비'나 '코끼리 보온도시락'을 비롯해 특이한 그릇과 카펫을 주문하던 모습을 기억한다. 그러다가 나중엔 식당 홀과 마주한 딸들 방에 피아노까지 놔주셨다. 나는 우리 삶에 생존만 있는 게 아니라 사치와 허영과 아름다움이 깃드는 게 좋았다. 때론 그렇게 ⊙반짝이는 것들을 밟고 건너야만 하는 시절도 있는 법이니까. 어머니는 밥장사를 하면서도 인간이 밥만 먹고 살 수 없다는 걸 알았고, 그래서 가까이 아무 의심 없이 딸들에게 책을 사줬다. 동시에 자기 옷도 사고 분도 발랐다. 손님 없는 한적한 오후, 홀과 마주한 작은 방에 누워 내게 〈따오기〉나 〈고향 땅〉을 청해 듣던 엄마 얼굴이 지금도 기억나는 건 아마 그 때문일 거다. 피아노 연주에 맞춰 허공에서 발 박자를 맞추던 엄마의 작은 발이랄까 설거지물 밴 양말 앞코가 종종 떠오르는 것도. 우리 가족은 재래식 화장실과 삼익피아노가 공존하는 집에 살았고 훗날 이때 경험을 바탕으로 나는 「칼자국」과 「도도한 생활」 같은 단편을 쓸 수 있었다.

— 김애란, 〈잊기 좋은 이름〉

55

이 글에 나타난 글쓴이에 대한 설명으로 적절하지 <u>않</u>은 것은?

① 유년의 정서는 살 수도 없고, 학습할 수도 없다고 생각한다.
② 어머니의 얼굴에서 경제권을 쥔 여성의 자신만만함을 보았다.
③ 자신의 삶에 사치와 허영이 있었던 것을 부정적으로 여기고 있다.
④ '맛나당'에서는 배고픔이 누구에게나 공평하게 찾아온다는 것을 깨달았다.
⑤ 재래식 화장실과 삼익피아노가 공존하는 집은 글쓴이에게 큰 영향을 주었다.

56

이 글의 표현상의 특징으로 적절하지 <u>않은</u> 것은?

① 특정 장소에 대한 글쓴이의 생각을 주관적으로 전달하고 있다.
② 어머니의 말을 인용하여 어머니의 생각도 더불어 전달하고 있다.
③ 어머니가 집을 마련하기까지 힘들었던 삶을 부각하여 나타내었다.
④ 제품이나 노래, 작품의 예를 다양하게 들면서 자세하게 서술하였다.
⑤ 자신의 생각을 이유와 함께 제시하여 글의 흐름을 자연스럽게 만들고 있다.

57

⊙에 해당하지 <u>않는</u> 것은?

① 칼국수   ② 화장품   ③ 비전 냄비
④ 피아노   ⑤ 책

2교시
실전동형 모의고사

제한시간: 70분 | 정답 ▶ P.48

에듀윌 도서몰(book.eduwill.net)에서 듣기 MP3 파일을 무료로 다운 받으세요.

■ 1번부터 4번까지는 문제와 선택지를 듣고 푸는 문항입니다. 잘 듣고 물음에 답하시오.

01
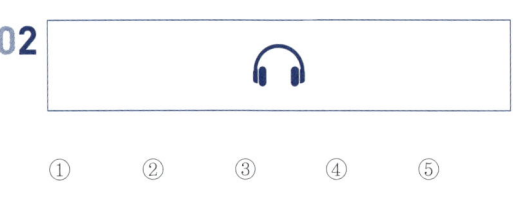
① ② ③ ④ ⑤

02
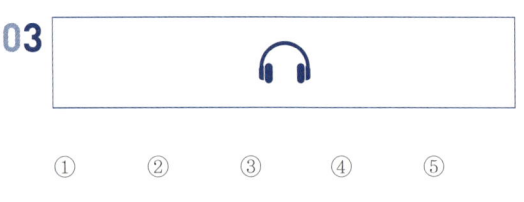
① ② ③ ④ ⑤

03
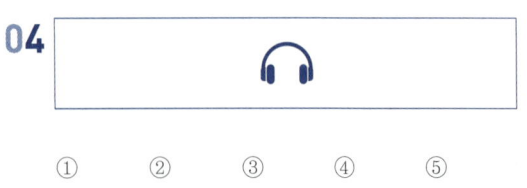
① ② ③ ④ ⑤

04
① ② ③ ④ ⑤

■ 5번부터 13번까지는 내용을 들은 후, 시험지에 인쇄된 문제와 선택지를 보고 푸는 문항입니다. 잘 듣고 물음에 답하시오.

05
'장애아 통합 교육'에 대한 두 사람의 입장으로 적절하지 <u>않은</u> 것은 무엇입니까?
① 여자는 어린 나이의 일반 아동이 장애아를 차별하여 문제가 발생할 것을 염려하고 있다.
② 여자는 제도적 장치가 미비한 상태에서 통합 교육이 시행되는 것이 시기상조라고 생각하고 있다.
③ 남자는 장애 아동과 비장애 아동의 통합 교육이 서로에게 긍정적인 효과를 줄 것으로 보고 있다.
④ 남자는 장애 아동들과 함께 생활하는 것이 비장애 아동들의 인성 교육에 도움이 되며, 장애 아동들의 발달에 도움이 될 것이라고 예상하고 있다.
⑤ 여자는 통합 교육에 찬성하는 남자의 의견에 일부 동조하고 있지만, 긍정적인 면보다 부정적인 면을 감안하여 통합 교육 시행에 반대하는 입장이다.

06
강연의 내용과 일치하지 <u>않는</u> 것은?
① 우주 쓰레기는 우주 개발에 지장을 줄 수 있다.
② 우주 쓰레기인 인공위성들은 고장이 난 것들이다.
③ 우주 여객선 비행 등 우주 개발이 예정되어 있다.
④ 우주 쓰레기가 이대로 있을 경우 인공위성을 쏘아 올리기 어려워질 수 있다.
⑤ 우주 쓰레기는 수거와 파괴, 궤도에서 밀어내기 등의 방법을 통해 사라지게 될 것이다.

07
강연의 내용과 일치하지 않는 것은?

① 대기의 온도와 표층수의 온도는 비례 관계에 놓여 있다.
② 표층수가 하강을 하면 중층수나 심층수가 이동하게 된다.
③ 가을이 되면 표층수가 하강하여 가을 전도 현상이 일어난다.
④ 물이 최대 밀도가 되는 섭씨 4도에 가까워지면 표층수가 하강한다.
⑤ 물이 자연스럽게 순환하는 전도 현상은 하절기와 동절기에 일어난다.

08
뉴스에서 언급한 '모디슈머'에 해당되는 경우로 보기 어려운 것은?

① 소주와 맥주를 섞어서 마시는 것
② 재활용품과 전구 등을 활용하여 나만의 조명을 만드는 것
③ 종류가 다른 화장품을 섞어 자신의 피부 톤에 맞게 만드는 것
④ 자신의 취향에 맞게 가구를 직접 설계하거나 제작·조립하는 것
⑤ 별도의 재료를 구입하여 자신만의 개성 있는 핸드폰 액세서리를 만드는 것

09
뉴스의 내용과 일치하지 않는 것은?

① 신드롬은 치료가 필요 없는 일시적 유행이다.
② 신드롬의 예로 유명인을 모방하는 것이 있다.
③ 신드롬은 마치 전염병처럼 유행을 따라 확산된다.
④ 신드롬은 사람들의 삶에 긍정적인 힘을 주기도 한다.
⑤ 신드롬에는 사회의 불안을 극대화시킨다는 단점이 있다.

[10~11] 다음을 잘 듣고 물음에 답하시오.

10
토론의 내용과 일치하지 않는 것은?

① 현재 면세점 매출 이익은 외화 유출로 이어지고 있다.
② 입국장 면세점의 도입은 아직 실행되지 않은 상태이다.
③ 입국장 면세점에는 문화 복합공간이 들어설 것이다.
④ 세계 30대 공항 중 약 30%만 입국장 면세점이 입점해 있다.
⑤ 내국인 입국 여행자 중 대부분은 입국장 면세점 도입을 반기고 있다.

11
토론에 대한 설명으로 적절하지 않은 것은?

① 여자는 출국장 면세점의 운영에 단점이 있다는 면에서 입국장 면세점 운영을 지지하고 있다.
② 남자는 해외여행을 자주하는 국민의 수가 그리 많지 않으므로 입국장 면세점이 굳이 필요하지 않다고 생각하고 있다.
③ 여자는 입국장 면세점을 운영하는 것의 경제적 효과 창출에 높은 기대를 걸고 있고 그 필요성에 대해 강조하고 있다.
④ 남자는 입국장 면세점 운영이 여러 사람에게 평등하게 혜택이 주어지기 어려운 것이라는 예상을 하며 이에 반대하고 있다.
⑤ 여자는 내국인 입국 여행자를 대상으로 한 설문조사 결과를 근거로 입국장 면세점의 경제 효과가 크다는 것을 증명하고 있다.

[12~13] 다음을 잘 듣고 물음에 답하시오.

12
다음 중 강연의 내용과 일치하지 <u>않는</u> 것은?

① 유비쿼터스는 언제 어디에나 존재하는 것을 뜻한다.
② 유비쿼터스는 컴퓨터의 발달로 가능하게 된 것이라고 볼 수 있다.
③ 유비쿼터스는 컴퓨터를 할 수 있는 공간에서만 가능한 기술이다.
④ 유비쿼터스는 현실 세계와 가상의 세계를 결합시켜 주는 기술이다.
⑤ 유비쿼터스는 기업의 이익을 높여 주고, 학생의 학습 지도에 도움을 줄 수 있다.

13
다음 중 '유비쿼터스'의 사례로 볼 수 <u>없는</u> 것은?

① 도서관 홈페이지에서 신간 도서를 공지하는 것
② 병원에 직접 가지 않고도 원격으로 진료를 받게 되는 것
③ 앞의 차와 안전거리를 설정하면 자동으로 차간 거리를 조절하는 시스템
④ 현장에 가지 않고 원격에서 집안의 모든 전자제품, 가스, 보일러, 전기를 조절하는 것
⑤ 실제 환경에서 가상 사물을 합성하여 원래의 환경에 존재하는 사물처럼 보이게 하는 것

■ 다음은 주관식 문제입니다. 잘 듣고 물음에 답하시오.

01 주관식
강연의 중심 내용을 다음의 〈조건〉에 맞게 쓰시오.

| 조건 |
- 강연자가 전달하는 강연의 중심 내용을 드러낼 것
- 강연 내용의 문장을 그대로 옮겨 적지 않을 것
- 어문 규정을 지키며 한 문장으로 기술할 것

⇨

02 주관식
강연의 주장을 반대하는 주장과 근거를 다음의 〈조건〉에 맞게 쓰시오.

| 조건 |
- '연사의 주장'에 대한 반론을 제시할 것
- 반론에 대한 적절한 근거를 2가지 제시할 것
- 어문 규정을 지키면서 3문장으로 작성할 것

⇨

14
다음 중 문장 성분이 모두 갖추어진 것은?

① 모두 흥에 겨워 춤과 노래를 부르고 있다.
② 대부분 햇빛과 통풍이 잘되지 않아 어둡고 습기가 가득했다.
③ 학문은 의심스럽게 보고 다시 검토하는 데서 출발해야 한다.
④ 물은 0℃ 이하에서 얼음이 되고, 얼음은 0℃ 이상에서 다시 물이 된다.
⑤ 그는 눈물 나는 이들의 눈물을 닦아 주는 공동체가 되어야 한다고 믿는다.

15
다음 중 두 가지 이상의 의미로 풀이될 가능성이 있는 것은?

① 나는 어제 구름이와 함께 길을 가다가 아라를 만났다.
② 그는 잠시 망설이다가, 들어오는 면접관에게 인사를 했다.
③ 감독관은 수험생의 얼굴과 수험표의 사진을 일일이 확인했다.
④ 그녀는 따가운 햇빛을 받으며 손수건으로 이마에 흐르는 땀을 닦았다.
⑤ 그 광고는 아내와 자식을 사랑하는 모든 가장들에게 불쾌감을 주었다.

16
다음 중 문장 성분의 호응이 적절한 문장은?

① 저소득 빈곤층을 효율적으로 도울 수 있는 대책 마련이 시급하다.
② 이때 발생하는 가장 큰 문제는 경기가 침체되고 실업자와 빈곤층이 증가한다.
③ 우리 사회의 산업 구조도 반도체와 자동차로 바뀌면서 생산성이 높아지게 되었다.
④ 누구나 대기업의 입사 시험이 얼마나 어려운 관문을 통과해야 하는지 알고 있다.
⑤ 무엇보다 염려스러운 점은 동북아시아의 영토 문제가 불거지고 있다는 보도를 자주 접하게 된다.

17
다음 중 가장 자연스러운 문장은?

① 서로 생각이 틀리다고 싸울 필요는 없다.
② 이번 시험에서는 문법의 비중이 많이 약해졌다.
③ 축포를 터뜨리며 함께 우승의 기쁨을 나누었다.
④ 그는 자신의 감정을 밖으로 표출하지 않으려 애썼다.
⑤ 살림살이들이 건장한 일꾼들에 의해 날라지고 있었다.

18
다음 중 문장의 높임 표현이 바르게 쓰인 것은?

① 선생님, 전화 오셨습니다.
② 손님, 주문하신 물건 여기 있으십니다.
③ 구체적인 사례를 보시면서 설명해 드리겠습니다.
④ 우리가 아버지를 모시러 갔을 때 아버지께서는 주무시고 계셨다.
⑤ 남편은 종종 딸아이에게 학교생활이 어떤지 이것저것 여쭈어 본다.

19

다음 단락의 통일성을 고려할 때, 퇴고 시 삭제해야 할 문장은?

㉠신규 브랜드를 시장에 성공적으로 진입시키기 위해서는 시장의 속성을 잘 파악하여야 한다. ㉡브랜드 확장은 시장에서 브랜드가 식상하게 될 수 있는 현상을 방지하고, 신제품 출시에 따른 초기비용 및 신규 브랜드 개발비용, 광고비 등을 절감할 수 있게 한다. 그러기 위해서는 시장을 세분화하고 효과적이고 효율적인 전략을 수립하여 세분화된 시장의 틈새시장(niche market)을 정확하게 분석해야 한다. ㉢제품을 구매, 소비하는 소비자와 제품을 생산, 판매하는 기업체들 간의 커뮤니케이션 및 교환이 이루어지는 활동들이 시장 속에서 발생하고 있으므로 시장의 분석은 브랜드 전략의 출발점을 의미한다. ㉣현재 관련된 시장에 대한 흐름을 분석하고 앞으로의 전망이 어떻게 되는지를 제시해야 한다. ㉤구체적인 분석에 앞서 고객이 제공한 자료와 시장에 관한 일반적인 자료들을 바탕으로 분석을 해야 한다. 시장에 관한 자료를 얻기 위해서는 여러 경제연구소들과 관련 협회에 문의해야 한다. 또한 글로벌 브랜드 개발일 경우 해외 시장에 대한 동향과 경향들을 조사하여 이에 관해 분석해야 한다.

① ㉠ ② ㉡ ③ ㉢ ④ ㉣ ⑤ ㉤

20

다음과 같은 글의 개요에서 제목(㉠)과 결론(㉡)에 들어갈 내용으로 가장 적절한 것은?

제목: (　　㉠　　)

서론: 3D 프린터란 무엇인가
　- 3D 프린터의 원리
　- 3D 프린터의 역사
　- 3D 프린터의 경제적 효과

본론 1: 3D 프린터의 활용 분야
　- 완구, 액세서리, 기념품 산업에서의 활용
　- 항공 및 자동차 부품 제조 분야에서의 활용
　- 패션 및 디자인 업계에서의 활용

본론 2: 3D 프린터가 불러올 3차 산업혁명
　- 스마트폰의 파급력을 넘어선 3D 프린터
　- 3D 프린팅 시장을 주도하는 국제 기업의 성공 사례

결론: (　　㉡　　)

① ㉠: 3D 프린터가 가져온 의학계의 혁명
　㉡: 3D 프린팅이 가능한 제품의 범위
② ㉠: 3D 프린터가 세상을 바꾼다
　㉡: 3D 프린팅 산업을 선점하기 위한 방안
③ ㉠: 3D 프린터가 미래 산업을 주도한다
　㉡: 3D 프린팅 시장의 통합 서비스 구현
④ ㉠: 3D 프린터를 통해 디자인의 혁신이 온다
　㉡: 3D 프린팅 산업에 대한 지나친 기대와 그에 따른 문제점
⑤ ㉠: 3D 프린터로 만들어진 초정밀 제품 생산이 눈앞에
　㉡: 3D 프린팅 산업 저작권 관련 범죄 악용 우려도

03 주관식

다음 빈칸에 들어갈 중심 문장을 〈조건〉에 맞게 쓰시오.

(   ) 먼저 사무실에서 아무도 모르게 백색소음을 평상시 주변 소음에 비해 약 10데시벨(dB) 높게 들려 주고 일주일을 지냈더니, 근무 중 잡담이나 불필요한 신체의 움직임이 현저하게 줄어 들었다. 한 달 후 백색소음을 껐더니 서로들 심심해하면서 업무의 집중도가 크게 떨어졌다. 즉, 백색소음이 없는 것보다 어느 정도 있는 것이 업무의 효율성을 증대시켰다.

또한 자연의 백색음을 학생들에게 들려 주면 학습효과가 크게 개선된다. 남녀 중학생을 대상으로 A시 ○○구 소재의 한 보습학원에서 영어단어 암기력 테스트를 실시했다. 일상적인 상태와 백색음을 들려 주었을 때의 상태에 따라 전혀 새로운 고교 2학년 수준의 영어단어를 5분간 암기하도록 했는데, 평소에 비해 학업성취도가 35.2%나 개선됐다.

또 다른 실험으로 독서실에서 백색소음을 들었을 때 집중력이 얼마나 개선되는가를 알아봤다. 각자의 책상 위에 백색소음이 발생되는 장치를 부착하고, 공부하면서 옆 좌석에 고개를 돌리거나 주변에 관심을 갖는 횟수를 시간 단위로 비교 파악했다. 이 경우에도 백색소음이 들렸을 때 주변에 관심을 갖는 횟수가 약 22% 정도 줄어 들었다.

---| 조건 |---
- '소음', '사실', '입증'이라는 단어를 포함할 것
- 어문 규정을 지켜 한 문장으로 쓸 것

⇨ _____
_____
_____

21

다음의 자료를 근거로 하여 도출할 수 있는 논지로 적절한 것은?

[자료 1] 통계 자료

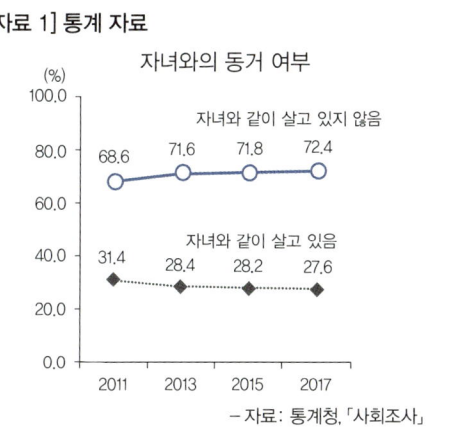

자녀와의 동거 여부

- 자료: 통계청, 「사회조사」

[자료 2] 통계 자료
취업의사 및 취업을 원하는 이유(55~79세)

[단위: %]

		장래 근로 원함	소계	일하는 즐거움	생활비 보탬	사회가 필요로 함	건강 유지	무료해서	기타
2008		57.1	100.0	34.6	54.8	2.0	3.0	5.3	0.2
2011		58.7	100.0	35.5	54.9	2.3	2.2	4.7	0.3
2012		59.2	100.0	36.5	54.5	1.9	2.1	4.7	0.2
2013		60.1	100.0	36.9	54.8	1.9	1.7	4.5	0.2
2014		62.2	100.0	38.8	54.1	1.6	1.5	3.8	0.1
2015		61.2	100.0	35.9	57.1	1.8	1.6	3.6	0.1
2016		61.5	100.0	34.8	58.1	2.2	1.5	3.3	0.0
2017		62.6	100.0	34.4	58.3	2.3	1.6	3.3	0.1
2018		64.1	100.0	33.9	59.0	2.2	1.5	3.3	0.0
성별	남자	75.6	100.0	36.5	56.7	3.0	1.3	2.5	0.0
	여자	53.6	100.0	30.7	62.0	1.2	1.7	4.4	0.1

- 자료: 통계청, 「경제활동인구조사 고령층 부가조사」
각 연도 5월

[자료 3] 신문 기사
　부모의 노후 생계에 대해 가족이 돌보아야 한다고 생각하는 사람들의 비율은 2008년 40.7%에서 2012년 33.2%로 5년 사이에 대폭 감소하였다. 대신에 가족과 정부, 사회의 공동 책임으로 보는 시각이 확산되었음을 다양한 사회조사 결과들이 보여 주고 있다. 전통적 가족 규범이 약화되는 방향으로 부모 부양에 대한 의식이 빠르게 변하고 있음을 알 수 있다.

① 노인에 대한 정책적 지원이 부족하고 자녀에 대한 의존도가 높다.
② 신체적 의존성이 증가하고 돌봄의 필요성이 있을 때 가족의 도움이 필요하다.
③ 노인 가구의 증가는 확대가족의 붕괴와 노인들의 시각이 바뀐 것과도 관련성이 있다.
④ 가족과 지역사회, 국가가 노인 돌봄의 책임을 효율적으로 협력, 분담하는 방안이 시급하다.
⑤ 노인의 동거 가족 유형의 변화는 부모 부양에 대한 인식 변화의 영향을 받는 것으로 확인됐다.

22

'유기동물 안락사 반대'라는 주제로 글을 쓰고자 한다. 그 주장의 근거로 삼을 수 있는 것끼리 묶인 것은?

| 보기 |
㉠ 많은 동물 개체를 관리하기 위해 어쩔 수 없다.
㉡ 지금의 유기동물 안락사는 마구잡이 처분에 가깝다.
㉢ 시설의 부족은 안락사 불가피의 이유가 될 수 없다.
㉣ 동물보호소가 유기동물 문제를 전부 해결할 수 없다.
㉤ 반려동물을 쉽게 사고 쉽게 버리는 문화가 형성된다.
㉥ 지자체의 동물보호소의 공간과 예산은 한정되어 있다.

① ㉠, ㉣, ㉥　② ㉡, ㉢, ㉤　③ ㉣, ㉤, ㉥
④ ㉡, ㉤, ㉥　⑤ ㉠, ㉢, ㉤

23

다음 개요를 바탕으로 내용을 구성할 때, ㉠~㉤ 중 적절하지 않은 것은?

| 보기 |
주제: 교통사고의 원인과 대책
서론: 문제의 제기
　　- ㉠교통사고에 대한 언론 보도 현황
　　- 교통사고 사망자 수가 한국전쟁 사망자 수를 앞지름
본론 1: 교통사고의 원인
　　- 물리적 원인: ㉡인구 증가로 인한 교통 수요 증가, 파손된 도로와 협소한 도로
　　- 심리적 원인: ㉢국민의 의식 개혁, 질서 의식 부족, 인명 경시 풍조
본론 2: ㉣교통사고의 대책
　　- 범칙금 강화
　　- ㉤도로의 정비
결론: 요약 및 제언

① ㉠　② ㉡　③ ㉢　④ ㉣　⑤ ㉤

04 주관식

다음은 '우리의 전통 그릇 옹기'의 초고이다. ㉠에 들어갈 내용을 〈보기〉의 조건에 맞게 쓰시오.

> 옹기는 진흙으로 구워 만든 질그릇과 이러한 질그릇에 잿물 유약을 입혀 윤이 나고 단단하게 만든 오지그릇을 합하여 부르는 말입니다. 이러한 옹기의 가장 큰 특징은 주변에서 쉽게 구할 수 있는 천연 재료로 만들어졌다는 점입니다. 그래서 우리 조상은 인체에 해롭지 않고 독성이 전혀 없는 옹기를 오랜 세월 동안 사용하여 왔습니다. 한약을 달이는 약탕기도 옹기의 특징을 잘 활용한 그릇입니다. 주전자와 비슷한 모양을 하고 있는 이 그릇은 몸뚱이에 손잡이로 쓰이는 자루가 달려 있습니다. 이러한 약탕기는 약재들을 고루 오랫동안 우려낼 수 있기 때문에 한약의 효능을 더욱 좋게 해 주어 오늘날에도 많이 활용되고 있습니다. 옹기는 대부분 그릇으로 활용되었지만, 이외에도 집을 지을 때에 굴뚝과 기와로도 쓰였습니다. 옹기로 만든 굴뚝은 여러 모양의 구멍을 뚫어 연기와 그을음이 잘 빠져나갈 수 있도록 하였습니다. 또, 기후 변화가 뚜렷한 우리나라는 추위와 더위에 잘 견딜 수 있도록 지붕을 덮어야 하는데, 이때 사용된 옹기 기와는 심한 더위나 장마에 습기나 열을 간직하였다가 서서히 내뿜는 장점이 있습니다. 이처럼 예부터 우리 생활에서 다양하게 활용하여 왔던 옹기에는 (㉠)

| 보기 |
- 앞에서 제시된 옹기의 특성을 포괄하는 문장을 쓸 것
- 인과 관계를 드러내는 문장을 쓸 것
- 어문 규정을 지켜 2문장으로 쓸 것

⇨

05 주관식

다음의 우화를 활용하여 '바람직한 삶의 태도'에 대해 글을 작성하고자 할 때, 〈보기〉의 조건에 맞게 주제문을 쓰시오.

> 집이 가난하여 끼니를 이을 수 없었던 장자는 어느 날 한 부자에게 곡식을 빌리러 갔습니다. 장자의 사연을 듣던 부자는 쌀을 빌려가 언제 가져올지 몰라 거절하는 방법을 찾기 시작했습니다. 이윽고 부자가 말했습니다. "그럽시다. 내가 며칠 후에 제 땅에서 세금을 거둬들인 다음, 선생에게 삼백 냥을 빌려 드리도록 하겠습니다. 괜찮겠습니까?" 그러자 장자는 미소를 띠며 이렇게 말했습니다. "내가 어제 이곳으로 오는데 도중에 나를 부르는 자가 있었소. 누군가 하여 돌아다보니 수레바퀴 자국 가운데 고인 웅덩이에 붕어가 빠져 있는 것이었소. 내가 붕어에게 물었소. '붕어야, 너는 무얼 하고 있는 거냐?' 붕어가 대답했소. '저는 원래 큰 강에 살았습니다. 선생님께서 몇 됫박의 물이 있거든 지금 좀 부어 주십시오. 그러면 저는 살 수 있습니다.' 내가 말했소. '그러하냐? 내 남쪽으로 가서 오나라와 월나라의 임금을 설복시켜 서쪽 강물을 끌어다가 부어 주도록 하겠다. 그래도 괜찮겠느냐?' 그러자 붕어는 성이 나서 내게 이렇게 말하더군요. '저는 물이 없어서 당장 죽을지도 모르는 형편입니다. 몇 됫박의 물만 있으면 살 수 있습니다. 선생께서 말씀하시는 대로 하다가는 차라리 저를 어물전에 가서 찾는 것만도 못하게 될 것입니다.'라고 말이오."

| 보기 |
- 우화의 내용을 바탕으로 표현하고자 한 교훈에 대해 쓸 것
- 어문 규정을 지켜 1문장으로 쓸 것
- '~(으)면 ~소용이 없다'의 문장 표현을 사용할 것

⇨

06 주관식

다음은 '급증하는 노인 운전사고'의 초고이다. ㉠에 들어갈 내용을 〈보기〉의 조건에 맞게 쓰시오.

고령화에 수반되는 사회문제 중 하나가 교통사고다. 보행 중 피해를 입는 것이 주를 이루지만, 운전하면서 가해자가 되는 경우도 꾸준히 증가하고 있으며 매년 노인 운전자들이 일으키는 사고가 늘어나고 있다고 한다. 노화는 신체의 제반 기능을 퇴화시켜 유효 시야가 좁아지며 여러 대상을 한꺼번에 보면서 반응하는 동작이 느려져 교차로에서 매우 위험하다. 자동차는 신체의 노쇠를 보완하면서 자립을 도와주는 훌륭한 도구이다. 그러나 보행과 달리 운전은 권리만이 아니라 책임의 문제가 따르는 행위다. 걷다가 넘어지면 본인만 다치지만, 운전 중 실수는 막대한 피해를 일으키기 때문이다. 노인 운전자 사고가 지금처럼 계속 늘어간다면, (㉠)

| 보기 |

- 본문에서 제시하는 문제점에 대처하는 방안을 작성할 것
- '~이/가 필요할 것이다.'의 문장 표현을 사용할 것
- 어문 규정을 지켜 하나의 완결된 문장으로 작성할 것

⇨

07 주관식

다음 십자말풀이를 참조해 아래의 (   )에 맞는 단어를 쓰시오.

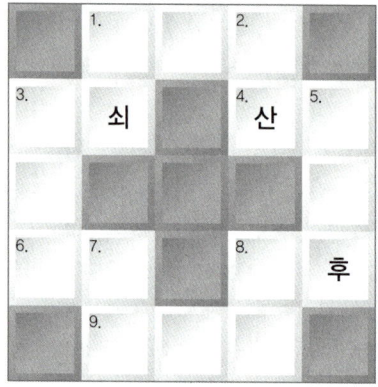

가로 열쇠

1. 필요 이상으로 남의 일을 걱정하고 염려하는 마음
3. 어떤 일을 해결하는 데 필요한 가장 중요한 방법이나 요소를 비유적으로 이르는 말
4. 높고 험준하게 솟은 산들
6. 있는 그대로의 상태. 또는 실제의 모양
8. 기온, 비, 눈, 바람 따위의 대기(大氣) 상태
9. 낮은 온도에서는 전기가 통하지 않으나 높은 온도에서는 전기가 잘 통하는 물질

세로 열쇠

1. 늙어서 쇠약하고 기운이 별로 없음
2. 마음속으로 하는 궁리나 계획. = 속셈
3. 도서관 등에서 책 따위를 열람하는 방
5. 몹시 나쁜 날씨
7. 반수 이상
8. 몸과 마음의 형편이라는 뜻으로, 웃어른께 올리는 편지에서 문안할 때 쓰는 말

세로 3. (   ) 가로 3. (   )
세로 5. (   ) 가로 6. (   )

08 주관식

〈보기〉와 같이 주어진 속담과 어휘를 모두 사용하여 짧은 글을 지으시오.

보기
• 요즘 돈을 많이 벌더니 (　　) 생각을 못하고 돈을 펑펑 쓰더라고요. • 수감자들은 교도소 내의 (　　) 개선을 요구하며 소동을 부렸다.

• (빈칸에 들어갈 내용) 개구리 올챙이 적, 처우
⇨ (예시 답안) 우리나라도 한때 외국에서 무시를 당하며 힘겹게 외화를 벌어들이던 <u>개구리 올챙이 적</u>을 생각해서라도, 외국인 노동자에게 올바른 <u>처우</u>를 해 주어야 한다.

• 그러나 짚신에 양말을 신으면 (　　)라 할 만큼 양말이 아직 귀한 시절이었다.
• 그쪽에 더 많은 (　　)와/과 인원을 투입해야 한다.

⇨ _____
_____
_____

09 주관식

다음 글의 빈칸에 들어갈 문장을 〈보기〉의 조건을 충족하여 작성하시오.

　　사람과 사람이 직접 얼굴을 맞대고 하는 접촉이 라디오나 텔레비전 등의 매체를 통한 접촉보다 결정적인 영향력을 미친다는 것이 일반적인 견해로 알려져 있다. 매체는 어떤 마음의 자세를 준비하게 하는 구실을 하여 나중에 직접 어떤 사람에게서 새로운 어휘를 접했을 때 그것이 텔레비전에서 자주 듣던 것이면 더 쉽게 그쪽으로 마음의 문을 열게 한다는 면에서 영향력을 행사한다. 하지만, 새로운 어휘가 전파되는 것은 매체를 통해서보다 대면하는 사람과의 직접적인 접촉에 의해서 더 많은 영향을 받는다는 것이다. 사람들은 한두 사람의 말만 듣고 언어 변화에 가담하지는 않는다고 한다. 주위의 여러 사람들이 다 같이 새 어휘를 쓸 때 비로소 그것을 받아들이게 된다고 한다. 즉 매체를 통하는 방법보다는 (　　　　　　　　)

보기
– 비교의 방법을 사용할 것 – 어문 규정을 지켜 하나의 완결된 문장으로 작성할 것

⇨ _____
_____
_____

10 주관식

다음 글을 읽고, 이 글에 나타난 문제 상황을 해결할 수 있는 방안을 〈조건〉에 맞게 쓰시오.

어린이에게 더 위험한 '어린이 통학버스'

-영유아 체격 커지는데 버스 규격 그대로
"너무 좁아 아이들이 짐짝처럼 느껴져"

'어린이 통학버스는 어린이의 안전을 위한 안전설비를 장착해야 한다.' 법제처가 정의한 어린이 통학버스의 첫 번째 조건이다. 그런데 정작 노란색 어린이 버스가 아이를 더 위험에 빠뜨릴 수 있다는 우려가 제기되고 있다. 아이들 체격은 커지는데 버스 규격은 과거에 머물러 있기 때문이다. 이런 상황에서 자칫 급정거를 할 경우, 대형 사고로 이어질 가능성도 배제할 수 없다.

시사저널은 4월 5일 서울의 한 교육기관이 운영하는 39인승 어린이 통학버스에 들어가 봤다. 차량 모델은 현대차의 준중형 버스 '카운티'였다. 버스 안에는 3~7세 아이들이 옹기종기 앉아 있었다. 모두 예외 없이 2점식 안전벨트(허리만 지나가는 벨트)를 매고 있었다. 안전벨트 장착은 국토교통부령인 '자동차 성능과 기준에 관한 규칙'에서 규정한 내용이다.

그런데 이 버스엔 머리 받침대가 없다. 받침대 설치가 국토부가 규정한 의무사항은 아니다. 이에 따라 좌석 위는 가죽시트로 평평하게 덮여 있다. 이는 어린이 버스에서 문제가 된다. 아이들의 앉은키가 커서 머리가 좌석 위로 올라오기 때문이다.

익명을 요구한 서울 국공립유치원의 한 원장은 "7살짜리 아이는 대부분 목이 올라온다"면서 "버스가 갑자기 멈춰 서면 목이 뒤로 꺾이지 않을까 항상 조마조마하다"며 한숨을 쉬었다. 기자가 본 한 남자아이는 아예 어깨부터 좌석 위로 올라와 있었다.

어린이 버스가 급정거하는 경우는 그리 많지 않다고 한다. 법규상 속도제한 장치가 달려 있고, 다른 차량의 앞지르기도 금지된다는 등의 이유다. 그럼에도 어린이 버스기사 임호준 씨(60)는 "불가피하게 급브레이크를 밟을 때가 있어 아이들이 위험했던 순간이 한두 번이 아니다"고 했다. 경력이 11년째라는 임 씨는 "키가 큰 아이는 (앞좌석 뒷면에 달린) 철제 손잡이에 머리를 부딪힐까 걱정된다"는 말도 했다. 부산 연제구 사립유치원 원장 윤 아무개 씨는 "차량이 앞쪽으로 쏠리는 경우가 많아 신경 쓰인다"고 했다.

의자가 너무 좁아 위험하다는 목소리도 있다. 국토부령의 어린이 버스 좌석(엉덩이가 닿는 자리) 규격은 가로·세로 각각 27cm 이상이다. 부산 사상구 어린이집 원장 김 아무개 씨는 "아이들이 벨트를 제대로 안 매면 미끄러지거나 떨어지는 경우도 있다"며 "좌석 폭이 넓었으면 좋겠다"고 했다.

좌석 간격도 문제로 지적됐다. 기자가 보니 키가 1m 남짓한 아이들은 무릎과 앞좌석 사이의 간격이 충분했다. 다리를 뻗지 않는 이상 앞좌석에 닿지 않았다. 반면 비교적 몸집이 큰 6~7세 아이들은 상황이 달랐다. 대구 달서구 사립유치원 원장 오 아무개 씨는 "특히 겨울엔 가방에 외투까지 놔둬야 하니 공간이 부족할 수밖에 없다"고 했다.

국토부령에 따르면, 어린이 버스 앞좌석 등받이와 뒷좌석 등받이 사이의 최소 기준거리는 46cm다. 그리고 2010년 통계청 기준 7살 남녀 아이의 평균 '앉은 엉덩이-무릎 수평길이'는 39.5cm다. 앉았을 때 무릎과 앞좌석의 간격이 7cm도 안 된다는 뜻이다.

| 조건 |

- 이 글에 나타난 문제 상황을 밝힐 것
- 자신이 생각하는 해결 방안을 근거와 함께 쓸 것
- 어문 규정에 맞게 두 문장으로 쓸 것

⇨

MEMO

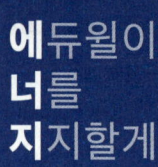

끝이 좋아야 시작이 빛난다.

– 마리아노 리베라(Mariano Rivera)

여러분의 작은 소리
에듀윌은 크게 듣겠습니다.

본 교재에 대한 여러분의 목소리를 들려주세요.
공부하시면서 어려웠던 점, 궁금한 점,
칭찬하고 싶은 점, 개선할 점, 어떤 것이라도 좋습니다.

에듀윌은 여러분께서 나누어 주신 의견을
통해 끊임없이 발전하고 있습니다.

에듀윌 도서몰 book.eduwill.net
- 부가학습자료 및 정오표: 에듀윌 도서몰 → 도서자료실
- 교재 문의: 에듀윌 도서몰 → 문의하기 → 교재(내용, 출간) / 주문 및 배송

에듀윌 ToKL국어능력인증시험 한권끝장

발 행 일	2022년 1월 2일 초판
저 자	김지학, 오선희
펴 낸 이	이중현
펴 낸 곳	(주)에듀윌
등록번호	제25100-2002-000052호
주 소	08378 서울특별시 구로구 디지털로34길 55 코오롱싸이언스밸리 2차 3층

* 이 책의 무단 인용·전재·복제를 금합니다.   ISBN 979-11-360-1435-1 (13710)

www.eduwill.net
대표전화 1600-6700

TOK 국어능력시험 / 1교시 답안지

응시일자 : 20   년   월   일

수험자 정보

수험번호

주민등록번호

성명 (최초 한 번만 기재)

학력
- 초등학교 재학
- 초등학교 졸업
- 중학교 재학
- 중학교 졸업
- 고등학교 재학
- 고등학교 졸업
- 대학교 재학
- 대학교 졸업
- 대학원 재학
- 대학원 졸업

직업
- 초등학생
- 중학생
- 고등학생
- 대학생
- 대학원생
- 교사, 강사
- 일반 사무직
- 군인, 경찰
- 전문직
- 기타

※ 학력, 직업 각각 1개씩만 선택

문제지 번호

감독관 확인란

답안지

번호	객관식	번호	객관식	번호	객관식
1	① ② ③ ④ ⑤	21	① ② ③ ④ ⑤	41	① ② ③ ④ ⑤
2	① ② ③ ④ ⑤	22	① ② ③ ④ ⑤	42	① ② ③ ④ ⑤
3	① ② ③ ④ ⑤	23	① ② ③ ④ ⑤	43	① ② ③ ④ ⑤
4	① ② ③ ④ ⑤	24	① ② ③ ④ ⑤	44	① ② ③ ④ ⑤
5	① ② ③ ④ ⑤	25	① ② ③ ④ ⑤	45	① ② ③ ④ ⑤
6	① ② ③ ④ ⑤	26	① ② ③ ④ ⑤	46	① ② ③ ④ ⑤
7	① ② ③ ④ ⑤	27	① ② ③ ④ ⑤	47	① ② ③ ④ ⑤
8	① ② ③ ④ ⑤	28	① ② ③ ④ ⑤	48	① ② ③ ④ ⑤
9	① ② ③ ④ ⑤	29	① ② ③ ④ ⑤	49	① ② ③ ④ ⑤
10	① ② ③ ④ ⑤	30	① ② ③ ④ ⑤	50	① ② ③ ④ ⑤
11	① ② ③ ④ ⑤	31	① ② ③ ④ ⑤	51	① ② ③ ④ ⑤
12	① ② ③ ④ ⑤	32	① ② ③ ④ ⑤	52	① ② ③ ④ ⑤
13	① ② ③ ④ ⑤	33	① ② ③ ④ ⑤	53	① ② ③ ④ ⑤
14	① ② ③ ④ ⑤	34	① ② ③ ④ ⑤	54	① ② ③ ④ ⑤
15	① ② ③ ④ ⑤	35	① ② ③ ④ ⑤	55	① ② ③ ④ ⑤
16	① ② ③ ④ ⑤	36	① ② ③ ④ ⑤	56	① ② ③ ④ ⑤
17	① ② ③ ④ ⑤	37	① ② ③ ④ ⑤	57	① ② ③ ④ ⑤
18	① ② ③ ④ ⑤	38	① ② ③ ④ ⑤		
19	① ② ③ ④ ⑤	39	① ② ③ ④ ⑤		
20	① ② ③ ④ ⑤	40	① ② ③ ④ ⑤		

답안지 표기 방법

바른 방법: ●

바르지 못한 방법: ⊘ ⊗ ⊙ ◐

1. 객관식은 반드시 컴퓨터용 사인펜을 사용하여 바르게 표기해야 하며, 올바른 펜을 사용하지 않은 책임은 본인에게 있습니다.
2. 객관식 답안의 수정은 수정테이프를 사용하시면 됩니다.(수정액 금지)
3. 감독관 확인이 없으면 시험은 무효이며, 시험이 끝난 후에는 이 답안지를 문제지와 함께 반드시 제출해야 합니다.

TOK L국어능력시험 / 1교시

시험 시간 안내

교시	시험 시간	내용
시험준비	09 : 00 ~ 09 : 30	수험자 입실
시험준비	09 : 30 ~ 09 : 45	감독관 입실, 수험자 주의사항(신분증) 안내
시험준비	09 : 45 ~ 10 : 00	1교시 답안지 작성, 1교시 문제지 배부
1교시	10 : 00 ~ 11 : 00	어휘, 어문 규정, 읽기, 감독관 - 신분증 확인
시험준비	11 : 00 ~ 11 : 10	2교시 답안지 작성, 2교시 문제지 배부
2교시	11 : 10 ~ 12 : 20	듣기, 어법, 쓰기
시험종료	12 : 20 ~ 12 : 30	시험 종료, 수험자 퇴실

수험자 유의사항

1. 수험자는 휴대폰이나 호출기 등의 전원을 완전히 꺼 주시고 감독관의 지시에 따르십시오.
2. 답안지는 컴퓨터로 일괄 처리됩니다. 컴퓨터용 사인펜을 이용하여 기입하시고, 답안지를 접거나 기재 사항 이외의 불필요한 낙서는 하지 마십시오.
3. 문제지를 받고 인쇄 누락 또는 파본이 있는 경우에는 손을 들어 감독관의 지시를 받으십시오.
4. 1교시 독해 시간에 신분증 확인이 있습니다. 수험자는 신분증과 수험표, 답안지를 책상 위에 올려놓고, 감독관의 확인을 받으시기 바라며, 감독관의 사인이 없는 답안지는 무효 처리됩니다.
5. 시험이 진행되는 동안 수험생은 밖으로 나갈 수 없으며, 문제 풀이가 끝났다 하더라도 시험 종료 시각까지 기다려 주십시오.
6. 시험 시간이 종료되면 감독관에게 문제지와 답안지를 제출하여 주십시오.

부정행위 처리 규정

1. 재단법인 한국어언어문화연구원은 부정행위를 절대 금지합니다.
2. 부정행위 판별 방법에는 현장 적발과 답안지 대조 작업에 의한 사후 적발이 있습니다.
3. 부정행위가 적발될 때에는 0점 처리되며 1년간 응시자격이 박탈됩니다.
4. 기타 부정행위자, 규칙 위반자 또는 주의 사항이나 감독관의 지시에 따르지 않을 경우에는 즉시 퇴장을 명하며 시험을 무효로 하고 이에 관한 사항은 이사회 판례에 따라 처벌됩니다.

신분증 안내

1. 주민등록증 발급자(만 18세 이상)
   - 주민등록증, 운전면허증, 여권, 공무원증, 기간 만료 전의 주민등록증 발급 신청 확인서 중의 한 가지를 유효한 신분증으로 인정합니다.
   (성인의 경우 학생증, 사원증, 각종 자격증, 신용카드, 의료보험증 등은 신분증으로 인정하지 않습니다.)
2. 주민등록증 미발급자(만 18세 미만)
   - 학생증(성명, 사진, 학교명 기재), 청소년증, 기간 만료 전의 여권, 시행 본부가 발급한 신분증인 증명서, 재학증명서나 생활기록부에 응시자 사진을 붙이고 사진 위에 학교장 낙인이 된 것.
3. 군인
   - 장교(또는 부사관) 신분증, 군무원증
※ 위에 해당하는 신분증이 없는 경우 시험에 응시할 수 없습니다.

TOK 국어능력시험 / 2교시

응시일자 : 20   년   월   일

수험자 정보

이름
- 한글
- 수험번호
- 주민등록번호

답안지

객관식

번호					
1	①	②	③	④	⑤
2	①	②	③	④	⑤
3	①	②	③	④	⑤
4	①	②	③	④	⑤
5	①	②	③	④	⑤
6	①	②	③	④	⑤
7	①	②	③	④	⑤
8	①	②	③	④	⑤
9	①	②	③	④	⑤
10	①	②	③	④	⑤
11	①	②	③	④	⑤
12	①	②	③	④	⑤
13	①	②	③	④	⑤
14	①	②	③	④	⑤
15	①	②	③	④	⑤
16	①	②	③	④	⑤
17	①	②	③	④	⑤
18	①	②	③	④	⑤
19	①	②	③	④	⑤
20	①	②	③	④	⑤
21	①	②	③	④	⑤
22	①	②	③	④	⑤
23	①	②	③	④	⑤

주관식

번호					
1	①	②	③	④	⑤
2	①	②	③	④	⑤
3	①	②	③	④	⑤
4	①	②	③	④	⑤
5	①	②	③	④	⑤
6	①	②	③	④	⑤
7	①	②	③	④	⑤
8	①	②	③	④	⑤
9	①	②	③	④	⑤
10	①	②	③	④	⑤

※ 이 곳은 기재하지 마시오.

답안지 표기 방법

바른 방법	바르지 못한 방법
●	⊙ ✗ ⦶

1. 객관식은 반드시 컴퓨터용 사인펜을 사용하여 바르게 표기해야 하며, 올바른 펜을 사용하지 않은 책임은 본인에게 있습니다.
2. 객관식 답안의 수정은 수정테이프를 사용하시면 됩니다.(수정액 금지)
3. 감독관 확인이 없으면 본 시험은 무효이며, 시험이 끝난 후에는 이 답안지를 문제지와 함께 반드시 제출해야 합니다.

주관식

번호	
1	
2	

※ 주관식 3~10번 기재란은 뒷면에 있습니다.

문제지 번호

감독관확인란

TOKL국어능력시험 / 2교시

주관식 답안지

번호	주관식
3	
4	
5	
6	
7	
8	
9	
10	

업계 최초 대통령상 3관왕, 정부기관상 19관왕 달성!

2010 대통령상   2019 대통령상   2019 대통령상

대한민국 브랜드대상 국무총리상   국무총리상   문화체육관광부 장관상   농림축산식품부 장관상   과학기술정보통신부 장관상   여성가족부장관상

서울특별시장상   과학기술부장관상   정보통신부장관상   산업자원부장관상   고용노동부장관상   미래창조과학부장관상   법무부장관상

- **2004**
  서울특별시장상 우수벤처기업 대상
- **2006**
  부총리 겸 과학기술부장관 표창 국가 과학 기술 발전 유공
- **2007**
  정보통신부장관상 디지털콘텐츠 대상
  산업자원부장관 표창 대한민국 e비즈니스대상
- **2010**
  대통령 표창 대한민국 IT 이노베이션 대상
- **2013**
  고용노동부장관 표창 일자리 창출 공로
- **2014**
  미래창조과학부장관 표창 ICT Innovation 대상
- **2015**
  법무부장관 표창 사회공헌 유공
- **2017**
  여성가족부장관상 사회공헌 유공
  2016 합격자 수 최고 기록 KRI 한국기록원 공식 인증
- **2018**
  2017 합격자 수 최고 기록 KRI 한국기록원 공식 인증
- **2019**
  대통령 표창 범죄예방대상
  대통령 표창 일자리 창출 유공
  과학기술정보통신부장관상 대한민국 ICT 대상
- **2020**
  국무총리상 대한민국 브랜드대상
  2019 합격자 수 최고 기록 KRI 한국기록원 공식 인증
- **2021**
  고용노동부장관상 일·생활 균형 우수 기업 공모전 대상
  문화체육관광부장관 표창 근로자휴가지원사업 우수 참여 기업
  농림축산식품부장관상 대한민국 사회공헌 대상
  문화체육관광부장관 표창 여가친화기업 인증 우수 기업
- **2022**
  국무총리 표창 일자리 창출 유공
  농림축산식품부장관상 대한민국 ESG 대상

에듀윌 ToKL국어능력인증시험
한권끝장

기출변형 문제편
정답과 해설

에듀윌 ToKL 국어능력인증시험
한권끝장

에듀윌 ToKL국어능력인증시험
한권끝장

기출변형 문제편
정답과 해설

정답과 해설

PART 01 어휘

본문 10~12쪽

01 단어의 의미 관계

01	④	02	③	03	②	04	⑤	05	①
06	⑤	07	②	08	③	09	③	10	②

01 다의어에 대한 문항으로, 제시된 〈보기〉의 '손'은 '어떤 사람의 영향력이나 권한이 미치는 범위'를 뜻하므로, 의미가 가장 유사한 것은 ④가 된다.

오답률 줄이는 | 오답풀이 |
①, ⑤ 어떤 일을 하는 데 드는 사람의 힘이나 노력, 기술
② 사람의 팔목 끝에 달린 부분
③ 사람의 수완이나 꾀

02 다의어의 의미를 묻는 문항으로, 〈보기〉와 ③의 '들어서다'는 '어떤 상태나 시기가 시작되다.'라는 의미로 사용되었다.

오답률 줄이는 | 오답풀이 |
① 정부나 왕조, 기관 따위가 처음으로 세워지다.
② 어떤 곳에 자리 잡고 서다.
④ 밖에서 안쪽으로 옮겨 서다.
⑤ 아이가 배 속에 생기다.

03 다의어에 대한 문항으로, 〈보기〉와 ②의 '트다'는 '막혀 있던 것을 치우고 통하게 하다.'의 의미이다.

오답률 줄이는 | 오답풀이 |
①, ⑤ 서로 스스럼없이 사귀는 관계가 되다.
③ 너무 마르거나 춥거나 하여 틈이 생겨서 갈라지다.
④ 서로 거래하는 관계를 맺다.

04 '조악(粗惡)'은 '거칠고 나쁘다.'는 뜻으로, '솜씨나 기술 따위가 정밀하고 교묘하다.'를 뜻하는 '정교(精巧)'의 반의어이다. 나머지는 모두 유의 관계이다.

오답률 줄이는 | 오답풀이 |
① 향리(鄕里): 자기가 태어나서 자란 곳
고향(故鄕): 1) 자기가 태어나서 자란 곳 2) 조상 대대로 살아온 곳 3) 마음속에 깊이 간직한 그립고 정든 곳
② 선악(善惡): 착한 것과 악한 것을 아울러 이르는 말
청탁(淸濁): 옳고 그름 또는 착함과 악함을 비유적으로 이르는 말
③ 타계(他界): 인간계를 떠나서 다른 세계로 간다는 뜻으로, 사람의 죽음 특히 귀인(貴人)의 죽음을 이르는 말
영면(永眠): 영원히 잠든다는 뜻으로, 죽음을 이르는 말
④ 추측(推測): 미루어 생각하여 헤아림
추량(推量): 미루어 생각하여 헤아림

05 '눌변(訥辯)'은 '더듬거리는 서툰 말솜씨'를 뜻하는 말이며, '달변(達辯)'은 '능숙하여 막힘이 없는 말'을 뜻한다. 이 두 단어의 관계는 반의 관계이며, 나머지 어휘들은 모두 유의 관계를 형성하고 있다.

오답률 줄이는 | 오답풀이 |
② 견지(堅持): 어떤 견해나 입장 따위를 굳게 지니거나 지킴
고수(固守): 차지한 물건이나 형세 따위를 굳게 지킴
③ 박정(薄情): 인정이 박하다.
냉담(冷淡): 1) 태도나 마음씨가 동정심 없이 차가움 2) 어떤 대상에 흥미나 관심을 보이지 않음
④ 차제(次第): 순서 있게 구분하여 벌여 나가는 관계 = 차례
순서(順序): 정하여진 기준에서 말하는 전후, 좌우, 상하 따위의 차례 관계
⑤ 흔낙(欣諾): 매우 기쁜 마음으로 승낙함
허용(許容): 허락하여 너그럽게 받아들임

06 '고원(高遠)'은 '1) 높고 멀다. 2) 품은 뜻이나 이상이 높고 원대하다.'의 의미이고, '비근(卑近)'은 '흔히 주위에서 보고 들을 수 있을 만큼'의 의미로 두 단어는 반의 관계이며, 나머지는 유의 관계이다.

오답률 줄이는 | 오답풀이 |
① 가공(架空): 사실이 아니고 거짓이나 상상으로 꾸며 냄
허구(虛構): 〈문학〉 소설이나 희곡 따위에서 실제로는 없는 사건을 작가의 상상력으로 재창조해 냄
② 발달(發達): 1) 신체, 정서, 지능 따위가 성장하거나 성숙함 2) 학문, 기술, 문명, 사회 따위의 현상이 보다 높은 수준에 이름
진보(進步): 정도나 수준이 나아지거나 높아짐
③ 운영(運營): 조직이나 기구, 사업체 따위를 운용하고 경영함
운용(運用): 무엇을 움직이게 하거나 부리어 씀
④ 지기(知己): 지기지우(知己知友)의 준말. 자기의 속마음

을 참되게 알아주는 친구
지인(知人): 아는 사람

07 ②는 상하 관계이며, 나머지는 유의 관계이다.

08 '푼푼하다'는 '모자람이 없이 넉넉하다.'는 뜻이고, '모자라다'는 '기준이 되는 양이나 정도에 미치지 못하다.'는 뜻이다. 이 두 단어만 반의 관계이며, 나머지는 모두 유의 관계에 해당된다.

오답률 줄이는 | **오답풀이** |
① 주저롭다: 넉넉지 못하여 매우 아쉽거나 곤란하다.
애옥하다: 살림이 몹시 구차하다.
② 가멸차다: 재산이나 자원 따위가 매우 많고 풍족하다.
풍부하다: 넉넉하고 많다.
④ 도스르다: 무슨 일을 하려고 별러서 마음을 다잡아 가지다.
추스르다: 일이나 생각 따위를 수습하여 처리하다.
⑤ 고심하다: 몹시 애를 태우며 마음을 쓰다.
부심하다: 어떤 문제를 해결하기 위한 방안을 생각해 내느라고 몹시 애쓰다.

09 동음이의어, 다의어에 대해 함께 묻는 문항이며, 〈보기〉에서 제시한 '부치다'의 의미는 '어떤 문제를 다른 곳이나 다른 기회로 넘기어 맡기다.'라는 의미로, ③이 의미상 가장 유사하다.

오답률 줄이는 | **오답풀이** |
① 모자라거나 미치지 못하다.
② 논밭을 이용하여 농사를 짓다.
④ 부채 따위를 흔들어서 바람을 일으키다.
⑤ 원고를 인쇄에 넘기다.

10 〈보기〉의 '되다'는 '일정한 수량에 차거나 이르다.'라는 의미로 사용되었으며, 이와 문맥상 가장 유사한 것은 ②이다.

오답률 줄이는 | **오답풀이** |
① 어떠한 심리적 상태에 놓이다.
③ 사람으로서의 품격과 덕을 갖추다.
④ 새로운 신분이나 지위를 가지다.
⑤ 작물 따위가 잘 자라다.

본문 13~15쪽

02 고유어

01	③	02	④	03	②	04	③	05	①
06	①	07	③	08	①	09	②		

01 '가늠'은 '사물을 어림잡아 헤아림'의 의미를 지니며, '승부나 등수 따위를 정하는 일'은 '가름'이라고 한다.

02 '열없다'는 '좀 겸연쩍고 부끄럽다, 성질이 다부지지 못하고 묽다, 담이 작고 겁이 많다.'의 의미를 지니며, 이 중 첫 번째 의미가 문장에 적절하다.

오답률 줄이는 | **오답풀이** |
① 실쭉하다: 마음에 차지 아니하여서 약간 고까워하는 태도를 드러내다.
② 뜨악하다: 마음이 선뜻 내키지 않아 꺼림칙하고 싫다.
③ 수굿하다: 흥분이 꽤 가라앉은 듯하다.
⑤ 펀펀하다: 물건의 표면이 높낮이가 없이 매우 평평하고 너르다.

03 '주저롭다'는 '넉넉하지 못하여 매우 아쉽거나 곤란하다.'의 의미이다.

오답률 줄이는 | **오답풀이** |
① 얄망궂다: 성질이나 태도가 괴상하고 까다로워 얄미운 데가 있다.
③ 습습하다: 마음이나 하는 짓이 활발하고 너그럽다.
④ 여북하다: 정도가 매우 심하거나 상황이 좋지 않다.
⑤ 듬쑥하다: 사람됨이 가볍지 아니하고 속이 깊다.

04 '줄곧'은 '끊임없이 잇따라'의 의미이다. '자못'은 '생각보다 매우'의 의미이므로 바꾸어 쓰기에 적절하지 않다.

오답률 줄이는 | **오답풀이** |
① 여간하다: 이만저만하거나 어지간하다.
② 오죽: '얼마나'의 뜻을 나타내는 말
④ 다소: 작은 정도
⑤ 일부러: 어떤 목적이나 생각을 가지고. 또는 마음을 내어 굳이

05 '안차다'는 '겁이 없고 야무지다.'는 의미이다. 비슷한 말로는 '당차다, 당돌하다, 올차다, 깜찍하다, 끈질기다, 야무지다, 차지다' 등이 있다. '섭섭하고 야속하여 마음이 언짢다.'의 의미를 지닌 ①은 이 의미들과는 거리가 멀다.

06 버겁다: 물건이나 세력 따위가 다루기에 힘에 겹거나 거북하다.
버긋하다: 맞붙은 곳에 틈이 조금 벌어져 있다.
엇비슷하다: 어지간히 거의 비슷하다.
예 둘의 힘이 엇비슷하구나.
불콰하다: 얼굴빛이 술기운을 띠거나 혈기가 좋아 불그레하다.

예 얼굴은 불콰하니 보기 좋고.
불뚝하다: 무뚝뚝한 성미로 갑자기 성을 내다.

07 쌩이질: 한창 바쁠 때에 쓸데없는 일로 남을 귀찮게 구는 짓
너스레: 수다스럽게 떠벌려 늘어놓는 말이나 짓
허드레: 그다지 중요하지 아니하고 허름하여 함부로 쓸 수 있는 물건
희나리: 채 마르지 아니한 장작
뒤웅박: 박을 쪼개지 않고 꼭지 근처에 구멍만 뚫어 속을 파낸 바가지

08 '허룩하다'는 '줄거나 없어져 적다.'는 의미로, 문장의 의미와 어울리지 않는다. '행동이나 눈치가 매우 재빠르고 날쌔다.'는 뜻의 '열쌔다' 등의 어휘가 어울릴 수 있다.

오답률 줄이는 | **오답풀이** |
② 실팍하다: 사람이나 물건 따위가 보기에 매우 실하다.
③ 실없다: 말이나 하는 짓이 실답지 못하다.
예 실없는 말로 사람을 웃기다.
④ 실쭉하다: 어떤 감정을 나타내면서 입이나 눈이 한쪽으로 약간 실그러지게 움직이다.
⑤ 어웅하다: 굴이나 구멍 따위가 쑥 우므러져 들어가 있다.

09 '알짬'은 '여럿 가운데에 가장 중요한 내용'을 이르는 말이다.

본문 16~19쪽

03 한자어

| 01 | ③ | 02 | ③ | 03 | ③ | 04 | ② | 05 | ③ |
| 06 | ③ | 07 | ② | 08 | ④ | 09 | ⑤ | 10 | ① |

01 '정신을 차리고 주의 깊게 살피어 경계하는 마음'은 '경각심(警覺心)'이다.

오답률 줄이는 | **오답풀이** |
① 공명심(功名心): 공을 세워 자기의 이름을 널리 드러내려는 마음
② 공염불(空念佛): 신심(信心)이 없이 입으로만 외는 헛된 염불. 실천이나 내용이 따르지 않는 주장이나 말을 비유적으로 이르는 말
④ 노파심(老婆心): 필요 이상으로 남의 일을 걱정하고 염려하는 마음

⑤ 심미안(審美眼): 아름다움을 살펴 찾는 안목

02 '묵과(默過)'는 '잘못을 알고도 모르는 체하고 그대로 넘김', '묵과(默過)되다'는 '잘못이 드러났으나 지적받거나 문제화되지 않고 그대로 넘겨지다.'의 뜻을 지닌다.

03 '경신(更新)'은 '이미 있던 것을 고쳐 새롭게 함'의 의미이며, ③의 문장에서는 '어떤 직위에 있는 사람을 다른 사람으로 바꿈'이라는 의미의 '경질(更迭)'이 사용되어야 옳다.

오답률 줄이는 | **오답풀이** |
① 반추(反芻): 어떤 일을 되풀이하여 음미하거나 생각함. 또는 그런 일
② 와중(渦中): 일이나 사건 따위가 시끄럽고 복잡하게 벌어지는 가운데
④ 계발(啓發): 슬기나 재능, 사상 따위를 일깨워 줌
⑤ 소치(所致): 어떤 까닭으로 생긴 일

04 '부지(扶支)'는 '상당히 어렵게 보존하거나 유지하여 나감'을 의미한다.

05 '정견(政見)'은 '정치상의 의견이나 식견'을 뜻한다.

06 추출(抽出): 전체 속에서 어떤 물건, 생각, 요소 따위를 뽑아냄
색출(索出): 샅샅이 뒤져서 찾아냄
검출(檢出): 〈화학〉화학 분석에서, 시료(試料) 속에 화학 종이나 미생물 따위의 존재 유무를 알아내는 일
차출(差出): 어떤 일을 시키기 위하여 인원을 선발하여 냄
축출(逐出): 쫓아내거나 몰아냄
참고 공출(供出): 국민이 국가의 수요에 따라 농업 생산물이나 기물 따위를 의무적으로 정부에 내어놓음

07 결합(結合): 둘 이상의 사물이나 사람이 서로 관계를 맺어 하나가 됨
접합(接合): 한데 대어 붙임
예 부속을 접합시키다.
담합(談合): 서로 의논하여 합의함
예 업자 간의 담합으로 가격이 일시에 올랐다.
접속(接續): 서로 맞대어 이음

08 가호(加護): 신 또는 부처가 힘을 베풀어 보호하고 도와줌
우호(友好): 개인끼리나 나라끼리 서로 사이가 좋음
비호(庇護): 편 들어서 감싸 주고 보호함

수호(守護): 지키고 보호함
보호(保護): 위험이나 곤란 따위가 미치지 아니하도록 잘 보살펴 돌봄

09 가시(可視): 눈으로 볼 수 있는 것
응시(凝視): 눈길을 모아 한 곳을 똑바로 바라봄
좌시(坐視): 참견하지 아니하고 앉아서 보기만 함
직시(直視): 정신을 집중하여 어떤 대상을 똑바로 봄
투시(透視): 막힌 물체를 환히 꿰뚫어 봄. 또는 대상의 내포된 의미까지 봄

10 '거듭 겹치거나 포개어짐'이라는 의미의 '중첩(重疊)'이 가장 적절하다.

오답률 줄이는 | 오답풀이 |
② 중복(重複): 거듭하거나 겹침
③ 증가(增加): 양이나 수치가 늚
④ 가중(加重): 부담이나 고통 따위를 더 크게 하거나 어려운 상태를 심해지게 함
  예 부담이 가중되다.
⑤ 상승(上昇): 낮은 데서 위로 올라감
  예 온도가 상승하다.

본문 20~22쪽

04 한자성어/속담/관용어

| 01 | ⑤ | 02 | ② | 03 | ⑤ | 04 | ② | 05 | ② |
| 06 | ④ | 07 | ⑤ | 08 | ② | 09 | ① |

01 '망건 쓰고 세수한다'는 일의 순서를 바꾸어 함을 놀림조로 이르는 말로, 자존심과는 무관한 속담이다.

오답률 줄이는 | 오답풀이 |
① 선무당이 장구 탓한다: 자기 기술이나 능력이 부족한 것은 생각하지 않고 애매한 도구나 조건만 가지고 나쁘다고 탓한다.
② 독을 보아 쥐를 못 잡는다: 미운 놈을 치고 싶지만 다른 곳에 미칠 영향을 생각하여 부득이 참는다.
③ 등치고 간 내먹다: 겉으로는 위하여 주는 체하면서 속으로는 해를 끼친다.
④ 모과나무 심사: 모과나무처럼 뒤틀려서 심술궂고 순순하지 못한 마음씨를 이르는 말

02 '갈치가 갈치 꼬리 문다'는 동류나 친척 간에 서로 싸움을 비유적으로 이르는 말이다.

03 '인정은 바리로 싣고 진상은 꼬치로 꿴다'는 말은 임금에게 바치는 물건은 꼬치에 꿸 정도로 적으나 관원에게 보내는 뇌물은 많다는 뜻으로, 자신과 이해관계에 있는 일에 더 마음을 쓰게 됨을 비유적으로 이르는 말이다.
'쓸데없이 남을 생각하고 동정하는 마음씨를 나타내다.'는 뜻의 관용 표현으로는 '인정을 부리다'는 말이 있다.
인정(人情): 1) 사람이 본래 가지고 있는 감정이나 심정 2) 남을 동정하는 따뜻한 마음 3) 세상 사람들의 마음 4) 예전에, 벼슬아치들에게 몰래 주던 선물

04 '반면교사(反面敎師)'는 '사람이나 사물 따위의 부정적인 면에서 얻는 깨달음이나 가르침을 주는 대상을 이르는 말'이다.

05 '조령모개(朝令暮改)'는 아침에 명령을 내렸다가 저녁에 다시 고친다는 뜻으로, 〈보기〉의 글과 같이 법령이나 명령 등을 자주 고치는 것을 이르는 말이다.

오답률 줄이는 | 오답풀이 |
① 임기응변(臨機應變): 그때그때 처한 사태에 맞추어 즉각 그 자리에서 결정하거나 처리함
③ 불문곡직(不問曲直): 옳고 그름을 따지지 아니함
④ 언중유골(言中有骨): 말 속에 뼈가 있다는 뜻으로, 예사로운 말 속에 단단한 속뜻이 들어 있음을 이르는 말
⑤ 중구난방(衆口難防): 뭇사람의 말을 막기가 어렵다는 뜻으로, 막기 어려울 정도로 여럿이 마구 지껄임을 이르는 말

06 학질을 떼다: 거북하거나 어려운 일로 진땀을 빼다.
시치미를 떼다: 자기가 하고도 하지 아니한 체하거나 알고 있으면서도 모르는 체하다.
가리를 틀다: 잘되어 가는 일을 안되도록 방해하다.
난장을 치다: 함부로 마구 떠들다.
진땀을 빼다: 어려운 일이나 난처한 일을 당해서 진땀이 나도록 몹시 애를 쓰다.
코를 떼다: 무안을 당하거나 핀잔을 맞다.

07 '찜 쪄 먹다'는 '꾀, 재주, 수단 따위가 다른 것에 견주어 비교가 안 될 만큼 월등하다.' 또는 '남을 해치거나 꼼짝 못하게 하다.'의 의미이므로 ⑤의 문장에는 '찬물을 끼얹다', '초를 치다' 등을 쓰는 게 적절하다.

오답률 줄이는 | 오답풀이 |
① 아퀴를 짓다: 일이나 말을 끝마무리하다.
② 칙사 대접: 극진하고 융숭한 대접을 이르는 말
③ 입추의 여지가 없다: 발 들여놓을 데가 없을 정도로 많은 사람들이 꽉 들어찬 경우를 비유적으로 이르는 말
④ 허리를 잡다: 웃음을 참을 수 없어 고꾸라질 듯이 마구 웃다.

08 '몽니를 부리다'는 '고집을 부리다.'의 의미이므로 적절하지 않다. 이 문장에서는 '서리를 맞다' 등의 표현이 적절하다.

오답률 줄이는 | 오답풀이 |
① 모골이 송연하다: 끔찍스러워서 몸이 으쓱하고 털끝이 쭈뼛해지다.
③ 노루 잠자듯: 깊이 잠들지 못하고 여러 번 깨어남. 조금밖에 못 잠
④ 꼭뒤를 누르다: 세력이나 힘이 위에서 누르다.
⑤ 생나무 꺾듯: 아무 고려도 없이 어떤 말이나 의견을 잘라 버림을 비유적으로 이르는 말

09 '수주대토(守株待兎)'는 '한 가지 일에만 얽매여 발전을 모르는 어리석은 사람을 비유적으로 이르는 말'로, '융통성 없이 현실에 맞지 않는 낡은 생각을 고집하는 어리석음을 이르는 말'인 '각주구검(刻舟求劍)'과 유사하다.

오답률 줄이는 | 오답풀이 |
② 간두지세(竿頭之勢): 대막대기 끝에 선 형세라는 뜻으로, 매우 위태로운 형세를 이르는 말
③ 초미지급(焦眉之急): 눈썹에 불이 붙었다는 뜻으로, 매우 급함을 이르는 말
④ 일장춘몽(一場春夢): 한바탕의 봄꿈이라는 뜻으로, 헛된 영화나 덧없는 일을 비유적으로 이르는 말
⑤ 견강부회(牽强附會): 이치에 맞지 않는 말을 억지로 끌어붙여 자기에게 유리하게 함

본문 23~25쪽

05 다양한 어휘

| 01 | ③ | 02 | ① | 03 | ④ | 04 | ⑤ | 05 | ② |
| 06 | ⑤ | 07 | ① | 08 | ④ | 09 | ③ | 10 | ⑤ |

01 '자형(姉兄)'은 누나의 남편을 이르는 말이다.

02 고등어 한 손(2) + 마늘 두 접(200) + 오징어 한 축(20) = 222

03 나머지는 단위어가 적절하게 사용되었으나, '국수'의 단위어는 '바리'가 아니라, '사리'이다. '바리'는 '마소의 등에 잔뜩 실은 짐을 세는 단위'이다.

오답률 줄이는 | 오답풀이 |
① 쾌: 북어를 묶어 세는 단위(북어 한 쾌: 20마리). 예전에, 엽전을 묶어 세던 단위(한 쾌: 10냥)
② 접: 채소나 과일 따위를 묶어 세는 단위(한 접: 100개)
③ 쌈: 바늘을 묶어 세는 단위(한 쌈: 바늘 24개). 옷감, 피혁 따위를 알맞은 분량으로 싸 놓은 덩이를 세는 단위
⑤ 두름: 조기 따위의 물고기를 짚으로 한 줄에 열 마리씩 두 줄로 엮은 것(한 두름: 20마리). 고사리 따위의 산나물을 열 모숨(모숨: 한 줌) 정도로 엮은 것을 세는 단위

04 한약 한 제(20) + 바늘 한 쌈(24) + 김 한 톳(100) = 144

05 스낵 컬처(snack culture)는 시공간의 제약을 덜 받고 스낵(과자)을 먹듯 5~15분의 짧은 시간에 즐길 수 있는 문화 콘텐츠를 뜻한다. 이 단어는 '자투리 문화'로 다듬어졌다.

06 번아웃 증후군(burnout syndrome)은 의욕적으로 일에 몰두하던 사람이 극도의 신체적·정신적 피로감을 호소하며 무기력해지는 현상이다. 이 단어는 '탈진 증후군'으로 다듬어졌다.

07 공식 스토어는 기업체나 행사의 주체가 공식적으로 인정한 매장이다. 이 단어는 '공식 매장'으로 다듬어졌다.

08 실사 출력한 광고 디자인이나 광고 내용을 건물, 교통수단 등에 부착하여 홍보하는 전략을 뜻하는 '래핑 광고'는 '도배 광고'로 다듬어졌다.

09 '뭇'은 미역 등을 셀 때 사용하는 명사이다.

10 마른 오징어 한 축은 20마리이다.

PART 02 어문 규정

본문 28~31쪽

01 표준어 규정/표준 발음법

01	④	02	③	03	④	04	②	05	②
06	③	07	③	08	⑤	09	③	10	③
11	⑤	12	③	13	③	14	①	15	③

01 '아지랑이, 보통이'가 표준어이다.

02 '천장'이 표준어이며, '천정'은 잘못된 표기이다.

03 '봉숭아, 봉선화'가 복수 표준어이다.

04 '날, 세월 따위가 매우 오래다.'는 의미를 가진 단어의 올바른 표기는 '허구하다'이며, 활용형은 '허구한'이다.

오답률 줄이는 | **오답풀이** |
③ 옷매무시: 옷을 입을 때 매고 여미는 따위의 뒷단속

05 오답률 줄이는 | **오답풀이** |
① 덩쿨 → 넝쿨, 덩굴
③ 신출나기 → 신출내기, 윗칸 → 위칸
④ 푸줏관 → 푸줏간
⑤ 숫강아지 → 수캉아지

06 '지루한'이 표준어이며, '지리한'은 잘못된 표기이다.

07 '괜스레'가 올바른 표기이며, '괜시리'는 올바른 표기가 아님에 유의해야 한다.

08 '엄한'이 아닌 '애먼'이 올바른 표기이다. '애먼'은 '1) 일의 결과가 다른 데로 돌아가 억울하게 느껴지는 2) 일의 결과가 다른 데로 돌아가 엉뚱하게 느껴지는'이라는 뜻의 단어이다.

09 표준발음법 제15항에 따르면 받침 뒤에 모음 'ㅏ, ㅓ, ㅗ, ㅜ, ㅟ'로 시작되는 실질 형태소가 연결되는 경우에는, 대표음으로 바꾸어서 뒤 음절 첫소리로 옮겨 발음한다. 따라서 [느밥]이 맞는 발음이다.

10 표준발음법 제24항에 따르면 어간 받침 'ㄴ(ㄵ), ㅁ(ㄻ)' 뒤에 결합되는 어미의 첫소리 'ㄱ, ㄷ, ㅅ, ㅈ'은 된소리로 발음한다. 따라서 신고[신ː꼬], 껴안다[껴안따], 앉고[안꼬], 얹다[언따], 삼고[삼ː꼬], 더듬지[더듬찌], 닮고[담ː꼬]로 발음된다. 그러나 피동, 사동의 접미사 '-기-'는 된소리로 발음되지 않는다. 따라서 '굶기다'는 [굼기다]로 발음하는 것이 옳다.

11 받침을 발음할 때, ㅆ의 대표음인 'ㄷ'으로 발음하므로 [읻꼬]가 표준 발음이다.

12 표준발음법 제29항에 따르면 합성어 및 파생어에서, 앞 단어나 접두사의 끝이 자음이고 뒤 단어나 접미사의 첫 음절이 '이, 야, 여, 요, 유'인 경우에는, 'ㄴ' 음을 첨가하여 [니, 냐, 녀, 뇨, 뉴]로 발음한다. '늑막염'은 '늑막+염'의 합성어로, 앞 단어가 ㄱ(자음)으로 끝났고, 뒤 단어가 '여'로 시작하기 때문에 'ㄴ' 첨가가 일어난다. 따라서 [능망념]이 올바른 발음이다.

13 '꽃을'은 실질형태소(꽃, 명사)와 형식형태소(을, 조사)의 결합이기 때문에 연음되어 발음된다. 따라서 [꼬츨]이 맞는 발음이다.

14 표준발음법 제23항에 따르면 받침 'ㄱ(ㄲ, ㅋ, ㄳ, ㄺ), ㄷ(ㅅ, ㅆ, ㅈ, ㅊ, ㅌ), ㅂ(ㅍ, ㄼ, ㄿ, ㅄ)' 뒤에 연결되는 'ㄱ, ㄷ, ㅂ, ㅅ, ㅈ'은 된소리로 발음한다. 따라서 [흑빠]가 맞는 발음이다.

오답률 줄이는 | **오답풀이** |
'② [말께], ③ [밥ː찌], ④ [똘른], ⑤ [허두씀]'이 맞는 발음이다.

15 표준발음법 제23항에 따르면 받침 'ㄱ(ㄲ, ㅋ, ㄳ, ㄺ), ㄷ(ㅅ, ㅆ, ㅈ, ㅊ, ㅌ), ㅂ(ㅍ, ㄼ, ㄿ, ㅄ)' 뒤에 연결되는 'ㄱ, ㄷ, ㅂ, ㅅ, ㅈ'은 된소리로 발음한다. 따라서 [낟썰다]가 맞는 발음이다.

오답률 줄이는 | **오답풀이** |
① 표준발음법 제18항에 따르면 받침 'ㄱ(ㄲ, ㅋ, ㄳ, ㄺ)'은 'ㄴ, ㅁ' 앞에서 [ㅇ]으로 발음한다. 따라서 [궁물]이 표준 발음이다.
②, ④ 표준발음법 제20항에 따르면 'ㄴ'은 'ㄹ'의 앞이나 뒤에서 [ㄹ]로 발음한다. 따라서 [대ː괄령]이 표준 발음이다. 그러나 '생산량[생산냥], 결단력[결딴녁], 공권력[공꿘녁]' 등의 단어들은 'ㄹ'을 [ㄴ]으로 발음한다.

⑤ 받침 'ㄷ(ㅅ, ㅆ, ㅈ, ㅊ, ㅌ, ㅎ)'은 'ㄴ, ㅁ' 앞에서 [ㄴ]으로 발음한다. 따라서 [전머기]가 표준 발음이다. 이후에 일어나는 추가적인 동화는 표준 발음으로 인정하지 않는다.

따라 '여, 요, 유, 이'로 적는다. 또한 '신여성, 공염불, 남존여비' 등과 같이 접두사처럼 쓰이는 한자가 붙어서 된 말이나 합성어에서, 뒷말의 첫소리가 'ㄴ' 소리로 나더라도 두음 법칙에 따라 적는다. 그러나 '남녀, 당뇨, 결뉴'처럼 단어의 첫머리 이외의 경우에는 본음대로 적는다. 따라서 '① 고랭지, ② 남존여비, ③ 연말연시, ⑤ 회계연도'로 표기해야 한다.

본문 32~35쪽

02 한글 맞춤법

01	④	02	④	03	④	04	③	05	④
06	④	07	③	08	①	09	⑤	10	②
11	①	12	④	13	⑤	14	①	15	①

01 '부딪치더니'로 표기해야 한다. '부딪히다'는 부딪음을 당하는 모양을 뜻하며, '부딪치다'는 '부딪다'의 힘줌말(강조말)이다.

02 오답률 줄이는 | 오답풀이 |
'① 낚시꾼, ② 뚝배기, ③ 나무꾼, ⑤ 귀퉁배기'로 표기해야 옳다.

03 '사과할걸'로 표기해야 한다. 발음은 된소리로 하되, 표기는 예사소리로 해야 하는 표현이다.

04 '틈틈이'가 올바른 표기이다. 부사의 끝음절이 분명히 '이'로만 나는 것은 '-이'로 적고, '히'로만 나거나 '이'나 '히'로 나는 것은 '-히'로 적는다.
• '이'로만 나는 것
  예 가붓이, 깨끗이, 나붓이, 느긋이, 번거로이
• '히'로만 나는 것
  예 극히, 급히, 딱히, 속히, 쓸쓸히
• '이, 히'로 나는 것
  예 솔직히, 가만히, 간편히, 나른히

05 오답률 줄이는 | 오답풀이 |
'① 야단법석, ② 깍두기, ③ 갑자기, ⑤ 생각할는지'로 표기해야 한다.

06 '신여성'은 '신+여성'의 단어 조합으로 보기 때문에, '신녀성'으로 표기하지 않는다.

오답률 줄이는 | 오답풀이 |
한자음 '녀, 뇨, 뉴, 니'가 단어 첫머리에 올 때는 두음 법칙에

07 오답률 줄이는 | 오답풀이 |
①, ② 어간의 끝음절 모음이 'ㅏ, ㅗ'일 때에는 어미를 '-아'로 적고, 그 밖의 모음일 때에는 '-어'로 적는다. 그러나 ①의 '가깝다'처럼 어간 끝 'ㅂ'이 'ㅜ'로 바뀌는 경우나, ②의 '담그다'처럼 어간 끝의 'ㅜ, ㅡ'가 줄어드는 경우에는 그 어간이나 어미가 원칙에 벗어나면 벗어나는 대로 적는다. 따라서 '① 가까워서, ② 담갔다'로 표기해야 한다.
④ '날아가'로 표기해야 한다. 물건을 옮길 때 쓰는 동사인 '나르다'가 활용하면 '날라'가 되고, 공중을 떠갈 때 쓰는 동사인 '날다'가 활용하면 '날아'가 된다. 뒤에 오는 보조 용언 '가다'는 본용언과 붙여 쓴다.
⑤ '왠지'로 표기해야 한다. '왠'과 '웬'을 혼동하는 원인은 뜻이 다른 두 낱말의 발음이 비슷하기 때문이다. 사전의 풀이를 보면 '왜'는 '어째서, 무슨 이유로'를 뜻하는 부사로 '왠지'는 '왜인지'의 준말이다. 그렇지만, '웬'은 '어찌 된, 어떠한, 어떤'을 뜻하는 관형사이다. 쉽게 구별하는 방법은 '어떤'으로 바꿀 수 있는 말에는 '웬'을, '무슨 까닭인지'로 바꿀 수 있는 말에는 '왠지'를 쓰면 된다.

08 '예'에 대응하는 말은 '아니요'이다. 또 연결형 어미는 '-요'이다.

09 '일컬어서'로 표기해야 한다. '일컫다'는 'ㄷ' 불규칙 동사이므로 활용 시 어간의 'ㄷ'이 'ㄹ'로 바뀌게 된다.
예 일컫어 (X) → 일컬어 (O) / 일컫어서 (X) → 일컬어서 (O)
  일컫으니 (X) → 일컬으니 (O) / 일컫음 (X) → 일컬음 (O)

10 피동이 되게 하려면, '먹였다'로 표기해야 옳다.

11 오답률 줄이는 | 오답풀이 |
'② 바쳤다, ③ 아니어서, ④ 동그래서, ⑤ 자려야'로 표기해야 한다.

12 '넘어'는 '높은 것을 지나가다'의 뜻이며, '너머'는 '높거나 넓은 것의 저쪽'이라는 뜻이므로, 이 문장에서는 '너머'로 표기하는 것이 적절하다.

13 오답률 줄이는 | 오답풀이 |

'① 틈틈이, ② 목걸이, ③ 늘그막, ④ 나는'으로 표기해야 한다. '목거리'는 목이 아픈 병을 뜻한다.

14 오답률 줄이는 | 오답풀이 |

② '것을'을 줄여 '걸'로 썼다면 '것'이 의존 명사이기 때문에 앞말과 띄어 써야 한다. 그러나 선지의 문장과 같은 '-는/(으)ㄴ/(으)ㄹ/던걸'을 붙여 쓴 화자의 의사나 느낌, 판단 등을 나타내는 종결 어미로 쓴 것이다. 종결 어미는 '오늘은 밥 먹을 시간이 없는걸.'처럼 붙여 쓴다.
③ '-ㄹ수록'이 하나의 어미이므로 앞 용언과 붙여 써야 한다.
④ 기간을 나타내는 말과 함께 써서 '지금까지 동안'을 나타낼 때의 '지'는 의존 명사이므로 띄어 쓴다. 그러나 이 예처럼 막연한 의문이 있는 채로 뒤 절의 사실이나 판단과 연관지을 때 쓰면 어미이기 때문에 붙여 써야 한다.
⑤ 이 예에서 쓴 '데'는 '일'이나 '경우', '장소'를 의미하는 의존 명사이다. 따라서 앞에 오는 관형사형 어미와 띄어 써야 한다.

15 '가 볼 만한'으로 써야 한다.

본문 36~39쪽

03 외래어/로마자 표기법

| 01 | ④ | 02 | ① | 03 | ④ | 04 | ① | 05 | ⑤ |
| 06 | ④ | 07 | ② | 08 | ① | 09 | ④ | 10 | ① |

01 '앰뷸런스'가 옳은 표기이다. '앰뷰런스, 앰블런스, 앰브런스, 앰뷸란스, 앰뷰란스, 앰블란스, 앰브란스' 등의 표기는 옳지 않은 표기이다.

02 오답률 줄이는 | 오답풀이 |

② 외래어 표기법 제3항에 따르면 어말의 [ʃ]는 '시'로 적고, 자음 앞의 [ʃ]는 '슈'로, 모음 앞의 [ʃ]는 뒤따르는 모음에 따라 '샤', '섀', '셔', '셰', '쇼', '슈', '시'로 적는다. 따라서 flash[flæʃ]는 '플래시'가 올바른 표기이다.
③, ④ [ʧ, ʤ]은 모음 앞에서는 'ㅈ, ㅊ'으로 적고 어말이나 자음 앞에서는 '지, 치'로 적는다. 앞의 음절이 모음으로 끝나고 이 소리들이 올 때에 흔히 앞에 'ㅅ' 받침을 넣어 적는 경우가 있으나, 이는 잘못된 표기이다. '스위치', '브리지'가 옳은 표기이다.

⑤ 외래어 표기법 제8항에 따르면 'ㅈ', 'ㅊ'으로 표기되는 자음(c, z) 뒤의 이중 모음은 단모음으로 적는다. 따라서 '차트'가 옳은 표기이다.

03 중모음은 각 단모음의 음가를 살려서 적되, [ou]는 '오'로, [auə]는 '아워'로 적는다. 따라서 'boat[bout]'는 보트로 표기해야 한다.

04 원자음이 아닌 제3국의 발음으로 통용되고 있는 것은 관용을 따른다. 따라서 '헤이그'로 쓰는 것이 적절하다.

05 '플래카드'로 표기해야 한다.

06 체언에서 'ㄱ, ㄷ, ㅂ' 뒤에 'ㅎ'이 따를 때에는 'ㅎ'을 밝혀 적으므로, 'Mukho'로 적어야 한다.

07 '임실'은 발음이 [임실]로 ㄹㄹ 자음이 연이어 발음되지 않으므로, 'Imsil'로 표기하는 것이 적절하다.

08 'Ulsan'이 옳은 표기이다.

09 '종로 2가 Jongno 2(i)-ga'가 옳은 표기이다.

10 'Busan'이 옳은 표기이다.

PART 03 읽기

본문 42~69쪽

01 실용문

01	⑤	02	⑤	03	①	04	⑤	05	①
06	②	07	②	08	①	09	①	10	⑤
11	④	12	⑤	13	③	14	③	15	⑤
16	⑤	17	②	18	⑤	19	③	20	②
21	②	22	②	23	⑤	24	②	25	④
26	②	27	⑤	28	③				

01 국세청, 〈2018 생활 세금 시리즈〉
폐업신고서를 제출하거나 부가가치세 확정신고서에 폐업 연월일 및 사유를 기재하고, 사업자등록증을 첨부해야 한다.

02 〈구리소식〉, 2019년 09월
사랑카드는 백화점, 대형 마트 등에서는 사용이 제한되므로, 백화점이나 대형 마트에 주로 가는 사람들은 사랑카드를 사용하는 것의 이점을 찾지 못할 것이다.

오답률 줄이는 | 오답풀이 |
① 법인과 단체는 한도액과 인센티브가 없다.
② 소매상점, 편의점, 학원, 음식점 등은 연 매출액 10억 이하 사업장이어야 사랑카드를 사용할 수 있다.
③ 온라인에서 관련 앱을 다운 받은 후, 회원가입을 하고, 실물 카드를 배송 받은 후, 이를 등록하여 사용해야 한다.
④ 충전액의 10%의 인센티브가 주어지는 것은 맞지만, 해당 기간 안에 충전해야 한다.

03 국립국어원 표준국어대사전 〈2018년 4분기 표준국어대사전 정보 수정 주요 내용(19. 03. 22.)〉
'-는답시고'는 'ㄹ'로 끝나는 동사의 어간에는 결합할 수 없다. '살다'는 'ㄹ'로 끝나는 동사가 맞는데, '밟다'는 'ㄼ'으로 끝나는 동사이므로 '밟는답시고'처럼 활용할 수 있다. 'ㄹ'로 끝나는 동사의 어간에는 '-ㄴ답시고'를 붙일 수 있는데, 이때 어간의 'ㄹ'은 탈락한다. 즉, '살다'는 '산답시고'로 활용할 수 있다.

04 서울특별시(www.seoul.go.kr), 〈서울시민 음식학교 10월 프로그램〉
'수제맥주 만들기'는 9월 1일과 8일에 진행되고, '수제 페스토 만들기'는 9월 4일에 진행하므로 쉬는 시간 없이 바로 진행된다는 설명은 적절하지 않다.

[05~06] 서울시 교육청 홈페이지(www.sen.go.kr) 구인구직 게시판

05 방학기간은 근무일수에 따라 보수를 지급한다고 되어 있다.

오답률 줄이는 | 오답풀이 |
② 급식 이외의 학교장이 지정한 업무에 대한 내용은 구체적으로 나와 있지 않다.
③ 제출한 서류는 반환하지 않는다고만 되어 있다.
④ 의료 기관에서 채용신체검사를 받으라고만 되어 있을 뿐, 구체적인 병원명은 제시되어 있지 않다.
⑤ 최종 합격 시 추가로 제출해야 하는 서류가 있다고만 되어 있을 뿐, 구체적인 내용은 없다.

06 4대 보험금의 개인부담금은 지급 임금에서 원천징수하여 전달한다고 되어 있다. '원천징수'는 소득이나 수익을 지급하는 쪽에서 세금의 일부를 거두어들이는 방법이다. 따라서, 임금을 받고 보험금을 따로 내야 하는 것은 아니다.

07 몽골텐트나 카라반은 임대료 외의 입장료를 따로 내야 하지만, 4인용과 6인용 가족텐트의 경우 텐트 임대료에 입장료가 포함되어 있다.

08 8명이면 몽골텐트(대)를 빌려야 하고, 입장료는 별도이다. 따라서, 82,000원을 내야 한다.

오답률 줄이는 | 오답풀이 |
② 4인용 텐트를 빌리는 경우에는 입장료가 들지 않으므로, 임대료 33,000원만 있으면 된다.
③ 카라반 평일 이용 요금은 50,000원이며, 카라반 내부 전기 사용은 무료이다.
④ 본인의 텐트를 가지고 간 경우라면, 1사이트 비용인 15,000원을 내면 된다. 여기에는 기본 4인 입장료가 포함되어 있다.
⑤ 본인 텐트가 있는 경우 1사이트 비용 15,000원을 내면 되는데, 총 5명이므로 한 명의 입장료(4,000원)를 더 계산해야 한다. 그리고 전기 사용료 8,000원도 내야 한다. 따라서, 27,000원을 내야 한다.

09 이관규 외, 《중등 국어 ⑥ 자습서》, 비상교육, 2015.
읽기의 전(全) 과정에서 '배경지식'을 활용해야 한다.

[10~11] 롬 인터내셔널, 《세계지도의 비밀》, 좋은생각, 2005.

10 터키의 공용 언어는 알타이어계의 투르크어로, 아랍인이나 이란인과는 다른 언어를 사용하고 있으며, 공용 문자는 라틴 문자이고, 프랑스어에서 온 외래어도 있다고 한다.

11 오답률 줄이는 | 오답풀이 |
터키의 지리적 조건을 설명하고 있으나, 시간의 흐름에 따라 변화된 모습은 제시되어 있지 않다.
① 터키가 아랍인이나 이란인과 다른 언어를 쓰고 있다는 점을 대조하여 표현하였다.
② 95%, 3%와 같이 구체적 수치를 제시하였다.
③ 터키가 두 대륙에 걸쳐 있는 것을 원인으로 하여, 두 가지의 입장을 가지게 된 터키의 모습을 결과로 제시하고 있다.
⑤ 유럽의 여러 도시를 예로 들어 나열하였다.

[12~13] 박성현, 〈한글의 현재와 미래〉

12 한글은 입력 방식이 쉬워서 철자 하나를 입력하는 데 필요한 타수에서 영어보다 35퍼센트 정도 빠르다고 한다.

13 정보화 기기에 한글을 입력하는 속도가 빠르므로 다른 문자에 비해 경제적이라는 이야기를 하고 있다. 손글씨 인식에 대한 내용은 지문에 없다.

14 곽노필, 〈우주 쓰레기, 그물로 잡아냈다〉, 한겨레, 2018. 09. 24.
앞으로 하게 될 우주 쓰레기 수거 실험의 여러 예가 등장하기는 하지만, 그것의 성공 가능성을 제시하고 있지는 않다.

[15~16] 이에스더, 〈바둑판 모양이 갑자기 휘어져 보여? 빨리 병원 가세요〉, 중앙일보, 2018. 09. 24.

15 '황반변성'은 세계적으로 노인 인구의 실명을 유발하는 가장 중요한 원인으로, 우리나라에서도 노인 인구가 증가함에 따라 발생빈도가 증가하고 있다.

16 황반변성의 원인은 확실히 밝혀지지 않았지만, 나이와 흡연이 가장 큰 원인으로 거론되고 있다. 어렸을 때의 시력과는 큰 관련이 없다.

[17~18] 문현경, 〈"내 인스타그램 폭풍 칭찬하라" 이러면 강요죄, 벌금 300만 원〉, 중앙일보, 2018. 09. 24.

17 법원은 이 씨가 지시한 행위들은 사회적 타당성이 있다거나 강요당하는 것을 수인할 수 있는 범위를 넘는다고 판단하였다. 이 말은 '이 씨의 행동이 사회적 타당성을 넘었고, 강요당하는 것을 받아들일 수 있는 범위도 넘었다'는 말이다. 즉 타당성을 인정하지 않았다.

18 '강요죄'는 의무 없는 일을 시킬 때 발생한다. 레스토랑 매니저는 손님 테이블을 깨끗이 관리할 의무가 있고, 종업원 또한 청결에 대한 의무가 있다. 이는 강요죄에 해당하지 않는다.

19 이영균, 〈샤갈 러브 앤 라이프展〉 전시 서문(www.chagall.co.kr)
늘 소년다웠던 샤갈의 면모가 드러나 있긴 하지만, 전시회에서 소년 시절의 샤갈을 다룬 작품이 나오지는 않는다.

20 LG TROMM 전기식 의류 건조기 광고문
청소 시기를 설정해 놓을 필요도 없이, 건조 시마다 자동으로 세척한다고 되어 있다.

21 도서출판 동아시아, 김경집의 《통찰력강의》 서평
우리가 미처 몰랐던 '인문학적 이야기'가 있는 것도 중요하지만, 이 책이 진정으로 가치 있는 것은 스스로 질문하고 생각하는 법을 훈련하게 만든다는 점이다.

22 서울열린데이터광장(data.seoul.go.kr), 〈서울시 부양비 및 노령화지수 (구별) 통계〉
양천구, 서초구, 강남구, 송파구는 유년부양비가 노년부양비보다 높다.

23 통계청 보도자료, 〈2019년 보리, 마늘, 양파 생산량 조사 결과〉, 2019. 07. 19.
마늘과 보리의 생산량의 차이가 가장 컸던 해는 2013년이다.

24 DMC 미디어, 〈2019 모바일 간편 결제 서비스 이용 행태〉, 2019. 03. 15.
30대 응답자 중 '기존 방식보다 안전하게 거래할 수 있어서'라고 응답한 비율은 0%로, 모바일 간편 결제 시스템의 안전성에 신뢰를 나타낸 것이라고 볼 수 없다.

오답률 줄이는 | 오답풀이 |
① '할인/프로모션/이벤트 등 경제적 혜택이 있어서'라고 응답한 비율은 남성(30.1%)보다 여성(40%)이 많다.

③ '기존 방식보다 편리해서'라고 응답한 비율이 전체 79.4%로 가장 많았다.
④ '현금/실물 카드의 분실 염려를 덜 수 있어서'라고 응답한 비율은 여성(13.6%)보다 남성(21.2%)이 많다.
⑤ 40대 응답자 중 '기존 방식보다 빠르게 결제할 수 있어서'라고 응답한 비율은 74.6%로, '할인/프로모션/이벤트 등 경제적 혜택이 있어서(34.9%)'와 '서비스/카드 등록 절차가 간단해서(38.1%)'라고 응답한 비율을 합친 것보다 많다.

25 온라인 쇼핑몰 육육걸즈(www.66girls.co.kr) 회원약관
이 약관은 "몰"과 "이용자"의 권리, 의무, 책임사항을 규정함을 목적으로 한다.

오답률 줄이는 | 오답풀이 |
① "몰"은 회원의 자격을 한 번에 상실시킬 수 있다.
② "이용자"는 "몰"이 제공하는 서비스를 받는 회원 및 비회원이다.
③ "회원"은 "몰"에 언제든지 탈퇴를 요청할 수 있다.
⑤ "몰"은 휴대 전화 번호, 이메일, 주소 중 택 1하여 통지할 수 있다.

26 〈청소년 보호법 시행령〉(시행 2017. 06. 21.)
청소년 유해 약물과 형상, 구조, 기능이 유사하여 해당 물건의 반복적 이용이 청소년 유해 약물의 이용으로 이어질 우려가 있는 것들은 청소년 유해 물건이 된다.

오답률 줄이는 | 오답풀이 |
① 각 조에 '대통령령으로 정하는 기준'에 대한 구체적인 사항이 제시되어 있다.
③ 반인륜적 성의식을 조장하거나 비정상적인 성적 호기심을 유발할 우려가 있는 물건들은 청소년 유해 물건이 된다.
④ 「청소년 보호법」에서 주시하고 있는 매체물은 옥내에 배포되는 광고용 전단 및 이와 유사한 광고 선전물들이다.
⑤ 청소년 유해 약물은 영구적 정신 장애, 신체 발육 장애, 심신 발달 장애를 일으키는 것들이다.

27 EBS(www.ebs.co.kr) 방송편성규약
이 규약은 노사 합의로 결정된 사항들로, 제3조에 'A방송사는 시청자가 방송 프로그램의 기획, 편성, 또는 제작에 관한 의사결정에 참여할 수 있도록 하여야 하고 방송의 결과가 시청자의 이익에 합치하도록 하여야 한다.'고 되어 있다.

28 용역의 소유권은 '을'이 용역 제공을 완료한 시점부터 '갑'에게 넘어간다.

본문 70~113쪽

02 학술문

01	①	02	①	03	⑤	04	②	05	①
06	①	07	②	08	⑤	09	③	10	⑤
11	①	12	③	13	⑤	14	④	15	③
16	④	17	⑤	18	③	19	①	20	②
21	③	22	①	23	①	24	⑤	25	①
26	⑤	27	④	28	④	29	③	30	⑤
31	⑤	32	③	33	③	34	③	35	⑤
36	④	37	③	38	②	39	⑤	40	②
41	⑤	42	④	43	③	44	⑤	45	②
46	⑤	47	③	48	①	49	②		

01 유시민, 《역사의 역사》, 돌베개, 2018.
랑케는 역사적 사실을 정확하게 전달하는 것이 역사가의 임무라고 보았지만(①), 글쓴이는 역사가가 모든 사실을 알 수 없기 때문에 여러 역사적 사실 중 의미 있는 것을 추려서, 그 내용의 서열과 순서를 정하여 기록하는 것이 역사가의 임무라고 보고 있다(②~⑤).

02 미셸 푸코, 《감시와 처벌》, 다락원, 2009.
푸코는 경직된 논리로 형벌 완화를 거부했던 사법 당국과 '고전적' 법 이론가들에게 대항했던 베카리아와 같은 위대한 개혁가들에게 경의를 표한다. 따라서, 푸코는 개혁의 편에 섰던 학자였다.

03 로버트 L. 애링턴, 《서양 윤리학사》, 서광사, 2003.
쾌락주의의 키레네 학파나 아리스티포스의 학설이 나타나고, 십수 세기가 지난 후 키에르케고어가 등장한다. 따라서 키에르케고어를 쾌락주의의 시초로 볼 수 없다.

[04~05] 황광우, 홍승기, 《고전의 시작》, 생각학교, 2015.

04 프로이트 이전에 인간의 무의식은 관심의 대상이 아니었다.

05 여자의 꿈은 변장하고 왜곡되어 표현되었는데, 이는 수면 상태에서도 무의식이 의식으로 진출할 때 검열을 받는다는 사실을 알려 준다.

[06~07] 조현봉, 〈현대 한국 정치에 대한 윤리문화적 접근: 균형적 조화와 윤리적 실천의 틀을 중심으로〉, 《윤리문화연구》, 윤리문화학회, 2011.

06 윤리가 인간사회에 있어야 하는 최고선 내지는 당위적인 최고 가치의 규명에 일차적인 관심을 갖는다고 한다면, 윤리문화는 특정한 시·공간적 특성을 갖는 사회에 실제로 작용하고 있는 도덕적 규범에 관심을 갖는다.

오답률 줄이는 | 오답풀이 |
② 윤리적 실제에서 가치관이 상충되고, 가치관의 괴리가 있을 수밖에 없다는 것을 인정하고 있다.
③ 윤리문화는 보편적으로 적용되는 규범이 아닌 그 사회의 문화 속에 나타나는 판단양식이나 사고 체계 또는 행동의 준거 등을 포괄한다.
④ 윤리문화는 무비판적인 실천의 강조를 비판하면서, 이것이 윤리의 기본 성격을 왜곡하는 것이라고 비판하고 있다.
⑤ 윤리적 당위가 사회 저변에 폭넓게 구축되려면 윤리의 원리에 대한 이론적 탐구 못지않게 윤리적 실제에 대한 기술과 평가가 요구된다.

07 ㉡은 ㉠과 달리, 행동의 결과뿐만 아니라 그 행동 자체가 선한 것인가의 여부에 따라 윤리적 행동인지 아닌지 판단하고 있다.

[08~10] 이준경, 〈공맹사상에 나타난 군자상의 도덕교육적 의의〉, 한국교원대학교, 2008.

08 공자와 맹자가 말한 덕성인 '인(仁)'과 '인의(仁義)'는 본래 인간의 내면에 있는 것으로, 덕성과 능력을 꾸준히 향상시키고 노력한다면 누구나 위정자로서의 자질을 갖출 수 있다는 것을 의미하였다. 이는 위정자의 비범함과는 거리가 멀다.

09 공맹사상이 실현된 모습을 '대동사회'라고 할 수 있는데, 이를 구체적인 일화로 제시하고 있지는 않다.

오답률 줄이는 | 오답풀이 |
① 군자상은 인자, 현자, 대인, 성인 등으로 드러난다고 구체화시켜 나열하고 있다.
② '춘추전국시대'라는 시대적 배경을 공맹사상이 나올 수 있었던 사상적 배경으로 삼고 있다.
④ 공자와 맹자는 공통적으로 '인'과 '인의'를 중시한다. 반면에 공자의 '군자', '하학이상달'과 맹자의 '대장부', '진심' 사상에서는 차이가 나타난다.
⑤ '군자'라는 도덕적 개념이 인격의 지향점으로서 가지는 의의는 '인격의 완성은 일생에 걸쳐 꾸준히 노력해야 하는 어려운 과정이라는 것이다.'라고 제시되어 있다.

10 강성운, 〈축구 스타 외질 사태가 쏘아올린 'Me Two' 운동〉, 시사저널, 2018.

군자는 일생동안 자신의 본성을 보존하고 실현하기 위한 공부로서 수양과 배움에 힘써야 한다. 자신과 다른 것을 인정하기 위해 자신의 본성을 내려놓을 필요는 없다.

11 조희연, 〈'발전국가'의 변화와 국가 - 시민사회, 사회운동의 변화〉, 《사회와 철학》 4호, 사회와철학연구회, 2002.
국가에 반하는 자율성을 갖는 모습은 시민사회의 모습 중 하나이다.

오답률 줄이는 | 오답풀이 |
② 근대사회가 되면서, 경제적 차원에서는 '자본주의적 시장 질서'로, 정치적 차원에서는 '근대 대의 민주주의적 국가'로, 사회적 차원에서는 '시민사회'로 바뀌었다.
③ 주체화된 시민들은 국가의 권력이 시민들의 '계약'적 행위에서 나오게 된 것으로 보았다.
④ 부르주아 사회로서의 성격은 국가에 의한 통제에서 벗어나 자유로운 경제활동을 하는 것이다.
⑤ 신분제로부터의 자유, 생산 수단으로부터의 자유, 둘 다 시민혁명의 화두였다.

12 김나연, 〈쓰레기가 돼지에게 가기까지〉, 빅이슈, 2019. 06. 15.
국가는 음식물 쓰레기를 돼지에게 급여하지 않아야 한다는 원칙을 내세웠지만, '질병 우려 시' 등의 단서를 붙임으로써 미온적 대처를 하고 있다. 이는 음식물 쓰레기를 돼지에게 계속 주겠다는 것과 다름없다. 글쓴이는 이러한 모습을 비판하고 있으므로, 이러한 모습이 최선의 노력이라고는 볼 수 없다.

13 서울특별시교육청, 〈2010학년도 6월 고1 전국연합학력평가 언어영역〉
자연의 아름다움이란 외부적 실재가 아니라, 생존과 번식에 유리한 환경을 찾아가게끔 진화하면서 느끼게 된 긍정적인 정서일 뿐이라고 말하고 있다. 이것은 상황에 따라 변할 수 있는 것으로, 절대적 기준이라고 말할 수 없다.

[14~15] 하지현, 《청소년을 위한 정신 의학 에세이》, 해냄, 2012.

14 이 병에 걸린 사람들은 자신이 직접 요리하여 다른 사람을 먹이는 것을 좋아한다. 그렇다고 해서 본인의 식욕이 떨어진 상태는 아니라고 밝히고 있다.

오답률 줄이는 | 오답풀이 |
① 간, 대뇌 등 신체에 악영향을 끼치고, 무의식적으로 자라기를 거부하는 상태가 되어 정신적으로 피폐해진다.

② 자신을 뚱뚱하게 여겨, 조금만 몸무게가 늘어나도 불편해 한다.
③ 체내에 지방이 감소하면, 우리 몸은 간에서 에너지를 쓰려고 한다. 따라서 신경성 식욕 부진증에 걸리면 간에 무리가 갈 수밖에 없다.
⑤ 현대 사회의 문화적 현상으로 '다이어트'가 나타나게 되었고, 지나친 다이어트는 '신경성 식욕 부진증'을 낳았고, 이는 사회적 문제가 되고 있다.

15 '신경성 식욕 부진증'을 잘 알고 있는 전문가의 말이 인용되지는 않았다.

오답률 줄이는 | **오답풀이** |
① '신경성 식욕 부진증'의 문제를 '자신의 신체 이미지를 심각하게 왜곡한다'는 점과 '무의식적으로 더 이상 자라기를 거부한다'는 것 등으로 분석하여 전달하고 있다.
② '신경성 식욕 부진증'에 걸리면 일어나는 신체의 변화를 원인과 결과로 정리하고 있다.
④ '신경성 식욕 부진증'에 걸리면 '간'을 '땔감'으로 사용하고, 다이어트는 스스로를 파괴하는 합리적 이유를 공급하는 '급행열차의 승차권'인 셈이라고 말한다. '간'을 '땔감'에, '다이어트'를 '급행열차의 승차권'에 비유하고 있다.
⑤ '신경성 식욕 부진증'은 인구의 4%가 걸렸다고 추정할 수 있으며, 여성이 남성에 비해 20배 정도 많이 발생한다는 등 구체적인 수치를 제시하고 있다.

[16~17] 이성규, 〈언어 발달의 핵심, '대화' - 주고받는 대화가 언어능력 및 성취도 높여〉, The Science Times, 2018. 09. 17.

16 '심리적 격려'란 엄마가 아이들과 더 많은 대화를 하게 함으로써 언어를 발달시키고 엄마와 아이가 자존감을 갖도록 하는 것이다.

17 저소득층 가정의 아이들은 부유한 가정의 아이들보다 어려서부터 어른들을 접할 기회가 많기 때문에, 이를 통해 접하게 되는 단어의 수도 많다. 이때의 어른을 부모만으로 한정하지 않기 때문에 부유한 가정의 아이와 저소득층의 가정의 아이가 부모로부터 직접 듣는 단어의 수는 비교할 수 없다.

오답률 줄이는 | **오답풀이** |
① 가난한 가정의 아이들은 여러 어른들을 접할 기회가 많기 때문에 부유한 가정의 아이들보다 듣는 단어의 수가 많다.
② 더글라스 스페리 연구팀은 부모의 소득이 아이들에게 전달하는 단어의 수와는 관계가 없다고 밝혔다.
③ 앞서 지문과 같은 맥락에서 연구가 진행되었기 때문에, 가정 내에서 듣게 되는 단어 수에 따라 언어 능력이 달라질 수 있다는 점은 동의하되, 부모의 소득 수준과는 관련 없다고 밝히고 있다.
④ 저소득층의 아이들은 형제자매나 여러 친지를 통해 듣는 단어의 수가 부유한 가정보다 많다고 밝히고 있다.

[18~20] 황정은, 〈자폐인, 그들이 정보를 습득하는 방법〉, The Science Times, 2012. 06. 20.

18 '자폐증'의 유전적 요인과 발병 원인을 규명하여 자폐증 치료 시 사용되는 약물 부작용을 줄일 수 있게 되었다는 가능성을 밝혔을 뿐, 구체적인 원인이 제시된 것은 아니다. 또한, 교사들과 사회의 태도만 나왔을 뿐, 구체적인 해결 방안이 제시되지는 않았다.

오답률 줄이는 | **오답풀이** |
① '자폐'가 '스스로 문을 닫는다'는 뜻임을 밝히고 있다.
② '자폐증'이 심각한 이유가 사회성에 심각한 결여를 보여 주기 때문임을 밝힐 때, 연구 결과를 인용하고 있다.
④ '자폐증'의 모습을 보여 주는 〈레인맨〉이라는 영화와, 아인슈타인, 고흐 등의 사례가 제시되었다.
⑤ '자폐증'이 전 세계 인구의 1~2%에 해당한다는 구체적인 수치를 제시하였다.

19 일반적인 사람의 경우 언어로 정보를 '논리적으로' 습득하지만, 자폐인들은 그림이나 이미지로 정보를 '연상적으로' 습득한다.

20 자폐인들은 혼자만의 시간을 가지면서 정보를 이미지로 시각화하여 받아들이고, 창의적 사고를 한다. 혼자만의 세계에 있다고 비범한 능력이 사라지는 것은 아니다. 다만, 사람들 사이에서 발현되지 못할 가능성이 높을 뿐이다.

[21~23] 서울특별시교육청, 〈2011학년도 6월 고1 전국연합학력평가 언어영역〉

21 '일탈'의 원인에 따른 두 가지 이론인 '좌절-공격 이론', '낙인이론'에 대해 설명하면서 각 이론의 한계점을 제시하고 있다.

22 두 이론 모두 한계점이 드러나고 있으므로, 두 이론 모두 충분한 설득력을 얻지는 못했다.

오답률 줄이는 | **오답풀이** |
②, ③ ㉠은 생물학적 특성이나 심리적 요인에서 일탈의 원인을 찾고, ㉡은 사회적 관점에서 일탈의 원인을 찾고 있다.
④ ㉠은 일탈의 원인을 '개인적 관점'에서, ㉡은 '사회적 관

점'에서 분석하였다.
⑤ 원인을 분석하기 위해 기초로 삼은 행동은 한 개인이 보여 주는 행동이다. ㉠에서는 개인의 공격적인 행동, ㉡에서는 개인의 규범에서 벗어난 행동이 나타난다.

23 '사물의 본질, 원인 따위를 깊이 연구하여 밝힘'의 뜻을 가진 단어는 '구명(究明)'이다. '규명(糾明)'은 '어떤 사실을 자세히 따져서 바로 밝힘'이라는 뜻이다.

[24~25] 황광우, 홍승기, 《고전의 시작》, 생각학교, 2015.

24 '법'이 세계의 모든 백성을 지배하는 한, '인간 이성'이라고 하면서, 다른 나라에도 적용되는 법은 우연이라고 말한다. 법은 한 나라의 다양한 상황을 반영하여 만들어야 하는 것이지, 여러 나라에 적용되는 법을 만들 필요는 없다.

25 중심 개념인 '법' 혹은 '법 정신'을 설명하기 위해 어원을 밝히지는 않았다.

오답률 줄이는 | 오답풀이 |
② 몽테스키외의 《법의 정신》의 서문을 직접 인용하였다.
③ 공명정대한 법 정신이 사라진 현재의 문제 상황을 '비리에 연루된 고위층 인사들이 솜방망이 처벌만 받고 풀려나는' 상황을 사례로 제시하였다.
④ '자연법'과 '실정법'으로 나누어 특징을 설명하였다.
⑤ 설명 대상인 '몽테스키외'를 '계몽주의 시대'와 연결하여 설명하였다.

[26~27] 최진기, 《최진기의 동양고전의 바다에 빠져라》, 스마트북스, 2013.

26 한비자와 순자 모두 유가 사상에 속하지 않았고, '법치주의'를 주장한 것도 한비자뿐이었다.

27 '법'을 집행하는 신하는 왕에게 권위를 부여받긴 했지만, '법'의 대상은 왕을 제외한 신하와 백성 전체이기 때문에, 법을 집행하는 신하 또한 법의 대상이 된다.

[28~29] 정차호, 〈벤처·스타트업 특허권 존중하는 특허법〉, 서울 경제 칼럼, 2019. 09. 22.

28 대기업의 침해자는 이익 전부를 손해배상액으로 내놓아서 잔류 이익이 없다. 중기업의 침해자는 일부를 손해배상액으로 내놓고 나머지를 잔류 이익으로 얻는다.

오답률 줄이는 | 오답풀이 |
① 특허법 개정안에서는 특허권자의 생산능력과 무관하게 침해자의 이익 전부를 특허권자에게 손해배상액으로 지불하게 한다.
② 자본·인지도·영업망 등이 부족한 벤처기업·스타트업에는 특허권이 거의 유일한 경쟁 도구이다.
③ 특허권자가 침해자에게 애초에 받을 수 있었던 실시료와 침해 후에 지불할 실시료, 정당한 실시계약에 의한 실시료가 비슷하다 보니 일단 특허권을 무시하는 경우가 많다.
⑤ 특허권을 무시하는 분위기를 바꾸기 위해 국회가 특허법에 징벌적 세 배 배상제도를 도입해 지난 7월 9일부터 시행됐다.

29 징벌적 세 배 배상제도의 적용 범위가 문제가 아니고, 일차적으로 산정된 손해배상 액수가 작으므로 그 작은 액수를 증액해도 여전히 부족하다는 것이 문제라고 밝히고 있다.

[30~31] 한국교육과정평가원, 〈2010학년도 6월 고1 전국연합학력평가 언어영역〉

30 영화를 보기 전에 영화표를 잃어버린 경우, 이미 지불한 영화표의 값은 매몰비용이고, 새로 살 영화표의 값은 기회비용이다.

31 구체적인 통계 수치가 제시되어 있지는 않다.

오답률 줄이는 | 오답풀이 |
① '왜 항공사 경영진은 사업을 포기하지 않았을까?'라는 질문을 던진 후, 그에 대한 답을 제시하고 있다.
② '이미 엎질러진 물'이라는 관용 표현을 통해 설명하려는 대상을 효과적으로 제시하고 있다.
③ 항공사의 사례를 제시하여 합리적인 의사결정에 대한 설명을 하고 있다.
④ '이미 엎질러진 물이니 후회해 봐야 소용없는 것이다.'라는 글쓴이의 생각이 직접적으로 제시되어 있다.

32 민동필, 〈핵에너지와 미래의 에너지〉, 《21세기와 자연과학》, 사계절, 2000.
핵자들은 서로 충돌하는 일이 없고, 외부에서 침입자가 들어와서 충돌하게 되면 핵자가 쫓겨나고 그 자리를 다른 핵자가 다시 메우면서 감마선을 뿜어내게 된다.

33 한국물리학회, 《빛과 파동 흔들기》, 동아사이언스, 2006.
태양이 지표면과 수평을 이루지 않는 낮에 푸른 하늘을 만나게 되는 것은, 파장이 가장 짧은 보랏빛이 아닌, 순수한 원색인 파란빛을 인간들이 더 잘 인식하기 때문이다.

34 한국교육과정평가원, 〈2012학년도 6월 고1 전국연합학력평가 언어영역〉
동물의 뿔이나, 뼈, 힘줄, 탄성 좋은 나무 등 다양한 재료를 조합하여 만든 '합성궁'이 나무만을 재료로 만든 활보다 탄력이 좋다고 나와 있으며, 이 탄력은 복원력을 좋게 만든다고 되어 있다.

[35~36] 서울특별시교육청, 〈2011학년도 6월 고1 전국연합학력평가 언어영역〉

35 적란운 하층부에 있던 음전하들이 지표로 내려와서, 지표상의 양전화와 만나 구름 쪽으로 되돌아가면서 번개가 발생한다.

36 '벼락'의 위험성을 문제 상황으로 제시하면서도, 그에 대한 해결 방안은 제시되고 있지 않다.

오답률 줄이는 | 오답풀이 |
① '어떻게 도선이 없는데도 전기가 흐를 수 있는 것일까?' 라고 질문을 던진 후, 그에 대한 대답을 제시하고 있다.
② '중성 상태, 양전화, 음전화, 대전, 방전'과 같은 과학적 원리를 '번개'라는 자연 현상과 연관지어 설명하였다.
③ '번개'와 '벼락'이라는 유사한 개념을 대조하여 설명하고 있다.
⑤ '음전하를 띤 공기 기둥'을 '동아줄'에 빗대어 표현하고 있다.

[37~38] 김은영, 〈화성이주프로젝트, 성공할까?-문경수 탐험가의 화성탐사 이야기〉, The Science Times, 2018. 08. 17.

37 화성 탐사를 위해 필바라 지역에 간 것은, 이곳의 지질학적 구조가 화성과 가장 유사하다고 보았기 때문이다.

38 화성 유인탐사는 2030년경이 될 것으로 전망했지만, 초기 임무는 화성 주변을 탐사하는 것이다. 본격적인 화성 내부 탐사는 2040년이 되어야 가능할 것으로 전망했다. 화성에 유인 탐사선이 간다고 해서 바로 화성의 내부를 탐사할 수 있는 것은 아니다.

[39~41] 김병희, 〈뼈·연골 생성 줄기세포 확인-'진정한 다분화능으로 자가 재생'…10년 안에 실용화〉, The Science Times, 2018. 09. 21.

39 '중간엽 줄기세포'는 만능 줄기세포 기능을 하는 것으로 간주되고 있지만, 증명되지 않은 실험 치료도 있다. 최근 세 명의 플로리다 노령 환자가 중간엽 줄기세포를 눈에 주입한 뒤 눈이 멀거나 거의 시력을 상실하는 사태가 빚어지기도 했다. 따라서 그 능력이 완벽히 증명되었다고 보기는 어렵다.

40 '골격 줄기세포' 연구에 대한 긍정적인 입장이 반영되어 있다. 상반된 입장은 찾아볼 수 없다.

41 골격 재생을 통해 부상에서 빨리 회복하는 것이 생존과 깊이 관련되어 있다.

오답률 줄이는 | 오답풀이 |
① 험한 환경에 적응하기 위해 골격 재생이 필요한 것은 맞지만, 직접적인 이유는 아니다.
② 노령 인구가 급속도로 늘고 있는 것이 골격 재생 연구의 배경이 되고 있기는 하지만, 그것이 전부는 아니다.
③ 진화하는 속도와는 관련이 없다.
④ 도롱뇽과 같이 완벽하게 골격을 재생할 수 없는 것이 골격 재생의 이유가 될 수는 없다.

[42~43] E. H. 곰브리치, 《서양미술사》, 예경, 2013.

42 미술의 역사에 있어서 유구한 신념들이 수행했던 그런 역할을 대변해 주는 가장 오래되고 유일한 유적이 '피라미드'만 있는 것은 아니다. 화강암에 왕의 두상을 조각하여 왕과 닮은 형상을 보존하기도 하였다.

43 '이집트 미술'에 대해 설명하기 위해 '피라미드'의 예를 들고 있다.

[44~45] 엄경희, 《빙벽의 언어》, 새움, 2002.

44 박용래는 향토적 자연이 주는 빈곤과 애환에 집중하고 있는데, 이러한 빈궁을 이야기하면서도 과도한 감정을 절제하여 대상에 미적 거리 의식을 제시한다.

45 이 시에서 '노란 녹물'은 부식된 금속성의 이미지를 보여 준다. 연약한 '강아지풀'은 '금속성'으로 대표되는 도시문명에 연약하게 당할 뿐이다. 이때 '오요요' 하는 소리를 내는 것은, 녹물이 든 강아지풀의 상처가 떨림으로 드러나는 표현이라고 할 수 있다.

[46~47] 김지나, 〈아픔의 상징이 성찰과 치유의 장으로 – 베를린, 부끄러운 과거 기꺼이 직면하는 도시〉, 시사저널, 2018. 07. 18.

46 글쓴이는 슬프고 부끄러운 과거들을 말끔히 지워 버리는 것이 과연 최선일지 의문을 제기하고 있다. 그러므로 부끄러운 과거를 말끔히 지워 버려야 하는 이유는 이 글에서 찾아볼 수 없다.

47 〈Fallen Leaves〉라는 작품은 1만 개의 얼굴 모형을 바닥에 깔아 두고 관람객들이 그 얼굴을 밟고 가게 만들었는데, 그것을 밟을 때마다 들리는 철컹거리는 소리가 마치 비명같이 느껴진다고 하였다. 실제로 비명 소리를 들려주는 것은 아니다.

[48~49] 최점분, 〈다문화시대 전통 미술교육에 관한 연구: 초등학교 고학년 교과서 중심으로〉, 대구대학교, 2010.

48 우리 문화의 우수성만을 지도하는 전통 미술교육은 세계의 보편성과 시각 확대라는 관점에서 보면 전근대적이고 폐쇄적인 교육밖에는 안 된다고 말하고 있다.

49 '추종'은 '권력이나 권세를 가진 사람이나 자신이 동의하는 학설 따위를 별 판단 없이 믿고 따름'을 뜻한다. 이는 '좇다'와 유사한 뜻으로, '어떤 대상을 잡거나 만나기 위하여 뒤를 급히 따르다.'나 '어떤 자리에서 떠나도록 몰다.'의 뜻을 나타내는 '쫓다'와는 구별되어야 한다.

본문 114~139쪽

03 문학 – 현대시/현대소설/수필

01	③	02	⑤	03	⑤	04	②	05	③
06	⑤	07	③	08	①	09	①	10	④
11	⑤	12	⑤	13	④	14	⑤	15	②
16	②	17	④	18	②	19	⑤	20	①
21	④	22	②	23	②	24	⑤	25	②
26	③	27	⑦						

01 오답률 줄이는 | 오답풀이 |
① (가)의 시적 대상은 어머니, 혹은 어머니와 나누는 대화이며, 이에 대해 긍정도 부정도 아닌 태도를 보여 준다. (나)의 시적 대상은 아버지이며, 이에 대해 부정적인 태도를 보여 준다.
② (나)에서는 시간의 흐름에 따라 아버지와 자신이 닮았다는 새로운 사실을 알게 된다.
④ 의문문으로 마무리된 시는 (가)인데, '내가 부모 되어서 알아보랴?'는 '부모가 되면 알 수 있다'는 뜻일 수도 있고, '부모가 되어도 알 수 있을까?'라고도 해석이 가능하다.
⑤ (가)에서는 시적 화자가 '겨울의 기나긴 밤'에 어머니와 이야기를 나누고 있지만, (나)의 '오밤중'은 시적 화자의 회상 속에 있는 과거의 시간일 뿐이다.

02 시인은 나이가 들어, 자신의 모습이 아버지와 닮아 있다고 느낀다. 하지만 그것이 아버지에 대한 부정적이었던 마음이 변하게 된 계기가 되지는 않는다. 심경의 변화는 찾아볼 수 없다.

03 (나)에서 '누가 나의 이름을 불러 다오'는 명령형 어미가 쓰인 문장인데, 누군가에게 이름을 불림으로써 의미 있는 존재가 되고 싶다는 의지를 보여 주고 있다. 이러한 명령형 어미는 (나)에만 제시되어 있다.

오답률 줄이는 | 오답풀이 |
① (가)에서는 누군가에게 '별'이 되어 주고 싶고, 또 자신도 '별' 같은 존재를 갖고 싶다고 말한다. (나)에서는 '이름'을 불러 주는 행동을 통해 나와 타인이 모두 의미 있는 존재가 되기를 바란다. 사람 사이의 관계에서 이야기될 수 있는 부분이다.
② 이상적으로 생각되는 모습이 (가)에서는 '별'과 '꽃'으로, (나)에서는 '꽃'과 '눈짓' 등으로 상징되어 있다.
③ (가)에서는 '하얀 들꽃, 별, 꽃', (나)에서는 '빛깔, 꽃' 등의 시각적 심상이 드러난다.
④ (가)에서는 '~까', (나)에서는 '~싶다'와 같은 문장 구조가 반복되고 있다.

04 '하얀 들꽃'은 화자를 위로해 주는 대상이 아니라 화자가 되고 싶은 존재를 말한다. 시적 화자는 '꽃'이 되고 싶고, 그것을 확대 적용하여 괴롭고 쓸쓸한 이들에게 '눈물짓듯 웃어주는 하얀 들꽃이 될 수 있을까'라고 하면서 그렇게 되고 싶은 소망을 드러내고 있다.

05 (가)에 나타난 '중국집 젊은 부부'와 (나)에 나타난 '할머니'와 '동사자'는 모두 소외된 이웃들이다. 시적 화자는 이러한 이웃들에게 따뜻한 시선을 건네고 있다.

오답률 줄이는 | 오답풀이 |
① (나)에서는 '슬픔의 평등한 얼굴'이라는 의인법을 사용하였다.
② '사랑보다 소중한 슬픔'이라는 역설법이 (나)에 사용되었다.
④ (가)의 시적 화자는 자신의 가난을 긍정적으로 여기지 않고, (나)의 시적 화자도 소외된 이웃에게 무관심한 사람들이 있다는 것에 대해 부정적인 태도를 보여 준다.
⑤ 청자 '너'가 드러난 시는 (나)이다.

06 '슬픔'은 소외된 이웃의 아픔에 깊이 공감하고 함께 그 어려움을 나누고, 위로해 주는 것을 의미한다. 이것은 힘이 있지만, 이를 통해 가난을 극복할 수 있는 것은 아니다.

07 강승원, 권명신 외, 《해법 문학 현대 시》, 천재교육, 2012.
'함박눈을 멈추는 일'은 소외된 이웃에게 관심을 갖는 일과 자신의 이기적인 기쁨을 멈추는 일을 모두 포함한다. ①, ②, ④, ⑤는 모두 전자에 해당하는 행동이지만, ③은 후자에 해당하는 행동이다.

08 (가)에는 '오오'라는 감탄사가 사용되었으나, (나)에는 감탄사를 활용한 부분을 찾을 수 없다.

오답률 줄이는 | 오답풀이 |
② (가)에는 '너'가, (나)에는 '그대'라는 대명사가 사용되어 시적 대상을 드러내었다.
③ (가)에는 '공중의 깃발처럼', '꽃같이'에서, (나)에는 '바람처럼', '물결처럼'에서 비유적 표현을 찾을 수 있다.
④ (가)에는 '울고 있다, 울고만 있나니'에서 청각적 심상이 드러나 간절히 그리워하는 분위기를 형성하고, (나)에는 '그윽한 목소리로'에서 청각적 심상이 드러나 간절하면서도 가라앉은 분위기를 형성하고 있다.
⑤ (가)에는 '~숨었느뇨', (나)에는 '~오는가, 있는가'에서 의문형 종결 표현이 나타나 시적 화자의 그리움과 기다림의 정서를 보여준다.

09 시적 화자는 '너'를 찾을 수 없었기 때문에, '너'가 숨어 있다고 느낀 것이다. '너'가 의도적으로 숨었는지는 확인할 수 없다.

오답률 줄이는 | 오답풀이 |
② '모닥불'은 '눈물의 골짜기 가시나무'를 태우고 온다고 되어 있다. 이때 '모닥불'은 화자가 그리워하는 대상인데, 이러한 대상이 '눈물의 골짜기 가시나무'를 태운다고 했으므로, '눈물의 골짜기 가시나무'는 부정적 대상이라 추측할 수 있다.
③ (가)의 4행의 '얼굴'은 시적 대상을 지칭하는 것으로, ㉠과 상응한다. (나)의 2연 3행의 '불길'도 시적 대상을 상징하는 것으로, ㉡과 상응한다.
④, ⑤ ㉠과 ㉡ 모두 시적 대상을 가리키는 것으로 시각적으로 확인할 수 있는 소재들이다.

10 (가)의 '기침하는 것'과 (나)의 '폭포가 곧은 소리를 내며 떨어지는 것'은 부정적인 현실에 대한 저항 의지를 보여 주는 구체적인 모습들이다.

오답률 줄이는 | 오답풀이 |
① 청유형의 문장은 (가)에서 '기침을 하자'와 '마음껏 뱉자'에서 드러난다.
② (나)의 '높이도 폭도 없이 떨어진다'는 논리적 모순이 나타나는 역설적 표현이다.
③ (가)는 '젊은 시인이여'와 같이 청자를 설정해 두고 주제를 전달한다.
⑤ 비슷한 시구나 문장 구조, 종결 어미를 이용하여 운율감을 형성하고 있다.

11 14종 문학 참고서 해법 문학, 〈현대 시〉
'나타와 안정'은 게으름과 무사안일을 뜻하는 말로, 현실에 안주하려고 하는 소시민적인 특성을 말한다. 이것은 시적 화자가 지양하는 태도이다. '고매한 정신, 곧은 소리'와 상반된 의미의 시어이다.

12 주변 사람들이 면박을 줘도 비읍은 의기소침하지 않고 계속 말을 이어나갔다.

오답률 줄이는 | 오답풀이 |
①, ② 비읍이 자기 고향의 야구팀이라는 이유로 그 팀을 응원하는 점에서 지연(地緣)을 중시하는 것을 확인할 수 있고, '야구의 도시'라는 말을 굳이 '경상시야 한국인의 영원한 구도(球都) 아니겠습니까.'라고 말하는 것에서 현학적이고 허풍을 떠는 성격임을 알 수 있다.
③ 집에서 아내에게 호령을 하는 모습에서 그가 섣부른 체면의식을 지니고 있음을 알 수 있다.
④ '뇌쇄(惱殺)'를 '뇌살(惱殺)'로, '흥미진진(興味津津)'을 '흥미율율(興味律律)'로 잘못 말하고 있다.

13 실수를 하는 사람을 비웃고 있는 인물들이 등장하긴 하지만, 이를 비판하며 해결책을 제시하고 있지는 않다.

오답률 줄이는 | 오답풀이 |
① 실수투성이의 인물인 '비읍'을 희화화하였다.
② 집들이에 오렌지 주스를 사갔지만, '비읍' 부부는 오렌지 맛 주스를 내놓았다. 이렇게 엉뚱한 행동이 나오게 된 소재는 '오렌지 주스'이다.

③ 이 작품은 작가 관찰자 시점으로 서술자가 작품 밖에서 인물들을 관찰하고 있다.
⑤ 인물들 사이의 대화가 사건 전개의 중심이 되고 있고, 그 안에 인물들의 생각이 담겨 있다.

14 마지막 부분에서 '나'는 각자 가지고 있는 구름 그림자(가치관)를 무작정 비난할 수는 없다고 말하며, 누나의 구름 그림자를 인정하고 있다.

15 '역지사지(易地思之)'는 처지를 바꾸어서 생각하여 본다는 의미의 한자성어이다.

오답률 줄이는 | **오답풀이** |
① 자포자기(自暴自棄): 절망에 빠져 자신을 스스로 포기하고 돌아보지 아니함
③ 자승자박(自繩自縛): 자기의 줄로 자기 몸을 옭아 묶는다는 뜻으로, 자기가 한 말과 행동에 자기 자신이 옭혀 곤란하게 됨을 비유적으로 이르는 말
④ 죽마고우(竹馬故友): 대말을 타고 놀던 벗이라는 뜻으로, 어릴 때부터 같이 놀며 자란 벗
⑤ 동상이몽(同牀異夢): 같은 자리에 자면서 다른 꿈을 꾼다는 뜻으로, 겉으로는 같이 행동하면서도 속으로는 각각 딴생각을 하고 있음을 이르는 말

16 철호를 둘러싼 힘겨운 삶이 치통으로 나타났는데(㉠), 그가 겪은 심리적 고통이 너무 심하여 신체적 고통을 느끼지 못하고 있다(㉡). 치과 치료로 인해 위험한 상태가 될 수 있다는 것을 치과에서 미리 제시했듯이(㉢) 치과를 다녀온 후 철호는 계속 현기증을 느끼고(㉣) 이를 해결할 수 있는 것은 '설렁탕'이라고 생각한다(㉤).

17 철호는 뭐든 먹어야겠다고 생각하며 설렁탕(ⓐ)을 시켰고, 김 첨지 또한 아내의 배고픔을 해소시켜 주려고 설렁탕(ⓑ)을 산 것이다.

오답률 줄이는 | **오답풀이** |
① 철호는 설렁탕(ⓐ)을 시키고 먹지 못한 채 밖으로 나왔다.
② 김 첨지는 돈이 유용하다는 생각에 대한 근거로 아내에게 설렁탕(ⓑ)을 사다 줄 수 있다는 점을 들었다.
③ 철호에게 설렁탕(ⓐ)은 아무것도 먹지 못한 상태에서 약으로 생각하며 시킨 것이고, 이는 ⓑ의 '설렁탕'과 달리 '아내에 대한 사랑'과는 관련이 없다. 김 첨지가 아내에게 사주려고 하는 설렁탕(ⓑ)은 아내에 대한 사랑을 의미한다.
⑤ 철호는 현실의 어려움을 겪은 후, 피를 흘리는 상황에서 약 이름을 부르듯이 설렁탕(ⓐ)을 시켰고, 김 첨지는 연달아 이어진 행운 이후에 설렁탕(ⓑ)을 떠올렸다.

18 서울특별시교육청, 〈2010학년도 3월 고1 전국연합학력평가 언어영역〉
새벽에 장의차를 타고 아파트를 빠져나올 때 노인이 소리를 내지 않고 운 것은 주민들의 요구에 순응한 것이다.

19 인간의 정이 사라진 '아파트'라는 공간에서 펼쳐지는 현대인의 이기적인 속성을 비판적으로 드러낸 소설이다 보니, 전통적인 삶을 추구하는 사람들이 결국 상대편의 생각에 순응하고 있는 모습을 보여 준다. 그렇다고 이들이 나약하거나 현실에 안주한 것은 아니다.

20 판수가 처음에 편지를 물에 빠뜨린 것은 우발적인 행동이었지만, '군청 병사계'라고 봉투에 쓰여 있는 것을 발견하고는 의도적으로 편지를 버린다.

21 '홍소(哄笑)'는 '입을 크게 벌리고 웃는다'는 뜻으로, 판수의 '홍소'는 자신의 행동에 대한 통쾌함과 상황에 대한 절망감이 같이 나타난 부분으로 해결될 수 없는 아픔을 보여 준다. 이는 낙천성과는 거리가 멀다.

22 과거에 있었던 일을 구체적으로 제시함으로써, 글쓴이의 후회와 사랑이 잘 나타난다.

오답률 줄이는 | **오답풀이** |
① '가족 간의 사랑(부녀의 사랑)'에 대해 이야기하고 있긴 하지만, 이를 논리적으로 분석하지는 않았다.
② '낡은 비디오테이프를 되감듯이'와 같이 비유법이 제시되어 있긴 하지만, 이것은 과거로 다시 돌아가고자 하는 글쓴이의 마음을 뒷받침하는 내용이다.
④ 자신의 딸 '민아'를 청자로 설정하고 대화를 건네듯이 글을 진행하고 있다.
⑤ '약속한다.', '너는 달려와 내 가슴에 안긴다.' 등 짧은 문장들이 사용되었다.

23 과거 인터뷰에서 딸이 자신을 두둔해 주었지만, 그것은 사랑의 방식의 차이가 아니고, 사랑이 부족해서였음을 다시 한 번 자각하고 고백하고 있다. 고마워했다기보다, 오히려 자신의 모습을 자각하게 만들어 준 그 말에 대한 답변을 전달하고 있다.

24 첫 부분에 카피 문구가 짤막하게 제시되어 있긴 하지만, 이것은 카피의 예를 든 것일 뿐, 전체적으로 정제된 어휘와 압축된 문장이 제시되어 있지 않다.

오답률 줄이는 | 오답풀이 |
① '그 교실의 풍경이 그 말 그대로이지 않습니까?'라는 의문형의 문장을 통해 주장을 강조하고 있다.
② '왜 내가 이 아이한테 이런 행동을 했을까?'라는 질문을 시작으로 그에 대한 답으로 만든 카피를 제시하였다.
③ 아이를 일으켜 세워 준 경험이나 유학 시절 경험을 구체적으로 제시하고 있다.
④ 자신이 만든 카피의 예를 여러 개 들고 있다.

25 흘러간 것들은 잡히지 않으니, 흘러가지 않게 잘 붙잡아 두라고 말하고 있다. 이미 흘러간 것을 잡아 두는 것이 필요하다고 말하지는 않았다.

26 '인생에 중대한 변화'가 생기는 것은 '운명시계'에 해당하는 말이다. 글쓴이는 '남들처럼 그 시기에 하지 못한 일, 그토록 아껴둔 이벤트에는 다 이유가 있다. 그 일로 인해 개인의 인생에 중대한 변화가 생길 수도 있다. 때문에 그 시간에 당연히 일어나야 할 사건이 미뤄지거나 혹은 당겨지는 것이 '운명시계'의 핵심이다.'라고 말한다. 즉, 사회적 알람과는 다르게 사느라 하지 못했던 일인 '삶의 이벤트'를 지키지 않았을 때 인생에 중대한 변화가 있을 수 있다고 말하고 있는 것이다.

27 이 글에서는 '사람들은 이미 사회적 알람에 문제가 있다는 것을 어느 정도씩은 알고 있다. 중요한 건 결국 용기다.'라고 나와 있다. 문제점들을 알지만 용기가 없어서 사회적 알람을 어기지 못하고 있는 것이라고 강조하고 있다.

PART 04 듣기

본문 146~148쪽

01 사실적 이해/추론/비판 [단독 문제]

01	02	03	04	05
③	③	②	④	③
06	07	08	09	10
③	①	③	⑤	④
11				
③				

01 다음은 강연의 일부입니다. 잘 듣고 물음에 답하세요.

요즘 현대인들은 대인 관계를 유지하기 위해 가면을 쓰고 살아가는 경우가 많습니다. 즉, 다른 사람과 교제를 할 때 상대방에게 자신의 모습이 어떻게 보이는지를 의식하여 이를 관리하려는 속성이 있는 것입니다. 그래서 다른 사람 앞에 나설 때 마치 가면을 쓰고 연기를 하는 배우와 같이 행동하는 경우가 많습니다. 이러한 현상은 대중문화의 속성에 기인한다고 볼 수 있습니다. 역사학자들은 20세기 초부터 성공이라는 것이 무엇을 잘하고 열심히 하느냐에 따라 결정되는 것이 아니라, 인상의 관리를 어떻게 하느냐에 달려 있다고 말하고 있습니다. 사람의 인상보다는 내면을 중시했던 이전 시대와는 다른 속성의 문화가 형성된 것입니다. 전반적인 대중문화의 흐름이 느낌으로 와닿는 것을 중시하며, 순간적인 인상을 중요시하고 그 느낌에 집중하도록 권하고 이를 상품 광고 등에서 활용하고 있습니다. 이에 따라 대중들은 자신만의 일관성을 잃고 상황에 따라 적응하며 대중 매체가 퍼뜨리는 유행에 민감하게 반응하여 자신의 취향을 형성해 나가고 있습니다. 이와 같은 현대인의 타자 지향적 삶의 태도는 개인이 다른 사람들의 기대만으로 채워져야 할 텅 빈 자아가 될 것을 요구합니다. 겉모습에서 주어지는 인상에 의해 상대방을 파악하고 인식하며, 이것을 의식하여 자신의 자아를 끊임없이 변형해 나가는 것은 큰 문제가 아닐 수 없습니다.

잘 들으셨지요? 강연의 내용과 일치하지 <u>않는</u> 것은 무엇입니까?
① 과거의 사람들은 타인의 내면에 대한 관심이 높은 편이었다.
② 현대인들은 자신의 본 모습 그대로를 보이는 것을 어려워한다.
③ 현대인은 상대방의 행동과 자아를 관리하려는 속성을 지니고 있다.

④ 대중문화는 인간의 삶과 사고방식을 형성하는 데 영향력을 행사한다.
⑤ 현대인들은 겉으로 드러난 모습만으로 상대방을 파악하는 경우가 있다.

본문에서는 과거에는 사람들이 사람의 인상보다는 내면에 대한 관심이 높았으나, 현재는 그렇지 않은 문화가 존재함을 이야기하고 있다. 또한 대중문화가 사람의 겉만 보고 판단하는 경우가 많음을 지적하고 있다. 현대인이 상대방의 행동과 자아를 관리하려는 속성이 있는 것이 아니라, 자신의 행동과 자아를 관리하려는 속성이 있다고 하였으므로 강연 내용과 다르다.

오답률 줄이는 | 오답풀이 |
① '사람의 인상보다는 내면을 중시했던 이전 시대와는 다른'이라는 부분에서 확인할 수 있다.
② '다른 사람 앞에 나설 때 마치 가면을 쓰고 연기를 하는 배우와 같이 행동하는 경우가 많습니다'에서 알 수 있다.
④ '대중문화의 흐름이~자신만의 일관성을 잃고'의 부분과 일치한다.
⑤ '순간적인 인상을 중요시하고'의 부분에서 확인할 수 있다.

02 다음은 인터뷰의 일부입니다. 잘 듣고 물음에 답하세요.

여(리포터): 오늘은 문화 평론가 김 박사님과 함께 사공간과 공적인 공간에서의 적절한 휴대 전화 활용 방법에 대해 이야기를 나눠 보도록 하겠습니다. 박사님, 요즘 많은 사람들에게서 휴대 전화를 사용하면서 사공간과 공적인 공간의 구분이 어렵다는 이야기들이 나오고 있는데, 이러한 현상은 왜 발생하는 거라고 보십니까?

남(김 박사): 네. 현재 인류는 역사상 처음으로 휴대 전화에 의해 한 사람이 두 개의 다른 공간 속에서 동시에 살아가는 것을 실현하는 시대에서 살고 있습니다. 유비쿼터스(Ubiquitous)라고도 이야기하지요. 이것으로 인해 때로는 휴대 전화의 사적인 공간과 사회의 공적인 공간이 충돌하거나 단절되는 일이 발생하고 있는 것입니다.

여(리포터): 휴대 전화를 사용하면서 사적인 공간과 사회의 공적인 공간이 충돌하는 것이 정확히 어떤 것인지 구분하기 어려운 느낌도 듭니다. 쉽게 예를 들어 주신다면 어떤 상황들이 있을까요?

남(김 박사): 예를 들어 일본의 여고생들은 지하철 객차 안에서 옷을 갈아입고 남학생들은 사람들이 지나다니는 길에서 태연하게 앉아 도시락을 먹기도 합니다. 한마디로 휴대 전화가 생기고부터 남녀노소를 막론하고 사공간과 공적인 공간을 구별하지 못하는 일이 많아진 것입니다. 그리고 이러한 충돌로 인해 사소한 싸움이 시작되어 큰 사건이 되어 버리는 경우도 허다합니다.

여(리포터): 그렇다면 사공간의 활용 측면에서 휴대 전화를 좋은 쪽으로 활용해 볼 수 있는 방법은 없을까요?

남(김 박사): 요즘 젊은 교사들은 휴대 전화를 이용하여 문자 메시지로 학생들에게 과제를 부여하고 답을 받는 경우가 많습니다. 그냥 학교에서 숙제를 낸 것이라면 응하지 않았을 일부 학생들도 이렇게 개인적으로 교사가 보이는 관심을 무시하기는 쉽지 않지요. 이렇듯 휴대 전화의 사공간의 힘을 이용해 더욱 긴밀하고 긍정적인 사제 간의 사적 관계를 형성하는 방법 등을 예로 들 수 있을 것입니다.

여(리포터): 네. 앞으로 휴대 전화 사공간의 힘이 잘 활용될 수 있도록 함께 고민해 보아야겠네요.

잘 들으셨지요? 이 인터뷰의 주제로 가장 적절한 것은 무엇입니까?
① 휴대 전화를 활용한 새로운 사공간의 힘 형성 과정
② 휴대 전화로 인한 가족의 분리와 대화 단절의 문제
③ 휴대 전화로 인한 문제점과 사공간에서의 긍정적 활용 방안
④ 휴대 전화의 사공간의 힘을 활용한 가족 공동체의 회복 가능성
⑤ 휴대 전화에 의해 두 개의 다른 공간에서 공존하는 현대인의 현실

휴대 전화의 사용이 유발하는 사적인 공간과 공적인 공간의 충돌로 인한 부작용들을 제시하고 있으며, 이와 함께 휴대 전화의 사공간의 힘을 긍정적으로 활용할 수 있는 방안에 대해서도 예를 들어 논하고 있다. 따라서 인터뷰의 주제로 삼기에 ③이 가장 적절하다. 나머지 선지들은 인터뷰 주제에서 벗어난 화제들이거나, 부분적인 내용만을 다루고 있다.

03 다음은 강연의 일부입니다. 잘 듣고 물음에 답하세요.

우리가 기억하는 정보는 크게 서술 정보와 비서술 정보로 나눌 수가 있습니다. 서술 정보란 학교 공부, 영화 줄거리, 장소나 위치, 사람의 얼굴처럼 말로 표현할 수 있는 정보들입니다. 반면 비서술 정보는 몸으로 습득하는 운동 기술, 습관, 버릇, 반

사적 행동 등과 같은 것을 뜻합니다. 이 중에서 서술 정보를 처리하는 중요한 기능을 담당하는 것이 바로 뇌의 내측두엽에 존재하는 해마입니다. 교통사고를 당해 해마 부위가 손상된 이후 서술 기억 능력이 손상된 사람의 예가 그 사실을 뒷받침합니다. 그렇지만 그는 교통사고 이전의 오래된 기억을 모두 회상해 냈지요. 해마가 장기 기억을 저장하는 장소는 아니라는 것이 밝혀진 것입니다.

서술 정보가 오랫동안 저장되는 곳으로 많은 학자들은 대뇌피질을 들고 있습니다. 내측두엽으로 들어온 서술 정보는 해마와 그 주변 조직들에서 일시적으로 머물게 됩니다. 이때 내측두엽은 이런 기억 정보를 신경망을 통해 대뇌피질의 여러 부위로 전달합니다. 다음 단계에서는 기억과 관련된 유전자가 발현되어 단백질이 만들어지면서 기억 내용이 공고해져 오랫동안 저장된 상태를 유지하게 됩니다.

그렇다면 비서술 정보는 어디에 저장될까요? 운동 기술은 대뇌의 선조체나 소뇌에 저장되며, 계속적인 자극에 둔감해지는 습관화나 한 번 자극을 받은 뒤 그와 비슷한 자극에 계속 반응하는 민감화 기억은 감각이나 운동 체계를 관장하는 신경망에 저장된다고 알려져 있습니다. 감정이나 공포와 관련된 기억은 편도체에 저장이 됩니다. 이렇게 우리의 뇌가 받아들인 기억 정보는 그 유형에 따라 각각 다른 장소에 저장이 되는 것입니다.

잘 들으셨지요? 강연의 내용과 일치하지 <u>않는</u> 것은 무엇입니까?
① 비서술 정보 중 운동 기술은 대뇌의 선조체나 소뇌에 저장이 된다.
② 내측두엽으로 들어온 서술 정보는 곧바로 단백질화되고 장기 기억이 된다.
③ 기억 정보는 대뇌피질의 여러 부위로 전달된 후 장기 기억의 상태를 유지한다.
④ 인간의 뇌는 해마 부위가 손상이 되더라도 모든 장기 기억을 잃어버리지 않는다.
⑤ 한 번 자극을 받은 뒤 그와 비슷한 자극에 계속 반응하는 것은 신경망과 관련이 있다.

내측두엽으로 들어온 서술 정보는 곧바로 단백질화되고 장기 기억이 되는 것이 아니라, 대뇌피질의 여러 부위로 기억 정보를 전송하고 그 이후에 단백질이 형성되면서 기억의 내용이 공고해져 장기 기억의 상태를 유지하게 된다. 따라서 ②는 옳은 내용이 될 수 없다.

04 다음은 강연의 일부입니다. 잘 듣고 물음에 답하세요.

우리가 사용하는 한글은 사람의 소리를 자음과 모음으로 구별하여 적을 수 있는 매우 과학적인 글자입니다. 역사적으로 볼 때, 완벽하지는 않더라도 사람의 소리를 자음과 모음으로 구별하여 적는 데에는 무려 3천 년의 시간이 걸렸다고 합니다. 그러나 놀랍게도 한글의 경우 이 작업을 25년이라는 짧은 기간에 해낸 것입니다.

이 외에도 한글의 위대성은 여러 면에서 찾아볼 수가 있습니다. 우선 소리와 발음 기관의 사이에 완벽한 연관성이 있다는 점을 들 수 있고, 평음과 경음 그리고 격음을 구분하여 적는 표기를 하는 것에도 발음에 힘이 드는 정도를 표현하고자 한 의도가 포함되어 있습니다. 이뿐만 아니라 참으로 배우기 쉽고 쓰기 편해 누구나 편리하게 익혀 읽고 쓸 수 있고 다른 언어의 발음이라고 하더라도 거의 원음에 가깝게 표기하는 것이 가능하다는 장점도 지니고 있습니다.

정보화 시대를 맞이하여 우리는 이 훌륭한 한글을 전 세계인이 공통적으로 사용하는 문자가 되도록 노력을 기울여야 할 것입니다. 우선 문자가 없는 소수 종족의 언어들을 한글로 기록하고, 배우기 어렵고 정보화하기 어려운 문제점이 있는 언어들을 한글로 표기하도록 해야 할 것입니다. 그것이 세계 문자로서 한글의 위상을 지켜 나가는 하나의 방법이 될 것입니다.

잘 들으셨지요? 강연에 대한 반론으로 가장 적절한 것은 무엇입니까?
① 한글의 우수성은 아직 검증되지 않은 바가 많으므로, 각 문자들과 비교하여 그 우수성을 제대로 검증하는 것이 우선이다.
② 다른 문자 중에도 가로쓰기와 세로쓰기 둘 다 가능한 문자가 있으며 자음과 모음을 구분하여 적는 것도 보편적인 현상이다.
③ 한글이 다른 언어를 '원음에 가깝게'가 아니라, '완벽하게' 원음대로 표기할 수 있을 때에야 비로소 세계 공통어로 사용될 수 있을 것이다.
④ 한글이 우수한 것은 사실이지만, 각 언어와 문자를 한글로 통일하기보다는 각 나라의 언어가 나름대로의 특성을 지켜 나가는 것이 바람직하다.
⑤ 우수성이 있는 문자가 한글인 것은 맞지만, 세계적으로 많이 사용되는 언어가 영어인만큼 영어의 알파벳을 세계 공통의 문자로 사용하는 것이 적절하다.

본문에서는 한글을 세계 공통의 문자로 만들자고 주장하고 있다. 그러나 한글에 우수성이 있다는 것은 인정하지만 모든 언어의 표기를 한글로 해야 한다는 주장은 한글에 대한 과도한 옹호에 가깝다.

05 다음은 인터뷰의 일부입니다. 잘 듣고 물음에 답하세요.

> 여: 이 시간에는 과학 기술 평론가 박 선생님을 모시고 적정 기술에 대해 알아보도록 하겠습니다. 선생님, 안녕하세요?
> 남: 네, 안녕하십니까?
> 여: 먼저, 적정 기술이 무엇인지 간략히 소개해 주시겠습니까?
> 남: 네, 적정 기술은 첨단 기술로부터 소외된 다수를 위한 기술입니다. 주로 가난한 나라나 저소득층 사람들의 삶의 질을 향상시키기 위한 것이지요. 그 지역의 환경과 문화, 경제적인 상황을 고려하여 필요한 물건을 만드는 기술이라고 보시면 되겠습니다.
> 여: 그렇군요. 저희들이 쉽게 이해할 수 있는 사례를 하나 소개해 주실 수 있을까요?
> 남: 큐드럼(Q-Drum)이라는 물통이 있습니다. 식수를 얻기 위해 매일 수 km를 걸어야 하는 아프리카의 시골 주민들을 위해 개발한 것이죠. 지름이 50cm 정도 되는 플라스틱 드럼통을 떠올려 보시면 됩니다. 두루마리 화장지처럼 가운데 구멍이 뚫려 있고, 그 사이를 관통하여 줄이 걸려 있습니다. 물통을 손에 들거나 머리에 이는 대신 줄을 이용해 굴리면서 끌고 갈 수 있기 때문에 힘이 약한 여성이나 어린이도 손쉽게 운반할 수 있죠.
> 여: 기술이라고 말하기에는 소박한 면도 없지 않아 있네요. 또 다른 예가 있을까요?
> 남: 네, 지세이버(G-Saver)라는 것도 있습니다. 몽골은 겨울철 기온이 낮아 난방이 중요한데요. 지세이버는 기존 난로 위에 부착하는 소형 기기로 열을 오래 지속시켜 난방 효율을 높일 수 있습니다. 시설을 크게 바꾸지 않고도 연료 소모량을 40% 정도 줄일 수 있고 더불어 오염 물질 배출도 줄일 수 있습니다.
> 여: 네, 지금까지 하신 말씀을 듣고 보니 적정 기술은 _____.

잘 들으셨지요? 인터뷰 내용에 이어질 수 있는 리포터의 말로 가장 적절한 것은 무엇입니까?
① 환경을 보호하는 것이 주목적인 친환경 기술이로군요.
② 모든 지역의 모든 사람들에게 평등함을 주는 기술이군요.
③ 지역의 생활 요건을 고려하여 삶의 질을 향상시키는 기술이군요.
④ 첨단 기기와 참신한 아이디어를 결합한 고급 기술이라고 할 수 있겠군요.
⑤ 감성을 자극하여 현대사회에서 훼손된 인간성을 회복하고자 하는 것이군요.

대화의 내용에서는 적정 기술이 가난한 나라나 저소득층 사람들을 위한 기술이며, 그들의 제반 여건을 고려하여 도움을 주는 기술이라고 설명하고 있다. 따라서 남자가 이야기한 대화의 전체 내용을 요약하여 정리하는 인터뷰의 마지막 문장으로는 ③이 가장 적절하다. 나머지 선지들은 본문에서 이야기한 것과 상이한 것을 이야기하거나, 적정 기술의 목적과 연관 없는 것들이라고 할 수 있다.

06 다음은 수필의 일부입니다. 잘 듣고 물음에 답하세요.

> 나는 그믐달을 사랑한다. 그믐달은 요염하여 감히 손을 잡을 수도 없고 말을 붙일 수도 없이 깜찍하게 예쁜 계집 같은 달인 동시에, 가슴이 저리고 쓰린 가련한 달이다. 서산 위에 잠깐 나타났다 숨어 버리는 초생달은 세상을 후려 삼키려는 독부(毒婦)가 아니면, 철모르는 처녀 같은 달이지마는, 그믐달은 세상의 갖은 풍상을 다 겪고 나중에는 그 무슨 원한을 품고서 애처롭게 쓰러지는 원부(怨婦)와 같이 애절하고 애절한 맛이 있다. 보름에 둥근 달은 모든 영화와 끝없는 숭배를 받는 여왕과도 같은 달이지마는, 그믐달은 애인을 잃고 쫓겨남을 당한 공주와 같은 달이다. 초생달이나 보름달은 보는 이가 많지마는, 그믐달은 보는 이가 적어 그만큼 외로운 달이다. 객창(客窓) 한등에 정든 임 그리워 잠 못 들어 하는 분이나, 못 견디게 쓰린 가슴을 움켜 잡은 무슨 한 있는 사람이 아니면 그 달을 보아주는 이가 별로 없을 것이다. 그는 고요한 꿈나라에서 평화롭게 잠들은 세상을 저주하며, 홀로 머리를 흩뜨리고 우는 청상과 같은 달이다. 내 눈에는 초생달 빛은 따뜻한 황금빛에 날카로운 쇳소리가 나는 듯하고, 보름달은 치어다보면 하얀 얼굴이 언제든지 웃는 듯하지마는, 그믐달은 공중에서 번듯하는 날카로운 비수(匕首)와 같이 푸른 빛이 있어 보인다. 내가 한 있는 사람이 되어서 그러한지는 모르지만, 내가 그 달을 많이 보고 또 보기를 원하지만, 그 달은 한 있는 사람만 보아주는 것이 아니라, 늦게 돌아가는 술 주정꾼과 노름하다 오줌 누러 나온 사람도 혹 어떤 때는 도둑놈도 보는 것이다. 어떻든지 그믐달은 가장 정 있는 사람이 보는 동시에, 또는 가장 한 있

는 사람이 보아주고, 또 가장 무정한 사람이 보는 동시에 가장 무서운 사람들이 많이 보아준다. 내가 만일 여자로 태어날 수 있다면 그믐달 같은 여자로 태어나고 싶다.

위의 작품은 나도향의 〈나는 그믐달을 몹시 사랑한다〉이다. 이 작품에서는 그믐달과 초생달 및 보름달을 여인의 모습과 감정(한스러움, 애절함)에 비유하여 표현하고 있다. 이는 '달'이라는 대상을 독특한 시각에서 바라보며 관찰하여 서술한 것이라고 할 수 있다. 이외에도 다양한 수사법을 사용하였으나, 단정적인 표현이나 인간의 허물을 비판하는 등의 내용은 찾아볼 수 없다.

07 다음은 대화의 일부입니다. 잘 듣고 물음에 답하세요.

> 남: 운전을 하다 보면 이상하게 운전하는 사람들이 있는데, 그런 운전자를 보면 대부분 여성들이더군요.
> 여: 예전부터 많은 운전자들이 운전을 잘 못하는 여성 운전자들을 비하하는 말을 하고 심지어는 운전 중에 욕을 하는 경우도 많다고 하는데, 그런 말씀을 하시는 근거는 무엇인가요?
> 남: 대부분의 여성들은 소극적으로 운전을 하고 머뭇거리는 경우가 많습니다. 그런 모습을 보면 저도 덩달아 불안해지더라고요.
> 여: 운전을 잘 못하는 초보 운전자의 경우 소극적으로 운전하는 일이 늘 일어날 수 있고, 이것은 성별의 문제와는 거리가 있지 않을까요?
> 남: 교통 법규를 어기는 것도 여성 운전자들에게 더 자주 일어나는 현상 같습니다. 저만 그렇게 느끼는 것이 아니라 요즘 인터넷에서 많은 남성들이 이런 이야기를 하는 것을 흔히 볼 수 있습니다.
> 여: 하지만 실제로 교통사고를 내는 비율은 남성이 여성의 3배 이상이라는 조사 결과를 들어 보신 적이 있나요? 남성 운전자들은 왜 타당한 근거도 없이 여성 운전자들을 무시하는 발언을 일삼는 것인지 이해하기 어렵네요.
> 남: 여성 운전자들의 운전 실력이 미숙하기 때문에 그런 사고를 유발하는 것은 아닐까요? 오죽하면 '김 여사'라고 여성 운전자들을 부르는 특별한 명칭이 생겨났겠습니까?

대화에 '여성들에 대한 별도의 운전 교육'에 대한 내용은 제시되어 있지 않다. 또 대화의 초점은 교통사고를 내는 비율은 남성이 높으나 운전을 하는 현실에서는 여성이 무시를 당하고 있다는 것이다. 즉, 여성이어서 운전에 문제가 있다고 일반화하고 있는 남자의 주장에 대해 그 부분이 문제가 아니라는 점을 주장해야 하는 것이다.

08 다음은 뉴스 보도의 일부입니다. 잘 듣고 물음에 답하세요.

> 앵커(남): 네, 알겠습니다. 지금까지 수돗물 정책을 담당하시는 박 과장님의 말씀을 들었는데요. 그럼 이번에는 시민 단체의 의견을 들어 보겠습니다. 김 박사님.
> 김 박사(여): 네, 사실 굉장히 답답합니다. 공단 폐수 방류 사건 이후에 17년간 네 번에 걸친 종합 대책이 마련됐고, 상당히 많은 예산이 투입된 것으로 알고 있습니다. 그런데도 이번에 상수도 사업을 민영화하겠다는 것은 결국 수돗물 정책이 실패했다는 걸 스스로 인정하는 게 아닌가 싶습니다. 그리고 민영화만 되면 모든 문제가 해결되는 것처럼 말씀하시는데요, 현실을 너무 안이하게 보고 있다는 생각이 듭니다.
> 앵커(남): 말씀 중에 죄송합니다만, 수돗물 사업이 민영화되면 좀 더 효율적이고 전문적으로 운영된다는 생각에 동의할 분도 많을 것 같은데요.
> 김 박사(여): 전 동의할 수 없습니다. 우선 정부도 수돗물 사업과 관련하여 충분히 전문성을 갖추고 있다고 봅니다. 현장에서 근무하는 분들의 기술 수준도 세계적이고요. 그리고 효율성 문제는요, 저희가 알아본 바에 의하면 시설 가동률이 50% 정도에 그치고 있고, 누수율도 15%나 된다는데, 이런 것들은 시설 보수나 철저한 관리를 통해 정부가 충분히 해결할 수 있다고 봅니다. 게다가 현재 상태로 민영화가 된다면 또 다른 문제가 생길 수 있습니다. 수돗물 가격의 인상을 피할 수 없다고 보는데요. 물 산업 강국이라는 프랑스도 민영화 이후에 물값이 150%나 인상되었다고 하는데, 우리에게도 같은 일이 일어나지 않을까 걱정됩니다.
> 앵커(남): 박 과장님, 김 박사님의 의견에 대해 어떻게 생각하십니까?
> 박 과장(남): 민영화할 경우 아무래도 어느 정도 가격 인상 요인이 있을 것입니다. 그러나 정부와 잘 협조하면, 인상 폭을 최소화할 수 있으리라고 생각합니다.

현재 수돗물 가격을 말하고 있는 것이 아니라, 프랑스의 경우 민영화 이후 물값이 150% 인상된 것을 예로 들어 우리나라에도 같은 일이 벌어지지 않을까 하는 우려를 이야기하고 있다.

09 다음은 강연의 일부입니다. 잘 듣고 물음에 답하세요.

오늘은 가상현실과 증강현실에 대해 말씀드리려고 합니다. 가상현실은 1985년에 '컴퓨터에 의해 제작된 몰입적인 시각적 경험'을 의미하는 단어로 사용한 것이 시초가 되었습니다. 이 가상현실은 컴퓨터 그래픽으로 제작된 가공의 상황 및 가상의 환경을 사람의 감각기관을 통해 느끼게 하고 실제 상호작용하고 있는 것처럼 만들어 주는 인터페이스입니다. 가상현실과 비슷하지만 상이한 또 하나의 개념인 증강현실은 1992년에 항공기 전선 조립과정의 가상 이미지를 실제 화면에 중첩해 설명하면서 처음 사용하게 된 용어입니다. 증강현실은 '실제 세계에 가상 사물이나 정보를 합성하여 원래 환경에 존재하는 사물처럼 보이도록 하는 컴퓨터 그래픽 기법'이라고 정의되고 있으며, 실세계와 가상현실이 합쳐진 혼합현실이라고 불리기도 합니다. 가상현실과 증강현실의 차이점은, 가상현실은 사용자가 접하는 모든 정보가 가상 정보이지만 증강현실은 현실 정보와 가상 정보가 함께 존재한다는 것입니다. 증강현실의 사용자는 현실 세계에서 가상의 이미지를 함께 체험할 수 있는 것이고, 가상현실에서는 사용자가 현실과 다른 가상의 공간 속에 몰입해 있는 상황이라고 할 수 있는 것입니다.

⑤는 현실과 가상이 공존하는 '증강현실'이 아니라, 안경을 쓰고 가상의 세계 안에 들어가 가상의 공간만을 느끼는 것이므로 '가상현실'의 한 종류가 된다. 나머지 선지들은 현실과 가상이 공존하며, 그것을 사용자 역시 인식하고 즐길 수 있는 '증강현실'의 사례에 속한다.

10 다음은 강연의 일부입니다. 잘 듣고 물음에 답하세요.

우리는 여러 장르의 예술 작품을 대할 때 작품이 마치 살아 있는 것 같은 인상을 받는 경우가 있습니다. 이런 경우 그 작품 속에는 생명력이 녹아 있다고 볼 수 있습니다. 그렇다면 어떻게 이런 생명력이 작품 속에 깃들여지는 것일까요? 그것은 바로 작가가 작품을 창작하는 과정에 담겨져 있습니다. 동서고금을 막론하고 작가의 대상에 대한 깊은 애정에서부터 창작은 시작됩니다. 애정이 결여되면 대상의 심장 소리를 들을 수 없고 내밀한 대화도 나눌 수 없게 됩니다. 고갱은 타히티 섬을 진정으로 좋아했기에 그곳 여인들의 강렬하고 아름다운 생명력을 작품을 통해 전할 수 있었고, 공재 윤두서는 말을 진정으로 사랑하였기에 살아 움직이는 섬세한 필치로 말을 그릴 수 있었던 것처럼 말이지요.

이렇게 작가가 대상을 그리려면 대상에 대한 깊은 애정이 필수적입니다. 그렇다고 애정만 갖고 되는 것은 아닙니다. 작품을 대하는 기본적인 감정인 애정은 물론 대상에 접근하는 방법도 알아야 합니다. 이때의 방법은 대상을 그릴 때, 대상의 본질(本質)을 이해하기 위한 창작 과정을 말합니다. 북송대 문인화의 대가였던 문동의 대나무 그리는 과정에 대해 소동파(蘇東坡)는 이른바 '흉중성죽(胸中成竹)', 즉 '가슴속에 대나무를 이룬다'고 하여 대나무가 그인지 그가 대나무인지 구별하기 어려울 정도가 되어야 대나무의 참모습을 볼 수 있다고 하였습니다. 가슴속에 맺힌 대나무를 풀어 놓으면 대나무가 살아 움직인다고 한 것입니다.

생명의 미학은 우리 조상들이 미술을 보아 왔던 기준이었고, 앞으로 우리들이 미술을 보아야 할 표준입니다. 작가가 대상의 생명력을 작품 속에 그리듯이 독자도 작품을 통해 그것을 발견할 수 있는 안목을 배양해야만 합니다. 미술을 생명체로 인식하고 바라보고자 하는 '생명의 미학'이야말로 진정으로 미술을 사랑하고 이해하는 자세인 것입니다.

선지의 내용 중 일부는 지문의 내용과 일치하는 것들이 있으나, '주제'를 택하는 것이므로 미술을 통해 생명의 아름다움을 느끼는 ④가 가장 적절하다.

11 다음은 강연의 일부입니다. 잘 듣고 물음에 답하세요.

오늘은 100세 시대에 맞춰 장수하기 위한 건강한 식단의 사례를 알려 드리려고 합니다. 오키나와 사람들은 돼지고기를 좋아합니다. 그러나 이들은 고기를 아와모리라는 오키나와 전통 술에 삶아 기름이 완전히 빠진 '단백질' 덩어리인 돼지고기만 먹습니다. 이들은 또 두부 등 콩을 원료로 한 음식을 즐겨 먹습니다. 양배추와 당근 등 야채와 해산물도 많이 섭취하는데 이 식품들은 노화를 늦추고 암을 예방하는 항산화 물질이거나 심장병 예방에 효과적인 불포화 지방이 풍부한 것들입니다. 또한 오키나와 장수인들은 소식주의자들입니다. 소식은 지금까지 노화를 연구하는 학자들이 증명해 낸 장수 비결 가운데 가장 신뢰할 만한 것으로 꼽히는 방법입니다.

이번에는 지중해식 식사에 대해 소개를 하도록 하겠습니다. 이 식단의 키워드는 올리브유와 토마토, 적포도주입니다. 지방의 섭취량만 놓고 본다면 지중해식 식사는 고지방식에 속합니다. 그러나 이 지방을 불포화지방에서 얻게 되면 혈관의 건강에 이로운 콜레스테롤인 고밀도 지단백의 혈중 농도가 올라가게 됩니다. 전통적인 지중해식 식사는 올리브유를 듬뿍 뿌린 샐러드와 파스타를 먹고 항상 과일로 식사를 끝내며 포도주로 자주 목을 축이는 것입니다.

생각보다 아주 특별하고 훌륭한 재료만 사용해야 하는 것이 아니므로 여러분도 이제부터 장수식단으로 건강을 지켜 보시기 바랍니다.

양배추와 당근 등의 음식은 노화를 늦추는 것이지 멈추는 것이 아니며, 암 역시 예방의 정도이며 치료의 기능까지 하는 것은 아니다.

장차 국내적으로나 국제적으로 경쟁력을 확보할 수 있는 바탕이 마련되었으니까요.

사회자(여): 네, 그렇겠군요. 그런데 일부 국가에서는 이 협약에 대해 강하게 반발하고 있는 것으로 알고 있습니다. 과연 이 협약이 실제적인 효력을 발휘할 수 있을지 궁금하네요.

오 교수(남): 중요한 것은 우리와 입장이 같은 나라들과의 연대라고 생각합니다. 일부 국가가 이 협약을 비준하지 않더라도 우리를 비롯한 여러 나라가 이 협약을 비준한다면, 국제법으로 충분히 효력이 있지 않을까요. 앞으로는 문화와 관련한 통상 분쟁이 발생했을 때, 이 협약이 우선적으로 적용되어야 할 것입니다.

본문 149~151쪽

02 사실적 이해/추론/비판 [통합 문제]

01	②	02	④	03	⑤	04	⑤	05	①
06	②	07	②	08	②	09	④	10	④

01 이 인터뷰에서는 문화 다양성 협약을 통해 우리 문화 산업이 장차 국내적으로나 국제적으로 경쟁력을 확보할 수 있는 바탕이 된다고 하였을 뿐, 문화 산업 활성화가 우리나라의 경쟁력을 확보한다는 내용을 전달하고 있지 않다.

02 여자는 사회자의 입장에서 남자에게 문화 다양성 협약의 의의, 채택 배경, 문화 산업에 미치는 영향, 효력 등에 대해 질문하고 있다. 문화 다양성 협약에 대해서 긍정적, 혹은 부정적인 하나의 입장을 드러내지 않았다.

[01~02] 다음은 인터뷰의 일부입니다. 잘 듣고 물음에 답하세요.

사회자(여): 안녕하십니까? 최근 유네스코 총회에서 회원국들의 압도적인 지지로 문화 다양성 협약이 채택되었습니다. 오늘은 오 교수님을 모시고 이에 대한 이야기를 나누어 보겠습니다. 먼저 오 교수님, 이 협약의 의의는 무엇이라고 할 수 있을까요?

오 교수(남): 문화 다양성 협약이란 세계 각국의 문화적 다양성을 인정하는 국제 협약입니다. 각 나라가 자국의 다양한 문화 지원 정책이나 재정 지원 정책을 자율적으로 세울 수 있는 국제법적 근거가 마련되었다는 점에서 큰 의의가 있습니다.

사회자(여): 네, 그러면 이 협약이 채택된 배경에는 어떠한 것들이 있을까요?

오 교수(남): 그동안 세계는 세계무역기구 체제 아래, 모든 영역에서 자유시장화를 추구하게 되면서 소비적인 대중문화가 전 세계의 문화를 지배하여 각국이 지닌 고유한 문화적 정체성이 파괴될 위기에 직면하게 되었습니다. 이 협약은 이러한 점을 문제점으로 인식하여 채택된 것입니다.

사회자(여): 이 협약이 우리 문화 산업에 미치는 영향이 많이 있을 거라고 예상하시나요?

오 교수(남): 네, 물론입니다. 문화 산업 육성과 관련한 각종 제도적 장치를 도입함으로써 우리 문화 산업이

[03~04] 다음은 토론의 일부입니다. 잘 듣고 물음에 답하세요.

남: 요즘 취업 스펙을 쌓기 위해 반강제적으로 봉사 활동을 하는 취업 준비생들이 많다고 합니다. 이는 봉사 활동이 1996년부터 고등학교 입시에 반영되면서 시작된 봉사 활동 의무제의 연장이라 볼 수 있는데요. 봉사 활동을 자발적으로 하지 않는다면 그 의미가 무색하지 않나 싶습니다.

여: 모두가 봉사 활동을 자발적으로 한다면 더할 나위 없이 좋은 일이겠지요. 그러나 대부분의 학생들이 자발적으로 봉사 활동을 하지 않는 것이 안타까운 현실입니다. 그렇지만, 타의적인 이유이기는 합니다만 봉사 활동을 의무적으로 한다면 사회에 도움이 필요한 사람들이 많다는 현실을 깨닫게 될 수 있고, 이 경험들이 자발적으로 봉사 활동을 하게 될 계기를 만들어 줄 수 있지 않을까요?

남: 봉사의 기본적인 특성에는 이타성과 자발성, 무대가성과 지속성이 있습니다. 말씀하신 것과 같이 봉사 활동에 대한 의무감으로 봉사 시간을 채우는 활동을 하게 된다면 이것은 점수를 받기 위한 것이므로 무대가성에 어긋나는 일이 됩니다. 게다가 대부분의 학생들

은 점수를 받으면 그 이후에 지속적으로 봉사 활동을 하지 않으므로 지속성에도 위배가 되는 것이지요.
여: 그러나 의무적으로 하는 봉사 활동은 교육적인 의미가 충분히 포함되어 있습니다. 봉사 활동을 하면서 학교에서는 학습하기 어려운 것들을 배울 수 있기 때문입니다. 예를 들어 무료 급식소에서 배식을 하는 등의 봉사 활동을 하게 된다면 독거노인, 장애인 같은 사회적 약자들의 어려움을 알게 되고 사회의 문제를 체감할 수 있게 됩니다.
남: 그러나 이와 반대로 이것이 진정한 봉사인가 고민해 보아야 하는 봉사 활동들도 생겨나고 있습니다. 한 예로 착한 댓글을 뜻하는 선플 20개를 달고 등록하면 1시간의 봉사 활동을 인정받을 수 있다고 합니다. 또한 한 학생은 헌혈 한 번에 주는 4시간의 봉사 활동 시간이 필요해 헌혈을 하는 사례도 있습니다.
여: 그만큼 학생들에게 봉사 활동에 대한 개념과 봉사 활동의 필요성에 대한 의식이 부족하다는 의미겠지요. 이를 해결하기 위해 학교에서 봉사 활동이 어떠한 의미가 있는 활동인가를 생각하고 실천할 수 있도록 지도하는 과정이 필요할 것이라고 생각합니다.

03 여자가 봉사 활동 의무제가 자발적으로 봉사 활동을 하는 계기가 될 수 있다고 주장하였으나, 봉사 활동 의무제의 목적 자체가 자발적인 봉사 활동을 유도하는 것이라고는 말하지 않았다. 따라서 ⑤의 내용은 토론의 내용과 일치하지 않는다.

04 남자는 봉사 활동의 기본적인 특성으로 이타성과 자발성, 무대가성과 지속성이 있다고 하였으며, 봉사 활동 의무제는 이 모든 기본 특성을 무시하는 것으로 판단하고 있다. 따라서 ⑤의 내용은 남자의 입장에서는 모순에 가까운 내용으로 토론의 내용과 상이한 입장을 취하고 있어 적절하지 않은 내용이 된다.

[05~06] 다음은 강연의 일부입니다. 잘 듣고 물음에 답하세요.

최근 일본의 한 연구소에서 날씨가 따뜻해질수록 남자아이보다 여자아이가 태어날 확률이 높아진다는 연구 결과를 발표하였습니다. 이 연구소에서는 1970년부터 2013년 사이의 기상 정보를 수집하여 한 달 주기로 기온의 변화를 분석하고, 온도가 달라진 시기에 태어난 아기의 성별이 어떠한지를 확인하였습니다. 그 결과, 비교적 날씨가 따뜻한 여름부터 가을 사이에 여자아이의 출생 비율이 다른 때보다 높은 것으로 조사가 되었습니다. 특히 날씨가 일 년 내내 무더운 열대우림 지역에서는 여자가 더 많은 인구 구성비를 구성하고 있다는 통계조사 결과도 이미 나온 바가 있습니다. 즉, 남자 태아일수록 여자 태아보다 뜨거운 열기에 대해 민감한 스트레스를 보이며 그 사망률도 높다는 것입니다. 한편 동물 생태계에서도 이와 비슷한 현상을 확인할 수 있는데, 파충류나 침팬지의 경우 기온이 따뜻할수록 암컷을 많이 낳습니다. 하지만 정말 기온의 변화가 태아의 성별을 결정하는 주요한 요인인지에 대해서는 회의적으로 바라보는 시선들이 많이 있습니다. 유럽의 핀란드 북부는 온난한 기후일 때 남자아이가 여자아이보다 더 많이 태어나는 경우도 있기 때문입니다. 기온이 남녀 성비를 결정한다는 이론은 매우 신선하며 주목할 만한 것이지만, (   )

05 남자가 열기에 민감한 스트레스를 보인다고 설명하고 있다.

06 강연에서 기온이 따뜻하면 남자아이보다 여자아이가 많이 태어난다는 가설에 대한 연구 결과를 제시하고 있는데, 지역에 따라 상이한 결과를 보이는 경우도 있음을 제시하였다. 따라서 새로운 이론이 일부 조사 결과의 근거만으로는 부족하며 추가 연구가 필요하다는 것으로 강연을 마무리하는 것이 적절할 것이다.

오답률 줄이는 | 오답풀이 |
① 설득력 있는 가설을 뒷받침하는 것이 아니라, '설득력이 있는 가설이 되기 위해 연구가 더 필요하다.' 정도로 수정해야 한다.
③ 실험 조사는 일부 존재하므로 정답이 될 수 없다.
④ 기온이 성비를 결정한다는 이론이 맞다는 전제하에 나올 수 있는 말이므로, 회의적인 시선이 있다는 강연의 내용을 아우르기에는 적절하지 않다.
⑤ 신뢰하기 어려운 일부 예외적인 상황(유럽의 핀란드 북부)이 있으므로 정답으로 볼 수 없다.

[07~08] 다음은 대화의 일부입니다. 잘 듣고 물음에 답하세요.

남: 요즘 불면증이 심한데 병원에도 가지 못하고 있어.
여: 왜? 취업 준비하느라고 너무 바빠서 병원에 갈 시간이 없는 거야? 그래도 병원에는 가 봐야지.
남: 그게 아니라, 요즘 취업할 때 병원에서 불면증으로 치료를 받거나, 우울증 치료를 받는 경우에 불이익을 받는 일이 있다고 하더라고. 그래서 병원에 갈 수가 없었어.

여: 내 친구 중에 한 명도 너랑 비슷한 수면 장애가 있었는데, 병원 기록이 남는 게 취업 때 문제가 되지는 않을까 걱정된다고 하던데. 그런 일이 진짜 있기는 한가 봐.
남: 워낙 취업이 어려우니까 작은 부분이라도 조심하려고 하는 거지. 대학에 다닐 때는 대학교 안에 있는 상담 센터에서 상담이라도 받을 수 있었는데, 지금은 그럴 기회도 없으니까 답답할 때 해결할 방법이 잘 떠오르질 않아.
여: 병원 기록이 취업 때 불이익을 당하는 일이 없어야 할 텐데. 대학들도 취업난으로 스트레스를 받는 학생들 상담을 더 잘해 주는 제도가 필요하겠다. 우리 같은 구직자들이 상담을 받을 수 있는 곳도 있으면 좋겠고.
남: 그런 곳이 있다면 지금 당장이라도 상담을 받고 내가 심각한 증세인 건 아닌지 확인도 해 보고 싶어.
여: 지자체나 정부 차원에서 지원하는 방안을 빨리 마련할 수 있게 건의라도 해 봐야겠다. 너도 기운 내.

07 ②의 내용은 대화에서 언급되지 않았다.

08 수면 장애가 있는 것은 여자의 친구이지, 대화의 참여자인 여자가 아니다.

[09~10] 다음은 뉴스의 일부입니다. 잘 듣고 물음에 답하세요. / SBS, 〈연금 갖고 노후 안 돼…창업에 내몰리는 60대〉, 2015. 09. 30.

일자리 구하기가 어려워지자 창업에 내몰리는 60대가 늘고 있습니다. 노후 준비가 부족하다 보니 생계 수단으로 창업을 하는 것입니다. 지난해 말 기준으로 60대 이상이 대표인 사업체는 모두 70만 천여 곳으로 1년 전보다 7만 곳 넘게 증가했습니다. 지난해 늘어난 사업체가 14만 개니까 절반 정도를 60대 이상이 세운 셈입니다. 20대와 30대 창업도 전년 대비 증가 폭이 컸지만 업체 수로 따지면 60대 이상에 크게 못 미쳤습니다. 60대 이상 창업의 급증세는 노후 준비가 부족한 베이비붐 세대의 은퇴와 맞물려 있습니다. 일자리 구하기는 힘들고 노후 준비는 부족하다 보니 생계를 위해 떠밀리듯 창업 전선에 나서는 겁니다. 재취업이라든지 이런 기회가 충분치 않은 상황이 반영되다 보면 결국은 창업이라든가 이런 쪽에 내몰린다고 봐야 합니다. 하지만 60대 이상의 창업 대부분은 이미 포화 상태라는 분석이 나오는 음식점업과 숙박업 도·소매업에 몰려 있습니다.

09 60대의 창업과 20대, 30대의 창업이 인과 관계로 연결되어 있는 것은 아니다. 20대와 30대, 60대가 모두 일자리를 구하기 어렵고, 더군다나 60대는 재취업이 어려우므로 어쩔 수 없이 창업을 통해 경제적인 생산 활동을 하고 있다는 내용을 제시하고 있다.

10 60대 이상의 창업이 특정 분야에 몰려 있으므로, 해당 분야의 경기가 침체되면 60대 창업주들의 노후 생활에 타격이 클 것이라는 내용이 이어지는 것이 적절하다.

오답률 줄이는 | **오답풀이** |
① 맞는 내용일 수 있으나, 듣기 내용의 마지막에 이어지기에는 연관성이 부족하다.
② 20대, 30대를 위한 정부의 일자리 마련 정책에 대해 언급된 내용은 없다.
③ 창업 비중의 차이에 대해 언급하였으나, 그것에 문제가 있다고 보지 않았다.
⑤ 뉴스의 마지막 부분에 등장하는 내용과 연결되지 않는 내용이다.

PART 05 어법

본문 154~159쪽

01 문장 표현

01	02	03	04	05
①	④	⑤	③	②
06	07	08	09	10
③	⑤	⑤	④	④
11	12	13	14	15
④	①	①	③	④
16	17	18	19	20
⑤	①	③	④	⑤

01 '같은 사건을 방송사마다 다르게 제보한다.'로 수정해야 한다.

02 '사람 명사+로써'에서 '로써'는 도구격 조사이다. '자격'을 나타낼 때에는 자격격 조사 '로서'를 사용해야 한다.
예 다정한 선생님으로써 (X) → 다정한 선생님으로서 (O)

03 오답률 줄이는 | **오답풀이** |
① '열리다'가 피동사이므로 굳이 '열려지다'로 쓸 이유가 없다.
② 최근에 행위자 자신이 하는 행동을 '한다'고 하지 않고 '시킨다'고 하는 예가 많으나 이런 표현은 바르지 않다. '시

키다' 대신 '하다'를 써야 한다.
③ '끼다'와 '들다'가 결합하면 연결 어미 '-어'가 붙어 '끼어들다'가 된다. 이런 예로 '죄어들다', '접어들다', '젖어들다', '줄어들다', '뛰어들다', '숨어들다', '배어들다' 등이 있다. 이때 주의할 것은 '끼다'와 '안다'가 결합한 동사는 연결 어미 '-어'가 붙어서 '끼어안다'가 되고, 다시 '끼어'가 '껴'로 줄어 '껴안다'가 되는데 줄어든 표현을 인정하기 때문에 '끼어안다'로 표기하지 않도록 해야 하는 것이다. '껴입다'도 '껴안다'와 같은 예이다.
④ 보조 용언을 이중으로 남발한 오류이다. '-지다'는 영어의 번역체에서 잘못 영향을 받아서 우리말에 들어온 표현이다.

04 '마구 뒤섞여 있어 갈피를 잡을 수 없음'을 '혼돈'이라고 한다. 그리고 '구별하지 못하고 뒤섞어서 생각함'을 '혼동'이라고 한다.

05 오답률 줄이는 | 오답풀이 |
① 물건을 옮길 때 쓰는 동사인 '나르다'를 활용하면 '날라'가 되고, 공중을 떠갈 때 쓰는 동사인 '날다'를 활용하면 '날아'가 된다. 뒤에 오는 보조 용언 '가다'는 본용언과 붙여 쓴다.
③ '아무리 ~지 않으면 ~하다.'의 호응이 완성되어야 한다. 따라서 '아무리 성공하고 싶다고 해도 노력하지 않으면 불가능하다.'의 표현의 적절하다.
④ 의존 명사의 호응이 적절하지 않으므로 문장을 수정해야 한다. 따라서 '성한이는 자라서 자신이 바라던 대로 교사가 되었다.'로 바꾸는 것이 적절하다.
⑤ 한 단어 안에서 같은 음절이나 비슷한 음절이 겹쳐 나는 부분은 같은 글자로 적는다. '씁슬한'이 아니라 '씁쓸한'이 적절하다.

06 주어와 서술어의 호응이 맞지 않으므로, '내가 말하고자 하는 것은 인격을 갖추는 것이 가장 중요하다는 사실이다.'로 수정하는 것이 적절하다.

07 '정당화' 대신 '일반적으로 금지되어 있는 행위를 적법하게 행할 수 있게 함'을 뜻하는 '허가'라는 어휘를 사용하여야 한다.

08 오답률 줄이는 | 오답풀이 |
① 출구는 저쪽에 있다. / 밖으로 나가는 곳은 저쪽에 있다.: 의미의 중복이 없도록 고쳐야 한다.
② 그는 결국 법을 어겼다. / 그는 결국 범행을 저질렀다.: 의미의 중복이 없도록 고쳐야 한다.
③ 작업복은 튼튼하고 비싸지 않아야 한다.: 주술 호응이 잘못된 것을 수정해야 한다.
④ 지하실은 습기가 많아 곰팡이가 살기에 알맞은 곳이다.: 용언의 활용이 적절하도록 해야 한다.

09 '~언어를 사용한다는 것이다.'로 수정해야 주어와 서술어의 호응이 적절하다.

10 '이 지역에 무단으로 입산하는 자는 자연 공원법에 따라 처벌을 받습니다.'와 같이 고쳐야 한다.

11 '기회가 되다'의 주어가 없어 문장의 호응이 어색하다.

12 피동 표현의 남용이 없도록 '붙어 있다.'와 같이 고쳐야 한다.

13 '예측', '기대', '예상'과 '바라다'는 그 자체가 추측의 의미를 가졌으므로 추측의 의미를 가진 선어말 어미 '-겠-'을 쓸 필요가 없다. 따라서 '많은 시청 바랍니다.'가 옳은 표현이다.

14 오답률 줄이는 | 오답풀이 |
① '여간'은 부정어와 호응한다. 따라서 '나는 지금 여간 반갑지 않다.'가 적절한 표현이다.
② 이질적인 것을 나열할 수 없다. 따라서 '남편은 키가 크고, 아내는 키가 작다.'가 올바른 표현이다.
④ '노래와 춤'은 모두 '추었다'라는 서술어와 호응하지 않는다. 따라서 '등산객들이 버스 안에서 노래를 부르고, 춤을 추었다.'로 고쳐야 한다.
⑤ '우리 자신이 국산 영화에 대해서 가지고 있는 선입관을 버려야 한다.'로 고치는 것이 적절하다.

15 '박 선생님'이 '좋아할 수 있는'의 주어의 의미로 해석될 수 있고, 목적어의 의미로도 해석될 수 있는 구조적 중의성을 해소해야 한다.

16 과거 시제 '-었-'이 남용된 표현이다. '제가 봤을 때, 그 탱고 쇼는 남미에서 최고인 것 같아요.'로 고치는 것이 적절하다.

17 자녀를 인격체로 대하며, 사물처럼 다루지 않으므로 'have'의 직역체 어투를 피해야 한다. '나에게는 아이가 넷이 있다.' 또는 '우리 집은 아이가 넷이다.'의 표현의 적절하다.

18 '그다지'는 부정어와 호응한다. 따라서 '네 얼굴은 전에 비해 그다지 좋아 보이지 않는구나.'로 고치는 것이 적절하다.

19 오답률 줄이는 | 오답풀이 |
① '상의하다'는 '어떤 일을 서로 의논하다.'라는 의미가 있어, '에게'가 붙은 성분을 취할 수 없다. 따라서 '약은 약사에게 문의하십시오.'의 표현이 적절하다.
② 간접높임인 '있으시다'를 사용하는 것이 적절하다.
③ '너머'를 '높은 데를 지나가다.'라는 의미가 있는 '넘어'로 바꿔 써야 한다.
⑤ 한글은 문자이지 언어가 아니므로, 어휘를 바꿔야 한다. '한국어를 국제적인 언어로 발전시키자.'로 바꾸는 것이 적절하다.

20 '유족에게서'로 바꿔야 문장의 호응이 적절해진다.

본문 160~163쪽

02 문법 요소

01	⑤	02	②	03	③	04	②	05	⑤
06	③	07	④	08	①	09	②	10	①

01 오답률 줄이는 | 오답풀이 |
① (아내가 남편에게) 오빠, 이제 가요. → 여보, 이제 가요.
② (점원이 손님에게) 손님, 커피 나오셨습니다. → 손님, 커피 나왔습니다.
③ (면접을 마친 후 면접관에게) 수고하셨습니다. → 감사합니다.
④ (선생님과의 대화에서) 저는 경주 김씨입니다. → 저는 경주 김가입니다.

02 오답률 줄이는 | 오답풀이 |
① 이건 우리 선생님이 준 거야. → 이건 우리 선생님께서 주신 거야.
③ 사장님은 한 살 된 따님이 계신다. → 사장님은 한 살 된 따님이 있으시다(간접높임의 문장에서는 '계시다'를 사용하지 않고, '있으시다'를 사용한다.).

④ 주례 선생님의 말씀이 계시겠습니다. → 주례 선생님의 말씀이 있으시겠습니다.
⑤ 도희야, 할머니께서 주는 걸 받아 오렴. → 도희야, 할머니께서 주시는 걸 받아 오렴.

03 객체인 손님을 높여 발화한 적절한 문장이다.
오답률 줄이는 | 오답풀이 |
① (편의점에서) 전부 5만 3천 원이십니다. → 전부 5만 3천 원입니다.
② (병원에서) 주사 맞게 여기 누우실게요. → 주사 맞게 여기 누우세요.
④ (직장에서) 김 씨, 보고서를 제출하세요. → 김○○ 씨, 보고서를 제출하세요.
⑤ (방송에서) 영화의 주인공을 모시겠습니다. → 영화의 주인공을 소개하겠습니다.

04 '할아버지께서는 치아가 튼튼하시다.'로 고쳐야 한다.

05 공식적인 자리에서 자신을 소개할 때에는 소속과 직함을 말하고 이름을 말하는 것이 적절하므로, '영업부 과장 임성빈입니다.'라고 해야 한다.

06 '올케'는 오빠의 아내를 가리키는 지칭어이나, 오빠의 아내를 부르는 호칭어는 '언니, 새언니'이다.

07 아내의 여동생의 남편에게는 '동서, ○ 서방'이라고 해야 한다.

08 '고모'는 '아버지의 누이'를 이르는 호칭이므로 '형님'으로 고치거나, '○○[자녀의 이름] 고모'로 고쳐야 한다.

09 '백부'가 옳은 표현이며, '숙부'는 아버지의 남동생을 지칭하는 표현이다.

10 '손님, 밀크티 나왔습니다.'로 고쳐야 한다.

PART 06 쓰기

본문 166~170쪽

01 주제 설정

| 01 | ③ | 02 | ④ | 03 | ④ | 04 | ⑤ | 05 | ③ |

01 〈보기 1〉에서는 파괴된 한국어와 이모티콘의 남용 등을 꼬집는 이미지가 제시되었고, 〈보기 2〉에서도 이 점에 대해 논하고 있으므로 '우리말을 제대로 지켜 사용해야 한다.'라는 주제가 적절하다.

02 〈보기 1〉은 아빠가 운전을 과격하게 하기 때문에 늘 힘든 아이의 모습을 조금은 우스꽝스럽지만 과감하게 강조한 공익광고로, 그 제목으로는 ④가 가장 적절하다.

03 〈보기 1〉의 내용만 본다면 ①, ④, ⑤ 세 가지 모두가 적절할 수 있으나, 〈보기 2〉의 조건까지 모두 충족하는 선지는 ④뿐이다. 비슷한 구조가 반복되는 대구법을 활용하였기 때문이다.

04 이지원, 〈미래권력 Z세대 "앞머리에 헤어롤이요? 개취죠!"〉, 더스쿠프, 2018. 09. 21.
조건에 부합하며, Z세대의 특성을 부각한 표제로 가장 적합한 것은 ⑤이다.

05 김은영, 〈클럽에서 밤새 즐기는 '과학'〉, The Science Times, 2018. 09. 12.
조건에 부합하며, 과학자들이 기존의 진지함을 내려놓고 새롭게 과학에 대한 흥미, 호기심을 유발하는 방법을 선택하고 있음을 표현하는 표제로 가장 적절한 것은 ③이다.

본문 171~175쪽

02 자료의 수집과 정리

| 01 | ③ | 02 | ⑤ | 03 | ③ |

01 한국형사정책연구원, 「국민생활안전실태조사」, 2017.
여성이 남성보다 범죄의 두려움을 많이 느끼는 것은 맞지만, 여성 차별 감소와 사회 진출 증대를 논할 근거는 제시되지 않았다.

02 (가) 보건복지부, 〈국민건강영양조사〉, 2017.
그래프의 내용을 살펴보면 30대 남자보다 20대 여자의 에너지/지방 과잉 비중이 낮으며 영양 부족이 심한 것으로 나타나고 있으므로, 음식 섭취를 줄여야 한다는 ⑤의 내용은 적절하지 않다. 또한 건강생활 실천율이 낮은 이유에 대해서도 그래프의 내용만으로는 추측하기 어렵다.

03 Transparency International, 〈Corruption Perceptions Index〉, 2018. 02.
부패인식지수가 일시적으로 소폭 상승하였으나 지수가 하락한 상태를 유지하고 있으므로, 부패인식지수가 향상되는 방향을 지향해야 함을 논지로 제시할 수 있을 것이다.

오답률 줄이는 | 오답풀이 |
① 계속하여 증가하는 추세를 보이지 않고, 소폭 하락과 상승이 혼합된 양상을 보이고 있다.
② 현재 제시된 자료 안에서 해석한 내용을 가지고 끌어낼 수 있는 논지를 찾는 것이 적절하나, 전 세계 국가로 확대하여 조사하는 것은 불필요하다. 또한 '단순히 세계 순위를 살피는 것보다는'이라고 (다)의 신문 보도에서도 서술하고 있으므로 세계 순위를 매기는 것을 목적으로 둘 필요는 없다.
④ 해당 자료를 활용하여 이끌어낼 수 있는 논지를 요구하고 있는데, 아예 자료를 활용할 이유가 없다는 주장을 할 경우 글쓰기의 목적이 사라지게 된다.
⑤ 2010년에 비해 부패인식지수가 감소하지 않았고, 그 수준을 유지하고 있음을 확인할 수 있다.

본문 176~183쪽

03 구성-개요

| 01 | ⑤ | 02 | ③ | 03 | ③ | 04 | ③ | 05 | ① |
| 06 | ③ | 07 | ⑤ | 08 | ① | | | | |

01 본론 1, 2에서 댐 건설에 대한 찬성론과 반대론을 모두 이야기하고 있기 때문에, ㉠에는 댐 건설에 대한 찬반론이 일고 있음을 제시하고 본론으로 연결되는 것이 자연스럽다. 또한 본론 3에서 제시하는 두 개의 하위 항목들은 '물 부족 해결책'에 포함되는 것이 적절하다.

02 서론과 본론에서 우리나라의 교통 여건과 교통안전 시설 및 사고에 대해 논하고 있으므로, 결론에서는 이러한 조사 내용을 바탕으로 '교통안전 대책 촉구'를 하는 것이 바

람직할 것이다.

오답률 줄이는 | 오답풀이 |
①, ④, ⑤는 서론에, ②는 서론이나 본론의 초입에 적합한 항목들이다.

03 '휘발성 유기화합물 배출 저감 관리'는 '본론 2- 대기 오염 방지 대책'의 하위 항목으로 이동하는 것이 적절하다.

04 ㉠에 어울리는 내용으로는 모방과 관련된 여러 사건과 모방의 위대함에 대한 내용이 적절하다. 따라서 '모방에서 시작되는 창조'가 적절하다. 이것은 본론 1, 2의 흐름과 함께 유추한다면 더 명확해진다. 또한 본론 1의 하위 항목에서는 모방과 베끼기의 차이에 대해 이야기하고 좋은 모방에 대해 언급하고 있으므로, 그동안 '모방'에 대한 잘못된 인식이 만연했음을 알 수 있다. 이에 따라 ㉡에는 '모방에 대한 잘못된 인식 바꾸기'가 들어가는 적이 적절하다.

05 본론 2에서는 '수질오염의 해결 방법'으로 우리 사회가 노력해야 하는 방안에 대해 제시를 하는 것이 바람직하다. 그러나 ①의 경우에는 자연적인 현상에 기대는 것이므로 우리가 할 수 있는 해결 방안의 하나가 될 수 없다. '하천의 자정 작용 높이기' 등으로 자정 작용을 활성화할 수 있는 방안이 상위 항목으로 덧붙여진다면 개요 안에 포함될 수 있다.

06 ㉢에는 '작은 습관으로 삶의 한계 넘기'의 하위 항목이 들어가야 하는데, 현재의 문장은 서론이나 본론 1의 내용과 어울린다. ㉢의 자리에는 '거부감 없이 작은 습관에 익숙해지기', '작은 습관으로 넓히는 삶의 영역' 등의 내용이 오는 것이 적절하다.

07 일반적으로 서론과 본론은 밀접하게 관련되어 있다. 서론에서 '인문학에 빠진 사회'라고 서술하였고, 본론 1의 하위 항목에서 인문학의 역할과 기능에 대해 서술하고 있으므로, 빈칸에는 '인문학에 주목하는 이유'가 오는 것이 적절하다.

08 서론에는 '한국 장애인 복지 정책의 실제'에 대해 알 수 있는 내용이 오는 것이 적절하다. 예를 들면 '한국 장애인 복지 정책의 기초적 논의' 등이 와야 하는 것이다. 현재 ㉠에 제시된 '장애인 인권 실현을 위한 실천 모형'은 결론의 하위 항목에 포함될 수 있다.

본문 184~187쪽

04 전개

| 01 | ⑤ | 02 | ④ | 03 | ⑤ | 04 | ⑤ |

01 올바른 자세를 유지하는 것이 바람직하다는 내용이 〈보기〉에 제시되어 있다. 〈보기〉의 앞에 나와야 할 내용으로는 건강을 유지하기 위해 노력해야 하는 이유나 원인에 대해 언급하는 것이 적절하다.

오답률 줄이는 | 오답풀이 |
① 선지의 내용이 스마트폰을 사용해서 생기는 증상인지 확실히 알 수 없으므로 〈보기〉와 내용적 긴밀성이 떨어진다.
③ 〈보기〉와 내용의 동일성이 나타나지 않는다.
④ 몸에 하중이 더 가해져서 발생할 수 있는 증세를 예방하기 위한 방법에 대해 설명하고 있으므로, 〈보기〉의 뒷부분에 넣는 것이 적합하다.

02 먼저 제시된 글에서 '퍼플잡'의 기본 개념에 대해 이야기하고 있으므로, ④에서 그 구체적인 사례를 들어 설명을 하는 것이 적절하다.

오답률 줄이는 | 오답풀이 |
①, ② 어원에 대한 설명으로 제시된 글과 상관 없는 내용이다.
③ '퍼플잡' 제도의 효용성에 대한 언급을 하고 있을 뿐, 구체적인 사례를 들어 설명을 하고 있는 것은 아니다.
⑤ '퍼플잡'에 대한 개념 설명으로, 제시된 글과 동일한 내용을 제시하고 있으므로 뒤에 이어질 내용으로 적합하지 않다.

03 오래된 정자를 망부석에 비유하였고, 마지막 문장을 통해 방문을 직접적으로 권유하였다. 따라서 두 가지 조건을 적절하게 충족하고 있다.

오답률 줄이는 | 오답풀이 |
① 비유적 표현이 없고 방문을 권유하는 표현도 없다.
②, ③, ⑤ 비유적인 표현이 포함되어 있지 않아 조건을 지키지 못했다.

04 '~해야 할 것이다.'라는 표현을 통해 필자의 입장을 드러내며 글을 완결하고 있으며, 속담의 본래 의미도 충실히 담겨 있는 문장이다.

오답률 줄이는 | 오답풀이 |
①, ③ 글의 서론 부분에 적절하다.
② 서론의 후반이나 본론에 사용하기에 적절하다.
④ 속담으로 시작하지 않았으므로 조건에 어긋난다.

05 고쳐쓰기

본문 188~191쪽

| 01 | ③ | 02 | ② | 03 | ④ | 04 | ⑤ | 05 | ① |
| 06 | ④ | 07 | ④ | 08 | ③ | | | | |

01 ⓒ의 바로 앞에서는 상품미의 개념에 대해 설명하고 있다. 그런데 그다음에 오는 '모든 것을~기 때문이다.'라는 문장은 앞 문장의 원인이 되어야 하는 문장 형식을 취하고 있다. 따라서 문장 간의 연결이 부자연스럽다.

02 ㉠에서는 '맥박 단련기'라는 기기를 소개하고 있는데, ㉡에서는 문장의 끝이 '기능을 가지고 있어서이다.'라고 기기가 인기가 있는 이유나 주목받는 이유를 설명하고 있다. 이보다는 '두 개의 ~기능을 가지고 있는 기기이다.'와 같이 소개와 설명으로 문장 간의 의미가 연결되는 것이 바람직하다. 혹은 ㉡이 삭제되고 ㉢으로 바로 연결되는 것이 적절하다.

03 단락의 맥락상 ㉣은 불필요하다. 전체적인 맥락에서 언어의 다양한 특성으로 인한 혼란을 줄이기 위해 형성된 공통의 기준인 표준어에 대해 서술하고 있으나, ㉣은 언어 기호의 자의성에 대해 설명하고 있기 때문이다.

04 글은 헤르만 헤세가 생각하는 독서의 방법에 초점을 두고 서술하고 있으나, ㉤은 독서의 효과와 기능에 대해 이야기하고 있으므로 의미가 서로 연결되지 않는다.

05 문단에서는 '분노의 원인과 처리 방법' 등에 대해 서술하고 있는데, ㉠이 이 단락의 첫머리에 위치하는 것은 맥락상 적절하지 않다.

06 앞뒤 문맥에서 지방간의 발병 원인과 예방 방안을 제시하고 있으므로, 그 사이에 삽입된 '지방간의 진단과 검사'와 관련된 ㉣은 불필요하다.

07 나머지 문장들은 오전에 햇볕에 노출되는 사람들이 그렇지 않은 사람들보다 상대적으로 몸무게가 감소한다는 연구 결과의 내용과 맥락을 같이 하고 있으나, ㉣은 시간대와 무관한 연구 결과에 대해 논하고 있다.

08 문단의 내용은 '손톱과 건강의 관계'에 대해 서술하고 있으므로, '손톱과 사람의 성격'에 대해 서술하고 있는 ㉢은 삭제하는 것이 바람직하다.

PART 07 주관식

본문 196~208쪽

01 주관식 1

주관식 1	예시 답안 참조	주관식 2	예시 답안 참조
주관식 3	예시 답안 참조	주관식 4	예시 답안 참조
주관식 5	예시 답안 참조	주관식 6	예시 답안 참조
주관식 7	예시 답안 참조	주관식 8	예시 답안 참조
주관식 9	예시 답안 참조	주관식 10	예시 답안 참조
주관식 11	예시 답안 참조	주관식 12	예시 답안 참조
주관식 13	예시 답안 참조	주관식 14	예시 답안 참조
주관식 15	예시 답안 참조	주관식 16	예시 답안 참조
주관식 17	예시 답안 참조	주관식 18	예시 답안 참조

01 다음은 토론의 일부입니다. 잘 듣고 물음에 답하세요.

> 남: 최근 의료 면허가 없는 일반인에게 문신을 허용하는 문신 시술사 합법화 문제로 타투업계와 의료계에서 여러 주장들이 제기되고 있습니다. 현재 우리나라의 문신 인구가 약 100만 명으로 추산되고 있고, 상당히 보편화되어 있기 때문에 의료인이 아닌 비의료인의 문신 시술을 합법화하는 방안이 빨리 통과되어야 한다고 생각합니다.
> 여: 대법원과 헌법 재판소 등 현재 사법부는 문신 행위가 침습을 동반하며 공중 보건상 위해가 발생할 가능성이 높아 명백한 의료 행위라고 판시하고 있습니다. 그런데 비의료인이 시술을 하는 것이 합법화된다면 그것은 현재의 의료법과 정면으로 충돌하는 주장이며 깊게 고려를 해 보아야만 하는 것이라고 생각합니다.
> 남: 의료계에서 우려하는 문신의 안전성에 대한 부분은 기우라고 할 수 있습니다. 업계에서 문신을 시술할 때 사용하는 바늘은 일회용이며, 전 세계적으로 통일된 규격으로 생산된 침을 쓰기 때문에 의료사고가 일어날 가능성이 굉장히 적습니다. 또한 현재 문신과 관련된 법은 없기 때문에 재판에서는 의료법을 관련 법안으로 사용하는 상황이며, 실제로는 무법이지만 의료법을 적용함으로써 일반인의 편견을 만들어 냈을 뿐입니다.
> 여: 문신은 피부에 상처를 내는 침습 행위로, 시술 후 피부에 염증과 질환, 이물질 합입, 육아종 등이 생길 위험이 있다는 연구 결과가 보고되고 있

습니다. 또한 피부에 주입되는 인공색소도 일반 화학약품이기 때문에 의약품처럼 철저한 관리가 어려운 문제가 있고, 문신 시술 시 사용하는 바늘이나 기타 도구가 심각한 위해를 가할 수 있기 때문에 안전성의 문제를 쉽게 보아서는 안 될 것입니다.

남: 앞에서도 말씀을 드린 바 있으나, 그러한 위험성은 극히 일부의 상황에 지나지 않습니다. 문신이 불법인 나라가 우리나라와 일본밖에는 없는 실정인데, 만약 이러한 위험이 크다면 다른 나라들에서도 합법화가 되지 않았을 것입니다. 문신 관련 종사자는 예술인이지 의료인이 아니라는 부분은 인정하고 법을 개선해 나가야 할 것입니다.

여: 문신 시술은 예술의 영역이라고 이야기하셨지만, 문신 중에는 제거가 불가능한 문신도 있습니다. 이는 사회적 활동에 제약을 초래하고 정신적인 문제를 낳을 수도 있습니다. 또한 문신의 합법화를 위해 국가 자격증을 부여하기라도 한다면, 돈벌이를 위한 학원과 광고가 난립할 것이 분명하기 때문에 정부는 신중히 고민해야 합니다.

| 예시 답안 |

① 문신 시술자는 예술인이지 의료인이 아니며, 문신의 위험성에 대한 염려는 기우에 불과하므로, 비의료인 문신 시술이 합법화되어 문신 시술이 자유롭게 시행되도록 해야 할 것이다.
② 현재 우리나라에서는 문신 시술이 의료법상으로 불법이라고 명시되어 있으나, 문신 시술에 사용하는 바늘은 의료사고가 날 가능성이 매우 적고 이미 여러 나라에서 합법화되어 있다. 따라서 우리나라도 비의료인의 문신 시술이 합법화되는 것에 찬성한다.

| 정답 기준 |

① '비의료인 문신 시술 합법화'에 대한 찬성의 내용을 담고 있는가?
② '비의료인 문신 시술 합법화'에 대한 찬성의 근거를 담고 있는가?
③ 글의 분량을 지켜 썼는가(2문장 이하).

A	①, ②, ③을 모두 만족시킨 경우
B	①과 ②를 모두 만족시켰으나, ③을 만족시키지 못한 경우
C	- ①과 ② 중 하나만을 만족시키며, 그 내용이 충실한 경우 - ①과 ②를 모두 제시하였으나, 일부 내용이 완전하지 못하거나 불분명한 경우
D	①과 ②를 제시하였으나, 내용이 불분명한 경우

02 다음은 연설의 일부입니다. 잘 듣고 물음에 답하세요.

여: 최근 보건복지부는 '생활 속 치매 대응 전략'을 발표하며 치매를 일으키는 주요 위험 요인인 음주와 관련하여, 관련 규제를 강화하겠다고 밝혔습니다. 이 개정안이 통과되면 공공장소에서 술을 판매하거나 마시다 적발이 될 경우 10만 원의 과태료가 부과됩니다. 음주에 상대적으로 관대한 한국 사회의 분위기로 인한 폐해는 크다고 볼 수 있으며, 음주로 인한 사회경제적 손실만 연간 약 24조 원에 이르고 있습니다. 게다가 폭력 사건의 원인 중 30~40%가 음주와 관련이 있다는 연구도 있어 음주 관련 규제 강화 방안은 사회에 긍정적인 영향을 끼칠 것으로 기대가 됩니다. 공공장소 음주 금지로 인해 음주로 인한 소란과 냄새, 쓰레기 방치, 무질서의 염려가 없는 쾌적한 생활 환경이 만들어지며 동시에 음주로 인한 예측불허의 사고가 방지될 수 있어 사회적 유익이 매우 클 것으로 예상되기 때문입니다. 길거리에서조차 술병이 보이면 바로 단속을 하는 나라들이 있고, 대형마트는 물론이고 편의점에서도 술을 팔지 않는 나라들을 생각할 때 우리의 음주행위 금지에 대한 논의가 오히려 한 발 늦었다는 생각이 들기도 합니다. 공공장소에서 무분별한 음주를 그대로 두는 것은 옳지 않습니다. 개인의 자유권이 타인의 행복추구권과 건강권을 넘어설 수 없으며, 이로 인한 각종 사회적 비용이 발생하는 것은 큰 문제입니다. 이번 개정이 사회 문제를 해결하지는 못하더라도, 그 문제를 해결하는 출발점이 될 수 있으므로 찬성하는 바입니다.

| 예시 답안 |

① 개인의 자유가 침해될 것이라는 주장
- 모든 사람이 술을 마시고 사고를 일으키는 것은 아니므로 개인의 선택인 음주를 국가가 규제하는 것은 도가 지나친 정책임
- 음주는 어디까지나 개인의 자유로운 선택의 영역으로 남겨 둬야지 국가나 지자체가 나서서 어디서는 마셔도 되고 어디서는 안 된다는 식의 규제를 하는 것은 곤란함
② 공공장소 음주 금지법은 극단적인 선택이며 사회 문제의 근본적인 해결책이 아니라는 주장
- 모든 공공장소에서 주류 판매를 금지한다면 기업 등의 경제적인 손실도 클 것으로 보임
- 판매 자체는 허용하되 공공장소에서 음주 관련 사고 시 가하는 법적인 제재를 강화한다거나 교육을 통해 시민의식을 배양하는 것이 더 바람직함
③ 바람직한 음주 문화 형성이 중요하다는 주장
- 음주로 인한 문제를 없애기 위해 음주 자체를 금지해야 할 것

이 아니라, 건전하게 즐길 수 있도록 바람직한 주도 교육과 음주 문화의 형성을 위해 노력해야 할 것임

| 정답 기준 |
① '연사의 주장'에 대한 반론이 제시되어 있는가.
- 본문과의 연관성 고려 필요
② 주장에 대한 근거가 제시되어 있는가.
③ 주장과 근거가 논리적이고 긴밀한가.
④ 어문 규정을 지켜 3문장 이하로 작성하였는가.

A	위 조건을 모두 만족시킨 경우
B	①과 ②를 모두 만족시켰으나, ③ 혹은 ④만 만족시키지 못한 경우
C	- 연사의 주장을 주제와 관련된 개념에만 초점을 맞춰 쓴 경우 - ①과 ②를 충분히 만족시키지 못한 경우
D	- 연사의 주장 중 부차적인 부분에 대한 비판에만 치중한 경우 - 비논리적인 내용으로 답안을 작성한 경우

03 다음은 토론의 일부입니다. 잘 듣고 물음에 답하세요.

> 남: 최근 각종 오디션 프로그램이 인기를 끌고 있는 가운데 녹음된 노래를 실제로 하듯이 입모양만 따라하는 립싱크를 하는 가수나 녹음된 연주를 실제 연주하듯이 보여 주는 핸드싱크를 하는 가수들이 부지기수입니다. 이러한 현상이 심해지는 것을 막으려면 립싱크 금지법 등이 마련되어야 할 것입니다.
> 여: 이제 가수를 평가하는 기준은 가창력만이라고 할 수 없습니다. 외모나 춤도 가수를 평가하는 기준이 되고 있는데 그만큼 가요나 가수들의 다양성을 인정해야 하는 부분이 아닐까 싶습니다. 노래를 잘하는 가수가 있다면, 춤을 잘 추고 외모로 승부하는 가수도 있을 수 있겠지요.
> 남: 최근 가요 프로그램에서는 댄스 그룹 중심의 아이돌 가수들밖에 볼 수가 없습니다. 현재의 가요계가 가창력보다는 비주얼과 퍼포먼스에만 신경을 쓰는 가수들을 양산하게 만든 것입니다. 과거 가요 프로그램에서는 발라드, 댄스, 트로트 등 다양한 장르의 가요를 들을 수 있었는데 이제 그런 모습을 볼 수 없다는 것은 문화의 다양성 측면에서 정말 안타까운 일입니다.
> 여: 요즘 댄스 가수들은 수년간의 혹독한 훈련과정과 치열한 경쟁을 통해 육성되는 경우가 많아 이들의 노래 실력이 결코 부족하지 않다고 생각합니다. 외국의 많은 젊은이들이 한국 아이돌 그룹에 열광하는 이유는 화려한 무대 퍼포먼스에 안정된 가창력까지 더해졌기 때문일 것입니다. 대외적으로 볼 때 한류 바람의 주역들은 바로 화려한 댄스와 외모, 그리고 노래를 겸비한 아이돌 그룹들이었습니다. 이들의 곡은 특성상 다소 격렬한 댄스가 필수이기에 경우에 따라 립싱크가 불가피한 경우가 많습니다. 립싱크를 금지하게 된다면 이 같은 규제가 아시아를 넘어 최근 유럽에까지 전 세계로 확산되고 있는 한류 바람에 찬물을 끼얹을 수도 있습니다.
> 남: 그러나 돈을 내고 보는 공연에서 관객에게 사전 고지를 하지 않은 상태에서 립싱크를 하는 것은 관객에 대한 기만이며 사기입니다. 한 예로 과거 외국의 유명 가수를 초대해 고가의 비용으로 입장권을 구입했던 관객들은 이 공연에서 가수가 립싱크로 일관하자 항의한 일이 있었습니다. 그러나 이에 대한 제재 방법이 딱히 없는 실정입니다. 가수들이 행사에서 입만 벙긋거리고 거액의 돈을 받아가는 것은 말이 안 됩니다.

| 예시 답안 |
① 요즘 가수들은 수년간의 혹독한 훈련과 치열한 경쟁을 거쳐 육성되는 경우가 많기 때문에 노래 실력이 부족하여 립싱크를 하는 것이 아니다. 다양한 퍼포먼스를 자유롭게 할 수 있도록 립싱크를 하는 것이 계속 허용되어야 하며 립싱크 금지법은 시행되지 말아야 한다.
② 이제 외모나 춤도 가수를 평가하는 하나의 기준이 되고 있고, 아이돌 그룹의 경우 격렬한 댄스가 필수이기 때문에 립싱크가 불가피한 경우가 많다. 따라서 립싱크 금지법에 반대한다.

| 정답 기준 |
① '립싱크 금지법'에 대한 반대의 내용을 담고 있는가.
② '립싱크 금지법'에 대한 반대의 근거를 담고 있는가.
③ 글의 분량을 지켜 썼는가(2문장 이하).

A	①, ②, ③을 모두 만족시킨 경우
B	①과 ②를 모두 만족시켰으나, ③을 만족시키지 못한 경우
C	- ①과 ② 중 하나만을 만족시키며, 그 내용이 충실한 경우 - ①과 ②를 모두 제시하였으나, 일부 내용이 완전하지 못하거나 불분명한 경우
D	①과 ②를 제시하였으나, 내용이 불분명한 경우

04 다음은 연설의 일부입니다. 잘 듣고 물음에 답하세요.

> 워너브라더스 등 미국 주요 방송사 6곳이 미국 드라마 자막을 제작한 15명의 자막 제작자들을 고소하는 사건이 벌어져 화제가 되고 있습니다. 현재 이들이 불구속 입건된 상태인데 참으로 안타까운 상황이라고 생각합니다. 국내에서 인지도가 높지 않았던 미국 드라마가 높은 인기를 얻게 된 것은 자막 제작자들 때문에 가능했던 것입니다. 미국 주요 방송사들은 예전부터 미국 드라마 자막 제작자들의 존재를 알았음에도 불구하고 이제야 고소를 했습니다. 이것은 앞뒤가 맞지 않는 처사입니다. 국내 미국 드라마 도입기 시기에는 잠잠하다가 미국 드라마의 인기로 인해 높은 가격으로 판권 계약을 계속하는 상황에서 고소하는 것이 다소 갑작스러운 일인 것이지요. 이제 이러한 외국 드라마의 자막 제작과 같은 일들은 하나의 문화 현상으로 바라봐야 합니다. 실제로 자막이 있었기에 누구나 쉽게 미국 드라마를 통해 미국의 패션과 식문화 등을 접할 수 있었고 이것이 국내에 엄청난 파급 효과를 불러일으켰고 이는 미국의 패션업계 및 식음료업계, 관광업계에까지 큰 반향을 불러일으켰습니다. 최근 큰 인기를 끌었던 드라마도 자막 등이 불법적으로 유포되었지만, 다른 방식들로 이미 크나큰 경제적 이익을 거두었다고 알고 있습니다. 자막 제작에 대한 미국 방송사의 고소가 조속히 취하되고 이를 자연스럽게 허용하는 것이 현재 대중문화의 흐름에 적합한 반응일 것이라고 봅니다.

| 예시 답안 |
① 미국 드라마의 자막 유포는 불법적인 것이라는 주장
- 불법에 대한 고소는 당연한 것임
- 미국 드라마의 자막 유포는 어디까지나 불법적인 영역이며 저작권을 소유한 미국 주요 방송사들의 동의 없이 이루어진 일임
- 불법을 당연하게 생각하는 태도 자체를 바꿔야 함
② 방송사에 막대한 손해를 끼친 행위라는 주장
- 최근 국내에서 큰 인기를 끌었던 드라마들이 중국 내 정식 판권 수출도 계약하지 않은 상황에서 중국에 불법 자막이 유포되어 방송사에 막대한 손해를 끼친 사례가 있는데, 미국 드라마의 자막 유포도 같은 상황임
- 판권 계약을 통해 얻을 수 있었던 수익을 얻지 못한 채 이미 볼 만한 사람은 다 본 상황에서 계약하는 경우가 남발하고 있으며, 이는 분명 잘못된 처사임
③ 합법적으로 미국 드라마를 시청하자는 주장
- 국내 방송사 이외에도 다양한 방법으로 미국 드라마를 합법적으로 볼 수 있는 채널이 이미 존재하는 상황에서 굳이 불법인 행위를 택할 필요는 없다고 봄
- 케이블 TV 등에서 고객들의 미국 드라마 선호 요구에 맞추기 위해 다양한 미국 드라마 전문 채널을 만드는 추세임
- 다양한 모바일 어플리케이션과 합법적인 유료 인터넷 사이트 등을 운영하는 등 더 많은 미국 드라마 채널을 구축해 가는 것이 옳을 것임

| 정답 기준 |
① '연사의 주장'에 대한 반론이 제시되어 있는가.
- 본문과의 연관성 고려 필요
② 주장에 대한 근거가 제시되어 있는가.
③ 주장과 근거가 논리적이고 긴밀한가.
④ 어문 규정을 지켜 3문장 이하로 작성하였는가.

A	위 조건을 모두 만족시킨 경우
B	①과 ②를 모두 만족시켰으나, ③ 혹은 ④만 만족시키지 못한 경우
C	- 연사의 주장을 주제와 관련된 개념에만 초점을 맞춰 쓴 경우 - ①과 ②를 충분히 만족시키지 못한 경우
D	- 연사의 주장 중 부차적인 부분에 대한 비판에만 치중한 경우 - 비논리적인 내용으로 답안을 작성한 경우

05

| 예시 답안 |
작가가 작품을 만들려면 대상에 대한 깊은 애정을 가져야 한다.

| 해설 |
문단의 내용에서 '예술 작품이라는 것은 작가가 특정한 대상에 대해 지닌 깊은 애정으로부터 비롯되어' 부분이 글에서 강조하는 소주제가 될 수 있다.

06

| 예시 답안 |
타인의 자유를 해치지 않는 한 허용되는 것이 바람직하다.

| 해설 |
본문에서는 자유의 제한 조건에 대해 서술하고 있으며, 빈칸에는 앞에 제시된 '더 큰 악을 막기 위하여 자유를 제한한다는 것이다.'와 일맥상통하는 문장이 들어가는 것이 적절하다. 또한 〈보기〉의 조건을 충족시키면 이와 같은 예시 답안이 도출될 수 있다.

07 한국행정연구원, 「사회통합실태조사」, 각 연도

| 예시 답안 |
대인신뢰도는 2013년 이후 반복적으로 증가하였다가 감소하고 있으며, 2018년에 소폭 향상되는 양상을 보이고 있다. 기존에 비해 다른 사람들을 불신하는 감정의 비율이 높아지는 것은 사회적

자본이 낭비되고 사회적 유대감이 약해지는 결과를 낳게 될 것이다. 이를 극복하기 위해서는 제한된 소수의 사람 이외에 여러 사람과 유대감을 형성할 수 있는 다양한 모임이 공동체 안에 만들어지고, 사회적 차원에서는 서로의 다름을 이해하고 다문화 등에 대해 넓은 시각을 가지는 교육이나 캠페인을 진행할 필요가 있을 것이다.

| 해설 |
대인신뢰도가 초기 조사 연도인 2013년 이후로 반복적으로 증가하였다가 감소하고 있으며 그 폭이 매우 좁으므로, 이에 대해 서술하고 대인신뢰도를 향상할 수 있는 방안을 제시하는 것이 바람직하다. 전문가의 설명에서 소수의 제한된 관계의 문제를 제기하고 있으므로, 이를 해결할 구체적 방안을 제시하면 적절할 것이다.

08 시사공감팀, 〈'살인더위', 폭염 피해 최소화 방안 마련해야〉, 공감신문, 2018. 08. 01.

| 예시 답안 |
폭염 피해가 속출하고 있으나 현행 재난안전법에서는 폭염으로 인한 정부 차원의 예방과 지원이 적절하게 이뤄지지 않고 있다. 폭염 피해는 일회성이 아닐 것으로 예상되며 개인의 노력으로 해결할 수 없는 영역이므로, 자연 재난의 범주에 포함시키고 국가 차원에서 예방 및 대응에 나서야 한다.

| 해설 |
폭염 피해의 현황, 이에 대한 대안이 부실한 현재의 문제점, 이후의 개선안에 대한 의견을 적절하게 밝히고 있다.

09

| 예시 답안 |
사이버 공간의 개인 정보 유출로 인한 피해를 막기 위해 정부와 개인이 함께 고민하고 노력해야 함

| 해설 |
서론, 본론의 내용을 포괄하여 정부와 개인이 개인 정보 유출 문제에 대비하는 것이 적절하다는 결론을 제시할 수 있다.

10 한국교육과정평가원, 〈2011학년도 대학수학능력시험 언어영역〉

| 예시 답안 |
직업 체험 활동의 요구가 여러 필요성에 의해 증대되는 상황에서, 수박 겉핥기 식의 교육이 아닌 학습자들의 직접 체험 위주의 활동과 학습자들의 적성을 반영한 직업 체험 활동이 이루어져야 할 것이다.

| 해설 |
개요에서 직업 체험 활동의 의의를 강조하며 문제점을 지적하고 개선 방향을 제시하고 있다. 문제점의 내용 중 2개 정도, 개선 방향 중 1개 정도의 내용이 포함될 수 있도록 결론에서는 개선 방향 쪽에 초점을 두어 제언을 하는 것으로 마무리하는 것이 적절하다.

11

| 예시 답안 |
대양의 해수면이 급격히 상승할 수 있고 지구의 해안도시를 범람할 수 있으므로

| 해설 |
얼음이 담수의 양 중 많은 부분을 차지하고 있으므로, 해빙에 따른 위험성에 대해 빈칸에 서술해야 한다.

12

| 예시 답안 |
- 찬성: 최근 연구 조사에 따르면 담배를 한 번도 피우지 않은 비흡연자의 폐암 발생률이 높게 나타났다. 폐암의 주요한 원인이 간접흡연이라는 점을 고려할 때, 공공시설에서 흡연을 하는 개인의 자유보다 타인의 생존권이 존중되어야 하므로 금연법에 찬성한다.
- 반대: 공공시설 금연법은 진정으로 국민의 건강증진을 위해서 실시하는 것이 아니라고 생각하기 때문에 반대한다. 식당까지 금연법을 실시하게 되면 결국 식당들은 매출이 급감하게 될 것이고, 흡연에 대한 개인의 권리는 박탈되고 말 것이다.

| 해설 |
공연법에 반대하는 경우, 반대하는 근거를 들고, 제시된 조건을 모두 충족하였다. 금연법에 찬성하는 입장에서는 '간접흡연으로 인한 피해가 줄 것이다.', '금연으로 인해 다양한 곳에 다양한 고객층의 유치가 가능해질 것이다.', '국민의 건강을 증진시키는 공익의 효과가 증대될 것이다.' 등을 근거로 들 수 있을 것이다.

13

세로 1. (백부)
세로 5. (면역력)
가로 1. (백일몽)
가로 6. (눈곱)

14

세로 1. (표상) 가로 3. (울상)
가로 6. (보좌) 세로 7. (좌초)

15
| 예시 답안 |
요즘 불경기다 보니 가격이 저렴한 제품을 찾는 경우가 많은데, 싼 게 비지떡이라고 이런 제품들에 문제가 많다고 한다.

| 해설 |
빈칸에 들어갈 내용: 싼 게 비지떡, 불경기
싼 게 비지떡: 값싼 제품은 그만큼 품질도 나쁘게 마련이라는 뜻
불경기: 〈경제〉 경제 활동이 일반적으로 침체되는 상태

16
| 예시 답안 |
장님 코끼리 만지기식으로 자신의 단편적인 사고 방식으로 파악하는 것은 올바른 일이 아니라는 것을 인정해야 한다.

| 해설 |
빈칸에 들어갈 내용: 장님 코끼리 만지기, 단편적
장님 코끼리 만지기: 일부분만 알면서 전체를 안다고 생각하는 어리석음을 비유적으로 이르는 말
단편적: 전반에 걸치지 않고 한 부분에 국한된 것

17 문지현, 〈노키즈존을 거절합니다〉, 빅이슈(2019. 06. 15.)

| 예시 답안 |
– 찬성: '노키즈존'을 반대하는 글쓴이의 생각에 찬성한다. 노키즈존을 만든다는 것은 당장의 편의를 위해 아이들을 차별하는 것이기 때문이다. 또한 아이들을 들어오지 못하게 제한해도 서비스를 만족스럽게 이용하지 못할 또 다른 변수가 등장할 수 있다는 것을 생각해야 한다.
– 반대: '노키즈존'을 반대하는 글쓴이의 생각에 반대한다. 그 장소를 찾는 많은 사람들이 조용하게 서비스를 누릴 수 있는 권리를 존중해야 하기 때문이다. 또한 노키즈존은 모든 가게에서 진행되는 것이 아니므로 아이들을 차별하는 것이라고 볼 수 없다.

| 해설 |
관련 주제를 명확히 쓰고, 자신의 의견을 두괄식으로 쓰는 것이 좋다. 세 문장으로 답안을 써야 하고, 근거를 두 가지 써야 한다면, 주장에 한 문장, 근거 두 가지에 각각 한 문장씩을 배정하는 것이 좋다. 아니면, 주장을 한 문장으로 쓰고, 근거 두 가지를 한 문장으로 작성한 후, 마지막 문장에 기대 효과를 정리하여 마무리하는 방법도 있다.

18 〈"병영 내 휴대전화 사용…인성함양·부대관리·전우애 일석삼조"〉, 연합뉴스(2019. 09. 23.), 〈35억짜리 軍 휴대전화 보안 앱, 녹음·GPS에는 무용지물〉, ytn(2019. 09. 21.)

| 예시 답안 |
– 찬성: 병사들의 휴대전화 사용을 찬성한다. 계속 휴대하고 있는 것이 아니라, 일과가 끝난 뒤 제한된 시간에 휴대전화를 사용하는 것이고, 휴대전화를 이용하여 가족이나 친구들과 소통하면서 마음의 안정을 찾을 수도 있기 때문이다.
– 반대: 병사들의 휴대전화 사용을 반대한다. 군대는 특수한 장소로 지켜야 할 기밀들이 많은 곳인데, 휴대전화 사용으로 그 기밀이 유출될 가능성도 크고, 휴대전화를 사용한 병사들의 일탈이 속속 보도되고 있는 상황에서 병사들의 휴대전화 사용은 시기상조라고 말할 수 있다.

| 해설 |
관련 주제를 명확히 쓰고, 자신의 의견을 두괄식으로 쓰는 것이 좋다. 두 문장으로 답안을 써야 하고, 근거를 두 가지 써야 한다면, 주장에 한 문장, 근거 두 가지를 한 문장에 배정하는 것이 좋다. 이 글의 내용을 참고하라고 했기 때문에, 찬성과 반대의 근거가 되는 글의 내용을 확인하며 읽고, 그것을 활용하여 답안을 작성하는 것이 좋다.

본문 209~223쪽

01 주관식 2

주관식 1	예시 답안 참조	주관식 2	예시 답안 참조
주관식 3	예시 답안 참조	주관식 4	예시 답안 참조
주관식 5	예시 답안 참조	주관식 6	예시 답안 참조
주관식 7	예시 답안 참조	주관식 8	예시 답안 참조
주관식 9	예시 답안 참조	주관식 10	예시 답안 참조
주관식 11	예시 답안 참조	주관식 12	예시 답안 참조
주관식 13	예시 답안 참조	주관식 14	예시 답안 참조
주관식 15	예시 답안 참조	주관식 16	예시 답안 참조
주관식 17	예시 답안 참조	주관식 18	예시 답안 참조

01 다음은 연설의 일부입니다. 잘 듣고 물음에 답하세요.

> 전국의 초·중·고등학교에서 정규 진도를 한참 앞서가는 수업이나 교육과정을 벗어난 반배치 고사 등 각종 선행학습을 유발하는 일체의 시험이 2014년 9월 12일부터 전면 금지됩니다. 특목고나 자사고 등이 고교 입학 전 선발된 학생을 학교로 불러 고등학교 과정을 미리 가르치는 것이나 예비 신입생인 중학교 3학년생을 대상으로 고교 1학년 수준의 과정을 출제하는 '반배치 고사'를 실시하는 것도 금지됩니다. 이외에도 중간·기말고사 등 각종 지필평가와 수행평가, 각종 교내 대회 등에서 선행학습을 유발하는 내용을 출제할 수 없게 됩니다. 그러나 이 법은 공교육에만 적용되는 만큼 사교육 업체, 즉 각종 학원에서 선행교육을 실시해도 막지 못해 반쪽의 성과도 내지 못할 것이라는 우려가 큽니다. 또한 개인의 학습권과 선택권 등의 기본권을 지나치게 침해하는 것이라고 생각됩니다. 선행학습을 통해 앞으로 학습하게 될 내용을 빠르게 이해함으로써 학습할 때 자신감이 생기는 장점도 있다는 점이 고려되어야 할 것입니다. 또한 선행학습 금지법이 시행될 경우 교사의 수업에 대한 자율권과 학교의 자율성 침해, 교원 업무 증가 등의 부작용 발생도 우려가 됩니다.

| 예시 답안 |
① 선행학습은 학습자들에게 부담을 준다는 주장
- 선행학습은 공교육을 파행시킬 우려가 있음
- 선행학습은 학습자들에게 과도한 부담을 주어 학습의 능률이 떨어질 가능성이 더 높음
② 선행학습 금지법이 긍정적인 효과를 줄 것이라는 주장
- 선행학습을 금지함으로써 공교육이 활성화될 수 있음
- 선행학습을 금지함으로써 사교육비가 절감되어 사회적 비용이 절감될 수 있음
③ 선행학습은 위화감을 조성한다는 주장
- 소수의 우수한 아이들만 수업을 이해하고 수업에서 우위를 차지하게 하는 선행학습은 위화감을 조성할 수 있음
- 경제적인 여건에 따라 선행학습의 정도의 격차가 커져 노력만으로 따라잡을 수 없는 지식의 빈부격차로 악순환될 가능성이 있음

| 정답 기준 |
① '연사의 주장'에 대한 반론이 제시되어 있는가.
- 본문과의 연관성 고려 필요
② 주장에 대한 근거가 제시되어 있는가.
③ 주장과 근거가 논리적이고 긴밀한가.
④ 어문 규정을 지켜 2문장 이하로 썼는가.

A	위 조건을 모두 만족시킨 경우
B	①과 ②를 모두 만족시켰으나, ③ 혹은 ④만 만족시키지 못한 경우
C	①과 ②를 충분히 만족시키지 못한 경우
D	- 연사의 주장 중 부차적인 부분에 대한 비판에만 치중한 경우 - 비논리적인 내용으로 답안을 작성한 경우

02 다음은 토론의 일부입니다. 잘 듣고 물음에 답하세요.

> **남:** 모바일 시대에 SNS 활동이 폭발적으로 늘어나고 있습니다. 사람들이 자신을 더 적극적으로 표현하고 소통하고자 만든 이런 소셜 네트워크 서비스가 기업이 직원의 사생활을 엿보고 판단하는 용도로 사용되는 현실이 안타까울 따름입니다.
> **여:** SNS는 일기처럼 혼자만 보는 글이 아니라, 누군가가 볼 것을 알고 올리는 글입니다. 모두가 보는 공간에 글을 올린다면 회사가 그것을 보는 것도 당연한 일이 아닐까요? 글을 쓸 때 타인을 의식하는 SNS의 영역은 공적인 부분을 필연적으로 지니고 있는 것입니다.
> **남:** 그러나 기업이 회사를 벗어난, 즉 업무와 무관한 문제에 대해 직원들이 부정적인 글을 남겼다고 해서 해고를 한다는 것은 불합리한 일이 아닐 수 없습니다. 다른 방법으로 경고를 하거나 징계를 해도 충분할 것입니다. 한 예로 미국에서는 술을 먹고 있는 사진을 SNS에 올려 여교사가 해고된 일이 있었습니다. 이런 일은 월권행위지요.
> **여:** 기업이나 해당 기관도 스스로를 지키기 위해 불가피하게 택한 방법이 아닐까요? 여론에 민감한 제품 또는 서비스와 관련된 기업일수록 회사 직원의 개인적인 의견이 드러나는 것이 회사에 악영향을 끼치거나 손해를 끼치는 행위가 될 수도 있으니 말입니다. 고의든 실수든 기업의 비밀 등을 올리는 것을 방지하기 위해서라도 기업은 직원의 SNS를 눈여겨볼 이유가 있다고 봅니다.
> **남:** 개인의 SNS는 어디까지나 사적인 영역입니다. 업무와 무관한 개인의 정보를 수집한다는 것 자체가 문제의 소지가 되는 것입니다. 개인의 정보와 의견은 그 자체로 존중이 되어야 합니다. 만약 이에 대한 규정 등이 만들어지지 않는다면, 기업이 직원을 과도하게 처벌해도 직원은 아무런 대응도 할 수 없지 않겠습니까?
> **여:** 현재든, 향후든 회사에 안 좋은 영향을 끼칠 가

> 능성이 높은 부적절한 의도의 지원자를 사전에 걸러내는 것은 타당한 처사입니다.

| 예시 답안 |
① SNS는 타인이 볼 것을 미리 알고 올리는 글이며, 직원의 개인적인 의견이 드러날 경우 회사에 악영향을 끼칠 가능성이 있으므로, 회사가 직원의 SNS를 확인하고 눈여겨보는 것은 필요하다.
② 고의든 실수든 기업의 비밀을 올리는 등의 문제로 회사에 손해를 끼칠 가능성이 있으므로 SNS를 확인하고 눈여겨보는 것은 불가피하다. 또한 SNS는 엄연히 공적인 부분을 필연적으로 지니고 있으므로 주의하는 것이 당연하다.

| 정답 기준 |
① '기업의 SNS 감시'에 대한 찬성의 내용을 담고 있는가.
② '기업의 SNS 감시'에 대한 찬성의 근거를 담고 있는가.
③ 글의 분량을 지켜 썼는가(2문장 이하).

A	①, ②, ③을 모두 만족시킨 경우
B	①과 ②를 모두 만족시켰으나, ③을 만족시키지 못한 경우
C	①과 ② 중 하나만을 만족시키며, 그 내용이 충실한 경우 ①과 ②를 모두 제시하였으나, 일부 내용이 완전하지 못하거나 불분명한 경우
D	①과 ②를 제시하였으나, 내용이 불분명한 경우

03 다음은 대화의 일부입니다. 잘 듣고 물음에 답하세요.

> 여: 나 어제 볶음밥을 해 먹으려고 슈퍼에서 산 햄을 뜯었는데 살코기는 없고 곰팡이만 가득해서 구역질이 날 뻔했어.
> 남: 그래서 신고는 했어? 음식이니까 식약처에 이물질이 나왔다고 신고하면 되는 거잖아.
> 여: 식약처에 전화를 해 봤는데, 일단은 제조사와 해결을 해야 된다고 하더라고. 제조사에 전화했더니 제조사도 별 다른 조치 방법이 없다고 해서 정말 황당했어.
> 남: 에이, 그런 경우가 어디 있어? 제조사든 식약처든 해결을 해 줘야지. 금전적인 보상을 해 줘도 부족할 판인데.
> 여: 그게, 이유가 있긴 하더라고. 햄이나 소시지는 축산 가공품이고 일반 식품이 아니라서 법적으로 이물질 보고 의무가 없대.
> 남: 사람 입에 들어가는 음식인데 이물질이 나와도 식약처에 보고할 의무도 없다니. 이건 말이 안 돼. 제도를 개선해야 하는 거 아닐까? 또 다른 피해자가 나오기 전에 SNS 같은 곳에라도 올려서 이 사실을 알려야 할 것 같아.
> 여: 그런 곳에 올리면 회사에서 더 빨리 조치를 해 줄지도 모르겠어. 하지만 그런 방법까지 사용하고 싶지는 않아서 그냥 신고만 하고 말았어. 보상도 요구하기가 애매하더라고.
> 남: 제조사에서 양심적으로 책임을 지고 보상도 해 주면 좋을 것 같아. 앞으로 햄이나 소시지를 살 때 잘 유통기한 같은 걸 꼼꼼히 확인해 보고 사야겠어.

| 예시 답안 |
또 다른 피해자가 발생하지 않도록 식약처에서 가공 식품의 이물질 보고 의무를 가지는 제도 개선이 이루어져야 하며, 햄 제조사에서 양심적으로 보상을 해 주어야 한다.

| 정답 기준 |
① 사건을 바라보는 남자의 인식이 담겨 있는가.
② 사건을 해결하기 위한 남자의 의견이 담겨 있는가.
③ 글의 분량을 지켜 썼는가(2문장 이하).

A	①, ②, ③을 모두 만족시킨 경우
B	①과 ②를 모두 만족시켰으나, ③을 만족시키지 못한 경우
C	– ①과 ② 중 하나만을 만족시키며, 그 내용이 충실한 경우 – ①과 ②를 모두 제시하였으나, 일부 내용이 완전하지 못하거나 불분명한 경우
D	①과 ②를 제시하였으나, 내용이 불분명한 경우

04 다음은 강연의 일부입니다. 잘 듣고 물음에 답하세요.

> 화병은 미국의 정신의학회의 정신질환의 진단기준에서 우리나라에만 있는 문화 관련 증후군의 하나로 등록된 질병입니다. 화병은 주로 중년 이후의 여성들에게 많이 발생하게 되는데, 배우자나 시부모와의 갈등과 같은 가정적 요인이나 가난과 실패, 좌절과 같은 사회적 요인 등이 주요한 원인으로 작용하고 있습니다. 스트레스로 인해 우울함을 느끼는 면에서는 우울증과 유사하다고 볼 수 있으나, 화병의 경우 자신이 분노하는 감정 등이 사회적으로 용납되지 않아 환자가 이러한 감정을 표출하지 못하고 내면화하면서 억압된 감정이 신체적인 증상으로도 나타난다는 차이점이 있습니다. 화병에 걸리게 되면, 먼저 정신적인 증상이 나타나게 됩니다. 환자들의 대부분은 작은 일에도 예민한 반응을 보이며, 분노와 화를 참지 못하고 공격적인 성향을 보

이기도 합니다. 또한 불안과 초조로 인해 불면증을 겪기도 합니다. 이외에도 소화가 잘 안 되는 느낌이 지속되거나 온몸에 열이 나는 증상이 나타나기도 하는데, 만성적인 분노는 고혈압이나 중풍 등의 발병으로 이어질 우려가 있습니다. 화병을 막기 위해서는 자신의 감정을 잘 표현하는 방법을 익혀 가슴 속의 응어리를 풀어 주어야 합니다. 또 화가 난다고 해서 그 즉시 화를 내지 말고 천천히 침착하게 화를 다스리며 풀어야 합니다. 스스로 혹은 가족의 도움으로도 풀기 쉽지 않은 경우에는 정신과 전문의의 도움을 받는 것이 좋고, 간단한 체조나 심호흡을 통해 마음의 안정을 찾는 것도 지혜로운 방법입니다.

| 예시 답안 |
화병은 혼자만의 힘으로 극복할 수 있는 질병이 아니다. 화병을 막기 위해서는 먼저 간단한 체조나 심호흡을 통해 마음의 안정을 찾는 등 스스로 자신을 다스려야 한다. 그리고 가족들과 얼굴을 보고 얘기하는 시간을 자주 가지며 자신의 감정을 잘 표현하고 마음에 쌓인 것들을 풀 수 있는 기회를 마련해야 한다. 스스로 또는 가족의 도움으로도 풀기 쉽지 않은 경우에는 전문가의 도움을 받는 것이 좋다.

| 정답 기준 |
① 강연자의 의견에 공감하고 있는가.
② 의견에 대한 적절한 근거가 담겨 있는가.
③ 글의 분량을 지켜 썼는가(4문장 이하).

A	①, ②, ③을 모두 만족시킨 경우
B	①과 ②를 모두 만족시켰으나, ③을 만족시키지 못한 경우
C	- ①과 ② 중 하나만을 만족시키며, 그 내용이 충실한 경우 - ①과 ②를 모두 제시하였으나, 일부 내용이 완전하지 못하거나 불분명한 경우
D	①과 ②를 제시하였으나, 내용이 불분명한 경우

05
| 예시 답안 |
무리를 이루어서 생활함으로써 포식자로부터의 방어 등 여러 가지 면에서 이득을 얻고 있다.
| 해설 |
물고기가 무리를 짓는 습성으로 인해 얻는 여러 이득에 대해 서술하였으므로, 이를 요약한 소주제문으로는 예시 답안의 내용이 적절하다.

06
| 예시 답안 |
재미없는 영화를 계속 보는 행위는 더 큰 기회와 잠재적인 이익을 포기하는 것이므로 합리적인 경제 행위라고 할 수 없다.
| 해설 |
영화관에서 재미가 없다고 느낀 영화를 계속 보는 것이 다른 일을 할 수 있는 기회를 놓치도록 하므로, 예시 답안과 같이 정리하여 소주제문을 제시하는 것이 적절하다.

07
| 예시 답안 |
해외 직구가 평균 연 11회로 많이 이루어지는 상황에서 다양하게 발생하는 소비자 피해를 예방하기 위해서는 해외 직구 이용 소비자가 미리 주의하도록 내용을 숙지할 필요가 있다. 해외 브랜드의 구입 시 국내 가격보다 싸다고 하더라도 잘못 구입했을 경우 취소와 환불이 가능한지 반드시 확인을 해 보아야 하며, 정부 차원에서 소비자가 가장 문제라고 생각하는 반품 수수료 부당 청구 등에 대해 소비자를 보호하는 정책이 마련되어야 한다.
| 해설 |
[자료 1]에서는 해외 직구의 다양한 불만 사례를 제시하고 있고, [자료 2]에서는 해외 직구의 이용 현황과 구입의 비중이 높은 품목을 제시하고 있다. 이러한 내용을 포괄하여 해결 방안을 제시하는 한 단락의 글을 완성할 수 있어야 한다.

08
| 예시 답안 |
응답자의 59.9%가 주 1~2회 정도 라면을 섭취하고, 56.7%가 매운 맛을 가장 선호하는 것으로 나타나 라면의 섭취량 조절 및 조리 방법의 변화가 필요하다. 나트륨 섭취가 증가할수록 혈압에 미치는 영향이 증가하며, 짠맛을 중화시키기 위해 더 많은 디저트류 등을 섭취하게 되므로, 소비자의 건강한 식생활을 위해 업계의 지속적인 나트륨 저감화 노력이 필요하다. 또한 소비자는 나트륨 섭취 저감화를 위해 국물을 적게 먹거나, 스프를 적게 넣어 조리하는 등의 방법을 취할 필요가 있다.
| 해설 |
[자료 1]에서는 라면의 소비량이 많고 어떤 맛을 원하는지에 대해, [자료 2]에서는 라면 제조 기업에서 나트륨 저감화 노력을 함에도 불구하고 여전히 나트륨의 함량이 높은 것을 지적하고 있으므로 이 내용을 포괄하여 예시 답안을 작성할 수 있다.

09 2013 대학수학능력시험 9월 모의평가
| 예시 답안 |
응급 처치 교육 활성화 촉구

| 해설 |
서론에서 응급 상황 발생 시 대처 능력이 부족한 상황을 제시하고, 본론에서 현재 응급 처치 교육의 문제점을 짚고 그 문제점을 해결하기 위한 방안을 제시하고 있다. 이러한 서론과 본론의 내용을 통해 결론을 이끌어낼 수 있다.

10
| 예시 답안 |
원자력 발전소를 건립하는 대신 신재생 에너지를 개발하는 대안을 선택하는 것이 바람직함
| 해설 |
원자력 발전소 건립 문제에 대해 반대하는 본론의 근거를 들어 결론을 제시할 수 있다.

11
| 예시 답안 |
유머 감각을 나타내는 데는 몇 천 가지의 다양한 방법이 있을 수 있다.
| 해설 |
'그리고~그러한 방법의 하나일 뿐'이라는 부분을 통해서, 그 앞에는 '다양한 방법'에 대한 이야기가 나와야 한다는 것을 유추할 수가 있다. 게다가 글에서 '유머'에 대해 서술하고 있으므로, '유머를 표현하는 다양한 방법'의 의미가 포함되는 문장을 작성하면 되는 것이다.

12
| 예시 답안 |
나방의 외양과 비슷한 자연에 의해 눈에 잘 띄지 않게 되었다.
| 해설 |
귀뚜라미, 벌, 바퀴벌레, 나방과 같은 곤충들이 자신을 보호하는 방법을 대구를 이루며 나열하고 있다. 나방과 같은 종류의 곤충들은 '위장'을 택하였기 때문에, 그 방법의 이점을 빈칸에 적절하게 서술하면 된다.

13

세로 2. (화친)   가로 4. (친교)
세로 5. (교두보)   가로 9. (발라당)

14

세로 3. (간이역)   가로 3. (간만)
세로 7. (점유)   가로 8. (사기)

15
| 예시 답안 |
언어 교환 프로그램은 서로 언어를 가르쳐 주고 배울 수도 있어 누이 좋고 매부 좋은 격이며, 우정도 쌓을 수 있다는 장점을 지니고 있다.
| 해설 |
누이 좋고 매부 좋다: 어떤 일에 있어 서로 다 이롭고 좋음을 비유적으로 이르는 말

16
| 예시 답안 |
시작이 반이라고 금년부터 절약하는 삶을 살기 위해서 가계부를 적고 새어 나가는 돈이 없도록 점검해 보기로 했다.
| 해설 |
시작이 반이다: 무슨 일이든지 시작하기가 어렵지 일단 시작하면 일을 끝마치기는 그리 어렵지 아니함을 비유적으로 이르는 말

17 박상기(법무부장관), 청와대 국민청원 게시판 '난민 제도' 관련 청원 답변(http://www1.president.go.kr/petitions/269548)
| 예시 답안 |
찬성: 현재 우리나라에는 무사증 제도와 여러 난민 제도를 통해 다수의 난민들이 입국하고 있으며, 많은 국민들이 이를 우려의 눈으로 바라보고 있다. 하지만 현재 진행되고 있는 무사증 제도와 난민 제도는 다른 선진국들에 비하면 걱정할 수준은 아니므로, 나는 이 제도에 찬성한다. 현재 정부에서 난민들의 신원 확인을 철저히 하고 있으며, 적법한 절차를 밟아 난민이 인정된 사람들은 우리가 포용하는 것이 맞다고 생각한다.

반대: 현재 우리나라에는 무사증 제도와 여러 난민 제도를 통해 다수의 난민들이 입국하고 있으며, 많은 국민들이 이를 우려의 눈으로 바라보고 있다. 이미 많은 나라에서 우려가 현실로 일어났음을 확인할 수 있으므로 나는 이 무사증 제도와 난민 제도에 반대한다. 교묘한 방법으로 법망을 통과하여 난민이 아님에도 불구하고 우리나라에서 난민의 대우를 받는 이주민들이 많아진다면, 한국에서 심각한 역차별 현상이 드러날 수도 있다.

| 해설 |
문제가 되는 상황을 서두에 써야 하기 때문에, 국민청원의 내용을 바탕으로 첫 문장에서 문제 상황을 서술해 준다. 두 번째 문장에서는 이에 대한 자신의 의견을 간단히 쓰고, 마지막 문장에서 이를 뒷받침할 만한 근거를 제시해야 한다. 〈조건〉에서 근거를 제시하라는 말이 없어도, 주장을 나타내는 글에는 주장에 대한 근거가 반드시 필요하다.

18 2016년 공무원 지방직 7급
| 예시 답안 |
- (가)를 문제 상황과 연결지은 경우: 최근 홈쇼핑이 많아지면서 그에 따른 소비자들의 불만도 늘어나고 있다. 이를 해결하기 위해서는 여러 매체를 이용하여 사업자와 소비자가 양방향 소통을 빠르고 효율적으로 해 나가야 한다. 소비자들의 요구사항에 빠르게 대처하고 문제에 대한 적절한 대응이 뒤따른다면, 불만이 많이 줄어들 수 있기 때문이다.
- (나)를 문제 상황과 연결지은 경우: 홈쇼핑 업계는 점차 그 규모가 커지고 있지만, 수익률은 낮아지고 있다. 이를 해결하기 위해서는 홈쇼핑 업계 간의 과도한 경쟁을 줄여 나가야 한다. 업계에서 과도하게 경쟁을 하면서 더 낮은 가격에 좋은 서비를 제공하려다 보니, 수익률이 줄어드는 것이기 때문이다.
- (다)를 문제 상황과 연결지은 경우: 홈쇼핑을 통해 꼭 필요하지도 않은 물건을 구매하는 소비자들이 많다. 이를 해결하기 위해서는 자신에게 필요한 물건의 리스트를 적어 두거나, 홈쇼핑에서 나오는 과장된 광고 등에 속지 않아야 한다. 흔히 광고는 상품의 좋은 점을 부각한다는 점과 소비자들의 소비 심리를 자극하기 위한 문구들이 나올 수 있다는 점을 미리 안다면, 합리적인 소비를 할 수 있기 때문이다.

| 해설 |
어떤 자료를 선택하느냐에 따라 문제 상황이 달라질 수 있다. 통계자료가 나타내고 있는 문제 상황을 한 문장으로 써서 서두에 제시해 주어야 한다. '문제 상황 – 해결 방안 – 근거' 순으로 답을 작성하라는 조건이 제시되어 있다면, 이 순서를 지켜서 쓰는 것이 좋다.

실전동형 모의고사

본문 226~253쪽

1교시

01	④	02	①	03	⑤	04	⑤	05	⑤
06	⑤	07	④	08	⑤	09	⑤	10	①
11	①	12	⑤	13	②	14	⑤	15	③
16	②	17	④	18	⑤	19	⑤	20	①
21	④	22	④	23	③	24	⑤	25	②
26	④	27	③	28	①	29	④	30	⑤
31	④	32	⑤	33	④	34	④	35	⑤
36	④	37	④	38	④	39	④	40	④
41	②	42	④	43	③	44	④	45	②
46	④	47	①	48	④	49	⑤	50	④
51	④	52	④	53	④	54	④	55	③
56	③	57	①						

1 ④는 '설명하거나 증명하기 위하여 사실을 가져다 대다.'의 의미이며, 나머지는 '의식이 회복되거나 어떤 생각이나 느낌이 일다.'를 뜻하는 '들다'의 다의어이다. ④는 이 네 개의 어휘와 소리는 같지만 뜻이 다른 동음이의어이다.

2 ①만 유의 관계이며, 나머지는 반의 관계이다.
토로(吐露): 마음에 있는 것을 죄다 드러내어서 말함
고백(告白): 마음속에 생각하고 있는 것이나 감추어 둔 것을 사실대로 숨김없이 말함

오답률 줄이는 | 오답풀이 |
② 경상(經常): 일정한 상태로 계속하여 변동이 없음
　임시(臨時): 미리 정하지 아니하고 그때그때 필요에 따라 정한 것
③ 교묘(巧妙): 1) 솜씨나 재주 따위가 재치 있게 약삭빠르고 묘하다. 2) 짜임새나 생김새 따위가 아기자기하게 묘하다.
　졸렬(拙劣): 옹졸하고 천하여 서투르다.
④ 변제(辨濟): 남에게 진 빚을 갚음
　차용(借用): 돈이나 물건 따위를 빌려서 씀
⑤ 수리(受理): 서류를 받아서 처리함
　각하(却下): 〈법률〉 행정법에서, 국가 기관에 대한 행정상 신청을 배척하는 처분

3 침강(沈降)은 '밑으로 가라앉음'의 뜻을 지니고 있다.

오답률 줄이는 | 오답풀이 |
① 침통(沈痛): 슬픔이나 걱정 따위로 몹시 마음이 괴롭거나 슬픔
② 침체(沈滯): 어떤 현상이나 사물이 진전하지 못하고 제자리에 머무름
③ 침몰(沈沒): 물속에 가라앉음
④ 침착(沈着): 밑으로 가라앉아 들러붙음

4 〈보기〉의 '걸다'는 '액체 따위가 내용물이 많고 진하다.'의 뜻으로 ⑤의 '걸다'와 의미가 유사하다.

오답률 줄이는 | 오답풀이 |
①, ④ 흙이나 거름 따위가 기름지고 양분이 많다.
② 음식 따위가 가짓수가 많고 푸짐하다.
③ 말씨나 솜씨가 거리낌이 없고 푸지다.

5 〈보기〉와 ⑤의 '쓰다'의 의미는 '사람이 죄나 누명 따위를 가지거나 입게 되다.'이다.

오답률 줄이는 | 오답풀이 |
① 몸의 일부분을 제대로 놀리거나 움직이다.
② 힘이나 노력 따위를 들이다.
③ 모자 따위를 머리에 얹어 덮다.
④ 어떤 일에 마음이나 관심을 기울이다.

6 버선 한 죽(10) + 마늘 두 접(200) + 조기 한 두름(20) = 230개

7 '추호(秋毫)'는 '가을철에 털갈이하여 새로 돋아난 짐승의 가는 털'이란 뜻으로, '매우 적음'을 의미한다.

8 '오금을 박다'는 '큰소리치며 장담하던 사람이 그와 반대되는 말이나 행동을 할 때에, 장담하던 말을 빌미로 삼아 몹시 논박하다.', '다른 사람에게 함부로 말이나 행동을 하지 못하게 단단히 이르거나 으르다.'라는 의미를 지니므로 문맥상 어울리지 않는다. ⑤에서는 '무슨 일을 하고 싶어 가만히 있지 못하다.'라는 의미의 '오금이 쑤시다'가 사용되어야 의미상 적절하다.

오답률 줄이는 | 오답풀이 |
① 낙숫물이 댓돌을 뚫다: 작은 힘이라도 꾸준히 계속하면 큰일을 이룰 수 있음을 비유적으로 이르는 말
② 속을 뽑다: 일부러 남의 마음을 떠보고 그 속내를 드러내게 하다.
③ 갓 쓰고 나가자 파장하다: 어떤 일을 하려고 하자 이미 그 일이 끝나 버리다.
④ 구운 게도 다리를 떼고 먹는다: 구운 게라도 혹시 물지 모르므로 다리를 떼고 먹는다는 뜻으로, 틀림없을 듯하더라도 만일의 경우를 생각하여 세심한 주의를 기울여야 낭패가 없음을 이르는 말

9 '퇴박을 놓다'는 '마음에 들지 아니하여 물리치거나 거절하다.'의 의미이므로 문맥상 어울리지 않는다. '허리가 끊어지게 웃었다.', '허리를 쥐고 웃었다.' 등으로 바뀌어야 한다.

오답률 줄이는 | 오답풀이 |
① 간에 바람 들다: 하는 행동이 실없다.
② 어깨를 견주다: 서로 비슷한 지위나 힘을 가지다.
③ 뒷다리를 긁다: 다 끝난 말을 다시 하여 되통스럽게 굴다.
④ 코 아래 진상: 뇌물이나 먹을 것을 바치는 일

10 '태평연월(太平煙月)'은 '근심이나 걱정이 없는 편안한 세월'이라는 의미로, '잔뜩 먹고 배를 두드린다'는 뜻으로, 먹을 것이 풍족하여 즐겁게 지냄을 이르는 말'인 ①과 의미가 유사하다.

오답률 줄이는 | 오답풀이 |
② 언즉시야(言則是也): 말인즉 옳다는 뜻으로, 말하는 것이 사리에 맞는다는 뜻
③ 상두복색(喪-服色): 상여를 꾸미려고 둘러치는 오색 비단의 휘장이라는 뜻으로 겉으로는 번지르르하나 속은 보잘것없는 일이나 사람을 비유적으로 이르는 말
④ 동상이몽(同牀異夢): 같은 자리에 자면서 다른 꿈을 꾼다는 뜻으로, 겉으로는 같이 행동하면서도 속으로는 각각 딴생각을 하고 있음을 이르는 말
⑤ 견문발검(見蚊拔劍): 모기를 보고 칼을 뺀다는 뜻으로, 사소한 일에 크게 성내어 덤빔을 이르는 말

11 '배상(賠償)'은 '남의 권리를 침해한 사람이 그 손해를 물어 주는 일'을 뜻하며, 이 문장에 적절한 한자어는 '어떤 것에 대한 대가로 갚음'이라는 의미를 지닌 '보상(報償)'이다.

12 '양위(讓位)'는 '임금의 자리를 물려줌'이라는 뜻이고, '양수(讓受)'는 '사물을 다른 사람에게서 넘겨받음'의 의미이므로, 두 번째 문장에는 '양수(讓受)'가 아닌, '넘겨주다'의 의미를 지닌 '양도(讓渡)'가 들어가야 적절하다. 첫 번째 문장의 '양위(讓位)'의 쓰임은 적절하다.

오답률 줄이는 | 오답풀이 |
① 보전(保全): 온전하게 보호하여 유지함

보존(保存): 잘 보호하고 간수하여 남김
③ 위탁(委託): 남에게 사물이나 사람의 책임을 맡김
위촉(委囑): 어떤 일을 남에게 부탁하여 맡게 함. '맡김'으로 순화
④ 논증(論證): 옳고 그름을 이유를 들어 밝힘. 또는 그 근거나 이유
반증(反證): 1) 어떤 사실이나 주장이 옳지 아니함을 그에 반대되는 근거를 들어 증명함 2) 어떤 사실과 모순되는 것 같지만, 거꾸로 그 사실을 증명하는 것
⑤ 결재(決裁): 결정할 권한이 있는 상관이 부하가 제출한 안건을 검토하여 허가하거나 승인함
결제(決濟): 1) 일을 처리하며 끝을 냄 2) 〈경제〉 증권 또는 대금을 주고받아 매매 당사자 사이의 거래 관계를 끝맺는 일

13 그악하다: 1) 장난 따위가 지나치게 심하다. 2) 모질고 사납다. 3) 끈질기고 억척스럽다.
가붓하다: 조금 가벼운 듯하다.
오달지다: 허술한 데가 없이 알차다.
늘비하다: 질서 없이 여기저기 많이 늘어서 있거나 놓여 있다.

14 '쌀과 그 밖의 곡식을 파는 가게'라는 뜻으로 '싸전'이 올바른 표기이다.

15 '수소'가 올바른 표기이다.

16 '희망'은 모음 'ㅢ' 위에 'ㅇ'이 아닌 자음이 왔으므로, [히망]으로만 발음할 수 있다.

17 '등소평'이 옳은 표기이다.

18 'Samjuk-myeon'이 올바른 표기이다.

19 단꿈자격증(http://pass.dankkum.com/Lecture/Guide/JH)
'한국사능력검정시험'은 절대 평가 시험으로, 일정 점수 이상만 획득하면 누구에게나 자격을 부여하고 한국사 학습능력을 인증해 준다. 경쟁률이 심하다고 자신의 점수가 하락할 가능성은 없다.

20 통계청, 〈2019년 8월 고용동향〉, 2019. 09. 11.
'60세 이상'은 다른 연령대에 비해 고용률이 가장 낮을 뿐, 전년 대비 고용률은 1.4%p 상승하였다.

21 김한슬, 《EBS 대입 자기소개서 바이블》
식상한 표현을 자제하는 것도 중요하지만, 평범한 사건을 구체적으로 쓰는 것도 중요하다. 특별한 경험이 없어도 구체적으로 쓴 경험이 특별하게 느껴질 것이다.

22 오문영, 조아라, 〈'바지 속 열섬' 부르는 집배원복…폭염에도 '긴바지옥(긴바지+지옥)'〉, 시사저널, 2018. 10. 03.
아파트에 배달하는 것이 주택가에 배달하는 것보다 조금 수월하긴 하지만, 긴바지와 땀 배출이 안 되는 셔츠 차림의 집배원복은 그 자체가 문제가 되는 것이다. 따라서 배달하는 유형에 따라 집배원복의 차이를 둔다는 말은 적절하지 않다.

23 G마켓(www.gmarket.co.kr), 전자금융거래 약관
천재지변이나 회사의 귀책사유가 없는 정전, 화재, 통신장애 기타의 불가항력적 사유로 처리가 불가능한 경우는 따로 입증할 책임이 없다. 다른 경우에 회사가 고의, 과실 없음을 입증한 경우에는 이용자에 대하여 손해배상책임을 지지 않는다.

24 하나투어(www.hanatour.com), 고객센터 – 자주묻는 질문 게시판
패키지에 참여하는 인원의 수가 많으면 경비 분담 비용이 줄어든다. 소수 인원일수록 현지 경비 분담 비용이 높다.

25 '을'은 매시간 교안을 만들어야 하지만, '월별', '학기별'로 교안을 제출하기만 하면 된다. 매시간 제출할 필요는 없다.

26 정지은, 책 소개 〈단순한 진심〉, 빅이슈, 2019. 08. 01.
'이태원'이나 '아현'과 같은 장소가 등장하고 그 이름의 유래가 나오지만, 이러한 장소의 이동에 따라 사건을 전개하고 있지는 않다.

27 박주훈, 〈모든 것은 고객에서부터 시작된다〉, 기획회의, 2019. 05. 05.
제목은 글 전체를 포괄적으로 담아낼 수 있어야 한다. ③을 제외한 다른 선지들은 글의 세부 내용일 뿐, 전체 내용을 포괄하지 못한다. 이 글은 마케팅은 소비자의 마음을 이해하는 일이라는 점을 강조하고 있으므로 '소비자의 욕구와 마케팅'이 이 글의 주제나 제목으로 적절하다.

28 좋은 논증의 기준들 중 하나라도 만족시키지 못하는 논증은 '오류 논증'에 속한다고 할 수 있다.

29 ㉠은 오류는 오류일 뿐, 논증자의 의도와 무관하게 나타나기 때문이다.

오답률 줄이는 | 오답풀이 |
① 이 글의 내용과 맞긴 하지만, 합리적 사고를 하기 위한 것이 의도를 판단하는 것의 직접적인 이유가 되지 않는다.
② 우리 생활 속에서 논증을 자주 접할 수 있다는 것이 오류 논증의 의도를 판단하는 것의 이유가 되지 않는다.
③ 전제가 결론을 충분히 지지해야 한다는 것은, 좋은 논증의 조건일 뿐 오류 논증의 의도를 판단하는 것의 이유가 되지 않는다.
⑤ 논증자들 중 의도를 가지고 있지 않아도 오류를 범하는 경우가 있다. 지문의 내용과 아예 맞지 않는 내용이다.

[30~31] 스벤야 아이젠브라운, 〈너무 재밌어서 잠 못 드는 심리학 사전〉, 2018.

30 '측두엽 간질'의 증상에는 근육의 경련이 포함되지 않는다. 기시감(데자뷔)이나 환각 같은 인지 장애가 나타난다.

31 '측두엽 간질'에는 인지 장애와 왜곡이 나타나는데, 〈보기〉에서는 우리의 뇌가 만들어내는 이야기가 완벽한 진실이 아닐 수 있다고 설명한다. 그 이유는 우리가 이야기를 만들 때 주관적인 처리본부를 통과하기 때문이고, 상상의 재료로 뇌의 빈틈을 메우기 때문이다. 그러다 보니, 진짜 현실과 꾸며낸 이야기를 구별하지 못하는 것이다. 우리는 있는 그대로의 진실을 알 수 없지만, 그 진실을 어떻게 생각하는지는 알 수 있다고 〈보기〉에 제시되어 있다.

[32~33] 김지룡, 《사물의 민낯 1498~2012》, 애플북스, 2012.

32 상업적으로 유의미한 결과를 내놓은, 다시 말해 시장에 본격적으로 진출하게 된 자판기는 1940년대가 되어서야 나타났다. 1908년 애덤스 껌 회사가 내놓은 자판기는 아직 상업적으로 유의미한 결과를 내놓지 못하였다.

33 오답률 줄이는 | 오답풀이 |
① '기원전 215년, 18세기, 1822년, 1880년대 초, 1908년' 등 시간의 흐름에 따라 자판기가 어떻게 달라졌는지 제시하고 있다.
③ 글의 첫머리에 '자판기의 역사는 최소한 전기가 일상화된 20세기부터 시작됐을 거라고 생각'하는 통념을 바꾸는 내용이 나온다.

④ 그렇다면 '~언제 만들어진 것일까?'와 같은 질문을 던진 후, 그에 대한 답을 이어서 서술하고 있다.
⑤ '자판기'와 관련된 '카릴리'의 에피소드를 제공하여 독자들의 흥미를 자극하고 있다.

34 '벤담'은 범죄자에 대한 처벌보다 범죄 예방을 주장했던 사람으로서, '팬옵티콘'을 통해 감옥 안에서 생길지 모를 사건이나 사고를 방지하려고 하였다.

35 푸코는 역사 연구에서 어떤 분야는 연속이고 어떤 분야는 불연속이라는 식으로 왔다 갔다 해서는 안 된다고 보았다. 푸코가 생각할 때 역사는 연속되지 않으며, 역사에 대한 연구 또한 불연속에 대한 연구여야 한다고 보았다.

36 이 글은 전체적으로 '푸코'의 사상적 배경과 사상을 자세히 나타내었다. 그의 사상의 한계점을 다루고 있지는 않다.

[37~39] 황상익, 〈사회 외면하는 과학은 안돼〉, 동아일보, 2003. 03. 27.

37 도구적 이성과 성찰적 이성을 가진, 진정한 과학자가 되는 일은 한 개인의 노력으로 되지 않는다. 이 문제는 개인적 차원이 아니라 사회적 차원의 일이기도 하기 때문이다. 이 글에서는 사회적 장치를 통해 과학 기술의 사회적 관리가 필요하다고 말한다.

38 에른스트 페터 피셔, 《과학을 배반하는 과학》(해나무, 2009)의 소개글
이 글에서, '과학'을 '생산력'과 직결시키는 생각은 '도구적 이성'으로, 이것만 추구하다 보니 과학적 지식이 올바르게 쓰여야 하는 부분이 간과되어 왔다고 지적하고 있다. 〈보기〉 역시 과학 지식을 무비판적으로 받아들이고, 과학계도 역시 과학의 기술적 발전만 추구하다 보니, 오류를 수정하는 겸손한 태도가 사라지게 되었다고 지적한다. '생산력'은 이 글과 〈보기〉 모두에서 환영받지 못하는 개념인 것이다.

오답률 줄이는 | 오답풀이 |
① 성찰적 이성은 과학이 올바르게 쓰이는 것에 집중하는 생각이다. 따라서 과학의 오류를 바로잡는 것도 성찰적 이성이 사용되었다고 할 수 있다.
② 기계적이고 기술적인 발전은 '과학'을 도구적 이성으로서의 특성으로만 받아들였기 때문이다.
③ 〈보기〉에서 지적하는 언론과 과학계의 행태는 과학을 빙자하여 사람들을 불안하게 하는 것인데, 이것은 과학 정보나 기술을 소수가 독점하지 말고 효율적으로 잘 관리하

였을 때 해결될 수 있다.
⑤ 이 글에서도 과학자들이 하는 발언들을 대단한 것인양 받아들이는 모습을 지적했고, 〈보기〉에서도 과학을 객관적인 진리로 받아들이는 것을 지적하였다.

39 '천착(穿鑿)'은 '어떤 원인이나 내용 따위를 따지고 파고 들어 알려고 하거나 연구함'이라는 뜻이다. '이리저리 비추어 보아서 알맞게 고려함'이라는 뜻을 가진 단어는 '참작(參酌)'이다.

[40~42] 라인홀드 니버, 《도덕적 인간과 비도덕적 사회》, 문예출판사, 2017.

40 사회를 중심에 놓고 보면 '정의'가 도덕적 이상이고, 개인을 중심에 놓고 보면 '이타성'이 도덕적 이상이다.

41 '예를 들어 개인의 도덕적 상상력이 동료 인간의 요구와 이익을 이해하지 못한다면 진정한 정의는 달성될 수 없다.'와 같이 관련된 사례를 들어, 중요 개념인 '이타성'과 '정의'에 대한 이해를 도왔다.

42 사회는 사람들에게 균등한 기회를 부여해야 하는데, 이를 위해서는 사회적 갈등과 폭력까지도 승인하지 않을 수 없다. 즉, 두 개념 모두 '사회'와 관련되어 있다.

오답률 줄이는 | 오답풀이 |
① 개인은 스스로의 삶을 실현해 나가고, 사회는 정의를 추구해야 한다.
② 개인의 도덕적 상상력이 동료 인간의 요구와 이익을 이해하지 못하면 사회의 진정한 정의는 이루어지지 않으며, 사회의 정의를 달성하기 위해서는 도덕적 선의지의 통제를 받아야 한다.
③ 도덕적 선지자(개인)의 이상주의는 현실적 집단 생활과 교류하지 않으면 정치적으로 아무런 가치가 없고, 사회는 도덕적 선지자의 도움을 빌리지 않으면 정말로 어리석게 될 것이다.
⑤ 개인의 이기심을 통제해야 사회적 정의가 일어난다고 밝히고 있다.

[43~45] EBS 지식프라임 제작팀, 《지식 프라임》, 밀리언하우스, 2009.

43 오답률 줄이는 | 오답풀이 |
① 지하철에서 가장 먼저 채워지는 자리는 출입문 옆자리이지만, 다음 사람이 그 옆자리를 바로 채우지는 않는다.
② 지하철의 명당은 앉아 있는 사람들과 서 있는 사람들 모두에게 나타난다.

④ 사람들이 출입문 옆자리를 선호하는 것은, 그 자리가 사적인 영역이기도 하지만 지하철에서 내리는 동선이 가장 짧기 때문이다.
⑤ 지하철을 사용하는 사람들이 어디서나 올라타고 내릴 수 있다는 점은 익명성과 유동적 가능성을 높이는 것이다(안정성은 노선과 운행시간이 규칙적일 때 느낄 수 있음).

44 공공의 영역에서도 사적인 공간을 찾으려고 하는 사람들의 심리가 반영된 사례를 찾으면 된다. '홍보나 캠페인'은 그 자체가 공적인 행위로, 사적인 공간을 마련할 필요가 없어서 사람들이 많이 다니는 길목에 설치하게 된다.

45 보충·심화 질문은 글의 내용과 관련이 있으면서, 이 글에서 답을 찾을 수 없는 질문이어야 한다. 사람들이 많아서 빈자리가 없을 때에는, 선택의 여지가 없이 자리가 나면 바로 앉는다고 말하고 있다. 이 글에서 이미 해결할 수 있는 질문이므로 보충·심화 질문으로 적절하지 않다.

[46~48] 유현준, 《어디서 살 것인가》, 을유문화사, 2018.

46 유럽의 오래된 도시는 좌우 비대칭인 건축물들이 대부분이지만, 성당과 그 앞의 광장은 좌우대칭으로 만들어서 권력을 나타낸다.

47 좌우대칭 건물의 한계점을 지적하지 않았다. 그렇다고 좌우대칭의 장점을 강조하고 있지도 않다.

오답률 줄이는 | 오답풀이 |
② '베르사유 궁전, 피라미드, 엠파이어스테이트 빌딩' 등 좌우대칭의 건물을 예를 들어 제시하였다.
③ 좌우대칭 건물은 하나의 큰 공간으로 인식하게 만드는데, 이와 유사한 경우로, 군복을 입은 사람들이 많이 모여 있으면 그들을 하나의 군대로 인식하는 것을 예로 들었다.
④ 좌우대칭 공간에 들어가면 사람은 상대적으로 자신을 작은 존재로 느끼고 억눌리기 때문에 학교 건물은 좌우대칭이면 안 된다.
⑤ '왜 권력의 공간은 모두 좌우대칭일까?'와 같이 질문을 한 후, 그에 대한 답을 정리하고 있다.

48 '통합(統合)'은 '둘 이상의 조직이나 기구 따위를 하나로 합침'의 의미인데, '종합(綜合)'은 '개개의 관념, 개념, 판단 따위를 결합시켜 새로운 관념이나 개념을 구성하는 일'을 의미한다. '통합(統合)'은 '통일, 합침, 묶음' 등으로 바꾸어 쓸 수 있다.

49 관촌 마을 사람들은 개인의 품성보다 집안 내력을 중시하여, 집안이 좋지 않았던 옹점이를 결혼 상대로 생각하고 있지 않다. 이는 전근대적인 신분 의식이 남아 있었던 시대적 상황을 보여 준다.

50 인물의 말이 종종 등장하지만, 서술자의 서술로 사건이 전개되고 있다.

  오답률 줄이는 | 오답풀이 |
  ① "말꼬랑지 ~옹젬이가 그렇당께."와 같은 사투리가 등장하여 향토적 정서가 부각된다.
  ③ '세상이 어지러운 난세일수록 유언비어가 난무함이 예사이고, ~'에서 당시의 세태가 말만 앞서고 있었음을 알 수 있다.
  ④ '그 시절만 해도 혼사에 있어서만은 으레 근본의 어떠함이 결정적인 역할을 하고 있던 것이다.'에서 당시의 결혼관을 회상적 어조로 나타내고 있다.
  ⑤ 서술자가 옹점이에 대해 생각한 바를 서술하는 식으로 사건이 전개된다.

51 이 글에는 옹점이의 주체적인 모습과 억척스럽고 솜씨가 좋은 점이 부각되어 있다. 이런 맥락에서 볼 때, "말꼬리에 파리가 천 리 간다"는 관용 표현은 원래는 부정적인 의미이지만, 옹점이의 긍정적인 면을 부각하기 위해 사용되었을 것이다. 즉, 옹점이가 가지고 있는 세력(집안 내력)은 없지만, 스스로의 재주로 사람들에게 인정을 받았다는 뜻이 된다.

52 (가)에서는 '~(ㄴ)다', (나)에서는 '~ㅂ니다', '~요', (다)에서는 '~ㅂ니다'와 같은 종결 표현이 반복적으로 사용되었다.

  오답률 줄이는 | 오답풀이 |
  ① (나)의 시적 화자는 표면에 드러나 있지 않다.
  ② 후각적 심상은 (다)에 '향그런'에만 드러나 있다.
  ③ (가)에서는 '수선화'에 인격을 부여하였고, (나)에서는 '달'에 인격을 부여하였다.
  ⑤ (가)의 '~올리다니!'에서만 영탄법이 사용되었다.

53 '흙바람'은 가족에게 불던 시련의 의미를 나타내지만, '그림자'는 잠시나마 달빛이 가족에게 위안을 준 소재로 볼 수 있다. 따라서 '그림자'에서는 부정적 의미를 찾을 수 없다.

54 시적 화자는 떳떳했던 길마저도 누가 지워 버린다 해도 섭섭하지 않을 것이라고 말하고 있다. 그것도 얼마든지 지워질 수 있는 것이라 여기며 받아들이면 좋겠다고 생각한다. 허물 많은 삶에 대한 용서와 사랑, 향그런 영혼을 바라는 시적 화자의 태도를 알 수 있다.

55 어머니는 당시에 번 돈을 모두 생활에 부었던 것은 아니었다. 그릇과 카펫을 주문하고 딸들에게 피아노 사주셨는데, 글쓴이는 이러한 사치와 허영이 삶 속에 들어 있는 것이 좋았다고 말하고 있다.

56 어머니께서 열심히 번 돈으로 세 딸을 가르치고, 생활을 꾸리고, 나중에는 집도 장만했다는 이야기가 나오지만 그 때 고생하고 힘들었던 이야기가 부각되어 있지는 않다.

  오답률 줄이는 | 오답풀이 |
  ① 특정 장소인 '맛나당'에 대해 긍정적으로 여기는 마음을 전달하고 있다.
  ② '돈 버는 게 재밌었다'와 같은 어머니의 말을 인용하여 어머니의 생각을 전달하였다.
  ④ '비전 냄비'나 '코끼리 보온도시락'과 같은 제품의 예, 〈따오기〉나 〈고향 땅〉과 같은 노래의 예, 「칼자국」이나 「도도한 생활」과 같은 작품의 예가 나온다.
  ⑤ '맛나당'에서 정서가 만들어졌기 때문에 그곳에 큰 의미가 있다고 했으므로 자신의 생각과 그 이유가 함께 제시되어 있다.

57 '반짝이는 것'은 '생존'과 거리가 먼 것으로 사치와 허영, 삶에 아름다움을 주는 것들이다. '칼국수'는 생존을 위해 일했던 것과 관련이 있으므로 '반짝이는 것'과는 관련이 없다.

본문 254~264쪽

2교시

01	①	02	④	03	②	04	④	05	①
06	②	07	⑤	08	④	09	①	10	③
11	⑤	12	④	13	①				
주관식 1	예시 답안 참조		주관식 2	예시 답안 참조					
14	④	15	⑤	16	①	17	③	18	④
19	②	20	③	주관식 3	예시 답안 참조					
21	④	22	②	23	③					
주관식 4	예시 답안 참조		주관식 5	예시 답안 참조					
주관식 6	예시 답안 참조		주관식 7	열람실, 열쇠, 악천후, 실태					
주관식 8	예시 답안 참조		주관식 9	예시 답안 참조					
주관식 10	예시 답안 참조								

01 다음은 방송 뉴스의 일부입니다. 잘 듣고 물음에 답하세요.

> 종이팩에 담긴 우유는 1972년에 처음 등장했습니다. 부서질 위험이 없고 다루기가 쉬워 사용량은 점차 증가했고, 현재는 우유 용기의 약 70%를 종이팩이 차지하고 있습니다. 유리병 우유는 이제 어린 시절의 추억이 되어 버렸습니다. 지금도 종이팩은 우유나 음료 용기로 널리 사용되고 있는데, 30% 정도만 재활용이 된다고 합니다. 금속캔이나 페트병, 유리병, 플라스틱에 비해 현저히 낮은 수준입니다. 유럽 국가 중 종이팩 재활용률은 독일 65%, 스웨덴 44%, 벨기에 68% 순으로 나타났습니다. 가볍고 취급이 용이한 종이팩을 제대로 재활용하지 못하는 것은 바로 우리의 잘못된 인식 때문입니다. 대다수 사람들은 우유나 두유, 주스 등의 종이팩을 신문지나 일반 폐지와 같이 종이류로 분리 배출하면 된다고 알고 있습니다. 그러나 종이팩은 안쪽 면이 코팅되어 있어 일반 폐지와 구분해 따로 배출해야 재활용이 가능합니다. 종이를 재활용하려면 먼저 종이를 물에 풀어서 모래나 스티로폼 알갱이 같은 이물질을 제거해야 합니다. 그런데 코팅된 종이팩은 물에 잘 풀어지지 않기 때문에 이물질과 함께 폐기물로 다시 배출되는 것입니다. 지자체에도 일부 책임이 있다고 할 수 있습니다. 대부분의 지자체에서는 종이팩과 일반 폐지를 분리하기 어렵다는 이유로 일반 폐지와 구분하지 않은 채 수거하기 때문입니다. 지자체가 앞장서서 수거한 재활용품 선별에 힘쓰는 것이 필요하겠습니다.
>
> 잘 들으셨지요? 뉴스의 내용에 이어질 수 있는 리포터의 말로 적절하지 <u>않은</u> 것은 무엇입니까?
> ① 그리고 무엇보다 종이팩을 종이류에 포함해서 배출해야 합니다.
> ② 남녀노소를 떠나 자원을 재활용하는 일에 관심을 가져야 합니다.
> ③ 다른 무엇보다 우선 재활용에 대한 잘못된 인식을 개선해야 합니다.
> ④ 가정에서 아이들에게 바른 재활용법을 알리는 일이 필요하겠습니다.
> ⑤ 각 주거 공동체에서도 주민들에게 재활용의 필요성을 알려야 합니다.

출처: 윤승중, 〈지구 살리는 종이팩 재활용〉 기고문 응용, 국민일보, 14. 06. 10.
종이팩을 일반 폐지와 반드시 분리해서 배출해야 함을 말하고 있다.

02 다음은 강연의 일부입니다. 잘 듣고 물음에 답하세요.

> 여러분은 알루미늄이 무엇인지 이미 알고 계실 겁니다. 네. 맞습니다. 은백색의 가볍고 부드러운 금속 원소로 건축, 화학, 가정용 제품에 널리 쓰이는 이것이 알루미늄입니다. 알루미늄이 가정용 제품에까지 많이 사용되는 것은 인체에 해가 없다는 장점 때문이었습니다. 그런데 알루미늄이 뇌 속에 쌓이면 알츠하이머를 유발할 수 있다는 사실을 알고 계십니까? 1970년대의 연구자들은 사망한 사람들의 뇌를 분석하여 사망의 원인을 찾아내고자 노력했습니다. 이때 알츠하이머를 앓은 사람들의 뇌에는 많은 양의 알루미늄이 들어있다는 것을 발견하게 된 것입니다. 결국 알츠하이머로부터 안전하기 위해서는 알루미늄을 피해야 하는데요. 문제는 알루미늄이 지구 표면에서 가장 풍부한 금속이라는 것입니다. 우선 물과 토양의 알루미늄을 흡수하는 식물을 사용한 식품에도 알루미늄이 흡수되어 있고, 대부분의 가공식품, 차, 와인, 탄산음료, 화장품 등에도 알루미늄이 들어 있습니다. 그렇다면 우리는 어떻게 이 많은 알루미늄을 피해서 살아가야 하는 것일까요? 현실적으로 알루미늄을 섭취하지 않는 것은 불가능하므로 섭취를 줄이는 방법에 대해 고민을 해 보아야 합니다. 우선 자주 먹는 가공 식품의 성분 표시를 점검하는 것이 좋으며, 1회용 커피 믹스와 1회용 포장 소금을 피하는 것이 좋습니다. 여기에는 이들이 굳지 않게 하는 고화방지제인 나트륨알루미노규산염이 함유되어 있기 때문입니다. 흔히 마시는 알루미늄 캔 안의 음료에도 알루미늄이 녹아들어 있으므로 캔보다는 병에 들어 있는 음료를 마셔야 합니다. 또한 체취를 없애는 제품의 경우에도 일부 제품에는 알루미늄이 들어 있으므로 성분을 확인해 볼 필요가 있겠습니다. 우리의 뇌 건강을 위협하는 알루미늄의 섭취에 주의를 기울이시기 바랍니다.
>
> 잘 들으셨지요? 강연의 내용과 일치하지 <u>않는</u> 것은 무엇입니까?
> ① 알루미늄의 축적은 알츠하이머의 원인이 된다.
> ② 우리가 먹는 식품 대다수에 알루미늄이 들어 있다.
> ③ 알루미늄이 인체에 해가 없다는 것은 틀린 말이다.
> ④ 가정용 제품에 사용된 알루미늄은 건강에 해롭지 않다.
> ⑤ 알루미늄의 섭취를 전혀 하지 않는 것은 불가능에 가깝다.

가정용 제품에 사용된 것이든, 가공 식품에 사용된 것이

든 알루미늄의 섭취는 알츠하이머의 발병과 연계되어 건강에 해롭다.

03 다음은 강연의 일부입니다. 잘 듣고 물음에 답하세요.

신문의 특정 후보 지지가 유권자의 표심에 미치는 영향은 생각보다 강하지 않다는 것이 학계의 일반적인 시각인데, 이것은 '선별 효과 이론'과 '보강 효과 이론'으로 설명할 수가 있습니다. 선별 효과 이론에 따르면, 개인은 미디어 메시지에 선택적으로 노출되고, 그것을 선택적으로 인지하며, 선택적으로 기억하게 됩니다. 예를 들면, '가' 후보를 싫어하는 사람은 '가' 후보의 메시지에 노출되는 것을 꺼려할 뿐만 아니라, 그것을 부정적으로 인지하고, 그것의 부정적인 면만을 기억하는 경향이 있다는 것입니다. 한편 보강 효과 이론에 따르면, 미디어 메시지는 개인의 태도나 의견의 변화로 이어지지 못하고, 기존의 태도와 의견을 보강하는 차원에 머무릅니다. 가령 '가' 후보의 정치 메시지는 '가' 후보를 좋아하는 사람에게는 긍정적인 태도를 강화시키지만, 그를 싫어하는 사람에게는 부정적인 태도를 강화시킵니다. 이 두 이론을 종합해 보면, 신문의 특정 후보 지지 선언이 유권자의 후보 선택에 크게 영향을 미치지 못한다는 것을 알 수 있습니다. 그럼에도 신문의 특정 후보 지지 선언이 과연 바람직한가에 대한 논쟁은 계속되고 있습니다. 후보 지지 선언이 언론의 공정성을 훼손할 수 있다는 것이 이 논쟁의 핵심 내용입니다. 이런 논쟁이 일어나는 이유는 신문의 특정 후보 지지가 언론의 권력을 강화하는 도구로 이용될 뿐만 아니라, 수많은 쟁점들이 복잡하게 얽혀 있는 선거에서는 후보에 대한 독자의 판단을 선점하려는 비민주적인 행위가 될 수 있기 때문입니다. 일부 정치 세력이 신문의 특정 후보 지지 선언을 정치 선전에 이용하는 문제점 또한 이에 대한 비판의 근거로 제시되고 있습니다. 따라서 신문은 지지 후보의 표명이 보도의 공정성을 해치지 않는지 신중하게 따져 보아야 하며, 독자 역시 지지 선언의 함의를 분별할 수 있는 혜안을 길러야만 할 것입니다.

잘 들으셨지요? 이 강연에서 알 수 있는 내용이 <u>아닌</u> 것은 무엇입니까?
① 신문의 특정 후보 지지는 유권자의 표심에 절대적 영향력을 끼치지 않는다.
② 신문이 특정 후보를 지지하는 메시지는 개인의 태도와 의견을 변화하고 강화시킨다.
③ 신문이 특정 후보를 지지할 때에는 보도의 공정성을 해치지 않도록 심사숙고를 해야 한다.
④ 선별 효과 이론과 보강 효과 이론 모두 신문의 특정 후보 지지의 실효성이 그다지 크지 않음을 알려 준다.
⑤ 선별 효과 이론에 따르면 개인은 미디어 메시지에 선택적으로 노출이 되며, 그 일부분을 기억하게 된다.

강연에서 미디어 메시지는 개인이 지닌 기존의 태도와 의견을 보호하는 차원 정도에 머무른다고 이야기하고 있으므로, '개인의 태도와 의견을 변화하고 강화시킨다.'라는 선지의 내용이 적절하지 않음을 알 수 있다.

04 다음은 인터뷰의 일부입니다. 잘 듣고 물음에 답하세요.

'키덜트(Kidult)'란 '아이'를 뜻하는 영어 '키드(Kid)'와 '어른'을 뜻하는 영어 '어덜트(Adult)'가 합쳐진 말로, '키덜트 문화'는 최근의 영화, 문학, 패션, 광고 등 소비사회의 전역에서 성인 문화와 아동 문화의 경계를 허무는 새로운 문화 증후군을 의미하고 있습니다. 키덜트 문화는 어린이들뿐만 아니라 어린 시절로 돌아가고 싶어 하는 어른들에게도 선풍적인 인기를 끌며 두 세대를 아우르는 문화로 급격하게 부상하고 있는데요. '키덜트 문화'의 가장 큰 인기 비결은 어린이의 취향을 지니고 있으면서 동시에 치열한 생존 경쟁 속에서 살아가야 하는 어른들에게 일상에서 벗어날 수 있는 기회를 제공한다는 것입니다.

어른들은 애니메이션이나 동화가 주는 환상의 분위기에 빠져 들면서 현실에 대한 불안과 공포를 잠시 잊기도 하고 어린 시절에 사용하던 물건을 통해 그 시절로 돌아간 듯한 기분을 느끼곤 합니다. 이처럼 과거에 대한 애틋함을 느끼고 있는 어른들과 인터넷의 급속한 발달 등으로 인해 '조기 성인화'를 겪는 요즘 어린이들의 정서가 맞물리면서 두 세대 간의 문화적 경계는 점점 흐릿해져 가고 있습니다.

이렇게 새로운 문화로 떠오른 키덜트 문화는 삭막한 현실 속에서 살고 있는 어른들에게 동심을 되찾아 주고 어른과 어린이가 공유할 수 있는 문화의 장을 열어 주었다는 점에서 긍정적인 면으로 작용하고 있습니다. 그러나 어린 시절에 대한 향수와 동화적 상상력까지 상품으로 이용하려는 소비 자본주의의 얄팍한 상술이 한 면을 차지하고 있다는 점도 간과해서는 안 될 것입니다. 키덜트 문화의 이러한 양면을 모두 짚어 낼 수 있을 때만이 우리는 새로운 문화적 현상을 부작용 없이 새로운 흐름으로 받아들이며 즐기게 될 것이라고 봅니다.
잘 들으셨지요? 강연에 소개된 내용과 일치하지 않는 것은 무엇입니까?
① 키덜트 문화는 어린아이에게만 적용되는 문화가 아니다.
② 어른들은 치열한 경쟁 속의 지침을 키덜트 문화로 해소하는 때가 있다.
③ 키덜트는 세대 간의 상이한 문화적 경계를 애매하게 만드는 부분이 있다.
④ 키덜트 문화는 어린 시절을 추억하는 어른들에게만 적용되는 문화이다.
⑤ 키덜트 문화의 긍정적인 면과 부정적인 면을 함께 고려하여 향유해야 한다.

어른뿐만 아니라, 조기 성인화를 겪는 아이들에게도 적용되는 문화의 범주임이 제시되어 있다.

05 다음은 토론의 일부입니다. 잘 듣고 물음에 답하세요.

> **여:** 장애아와 일반 아동이 한 교실에서 공부하는 통합 교육은 정서적으로 서로에게 긍정적인 영향을 보일 수 있는 이상적인 방법임이 분명합니다. 그러나 현재까지의 상황으로 본다면 실질적인 통합이라기보다 단순히 아이들을 물리적으로 한 곳에 두는 것에 그칠 가능성이 높기 때문에 오히려 서로에게 부정적인 영향을 끼칠 가능성이 높습니다.
> **남:** 장애 아동의 경우에는 우선 다른 비장애 아동의 행동을 모방함으로써 학습이 되며 발달이 촉진될 수 있습니다. 또한 비장애 아동의 경우에는 장애가 있는 친구를 도와주는 마음과 타인을 배려하는 마음 등을 자연스럽게 배우게 될 것입니다.
> **여:** 그러나 장애 아동에게 문제 행동이 나타날 경우 일반 통합 학교에서는 장애 아동을 위한 담당 교사가 별도로 배정되어 있지 않아 즉각적인 대처가 불가능합니다. 이런 경우에 비장애 학생들이 받을 피해도 고려해야 합니다.
> **남:** 비장애 아동들이 간혹 놀라는 일이 발생할 수 있을 것입니다. 그러나 비장애 아동들이 이를 조금 감수하고 생활하도록 교육한다면 비장애 아동들은 장애에 대한 편견 없는 가치관을 확립하게 될 것이고 장애 아동들은 자신감을 가지고 생활할 수 있게 될 것입니다.
> **여:** 아직 제도적 장치가 탄탄하게 마련되지 않은 상태에서 시작되는 통합 교육은 오히려 장애 아동이 비장애 아동의 놀림감이나 폭력의 대상으로 노출되는 계기로 악용될 수 있습니다. 어린 나이의 학생들이 서로가 다르다는 것을 제대로 인지하지 못할 경우는 괜찮지만, 고학년이 되면서 여러 문제가 발생할 가능성이 있습니다.
> **남:** 그러나 장애 아동 역시 교육을 받을 권리가 분명히 있습니다. 단지 장애를 가진 이유만으로 교육에서 배제가 되어서는 안 될 것입니다. 장애 아동들도 다른 아이들과 평등하게 생활할 수 있도록 해야 합니다.

여자는 어린 나이의 일반 아동은 장애 아동과 자신들의 차이를 인지하지 못하여 큰 문제가 없으나, 고학년이 되면서 문제가 발생할 것이라고 예상하고 있다.

06 다음은 강연의 일부입니다. 잘 듣고 물음에 답하세요.

> 때때로 수명을 다한 인공위성들은 작동 중인 인공위성들과 충돌하여 고장을 일으키기도 합니다. 이것들은 우주 탐사선이나 우주 여객선의 비행을 방해하기 때문에 인류가 우주를 개발하는 데 큰 걸림돌이 될 것으로 예상되고 있습니다. 미국 항공우주국과 유럽우주국의 최신 자료에 따르면 소프트볼 공보다 큰 우주 쓰레기만 2만 3,000개라고 합니다. 이들을 모두 합친 무게는 약 6,300t으로 1t 트럭 6,300대가 우리 머리 위를 떠돌고 있는 셈입니다. 만약 이런 우주 쓰레기가 다른 우주선이나 인공위성을 덮친다면 그 충격은 어마어마할 것입니다. 한 과학자는 우주 쓰레기의 충돌이 연쇄적으로 일어나면 인공위성을 쏘아 올리는 하늘길 자체가 막힐 수도 있다고 경고하기도 하였습니다. 실제로 지난 2009년 2월, 러시아의 시베리아 상공에서 인공위성 두 대가 충돌하는 사고도 발생한 적이 있습니다. 러시아의 통신 위성이 미국의 통신 위성의 옆쪽을 들이받은 역사상 최초의 우주 교통사고였지요. 러시아의 통신 위성은 지구의 궤도에 버려진 수명을 다한 인공위성이었다고 합니다. 이 사고가 난 뒤 과학자들은 이러한 인공 물체를 그물망이나 투척기로 수거하거나 광선레이더와 유도탄으로 파괴하는 방법에 관심을 가지게 되었습니다. 또한 우주 쓰레기를 인공위성 궤도의 바깥쪽으로 밀어내는 청소 위성 개발 계획이 발표되기도 했습니다. 이 계획에 참여한 과학자들은 청소 위성이 깨끗한 우주 환경을 유지하는 데 도움이 될 것이라고 설명하였습니다.

우주 쓰레기인 인공위성들은 수명을 다한 것들이라고 서술되어 있고, 이것들이 운행 중인 인공위성과 충돌하여 고장을 일으킬 수 있다고 하였으므로 ②의 내용은 적절하지 않다.

07 다음은 강연의 일부입니다. 잘 듣고 물음에 답하세요.

> 사계절이 뚜렷한 온대 지역의 깊은 호수에서는 계절에 따라 물의 상하 이동이 다른 양상을 보입니다. 호수의 물은 깊이에 따라 달라지는 온도 분포를 기준으로 세 층으로 나뉘는데, 상층부는 표층, 바로 아래는 중층, 가장 아래 부분은 심층이라고 합니다. 여름에는 대기의 온도가 높기 때문에 표층수의 온도도 높습니다. 따라서 표층수의 하강으로 인한 중층수나 심층수의 이동은 일어나지 않습니다. 중층수나 심층수의 온도가 표층수보다 낮고 밀도가 상대적으로 높기 때문이지요. 그런데 가을이 되면 대기의 온도가 낮아지면서 표층수의 온도가 떨어집니다. 그래서 물이 최대 밀도가 되는 섭씨 4도에 가까워지면, 약한 바람에도 표층수가 아래쪽으로 가라앉으면서 상대적으로 밀도가 낮은 아래쪽의 물이 위쪽으로 올라오게 됩니다. 이런 현상을 '가을 전도'라고 부르지요. 겨울에는 여름과 반대로 표층수의 온도가 중층수나 심층수보다 낮습니다. 하지만 밀도는 중층수와 심층수가 더 높기 때문에 여름철과 마찬가지로 물의 전도 현상이 일어나지 않습니다. 물의 전도 현상은 봄이 되면 다시 관찰할 수 있습니다. 대기의 온도가 올라가면서 얼음이 녹고 표층수의 온도가 섭씨 4도까지 오르게 되면 표층수는 아래쪽으로 가라앉습니다. 반면에 아래쪽의 물은 위로 올라오게 되지요. 이것을 '봄 전도'라고 부릅니다. 이러한 전도 현상을 통해 호수의 물이 자연스럽게 순환하게 되는 것입니다.

물이 순환하는 전도 현상은 가을과 봄에 일어난다고 강연에서 설명하고 있으므로 ⑤의 내용은 적절하지 않다.

08 다음은 방송 뉴스의 일부입니다. 잘 듣고 물음에 답하세요.

> 모디슈머는 '수정하다'의 영문과 '소비자'의 영문의 글자를 합성하여 만든 용어로, 제조업체에서 제시하는 방식이 아닌 사용자가 자신의 취향대로 개발한 방식으로 제품을 활용하는 것을 말합니다. 지난해부터 시작된 모디슈머의 열풍에 편승하여 여러 유통업체들은 관련 제품을 묶어서 할인하거나 새로운 조리법을 개발하여 별도로 제공하는 등 다양한 마케팅 전략을 펼치고 있습니다. 두 종류의 다른 맛의 라면을 섞어 끓여 먹는 것이 인기를 끌면서 관련 행사가 줄을 잇기도 했는데요. 지방의 한 대형마트에서는 이 라면을 패키지로 판매하면서 독특한 조리법을 프린트해 나눠 주어 많은 소비자들의 관심을 끌었다고 합니다. 음식 분야뿐만 아니라 기존과 다른 새로운 형태의 화장품 소비가 늘어나면서 뷰티 모디슈머라는 용어가 유행하기 시작했습니다. 이들의 가장 기본적인 활용법은 용도 파괴로, 얼굴에 바르는 제품을 보디 혹은 헤어에 사용하는 것입니다. 이외에도 향이 거의 없는 무향의 보디로션에 자신이 좋아하는 에센셜 오일을 첨가하여 자신만의 보디크림을 만들어 사용하기도 합니다. 한 전문가는 제품에 대한 정보와 경험을 공유하는 것이 보편화되면서 다양한 아이디어로 제품을 소비하는 소비자들이 늘고 있다고 전하며, 소비자들의 아이디어를 반영한 사용법을 추가하는 등 소비자의 요구에 대응하는 기업이 늘어날 것이라고 말했습니다.

모디슈머는 음식을 기존의 요리 방법이 아닌 다른 방식으로 요리하는 것, 기존 제품을 새로운 방법으로 사용하거나 조합한다는 의미가 포함되어야 한다. ④의 내용은 새로운 방법을 사용하거나 기존의 방법을 변화시킨 것이 아니라 제품을 만드는 과정 자체에 창조성이 요구되는 것으로 모디슈머의 개념과는 거리가 멀다.

09 다음은 방송 뉴스의 일부입니다. 잘 듣고 물음에 답하세요.

> 신드롬이란 원인과 결과의 관계가 확실하지는 않지만 하나의 공통된 질환, 장애 등으로 이루어지는 어떤 증상을 말합니다. 병적으로 뭔가에 집착하거나 정상적이지 않은 반응을 나타낼 때 쓰는 말로서, 신드롬의 증세를 보이는 정도가 심하고 반복적이며 만성화되면 치료를 해야 합니다. 이는 유행이라고 하면 무조건 따라 하는 사람들의 심리 때문에 생기는 현상이라고 볼 수 있습니다. 하나의 예를 들어 설명하자면, 해리포터 신드롬은 영국의 작가 롤링이 발표한 해리포터 시리즈가 발간될 때마다 전 세계적으로 폭발적인 인기를 누리면서 각종 열풍을 일으킨 것을 말합니다. 소설뿐 아니라 해리포터와 관련된 영화 및 각종 캐릭터 상품 등에 대해서도 열광적인 반응이 이어진 것을 일컫는 말이지요. 신드롬 현상의 장단점을 살펴보면, 먼저 긍정적 측면은 신드롬 현상이 사람들에게 힘을 주고, 사람들

이 그 현상의 주인공을 닮으려 노력하는 모습이 나타나는 것이라고 할 수 있습니다. 반면에 2009년 전 세계에 신종인플루엔자가 퍼지면서 '신종플루 신드롬'이라고 부를 정도로 사람들이 모이는 일을 기피하는 현상이 일어나 대부분의 학교에서 운동회와 현장학습, 그리고 수학여행 등 수많은 행사와 축제가 취소된 일이 있었습니다. 특정한 병의 전염을 억제하려는 노력은 필요한 일이지만 행사의 장소와 대상을 고려하지 않고 무조건 취소하는 과잉 대응은 신드롬이 사회 불안을 조성하는 부정적 측면이라고 할 수 있겠습니다.

신드롬의 증상이 심각한 경우 치료를 해야 한다고 제시하고 있다.

[10~11] 다음은 토론의 일부입니다. 잘 듣고 물음에 답하세요.

> 여자: 최근 입국장 면세점에 대한 논의가 뜨거운데요. 이제 공항은 점차 상업·문화의 복합공간으로 변하고 있으며 이런 추세를 반영하기 위해서는 입국장 면세점이 필요하다고 생각합니다. 입국장 면세점이 운영되면 출국장 면세점의 단점을 보완할 수 있으며, 관광객의 편의를 높일 수가 있습니다.
> 남자: 입국장 면세점 설치는 사회 질서 및 조세 정의의 측면에서 살펴봐야 할 필요가 있는 사안입니다. 해외여행 국민 중 1회 여행자가 대략 500~600만 명 정도인 상황에서 굳이 입국장 면세점이 필요할까요? 오히려 입국장 면세점 설치는 특정 계층에 혜택이 집중될 수 있어 현명한 선택이 아니라고 생각됩니다.
> 여자: 그러나 여행객이 해외 여행지가 아닌 국내 입국장 면세점에서 쇼핑을 한다면 해외 쇼핑이 줄어 면세점 매출 이익이 국내로 귀속이 되어 외화 유출을 막을 수 있습니다. 또한 국산품은 수출과 동일한 경제효과를 창출할 수도 있게 될 것입니다.
> 남자: 입국을 할 때 면세점에서 많은 물품을 구입하게 되면 입국장의 혼란으로 입·출국 절차가 지연되고 휴대품 검사가 강화될 수밖에 없으며 이로 인해 여행객의 불편이 가중될 것은 불을 보듯 뻔한 일입니다. 또한 통관 지연도 불가피한 만큼 세관 업무에도 막대한 지장이 초래될 것입니다.
> 여자: 인천공항사가 의뢰한 설문조사에 따르면 내국인 입국 여행자 중 89%가 입국장 면세점 도입에 찬성을 했다고 합니다. 국민 대다수 여론이 찬성 쪽에 기울고 있다면 설치를 하는 것이 옳다고 봅니다.
> 남자: 입국장 면세점의 설치가 긍정적인 영향을 미친다면 왜 전 세계 30대 공항 중 70% 이상이 입국장 면세점이 없는 것일까요? 그만큼 장점보다 단점이 많기 때문일 것입니다. 입국장 면세점이 과연 실효성이 있는가, 조세의 형평성에 어긋나지는 않는가 충분히 고민을 해 보아야 할 것입니다.

10 현재 공항의 분위기가 문화 복합공간으로 변화는 추세에서 입국장 면세점의 도입이 적절하다고 주장한 것이지, 입국장 면세점에 문화 복합공간이 들어설지의 여부는 논하지 않았다.

11 여자는 내국인 입국 여행자를 대상으로 한 설문조사에서 입국장 면세점 도입에 찬성하는 사람이 많다는 것만 확인하였으며, 그로 인한 경제적 효과가 크다는 사실을 증명하지는 않았다.

[12~13] 다음은 강연의 일부입니다. 잘 듣고 물음에 답하세요.

> 여자: 유비쿼터스란 '언제 어디에나 존재하다.'라는 뜻의 라틴어에서 출발한 용어입니다. 현대에 와서 사용하는 의미는 사용자가 컴퓨터를 의식하지 않고 장소에 상관없이 자유롭게 네트워크에 접속할 수 있는 환경을 말합니다. 즉 책상 위 PC의 네트워크화뿐만 아니라 휴대전화, TV, 게임기, 휴대용 단말기, 카 네비게이션, 센서 등 PC가 아닌 모든 비PC 기기가 네트워크화되어 언제, 어디서나, 누구나 대용량의 통신망을 사용할 수 있고, 낮은 요금으로 커뮤니케이션을 할 수 있는 것을 가리키는 것입니다. 마치 촘촘히 짜인 실처럼 컴퓨터가 생활의 모든 곳을 연결하여 사람의 다양한 요구를 만족시켜 줄 수 있는 정보통신 환경을 뜻하는 것이지요. 이때 모든 것은 컴퓨터로 연결되어 항상 컴퓨터를 사용하게 되지만 컴퓨터의 기능이 주변 사물 속에 포함되어 있어 실제로는 그곳을 볼 필요가 없게 됩니다. 또한 사용자가 누구이고 상황이 어떠냐에 따라 다른 서비스가 제공되는 기술이 함께 사용됩니다. 예를 들어 학생이 학교에 등교하면 개별 학생에게 맞는 시간표를 제공하고 수준에 따른 학습을 받도록 안내해 주는 것입니다. 유비쿼터스를 이용하면 사람 혹은 물품에 칩을 부착해 사람을 쉽게 찾을 수 있고 물품은 재고와 인기상품이 순식간에 파악되므로 생산성이 높아지게 되며 원가는 반대로 감소하게 됩니다. 또한 각종 기반 시설 등도 컴퓨터를 활용하여 자동으로 상황을 인지하도록 하여 보다 빠르고 쾌적한 환경

을 구축하게 됩니다. 미래의 유비쿼터스는 언제, 어디서나의 수준을 뛰어넘어 '무엇이든' 할 수 있는 기회를 제공할 것입니다. 초기의 유비쿼터스는 단순히 물리 공간에 편재된 컴퓨팅과 네트워킹을 상상하였으나, 이후 모바일 컴퓨팅의 개념으로, 그리고 무한한 기회 창출 가능성으로 그 영역이 확대되고 있습니다.

12 '컴퓨터의 기능이 주변 사물 속에 포함되어 있어 실제로는 그곳을 볼 필요가 없게 됩니다.'라고 서술하고 있으므로, '컴퓨터를 할 수 있는 공간에서만 가능한 기술이다.'라는 ③의 내용은 맞지 않다.

13 유비쿼터스는 각 사용자에 따라 별도의 서비스가 제공되어야 하는 것인데, 도서관 홈페이지에서 신간 도서를 공지하는 것은 모든 접속 사용자에게 동일하게 제공되는 정보이므로 유비쿼터스 기술이 활용된 것이라고 보기 어렵다.

주관식 1
다음은 강연의 일부입니다. 잘 듣고 물음에 답하세요.

소설 속 존재하는 욕망 중 하나가 바로 소설을 읽는 독자의 욕망입니다. 소설을 읽으면서 독자들은 소설 속의 인물들은 무슨 욕망에 시달리고 있는가를 무의식적으로 느끼고, 나아가 소설가의 욕망이 무엇인지를 느낍니다. 독자의 무의식적인 욕망은 그 욕망들과 마주하여 때로 소설 속의 인물들을 부인하기도 하고 나아가 소설까지를 부인하기도 하며, 때로는 소설 속의 인물들에 빠져 그들을 모방하려 하기도 하고 나아가 소설까지를 모방하려 합니다. 그 과정에서 읽는 사람의 무의식 속에 숨어 있던 욕망은 그 욕망을 서서히 드러내, 자기가 세계를 어떻게 변형시키려 하는가를 깨닫게 합니다. 소설 속의 인물들은 무엇 때문에 괴로워하는가, 그 괴로움은 나도 느낄 수 있는 것인가, 아니면 소설 속의 인물들은 왜 즐거워하는가, 그 즐거움에 나도 참여할 수 있는가, 그것들을 따지는 것이 독자가 자기의 욕망을 드러내는 양식인 것입니다.

| 예시 답안 |
독자는 소설을 통해 소설가의 욕망을 발견하고, 이와 함께 자신의 욕망을 깨닫고 드러내게 된다.
해설: 강연에서는 독자가 소설을 읽으며 소설가의 욕망을 깨닫고 이를 바탕으로 자기의 욕망을 드러내려고 함을 서술하고 있다.
| 정답 기준 |
① 강연자가 전달하는 강연의 중심 내용을 드러낼 것
② 강연 내용의 문장을 그대로 옮겨 적지 않을 것

③ 어문 규정을 지키며 글의 분량(한 문장)을 지킬 것

주관식 2
다음은 강연의 일부입니다. 잘 듣고 물음에 답하세요.

이번에 개정될 예정인 도서 정가제는 희망소비자 가격처럼 책의 가격을 제도적으로 정해서 제 가격을 받아 덤핑이나 불공정거래가 일어나지 않도록 하는 것입니다. 현행 도서 정가제는 실용서와 초등 학습참고서를 제외한 분야에 적용이 되었으나, 개정된 후에는 모든 분야의 도서에 이 기준이 적용된다고 합니다. 도서 정가제 개정 사항 중 주요한 할인율과 관련된 사항을 살펴보면, 기존에는 정가 할인이 가능했고 다양한 간접 할인을 포함하여 총 19%까지의 할인이 가능했으나 이제는 직·간접적인 할인을 포함하여 총 15%의 할인까지만 가능합니다. 개정된 도서 정가제의 도입으로 인해 다수의 공급자로 인한 경쟁에 따른 출판물 가격 경쟁이 줄어들어 글쓴이들은 고정적인 인세를 확보할 수 있다는 장점이 있습니다. 또한 오프라인 서점과 온라인 서점의 가격 격차를 줄이면서 오프라인 서점 규모의 축소를 방지, 폐업 직전인 동네 서점이 살아나는 효과도 있을 것입니다. 더불어 비인기 도서도 최소한의 가격대를 유지하게 되어 다양한 분야의 책이 지속적으로 출판되는 다양성을 보장할 수 있게 될 것입니다. 개정된 도서 정가제 덕분에 도서 시장이 활성화되는 것을 기대해 보겠습니다.

| 예시 답안 |
개정된 도서 정가제가 시행되면 어찌 됐든 기존에 비해 도서의 가격은 상승하게 될 것입니다. 이로 인해 독서량과 판매량이 모두 줄어들 수 있다는 점에서 이 제도는 적절치 않다고 생각합니다. 또한 동네 서점의 운영이 어려운 것은 경영 미숙과 판매 전략 등 다른 이유들과도 관련이 있기 때문에 단순히 가격을 낮추는 것으로 해결되기는 어렵다는 점을 고려해야 할 것입니다.
해설: 강연의 연사자는 도서 정가제의 시행이 가격의 경쟁을 완화하여 동네 서점을 살리는 기회가 될 것이라고 주장하고 있다. 예시 답안은 이에 대해 근거를 들어 반론을 제시하고 있다.
*이외에 주장 가능한 반론들
- 상식적으로 중고 책이 나올 수 없는 시점에도 신간이 중고로 둔갑하여 판매되는 경우나, 실질적인 할인이 아닌 쿠폰, 적립금 즉시 할인 등 편법을 이용하여 법이 허용하는 범위를 넘어서 할인되는 행태가 빈번히 자행되고 있어 결국 오프라인 서점의 경쟁력이 위축되는 결과를 낳을 수 있다.
- 너무 높은 도서 가격 때문에 오히려 전체 도서 판매량이 감소하고 도서 정가제의 근본 취지인 도서 시장의 질서 확립과 활성화라는 이념과 다르게 도서 시장의 규모가 감소할 수 있다.
- 도서의 재고가 있는데도 재고 물품까지 할인 없이 정가로 판매해야 하는 문제점이 발생하여 출판사가 큰 부담을 느낄 수 있다.

| 정답 기준 |
① 강연에 제시된 '연사의 주장'에 대한 반론이 제시되어 있는가.
② 주장에 대한 근거가 제시되어 있는가.
③ 주장과 근거가 논리적이고 긴밀한가.
④ 어문 규정을 지켜 3문장으로 작성하였는가.

14 오답률 줄이는 | 오답풀이 |
① '춤을'에 대한 서술어가 빠져 있다. → '춤을 추고'
② '햇빛'에 대한 서술어가 빠져 있다. → '햇빛이 들지 않고'
③ '의심스럽게 보다'에 대한 목적어가 빠져 있다. → '당연하게 받아들여지고 있는 모든 것을 의심스럽게 보고'
⑤ '공동체가 되어야 한다'에 대한 주어가 빠져 있다. → '그는 우리 마을이'

15 ⑤는 '(아내와 자식)을 사랑하는 모든 가장들, 아내와 (자식을 사랑하는)모든 가장들'로 해석될 수 있다.

16 오답률 줄이는 | 오답풀이 |
② '이때 발생하는 가장 큰 문제는 경기가 침체되고 실업자와 빈곤층이 증가하는 것이다.'로 수정해야 한다.
③ '우리 사회의 산업 구조도 반도체와 자동차 중심으로 바뀌면서 생산성이 높아지게 되었다.'로 수정해야 한다.
④ '누구나 대기업의 입사 시험이 얼마나 어려운 관문인지 알고 있다.' 또는 '누구나 대기업의 입사 시험이라는 관문을 통과하는 것이 얼마나 어려운지 알고 있다.'로 수정해야 한다.
⑤ '무엇보다 염려스러운 점은 동북아시아의 영토 문제가 불거지고 있다는 점이다.'로 수정해야 한다.

17 '축포를 터뜨리며' 또는 '축배를 들며'는 올바른 표현이다.
오답률 줄이는 | 오답풀이 |
① '틀리다' → '다르다'로 수정해야 한다.
② '약해졌다' → '(비중이) 낮아졌다'로 수정해야 한다.
④ '밖으로'와 '표출하다'의 의미가 중복되므로, '그는 자신의 감정을 표출하지 않으려 애썼다.'로 수정해야 한다.
⑤ 영어의 영향으로 생긴 번역투의 문장이므로, '건장한 일꾼들이 살림살이들을 나르고 있었다.'로 수정해야 한다.

18 오답률 줄이는 | 오답풀이 |
① '전화'를 높일 필요는 없으므로 '전화 왔습니다.'가 적절하다.
② '물건'을 높일 필요는 없으므로, '주문하신 물건 여기 있습니다.'가 적절하다.
③ 불필요한 높임 표현이므로, '구체적인 사례를 보면서'가 적절하다.
⑤ 남편이 딸에게 질문을 하는 상황이므로, '이것저것 물어'로 수정하는 것이 적절하다.

19 〈바르고 쉬운 공공 언어〉, 국립국어원, 2009
제시된 단락은 신규 브랜드의 성공적인 진입을 위한 전략과 준비에 대해 논하고 있으므로, '브랜드 확장의 효과'에 대해 서술하는 ⓒ은 삭제하는 것이 문맥상 적절하다.

20 본문에서 '3D 프린터'와 관련된 제반 사항들을 제시하고 이를 활용한 분야, 변화 등에 대해 서술하고 있으므로 ②의 내용이 가장 적절하다. 개요에서 3D 프린터의 장점과 이것을 긍정적으로 활용한 사례들을 들고 있으므로, 결론에 부정적인 내용이 오는 것은 개요의 흐름과 어울리지 않는다.

주관식 3
배명진, 〈ASMR? 백색소음? 좋은 소음이 있다!〉, 《KISTI의 과학향기》 제3117호, 한국과학기술정보연구원, 2018.
| 예시 답안 |
다양한 실험으로 소음도 약이 될 수 있다는 사실이 입증되었다.
| 해설 |
백색소음이 업무의 효율성을 증대시키고, 학습효과가 개선되도록 하며, 집중력이 개선되는 데에 도움이 되었다고 언급하고 있다. 따라서 소음이 긍정적인 역할을 한다는 사실이 입증되었음을 의미하는 중심 문장을 작성하면 된다.

21 통계청, 〈2018 고령자 통계〉, 18. 09. 27.
[자료 1]에서는 자녀와 동거하지 않고 사는 비율이 높아짐을 보여 주고, [자료 2]에서는 55세 이상이 취업을 원하는 가장 큰 이유가 '생활비 보탬'임을 보여 주고 있다. [자료 3]은 자녀가 부모를 부양해야 한다고 생각하는 사람들의 비율이 감소함을 보여 준다. 이 자료들의 내용을 통합해 보면, 노인 인구가 증가하고 있으나 부모를 부양하고자 하는 자녀는 줄고 있으며, 노인들은 점차 자녀들로부터 외면당하는 삶을 살게 되므로 생활비가 필요해 경제 활동을 원하고 있다는 결론을 내릴 수 있다. 따라서 '가족과 지역사회, 국가가 노인 돌봄의 책임을 효율적으로 협력, 분담하는 방안이 시급하다.'라는 내용이 이 글의 논지로 가장 적절하다.

22 '유기동물 안락사 반대'의 근거로 적절한 것은 ⓒ, ⓒ, ⓑ이며, ⊙, ⓔ, ⓗ은 '유기동물 안락사 찬성'의 근거로 적절한 항목이다.

23 본론 1에서 교통사고의 원인 중 심리적 원인에 대한 내용으로 ⓒ은 적절하지 않다. ⓒ은 본론 2의 대책 중 하나로 배치되는 것이 개요의 구성상 적절하다.

주관식 4
초등학교 4학년 교과서 지문 응용

| 예시 답안 |
조상의 슬기가 담겨 있습니다. 덕분에 오늘날에도 많은 사람의 사랑을 받고 있습니다.

| 해설 |
'조상의 슬기가 담겨'에 옹기의 특성이, '덕분에~'에 인과 관계가 담겨 있어 주어진 조건을 충족하여 서술되었다.

주관식 5
KBS한국어능력시험 11회 기출 응용

| 예시 답안 |
당장 그 사람에게 도움이 필요한 때가 지나면 그 도움은 소용이 없다.

| 해설 |
곡식을 빌리러 갔던 장자, 그리고 장자가 예로 든 이야기의 주인공인 붕어는 당장의 어려움을 해결할 작은 도움을 구한 것이었다. 결국 이 우화를 통해서 당장 그 사람에게 도움이 필요한 때가 지나면 그 도움이 소용이 없다는 것을 말하고 있다.

주관식 6
김찬호, 경향신문 온라인 칼럼 오피니언, 2014. 07. 11.

| 예시 답안 |
면허증 시한을 설정하는 방안에 대한 사회적 논의가 필요할 것이다.

| 해설 |
초고에서는 노인 운전 사고의 위험성에 대해 알리고 있고, ㉠의 바로 앞에서 '노인 운전자 사고가 지금처럼 계속 늘어간다면~'이라고 부정적인 상황을 예측하고 있으므로 이에 대한 대처 방안을 서술해야 한다. 예시 답안과 같은 답을 작성할 수 있고, 이외에도 '면허 적성 검사의 주기를 단축하는 방안에 대한 논의가 필요할 것이다.' 등의 방안을 제시할 수 있다.

주관식 7

주관식 8

| 예시 답안 |
아직 사진을 잘 찍을 줄도 모르는 나에게 그 장비는 개발에 편자와 같은 것이었다.

| 해설 |
빈칸에 들어갈 표현과 어휘는 '개발에 편자, 장비'이다. '개발에 편자'는 '옷차림이나 지닌 물건 따위가 제격에 맞지 아니하여 어울리지 않음을 비유적으로 이르는 말'이다.

주관식 9
2011년 서울시 9급 공무원

| 예시 답안 |
자주 접촉하는 사람들을 통하는 방법이 새 어휘의 확산에 더 효과적이라는 것이다.

| 해설 |
지문의 내용을 통하여 얼굴을 맞대고 하는 접촉과 매체를 통한 접촉의 형식을 비교하고 있으며, 전자의 방법이 새 어휘의 전파에 효율적이라고 밝히고 있으므로 이 단락의 빈칸에 들어갈 예시 답안의 내용으로 적절하다.

주관식 10

| 예시 답안 |
- 어린이 통학버스는 어린이의 안전을 책임져야 함에도 불구하고 어린이의 체격에 맞지 않아 더욱 위험하다. 의무사항이 아니면 아이들의 안전을 소홀히 생각할 수 있기 때문에, 어린이의 신체에 맞는 버스 규격에 대한 관련 법안을 철저하게 만들어야 한다.
- 어린이 통학버스의 규격이 어린이의 체격에 맞게 설정되지 않아 문제가 크다. 어린이 통학버스는 어린이의 안전을 최우선으로 생각해서 만들어야 하기 때문에, 통학버스의 안전 기준을 강화하고, 머리 받침대 등의 안전 장치를 부착하는 것을 의무화해야 한다.
- 어린이 통학버스의 안전 장치가 미흡하여 어린이들이 안전하게 보호받지 못하고 있는 실정이다. 버스에 머리 받침대를 설치하는 것만으로도 안전 사고의 위험성을 확실히 낮출 수 있기 때문에, 관련 기관은 유치원에 예산을 지급하여 안전장치를 빠른 시일 내에 마련하도록 해야 한다.

정답과 해설

에듀윌 ToKL국어능력인증시험
한권끝장

고객의 꿈, 직원의 꿈, 지역사회의 꿈을 실현한다

에듀윌 도서몰 book.eduwill.net
- 부가학습자료 및 정오표: 에듀윌 도서몰 → 도서자료실
- 교재 문의: 에듀윌 도서몰 → 문의하기 → 교재(내용, 출간) / 주문 및 배송

꿈을 현실로 만드는 에듀윌

DREAM

공무원 교육
- 선호도 1위, 신뢰도 1위! 브랜드만족도 1위!
- 합격자 수 2,100% 폭등시킨 독한 커리큘럼

자격증 교육
- 8년간 아무도 깨지 못한 기록 합격자 수 1위
- 가장 많은 합격자를 배출한 최고의 합격 시스템

직영학원
- 직영학원 수 1위
- 표준화된 커리큘럼과 호텔급 시설 자랑하는 전국 20개 학원

종합출판
- 온라인서점 베스트셀러 1위!
- 출제위원급 전문 교수진이 직접 집필한 합격 교재

어학 교육
- 토익 베스트셀러 1위
- 토익 동영상 강의 무료 제공

콘텐츠 제휴·B2B 교육
- 고객 맞춤형 위탁 교육 서비스 제공
- 기업, 기관, 대학 등 각 단체에 최적화된 고객 맞춤형 교육 및 제휴 서비스

부동산 아카데미
- 부동산 실무 교육 1위!
- 상위 1% 고소득 창업/취업 비법
- 부동산 실전 재테크 성공 비법

학점은행제
- 99%의 과목이수율
- 16년 연속 교육부 평가 인정 기관 선정

대학 편입
- 편입 교육 1위!
- 최대 200% 환급 상품 서비스

국비무료 교육
- '5년우수훈련기관' 선정
- K-디지털, 산대특 등 특화 훈련과정
- 원격국비교육원 오픈

에듀윌 교육서비스 **공무원 교육** 9급공무원/소방공무원/계리직공무원 **자격증 교육** 공인중개사/주택관리사/감정평가사/노무사/전기기사/경비지도사/검정고시/소방설비기사/소방시설관리사/사회복지사1급/건축기사/토목기사/직업상담사/전기기능사/산업안전기사/위험물산업기사/위험물기능사/유통관리사/물류관리사/행정사/한국사능력검정/한경TESAT/매경TEST/KBS한국어능력시험·실용글쓰기/IT자격증/국제무역사/무역영어 **어학 교육** 토익 교재/토익 동영상 강의 **세무/회계** 전산세무회계/ERP정보관리사/재경관리사 **대학 편입** 편입 교재/편입 영어·수학/경찰대/의치대/편입 컨설팅·면접 **직영학원** 공무원학원/소방학원/공인중개사 학원/주택관리사 학원/전기기사 학원/편입학원 **종합출판** 공무원·자격증 수험교재 및 단행본 **학점은행제** 교육부 평가인정기관 원격평생교육원(사회복지사2급/경영학/CPA) **콘텐츠 제휴·B2B 교육** 교육 콘텐츠 제휴/기업 맞춤 자격증 교육/대학 취업역량 강화 교육 **부동산 아카데미** 부동산 창업CEO/부동산 경매 마스터/부동산 컨설팅 **국비무료 교육(국비교육원)** 전기기능사/전기(산업)기사/소방설비(산업)기사/IT(빅데이터/자바프로그램/파이썬)/게임그래픽/3D프린터/실내건축디자인/웹퍼블리셔/그래픽디자인/영상편집(유튜브) 디자인/온라인 쇼핑몰광고 및 제작(쿠팡, 스마트스토어)/전산세무회계/컴퓨터활용능력/ITQ/GTQ/직업상담사

교육문의 1600-6700 www.eduwill.net

·2022 소비자가 선택한 최고의 브랜드 공무원·자격증 교육 1위 (조선일보) ·2023 대한민국 브랜드만족도 공무원·자격증·취업·학원·편입·부동산 실무 교육 1위 (한경비즈니스) ·2017/2022 에듀윌 공무원 과정 최종 환급자 수 기준 ·2023년 성인 자격증, 공무원 직영학원 기준 ·YES24 공인중개사 부문, 2024 에듀윌 공인중개사 이영방 필살키 부동산학개론 (최종이론&마무리100선) (2024년 10월 월별 베스트) 그 외 다수 교보문고 취업/수험서 부문, 2020 에듀윌 농협은행 6급 NCS 직무능력평가+실전모의고사 4회 (2020년 1월 27일~2월 5일, 인터넷 주간 베스트) 그 외 다수 Yes24 컴퓨터활용능력 부문, 2024 컴퓨터활용능력 1급 필기 초단기끝장(2023년 10월 3~4주 주별 베스트) 그 외 다수 인터파크 자격서/수험서 부문, 에듀윌 한국사능력검정시험 2주끝장 심화 (1, 2, 3급) (2020년 6~8월 월간 베스트) 그 외 다수 ·YES24 국어 외국어사전 영어 토익/TOEIC 기출문제/모의고사 분야 베스트셀러 1위 (에듀윌 토익 READING RC 4주끝장 리딩 종합서, 2022년 9월 4주 주별 베스트) ·에듀윌 토익 교재 입문~실전 인강 무료 제공 (2022년 최신 강좌 기준/109강) ·2023년 종강반 중 모든 평가항목 정상 참여자 기준, 99% (평생교육원, 사회교육원 기준) ·2008년~2023년까지 약 220만 누적수강학점으로 과목 운영 (평생교육원 기준) ·에듀윌 국비교육원 구로센터 고용노동부 지정 "5년우수훈련기관" 선정 (2023~2027) ·KRI 한국기록원 2016, 2017, 2019년 공인중개사 최다 합격자 수 배출 공식 인증 (2024년 현재까지 업계 최고 기록)